CREATE TOGETHER
A NEW ERA OF TECHNICAL TRADE
CNTIC
CHINA NATIONAL TECHNICAL
IMPORT & EXPORT CORPORATION
Add: Jiu Ling Building
No. 21, Xi San Huan Bei Lu
Beijing, 100081 China
Tel: (01)6840 4000 (Information); (01)6840 4123
Fax: (01)6841 4877

1998/99

中国对外经济贸易年鉴

中国对外经济贸易年鉴编辑委员会　编

中国经济出版社
经济导报社

图书在版编目（CIP）数据

中国对外经济贸易年鉴 1998/99/中国对外经济贸易年鉴编辑委员会编．—北京：中国经济出版社，1998.10
ISBN 7-5017-4554-4

Ⅰ．中… Ⅱ．中… Ⅲ．对外贸易-统计资料-中国-1997-年鉴 Ⅳ．F752-66
中国版本图书馆 CIP 数据核字（98）第 27851 号

责任编辑：王振岭
装帧设计：曾泽元

中国对外经济贸易年鉴 1998/99
中国对外经济贸易年鉴编辑委员会 编
中国经济出版社
（北京市百万庄北街 3 号 100037） 出版发行
经济导报社
（香港轩尼诗道 342 号 12，16 字楼）
北京星月印刷厂印刷
787×1092 毫米 1/16 56 印张 插页 50 1600 千字
1998 年 10 月第一版 1998 年 10 月第一次印刷
印数：3000 册
ISBN 7-5017-4554-4/F·3354
定价：260.00 元

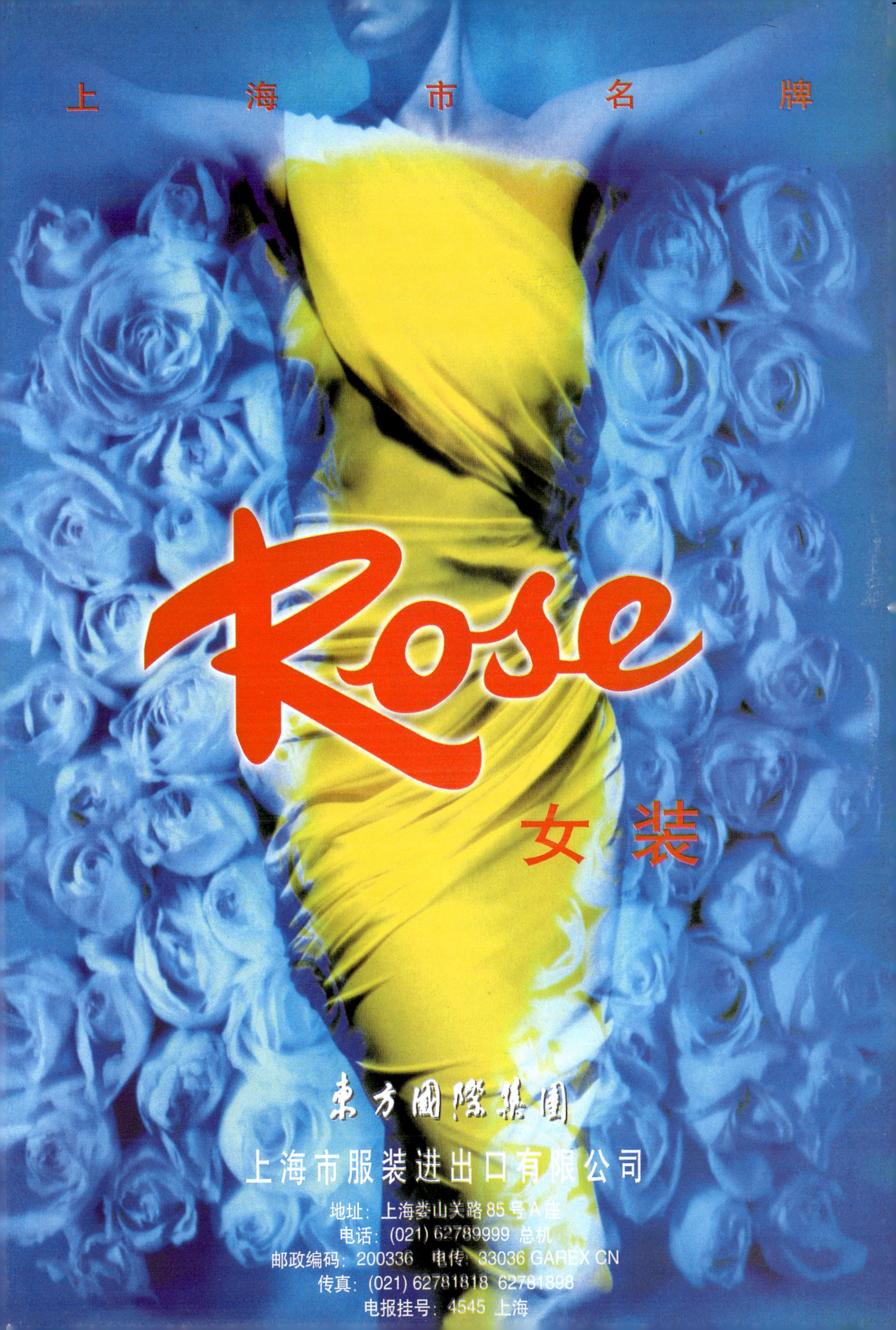
上 海 市 名 牌
Rose
女 装
東方國際集團
上海市服装进出口有限公司
地址：上海娄山关路85号A座
电话：(021) 62789999 总机
邮政编码：200336 电传：33036 GAREX CN
传真：(021) 62781818 62781898
电报挂号：4545 上海

中国行

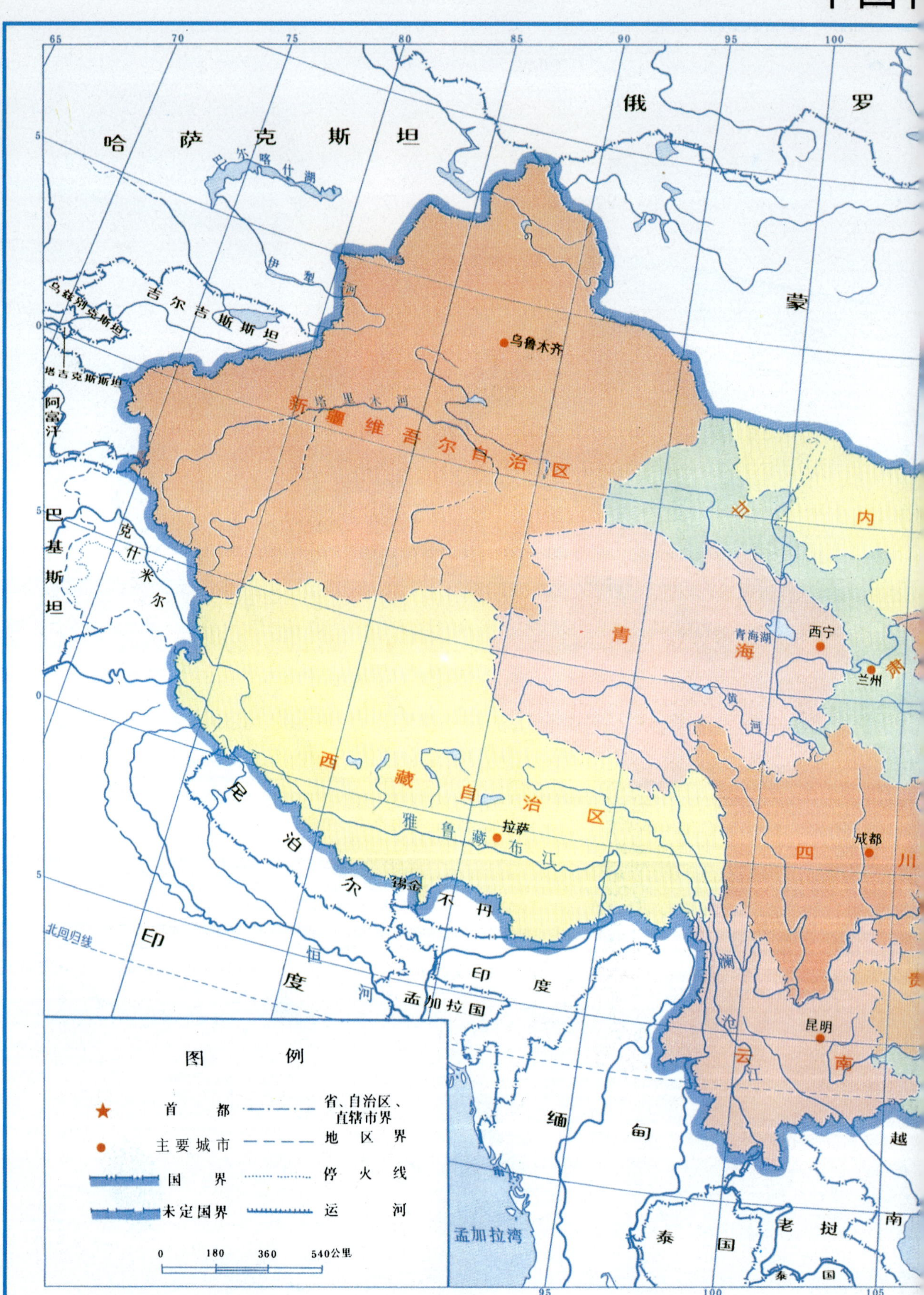

本图上中国国界线系按照中国地图出版社1989年出版的1∶400万《中华人民共和国地形图》绘制。

区图

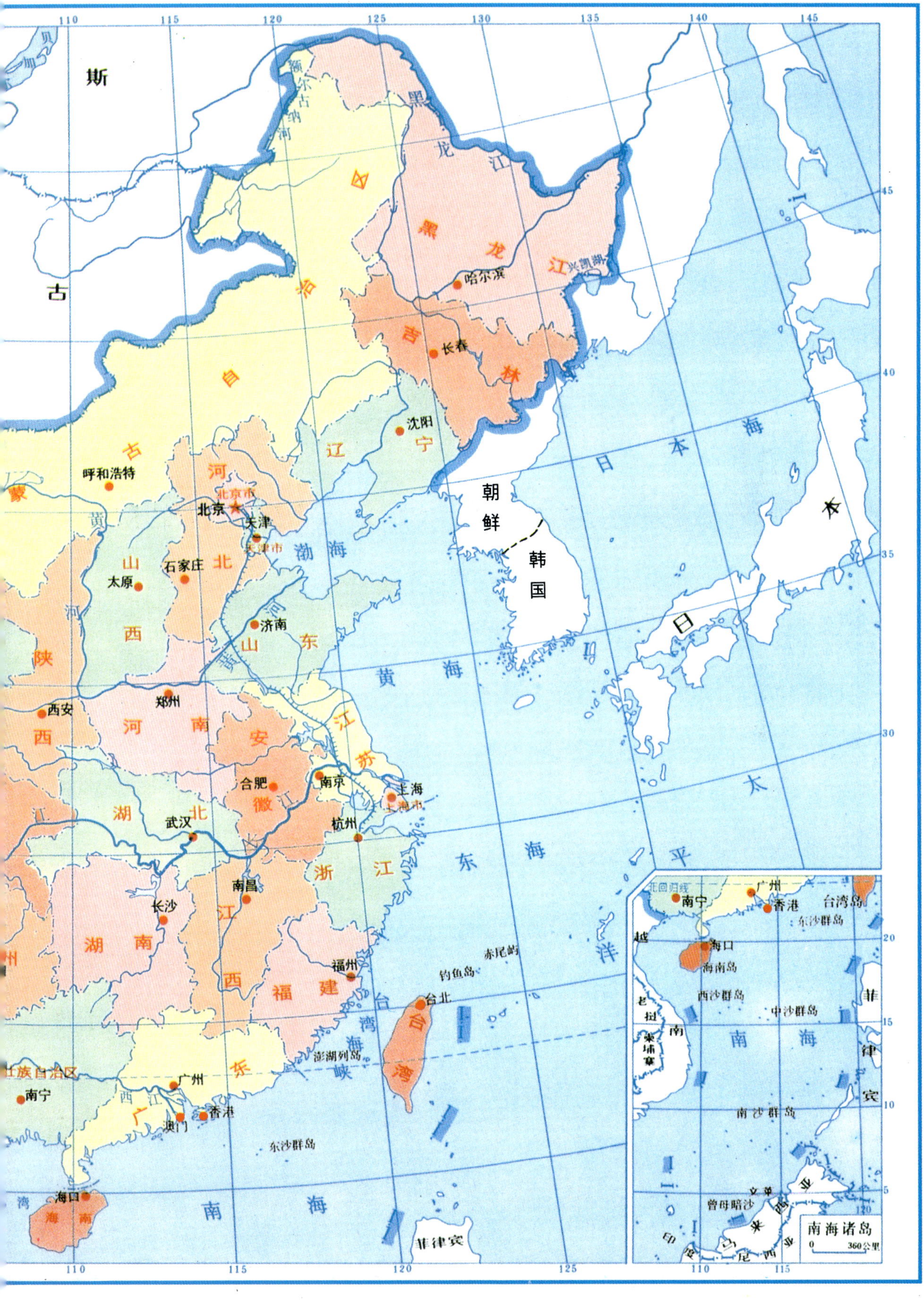

斯
古
蒙
额尔古纳河
黑龙江
内蒙古自治区
黑龙江
哈尔滨
兴凯湖
吉林
长春
辽宁
沈阳
呼和浩特
河北
北京市
北京
天津
天津市
山西
太原
石家庄
渤海
山东
济南
黄河
陕西
西安
郑州
河南
安徽
合肥
江苏
南京
上海
上海市
湖北
武汉
杭州
浙江
南昌
江西
长沙
湖南
福州
福建
台北
台湾
台湾海峡
澎湖列岛
钓鱼岛
赤尾屿
广东
广州
香港
澳门
广西壮族自治区
南宁
东沙群岛
海口
海南
南海
菲律宾
黄海
东海
太平洋
日本海
日本
朝鲜
韩国
南海诸岛
北回归线
台湾岛
东沙群岛
海南岛
西沙群岛
中沙群岛
南沙群岛
曾母暗沙
越南
老挝
柬埔寨
文莱
马来西亚
印度尼西亚
菲律宾
0
360公里

中国与世界各国（地

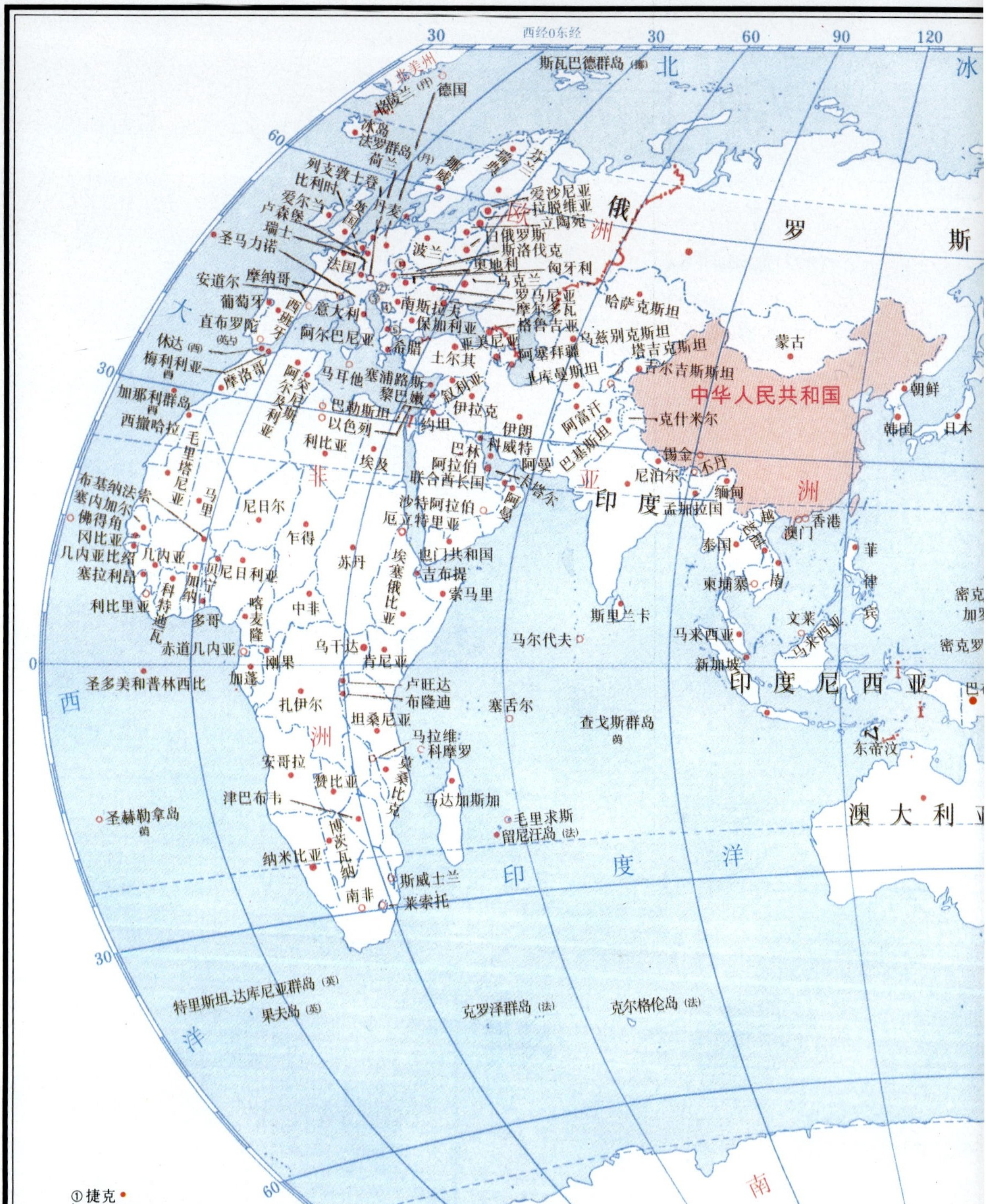

- 同我国签有贸易协定或议定书的国家和组织
- 同我国有经济贸易关系的国家和地区

经济贸易关系示意图

截至1996年，中国与世界上227个国家和地区有经济贸易关系，

同153个国家和欧洲联盟签有（包括新签和继续有效的）贸易协定或议定书。

中国与世界各国

铁路

航空线

航海线

区）交通示意图

截至1996年，中国同世界各国（地区）签有航空协定74个，海运协定49个，铁路运输协定7个。

国家主席江泽民1997年10月8日在北京中南海会见美国商务部长威廉·戴利一行。

国务院总理李鹏1997年4月22日在北京中南海会见世界贸易组织总干事鲁杰罗一行。

国务院副总理朱镕基1997年10月13日在北京中南海会见欧盟委员会副主席利昂·布里坦一行。

国务院副总理邹家华1997年2月19日在北京人民大会堂会见日本三菱商事株式会社会长诸桥晋六一行。

国务院副总理钱其琛1997年2月26日在北京钓鱼台会见东盟秘书长阿吉特·辛格一行。

国务院副总理李岚清1997年6月11日在北京中南海会见古巴外贸部部长里卡多·卡布里萨斯一行。

国务院副总理吴邦国 1997 年 11 月 24 日在北京钓鱼台会见意大利外贸部部长范托奇一行。

国务院副总理姜春云 1997 年 11 月 11 日在北京中南海会见世界银行副行长伊斯梅尔·萨拉杰丁一行。

序

对 外 贸 易 经 济 合 作 部 部 长
《中国对外经济贸易年鉴》编委会主任委员 石廣生

今年是《中国对外经济贸易年鉴》创刊十五周年。作为对外贸易经济合作部编纂出版的我国外经贸行业唯一的一部专业性年鉴，《中国对外经济贸易年鉴》从1984年创刊，至今已出版了十五期。这十五期如实地记载、反映了我国对外经济贸易改革和发展的历程与成就，为宣传我国改革开放和对外经济贸易的方针、政策、法规，增进世界各国（地区）朋友对中国的了解，促进我国外经贸事业的发展，发挥了积极作用，一直受到海内外各界人士的欢迎和好评。值此《年鉴》创刊十五周年之际，我代表中国对外贸易经济合作部和《年鉴》编委会，向多年来支持和协助《年鉴》工作的各地、各界朋友，向关心、支持中国对外经济贸易事业的海内外各界人士表示诚挚的谢意。

1997年是我国历史上极不平凡的一年。在这一年里，香港顺利回归祖国，党的十五大胜利召开，我国对外经济贸易又上了一个新台阶。据海关统计，1997年，我国外贸进出口总额为3250.6亿美元，比上年增长12.1%，其中出口1827亿美元，增长22.9%；进口1423.61亿美元，增长2.5%。我国外贸进出口总额首次跃居世界贸易排名第十位。1997年进出口贸易的主要特点是：出口快速增长，进口回升平稳；一般贸易与加工贸易同步发展；国有企业进出口增长速度超过外商投资企业，并继续居主导地位；出口商品结构进一步优化，工业制成品占出口总额的比重达到86.9%。在利用外资方面，1997年全国新批外商投资企业21028家，比上年下降14.37%；合同外资金额518亿美元，比上年下降29.36%；实际利用外资金额3452.6亿美元，增长8.47%。截至1997年底，全国累计批准外商投资企业30.48万家，合同外资金额 5211.64 亿美元，实际利用外资金额 2218.71 亿美元。1997 年，我国实际利用外资金额创历史最高纪录，外商独资企业首次在数量上超过中外合资企业，外商投资企业进出口首次出现贸易结汇大于资本结汇，香港仍是内地吸引外资最主要的来源地。同时，我国利用外资的产业结构和地区结构也进一步优化。援外方式改革稳步推进，援外工作取得较好效果，有力地配合了我国外交工作和市场多元化战略的实施。全年共与 14 个国家签订 14 笔政府贴息贷款框架协议，协议金额 16 亿元人民币。对外经济合作进一步发展，规模和档次有所提高。全年新签对外承包工程和劳务合作合同金额 113.6 亿美元，比上年增长 10.5%；完成营业额 83.8 亿美元，增长 8.9%。随着市场多元化战略的实施，我国与主要贸易伙伴的经贸合作关系稳步加强，与新贸易伙伴的关系有所发展。1997 年我国在加入世界贸易组织议定书的谈判上取得重大进展，并分别与 10 个国家达成了双边协议。我国继续参与亚太经合组织的贸易与投资自由化进程，推动成员间的经济技术合作。我国还积极参与了亚欧会议的各项活动。

对外经济贸易的发展是我国改革开放二十年成就的集中体现，对外经济贸易在我国国民经济中的地位和作用显著提高。党的第十五次代表大会确立了邓小平理论为全党的指导思想，我国的改革开放将进入新的历史阶段。当今世界经济竞争加剧、全球化趋势明显，科学技术特别是信息技术飞速发展、知识经济时代就要到来，毫无疑问，我国对外经济贸易要充分发挥对国民经济的促进作用，就必须以更快的速度、在更高的层次和水平上发展。

我国对外经济贸易的发展离不开国内各界人士的共同努力与协作，离不开世界各国朋友的关心和支持。《中国对外经济贸易年鉴》将一如既往地为关心、支持我国外经贸事业发展的国内外各界朋友服务。本《年鉴》98/99 年版将继续以中英文分册出版，书中所载中国对外贸易、利用外资、对外经济合作等方面的内容，均由外经贸部和有关部门以及地方外经贸主管部门的负责人、专家、学者拟定或提供。希望本期《年鉴》能更好地发挥提供信息、沟通情况、增进了解的桥梁作用，成为国内外所有参与、关注、研究和了解中国对外经济贸易人士的得力助手。

1998 年 6 月

编辑说明

一、《中国对外经济贸易年鉴》(以下简称《年鉴》)由中华人民共和国对外贸易经济合作部《年鉴》编辑委员会编纂，编委会主任由对外贸易经济合作部部长石广生担任。

二、本《年鉴》创刊于1984年，每年出版一期，每期用中文、英文两种文字出版，本期为第15期。

三、本《年鉴》刊登的文章、资料，系由对外贸易经济合作部和其他有关部门的负责人、专家、学者们撰写或提供，内容广泛全面、完整系统，资料翔实，数据准确。本《年鉴》是我国对外经济贸易领域仅有的一部专业性年鉴，是海内外经济、贸易、工商、金融等各界人士了解、研究中国贸易、投资和对外经济合作的指南，是具有指导性的资料参考书和工具书。

四、本《年鉴》各期内容不同，上期刊登过的内容，下期不再重复，但各期内容保持连续性和完整性。读者欲了解1996年或以前的中国对外经济贸易情况，请参阅前14期《年鉴》。

五、本期《年鉴》内容与上期相比，增加了“机构”栏目。

六、本期《年鉴》共设9个栏目，即:“文献”、“专文”、“法规”、“地方经贸”、“国别(地区)经贸”、“统计”、“大事记”、“机构”、“附录”。较全面、系统地记述了1997年中国对外经济贸易的发展成就和基本概况。

(一)“文献”栏目。精选党和国家领导人关于中国经济形势、改革开放方针政策的论述等重要文件4篇；收录对外贸易经济合作部负责人关于中国对外经济贸易政策和情况的文章或发言6篇。共10篇。

(二)“专文”栏目。约请对外贸易经济合作部部分职能司领导和财政部、国务院特区办公室、海关总署、国家进出口商品检验局、国家旅游局、中国银行等部门有关负责人撰写我国对外经济贸易有关情况的文章，共18篇。

(三)“法规”栏目。收录1997年我国公布的涉外经济贸易法律、条例、规定、办法等，共47篇。

(四)“地方经贸”栏目。刊载包括台湾省在内的全国各地省、自治区、直辖市、计划单列市、沿海开放城市、经济特区、香港特别行政区以及澳门地区等1997年对外经济贸易基本情况和统计数字，共57篇。

(五)“国别(地区)经贸”栏目。刊载13篇介绍我国同有关国家和地区双边经济贸易关系的文章。

(六)“统计”栏目。包括对外贸易、利用外资和对外经济合作3个部分。

（七）“大事记”栏目。主要记载 1997 年全国外经贸工作中的重大事件。

（八）“机构”栏目。刊登中国驻外经济商务机构通信录。

（九）“附录”栏目。分为两部分，第一部分刊有中国国民经济基本情况统计和中国对外经济贸易方面的大量信息资料；第二部分刊有有关世界黄金储备、外汇储备、进出口贸易、引进外资、经济援助和经济合作方面的统计数字，以及世界最大企业等排序表。

七、“地方经贸”等栏目里的有关数字，由于统计口径、方法不一致，有些与“统计”栏目中的数字不完全一致，以“统计”栏目中的数字为准。

八、各省、自治区、直辖市的排列顺序，按照国务院行政区划统一规定的先后排列，计划单列市、沿海开放城市和经济特区等均排在其所属的省、自治区后面。

九、本《年鉴》中有关全国的对外经济贸易综合数字，均未包括台湾省。

十、本《年鉴》自创刊以来，承蒙各部门、各地方、各公司和作者、译者的积极支持协助，受到国内外广大读者的欢迎和鼓励，在此谨表示衷心谢意，并祈望继续给予关心和支持。对《年鉴》存在的不足之处，诚请提出批评和改进意见，以使本《年鉴》日臻完善。

《中国对外经济贸易年鉴》编辑部

1998 年 5 月于北京

《中国对外经济贸易年鉴》编辑委员会

（七）“大事记”栏目。主要记载 1997 年全国外经贸工作中的重大事件。

（八）“机构”栏目。刊登中国驻外经济商务机构通信录。

（九）“附录”栏目。分为两部分，第一部分刊有中国国民经济基本情况统计和中国对外经济贸易方面的大量信息资料；第二部分刊有有关世界黄金储备、外汇储备、进出口贸易、引进外资、经济援助和经济合作方面的统计数字，以及世界最大企业等排序表。

七、“地方经贸”等栏目里的有关数字，由于统计口径、方法不一致，有些与“统计”栏目中的数字不完全一致，以“统计”栏目中的数字为准。

八、各省、自治区、直辖市的排列顺序，按照国务院行政区划统一规定的先后排列，计划单列市、沿海开放城市和经济特区等均排在其所属的省、自治区后面。

九、本《年鉴》中有关全国的对外经济贸易综合数字，均未包括台湾省。

十、本《年鉴》自创刊以来，承蒙各部门、各地方、各公司和作者、译者的积极支持协助，受到国内外广大读者的欢迎和鼓励，在此谨表示衷心谢意，并祈望继续给予关心和支持。对《年鉴》存在的不足之处，诚请提出批评和改进意见，以使本《年鉴》日臻完善。

《中国对外经济贸易年鉴》编辑部

1998 年 5 月于北京

《中国对外经济贸易年鉴》编辑委员会

《中国对外经济贸易年鉴》编辑人员

编辑部主任：　单庆江

编辑部副主任：　孙金焕　刘匡元

常务编辑：　姚坚　顾　杰

编　　辑：　（以姓氏笔划为序）

王东宇　刘天民　张　杰

张　松　黄　路　颜晓东

《中国对外经济贸易年鉴》特约撰稿人名单

方　蔚　对外贸易经济合作部人事教育劳动司
王子先　对外贸易经济合作部经贸政策和发展司
邓丽阳　对外贸易经济合作部亚洲司
孙学民　对外贸易经济合作部西亚非洲司
江　辉　对外贸易经济合作部欧洲司
刘梅蒂　对外贸易经济合作部美洲大洋洲司
刘华博　对外贸易经济合作部台港澳司
赵中屹　对外贸易经济合作部国际经贸关系司
夏　翔　对外贸易经济合作部对外贸易管理司
刘亚军　对外贸易经济合作部外国投资管理司
杨　洋　对外贸易经济合作部外国贷款管理司
王成安　对外贸易经济合作部对外援助司
袁　磊　对外贸易经济合作部国外经济合作司
孙旋碧　对外贸易经济合作部科技发展和技术进出口司
邢玉芬　对外贸易经济合作部条约法律司
邢立京　对外贸易经济合作部国际贸易经济合作研究院
邢厚媛　对外贸易经济合作部国际贸易经济合作研究院
石宝祥　国家出入境检验检疫局
梅　鸿　财政部
齐　兵　海关总署
李小维　国家统计局
黄洪博　国家外汇管理局
武小仲　中国银行
迟景才　国家旅游局
张学群　北京市对外经济贸易委员会
穆　群　天津市对外经济贸易委员会
王密科　河北省对外贸易经济合作厅
吕美荣　秦皇岛市对外贸易经济合作局
刘付云　山西省对外贸易经济合作厅
李春生　内蒙古对外贸易经济合作厅
董文质　辽宁省对外贸易经济合作厅
徐　森　辽宁省对外贸易经济合作厅
凌伯山　沈阳市对外经济贸易委员会
高福军　大连市对外经济贸易委员会
王海涛　吉林省对外贸易经济合作厅
孟繁军　长春市对外贸易经济合作局
王　成　黑龙江省对外贸易经济合作厅
张国照　哈尔滨市对外贸易经济合作局
乐淑君　上海市对外经济贸易委员会
张道文　江苏省对外经济贸易委员会
黄建新　南京市对外经济贸易委员会
王百奇　连云港市对外经济贸易委员会
成昌宏　南通市对外经济贸易委员会
耿　平　浙江省对外贸易经济合作厅
沈洁玉　宁波市对外经济贸易委员会
汪丏罗　温州市对外经济贸易委员会
王凤鸣　安徽省对外经济贸易委员会
吴文华　福建省对外经济贸易委员会
黄寿荣　厦门市贸易发展委员会
朱光华　福州市对外贸易经济合作局
杨宝根　江西省对外贸易经济合作厅
蔡玉祥　山东省对外经济贸易委员会
李建荣　青岛市对外经济贸易委员会
祝茂杰　烟台市对外经济贸易委员会
卢凤英　河南省对外贸易经济合作厅
曹文铸　湖北省对外经济贸易委员会
韩　菁　武汉市对外经济贸易委员会
张永青　湖南省对外经济贸易委员会
周树德　广东省对外经济贸易委员会
曹卫红　广州市对外经济贸易委员会
蒋海玲　深圳市贸易发展局
黄卫国　珠海市对外经济贸易委员会
黄锡洲　汕头市对外经济贸易委员会
孙海峰　湛江市对外经济贸易委员会
李亦之　广西壮族自治区对外贸易经济合作厅
蒋维明　北海市对外贸易经济合作局
杨照耀　海南省商业贸易厅
熊　林　重庆市对外经济贸易委员会
孙跃华　四川省对外贸易经济合作委员会
张　文　成都市对外经济贸易委员会
曾　韵　贵州省对外贸易经济合作厅
范道同　云南省对外贸易经济合作厅
冯林国　西藏自治区对外经济贸易厅
王哲军　陕西省对外贸易经济合作厅
苏福祥　西安市对外经济贸易委员会
黄智杰　甘肃省对外贸易经济合作厅
杨自沿　青海省对外贸易经济合作厅
刘进国　宁夏回族自治区对外贸易经济合作厅
关　群　新疆维吾尔自治区对外贸易经济合作厅

北京雪蓮羊絨有限公司系1988年成立的京港合資企業，投資總額2200萬美元，註冊資本900萬美元，公司佔地面積2.8萬平方米，建築面積4.5萬平方米，現有職工1400人，專業技術人員150人(其中高級工程師17人)，年產羊絨衫近50萬件，針織紗300噸。合資公司的前身北京羊縛衫廠已有三十多年生產羊絨製品的歷史，是我國第一家生產羊絨衫的全能紡織企業。公司技術力量雄厚，設備先進，管理嚴格，質量優良，信譽卓著。1992年起北京雪蓮羊絨有限公司連續被評為北京市十佳外商投資企業，市優秀外商投資企業，1992年、1994年兩度跨入全國500家最佳經濟效益企業行列。1993年被國家旅遊局授予旅遊產品定點生產企業。1994年通過鑒定的條型碼物流動態管理信息系統，榮獲航天部科技三等獎，填補了公司現代化管理空白。1995年被評為“北京市雙十佳企業”。已連續四年評為“首都文明單位標兵”，1998年全總授予“全國五一勞動獎狀”稱號。

雪蓮公司和“雪蓮”牌羊絨衫至今已有三十多年的歷史。這期間，雪蓮人為中國羊絨工業填補了多項空白，並屢獲殊榮。

1963年，全國第一個成功研製羊絨分梳技術廠家

1965年，全國第一個向國外出口羊絨衫的廠家

1977年，全國第一個羊絨製品全能廠

1981年，全國第一塊行業國優金牌

1983年，全國第一條羊絨時裝生產線

1995年，全國毛紡行業第一家通過ISO-9001質量保證體系認證。

雪蓮—以適銷的品種、優質的服務、卓著的信譽蜚聲海內外。

The Beijing Snow-Lotus Cashmere Co., Ltd. is a Beijing-Hong Kong joint equity venture set up in 1988 with a total investment of US$22 million, a registered capital of US$9 million, an area of 28,000 square meters, a total construction space of 45,000 square meters, a total staff of 1,400 persons, 150 professional personnel (including 17 high rank engineers) with an annual capacity of producing some 500,000 pieces of cashmere products and 300 tons of knitting yarn. Precedent of the joint venture was the Beijing Cashmere Products Plant, China's first all-round textile enterprise for producing cashmere products of a history of more than 30 years. The present joint venture is endowed with a powerful technical force, advanced equipment, a regorious management system, high quality products and a good reputation. The Beijing Snow-Lotus Cashmere Co., Ltd. has been rated as one of the ten top foreign-funded enterprises in Beijing and distinguished foreign-funded enterprise of the municipality in a run, ranking in the top 500 enterprises of the country in terms of economic returns respectively in 1992 and 1994, designated by the State Travel Administration as a special enterprise for producing tourist products in 1993, awarded the third scientific and technical prize through its barcode dynamic product flow monitoring management and information system to fill the gap of enterprise modern management by the then Aeronautical Ministry in 1994, rated as "Beijing Municipal Double Fine Enterprise" in 1995, a "Capital Pioneer Unit in Civilization" in a run of four years and awared with the "National May First Labor Prize" by the National Labor Union in 1998.

The Snow-Lotus Cashmere Company and its "Snow-Lotus" brand cashmere products have already a history of 30 years. During the long years, the Snow-Lotus people have been greatly honored time and again by helping fill up a rather great number of niches for the country's cashmere industry, such as:

To be the first in the country to successfully initiate cashmere detaching combing in 1963;

To be the first in the country to export cashmere products in 1965;

Becoming the first all-round cashmere producer in capacity in 1977;

Acquiring the first State Gold Medel for fine performance in the country in 1981;

Installing the first cashmere fashion production line; and

Being qualified for the ISO-9001 standard the first in cashmere industry of the country.

Snow-Lotus, a brand of reputed cashmere products both at home and abroad by its salable specifications, and high quality services.

董事長兼總經理：李元征
Chairman & General Manager: Li Yuanzheng

北京雪蓮羊絨有限公司

Beijing Snow-Lotus Cashmere Co.,Ltd.

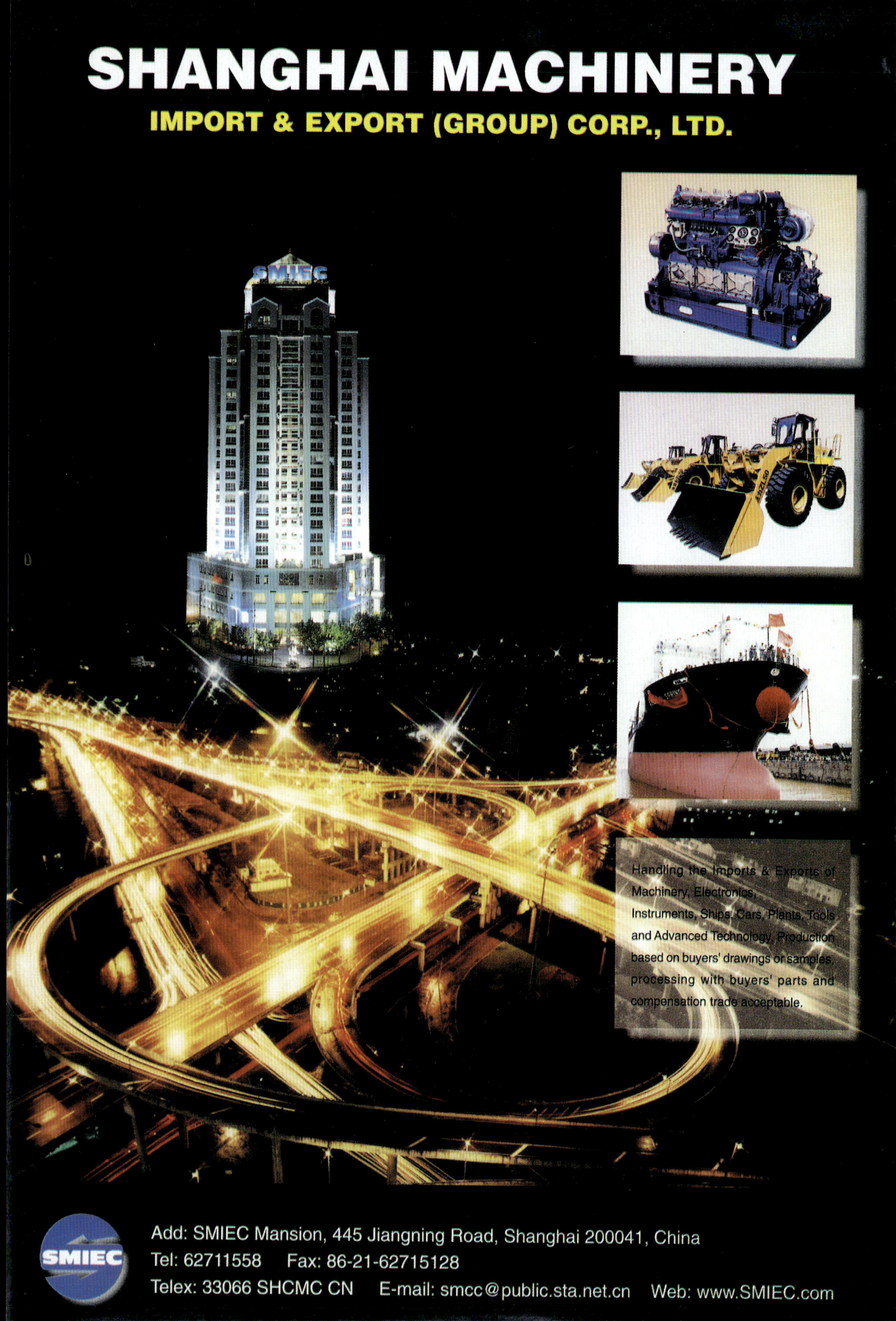
SHANGHAI MACHINERY
IMPORT & EXPORT (GROUP) CORP., LTD.
SMIEC
Handling the Imports & Exports of Machinery, Electronics, Instruments, Ships, Cars, Plants, Tools and Advanced Technology, Production based on buyers' drawings or samples, processing with buyers' parts and compensation trade acceptable.
SMIEC
Add: SMIEC Mansion, 445 Jiangning Road, Shanghai 200041, China
Tel: 62711558 Fax: 86-21-62715128
Telex: 33066 SHCMC CN E-mail: smcc@public.sta.net.cn Web: www.SMIEC.com

Netscape - [index]
File Edit View Go Bookmarks Options Directory Window Help
Back Forward Home Edit Reload Images Open Print Find Stop
Location: http://www.china-snp.com
SNP
上海市土产进出口公司
SHANGHAI NATIVE PRODUCE IMP. & EXP. CORP.
中国上海市滇池路18号
Add: 18, Dian chi Road, Shanghai, China
Tel: 86-21-63295680
Fax: 86-21-63291465
E-mail: snpemail@public.sta.net.cn
http://www.china-snp.com
经营范围
SCOPE OF BUSINESS
棉麻
Cotton & Ramie Products
土产
Native Produce
粮油食品
Oils & Cereals
木材
Timber & Timber Products
香精香料
Essential Oils & Aromatics
化工医药
Chemicals & Pharmaceutics
纺织服装
Textiles & Garments
五金矿产
Metals & Minerals
饲料
Feedstuffs
礼品
Gifts
轻工产品
Light Industrial Products
总经理：丁泽雷
General Manager: Ding Zelei
http://www.china-snp.com
http://www.china-snp.com
http://www.china-snp.com
http://www.china-snp.com
http://www.china-snp.com
E-mail: snpemail@public.sta.net.cn

長江三角洲上的明珠——寧波

寧波市地處中國海岸線的中段，長江三角洲的南端，距上海市約160公里，屬亞熱帶季風氣候，四季分明。全市總面積9365平方公里，人口526萬。

寧波是國家和華東地區重要能源，原材料基地和出口貿易加工區，長江三角洲及沿江、沿海地區對外貿易口岸；長江三角洲地區區域中心城市，浙江省經濟發展中心，經濟地位十分重要。1984年以來，寧波相繼被我國政府列為計劃單列城市（享受省一級經濟管理權限）。

寧波港年吞吐量8200萬噸，列我國大陸港口第2位；有最大的25萬噸泊位和最先進的集裝箱泊位；深水港發展潛力年吞吐量3億噸；已與歐洲、美洲、東南亞、大洋洲等地開通了班輪。

寧波市擁有外貿進出口公司99家，具有進出口經營權的企業和集團162家。三資企業3845家。境外企業88家。

1988年至1997年出口貿易額年均增長率45%，97年外貿進出口總額49.78億美元。

寧波外貿出口商品種類齊全，已與152個國家和地區建立了貿易關係。

寧波熱誠歡迎海內外賓客前來進行經貿洽談，投資開發、旅遊觀光，共圖繁榮。

寧波市對外貿易經濟合作委員會

主任：鄔和民
地址：浙江省寧波市靈橋路190號　郵編：315000
電話：(0574)7328188（總機）　傳真：(0574) 7328288　電傳：37027 NFT CN

同

記載對外開放歷程

北京市化工進出口公司

北京市土產進出口公司

北京市畜產進出口公司

北京市輕工業品進出口公司

北京市絲綢進出口公司

北京市對外貿易進出口公司

北京市五金礦產進出口公司

北京市海運公司

中國抽紗北京進出口公司

中國包裝進出口公司北京公司

中國出口商品基地建設北京公司

賀
架起經濟合作橋樑
北京市對外經濟貿易委員會
北京工藝進出口集團公司
北京市服裝進出口股份有限公司
北京機械進出口（集團）公司
北京市首飾進出口公司
北京市糧油食品進出口公司
北京市針棉織品進出口公司
中國貿促會北京市分會
北京市外商投資服務中心
北京國際貿易公司
北京國際經濟合作公司
北京市富億通進出口有限責任公司

中国土产畜产进出口总公司
CHINA NATIONAL NATIVE PRODUCE & ANIMAL BY-PRODUCTS IMPORT & EXPORT CORPORATION
TUHSU
我们的贸易，日益扩大。
我们的实业，蒸蒸日上；
我们的船队。驰骋于世界各国的疆域；
我们的合作伙伴，遍布于世界五湖四海；
这就是我们——中国土产畜产进出口总公司
JUST LIKE HER FLEETS SETTING FOR SAILING,CHINA TUHSU,
WITH WELL-ESTABLISHED REPUTATION,
AND EVER EXPANDING BUSINESS SCOPES,
IS TO MEET EVEN BRIGHTER FUTURE
UNDER UNREMITTING EFFORTS OF HER
PEOPLE AND LONG-STANDING COOPERATION
BY FRIENDS BOTH AT HOME AND ABOARD.
运筹帷幄 决胜千里

SHANGHAI FOODSTUFFS IMP. & EXP. CORP.

上海市食品进出口公司

SF　DOUBLE HAPPINESS 註冊商標 TRADE MARK　SHENFU

JUMBO　MaLing 梅林　光明 Bright

SCOPE OF BUSINESS

Main Activities:

Importation and exportation; acting as agents for importation and exportation; transit trade; counter trade; developing Sino-foreign joint ventures and / or co-operative enterprises; processing with customer's materials, assembling components supplied by foreign customer, manufacturing according to sample (drawing), and compensation trade; importation and exportation of technology.

Other Activities:

Internal commerce; international transportation; real estate; trade consulting; consignment trade; and distribution of imported wines and spirits, beers and beverages.

經營範圍

主管：進出口貿易，代理進出口業務，轉口貿易，對銷貿易，中外合資，合作，三來一補，技術進出口。

兼營：國內商業（含外國酒、啤酒、飲料進口銷售）、國際貨運、國際旅遊、房業物業、賓館餐飲娛樂、經貿諮詢、寄售貿易。

Add: 525 Si Chuan Bei Lu 8-17/F, Shanghai, 200085 China

Cable: 0676 or FOODSTUFFS SHANGHAI

Tel: 63216233-extensions

Fax: 86-21-63291730
86-21-63214025

Tlx: 33070 FOODS CN

地址：上海市四川北路 525 號（8-17 層）

電話：63216233- 接轉各部

電話：0676 上海

傳真：86-21-63291730
86-21-63214025

電傳：33070 FOODS CN

郵編：200085

電子信箱(E-mail): sficc@stp.tpsha.gov.cn

白蒜 White Garlic

龍蝦片 Prawn Crackers

上海老酒 Shanghai Lan Chiew

花雕酒 Hua Tiao Chiew

凍雞 Frozen Broiler

紀的大型綜合商社

方國際(集團)有限公司是經國家外經貿部和上海市人民政府批准組建而成的大型外貿企業集團。目前，資產已逾102億元，擁有全資子公司16家，控股子公司25家，並在境外設立企業50多家，境內投資各200多家。公司的經營產品已從紡織服裝類逐步向輕工、機電、化工類伸展；經營的領域也從對外貿易開到國內貿易、國際貨運、房地產、對外經濟合作、廣告展覽和旅遊等行業。

方國際(集團)有限公司經國務院批准成為全國第二家綜合商社試點單位，並被正式列入全國120家大型團試點行列，成為全國唯一進入該試點的地方外貿企業集團。同年，與日本三菱商事株式會社、美國大陸限公司合資組建的上海東菱貿易有限公司獲得國務院批准，成為全國首批中外合資外貿公司的試點之一。

方國際集團1997年進出口總額近28億美元，在全國排名第六，其中出口額在全國排名第三，已初步成為、金融、實業、信息、服務等綜合功能為一體的國際化、實業化、多元化、集體化的，具有世界知名度的合商社。

Orient International (Holding) Co., Ltd. is a large scale foreign trade enterprise approved by the Ministry of Foreign Economic Relations and Trade and Shanghai Municipal People's Government. Up till now, the Company, whose total assets surpasses 10.2 billion RMB, has been the parent company of 16 wholly owned subsidiaries and 25 share holding subsidiaries. The Company also possesses over 50 overseas enterprises and invests more than 200 various enterprises in China. The merchandise handled by the Company covers textiles, garments, light industry products, mechanical and electrical products and chemical products. Its business scope has been extended from foreign trade to domestic trade, international freight transportation, real estate, foreign economic cooperation, advertising and exhibition as well as tourism.

1997, the Company, as the second complex firm on the trial basis approved by the State Council, is the cal foreign trade enterprise which participates the pilot project for 120 China consortiums. The year so saw the establishment of Shanghai Dongling Trading Corporation, one if the nation's first three reign trading enterprises approved by the State Council, which is co-invested by Mitsubishi Corp. of Continental Grain Company of the United States and Orient International.

e Company's import and export volume in 1997 reached 2.8 billion USD, ranking no.6 in China, among which alone took the third place. The Company has been developing into a world famous conglomerate including the ns of trade, finance, industry, information and service with comprehensive characteristics of internationalization, alization, multiplication and conglomeration.

上海斯邁克有限公司
SHANGHAI SMEC CORPORATION
上海市機械設備進出口有限公司
SHANGHAI MACHINERY & EQUIPMENT IMP. & EXP. CORPORATION
Add : 400 Xikang Road, Shanghai, China Postcode : 200040 Tel : 6255 2540
Cable : 0166 (Local), "EQUIMPEX" SHANGHAI (International)
Telex : 33028 SCMEC CN Fax : 86-21-6253 9227
SMEC

目　录

专　　文

目录

法　规

对外贸易

利用外资

金融・外汇

目录

目录

国 别 （地区） 经 贸

统 计

对外贸易

利用外资

对外经济合作

大　事　记

机　　构

附　　录

第一部分

第二部分

文　献

第一部分

国家主席江泽民在亚太经合组织第五次领导人非正式会议上的讲话

1997年11月25日，加拿大温哥华

克雷蒂安总理阁下，各位同事：

我很高兴来到美丽的枫叶之国。首先，我要对克雷蒂安总理和加拿大政府的周到安排表示衷心的感谢。

人类即将进入21世纪。总结过去，面向未来，我们需要确立顺应时代潮流的合作观念和合作方式。

亚太经合组织，是本地区最有影响的经济论坛，也是世界上最具活力的经济合作组织之一。它的运行方式具有自己的基本特点，这就是：充分尊重各成员的多样性，承认成员之间发展水平和发展阶段上的差异及其带来的不同利益与需求；强调灵活性、渐进性和开放性；遵循平等互利、协商一致、求同存异、自主自愿的原则；实行单边行动与集体行动相结合。

实践越来越证明，"亚太经合组织方式"符合本地区的实际，有利于各成员的不同权益和要求得到较好的平衡，有助于发挥各个成员的能力，促进共同发展。坚持这种方式，是亚太经合组织成员加强合作的重要保证。

亚太经合组织的唯一使命，就是开展经济合作，不宜把讨论的范畴扩展到社会、政治、安全等非经济领域。要坚持有所为有所不为的原则，专心致志推进经济合作。

贸易投资自由化对任何成员来说都是相对的、有条件的，需要充分考虑各成员之间的差异和实际情况，坚持自主自愿、互惠互利、协商一致的原则。确定部门优先自由化，也应坚持由各成员自由选择，自主决定，自愿参加，同时要承认两个时间表的差别，既考虑自身的利益，也考虑各方的利益，以利共同发展。要在平等互利、优势互补的基础上，提倡发达成员以其经济技术优势帮助发展中成员，而不应损害它们的利益。只有这样，才能既为发达成员、也为发展中成员创造更多的合作机遇。

经济技术合作和贸易投资自由化是紧密结合的，应该相互促进。当代科学技术的迅猛发展，已经成为推动生产力发展最有决定意义的因素，对世界经济和社会生活产生深刻的影响。努力加强科技交流、技术合作和技术转让，既有利于发展中成员提高经济技术实力，也有利于发达成员增强经济持续发展的后劲。这不仅可以缩小成员之间的发展差距，也可以有力地推动贸易投资自由化的进程。为此，我愿提出四点意见：

一、充分开放技术贸易市场，促进各成员之间的技术合作与技术转让，消除人为的障碍，取消歧视性政策与做法。

二、采取必要的措施，鼓励和加快高新技术向所有成员特别是发展中成员转移，以利推动发展中成员的经济技术进步。

三、所有成员都要注重保护知识产权，并促使知识产权制度更加合理化。对技术专利保护的时间要适度，转让条件要公平。

四、建议亚太经合组织制定一项《走向21世纪的科技产业合作议程》。这个议程，既要有目标和原则，又要有切实的措施和步骤；力争市场导向与政府调控相结合，开发研究与成果转化相结合，全面推动与具体合作项目相结合，以求切实启动亚太经济技术合作进程。

最近在东南亚发生金融风波，波及世界许多地区，引起国际社会的普遍关注。从过去和现在国际上发生的金融风波中，我们大家可以得到许多有益的启示。

金融体系的正常安全运行，对经济全局的稳定和发展至关重要。为了维护正常的金融秩序，防范金融风险，不仅要有正确的经济发展战略，保持合理的经济结构，而且要健全金融体系，加强金融监管，并根据实际情况，保持外债的适度规模和合理结构，逐步开放资本市场和金融服务。

加强地区和世界的金融合作，维护正常的国际金融秩序，共同防范国际游资过度投机的冲击，创造良好的金融环境，对所有国家都有利。我们对加强亚洲区域金融合作持积极态度，愿意参与有关合作机制的讨论。

东南亚经济的发展，由于当前金融市场发生风波，遇到了暂时困难。但经过总结经验，进行适当调整，东南亚经济的发展活力会进一步显示出来，前景是乐观的，我们对此抱有信心。

1993年以来，中国多次自主降低关税，五年间关税降幅达60%。自今年10月1日起，中国的平均关税水平已降至17%。中国政府决定，到2005年，将工业品的平均关税降至10%。中国决定加入《信息技术协议》，并就有关事宜开始谈判。我们的这些实际行动，相信将会推动亚太地区经济技术合作和贸易投资自由化的发展。

最后，我要热情欢迎2001年亚太经合组织第九次领导人非正式会议在中国上海召开。我们将为会议做好充分的准备。

谢谢各位。

政府工作报告(节录)

国务院总理李鹏1998年3月5日在第九届
全国人民代表大会第一次会议上的报告

各位代表:

本届政府从1993年3月就职,到现在已经五年了,任期即将结束。我代表国务院向大会报告过去五年的工作,对今年的工作提出建议,请予审议,并请全国政协各位委员提出意见。

一、关于过去五年的政府工作

第八届全国人民代表大会第一次会议以来的五年,我国各族人民在中国共产党领导下,解放思想,开拓进取,社会主义现代化事业取得了举世瞩目的伟大成就。经济体制改革迈出决定性步伐,对外开放提高到新的水平。社会生产力、综合国力、人民生活又上了一个新的台阶。香港顺利回归祖国。民族团结和社会稳定的局面进一步巩固。五年来,我国政通人和,百业俱兴,国力增强,是建国以来比较好的发展时期。现在,我国人民在中国共产党第十五次全国代表大会精神鼓舞下,正沿着建设有中国特色的社会主义道路,满怀信心,昂首阔步地迈向21世纪。

过去的五年,经济发展保持良好势头,国家经济实力显著增强。1997年国内生产总值达到74772亿元,按可比价格计算,平均每年增长11%。顺利完成了"八五"计划,提前实现了本世纪末国民生产总值比1980年翻两番的目标。制定和实施"九五"计划和2010年远景目标纲要,开局良好。在经济发展过程中,一度出现某些领域过热、物价涨幅过高的问题。通过深化改革,加强和改善宏观调控,既保持了经济的快速增长,又有效地抑制了通货膨胀。去年经济增长8.8%,商品零售价格涨幅为0.8%,这种"高增长、低通胀"的良好态势,是多年来没有过的。农村经济全面发展,农业增加值平均每年增长4.5%。各级政府重视农业,加强农业的政策逐步得到落实,调动了广大农民的积极性。多渠道增加农业投入,积极推广先进适用技术,加强水利设施和农田基本建设,农业综合生产能力有较大提高。1997年粮食产量达到49250万吨,比五年前增加5000万吨,粮食生产上了一个新的台阶。现在,我国已初步形成比较完备的粮食储备体系。肉、禽、蛋、奶、水产品、水果和蔬菜等农产品产量都有大幅度增加。城乡市场副食品供应充足,花色品种齐全,丰富了人民群众的物质生活。乡镇企业保持了较快增长的态势,不断为农村经济发展增添新的力量。工业增加值平均每年增长15.3%,产业结构和产品结构出现了积极的变化。1997年钢产量达到1亿吨以上,发电装机容量达到2.5

亿千瓦。运输邮电业迅速发展，五年铁路正线铺轨总里程 11344 公里，高速公路增加 4083 公里，电话交换机总容量达到 1.1 亿门。主要生产资料和消费品出现了供求基本平衡或供大于求的格局，长期以来困扰我们的商品紧缺现象已经根本改观了。五年全社会固定资产投资累计完成近 10 万亿元。投资结构进一步改善，基础产业和基础设施建设加快，中西部地区投资得到加强，经济和社会发展取得新的成就。一大批重点建设项目建成投产，京九、南昆铁路全线投入运营，长江三峡和黄河小浪底水利水电枢纽工程顺利截流。一批重大项目正在建设。新发现和探明了一批矿产资源。我国经济发展中长期存在的能源、原材料、交通、邮电等基础产业和基础设施的"瓶颈"制约，得到明显缓解，增添了持续发展的后劲。

以建立社会主义市场经济体制为目标的改革取得重大突破，新的宏观调控体系框架初步建立，市场在资源配置中的基础性作用显著增强。五年来，按照中国共产党第十四次全国代表大会确定的改革目标，大步推进了财政、税收、金融、外汇、计划、价格和投融资等体制改革。新的财税体制已经建立并且运行正常，中央和地方财力都有较大增加。政策性金融和商业性金融初步分开，中央银行的调控和监管职能开始增强。人民币汇率顺利并轨，汇价保持稳定，实现了在经常项目下的可兑换。以指导性计划为主的计划调控方式不断完善，价格进一步放开，绝大部分消费品和生产资料的价格已经由市场决定，市场机制对增加供给、调节需求、丰富人民生活所起的作用越来越明显。在投融资领域进行了改革，推行项目法人责任制、资本金制度和招标制度，投资风险约束逐步加强，企业筹资渠道进一步拓宽。国有企业改革力度加大，在积极试点的基础上稳步推进，改革的方向、目标、方针和重点已经明确，对解决难点问题进行了多方面的探索，积累了可贵的经验。在市场竞争中涌现出一批有实力的大型企业和企业集团。有的亏损企业经营状况好转，有的已经扭亏为盈。农村经济、社会保障、商品流通、对外贸易、城市住房等方面的改革，都有新的进展。以公有制为主体、多种所有制经济共同发展的格局进一步展开，国民经济市场化、社会化程度明显提高。深化改革为国民经济和社会发展不断注入新的活力。

对外开放继续扩大，形成了全方位、多层次、宽领域的开放格局。五年来，我国年进出口总额由 1655 亿美元增加到 3251 亿美元。出口商品结构明显改善，工业制成品特别是机电产品所占比重稳步上升。利用外资大幅度增长，外商直接投资实际金额五年累计 1858 亿美元。外商投资项目质量有所提高，技术含量比较高、投资金额比较大、符合国家产业政策的项目逐年增多。对外工程承包和劳务出口逐年增加，旅游业持续增长。国际收支状况良好，国家外汇储备由 194 亿美元增加到 1399 亿美元，对我国发展对外经济合作，抵御国际金融风波的冲击，发挥了重要作用。经济特区和上海浦东新区继续发展，全国对外开放的地区和行业进一步扩大，科技、教育、文化等方面的国际合作与交流不断加强。五年来，我国缔结或者参加国际条约 187 个。对外开放的扩大，为更好地利用国际国内两个市场、两种资源，优化经济结构和提高国际竞争力，促进国民经济持续快速健康发展，创造了有利条件。

（以下略）

二、关于1998年政府工作的建议

1998年是全面贯彻中国共产党第十五次全国代表大会精神的第一年，是推进改革开放和现代化建设事业的重要一年。九届全国人大一次会议将要进行政府换届。国务院经过认真研究，并且广泛征求了各方面的意见，就今年的政府工作提出如下建议。

今年工作的总体要求是：高举邓小平理论伟大旗帜，全面贯彻中国共产党第十五次全国代表大会精神，加强农业基础地位，加快以国有企业为重点的各项改革，加大经济结构调整力度，提高对外开放水平，继续推进经济体制和经济增长方式的根本转变，保持国民经济持续快速健康发展；加强民主法制建设，推进依法治国，坚持不懈地开展反腐败斗争，维护社会稳定；加强精神文明建设，促进教育、科学、文化发展和社会全面进步；加强全国各族人民的团结，为建设有中国特色社会主义事业齐心奋斗。根据这个总体要求，今年要着重抓好以下工作：

第一，进一步稳定和加强农业（略）

第二，国有企业改革要取得新的突破（略）

第三，继续加强和改善宏观调控

今年国民经济宏观调控的主要目标是：经济增长速度8%，商品零售价格涨幅控制在3%以内。这体现了稳中求进的精神。实现这样的目标，就能保持高增长、低通胀的良好发展势头。

投资规模的适度增长，是国民经济持续快速健康发展的一个重要条件。今年全社会固定资产投资预定增长10%或者更多一些。投资要重点用于加强农林水利建设，能源、交通、通信、环保等基础设施建设，加大高新技术产业的投入，提高技术改造投资的比重，加快普通民用住宅的建设。基础性投资要注意合理布局，发挥现有设施的潜力，不要盲目铺新摊子。要支持中西部地区的资源开发和重大基础设施建设。严格控制新开工项目，原则上不上新的一般工业项目，集中力量加快有市场前景、效益好的在建项目建设，支持企业引进关键设备和高新技术设备，促进产品更新换代。加强产业政策导向和信息发布，引导企业按照市场需求确定和调整投资方向。积极推进住房体制改革，采取切实措施促进住房商品化，使居民住房建设成为新的经济增长点。要深化投融资体制改革，严格和完善项目资本金制度，强化投融资风险责任。各类项目都要做好可行性研究，所有投资都要讲求效益。

继续实行适度从紧的财政政策。严肃财经纪律，努力增收节支，控制债务规模，继续压缩财政赤字。严格税收管理权限，加强依法治税，强化税收征管，严厉打击偷税骗税，清理欠税，减少税收流失。继续深化财税体制改革，完善所得税制度，调整消费税，开征遗产税。注意解决收入分配中的不合理问题。健全会计制度，强化企业财务管理，加强审计监督，严禁各种形式的乱摊派、乱收费、乱罚款。坚持量入为出的方针，从严掌握财政支出。适当增加粮食风险基金、再就业和解困资金。现在很多方面铺张浪费屡禁不止，有些甚至愈演愈烈，引起群众的强烈不满。必须坚决贯彻勤俭建国、勤俭办一切事业的方针，反对铺张浪费，制止挥霍奢侈之风。

继续实行适度从紧的货币政策，改善金融调控方式，注意适时适度微调。优化贷款结构，支持国有大中型企业的改革和发展，适当增加对国有小企业和其他所有制企业的贷款，促进经济结构调整。今年金融体制改革的重点，是完善和强化中国人民银行的金融调控和监管体系，加强国有商业银行的集中统一管理，有步骤地发展区域性商业银行和城市商业银行，深化城乡信用合作社的改革，理顺和完善证券监管体系。企业发行股票和债券是优化资产配置、转换经营机制的重要方式，也是筹集资金的重要渠道，必须严格按规范进行，并向大中型国有企业倾斜，防止不符合条件的企业滥竽充数，以保护投资者的利益。健全金融法规，整顿和规范金融秩序，严格结算纪律，加强金融机构内部管理，严禁非法金融活动。去年以来，东南亚的金融危机波及许多国家。我国由于经济发展态势良好，保持了金融市场和人民币汇率稳定，但也要从中吸取经验教训，采取积极措施，努力防范和化解可能出现的消极影响。各类金融机构都要加强队伍建设，提高从业人员的政治和业务素质。

第四，进一步提高对外开放水平

对外开放是我国的一项基本国策。当前对外开放面临新的形势，既有不少有利条件，也有一些不利因素。今年要因势利导，继续扩大对外开放，加强经济、科技、教育、文化等各个领域的国际交流与合作，努力提高开放的成效。继续办好经济特区和上海浦东新区。

努力扩大出口，适当增加进口，实现进出口贸易基本平衡。积极实施以质取胜和市场多元化战略，继续扩大轻纺产品、机电产品特别是成套设备的出口，提高产品质量和附加值。既要稳住和扩大传统出口市场，又要努力开拓新的市场。增加进口的重点，是短缺的资源性产品、高新技术和关键技术设备。对高新技术项目，以及国家鼓励的项目进口国内不能生产的设备和技术，免征关税和进口增值税。深化外贸体制改革，加快转换外贸企业经营机制，加强和改善进出口商品管理，完善出口退税办法。

继续积极、合理、有效地利用外资。进一步改善国内投资环境，坚持重质量、重效益的原则，引导外资投向农业、基础设施、基础工业、高新技术产业和产品出口型项目。鼓励外商投资项目更多地进入中西部地区，优惠贷款要继续向中西部倾斜。健全涉外经济法规，依法对外商投资企业进行管理，保护中外投资者和企业员工的合法权益。改革援外体制，稳妥地进行对外投资。积极发展国际旅游业。做好1999年将在昆明举办的世界园艺博览会的准备工作。

保持国际收支平衡和人民币汇率稳定，是必须坚持的方针。今年国际收支中有一些新的减收增支因素，要努力增加外汇收入，合理有效地使用外汇，依法管理资本项目下的国际收支和汇兑。加强对外债的统一管理，到境外金融市场融资和提供担保必须经过国家批准。对擅自到境外融资的违规行为，要坚决查处。

（以下略）

三、关于国际形势和外交工作（略）

国务院副总理兼外交部长钱其琛在亚太经济合作组织第九届部长级会议上的发言

1997 年 11 月 21 日，加拿大温哥华

主席先生：

请允许我代表中国代表团，感谢会议东道主加拿大为本次会议所作的周到安排。我相信，在你的卓越指导下，这次会议一定会取得成功。

1996 年，世界经济保持了恢复增长的势头，增长率达 2.8%。亚太地区发展中国家的经济实现了约 8.5%的高增长。1997 年中国的经济增长率预计为 9%。

虽然部分东亚国家和地区最近遭受了金融市场波动的冲击，亚太仍是世界上经济增长最快的一个地区。我们认为，受冲击的国家和地区经过必要的调整，一定能够克服目前的困难，并为今后新一轮国民经济的增长打下坚实基础，为本地区和世界经济发展作出更大贡献。我们对东亚经济发展的前景充满信心。

这次波动给了我们很多启迪。我在此想强调以下几点：

——在世界经济全球化、一体化加速发展的情况下，各成员需不断完善宏观经济管理体制，及时调整经济结构，使自身反应更快、更灵活。这是保证其经济适应外部形势变化，沿健康轨道发展的重要前提。

——投机行为已成为国际金融活动中一个十分突出的问题，往往能给某些国家、地区甚至全球的金融体系带来风险和破坏。因此，应采取措施，约束过度投机。

——随着各成员经济联系日益密切，更需要加强国际与区域合作，为成员经济增长与发展保持一个稳定、有利的国际经济环境。特别是对发展中经济体而言，它们的经济基础相对较为薄弱，更易受外部经济环境波动和投机行为的影响，这种合作尤其重要。

中国积极参加了对泰国和印度尼西亚的资金援助计划。我们对加强亚洲区域金融合作持积极态度。

主席先生，

在经济技术合作方面，APEC 近年来取得了一些进展，对促进成员共同发展也发挥了积极作用。但同 APEC 领导人为经济技术合作所确立的目标相比，还存在着巨大差距，应当采取进一步行动，促使经济技术合作取得实质进展，从根本上改善经济技术合作长期落后于贸易投资自由化的局面，这才符合 APEC 大家庭精神。保证贸易投资自由化和经济技术合作两者齐头并进、相辅相成，这是使 APEC 平稳发展的必要条件。

去年通过的《经济技术合作框架宣言》，是APEC经济技术合作的一个重要里程碑。现在需要做的是做实事，讲实效。当务之急是建立相应机制。我们建议尽早成立经济技术合作委员会，制定相关政策，协调各项活动。我相信，建立这一机制必将有力地推动APEC的经济技术合作。

我很高兴地看到，东道主加拿大将基础设施列为领导人非正式会议的主要议题之一。加强在基础设施上的合作，促进投资和技术流入这一领域，有利于实现投资来源的多样化，提高基础设施的质量。为实现这一目标，促进包括私营部门在内的企业界对基础设施的投资是重要的。政府在基础设施规划、组织、资金调动和管理等方面发挥作用，也是同样重要的。

在世纪之交，一场新的科学技术革命已经来临，它改变着传统的生产方式，冲击着人类生活的方方面面，这场科技革命可以带来前所未有的经济增长和繁荣，但也有可能加剧现有成员间的发展程度的差距。这对国际社会的每一个成员都既是一个巨大的机遇，也是一个严峻的挑战。因此，我们支持明年的东道主马来西亚将加强科技合作、促进发展列为明年APEC工作重点之一，并愿同其他成员一道，争取在该领域合作上取得成果。可以相信，通过我们的共同努力，一定能使科技进步更好地服务于各成员的经济发展，共同迎接新世纪的到来。

自马尼拉会议以来，亚太经合组织在贸易投资自由化方面取得了一些进展。部门提前自由化是件新事，它不应、也无法取代单边行动计划。我们认为，在有争议的问题上强行推动，或依靠“足够多数”的概念否定协商一致的原则，是行不通的。我们不应忘记“两个时间表”和“自主自愿”的原则。这是“亚太经合组织方式”的精髓。

主席先生，

最后，我愿在此宣布，作为对亚太经济合作的贡献，中国政府决定承办APEC2001年会议。欢迎各成员在21世纪伊始相聚在中国，共同开创亚太合作的新篇章。

谢谢主席先生。

国务院副总理李岚清在世界经济论坛年会同媒体负责人早餐会上的讲话

1998 年 2 月 1 日,瑞士达沃斯

女士们,先生们:

我很高兴能有机会与世界主要媒体的朋友们在达沃斯共进早餐。我愿简要向各位介绍一下中国的情况。

自中国 1979 年实行改革开放政策以来,经济实现了持续发展。19 年间,国内生产总值平均每年增长 9.8%。1997 年,中国改革开放和现代化建设继续全面发展,国民生产总值增长 8.8%,物价涨幅为 0.8%。由于法律体系和投资环境的不断完善,近 20 年来,我国共吸引外商直接投资约 2200 亿美元,仅去年实际进入中国的外商直接投资就达 450 亿美元,比前一年增长了 8.5%。由于这些投资项目总体运行情况良好,对投资者和我国都产生了良好的效益。我国现已成为全世界除美国以外吸收外商直接投资最多的国家。对外开放是我国的长期国策,今年 1 月 1 日起,我们决定对外商投资设备进口等实施更加优惠的政策,欢迎更多的外商来华投资。

我国对外贸易去年继续增长,进出口总额达 3250 亿美元,跃居世界贸易排位的第 10 位。外汇储备为 1400 亿美元,人民币币值合理和稳定,并将继续保持它的稳定。当然,同时我们还借用了 1400 亿美元的国外贷款,由于这些贷款绝大部分是长期贷款,并主要用于基础设施和基础产业,一直保持着良好的还款信誉,我们的年偿债率仅为 6.7%。

现在中国已批准设立的外商投资企业有 30 万家,全球制造业最大的 500 家跨国公司,已有 300 家在中国投资。

亚洲金融风暴目前对中国还没有造成直接冲击,主要是因为我们早在几年前,就对中国经济和社会所面临的问题努力加以解决。我们所采取的一系列措施对防范和化解金融风险以及警惕国际金融投机的冲击发挥了作用。但这并不是说我们不存在问题。中国在经济和社会领域都存在许多问题,例如经济结构的进一步调整和企业改革等。由于时间有限,今天不可能详细谈。我想用一个简单的比喻来描述这方面的情况。这就好像在一条河的两岸,一边是社会主义市场经济,一边是传统的计划经济,现在中国的大部分企业已经到达河的彼岸、能适应市场经济的环境和规律,且运行良好。但也有一些企业正在用各种方式过河,有的游泳,有的划船,有的搭桥。我相信,再用三年左右的时间,他们多数都能过河,但既然是过河,也难免有一些会淹死,这是改革必须付出的代价,也是市场经济不可避免的严酷现实。

虽然至今危机尚未直接冲击到中国,但我们已为危机对我国可能产生的影响做好准备

并制订了相应对策。人们应从中吸取教训，加速改革的步伐，特别是金融体制改革的步伐，我们的邻国也在这样做，只是改革的内容不尽一样。今年我国将在保持人民币汇率稳定的条件下，采取各种健康有效的政策和措施，达到国民生产总值增长8%的目标。对此我是乐观的。

我想有以下原因。

我们将有重点地增加投资。这些重点投资领域包括：水利设施和其他农田基本建设，城乡地区的公路、铁路和交通设施建设，环境保护项目，高新技术产业，企业技术改造和居民住宅建设，中西部地区的开发等等。投资的增加无疑将带动就业和消费需求的扩大。

我们将继续改善投资环境，吸引外商来华投资。人民币已实现经常项目下的可自由兑换，中国工业品平均关税到2005年将进一步降至10%。从今年1月1日起，中国对国家鼓励和支持发展的投资项目的进口技术设备重新实行免征关税和进口环节增值税。

我们还将通过进一步优化出口商品结构和通过各种努力降低成本的方法增强中国的出口竞争力。即使我国的出口增长速度受到一些影响，也要保持人民币的稳定，这不但对我国有利，也是对恢复亚洲货币市场的稳定和信心作出贡献。

我不同意“亚洲悲观论”，正如我一直不同意说下个世纪是“亚洲的世纪”一样。我相信，经过改革和调整，亚洲的前途仍是光明的。

关于加入世贸组织问题，中国已为此付出了11年的努力。中国参加了整个乌拉圭回合的谈判，并在最后一揽子协议上签了字。虽然中国还不是WTO的成员，但是自1993年以来，我们已先后5次降低关税，并将继续降低关税。在国内国外，都有人问过我这样的问题：中国这11年来不是世贸组织的成员，贸易不是也发展得很好吗，为什么要进入WTO？但是，我认为看问题不能这么短视。世界经济一体化是大势所趋，为了全球的长远利益，有必要遵循统一的规则，否则很危险，会发生对大家都不利的贸易战和贸易保护主义。中国加入世贸组织的原则是：中国愿意承担一个发展中国家应承担的义务，同时要享受相应的权利。我想，中国需要世贸组织，世贸组织也需要中国。没有中国的加入，世贸组织很难发挥更大的作用。现在谈判已经取得了重大进展，我们希望这一问题能尽快得到解决。

在世界科技、尤其是信息技术快速发展的今天，经济、科学和技术都在向着全球化的方向飞速发展。中国作为国际社会的一员，她的发展不能孤立于世界大环境。中国将继续加速改革、扩大开放并与世界接轨。我希望并欢迎新闻媒体的朋友们到中国亲自看看那里发生的一切。

谢谢！

第二部分

以十五大精神为指针 认清形势 克服困难 增强责任感 全面完成各项外经贸任务

对外贸易经济合作部部长 吴 仪

1998年2月8日

1998年全国对外经济贸易工作会议的中心议题是:高举邓小平理论伟大旗帜,以十五大精神为指针,按照中央经济工作会议的部署,认真总结1997年的对外经贸工作,研究和部署1998年的外经贸工作,认清形势,统一思想,激发爱国心,增强责任感,努力克服困难,全面完成各项外经贸任务,为国民经济的持续快速健康发展作出应有的贡献。

一、1997年对外经济贸易在我国国民经济中的作用进一步增强

进出口贸易有了进一步发展。据海关统计,1997年全国外贸进出口总额3250.6亿美元,比上年增长12.1%,其中出口1827亿美元,增长20.9%;进口1423.6亿美元,增长2.5%。我国首次位居世界贸易排位的第十位。对外贸易的主要特点是:出口快速增长,出口增长幅度连续12个月超过20%,进口回升平缓;一般贸易与加工贸易同步发展,其进出口额分别占进出口总额的36%和52.2%;国有企业进出口增长速度超过外商投资企业,并继续居主导地位。国有企业进出口额为1636.6亿美元,增长12.7%,占进出口总额的50.4%,外商投资企业进出口额为1526.2亿美元,增长11.3%,占进出口总额的46.9%;初级产品进口增长迅速,出口商品结构进一步优化,工业制成品占出口总额的比重由上年的85.5%提高到86.9%;全年贸易顺差为403.4亿美元,国家外汇储备年底达到1399亿美元,国际支付能力和抗风险能力显著增强。

实际吸收外商直接投资保持增长。去年全国新批外商投资企业21028家,合同外资金额518亿美元,分别比上年下降14.37%和29.36%;实际利用外资金额452.6亿美元,增长8.47%。截至去年底,全国累计批准外商投资企业30.48万多家,合同外资金额5211.64亿美元,实际利用外资金额2218.71亿美元。去年外商投资的特点是:实际利用外资金额创历史最高记录,而合同金额下降幅度较大;外商独资企业首次在数量上超过中外合资企业数;

新批外商投资企业中,中西部地区所占比重略有增加;香港仍是内地吸引外资最主要的来源地;外商投资企业进出口首次出现贸易结汇大于资本结汇。在争取外国政府贷款和选择承贷项目、回收贷款等方面也取得了明显效果。

援外方式改革与援外工作稳步推进。援外改革取得实质性进展,无偿援助、援外合资合作及成套项目建设进展顺利,效果较好。援外工作有力地配合了外交工作和市场多元化战略的实施。

对外经济合作取得较大成绩。去年,全国新签对外承包工程和劳务合作合同金额113.6亿美元,比上年增长10.5%;完成营业额83.8亿美元,增长8.9%。对外经济合作的规模和档次有所提高,大项目和总承包项目增多,设计咨询业务发展迅速。

实施市场多元化战略取得新的进展。去年,在对亚洲、欧洲及北美洲等传统市场的出口继续保持较大增长的同时,对拉美、非洲及大洋洲的出口增幅分别达47.7%、24.9%和22.1%。

外经贸体制改革有了重要进展。在企业改革方面,去年,我们按照中央的部署,加大了国有外经贸企业改革的力度。一是遵照中央经济工作会议关于"要对企业领导班子进行考核,加强领导班子建设"的要求,全国各级外经贸主管机关对所属企业普遍进行了综合考核。二是加大企业兼合并力度,推动国有外经贸企业走规模经营的道路。各地在这方面都制订了规划和方案,采取切实措施予以推动,比如上海的工贸一体化大集团战略已初见成效,江苏、山东等地在这方面也做了积极探索。三是按照"三改一加强"的方针,各地积极推进当地外经贸企业内部职工持股的试点工作和企业内部机制转换,使国有外经贸企业适应市场竞争的能力进一步增强。四是加强了对全行业国有企业改革的指导,修订与完善企业改革方面的政策与法规。

在外经贸宏观管理体制改革方面:完善出口配额分配管理办法,打破分配上的"终身制",对出口企业使用配额的情况在动态核查的基础上,按出口实绩进行"奖高减低"的调整,提高了配额的使用率和出口效益。配合纺织行业解困,制定了相应的措施。进一步扩大实行出口配额有偿招标的商品范围,制定与完善了出口商品配额招标的有关政策规定,使招标工作进一步规范。深化对进出口经营权审批制的改革,逐步放宽审批标准,进一步调动各类企业参与外经贸活动的积极性。目前,全国共有各类外经贸企业16万多家,其中外贸企业5300家、自营进出口生产企业7800家、科研院所295家、外经企业686家、外商投资企业14.5万多家。

多双边经贸关系继续发展。双边关系方面:去年,江主席成功地对美国进行了访问,与克林顿总统就中美两国建立面向21世纪的建设性战略伙伴关系达成共识,大大推动了两国关系的发展,也为发展两国经贸关系创造了条件。中日经贸关系发展较为顺利,双边贸易继续保持增长,日本企业对华投资、中日政府间资金合作情况良好。中欧经贸关系取得新的进展,欧盟将取消把我国作为"非市场经济国家"的认定。中俄确定了面向21世纪的战略协作伙伴关系,建立了一系列促进两国关系全面发展的机制,特别是两国总理定期会晤机制。我国与周边国家的经贸关系稳定发展。祖国内地与香港的经贸关系，在保证香港顺利回归和保持香港繁荣稳定方面发挥了重要作用。祖国大陆与台湾的经贸交流初步形成相互促进、互补互利的局面，促进了海峡两岸经济的共同发展。我国与东盟就建立面向 21 世纪的睦邻互信伙伴关系达成一致，与广大发展中国家特别是与非洲、南美的经贸合作也有较大发展。

多边关系方面：去年，我国在加入世贸组织议定书的谈判上取得一定进展，已就外贸经营权、非歧视条款和司法审议条款与谈判各方达成一致。同时，我国还积极参与亚太经合组织的贸易与投资自由化进程，大力推动成员间的经济技术合作；积极参与了亚欧会议的各项活动。

1997 年对外经济贸易在我国现代化建设中的作用进一步增强，成为国民经济增长的重要动力。据国家统计局计算，去年仅我国外贸出口对国民经济增长的拉动幅度近两个百分点。外经贸工作之所以有如此大的进步，主要取决于以下几个方面的因素：

第一，国民经济保持"高增长、低通胀"的良好发展势头，为出口企业降低成本、调整商品结构、提高经济效益、扩大出口规模提供了有利条件。

第二，与外贸出口密切相关的政策环境有所改善，对出口增长起到了非常重要的作用。一是企业资金紧张状况得到了明显改善，特别是 1996 年中央财政支付的出口退税款，基本上解决了前几年严重困扰我国外贸出口发展的出口欠退税问题；中央银行连续两次调低贷款利率，对外贸企业降低出口成本产生了显著效果。二是中央银行努力保持人民币汇率基本稳定，为扩大外贸出口创造了十分重要的外部条件。

第三，从中央和国务院领导到各部门、各级地方政府都高度重视外经贸工作，将对外经济贸易特别是外贸出口作为经济发展新的增长点来抓，不少地方政府采取建立外贸周转金、调整出口商品结构、鼓励企业兼并等各种措施，加大支持力度。

第四，国有外经贸企业加大改革力度，积极转变经营观念，进一步挖掘内部潜力，切实加强管理，适应市场经济体制和国内外市场变化的能力日渐增强，大多数外经贸企业已树立了以经济效益为中心、以市场为导向的经营指导思想。

第五，对外"大经贸"的格局进一步发展。各项外经贸工作和各种外经贸合作形式有机结合，贸、工、农、技、商、银等各部门密切配合，各类外经贸企业共同努力，有力地保证了外经贸事业的发展。

第六，外交工作活跃，我国的国际地位进一步提高，多双边经贸工作结合取得很大进展，为我国对外经济贸易的发展创造了良好的国际环境。

第七，去年世界经济及国际贸易发展势头较好，西方国家经济以较高速度增长，国际市场需求相对旺盛，为我国扩大外贸出口提供了重要的市场条件。

二、全面认识我国对外经济贸易工作所面临的形势

根据党的十五大精神和中央经济工作会议的要求，今年全国经济工作的总方针是"稳中

求进”，外经贸工作也要贯彻这一方针。今年我国国内生产总值的增长幅度确定为8%或更高一点，外贸进出口的宏观调控目标确定为3450亿美元。同时，要在利用外资、开展对外承包工程与劳务合作、发展各种形式的经济技术合作、扩大对外投资、改革援外工作等方面也有相应的发展。

通过综合分析国内外形势，可以看到，1998年我国对外经贸工作面临的形势是相当严峻的。

从国际环境看主要有：我国尚未加入世贸组织，不能享受该组织多边协定的权利，使我国在国际竞争中处于不利地位；随着外贸出口的快速发展，我国在双边贸易中顺差增加，与贸易伙伴发生贸易摩擦的可能性增大；国际上贸易保护主义不时滋生，国外对我出口商品实施反倾销及其他各种限制增多；国际经济问题政治化的倾向继续存在，我国的对外经贸工作将不可避免地受到国外各种非经济因素的干扰，等等。

从国内环境看，主要有：国有外经贸企业规模普遍偏小，一些企业的经营机制尚不能完全适应市场经济的要求，应变能力较差；出口商品结构不够优化，出口商品仍以劳动密集型产品为主，价值含量低，竞争力不强；退税单证繁多、手续繁琐，不利于退税机关和企业操作，影响了退税政策效应的发挥；外经贸经营秩序比较混乱；现行进口管理体制与社会主义市场经济体制的要求不相适应，未能形成进出口相互促进、协调发展的局面；外商对华直接投资的合同外资金额连续几年下降，影响今后我国利用外资的规模和发展速度；我国的利用外资政策和投资环境尚有一些不尽人意的地方。

今年面临的形势相当严峻，主要是亚洲金融危机对我国出口的影响已开始显现，出口增长明显回落，出口成交下降，部分已谈好的合同不签约，出口竞争力减弱，由于有的商品出口受阻，已对国内生产产生不利影响。这些情况很值得重视。

就对我国外经贸整体工作而言，亚洲金融危机可能带来的不利影响表现在出口方面主要有：受这次金融危机危害最大的东盟、韩国和日本都是我国重要的贸易伙伴。金融危机使得这些国家和地区的经济增长速度放慢、国际收支能力下降、进口需求减少，我国对这些国家和地区的出口将直接受到影响；我国与东南亚国家出口商品结构接近，主要出口市场也都集中在美、欧、日、香港等国家和地区。金融危机导致东南亚及我国周边一些国家和地区的货币纷纷贬值，造成人民币相对升值，削弱了我国出口商品的竞争能力，增加了扩大出口的难度。

利用外资方面主要有：港台、日、韩和东南亚地区是我国吸收外商直接投资的主要来源地。金融危机使得这些国家和地区的投资者实力下降，影响其对我国内地的投资；从长期看，金融危机会使东南亚国家在吸收外资方面制定更为优惠的政策，从而与我国形成更加激烈的竞争。

对外工程承包与劳务合作方面主要是：东南亚地区与韩国占我国对外工程承包与劳务合作业务量的65%。金融危机使这些国家取消了上百亿美元的工程承包计划项目。我国企业在该地区承揽的承包工程项目有的合同被取消，在建工程由于当地货币贬值而效益大大降低，有的已难以进行下去。

但金融危机也给我国外经贸的发展带来某些机遇。在这次金融风波中，我国所受的影响相对较小，宏观经济保持稳定，欧美一些跨国公司可能看好我国投资环境的比较优势，将投资转向我国；金融危机使得东南亚和东亚国家市场萎缩、购买力下降，可能使欧美对我国市场的依赖程度加大；东南亚国家有可能进一步扩大开放市场，我们可以藉此寻找经贸合作的机会，同时东南亚国家由于资金困难，不得不削减从西方进口高档产品转而寻找低价代用品，为我国产品出口提供了机遇；金融危机使东南亚国家货币贬值、资产价格下跌，给我们介入东南亚的资源开发创造机会，也给我国企业开拓当地市场带来机会等。

做好今年的外经贸工作也存在不少有利条件。从国内看主要有：党的十五大将邓小平理论确立为党的指导思想，对我国经济与社会的跨世纪发展做了规划，并确定了一系列改革与发展的方略；中央经济工作会议对今年的经济工作制定了正确的方针和措施；我国经济实现“软着陆”以来，保持了高增长、低通胀的良好发展势头，工农业生产持续发展，为各类外贸企业扩大出口提供了重要的经济条件和物质基础；从中央到各级地方政府高度重视对外经济贸易工作，都在采取各种措施给予支持；外经贸企业适应市场经济体制和国内外市场变化的能力日渐增强；我国现代化建设蓬勃发展，市场机会巨大，对外商有很大的吸引力。从国际环境看，1998 年的国际政治格局将继续向多极化方向发展，国际局势继续趋向缓和，和平的国际环境和稳定友好的周边环境有可能得以保持；世界经济增长速度虽放缓，但仍会保持一定幅度的增长；世界经济一体化不断发展，有利于国际间经贸合作的开展；世界产业结构加速调整，发达国家和新兴工业国家的传统产业加快向发展中国家转移，国际资本向经济发展较快、社会保持稳定的发展中国家和地区的投入增加。

全面认识我们所面临的形势，是为了更好地去面对困难，充分利用有利条件，千方百计去战胜困难。我们正处在一个十分特殊的时期。这个时期的特殊任务就是要应对亚洲金融危机所带来的挑战。对这场挑战我们应对得好不好，不仅关系到我国外经贸事业的发展，而且关系到我国经济能否保持持续快速健康发展。

三、调动一切积极因素，克服困难，千方百计把今年的外贸出口搞上去，全面完成各项外经贸任务

今年外经贸工作的指导思想是：以邓小平理论和党的十五大精神为指针，以改革为动力，认清形势，发扬爱国主义精神，增强责任感，调动一切积极因素，努力克服困难，全面完成外经贸工作任务。据此，我们要努力抓好以下工作：

（一）大力发展外贸出口，适当增加进口，努力保持外贸进出口的稳定增长

在讲求经济效益的前提下扩大出口，是我们发展出口的基本原则。今年要在处理好规模与效益关系的基础上，大力发展外贸出口，保持出口的稳定增长，同时适当增加进口，逐步减少贸易顺差。

要采取切实有效的政策措施，积极开拓国际市场，大力发展外贸出口。第一，各类外经贸企业要大力挖掘内部潜力，千方百计降低成本，压缩库存，加快资金周转，提高资金利用率，努力增强自身的竞争能力。第二，加快优化出口商品结构。制定鼓励政策，在保持一般商品出口增长的同时，积极鼓励和发展一批技术含量高、附加值高的商品出口。第三，采取多种形式，努力扩大出口。一般商品贸易是外贸出口的主要形式，同时要利用好加工贸易这种形式。还要根据地域条件开展边贸和易货对销贸易。第四，制定一系列见效快的鼓励出口的措施，加强银贸结合与税贸结合，完善出口退税制度，简化退税手续，加快退税进度。鼓励所有的外经贸企业扩大出口，特别要抓好大型外贸企业和大型自营进出口工业企业的出口工作。第五，把对外援助、对外经济技术合作、对外投资与外贸出口有机结合起来，促进出口。第六，继续保持和深度开发美、日、欧盟等传统市场，同时大力开拓非洲、拉美、独联体等新市场。

在努力扩大出口的同时，还要结合国内产业结构、出口商品的结构调整和国内技术进步，采取有效措施适当增加进口。

（二）全面贯彻全国外资工作会议精神，积极合理有效地利用外资

在全国外资工作会议上，中央领导同志充分肯定了利用外资对国民经济发展的积极作用，并对今后外资工作提出了更高的要求。会议对今后利用外资工作做了全面部署，提出了明确的工作思路和政策取向。

首先要办好现有的外商投资企业。克服“重办轻管”的做法，依法保护外商投资企业的权益，同时也要坚持联合年检制度，监督外商投资企业依法经营，并保护中方投资者和员工的合法权益。

进一步改善投资环境。在继续完善基础设施等“硬环境”的同时，注重改善投资的“软环境”。把治理“三乱”（乱收费、乱摊派、乱罚款）作为当前一项重要工作来抓。

结合我国发展战略，调整利用外资的结构。加大吸引欧美跨国公司来华投资的力度。鼓励外商投资更多地进入中西部地区，促进中西部地区的开发开放。

有步骤地推进服务业的对外开放。搞好内贸、外贸、旅游等服务业的对外开放试点，抓紧研究扩大建筑业和会计、法律等服务领域的对外开放，审慎、稳妥地从事金融业的对外开放。

做好利用外国政府贷款的工作。进一步完善借、用、还机制，加大清欠力度，落实偿债措施。在贷款的使用上要体现行业和地区的倾斜政策，支持中西部地区的开发开放。

（三）继续深化外经贸管理体制改革

加快审批企业的对外经营权。为了支持国有大型生产企业的改革和发展，准备在原有对5个经济特区生产企业自营进出口试行自动登记制的基础上，扩大自动登记的试行范围，首先扩大到国家重点联系的1000家国有大型企业中的生产企业，以进一步取得这方面的经验。同时，根据十五大精神，抓紧研究和进行混合所有制企业经营外经贸业务的试点；在出口配额与许可证管理改革方面，要有突破性进展，要适应社会主义市场经济发展的要求。只要有利于扩大出口、对国家经济发展又没有大影响的商品，大部分都应放开经营；加大进口管理体制改革力度。进一步放宽进口，减少进口配额、许可证管理的范围，简化审批手续，实行进出口结合；强化中介机构的作用，特别要加大进出口商会的改革力度，发挥商会协调与服务的功能；加强对原产地证签发工作的管理。

（四）加快国有外经贸企业改革步伐

搞好国有外经贸企业改革，关键是抓好“三改一加强”方针的落实。

第一，要“抓大放小”。在全国范围选择一批具有相当经营规模的大中型国有外经贸企业，利用现有政策对它们实施重点支持、重点改革，力争用三年左右的时间，使这些企业达到十五大报告中所要求的“初步建立现代企业制度，经营状况明显改善”的目标，使它们充分发挥在我国对外经济贸易中的主导作用。对小型国有外经贸企业采取改组、联合、兼并、租赁、承包经营和股份合作制、出售等形式，加快放开搞活。

第二，充分利用好国家关于国有大中型企业的兼并政策，加快培育外经贸行业的“旗舰”和“航空母舰”，增强国际竞争能力。企业兼合并要有利于外经贸业务的发展，要坚持贸、工、农、技相结合。

第三，继续抓好外经贸企业股份制试点工作。推动国有外经贸企业实行内部职工持股，完善相关政策；积极支持国有外经贸企业组织优质资产上市，广泛吸收社会资金，以较少的国有资产调动和控制较多的社会资本；引导已上市的公司通过资本经营进行扩张、壮大实力。

第四，加强国有外经贸企业的内部管理。重点是加强财务管理，核心是资金管理。要通过盘活、挖潜，加速资金周转。强化投资管理，严格做好投入前的可行性分析，坚持集体审批制度，避免投资决策失误。要厉行节约，反对铺张浪费。

第五，进一步整顿海外企业。海外企业搞不好，不仅会造成国有资产流失，还会给国民经济埋下隐患，加强海外企业管理迫在眉睫。外经贸部今年准备召开会议进行专题研究和部署。

（五）进一步深化援外方式改革，大力开展对外承包工程与劳务合作

今年要大力抓好政府贴息优惠贷款框架协议项下已确定项目的落实，并切实保证援外工程及设备、物资的质量，同时认真总结经验，针对工作中遇到的困难和问题，采取措施深化和加快援外方式改革。

对外承包工程与劳务合作要在受到金融危机影响的情况下，采取切实措施规避汇率风险，下大决心加强管理、整顿秩序，在维护和巩固老市场的同时，努力开拓新市场。不仅开拓发展中国家市场，也要下功夫开拓发达国家市场。

当今世界，经济全球化加速发展。货物、资金、技术、劳务等各种经济要素的流动相互融合、相互渗透。在这种情况下，开拓任何一个市场，在具体运作方式上都不能“单打一”，需要树立对外“大经贸”的观念，把对外援助和对外投资、工程承包、劳务合作等各种经贸合作方式有机结合起来，形成相互带动、相互促进的局面。

（六）发展对外投资，努力开拓国际市场和利用国外资源

我们要认真落实江总书记在十五大报告中提出的“鼓励能够发挥我国比较优势的对外

投资”，做好对外投资的工作。

国家有必要制定一些鼓励措施，推动有条件的企业发展对外投资。结合国内产业结构调整，积极引导和推动我国具有比较优势的加工工业向境外转移，在当地开展有资源、又有市场需求的商品的生产、加工与装配，并进入当地的销售系统，开拓在该国乃至周边国家的市场，开辟新的经济增长点。

鼓励有条件的国内企业（包括中外合资企业）到国外开发和利用国外的重要资源，有的可以在当地进行初加工或深加工，带动我国的设备和劳务出口，并开展第三国贸易。在国家的统筹安排下，协调划分好投资开发区域，要鼓励有经济实力、有专业技术力量的企业到境外投资办厂；在充分论证、确有把握的基础上投资，避免投资的盲目性；发挥驻外使馆经济商务参赞处的作用，做好我国企业在驻在国投资的指导与协调工作。

（七）抓住有利时机，进一步发展多双边经贸关系，创造良好的国际环境

按照中央确定的方针，争取尽早加入世界贸易组织（WTO），享受我国应有的权益。积极参与亚太经合组织贸易与投资自由化进程，大力推进成员间的经济技术合作，争取发挥我国在其中的主导作用。做好以美国、欧盟、日本为重点的发达国家的工作，积极从这些国家引进先进技术与设备，逐步减少我方贸易顺差，同时以进带出，努力扩大对这些国家的出口。大力发展同亚非拉广大发展中国家的双边关系，特别是做好开拓非洲和拉美市场、开发和利用非洲和拉美资源的工作。做好对台港澳地区的经贸工作，保持香港的繁荣稳定，保证澳门顺利回归，促进海峡两岸的经济交往。

（八）加强法制建设，加大执法力度

以《对外贸易法》为基础，继续完善和实施涉外经济贸易的法律法规。抓紧制订货物进口管理条例、对外承包工程和劳务合作管理条例和技术进口、技术出口管制条例等，适时修订现行利用外资的几个基本法律和出口配额管理办法等，进一步完善外经贸法律体系。抓紧实施《反倾销法》，推动《反垄断法》尽快出台，为内外资企业开展平等竞争创造良好条件。做好保护知识产权的工作。认真实施《外经贸系统“三五”普法规划》，增强广大干部职工的法制观念和法律意识，推动外经贸领域的法治化进程。

（九）加快“金关工程”建设，普及网络知识，尽快提高外经贸工作的信息化程度

目前，全国“金关工程”进展顺利，国际电子商务网的建立与运营，标志着我国对外经济贸易向信息化方向迈出了重要的一步。今年要按照“强化宣传、加快应用、完善网络、协调发展”的原则，重点抓好普及应用工作。要把这个网络逐步建成一个信息网、管理网、服务网，逐步提高对外经济贸易的无纸化程度，降低交易成本，提高工作效率。

（十）深入学习，更新知识，努力提高政治思想水平和驾驭现代化建设的能力

为努力提高政治思想水平和驾驭现代化建设的能力，外经贸部党组已做出决定，把今年确定为外经贸部机关的学习年。

加强学习，最重要的是学好十五大文件。我们只有深刻领会、准确把握十五大精神，用十五大精神指导我们的工作，用邓小平理论武装广大干部职工特别是各级领导干部的头脑，才能在改革的实践中出思路，在发展的进程中找到动力，做好新形势下的外经贸工作。

今年任务重、困难大，企业改革将在改制、改组、改造和下岗分流、减员增效方面迈出更大的步伐，各级政府机构改革也要实行带职下岗、定向培训、充实重点、调整结构，这会触及很多干部和职工的切身利益。在这种情况下，要发挥党组织的战斗堡垒作用，加强思想政治工作，引导大家以改革的精神和积极的态度支持改革，顾全大局，服从国家和企业整体利益的需要。同时，各级外经贸主管部门和企业也要对下岗分流作出精心的安排，保证改革顺利进行。

今年是“九五”计划的第三年。做好今年的外经贸工作，对于巩固前两年的经济与社会发展成果，保证“九五”计划目标顺利实现，对于贯彻党的十五大精神，把建设有中国特色社会主义事业全面推向21世纪，具有非常重要的意义。我们要在以江泽民同志为核心的党中央的领导下，以十五大精神为指针，按照中央经济工作会议的部署，增强历史使命感和工作责任感，开拓进取，为全面完成今年各项外经贸工作任务而努力奋斗。

（根据原外经贸部部长吴仪在1998年全国外经贸工作会议上的报告摘编）

大力发展对外经贸事业
努力提高对外开放水平

对外贸易经济合作部副部长　石广生

1997年11月20日

对外开放是我国的一项基本国策。自1978年实行对外开放政策以来，我国经济包括对外经济贸易获得了长足的发展，综合国力大大提高。在世纪之交，认真贯彻十五大精神，科学总结我国对外经济贸易发展的历史经验，正确认识发展过程中存在的问题，对于坚定对外开放信念，进一步改进对外经贸工作，努力提高对外开放水平具有重要意义。

一、对外经济贸易是我国对外开放的重要内容

我国的对外开放是全方位的。对外经济贸易是对外开放的基本内容和重要途径。正像一切社会活动以经济活动为基础一样，我国的对外开放活动是以对外经济贸易活动为基础的。当今世界，全球经济一体化的发展，使得任何国家要发展经济，都必须实行对外开放，积极参加并利用国际分工，建立国际间长期稳定的经济关系，大力发展同外国的商品和生产要素的交流。具体地讲，就是开展进出口贸易、利用外资和对外投资、国际经济技术合作等各项对外经济贸易活动，最大限度地参与货物、资本、技术、劳务、信息等经济资源在国际间的流动，以有效地利用国际市场和国外资源。改革开放近20近来，我国经济与社会发展取得重大成就的事实也告诉我们，实行对外开放政策，大力发展对外经济贸易，对我国具有特殊重要的意义。

1. 大力发展对外经济贸易，有利于我国综合国力的提高。

衡量一国的综合国力，需要从政治、经济、军事等多方面进行综合判定。从经济角度分析，主要看该国的国民生产总值(GNP)、主要产品的产量、同世界经济的交换量和国际收支能力等方面的指标。而这些指标的变化，与该国的对外经济贸易状况有直接的关系。

一国对外经济贸易的规模大小和质量高低，不仅直接关系着该国同世界经济的交换量和国际收支能力，而且直接影响着GNP的规模和主要产品的产量。因此，发展对外经济贸易与提高综合国力密切相关。现代市场经济理论认为，对外经济贸易对国民经济发展具有“助推器”的作用，有的经济学家还提出了对外贸易是国民经济发展的“引擎”的论点。进出口贸易作为对外经济贸易的基本内容，反映的是一国经济同世界经济的交换量。改革开放以来，我国的经济规模成倍扩大，与世界经济的交换量也成倍增加。自1978年至1996年的19年

间，我国国民经济以年均11%的速度增长，而同期我国进出口贸易总额以年均16.5%的速度增长，这个增长速度也高于同期世界贸易的增长速度8个百分点。1978年，我国的进出口总额仅206.38亿美元，1996年，我国进出口总额达到2899亿美元。进出口贸易的持续扩大，不仅带动了国内生产，使国内众多产品通过出口在国际市场实现了其价值，获得了比较利益，而且引进了国内经济建设需要的原材料、先进技术与设备，对国内生产总值的增长起到了巨大的推动作用，并大大提高了我国的国际收支能力。吸引外资作为对外经济贸易的一项重要内容，近20年来，从无到有、从小到大迅速发展，有效地弥补了我国建设资金的不足，引进了先进的技术、设备与管理经验，促进了我国经济市场化进程，对国民经济与社会发展起到了积极的促进作用。历史的经验告诉我们，要进一步增强我国的综合国力，必须大力发展对外经济贸易。

2. 大力发展对外经济贸易，有利于我国经济结构的调整与优化。

当前，我国经济发展已进入一个以规模扩张为主向质量效益为主、向结构优化转变的时期。调整和优化国民经济结构，包括产业结构、产品结构、企业组织结构等，成为中国经济发展最迫切的任务。

随着科学技术的飞速发展和世界经济一体化趋势的加强，世界各国的经济联系日益密切，成为相互联系、相互依赖的有机整体。在这个有机联系的整体中，一国经济结构的调整和优化，不仅要立足于本国经济发展的实际，而且要依托国际经济和国际市场。只有在超越国界的更大范围里确定本国经济结构调整的方向和目标，使之合乎国际分工发展的趋势，才能保持本国经济结构的相对先进性，在尽可能大的范围内实现资源的优化配置。

对外经济贸易作为连接国内经济和国际经济的桥梁与纽带，对我国的经济转型和经济结构优化具有积极的、能动的导向作用。通过发展对外经济贸易，可以及时获取国际商品市场发展变化的最新信息，为我国商品结构的调整起导向作用，进而促进我国产业结构的调整。通过发展对外经济贸易，可以引进国外先进的技术和设备，为国内产品升级换代和产业结构升级提供保证。通过发展对外经济贸易，可以吸引国外投资，促进我国经济的市场化和经济结构的合理化。总之，发展对外经济贸易对我国经济结构的调整具有特殊的促进作用。

3. 大力发展对外经济贸易，有利于充分利用两个市场、两种资源。

世界上任何国家，无论大国或小国，其所固有的资源，包括商品、资本、技术、劳务、信息等各方面的资源，都不可能完全满足本国经济发展的需要。这就需要各国间通过国际市场进行经济技术交流与合作，参与国际交换和国际竞争，充分利用国际国内两个市场、两种资源，取天下之长，补己之短。

我国人口众多，自然资源相对不足，同时，在资金、技术、管理经验等方面，与发达国家也有一定的差距。这就决定了我们建设社会主义现代化，在充分利用国内市场和本国资源的同时，必须学会利用国际市场和国外资源。而对外经济贸易活动，是利用国际市场和国外资源的有效途径。从另一方面看，我国人口众多，市场巨大，而且经济发展迅速，市场潜力正在逐步发挥出来，我国在自然资源总量、劳动力价格与素质、生产能力、技术、信息等方面，也有相对优势。我国与很多国家在经济上有很强的互补性。因此，我们在坚持自力更生的同时，大力发展对外经济贸易，充分利用与其他国家间经济的互补性，借鉴当代世界生产力创造出来的一切积极成果，用我之优势通过国际市场交换弥补我之劣势，就可以形成整体优势，增强我国经济发展的整体实力，加快现代化建设的进程。

4. 大力发展对外经济贸易，有利于我国在国际经济交换中实现价值最大化，提高国民经济的效益。

市场经济的一个基本特征是追求资源的合理配置或经济效益的最大化。现代西方经济理论中著名的"经济理性原理"对这一基本特征做了精练的概括：支出一定的生产资料，实现最大程度的目标；或者，力求支出最少的生产资料，使目标得到最大程度的实现。

在传统的计划经济体制下，我国以行政手段为主配置资源，忽视市场和价值规律的作用，开展对外贸易的目的主要是实行商品的互通有无和调剂余缺，在国际商品交换中注重的是商品使用价值的交换。随着我国社会主义市场经济体制的逐步建立和市场化程度的提高，市场在社会资源配置中发挥基础性作用，开展对外经济贸易从侧重商品的互通有无和调剂余缺逐步向参与国际分工、发挥比较优势、在更大的范围里优化资源配置的方向转变，从侧重商品使用价值的交换逐步向实现商品价值最大化的方向转变。依据市场经济规律发展对外经济贸易，不仅能实现本国国内市场的平均价值，而且还可以实现或在一定的程度上超过国际市场的平均价值，达到提高国民经济效益的目的。

5. 大力发展对外经济贸易，有利于促进世界的和平与发展。

和平与发展是当今世界的主题。冷战结束后，国与国之间的关系是以经济关系为主展开的，和平共处、共同发展成为国家关系的重要特征。全球经济一体化飞速发展，客观上对世界各国的经济发展起推动与促进的作用。

在当今国际关系中，经贸关系是基础，没有良好的经贸关系，政治关系就不稳固；而没有良好的政治关系，经贸关系也很难有大的发展，二者是相辅相成的。党的十一届三中全会以来，我们党顺利地实现了工作重心的转移。以经济建设为中心，是党在社会主义初级阶段基本路线的核心，一切工作都要服从和服务于这个中心。对外经贸工作是从处理好国际经济关系的角度服务于这个中心，为国内现代化建设充分地利用国外市场与国外资源创造条件。抓住国际和平时机，大力发展对外经济贸易，积极参与世界经济一体化进程，不仅有利于我国的经济发展，而且有利于增进同世界各国的政治、经济和文化的交流与合作，这本身就是对世界和平与发展的贡献。大力发展平等互利的对外经济贸易，密切同世界各国的经济关系，可以在经济上形成"你中有我，我中有你"的相互交融的局面，从而可以对国家政治关系中可能出现的矛盾与冲突进行制约；可以在政治上增进同世界各国的相互了解与信任，创造更为有利的国际和平环境，赢得现代化建设的良好时机。

二、正确认识当前我国对外经济贸易的发展水平

新中国成立以来，特别是改革开放以来，我国对外经济贸易事业随着生产力的发展不断壮大，对外经济贸易活动的深度和广度不断拓展，质量和水平不断提高。整个中国经济通过对外经济贸易的渠道，日益融入世界经济体系，加入到世界经济一体化的潮流之中。

实行改革开放政策19年来，我国外经贸经营主体发生了根本变化，形成了由各级各类专业外贸企业、自营进出口生产企业、科研院所、商业物资企业和外商投资企业构成的多层次、多渠道、多元化的经营格局。内容单一、渠道狭窄的传统外经贸格局被超越，进出口贸易、利用外资和对外投资、对外工程承包和劳务合作、对外援助等各项外经贸业务相互渗透、相互促进，外经贸、生产、科研、金融等部门共同参与、协同配合的“大经贸”格局基本形成。实施以质取胜和市场多元化战略取得显著成效，出口商品结构明显优化，实现了以出口初级产品为主向以出口工业制成品为主的历史性转变，工业制成品出口占出口总值的比重已由1978年的45.2%上升到1996年的85.6%，技术含量和附加值较高的机电产品出口迅速增长，1996年机电产品出口额达到482亿美元，占出口总额的比重达31.9%，连续两年超过纺织品，成为我国最大的出口商品类别；我国的经济贸易伙伴遍及世界各地，由1978年的几十个发展到目前的227个国家和地区，与传统市场的经济贸易关系稳步推进，与新开拓市场的经济贸易关系不断增强。

1978年，我国进出口贸易总值仅有206亿美元，1996年则达到2899亿美元，18年增长了约14倍。其中，1992年以来的五年是我国对外贸易发展最快的时期。1992—1996年间，我国对外贸易总值达11686亿美元，比从新中国成立到1991年的总和还要多。对外贸易在我国国民经济中的地位和作用显著增强，在世界贸易中的地位也大大提高，位次排列由1978年的第32位跃升为1992年的第11位，并连续5年保持这一位次。

利用外资作为我国对外开放的起步之举，19年来从无到有、从小到大，迅速发展为我国国民经济乃至社会生活中不可分割的重要组成部分。特别是1992年以来，我国吸纳外资的领域不断扩大，规模不断增加，水平不断提高，成就举世瞩目。截至今年8月底，我国累计批准外商投资企业29.69万家，合同外资金额4992.97亿美元，实际利用外资金额2044.15亿美元。其中1992年以来批准的外商投资项目数、合同外资金额和实际利用外资金额分别占85.02%、88.80%和85.81%。外商投资企业已开业14.5万家，就业人数1750多万人。我国利用外国政府和金融机构的贷款、证券投资等其他形式的外资也达到一定规模，累计约达1000亿美元。从1993年到1996年，我国连续4年成为利用外资最多的发展中国家，在全球仅次于美国。在利用外资规模不断扩大的同时，我国利用外资的环境也不断改善，各项涉外法规日益健全，利用外资的质量有所提高，结构有所改善；资金和技术密集型项目明显增加，国家鼓励投资类项目增加较多，限制类项目减少，基础产业和基础设施项目成为外商投资的热点；中西部地区对外商的吸引力增强；世界知名大跨国公司来华投资增多，大项目继续增加，平均单项外商投资规模不断提高，1996年外商投资项目平均协议外资金额由上年的245

万美元上升到 298 万美元。外商投资对加速我国社会主义现代化建设起到了有益的补充和积极的促进作用。

对外工程承包和劳务合作业务大步向前发展，由改革开放之初仅几家企业从事这项业务发展为一支由 650 多家企业组成的门类比较齐全、具有较强国际竞争力的队伍，业务范围向技术性较强的领域不断扩展，项目越做越大，经济效益和社会效益明显提高。新的援外方式取得实质性进展，得到越来越多受援国的理解和拥护。多双边国际经贸合作成就瞩目，我国主张在平等互利基础上通过和平协商解决经济贸易争端，使得我国加入世界贸易组织的谈判取得了积极进展；我国积极参与亚太地区贸易投资自由化和经济技术合作，江泽民主席先后四次出席亚太经济合作组织经济领导人非正式会议，并发表重要讲话，体现了我国坚持改革开放、重视同世界各国和地区发展经济贸易关系的基本立场，得到了亚太地区乃至全世界的普遍关注和赞赏；我国与美、日、欧等主要经济贸易伙伴及其他国家和地区的双边关系也不断改进与加强，赢得了发展对外经济贸易的良好国际环境。

我国对外经济贸易的持续、快速发展，已使我国国民经济摆脱了封闭、半封闭的状态，逐步转向开放型经济。目前，我国的对外开放地域从经济特区、沿海开放城市，逐步扩大到沿边沿江地区和省会城市等内陆地区；开放领域从一般加工工业向基础产业和基础设施扩展，向商业零售、金融、保险和外贸等服务行业延伸。同时，我国自 1992 年起对进口关税税率连续进行了四次大幅度下调，进口关税平均水平已从 1992 年的 43.2%降至今年 10 月的 17%。到 2000 年，我国的进口关税平均水平将进一步下降到 15%左右。我国对外经济贸易取得的成就，为 21 世纪中国更高质量、更高水平的对外开放打下了坚实基础。

我国已经成为具有世界影响的对外经济贸易大国。然而，由于我国尚处于社会主义初级阶段，受社会生产力发展水平的局限，我国的对外经济贸易总体上还处于较低水平。从世界范围考察，特别是与一些发达国家相比，可以得出这样的结论，我国的对外经济贸易目前仍处在初级发展水平的阶段，我国还未能成为对外经济贸易的强国。这是因为：

——1996 年我国的对外贸易额仅占当年世界贸易总额的 3%，比重很小。

——对外经济贸易的增长方式尚未实现由粗放型向集约型的转变，忽视质量、效益和信誉的状况不同程度地存在，对外经济贸易总体上效益不高，国际竞争能力不强。

——对外经济贸易结构不够优化：出口商品整体档次不高，工业制成品出口仍以劳动密集型为主，高技术含量、高附加值商品的比重不大；进出口市场的地区结构仍不够合理，出口市场过于集中的状况仍未有根本的改变，贸易风险较大；利用外资的产业结构和地区结构也不尽合理。

——国有外经贸企业改革尚未取得整体突破，企业规模偏小，抗风险能力差，经营机制还不能完全适应社会主义市场经济体制的要求和参与国际竞争的需要。许多企业尚未走出困境，存在着经营方式陈旧、经营层次较低、经营管理落后、经营秩序混乱的问题。

——参与国际经济的程度相对较低。我国尚未加入世界贸易组织（WTO），不能享受 WTO 成员应有的权利，使我在国际竞争中整体上处于劣势；我对国际上区域经济合作的参与程度亦需加强；同一些国家和地区的经济贸易摩擦有增多的趋势。

——外经贸法制建设不够完善。尚未完全形成一整套以外贸法为基础管理对外经济贸易的法律体系，且缺乏有效的执法监督机制。

——外经贸宏观管理体制改革尚未完成，特别是进口管理体制改革滞后，未形成进出口相互促进、协调发展的机制，既影响出口发展的后劲，又容易引发贸易摩擦。

我国对外经济贸易目前的发展水平，与我国现代化建设的要求有差距，与我国的大国地位和在国际经济中应该发挥的作用也不相称。因此，我们有必要大力发展对外经济贸易。

三、大力发展对外经济贸易，努力提高对外开放水平

党的十五大高举邓小平理论的伟大旗帜，总结了近20年我国改革开放和现代化建设的经验，规划了21世纪前半叶我国经济和社会发展的宏伟蓝图。

按照党中央的战略部署，从现在起到下世纪前10年，我们要建立起比较完善的社会主义市场经济体制，实现经济增长方式由粗放型向集约型转变。在本世纪的最后几年，使中国经济每年增长8%以上，通货膨胀率控制在5%以下；在下世纪前10年，使中国经济仍保持7%的年增长速度；再经过三四十年的努力，到下世纪中叶，全面实现我国的现代化，建成富强、民主、文明的社会主义国家。根据这一规划，对外经济贸易也要相应有更大的发展。到2000年，我国的年进出口总额要达到4000亿美元，利用外资等其他各项外经贸业务也要获得较大发展；到2010年，我国的年进出口总额要达到8000亿美元。

发展是硬道理。为实现现代化的宏伟战略目标，我们要按照江泽民总书记在十五大报告中的要求，完善全方位、多层次、宽领域的对外开放格局，发展开放型经济，增强国际竞争力，促进经济结构优化和国民经济素质提高，以更加积极的姿态走向世界；要以学习、贯彻十五大精神为契机，从以下几个方面改进和加强对外经济贸易工作，努力提高对外经济贸易的质量和水平，使之在我国对外开放和现代化建设中发挥更大的作用。

认真转变观念，从思想上适应新时期对我国对外经济贸易发展的要求，切实按照两个根本性转变的要求，尽快从长期计划经济体制下形成的以追求数量增长和规模扩张为主的思想观念中解脱出来，牢固树立以质量和效益为中心的观念，坚定以效益为中心观念，正确处理规模与效益的关系，在讲求效益、质量、信誉的前提下，努力发展各项外经贸业务。

用对外“大经贸”战略的观点，全面推进外经贸事业向前发展。积极推进外经贸经营主体多元化，加快赋予有条件的生产企业、科研院所等以对外经营权，推动更多的工业企业走向国际市场。推动对外贸易、利用外资、对外投资、对外承包工程与劳务合作、对外援助、国际多边经济技术合作等各项外经贸活动的相互融合，探讨更多的对外经济合作形式，促进各项外经贸业务协调发展。加快贸工、贸农、贸技、贸银等的结合，调动各方面发展对外经济贸易的积极性。

全面深化外经贸体制改革，从宏观体制和微观机制两个方面，促进对外经济贸易发展。

抓紧进出口管理体制改革，特别是进口管理体制改革，形成进出口相互促进、协调发展的机制，促进进出口贸易平衡发展；加强外经贸宏观调控，完善汇率机制，调整关税结构，探索科学的退税机制，规范涉外税收、信贷扶持措施，搞好外经贸运行的监测、预测和调控；推进外经贸经营体制的改革，加快推行外贸代理制；全面进行进出口商会、协会、学会、研究机构、律师事务所、会计师事务所以及公证、评估、咨询等机构的改革，完善外经贸中介服务体系。加快外经贸法制化进程，抓紧制定和推动出台《对外贸易法》的各项配套法规和条例，加快利用外资法律、法规的修订，进一步完善外经贸法律体系。继续深化外经贸企业改革，按照现代企业制度的要求和抓大放小的思路推动国有外经贸企业的改革、改组和改造。大胆利用一切反映社会化生产规律的经营方式和组织形式，按市场经济规律，对国有外经贸企业实行联合兼并和股份制改造，推动规模经营，加快具备条件的企业组建“联合舰队”或“航空母舰”，提高国有外经贸企业的整体素质和竞争力。

加快实施“以质取胜”战略和市场多元化战略，发挥我国经济的比较优势，全方位地开拓国际市场。大力调整和优化出口商品结构，促进机电产品特别是成套设备、大型装备和高技术产品的出口，提高出口商品的科技含量、档次和附加值；走科技兴贸的道路，重视科学技术的开发与应用，加强新产品的研制，扶持和培育名牌商品，从整体上提高我国出口商品的竞争力，增强外贸发展后劲。大力调整进出口市场结构，在保持和深入拓展发达国家市场的同时，加大开拓新市场的力度，尽快扭转我国商品进出口市场过于集中的状况，从总体上减少贸易风险，为我国对外经济贸易的持续、稳定发展创造条件。

切实贯彻积极、合理、有效地利用外资的方针，在搞好金融、贸易等方面利用外商直接投资的改革试点工作，积极地、有步骤地推进服务业的对外开放的同时，加大调整外商投资结构的力度，引导外资投向农业、基础设施、基础产业以及举办技术先进型、产品出口型项目，鼓励外资投向中西部地区，继续改善投资环境，实行国民待遇，加快我国开放型经济的发展步伐。

整顿外经贸经营秩序，保障外经贸事业健康、有序发展。以制止对外低价竞销为重点，进一步整顿出口经营秩序。整顿出国展销、展览、招商秩序，规范出国办展、招商办法。整顿对外承包工程与劳务合作的经营秩序，加强外经贸主管部门的归口管理。整顿国际货运代理市场，坚决取缔无照承揽国际货运代理业务的单位和个人；清理运输环节中的不合理收费项目。整顿海外企业与部属海外贸易中心，加强对海外企业的监督与管理，堵塞国有资产流失的漏洞，确保国有资产保值增值。同时，依照法律程序，运用法律手段，抵制外国商品随着我国市场的开放对我实施倾销。

积极参与世界经济一体化进程，加强多、双边经贸关系。全球经济一体化是世界发展的大趋势，积极参与这一进程，才合乎世界大趋势。因此，应积极推动我国加入世界贸易组织的谈判进程，积极参与亚太经合组织的贸易与投资自由化进程和经济技术合作事项，积极参与亚欧经济合作，并发挥我国在这些组织中的影响力。密切我国与联合国开发计划署、儿童基金、人口基金等经济机构的合作。重视发展与世界各国包括发达国家和发展中国家的双边经贸关系，妥善处理经贸分歧与摩擦，为发展我国的对外经济贸易开辟更为广阔的国际空间。

加强信息化建设 促进对外经贸事业的发展

对外贸易经济合作部副部长　刘山在

1997年1月21日

一、要充分认识信息化工作的重要性和紧迫性

首先，国际社会普遍认为，到21世纪谁控制了“信息高速公路”，谁就掌握了社会经济发展的主动权。在一些西方发达国家，特别是美国，以高科技为特征的“信息高速公路”建设发展迅速。“信息高速公路”的出现为西方经济向信息时代转型提供了重要的手段和必要的物质基础。

第二，一些发展中国家出现了工业经济和信息经济一起发展的趋势。亚洲、非洲和拉美地区的不少发展中国家，希望利用信息技术飞速发展的机遇，推动本国工业经济和信息经济的共同发展，以此来缩小与西方发达国家之间的差距。当前，信息源已成为各国争夺的热点，发展中国家强调社会文化和语言的多样性，发达国家更突出统一性，其实质是在争夺信息源、争夺信息市场。

第三，信息产业和信息技术的发展，进一步加快了世界经济全球化的趋势和政府的作用。许多发达国家，以及世界电信组织在政府的支持下正在有计划地大力推动全球信息网的建设。目前，在国际电信市场上，逐渐形成美国电话和电报、英国电信和德法电信联合公司三强鼎力之势。发展信息技术、信息产业，实现信息化，已成为各国政治、经济、科技、军事乃至综合国力较量的焦点和对经济实施宏观调控的手段。

第四，信息化已成为国际贸易发展的必然趋势。近年来，电子数据交换已被欧洲、北美、大洋洲，以及亚太地区的新加坡、日本、韩国、马来西亚、台湾、香港等国家和地区普遍接受和应用，对促进这些国家和地区进出口贸易发展起了重要作用。现在全世界使用电子数据交换的企业已超过40万家。国际经济贸易已经进入信息化时代。我国的无纸贸易虽然起步较晚，但已逐渐为人们认识，发展很快。

第五，服务业和高科技的飞速发展，促进了世界经济的增长，也导致了各国间新的经济贸易摩擦，并逐渐成为世界经济关系中的一个新特征。近年来，西方一些发达国家，以及发达国家与发展中国家之间的经济贸易摩擦，多数反映在与高科技和技术服务领域相关的贸易争端上。美国等西方发达国家利用其在上述项目中的优势，在贸易争端中多采取咄咄逼人的态势，与亚太等一些发展中国家在服务贸易、增值电讯、信息等方面不断提出市场准入的问

题。我国政府如果不重视这方面的问题，采取相应对策，也会面临以上难题。

第六，党和政府历来十分重视信息产业的发展，并把它作为国民经济发展的重要组成部分。1984 年 9 月，邓小平同志就高瞻远瞩地提出："开发信息资源，服务四化建设"。江泽民总书记也指示："要进一步把大力推广应用电子信息技术提高到战略高度，充分发挥电子信息技术对经济的倍增作用"。党的十四届五中全会明确提出，"加快国民经济信息化进程，逐步实现整个经济由粗放经营向集约经营转变"。加强信息化建设是我们实现"两个根本性转变"的重要手段。李鹏总理在视察北京电信局的时候，专门对与 INTERNET 联网的保密问题作过重要指示：防止有害信息的侵入，不仅仅是个技术问题，而且是个政治问题。1996 年 1 月 23 日，李鹏总理主持国务院第 42 次常务会议，作出了成立国务院信息化工作领导小组的决定，并由邹家华副总理任领导小组组长。去年 5 月 27 日，邹副总理在国务院信息化工作领导小组第一次全体会议上指出，我国的信息化建设必须立足于本国的国情，无论是信息化的基础建设，还是重大信息工程的建设和信息资源的开发利用，都要充分考虑到我们国家的经济和技术基础，立足我们的信息技术、信息产业和信息基础设施，尤其是信息国道的建设。要从实际出发，正确处理好电信网、计算机信息网和资源网三者的关系。信息基础建设不仅要建设基本电讯业务、计算机信息网，还要建立数据库、资源网等等。在制定规划的时候，要请专家们充分论证。公网和专网、公网和地区网、专网和地区网之间的关系，网与网之间要形成互联的资源共享。各地区、各部门、各单位，要找准自己的位置，要在国家的统筹安排下，发挥各自的积极性。在信息网的建设中，要贯彻"统筹规划、联合建设、统一标准、专通结合"十六字方针。中国这么大，只建一个网是不够的。因此，我们要发展自己的计算机增值业务，建立自己的计算机平台，自己的信息库和信息源。计算机的信息网和电讯网一样，只有在统筹规划下，通过有序的竞争，为中国的信息产业注入活力，信息化事业才能得到健康发展。

要加快"金关工程"建设。这项工程是国家信息化重点工程——"四金"工程（"金桥"、"金关"、"金卡"、"金税"）中的一项重要工程，与全国外经贸工作密切相关，涉及国家部委也最多。去年 5 月，国务院信息化工作领导小组第一次全体会议决定："金关工程"由外经贸部统一组织和负责，经贸委等有关部门协同配合。工程近期目标是：尽快完成进出口配额许可证管理、进出口统计、出口退税、出口收汇进口付汇核销管理等四个计算机管理应用系统的技术攻关和联网运行。外经贸部重点负责了配额许可证管理，并实现了与美国、加拿大和欧盟海关联网核查。经过两年多时间的努力，去年初这个系统通过了国家验收，今年将正式联网运行。由于严格了管理制度和强化了现代化管理手段，基本解决了假证、伪证和超配额发证的问题。在外经贸部、海关总署的共同努力下，进出口统计系统的技术攻关工作也取得了很大进展，并将按照"金关工程"总体方案的要求，进一步加以完善，今年内实现两个部门的联网。出口退税系统是一项非常重要的工作，重点是尽快完成业务流程，并根据业务流程，逐步实现计算机联网管理，出口收汇和进口付汇核查系统主要涉及国家外汇管理局和银行，目前也要抓紧进行技术攻关，逐步实现联网。这四项应用系统是实施"金关工程"和实现跨部门联网的基础。

今年，我部将根据国务院信息办要求和“金关工程”的联网需要，在全国使用统一编制的进出口企业代码，解决跨部门联网时面临的信息交换问题。统一编制和使用代码工作政策性强，涉及面广，直接关系到跨部门联网后的数据交换问题，一定要搞好。今后，所有进出口企业都要申请代码，并在办理各项外经贸业务、报关、出口收汇、退税中统一使用，提高工作效率，更好地为进出口企业服务，并通过信息共享，完善管理部门的监督检查机制。

李岚清副总理也非常重视信息化工作。去年，他专门带领外经贸部、经贸委、海关、银行、税务、商检等部门的负责同志视察电子部电子大楼，并突出强调，金关工程要首先解决出口退税问题，实现退税工作的网络化管理，及时、足额退税，防止骗退税，堵塞漏洞。

“八五”期间，我部着重抓了规范部分外贸单证工作，先后制订了 20 项单证标准，为推行信息化建设奠定了重要基础，其中 7 项已被国家技术监督局列为国家标准；在国家计委支持下，承担了国家“八五”期间国际贸易 EDI 攻关项目，并在对美、欧盟的纺织品配额核查和外贸运输单证无纸化传输方面取得很大进展；为积极利用高科技手段提高工作质量、效率，实现全国外经贸经营、管理、服务的规范化、现代化，组建了外经贸部国际贸易 EDI 服务中心和联合国贸易网络中国中心，在解决政府公文、贸易单证等联网运行的同时，积极扩大信息源，为外经贸企业，特别是偏远地区的中小外经贸企业提供服务；按照国务院办公厅要求，在推行办公自动化工作的同时，实现了与国务院计算机远程工作站的联网；在国家保密局的支持下，为部机关和部分企事业单位定购和安装了计算机加密设备；对外经贸专用网的筹建方案进行总体规划，并聘请国内专家进行了技术论证，充分发挥外经贸专用网功能，更好地为各级外经贸管理机关和外经贸企业服务。

二、加强领导，统筹规划，加快全国外经贸信息化建设

信息化是不可阻挡的趋势。从总体上看，目前全国外经贸信息化工作还处于起步阶段。但是，需求迫切，市场广阔，有鲜明的行业特点，发展潜力很大。我们要抓住机遇，加大工作力度，加快全国外经贸信息化工作步伐。为此，我们要着重抓好以下几项工作：

（一）加强领导，健全机构

根据国务院信息化工作领导小组的要求，为加强对全国外经贸信息化工作的统一领导和统筹规划，去年 7 月，经部党组研究决定，将原外经贸部“金关工程”领导小组、办公自动化领导小组和国际贸易 EDI 工作领导小组进行合并，正式成立了外经贸部信息化工作领导小组，领导小组组长由我本人来担任，副组长由孙广相部长助理担任。领导小组成员由有关司局的司局长担任。领导小组在国务院信息化工作领导小组和部党组领导下，负责研究制订全国外经贸信息化工作总体规划、方针政策、发展战略、技术标准，协调解决信息化工作遇到的各种问题。领导小组下设办公室，具体承办领导小组日常工作。

今年，国家商检局、部直属企事业单位、各地外经贸委（厅、局）原则上都要成立信息化工作领导机构，作为部信息办的联系单位。主管领导要亲自抓信息工作。同时，根据实际工作需

要，适当抽调业务、技术骨干，承担组织协调任务。

（二）加强规划，狠抓落实

信息化建设是长期性工作，也是一项复杂的系统工程。要强调统筹规划，真正做到目标明确，胸中有数。

1．按照国务院信息化工作领导小组要求，今年信息化工作的首要任务是研究制订《全国外经贸信息化工作"九五"规划和2010年发展纲要》，明确提出全国外经贸信息化工作的指导方针、总体规划、组织建设及各项工作的实施方案。

2．结合本单位特点，认真学习和组织落实好《1997年全国外经贸信息化工作安排》。要按照外经贸部信息化工作领导小组统一部署，加强全国外经贸专用网建设，坚决反对重复投资和盲目发展。

3．增强法律意识，加强标准化建设。推行信息化不仅涉及复杂的技术问题，还涉及到信息的利用、信息交换等一系列法律和标准问题。部信息办、各单位的信息化工作领导机构和计算机应用管理部门一定要重视这方面工作。部条法司和各单位的法律部门也要积极予以配合，做好与推行信息化工作相关的法律普及、规章制度建设和标准化工作。同时，还要逐步规范各类进出口贸易单证标准，调整和改进不合理的业务流程，真正做到工作规范、有章可循、依法办事，绝不能各行其事。要积极参与国家组织的信息化、标准化研究工作，完善外经贸信息化法律、法规。此外，还可以利用参加联合国等国际组织召开的专题会议等形式，增加对国际电子商务法律、法规的了解。增强法律意识、健全规章制度、加强标准化建设，是我们加快推行信息化建设工作的重要基础和保证。

4．重视信息网络的国际联网和安全问题。这个问题非常重要，如不加强国际互联网络的有效管理，不仅会导致不健康信息的扩散，还会涉及政治、外交、文化等一系列问题。部信息办要按照国务院文件要求，加强对申请与国际网互联，特别是与INTERNET网互联单位的备案管理和定期检查工作。部EDI中心和各单位的计算机管理、服务部门，也要加强对安全保密、系统稳定、防病毒等技术措施的研究和应用，阻止国外反动、淫秽的电子信息扩散；防止不法分子利用计算机信息网络窃取我们的政治、经济情报和商业秘密；避免计算机病毒对我们网络产生的破坏性影响，保证信息传递畅通，确保信息安全。

（三）加强联合，发挥优势

信息化建设必须突出信息共享原则。应该做到：既要充分利用国内信息资源为社会主义建设服务，又要制止反动、黄色的有害信息侵入；既要把我们的信息传播出去，让世界了解中国，又要做好保密工作，防止泄密；既要按统一规划，搞好必要的物理网建设，又要充分利用好各现有的信息资源和信息通道，避免盲目投资，重复建设；既要明确分工，又要加强合作；既要开展有偿信息服务，又要提倡无偿奉献；既要建好专用网，又要用好公用网。

1．最大限度发挥外经贸专用网的作用。外经贸专用网，是指以部机关的计算机平台为中心，覆盖全国的外经贸业务管理网络。中心平台采用国外先进、实用的数据交换和信息处理技术，并通过在主要省市增设网络通信节点，构成辐射全国的星形网络，便于用户在当地上网，保证数据传输速度和质量，降低通信成本。在外经贸专用网内，要尽量统一技术和设备标准，加强技术研究，保证网络传输的效果和稳定性。各单位已建成的内部管理系统，经部EDI中心技术鉴定后，可按照统一规划和标准，实现与中心平台的联网。

1997年要继续做好全国外经贸计算机联网工作，并逐步实现与地县外经贸机构、驻外经济商务参赞处(室)、有关部委以及与外经贸业务相关的银行、税务、海关、外汇、保险等单位的计算机联网，逐步扩大与国际经济组织和国际商务网的联网。同时，要组织好各类外经贸企业、三资企业入网工作，各司其职，共同建好外经贸专用网。

2. 依靠联合才能发挥出外经贸专用网的规模效益。信息化建设要有一定规模。建物理网固然重要，但更重要的是组织信息资源，加强信息库的建设、维护，扩大联网范围，更好地为用户服务。外经贸专用网还要与国家公用网联通，与国际网联通，真正做到路路相通。同时，要把分散的信息集中起来，实现信息共享，四通八达。

今后，不仅部机关，也包括国家商检局、各地外经贸委(厅、局)、全国各类外经贸企事业单位，都应该主动自觉地做到：凡是能够公开的信息，都要及时在外经贸专用网上提供服务，实现信息资源共享，真正建成全国统一的、功能最完善的外经贸专用网。

3. 部机关要率先带头，扩大网上信息。今后，所有外经贸业务管理系统和信息服务系统都要在外经贸专用网上运行。除前面提到的进出口配额和许可证管理系统、进出口统计系统外，去年我们在联合国贸易发展会议的支持下，在外经贸专用网上增设了联合国电子贸易机会系统(简称ETO)，实现了与世界140多个国家、地区的政府贸易网点和近700多万家国外企业的联网，每月可获得10万多条贸易机会信息。同时，还可以利用这个网络，加强对国内企业和名优商品的宣传，开展跨国间国际经贸合作，促进对外经济贸易的发展。

部EDI中心为增加网上的信息服务功能，在有关司的配合下，组织开发了《国际贸易之窗》应用系统，开辟了进出口动态、国际贸易博览、国际贸易规范、外经贸管理机构、服务窗、专家论坛、国际贸易信息立交桥等多种栏目，每天可从网上获得上百条中外文国际经贸和商情信息；及时刊登国家最新的外经贸政策；在网上寻找自己的贸易伙伴；利用网上提供的电子邮件、传真、电传等服务系统，用户可利用市内电话，向其他省市或远在世界各地的客户发送信息，为全国外经贸企业、三资企业提供贸易咨询服务。

此外，还有许多应用系统，如进出口业务统计、外汇收支管理、会计快报和决算、财务分析报表汇总、出口配额计划管理、出口商品招标、外资管理、供港鲜活商品配额管理、技术引进管理、技术出口管理、最终用户管理、人事管理等系统，在完善外经贸业务管理工作中发挥了重要作用。

另外还有一些业务管理系统正在规划和研制过程中，如办公自动化系统、外经贸部新闻库、外经贸部文件库、进出口企业代码管理系统、外经贸政策法规库、外资统计系统和外资企业联合年审系统等。随着外贸专用网的建设和不断发展，这些应用系统都将上网运行。

(四)加强攻关，优质服务

目前，不论是各级外经贸管理机构，还是企事业单位，资金都很紧缺。推行信息化工作，绝不是新一轮采购风潮的开始。各单位一定要充分发挥现有技术、设备和人员的优势，少花钱、多办事，扎扎实实地解决业务工作中最需要解决的各种问题，不断提高全国外经贸整体业务管理、经营和服务水平。为减轻各单位负担，专门投资建外经贸专用网，尽可能降低建设和运营成本，部信息办和部 EDI 中心经过反复研究论证，提出了一种投资省、见效快、稳妥可行的联网方案，即在主要省市租专线、增设网络节点，提高数据传输速度、质量。

部 EDI 中心要树立服务意识，不断提高工作效率和服务质量，更好地为网上用户提供优质服务。同时，还要利用多种形式，加强各单位技术部门之间、技术与业务部门之间的工作交流与协作，共同研究解决信息化工作中面临的许多业务和技术难题。

（五）加强学习，培养人才

各级领导都要重视和加强对高科技知识的学习、宣传和普及工作。领导干部要以身作则，转变观念，带头学习，尊重科学，加强宣传，积极利用高科技手段，改进我们的工作。

从信息化建设和外经贸事业的长远发展考虑，今后凡是新调入人员、选派出国干部和组织有关外经贸专业证书和资格考试时，都要增加包括现代科技理论、计算机基础知识和操作技能方面的内容，以适应新时期工作需要。

各单位要充分利用现有条件和技术，举办各种形式的信息化讲座、研讨和技能培训班，内容要充实，形式要生动，《国际商报》、《国际经贸消息报》等外经贸报刊，要充分利用新闻媒体，开辟科普专栏，加强信息化的宣传普及工作。

（摘选自刘山在副部长在全国外经贸工作会议上的讲话）

我国服务业利用外商直接投资不断扩大

对外贸易经济合作部副部长　孙振宇

1997年6月17日

改革开放初期，我国政府鼓励外商向工业领域投资，严格限制服务业利用外资。一个时期以来，我国服务业总体水平远远落后于世界发达国家，长期存在着门类少、经营管理机制僵化、人员素质低、服务质量差、资金短缺等诸多问题，这不仅与国民经济的整体发展水平不相适应，同时也制约了其他产业的发展。近十年来，特别是邓小平同志南方谈话和中共中央关于加快发展第三产业的决定发表之后，服务业得到了迅猛发展，其中外商投资的逐步扩大起到了重要的推动作用。

1. 金融

1995年国务院决定将金融领域外资试点城市由原来的13个扩大到24个，即深圳、汕头、珠海、厦门、海口、上海、大连、天津、青岛、南京、宁波、福州、广州、北京、沈阳、西安、石家庄、合肥、苏州、无锡、成都、重庆、武汉、昆明。截至1996年底，我国已批准建立各种金融机构148家，其中外资银行5家，外国银行分行131家，中外合资银行6家，外国独资财务公司和中外合资财务公司5家、合资投资银行1家，主要经营外汇业务，同时人民币业务近期也在上海浦东的中外合资银行开始试点。目前外国银行的总资产已近300亿美元，存款总额约39亿美元，放款余额约195亿美元，有力地促进了我国金融业国际化的进程。

2. 保险

保险业利用外资，以1992年我国允许外国保险机构在上海有条件地试办保险分公司和合资保险公司为初始，1995年又将试点范围扩大到广州。至此，经国务院同意，人民银行批准的保险分公司和合资保险公司共有9家(其中海口、深圳的两家是试点前设立的)，分别是：香港民安保险公司深圳分公司和海口分公司、日本东京海上火灾保险公司上海分公司、美国友邦保险公司上海分公司和广州分公司、美国美亚保险公司上海分公司和广州分公司、瑞士丰泰保险公司上海分公司、中宏人寿保险有限公司。此外，最近国务院又批准德国安联保险公司和法国安盛——巴黎联合保险公司分别在上海筹建一家中外合资人寿保险公司。外资保险机构在中国主要开展境内外商投资企业财产保险、外国个人付费人身保险以及上述两项业务的再保险业务等。

3. 商业零售

1992年国务院批准在北京、天津、上海、大连、青岛、广州及五个经济特区举办了1—2家中外合资、合作的商业零售企业，此后国务院又相继决定试办1—2家台资商业零售合资企业和试办两家中外合资连锁商业企业。从那时到现在，经国务院批准项目建议书的商业零售企业已达18家,其中经外经贸部批准已设立的企业有14家,已开业企业7家,总建筑面积140多万平方米,实际利用外资7亿多美元。

在总结5年来试点经验的基础上,国家有关部门正在积极研究进一步扩大商业领域利用外资的有关问题。

4. 对外贸易

我国规定,外商可以在国务院批准设立的深圳福田、沙头角、汕头、厦门、海口、大连、天津、青岛、张家港、外高桥、宁波、福州、广州等13个保税区内成立企业,在保税区内从事转口贸易和为保税区内企业代理生产用的原材料、零配件的进口及产品的出口。1996年国务院决定,在上海浦东和深圳正式开始外贸领域利用外资试点,允许上海浦东举办4家、深圳举办2家中外合资外贸公司,经营除国家组织统一联合经营的16种出口商品和国家实行核定公司经营的14种进口商品以外的其他商品及技术的进出口业务,并在全国范围内报关。此项决定将为我国外贸领域利用外资的进一步扩大取得经验。

5. 运输及国际货运代理

外资的进入,促进了运输及国际货运代理业的蓬勃发展。截至目前,水运方面,已有61家从事国内沿海和内水运输的中外合营航运企业,64家从事国际海运的中外合营航运企业。道路运输方面,已批准700多家中外合营道路运输企业。航空运输方面,中国开始采取试点方式允许外国航空运输企业举办中外合资航空公司或参股中国航空公司,目前海南航空公司已成为中外合资股份制外商投资企业。根据对等原则和双边海运谈判,我国已批准16家外国船公司在华设立独资船务公司,为其自有或经营的船舶从事揽货、签单、结汇和签订服务合同服务。

我国允许外国投资者以合资、合作方式举办国际货运代理企业、国际航空快递企业,目前经批准成立的国际货运代理企业已达300家(包括其在全国各地设立的分公司),有力地促进了国际货运代理业的发展。

6. 法律服务

我国尚不允许设立外资的律师事务所或法律服务公司,但从1992年起,经司法部批准,外国律师事务所可以在中国境内设立办事处,并向国家工商行政管理局申请登记。目前此类办事处已有73家,他们可以为顾客提供有关所在国法律、国际协定和惯例的咨询,可代表外国顾客在中国境内委托中国律师事务所从事法律活动,可代表中国客户处理有关法律问题。但是,外国律师不能作为中国居民的代理人出现在法庭上,不允许解释任何中国法律,外国律师事务所在中国的办事处不可在中国以个人身份从事法律服务,只可作为法律专家在华举办讲座或学术活动。

服务业利用外资,并不局限于上述领域,旅游、房地产、咨询、广告、医疗卫生、教育、租赁、商品检验、工程设计、建筑、会计、资产评估、翻译、音像制品、印刷等领域也不同程度地向外商开放。服务业对外开放已由过去的个别部门发展到了多行业、多部门,服务业对外开放的整体格局已初步建立。

外商投资除作为我国经济的一个组成部分，引入了国外的资金、先进的技术、现代经营管理经验并培训了人员，直接促进服务业发展外，更重要一方面，还在于引入了竞争机制，促使内资企业转变经营机制，面向市场，并推动了我国服务业的体制改革。目前我国服务业国内产值占 GDP 的比重与过去相比已有了明显提高。

当然，服务业开放也不能盲目进行。近年来我国服务业的部分领域虽有了较大发展，但相对于外资来说还很薄弱，尚无法直接与外资展开竞争，这就决定了服务业的对外开放只能采取渐进的、有序的方式，既要看到外资对行业发展的促进作用，又要注意防范其对国内幼稚产业和市场的冲击，既要充分认清世界服务贸易自由化的大趋势和世贸组织对开放服务贸易市场的总体要求，又要使服务业的开放符合我国经济发展的实际。我们应在此基础上制定和完善有关法规，充分发挥外资对服务业发展的积极作用，促进我国服务业的快速、健康发展，提高我国服务业的总体水平。

我国综合商社发展的若干问题

对外贸易经济合作部副部长　陈新华

1998年2月21日

1994年末国家批准中化公司进行首家综合商社试点，其后又有上海东方国际集团、福建九州综合商社、辽宁华曦集团等企业进行综合商社试点。去年党的十五大提出发展有较强竞争力的跨地区、跨行业、跨所有制和跨国经营的大型企业集团，为大型国有企业改革指明了方向。在外经贸领域组建若干家规模大型化、组织集团化、功能综合化、经营国际化的综合商社正是建立"四跨"型企业集团的实现形式之一。

一、组建综合商社要解决改革和发展中的什么问题

综合商社不是中国的首创，我国的综合商社是在研究借鉴国际经验、结合我国国情、通过试点起步的。

我国在90年代开始提出并进行组建综合商社的试点不是偶然的，而是我国经济改革和发展、外经贸事业发展的必然选择。

第一，通过组建综合商社，带动我国产业国际化，实现部分已完成进口替代的产业向出口导向的战略转变。进入90年代以来，我国经济发展在若干产业领域已完成进口替代，如轻纺工业、家用电器、轻型农用机械、轻型卡车、摩托车等产业，国内市场已基本饱和。这些产业以出口导向为目标走向世界，拓展更为广阔的市场空间，是多数新兴工业化国家经济发展所走过的成功之路。我国经济发展已进入部分产业发展出口导向、部分产业正在进行进口替代（如轿车工业、中短程民用飞机制造、电子工业中的部分产品等）的并存阶段。在这个阶段，综合商社可以发挥国际贸易上的优势，利用长期积累的良好信誉、资金、人才、信息、国际机构网络和客户渠道广泛的优势，帮助我国正在发展中的出口导向产业走向国际，这可以大大缩短只靠产业自身完成这一转换的时间和减少转换成本。

第二，通过组建综合商社，规范贸易秩序，使其成为政府对外贸实施宏观调控的传导点和作用点。

我国生产企业和科研院所外贸经营权已审批了一万多家，已批准的有自营进出口权的三资企业约30万家，加上边境贸易经营权和小额贸易经营权的下放，外贸经营领域已基本上放开。这对促进外贸事业的发展起到了积极的推动作用，同时也有一些副作用，即外贸秩序混乱，肥水外流，经济效益下降，对外倾销案增加，国际形象受到损害。更为严重的是，目前

对这种局面并没有找到有效的方法来抑制和扭转,外经贸管理部门缺乏有效的宏观调节手段和措施来引导、规范贸易秩序。我国组建规模大型化、经营综合化的综合商社,其主营的几大类主要产品由于市场占有份额大,有很强的国内国际竞争力,凭借其强大的实力,可起到价格引导的作用,这自然会对贸易秩序起到规范作用。由于以贸易为主业的大型化综合商社为数不多,但对相关的制造业厂商和贸易商的影响却相当大,政府可以利用财政、金融、利率、税率等经济杠杆和一些政策措施影响综合商社从事符合政府导向的经营行为,再通过综合商社的行为影响众多的相关厂商和贸易商,使综合商社成为政府实施宏观调控的作用点和传导点。

第三,通过组建综合商社,形成中国在国际上有竞争力的综合性跨国企业集团,以迎接世贸组织和亚太经合组织贸易与投资自由化长期目标所带来的挑战。形成若干家以贸易为主业,综合化经营的综合商社型跨国企业集团,一方面有利于我国企业迎接外资进入形成的激烈竞争与挑战,另一方面也会提高我国企业在国际市场上的竞争能力。综合商社型跨国企业集团的形成是我国加入世贸组织和逐步实施的亚太经合组织贸易与投资自由化长期目标的需要。

第四,通过组建综合商社,利用其强大的贸易功能扩大出口,带动经济增长。

二、综合商社试点企业证明了什么

中化公司的综合商社试点已经进行了 3 年,从 3 年的实践来看,对我国外贸企业改革产生了示范作用,促进了我国大型外贸企业组织和管理制度的创新。

中化总公司在试点过程中始终把主要精力放在内部机制转换和综合商社结构与框架的构筑上,通过努力,在探索大型综合商社组织管理模式和多功能建设上取得了一定成效。主要是制订了适合综合商社发展的组织结构和管理体制改革方案,实施了组织结构、经营管理机制、劳动人事分配制度等方面的改革,实行预算制管理,加强财务集中管理,实行干部能上能下和岗位工资等措施,促进了公司管理的规范化,使经营管理朝着与国际大型跨国公司、综合商社接轨的目标迈进了一步。中化总公司在试点过程中,还积极探索与国内一些大型工业企业的联合,促进了贸、工结合,并将外贸一体化经营纳入公司的战略规划,积极开展了橡胶、化工品、塑料等商品的内贸业务,在内外贸一体化经营方面进行了新的尝试,初步奠定了多样化功能的基础,除传统的贸易功能之外,还大力加强了信息、金融、产业组织和综合服务等方面的功能建设;通过综合商社试点,中化公司还在执行国家外贸政策和宏观经济调控中发挥了更加积极的带头作用。

1997 年 3 月,东方国际集团也进入国家综合商社试点的行列。东方国际集团自成立之初就确定了大型综合商社的发展方向,并通过资产经营和优化组合,迅速拓展了基本功能。目前已初步具备了内外贸并举、进出口相对平衡的贸易功能,孕育了金融功能、产业功能和投资功能,培育了包括货物运输、咨询业和房地产开发及物业管理在内的服务功能,初步形成了经营领域和经营品种的多元化格局。集团投资建立的200多家生产企业不仅提供集团1/3的出口货源，而且还密切了其与周边省市和内地的经济联系，形成了广泛的国际化经销网络，集团在美、日、欧和港澳等地开设海外企业45家，与世界120多个国家和地区建立了贸易关系，经营出口商品5000多个大类品种，国外注册商标95个，初步形成了全球化营销网络。

实践证明，综合商社试点为全国外贸企业改革和管理现代化提供了可借鉴的经验，对深化国有外贸企业改革发挥了积极的示范作用。国务院关于开展综合商社试点的决策是正确的。对综合商社试点工作的成效和作用必须给予充分的肯定；同时也要看到综合商社试点还面临不少困难和问题，必须加大力度，坚持不懈地把试点工作继续推向前进。

三、继续深化综合商社试点有什么重要意义

去年，我国外经贸工作取得了较大成绩，进出口总额达3250.6亿美元，首次位居世界贸易排位的第十位，实际吸收外商投资达452.6亿美元，继续成为世界第二大吸收外商投资国。1997年对外经济贸易在我国现代化建设中的作用进一步增强，成为国民经济的重要动力，仅出口对国民经济增长的拉动幅度就达近两个百分点。1998年，我国外经贸特别是出口面临十分严峻的形势，主要是亚洲金融危机对我国外经贸发展产生了重大的不利影响，主要表现在以下几个方面：

1. 世界经济贸易增长放慢。据联合国预测，1998年世界经济增长率将由原来预计的4.3%下降为3.5%，下降将近1个百分点。贸易总量的增长率将由去年的8.6%下降到今年的6.2%。我国主要贸易伙伴国经济增长和进口增长均比预计的有所放慢。我国出口面临一种收缩或放慢的国际环境。

2. 对东南亚国家出口难度加大，与东南亚国家出口竞争加剧。受这场危机的冲击，东南亚和韩国经济增长速度将大幅下降，预计印尼的经济增长率将由1997年5%降至1998年的2%。对东盟和日、韩出口占我国出口总额的31%，由于这些国家经济调整，压缩基建和进口，给我国对其直接出口带来严重困难。

3. 东南亚金融危机对我国1998年或更长一段时间的经济会产生一定冲击。

面对如此严峻的形势，增强外贸企业抵御外部风险的能力，就显得尤为重要。加快综合商社试点步伐，全面推进试点企业的改革、创新和发展，是从根本上增强外贸企业国际竞争力和抗风险能力的重要途径。在这个时候，更需要中化公司、东方国际集团这样的大企业发挥先导作用，率先克服困难，为外贸和国民经济发展作出更大的贡献。我们一定要从国民经济发展全局的高度来认识综合商社试点的必要性和重大意义，增强危机感和紧迫感，把试点工作进一步引向深入。

在外经贸对国民经济贡献日益提高的今天，搞好综合商社试点，也是更好地发挥外经贸对国民经济促进作用的需要。在传统体制下，工贸脱节、国内外市场分割一直是一个老大难

问题，小型化、分散化的外贸企业无法为生产企业提供方便周到的服务，因而无法发挥产业组织的综合服务的功能，对生产发展、产业升级和技术进步都无法发挥应有的作用。推进综合商社试点的一个重要目的，就是彻底消除工贸脱节的现象，更好地发挥外贸企业对生产和经济发展的导向作用，全方位开拓国际市场和国外资源，为现代化建设服务。

亚洲金融危机爆发后，在世界很多国家对亚洲经济模式发出质疑的条件下，推进综合商社试点，必须解决一个思想认识问题，就是在中国实行“大企业、大集团”战略是否行得通？韩国发生金融危机的一个重要原因是大集团经营不善、破产倒闭不断发生。有人因此认为，这宣告了韩国大集团战略的失败，中国学习韩国的做法也需要重新考虑。

这种看法有一定道理，但不太全面。韩国经营不善和破产的集团只占一小部分，多数集团经营是成功的；而且韩国大企业集团曾经为韩国经济发展立下汗马功劳，可以说，没有这些集团的发展，也就没有韩国经济如此迅速的发展。我们必须历史地分析问题，不能因今天韩国一些大企业集团出现问题而否定其历史作用。特别是韩国采取政府推进方式，培植本国综合商社的政策，收到了十分积极的成效，被国际社会公认为学习日本综合商社学得最好的国家。即使以今天的眼光看，韩国发展综合商社的政策和做法在总体上也是成功的，是韩国出口主导型经济的一个重要支柱，为韩国扩大出口、开拓国际市场发挥了重要历史作用。

从最近暴露的问题看，韩国发展大集团战略既有不少成功的经验，也确实有些值得吸取的教训：组建集团要以企业自愿为原则，减少政府过度干预，反对“拉郎配”，要把政府扶持与市场机制结合起来，按照公开、公平和竞争的原则，发展综合商社和企业集团；杜绝盲目重复建设和乱铺摊子，不能保护落后。只要我们结合中国实际，制定切实可行的对策措施，就能够扬长避短，早日建立一批具有强大国际竞争力的中国式综合商社，在我国外贸发展中发挥重要的作用。

四、如何深化综合商社试点

我国综合商社试点的目标是发展以贸易为龙头、在国内外有影响的流通领域的“国家队”。既然是“国家队”，综合商社就必须在国际上具有较强竞争力，发挥对国民经济发展的牵动作用。为此，政府的政策扶持就必不可少。特别是在试点起步阶段，要坚持高标准、少而精、循序渐进、稳步发展。当然，政府扶持并不排斥平等竞争，获得综合商社试点的企业如果达不到预定的标准，就要取消其综合商社资格。

发展我国的综合商社，离不开政府的大力扶持，但最终还是要落实到企业自身，尤其是试点企业要建立起一套适应综合商社发展需要、科学合理的内部机制。试点企业只有真正建立起现代企业制度，发挥贸易、产业、金融、信息、组织协调等功能才有基础保证，政府的政策扶持才能到位。否则，即使政策再优惠，投入的再多，也不可能达到理想的效果。因此，试点企业的当务之急，是加快企业改革，下大力气探索机制转换和自我完善之路，把主要精力用在内部机制转换和建立现代化经营管理体系上来。

当前，深化国有企业改革是我国经济工作的重点。试点企业应充分利用这一有利的外部发展环境，借鉴国外大型企业集团的先进经验，转机建制，建立新型的经营管理模式，从微观机制上为综合商社试点的成功创造条件。

1997 年中国加入 WTO 谈判继续取得进展

对外贸易经济合作部首席谈判代表　龙永图

1998 年 1 月 28 日

对于中国加入世贸组织(WTO)的问题,中国政府一贯非常重视,并为此做了长期不懈的积极努力。1997 年是中国入世谈判恢复并继续取得进展的一年。

按照 WTO 的规则,加入 WTO 必须承担两项义务,一是遵守规则,二是开放市场。前者主要是通过日内瓦的 WTO 中国工作组开展多边谈判来解决。后者则要通过双边谈判逐个解决每个国家自己特殊的贸易利益,满足其开放市场的要求。

过去的一年里,由于国际形势的发展对我国更加有利,特别是中美关系的改善和发展,使我国加入 WTO 的谈判得以恢复,并在市场准入问题的双边磋商和议定书的多边谈判中取得了重要进展。这一年,尤其是 1997 年 8 月以来,在谈判各方的努力下,我们先后与一些国家结束了双边市场准入谈判。

1997 年共举行了四次工作组会议,分别就议定书中的外贸经营权条款、司法审议和非歧视等条款达成了协议,会议还讨论了我加入议定书的 7 个附件,并取得了进展。我方改善了对市场准入中降低关税以及取消非关税措施的时间表。在我方推动之下,世贸组织里的发展中国家和地区成员发表了联合声明,支持中国尽早加入世贸组织。

在双边谈判中,迄今为止,共有 35 个世贸组织成员(欧盟代表 15 个成员国算一方)要求与中国进行谈判,因此中国需与这 35 方逐一谈判,并达成双边协议。目前,中国已与其中近 1/3 的国家结束了谈判,并与其中 10 国签署了正式协议,这些国家是:匈牙利、新西兰、韩国、日本(货物贸易)、捷克、斯洛伐克、巴基斯坦、土耳其、新加坡和印尼。

1997 年 10 月初,欧盟副主席布里坦访华时表示,中欧之间的谈判已进入了最后阶段,双方代表团应加快谈判节奏,尽早使中国加入世贸组织;10 月底,中美两国首脑在华盛顿会晤时,美方再次在联合声明中表示将加紧与中方进行谈判,以使中国尽可能早地加入世贸组织。12 月初,中国代表团在日内瓦参加第六次工作组会议期间提交了改进后的服务贸易减让表,并与有关各方进行了深入的磋商。

从 1986 年提出"复关"算起,中国已经为"复关"和加入 WTO 付出了 12 年坚持不懈的真诚努力,在这 12 年中,中国的经济与社会发生了重大变化,在谈判方面也作出了巨大努力:在关税方面,经过最近几年的几次自主降低关税行动,中国的进口平均关税水平已从 1992 年的 43%降至目前的 17%,中国还承诺到 2005 年将工业品平均关税降至 10%;在非关税措施方面,中国已把 1992 年时实行的 1247 个税号的配额许可证产品减至目前的 385 种,并在谈判中对取消这些过渡性的非关税措施也提出了时间表;在服务贸易方面,中方在最近修改后的服务贸易减让表中,提出了中国加入世贸组织后若干年的开放计划。在议定书的谈判中,中国重申遵守非歧视原则,承诺实行司法审议制度,并在中国加入世贸组织几年后放开外贸经营权。这些都表明,中国已基本具备了加入 WTO 的条件。

中国需要 WTO,WTO 也同样需要中国,中国和 WTO 之间是一种相互需要的关系。中国作为世界第十大贸易国和第二大外国资本输入国,在世界经济贸易中具有重要的作用。没有中国的加入,WTO 将是不完整的,缺乏代表性和普遍性。

现在已经到了谈判各方表现更多责任心的时候,我们衷心希望有关各方采取灵活务实的态度,早日解决这一问题。中国尽早加入 WTO 不仅有利于中国,也有利于 WTO,有利于整个世界。

当然,不管能否加入 WTO,我们都将按照既定方针沿着改革开放的道路走下去,对此我们充满信心。

专文

文 艺

我国对外贸易跃居世界第10位 在国民经济中的作用进一步增强

对外贸易经济合作部经贸政策和发展司司长　周　捷

1997年，我国继续实行加强宏观调控、控制通货膨胀的宏观经济政策，国民经济保持较快增长，对外贸易健康发展，取得了较大成绩。据海关统计，全年进出口总值3250.6亿美元，比上年增长12.1%。其中，出口值为1827亿美元，比上年增长20.9%；进口值为1423.6亿美元，增长2.5%。进出口顺差403.4亿美元。我国外贸进出口总额首次位居世界第10位。对外贸易在我国现代化建设中的作用进一步增强，成为国民经济增长的重要动力。

一、进出口贸易发展出现新的特点

1997年，对外贸易发展出现了以下几个特点：

(一)出口快速增长，成为拉动我国经济增长的重要因素。全年出口增长速度高达20.9%，为1980年以来除1987、1994、1995年外第4个增长幅度超过20%的年份。但受下半年开始的亚洲金融危机等因素的影响，我国外贸出口增势在1997年下半年明显受阻，出口增长速度降为17.1%，比上半年的26.3%的增长幅度低9.2个百分点。进口增长速度进一步回落。全年进口增长2.5%，为90年代以来增长最缓慢的年份。这既反映我国投资增长放缓，消费需求平淡；同时也反映我国国产产品在国内市场竞争力增强，市场占有率提高。

(二)一般贸易与加工贸易同步发展，加工贸易比重略有提高；国有企业与外商投资企业齐头并进，国有企业在对外贸易中继续居于主导地位。全年一般贸易进出口总值1170亿美元，增长14.5%，占进出口总值的36%。其中，出口779.7亿美元，增长24%，进口390.3亿美元，下降0.8%。由于加工贸易政策和环境相对稳定，我国加工贸易持续稳定发展，全年进出口总值1698.1亿美元，增长15.8%，占全国进出口总值的52.2%。其中，出口996亿美元，增长18.1%；进口702.1亿美元，增长12.7%。1997年，国有企业进出口总值1636.6亿美元，增长12.7%，占我国外贸总值的50.4%。其中，出口1026.9亿美元，增长19.3%；进口609.7亿美元，增长3%。外商投资企业进出口总值1526.2亿美元，增长11.3%，占我国外贸总值的46.9%。其中，出口749亿美元，增长21.7%；进口777.2亿美元，增长2.8%。在外商投资企业中，外商独资企业进出口增长尤为迅速，出口、进口增幅分别达31.1%和12.5%。

(三)进出口商品结构继续优化。1997年，工业制成品出口1587.7亿美元，增长22.9%，占出口总值的比重由上年的85.5%提高到86.9%；初级产品出口239.3亿美元，增长9.1%，占外贸出口总值的比重由上年的14.5%下降到13.1%。全年机电产品出口593.2亿美元，增长 23.0%，占外贸出口总值的 32.5%。全年初级产品进口 286.2 亿美元，增长 12.5%，大大高于整个外贸进口 2.5%的增速。其中，石油、植物油、纺织纤维、金属矿砂和饲料的进口都超过 10 亿美元。国内短缺的原材料进口增长较快，这对促进国民经济的快速发展是有利的。全年工业制成品进口 1137.4 亿美元，增长 0.3%，其中机电产品进口 593.3 亿美元，下降 3.2%。

(四)外贸政策进一步完善，对促进外贸发展发挥了积极作用。出口退税进度加快，以前大量拖欠出口退税的情况得到根本扭转，外贸企业资金周转大大加快；加上国家优先支持有效益、有市场的出口，外贸企业资金困难有所缓解。1997 年 10 月 1 日，我国再次大幅度自主降低进口商品关税税率，算术平均税率由 23%降至 17%，降税幅度达 26%。外汇体制改革也推出新举措，10 月 15 日起，允许部分中资企业开立外汇帐户，保留一定限额的经常项目外汇收入。1997 年，我国进出口顺差扩大，实际吸收外商直接投资保持增长，外汇市场在总体上仍呈现供大于求的格局，人民币汇率由 1997 年初的 8.30 元人民币兑 1 美元升值为年底的 8.28 元人民币兑 1 美元，升值幅度 0.227%。1997 年底，国家外汇储备达到 1399 亿美元。

二、市场多元化战略取得新的进展

根据新形势的需要，我国进一步加强了实施市场多元化战略工作：加大出口信贷的支持力度，对机电产品特别是成套设备出口提供有力支持；逐步建立出口信用风险保险制度；加强经贸结合，授予更多的外经公司外贸经营权，通过对外承包劳务和援外带动新市场的开拓；在拉美、非洲、原苏东国家参加和举办展览 89 个，其中单独办展 25 个；在有条件的地区组建贸易中心、分拨中心，扩大我国商品的出口。1997 年，我国在非洲几内亚、埃及、喀麦隆、马里、加蓬和科特迪瓦设立的 6 个投资开发贸易中心和分拨中心已陆续开业。在举办海外投资企业方面取得新的进展，1997 年共批准海外企业 311 家，协议投资总额 46793.9 万美元，中方协议投资额 33889 万美元，中方投资占总投资的 72.4%。截至 1997 年底，共批准境外投资企业 5357 家，中方总投资 60.64 亿美元。其中，贸易性企业 3153 家，中方投资 36.97 亿美元；工农业生产和资源开发等非贸易类企业 2204 家，中方投资 23.67 亿美元。海外投资企业分布在世界上 140 个国家和地区。

1997 年，我国的贸易伙伴已发展到近 230 个国家和地区，双边贸易关系得到较大发展。按照海关原产国(地)和出口最终目的国(地)统计，1997 年我国 10 大贸易伙伴及贸易额分别为：日本，608.1 亿美元；香港，507.7 亿美元；美国，489.9 亿美元；欧盟，430 亿美元；韩国，240.5 亿美元；台湾省，198.4 亿美元；新加坡，87.8 亿美元；俄罗斯，61.2 亿美元；澳大利亚，53 亿美元；印尼，45.1 亿美元。我国与这 10 大伙伴的贸易总额为 2721.6 亿美元，占我外贸出口总值的 83.7%。1997 年，我国对日本、香港、美国、欧盟等传统市场的贸易额继续保持一定增长，与上年相比，增长速度分别是 1.2%、24.6%、14.3%和 8.3%。同时，对重点开拓市场的贸易取得了较大进展。1997 年，我国对非洲出口总额为 32.1 亿美元，比上年同期增长 24.9%；对拉美的出口总额为 46.1 亿美元，增长 47.7%；对东盟的出口总额为 120.3 亿美元，增长 24%；对大洋洲的出口总额为 24 亿美元，增长 22.1%。1997 年我国与上述地区的贸易额占我进出口总额的 14.0%，占出口总额的比重上升到 12.4%。

三、贯彻"以质取胜"战略有新的举措

为提高出口商品质量，维护我国外贸信誉，增强我国在国际市场的竞争力，1997年在实施"以质取胜"战略方面又作出新的努力。1997年全年共检验进出口商品231.7万批，货值1083.1亿美元。经严格检验，共堵住不合格进出口商品2.5万批，货值18.6亿美元。其中，查出不合格出口商品1.1万批，货值4.1亿美元；查出不合格进口商品1.4万批，货值14.5亿美元。全年进出口商品检验批次合格率为98.9%，货值合格率为98.3%，比上年均有提高。为扩大检验面，继续增设了新的商检分支机构。推行出口质量许可制度和商检卫生注册登记制度又有新的进展，获证企业的产品质量有较大提高。继续加大在出口企业推广ISO9000国际质量管理及质量保证体系工作的力度，越来越多的企业获得了质量保证合格证书。与此同时，有关部门还在研究制定出口商品质量管理办法、优化出口商品结构办法和推行名牌战略的措施等方面作出了积极努力，这必将对实施"以质取胜"战略发挥积极影响。

1997年，我国对外贸易健康发展，在国民经济中的作用进一步增强。1998年，受亚洲金融危机的影响，我国对外贸易面临的形势相当严峻。我们要以邓小平理论和党的十五大精神为指导，以改革为动力，认清形势，发扬爱国主义精神，增强责任感，调动一切积极因素，努力克服困难，全面完成外经贸工作任务，为国民经济的持续快速健康发展作出应有的贡献。

积极转变观念　加强调查研究
做好外贸管理工作

对外贸易经济合作部对外贸易管理司司长　刘国胜

1997年是我国对外贸易快速增长的一年，我们紧紧围绕实现“两个根本性转变”的指导方针，以经济效益为中心，积极转变观念，加强调查研究，大力整顿出口经营秩序，做好对外磋商和谈判工作，努力探索我国外贸管理的新途径，为建立具有中国特色的外贸管理制度作出了应有的努力。

一、积极转变管理观念，大兴调查研究之风

1997年是外经贸部部机关的“调查研究年”。根据部统一部署，我们把调查研究确定为一项重要任务，从工作实际出发，深入第一线开展调查研究，取得了一定成效。

一是对我国大宗出口商品进行调查研究。这些商品是：硅铁、钢材、锌锭、锡锭、水泥、焦炭、镁砂、矾土、两纱两布、抽纱、纺织品、维生素C等。通过调查，初步摸清了这些商品出口的现状和存在的问题，听取了各地企业的意见，提出了改进管理的调研报告。

二是对加工贸易的调查研究。为进一步推动加工贸易的健康发展，我们对加工贸易的税收监管问题进行了实地调查，提出了改进加工贸易管理及其税收管理的政策建议。

三是对我国原产地规则的调查研究。我们将我国现行原产地规则与发达国家的原产地规则进行了比较研究，为完善我国的原产地规则打下了基础。

四是对进出口商会改革工作的调查研究。为建立适应社会主义市场经济的具有中国特色的进出口商会，我们会同六个进出口商会，对若干重点国家和地区的商会组织分批进行考察、调研，并根据考察成果，结合我国国情，提出了我国进出口商会改革方案。

二、完善外贸管理制度，做好外贸管理工作

1997年，我们在调查研究的基础上，制定了几个商品的管理办法和规定。这些商品是：茶叶、维生素C、蘑菇罐头、冻鸡、抽纱、鞋类、易制毒化学品等。

改进出口商品配额分配制度。打破出口配额分配的“终身制”，积极改进出口配额调整、切块分配办法，实施动态分配，实行优奖劣罚，大大增强了配额分配的科学性和透明度。

坚持出口招标制度，做好招标工作。为及时解决招标中出现的问题，我们研究制定了招标管理的补充规定，下发了完善招标管理的通知。调整了招标商品目录，暂停了原木和阿拉伯袍裤的招标，增加木杆铅笔招标，增加两个类别的纺织品试行招标和有偿分配。针对招标

中出现的问题,及时采取措施妥善解决,圆满完成了1997年的出口招标工作。

加强加工贸易的管理。根据我国加工贸易的实际状况,重点加强了对以进口食糖、植物油、棉花、羊毛为原料的加工贸易管理,主要是采取总量平衡、集中审批的管理办法。

加强进口的宏观调控。为规范我国的进口管理,建立符合国际惯例的进口体制,我们起草了《中华人民共和国进口货物管理条例》。在进口的经营管理上,我们重点对国家主要市场物资如粮、棉、油、糖、化肥的进口实施了有效的监控和协调,保证了我国对这些物资的市场需求。另外,为严格控制国外废旧物资盲目进入我国,我们还对几种主要废旧物资的进口核定若干家进口经营公司。

三、以查处低价出口为重点,大力整顿出口经营秩序

查处低价出口行为是整顿外贸经营秩序的重要内容。根据经贸部发布的《关于处罚低价出口行为的暂行规定》,我们加大了查处低价出口的力度。1997年共调查涉嫌低价出口案件8起,查实后进行处罚的有5起,以通报批评的形式处罚企业共10家。对低价出口行为的严肃查处,维护了外贸经营秩序,在国内外引起了强烈反响,受到了外贸企业的好评。

加强进出口许可证的管理。我们与海关总署共同合作,加大对违章出口的查处力度,查处逃避许可证管理案件多起。同时,我们针对倒买倒卖许可证的行为,下发了《关于严禁买卖或变相买卖进出口许可证的通知》。我们还积极牵头协调“金关工作”组成部分的配额许可证管理系统的建设工作,制订了《配额许可证管理系统协调小组工作方案》。

加强对出口商标和原产地证书的管理。严厉打击出口商标侵权行为,联合海关总署开展保护国有电池商标的专项行动,共查扣价值约1500万元的假冒电池;同时,对在经营当中发生商标侵权的十几家外贸企业,分别给予了相应处罚,维护了商标所有者的合法权益。我们还查处了一家企业伪造原产地证书的案件,并按规定对该企业进行了处罚。

四、积极支持进出口商会开展工作

作为我国外贸体制的重要组成部分,进出口商会发挥着积极作用。一方面,我们配合有关单位在日常工作中注意指导并依靠商会开展工作,如招标工作和价格协调工作。另一方面,在推动商会的改革发展方面做了大量的工作。如召集商会改革座谈会,征求对商会改革工作的意见,在若干问题上初步达成了共识。为规范商会的协调行为,我们还起草了《进出口商会出口商品经营协调办法》,拟适时推出。

五、努力做好对外磋商和谈判工作,为进出口贸易争取较好的外部环境

中美、中加双边纺织品贸易谈判。经过4轮艰苦谈判,中美达成了第5个双边纺织品协议;中加双边纺织品协议顺利延长,协议中的配额结构也得到了一定的改善。

对日纺织品贸易谈判。1995年以来,日本以我部分纺织品对日出口增长过快为由,不断地试图对我进行单边设限。1997年以中国棉府绸转口数量增加为由,单方宣布将设限调查期限延长一年。经过艰苦谈判,我们与日方达成了由我方自主管理的协议。此外,1997年度中日丝绸谈判也取得了比较满意的结果。

中美蜂蜜贸易谈判。为保证《中美蜂蜜中止协议》的顺利执行，根据《协议》的有关规定，我部与美国商务部主管部门在北京举行了对口会谈，并与美方签署了《磋商纪要》。我部还接待了美国商务部派出的蜂蜜核查小组，双方对核查结果均表示满意。

另外，我们还与欧盟就纺织品电脑联网核查问题进行了磋商。

1997年我国外经贸体制改革取得重要进展

对外贸易经济合作部经贸政策和发展司副司长　鲁建华

按照年初中央经济工作会议部署和十五大提出“深化对外经济贸易体制改革”的指示精神，1997年我国外经贸体制改革取得重要进展。

一、加大了国有外经贸企业改革力度

（一）遵照中央经济工作会议关于加强企业领导班子建设的要求，全国各级外经贸主管机关对所属企业普遍进行了综合考核。通过考核，外经贸部将15位不称职的总公司正副总经理降职或免职，打破了总公司总经理层领导干部能上不能下的陈规，实现了企业领导干部能上能下。

（二）加大企业兼合并力度，推动国有外经贸企业走规模经营道路。我国外经贸企业普遍经营规模小，抵御风险能力差。1997年外经贸部在推动企业通过自愿、互利的联合、兼并，向实业化、集团化、国际化和综合化方向发展方面加大了力度。除组织有关公司参加国务院现代企业制度试点外，还通过资产重组，使中技、中机、中仪和海经四个部直属总公司实现“强强联合”，组建为中国通用技术（集团）控股有限责任公司，并拟用3年左右时间，在实行一套全新机制的基础上，把公司建成跨行业、跨地区、跨所有制的大型股份制跨国企业集团。

（三）加快综合商社试点，实施大集团战略。经国务院批准，在上海东方国际（集团）有限公司进行综合商社试点，这是地方第一家被正式批准探索综合商社模式的大型企业集团。上海的工贸一体化大集团战略也初见成效，江苏、山东、福建等地在这方面也做了积极探索。

（四）推动国有外贸总公司组建上市公司，是国有外贸企业转换经营机制的有效途径。中技贸易股份有限公司和五矿发展股份有限公司先后上市，标志着国有大型外贸企业在资产重组、资本经营方面迈出了新的步伐。上市公司的评价机制从根本上改变了传统外贸企业“重规模、轻效益”的状况，有助于推动企业真正实现“两个根本性转变”，对全国外经贸企业的股份制改革具有重要的示范作用。

（五）外经贸企业股份制改革基本上完成了年初确定的在30家二级子公司中实行内部职工持股试点的目标。外经贸部直属企业中共有32家二级子公司提出了试点申请，经批准，其中22家进行了试点。天津食品进出口股份有限公司等3家企业已正式挂牌运营。

（六）加强对全行业国有企业改革的指导，修订与完善企业改革的政策与法规，组织和指导企业到邯钢实地学习改革与加强企业内部管理的经验，在山东诸城召开全国地县外贸企业改革与发展现场会，推动全行业的企业改革。

二、外经贸经营管理体制改革继续深化

(一)在赋予各类企业进出口经营权方面进行了以下改革:一是进一步放宽了国有生产企业和科研院所自营进出口权的审批标准;二是将赋予商业物资企业进出口经营权的工作由试点阶段转入正常审批;三是颁布实施《经济特区生产企业自营进出口权自动登记暂行办法》,将经济特区内的生产企业通过依法登记自动获得进出口权的试点工作在5个经济特区全面展开;四是中外合资对外贸易公司的试点工作开始进行,首批3家中外合资外贸公司已获得国家批准,开始经营外贸业务。目前,全国共有各类外经贸企业16万多家,其中外贸企业5300家、自营进出口生产企业7800家、科研院所295家、外经企业686家、外商投资企业14.5万多家。

(二)在《对外贸易法》的基础上加快制定并实施配套法规,将对外经贸管理纳入法制化轨道。《中华人民共和国反倾销和反补贴条例》的颁布,表明中国市场在一如既往对外开放的同时,国家将运用法律手段限制外国产品的倾销,以促进进口产品和国产产品的平等竞争。

(三)建立和完善鼓励出口的激励机制。一是完善出口配额分配管理办法,打破分配上的"终身制",对出口企业使用配额的情况在动态核查的基础上,按出口实绩进行"奖高减低"的调整,提高了配额的使用率和出口效益。配合纺织行业解困制定了相应措施。进一步扩大实行出口配额有偿招标的商品范围,制定与完善了出口商品配额招标的有关政策规定,使招标工作进一步规范。二是对广交会摊位分配机制进行改革。第82届广交会首次正式实行参展摊位的分类管理,将摊位分为四类,即:保证性摊位(用于确保有发展前途的、高附加值的名优特新产品)、保持性摊位(用于具有规模经营能力、创汇效益好的外贸骨干企业)、分配性摊位(由交易团按现行办法分配给各参展单位)和招展性摊位(不宜进行分配而实行单独招展)。同时还增加了高附加值、特别是名牌商品的摊位,压缩了不需看样成交或低值产品的摊位,为优化我国出口商品结构,提高出口商品质量和高技术含量,鼓励名优产品出口等起到了导向和推动作用。三是改革我国传统大宗出口商品——茶叶的经营管理体制。外经贸部发布的《茶叶出口管理暂行办法》规定,国家对红茶出口(对利比亚、突尼斯的红茶出口除外)不再实行统一联合经营,由有红茶出口经营权的外贸公司及获得红茶出口经营权的生产企业按国家下达的计划配额在自负盈亏的基础上自行成交出口。

(四)大力改革进口体制,加快形成以汇率、关税、税收、信贷等宏观调控手段为主的国际收支和进出口平衡机制。外经贸部加紧研究制订《中华人民共和国货物进口管理条例》,鼓励公平、互利的进口贸易,对进口贸易主要采用关税进行调控。10月1日,我国进出口商品平均关税水平从23%降低到17%,降税幅度为26%,共涉及4800多个税号商品,降税面达73%以上。降税后,我国税则中的最高税率由120%降低到100%,税率在30%以上的税目个数约减少了45%。在非关税方面,我国已承诺提前10年实现中远期目标,即于2010年取消所有不符合世界贸易组织规则的非关税措施。

(五)加强对非洲市场的开拓,贯彻实施"市场多元化战略"。在对亚洲、欧洲及北美洲等传统市场的出口继续保持较大增长的同时,我对拉美、非洲及大洋洲的出口增长很快,增幅分别达47.7%、24.9%和22.1%。根据非洲的资源与市场特点,外经贸部大力推动有关企业在非洲的10个国家(埃及、科特迪瓦、马里、几内亚、喀麦隆、加蓬、坦桑尼亚、赞比亚、莫桑比

克、尼日利亚)设立中国投资开发贸易中心,给全国企业开拓对非贸易、投资建厂及工程承包牵线搭桥。这种将投资、开发、贸易、援外和互利合作相结合的新的模式,有利于在"平等互利、讲求实效、形式多样、共同发展"的原则基础上,拓展中国与非洲的经贸合作。

(六)继续推行外贸代理制。随着外贸经营权的进一步放开,外贸经营主体日益多元化,我国的外贸代理市场正在逐步形式。为建立健全外贸代理法律制度,规范外贸代理行为,用合同形式保护各方当事人在外贸代理关系中的合法权益,外经贸部参与了《中华人民共和国合同法》的研究制订,有关外贸代理的法律规定将在《合同法》中予以体现。

(七)技术贸易管理体制改革。外经贸部协助国家经贸委、会同国务院机电办分别制定了技改项目技术设备引进减免税政策和技术出口的有关政策。在技术进口方面,继续加大力度,拓宽资金渠道,提高技术引进中的软件含量,逐步改变目前技术产品引进占主导地位的结构;加强产业导向,保证技术引进支持支柱产业发展;加强管理,保持国家对某些重点项目的适当调控。在技术出口方面,进一步采取实际步骤鼓励高技术、成套设备出口,出台了一系列新的外汇政策支持成套机电产品出口。外经贸部与国家科委制定高技术产品目录,对高技术产品出口实行某些更优惠于机电产品出口的政策。同时继续整顿技术出口经营秩序,特别对成套设备、大型设备出口实行资格认证,制止无序竞争。

(八)外经贸电子信息网络建设。外经贸部EDI中心设置的中国国际电子商务网是全国唯一的集信息、管理、服务三位一体的、功能完善的外经贸专用网络,是金关工程的重要组成部分。EDI中心按照金关工程和外经贸信息化建设的要求,重点加强4个应用系统的开发,其中有的系统已经上网运行,保证了从1998年起在全国外经贸业务中统一使用进出口企业代码;进出口许可证核查系统基本完成,正与海关进行联网调试;进出口统计系统已经完成,开发了机电办管理信息系统,并利用专用网实现了自动化管理;在国家商检局和贸促会的支持下,联合开发了原产地证书报文系统,由原来的手工报验改为用专用网传递,节省了大量的人力、物力,加快了审批速度;组织开发了全国外商投资企业管理系统、外商投资企业年检系统、利用外资管理系统,加强了对全国几十万家外商投资企业的宏观管理;积极支持广交会,充分利用现代化手段和中国国际电子商务网与国际互联网相连的功能,加快信息传递,促进企业间交流,在国际上进一步提高了广交会的知名度,至今欧美客商明显增多;联合国贸易网络的ETO信息增加了中文翻译信息,受到中小企业欢迎,并加强了网上交易的研究,积极在网上推行电子邮件、网络国际传真等应用项目,提高了工作效率,降低了通讯成本。

1997 年我国利用外国政府贷款工作概述

对外贸易经济合作部外国贷款管理司司长　汪师嘉

1997 年，我国利用外国政府贷款工作取得了新的进展。全年有 20 多个国家向我国承诺提供贷款，与我方签署协议金额 28.55 亿美元，实际使用金额 26.9 亿美元。与 1996 年相比，利用贷款的规模略有增长。1997 年我国利用外国政府贷款工作具有如下特点：

一、继续支持国家重点项目建设，进一步巩固与贷款国的双边财政合作关系

1997 年，我们积极筹措国外优惠贷款，巩固与贷款国双边财政合作关系。本年度中，我国与日本政府签署了 14 个项目，贷款协议总金额为 2029.06 亿日元，是我国利用日元贷款的协议金额最高的年度；与德国、法国等十几个国家签署贷款协议 11 个，总金额 10.6 亿美元。

1997 年利用外国政府贷款建设的项目（含续建项目）主要有：朔黄铁路和西安—安康铁路等两条铁路，河北黄骅港，宁夏扬黄扶贫工程一期，黑龙江三江平原商品粮基地，上海浦东国际机场等国家重点工程和淮河、湘江等两条河流的污染综合治理，呼和浩特、包头和本溪等 3 城市大气污染治理，大连、无锡、张家港等 15 个城市供水，天津开发区等 5 个城市污水处理等一大批国家急需的基础设施和环保项目。

二、适应形势发展，合理调整贷款投向

随着我国经济发展水平的提高，国际经济合作与发展组织对我国使用外国政府贷款的限制趋严。为了适应这一形势的发展，我们从国家经济发展总体规划出发，结合贷款国的技术特长，注意合理安排贷款投向。1997 年全年共生效 133 个贷款项目，其中基础设施、农业、环保等领域项目占 90%，中西部地区的项目比重占 57%，较好地贯彻了国家的产业政策和地区发展政策。

1997 年我国利用外国政府贷款的行业分布情况表

序号	行业	金额（百万美元）	占总金额比例（%）	项目数（个）
1	交通运输	1105.89	41.11	12
2	能　　源	631.85	23.48	33

（续上表）

序号	行业	金额（百万美元）	占总金额比例（%）	项目数（个）
3	环　　保	528.17	19.63	36
4	农林水利	92.42	3.44	9
5	邮电通讯	64.91	2.41	6
6	机电仪器	53.98	2.01	7
7	轻纺食品	32.93	1.22	12
8	科教卫生	29.27	1.09	11
9	石油化工	8.57	0.32	3
10	其　　他	142.33	5.29	4
总计		**2690.32**	**100.00**	**133**

交通运输、环保、能源和农林水利等领域使用的外国政府贷款金额占我国贷款实际使用金额的 87.66%，我国利用外国政府贷款的领域更趋于合理。

三、加强调研，改进管理工作，提高工作效率

随着经济体制改革的不断深入，国家投资融资体制、财税体制都在发生变化，原有的政府贷款管理工作程序难以适应新形势的要求。为此，我们针对贷款管理工作中的难点和重点问题进行了调查研究，对原有的管理工作程序做了相应的调整，严格了项目的审批，提高了项目的质量和项目评审过程中各个环节的工作效率，使贷款项目的投向更符合国家的产业政策和地区发展政策。我们还与国家有关部门加强联系和协调，提高了贷款的执行率。如日元贷款，近几年出现了执行率不断下降的趋势，经过各方的努力，使 1997 年的贷款执行率得到了提高。另外，我们还按照国际贸易的习惯做法，加强了项目采购工作程序化和规范化的管理。

四、进一步加强还款管理，维护国家偿债信誉

随着利用外国政府贷款还款高峰期的到来，如何加强还款管理，维护国家对外偿债信誉，始终是我国政府非常重视的问题。

1997 年，在国务院领导的关心和各有关部门的配合下，我们同国家计委、财政部、人民银行和税务总局等国务院有关部门共同制定了解决各省市拖欠外国政府贷款还款问题的有关办法，并召开了专题工作会议，以加大对还款问题的管理力度。各级政府也积极采取措施，解

决拖欠款问题,以保证对外按时偿付本息,维护国家信誉。

今后,我们将继续巩固与贷款国的双边财政合作关系,进一步采取有效措施,加强贷款管理工作,提高贷款的使用效率,使外国政府贷款更好地促进我国农业、环保以及基础设施等领域的建设和贫困地区的经济发展,同时积极推动我国与贷款国双边经贸关系的发展。

加大与世界银行合作的深度和广度

财政部世界银行司副司长　祝　宪

自1980年我国恢复在世界银行(以下简称世行)集团的合法席位以来,我国与世行(包括国际复兴开发银行和国际开发协会)、国际金融公司和多边投资担保机构等世行集团的主要成员进行了卓有成效的合作。截至1997年底,我国从上述机构直接或间接得到的资金(包括贷款、股本投资、联合融资、赠款以及对外国投资者的担保)累计约达294亿美元,这对我国的经济发展和改革开放事业起到了积极的推动作用。

一、与世行贷款业务合作取得丰硕成果

我国从1981年开始利用世行贷款,截至1997年底,世行对我国的承诺贷款总额为280.68亿美元,用于支持185个项目,涉及项目总投资约900亿美元。185个项目中,89个项目已经完成,96个项目正在或即将实施。一些项目体现了我国国民经济发展的重点和产业布局,覆盖了我国除西藏和台湾省以外所有的省、市、自治区,遍及农业、能源、交通、教育、卫生、城建和环保等重要国民经济部门。

1981—1997年世界银行对华贷款情况表　货币单位:亿美元

部　门	项目数	承诺贷款总额	占比重(%)
农业	49	77.42	27.58
交通	34	63.58	22.65
能源	27	57.37	20.44
教育卫生	25	22.29	7.94
城建环保	23	30.66	10.92
工业	19	26.88	9.58
技术援助及其他	8	2.48	0.89
合　计	185	280.68	100.00

从1993年财政年度起，我国已连续5年成为世行财政年度的最大借款国，每年贷款额约30亿美元。世行的财政年度是从每年7月1日开始到第二年6月30日止。由于世行贷款规划按财政年度安排，因而日历年度统计不可能完全说明贷款的批准情况。1997年日历年度世行对我国的贷款总额为21.8亿美元，其中硬贷款(有息贷款)17.8亿美元和软贷款(无息贷款)4亿美元。

1997年世行批准对华贷款项目表　　货币单位：亿美元

序号	项目名称	硬贷款	软贷款	小计
1	秦巴扶贫	0.30	1.50	1.80
2	黑龙江农业发展	1.20		1.20
3	山西万家寨引水工程	4.00		4.00
4	小浪底第二期工程	4.30		4.30
5	内蒙古托克托电厂	4.00		4.00
6	上海外高桥电厂	4.00		4.00
7	贫困教育第四期		0.85	0.85
8	农村供水第三期		0.70	0.70
9	山东环保		0.95	0.95
总计		17.80	4.00	21.80

总的看来，世行在华项目的执行情况是比较好的。根据财政部和世行联合进行的第五次世行贷款项目检查情况显示，中国项目的执行情况要远远高于世行项目的平均执行水平，大部分项目执行顺利，支付情况良好。世行项目的实施，一方面弥补了项目资金的不足；另一方面，通过世行项目引进了先进的科学管理经验和技术，培养了大批人才。利用世行贷款对中国的国民经济和社会发展事业都起到了积极的促进作用，并取得了良好的社会和经济效益。

我国利用世行贷款主要有以下特点：

一、起步晚，发展速度快。与其他发展中国家相比，中国利用世行贷款时间虽不长，但贷款业务发展很快。1981财年贷款额只有2亿美元，而1993财年贷款额已达31.7亿美元，从1993财年开始，每年均保持在30亿美元左右。

二、加大扶贫力度。为支持国家的“八一七”扶贫攻坚计划，我国的世行贷款，尤其是软贷款直接或间接向扶贫项目倾斜。

三、贷款重点向中、西部地区转移。与我国加快中西部地区发展的战略规划相配合，近年来世行贷款项目 70%在中西部地区。

四、重点支持国家基础设施建设。我国充分利用世行贷款利息相对较低、期限较长的特点，大力支持国家的重点基础设施建设，在世行贷款中，基础设施贷款占 52.67%。

五、促进环境保护事业的发展。到目前为止，涉及环境保护的世行对华项目已达 11 个，贷款总额 13.75 亿美元，占世行对华贷款总额的 4.9%。此外，世行还通过环境技术援助项目，帮助中国提高环境保护政策和管理的水平。通过这些项目，我国环境保护事业等到了加强。

二、与世行的经济调研合作卓有成效

经济部门调研是我国与世行的非贷款业务合作的重要方面。自世行于 1981 年对我国进行首次大规模经济考察以来，双方合作完成了 80 多项正式调研课题，另有 20 多项调研正在进行之中。调研范围涉及农业、交通、能源、工业、外贸、金融、财税、城建、企业改革、扶贫、教育、卫生和环保等行业和部门。通过调研，世行进一步了解了中国的实际情况，为其制定贷款政策提供了基础，同时也为我国经济建设和改革开放提供了不少富有建设性的建议，受到我国有关部门的高度重视。世行 1997 年与我国合作完成的《2020 年的中国一新世纪面临的挑战》和所附的六个系列分报告是当年最重要的经济调研成果，这一成果对 21 世纪中国的宏观经济、重要的行业和部门进行了分析和展望。六份分报告是：《碧水蓝天一展望 21 世纪的中国环境》、《中国的粮食安全》、《卫生部门融资一有关问题与政策选择》、《老年保障》、《共享增长的收入》和《中国与世界经济》。

三、世行'97 年会在香港成功举办

世行和国际货币基金组织于 1997 年 9 月在香港召开第五十二届联合年会，这是香港回归后我国在香港特别行政区承办的第一个大型国际会议。各国政府高级领导、金融、企业界的高级主管和国际著名专家学者云集香港。这是让世界了解我国，也是我国了解世界的极好机会。年会期间还举办了中国专题研讨会。专题有：中国经济一机遇与挑战，中国的基础设施，社会保障体系一医疗和养老金，中国的环境问题，一个国家两种货币制度，粮食保障和农村经济，资本市场等。我国政府高度重视此次盛会，李鹏总理和朱镕基副总理亲临年会。在此之前，国内由财政部牵头，有关机构和专门班子与香港特区政府密切配合，协助世行和基金组织做好各项准备工作，使此次大会圆满成功，获得了中外各界的高度评价。

四、全球环保基金促进了我国的环境保护工作

全球环保基金（以下简称基金）是 1991 年 5 月由世行牵头设立的一项捐款基金，专门资助发展中国家对世界环境有影响的环保项目，重点用于减少温室气体排放、保护生物多样性、保护国际水域和保护臭氧层四个领域。基金的管理以世界银行为主，由世行与联合国开发署和环境规划署共同负责。我国在两期捐款中共捐了 800 万特别提款权，共计约 1160 万美元。截至 1997 年底，我国获得基金资助的项目共 18 个，总金额为 1.45 亿美元，其中气候领域 13 个项目，金额 9480 万美元；生物多样性领域 4 个项目，金额 2000 万美元；国际水域领

域项目1个，金额3000万美元。基金所支持的项目都是我国经济和社会发展的重点领域，这些项目在一定程度上缓解了国内环保资金不足的压力，有利于我国经济的持续发展。我国在与该基金合作的同时，还积极参加了《联合国气候框架公约》、《联合国生物多样性公约》的政府间谈判及缔约方会议。

五、国际金融公司贷款日益扩大

国际金融公司(以下简称公司)主要向私营和合资企业提供贷款和股权投资，无需政府或银行担保，由公司与项目承办者及其他投资者共同承担风险。公司突出的优势在于有很强的带动能力，带动融资的方式包括联合融资、银团贷款、提供担保，还包括介绍外国经营伙伴、技术伙伴加入项目。我国从1985年开始利用公司贷款，近年来，国际金融公司在华业务迅速增长，截至1997年底，国际金融公司共批准36个项目，贷款总额达10.94亿美元。

六、多边投资担保机构的担保业务有助于改善我国的投资环境

多边投资担保机构(以下简称机构)，虽然是世行最年轻的成员(成立于1988年)，但其业务发展迅猛。机构通过提供担保及投资咨询服务，帮助我国改善投资环境，完善外国投资法规，促进外资特别是外国直接投资流入中国。截至1997年底，机构已为外商在华的22个投资项目提供担保，并提供1.09亿美元的非商业性风险担保。投保者主要来自于美国、瑞士、德国、意大利、荷兰、韩国和马来西亚等国家。

总之，我国与世界银行集团的合作取得了丰硕的成果，这对我国经济发展和改革开放起到了积极的促进作用。但是，随着我国经济迅速发展，发达国家的官方援助止步不前，世行对我国提供的软贷款也越来越少。我国要在本世纪末消除贫困，进一步强化基础设施建设，实现国民经济均衡发展，仅仅依靠国内的资金是不够的，仍需要大量的长期优惠资金。今后我们将进一步加大与世行合作的力度，调整策略，扩大和开发新的合作形式，将世行贷款进一步引向中西部地区，向农业、基础设施、扶贫和环保等领域倾斜，积极支持我国的经济建设和改革开放事业。

吸收外商直接投资
促进国民经济快速健康发展

对外贸易经济合作部外国投资管理司司长　马秀红

在邓小平理论和党中央关于积极合理有效利用外资方针的指导下，1997 年我国吸收外商直接投资工作取得了可喜的成绩，有力地促进了国民经济快速健康发展。

一、1997 年外商直接投资稳定增长，实际利用外资创历史最高水平

1997 年全国新批准设立外商投资企业 21001 家，比上年下降 14.48%；合同外资金额 510.04 亿美元，同比下降 30.39%；但实际使用外资金额 452.57 亿美元，同比增长 8.46%，创历史最高水平。自 1993 年起我国已连续五年成为世界上仅次于美国的第二大外商直接投资吸收国。截至 1997 年底，全国累计批准设立外商投资企业 304821 家，合同外资金额 5203.92 亿美元，实际使用外资金额 2218.5 亿美元。已开业的外商投资企业超过 14.5 万多家，直接从业人员 1750 万人，约占全国非农业劳动人口的 10%，成为我国解决就业问题的重要渠道之一。

1997 年外商实际投资金额 452.57 亿美元，占我国当年全社会固定资产投资总额的 14.79%。据国家统计局不完全统计(以乡及乡以上企业为统计单位)，外商投资企业工业产值约 10427 亿元，占全国工业总产值的 18.57%，工业完成增加值 4450 亿元，比上年增长 13.4%，增长幅度高于国有企业和集体企业。全年以外商投资企业为主的涉外税收收入约为 993 亿元(不包括关税和土地使用费)，同比增长 29.97%，高出同期全国工商税收增幅约 13 个百分点，约占全国工商税收总额的 13.16%。自 1992 年以来，涉外税收是增长最快的税源之一。外商投资企业已经成为我国国民经济不可分割的重要组成部分和国民经济新的增长点，是我国经济快速发展的主要牵动力之一。

1997 年外商直接投资呈现以下主要特点：

(一)工业项目仍占多数，高科技项目比重继续上升，但工业项目在总量中的比重有所下降。

全年新批外商投资工业项目 14716 个，比上年下降了 20.02%，占新批项目总数的比重为 70.07%，同比下降了 4.86 个百分点；工业项目合同外资金额 287.83 亿美元，同比下降了 38.13%，所占比重为 56.43%，同比下降 7.05 个百分点。但同时，高科技项目比重继续上升，如以电子及通信设备项目为主的高科技项目数和合同外资金额分别占整个工业项目数和合

同外资金额的 6.42%和 10.47%，比上年分别增加 0.65 个百分点和 4.15 个百分点。

（二）中西部地区吸收外资在总量中所占比重略有增加。

全年沿海 12 个省、直辖市、自治区新批准外商投资企业数、合同外资金额和实际使用外资金额占全国总量比重分别为 81.33%、87.04%和 85.99%。全年广东省实际使用外资金额 117.11 亿美元，占全国实际使用外资总额的 25.88%，虽比上年下降 1.98 个百分点，但仍居全国榜首。中西部 19 个省、直辖市、自治区新批外商投资企业数、合同外资金额、实际使用外资金额占全国总量比重分别为 18.67%、12.96%和 14.01%，与上年相比项目数下降 0.1 个百分点，但合同外资金额和实际使用外资金额分别上升了 1.85 个百分点和 2.19 个百分点。开发区和保税区吸收外资普遍增长，如上海市浦东新区连续三年吸收外资占全市总量的 1/3 以上。

（三）香港仍是内地吸收外资最主要的来源地。

按实际投入外资金额排序，全年对华投资前十位的国家和地区是：香港、日本、台湾省、美国、新加坡、韩国、英国、维尔京群岛、德国和法国。其中除香港、台湾省和美国的实际投入外资金额略有下降外，其余国家和地区均出现不同程度的上升，维尔京群岛和德国分别增长了 219.14%和 91.51%，增幅最大。香港对内地投资 206.32 亿美元，继续居于首位，但其所占比重从上年的 49.55%下降到 45.59%；台湾所占比重为 7.27%，下降了 1.06 个百分点。在实际吸收外商投资总额中，来源于香港、台湾、日本、韩国和东南亚等亚洲国家和地区的投资约占 80%以上。

（四）外商独资企业和中小型企业所占比重增大。

全年新批外商投资企业中，中外合资经营业 9001 家，合作经营企业 2373 家，外商独资企业 9602 家，分别占新批企业数的 42.86%、11.3%和 45.72%。年度新批外商独资企业数首次超过中外合资企业数。在全国新批准设立的外商投资企业中，中小型企业增多。全年单项平均合同外资金额为 242.86 万美元。

（五）外商投资企业进出口继续增长，净贸易顺差连年增加。

全年外商投资企业进出口总值为 1526.2 亿美元，比上年增长 11.3%，与全国进出口增长幅度（12.10%）大体持平，占全国进出口总值的 46.9%。其中，出口 749 亿美元，同比增长 21.7%，占全国出口总值的 41%；进口 777.2 亿美元，同比增长 2.8%，占全国进口总值的 54.59%。扣除投资项下的设备、物品进口，全年外商投资企业进出口净贸易顺差 151 亿美元，比上年增加了 43 亿美元。

（六）外商投资企业外汇平衡结构得到进一步改善。

全年外商投资企业银行结售汇额 634.94 亿美元，比上年增长 123.91%，占全国结售汇总额的 24.27%。其中，结汇收入 400.4 亿美元，同比增长 99.32%，占全国结汇收入的 26.21%；售汇支出 234.54 亿美元，同比增长 170.7%，占全国售汇支出的 20.84%，结售汇顺差 165.86 亿美元，占全国结售汇顺差的 41.24%。

二、解放思想，统一认识，开创利用外资工作新局面

为贯彻落实党的十五大精神，1997 年底国务院召开了全国外资工作会议。会议充分肯

定了吸收外资的积极作用，认真总结了利用外资的基本经验和存在的问题，深入分析了今后利用外资工作所面临的国际国内形势。会议强调，利用外资是邓小平理论的重要组成部分，是对外开放基本国策的重要内容，是建设有中国特色社会主义经济的伟大实践之一。面对经济、科技全球化趋势，要更多更好地利用国外资金、技术和管理经验，完善全方位、多层次、宽领域的对外开放格局，发展开放型经济，增强国际竞争力，促进经济结构优化和国民经济素质的提高。

会议指出，面向21世纪，我国利用外资的总体要求是：以邓小平理论为指导，按照党的十五大的总体部署，加快实现“两个根本性转变”，针对世界经济、科技发展的新趋势，着眼于提高国民经济素质和效益，增强综合国力和国际竞争力，进一步扩大对外开放，重优化结构，重质量，重效益，积极合理有效地利用外资，不断提高利用外资水平，促进国民经济持续快速健康发展和社会全面进步。

会议要求进一步做好利用外资工作：一是保持一定的规模，以适应国民经济总体发展的要求，并随着我国经济规模的扩大而稳定增长，提高效益。二是为提高国民经济总体素质和效益服务，与经济结构调整相结合，与提高经济增长质量相结合，与国有经济战略改组相结合。三是加大引进先进和适用技术力度，加强消化和创新，要从我国根本利益出发，让出一部分市场换取技术。四是促进解决经济发展中的就业、资源、环境保护等突出矛盾。五是继续增加外汇收入，坚持国际收支基本平衡、略有盈余，加强对外债的管理，促进对外贸易的增长。六是注意发展和保护自己，支持幼稚产业的发展，但绝不是搞“保护主义”。

三、调整与完善利用外资政策，鼓励外商来华投资

1997年12月29日，国务院决定，自1998年1月1日起，对国家鼓励发展的外商投资项目和国内投资项目进口的设备免征关税和进口环节增值税。根据规定，只要属于《外商投资产业指导目录》中鼓励类和限制乙类的项目，其在投资总额内进口的自用设备，除《外商投资项目不予免税的进口商品目录》所列商品外，均免征关税和进口环节增值税。

《外商投资产业指导目录》已经修订，并于1997年12月31日由国家计委、国家经贸委、外经贸部发布执行。修订后的指导目录更加符合国民经济发展的需要，将更有效地引导外商投资方向，其中特别将产品全部直接出口的允许类项目增列为鼓励类项目，加大了对出口型项目的支持力度。

新的鼓励外商投资的优惠政策受到了海内外投资者的普遍欢迎。随着我国投资环境的日益完善，法律体系的更加健全，投资领域的进一步开放，投资方式的不断拓展，今后我国吸收外商投资一定会取得更为显著的成就。

1997 年我国技术进出口持续发展

对外贸易经济合作部科技发展和技术进出口司副司长　吴振权

1997 年是我国对外技术进出口持续发展的一年。

在国家关于鼓励引进先进技术和关键设备，坚持以质取胜和市场多元化战略，积极开拓国际市场技术出口的方针指导下，我们认真贯彻执行国家在财政金融、保险和税收等方面对技术进出口的扶植政策和国家的产业政策，1997 年，我国技术进出口取得了进一步发展，继续保持增长势头。

外经贸部业务统计，1997 年全国共注册和备案技术进出口合同 8516 项，合同总金额 214.44 亿美元。其中，技术引进和设备进口合同 5984 项，合同金额为 159.23 亿美元，涉及的主要行业有能源、机械电子、电力、水利、交通运输、邮电、农业、信息、计算机软件等；技术出口合同 2532 项，合同金额 55.21 亿美元，涉及的主要行业有能源、交通运输、石化化工、机械电子、冶金有色、轻纺、农林、计算机信息服务等。技术进出口合同金额分别比 1996 年增长 4.4%和 17.6%。

一、技术和设备引进

1997 年全国经注册、备案的技术引进和设备进口合同共计 5984 项，合同总金额为 159.23 亿美元(见表一)。其中，以引进生产和制造技术为主的技术转让、技术许可(其中包括合资、独资技术许可)、技术服务和技术咨询四类合同共 705 项，合同金额为 21.79 亿美元，分别占合同总数和总金额的 11.7%和 13.68%，这说明引进技术软件的比重加大。

表一　1997 年技术引进和设备进口合同统计表

(按引进方式分类)

单位：万美元

引进方式	合同项数	合同总金额
技术转让	309	75715.00
技术许可	238	103304.46
技术咨询	65	24088.19
技术服务	93	14765.73

（续上表）

引进方式	合同项数	合同总金额
成套设备	987	783392.03
关键设备	4283	584868.35
合作生产	3	2286.00
合资技术设备入股	6	3892.00
合　　计	**5984**	**1592311.76**

1997年我国从33个国家和地区引进了技术和设备。技术引进合同金额在1亿美元以上的有18个国家和地区，所签订的技术和设备进口合同共5709项，合同金额为155.43亿美元，分别占合同项目总数和总金额的95.4%和97.6%。这些国家和地区成为我国技术引进和设备进口的主要来源国和地区。其中，较往年增幅较大的有加拿大、意大利、澳大利亚、英国、韩国和以色列等。（见表二）

表二　　1997年技术引进和设备进口合同统计表

（按国别和地区分类）

单位：万美元

国别地区	合同项数	合同金额
日本	972	339057.63
加拿大	118	280468.89
美国	1432	181627.48
德国	832	158431.38
俄罗斯	136	107754.40
韩国	131	86634.73
法国	168	66700.93
瑞典	94	65285.49
意大利	314	60081.15

（续上表）

国别地区	合同项数	合同金额
香港	724	53243.58
奥地利	84	34101.42
英国	206	31354.35
瑞士	155	22721.06
澳大利亚	99	17663.63
西班牙	43	14846.39
挪威	23	13272.99
荷兰	77	10775.58
新加坡	101	10305.66
芬兰	47	9422.93
丹麦	60	7440.03
匈牙利	8	6322.20
台湾	51	4666.07
比利时	30	3041.79
其他	79	7092.00
合　计	5984	1592311.76

技术和设备进口项目主要集中在机械电子、能源、石化化工、冶金、有色金属、交通运输和农林等行业，特别是加大了对农业项目的投入。1997 年共签定合同 110 项，合同金额 10739.33 万美元；信息产业也较以前有了很大发展，符合国家的产业政策。这些行业的技术和设备引进合同达 4427 项，金额为 141.87 亿美元，分别占合同项目总数和合同总金额的 74%和 89%。（见表三）

表三

1997 年技术引进和设备进口合同统计表

(按行业分类)

单位:万美元

行业名称	合同数	合同总金额
能　源	861	404477.86
机械电子	1560	299389.51
石化化工	780	219977.99
冶金有色	260	206333.70
交通运输	856	181110.40
农林业	110	107392.33
轻纺业	762	60087.11
城建建材	387	59326.66
航天航空	216	37937.26
其　他	192	16278.94
总　计	**5984**	**1592311.76**

注:在能源行业中包括核电站项目

二、技术和设备出口

1997 年我国共审批和备案技术出口合同 2532 项,合同金额 55.21 亿美元(见表四)。大型、成套设备和高技术产品出口规模进一步扩大,仍是我国技术出口的“拳头”产品,占技术出口额的 55%,比去年增长了 11.7 个百分点;加大了出口“软件”的比重,提高了技术出口水平,高技术产品出口 12.23 亿美元,占技术出口额的 20%,技术许可出口 122 项,金额 2.57 亿美元,主要集中在卫星发射、工程设计和计算机技术开发等。

表四　　1997 年技术出口合同统计表

（按出口方式分类）

单位：万美元

出口方式	合同项数	合同金额
成套设备	395	163155.29
大型设备	224	204459.01
关键设备	356	18354.72
高技术产品	1353	122324.68
合作生产	1	16.00
技术服务	106	25296.65
技术许可	16	495.13
其　　他	81	18021.97
合　计	**2532**	**552123.45**

1997 年我国向 120 个国家和地区出口了大型、成套设备和高技术产品，保持了良好的发展势头，并首次突破 50 亿美元大关（见表五）。其中，向欧美发达国家出口高技术产品和大型、成套设备增幅较大，出口额 22.35 亿美元，占合同总金额的 40%。香港独占鳌头，列我国技术出口国家和地区的榜首。技术出口合同金额在 1000 万美元以上的国家和地区有 36 个。

表五　　1997 年技术出口合同统计表

（按国别地区分类）

单位：万美元

国别地区	合同项数	合同金额
香港	312	79879.09
美国	217	64525.31
丹麦	19	64026.38
德国	102	43245.93
伊朗	47	34427.04

（续上表）

国别地区	合同项数	合同金额
日本	198	25173.31
叙利亚	15	18570.64
缅甸	22	17594.66
新加坡	115	16877.88
埃及	20	15094.05
挪威	7	11359.35
巴基斯坦	63	10217.82
希腊	15	8869.97
越南	48	6692.96
荷兰	28	6535.31
马来西亚	81	5447.41
津巴布韦	2	5415.00
印度	10	5004.38
泰国	57	4753.52
菲律宾	35	4667.60
阿曼	9	4433.32
尼日利亚	12	4107.90
苏丹	6	3598.82
俄罗斯	27	3536.01
韩国	61	3279.31
孟加拉	28	2438.22
土耳其	13	2120.33
捷克	6	2079.14
巴西	21	1993.88

（续上表）

国别地区	合同项数	合同金额
南斯拉夫	1	1900.00
加拿大	31	1891.66
英国	30	1711.10
澳大利亚	48	1490.11
阿尔及利亚	4	1323.57
法国	26	1245.67
朝鲜	41	1067.47
澳门	8	1064.81
其他	747	64464.52
合计	**2532**	**552123.45**

我国技术出口行业主要集中在能源、机械电子、轻纺、交通通信、冶金和计算机信息服务等方面，共计 2307 项，合同金额为 49 亿美元，分别占合同总项数和总金额的 91%和 89%。（见表六）

表六　1997 年技术出口合同统计表

（按行业分类）

单位：万美元

行业名称	合同项数	合同金额
能　源	45	29002.37
交通通信	298	250523.06
石化化工	32	7566.31
冶金有色	46	8557.71
机械电子	1773	186981.12
轻工纺织	116	29776.52
农　林	25	1618.46

（续上表）

行业名称	合同项数	合同金额
计算机信息服务	74	14157.41
其　　他	123	23940.49
合　计	**2532**	**552123.45**

1997年全国各省市技术出口增长势态良好，有8个省市技术出口额过亿美元。广东、上海、辽宁位居前三名，仍在高起点上保持发展势头。

1997年，我国技术进出口持续发展的动因是：

一、贯彻落实国家对技术进出口的扶植政策和措施，不断拓宽我国技术进出口资金来源渠道。技术引进资金来源于专项外汇、银行贷款、外国政府贷款、商业贷款、卖方信贷、国际金融组织贷款、外商直接投资、企业自筹等，其中，企业加大了对技术改造和基本建设的投入，自筹资金37.1亿美元。在技术出口方面，国家从金融、保险等政策角度加大了对大型、成套设备出口的支持力度。1997年国家通过银行安排约150亿人民币的卖方信贷和3亿美元的买方信贷，用于扶植机电产品特别是大型、成套设备出口。

二、继续推进技术进出口国别多元化，既拓宽进口国别，也开拓新的技术出口市场。1997年我国从33个国家和地区引进技术和设备，合同金额超过1亿美元的国家和地区有18个，超过10亿美元的国家有4个，另新增了南非、以色列、新加坡等技术来源国。我国技术和成套设备的出口增至120个国家和地区。其中，向发达国家出口大型设备和高技术产品增加，占技术出口合同总金额的40%。

三、我国技术进出口主、客体发生变化，除国有企业外，民营企业、合资或外商独资企业引进和出口技术、设备逐渐增加，且发展势头强劲，给技术进出口注入了新的活力。

四、技术进出口管理体制不断完善。实施了新的技术进出口管理模式，与有关部门建立了共同监督机制，加强了信息交流；对技术进出口重大项目加大了跟踪、协调和指导力度；加强了技术进出口的法规建设，逐步实现技术进出口管理的法制化，规范化；组织各类技术进出口的促进活动，为1997年技术进出口的进一步增长奠定了良好的基础。

1998年我国技术进出口面临着新的机遇，同时任务也相当艰巨。1997年底，我国公布了经国务院批准的、自1998年1月1日起执行的《当前国家重点鼓励发展的产业、产品和技术目录》和《鼓励外商投资产业指导目录》。根据两《目录》规定，凡从1998年1月1日起进口目录中的技术和产品，经项目审批部门核准后，可享受免征进口关税和进口环节增值税的待遇。两《目录》的公布为我国引进国外先进技术和设备创造了一个十分有利的条件，对促进我国产业结构的调整，产品的升级换代，填补国内产业和技术空白，保持国民经济持续、健康的发展，将发挥积极的作用；但另一方面技术出口形势严峻，不容乐观。东南亚地区是我国技术出口的主要市场之一，占我国技术出口份额较大。由于这一地区出现金融危机，进口疲软，会直接影响到我国向这一地区出口技术和成套设备。因此，1998 年我国技术进出口的中心工作仍围绕实现两个根本性转变这一目标，加强技术进出口法制建设，进一步完善管理体制，继续贯彻优化出口商品结构的政策，努力开拓技术出口新的国际市场，推动我国大型、成套设备和高技术产品出口，使我国的技术出口继续保持较高的增长速度。

1997 年中国对外经济合作业务持续稳定增长

对外贸易经济合作部国外经济合作司司长　施何求

1997 年我国对外经济合作业务继续保持良好发展势头，全年新签合同 2.84 万份，合同金额 113.56 亿美元，比 1996 年增长 10.5%；完成营业额 83.83 亿美元，比 1996 年增长 8.9%。新签合同额中，对外承包工程 85.16 亿美元，对外劳务合作 25.49 亿美元，设计咨询 2.91 亿美元，分别比 1996 年增长了 10.2%、10.22%和 9.62%；完成营业额中，承包工程 60.36 亿美元，劳务合作 21.65 亿美元，设计咨询 1.82 亿美元；年末在外人数逾 33.4 万人，同比增长 4.8 万人；对外承包工程带动国产设备材料出口近 5 亿美元。

1997 年我国对外经济合作业务发展的主要特点：

一、市场多元化取得新进展，亚洲仍为主要市场。1997 年我国公司在保持原有市场的基础上，积极开拓非洲、拉美和中东新市场。在非洲新签合同额 17.33 亿美元，比 1996 年增长 14.7%。继尼日利亚之后，我国企业在苏丹、津巴布韦、阿尔及利亚、肯尼亚的新签合同额均第一次突破 1 亿美元，在马里的新签合同额也接近 1 亿美元。在尼加拉瓜、委内瑞拉、阿根廷、苏里南等拉美国家新签合同额共 1.84 亿美元，比上年增长 198.7%。中国电子系统工程总公司在沙特承包了合同额为 8100 万美元的通讯工程项目，实现了我国企业在沙特承包市场上零的突破。

亚洲仍然是我国最重要的市场，1997 年在亚洲新签合同额为 83.67 亿美元，占同期新签合同总额的 73.68%。新签合同额超过 1 亿美元的亚洲国家和地区有新加坡、马来西亚、澳门、日本、伊朗、越南、巴基斯坦、泰国、叙利亚、缅甸、韩国、香港及台湾省，占新签合同总额的 60%。

二、对外经济合作业务的规模和档次有所提高。1997 年我国公司承揽的 1000 万美元以上的大中型项目 142 个，比 1996 年增加了 40 个。其中，合同额超过 5000 万美元的项目 28 个，超过 1 亿美元的项目 9 个。这些项目中绝大多数是总承包或"交钥匙"项目。

此外，对外劳务合作的档次逐步提高，除普通劳务外，工程师、医生、护士等专业技术人员以及飞机维修、软件设计、卫星发射等高科技和经营管理专门人员的成份有所增加。

三、对外承包工程与对外投资、对外援助相结合取得重大进展。中国石油天然气总公司通过对外投资获得委内瑞拉两个油田开发项目（投资约 3.6 亿美元），中国石油工程建设总公司利用政府优惠贴息贷款获得苏丹三个区块油田的开发项目（投资 7 亿美元），扩大了对外承包工程的合作领域和合作规模。

四、大型专业性企业、特别是中央专业性公司的骨干作用进一步增强，优势越来越明显。1997年，在近800家从事对外经济合作业务的企业中，有550多家对外新签了合同，其中合同额超过5000万美元的有42家，大多数是专业性公司，共签合同额78.76亿美元，占同期新签合同额的69%；合同额超过1亿美元的有26家，其中17家是中央专业性公司，共签合同额62.84亿美元，占同期新签合同总额的55%。中国建筑工程总公司一家新签的合同额即超过20亿美元。在美国《工程新闻纪录》杂志(ENR)评选的全球225家最大承包商中，中国公司有27家上榜。

五、外经企业中高级经营管理人员和外派劳务人员培训制度进一步完善。1997年是实施《国际经济合作企业中高级经营管理人员培训暂行办法》的第一年，共举办了5期中高级经营管理人员培训班，培训了来自全国31个省市、自治区的207家企业的236位经理人员，讲授了有关企业改革和企业经营管理等方面的课程，培训取得了良好的效果，受到企业的好评。1997年我部新批外派劳务培训中心8家，培训中心的总数达159家，全年共培训劳务人员18万余人。经过培训的劳务人员素质明显提高，受到国外雇主的欢迎。

六、政府部门业务指导、宏观调控的职能不断加强。政府部门在推行“市场多元化”战略和“大经贸”战略、加强规章制度的建设以及整顿经营秩序等方面取得了较大成效，强化抓方针、政策、规划和监督的宏观管理职能，指导外经企业深化改革，以提高企业在国际市场的竞争力，为促进我国对外经济合作业务的健康、稳定发展起到了积极作用。

1997年东南亚地区发生的金融危机使我国对外经济合作业务受到较大影响，由于亚洲地区一直是我国开展对外承包工程和劳务合作业务的重点市场，在今后的两三年中这项业务将面临严峻的形势和挑战。此外，我国对外经济合作业务虽然取得了一定的成绩，但在国际承包劳务市场上所占的比重仍然很小，承包工程约占1.4%，劳务合作约占1%，远远落后于发达国家，甚至同一些发展中国家相比也有较大差距，这与我国的潜力和世界第一人口资源大国的地位很不相称。为使1998年我国对外经济合作业务迈上新台阶，我们将：(一)继续指导和鼓励企业实施“大经贸”战略，加大市场开拓力度，综合运用对外贸易、对外投资、对外援助等方式开展对外承包劳务业务，扩大合作领域，提高合作规模和档次。(二)加快法制建设步伐，加强宏观调控和监督作用，把对外经济合作业务的管理纳入法制化、规范化的轨道。(三)深化外经企业改革工作，从外经企业的实际出发，大力探索公有制经济多样化的实现形式，指导企业深化内部机制的改革，逐步建立现代企业制度和实现两个“根本转变”。(四)采取措施整顿外经企业散、乱的局面，减少无序竞争，壮大企业实力，提高企业在国际市场上的竞争力和经营效益。(五)积极贯彻“以质取胜”战略，进一步完善外派劳务人员和企业经营管理人员的培训制度。

援外方式改革进展顺利
各项援外工作稳步推进

对外贸易经济合作部对外援助司司长　何晓卫

1997年，我国继续大力推动援外方式改革，加快落实政府贴息优惠贷款援助项目，援外方式改革取得实质性进展；稳步推进各项援助工作，各类援外项目获得较好的经济和社会效益。

一、推行政府贴息优惠贷款援助方式取得实质性进展

推行政府贴息优惠贷款的援助方式，经过1995年下半年、1996年的努力，1997年取得了实质性进展。当年，我国同14个国家签订14笔优惠贷款协议。截至1997年底，我国累计同31个国家签订38笔优惠贷款。1997年中国进出口银行签订项目借贷协议15个，至1997年底累计签订项目借贷协议23个。优惠贷款协议项下项目进展顺利。苏丹石油开发项目自1997年1月开钻以来，已打勘探井3口。第一口井发现了商业油流，可控制地质储量约300万吨，开发前景良好。坦桑尼亚合资纺织厂项目1997年4月开工，7月份实现扭亏为盈，8月份净盈利20.5万美元，全年上缴各种税收100多万美元，总产值达到1500万美元。赤道几内亚森林开发和木材加工项目全年采伐并销售原木3.6万立方米，盈利70万美元。其他项目，如赞比亚穆隆古希合资纺织厂、博茨瓦纳铁路更新、科特迪瓦汽车组装厂、农机装配和石油物探、加蓬渔业和制药、缅甸农机具、津巴布韦水泥厂、巴布亚新几内亚单板厂和盐业、毛里求斯客货两用船等都有不同程度的进展。

1997年推动援外方式改革采取的主要措施有：

(一)对内对外加强宣传解释工作。外经贸部于1997年5月举办中国援外方式改革国际研讨会，来自亚洲、非洲和南太平洋地区17个发展中国家的17位主管外援的官员出席。会议重点介绍中国援外方式改革的意义、目的和具体做法。与会代表普遍对我国援外方式改革和优惠贷款援助方式表示欢迎。编印中英文《中国对外援助方式简介》供对内、对外宣传解释使用。优惠贷款援助方式逐步为受援国所了解和接受。

(二)及时解决遇到的困难和问题。1997年3月外经贸部会同国务院有关部门和金融机构就落实优惠贷款援助方式所遇到的困难和问题进行讨论和研究，并就优惠贷款的条件、项目要求及政府与银行的分工等问题形成一致意见，为加速推行优惠贷款援助方式创造了条件。

(三)认真总结经验。外经贸部于1997年9月召开推行优惠贷款援助方式经验交流会，肯定了前一段推行援外方式改革的成绩，总结出抓住机遇、选准项目、选好班子、选好合作伙

伴、加强管理、发扬艰苦奋斗作风等六条经验。这些经验的推广，进一步深化了援外方式改革。

(四)发挥驻外经商机构作用。外经贸部要求有关经商机构提高对援外方式改革必要性、紧迫性和重要意义的认识，要求以项目为中心，突出一个“快”字，加快推行优惠贷款援助方式。

二、稳步推进各项援外工作

1997 年我国同 85 个国家签订了援款协议，为 32 个国家新承担成套项目 52 个，其中生产性和福利性项目占 70%，并在 21 个国家承担了 36 个技术合作项目。当年新开工项目 28 个，包括蒙古兽药厂和驼毛加工、柬埔寨农业中学、斯里兰卡儿童医院、毛里求斯阿特利住宅、吉布提门诊楼等。这些项目都为受援国所急需。当年竣工项目 39 个，主要有佛得角社会住宅项目、纳米比亚打井和低造价住房、马耳他中国园、孟加拉公路桥、柬埔寨打井项目等。这些项目的建成为受援国经济和社会发展发挥了作用。1997 年我国向 58 个国家提供了 91 批物资援助，主要包括向哈萨克斯坦、拉脱维亚、爱沙尼亚、保加利亚提供程控交换机；向朝鲜、蒙古、菲律宾、佛得角提供粮食；向古巴、贝宁、老挝、罗马尼亚提供文教和办公用品；向肯尼亚、瓦努阿图、伊拉克提供药品等，均为受援国急需。我国还向非洲、拉丁美洲、东欧及南太平洋地区的 45 个国家提供了多边援助，在华举办了 15 个专业技术培训班，培训专业涉及小水电、水稻栽培、中医针灸、淡水综合养鱼、农作物病虫害防治和肉类加工等等。

近三年来，我国共建成援外项目 118 个，其中评为优良等级的共 115 个，占 97%；评为合格的 3 个，占 3%。援外项目的质量总体是好的。孟加拉马哈南达大桥、蒙古裘皮加工厂、柬埔寨第一制药厂、马尔代夫第三栋住房、苏丹恩图曼友谊医院、卢旺达基本戈医院扩建、贝宁洛科萨医院、非工统办公楼、马里会议大厦、纳米比亚儿童活动中心和低造价住房、乌干达体育场、古巴自行车厂和电风扇厂、玻利维亚文化中心和小水电站、西萨摩亚妇女青年活动中心、基里巴斯机场跑道扩建等项目是近年来较突出的优良工程。这些项目都在发展中国家产生了较好的经济和社会效益。

外经贸部于 1997 年 10 月在马达加斯加召开援马达加斯加体育馆质量工作会议。吴仪部长向会议致辞肯定了这项工程是近几年来我国援外项目的优良工程之一。她强调，援外项目的质量是援外工作的生命。她要求政府部门、驻外经商机构和企业要共同努力，建设更多的优质援外工程。

基金在帮助我国中西部贫困县开展社会发展并通过小额贷款发展经济等方面取得了成效。我国在参与联合国这些机构的政策制定等活动中，也交流了关于经济和社会协调发展、可持续发展的有益经验和体会。

利用国际组织和外国政府对我国提供的无偿援助，开展我国与这些组织和国家之间的经贸、技术交流，引进技术设备，培养人才，多年来为我国的社会、经济发展和改革开放作出了有益贡献。1997 年，我国接受联合国人口基金、儿童基金以及日本、德国、欧盟、加拿大、澳大利亚、新西兰、荷兰、比利时、卢森堡等 12 个国家和国际组织的无偿援助金额总计达 2.2 亿美元，共安排项目 100 多个，涉及扶贫、环保、农业、职教、人才培训以及妇女发展、儿童福利、社会保障体系等社会、经济各领域。在地域分布上，更大程度地向中西部倾斜，有力地支持了中西部地区社会的进步与经济的发展。同时，配合我国的体制改革和建立社会主义市场经济的需求，开展大量的人员培训、专题研究、模式试验、经验交流等活动，收到了实效。1997 年 6 月，我们组织举办了由国际组织和双边援助国代表及我部委和省市主管人员参加的全国多双边无偿援助管理培训班，进一步明确了多双边无偿援助的优先领域和增强效益的具体措施，并提高了项目管理的规范化程度。虽然多双边援助金额有限，但交流面广，外国专家长期在我国各地与我国各级政府官员及专业人员和社区干部群众一起开展扶贫项目，相互间对话、交流和协作，形成了中国了解世界、世界了解中国的自然沟通渠道。这些交流和了解所形成的友谊将是创造和谐、融洽的国际环境的良好基础。

互补互利的两岸经贸交流不可阻挡

对外贸易经济合作部台港澳司司长　王文德

1997年7月1日，中国政府恢复对香港行使主权，标志着“一国两制”伟大构想成为现实，也对两岸经贸交流的发展产生了重大影响。香港回归祖国后，港台经贸关系成为两岸经贸关系的特殊组成部分。台港航线问题的解决，形成了事实上两岸的局部直接“三通”。香港在两岸经贸交流中继续发挥了桥梁和中介作用。海峡两岸及香港的工商界人士纷纷表示，香港回归有利于两岸经济的合作与发展。1997年1—10月份经台湾当局核准的台湾厂商赴港投资金额比上年同期增长112.9%。这足以说明，台商对回归祖国后的香港地位更具信心。

交通部和外经贸部于1996年先后发布了《台湾海峡两岸间航运管理办法》和《关于台湾海峡两岸间货物运输代理业管理办法》之后，1997年4月19日起，两岸各6家航运公司在外国注册的商船开始航行于福州港、厦门港至高雄港之间，从事转口货物运输。经外经贸部批准的10家货代公司也开始经营两岸航运货物代理业务。这对两岸经贸交流的发展具有积极的作用。

但令人遗憾的是，台湾当局继续实行“戒急用忍”的大陆经贸政策，5月28日，台“经济部”发布台湾企业赴大陆投资新规范，限制台商赴祖国大陆投资。祖国大陆遵循江泽民主席“不以政治分歧去影响、干扰两岸经济合作”的主张，一如既往地积极推动和促进两岸的经济合作与交流。经两岸同胞的共同努力，两岸经贸交流在曲折中向前发展。

一、两岸贸易继续增长

据海关统计，1997年，两岸贸易额为198.38亿美元，其中祖国大陆对台出口33.96亿美元，自台进口164.42亿美元，分别比上年增长4.5%、21.2%和1.6%。台湾是祖国大陆第五大贸易伙伴。1997年祖国大陆对台出口增幅是自台进口增幅的13倍，逆差与上年基本持平。这与祖国大陆积极推动对台出口的努力是分不开的。祖国大陆为平衡两岸贸易，一直采取积极的措施，经外经贸部批准，由有关进出口商会和厦门市人民政府于1997年4月8日至12日在厦门共同举办了首届“厦门对台出口商品交易会”。这是目前祖国大陆唯一专门面向台湾市场和台商的出口商品交易会，为海峡两岸工商企业界人士提供了直接洽谈贸易合作的机会，为扩大对台出口起到了积极的作用。首届“台交会”有近2000名台商参加，其中的一半人首次到大陆，成交金额近1亿美元，达到了预期的效果。我们还采取其他措施扩大对台出口，如推动煤炭等大宗商品的对台出口等。

二、加大鼓励和保护台商投资的工作力度

1997年，各地各部门积极推进投资环境的改善，广泛宣传鼓励台胞投资政策，同时注重和强调维护台商投资权益，特别是在拟订《台湾同胞投资保护法实施条例》过程中，直接、公开、广泛地征求了北京、重庆、山东、辽宁、四川、湖北等省市台商的意见，充分体现了祖国大陆保护台商合法权益的诚意。此外，各地有关部门为台资企业排忧解难，加大了协调力度，对台资企业在投资过程中遇到的困难给予及时帮助。为促进两岸农业合作，外经贸部、国台办和农业部联合批准在漳州、福州设立"海峡两岸农业合作试验区"。

1997年，祖国大陆共批准台胞投资项目3014个，协议台资金额28.14亿美元，实际利用台资金额32.89亿美元，分别比1996年下降5.3%、45.3%和5.5%。台商投资特点一是，新批项目、协议金额和项目平均投资额都有所下降，协议台资金额下降的最主要原因是受祖国大陆调整外资进口设备税收政策的影响。另外，台湾当局"戒急用忍"政策的干扰也影响了台商到大陆投资的热情。二是，虽然台商投资大陆三项指数有所下降，但已完成的投资仍表现了令人欣慰的势头，台商投资领域已由制造业扩大到农业、高新技术产业、基础设施建设和金融、流通等领域，符合国家产业投资导向。

三、两岸经贸交流和交往频繁

1997年两岸工商界人士在产业、科技等领域的经贸交流和交往也很频繁。1997年厦门投资贸易洽谈会首次升格为中国投资贸易洽谈会，成为祖国大陆最大的投资促进活动，洽谈会设立了台湾馆，吸引了大批台商与会。1997年11月全国工商联、台湾工商联和香港中华总商会在北京召开了"海峡两岸暨香港特别行政区经贸合作研讨会"，与会的近100位代表就开展科技合作广泛地交换了看法，对利用香港回归契机开展海峡两岸暨香港的经济合作表现出了浓厚的兴趣，取得了广泛的共识。

四、两岸经贸关系展望

根据"积极、合理、有效"地利用外资的方针，1998年祖国大陆将继续循序推进金融、保险、贸易等服务行业的对外开放，并对国家鼓励和支持发展的外商投资和国内投资项目进口的设备免征关税和进口环节增值税。这些"利好消息"将吸收更多的外资涌入大陆。台湾有些人经常告诫台商，赴大陆投资要注意"政治经济风险"，事实并非如此，亚洲金融危机对祖国大陆的经济发展影响很小。台湾股市低迷中，"大陆概念股"一枝独秀，说明两岸加强经济合作有利于抵御外来的各种经济风险。1998年东南亚经济面临着调整，而祖国大陆政治稳定，市场前景广阔，经济将持续、快速、健康地发展，因此，祖国大陆将继续成为外商投资的热点地区。我们不愿意看到台湾同胞失去商机和先机。我们将继续遵循江泽民主席关于发展两岸关系、推进祖国和平统一进程的八项主张，一如既往地采取积极措施促进两岸经贸交流。台湾当局"戒急用忍"的政策试图减轻对大陆经济依赖，最终将严重影响台湾经济的发展。在即将跨入21世纪的历史时刻，我们希望台湾有关方面从中华民族的整体利益出发，尽快消除人为的政治障碍，全面开放直接"三通"，使两岸经贸交流向"直接、双向"的方向发展，扩大合作的领域、地域和范围，以利于中华民族经济的全面振兴。

外经贸法制工作又取得新进展

对外贸易经济合作部条约法律司副司长　张玉卿

1997 年我国对外经贸法制工作紧紧围绕建立社会主义市场经济体制和外经贸改革与发展的要求，在加强外经贸立法和普法等方面取得了新的进展。

一、积极加强外经贸立法工作

(一)外贸立法

为了消除因国外进口产品低价倾销对我国经济造成的危害，维护公平竞争的贸易秩序，保护国内产业，1997 年 3 月 25 日，国务院颁布实施了我部负责制定的《中华人民共和国反倾销和反补贴条例》。这为我国企业运用反倾销和反补贴这一为世界贸易组织所确认的合法手段，抵制国外进口产品低价销售对我国产业造成损害提供了法律依据。同年 12 月 10 日，我部对全国第一起对外反倾销案件——新闻纸反倾销案正式立案，标志着我国已经开始运用法律手段保护国内产业免受国外倾销产品的冲击。

在反复调研并充分征求有关部门及专家意见的基础上，我部还起草制订了上报国务院的《中华人民共和国对外贸易代理条例》。该条例对解决目前外贸代理中存在的种种问题，规范外贸代理制度和行为具有重要意义。

1997 年我部还参与了《中华人民共和国货物进口管理条例》、《中华人民共和国进出口商会条例》、《中华人民共和国国际货物运输代理业管理规定实施细则》等法规规章的制订工作。

(二)外资立法

为及时解决利用外资工作中不断出现的新问题，我部一直致力于相关方面法律法规及规章的制定。1997 年外资方面的立法主要有：《外商投资企业投资者股权变更的若干规定》、《关于外商投资企业对外担保有关事宜的通知》、《关于外商投资设立种子生产企业的暂行规定》、《关于设立卫生投资医疗机构的补充规定的通知》、《设立外商投资资产评估机构若干暂行规定》、《关于处理被关闭光盘厂生产线和被查缴的非法光盘生产线有关问题的通知》、《〈中外合资经营企业合营各方出资的若干规定〉的补充规定》等。

我部还拟定了《关于外商投资企业董事不出席企业董事会会议问题的处理意见》(讨论稿)，旨在解决外商投资企业董事会无法有效召集、作出有效决议时如何解散该企业的实际问题。此外，还进一步修订了《中华人民共和国台湾同胞投资保护法实施条例》已提交国务院审查。

(三)外经立法

在对外经济合作方面，我部起草了《中华人民共和国工程承包和劳务合作条例》(草案)，已上报国务院法制局待批准发布。《境外投资管理条例》也在审批过程中。此外，我部通过举办专家研讨会和实地调研，加紧制订《解决一国与他国国民投资争端公约的执行条例》草案的工作。目前，正在起草《关于在对外经济合作领域反不正当竞争的暂行规定》。同时还参与制定了《海上、陆上石油资源开发条例》等。

(四)技术贸易

我部参与制定了《中华人民共和国核出口管制条例》，该条例已于1997年8月1日发布施行。还审核了《中华人民共和国技术出口条例》以及与此相关的配套规章。目前正在协助起草《中华人民共和国核两用商品和相关技术出口管制条例》。

(五)提供立法意见

对国家各有关立法机关(包括全国人大、国务院和其他部委等)起草的法律、法规草案提出立法意见是我部的一项重要工作。1997年，我们对全国人大、国务院及有关部门的法律、法规提供我部的会签意见共计56件，主要有:《中华人民共和国合同法》、《中华人民共和国外汇管理法》、《中华人民共和国信托法》、《中华人民共和国刑法》、《中华人民共和国立法法》、《中华人民共和国土地管理法》和《外资金融机构管理条例》等。

此外，我部还承担了大量人大提案的答复工作。

二、双边、多边国际谈判

(一)知识产权

1997年我部牵头组织国务院有关部门与美国进行了一轮知识产权的磋商。双方就一些共同关注的问题增加了了解。应白俄罗斯、乌兹别克斯坦和哈萨克斯坦等国家的要求，与其就知识产权保护协议问题初步交换了意见。

(二)反倾销应诉

1997年我出口产品共遭16起反倾销调查，其中有些案件涉及出口金额巨大，如美国碳钢板案涉及我出口金额1亿多美元。另外1996年立案的许多案件也于1997年作出裁决，因此应诉工作非常艰巨。在这些案件中，我部与有关单位密切配合，对指控我所谓倾销中的不合理做法进行了不懈斗争，取得了多宗案件的胜诉或签署了中止协议的良好结果。

(三)双边、多边投资协定

1997年与我国签署双边投资保护协定的国家共有5个:加蓬、尼日利亚、喀麦隆、苏丹、马其顿。截至1997年底，我国共与86个国家签署了双边投资保护协定。

1997年我们与加拿大就双边投资协议举行了两次正式磋商。为修改与有关国家的投资协议，我们与瑞典举行了三次会谈，与德国、芬兰交换了书面意见。我们还与未与我国签署此类协议的国家，如马达加斯加、佛得角、墨西哥等8个国家就商谈和签署此类协议交换了书面意见。

此外，我部还出席了经合组织多边投资协议的两次对话会和联合国贸易与发展会议关于多边投资框架的两次专家会议。

(四)亚太经合组织

1997年我部参加了亚太经合组织项下的贸易投资委员会、争端调解小组会及专家研讨会，参与了有关投资、争端调解、竞争政策和放松管制的“集体行动计划”及“单边行动计划”的制定及修改谈判工作，完成了《亚太经合会议（APEC）投资争端解决指南》一书中国部分的编写任务。同时，针对APEC1997年碰头会继续加紧协调知识产权步伐，使各成员经济体按照世贸组织“与贸易有关的知识产权协议”逐步完善各自知识产权法律和执行体系的要求，我部汇总答复了七个项目的所有问题，并牵头组织有关部门参加了两次知识产权碰头会。

三、普法工作

为进一步普及外贸法知识，我部举办了全国经贸系统“外贸法知识竞赛”，取得了圆满成功。这是我部有史以来规模最大的普法活动。

1997年我们举办了各直属单位的处长普法培训班、各直属总公司总经理普法培训班，邀请了专家学者为部领导干部讲授了有关的法律知识，组织了有关人员赴江苏等七个省市、自治区，为地方经贸委的干部职工讲授法律知识，在机关处级干部领导艺术培训班和部党校干部培训班中增设了法律课程，把法律培训作为领导干部培训的基本内容之一。此外，我们还分别在美国和加拿大举办了两期境外普法培训班，收到了较好的效果。

为推动我国反倾销工作的开展，我部召开了全国反倾销工作会议，对更加有序高效地开展反倾销工作起到了积极作用。

深化干部人事制度改革
全面提高领导干部素质

对外贸易经济合作部人事教育劳动司司长　王俊杰

江泽民同志在十五大报告中强调指出，“按照革命化、年轻化、知识化、专业化方针，建设一支适应社会主义现代化建设需要的高素质干部队伍，是我们的事业不断取得成功的关键”，“培养和选拔大批能够跨世纪担当重任的优秀年轻干部，是一项战略任务，必须抓紧抓好”。这些精辟论述是今后一个时期我国干部人事工作的指导方针。为了扎实有效地贯彻落实十五大精神，根据我部干部队伍的现状，必须进一步加快干部人事制度改革的步伐，把我部干部人事工作再提高到一个新水平。

党的十四大以来，我部始终把处级以上领导干部队伍建设作为干部管理工作的重中之重抓紧、抓实、抓好。各级领导班子和干部人事部门以邓小平同志人事人才思想为指导，进一步解放思想，转变观念，务实工作，使领导干部队伍建设取得了明显的成绩。主要体现在四个“突破”上：一是突破了论资排辈、迁就照顾等陈旧观念的束缚，树立了不拘一格选用人才的新观念；二是突破了单一的以委任制选拔任用干部的传统方式，大胆采取公开招聘、公开竞聘的方式选拔领导干部，干部工作中的民主程度和公开程度进一步提高；三是突破了领导干部能上不能下的传统模式，初步建立了充满生机与活力的干部能上能下的用人机制；四是突破了干部调不出、派不进的局面，干部轮岗、交流、挂职工作进一步规范，规模逐步扩大，干部交流的良性循环已初步形成，已建立了一支较高素质、能担当外经贸工作重任的领导干部队伍。

我部领导干部队伍建设还存在着一些不足，如选拔任用领导干部制度尚不健全；干部工作中的民主程度有待进一步扩大，富有生机与活力的用人机制尚未完全形成；领导干部的培训内容缺乏针对性，特别是对企业领导干部的培训缺乏实效性，对后备干部的培养机制不够健全；对领导干部特别是一把手的管理还缺乏有效的监督和约束机制等。

为适应新的形势，针对我部领导干部的具体情况，我部将从以下几个方面进一步深化人事制度的改革，加强各级领导班子的建设。

第一，扩大干部工作中的民主程度，进一步建立公开、公平、竞争上岗的用人机制。在干部工作中充分走群众路线，让群众更多地参与干部的选拔任用和考核监督。在这方面还要深入探索，认真总结。当前，抓紧对公开选聘、竞聘领导干部的办法的修订工作，使之日臻完善。对公开选聘、招聘领导干部的适用范围、对象、公开选拔程序的规范化、考试方法的科学化等问题进行进一步研究，在总结经验的基础上，制定《外经贸部公开选拔领导干部暂行办法》。

扩大公开选拔领导干部的范围，更多地通过公平竞争选拔领导干部。

第二，大力推进干部交流，制定《外经贸部领导干部交流工作暂行条例》，向干部交流工作的制度化方向迈进。干部交流要根据各级各类干部的特点，统筹规划，分类指导。对不同的交流形式要制订出规范化的措施，促进干部合理有序地流动，杜绝干部派不进、调不出的现象。计划每年组织 200 多名处级、司局级干部在部机关、企业、事业、社团组织、特办、地方和我驻境外机构进行交流。同时建立干部交流的管理规定和激励约束机制，制定《外经贸部领导干部交流工作暂行条例》。

第三，充分发挥领导干部的激励作用。使用干部的目的在于充分调动其积极性，最大程度上发挥其才干和潜能。为此，要改革分配方式，对有突出贡献的领导干部要给予物质奖励，特别对企业领导干部更要建立适合企业特点的收入分配体系，允许他们在收入方面体现一定差距；要定期评比表彰部级优秀公务员、优秀企业领导干部、全国外经贸系统劳动模范，对获此荣誉的领导干部要给予大力表彰，委以重任。充分发挥优秀领导干部的激励作用。

第四，进一步完善领导干部的考核制度，重点要加强企业领导班子建设，积极创造干部能上能下的环境和机制。这是整个干部管理工作中一个难度较大的问题，又是解决干部能上不能下、优秀人才难以脱颖而出的关键环节。今后应在以下几个环节上下功夫，一要坚持考核标准量化原则，根据不同领导职务的特点，制定科学的考核体系和标准，以考核工作实绩为主，全面准确评价领导干部；二要坚持定期考核与不定期考核相结合，改进部机关考核处级、司局级公务员的方法，对企业领导班子实行届中考察与届终考核相结合，根据考核结果，调整充实领导班子。三要突出重点，从定性和定量方面科学界定“不胜任现职”的内涵，使不胜任现职领导干部的衡量标准科学化，并具有较强的可操作性；四要采取灵活调整方式，确保干部能上能下平稳进行。对于确定为不胜任现职的领导干部要根据不同情况采取辞职、停职、改职、降免职、辞退等方式加以执行，同时要做好思想工作，坚持原则，严明纪律，把工作做深做细；五要健全配套制度，促进干部能上能下机制良性运行。目前当务之急是要制定与干部能上能下机制相配套的制度，主要包括：岗位目标考核制度、任期制度、聘任制度、辞职制度和调整后工资待遇确定制度等。

第五，建立以需求为导向，多形式、多渠道、多类别、重实效的干部培训制度。为适应建立社会主义市场经济体制对培养高素质领导干部队伍的要求，将培训与使用相结合，计划每年组织一定数量的司局级领导干部到国外著名大学进修培训；每年组织两期领导干部培训班，组织一期企业领导干部培训班，培训内容重在现代企业制度、金融知识、法律等方面；采取走出去请进来的方式，邀请专家、学者向领导干部传授新知识，全面提高领导干部的业务和科学知识。

第六，在后备干部队伍建设方面建立起促进优秀年轻干部脱颖而出的机制。要充分发扬民主，结合考核领导班子民主推荐选拔后备干部，建立一支数量充足、结构合理、素质较好的后备干部队伍，计划每年选拔一定数额的司局级后备干部。要加大培训锻炼力度，多渠道多途径培养后备干部。坚持优胜劣汰的原则，对后备干部队伍进行动态管理，每年调整一次后备干部名单，保证后备干部队伍在动态中保持稳定，在稳定中保持活力，为领导班子的调整充实提供源源不断的后备力量。

第七，健全监督机制，强化对领导干部监督。一是加强对选拔任用干部工作的监督；二是加强对领导干部的党内监督，坚持完善民主生活会制度；三是加强对领导干部的群众监督，充分发挥职工代表大会对领导干部的监督作用；四是加强领导干部的日常监督，建立健全领导干部谈话制度、个人重大事项报告制度和向党组织回复反映本人有关问题制度，加强对企事业单位领导班子一把手“三步审计”制度。

海关工作在改革中全面发展

海关总署办公室副主任　郭清路

党的十四大以来的5年，是我们党领导全国各族人民在建立社会主义市场经济体制的深刻变革进程中，进一步解放思想，开拓进取，现代化建设事业进入新阶段的5年。全国海关在党中央、国务院的正确领导下，深化业务改革，狠抓队伍建设，认真履行职责，积极促进改革开放和经济建设，各项工作取得了显著成绩。

一、海关税收连年增长

5年来，全国海关坚决贯彻国家进出口税收政策，及时落实国家降低进口关税税率政策，调整规范现行进口优惠政策，不断提高税则归类的科学准确性，保证对国家重点和大宗进口商品的有效审价，加大催缴欠税力度，全面加强了税收征管工作。海关税收连年增长，在中央财政中的作用日益重要。5年来，全国海关共征收关税和进口环节税3561.81亿元(凡未注明币种的均为人民币，下同)，年均递增19%。其中，1997年全国海关共征收关税和进口环节税940.05亿元，比1996年(下同)增收87.15亿元，增长10.22%。其中，征收关税354.14亿元，增加13.34亿元，增长3.91%；征收进口环节税585.91亿元，增加73.81亿元，增长14.41%。1997年，全国海关审价补税26.7亿元，增长2.6%；化验及归类补税4.2亿元，增长26.7%；加工贸易批准内销补税63.35亿元，增长17.7%。

二、进出境监管不断加强

5年来，全国海关认真执行国家许可证配额管理制度，进行口岸通关制度改革，完善加工贸易管理，加大知识产权边境保护和"扫黄打非"斗争力度，协助实施其他进出境检验检疫法规，配合税务、银行加强出口退税和结付汇管理等，进一步加强了对进出境货物、运输工具、行李和邮递物品的监管。5年来，全国海关共监管进出口货物19.53亿吨，进出口货物总值13281.48亿美元，监管进出境运输工具5416万艘(辆、架)次，监管进出境旅客行李物品6.13亿人次，监管进出境邮递物品3亿件。1996年以来，全国海关协助国家外汇管理、银行等部门鉴别出骗汇用假进口报关单3010份，涉及骗汇金额78.81亿美元；查获骗取出口退税案件186起，涉及骗退税额1.95亿元；查获各类侵害知识产权案件898起，案值578.04万美元。1997年，全国海关共监管进出口货物4.7亿吨，增长16%；进出口货物总值3250.57亿美元，增长12.1%。其中，监管进口货物2.4亿吨，增长11.1%，进口货物总值1423.61亿美元，增长2.5%；监管出口货物2.29亿吨，增长21.6%，出口货物总值1826.97亿美元，增长20.9%。1997年，全国海关共监管进出境运输工具1633.82万艘(辆、架)次，增长10%；监管进出境旅客行李物品 1.47 亿人次，增长 12%；监管进出境邮递物品 9010 万件，增长 23.6%。1997 年，全国海关加强加工贸易管理，核销到期合同 443784 份，到期核销率为 91.97%。

三、打击走私取得重大成果

5 年来，全国海关认真贯彻党中央、国务院关于加强反走私斗争的一系列指示精神，充分发挥职能作用，突出打击重点，加大打击力度，加强综合治理，适时有针对性地开展反走私联合行动和专项斗争，取得了显著成效。5 年来，全国海关共查获各类走私案件 3.28 万起，案值 250.88 亿元，上缴罚没收入 140.9 亿元。全国海关查获的走私案件案值在全国各执法部门查获的走私案件总案值中的比重，从 1995 年至 1997 年已连续 3 年达 80%以上。

1997 年，全国海关共查获各类走私案件 7265 万起，增长 18.5%；案值 67.35 亿元，略有下降；上缴罚没收入 32.83 亿元，略有下降。1997 年，全国海关共查获海洛因、鸦片、大麻脂、可卡因、吗啡、冰毒等各类毒品 368.95 千克，增长 22.1%；查获易制毒化学前体 123.15 吨，增长 9.26 倍；查获走私文物 8183 件，增长 1.41 倍；查获各种反动、淫秽、散发性宗教宣传等印刷品和音像制品 937.18 万件，增长 7.54 倍。1997 年，全国海关共查获走私进口盗版光盘 503 万张。

四、稽查工作成效显著

自 1994 年实施海关稽查以来，全国海关积极开展对重点商品、重点企业的专项稽查和常规稽查，规范企业行为，整顿报关市场取得了显著成绩。特别是去年实施《海关稽查条例》以来，全国海关加大了税收稽查力度，进一步推动了稽查工作的深入开展。几年来，全国海关共稽查各类企业 4.16 万家，专项稽查重点商品 18 种，查获走私案件 918 起，案值 66.5 亿元，查获违规案件 4422 起，补税 43 亿元。同时，为规范报关市场，实行报关员资格全国统一考试制度，取消、暂停了 6.5 万家企业和 3.2 万名报关员的报关资格。1997 年，全国海关共稽查企业 14577 个；稽查移交走私案件 250 起，案值 14.2 亿元；稽查查获违规案件 1196 件，案值 17.53 亿元；稽查补税总额 14.85 亿元，违规定案件罚款入库 5100 万元。

五、科技应用水平进一步提高

5 年来，全国海关按照党中央、国务院提出的“科技兴国”的战略决策，坚持“业务改革依靠科技进步，科技发展面向业务需求”的指导思想，大力推进海关科技一体化进程，加速海关信息管理系统工程（2000 工程）建设，取得了突出成效。《海关科技“八五”发展规划纲要》确定的主要任务基本完成。海关 H883 报关自动化系统普及应用并得到了进一步优化，EDI 通关系统开发成功并进行了试点工作，全国海关三级计算机网络（H909 工程）和全国海关卫星通信网络开通运行；深圳海关集装箱检查系统（H915 工程）投入正式使用；海关业务数据综合分析工作初见成效。5 年来，海关系统共取得各类科技成果 700 余项。其中，1 项获国家科技进步奖，340 项获海关科技进步奖。海关系统 5 年来的科技投入约为 1979 年至 1992 年 14 年投入之和的 2.5 倍。

1997 年我国进出口商品检验工作再创好成绩

国家商检局政策法规司司长　兰　影

1997 年,商检系统广大干部职工在党中央、国务院的正确领导和外经贸部党组的直接指导下,认真坚持既把关又服务的商检工作方针,加快实施"两个根本性转变",努力提高行政执法水平和工作质量,在进出口商品检验、鉴定、监管、认证等方面取得了突出成绩,为外经贸事业的顺利发展作出了积极贡献。

一、进出口商品检验把关成效显著

各级商检机构全年共检验进出口商品 231.7 万批,货值 1083.1 亿美元,分别比上年增长 22.7%和 18%。其中,堵住不合格出口商品 1.1 万批,货值 4.1 亿美元,有力地维护了我国对外贸易的信誉;查出不合格进口商品 1.4 万批,货值 14.5 亿美元,并及时出具商检证书,协助有关收用货单位对外索赔,较好地维护了国家经济利益。特别应当指出的是,各地商检机构认真贯彻落实国务院关于对进口废物加强检验把关的一系列指示精神,进一步加大了对"洋垃圾"的查堵力度。在严格口岸把关的同时,各级商检机构克服困难,开展进口废物装运前的检验工作,收到了明显效果。一年间,不仅协助有关部门先后将检验中发现的 100 批带有放射性污染的进口废金属清退出境,而且将 117 批不合格进口废物原料堵在出口国,禁止发运,从而有效地遏制了"洋垃圾"向我国转移。

二、监管认证工作继续巩固和加强

通过对产品质量和产品生产条件的审查,国家商检局一年间共颁发进口商品安全质量许可证书 1781 份,涉及 39 个国家和地区的 500 家厂商。为配合这项制度的有效实施,更好地保护广大消费者的合法权益,国家商检局继续狠抓进口商品市场抽查工作,并严肃处理了抽查中发现的多种问题。据统计,各地商检机构累计抽查在市场销售的进口商品达 83000 多台(个),涉及 6482 个销售单位。在对出口商品质量进行监督管理方面,国家商检局全年颁发出口商品质量许可证书 619 份,从而帮助和促进了一大批具备条件的生产企业成为扩大出口的生力军。

国家商检局对出口食品加工企业继续实施卫生注册及登记管理制度,收效显著。截至 1997 年底,全国获得商检卫生注册的出口食品加工厂(库)累计已有 7253 家,其中 1063 厂次经商检部门推荐,还获得了国外卫生当局的卫生注册,从而进一步促进了食品出口贸易。与此同时，在出口企业中推行ISO9000系列标准和HACCP理论的工作也取得了重大进展，截至1997年底，获得商检评审机构质量体系认证证书的出口企业累计已达1003家，比上年截止数增加189%。

三、进出口商品鉴定和外商投资财产鉴定工作取得较好成绩

1997年，全国商检机构共完成衡器鉴重2714万吨；水尺、容量、流量计重2.1亿吨；集装箱鉴定96万标准箱；验舱4098船次；残损鉴定514批；鉴定一般出口商品包装29.2万批，出口危险品包装3.3万批。在严格审核的基础上，全系统共签发普惠制产地证书190万份，签证金额441.8亿美元，分别比上年增长15.6%和6.5%。普惠制利用率的提高，进一步增强了我国有关产品的出口竞争能力。全系统还认真开展一般原产地证书的签发工作。一年间，共签发一般原产地证书38.4万份，签证金额150.2亿美元，也较好地保证了对外贸易的需要。

按照实事求是和公正、准确的原则，去年全系统共对7209批外商投入的机器设备等实物投资进行了价值鉴定。其中，发现高价低报973批，占价值鉴定批次的13.5%，低报金额累计为1.5亿美元，通过据实出具证书，协助有关部门防止了相应关税的流失；发现低价高报2071批，占价值鉴定批次的28.73%，高报金额累计为3.4亿美元，通过降值处理，避免了合资中方的直接损失和间接损失。外商投资财产鉴定工作在促进引进外贸健康发展中发挥了重要作用。

四、商检改革取得重大进展

在商检机构改革方面，34个直属商检局及所属分支机构均完成了职能配置、机构设置和人员定编工作。全系统列入行政编制13982名，事业编制4300名，企业员工编制1439名。通过改革，改变了过去单一的事业编制管理体制，强化了商检行政执法职能，为落实政事分开、政企分开奠定了良好的基础。与实行公务员制度相配套，全系统还完成了行政人员改行机关工资制度的工作。在财务管理体制改革方面，通过分别设立收、支专户，商检财务管理开始向“收支两条线”平稳过渡，为进一步深化商检改革创造了条件。在参与口岸管理体制改革方面，国家商检局及有关商检局在认真调查研究的基础上，本着方便进出、监管有效的原则，及时向有关部门提出了相应意见和建议，收到了良好效果。

五、商检法制建设迈出新步伐

首先是以规范商检主体行为和检验工作秩序为重点，进一步完善了商检法规体系。一年间，国家商检局制定并实施了6个商检行政规章，地方商检立法工作也取得了新的进展。其次是商检“三五”普法宣传、教育活动全面展开，特别是掀起了一个贯彻落实新《刑法》的学习高潮，使广大商检执法人员依法施检、依法行政的法律意识有了较大提高。第三是商检执法监督工作得到进一步加强。全系统已有7000多人通过了执法资格考试，获得了“中华人民共和国国家进出口商品检验局执法证”。为促进执法水平的提高，部分商检局为一些处罚较重的案件履行了听证程序，不少商检局还制定并实行了“行政执法责任制”、“行政执法过错责

任追究制度”，收到了明显效果。

六、商检科技实力进一步增强

全系统一年间共完成科技成果登记 78 项，其中 1 项获得国家科技进步三等奖。科研水平显著提高，不少科技成果填补了国内空白，有的达到国际先进水平。商检制标工作继续取得好成绩，除完成 12 项国家实物标准研制外，共制定和修订商检行业标准 147 项，其中包括 70 项农残检验方法标准，从而较好地保证了进出口商品检验的迫切需要。另外，全系统在 1997 年还统一建立了商检设备专项资金，并继续引进了一大批先进仪器设备，使商检检测能力得到了进一步提高。截至 1997 年底，全系统已有各类检测仪器设备 4.6 万台(套)，设备资产总值达 13.6 亿元。

发挥中行优势　继续支持有效益的外贸出口

中国银行副行长　高德柱

中国银行作为原国家外汇外贸专业银行，多年来一直遵循国家产业政策，不断壮大资金实力，改善服务手段，把外贸企业作为支持的重点，按照“谁出口创汇，经济效益好就支持谁”的原则，有力地促进了我国对外贸易事业迅猛发展。1997年我国外贸进出口总额达到3250.6亿美元，首次位居世界贸易排位第10名，比上年增长12.1%，其中，出口增长20.9%。贸易顺差403.4亿美元，国民经济对外贸出口的依存度逐年提高，1997年外贸出口对国民经济的拉动幅度已达近两个百分点。

一、1997年，银贸双方加强协作，克服困难，共同发展

我国外贸取得突飞猛进的发展与中国银行的巨大支持密切相关。1988年以来，中国银行累计向外贸企业发放人民币贷款4万亿元(其中50%以上属政策性贷款)，支持外贸企业累计完成出口创汇8127亿美元，进口7324亿美元。近年来，中国银行贯彻国家“大经贸”战略，强化金融产品开发，将有效的信贷资金用于支持外贸、工贸、自营进出口生产企业及三资企业，逐步调整银行信贷客户结构，优化信贷资产，1997年，中国银行对各类出口企业贷款占人民币贷款余额的55%，专业外贸贷款比重虽有所下降，但仍占贷款余额的34%。

二、积极遵循和利用国家各项政策，全力支持外贸企业改革转制，努力优化和盘活资产存量

1997年，中国银行根据企业经营现状，采取“巩固一批、扶植一批、兼并一批、解困一批”的政策，区别对待外贸企业。

(一)对经济效益好、有市场、有信誉和资产负债率低的外贸企业，经过总、分行认真筛选，确定了29家重点支持企业，发放重点流动资金贷款22.3亿元，一定程度上满足了企业的资金需求，巩固了重点客户。

(二)对部分资产负债率较高、有亏损，但产品有市场、企业信誉较好，经过银企努力可以逐步摆脱困境的企业，采取“封闭贷款”的方式，对企业有市场、有效益的出口商品给予资金支持。

(三)充分利用国家将111个试点城市国有企业兼并、破产和减员增效优惠政策适用范

围扩大到外贸行业的政策条件，对符合条件的企业实施减、免、核销利息，支持企业进行债务重组，努力盘活资产存量，盘活不良贷款39余亿元，化解了部分外贸企业的不良贷款。

（四）利用海外机构的优势，探索帮助国内分行消化不良贷款的途径，并积极进行了试点，取得了一些经验。例如，经认真调查分析，向中国银行海外机构中银（国际）控股有限公司推荐了“河北食品进出口公司”进行债务重组的试点，中行、河北省外经贸厅及食品公司已签订债务重组协议。

三、1998年中国银行外贸贷款工作基本思路

1998年，中国银行将充分发挥城市化、国际化、全能化商业银行的综合优势，实事求是地对待外贸企业的资金需求，采取新老划断、以销定贷、封闭贷款、见证放款等措施，继续支持一般贸易、加工贸易、机电产品出口、对外劳务承包、三资企业发展和利用外资，配合支持外经贸企业改革，促进外贸企业经营机制的转换，帮助外贸企业改变资金“等、靠、要”的思想，加强管理，盘活资金存量，努力提高资金使用效益。

根据1998年我国外贸出口的目标和外贸企业的经营现状，中国银行对外贸企业信贷工作主要围绕“支持重点，消化不良，争取政策，参与转制，开拓业务”的方针进行。按照国家外贸产业政策和贷款投向，在保证贷款效益性、安全性、流动性的前提下，按出口创汇能力、盈利水平、资产负债率、还本付息能力及在中国银行的结算、存款情况，对各家外贸企业进行分类排队，继续支持有效益的外贸企业，防止出口和国家外汇收入出现滑波。具体做法为：

（一）支持重点，即在全国进出口额最大的500家企业中选择进出口额大、资产负债率低、经济效益佳、信誉好的企业，给予信贷资金支持，发放定额周转贷款或中期流动资金贷款，并加强行内各业务部门的协调，在结算、贸易融资、信用卡等方面提供全方位的服务，为企业创造一个良好的服务环境。

（二）在帮助外贸企业进行“三挖潜，四清理”工作中，彻底摸清家底，进一步了解企业的资产情况，会同企业尽快完善贷款的抵（质）押和保证手续，逐步降低贷款风险。

（三）积极参与企业的转制，学习有关的法律和政策，掌握各种转制方式的基本原则，以期通过各种方式，调整企业的负债结构，偿还、盘活或重新落实中行信贷资产。

（四）根据中行业务向“重点地区、重点行业、重点客户、重点产品”发展的战略，积极开拓新的客户领域，选择负债率低、经济效益好、信誉好的大型内贸企业、大型商户、连锁店和超级市场，逐步调整中行的客户结构。

伴随我国对外经济贸易的不断壮大，中国银行的各项业务也取得了长足进展，各项经营指标保持良好，资金实力进一步增强，已步入国际大银行的行列，加强银贸协作，将进一步促进我国对外经贸事业的发展。

1997 年经济特区的对外经贸工作

国务院特区办经济特区司司长 黄泰和

1997 年,我国 5 个经济特区按照中央“稳中求进”的工作方针,认真贯彻党的十五大精神,继续深化改革,积极推进两个根本性转变,对外经贸工作取得了新进展,开放程度进一步提高。

一、对外贸易增幅回升,进展显著

据海关统计,1997 年 5 个经济特区的进出口总额为 422.6 亿美元,较上年增长 67.5 亿美元,占一省四市(海南省和深圳、珠海、汕头、厦门四市)进出口总额的 61.3%,较上年提高了 1.2 个百分点。其中,出口 231.8 亿美元,进口 196.8 亿美元,分别较上年增长 31% 和 7%。在 5 个经济特区中,深圳经济特区仍雄居榜首,全年出口完成 125.3 亿美元,进口 98.9 亿美元。

1997 年特区的对外贸易有以下几个特点:

(一)出口增幅大大高于进口增幅,贸易顺差扩大。各特区出口增幅都在 20%以上,其中汕头特区更高达 83.4%。进口增幅除汕头达 39%外,其他特区均在 10%以下。全年贸易顺差达 75 亿美元,创历史最高水平。(二)从出口主体上看,外商投资企业出口稳步增长,国有外贸企业出口大幅度上升。1997 年深圳国有外贸企业出口增幅为 22.6%,外商投资企业出口增幅为 19%。厦门国有外贸企业和外商投资企业出口也分别增长 11%和 21%。呈现国有外贸企业和外商投资企业出口同步增长的良好局面。(三)市场多元化战略取得较大进展,贸易伙伴已发展到 150 多个国家和地区,特别是对东欧、非洲、中东等地区出口增幅显著。(四)从贸易方式上看,一般贸易和进料加工贸易的出口均有增长。但一般贸易进口受国内市场影响,呈现负增长。(五)从出口商品结构上看,出口量最大的深圳特区,传统电子产品的出口增幅较小,如:电讯设备器材、家用电器、电子钟表出口增幅只有 10%左右;而非机电产品出口增幅较高,如:具有我国传统特色的工艺、文体用品和服装增幅达 28%。(六)对台经贸交流比上年活跃。尤其是厦门特区,自去年 4 月两岸货运直航试点开通以来,对台货代业务直线上升。至去年 8 月,对台进出口总额达 8.86 亿美元,其中出口 1.1 亿美元,比上年增长 82%。

这些特点表明,经济特区作为我国沿海开放最早的地区,得益于改革开放的政策,对外贸易发展迅速。虽然这一省四市国民生产总值只占全国总量 3.4%,但其进出口总额只占全国的 21%,尤其是深圳特区,已成为我国开展对外贸易的重要基地。为此,应该继续深化改革,进一步完善基础设施建设,加强管理,为特区创造良好的对外贸易环境,在我国对外贸易中发挥更大的作用。

1997 年,各特区政府外贸主管部门主要采取以下措施促进对外贸易的发展。

第一、积极推进外贸领域的改革,调动外贸企业和职工的积极性。一是在外贸企业中实行股份制,开展员工内部持股试点。深圳特区批准的27家外贸企业,试点一年,出口业绩就较上年增长了51.5%;二是按照中央批准的特殊政策,对特区生产企业自营进出口权实行自动登记,鼓励一批有能力的生产企业直接参与国际竞争,开拓国际市场;三是努力探索公有制的多种实现形式,按照建立现代企业制度要求,"抓大放小",采取兼并、收购、实行股份合作制等形式,对现有外经贸企业进行改组,增强企业的竞争力。

第二、以经济效益为中心,积极调整出口产品结构,提高出口产品的质量和档次,努力扩大机电产品和高附加值的工业制成品的出口。为此,深圳市设立了近5亿元人民币的外贸发展基金,专项用于扶植该类产品的出口。

第三、实施多元化市场战略,大力拓展海外市场,积极组织企业参加国际知名的大型专业展览会,适时到境外主办展销会以提高特区及企业和产品在国际市场上的形象和知名度。

第四、加强企业内部管理。制定经营目标责任制,落实减亏增盈指标,加强对应收账款、出口成本、商品库存的管理,认真实行审计制度,努力降低经营成本。

二、利用外资稳步发展,招商引资质量提高

1997年特区利用外资较上年有所好转。据统计,全年新签外商直接投资项目2535项,较上年下降4%,降幅比上年减少21个百分点;外商直接投资协议金额44.2亿美元,下降36%,比上年减少9个百分点(协议金额下降较大有统计方法更改因素。过去是按投资总额乘以外方出资比例,1997年则改为按注册资本乘外方出资比率);实际利用外资66.9亿美元,增长15.3%,增幅较上年提高了2个百分点。

招商引资项目数和协议金额下降的原因,主要是受外商投资设备进口取消减免税优惠的影响,不少投资者为此驻足不前;其次是东南亚金融危机使东南亚国家和地区的资金流入减少。

1997年各特区政府有关部门,针对招商引资面临的新情况,采取了以下多种措施,加快招商引资工作。

第一、在当地政府的权限范围内,制定若干鼓励外商投资的优惠政策措施。

第二、采取灵活多样的招商方式,走出去与请进来相结合,大型招商活动和小型投资促进相结合。

第三、继续完善投资软硬环境,特别注意做好外商投资后续服务工作,为外商投资企业创造良好的经营环境。

第四、积极探索在境外发行股票、债券以及在第三产业领域,诸如仓储、运输、展览、信息领域扩大对外开放的新路子。

由于抓了上述工作,特区1997年招商引资工作呈现以下几个特点:

第一,现有外商投资企业增资和对外发行股票数额增大,成为利用外资的一个新的增长点。其中以深圳最为突出,有154家外商投资企业增资扩股达1.83亿美元,境外发行股票投资2.6亿美元,两者合计占全年协议利用外资总额的36%,份量之大超过以往。

第二、外资投向仍以工业为主,占项目的70%以上。外资投向房地产的比重继续下降。但

深圳由于香港顺利回归，房地产复苏，比重比上年增加。

第三、来自欧、美、日跨国公司和大财团的考察和洽谈项目增多。资金技术密集型和高新技术项目在深圳特区所占比重已达10%，比上年有所增加，表明特区内外商投资结构正在向优化方向发展。

截至1997年，我国经济特区(含所辖区县)总计吸收外商直接投资项目41872个，协议外资金额683.4亿美元，实际利用外资362.4亿美元，成为我国对外开放中引进外商投资的集中地区。这有效地弥补了特区建设资金的不足，促进了特区产业结构的调整和技术更新改造，有力地推动了特区经济的发展与社会的进步。

1997 年的中国旅游业

国家旅游局局长　何光暐

1997 年，我国成功地举办了'97 中国旅游年，旅游业继续保持健康发展的良好势头。

一、1997 年我国旅游业发展概况

(一)来华旅游人数、旅游收入明显增长，客源市场进一步拓展。1997 年，来华旅游入境人数 5758.79 万人次，比上年增长 12.6%。其中：外国人 742.80 万人次，比上年增长 10.1%；华侨 9.90 万人次，比上年下降 36.0%；港澳同胞 4794.33 万人次，比上年增长 12.8%；台湾同胞 211.76 万人次，比上年增长 22.1%。

1997 年，全国旅游外汇收入 120.74 亿美元，比上年增长 18.4%。其中，过夜旅游者在华花费 105.53 亿美元，占全国国际旅游外汇总收入的 87.40%；一日游游客在华花费 15.21 亿美元，占 12.60%。按客源地划分：外国旅游者在华花费 50.38 亿美元，比上年增长 3.31%，占总花费的 41.73%；华侨旅游者在华花费 0.86 亿美元，比上年下降 42.43%，占总花费的 0.71%；港澳地区旅游者在大陆花费 48.27 亿美元，比上年增长 44.92%，占总花费的 39.98%；台湾地区旅游者在大陆花费 21.23 亿美元，比上年增长 15.15%，占总花费的 17.58%。

1997 年，欧洲、大洋洲游客增长一成以上，亚洲、美洲、非洲游客增长都在一成以内。来华入境旅游人数按地区划分：亚洲游客 441.1 万人次，比上年增长 8.5%；美洲游客 86.7 万人次，比上年增长 7.2%；欧洲游客 188.89 万人次，比上年增长 15.7%；大洋洲游客 19.34 万人次，比上年增长 11.5%；非洲游客 4.91 万人次，比上年增长 4.1%；其他国家游客 1.8 万人次，比上年增长 11.6%。

(二)国内旅游人数增加，旅游收入增幅明显。1997 年，国内旅游人数 6.44 亿人次，比 1996 年增长 0.8%；国内旅游收入 2112.70 亿元人民币，比 1996 年增长 29.0%。

(三)出境旅游继续保持发展势头。1997 年，我国公民出境总人数为 532.39 万人次，比 1996 年增长 5.2%。其中，由旅行社组团出境的为 143.07 万人，占出境总人数的 26.87%，占因私出境人数的 58.64%，比上年下降 12.76%。

(四)旅行社秩序进一步好转，旅游涉外饭店增加，经济效益有所提高。截至 1997 年底，全国拥有旅行社共 4986 家，比上年增加 734 家，其中：一类旅行社 368 家，占 7.38%，比上年增长 1.39%；二类旅行社 623 家，占 12.49%，比上年增长 0.8%；三类旅行社 3995 家，占 80.12%，比上年增加 21.98%。

至 1997 年底，全国拥有旅游涉外饭店 5201 家，比上年增长 17.77%；旅游客房 70.17 万

间，比上年增长18.2%；评出星级旅游涉外饭店2724家，占52.37%，比1996年增长15.96%。其中：五星级57家，占2.09%，增长23.91%；四星级157家，占5.76%，增长22.66%；三星级895家，占32.86%，增长20.46%；二星级1339家，占49.16%，增长16.64%；一星级276家，占10.13%，下降2.82%；未评星级2479家，占47.65%，增长19.82%。

据统计，1997年，全国10505家旅游企业，营业收入合计为1306.61亿元，比上年增长18.0%；上缴营业税合计为51.10亿元，比上年增长20.1%；实现利润合计为27.83亿元，比上年下降40.4%；平均利润率为2.4%，比上年下降1.8个百分点；实现利税总额为78.93亿元，比上年下降11.6%。

二、1997年的主要工作

（一）成功举办'97中国旅游年。策划了16项大型活动，每一季度形成一个高潮。1996年12月31日晚，国家主席江泽民在新年致词中向海内外宣布1997年举办旅游年，欢迎更多的海外朋友来华旅游。1997年1月1日，国家旅游局、中国民用航空总局、北京市政府在首都国际机场举行了盛大的'97中国旅游年迎接首日来华客人活动，同时，全国各地的旅游部门也在机场、车站、码头组织了隆重的迎接首日海外客人的活动。各地政府、旅游部门与相关部门配合举办了48个节庆活动和上千个各类活动。这些活动不但受到了海内外游客的喜爱，而且营造了祥和、热烈、欢乐的气氛，在全国产生了很大影响。推出了35个著名景点和16条旅游路线，进一步完善、提高了文化观光型、商务与度假相结合的不同类型产品。采取了走出去与请进来相结合、海外促销与国内宣传促销相结合等方式，既向海内外全面介绍了我国多姿多彩的旅游产品，又使来华旅游者感受了'97中国旅游年的热烈气氛，扩大了旅游年的影响。

（二）承办太平洋亚洲旅行协会（PATA）年会、分会大会和交易会。1997年4月中旬和下旬，太平洋亚洲旅行协会分别在上海和北京举行了分会大会、交易会和年会，来自数十个国家和地区的上千名政府和部门代表及客商出席了会议。通过承办上述活动，展示了改革开放以来中国社会经济发展及旅游业发展所取得的成就；也为我国旅游业及相关产业了解世界旅游业发展，进一步参与国际竞争提供了机会。

（三）加强境内和出境旅游管理，规范旅游秩序，提高旅游服务质量，深化旅游企业改革。

1. 制定出国旅游和边境旅游管理办法，加强对出国旅游和边境旅游的管理。1997年7月1日，经国务院批准，由国家旅游局和公安部共同制定的《中国公民自费出国旅游管理暂行办法》发布实施。比“暂行办法”明确提出了有计划、有组织、有控制地适度发展出国旅游的总方针，并制定了“出入挂钩、总量控制、配额管理”的原则。据此，国家旅游局重新审批确定了67家特许经营中国公民自费出国旅游业务的旅行社。这标志着对中国公民自费出国旅游开始法制化、规范化管理。10月，经国务院批准，国家旅游局、外交部、公安部、海关总署联合发布实行了《边境旅游管理办法》，对我国公民参加、从事边境旅游和有关部门的职责及处罚办法等作了明确的规定。

2. 贯彻《旅行社管理条例》，对旅行社类别进行调整。1997年，国家旅游局和各地旅游局贯彻《旅行社管理条例》,对全国旅行社的经营资格进行了重新审核。重新审核后,全国共有1162家旅行社转为国际旅行社。截至1997年底,经全国各地旅游部门审核批准的国内旅行社有3995家。

3. 开展长江三峡旅游船星级评定。根据1995年经国家技术监督局批准发布的《内河旅游船星级划分与评定》国家标准,1997年6月,国家旅游局对长江三峡部分旅游船进行了星级评定。共评出17艘星级旅游船。其中,五星级2艘、四星级9艘、三星级5艘、二星级1艘。这些已评定星级的旅游船占长江涉外旅游船总数的34%。

4. 制定《游乐园(场)安全和服务质量》国家标准。为保障游乐园(场)游艺机和游乐园设施的安全运营、预防事故发生,1997年9月,由国家旅游局组织制定,国家技术监督局正式发布了《游乐园(场)安全和服务质量》国家标准。其内容涉及游乐园(场)的服务设施、安全制度与措施、安全作业要求、卫生与环境要求及服务质量的保证和监督等。该标准的实施,有利于提高我国游乐园(场)安全和服务质量的整体水平。

5. 对旅行社经理进行资格考试,实行旅行社经理持证上岗。国务院颁布的《旅行社管理条例》,1997年5月,国家旅游局发布实施了《旅行社经理资格认证管理规定》,规定今后国际、国内旅行社的总经理和涉及外联、计调、接待、出境、人事、培训等业务部门经理都要进行培训和考试,并提出在2000年12月31日之前,新设立的旅行社要在自设立之日起4年内达到经理全部持证上岗的要求。9月,国家旅游局对全国旅行社经理进行了资格考试。经过考试,全国已有9515人获旅行社经理任职资格,开始持证上岗。

6. 加强旅游行业规范化管理。1997年2月,国家旅游局颁布了《关于旅游商品类展销活动的管理暂行办法》,对各种旅游商品的展销会、博览会、展览会、交易会、订货会、购物节等活动作出规定,强调经国家旅游局批准方可举办全国性活动。1997年,湖南、云南、山西、四川、辽宁、重庆及深圳、武汉、郑州等省市制定了"旅游管理条例",从而,开拓了行业管理领域,强化了行业管理手段。

7. 继续深化旅游企业体制改革。一是鼓励和支持旅游企业建立现代企业制度。1997年,全国有9家旅游企业或以经营旅游为主的企业完成了股份制改造并股票上市。截至1997年底,全国旅游企业或以经营旅游为主的企业完成股份制改造并公开发行股票的上市公司达25家,公开发行股票数量超过10亿股,募集资金近50亿元人民币。二是成立了中国旅行社协会和完成了中国旅游饭店业协会换届。使协会作为重要的社会中介组织,在沟通企业与政府、企业与企业、企业与其他方面之间的关系,规范企业经营行为和旅游市场秩序,保证政策法规的贯彻执行,保护企业和消费者的合法权益等方面发挥其重要作用。

法　规

对外贸易

中华人民共和国反倾销和反补贴条例

1997 年 3 月 25 日国务院令第 214 号发布

第一章 总 则

第一条 为了维护对外贸易秩序和公平竞争，保护国内相关产业，根据《中华人民共和国对外贸易法》的有关规定，制定本条例。

第二条 进口产品采用倾销或者补贴的方式，并由此对国内已经建立的相关产业造成实质损害或者产生实质损害的威胁，或者对国内建立相关产业造成实质阻碍的，依照本条例的规定采取反倾销或者反补贴措施。

第二章 倾销与损害

第三条 进口产品的出口价格低于其正常价值的，为倾销。

第四条 正常价值，按照下列方法确定：

（一）进口产品的相同或者类似产品在出口国市场上有可比价格的，以该可比价格为正常价值；

（二）进口产品的相同或者类似产品在出口国市场上没有可比价格的，以该相同或者类似产品出口到第三国的可比价格或者以该相同或者类似产品的生产成本加合理费用、利润为正常价值。

第五条 出口价格，按照下列方法确定：

（一）进口产品有实际支付价款或者应当支付价款的价格的，以该价格为出口价格；

（二）进口产品没有实际支付价款或者应当支付价款的价格，或者其价格不能确定的，以该进口产品首次转售给独立购买人的价格或者以对外贸易经济合作部商海关总署后根据合理基础所推定的价格为出口价格。

第六条 进口产品的出口价格低于其正常价值的差额，为倾销幅度。

对进口产品的出口价格和正常价值应当按照公平合理的方式进行比较，确定倾销幅度。

第七条 损害包括倾销对国内已经建立的相关产业造成实质损害或者产生实质损害的威胁，或者对国内建立相关产业造成实质阻碍。

第八条 在确定倾销对国内产业造成的损害时，应当审查下列事项：

（一）倾销产品的数量，包括倾销产品的总量或者相对于国内相同或者类似产品的增长量及其大量增长的可能性；

（二）倾销产品的价格，包括倾销产品的价格削减或者对国内相同或者类似产品价格的影响；

（三）倾销产品对国内产业的影响；

（四）倾销产品出口国的生产能力、出口能力和库存。

第九条 反倾销调查涉及两个以上国家的进口产品的，可以对有关进口产品的影响进行累积评估。

第十条 国内产业，为中华人民共和国境内相同或者类似产品的全部生产者，或者其总产量占国内相同或者类似产品全部总产量的大部分的生产者；但是，国内生产者与出口经营者或者进口经营者有关联，或者其本身就是倾销产品的进口经营者的，可以除外。

第三章 反倾销调查

第十一条 进口产品的相同或者类似产品的国内生产者或者有关组织（以下简称申请人），可以依照本条例的规定向对外贸易经济合作部提出反倾销调查的书面申请。

第十二条 申请书应当包括下列内容：

(一)申请人及其所代表的生产者的名称和地址；

(二)进口产品的名称、种类、在关税税则中的序号以及国内相同或者类似产品的名称和种类；

(三)倾销产品的数量和价格及其对国内产业的影响；

(四)倾销与损害之间的因果关系；

(五)对外贸易经济合作部规定的其他内容。

申请书应当附具必要的证据。

第十三条 对外贸易经济合作部收到申请人的书面申请后，应当对申请书及所附具的证据进行审查；经商国家经济贸易委员会后，决定立案调查或者不立案调查。

第十四条 遇有特殊情形，对外贸易经济合作部有充分证据认为存在倾销和损害以及二者之间有因果关系的，经商国家经济贸易委员会后，可以自行立案调查。

第十五条 反倾销调查的期限，自立案调查决定公告之日起至最终裁定公告之日止为12个月，特殊情况下可以延长至18个月。

第十六条 对外贸易经济合作部应当将立案调查或者不立案调查的决定予以公告，并通知申请人、已知的出口经营者和进口经营者、出口国政府等利害关系方。

第十七条 决定立案调查后，对外贸易经济合作部会同海关总署对倾销及倾销幅度进行调查，国家经济贸易委员会会同国务院有关部门对损害及损害程度进行调查，对外贸易经济合作部、国家经济贸易委员会根据调查结果分别作出初步裁定，并由对外贸易经济合作部予以公告。

初步裁定倾销和损害成立的，应当依照前款规定对倾销及倾销幅度、损害及损害程度进行进一步调查，对外贸易经济合作部、国家经济贸易委员会根据调查结果分别作出最终裁定，并由对外贸易经济合作部予以公告。

第十八条 有下列情形之一的，应当终止反倾销调查，并由对外贸易经济合作部予以公告：

(一)申请人撤回申请的；

(二)初步裁定不存在倾销、损害的；

(三)最终裁定不存在倾销、损害的；

(四)倾销幅度或者倾销产品的进口量可以忽略不计的。

第十九条 对外贸易经济合作部会同海关总署、国家经济贸易委员会会同国务院有关部门进行调查时，可以向利害关系方发放调查问卷、进行抽样调查；在利害关系方请求时，应当为各有关利害关系方提供陈述意见的机会。

对外贸易经济合作部认为必要时，可以派出工作人员赴有关国家进行调查；但是，有关国家提出异议的除外。

第二十条 对外贸易经济合作部会同海关总署、国家经济贸易委员会会同国务院有关部门进行调查时，利害关系方应当如实反映情况，提供有关资料。利害关系方不如实反映情况、提供有关资料的，或者以其他方式阻碍调查的，对外贸易经济合作部、国家经济贸易委员会可以根据现有材料作出裁定。

第二十一条 对外贸易经济合作部、国家经济贸易委员会应当允许申请人和利害关系方查阅本案资料；但是，属于保密的除外。

第四章 反倾销措施

第二十二条 初步裁定倾销成立，并由此对国内产业造成损害的，可以采取下列临时反倾销措施：

(一)按照规定程序征收临时反倾销税；

(二)要求提供现金保证金或者其他形式的担保。

临时反倾销税税额、现金保证金和其他形式担保的金额，应当与初步裁定确定的倾销幅度相适应。

征收临时反倾销税，由对外贸易经济合作部提出建议，由国务院关税税则委员会决定。要求提供现金保证金或者其他形式担保，由对外贸易经济合作部决定。

第二十三条 临时反倾销措施的决定由对外贸易经济合作部予以公告，由海关执行。

第二十四条 临时反倾销税的期限，自临时反倾销措施决定公告之日起为4个月；遇有特殊情形，可以延长至9个月。

第二十五条 倾销产品的出口经营者或者出口国政府作出拟采取有效措施的承诺，以消除倾销对国内产业造成的损害的，对外贸易经济合作部经商国家经济贸易委员会后，可以决定中止反倾销调查，并予公告。

对外贸易经济合作部可以要求前款出口经营者或者出口国政府定期提供履行承诺的有关资料。

第二十六条 倾销产品的出口经营者或者出

口国政府不履行承诺或者撤回承诺的，对外贸易经济合作部经商国家经济贸易委员会后，可以决定恢复反倾销调查。

第二十七条 最终裁定倾销存在并由此对国内产业造成损害的，可以按照规定程序征收反倾销税，并由对外贸易经济合作部予以公告。

征收反倾销税，由对外贸易经济合作部提出建议，由国务院关税税则委员会决定，由海关执行。

第二十八条 反倾销税的纳税人为倾销产品的进口经营者。

第二十九条 反倾销税税额不得超过最终裁定确定的倾销幅度。

第三十条 确定的反倾销税低于临时反倾销税的，多征的部分应当予以退还；确定的反倾销税高于临时反倾销税的，少征的部分不再补征。

第三十一条 决定不征收反倾销税的，征收的临时反倾销税、收取的现金保证金或者其他形式担保应当予以退还。

第三十二条 下列两种情形并存的，国务院关税税则委员会根据对外贸易经济合作部的建议，可以决定对临时反倾销措施决定公告之日前 90 天内进口的倾销产品追溯征收反倾销税：

(一)倾销产品有对国内产业造成损害的倾销历史，或者倾销产品的进口经营者知道或者应当知道该产品的出口经营者在倾销产品，并且倾销对国内产业将造成损害的；

(二)倾销产品在短期内大量进口并对国内产业已经造成损害的。

第三十三条 依照本条例的规定征收反倾销税和价格承诺的期限为 5 年。在此期限内，对外贸易经济合作部经商国家经济贸易委员会后，可以自行或者应利害关系方的请求对征收反倾销税的决定进行复审，并自复审开始之日起 12 个月内向国务院关税税则委员会提出对征收反倾销税的决定作出修改、取消或者保留的建议，由国务院关税税则委员会作出复审决定，并由对外贸易经济合作部予以公告。

第三十四条 倾销产品的进口经营者有证据证明已经缴纳的反倾销税税额超过倾销幅度的，可以向对外贸易经济合作部提出退税申请。对外贸易经济合作部会同海关总署进行审查并核实后，由对外贸易经济合作部提出退税建议，由国务院关税税则委员会决定，由海关执行。

前款退税的决定应当自收到退税申请之日起 18 个月内作出。

第三十五条 对外贸易经济合作部、国家经济贸易委员会和国务院有关部门可以采取适当措施，防止规避反倾销措施的行为。

第五章　反补贴的特别规定

第三十六条 外国政府或者公共机构直接或者间接地向产业、企业提供的财政资助或者利益，为补贴。

第三十七条 进口产品存在补贴的，适用本条例。但是，进口产品存在仅用于工业研究和开发、扶持落后地区、环境保护等补贴的，不适用本条例。

第三十八条 补贴产品所接受的补贴净额，为补贴金额。

补贴金额应当按照公平合理的方式进行计算。

第三十九条 补贴造成的损害、反补贴调查和反补贴措施的实施，适用本条例第二章、第三章和第四章的有关规定。

第六章　附　则

第四十条 任何国家或者地区对中华人民共和国的出口产品采取歧视性反倾销或者反补贴措施的，中华人民共和国可以根据实际情况对该国家或者该地区采取相应的措施。

第四十一条 对外贸易经济合作部、国家经济贸易委员会会同国务院有关部门可以根据本条例制定有关具体办法。

第四十二条 本条例自发布之日起施行。

关于禁止从德国进口猪及其有关产品的规定

1997 年 3 月 27 日农业部令第 16 号发布

国家动植物检疫局日前获悉，今年 1 月份德国爆发猪瘟，感染地区有近 3 万头生猪被宰杀。目前流行范围仍在不断扩大。

为防止该病传入我国，保护我国的养猪业，根据《中华人民共和国进出境动植物检疫法》第五条的内容，特规定如下：

一、从即日起，禁止从德国进口（包括直接进口和转口）猪、猪肉等产品。

二、禁止邮寄或旅客携带来自德国的猪及其产品进境，一经发现，一律作没收销毁处理。

三、对途经我国或在我国停留的国际航行船舶、飞机和火车等，如发现有来自德国的猪肉及其制品，一律作封存处理。

四、凡截获的走私入境的来自德国的猪及其产品，一律在就近口岸动植物检疫机关监督下作销毁处理。

五、凡违反上述规定者，由口岸动植物检疫机关依照《中华人民共和国进出境动植物检疫法》等有关规定处理。

禁止从台湾省输入偶蹄动物和偶蹄动物产品的规定

1997 年 3 月 27 日农业部令第 15 号发布

近日，国家动植物检疫局获悉，台湾省十几个县市爆发了口蹄疫。为了防止口蹄疫从台湾省传入大陆，保护大陆的畜牧业安全，根据有关法律法规，特规定如下：

一、禁止直接或间接从台湾省输入偶蹄动物（包括猪、牛、羊等）和偶蹄动物产品；

二、禁止邮寄或旅客携带来自台湾省的偶蹄动物产品进入大陆。一经发现，一律作销毁处理；

三、对在我国停留或途经我国的国际航行船舶、飞机和火车等，如发现有来自台湾省的偶蹄动物产品，一律做封存处理；对上述运输工具上的动植物性废弃物、泔水等作无害化处理；

四、凡截获的走私入境的来自台湾省的偶蹄动物和偶蹄动物产品，一律在就近口岸动植物检疫机关监督下作销毁处理；

五、凡违反上述规定者，由口岸动植物检疫机关依照有关规定予以处罚。

关于禁止从荷兰进口猪及其有关产品的规定

1997年3月28日农业部令第18号发布

国家动植物检疫局日前从荷兰王国农业、自然管理和渔业部获悉，今年2月10日在荷兰南部的布拉班省爆发了猪瘟。疫点位于沃尔沃克镇，现疫情还在进一步蔓延，尚未得到控制。

为防止该病传入我国，保护我国的养猪业，根据《中华人民共和国进出境动植物检疫法》第五条的内容，特规定如下：

一、从即日起，禁止从荷兰进口（包括直接进口和转口）猪、猪肉等产品。

二、禁止邮寄或旅客携带来自荷兰的猪及其产品进境。一经发现，一律作没收销毁处理。

三、对途经我国或在我国停留的国际航行船舶、飞机和火车等，如发现有来自荷兰的猪肉及其制品，一律作封存处理。

四、凡截获的走私入境的来自荷兰的猪及其产品，一律在就近口岸动植物检疫机关监督下作销毁处理。

五、凡违反上述规定者，由口岸动植物检疫机关依照《中华人民共和国进出境动植物检疫法》等有关规定处理。

关于禁止从荷兰进口牛及其有关产品的规定

1997年3月28日农业部令第17号发布

国家动植物检疫局日前从荷兰王国农业、自然管理和渔业部获悉，今年3月21日在荷兰发生了一例牛海绵状脑病（疯牛病）。

为防止该病传入我国，保护我国的养牛业，根据《中华人民共和国进出境动植物检疫法》第五条的内容，特规定如下：

一、从即日起，禁止从荷兰进口（包括直接进口和转口）牛、牛胚胎、牛肉及其制品、肉骨粉等动物饲料。

二、禁止邮寄或旅客携带来自荷兰的牛肉及其制品入境。一经发现，一律作没收销毁处理。

三、对途经我国或在我国停留的国际航行船舶、飞机和火车等，如发现有来自荷兰的牛肉及其制品，一律作封存处理。

四、凡截获的走私入境的来自荷兰的牛肉及其制品，一律在就近口岸动植物检疫机关监督下作销毁处理。

五、如发现牛海绵状脑病病例或可疑病例，必须及时向我部报告。

六、请各有关单位密切配合，并做好有关宣传解释工作。

七、凡违反上述规定者，由口岸动植物检疫机关依照《中华人民共和国进出境动植物检疫法》等有关规定处理。

蘑菇罐头出口管理若干规定

对外贸易经济合作部　国家进出口商品　检验局 1997 年 4 月 7 日发布

第一条　为改善我国蘑菇罐头、盐水蘑菇出口经营秩序，提高出口产品质量，维护国家的整体利益，特制订本规定。

第二条　本规定适用商品范围为出口的蘑菇罐头和盐水蘑菇。商品编号分别为 20031010.01 和 07119033。

第三条　出口配额的分配（不包括对欧盟的出口）

（一）配额的分配与调整本着"公平、公正、竞争"的原则进行。

（二）鼓励规模化、效益型经营，根据各地方和各部委直属总公司（以下简称各单位）配额使用、出口卖价和商品质量的情况实行奖优罚劣的配额分配机制。

（三）配额的分配按以下原则进行：

1. 在确定下年配额总量的基础上，按各单位在当年年度配额总量中所占比重，先计算出各单位的配额基数。

2. 对当年 1—9 月份配额使用率（海关统计，下同）低于全国配额使用率的单位，扣减其配额基数的 10%—50%（具体比例在分配时视各单位配额使用总体情况而定）。确定后的扣减比例适用于所有被扣减的单位。扣减的配额按比重分别奖励给配额使用率高于全国配额使用率的单位。

各单位的配额使用率都在 70%（含 70%）以上，或全国配额使用率高于 80%（含 80%）时，不再进行配额的奖罚。

3. 对当年 1—9 月份以 FOB 价格条款为准的出口卖价（出口许可证统计，下同）低于同一市场全国出口平均卖价 5%—10%的单位，扣减其配额基数的 5%—10%（具体比例在分配时视各单位出口卖价总体情况而定）。确定后的扣减比例适用于所有被扣减的单位。扣减的配额，按比重分别奖励给出口卖价等于或高于全国平均卖价，及出口商品为质优名牌的单位。

4. 配额总量如需调整追加时，参照上述办法按确定的追加总量，分配给配额使用率高，出口卖价高，出口产品为优质名牌的单位。

（四）各单位进行配额二次分配时也应参照本条第三款的规定办理，分配给每家出口企业的配额数量最少不得低于 500 吨，配额数量在 5000 吨以上的地方或部委公司，配额分配最多不得超过 6 家企业；配额数量在 5000 吨（含 5000 吨）以下的地方或部委公司，配额分配最多不得超过 3 家企业。各单位分配的结果需及时抄报外经贸部（贸管司）和中国食品土畜进出口商会（以下简称食土商会）。

（五）外经贸部将获得二次分配配额的企业名单在《国际商报》上予以公布。

第四条　出口许可证的管理

（一）蘑菇罐头和盐水蘑菇出口许可证由外经贸部授权的发证机关发放。

（二）发证机关要严格按照食土商会审核签章的"出口合同正本复印件"核发出口许可证。

（三）出口企业在申领出口许可证时，须申报出口商品的出口生产企业卫生注册代号、生产批号、商标牌号（使用外商提供的商标牌号，须申报"定牌"）；发证机关须将上述内容在许可证备注栏内注明。

第五条　出口商品质量管理

（一）蘑菇罐头和盐水蘑菇必须在经过商检卫生注册或登记的工厂（场）进行加工生产。

（二）工厂使用盐水蘑菇加工蘑菇罐头必须经过国家商检局批准，并且按照规定的生产工艺、生产数量组织生产。

（三）出口蘑菇罐头和盐水蘑菇必须由商检局实施产地检验，检验合格后出具出口商品换证凭单，出口商品换证凭单中必须列明蘑菇罐头和盐水蘑菇加工厂（场）的商检卫生注册编号或卫生登记号、蘑菇罐头和盐水蘑菇规格、数量、唛头等内容。对异地出口的货物，口岸商检局必须按照国家商检局的有关规定办理查验、换证、放行手续。

（四）有关商检局定期将检验出口蘑菇罐头和盐水蘑菇数量汇总报国家商检局，同时抄送外经贸部和食土商会。

第六条　出口经营的协调

（一）食土商会负责对蘑菇罐头和盐水蘑菇出口经营的协调，特别要加强对蘑菇罐头和盐水蘑菇的出口市场、价格、成交的协调。

(二)外经贸部责成食土商会负责对企业出口合同价格的预审工作及出口后的跟踪监督检查工作,并将有关情况和问题反馈给有关管理部门。

(三)关于蘑菇罐头和盐水蘑菇出口经营协调办法由食土商会制定。

第七条 外经贸部批准的具有蘑菇罐头和盐水蘑菇出口经营权的生产企业,其出口的蘑菇罐头和盐水蘑菇必须是自产产品。

第八条 外商投资企业出口蘑菇罐头和盐水蘑菇,必须是本企业自产产品,出口数量不得超过外经贸部核定的出口规模,并接受中国食土商会通过中国外商投资企业协会的统一协调。

第九条 海关对蘑菇罐头和盐水蘑菇的出口报关,凭有效的出口许可证和商检证单验放。

第十条 罚 则

(一)对低价出口、劣质出口、浪费或违章转让配额、倒卖出口许可证的,以及对违反本规定其他内容的企业,经查实后,视其情节轻重分别给予通报批评或警告、扣减配额、暂停或取消蘑菇罐头和盐水蘑菇出口经营权的处罚。

(二)对违反本规定的出口许可证和商检证单的发证机关,分别按照出口许可证管理办法和商检有关规定予以处理。

第十一条 本规定由外经贸部负责解释,过去管理规定与本规定相抵触的,以本规定为准。

第十二条 本规定自发布之日起实行。

易制毒化学品进出口管理暂行规定

1997 年 4 月 16 日对外贸易经济合作部发布

第一章 总 则

第一条 为加强对易制毒化学品进出口的管理,履行《1988 年联合国禁止非法贩运麻醉药品和精神药物公约》(以下简称《公约》)的义务,根据《中华人民共和国对外贸易法》、全国人大《关于禁毒的决定》及有关法律的规定,特制定本规定。

第二条 易制毒化学品系指《公约》中管制的易制毒化学品(见清单)以及经常或容易用于非法制造麻醉药品及精神药物的物质。

第三条 国家对易制毒化学品的进出口实行许可证管理制度。任何企业和单位无论以何种方式进出口易制毒化学品,一律报对外贸易经济合作部(以下简称外经贸部)批准。

第四条 外经贸部主管全国易制毒化学品的进出口管理工作,其管理工作接受国家禁毒委员会的指导与监督。各省、自治区、直辖市及计划单列市外经贸委(厅、局)(以下简称各地外经贸主管部门)主管本地的易制毒化学品进出口管理工作。

第二章 申请和审批程序

第五条 凡经营易制毒化学品进出口业务的企业(以下简称进出口企业),应在进口或出口前按规定的程序报外经贸部审批,经批准后方可进口或出口。

第六条 进出口企业应先向所在地外经贸主管部门提出申请,经所在地外经贸主管部门审查后报外经贸部;各部委进出口企业直接向外经贸部提出申请。

第七条 外经贸部在收到申请后 10 个工作日内办理审批,对符合规定的签发“外经贸部易制毒化学品进口批复单”或“外经贸部易制毒化学品出口批复单”;批复单自批复之日起 30 日内有效,逾期自行作废;对重要的易制毒化学品进口和出口申请,外经贸部可请有关部门协助审查国内及国外最终用户情况。

第八条 进出口企业凭“外经贸部易制毒化学品进口批复单”或“外经贸部易制毒化学品出口批复单”向外经贸部授权的发证机关申领进、出口许可证。

第三章　进口管理

第九条　进出口企业应了解国内用户的真实情况,不得将进口的易制毒化学品用于制毒或流入非法制毒渠道,不得转口或复出口。

第十条　对易制毒化学品清单中列入表一管制的品种的进口,要从严控制。

第十一条　申请进口易制毒化学品时,应向外经贸部提供以下文件和资料:

(一)进出口企业所在地外经贸主管部门或国家部委各进出口企业申报文件正本;

(二)国外客户资料(客户名称、地址、电话);

(三)国内最终用户的有关资料(用户名称、经营范围、地址、电话及进口的易制毒化学品的最终用途);

(四)进料加工、来料加工进口易制毒化学品,进出口企业应提供与国内客户签订的加工合同。

第四章　出口管理

第十二条　申请出口易制毒化学品时,应向外经贸部提供下列文件和资料:

(一)进出口企业所在地外经贸主管部门或国家部委各进出口企业申报文件正本;

(二)进出口企业与国外客户签订的有效出口合同;

(三)国外客户资料(客户名称、地址、电话及传真)。

第十三条　进出口企业在申请出口列入表一管制的品种(共 11 种)时,除提供第十二条所规定的文件和资料外,还应提供最终用户国(或地区)政府主管部门出具的有效合法使用证明。若上述商品出口须经第三国(或地区)转口,在提供上述文件和资料的同时,还须提供第三国(或地区)政府主管部门出具的有效转口证明。

第十四条　进出口企业在申请出口乙酸酐(醋酸酐)时,除提交第十二条和第十三条规定的文件和资料外,还应提供我国国内生产厂家供货证明。

第十五条　进出口企业向对易制毒化学品进口有特殊要求的国家(或地区)出口该类化学品,应按该国(或地区)特殊要求的程序办理。

第五章　许可证管理

第十六条　外经贸部授权的发证机关凭“外经贸部易制毒化学品进口批复单”和“外经贸部易制毒化学品出口批复单”签发进出口许可证。

第十七条　进口许可证的有效期为一年,逾期不再展期。出口许可证的有效期为三个月,跨年度使用有效期最迟为次年二月底,逾期不再展期。

第十八条　出口麻黄碱(素)、伪麻黄碱、黄樟脑、乙酸酐、异黄樟脑、胡椒醛(洋茉莉醛)的进出口企业须在货物出运后 30 天内向外经贸部提交海关签注的《中华人民共和国出口许可证》第一联(正本)和《中华人民共和国出口货物报关单》(出口退税专用)的复印件。

第十九条　进出口企业因故未能在出口许可证有效期内出运易制毒化学品,必须在 60 天内将许可证退回原发证单位,否则取消该企业易制毒化学品的出口经营权。

第二十条　海关依法实行监管,凭进、出口许可证验放。

第二十一条　进出口许可证不得倒卖和转让。

第六章　法律责任

第二十二条　对违反本规定的进出口企业,外经贸部将视情节轻重给予暂停或撤销其易制毒化学品进出口经营权的处罚。对触犯法律的,将移交司法机关追究其法律责任。

第二十三条　当事人对行政处罚不服的,可在接到处罚通知之日起 15 日内,向作出处理的机关的上一级机关申请复议。上一级机关应在接到申诉之日起 15 日内作出答复。对答复不满意的,可在接到答复之日起 15 日内,向人民法院起诉。对处罚决定不服而逾期又不起诉的,原处理机关可向人民法院申请强制执行。

第七章　附　则

第二十四条　根据联合国有关公约和我国的实际情况,相应调整易制毒化学品的进出口管理品种。

第二十五条　本规定自发文之日起执行。

第二十六条 本规定由外经贸部负责解释。

联合国管制的22种易制毒化学品清单

列入表一管制的品种：

麻黄碱(麻黄素)	EPHEDRINE
麦角新碱	ERGOMETRINE
麦角胺	ERGOTAMINE
麦角酸	LYSERGIC ACID
1－苯基－2－丙酮	1－PHENYL－2－PROPANONE
伪麻黄碱	PSEUDOEPHEDRINE
N－乙酰邻氨基苯酸	N－ACETYLANTHRANILIC ACID
3.4－亚甲基二氧苯基－2－丙酮	3.4－METHYLENEDIOXYPHENYL－2－PROPANONE
胡椒醛(洋茉莉醛)	PIPERONAL(HELIOTROPIN)
黄樟脑	SAFROLE
异黄樟脑	ISOSAFROLE

列入表二管制的品种：

醋酸酐	ACETIC ANHYDRIDE
丙酮	ACETONE
邻氨基苯甲酸	ANTHRANILIC ACID
乙醚	ETHYL ETHER
苯乙酸	PHENYLACETIC ACID
哌啶	PIPERIDINE
甲基乙基酮	METHYL ETHYL KETONE
甲苯	TOLUENE
高锰酸钾	POTASSIUM PERMANGANATE
硫酸	SULPHUPIC ACID
盐酸	HYDROCHLORIC ACID

茶叶出口管理暂行办法

1997年4月18日对外贸易经济合作部发布

茶叶是我国传统大宗出口商品。为维护外贸经营秩序，促进茶叶出口，根据《中华人民共和国对外贸易法》以及国务院颁布的《出口商品管理暂行办法》(国发[1992]69号)的有关规定，特制定本办法。

第一条 国家对红茶出口(对利比亚、突尼斯的红茶出口除外)不再实行统一联合经营，由经外经贸部批准的有茶叶出口经营权的外贸公司及获得红茶出口经营权的生产企业，按国家下达的计划配额在自负盈亏的基础上自行成交出口。

第二条 绿茶和特种茶出口仍由中国土畜产进出口总公司(简称“土畜产总公司”)和有关省、自治区、直辖市及计划单列市茶叶(土畜)进出口公司[简称地方茶叶(土畜)进出口公司]及获得绿茶或特种茶出口经营权的生产企业统一联合经营。

第三条 对摩洛哥、利比亚、突尼斯、毛里塔尼亚、阿尔及利亚的绿茶出口,对利比亚、突尼斯的红茶出口,对日本、香港地区的乌龙茶出口以及政府间贸易,由土畜产总公司组织统一对外成交,成交后交由中国食品土畜进出口商会与有关出口企业商定出口合同分配方案,报外经贸部批准后执行。

第四条 茶叶出口的协调工作由中国食品土畜进出口商会(简称“食土商会”)负责,茶叶出口价格、客户及市场的协调办法由食土商会负责制定。

第五条 食土商会要做好茶叶出口协调工作,并及时向外经贸部报告茶叶出口执行情况及存在问题。

第六条 对出口的茶叶,必须严格执行质量标准,统一茶号,按统一茶号和茶叶出口标准样进行商检后出口。绿茶指定由上海、浙江、宁波、安徽、江西商检局统一商检,其中珠茶指定浙江、宁波商检局商检,其他口岸不再办理绿茶商检业务。

第七条 茶叶出口许可证、商检报验单必须列明具体茶类及 H.S 编码,不允许笼统使用“茶叶”或“中国茶叶”等名称。如有违反,各商检机构应拒绝接受报验,许可证发证机关不予发证。

第八条 外经贸部授权的各发证机关应严格按照国家下达的茶叶出口配额和出口许可证管理的有关规定,核发茶叶出口许可证。出口企业在申领绿茶出口许可证时,其出口合同须先经食土商会审核,经审核无误后,向外经贸部授权的发证机关申领出口许可证。

第九条 为稳定茶叶出口渠道,开拓新市场,国家鼓励茶叶出口企业提高出口茶叶质量,开发新茶种,创名牌。对有商标侵权行为的茶叶出口企业,将视情节给予扣减直至取消茶叶出口配额等处罚。

第十条 本办法自发布之日起执行,凡与本办法不一致的,均以本办法为准。

对外贸易经济合作部 国家科学技术委员会
关于加快赋予科研院所和高新技术企业自营进出口权的通知

1997 年 6 月 16 日

为贯彻落实 1997 年全国外经贸工作会议精神,加快赋予科研院所和高新技术企业自营进出口经营权,支持科研院所和高新技术企业扩大科技产品出口,现就有关问题通知如下:

一、进一步放宽科研院所和高新技术企业自营进出口权的审批标准

(一)国务院各部委直属的科研院所和地方所属的副厅(局)级以上科研院所只要提出申请,均可赋予自营进出口权,不再考核其出口供货额。

(二)其他的科研院所年销售额 300 万元人民币以上,均可申请自营进出口权。

(三)按《国务院关于批准国家高新技术产业开发区和有关政策规定的通知》及国家科委《关于印发国家高新技术产业开发区外高新技术企业认定条件和办法的通知》(国科发火字[1996]018 号)分别认定的国家高新技术产业开发区内和区外的高新技术企业,年总收入在 3000 万元人民币以上;或省级科委认定的开发型高新技术企业,年总收入额在 1000 万元人民币以上,可申请自营进出口权。

二、申报程序

国务院各部委直属的科研院所可通过各部委将申报材料直接报送外经贸部、国家科委。地方所属科

研院所可通过其所在地的省、自治区、直辖市及计划单列市外经贸委(厅、局)和科委,将申报材料报送外经贸部和国家科委。高新技术企业申请自营进出口权的手续,参照科研院所的申报程序办理。

三、适当扩大科研院所和高新技术企业对外工程承包劳务经营权

自营出口创汇在1000万美元以上的科研院所和高新技术企业,经批准可赋予与科研开发和高新技术相关的对外工程承包权和设计、安装、调试、操作等技术人员和售后服务人员的外派劳务权。

科研院所和高新技术企业申请对外工程承包劳务经营权,由国务院各部委或省、自治区、直辖市及计划单列市外经贸主管部门报外经贸部批准。

四、本通知未涉及的内容,仍按外经贸部和国家科委《关于发布〈赋予科研院所科技产品进出口权暂行办法〉的通知》([1993]外经贸政发第504号)执行。

禁止从英国输入禽鸟及其有关产品的规定

1997年6月18日农业部令第20号发布

最近我部获悉,自今年1月份至今,在英国的Herefordshire等六个郡爆发了11起新城疫,其中有4个鸡场和7个火鸡场发病,分离到的新城疫病毒ICPI指数在1.5—2.0,属强毒型新城疫。

为防止该病传入我国,保护我国的养禽业,根据《中华人民共和国进出境动植物检疫法》第五条的有关规定,特规定如下:

一、从即日起,禁止来自英国的禽鸟及其产品进口(包括直接进口和转口)。自即日起,国家动植物检疫局及其委托的口岸动植物检疫机关签发的在有效期内的从英国进口禽鸟及其产品的检疫审批单一律作废,自即日起运抵口岸的来自英国的禽鸟及其产品一律作退回或者销毁处理。

但符合下列条件的家禽肉骨粉除外:

1. 来自新城疫非疫区(以发病农场为中心,半径20公里范围以外的地区)的工厂加工的。

2. 用于加工的家禽肉、骨等来自非疫区的经官方注册的屠宰场屠宰的健康家禽。

3. 被屠宰的家禽来自非疫区的在官方监督之下的养禽场。

4. 肉骨粉均须随附英国农业食品部签发的正本检疫证书,证明上述内容。

二、禁止邮寄或旅客携带来自英国的禽鸟及其产品进境。一经发现,一律作没收销毁处理。

三、对途经我国或在我国停留的国际航行船舶、飞机和火车等,如发现有来自英国的禽肉及其制品,一律作封存处理;其交通员工自养自用的禽鸟,必须装入完好的笼具中,不得放在露天或甲板上;其生活垃圾、泔水等由口岸动植物检疫机关作无害化处理。

四、凡截获的走私入境的来自英国的禽类及其产品,一律在就近口岸动植物检疫机关监督下作销毁处理。

五、凡违反上述规定者,由口岸动植物检疫机关依照《中华人民共和国进出境动植物检疫法》等有关规定处理。

中华人民共和国烟草专卖法实施条例

1997年7月3日国务院令第223号发布

第一章　总　则

第一条　根据《中华人民共和国烟草专卖法》(以下简称《烟草专卖法》),制定本条例。

第二条　烟草专卖是指国家对烟草专卖品的生产、销售和进出口业务实行垄断经营、统一管理的制度。

第三条　烟草专卖品中的烟丝是指用烟叶、复烤烟叶、烟草薄片为原料加工制成的丝、末、粒状商品。

第四条　国务院和省、自治区、直辖市的烟草专卖行政主管部门职责及领导体制,依照《烟草专卖法》第四条的规定执行。设有烟草专卖行政主管部门的市、县,由市、县烟草专卖行政主管部门主管本行政区内的烟草专卖工作,受上一级烟草专卖行政主管部门和本级人民政府的双重领导,以上一级烟草专卖行政主管部门的领导为主。

第五条　国家对卷烟、雪茄烟焦油含量和用于卷烟、雪茄烟的主要添加剂实行控制。烟草制品生产企业不得违反国家有关规定使用有害的添加剂和色素。

第二章　烟草专卖许可证

第六条　从事烟草专卖品的生产、批发、零售业务,以及经营烟草专卖品进出口业务和经营外国烟草制品购销业务的,必须依照《烟草专卖法》和本条例的规定,申请领取烟草专卖许可证。

烟草专卖许可证分为:

(一)烟草专卖生产企业许可证;

(二)烟草专卖批发企业许可证;

(三)烟草专卖零售许可证;

(四)特种烟草专卖经营企业许可证。

第七条　取得烟草专卖生产企业许可证,应当具备下列条件:

(一)有与生产烟草专卖品相适应的资金;

(二)有生产烟草专卖品所需要的技术、设备条件;

(三)符合国家烟草行业的产业政策要求;

(四)国务院烟草专卖行政主管部门规定的其他条件。

第八条　取得烟草专卖批发企业许可证,应当具备下列条件:

(一)有与经营烟草制品批发业务相适应的资金;

(二)有固定的经营场所和必要的专业人员;

(三)符合烟草专卖批发企业合理布局的要求;

(四)国务院烟草专卖行政主管部门规定的其他条件。

第九条　取得烟草专卖零售许可证,应当具备下列条件:

(一)有与经营烟草制品零售业务相适应的资金;

(二)有固定的经营场所;

(三)符合烟草制品零售点合理布局的要求;

(四)国务院烟草专卖行政主管部门规定的其他条件。

第十条　取得特种烟草专卖经营企业许可证,应当具备下列条件:

(一)有与经营特种烟草专卖品业务相适应的资金;

(二)有固定的经营场所和必要的专业人员;

(三)符合经营外国烟草专卖品业务合理布局的要求;

(四)国务院烟草专卖行政主管部门规定的其他条件。

第十一条　烟草专卖行政主管部门依照《烟草专卖法》及本条例的规定,发放烟草专卖许可证和烟草专卖品准运证并实施管理。

第十二条　申请领取烟草专卖生产企业许可证的,应当向省、自治区、直辖市(以下简称省级)烟草专卖行政主管部门提出申请,由省级烟草专卖行政主管部门审查签署意见,报国务院烟草专卖行政主管部门审批发证。

第十三条　申请领取烟草专卖批发企业许可证,进行跨省、自治区、直辖市经营的,应当向省级烟草专卖行政主管部门提出申请,由省级烟草专卖行政主管部门审查签署意见,报国务院烟草专卖行政主管部门审批发证。

申请领取烟草专卖批发企业许可证，在省、自治区、直辖市范围内经营的，应当向企业所在地烟草专卖行政主管部门提出申请，由企业所在地烟草专卖行政主管部门审查签署意见，报省级烟草专卖行政主管部门审批发证。

第十四条 申请领取烟草专卖零售许可证，依照《烟草专卖法》的规定办理。

第十五条 申请领取特种烟草专卖经营企业许可证、经营烟草专卖品进出口业务和经营外国烟草制品购销业务的，应当向省级烟草专卖行政主管部门提出申请，由省级烟草专卖行政主管部门审查签署意见，报国务院烟草专卖行政主管部门审批发证。

申请领取特种烟草专卖经营企业许可证，在海关监管区内经营免税的外国烟草制品购销业务的，应当向企业所在地烟草专卖行政主管部门提出申请，由企业所在地烟草专卖行政主管部门审查签署意见，报省级烟草专卖行政主管部门审批发证。

第十六条 烟草专卖许可证的发证机关可以定期或者不定期地对取得烟草专卖许可证的企业、个人进行检查。经检查不符合《烟草专卖法》和本条例规定条件的，烟草专卖许可证的发证机关可以责令暂停烟草专卖业务、进行整顿，直至取消其从事烟草专卖业务的资格。

烟草专卖许可证的具体管理办法，由国务院烟草专卖行政主管部门根据本条例的规定制定。

第三章 烟叶的种植、收购和调拨

第十七条 国务院烟草专卖行政主管部门按照合理布局的要求，会同有关省、自治区、直辖市人民政府依据国家计划，根据良种化、区域化、规范化的原则制定烟叶种植规划。

第十八条 烟叶由烟草公司或其委托单位依法统一收购。烟草公司或其委托单位根据需要，可以在国家下达烟叶收购计划的地区设立烟叶收购站(点)收购烟叶。设立烟叶收购站(点)，应当经省级烟草专卖行政主管部门批准。未经批准，任何单位和个人不得收购烟叶。

第十九条 地方烟草专卖行政主管部门组织同级有关部门和烟叶生产者的代表组成烟叶评级小组，协调烟叶收购等级评定工作。

第二十条 国家储备、出口烟叶的计划和烟叶调拨计划，由国务院计划部门下达。

第四章 烟草制品的生产

第二十一条 设立烟草制品生产企业，应当由省级烟草专卖行政主管部门报经国务院烟草专卖行政主管部门批准，取得烟草专卖生产企业许可证，并经工商行政管理部门核准登记。

第二十二条 烟草制品生产企业必须严格执行国家下达的生产计划。

第二十三条 禁止使用霉烂烟叶生产卷烟、雪茄烟和烟丝。

第二十四条 卷烟、雪茄烟和有包装的烟丝，应当使用注册商标；申请注册商标，应当持国务院烟草专卖行政主管部门的批准生产文件，依法申请注册。

第五章 烟草制品的销售

第二十五条 取得烟草专卖批发企业许可证的企业，应当在许可证规定的经营范围和地域范围内，从事烟草制品的批发业务。

取得烟草专卖零售许可证的企业或者个人，应当在当地的烟草专卖批发企业进货，并接受烟草专卖许可证发证机关的监督管理。

第二十六条 无烟草专卖批发企业许可证的单位或者个人，一次销售卷烟、雪茄烟50条以上的，视为无烟草专卖批发企业许可证从事烟草制品批发业务。

第二十七条 任何单位或者个人不得销售非法生产的烟草制品。

第二十八条 烟草专卖生产企业和烟草专卖批发企业，不得向无烟草专卖零售许可证的单位或者个人提供烟草制品。

第二十九条 在中国境内销售的卷烟、雪茄烟，应当在小包、条包上标注焦油含量级和“吸烟有害健康”的中文字样。

第三十条 国务院烟草专卖行政主管部门在必要时，可以根据市场供需情况下达省、自治区、直辖市之间的卷烟、雪茄烟调拨任务。

第三十一条 严禁销售霉坏、变质的烟草制品。霉坏、变质的烟草制品，由烟草专卖行政主管部门或者有关行政管理部门监督销毁。

第三十二条 有关部门依法查获的假冒商标烟草制品，应当交由烟草专卖行政主管部门按照国家有关规定公开销毁，禁止以任何方式销售。

第三十三条 假冒商标烟草制品的鉴别检测工作，由国务院产品质量监督管理部门和省、自治区、直辖市人民政府产品质量监督管理部门指定的烟草质量检测站进行。

第六章 烟草专卖品的运输

第三十四条 烟草专卖品准运证由省级以上烟草专卖行政主管部门或其授权的机构审批、发放。烟草专卖品准运证的管理办法由国务院烟草专卖行政主管部门制定。

第三十五条 跨省、自治区、直辖市运输进口的烟草专卖品、国产烟草专用机械和烟用丝束、滤嘴棒以及分切的进口卷烟纸，应当凭国务院烟草专卖行政主管部门或其授权的机构签发的烟草专卖品准运证办理托运或者自运。

跨省、自治区、直辖市运输除国产烟草专用机械、烟用丝束、滤嘴棒以及分切的进口卷烟纸以外的其他国产烟草专卖品，应当凭国务院烟草专卖行政主管部门或者省级烟草专卖行政主管部门签发的烟草专卖品准运证办理托运或者自运。

在省、自治区、直辖市内跨市、县运输烟草专卖品，应当凭省级烟草专卖行政主管部门或其授权的机构签发的烟草专卖品准运证办理托运或者自运。

运输依法没收的走私烟草专卖品，应当凭国务院烟草专卖行政主管部门签发的烟草专卖品准运证办理托运或者自运。

第三十六条 有下列情形之一的，为无烟草专卖品准运证运输烟草专卖品：

(一)超过烟草专卖品准运证规定的数量和范围运输烟草专卖品的；

(二)使用过期、涂改、复印的烟草专卖品准运证的；

(三)无烟草专卖品准运证又无法提供在当地购买烟草专卖品的有效证明的；

(四)无烟草专卖品准运证运输烟草专卖品的其他行为。

第三十七条 海关监管的烟草制品的转关运输，按照国家有关海关转关运输的规定办理运输手续。

第七章 卷烟纸、滤嘴棒、烟用丝束、烟草专用机械的生产和销售

第三十八条 烟草专卖批发企业和烟草制品生产企业只能从取得烟草专卖生产企业许可证、特种烟草专卖经营企业许可证的企业购买卷烟纸、滤嘴棒、烟用丝束和烟草专用机械。

卷烟纸、滤嘴棒、烟用丝束、烟草专用机械的生产企业不得将其产品销售给无烟草专卖生产企业许可证的单位或者个人。

第三十九条 烟草专用机械的购进、出售、转让，必须经国务院烟草专卖行政主管部门批准。

烟草专用机械的名录由国务院烟草专卖行政主管部门规定。

第四十条 任何单位或者个人不得销售非法生产的烟草专用机械、卷烟纸、滤嘴棒及烟用丝束。

淘汰报废、非法拼装的烟草专用机械，残次的卷烟纸、滤嘴棒、烟用丝束及下脚料，由当地烟草专卖行政主管部门监督处理，不得以任何方式销售。

第八章 进出口贸易和对外经济技术合作

第四十一条 设立外商投资的烟草专卖生产企业，应当报经国务院烟草专卖行政主管部门审查同意后，方可按照国家有关规定批准立项。

第四十二条 进口烟草专卖品只能由取得特种烟草专卖经营企业许可证的企业经营。其进口烟草专卖品的计划应当报国务院烟草专卖行政主管部门审查批准。

第四十三条 免税进口的烟草制品应当存放在海关指定的保税仓库内，并由国务院烟草专卖行政主管部门指定的地方烟草专卖行政主管部门与海关共同加锁管理。海关凭国务院烟草专卖行政主管部门批准的免税进口计划分批核销免税进口外国烟草制品的数量。

第四十四条 在海关监管区内经营免税的卷烟、雪茄烟的，只能零售，并应当在卷烟、雪茄烟的小包、条包上标注国务院烟草专卖行政主管部门规定的专门标志。

第四十五条 专供出口的卷烟、雪茄烟，应当在小包、条包上标注“专供出口”中文字样。

第九章 监督检查

第四十六条 烟草专卖行政主管部门依法对执行《烟草专卖法》及本条例的情况进行监督、检查，查处违反《烟草专卖法》及本条例的案件，并会同国家有关部门查处烟草专卖品的走私贩私、假冒伪劣行为。

第四十七条 开办烟草专卖品交易市场，应当报经国务院烟草专卖行政主管部门审查批准。未经审查批准设立的烟草专卖品交易市场，所在地县级以上人民政府应当予以取缔。

第四十八条 国务院烟草专卖行政主管部门在必要时，可以根据烟草专卖工作的实际情况，在重点地区设立派出机构；省级烟草专卖行政主管部门在必要时，可以向烟草专卖品生产、经营企业派驻人员。派出机构和派驻人员在派出部门的授权范围内监督、检查烟草专卖品的生产、经营活动。

第四十九条 烟草专卖行政主管部门查处违反《烟草专卖法》和本条例的案件时，可以行使下列职权：

(一)询问违法案件的当事人、嫌疑人和证人；

(二)检查违法案件当事人的经营场所，依法对违法生产或者经营的烟草专卖品进行处理；

(三)查阅、复制与违法活动有关的合同、发票、账册、单据、记录、文件、业务函电和其他资料。

第五十条 烟草专卖行政主管部门或者烟草专卖行政主管部门会同有关部门，可以依法对非法运输烟草专卖品的活动进行检查、处理。

第五十一条 人民法院和行政机关依法没收的烟草专卖品以及充抵罚金、罚款和税款的烟草专卖品，按照国家有关规定进行拍卖的，竞买人应当持有烟草专卖批发企业许可证；参与外国烟草制品拍卖的竞买人，应当持有特种烟草专卖经营企业许可证。

依法设立的拍卖企业拍卖烟草专卖品，应当对竞买人进行资格验证。拍卖企业拍卖烟草专卖品，应当接受烟草专卖行政主管部门的监督。

第五十二条 烟草专卖行政主管部门的专卖管理检查人员执行公务时，应当佩戴国务院烟草专卖行政主管部门制发的徽章，出示省级以上烟草专卖行政主管部门签发的检查证件。

第五十三条 对检举烟草专卖违法案件的有功单位和个人，给予奖励。

第十章 法律责任

第五十四条 依照《烟草专卖法》第三十条规定处罚的，按照下列规定执行：

(一)擅自收购烟叶的，可以处非法收购烟叶价值20%以上50%以下的罚款，并按照国家规定的价格收购违法收购的烟叶；

(二)擅自收购烟叶1000公斤以上的，依法没收其违法收购的烟叶和违法所得。

第五十五条 依照《烟草专卖法》第三十一条规定处罚的，按照下列规定执行：

(一)无准运证或者超过准运证规定的数量托运或者自运烟草专卖品的，处以违法运输的烟草专卖品价值20%以上50%以下的罚款，可以按照国家规定的价格收购违法运输的烟草专卖品。

(二)有下列情形之一的，没收违法运输的烟草专卖品和违法所得：

1. 非法运输的烟草专卖品价值超过5万元或者运输卷烟数量超过100件(每1万支为1件)的；
2. 被烟草专卖行政主管部门处罚两次以上的；
3. 抗拒烟草专卖行政主管部门的监督检查人员依法实施检查的；
4. 非法运输走私烟草专卖品的；
5. 运输无烟草专卖生产企业许可证的企业生产的烟草专卖品的；
6. 利用伪装非法运输烟草专卖品的；
7. 利用特种车辆运输烟草专卖品逃避检查的；
8. 其他非法运输行为，情节严重的。

(三)承运人明知是烟草专卖品而为无准运证的单位、个人运输的，没收违法所得，可以并处违法运输的烟草专卖品价值10%以上20%以下的罚款。

(四)邮寄、异地携带烟叶、烟草制品超过国务院有关部门规定的限量一倍以上的，依照本条第(一)项的规定处罚。

第五十六条 依照《烟草专卖法》第三十二条规定处罚的，按照下列规定执行：

(一)无烟草专卖生产企业许可证生产烟草制品的,由烟草专卖行政主管部门责令关闭,没收违法所得,处以所生产烟草制品价值一倍以上两倍以下的罚款,并将其违法生产的烟草制品公开销毁;

(二)无烟草专卖生产企业许可证生产卷烟纸、滤嘴棒、烟用丝束或者烟草专用机械的,由烟草专卖行政主管部门责令停止生产,没收违法所得,处以违法生产的烟草专卖品价值一倍以上两倍以下的罚款,并将其违法生产的烟草专卖品公开销毁。

第五十七条 依照《烟草专卖法》第三十三条规定,无烟草专卖批发企业许可证经营烟草制品批发业务的,由烟草专卖行政主管部门责令关闭或者停止经营烟草制品批发业务,没收违法所得,处以违法批发的烟草制品价值50%以上一倍以下的罚款。

第五十八条 依照《烟草专卖法》第三十四条处罚的,按照下列规定执行:

(一)无特种烟草专卖经营企业许可证经营烟草专卖品进出口业务的,由烟草专卖行政主管部门责令停止经营上述业务,没收违法所得,处以违法经营的烟草专卖品价值50%以上一倍以下的罚款;

(二)无特种烟草专卖经营企业许可证经营外国烟草制品购销业务的,由烟草专卖行政主管部门责令停止经营上述业务,没收违法所得,处以违法经营的烟草制品价值20%以上50%以下的罚款。

第五十九条 取得烟草专卖批发企业许可证的单位违反本条例第二十五条第一款的规定,超越经营范围和地域范围,从事烟草制品批发业务的,由烟草专卖行政主管部门责令暂停经营批发业务,没收违法所得,处以违法经营的烟草制品价值10%以上20%以下的罚款。

第六十条 取得烟草专卖零售许可证的企业或者个人违反本条例第二十五条第二款的规定,未在当地烟草专卖批发企业进货的,由烟草专卖行政主管部门没收违法所得,可处以进货总额5%以上10%以下的罚款。

第六十一条 无烟草专卖零售许可证经营烟草制品零售业务的,由工商行政管理部门或者由工商行政管理部门根据烟草专卖行政主管部门的意见,责令停止经营烟草制品零售业务,没收违法所得,处以违法经营总额20%以上50%以下的罚款。

第六十二条 违反本条例第二十七条、第四十条第一款规定销售非法生产的烟草专卖品的,由烟草专卖行政主管部门责令停止销售,没收违法所得,处以违法销售总额20%以上50%以下的罚款,并将非法销售的烟草专卖品公开销毁。

第六十三条 违反本条例规定,未取得国务院烟草专卖行政主管部门颁发的烟草专卖批发企业许可证,擅自跨省、自治区、直辖市从事烟草制品批发业务的,由烟草专卖行政主管部门处以批发总额10%以上20%以下的罚款。

第六十四条 违反本条例第二十八条、第三十八条第二款规定,为无烟草专卖许可证的单位或者个人提供烟草专卖品的,由烟草专卖行政主管部门没收违法所得,并处以销售总额20%以上50%以下的罚款。

第六十五条 违反本条例第三十八条第一款规定,烟草专卖批发企业和烟草制品生产企业从无烟草专卖生产企业许可证、特种烟草专卖经营企业许可证的企业购买卷烟纸、滤嘴棒、烟用丝束、烟草专用机械的,由烟草专卖行政主管部门处以所购烟草专卖品价值50%以上一倍以下的罚款。

第六十六条 违反本条例第四十三条规定,免税进口的烟草制品不按规定存放在烟草制品保税仓库内的,可以处烟草制品价值50%以下的罚款。

第六十七条 违反本条例第四十四条规定,在海关监管区内经营免税的卷烟、雪茄烟没有在小包、条包上标注国务院烟草专卖行政主管部门规定的专门标志的,可以处非法经营总额50%以下的罚款。

第六十八条 违反本条例第五十一条的规定,拍卖企业未对竞买人进行资格验证,或者不接受烟草专卖行政主管部门的监督,擅自拍卖烟草专卖品的,由烟草专卖行政主管部门处以拍卖的烟草专卖品价值20%以上50%以下的罚款,并依法取消其拍卖烟草专卖品的资格。

第六十九条 依照《烟草专卖法》第三十条、第三十一条第一款规定,烟草专卖行政主管部门依法收购违法收购的烟叶,或者收购违法运输的烟草专卖品的,收购价格按照该烟草专卖品市场批发价格的70%计算。

第十一章 附则

第七十条 本条例自发布之日起施行。

中华人民共和国进出口企业代码管理办法

1997 年 8 月 25 日对外贸易经济合作部发布

为推动我国对外经济贸易事业的发展，加强政府的宏观管理，提高工作效率和服务质量，对外贸易经济合作部(以下简称“外经贸部”)将在全国范围内推行“中华人民共和国进出口企业代码”(以下简称“进出口企业代码”)。为保证这项工作的顺利实施，特制定本办法。

第一条 外经贸部是全国进出口企业代码的管理机关。

外经贸部授权各省、自治区、直辖市、计划单列市、经济特区的外经贸主管机关管理本地区的进出口企业代码。

第二条 外经贸部负责制定《中华人民共和国进出口企业代码规范》；印制《中华人民共和国进出口企业代码登记表》；开发进出口企业代码管理程序，并建立全国进出口企业电子资料库。

第三条 本办法中的“进出口企业”是指按照《中华人民共和国对外贸易法》规定，凡经外经贸部或外经贸部授权机关许可从事对外贸易经营活动的法人和其他组织，包括从事货物进出口、技术进出口和国际服务贸易的企业。

第四条 申领进出口企业代码，实行注册地原则。凡在国家工商行政管理局登记注册的国务院或各部委直属的进出口企业，向外经贸部申领进出口企业代码；在地方工商行政管理局登记注册的进出口企业，向注册地的进出口企业代码管理机关申领进出口企业代码。

第五条 进出口企业申领进出口企业代码，应如实填写《中华人民共和国进出口企业代码登记表》，一式两份，加盖公章，并提供以下文件和证明：

一、外经贸部或外经贸部授权机关批准从事外经贸业务的文件；

二、技术监督局核发的全国组织机构代码。

第六条 进出口企业代码管理机关自接到进出口企业按本“管理办法”第五条要求提供的申报材料之日起，应在 3 个工作日内向其发放进出口企业代码。

第七条 进出口企业应保证所填写《中华人民共和国进出口企业代码登记表》的完整、准确。如所填登记表的内容发生变化，应及时向进出口企业代码管理机关办理变更登记。

第八条 各级外经贸管理机关在为进出口企业办理进出口配额、进出口许可证、招标、最终用户证明、原产地证书等有关外经贸业务手续时使用进出口企业代码。

第九条 建立进出口企业代码年审制度。年审工作可结合有关部门当年组织的外经贸年检、联检等管理工作同时进行。

第十条 具有下列情况的进出口企业将被暂停使用、撤销或注销进出口企业代码：

一、被依法暂停或撤销外经贸经营权的进出口企业；

二、经营期限终止、宣告破产或因其他原因终止营业的进出口企业；

三、不按国家有关法律、规章、制度的规定和要求报送统计资料的进出口企业。

第十一条 各地方进出口企业代码管理机关负责将所管理的进出口企业代码登记表的电子资料及时、准确地传输给外经贸部。外经贸部对进出口企业代码进行复核，以保证全国进出口企业代码的准确性和统一性。

第十二条 进出口企业代码仅限于本企业使用，不得转让、借用。

第十三条 外经贸部根据本管理办法制定实施细则。外商投资企业按照外商投资企业管理实施细则执行。

第十四条 本办法由外经贸部负责解释。

第十五条 本办法自发布之日起实施。

中华人民共和国进出口企业代码管理办法实施细则

1997年8月25日对外贸易经济合作部发布

根据《中华人民共和国进出口企业代码管理办法》的规定，特制定本细则。

第一章 适用范围

第一条 本细则适用于经对外贸易经济合作部（以下简称"外经贸部"）批准或外经贸部授权机关批准的以下各类进出口企业。

（一）外贸公司：指经外经贸部或外经贸部授权机关批准，具有自营和代理各类商品及技术进出口经营权的企业。外贸公司获得对外经济技术合作经营权后，仍视为外贸公司。

（二）外经公司：指经外经贸部批准，开展对外承包工程、劳务合作、工程设计、勘察、咨询监理等业务的对外经济技术合作企业。外经公司获得进出口经营权后，仍视为外经公司。

（三）生产企业：指经外经贸部或外经贸部授权机关批准，享有自营进出口经营权的生产企业。

（四）科研院所：指经外经贸部批准，享有自营进出口经营权的科研单位和大专院校及其直属企业。

（五）商业物资企业：指经外经贸部批准，享有进出口经营权的商业、供销、物资和粮食系统的企业。

（六）对台小额贸易企业：指经由外经贸部授权的沿海省市外经贸主管机关批准，只能开展对台湾地区小额贸易（不得经营一般进出口业务）的企业。

（七）加工装配服务企业：指经外经贸部或外经贸部授权机关批准，主要从事"三来一补"业务，并代理不具有进出口经营权的企业对外签订"三来一补"合同和办理有关海关手续的企业。

（八）边境小额贸易企业：指在沿陆地边境线与邻国接壤的边境地区和边境开放城市辖区内登记注册，经所在省、自治区外经贸主管机关批准并报外经贸部核准，享有边境小额贸易权或边境地区对外经济技术合作经营权的企业。

（九）旅游商品小额贸易出口企业：指经外经贸部批准，可出口5万美元以下的旅游产品、纪念品、收藏品及中成药等非出口许可证管理商品的生产旅游产品的企业和经营旅游产品的商业企业。

外商投资企业按照《中华人民共和国进出口企业代码管理办法外商投资企业实施细则》执行。

第二章 管理机关

第二条 外经贸部是全国进出口企业代码的管理机关。

第三条 外经贸部授权各省、自治区、直辖市和计划单列市（包括原计划单列的哈尔滨市、长春市、沈阳市、西安市、南京市、成都市、武汉市、广州市）、新疆生产建设兵团及珠海、汕头经济特区外经贸主管机关管理本地区的进出口企业代码。

第三章 代码授予

第四条 授予进出口企业代码采用进出口企业资格证书（以下简称"资格证书"）的形式，进出口企业代码在资格证书中予以注明。资格证书由外经贸部统一印制。

第四章 授予办法

第五条 凡经外经贸部批准并在国家工商行政管理局注册登记的国务院或各部委直属的进出口企业的资格证书和进出口企业代码，由外经贸部根据其批准文件及相关文件授予。

第六条 凡经外经贸部批准并在地方工商行政管理机关登记注册的进出口企业的资格证书和进出口企业代码，外经贸部授权各省、自治区、直辖市和计划单列市（包括原计划单列的哈尔滨市、长春市、沈阳市、西安市、南京市、成都市、武汉市、广州市）、新疆生产建设兵团及珠海、汕头经济特区外经贸主管机关凭外经贸部批准文件和相关文件授予。

第七条 外经贸部授权海南、深圳、厦门、珠海、汕头经济特区和上海市外经贸主管机关自批的进出口企业的资格证书和进出口企业代码，由上述地方的外经贸主管机关授予。

第八条 对在本细则公布前批准的各类进出口企业，由外经贸部或外经贸部授权机关补授资格证书，并同时授予进出口企业代码。

第九条 经外经贸部批准的具有对原苏东国家易货和现汇进出口经营权的企业仍视为外贸公司，其企业类型须在资格证书中予以注明。

第十条 外经贸部授权机关向进出口企业授予资格证书，须填写进出口企业资格证书存根一式两份。其中一份由外经贸部授权机关留存，另一份上报外经贸部。

第十一条 进出口企业向外经贸部或外经贸部授权机关申领资格证书和进出口企业代码，应提供以下材料：

（一）外经贸部或外经贸部授权机关批准从事外经贸业务的文件或审定证书复印件；

（二）国家技术监督局核发的《全国组织机构代码证书》；

（三）工商行政管理局核发的《企业法人营业执照》复印件；

（四）国家税务局核发的《税务登记证》；

（五）海关核发的《自理（代理）报关单位注册登记证明书》；

（六）《中华人民共和国进出口企业代码登记表》，一式两份。其中一份由外经贸部授权机关留存，另一份上报外经贸部（直接向外经贸部申领资格证书和进出口企业代码的企业，只需填写一份）。

第十二条 授予进出口企业资格证书，按规定收取工本费。

第五章 代码的维护和管理

第十三条 各地外经贸部授权机关要切实加强对计算机系统的维护和管理，在实际操作中要全部采用外经贸部下发的软件和打印程序。进出口企业资格证书须用计算机打印。

第十四条 各地外经贸部授权机关不得随意提供《中华人民共和国进出口企业代码登记表》中的有关资料。

第六章 资格证书变更

第十五条 进出口企业在变更名称、扩大经营范围或增加进出口商品目录后，由外经贸部或外经贸部授权机关授予企业新的资格证书，原资格证书同时废止。企业应提供以下材料：

（一）原资格证书原件；

（二）外经贸部或外经贸部授权机关批准企业更名、扩大经营范围或增加进出口商品目录的批复；

（三）内容变更后的《中华人民共和国进出口企业代码登记表》，一式两份。

第十六条 资格证书中其他内容如有变动，可结合对企业的年审，授予新的资格证书。

第十七条 新的资格证书的批准文号和批准日期仍延用原资格证书中的批准文号和批准日期（指经外经贸部或外经贸部授权机关批准从事外经贸业务的文号或审定证书号及批准日期）。

第七章 年 审

第十八条 建立进出口企业年审制度。各地外经贸部授权机关负责本地区进出口企业的年审，每年1—3月进行年审。经年审合格的企业，须在其资格证书的年审记录中予以注明。每年5月以前将年审总结上报外经贸部。

第十九条 本细则由外经贸部负责解释。

第二十条 本细则自发布之日起实施。

中华人民共和国进出口企业代码管理办法外商投资企业实施细则

1997年8月25日对外贸易经济合作部发布

第一条 根据《中华人民共和国进出口企业代码管理办法》(以下简称"管理办法")第十三条的规定,制定本实施细则(以下简称"细则")。

第二条 管理办法中"进出口企业"是指凡具有法人资格,经国家批准赋予外经贸经营权的各类企业。本细则仅适用于其中的外商投资企业(包括中外合资经营企业、中外合作经营企业、外资企业和外商投资股份制企业)。

第三条 依法批准设立的外商投资企业均须根据本细则的有关规定,取得中华人民共和国进出口企业代码(以下简称"进出口企业代码")。

第四条 经外经贸部书面授权的"外商投资企业批准证书"和"台港澳侨投资企业批准证书"(以下统称"批准证书")的发证管理机关,为本地区外商投资企业进出口企业代码的管理机关,其管理权限不得层层下放。批准证书发证管理机关必须具备同外经贸部外资统计网络、批准证书发证管理网络联网并准确、及时、全面输入相关信息的条件和相应管理手段。外经贸部将另行制定对批准证书发证管理机关资格的审核办法。

第五条 进出口企业代码具有唯一性,在国家进行外经贸宏观管理、外商投资企业从事对外贸易经营活动和国际贸易电子数据交换中使用。

第六条 进出口企业代码采用十三位字符码,结构如下:

第一至第四位为进出口企业注册地行政区划代码,采用《中华人民共和国行政区划代码》(GB/T2260-1995),其中第一、二位为进出口企业注册地的省、自治区、直辖市代码;第三、四位为省(自治区)辖市(地区)的代码,仅限经济特区和计划单列市(包括原八个省会计划单列市)使用,其他省(自治区)辖市(地区)一律填写"00"。

第五至第十三位为国家技术监督局或其授权机构核发的进出口企业"全国组织机构代码",采用《全国组织机构代码编制规则》(GB/T11714-1995)。

省、自治区、直辖市、经济特区和计划单列市(包括原八个省会计划单列市)的名单及代码(见附表一)(略)。

第七条 外商投资企业进出口企业代码由批准设立外商投资企业的审批机关(外经贸管理机关)发放。中华人民共和国对外贸易经济合作部印制的批准证书的内容中将增加进出口企业代码,外经贸管理机关在颁发批准证书的同时发放进出口企业代码,外经贸管理机关不再以其他形式向外商投资企业发放进出口企业代码。

第八条 新版批准证书从1998年1月1日起启用。已依法设立的外商投资企业从1998年1月1日至1998年4月30日统一换发新版批准证书,现行批准证书自1998年5月1日起作废。

第九条 1997年1月1日以前依法批准设立、经国务院七部委联合年检合格的外商投资企业,在1998年1月1日至1998年4月30日期间,凭国家技术监督局或其授权机构为其核发的"全国组织机构代码",到批准证书的发放机关申请换发新版批准证书,同时取得进出口企业代码。

第十条 凡在1997年度依法批准设立的外商投资企业,在1998年1月1日至1998年4月30日期间,凭国家技术监督局或其授权机构为其核发的"全国组织机构代码",到批准证书的发放机关申请换发新版批准证书,同时取得进出口企业代码。

第十一条 从1998年1月1日起,凡依法批准设立的外商投资企业,凭审批机关对企业设立的批准文件,向国家技术监督局或其授权机构申领"全国组织机构代码",外商投资企业凭其"全国组织机构代码"到批准证书的发放机关申领批准证书,同时取得进出口企业代码。

第十二条 进出口企业代码是外商投资企业的唯一代码。各级外商投资企业管理机关在为外商投资企业办理进出口配额、进出口许可证、出口招标及增资、扩大经营范围、转股及其他各项业务手续时,将使用外商投资企业的进出口企业代码。

第十三条 注册地发生变更(即本细则第六条

所指《中华人民共和国行政区划代码》发生变更)的外商投资企业,在申请换发批准证书的同时,须申请取得新的进出口企业代码。

第十四条 根据管理办法第九条规定,外经贸部建立进出口企业代码年审制度。对外商投资企业进出口企业代码的年审工作,将结合外经贸部等国务院七部委对外商投资企业实行的联合年检工作同时进行。外商投资企业应按照国务院七部委联合下发的《关于对外商投资企业实行联合年检的通知》要求,按时申报年检,凡逾期不申请联合年检或未通过联合年检的外商投资企业,进出口企业代码管理机关将暂停使用或注销该外商投资企业进出口企业代码。

第十五条 被依法撤销批准证书、吊销营业执照、暂停经营、经营期限终止、宣告破产或因其他原因终止经营的外商投资企业,将同时被暂停使用、撤销或注销其进出口企业代码。

第十六条 台、港、澳、侨投资企业参照本细则执行。

第十七条 本细则由外经贸部负责解释。

第十八条 本细则自发布之日起实施。

冻鸡出口管理暂行规定

1997年8月27日对外贸易经济合作部发布

第一条 为稳定和巩固我国冻鸡出口市场,改善出口经营秩序,提高出口产品质量,维护国家的整体利益,特制定本规定。

第二条 本规定适用商品范围为出口的冰鲜鸡和冷冻鸡(以下统称冻鸡)。海关商品编号分别为02071100、02071200、02071300和02071400。

第三条 冻鸡出口实行出口许可证和全球出口配额总量控制下的重点国别(地区)管理。对港澳地区出口冻鸡仍按现行的有关规定执行。

第四条 出口配额的分配(不包括对港澳地区出口)

(一)配额的分配与调整本着“公平、公正、效益”的原则进行。

(二)鼓励规模经营。根据各地方和各部委直属公司(以下简称各单位)出口实绩、配额使用、出口卖价和商品质量等情况,实行奖优罚劣的配额分配机制。

(三)配额分配按以下原则进行:

1. 在确定1998年配额总量的基础上,参照各单位1994、1995和1996年三年的出口实绩(海关统计),计算出各单位1998年度的配额基数。

2. 从1999年1月1日起,在确定当年度配额总量的基础上,根据各单位上年度的配额基数,按其在上年度配额总量中所占比重,先计算出各单位当年度的配额基数。

3. 从1999年1月1日起,对上年1—9月份配额使用率(海关统计,下同)低于全国配额平均使用率的单位,扣减其配额基数的20%—50%(具体扣减比例在分配时视各单位配额使用总体情况而定,确定后的扣减比例适用于所有被扣减的单位)。扣减的配额按比例分别奖励给配额使用率高于全国平均配额使用率的单位。

各单位的配额使用率都在80%(含80%)以上时,不再进行配额的奖罚。

4. 配额总量如需调整追加时,参照上述办法将确定后的追加总量,分配给配额使用率高,出口卖价高,出口产品为质优名牌的单位。

(四)各单位进行配额二次分配时也应参照本条第三款规定办理,并且分配给每家出口企业的配额数量不得低于1000吨。配额数量在50000吨以上的单位,配额分配不得超过9家企业;配额数量在10000—50000吨之间的单位,配额分配不得超过5家企业;配额数量在10000吨(含10000吨)以下的单位,配额分配不得超过3家企业;追加配额的分配应在已核定的企业中进行。各单位分配的结果须及时抄报外经贸部(贸管司)和中国食品土畜进出口商会(以下简称食土商会)。

(五)对使用重点国别(地区)的冻鸡配额开发新市场的单位外经贸部将在年度配额分配时予以适当奖励。

(六)外经贸部将在《国际商报》上公布获得二次分配配额的企业名单。

第五条 出口经营的协调

(一)食土商会负责对冻鸡出口经营的协调,重点要加强对冻鸡出口价格、成交和主要市场的协调。

(二)食土商会负责对鸡肉项下的整只冻鸡和冻鸡块及杂碎(海关商品编码分别为 02071200 和 02071400)的出口合同进行审核签章。各进出口企业须将上述鸡肉的出口合同正本报送食土商会。

(三)冻鸡出口经营协调办法由食土商会制定并报部备案。食土商会应加强对冻鸡出口的后期跟踪检查,并将有关情况和问题及时反馈给有关管理部门。

第六条 出口许可证的管理

(一)冻鸡出口许可证由外经贸部授权的发证机关发放。

(二)对鸡肉项下的整只冻鸡和冻鸡块及杂碎(海关商品编码分别为 02071200 和 02071400)的出口,发证机关要严格按照食土商会审核签章的"出口合同正本复印件"核发出口许可证。

(三)出口企业在申领出口许可证时,除日本和中东市场外,向其他国别(地区)出口冻鸡,须申报冻鸡的出口商检卫生注册编号,发证机关须在许可证备注栏内注明企业商检卫生注册编号。

(四)出口企业在申领出口许可证时,须在出口许可证申请表规格、品种栏内详细列明鸡肉部位名称,不得笼统称为"冻鸡块"或"冻分割鸡"等。否则,有关发证机关将不予发证。

第七条 已获商检卫生注册证书并给予卫生注册编号的工厂(场)加工生产的冻鸡,须经检验合格后方可出口;对进口国要求工厂卫生注册的,由国家商检局统一对外办理注册手续,获进口国主管部门批准或认可后产品方准出口。

第八条 对欧盟出口冻鸡加工企业卫生注册编号的申办及使用等,按国家商检局制定的有关管理办法实施。

第九条 外经贸部批准的具有冻鸡出口经营权的生产企业,其出口的冻鸡必须是自产产品。

第十条 外商投资企业按现行规定办理,外商投资企业出口冻鸡,必须是本企业自产产品,出口数量不得超过外经贸部核定的出口规模,并接受中国食土商会通过中国外商投资企业协会的统一协调。

第十一条 冻鸡的出口报关,海关凭有效的出口许可证和商检证书验放。

第十二条 处罚

(一)对低于食土商会制定的冻鸡最低出口限价出口或劣质出口、浪费或违章转让、倒卖出口配额和许可证的,以及违反本规定其他内容的企业,经查实后,视其情节轻重,按外经贸部《关于处罚低价出口行为的暂行规定》第六条、《关于出口商品主动配额管理暂行规定》第二十条,分别给予通报批评或警告、扣减配额、暂停或取消冻鸡出口经营权等的处罚。

(二)对违反本规定发放出口许可证的发证机关,按照外经贸部出口许可证管理办法有关规定查处。

第十三条 本规定自发布之日起实行,由外经贸部负责解释。

进口酒类国内市场管理办法

国家经贸委　国家工商行政管理局　海关总署
国家技术监督局　卫生部　国家进出口商品检验局
1997年9月9日发布

第一章　总　则

第一条　为加强进口酒类国内市场管理，维护进口酒类国内市场经营秩序，保护生产者、经营者、消费者的合法权益，制定本办法。

第二条　本办法所称进口酒类，是指啤酒以外的各种进口预包装瓶装酒、进口桶装酒、进口半成品酒(基酒)，在我国境内分装、加工后分装的发酵酒(葡萄酒、香槟酒、果酒等)，蒸馏酒(威士忌、白兰地、干邑酒、伏特加、朗姆酒、谷物酒等)和配制酒(利口酒、苦艾酒等)。

第三条　国家经贸委、国家工商行政管理局、卫生部、海关总署、国家技术监督局和国家进出口商品检验局按职责分工依法对进口酒类进行管理。

第四条　对进口酒类在国内市场实行下列管理：

(一)海关监管管理。

(二)卫生监督管理，包括口岸卫生监督检验(卫生检疫、“进口食品卫生监督检验标志”和卫生证书管理等)和国内生产、经营卫生监督管理。

(三)质量监督管理。

(四)市场经营行为和市场秩序监督管理。

(五)税收征管管理等。

第五条　凡在中华人民共和国境内从事进口酒类生产加工、流通活动的企业，应遵守本办法。

第二章　进口酒类口岸管理

第六条　口岸进口食品卫生、质量监督检验机构对进入我国境内的进口酒类(包括免税进口酒类)依法进行监督检验。

进口单位应提供进口酒类输出国(地区)产地卫生证明。

进口酒类(不包括免税进口酒类)应根据我国《食品标签通用标准》和有关规定加贴中文标签。

口岸进口食品卫生、质量监督检验机构依照本条规定对进口酒类进行监督检验。对监督检验合格的加贴“进口食品卫生监督检验标志”，签发卫生证书(正本、副本)。监督检验不合格的不准进口。

第七条　海关依法对进口酒类进行监督，征收关税和其他税费，查缉走私。海关凭对外贸易经济主管部门签发的进口货物许可证和口岸进口食品卫生监督检验机构签发的放行通知单并征税后验放。

第三章　进口酒类国内市场流通管理

第八条　进口酒类国内市场流通管理，是指对进口酒类的批发、零售和储运等流通环节的管理。

第九条　从事进口酒类的批发企业，应符合下列条件：

(一)有符合规定的注册资本(金)、经营场所和仓储设施。

(二)有健全的批发企业管理制度。

(三)有熟悉进口酒类知识的专业人员。

(四)有稳定的批发销售网络。

(五)有识别“进口食品卫生监督检验标志”的手段。

(六)有卫生行政部门核发的卫生许可证。

(七)符合国家法律、法规规定的其他条件。

第十条　进口酒类的批发企业的资格认定，属国家工商行政管理局注册登记范围内的企业，由国家工商行政管理局按第九条规定条件审定，并办理企业法人注册登记，遇有问题，由国家经贸委、国家工商行政管理局商有关部门解决；地方批发企业由省、自治区、直辖市工商行政管理局按第九条规定条件审定，并按照登记管辖规定办理企业法人注册登记，遇有问题，由省、自治区、直辖市经贸委(经委、计经委)、工商行政管理局商有关部门解决。

企业经注册登记后，方可开展进口酒类批发业务。

第十一条 从事进口酒类零售业务，由所在地卫生行政部门核发卫生许可证，并由所在地工商行政管理局核准登记。

第十二条 从事进口酒类销售的企业，应遵守以下规定：

(一)持有进口货物许可证(可以是复印件)、海关征税税单(可以是复印件)和卫生证书(正、副本)，经销的进口酒类必须贴有第六条第三款规定的“中文标签”和第四款规定的“进口食品卫生监督检验标志”。

(二)不得伪造、变造进口酒类卫生监督检验合格标志、认证标志和中文标签等质量标志。

(三)不得制售假冒伪劣进口酒类。

(四)不得经销走私进口酒类。

(五)接受质量、卫生标准等有关业务的培训指导。

第十三条 经销进口酒类的企业的主管部门及旅游饭店、酒店的主管部门，应按照国家规定的职责，指导建立和规范进口酒类配送中心、连锁经营和代理经营等，建立健全进口酒类流通网络。

第四章 进口酒类生产、加工管理

第十四条 进口的桶装原装酒、半成品酒验放入境，再经小瓶分装、勾兑、过滤、贮存等加工工序后，使用国外品牌并在我国境内销售的，按进口酒类管理。

第十五条 从事进口酒类生产、加工的中外合资、合作企业合同规定有返销比例条款的，应将其产品按合同规定比例返销境外。国家进出口商品检验局及其检验机构依法对其返销境外的酒类按出口食品进行管理和检验。对因故不能返销需留在境内销售的进口酒，应按有关规定办理进口手续。经海关核准后，按一般进口酒办理有关手续。

本《办法》下发前已依法设立的外商投资企业应按合营合同章程规定的经营范围从事进口酒的销售，并凭外经贸部门的批准文件取得在其经营范围内销售本企业自产产品的许可。

第十六条 各地卫生行政部门依法对第十四条、第十五条所列生产加工企业进行卫生监督管理。

第十七条 进口酒类生产、主管部门应建立进口酒生产、加工的技术标准和质量检验标准。

第五章 免税进口酒类管理

第十八条 口岸海关按海关总署有关规定对免税进口酒类进行监督管理。

第十九条 免税进口酒类不得进入国内市场经销。国家禁止任何单位或个人在口岸及其他任何地区从事免税进口酒类的购销业务。

第六章 违法进口酒类的处理

第二十条 根据《中华人民共和国海关法》和《中华人民共和国海关法行政处罚实施细则》的有关规定，由海关依法对违法进口酒类进行罚处。

第二十一条 根据《投机倒把行政处罚暂行条例》和《投机倒把行政处罚暂行条例实施细则》的有关规定，由工商行政管理机关依法对非法经销走私进口酒类进行查处。

第二十二条 对依法没收的进口酒类，应依据第六条规定，经口岸进口食品卫生监督检验机构检验合格，加贴中文标签、“进口食品卫生监督检验标志”，并补发卫生证书(正、副本)之后，拍卖进入国内市场销售。

第七章 进口酒类市场监督检查管理

第二十三条 各级经贸委(经委、计经委)、工商行政管理、技术监督、卫生行政、商检、税务以及各口岸海关、口岸进口食品卫生监督检验机构等部门，要在各自职责范围内相互配合，协调行动，对本地区进口酒类市场实行统一的、有组织的联合检查，做好进口酒类生产管理和流通管理工作。

第二十四条 消费者有权依法对进口酒类质量、卫生和价格等问题向生产者、经营者提出询问，或向其主管部门投诉。受理询问和投诉单位，应在一个月内作出答复和处理。

第二十五条 任何单位和个人有权依法向有关部门检举违反本办法的行为。对检举有功者，有关部门应当给予表彰和奖励。

第八章 法律责任

第二十六条 对违反本办法规定的经营单位和个人,海关、工商行政管理、技术监督、卫生行政、口岸进口食品卫生监督检验机构、商检机构、税务、公安等有关部门将依有关法律法规对其进行行政处罚,可能构成犯罪的,移送司法机关依法追究刑事责任。

第九章 附 则

第二十七条 本办法由国家经贸委负责解释。

第二十八条 本办法自发布之日起实施。

抽纱制品出口管理暂行规定

1997 年 9 月 29 日对外贸易经济合作部发布

第一条 为治理整顿我国抽纱制品出口经营秩序,提高出口产品质量,维护国家整体利益,推动规模经营,促进我国抽纱制品的出口健康有序发展,根据《中华人民共和国对外贸易法》和《出口商品管理暂行办法》的有关规定,特制定本规定。

第二条 本规定适用商品范围为现行一般许可证管理的抽纱制品。海关编号为:
58042100、 58042910、 58042920、 58042990、 58043000、 58101000、 58109100、 58109200、 58109900、 58110010、 58110020、 58110030、 58110040、58110090、61043100.01、61043200.01、61043300.01、61043900.01、62131010、62132010、62139010、 63023110、 63023210、 63023921、 63023991、 63025110、 63025210、 63025310、 63031120、 63031220、 63031920、 63041131、 63041139、 63041921、 63041931、 63041991、 63049131、 63049139、 63049210、 63049310、 63049921、 65059010。其中属纺织品被动配额管理的,仍按纺织品被动配额管理有关规定执行。

第三条 国家对手绣、手编和机绣抽纱制品出口实行许可证管理。许可证的申领按以下规定办理:

(一)出口企业按前三年抽纱出口金额大小排序,达到全国出口总金额 50%—70%的前若干家企业,为直接经营抽纱制品出口的企业,每年的具体比例由外经贸部确定。

(二)对有商标注册、图案注册,出口产品为质优名牌的出口企业可适度放宽经营资格条件。

(三)经外经贸部批准的具有抽纱制品出口经营权的生产企业和经外经贸部核定的外商投资企业仍按现行有关规定办理。

(四)上述经营抽纱制品出口的企业应加入中国轻工工艺品进出口商会(以下简称“轻工工艺商会”),外商投资企业可直接加入或通过中国外商投资企业协会入会,入会后方可凭出口合同等有关材料到外经贸部授权的发证机关申领出口许可证。其余企业需出口抽纱制品,可通过上述有经营资格的企业代理出口。代理双方应签订代理协议,明确双方责权关系和代理费用等事宜,并报轻工工艺商会备案。

(五)外经贸部授权轻工工艺商会通过海关出口统计等参数对企业的经营能力及状况进行年度核查和评估。根据审核情况,外经贸部将按本规定第三条对经营企业名单进行动态调整。

(六)外经贸部授权的发证机关负责发放抽纱制品出口许可证。各发证机关要严格按照外经贸部发布的经营企业名单和许可证管理有关规定核发出口许可证。海关凭出口许可证监管验放。

第四条 轻工工艺商会负责协调抽纱制品的出口经营秩序,重点加强出口市场、价格、客户和商标使用、图案注册等方面的协调,具体抽纱制品出口协调办法由轻工工艺商会制定并报外经贸部。

第五条 对违反本规定,低价劣质出口、违章转让、倒卖出口许可证和进行商标、图案侵权的各类出口企业,经查实后,按外经贸部颁布的有关规定,视情节轻重分别给予通报批评或警告、暂停或取消抽纱制品出口经营权的处理。

对违反本规定发放出口许可证的发证机关，按照外经贸部出口许可证管理办法有关规定予以处理。

第六条 本规定自1998年1月1日起施行，由外经贸部负责解释。

关于以进口食糖、棉花、植物油、羊毛为原料的加工贸易管理暂行办法

对外贸易经济合作部 海关总署 1997年12月10日发布

第一章 总 则

第一条 为使以进口食糖、棉花、植物油和羊毛(具体HS编码详见附件1)(略)为原料的加工贸易(包括来料加工、进料加工，下称四种商品加工贸易)业务持续健康发展，维护正常的加工贸易经营秩序，根据《中华人民共和国对外贸易法》和《中华人民共和国海关法》等有关法规，特制定本办法。

第二条 各类进出口企业(外商投资企业除外)在中华人民共和国境内(保税区除外)开展四种商品加工贸易，均适用本办法。

第三条 经中华人民共和国对外贸易经济合作部(下称外经贸部)或由其授权部门批准具有进出口经营权(或来料加工经营权)的各类进出口企业(下称经营单位)，均可以按本办法开展四种商品加工贸易。没有进出口经营权(或来料加工经营权)的生产企业或生产企业集团(下称加工企业)无权直接对外签订加工贸易合同，但可承接经营单位委托的产品加工业务。

第二章 进口配额管理

第四条 国家将加工贸易项下四种商品进口纳入进口总量管理，并实行进口配额和进口许可证管理。每年加工贸易项下进口四种商品的总量经国务院批准后，由外经贸部分配、管理。

加工贸易项下四种商品进口配额当年有效。

第五条 加工贸易项下四种商品的进口配额按如下办法申请和下达。

一、各省、自治区、直辖市及计划单列市外经贸委(厅、局)(下称各省级外经贸管理部门)负责汇总本地区的申请数量，并于每年10月底前以书面形式报外经贸部。有关部委直属公司按照上述同样的时间径报外经贸部。

二、外经贸部根据省级外经贸管理部门上报的数量、上年加工贸易的实绩和国际市场情况，每年11月份切块下达下一年度加工贸易项下四种商品进口配额，但其中不包括开展本办法第六条第一款规定的第一类加工贸易所需的进口配额。

各地方经营单位开展本办法第六条第一款规定的第一类四种商品加工贸易，以及部委直属公司开展所有四种商品加工贸易所需的进口配额总量，外经贸部根据上述同样的条件审批，不切块下达。

三、外经贸部将根据各地使用情况，适时对加工贸易四种商品进口配额进行动态的横向调整。

第三章 审批程序和审批办法

第六条 国家对四种商品加工贸易实行分级审批：

一、外经贸部负责审批下列两类四种商品加工贸易：

第一类：各地方经营单位开展原糖进(来)料加工复出口食糖、棉花来料加工复出口两纱两布业务，由省级外经贸管理部门审核后报外经贸部审批。

第二类：部委直属公司开展所有四种商品加工贸易业务，均径报外经贸部审批。

二、除本条第一款规定的两类以外的其他四种商品加工贸易，由各省级外经贸管理部门使用统一的四种商品进料加工或来料加工业务批复单（以下统称加工贸易业务批复单，具体格式详见附件2和附件3）（略）审批，有关加工贸易业务批复单在审批后须及时报外经贸部备案。

三、各省级外经贸管理部门不得下放四种商品加工贸易业务的审批权，已下放的要收回。其他任何部门无权审批四种商品加工贸易业务。

第七条 审批四种商品加工贸易审核的主要内容

一、必须符合的条件：

（一）经营单位在前三年中任何一年开展过四种商品加工贸易业务，具有一定的加工贸易业务经营能力，并且有稳定的进出口渠道。

（二）加工企业具有一定生产规模和加工能力，并且经营状况良好。

（三）经营单位和加工企业均有良好的银行资信记录。

（四）经营单位和加工企业均没有违法及违规行为。

二、经营单位对外签订的进出对口的来（进）料加工贸易合同或非对口的进口合同及相应的制成品复出口合同；与加工企业签订的制成品加工合同；根据产品加工周期合理确定的制成品复出口期限（对暂未能签订复出口合同的，也要事先确定合理的出口期限）。

四种商品加工的制成品复出口期限一般不超过半年（其中，进口原糖加工复出口食糖的期限不超过3个月）。对需变更或延长复出口期限的，须报原审批机关批准，海关凭原审批机关的批件办理复出口核销期限的变更或延期手续。

三、经营单位的进出口经营权批准文件、工商营业执照，以及其整体经营状况。

四、加工企业的工商营业执照和其他有效的证明材料，以及开展四种商品加工贸易业务的历史情况。

五、来料加工需特别审核外商资信及加工费水平是否合理。

第八条 开展复出口制成品属于出口配额、被动配额和配额有偿招标商品的，事先须按有关规定获得配额。对开展原糖进（来）料加工复出口食糖和棉花来料加工复出口两纱两布业务，由外经贸部在审批时予以安排。

第九条 四种商品加工贸易业务批复单有效期为3个月，如在批准后3个月内原料不进境，其业务批复单及进口配额自动失效。

第四章 许可证管理

第十条 进口许可证按下列规定发放：

一、配额许可证事务局凭外经贸部的加工贸易业务批复单（第三联）核发进口许可证；外经贸部驻各地特派员办事处在外经贸部下达给各地的进口配额总量内，凭各省级外经贸管理部门的四种商品加工贸易业务批复单（第三联）核发进口许可证。

二、加工贸易项下四种商品的进口许可证有效期截止至次年2月底。

第十一条 各地海关要加强对进口四种商品加工贸易业务的监管，凭业务批复单办理加工贸易登记手册；凭进口许可证和加工贸易登记手册验放进口原材料；复出口制成品属出口配额、被动配额和配额有偿招标管理的，凭出口许可证及加工贸易登记手册验放。

各地海关应加强与省级外经贸管理部门的联系，及时沟通情况，反馈信息，密切配合。对到期后无法提交进口四种商品进（来）料加工业务核销单（统一格式见附件4和附件5）（略），未能加工或出口核销的企业，有关审批机关不再审批新的加工贸易业务，海关不予登记备案。

第五章 监督、核查

第十二条 加工贸易项下进口的四种商品，不得以任何方式在境内销售、串换、转让、抵押或移作它用。

第十三条 为及时掌握四种商品加工贸易的执行情况，各省级外经贸管理部门应加强对经营单位和加工企业的合同执行、产品核销等的监督管理工作，并分别于每季度第一个月的10日前，将上季度四种商品加工贸易审批和执行情况报外经贸部。

经批准开展四种商品加工贸易业务的企业，在每笔业务报关进（来）料后15天内，须将进（来）料执行情况报有关审批机关备案。

第十四条 外经贸部将对审批与发证的情况进行核查，各有关审批机关和发证机关须严格按本办法有关规定办理，不得无配额或超配额审批和发证。

第六章　法律责任

第十五条　外经贸部有权对各审批和发证机关进行检查。对违反本办法的，除限期纠正外，予以通报、取消其审批或发证权，并追究有关人员的责任。

第十六条　对违反本办法的企业，外经贸部将视情节轻重给予处罚，直至暂停批准其开展新的四种商品加工贸易业务。对其中违反海关监管规定或走私的，由海关依法处理，对触犯刑律的，由司法机关追究其法律责任。

第七章　附　则

第十七条　外商投资企业开展四种商品加工贸易业务的管理办法另行规定。

第十八条　本办法由外经贸部和海关总署负责解释。

第十九条　本办法自 1998 年 1 月 1 日起执行。

对外贸易经济合作部关于印发《出口许可证管理商品分级发证目录》及有关问题的通知

1997 年 12 月 17 日

根据《出口商品管理暂行办法》和外经贸部《出口商品配额有偿招标办法》及其实施细则，经商海关总署，我部对实行出口许可证管理的商品种类、商品编码和发证机关作了调整。现将新的《出口许可证管理商品分级发证目录》(见附件)印发给你们，请遵照执行，并就有关问题通知如下：

一、自 1998 年 1 月 1 日起，取消高粱的出口许可证管理；增加碳化硅、新闻纸为出口许可证管理商品，其中对新闻纸同时实行出口配额管理；外商投资企业按现行规定办理。

对美国出口碳化硅由青海省五金矿产进出口公司、内蒙古自治区进出口贸易公司、贵州省第七砂轮厂进出口公司、中国磨料磨具进出口联营公司、陕西省五金矿产进出口公司、海南飞天电子技术公司等六家公司经营，公司所在的省级发证机关发证，其他公司不得经营，其他省级发证机关也不得签发对美国出口碳化硅的出口许可证。

二、自 1998 年 1 月 1 日起，木杆铅笔、维生素 C 由省级发证机关发证调整为外经贸部驻各地特派员办事处(以下简称特办)发证；阿拉伯袍(裤)由特办发证调整为各省级发证机关发证。

三、1998 年实行配额有偿招标的出口商品为 27 种(纺织品被动配额除外)，具体品种是：轻重烧镁、氟石块(粉)、滑石块(粉)、石蜡、矾土、松香(脂)、羊绒、无毛绒、兔毛、人参、甘草、棉漂布、棉涤纶漂布、苎麻纱、苎麻坯布、苎麻条(球)、精干麻、大蒜、红小豆、芝麻、蜂蜜、鲜蜂王浆、甘草制品、木杆铅笔、蔺草及制品、皮制劳保手套、单缸柴油机。

其中人参、轻重烧镁、羊绒、无毛绒等商品，由指定特办发证，各类外经贸企业出口上述商品，均须到指定的特办申领出口许可证。除指定特办发证商品外，其他配额有偿招标商品，在京的部委直属总公司，向外经贸部配额许可证事务局申领出口许可证；地方各类外经贸企业(包括外商投资企业、有外贸经营权的生产企业)，向所在地区的特办申领出口许可证。其他任何发证机关无权签发配额有偿招标商品的出口许可证。

四、对轻(重)烧镁出口限定出口口岸。指定大连、营口、鲅鱼圈、大东港、中山、青岛、天津、长春、满洲里为轻(重)烧镁出口口岸，授权发证机关应按以上口岸发证，有关商检证明亦由指定报关口岸商检局办理。

对日本出口板栗，限定青岛、天津、秦皇岛为出口口岸，由青岛、天津特办发证。

五、凡实行招标的出口商品，除对设限国家纺织品被动配额招标商品以外,无论何种贸易方式(包括来料加工),均实行全球配额管理,各海关凭外经贸部授权的发证机关签发的出口许可证查验放行。

六、外经贸部授权的各发证机关在签发配额招标商品出口许可证时,须严格按照外经贸部《出口商品配额有偿招标办法》及其实施细则的有关规定,凭外经贸部下达的中标企业名单、企业中标数量和招标委员会下发的《申领配额有偿招标商品出口许可证证明书》或《出口配额有偿招标中标配额转受让证明书》,签发出口许可证。

七、外经贸部授权的各发证机关在签发黑白电视机、自行车、电风扇等无偿招标商品的出口许可证时,凭外经贸部下达的中标企业名单、企业中标数量和招标委员会核发的中标登记手册,签发出口许可证。无上述依据者不得发证。

八、对设限国家出口棉漂布、棉涤纶漂布、苎麻纱和苎麻坯布等配额有偿招标商品和"两纱两布"、地毯,企业凭纺织品被动配额出口许可证到规定的发证机关申领出口许可证,除"两纱两布"外,不占用中标配额和全球配额。上述九种商品,海关凭"双证"验放。

对设限国家出口"部分纺织品"项下商品,不实行"双证"管理,海关凭被动配额出口许可证验放。

对美国出口蜂蜜,企业先按规定申领出口许可证,然后再到外经贸部配额许可证事务局办理"配额证书",海关凭"双证"验放。

九、向中东地区出口活羊,企业需凭内蒙古自治区外经贸厅出具的货源落实证明函,分别由配额许可证事务局、天津特办发证。对港澳地区出口活羊,仍由外经贸部驻广州、深圳特办发证。

十、进料加工复出口"铜及铜基合金",发证按《对外贸易经济合作部关于"铜及铜基合金"发证问题的通知》(〔1995〕外经贸管制函字第134号)文件规定办理。

十一、对制定有单项商品出口管理办法的商品出口,应按照有关单项商品的出口管理规定签发出口许可证。

十二、根据国务院关于边境贸易有关问题的通知精神,边境小额贸易企业凡出口国家实行配额许可证管理的出口商品,除实行全国统一招标、统一联合经营的商品和军民通用化学品及易制毒化学品外,在外经贸部切块下达的指标内,可免领许可证。海关凭企业出口合同和各边境省、自治区(包括新疆建设兵团,下同)外经贸管理部门批转的文件验放。边境小额贸易进出口企业出口全国统一招标的商品和军民通用化学品及易制毒化学品,仍按本通知规定,向外经贸部授权的发证机关申领许可证。边境小额贸易企业出口统一联合经营商品,外经贸部授权各边境省、自治区外经贸管理部门根据外经贸部下达的边境小额贸易出口配额签发出口许可证。

十三、经调整后,实行出口许可证管理的商品为115种,按实际操作分解为143种(707个商品编号),均实行全球出口许可证管理。其中,配额许可证事务局发证商品为21种;特办发证商品为60种;各省级发证机关发证商品为62种。

十四、对调整发证机关商品的发证情况,各有关发证机关务必于1997年12月15日前完成发证交接工作。

十五、各发证机关应严格执行外经贸部新的上报发证数据的规定,每日将所有发证数据传输给外经贸部EDI服务中心。

十六、对外经贸部实行出口许可证管理的143种商品,海关按本文规定的有效出口许可证验放。

十七、上述出口许可证商品管理的范围,由外经贸部负责解释。

本通知自1998年1月1日起执行,外经贸部《关于印发〈出口许可证管理商品分级发证目录〉的通知》(〔1996〕外经贸管发第796号)同时废止。

附件:出口许可证管理商品分级发证目录(略)。

国务院关于调整进口设备税收政策的通知

1997 年 12 月 29 日

为进一步扩大利用外资，引进国外的先进技术和设备，促进产业结构的调整和技术进步，保持国民经济持续、快速、健康发展，国务院决定，自 1998 年 1 月 1 日起，对国家鼓励发展的国内投资项目和外商投资项目进口设备，在规定的范围内，免征关税和进口环节增值税。现就有关问题通知如下：

一、进口设备免税的范围

（一）对符合《外商投资产业指导目录》鼓励类和限制乙类，并转让技术的外商投资项目，在投资总额内进口的自用设备，除《外商投资项目不予免税的进口商品目录》所列商品外，免征关税和进口环节增值税。

外国政府贷款和国际金融组织贷款项目进口的自用设备、加工贸易外商提供的不作价进口设备，比照上款执行，即除《外商投资项目不予免税的进口商品目录》所列商品外，免征关税和进口环节增值税。

（二）对符合《当前国家重点鼓励发展的产业、产品和技术目录》的国内投资项目，在投资总额内进口的自用设备，除《国内投资项目不予免税的进口商品目录》所列商品外，免征关税和进口环节增值税。

（三）对符合上述规定的项目，按照合同随设备进口的技术及配套件、备件，也免征关税和进口环节增值税。

（四）在上述规定范围之外的进口设备减免税，由国务院决定。

二、进口设备免税的管理

（一）投资项目的可行性研究报告审批权限、程序，仍按国家现行有关规定执行。限额以上项目，由国家计委或国家经贸委分别审批。限额以下项目，由国务院授权的省级人民政府、国务院有关部门、计划单列市人民政府和国家试点企业集团审批，但外商投资项目须按《指导外商投资方向暂行规定》审批。审批机构在批复可行性研究报告时，对符合《外商投资产业指导目录》鼓励类和限制乙类，或者《当前国家重点鼓励发展的产业、产品和技术目录》的项目，或者利用外国政府贷款和国际金融组织贷款项目，按统一格式出具确认书。限额以下项目，应按项目投资性质，将确认书随可行性研究报告分别报国家计委或国家经贸委备案。对违反规定审批的单位，要严肃处理。

（二）项目单位凭项目可行性研究报告的审批机构出具的确认书，其中外商投资项目还须凭外经贸部门批准设立企业的文件和工商行政管理部门颁发的营业执照，到其主管海关办理进口免税手续。加工贸易单位进口外商提供的不作价设备，凭批准的加工贸易合同到其主管海关办理进口免税手续。海关根据这些手续并对照不予免税的商品目录进行审核。

（三）海关总署要对准予免税的项目统一编号，建立数据库，加强稽查，严格监管，并积极配合有关部门做好核查工作。

（四）各有关单位都要注意简化操作环节，精简审批程序，加快审批速度，使此项重大免税政策落到实处，收到实效。

三、结转项目进口设备的免税

（一）对 1996 年 3 月 31 日以前按国家规定程序批准的技术改造项目进口设备，从 1998 年 1 月 1 日起，按原批准的减免税设备范围，免征进口关税和进口环节增值税，由项目单位凭原批准文件到其主管海关办理免税手续。

（二）对 1996 年 4 月 1 日至 1997 年 12 月 31 日按国家规定程序批准设立的外商投资项目和国内投资项目的进口设备，以及 1995 年 1 月 1 日至 1997 年 12 月 31 日利用外国政府贷款和国际金融组织贷款项目的进口设备，从 1998 年 1 月 1 日起，除本规定明确不予免税的进口商品外，免征进口关税和进口环节增值税，由项目单位凭原批准的文件到其主管海关办理免税手续。

当前国家重点鼓励发展的产业、产品和技术目录

1997年12月31日国家计划委员会令第6号发布

一、农业

动植物优良品种改良及重大病虫害防治技术
脱毒种苗
蔬菜、花卉无土栽培
高产、高效模式化栽培
先进农业技术开发和推广
农产品储藏、保鲜、加工及综合利用
中低产田综合治理
宜农荒地、荒山、荒漠、滩涂开发
商品粮、棉、油、糖等农产品基地建设
旱作农业、节水农业及生态农业
天然橡胶
草业和草原建设
名特优水产品养殖
奶业
生物农药
高效低毒无公害农药
新型农膜
新型兽用疫苗和兽用化学药品
牛羊胚胎移植
渔船技术改造
饲料添加剂及配套利用

二、林业

林业良种选育与遗传改良
经济林树种、花卉良种繁育及储藏
森林灾害防治
生态环境脆弱地区特殊困难立地造林
速生丰产林
防护林工程
恢复森林资源工程
荒漠化防治
附带原料林基地的木浆造纸
木材及人工林、小径木材和林区剩余物的深度加工及系列产品
竹质工程材料和植物纤维工程材料
林化工产品深加工
树木生理活性物质
固沙、保水、改土新材料

三、水利

大江、大河、大湖的防洪控制性治理工程
跨流域调水工程
水资源短缺地区的水源工程
干旱地区的人畜饮水和改水工程
蓄滞洪区安全建设
海堤防维护和建设
江河湖库清淤
病险水库和堤防的除险加固
综合利用水利枢纽工程
水土保持技术及设施建设
微咸水、劣质水、海水的开发利用及海水淡化
水能资源保护和开发
水利工程中土工合成材料
高效输配水及节水灌溉技术、设备和方法
高效耐磨及低扬程大流量水泵
水情自动测报及防洪调度自动化系统
水利工程勘测设计(CAD)系列软件
水文数据采集仪器及设备

四、气象

自动气象站系统技术及设备
特种气象观测及分析设备
多普勒雷达技术及设备

五、煤炭

矿井地质及地球物理勘探
大中型、高效露天煤矿
大中型高效选煤厂
瓦斯、煤尘、矿井水、井下火灾的防治
工业型煤
水煤浆
煤炭气化、液化
煤层气勘探及开发利用
低热值燃料及煤矿伴生资源的开发利用
管道输煤

六、电力

水力发电
大型煤矿坑口电站
热电联产

太阳能、地热能、海洋能、垃圾、生物质能发电及大型风力发电
燃气联合循环发电
洁净煤发电
远距离超高压输变电
电网改造和建设

七、核能

百万千瓦级压水堆核电站
低温核供热堆、快中子增殖堆、聚变堆
先进的铀矿采冶
高性能核燃料元件
乏燃料后处理
核分析、核探测仪器仪表
同位素及辐照应用

八、石油天然气

石油、天然气勘探
石油、天然气开采
原油管道输送
天然气管道输送
液化天然气
石油储备
油气及伴生资源综合利用

九、铁路

铁路干线网
既有线路提速
高速铁路系统
25吨轴重货运重载
铁路行车安全技术保障系统
重型优质钢轨及新型轨枕
编组站自动化、装卸作业机械化及货场设备
铁路客货运装备
铁路客货运信息系统
铁路集装箱运输

十、公路

国道主干线公路网
智能公路运输系统
公路快速客货运输
公路工程新材料
公路新型机械设备设计与制造
公路集装箱运输

十一、水运

沿海主枢纽港口
内河干线航道及码头
船舶运输的标准化、系列化和现代化
大型港口装卸自动化
远洋运输电子数据交换系统
水上交通管制系统
港口新型机械设备设计与制造
水上集装箱运输
集装箱多式联运

十二、航空运输

民用机场
高性能机场安检设备
空中交通管制系统

十三、邮电通信

同温同层通信系统关键技术及设备
622Mb/s以上数字同步系列光纤通信系统及设备
155Mb/s以上数字同步系列微波通信系统及设备
数字移动通信(GSM、CDMA、DCS1800等)系统及设备
综合业务数字网络(ISDN)系统及设备
支撑通讯网的新技术设备
卫星通信系统及地球站设备
广播卫星及地球站设备
卫星移动通信系统设备
有线及无线用户接入网系统设备
异步转移模式宽带光电传输系统设备
智能网络及其应用设备
数字集群通信系统设备
邮政信函、包裹等自动化处理系统

十四、钢铁

高效选矿及矿产资源综合利用
直接还原
小球烧结及球团烧结
配型煤炼焦及捣固炼焦
干法熄焦
高风温长寿热风炉
高炉富氧喷煤
高炉高效长寿综合技术
超高功率电炉及综合节能技术
转炉溅渣护炉技术
高效连铸
连铸坯热装热送
熔融还原
薄板坯、薄带坯等近终型连铸连轧

冶金综合自动化
控制轧制及控制冷却
板型控制
表面涂镀层
低合金钢及微合金钢
50 吨及以上转炉炼钢
不锈钢冶炼
冷轧硅钢片
热、冷轧不锈钢板
石油钢管
废钢加工和处理
高铝矾土、硬质粘土矿开采及熟料生产
冶金环境保护及冶金废弃物综合利用

十五、有色金属

深部及难采矿床开采
有色金属复合材料、新型合金材料
一水硬铝石型铝土矿生产氧化铝
有色金属强化冶炼、湿法冶炼
非晶合金薄带
超临界萃取
高效节能选矿和电化学控制浮选
大型预焙槽电解铝
铝及铝合金快速铸轧
8 英寸及以上单晶硅片、多晶硅
高效选矿药剂
高性能、高精度硬质合金、锡化合物、锑化合物及陶瓷材料
高性能磁性材料
超细粉体材料、电子浆料及其制品
新型刹车材料
多金属共生矿综合利用
稀土及稀有、稀散金属开发和综合利用
盐湖资源综合利用
采用焙烧新工艺、热压预氧化——氰化提金工艺和细菌氧化——氰化提金工艺开发利用难处理金矿石
难处理金矿含金尾矿资源综合回收

十六、化工

科学施肥(测土施肥、新型化肥、各种专用肥)
大型合成氨、尿素
大中型高浓度磷钾肥及其复合肥
含作物所需微量元素复合肥
水煤浆加压气化
新型高效催化剂
年产 20 万吨及以上氯化钾和年产 10 万吨以上硫酸钾
钙镁磷肥改性复合肥
管式反应器制粒状磷铵及三元复合肥
涂层尿素
年产 3 万吨及以上料浆法磷铵和磷石膏制硫酸联产水泥
硫基三元肥
稀土复合肥
高纯五硫化二磷
先进湿法磷酸精制
抗老化特种聚乙烯
低毒红矾钠
万吨级氰化钠
5000 吨/年气相法白炭黑
大中型化学矿山
有机硅单体及有机氟等化工新产品
精细化工新产品
大型煤化工
烧碱用离子膜
氯化法钛白粉
高性能子午胎
高性能子午胎骨架材料
“三废”治理及综合利用

十七、石化

单系列规模 500 万吨及以上炼油
符合经济规模的原油深度加工
60 万吨以上乙烯及大型后加工
聚氯乙烯树脂
工程塑料及新型塑料合金
合成材料配套原料:双酚 A、丁苯吡胶乳、吡啶、4.4′二苯基甲烷二异氰酸酯、甲苯二异氰酸脂
合成橡胶及其应用
单系列能力 10 万吨及以上丙烯腈
单系列能力 35 万吨及以上 PTA
尼龙 6 和尼龙 66 新产品
有机化工原料新产品
炼厂气、化工副产品的综合利用
“三废”治理及综合利用

十八、建材

日产 4000 吨及以上熟料新型干法水泥
新型墙体材料、装饰装修材料、防水及保温材料
万吨级玻璃纤维池窑拉丝
优质塑料复合门、窗、管道、墙地覆面材料

平板玻璃深加工
高档卫生洁具及五金配件
非金属矿超细改性加工及制品

十九、医药

列入国家基本药物目录的药品
重要的出口优势产品
生物工程药品
放射性药品
新型抗肿瘤药品(含抗肝炎药物)及新型心脑血管药
爱滋病及放射免疫类等诊断制剂
新型地方病用药
新型解热镇痛药物
新型药物制剂及辅料和按 GMP 生产的药物制剂
医药专用紧缺的中间体和新型抗生素
新型生物化学药品系列(含生化诊断试剂)
新型药用包装材料
新型医药和医疗器械
新型卫生材料和敷料
计划生育药物及工具
新型药物的筛选技术与筛选模型
氨基酸新菌种
饲料级生物素
维吉尼亚霉素和泰乐菌素
青霉素盐提纯和纯化
发酵及自动控温系统
大规模用多肽合成、纯化
大规模药用核酸合成、纯化
高产基因工程菌
天然类药物
新型中药研制和开发

二十、机械

精密成型技术及设备
三轴以上联动的数控机床、数控系统及伺服装置
机械产品开发用先进计算机软硬件技术及设备
机械产品开发用先进试验及检测技术和设备
高速、超硬精密刀具和精密、自动量具量仪
新型传感器
轿车轴承、铁路机车车辆轴承、精密轴承、高速轴承
转轮直径 8.5 米及以上混流、轴流式水电设备及其关键配套辅机
大型贯流及抽水蓄能水电机组及其关键配套辅机
超临界火电机组
60 万千瓦及以上大型空冷机组
10 万千瓦及以上循环流化床锅炉
3.6 万千瓦以上燃气、蒸汽联合循环设备
大型风力发电机组
核电机组及关键配套辅机
50 万伏及以上超高压交直流输变电设备
大电流断流容量试验及变压器突发短路试验设备
新型绝缘材料
45 万吨/年及以上化肥、乙烯关键制造技术和设备
重大技术装备的分散型控制系统
在线自动测试技术与系统
新型电力电子技术及装置
精密、超精密加工技术及设备
激光加工技术及设备
大型精密仪器
新型液压、密封、气动元器件
电子式低压电器
高强度异型紧固件
20 吨/时以上树脂砂铸造设备
先进模具设计、制造技术及设备
大型真空电子束焊技术及设备
可控气氛及真空热处理技术及设备
安全生产及环保检测仪器新技术设备制造
城市垃圾处理技术及设备
大型污水处理设备
烟气脱硫脱硝设备
海水淡化技术及设备
工业机器人
500 万吨/年及以上井下无轨采、装、运设备
2000 万吨级及以上大型露天矿成套设备
隧道挖掘机
地铁暗挖设备
2 米以上大型冷热连轧及过程控制技术和设备
3 万立方米/时以上空分设备机械式立体车库
天然气集输设备
柔性版印刷关键设备
农业适度规模经营机械设备
农、畜产品深加工及资源综合利用设备
农业环境、生态农业所需设备
农业(棉花、水稻、玉米、豆类、青饲料等)收获机

械及农机具

真空精炼与铸造技术及设备

新型仪表元器件和材料

大型工程施工机械及设备

先进内燃机及关键零部件

二十一、电子信息

线宽0.8微米以下大规模集成电路

新型电子元器件(含片式元器件)及电力电子元器件

新型表面贴装元器件

光电器件、敏感元器件及传感器

半导体、光电子专用材料开发

大中型电子计算机

高性能微型电子计算机

工作站、服务器

软件开发

计算机辅助设计(三维CAD)、辅助测试(CAT)、辅助制造(CAM)、辅助工程(CAE)系统及其他计算机应用系统

电子专用设备、仪器、工模具

数字交叉连接设备

大容量光、磁盘存储器及其部件

新型显示器件(液晶显示、平板显示)

新型打印装置(激光打印机)

数据通信多媒体系统设备

单模光纤

路由器等网络设备

数字音视频广播系统及产品

高画质激光视盘(采用MPEG－Ⅱ标准,如DVD)

高清晰度电视(HDTV)

数字录放像技术

数字彩色电视机

大屏幕彩色投影电视

VCD机芯、光头、专用芯片

普通纸传真机

新型保密机

多媒体终端

宽带数字程控交换机(异步转移模式宽带交换机ATM)

高速无线寻呼产品

数字多功能电话机

二十二、汽车

汽车车身和车身附件

汽车、摩托车新型发动机

汽车关键零部件

汽车重要部件的精密锻压、黑色铸造、有色铸造及毛坯

汽车模具

汽车电子产品

汽车轻型化新材料

汽车、摩托车整车及发动机、零部件开发系统

发动机管理系统、三元催化转化装置等汽车尾气排放控制系统

国家级检测中心用于汽车、摩托车型式认证检测系统

二十三、船舶

高技术、高性能及6万吨级以上大型船舶

船舶主机

船用电站

船用曲轴、特辅机、电子仪表

二十四、航空航天

民用飞机及零部件

航空发动机

航空电子综合系统

机载设备系统

直升机总体、旋翼系统、传动系统

航空航天新型材料及应用

燃气轮机

卫星、运载火箭及零部件

卫星应用

航天技术应用

二十五、轻工纺织

非金属制品的模具设计、加工、制造

符合经济规模标准的纸浆、纸及纸板

新型高速九层以上瓦楞纸

皮革后整理加工

无汞碱锰二次电池、镍氢电池、锂电池

特种工业缝纫机

酶制剂

合成香料、单离香料

无氟制冷技术及应用

黄原胶(食品级)

高档包装纸制品

新型包装材料

全自动高速多色印刷

高档织物印染和高技术后整理加工

单系列日产400吨及以上聚酯

高仿真化纤面料

纺织用油剂、助剂、染化料

碳纤维、芳纶纤维以及改性、异型、超细、复合化学纤维

特种天然纤维加工

工业用特种纺织品

高技术的轻工、纺织机械

3万吨以上直接纺缘纶短纤维

1万吨以上直接纺涤纶长丝

二十六、建筑

建筑工程计算机辅助设计

建筑机械计算机辅助设计和制造

建筑施工计算机应用

建筑节能关键技术

高层建筑与空间结构设备

建筑施工关键设备

住宅高性能外围护结构材料与部件

二十七、城市基础设施及房地产

城市地铁、轻轨及公共交通

城市道路

城市交通管制系统及设备

城市防洪

城镇供水水源、自来水、排水及污水处理

城市垃圾及其他固体废物处理和综合利用

城市燃气气源厂

城市集中供热

节能、低污染取暖设备

城市园林绿化

城市立体停车场

城市危房改造

“安居工程”

经济适用商品住宅

物业管理

二十八、资源综合利用和环境保护

生态及环境整治

自然保护区

资源综合利用工程

固体废弃物综合利用

废水(液)综合利用

废气综合利用

废旧物资综合利用

大型污水处理

废气监测

海洋开发及海洋环境保护

二十九、服务业

连锁店、超级市场、仓储式商场等商业设施

配送中心、代理制等现代化经营方式

粮食、棉花、食用油、化肥、石油等重要商品的现代化仓储运输设施

大型农副产品批发市场

农产品贸工农、产加销一体化经营及流通设施

农业社会化服务体系

旅游交通及基础设施建设

重大旅游度假项目和专项旅游项目

大型旅游资源综合开发项目

银行、财务公司、信托投资公司

保险公司、保险经纪人及代理人公司

证券公司、投资银行、商业银行、基金管理公司

外汇经纪

金融、保险、外汇咨询

租赁服务

公益性文化艺术、广播影视、体育设施

文物保护

基本医疗、疾病控制、妇幼保健、康复、福利等设施

重点高等学校和特殊教育的教学和科研设施

国家工程研究中心、国家重点实验室、高新技术创业中心、新产品开发设计中心、科研中试基地

技术推广、科技交流、气象、环保、测绘、地震、海洋、专利、技术监督等科技服务

经济、科技、工程、管理、会计审计、劳动就业、法律咨询

高新技术广告制作、经济和科技展览、科学普及

精密仪器、设备维修及服务

利用外资

设立外商投资资产评估机构若干暂行规定

国家国有资产管理局　对外贸易经济合作部　1997年4月7日发布

第一条　为了加强我国资产评估行业的管理，规范外商投资资产评估机构的审批工作，依据国家有关法律、法规，制定本规定。

第二条　本规定所称的外商投资资产评估机构是指由外国资产评估机构（以下简称外国评估机构）与中国资产评估机构（以下简称中国评估机构）以中外合作、合资形式设立的，接受各类资产相关人的委托，以第三者身份为委托人提供各类相关资产估价信息的外商投资企业（以下简称外商投资评估机构）。

第三条　允许外国评估机构在中国境内设立中外合作、合资资产评估机构。不得设立外商独资资产评估机构。

第四条　外国评估机构在中国境内只允许设立一个外商投资评估机构。

第五条　外商投资评估机构的设立由各省、自治区、直辖市外经贸部门（以下简称省级外经贸部门）及国务院有关部门批准，外商投资评估机构的资产评估资格和业务范围由国家国有资产管理局（以下简称国家资产局）负责审定和管理。

第六条　经批准，外商投资评估机构可以经营下列部分或全部业务：

与委托人相关的流动资产、长期投资、房地产、机器设备、在建工程、递延资产及无形资产等价值评估。

第七条　申请设立外商投资评估机构应具备的条件：

（一）中国评估机构应是获得了国家资产局统一印制的《资产评估资格证书》的资产评估公司（事务所）、土地估价事务所、房地产估价事务所、会计师事务所、审计事务所、财务咨询公司等。

（二）外国评估机构应是具有先进专业技术和良好信誉，年收入不少于2000万美元，评估专业人员不少于200人，且具有和中国资产评估高级人员进行业务交流水平的机构。来华从事资产评估业务的专业人员，须已取得所在国家（地区）的注册资产评估师资格，并具有5年以上资产评估资历和丰富的资产评估知识与经验。

（三）国家资产局、对外贸易经济合作部（以下简称外经贸部）规定的其他条件。

第八条　外商投资评估机构注册资本最低不得少于50万美元，并须有与其申办业务相适应的经营管理人员、专业技术人员和固定的办公场所。

第九条　外商投资评估机构的经营期限一般不超过30年。

第十条　设立外商投资评估机构的程序：

（一）中国评估机构向其主管部门呈报申请设立外商投资评估机构的有关文件，经主管部门同意后，由各省、自治区、直辖市国有资产行政管理部门（以下简称省级国有资产管理部门）签署意见后报送国家资产局；中国评估机构为国务院有关部门直属企业的，向其主管部门呈报申请设立外商投资评估机构的有关文件，经主管部门同意后转报国家资产局。

（二）国家资产局根据省级国有资产行政管理部门或国务院有关部门签署的同意意见，对申请设立外商投资评估机构的项目建议书和可行性研究报告及合营各方资信状况、资产评估业务经历、专职评估人员资历、业务范围等进行审查。经审查合格后，出具《外商投资评估机构资格审定意见书》。

（三）中国评估机构持《外商投资评估机构资格审定意见书》向省级外经贸部门报送有关文件，经审核批准后，发给《外商投资企业批准证书》；中国评估机构为国务院有关部门直属企业的，由国务院有关部门审核批准后到外经贸部领取《外商投资企业批准证书》。

（四）中国评估机构持省级外经贸部门或外经贸

部颁发的《外商投资企业批准证书》等有关文件向工商行政管理部门申请办理登记手续，领取营业执照。

（五）外商投资评估机构持批准证书、营业执照等有关文件到国家资产局或省级国有资产行政管理部门领取或换发《资产评估资格证书》后，方可开展资产评估业务。

第十一条 申请设立外商投资评估机构需报送的文件。

（一）向国家资产局报送：

1. 省级国有资产行政管理部门或国务院有关部门对申请设立外商投资评估机构签署的意见；

2. 申请设立外商投资评估机构的项目建议书，合营各方签署的可行性研究报告、合同、章程，合营各方的资信证明、登记注册证明（复印件）、法定代表人证明（复印件）；

3. 外国评估机构提供10个评估案例，其中5个是具有代表性的不同地区上市的评估案例。

4. 中国评估机构《资产评估资格证书》（复印件）；

5. 能够证明具备本规定第七条其他各项条件的文件；

6. 国家资产局要求的其他有关文件。

（二）向省级外经贸部门或国务院有关部门报送：

1. 中国评估机构主管部门对申请设立外商投资评估机构签署的意见；

2. 申请设立外商投资评估机构的项目建议书；

3. 合营各方签署的可行性研究报告、合同、章程；

4. 合营各方的资信证明、登记注册证明（复印件）、法定代表人证明（复印件）；

5. 国家资产局出具的《外商投资评估机构资格审定意见书》；

6. 外经贸部要求的其他文件。

上述文件除已注明为复印件的，一律为正式文件。非法定代表人签署文件的，应出具法定代表人委托授权书。

第十二条 外商投资评估机构设立分支机构按照本规定办理。

第十三条 外商投资评估机构有下列情况之一者，应按本规定重新申请：

（一）更改合营方；

（二）变更经营范围。

第十四条 外商投资评估机构变更法定代表人，需报国家资产局备案。

第十五条 外商投资评估机构应于每年四月底以前，向其直接管理的国家资产局或省级国有资产行政管理部门报告开展资产评估业务情况。

第十六条 本规定颁布之前未经国家资产局审核同意已设立的外商投资评估机构，应在本规定颁布之日起三个月内，凭《外商投资企业批准证书》及上述规定的有关文件，按照上述规定的程序向国有资产行政管理部门申领《资产评估资格证书》。在取得《资产评估资格证书》之前，不得承揽上述第六条规定的业务。

第十七条 各地外经贸部门及国务院授权的其他机关在审批涉及资产评估的咨询业务的外商投资企业时，应征得省级国有资产行政管理部门同意，并由省级国有资产行政管理部门报国家资产局备案。

第十八条 香港、澳门、台湾地区的资产评估机构与境内资产评估机构共同设立合作、合资资产评估机构，参照本规定办理。

第十九条 本规定自发布之日起执行。

外商投资企业投资者股权变更的若干规定

对外贸易经济合作部　国家工商行政管理局1997年5月28日发布

第一条　为促进外商投资企业的健康发展，保护投资各方的合法权益，维护社会经济秩序，根据《中华人民共和国公司法》、《中华人民共和国中外合资经营企业法》、《中华人民共和国中外合作经营企业法》、《中华人民共和国外资企业法》及其他有关法律、法规，制定本规定。

第二条　本规定所称的外商投资企业投资者股权变更，是指依照中国法律在中国境内设立的中外合资经营企业、中外合作经营企业、外资企业（以下统称为企业）的投资者或其在企业的出资（包括提供合作条件）份额（以下称为股权）发生变化。包括但不限于下列主要原因导致外商投资企业投资者股权变更：

（一）企业投资者之间协议转让股权；

（二）企业投资者经其他各方投资者同意向其关联企业或其他受让人转让股权；

（三）企业投资者协议调整企业注册资本导致变更各方投资者股权；

（四）企业投资者经其他各方投资者同意将其股权质押给债权人，质权人或受益人依照法律规定和合同约定取得该投资者股权；

（五）企业投资者破产、解散、被撤销、被吊销或死亡，其继承人、债权人或其他受益人依法取得该投资者股权；

（六）企业投资者合并或者分立，其合并或分立后的承继者依法承继原投资者股权；

（七）企业投资者不履行企业合同、章程规定的出资义务，经原审批机关批准，更换投资者或变更股权。

第三条　企业投资者股权变更应遵守中国有关法律、法规，并按照本规定经审批机关批准和登记机关变更登记。未经审批机关批准的股权变更无效。

第四条　企业投资者股权变更必须符合中国法律、法规对投资者资格的规定和产业政策要求。

依照《外商投资产业指导目录》，不允许外商独资经营的产业，股权变更不得导致外国投资者持有企业的全部股权；因股权变更而使企业变成外资企业的，还必须符合《中华人民共和国外资企业法实施细则》（以下简称《外资细则》）所规定的设立外资企业的条件。

需由国有资产占控股或主导地位的产业，股权变更不得导致外国投资者或非中国国有企业占控股或主导地位。

第五条　除非外方投资者向中国投资者转让其全部股权，企业投资者股权变更不得导致外方投资者的投资比例低于企业注册资本的25%。

第六条　经企业其他投资者同意，缴付出资的投资者可以依据《中华人民共和国担保法》（以下简称《担保法》）的有关规定，通过签订质押合同并经审批机关批准将其已缴付出资部分形成的股权质押给质权人。投资者不得质押未缴付出资部分的股权。投资者不得将其股权质押给本企业。

在质押期间，出质投资者作为企业投资者的身份不变，未经出质投资者和企业其他投资者同意，质权人不得转让出质股权；未经质权人同意，出质投资者不得将已出质的股权转让或再质押。

出质投资者与质权人的权利、义务及质押合同的内容，适用有关法律、法规和本规定的有关规定。

第七条　企业投资者股权变更的审批机关为批准设立该企业的审批机关，如果中外合资、合作企业中方投资者的股权变更而使企业变成外资企业，且该企业从事《外资细则》第五条所规定的限制设立外资企业的行业，则该企业中方投资者的股权变更必须经中华人民共和国对外贸易经济合作部（以下简称外经贸部）批准。

企业因增加注册资本而使投资者股权发生变化并且导致其投资总额已超过原审批机关的审批权限的，则企业投资者的股权变更应按照审批权限和有关规定报上级审批机关审批。

企业投资者股权变更的登记机关为原登记机关，经外经贸部批准的股权变更，由国家工商行政管理局或其委托的原登记机关办理变更登记。

第八条　以国有资产投资的中方投资者股权变更时，必须经有关国有资产评估机构对需变更的股权进行价值评估，并经国有资产管理部门确认。经确认的评估结果应作为变更股权的作价依据。

第九条　由于本规定第二条（一）、（二）项原因需要变更股权的，企业应向审批机关报送下列文件：

(一)投资者股权变更申请书；

(二)企业原合同、章程及其修改协议；

(三)企业批准证书和营业执照复印件；

(四)企业董事会关于投资者股权变更的决议；

(五)企业投资者股权变更后的董事会成员名单；

(六)转让方与受让方签订的并经其他投资者签字或以其他书面方式认可的股权转让协议；

(七)审批机关要求报送的其他文件。

第十条 股权转让协议应包括以下主要内容：

(一)转让方与受让方的名称、住所、法定代表人的姓名、职务、国籍；

(二)转让股权的份额及其价格；

(三)转让股权交割期限及方式；

(四)受让方根据企业合同、章程所享有的权利和承担的义务；

(五)违约责任；

(六)适用法律及争议的解决；

(七)协议的生效及终止；

(八)订立协议的时间、地点。

第十一条 由于本规定第二条(三)项原因需要变更股权的，应符合外经贸部和国家工商行政管理局的有关专项规定，企业除报送第九条(一)、(二)、(三)、(四)、(五)项规定的文件外，还应向审批机关报送企业投资者签订的股权变更协议。

第十二条 企业投资者与质权人签订股权质押合同后，应将下列文件报送批准设立该企业的审批机关审查：

(一)企业董事会及其他投资者关于同意出质投资者将其股权质押的决议；

(二)出质投资者与质权人签订的质押合同；

(三)出质投资者的出资证明书；

(四)由中国注册的会计师及其所在事务所为企业出具的验资报告。

审批机关应自接到前款规定的全部文件之日起30日内决定批准或不批准。

企业应在获得审批机关同意其投资者出质股权的批复后30日内，持有关批复文件向原登记机关办理备案。

未按本条规定办理审批和备案的质押行为无效。

第十三条 依照《担保法》的规定，出质股权转移为质权人或其他受益人所有的，企业除应向审批机关报送第九条(一)、(二)、(三)、(五)项规定的文件外，还应同时报送质权人或其他受益人获得原投资者股权的有效证明文件。审批机关根据上述文件和本规定第十二条所述文件以及有关法律、法规的规定进行审核。

第十四条 由于本规定第二条(五)、(六)项原因需要变更股权的，企业除报送第九条(一)、(二)、(三)、(五)项规定的文件外，还应向审批机关报送股权获得人获得原投资者股权的有效证明文件。

由于本规定第二条(五)、(六)项的规定导致企业投资者变更的，如果企业其他投资者不同意继续经营，可向原审批机关申请终止原企业合同、章程。原企业合同、章程终止后，股权获得人有权参加清算委员会并分配清算后的企业剩余财产；如果股权获得人不同意继续经营，经企业其他投资者一致同意，可依照本规定将其股权转让给企业其他投资者或第三人。

第十五条 由于本规定第二条(七)项原因需要更换投资者或变更股权的，守约方投资者有权单方面向审批机关申请变更。守约方投资者除报送第九条(一)、(二)、(三)、(五)项规定的文件外，还应向审批机关报送下列文件：

(一)由中国注册的会计师及其所在事务所为企业出具的验资报告；

(二)守约方催告违约方缴付或缴清出资的证明文件。

如有新投资者参股，还应向审批机关报送新投资者的合法开业证明和资信证明。违约方已经按照企业原合同、章程规定缴付部分出资的，还应向审批机关报送企业对违约方的部分出资进行清理的有关文件。

第十六条 以国有资产投资的中方投资者股权变更的，企业还必须向审批机关报送下列文件：

(一)中方投资者的主管部门对该企业投资者股权变更签署的意见；

(二)国有资产评估机构对需变更的股权出具的资产评估报告；

(三)国有资产管理部门对上述资产评估报告出具的确认书。

第十七条 审批机关应自接到规定报送的全部文件之日起30日内决定批准或不批准。

企业应自审批机关批准企业投资者股权变更之日起30日内到审批机关办理外商投资企业批准证书变更手续。

中方投资者获得企业全部股权的，自审批机关批准企业投资者股权变更之日起30日内，须向审批机关缴销外商投资企业批准证书。审批机关自撤销外商投资企业批准证书之日起15日内,向企业原登记机关发出撤销外商投资企业批准证书的通知。

第十八条 企业应自变更或缴销外商投资企业批准证书之日起30日内,依照《中华人民共和国企业法人登记管理条例》和《中华人民共和国公司登记管理条例》等有关规定,向登记机关申请变更登记,未按照本规定到登记机关办理变更登记的,登记机关依照有关规定予以处罚。

第十九条 企业申请股权变更登记时,应向登记机关提交报送审批机关的有关文件、审批机关的批准文件以及登记机关要求提交的其他文件。

由于本规定第二条(七)项原因需要更换投资者或变更股权登记的,除应向登记机关提交本规定第十五条规定的文件外,还应提交企业新董事会成员任职文件及其身份证明和新董事会决议。

因企业投资者股权变更而使中方投资者获得企业全部股权的,在申请变更登记时,企业应按拟变更的企业类型的设立登记要求向登记机关提交有关文件。经登记机关核准后,缴销《中华人民共和国企业法人营业执照》,换发《企业法人营业执照》。

第二十条 股权转让协议和修改企业原合同、章程协议自核发变更外商投资企业批准证书之日起生效。协议生效后,企业投资者按照修改后的企业合同、章程规定享有有关权利并承担有关义务。

第二十一条 除法律、法规另有规定外,外商投资股份有限公司非上市股份的转让,参照本规定执行。

第二十二条 香港、澳门、台湾地区的公司、企业和其他经济组织或者个人在中国其他地区投资举办的企业投资者股权变更,参照本规定办理。

第二十三条 本规定自发布之日起施行。

《中外合资经营企业合营各方出资的若干规定》的补充规定

1997年9月29日对外贸易经济合作部
国家工商行政管理局第2号令发布

为了对外商投资企业投资者(含收购国内企业资产或股权设立的外商投资企业)出资加强管理,现就《中外合资经营企业合营各方出资的若干规定》作如下补充规定:

一、对通过收购国内企业资产或股权设立外商投资企业的外国投资者,应自外商投资企业营业执照颁发之日起3个月内支付全部购买金。对特殊情况需延长支付者,经审批机关批准后,应自营业执照颁发之日起6个月内支付购买总金额的60%以上,在1年内付清全部购买金,并按实际缴付的出资额的比例分配收益。控股投资者在付清全部购买金额之前,不能取得企业决策权,不得将其在企业中的权益、资产以合并报表的方式纳入该投资者的财务报表。

二、中外合资经营企业的投资者均须按合同规定的比例和期限同步缴付认缴的出资额。因特殊情况不能同步缴付的,应报原审批机构批准,并按实际缴付的出资额比例分配收益。对中外合资经营企业中控股(包括相对控股)的投资者,在其实际缴付的投资额未达到其认缴的全部出资额前,不能取得企业决策权,不得将其在企业中的权益、资产以合并报表的方式纳入该投资者的财务报表。

三、中外合作经营企业和外商独资经营企业比照本规定执行。

外商投资产业指导目录

1997 年 12 月 31 日　国家计划委员会　国家经济贸易委员会
对外贸易经济合作部第 7 号令发布

修改后的《外商投资产业指导目录》，已于 1997 年 12 月 29 日经国务院批准，现予以发布。自 1998 年 1 月 1 日起施行。

鼓励外商投资产业目录

(一)农、林、牧、渔业及相关工业

1. 荒地、荒山、滩涂开垦、开发(含有军事设施的除外)，中低产田改造

2. 糖料、果树、蔬菜、花卉、牧草等农作物优质高产新品种、新技术开发

3. 蔬菜、花卉无土栽培系列化生产

4. 林木营造及林木良种引进

5. 优良种畜种禽、水产苗种繁育(不含我国特有的珍贵优良品种)

6. 名特优水产品养殖

7. 高效、安全的农药原药新品种(杀虫率、杀菌率达 80%及以上，对人畜、作物等安全)

8. 高浓度化肥(钾肥、磷肥)

9. 农膜生产新技术及新产品开发(纤维膜、光解膜、多功能膜及原料)

10. 动物用抗菌原料药(包括抗生素、化学合成类)

11. 动物用驱虫药、杀虫药、抗球虫药新产品及新剂型

12. 饲料添加剂及饲料蛋白资源开发

13. 粮食、蔬菜、水果、肉食品、水产品的贮藏、保鲜、干燥、加工新技术、新设备

14. 林业化学产品及林区“次、小、薪”材和竹材的综合利用新技术、新产品

15. 综合利用水利枢纽的建设、经营(中方控股或占主导地位)

16. 节水灌溉新技术设备制造

17. 农业机具新技术设备制造

18. 生态环境整治和建设工程

(二)轻工业

1. 非金属制品模具设计、加工、制造

2. 纸浆(年产木浆 17 万吨及以上，并建设相应的原料基地)

3. 皮革后整饰加工及其新技术设备制造

4. 无汞碱锰二次电池、锂离子电池生产

5. 高技术含量的特种工业缝纫机生产

6. 聚酰亚胺保鲜薄膜生产

7. 新型、高效酶制剂生产

8. 合成香料、单离香料生产

9. 替代氟利昂应用技术研究及推广

10. 烟用二醋酸纤维素及丝束加工

(三)纺织工业

1. 纺织化纤木浆(年产 10 万吨及以上，并建设相应的原料基地)

2. 工业用特种纺织品

3. 高仿真化纤及高档织物面料的印染及后整理加工

4. 纺织用助剂、油剂、染化料生产

(四)交通运输、邮电通信业

1. 铁路运输技术设备：机车车辆及主要部件设计与制造、线路设备设计与制造、高速铁路有关技术与设备制造、通信信号和运输安全监测设备制造、电气化铁路设备和器材制造

2. 支线铁路、地方铁路及其桥梁、隧道、轮渡设施的建设、经营(不允许外商独资)

3. 公路、港口新型机械设备设计与制造

4. 城市地铁及轻轨的建设、经营(中方控股或占主导地位)

5. 公路、独立桥梁和隧道的建设、经营

6. 港口公用码头设施的建设、经营(中方控股或占主导地位)

7. 民用机场的建设、经营(中方控股或占主导地位)

8. 蜂窝移动通信交叉连接/码分多址(DCS/CDMA)系统设备制造

9. 2.5 千兆比/秒(2.5GB/S)及以上光同步、微波同步数字系列传输设备制造

10. 2.5 千兆比/秒(2.5GB/S)光通信、无线通

信、数据通信计量仪表制造

11. 异步转移模式(ATM)交换机设备制造

(五)煤炭工业

1. 煤炭采掘运选设备设计与制造

2. 煤炭开采与洗选(特种、稀有煤种由中方控股或占主导地位)

3. 水煤浆、煤炭液化生产

4. 煤炭综合开发利用

5. 低热值燃料及伴生资源综合开发利用

6. 煤炭管道运输

7. 煤层气勘查、开发

(六)电力工业

1. 单机容量30万千瓦及以上火电站的建设、经营

2. 发电为主水电站的建设、经营

3. 核电站的建设、经营(中方控股或占主导地位)

4. 煤洁净燃烧技术电站的建设、经营

5. 新能源电站的建设、经营(包括太阳能、风能、磁能、地热能、潮汐能、生物质能等)

(七)黑色冶金工业

1. 50吨及以上超高功率电炉(配备炉外精炼和连铸)、50吨及以上转炉炼钢

2. 不锈钢冶炼

3. 冷轧硅钢片生产

4. 热、冷轧不锈钢板生产

5. 石油钢管

6. 废钢加工和处理

7. 铁矿、锰矿采选

8. 直接还原铁和熔融还原铁生产

9. 高铝矾土、硬质粘土矿开采及熟料生产

10. 针状焦、捣固焦和煤焦油深加工

11. 干熄焦生产

(八)有色金属工业

1. 单晶硅(直径8英寸及以上)、多晶硅生产

2. 硬质合金、锡化合物、锑化合物生产

3. 有色金属复合材料、新型合金材料生产

4. 铜、铅、锌矿开采(不允许外商独资)

5. 铝矿开采(不允许外商独资),年产30万吨及以上氧化铝生产

6. 稀土应用

(九)石油、石油化工及化学工业

1. 烧碱用离子膜生产

2. 年产60万吨及以上乙烯(中方控股或占主导地位)

3. 聚氯乙烯树脂(中方控股或占主导地位)

4. 乙烯副产品C5—C9产品的综合利用

5. 工程塑料及塑料合金

6. 合成材料的配套原料:双酚A、丁苯吡胶乳、吡啶、4.4′二苯基甲烷二异氰酸酯、甲苯二异氰酸酯

7. 基本有机化工原料:苯、甲苯、二甲苯(对、邻、间)衍生物产品的综合利用

8. 合成橡胶:溶液丁苯橡胶、丁基橡胶、异戊橡胶、乙丙橡胶、丁二烯法氯丁橡胶、聚氨酯橡胶、丙烯酸橡胶、氯醇橡胶生产

9. 精细化工:染(颜)料、中间体、催化剂、助剂及石油添加剂新产品、新技术,染(颜)料商品化加工技术,电子、造纸用高科技化学品,食品添加剂、饲料添加剂,皮革化学品、油田助剂,表面活性剂,水处理剂,胶粘剂,无机纤维,无机粉体填料生产

10. 氯化法钛白粉生产

11. 煤化工产品生产

12. 废气、废液、废渣综合利用

13. 汽车尾气净化剂、催化剂及其他助剂生产

14. 增加石油采收率的三次采油新技术开发与运用(中方控股或占主导地位)

15. 输油、输气管道及油库、石油专用码头的建设、经营(中方控股或占主导地位)

(十)机械工业

1. 高性能焊接机器人和高效焊装生产线设备制造

2. 耐高温绝缘材料(绝缘等级为F、H级)及绝缘成型件生产

3. 井下无轨采、装、运设备,100吨及以上机械传动矿用自卸车,移动式破碎机,3000立方米/小时及以上斗轮挖掘机,5立方米及以上矿用装载机,全断面巷道掘进机制造

4. 卷筒纸和对开以上单纸张多色胶印机制造

5. 机电井清洗设备制造和药物生产

6. 年产30万吨及以上合成氨、48万吨及以上尿素、30万吨及以上乙烯成套设备中的透平压缩机、混合造粒机制造(中方控股或占主导地位)

7. 新型纺织机械、新型造纸机械(含纸浆)等成套设备制造

8. 精密在线测量仪器开发与制造

9. 安全生产及环保检测仪器新技术设备制造

10. 新型仪表元器件和材料(主要指智能型仪用传感器、仪用接插件、柔性线路板、光电开关、接近开

关等新型仪用开关、仪用功能材料等)

11. 重要基础机械、基础件、重大技术装备等研究、设计开发中心

12. 比例、伺服液压技术,低功率气动控制阀,填料静密封生产

13. 精冲模、精密型腔模、模具标准件生产

14. 25万吨/日及以上城市污水处理设备,工业废水膜处理设备,上流式厌氧流化床设备和其他生物处理废水设备,粉煤灰砌块生产设备(5—10吨/年),废塑料再生处理设备,工业锅炉脱硫脱硝设备,大型耐高温、耐酸袋式除尘器制造

15. 精密轴承及各种主机专用轴承制造

16. 汽车关键零部件制造:制动器总成、驱动桥总成、变速器、柴油机燃油泵、活塞(含活塞环)、气门、液压挺杆、轴瓦、增压器、滤清器(三滤)、等速万向节、减震器、座椅调角器、车锁、后视镜、玻璃升降器、组合仪表、灯具及灯泡、专用高强度紧固件

17. 汽车、摩托车模具(含冲模、注塑模、模压模等)、夹具(焊装夹具、检验夹具等)制造

18. 汽车、摩托车用铸锻毛坯件制造

19. 汽车、摩托车技术研究、设计开发中心

20. 石油工业专用沙漠车等特种专用车生产

21. 摩托车关键零部件制造:化油器、磁电机、起动电机、灯具、盘式制动器

22. 水质在线监测仪器的新技术设备制造

23. 特种防汛抢险机械和设备制造

24. 湿地土方及清淤机械制造

25. 10吨/小时及以上的饲料加工成套设备、关键部件生产

26. 石油勘探开发新型仪器设备设计与制造

(十一)电子工业

1. 线宽0.35微米及以下大规模集成电路生产

2. 新型电子元器件(含片式元器件)及电力电子元器件生产

3. 光电器件、敏感元器件及传感器生产

4. 大中型电子计算机制造

5. 可兼容数字电视、高清晰度电视(HDTV)、数字磁带录放机生产

6. 半导体、光电子专用材料开发

7. 新型显示器材(平板显示器及显示屏)制造

8. 计算机辅助设计(三维CAD)、辅助测试(CAT)、辅助制造(CAM)、辅助工程(CAE)系统及其他计算机应用系统制造

9. 电子专用设备、仪器、工模具制造

10. 水文数据采集仪器及设备制造

11. 卫星通信系统设备制造

12. 数字交叉连接设备制造

13. 空中交通管制设备制造(不允许外商独资)

14. 大容量光、磁盘存储器及其部件开发与制造

15. 新型打印装置(激光打印机等)开发与制造

16. 数据通信多媒体系统设备制造

17. 单模光纤生产

18. 接入网通信系统设备制造

19. 支撑通讯网的新技术设备制造

20. 宽带综合业务数字网设备(ISDN)制造

(十二)建筑材料、设备及其他非金属矿制品工业

1. 日熔化500吨级及以上优质浮法玻璃生产线

2. 年产50万件及以上高档卫生瓷生产线及其配套的五金件、塑料件

3. 新型建筑材料(墙体材料、装饰装修材料、防水材料、保温材料)

4. 日产4000吨及以上水泥熟料新型干法水泥生产线(限于中西部地区)

5. 散装水泥仓储运输设施

6. 年产1万吨及以上玻璃纤维(池窑拉丝工艺生产线)及玻璃钢制品

7. 无机非金属材料及制品(石英玻璃、人工晶体)

8. 玻璃、陶瓷、玻璃纤维窑炉用高档耐火材料

9. 平板玻璃深加工技术及设备制造

10. 隧道挖掘机、城市地铁暗挖设备制造

11. 城市卫生特种设备制造

12. 树木移栽机械设备制造

13. 路面铣平、翻修机械设备制造

(十三)医药工业

1. 受我国专利保护或行政保护的化学原料药,需进口的医药专用中间体

2. 采用新技术设备生产解热镇痛药

3. 维生素类:烟酸

4. 新型抗癌药物及新型心脑血管药

5. 药品制剂:采用缓释、控释、靶向、透皮吸收等新技术的新剂型、新产品

6. 氨基酸类:丝氨酸、色氨酸、组氨酸等

7. 新型药品包装材料、容器及先进的制药设备

8. 新型、高效、经济的避孕药具

9. 中成药产品质量控制、改变剂型包装的新技术、新设备、新仪器

10. 中药有效成分分析的新技术、提取的新工艺、新设备

11. 采用生物工程技术生产的新型药物

12. 新型佐剂的开发应用

13. 肝炎、艾滋病及放射免疫类等诊断试剂生产

(十四)医疗器械制造业

1. 具有中频技术、计算机控制技术和数字图象处理技术,辐射剂量小的80千瓦及以上医用X线机组

2. 电子内窥镜

3. 医用导管

(十五)航天航空工业

1. 民用飞机设计与制造(中方控股或占主导地位)

2. 民用飞机零部件制造

3. 航空发动机设计与制造(中方控股或占主导地位)

4. 航空机载设备制造

5. 轻型燃气轮机制造

6. 民用卫星设计与制造(中方控股或占主导地位)

7. 民用卫星有效载荷制造(中方控股或占主导地位)

8. 民用卫星零部件制造

9. 民用卫星应用技术开发

10. 民用动载火箭设计与制造(中方控股或占主导地位)

(十六)新兴产业

1. 微电子技术

2. 新材料

3. 生物工程技术(不包括基因工程技术)

4. 信息、通信系统网络技术

5. 同位素、辐射及激光技术

6. 海洋开发及海洋能开发技术

7. 海水淡化及利用技术

8. 节约能源开发技术

9. 资源再生及综合利用技术

10. 环境污染治理工程及监测和治理技术

(十七)服务业

1. 国际经济、科技、环保信息咨询

2. 精密仪器设备维修、售后服务

3. 高新技术、新产品开发中心的建设与企业孵化

(十八)产品全部直接出口的允许类项目

限制外商投资产业目录

(甲)

(一)轻工业

1. 洗衣机、电冰箱、冰柜生产

2. 合成脂肪醇、醇醚及醇醚硫酸盐

3. 空调、冰箱用轴功率2千瓦以下压缩机生产

(二)纺织工业

1. 常规切片纺的化纤抽丝

2. 单线能力在2万吨/年以下粘胶短纤维生产

(三)石油、石油化工及化学工业

1. 钡盐生产

2. 500万吨以下炼油厂建设

3. 斜交轮胎、旧轮胎(子午胎除外)翻新及低性能工业橡胶配件生产

4. 硫酸法钛白粉生产

(四)机械工业

1. 一般涤纶长丝、短纤维设备制造

2. 柴油发电机组制造

3. 各种普通磨料(含刚玉、碳化硅),直径400毫米以下砂轮及人造金刚石锯片生产

4. 电钻、电动砂轮机生产

5. 普通碳钢焊条

6. 普通级标准紧固件、小型和中小型普通轴承

7. 普通铅酸蓄电池

8. 集装箱

9. 电梯

10. 铝合金轮毂

(五)电子工业

1. 卫星电视接收机及关键件

2. 数字程控局用和用户交换机设备

(六)医药工业

1. 氯霉素、洁霉素、庆大霉素、双氢链霉素、丁胺卡那霉素、盐酸四环素、土霉素、乙酰螺旋霉素、麦迪霉素、柱晶白霉素、红霉素、环丙氟哌酸、氟哌酸、氟嗪酸生产

2. 安乃近、阿斯匹林、扑热息痛、维生素B1、维生素B2、维生素B6生产

(七)医疗器械制造业

1. 中低档B型超声显像仪生产

(八)运输服务业

1. 出租汽车(限于国内购车)

2. 加油站(限于与高速公路配套建设、经营)

（乙）

（一）农、林、牧、渔业及相关工业

1．粮食、棉花、油料种子开发生产（中方控股或占主导地位）

2．珍贵树种原木加工、出口（不允许外商独资）

3．近海及内陆水域水产捕捞业（不允许外商独资）

4．中药材种植、养殖（不允许外商独资）

（二）轻工业

1．食盐、工业用盐生产

2．外国牌号无酒精饮料（含固体饮料）生产

3．黄酒、名牌白酒生产

4．卷烟、过滤嘴棒等烟草加工业

5．猪、牛、羊蓝湿皮加工及生产

6．天然香料生产

7．油脂加工

8．纸及纸板

（三）纺织工业

1．毛纺织、棉纺织

2．生丝、坯绸

3．高仿真化学纤维及芳纶、碳纤维等特种化纤（不允许外商独资）

4．纤维级及非纤用聚酯、腈纶、氨纶（不允许外商独资）

（四）交通运输、邮电通信业

1．干线铁路建设、经营（中方控股或占主导地位）

2．水上运输（中方控股或占主导地位）

3．出入境汽车运输（不允许外商独资）

4．航空运输（中方控股或占主导地位）

5．通用航空（中方控股或占主导地位）

（五）电力工业

1．单机容量30万千瓦以下常规燃煤火电厂的建设、经营（小电网、边远山区及低质煤、煤矸石电厂除外）

（六）有色金属工业（不允许外商独资）

1．铜加工、铝加工

2．贵金属（金、银、铂族）矿产开采、选矿、冶炼、加工

3．钨、锡、锑矿等有色金属开采

4．稀土勘查、开采、选矿、冶炼、分离

（七）石油、石油化工及化学工业

1．感光材料（胶片、胶卷、PS版、相纸）

2．硼镁铁矿开采及加工

3．联苯胺

4．离子膜烧碱及有机氯系列化工产品

5．子午线轮胎（中方控股或占主导地位）

6．合成纤维原料：精对苯二甲酸、丙烯腈、己内酰胺、尼龙66盐等

（八）机械工业

1．汽车（含各类轿车、载货车、客车、改装车）及摩托车整车（中方控股或占主导地位）

2．汽车、摩托车发动机（中方控股或占主导地位）

3．汽车用空调压缩机、电子控制燃油喷射系统、电子控制制动防抱死系统、安全气囊及其他汽车电子设备系统、电机、铝散热器制造

4．旧汽车、摩托车及其发动机翻新、拆解（改装）

5．火电设备：10万千瓦及以上机组（发电机、汽轮机、锅炉、辅机和控制装置）、燃气轮机联合循环发电设备、循环流化床锅炉、煤气化联合循环技术及装备（IGCC）、增压流化床（PFBC）、脱硫及脱硝设备制造（不允许外商独资）

6．水电设备：转轮直径5米及以上水电机组（含水电辅机和控制装置）、5万千瓦及以上大型抽水蓄能机组、1万千瓦及以上大型贯流式机组制造（不允许外商独资）

7．核电机组：60万千瓦及以上机组制造（不允许外商独资）

8．输变电设备：220千伏及以上大型变压器、高压开关、互感器、电缆设备制造（不允许外商独资）

9．320马力以下履带式推土机、3立方米以下轮式装载机、50吨以下汽车起重机（不允许外商独资）

10．薄板连铸机制造

11．复印机、照相机

（九）电子工业

1．彩色电视机（含投影电视机）、彩色显像管及玻壳

2．摄像机（含摄录一体机）

3．录像机、录像机磁头、磁鼓、机芯

4．模拟移动通信系统（蜂窝、集群、无线寻呼、无线电话）

5．卫星导航定位接受设备及关键部件（不允许外商独资）

6．稀路由卫星通信（VSAT）系统设备制造

7．2.5千兆比/秒（2.5GB/S）以下光同步数字系列、144兆比/秒（144MB/S）及以下微波通信系统设备制造

（十）建筑材料、设备及其他非金属矿制品业

1. 金刚石及其他天然宝石等贵重非金属矿的勘查、开采及加工（不允许外商独资）

（十一）医药工业

1. 中药材、中成药半成品及制成品（中药饮片传统炮制工艺技术除外）

2. 毒品前体：麻黄碱、伪麻黄碱、麦角新碱、麦角胺、麦角酸等

3. 青霉素G

4. 成瘾性麻醉药品及精神药品的生产（中方控股或占主导地位）

5. 高技术的疫苗生产（艾滋病疫苗、丙肝疫苗、避孕疫苗等，中方控股或占主导地位）

6. 国家计划免疫的疫苗、菌苗类及抗毒素、类毒素类（卡介苗、脊髓灰质炎、白百破、麻疹、乙脑、流脑疫苗等）的生产

7. 维生素C生产

8. 血液制品的生产

（十二）医疗器械制造业

1. 一次性注射器、输液器、输血器及血袋

2. X射线计算机体层摄影装置（CT）、磁共振成像装置（MRI）及医用加速器等大型医疗设备制造

（十三）船舶工业（中方控股或占主导地位）

1. 特种船、高性能和3.5万吨及以上船舶的修理、设计与制造

2. 船舶柴油机、辅机、无线通讯、导航设备及配件设计与制造

（十四）内外贸、旅游、房地产及服务业（不允许外商独资）

1. 国内商业（中方控股或占主导地位）

2. 对外贸易（中方控股或占主导地位）

3. 旅行社

4. 合作办学（基础教育除外）

5. 医疗机构（中方控股或占主导地位）

6. 会计、审计、法律咨询服务，经纪人公司

7. 代理业务（船舶、货运、期货、销售、广告等）

8. 高档宾馆、别墅、高档写字楼、国际会展中心

9. 高尔夫球场

10. 土地成片开发

11. 大型旅游、文化、娱乐公园及人造景观

12. 国家级旅游区建设、经营

（十五）金融及相关行业

1. 银行、财务公司、信托投资公司

2. 保险公司、保险经纪人及代理人公司

3. 证券公司、投资银行、商人银行、基金管理公司

4. 金融租赁

5. 外汇经纪

6. 金融、保险、外汇咨询

7. 金银、珠宝、首饰生产、加工、批发和销售

（十六）其他

1. 印刷、出版发行业务（中方控股或占主导地位）

2. 进出口商品检验、鉴定、认证业务（不允许外商独资）

3. 音像制品制作、出版、发行，电子出版物（中方控股或占主导地位）

（十七）国家和我国缔结或者参加的国际条约规定限制的其他产业

禁止外商投资产业目录

（一）农、林、牧、渔业及相关工业

1. 国家保护的野生动植物资源

2. 我国稀有的珍贵优良品种（包括种植业、畜牧业、水产业的优良基因）

3. 动植物的自然保护区建设

4. 绿茶及特种茶（名茶、黑茶等）加工

（二）轻工业

1. 象牙雕刻、虎骨加工

2. 手工地毯

3. 脱胎漆器

4. 琅玳制品

5. 青花玲珑瓷

6. 宣纸、墨锭

（三）电力工业及城市公用事业

1. 电网的建设、经营

2. 城市供排水、煤气、热力管网的建设、经营

（四）矿业采选及加工业

1. 放射性矿产的开采、选矿、冶炼及加工

（五）石油、石油化工及化学工业

1. 硼镁石开采及加工

2. 天青石开采及加工

（六）医药工业

1. 列入国家保护资源的中药材（麝香、甘草等）

2. 传统的中药饮片炮制技术及中成药秘方产品

（七）交通运输、邮电通信业

1. 邮政、电信业务的经营管理

2. 空中交通管制

(八)贸易金融业

1. 商品期货,金融期货等衍生金融业务

(九)广播影视业

1. 各级广播电台(站)、电视台(网)、发射、转播台(站)

2. 广播电视节目制作、出版、发行及播放

3. 电影制片、发行、放映

4. 录像放映

(十)新闻业

(十一)武器生产业

(十二)其他

1. 危害军事设施安全和使用效能的项目

2. 致癌、致畸、致突变原料及加工

3. 跑马场、赌博

4. 色情服务

(十三)国家和我国缔结或者参加的国际条约规定禁止的其他产业

外商投资项目不予免税的进口商品目录(试行)

1997年12月31日海关总署发布

序号	商品名称	1998年版税则号列	备注
1	电视机	8528.1210,8528.1291, 8528.1292,8528.1293 8528.1310,8528.1320, 8528.1330,8528.1340, 8528.2100,8528.2200, 8528.3010,8528.3020	
2	摄像机	8525.3090,8525.4020, 8525.4090	
3	录像机	8521.1010,8521.9090	
4	放像机	8521.1020,8521.9010, 8521.9090	
5	音响设备	8518.1000,8518.2100, 8518.2200,8518.2900, 8518.4000,8518.5000 8519. 全税号; 8520.3210,8520.3300, 8527.1200,8527.1300, 8527.1900,8527.2100, 8527.2900,8527.3100, 8527.3200,8527.3900	

序号	商品名称	1998 年版税则号列	备　　注
6	空调器	8415.1000,8415.2000, 8415.8110,8415.8120, 8415.8210,8415.8220, 8415.8300	不包括中央空调
7	电冰箱 电冰柜	8418.1010,8418.1020, 8418.1030,8418.2110, 8418.2120,8418.2130, 8418.2200,8418.2900, 8418.3021,8418.3029, 8418.4021,8418.4029, 8418.5000	
8	洗衣机	8450.1100,8450.1200,8450.1900, 8450.2000,8451.1000	
9	照相机	9006.4000,9006.5100,9006.5300, 9006.5900	
10	复印机	9009.1110,9009.1190,9009.1210, 9009.1290,9009.2110,9009.2190, 9009.2210,9009.2290,9009.3010, 9009.3090	
11	程控电话 交换机	8517.3011,8517.3013,8517.3019, 8517.3091,8517.3099	
12	微型计算机 及外设	8471.3000,8471.4140,8471.4940, 8471.5040,8471.6010,8471.6031, 8471.6032,8471.6033,8471.6039, 8471.6050,8471.6060,8471.6070	
13	电话机	8517.1100,8517.1910,8517.1990	
14	无线寻呼机	8527.9010,8525.1090,8525.2022, 8525.2023,8525.2092,8525.2099	8525.1090 仅指无线寻呼系统基地台
15	传真机	8517.2100	
16	电子计算器	8470.1000,8470.2100,8470.2900	
17	打字机及文字 处理机	8469.1100,8469.1200,8469.2000, 8469.3000	
18	汽　车	8702. 全税号; 8703. 全税号; 8704. 全税号	
19	摩托车	8711. 全税号	
20	其他	《中华人民共和国海关进口税则》中第 1 章至第 83 章、第 91 章至第 97 章的所有税号	不含随项目设备进口的技术及配套件、备件

说明:对"成套设备"内含的本附件所列设备,如符合"功能机组"规定的,则按税则第 16 类类注四和第 90 章章注三的规定归类,否则,按具体列名分别归类。

金融·外汇

关于对携带外汇进出境管理的规定

国家外汇管理局　海关总署1997年1月8日发布

第一条　为加强对携带外币现钞、外币支付凭证进出境的管理，根据《中华人民共和国外汇管理条例》，特制定本规定。

第二条　本规定下列用语含义：

“进、出境人员”系指进境、出境的境内居民和非居民（包括外国人、华侨及港澳台同胞）；

“银行”系指经国家外汇管理局批准开办外汇业务的国有商业银行及分支行和其他商业银行及分支行；

“当天多次往返”系指当天内进境或出境超过一次；

“短期内多次往返”系指15天内进境或出境超过一次。

第三条　进出境人员携带下列数额外币现钞进境应向海关申报：

一、非居民携带外币现钞折合5,000美元以上者；

二、居民携带外币现钞折合2,000美元以上者。

当天多次及短期内多次往返者除外。

第四条　有本次入境申报数额记录的出境人员携带外币现钞出境，凡不超过其数额的，不需申领“携带外汇出境许可证”（以下简称“携带证”），海关凭其本次入境时的外汇申报数额记录查验放行。

第五条　无本次入境申报数额记录的出境人员携带外币现钞、外币支付凭证出境，按以下数额查验放行：

一、居民携出金额折合2,000美元以内（含2,000美元）、非居民携出金额折合5,000美元以内（含5,000美元）的，不需申领“携带证”，海关准予放行。当天多次往返及短期内多次往返者除外。

二、居民携出金额折合2,000美元以上至4,000美元（含4,000美元）、非居民携出金额折合5,000美元以上至10,000美元（含10,000美元）的，应向银行申领“携带证”。出境时，海关凭“携带证”放行。

三、居民携出金额折合4,000美元以上、非居民携出金额折合10,000美元以上的，须向当地外汇管理局申请核准，银行凭核准文件签发“携带证”。出境时，海关凭“携带证”放行。

四、对本条第三款项下出境人员携带外币现钞、外币支付凭证出境的申请，外汇管理机关应当审核其真实性，如确属经常项目下支付的需要，应当予以核准。

第六条　“当天多次往返”及“短期内多次往返”旅客按以下规定查验放行：

一、当天多次往返旅客，携带外汇入境须向海关申报，出境时海关凭本次入境时的申报数额记录或银行签发的“携带证”放行。

二、短期内多次往返旅客携带外币现钞折合1,000美元以上者，入境时须向海关申报，出境时海关凭本次入境时的申报数额记录放行；如无申报记录或银行签发的“携带证”，可携带外币现钞折合1,000美元出境，超出1,000美元的，海关不予放行。

第七条　出境人员携带境外的外币有价证券出境，比照对带出外币现钞的规定办理，超过规定数额的外币有价证券须报外汇管理机关核准，海关凭核准件放行。

第八条　“携带证”应同时盖有“国家外汇管理局携带外汇出境核准章”和“银行携带外汇出境专用章”，并自签发之日起30天内一次使用有效。

第九条　“携带证”一式三联。第一联由签发银行存查；第二联由签发银行按季交当地外汇管理部门存查；第三联由携带外汇出境人员交海关验存。

第十条　银行在签发“携带证”的同时，应按照《国际收支统计申报办法》的规定要求其客户填报相应的国际收支统计申报单。

第十一条 银行应在每季度终了10日内将签发"携带证"的情况报当地外汇管理部门核查。

第十二条 银行签发"携带证"必须符合国家外汇管理规定。外汇管理机关有权对银行签发"携带证"的情况进行检查。对违反规定的银行，外汇管理机关可视情节轻重，给予罚款直至停止其签发"携带证"资格等处罚。

第十三条 进出境人员携带外汇进出境违反本规定的，按国家有关法规处理。

第十四条 本规定自1997年2月10日起施行。

贸易进口付汇核销监管暂行办法

1997年1月17日国家外汇管理局发布

第一章 总 则

第一条 为完善贸易进口付汇核销监管，根据《中华人民共和国外汇管理条例》的规定，特制定本办法。

第二条 经对外贸易经济合作部或其授权单位批准的经营进口业务的企业（包括外商投资企业）、事业单位（以下简称进口单位），以通过银行购汇或从现汇账户支付的方式，向境外支付有关进口商品的货款、预付款、尾款等（以下简称进口付汇），应当按照本办法办理核销手续。

第三条 "贸易进口付汇核销单"（代申报单）（以下简称核销单，见附件一）（略）系指由国家外汇管理局制定格式、进口单位填写、外汇指定银行审核并凭以办理进口付汇的凭证。

一份核销单只可凭以办理一次付汇。

第四条 国家外汇管理局及其分支局（以下简称外汇局）负责所有进口付汇的核销、核查和管理，并对进口单位和外汇指定银行进行监督、检查。外汇指定银行应当向所在地外汇局报送核销单及有关报表，对外付汇的进口单位应当向所在地外汇局办理进口付汇核销报审手续。

第五条 货到汇款项下的进口付汇由外汇指定银行在凭正本进口货物报关单（付汇核销专用联，下同）办理进口付汇的同时视为办妥核销手续；其他结算方式项下的进口付汇由进口单位凭核销单、备案表、正本进口货物报关单（转口贸易项下的进口付汇凭转口所得的结汇水单）直接向外汇局办理核销报审手续。

第六条 进口单位应当凭对外经贸部（委、厅）的批件、工商管理部门颁发的执照和技术监督部门颁发的企业代码证书到所在地外汇局办理列入"对外付汇进口单位名录"（见附件二）（略）。不在名录上的进口单位不得直接到外汇指定银行办理进口付汇。

第七条 外汇局将及时向外汇指定银行公布、更新和调整名录。各省、自治区、直辖市、计划单列市和经济特区外汇局可视本地区的情况集中或由下属分支局分别公布本地区的"对外付汇进口单位名录"。

第八条 外汇局有权根据进口单位的核销等情况随时向外汇指定银行公布"由外汇局审核真实性的进口单位名单"（见附件三）（略）。进口单位受真实性审核的最低期限为6个月。

第九条 下列进口付汇应当在付汇或开立进口信用证前由进口单位逐笔向所在地外汇局申请并办理"进口付汇备案表"（简称备案表，见附件四）（略）手续，外汇指定银行凭备案表按规定为其办理进口付汇手续：

1. 不在"对外付汇进口单位名录"上的；

2. 被列入"由外汇局审核真实性的进口单位名录"的；

3. 付汇后90天以内（不含90天）不能到货报关的；

4. 进口单位到其所在地外汇局管辖的市、县以外的外汇指定银行付汇的。

第二章 进口付汇核销流程

第十条 进口单位办理付汇时应当按规定如实填写核销单(一式三联),属于货到汇款的还应当填写有关"进口货物报关单"编号和报关币种金额,将核销单连同其他付汇单证一并送外汇指定银行审核。

第十一条 外汇指定银行在办理付汇手续后,应当将核销单第一联按货到汇款和其他结算方式分类,分别装订成册并按周向进口单位所在地外汇局报送;将第二联退进口单位,将第三联与其他付汇单证一并留存5年备查。

第十二条 外汇指定银行对凭备案表付汇的,应当将备案表第一联与核销单第三联一并留存备查;将第二联与核销单第二联退进口单位留存;将第三联与核销单第一联报送本银行所在地外汇局。

第十三条 进口单位应当按月将核销表(见附件五、六)(略)及所附核销单证报外汇局审查;应当在有关货物进口报关后一个月内向外汇局办理核销报审手续。

在办理核销报审时,对已到货的,进口单位应当将正本进口货物报关单等核销单证附在相应核销单后(凭备案表付汇的还应当将备案表附在有关核销单后),并如实填写"贸易进口付汇到货核销表";对未到货的,填写"贸易进口付汇未到货核销表"。

第十四条 外汇局审查进口单位报送的核销表及所附单证后,应当在核销表及所附的各张报关单上加盖"已报审"章,留存核销表第一联,将第二联与所附单证退进口单位。

进口单位应当将核销表及所附单证保存5年备查。

第十五条 外汇指定银行应当于每月5日前向外汇局报送"贸易进口付汇统计月报表"(见附件七)(略)。

第三章 核销监管

第十六条 外汇局按照总额或逐笔的方式交叉核查外汇指定银行和进口单位双向报送的核销单;根据外汇指定银行报送的核销单核查进口单位报送的核销表及所附单证;根据备案表核查进口单位和银行的付汇及核销情况。

第十七条 外汇局根据核查情况对进口单位和外汇指定银行进行抽查;对有疑点的单证和进口单位及外汇指定银行进行重点核查,并按照有关规定随时向报关单签发地海关进行"二次核对"。货到汇款项下凭进口货物报关单办理付汇的,进口货物报关单的"二次核对"仍由外汇指定银行负责。

第十八条 对有下列行为的进口单位,应当在接到通知后的5个工作日内向外汇局说明情况。逾期未说明情况或无正当理由的,外汇局应当按照本办法第八条的规定将进口单位列入"由外汇局审核真实性的进口单位名单":

1. 向外汇局或外汇指定银行报审伪造、假冒、涂改、重复使用等进口货物报关单(核销联)或其他凭证的;

2. 付汇后无法按时提供有效进口货物报关单或其他到货证明的;

3. 需凭备案表付汇而没有备案表的;

4. 漏报、瞒报等不按规定向外汇局报送核销表及所附单证或丢失有关核销单证的;

5. 违反本办法其他规定的。

第十九条 对违反本办法的外汇指定银行和进口单位,外汇局按照《中华人民共和国外汇管理条例》的规定予以处罚。

第二十条 外汇局各分局应当于每月10前向国家外汇管理局报送"贸易进口付汇核查考核表"(见附件八)(略)。

第四章 附 则

第二十一条 本办法由国家外汇管理局负责解释。

第二十二条 本办法自1997年3月1日起实施。1996年7月31日发布的"进口售付汇核销管理暂行办法"同时废止。

边境贸易外汇管理暂行办法

1997年1月23日国家外汇管理局发布

第一章　总　则

第一条　为了促进我国边境地区发展与毗邻国家之间的边境贸易与经济合作(以下简称"边境贸易"),规范边境贸易中的结汇、售汇、付汇及结算行为,根据《中华人民共和国外汇管理条例》第五十四条,特制定本办法。

第二条　本办法所称"边境贸易"包括边民互市贸易、边境小额贸易和边境地区对外经济技术合作。

边民互市贸易,系指边境地区边民在边境线20公里以内、经政府批准的开放点或指定的集市上,在不超过规定的金额或者数量范围内进行的商品交换活动。

边境小额贸易,系指我国边境地区经批准有边境小额贸易经营权的企业,通过国家指定的陆地边境口岸,与毗邻国家边境地区的企业或者其他贸易机构之间进行的贸易活动。

边境地区对外经济技术合作,系指我国边境地区经对外贸易经济合作部批准有对外经济技术合作经营权的企业,与我国毗邻国家边境地区开展的承包工程和劳务合作项目。

第三条　本办法所称"边贸企业"包括边境小额贸易企业和对外经济技术合作企业。

边境小额贸易企业,系指我国边境地区经对外贸易经济合作部或者其授权部门批准,有边境小额贸易经营权的企业。

对外经济技术合作企业,系指我国边境地区经对外贸易经济合作部批准,有与我国毗邻国家边境地区开展承包工程和劳务合作项目等对外经济技术合作经营权的企业。

第四条　边境地区边民在互市贸易区内进行互市贸易时,可以以可兑换货币、人民币或者毗邻国家的货币计价结算。

第五条　边贸企业与毗邻国家的企业和其他贸易机构之间进行边境贸易时,可以以可兑换货币或者人民币计价结算。

第六条　边贸企业进行边境贸易,应当按照有关进口付汇核销和出口收汇核销的管理办法办理进口和出口核销手续。

第七条　边贸企业应当在对外贸易经济合作部批准其边境小额贸易经营权和对外经济技术合作经营权之日起30日内到外汇局登记备案,凭工商局颁发的营业执照及外经贸部门的批准件领取《边境贸易企业外汇登记证》。

第二章　结汇、售付汇及外汇账户的管理

第八条　边贸企业经常项目下外汇收入,可在外汇局核定的最高金额以内保留外汇,超出部分应当卖给外汇指定银行。

第九条　边贸企业经常项目下对外支付用汇应当按照《结汇、售汇及付汇管理规定》,持与支付方式相应的有效商业单据和有效凭证,从其外汇账户中支付或者到外汇指定银行兑付。

第十条　易货贸易项下支付定金或贸易从属费用,经外汇局批准后可从其外汇账户中支付或到外汇指定银行购汇。

第十一条　外汇指定银行应按照本办法为边贸企业办理结汇、售汇、付汇及结算业务,并按照规定审核相应的有效凭证和有效商业单据。

第十二条　边贸企业开立外汇账户需经当地外汇局批准,并持"外汇账户开户批准书"和"边境贸易企业外汇登记证"到注册地外汇指定银行开立外汇账户,并于账户开立后15日内持回执到外汇局备案。

第十三条　边贸企业只能开立一个外汇账户,并且不得在异地开立外汇账户。该账户的收支范围,仅限于边境贸易项下的外汇收付。

第十四条　边贸企业若需变更外汇账户开户行,应当报外汇局核准。

第十五条　外汇指定银行和边贸企业应当执行外汇账户管理的有关规定。

第十六条　边境小额贸易中的外币现钞结算,

应当按照《境内机构外币现钞收付管理暂行办法》办理。

第三章 边境贸易结算账户的管理

第十七条 外汇指定银行可以为毗邻国家中与我国边贸企业之间进行边境贸易的企业或者其他贸易机构(以下简称"境外贸易机构")开立可兑换货币结算账户或者人民币结算账户,办理边境贸易结算。

第十八条 外汇指定银行应当凭境外贸易机构本国的经营许可证明、合同,为境外贸易机构开立可兑换货币结算账户或者人民币结算账户。

第十九条 外汇指定银行只能在所在口岸为一个境外贸易企业开立一个可兑换货币结算账户、一个人民币结算账户。

第二十条 境外贸易机构的可兑换货币结算账户或者人民币结算账户仅限于边境贸易结算收付。

第二十一条 境外贸易机构的可兑换货币结算账户余额可以结汇或者汇出。

境外贸易机构的人民币结算账户余额只能在边境地区使用。

第二十二条 外汇指定银行应当按照本办法为境外贸易机构办理可兑换货币结算账户或者人民币结算账户的开立并监督收付,并于每月5日前向当地外汇局报告上月的账户开立和使用情况。

第四章 附则

第二十三条 对违反本办法者,外汇局将依照《中华人民共和国外汇管理条例》予以处罚。

第二十四条 本办法由国家外汇管理局负责解释。

第二十五条 本办法自发布之日起施行。

中华人民共和国外汇管理条例

1996年1月29日中华人民共和国国务院令
第193号发布 根据1997年1月14日《国务院关于修改
〈中华人民共和国外汇管理条例〉的决定》修正

第一章 总则

第一条 为了加强外汇管理,保持国际收支平衡,促进国民经济健康发展,制定本条例。

第二条 国务院外汇管理部门及其分支机构(以下统称外汇管理机关),依法履行外汇管理职责,负责本条例的实施。

第三条 本条例所称外汇,是指下列以外币表示的可以用作国际清偿的支付手段和资产:

(一)外国货币,包括纸币、铸币;

(二)外币支付凭证,包括票据、银行存款凭证、邮政储蓄凭证等;

(三)外币有价证券,包括政府债券、公司债券、股票等;

(四)特别提款权、欧洲货币单位;

(五)其他外汇资产。

第四条 境内机构、个人、驻华机构、来华人员的外汇收支或者经营活动,适用本条例。

第五条 国家对经常性国际支付和转移不予限制。

第六条 国家实行国际收支统计申报制度。凡有国际收支活动的单位和个人,必须进行国际收支统计申报。

第七条 在中华人民共和国境内，禁止外币流通，并不得以外币计价结算。

第八条 任何单位和个人都有权检举、揭发违反外汇管理的行为和活动。

对检举、揭发或者协助查处违反外汇管理案件有功的单位和个人，由外汇管理机关给予奖励，并负责保密。

第二章 经常项目外汇

第九条 境内机构的经常项目外汇收入必须调回境内，不得违反国家有关规定将外汇擅自存放在境外。

第十条 境内机构的经常项目外汇收入，应当按照国务院关于结汇、售汇及付汇管理的规定卖给外汇指定银行，或者经批准在外汇指定银行开立外汇账户。

第十一条 境内机构的经常项目用汇，应当按照国务院关于结汇、售汇及付汇管理的规定，持有效凭证和商业单据向外汇指定银行购汇支付。

第十二条 境内机构的出口收汇和进口付汇，应当按照国家关于出口收汇核销管理和进口付汇核销管理的规定办理核销手续。

第十三条 属于个人所有的外汇，可以自行持有，也可以存入银行或者卖给外汇指定银行。

个人的外汇储蓄存款，实行存款自愿、取款自由、存款有息、为储户保密的原则。

第十四条 个人因私用汇，在规定限额以内购汇。超过规定限额的个人因私用汇，应当向外汇管理机关提出申请，外汇管理机关认为其申请属实的，可以购汇。

个人携带外汇进出境，应当向海关办理申报手续；携带外汇出境，超过规定限额的，还应当向海关出具有效凭证。

第十五条 个人移居境外后，其境内资产产生的收益，可以持规定的证明材料和有效凭证向外汇指定银行购汇汇出或者携带出境。

第十六条 居住在境内的中国公民持有的外币支付凭证、外币有价证券等形式的外汇资产，未经外汇管理机关批准，不得携带或者邮寄出境。

第十七条 驻华机构和来华人员的合法人民币收入，需要汇出境外的，可以持有关证明材料和凭证到外汇指定银行兑付。

第十八条 驻华机构和来华人员由境外汇入或者携带入境的外汇，可以自行保存，可以存入银行或者卖给外汇指定银行，也可以持有效凭证汇出或者携带出境。

第三章 资本项目外汇

第十九条 境内机构的资本项目外汇收入，除国务院另有规定外，应当调回境内。

第二十条 境内机构的资本项目外汇收入，应当按照国家有关规定在外汇指定银行开立外汇账户；卖给外汇指定银行的，须经外汇管理机关批准。

第二十一条 境内机构向境外投资，在向审批主管部门申请前，由外汇管理机关审查其外汇资金来源；经批准后，按照国务院关于境外投资外汇管理的规定办理有关资金汇出手续。

第二十二条 借用国外贷款，由国务院确定的政府部门、国务院外汇管理部门批准的金融机构和企业按照国家有关规定办理。

外商投资企业借用国外贷款，应当报外汇管理机关备案。

第二十三条 金融机构在境外发行外币债券，须经国务院外汇管理部门批准，并按照国家有关规定办理。

第二十四条 提供对外担保，只能由符合国家规定条件的金融机构和企业办理，并须经外汇管理机关批准。

第二十五条 国家对外债实行登记制度。

境内机构应当按照国务院关于外债统计监测的规定办理外债登记。

国务院外汇管理部门负责全国的外债统计与监测，并定期公布外债情况。

第二十六条 依法终止的外商投资企业，按照国家有关规定进行清算、纳税后，属于外方投资者所有的人民币，可以向外汇指定银行购汇汇出或者携带出境；属于中方投资者所有的外汇，应当全部卖给外汇指定银行。

第四章 金融机构外汇业务

第二十七条 金融机构经营外汇业务须经外

汇管理机关批准，领取经营外汇业务许可证。

未经外汇管理机关批准，任何单位和个人不得经营外汇业务。经批准经营外汇业务的金融机构，经营外汇业务不得超出批准的范围。

第二十八条 经营外汇业务的金融机构应当按照国家有关规定为客户开立外汇账户，办理有关外汇业务。

第二十九条 金融机构经营外汇业务，应当按照国家有关规定交存外汇存款准备金，遵守外汇资产负债比例管理的规定，并建立呆账准备金。

第三十条 外汇指定银行办理结汇业务所需的人民币资金，应当使用自有资金。

外汇指定银行的结算周转外汇，实行比例幅度管理，具体幅度由中国人民银行根据实际情况核定。

第三十一条 金融机构经营外汇业务，应当接受外汇管理机关的检查、监督。

经营外汇业务的金融机构应当向外汇管理机关报送外汇资产负债表、损益表以及其他财务会计报表和资料。

第三十二条 金融机构终止经营外汇业务，应当向外汇管理机关提出申请。金融机构经批准终止经营外汇业务的，应当依法进行外汇债权、债务的清算，并缴销经营外汇业务许可证。

第五章 人民币汇率和外汇市场

第三十三条 人民币汇率实行以市场供求为基础的、单一的、有管理的浮动汇率制度。

中国人民银行根据银行间外汇市场形成的价格，公布人民币对主要外币的汇率。

第三十四条 外汇市场交易应当遵循公开、公平、公正和诚实信用的原则。

第三十五条 外汇市场交易的币种和形式由国务院外汇管理部门规定和调整。

第三十六条 外汇指定银行和经营外汇业务的其他金融机构是银行间外汇市场的交易者。

外汇指定银行和经营外汇业务的其他金融机构，应当根据中国人民银行公布的汇率和规定的浮动范围，确定对客户的外汇买卖价格，办理外汇买卖业务。

第三十七条 国务院外汇管理部门依法监督管理全国的外汇市场。

第三十八条 中国人民银行根据货币政策的要求和外汇市场的变化，依法对外汇市场进行调控。

第六章 法律责任

第三十九条 有下列逃汇行为之一的，由外汇管理机关责令限期调回外汇，强制收兑，并处逃汇金额30%以上5倍以下的罚款；构成犯罪的，依法追究刑事责任：

(一)违反国家规定，擅自将外汇存放在境外的；

(二)不按照国家规定将外汇卖给外汇指定银行的；

(三)违反国家规定将外汇汇出或者携带出境的；

(四)未经外汇管理机关批准，擅自将外币存款凭证、外币有价证券携带或者邮寄出境的；

(五)其他逃汇行为。

第四十条 有下列非法套汇行为之一的，由外汇管理机关给予警告，强制收兑，并处非法套汇金额30%以上3倍以下的罚款；构成犯罪的，依法追究刑事责任：

(一)违反国家规定，以人民币支付或者以实物偿付应当以外汇支付的进口货款或者其他类似支出的；

(二)以人民币为他人支付在境内的费用，由对方付给外汇的；

(三)未经外汇管理机关批准，境外投资者以人民币或者境内所购物资在境内进行投资的；

(四)以虚假或者无效的凭证、合同、单据等向外汇指定银行骗购外汇的；

(五)非法套汇的其他行为。

第四十一条 未经外汇管理机关批准，擅自经营外汇业务的，由外汇管理机关没收违法所得，并予以取缔；构成犯罪的，依法追究刑事责任。

经营外汇业务的金融机构擅自超出批准的范围经营外汇业务的，由外汇管理机关责令改正，有违法所得的，没收违法所得，并处违法所得1倍以上5倍以下的罚款；没有违法所得的，处10万元以上50万元以下的罚款；情节严重或者逾期不改正的，由外汇管理机关责令整顿或者吊销经营外汇业务许可证；构成犯罪的，依法追究刑事责任。

第四十二条 外汇指定银行未按照国家规定办理结汇、售汇业务的，由外汇管理机关责令改正，通报批评，没收违法所得，并处10万元以上50万元以下的罚款；情节严重的，停止其办理结汇、售汇业务。

第四十三条 经营外汇业务的金融机构违反

人民币汇率管理、外汇存贷款利率管理或者外汇交易市场管理的，由外汇管理机关责令改正，通报批评，有违法所得的，没收违法所得，并处违法所得1倍以上5倍以下的罚款；没有违法所得的，处10万元以上50万元以下的罚款；情节严重的，由外汇管理机关责令整顿或者吊销经营外汇业务许可证。

第四十四条 境内机构有下列违反外债管理行为之一的，由外汇管理机关给予警告，通报批评，并处10万元以上50万元以下的罚款；构成犯罪的，依法追究刑事责任：

（一）擅自办理对外借款的；

（二）违反国家有关规定，擅自在境外发行外币债券的；

（三）违反国家有关规定，擅自提供对外担保的；

（四）有违反外债管理的其他行为的。

第四十五条 境内机构有下列非法使用外汇行为之一的，由外汇管理机关责令改正，强制收兑，没收违法所得，并处违法外汇金额等值以下的罚款；构成犯罪的，依法追究刑事责任：

（一）以外币在境内计价结算的；

（二）擅自以外汇作质押的；

（三）私自改变外汇用途的；

（四）非法使用外汇的其他行为。

第四十六条 私自买卖外汇、变相买卖外汇或者倒买倒卖外汇的，由外汇管理机关给予警告，强制收兑，没收违法所得，并处违法外汇金额30%以上3倍以下的罚款；构成犯罪的，依法追究刑事责任。

第四十七条 境内机构违反外汇账户管理规定，擅自在境内、境外开立外汇账户的，出借、串用、转让外汇账户的，或者擅自改变外汇账户使用范围的，由外汇管理机关责令改正，撤销外汇账户，通报批评，并处5万元以上30万元以下的罚款。

第四十八条 境内机构违反外汇核销管理规定，伪造、涂改、出借、转让或者重复使用进出口核销单证的，或者未按规定办理核销手续的，由外汇管理机关给予警告，通报批评，没收违法所得，并处5万元以上30万元以下的罚款；构成犯罪的，依法追究刑事责任。

第四十九条 经营外汇业务的金融机构违反本条例第二十九条、第三十一条规定的，由外汇管理机关责令改正，通报批评，并处5万元以上30万元以下的罚款。

第五十条 当事人对外汇管理机关的处罚决定不服的，可以自收到处罚决定通知书之日起15日内向上一级外汇管理机关申请复议；上一级外汇管理机关应当自收到复议申请书之日起2个月内作出复议决定。当事人对复议决定仍不服的，可以依法向人民法院提起诉讼。

第五十一条 境内机构违反外汇管理规定的，除依照本条例给予处罚外，对直接负责的主管人员和其他直接责任人员，应当给予纪律处分；构成犯罪的，依法追究刑事责任。

第七章 附 则

第五十二条 本条例下列用语的含义：

（一）"境内机构"是指中华人民共和国境内的企业事业单位、国家机关、社会团体、部队等，包括外商投资企业。

（二）"外汇指定银行"是指经外汇管理机关批准经营结汇和售汇业务的银行。

（三）"个人"是指中国公民和在中华人民共和国境内居住满1年的外国人。

（四）"驻华机构"是指外国驻华外交机构、领事机构、国际组织驻华代表机构、外国驻华商务机构和国外民间组织驻华业务机构等。

（五）"来华人员"是指驻华机构的常驻人员、短期入境的外国人、应聘在境内机构工作的外国人以及外国留学生等。

（六）"经常项目"是指国际收支中经常发生的交易项目，包括贸易收支、劳务收支、单方面转移等。

（七）"资本项目"是指国际收支中因资本输出和输入而产生的资产与负债的增减项目，包括直接投资、各类贷款、证券投资等。

第五十三条 保税区的外汇管理办法，由国务院外汇管理部门另行制定。

第五十四条 边境贸易和边民互市的外汇管理办法，由国务院外汇管理部门根据本条例规定的原则另行制定。

第五十五条 本条例自1996年4月1日起施行。1980年12月18日国务院发布的《中华人民共和国外汇管理暂行条例》及其配套的细则同时废止。

国务院关于调整金融保险业税收政策有关问题的通知

1997 年 2 月 19 日

为了发挥税收的调控作用，进一步理顺国家与金融、保险企业之间的分配关系，促进金融、保险企业间平等竞争，保证国家财政收入，国务院决定，从 1997 年 1 月 1 日起，调整金融保险业的税收政策。现将有关问题通知如下：

一、规范金融、保险企业的所得税税率，对目前执行 55%所得税税率的金融、保险企业，其所得税税率统一降为 33%。金融、保险企业所得税的预算级次不变。

二、修订《中华人民共和国营业税暂行条例》中有关金融保险业营业税税率的规定，将金融保险业营业税税率由现行的 5%提高到 8%。提高营业税税率后，除各银行总行、保险总公司交纳的营业税仍全部归中央财政收入外，其余金融、保险企业交纳的营业税，按原 5%税率征收的部分，归地方财政收入，按提高 3%税率征收的部分，归中央财政收入。

三、对经济特区内(包括上海浦东新区和苏州工业园区，下同)设立的外商投资和外国金融企业，凡来源于特区内的营业收入，继续执行自注册登记之日起，5 年内免征营业税的优惠政策，免税期满后，按 8%的税率征收；对来源于经济特区外的营业收入部分，不再执行特区内的免税优惠政策，按特区外设立的外商投资和外国金融企业的有关税收政策执行。

四、对 1996 年 12 月 31 日之前在特区外设立的外商投资和外国金融、保险企业，在 1998 年 12 月 31 日前，营业税减按 5%征收，仍作为地方财政收入；自 1999 年 1 月 1 日起，按 8%征收。对 1997 年 1 月 1 日后特区外新设立的外商投资和外国金融、保险企业，一律执行 8%的营业税税率。

五、提高金融保险业营业税税率后，对国家政策性银行减按 5%的税率征收。政策性银行交纳的营业税仍作为国家资本金投资返还给政策性银行。政策性银行资本金达到国务院规定金额之日起，返还政策停止执行。

六、提高金融保险业营业税后，对农村信用社营业税，在 1997 年 12 月 31 日前减按 5%征收，仍作为地方财政收入；自 1998 年 1 月 1 日起恢复按 8%的税率征收。

七、提高金融保险业营业税税率后，对随同营业税附征的城市维护建设税及教育费附加，仍按原税率 5%计征，提高 3%税率的部分予以免征。附征的收入仍归地方财政收入。

八、提高金融保险业营业税税率后，现由地方税务局所属征收机关负责征收的金融、保险企业营业税，改由国家税务局和地方税务局所属征收机构共同征收。其中按原 5%税率计征的部分，由地方税务局所属征收机构负责征收，按提高 3%税率计征的部分，由国家税务局所属征收机构负责征收。各银行总行、保险总公司交纳的营业税，继续由国家税务总局直属征收机构负责征收。随同营业税征收的城市维护建设税和教育费附加，由地方税务局所属征收机构负责征收。

调整金融保险业的税收政策，是国务院作出的一项重要决策，各地人民政府要高度重视，加强领导；各级国家税务局机关和地方税务局机关要密切合作，切实加强征管，堵塞“跑、冒、滴、漏”；各金融、保险企业要进一步强化纳税意识，按国家规定及时足额申报纳税，确保国家金融保险企业税收政策的贯彻执行。

境外进行项目融资管理暂行办法

国家计划委员会　国家外汇管理局1997年4月16日发布

根据国务院关于进一步加强借用国际商业贷款宏观管理的要求，为规范境外进行项目融资的行为，加强对我国外债的管理，更有效地利用国外资金，特制定本办法。

第一条　本办法所称项目融资是指以境内建设项目的名义在境外筹措外汇资金，并仅以项目自身预期收入和资产对外承担债务偿还责任的融资方式。它应具有以下性质：

(一)债权人对于建设项目以外的资产和收入没有追索权；

(二)境内机构不以建设项目以外的资产、权益和收入进行抵押、质押或偿债；

(三)境内机构不提供任何形式的融资担保。

第二条　项目融资主要适用于发电设施、高等级公路、桥梁、隧道、城市供水厂及污水处理厂等基础设施建设项目，以及其他投资规模大、且具有长期稳定预期收入的建设项目。

第三条　以项目融资方式筹措国外资金的建设项目(以下通称项目)，主要投资者应具有足够的经济能力和履约能力，外方主要投资者还应有较强的国际融资能力和进行项目融资的业绩。

第四条　项目的融资、建设、经营等有关合同中，参与方应具备相应的资格和履约能力，依靠自身经济和技术能力依法履行合同，并根据项目风险性质和各方控制能力，合理分担项目的商业风险及其他风险。

项目的主要投资者不应成为可能产生重大项目风险和利益冲突的合同参与方。

第五条　境内机构为项目的建设、经营等合同的履行出具的支持文件，不得改变项目融资的性质；国内金融机构不得提供任何形式的保证，境内其他机构对外提供履约担保，须得到有关政府部门的批准。

第六条　项目的国外债权人，在债务受偿、资产和权益的抵押等方面，应与国内债权人享有同等的权利。

第七条　项目产品或服务价格的确定应符合我国有关价格管理规定，有助于形成稳定的预期收入，合理反映物价上涨和汇率变动的影响，充分考虑项目所在地的承受能力，并得到有关价格管理部门的批准。项目境内收费不得以外币计价。

第八条　项目(包括外商投资项目)的建议书和可行性研究报告须由所在地方或部门的计划部门提出，经行业主管部门初审后，报国家计委审批；重大项目由国家计委审查后，报国务院审批。

第九条　项目的可行性研究报告除国家规定的和利用外资项目应具备的一般内容外，还应包括以下方面：

(一)项目主要投资者和合同参与方的资格、风险分担的原则；

(二)外汇平衡方式及经营期外汇需求的数量；

(三)产品或服务的定价原则及调价公式；

(四)项目融资方案；

(五)国外信贷机构出具的贷款承诺意向；

(六)境内机构出具的各项支持文件；

(七)需经有关政府部门批准、不可更改的项目主要合同草案；

(八)其他必要文件。

第十条　项目在可行性研究报告经国家计委批准后，应在境内成立项目公司。项目公司负责融资相关的一切活动，并应在可行性研究报告批准后一年内完成项目融资。

第十一条　经国家计委批准的项目融资，其对外融资规模纳入国家借用国际商业贷款指导性计划；项目融资条件应具有竞争性，并需经国家外汇管理局审批或审核，其中地方上报的项目融资条件由当地外汇管理分局初审后，报国家外汇管理局审批或审核。

第十二条　项目融资条件报外汇管理部门审批或审核时，项目公司需提交以下文件：

(一)申请文件，包括项目融资的方式、金额、市场，以及贷款的期限、利率、各项费用等融资条件；

(二)国家计委批准的项目可行性研究报告或其他文件；

(三)项目融资纳入国家借用国际商业贷款指导性计划的证明文件；

(四)项目融资协议；

（五）与项目融资相关的具有保证性质的文件；

（六）其他必要文件。

第十三条 项目公司以项目融资方式筹措的外汇资金，应及时调入境内，按照国家计委批准的内容用于进口技术设备、材料及支付其他费用，其余部分根据国家外汇管理规定保留或结汇；未经国家外汇管理局批准，不得存放境外。

第十四条 项目公司应根据有关规定，在境内的外汇指定银行开立人民币或外汇还本付息专项账户。未经国家外汇管理局批准，项目公司不得为其境内收入设立境外账户。

第十五条 项目公司应按照国家规定及有关协议，将用于支付还本付息的项目收入存入专项账户。偿还对外债务本金不足部分外汇，项目公司可凭国家计委和国家外汇管理局批准的有关文件，经当地外汇管理部门核准，向外汇指定银行购买，存入专项账户。还本付息专项账户的外汇，根据国家规定及有关协议，按期汇出。

第十六条 项目融资协议正式签署后，项目公司应向外汇管理部门办理外债登记，并于每年三月底之前向国家外汇管理局报送上年度资金使用、收入状况和债务偿还等情况，接受政府有关部门的检查和监督。

第十七条 凡违反本办法规定，未经批准擅自进行的项目融资，外汇指定银行不得为之开立还本付息账户，所需外汇不予兑换，偿还贷款的本金不得汇出。

第十八条 国家有关法律、法规对于特定项目进行项目融资另有规定的，从其规定。

第十九条 本办法由国家计委会同国家外汇管理局监督执行。

第二十条 本办法自发布之日起施行。

国务院关于进一步加强在境外发行股票和上市管理的通知

1997年6月20日

1992年以来，国务院和国务院证券主管部门在一系列法规和文件中，对在境外发行股票和上市的有关政策作了明确规定。但最近一个时期，一些机构和企业违反规定，未经批准，擅自将境内资产以各种形式转移到境外上市，造成了不良影响。在境外发行股票和上市是一项政策性很强的工作，必须依照国家有关规定有组织、有步骤地进行。针对目前境外上市中存在的问题，为进一步加强管理，保证境外发行股票和上市工作有序进行，现就有关问题通知如下：

一、在境外注册、中资控股（包括中资为最大股东，下同）的境外上市公司（以下称境外中资控股上市公司），进行分拆上市、增发股份等活动，受当地证券监管机构监管，但其中资控股股东的境内股权持有单位应当事后将有关情况报中国证监会备案，并加强对股权的监督管理。

二、在境外注册的中资非上市公司和中资控股的上市公司，以其拥有的境外资产和由其境外资产在境内投资形成并实际拥有三年以上的境内资产，在境外申请发行股票和上市，依照当地法律进行，但其境内股权持有单位应当按照隶属关系事先征得省级人民政府或者国务院有关主管部门同意；其不满三年的境内资产，不得在境外申请发行股票和上市，如有特殊需要的，报中国证监会审核后，由国务院证券委审批。上市活动结束后，境内股权持有单位应将有关情况报中国证监会备案。

三、凡将境内企业资产通过收购、换股、划转以及其他任何形式转移到境外中资非上市公司或者境外中资控股上市公司在境外上市，以及将境内资产通过先转移到境外中资非上市公司再注入境外中资控股上市公司在境外上市，境内企业或者中资控股股东的境内股权持有单位应按照隶属关系事先经省级人民政府或者国务院有关主管部门同意，并报中国证监会审核后，由国务院证券委按国家产业政策、国务院有关规定和年度总规模审批。

四、重申《国务院关于暂停收购境外企业和进一步加强境外投资管理的通知》(国发〔1993〕69号)规定的精神，禁止境内机构和企业通过购买境外上市公司控股股权的方式，进行买壳上市。

五、对违反上述规定的，以擅自发行股票论处。对负有责任的主管部门领导，由有关部门给予行政处分；对当事单位的主管人员和直接责任人员由该单位上级主管部门给予撤职直至开除的处分；对构成犯罪的，移交司法机关依法追究刑事责任；对当事单位和有关中介机构及责任人员由中国证监会按照《股票发行与交易管理暂行条例》等有关规定，给以处罚。

各地区、各部门要严格执行本通知的规定，采取切实有效措施，监督所属企业认真遵守国家有关法规和政策。境内企业到境外证券市场融资应主要采取直接上市的方式，国务院证券委要继续指导好这项工作，选择符合国家产业政策和境外上市条件的国有企业到境外直接上市。

本通知自发布之日起施行。

经常项目外汇结汇管理办法

1997年7月25日国家外汇管理局发布

第一条 为规范经营外汇业务银行(以下简称银行)、境内机构结汇行为，防止资本项目外汇混入经常项目结汇，根据《结汇、售汇及付汇管理规定》第六条的规定，特制定本办法。

第二条 凡未有规定或未经核准可以保留现汇的经常项目项下的外汇收入必须办理结汇；凡未有规定或未经核准结汇的资本项目项下的外汇收入不得办理结汇。

第三条 境内机构必须对其外汇收入区分经常项目与资本项目；银行应当按照外汇收入的不同性质按规定分别办理结汇或入账手续。凡无法证明属于经常项目的外汇收入，均应按照资本项目外汇结汇的有关规定办理。

第四条 对于境内机构等值5万美元(含5万美元)以下的贸易出口外汇收入，银行可以先予以办理结汇或入账，并在结汇水单或收账通知的出口收汇核销专用联(以下简称结汇水单或收账通知)上注明相应的核销单编号，国家外汇管理局及其分支局(以下简称外汇局)事后进行抽查。

第五条 对于境内机构等值5万美元以上的贸易出口外汇收入分别按以下规定办理结汇或入账，并在结汇水单或收账通知上注明相应的核销单编号。

(一)以跟单信用证、保函或跟单托收方式结算的贸易出口收汇，银行凭上述结算方式规定的有效商业单据和出口单位提供的与出口业务相应的出口收汇核销单编号办理结汇或入账。

(二)对于等值5万美元以上经外汇局确定为“结汇信得过企业”以汇款方式结算的贸易出口收汇，银行可先结汇或入账，事后凭收汇单位提供的加盖海关“验讫”章的出口收汇核销单正本核对。

银行须自结汇或入账之日起3个工作日内，通知收汇单位到银行办理有关核对手续。收汇单位须持收汇凭证及加盖海关“验讫”章的出口收汇核销单正本自结汇或入账之日起30个工作日内，到银行办理有关核对手续。

(三)对于等值5万美元以上非“结汇信得过企业”以汇款方式结算的贸易出口收汇，凭加盖海关“验讫”章的出口收汇核销单正本办理结汇或入账。

(四)出口项下预收货款结汇或入账，银行凭经外汇局备案并盖有“予收货款章”的正本出口收汇核销单和出口合同办理。

第六条 对于境内机构非贸易及单方面转移等其他经常项目项下等值2万美元(含2万美元)以下的外汇收入，银行可以先予以办理结汇或入账，外汇局事后抽查。

第七条 对于境内机构等值2万美元以上的非贸易及单方面转移等其他经常项目项下外汇收入，金额在等值2万美元以上5万美元(含5万美元)以下的，银行凭收汇单位提供的正本合同(协议)、发票等其他凭证办理结汇或入账；超过等值5万美元的，收汇单位应持合同(协议)、发票等其他凭证向外汇局申请，由外汇局审核真实性，银行凭外汇局的核准件为收汇单位办理结汇或入账手续。

第八条 外币现钞结汇按照境内机构外币现钞收付管理办法办理。

第九条 银行在办理结汇或入账后，须在收汇凭证(贸易项下出口收汇核销单，非贸易项下合同或协议)上签注结汇或入账金额、日期，加盖戳记，并留存收汇凭证复印件两年备查。

第十条 对于先结汇或入账、事后核对的汇入汇款，银行办理结汇或入账后，不得出具结汇水单或收账通知，但应在结汇或入账时逐笔登记，俟收汇单位在规定期限内提供相应结汇凭证及加盖海关"验讫章"的出口收汇核销单正本并逐笔核实后，出具结汇水单或收账通知。

第十一条 对于等值5万美元以上非"结汇信得过企业"的经常项目外汇收入，如收汇单位不能向银行或外汇局提供相应凭证，银行不得办理结汇，须原币划入银行暂收专户；

对于等值5万美元以上"结汇信得过企业"的经常项目外汇收入，如收汇单位事后不能按规定期限向银行提供相应凭证并办理有关核对手续的，银行应按当日汇率冲回原币划入银行暂收专户；

划入暂收专户的外汇不计息，未经外汇局核准不得汇出。

第十二条 代理出口项下出口收汇，如委托方为有权保留外汇的境内机构，收款行收汇后可以凭代理方提供的正本委托代理协议、出口合同及委托方的《外商投资企业外汇登记证》或《外汇账户使用证》办理原币划转，并在汇款附言中加注相应出口收汇核销单编号；汇入行按照规定办理结汇或入账，并在结汇水单或收账通知上注明出口收汇核销单编号。

如委托方为不得保留外汇的境内机构，未经外汇局批准其出口收汇不得原币划转，收款行按本办法结汇后将人民币划至委托方。

第十三条 出口押汇结汇，比照信用证项下结汇办法办理。

第十四条 对于先结汇或入账，事后核对的汇入汇款，银行或收汇单位如发现将资本项目的外汇误结汇的，应当根据资本项目外汇收入结汇的有关规定进行区分，如属允许结汇的，收汇单位应当在发现之日起10日内持规定的材料到外汇局补办资本项目外汇收入结汇核准手续；如属不允许结汇的，应及时调整至资本项目账户。如属收汇单位自结汇日起30个工作日内发现误结汇并主动调整账户的，银行可按结汇当日的买入价将原币冲回，入资本项目账户。否则，银行可按结汇当日卖出价售汇，入资本项目账户。

如因收汇单位人民币或外汇账户余额不足或其他原因无法调整入资本项目账户或银行暂收专户的，银行须及时传真通知当地外汇局，由外汇局按有关规定处理。

第十五条 出口信用保险和其他出口货物保险所得的理赔款等，银行可凭出口收汇核销单结汇或入账，并出具有核销单编号的结汇水单或收账通知。

第十六条 符合下列条件的企业，外汇局可以确定为"结汇信得过企业"：

(一)有外经贸部批准的进出口经营权，且在当地工商管理局注册的独立法人；

(二)遵守国家外汇管理规定，近两年没有发生违反国家外汇管理规定行为；

(三)主要业务主管人员经过当地外汇局培训考核，熟悉国家外汇管理政策；

(四)国家外汇管理局或其省级分局制订的其他条件。

第十七条 对于不按规定办理结汇核对的或有其他违反外汇管理规定行为的，外汇局有权取消其"结汇信得过企业"资格。外汇局应及时将"结汇信得过企业"名单及调整情况通知银行。

第十八条 对违反本办法的银行和境内机构，外汇局根据《中华人民共和国外汇管理条例》及《结汇、售汇及付汇管理规定》进行处罚。

第十九条 经营外汇业务的非银行金融机构为境内机构办理结汇业务，应当遵守本办法的规定。

第二十条 本办法由国家外汇管理局负责解释。

第二十一条 本办法自1997年9月1日起实行。1996年8月1日国家外汇管理局发布的《出口收汇结汇核销管理暂行办法》同时废止。

海关·税收·商检

中华人民共和国海关稽查条例

1997 年 1 月 3 日国务院令第 209 号发布

第一章　总　则

第一条　为了建立、健全海关稽查制度，加强海关监督管理，维护正常的进出口秩序和当事人的合法权益，保障国家税收收入，促进对外贸易的发展，制定本条例。

第二条　本条例所称海关稽查，是指海关自进出口货物放行之日起 3 年内或者在保税货物、减免税进口货物的海关监管期限内，对被稽查人的会计账簿、会计凭证、报关单证以及其他有关资料（以下统称账簿、单证等有关资料）和有关进出口货物进行核查，监督被稽查人进出口活动的真实性和合法性。

第三条　海关对下列与进出口活动直接有关的企业、单位实施海关稽查：

（一）从事对外贸易的企业、单位；

（二）从事对外加工贸易的企业；

（三）经营保税业务的企业；

（四）使用或者经营减免税进口货物的企业、单位；

（五）从事报关业务的企业；

（六）海关总署规定的从事与进出口活动直接有关的其他企业、单位。

第四条　海关和海关工作人员执行海关稽查职务，应当客观公正，实事求是，廉洁奉公，保守被稽查人的商业秘密，不得侵犯被稽查人的合法权益。

第二章　账簿、单证等有关资料的管理

第五条　与进出口活动直接有关的企业、单位所设置、编制的会计账簿、会计凭证、会计报表和其他会计资料，应当真实、准确、完整地记录和反映进出口业务的有关情况。

第六条　与进出口活动直接有关的企业、单位应当依照有关法律、行政法规规定的保管期限，保管会计账簿、会计凭证、会计报表和其他会计资料。

报关单证、进出口单证、合同以及与进出口业务直接有关的其他资料，应当自进出口货物放行之日起保管 3 年。

第七条　与进出口活动直接有关的企业、单位会计制度健全，能够通过计算机正确、完整地记账、核算的，其计算机储存和输出的会计记录视同会计资料，但是应当打印成书面记录并依照本条例的规定完整保管。

第八条　与进出口活动直接有关的企业、单位应当按照海关要求，报送有关进出口货物的购买、销售、加工、使用、损耗和库存情况的资料。

第三章　海关稽查的实施

第九条　海关应当按照海关监管的要求，根据进出口企业、单位和进出口货物的具体情况，确定海关稽查重点，制定年度海关稽查工作计划。

第十条　海关进行稽查时，应当在实施稽查的 3 日前，书面通知被稽查企业、单位（以下简称被稽查人）。在特殊情况下，经海关关长批准，海关可以不经事先通知进行稽查。

第十一条　海关进行稽查时，应当组成稽查组。稽查组的组成人员不得少于二人。

第十二条　海关进行稽查时，海关工作人员应当出示海关稽查证。

海关稽查证，由海关总署统一制发。

第十三条　海关进行稽查时，海关工作人员与

被稽查人有直接利害关系的，应当回避。

第十四条 海关进行稽查时，可以行使下列职权：

（一）查阅、复制被稽查人的账簿、单证等有关资料；

（二）进入被稽查人的生产经营场所、货物存放场所，检查与进出口活动有关的生产经营情况和货物；

（三）询问被稽查人的法定代表人、主要负责人员和其他有关人员与进出口活动有关的情况和问题；

（四）经海关关长批准，查询被稽查人在商业银行或者其他金融机构的存款账户。

第十五条 海关进行稽查时，发现被稽查人有可能转移、隐匿、篡改、毁弃账簿、单证等有关资料的，经海关关长批准，可以暂时封存其账簿、单证等有关资料。采取该项措施时，不得妨碍被稽查人正常的生产经营活动。

海关对有关情况经查明或者取证后，应当立即解除对账簿、单证等有关资料的封存。

第十六条 海关进行稽查时，发现被稽查人的进出口货物有违反海关法和其他有关法律、行政法规规定的嫌疑的，经海关关长批准，可以封存有关进出口货物。

第十七条 被稽查人应当配合海关稽查工作，并提供必要的工作条件。

第十八条 被稽查人应当接受海关稽查，如实反映情况，提供账簿、单证等有关资料，不得拒绝、拖延、隐瞒。

被稽查人使用计算机记账的，应当向海关提供记账软件、使用说明书及有关资料。

第十九条 海关查阅、复制被稽查人的账簿、单证等有关资料或者进入被稽查人的生产经营场所、货物存放场所检查时，被稽查人的法定代表人或者主要负责人员或其指定的代表应当到场，并按照海关的要求清点账簿、打开货物存放场所、搬移货物或者开启货物包装。

第二十条 海关进行稽查时，与被稽查人有财务往来或者其他商务往来的企业、单位应当向海关如实反映被稽查人的有关情况，提供有关资料和证明材料。

第二十一条 海关稽查组实施稽查后，应当向海关提出稽查报告。稽查报告报送海关前，应当征求被稽查人的意见。被稽查人应当自收到稽查报告之日起 7 日内，将其书面意见送交海关。

第二十二条 海关应当自收到稽查报告之日起 30 日内，作出海关稽查结论并送达被稽查人。

第四章 海关稽查的处理

第二十三条 经海关稽查，发现关税或者其他进口环节的税收少征或者漏征的，由海关依照海关法和有关税收法律、行政法规的规定向被稽查人补征；因被稽查人违反规定而造成少征或者漏征的，由海关依照海关法和有关税收法律、行政法规的规定追征。

被稽查人在海关规定的期限内仍未缴纳税款的，海关可以依照海关法第三十七条第一款的规定采取强制执行措施。

第二十四条 依照本条例第十六条的规定封存的有关进出口货物，经海关稽查排除违法嫌疑的，海关应当立即解除封存；经海关稽查认定违法的，由海关依照海关法和海关法行政处罚实施细则的规定处理。

第二十五条 经海关稽查，认定被稽查人有违反海关监管的行为的，由海关依照海关法和海关法行政处罚实施细则的规定处理。

第二十六条 经海关稽查，发现被稽查人有走私行为，构成犯罪的，依法追究刑事责任；尚不构成犯罪的，由海关依照海关法和海关法行政处罚实施细则的规定处理。

第二十七条 海关通过稽查决定补征或者追征的税款、没收的走私货物和违法所得以及收缴的罚款，全部上缴国库。

第二十八条 被稽查人同海关发生纳税争议的，依照海关法第四十六条的规定办理。

第五章 法律责任

第二十九条 被稽查人有下列行为之一的，由海关责令限期改正，逾期不改正的，处 1 万元以上 3 万元以下的罚款；情节严重的，取消其报关资格；对负有直接责任的主管人员和其他直接责任人员处 1000 元以上 5000 元以下的罚款：

（一）向海关提供虚假情况或者隐瞒重要事实的；

（二）拒绝、拖延向海关提供账簿、单证等有关资料的；

(三)转移、隐匿、篡改、毁弃账簿、单证等有关资料的。

第三十条 被稽查人未按照规定设置或者编制账簿、单证等有关资料的，由海关责令限期改正，逾期不改正的，处1万元以上5万元以下的罚款；情节严重的，取消其报关资格；对负有直接责任的主管人员和其他直接责任人员处1000元以上5000元以下的罚款。

第三十一条 海关工作人员在稽查中玩忽职守、徇私舞弊、滥用职权，或者利用职务上的便利，收受、索取被稽查人的财物，构成犯罪的，依法追究刑事责任；尚不构成犯罪的，依法给予行政处分。

第六章 附 则

第三十二条 本条例由海关总署组织实施。

第三十三条 本条例自发布之日起施行。

中华人民共和国海关对进口展览品监管办法

1997年2月14日海关总署令第59号发布

第一条 为了促进我国对外贸易和国际间经济、科技、文化和体育交流，便利外国和港、澳、台地区的公司、贸易团体、民间组织及政府机构等来华举办展览会，根据《中华人民共和国海关法》特制定本办法。

第二条 本办法所称进口展览品(以下简称展览品)包括下列货物、物品：

(一)在展览会中展示或示范用的货物、物品；

(二)为示范展出的机器或器具所需用的物品；

(三)展览者设置临时展台的建筑材料及装饰材料；

(四)供展览品做示范宣传用的电影片、幻灯片、录像带、录音带、说明书、广告等。

第三条 展览品属海关同意的暂时进口货物，进口时免领进口许可证、免交进口关税和其他税费。进口展览品应当接受海关监管，按照本办法的规定办理海关手续。

第四条 接待来华举办展览会的单位，应当将有关的批准文件，事先抄送展出地海关，并向展出地海关办理备案手续。

第五条 海关派员进驻展览场所执行监管任务时，展览会的主办单位或承办单位应当提供办公场所和必需的办公设备，并向海关支付规费。

第六条 展览品应自进境之日起6个月内复运出境。如需延长复运出境期限应报经主管海关批准，延长期限最长不超过6个月。

举办为期半年以上的展览会，应由主办单位或其代理人事先报海关总署审核。

第七条 展览品进境时，展览会主办单位、参展商或其代理人，应向海关提供担保。担保形式可为相当于税款金额的保证金、银行或其他金融机构的担保书，以及经海关认可的其他方式的担保。

在海关指定场所或海关派专人监管的场所举办展览会，可免于向海关提供担保。

第八条 展览会的主办单位或其代理人应在展出地海关办理展览品进口申报手续。从非展出地海关进口的展览品，应当在进境地海关办理转关手续。

主办单位或其代理人申报进口展览品时，应向海关提交展览品清单，清单内容填写应完整、准确，并译成中文。

第九条 展览品中如果有根据我国有关法律、法规应受除本《办法》第三条规定之外的进口限制的物品，主办单位或其代理人应当按照有关规定办理检验或批准手续。

第十条 展览会主办单位或其代理人应当于展览品开箱前通知海关，以备海关到场查验。海关对展览品进行查验时，展览品所有人或其代理人应当在场，并负责搬移、开拆、重新封货包装等协助查验的工作。

第十一条 展览会期间展出或使用的印刷品、音像制品及其他海关认为需要审查的物品,应经过海关审查同意后,方能展出或使用。

对我国政治、经济、文化、道德有害的以及侵犯知识产权的印刷品和音像制品,不得展出或使用,并由海关根据情况予以没收、退运出境或责令展出单位更改后使用。

第十二条 未经海关许可,展览品不得移出展览品监管场所,因故需要移出的,应当报经海关核准。

第十三条 展览会闭幕后,展览会主办单位或其代理人应及时向展出地主管海关交验展览品核销清单一份。对于未及时退运出境的展览品,应存放在海关指定的监管场所或监管仓库,并接受海关监管。

第十四条 对于转为正式进口的展览品,海关按照有关规定办理进口手续。

展览会主办单位应及时向海关办理转为正式进口的展览品进口结关手续,负责向海关缴纳参展商或其代理人拖欠未缴的各项税费。

第十五条 展览会期间出售的小卖品,其主办单位或其代理人应当向海关交验我国对外贸易管理部门的批准文件,并向海关缴纳进口关税和其他税费。

第十六条 对于经海关认可、展览品所有人予以放弃和赠送的货物,由海关按照有关规定处理。

展览品因毁坏、丢失或被窃而不能复运出境的,展览会主办单位或其代理人应及时向海关报告,并办理有关手续。对于毁坏的展览品,海关根据毁坏程度估价征税;对于丢失或被窃的展览品按照进口同类产品照章征税。

展览品因不可抗力遭受损坏或灭失的,海关根据其受损状况,减征或免征关税的进口环节税。

第十七条 海关根据展览会的性质、参展商的规模、观众人数等情况,在数量和总值合理的范围内,对下列进口后不复运出境的货物,免征进口关税和进口环节税:

(一)在展出活动中能够代表国外货物的小件样品,包括原装进口的或在参展期间用进口的散装原料制成的食品或饮料(不含酒精)的样品,但应符合以下条件:

1. 由参展商免费提供并在展出期间专供免费分送给观众个人使用或消费的;

2. 显系单价很小作广告样品用的;

3. 不适用于商业用途,且单位容量明显小于最小的零售包装容量的;

4. 食品及饮料的样品虽未按本项3规定的包装分发,但确系在活动中消耗掉的。

(二)在展览会中专为展出的机器或器件进行操作示范所进口的并在示范过程当中被消耗或损坏的物料。

(三)展出者为修建、布置或装饰展出台而进口的一次性廉价物品,如油漆、涂料及壁纸。

(四)参展商免费提供并在展出期间专门用于向观众免费散发的与活动有关的宣传性印刷品、商业目录、说明书、价目单、广告招贴、广告日历及未装框照片等。

(五)进口供各种国际会议使用或与其有关的档案、记录、表格及其他文件。

本条不适用于含酒精饮料、烟叶制品及燃料。

第十八条 上条第(一)项所述货物,需超出限量进口的,超出部分应照章纳税。上条第(二)、(三)项所述物料,其未使用或尚未被消耗的部分,如不复运出境,应按规定办理进口手续并照章纳税。上条第(四)项所述物品如未在展览会期间分送完,展览会结束后需留在国内的,主办单位或其代理人应按照我国对有关印刷品进口的管理规定办理进口手续并照章纳税。

第十九条 为举办展览会而进口第十七条规定以外的货物、物品,一律照章征税。

第二十条 对批准在我国境内两个或两个以上设关地点举办展览会的展览品,展览会的主办单位或其代理人应按海关要求,转至下一设关地点继续展览,并接受展出地海关监管。

展览会结束后,部分展览品需运至另外一设关地点参加其他相关展览会的,经海关同意后,按照海关对转关运输的有关规定办理转关手续。

对在原批准展出计划外,需临时增加展出地点或参加另一展览会的展览品,展览会的主办单位或其代理人应持原批准单位同意增加展出地点或参加另一展览会的批准文件,向海关书面申请,经海关同意后,按海关对转关运输的有关规定办理转关手续。

第二十一条 展览会结束后,应向展出地海关办理海关核销手续。展览品实际复运出境时,展览会的主办单位或其代理人应向海关递交有关的核销清单和运输单据,办理展览品出境手续。

对需要运至其他设关地点复运出境的展览品,经海关同意后,按照海关对转关运输的有关规定办理转关手续。

第二十二条 对于为举办技术交流会、商品展示会或类似活动而进境的货物,海关按本办法的有关规定进行监管。

第二十三条 对于违反本办法规定的,海关将依据《中华人民共和国海关法》、《中华人民共和国海关法行政处罚实施细则》和国家其他有关法律、法规的规定予以处罚。

第二十四条 本办法由海关总署负责解释。

第二十五条 本办法自1997年4月1日起实施。

国务院关于对生产企业自营出口或委托代理出口货物实行“免、抵、退”税办法的通知

1997年2月25日

为进一步搞活国有大中型企业,扩大外贸出口,推行代理制,国务院决定,对有进出口经营权的生产企业自营出口或委托外贸企业代理出口的货物实行“免、抵、退”税的办法。现将有关问题通知如下:

一、实行“免、抵、退”税的范围。凡有进出口经营权的各类生产企业自营出口或委托外贸企业代理出口的货物,除另有规定者外,一律实行“免、抵、退”税的办法。

对1993年12月31日前批准设立的外商投资企业出口货物实行免税办法继续执行到1998年12月31日。期满后也实行“免、抵、退”税的办法。

二、实行“免、抵、退”税办法的“免”税,是指对生产企业自营出口或委托外贸企业代理出口的货物,免征本企业生产销售环节增值税;“抵”税,是指生产企业自营出口或委托外贸企业代理出口的货物应予免征或退还的所耗用原材料、零部件等已纳税款抵顶内销货物的应纳税款;“退”税,是指生产企业自营出口或委托外贸企业代理出口货物占本企业当期全部货物销售额50%以上的,在一个季度内,因应抵顶的税额大于应纳税额而未抵顶完时,经主管出口退税的税务机关批准,对未抵顶完的税额部分予以退税。

三、实行“免、抵、退”税办法,仍执行《国务院关于调低出口货物退税率的通知》(国发〔1995〕29号)规定的退税率,并按照出口货物的离岸价计算“免、抵、退”税额。

四、本办法自1997年1月1日起实行。由财政部、国家税务总局制定具体实施办法。

对有进出口经营权的生产企业自营出口或委托外贸企业代理出口货物实行“免、抵、退”税的办法,是出口退税管理办法的重要改革。各级人民政府要从全局出发,加强领导,积极支持这项改革。各有关部门要注意密切合作,及时解决实施中出现的问题,同时要认真总结经验,为逐步扩大“免、抵、退”税办法的实施范围,进一步完善出口退税机制创造条件。

关于实施专利权海关保护若干问题的规定

海关总署　中国专利局 1997 年 3 月 11 日发布

为了有效地实施专利权的海关保护，维护专利权人和其他有关当事人的合法权益，根据《中华人民共和国专利法》和《中华人民共和国知识产权海关保护条例》(以下简称《条例》)作出如下规定：

一、凡已在海关总署备案的专利权发生下列情况变更，专利权人应依据《条例》第十一条的规定，自变更生效之日起 10 日内持中国专利局的证明向海关总署办理备案变更或注销手续：

(一)专利权人的姓名(名称)、国籍、地址或发明创造名称变更；

(二)专利权被撤销或宣告无效；

(三)专利权终止；

(四)专利权被继承、转让或赠与；

(五)专利的许可情况发生变化；

(六)海关总署认为应当说明的其他变更情况。

二、专利权人或其代理人根据《条例》的有关规定向进出境地海关申请采取保护措施，应在海关要求时交验海关所在地或专利权人所在地专利管理机关或者中国专利局指定部门根据中国专利局专利登记簿出具的证明专利权有效的文件。

三、专利权人或其他当事人根据《条例》的规定，将侵权争议提交专利管理机关处理的，应当向采取保护措施的进出境地海关的所在地有管辖权的专利管理机关提出申请。

专利管理机关处理上款所述的侵权争议，适用中国专利局制订的《专利管理机关处理专利纠纷办法》。

四、依据《条例》第二十二、二十三条的规定，专利管理机关对海关扣留的侵权嫌疑货物进行调查，应作出构成侵权或排除侵权嫌疑的决定书。进出境地海关可以凭专利管理机关的决定书作出放行或者没收货物的决定。

五、专利管理机关在处理侵权争议过程中，可以要求海关予以必要的协助。

六、海关依照《条例》第二十条的规定对涉嫌侵犯专利权的货物进行调查时，可以要求其所在地有管辖权的专利管理机关协助对货物的侵权状况进行技术性判定，专利管理机关应给予协助。所作出的技术判定应出具技术判定书。

七、本规定所称的专利管理机关是《中华人民共和国专利法实施细则》第七十六条规定的“国务院有关主管部门或者地方人民政府设立的专利管理机关”。

八、本规定由海关总署和中国专利局共同解释。

九、本规定自发布之日起施行。

国家税务总局关于外商投资企业分支机构适用所得税税率问题的通知

1997 年 4 月 9 日

最近，对外商投资企业设在我国境内不同税率地区的分支机构，如何依照《中华人民共和国外商投资企业和外国企业所得税法》(以下简称税法)确定适用税率的有关问题，各地税务机关屡有询问。根据税法第五条、第七条和税法实施细则第七十一条的规定，对上述问题应区别以下情况处理：

一、外商投资企业设在我国境内的从事产品生产、商品贸易、服务等业务的分支机构，其生产经营所得应适用该分支机构所在地同类业务企业适用的企业所得税税率，由其总机构汇总缴纳所得税。

二、外商投资企业在我国境内生产产品及销售自产产品，不论是否通过设立销售机构进行销售及销售机构核算方式如何，其生产销售自产产品的利润均应按产品实际生产机构所在地适用的企业所得税税率，由其总机构汇总计算缴纳所得税。

三、以前处理与本通知的规定不一致的，可自1996年度起，按本通知的规定进行调整。

残疾人专用品免征进口税收暂行规定

1997年1月22日国务院批准

1997年4月10日海关总署令第61号发布

第一条 为了支持残疾人康复工作，有利于残疾人专用品进口，制定本规定。

第二条 进口下列残疾人专用品，免征进口关税和进口环节增值税、消费税：

(一)肢残者用的支辅具，假肢及其零部件，假眼，假鼻，内脏托带，矫形器，矫形鞋，非机动助行器，代步工具(不包括汽车、摩托车)，生活自助具，特殊卫生用品；

(二)视力残疾者用的盲杖，导盲镜，助视器，盲人阅读器；

(三)语言、听力残疾者用的语言训练器；

(四)智力残疾者用的行为训练器，生活能力训练用品。

进口前款所列残疾人专用品，由纳税人直接在海关办理免税手续。

第三条 有关单位进口的国内不能生产的下列残疾人专用品，按隶属关系经民政部或者中国残疾人联合会批准，并报海关总署审核后，免征进口关税和进口环节增值税、消费税：

(一)残疾人康复及专用设备，包括床房监护设备、中心监护设备、生化分析仪和超声诊断仪；

(二)残疾人特殊教育设备和职业教育设备；

(三)残疾人职业能力评估测试设备；

(四)残疾人专用劳动设备和劳动保护设备；

(五)残疾人文体活动专用设备；

(六)假肢专用生产、装配、检测设备，包括假肢专用铣磨机、假肢专用真空成型机、假肢专用平板加热器和假肢综合检测仪；

(七)听力残疾者用的助听器。

第四条 本规定第三条规定的有关单位，是指：

(一)民政部直属企事业单位和省、自治区、直辖市民政部门所属福利机构、假肢厂和荣誉军人康复医院(包括各类革命伤残军人休养院、荣军医院和荣军康复医院)；

(二)中国残疾人联合会(中国残疾人福利基金会)直属事业单位和省、自治区、直辖市残疾人联合会(残疾人福利基金会)所属福利机构和康复机构。

第五条 依据本规定免税进口的残疾人专用品，不得擅自移作他用。

违反前款规定，将免税进口的物品擅自移作他用，构成走私罪的，依法追究刑事责任；尚不构成犯罪的，按走私行为或者违反海关监管规定的行为论处。

第六条 海关总署根据本规定制定实施办法。

第七条 本规定自发布之日起施行。

科学研究和教学用品免征进口税收暂行规定

1997年1月22日国务院批准　1997年4月10日海关总署令第61号发布

第一条　为了促进科学研究和教育事业的发展,有利于科学研究和教学用品的进口,制定本规定。

第二条　科学研究机构和学校,不以营利为目的,在合理数量范围内进口国内不能生产的科学研究和教学用品,直接用于科学研究或者教学的,免征进口关税和进口环节增值税、消费税。

第三条　本规定所称科学研究机构和学校,是指:

(一)国务院部、委、直属机构和省、自治区、直辖市、计划单列市所属专门从事科研开发的机构;

(二)国家教委承认学历的大专以上全日制高等院校;

(三)财政部会同国务院有关部门批准的其他科研开发机构和学校。

第四条　本规定第二条所称科学研究和教学用品,是指:

(一)科学研究、科学试验和教学用的分析、测量、检查、计量、观测、发生信号的仪器、仪表及其附件;

(二)为科学研究和教学提供必要条件的实验室设备(不包括中试设备);

(三)计算机工作站,小型、中型、大型计算机和可编程序控制器;

(四)在海关监管期内用于维修依照本规定已免税进口的仪器、仪表和设备或者用于改进、扩充该仪器、仪表和设备的功能而单独进口的,金额不超过整机价值10%的专用零部件及配件;

(五)各种载体形式的图书、报刊、讲稿、计算机软件;

(六)标本、模型;

(七)教学用幻灯片;

(八)化学、生化和医疗实验用材料;

(九)实验用动物;

(十)科学研究、科学试验和教学用的医疗仪器及其附件(限于医药类院校、专业和医药类科学研究机构);

(十一)优良品种植物及种子(限于农林类院校、专业和农林类科学研究机构);

(十二)专业级乐器和音像资料(限于艺术类院校、专业和艺术类科学研究机构);

(十三)特殊需要的体育器材(限于体育类院校、专业和体育类科学研究机构);

(十四)教练飞机(限于飞行类院校);

(十五)教学实验船舶所用关键设备(限于航运类院校);

(十六)科学研究用的非汽油、柴油动力样车(限于院校的汽车专业)。

第五条　下列科学研究机构,自1996年至2000年,适用本规定给予的免税待遇:

(一)国家经济贸易委员会会同财政部、国家税务总局和海关总署核定的企业(集团)技术中心;

(二)国家计划委员会会同财政部、国家税务总局和海关总署核定的国家工程研究中心和国家重点实验室;

(三)国家科学技术委员会会同财政部、国家税务总局和海关总署核定的国家工程技术研究中心。

第六条　依据本规定免税进口的科学研究和教学用品,不得擅自移作他用。

违反前款规定,将免税进口的物品擅自移作他用,构成走私罪的,依法追究刑事责任;尚不构成犯罪的,按走私行为或者违反海关监管规定的行为论处。

第七条　需要明确进口货物是否符合本规定所限定的范围的,由海关总署会同国务院有关部门审定。

第八条　海关总署根据本规定制定实施办法。

第九条　本规定自发布之日起施行。

流通领域进口商品质量监督管理办法

国家进出口商品检验局
国家工商行政管理局
1997年4月17日发布

第一条 为加强对流通领域进口商品质量的监督管理，保护消费者合法权益，维护社会主义市场秩序，根据《中华人民共和国进出口商品检验法》、《中华人民共和国进出口商品检验法实施条例》、《中华人民共和国消费者权益保护法》、《投机倒把行政处罚暂行条例》等有关法律法规的规定，特制定本办法。

第二条 本办法适用于流通领域内下属商品：

一、《商检机构实施检验的进出口商品种类表》(以下简称《种类表》)内的进口商品；

二、中华人民共和国国家进出口商品检验局(以下简称国家商检局)《实施安全质量许可制度的进口商品目录》内的商品；

三、其他法律、行政法规规定须经商检机构检验的进口商品；

四、国家商检局、中华人民共和国国家工商行政管理局(以下简称国家工商行政管理局)和省级商检、工商行政管理部门联合公布的进口商品抽查目录内的商品。

第三条 商检局是进口商品质量检验和监督管理的主管机关，工商行政管理部门是进口商品国内经营活动监督管理的主管机关。商检局依照商检法，对逃避法定检验和逃避安全质量许可制度的进口商品的经营者进行查处；对法定检验以外的进口商品和消费者反映有质量问题的进口商品进行抽查检验；对假冒伪造商检证单、检验结果、商检标志的行为进行查处。工商行政管理部门依法对假冒进口商品、非法进口商品进行查处。

第四条 监督检查的内容

1. 国家规定实施进口安全质量许可制度的进口商品是否取得安全质量许可并加贴商检安全认证标志(以下简称CCIB安全标志)；

2.《种类表》内进口商品是否经商检机构检验合格；

3. 进口商品使用的标识及标签是否符合我国的规定；

4. 是否为假冒进口商品、非法进口商品；

5. 其他法律法规规定需由商检局、工商行政管理部门检查的进口商品是否符合我国的有关规定。

第五条 商检局、工商行政管理部门对经营、销售进口商品的单位或其仓库现场进行监督检查并抽取样品送当地商检局或其指定的检验机构对商品的有关质量、安全、卫生、环保等项目进行检测。

第六条 经营销售单位不得进口、销售、转卖需经而未经国家商检局安全质量许可并加贴CCIB安全标志的商品和《种类表》内未经商检机构检验合格的商品。

第七条 对违法行为的处罚

一、对违反《中华人民共和国进出口商品检验法》规定有下列行为之一的，由当地商检局根据《中华人民共和国进出口商品检验法实施条例》的有关规定处罚：

1. 销售的进口商品需经而未经国家商检局安全质量许可并加贴CCIB安全标志的；

2. 销售《种类表》内的进口商品未取得商检局检验合格证明的；

3. 不如实向指定的检验机构报验，骗取检验单证的；

4. 销售经检验不符合国家强制性标准的进口商品；

5. 伪造、变造、盗用商检机构的证单、印章、标志、封识、认证标志或检验标志的。

二、经销单位销售假冒进口商品和非法进口商品由工商行政管理部门依法处罚。

三、对违法经销的商品需要封存的，由当地商检局、工商行政管理部门按职责封存或联合封存。

第八条 对违法经销商品的处理

对违反第七条规定的单位除按规定处罚外，对下列商品由商检局进行处理：

1. 属未获得国家商检局安全质量许可并加贴CCIB安全标志的商品，由商检局抽取样品交至指定的检验机构，按照我国有关强制性安全标准检测，测试合格的按规定加贴商检绿色验讫标志，方可销售。

2. 属无商检合格证明的商品，需由经销单位到商检局报验，经检验合格获得合格证明后方允许销售。

3. 进口商品经检验不符合法律、行政法规规定的强制性标准或者其他必须执行的检验标准的，必须在商检机构的监督下进行技术处理，经重新检验合格后，方可销售或者使用；不能进行技术处理或者经技术处理后，重新检验仍不合格的，由商检机构责令收货人退货或者销毁。

第九条 经销单位销售的假冒进口商品造成对消费者合法权益损害的，按照《中华人民共和国消费者权益保护法》的规定处理。

第十条 有关样品的测试、检验费用按国家有关规定收取。

第十一条 本办法由国家商检局、国家工商行政管理局负责解释。

第十二条 本办法自公布之日起实施。

关于外商投资企业合并、分立、股权重组、资产转让等重组业务所得税处理的暂行规定

1997年4月28日国家税务总局发布

根据《中华人民共和国外商投资企业和外国企业所得税法》(以下称税法)及其实施细则的有关规定，对外商投资企业(以下简称企业)合并、分立、股权重组、资产转让等重组业务中有关营业活动延续性认定、资产计价、税收优惠和亏损结转等税务处理问题，规定如下：

一、合并的税务处理

合并是指：两个或两个以上的企业，依照有关法律、法规的规定，合并为一个企业。其中，合并各方解散而共同设立为新的企业，为新设合并(也称解散合并)；合并一方存续，其他各方解散而并入存续一方，为吸收合并(也称存续合并)。企业无论采取何种方式合并，均不须经清算程序，合并前企业的股东(投资者)除要求退股的以外，将继续成为合并后企业的股东；合并前企业的债权和债务，通过法律规定的程序，由合并后的企业承继。

对企业在合并前后的营业活动应作为延续的营业活动进行税务处理。凡合并后的企业依据有关法律规定仍为外商投资企业的，其有关税务事项按以下规定处理：

(一)资产计价的处理

合并后企业的各项资产、负债和股东权益，应按合并前企业的账面历史成本计价，不得以企业为实现合并而对有关资产等项目进行评估的价值调整其原账面价值。凡合并后的企业在会计损益核算中，按评估价调整了有关资产账面价值并据此计提折旧或摊销的，应在计算申报年度应纳税所得额时，按下述方法之一进行调整：

1. 按实逐年调整。对因改变资产价值，每一纳税年度通过折旧、摊销等方式实际多计或少计当期成本、费用的数额，在年度纳税申报的成本费用项目中予以调整，相应调增或调减当期应纳税所得额。

2. 综合调整。对资产价值变动的数额，不分资产项目，平均分十年，在年度纳税申报的成本、费用项目中予以调整，相应调增或调减每一纳税年度的应纳税所得额。

以上调整方法的选用，由企业申请，报主管税务机关批准。企业在办理年度纳税申报时，应将有关计算资料一并附送主管税务机关审核。

(二)定期减免税优惠的处理

合并后企业的生产经营业务符合税法规定的定期减免税优惠适用范围的，应承续合并前的税收待遇，具体税务处理按以下方法进行：

1. 合并前各企业应享受的定期减免税优惠已享受期满的，合并后的企业不再重新享受。

2. 合并前各企业应享受的定期减免税优惠未享受期满且剩余期限一致的，合并后的企业继续享受优惠至期满。

3. 合并前各企业剩余的定期减免税期限不一致的，或者其中有不适用定期减免税优惠的，合并后的企业应按本款第(五)项的规定，划分计算相应的应纳税所得额。对其中剩余减免税期限不一致的业务相应部分的应纳税所得额，分别继续享受优惠至期满；对不适用税收优惠的业务的应纳税所得额，不享受优惠。

(三)减低税率的处理

对合并后的企业及其各营业机构，应根据其实际生产经营情况，依照税法及其实施细则及有关规定，确定适用有关地区性或行业性减低税率，并按本款第(五)项的规定，划分计算相应的应纳税所得额计算纳税。

(四)前期亏损的处理

合并前各企业尚未弥补的经营亏损，可在税法第十一条规定的亏损弥补年限的剩余期限内，由合并后的企业逐年延续弥补。如果合并后的企业在适用不同税率的地区设有营业机构，或者兼有适用不同税率或不同定期减免税期限的生产经营业务的，应按本款第(五)项的规定，划分计算相应的所得额。合并前企业的上述经营亏损，应在与该合并前企业相同税收待遇的所得中弥补，具体应比照税法实施细则第九十一条第二款规定的方法进行。

(五)应纳税所得额的划分计算

从事适用不同税率的业务或者剩余的定期减免税期限不一致的企业进行合并，合并后的企业按以上款项规定，须对其应纳税所得总额进行划分以适用不同税务处理的，依据税法实施细则第九十一条、九十二条和九十三条的规定，对其应纳税所得额的划分计算，按以下方法进行：

1. 合并前的企业在合并后仍分设为相应的营业机构，延续合并前的生产经营业务，凡合并后的企业能够分别设立账册，准确合理地计算其各营业机构的应纳税所得额的，可采取据实核算的方法分别计算各营业机构的应纳税所得额。

2. 合并前的企业在合并后未分设为相应的营业机构，或者虽分设为营业机构，但经主管税务机关认定，合并后的企业未能准确合理地计算其各营业机构的应纳税所得额的，应以该企业中适用不同税务处理的各营业机构或各类业务间的年度营业收入比例、成本和费用比例、资产比例、职工人数或者工资数额比例中的一种比例或多种比例的平均比例，对其当年度应纳税所得总额进行划分计算。上述比例中涉及合并后年度的有关项目数额不易确定的，可以按合并前最后一个完整纳税年度或其他合理期间的有关项目数额确定上述比例。

二、分立的税务处理

分立是指：一个企业，依照有关法律、法规的规定，分立为两个或两个以上的企业。其中，原企业解散，分立出的各方分别设立为新的企业，为新设分立(也称解散分立)；原企业存续，而其一部分分出设立为一个或数个新的企业，为派生分立(也称存续分立)。企业不论采取何种方式分立，均不须经清算程序，分立前企业的股东(投资者)可以决定继续全部或部分作为各分立后企业的股东；分立前企业的债权和债务，按法律规定的程序和分立协议的约定，由分立后的企业承继。

对企业在分立前后的营业活动应作为延续的营业活动进行税务处理。凡分立后的企业依据有关法律规定仍为外商投资企业的，其有关税务事项按以下规定处理：

(一)资产计价的处理

分立后各企业的资产、负债和股东权益，应按分立前企业的账面历史成本计价，不得以企业为实现分立而对有关资产等项目进行评估的价值调整其原账面价值。凡分立后的企业在会计损益核算中，按评估价调整了有关资产账面价值并据此计提折旧或摊销的，应在计算申报年度应纳税所得额时，按照本规定第一条有关企业合并的“资产计价的处理”款项中规定的方法予以调整。

(二)税收优惠的处理

对分立后的各企业，应分别根据其生产经营情况，依照税法及其实施细则及有关规定，确定适用减低税率及承续享受分立前企业的定期减免税优惠待遇。

1. 分立后企业的生产经营业务符合税法规定的有关税收优惠的适用范围的：凡分立前享受有关税收优惠尚未期满的，分立后的企业可继续享受至期满；凡分立前已享受有关税收优惠期满的，分立后的企业均不得重新享受该项税收优惠；凡属分立前企业的生产经营业务不适用有关税收优惠，而分立后的企业改变为适用优惠业务的，该分立后的企业可享受自分立前企业获利年度起计算的税收优惠年限中剩余年限的优惠。

2. 分立后企业的生产经营业务不符合税法规定的有关税收优惠的适用范围的，均不得享受或继续享受有关税收优惠。

(三)前期亏损的处理

分立前企业尚未弥补的经营亏损,按分立协议的约定由分立后的各企业分担的数额,可在税法第十一条规定的亏损弥补年限的剩余期限内,由分立后的各企业逐年延续弥补。

三、股权重组的税务处理

股权重组是指:企业的股东(投资者)或股东持有的股份金额或比例发生变更,具体包括,(1)股权转让,即企业的股东将其拥有的股权或股份,部分或全部转让给他人;(2)增资扩股,即企业向社会募集股份、发行股票,新股东投资入股或原股东增加投资扩大股权,从而增加企业的资本。企业的股权重组,是其股东的投资或交易行为,属于企业股权结构的重组,不影响企业的存续性;企业不须经清算程序;企业的债权和债务关系,在股权重组后继续有效。

对股权重组涉及的有关税务事项,按以下规定处理:

(一)股权转让收益的处理

外商投资企业和外国企业,转让其拥有的企业的股权或股份所取得的收益,应依照税法及其实施细则及有关规定,计算缴纳或扣缴所得税。中国境内企业转让股权或股份的损失,可在其当期应纳税所得额中扣除。

股权转让收益或损失是指,股权转让价减除股权成本价后的差额。

股权转让价是指,股权转让人就转让的股权所收取的包括现金、非货币资产或者权益等形式的金额;如被持股企业有未分配利润或税后提存的各项基金等股东留存收益的,股权转让人随转让股权一并转让该股东留存收益权的金额(以不超过被持股企业账面的分属为股权转让人的实有金额为限),属于该股权转让人的投资收益额,不计为股权转让价。

股权成本价是指,股东(投资者)投资入股时向企业实际交付的出资金额,或收购该项股权时向该股权的原转让人实际支付的股权转让价金额。

(二)股票发行溢价的处理

企业发行股票,其发行价格高于股票面值的溢价部分,为企业的股东权益,不作为营业利润征收所得税;企业清算时,亦不计入应纳税清算所得。

(三)以利润(股息)购买股票适用再投资退税优惠的限定

外国投资者将从企业分取的利润(股息)购买本企业股票(包括配股)或其他企业股票,不适用税法有关再投资退税的优惠规定。

(四)股权重组的企业有关税务事项的处理

对企业在股权重组前后的营业活动应作为延续的营业活动进行税务处理。企业在股权重组后,依有关法律规定仍为外商投资企业的或仍适用外商投资企业有关税收法律、法规的,对其有关事项进行以下税务处理:

1. 企业不得按为实现股权重组而对有关资产等项目进行评估的价值,调整其各项资产、负债及股东权益的账面价值。凡企业在会计损益核算中,按评估价调整了有关资产账面价值并据此计提折旧或摊销的,应在计算申报年度应纳税所得额时,按照本规定第一条有关企业合并的“资产计价的处理”款项中规定的方法予以调整。

2. 企业按照税法及其实施细则及有关规定可享受的各项税收优惠待遇,不因股权重组而改变。股权重组后,企业就其尚未享受期满的税收优惠继续享受至期满,不得重新享受有关税收优惠。

3. 企业在股权重组前尚未弥补的经营亏损,可在税法第十一条规定的亏损弥补年限的剩余期限内,在股权重组后逐年延续弥补。

四、资产转让的税务处理

资产转让是指:企业转让本企业的或者受让另一企业的部分或全部资产(包括商誉、经营业务及清算资产)。企业转让、受让资产,不影响转让、受让双方企业的存续性。

对资产转让涉及的有关税务事项,按以下规定处理:

(一)资产转让收益的处理

企业取得的资产转让收益或损失,应依照税法及其实施细则及有关规定,计入其当期应纳税所得额计算缴纳所得税。

(二)受让资产计价的处理

受让方所受让的各项资产,可按该各项资产的实际受让价,计入受让方有关资产账目。如受让资产项目繁多或者与商誉或经营业务一并作价受让,不易分别计算各项资产受让价的,可以按有关资产在转让方账面的净值,计入受让方有关资产账目;其实际受让总价与该有关资产账面净值的差额,可作为商誉或经营业务的受让价金额,单独列为受让方的无形资产,在资产受让之日起不少于十年的期限内平均摊销,资产受让后的企业剩余经营期不足十年的,在企业剩余经营期内平均摊销。

(三)税收优惠的处理

资产转让和受让双方在资产转让后未改变其生产经营业务的,应承续其原税收待遇,其中享受定期减免税优惠的，不得因资产转让而重新计算减免税期。

资产转让或受让一方企业，在资产转让后改变了生产经营业务的，凡属原适用有关税收优惠的业务改变为非适用优惠业务的，在资产转让后不得继续享受该项税收优惠；凡属原不适用有关税收优惠的业务改变为适用优惠业务的，可享受自该企业获利年度起计算的税收优惠年限中剩余年限的优惠。

（四）前期亏损的处理

资产转让和受让双方在资产转让前后发生的经营亏损，各自在税法第十一条规定的亏损弥补年限内逐年弥补。不论企业转让部分还是全部资产及业务，企业经营亏损均不得在资产转让和受让双方间相互结转。

五、合并、分立、股权重组后的企业，其内外资股权比例不符合有关外商投资企业法律规定比例的，除税收法律、法规、规章另有规定的以外，不再继续适用外商投资企业有关的所得税法律、法规，而应按照内资企业适用的所得税法律、法规进行税务处理。同时，对重组前的企业根据税法第八条规定已享受的定期减免税，应区分以下情况处理：

（一）凡重组前企业的外国投资者持有的股权，在企业重组业务中没有退出，而是已并入或分入合并、分立后的企业或者保留在股权重组后的企业的，不论重组前的企业经营期长短，均不适用税法第八条关于补缴已免征、减征的税款的规定。

（二）凡重组前企业的外国投资者在企业重组业务中，将其持有的股权退出或转让给国内投资者的，重组前的企业实际经营期不满适用定期减免税优惠的规定年限的，应依照税法第八条的规定，补缴已免征、减征的企业所得税税款。

六、在中国境内设立机构、场所从事生产经营的外国企业，发生合并、分立、股权重组、资产转让等重组业务，对其在中国境内的机构、场所有关税务事项的处理，比照本规定执行。

七、本规定自1997年度起施行。有关税务机关就以前年度事项做出的税务处理与本规定有不同的，应自1997年度起按本规定进行调整；凡1997年以前年度的处理结果会影响1997年及以后年度税务处理的，对1997年以前年度的处理结果，原则上也应按本规定进行调整。

进口商品安全质量许可制度实施细则

1997年7月1日国家进出口商品检验局发布

第一章 总 则

第一条 为加强对进口商品的安全质量检验和监督，适应环境保护的要求，维护国家和消费者的利益，确保人身和财产安全，根据《中华人民共和国进出口商品检验法》、《中华人民共和国进出口商品检验法实施条例》和国家商检局发布的《进口商品安全质量许可制度实施办法》，制定本细则。

第二条 本细则适用于《实施安全质量许可制度的进口商品目录》（以下简称《目录》）内的商品。

第三条 凡属《目录》内的进口商品，必须获得国家商检局签发的“进口商品安全质量许可证书”并加贴国家商检局批准使用的“CCIB”安全标志，方准进口。

第四条 国家商检局主管进口商品安全质量许可制度工作。国家商检局质量许可制度办公室作为国家商检局的办事机构负责组织和管理进口商品安全质量许可制度工作、拟定实施商品的《目录》、负责办理《目录》内少量进口或为科研等特殊情况进口商品安全质量许可免办的证明、负责更改安全标志样式制作方式的审批工作以及负责组织和管理国内流通领域进口商品的市场监督抽查工作。国家商检局指定中国进出口商品质量认证中心（以下简称“认证中心”）负责进口商品安全质量许可制度审查工作，并组织国家商检局设在各地的进口商品质量许可制度审查部(以下简称"审查部")负责国家商检局指定商品的安全质量许可制度的实施工作。国家商检局指定的商检机构或商检实验室(以下简称"检验机构")负责国家商检局指定商品的安全性能检测工作。

第二章　申　请

第五条　自《目录》公布后,国外厂商或其代理人(以下简称"申请人")即可向认证中心提出书面意向申请书并交纳申请费。意向申请书内容应包括申请商品的名称、型号、规格及有关资料、生产厂和申请人的名称、地址、电话、传真等有关信息。

《目录》内商品原则上按型号提出申请。不同生产厂生产的同型号商品或同一生产厂在不同生产地点生产的同型号商品,应分别申请。

第六条　接到申请人的意向申请书后,认证中心向有关审查部寄送任务书,有关审查部会同检验机构审查申请资料后按申请商品划分成申请单元由审查部向申请人寄发正式《申请书》。

申请人须在接到《申请书》40 天内办完申请手续,否则申请自行作废。申请手续包括:申请人按照《申请书》所列要求向指定审查部寄送填写好的《申请书》,提交有关资料(具体要求见认证中心规定),寄送样品,声明样品处理意见并支付样品检验费、资料审查费等项费用。

申请人提交的一切资料及申请书均应用中文或英文书写。

第三章　样品检验

第七条　有关检验机构收到样品和有关资料后,按照相应商品的安全检验项目和标准(见认证中心规定)对样品进行检测。检测结束后,检验机构应将检验报告及有关资料送交有关审查部。

对已申请并通过检测的基本型产品的系列产品或变型产品,只检测与基本型不同部分的有关项目。

国家商检局可委托其认可的国外检验机构进行部分检测工作,或者由国家商检局指定认证中心派出专家组监督生产厂进行检测。

在检测过程中,若增加检测项目,有关审查部应通知申请人补交检测费后再进行检测。

第八条　样品检验后,有关审查部向需要领回样品的申请人寄送"领取样品通知书"。申请人收到"领取样品通知书"一个月内到指定地点办理样品领取手续。逾期不取的样品交中国海关处理。

第九条　若样品检测合格,由有关审查部通知申请人缴纳生产厂生产与检测条件审查费并向申请人寄送工厂调查表。

若样品检测不合格,由有关审查部向申请人寄送"样品检验不合格通知书"并说明样品与标准不符合的项目及检验结果,或者寄送"样品补充检验通知书",并通知申请人缴纳补充检验所需费用。对收到"样品检验不合格通知书"的产品,申请人自通知书签署之日起 6 个月后,方可再次提出申请。

第四章　生产厂生产与检测条件的审查

第十条　生产厂的生产与检测条件应能确保所申请的产品符合中国的有关标准和规定。

第十一条　在收到生产厂返回的工厂调查表后,受国家商检局的委托由认证中心具体负责组织审查组赴工厂对其生产与检测条件进行审查。审查工作按照《生产厂生产与检测条件审查纲要》(见认证中心规定)进行。

第十二条　生产厂的生产与检测条件审查合格,由认证中心通知申请人。

生产厂的生产与检测条件审查不合格,由认证中心报国家商检局备案同时向申请人寄发不合格通知书,详细说明生产厂的生产与检测条件不合格的项目和审查结果。对收到"不合格通知书"的申请人,自通知书签署之日起 6 个月后方可向认证中心重新提出审查的申请。

第五章　安全质量许可证书及"CCIB"安全标志的审查和使用

第十三条　样品检测和生产厂生产与检测条件审查合格后,由有关审查部核实审查组的生产厂审查确任书和工厂调查表等文件,并连同样品型式试验报告和进口商品安全质量许可证报批表送认证中心,由国家商检局签发"进口商品安全质量许可证书"并定期公告获证情况。

第十四条 申请人收到"进口商品安全质量许可证书"后，即可向认证中心及国家商检局指定的机构购买"CCIB"安全标志。"CCIB"安全标志应在产品出厂前贴在产品的规定部位。

第六章 日常检查和监督

第十五条 认证中心或国家商检局认可的国外检验机构按照《对生产厂日常监督检验内容》(见认证中心规定)对已获得"进口商品安全质量许可证书"和允许使用"CCIB"安全标志商品的生产厂，进行不定期的日常检查。检查每年不少于一次。

第十六条 生产厂生产与检验条件或现场抽测的产品安全项目的检验不合格，认证中心报请国家商检局同意后，通知申请人暂停使用并封存未使用的"CCIB"安全标志。

请求恢复使用"CCIB"安全标志时，申请人应向认证中心提出书面申请，经对生产厂或样品重新检查或检验合格后认证中心通知申请人恢复使用"CCIB"安全标志并报国家商检局备案。

第十七条 已获得"进口商品安全质量许可证书"的商品，当生产厂的生产与检测条件、产品安全关键件、产品结构等发生变更时，申请人应将变更情况及时通知有关审查部并经认证中心确认后，方可继续使用"CCIB"安全标志。对涉及商品安全性能的上述变更，原则上需要重新进行样品或有关部件的检验。

第十八条 连续一年以上不生产获证产品的生产厂再生产获证产品时，申请人须提前向有关审查部申报。各审查部应将有关情况及时报送认证中心。

第十九条 商品进入市场后由国家商检局会同国家工商行政管理局组织地方商检局和工商行政管理局进行联合监督检查，检查中发现应贴而未贴"CCIB"安全标志的商品，由商检局和工商行政管理局联合封存其商品，按有关规定处罚后，现场抽取样品进行安全项目检测，合格者加贴商检绿色验讫标志，不合格者按本办法第二十条规定进行处罚。

第二十条 有下列情况之一者，由国家商检局吊销"进口商品安全质量许可证书"，并收回"CCIB"安全标志。

一、已获得"进口商品安全质量许可证书"的商品进口时，发现有两批安全性能不合格或安全关键件与获证商品不符；

二、在生产厂抽封的样品，经检验(包括扩大抽样复查)不合格；

三、申请人擅自在未经批准的商品上使用"CCIB"安全标志；

四、在市场监督抽查中，发现安全性能不合格或安全关键件与获证商品不符。

第二十一条 国家商检局发布吊销"进口商品安全质量许可证书"公告。自公告发布之日起6个月内被吊销商品不得向中国出口，6个月后申请人方可重新提出申请。

第二十二条 擅自进口和销售未获得"进口商品安全质量许可证书"和没有"CCIB"安全标志的《目录》内商品，或者伪造、变造、盗用"进口商品安全质量许可证书"或"CCIB"安全标志的，按照我国有关法律、法规处罚。

第七章 附 则

第二十三条 检验或审查人员对生产厂进行审查、日常检查和监督及抽封样品时，申请人应提供工作上的方便，并协助办理入境签证等有关手续。

第二十四条 申请人应按照中国国家有关收费规定向认证中心支付各项费用，包括申请费、样品检测费、资料审查费、生产与检测条件审查费、证书费、日常检查和监督费、抽查样品检测费、管理费、印制或模压标志手续费和"CCIB"安全标志工本费等。

第二十五条 认证中心、各审查部、检验机构、认可的国外检验机构应对申请商品的技术、生产厂的生产与检测技术、检验和审查结果等对第三方保密。

第二十六条 认证中心、各审查部、检验机构、认可的国外检验机构应将每年的工作总结报国家商检局。

第二十七条 对《目录》内符合免办条件的商品，需持国家商检局质量许可制度办公室签发的《免办进口商品安全质量许可证证明》，到当地商检局报验，经检验合格加贴商检绿色验讫标志后，方可使用和销售。

第二十八条 申请人要保管好有关审查部寄发的《生产厂日常跟踪细则》，以供查厂人员备查。

第二十九条 申请人对检测或审查结论有异议时，依据国家商检局《进出口商品复验办法》的规定进行复审申请。

第三十条 本细则自1997年8月1日起执行,由国家商检局负责解释。1992年5月10日发布的《进口商品安全质量许可制度实施细则》同时废止。

保税区海关监管办法

1997年6月10日国务院批准
1997年8月1日海关总署令第65号发布

第一章 总 则

第一条 为了加强与完善海关对保税区的监管,促进保税区的健康发展,根据海关法和其他有关法律的规定,制定本办法。

第二条 在中华人民共和国境内设立保税区,必须经国务院批准。

第三条 保税区是海关监管的特定区域。海关依照本办法对进出保税区的货物、运输工具、个人携带物品实施监管。

保税区与中华人民共和国境内的其他地区(以下简称非保税区)之间,应当设置符合海关监管要求的隔离设施。

第四条 保税区内仅设置保税区行政管理机构和企业。除安全保卫人员外,其他人员不得在保税区内居住。

第五条 在保税区内设立的企业(以下简称区内企业),应当向海关办理注册手续。

区内企业应当依照国家有关法律、行政法规的规定设置账簿、编制报表,凭合法、有效凭证记账并进行核算,记录有关进出保税区货物和物品的库存、转让、转移、销售、加工、使用和损耗等情况。

第六条 保税区实行海关稽查制度。

区内企业应当与海关实行电子计算机联网,进行电子数据交换。

第七条 海关对进出保税区的货物、物品、运输工具、人员及区内有关场所,有权依照海关法的规定进行检查、查验。

第八条 国家禁止进出口的货物、物品,不得进出保税区。

第二章 对保税区与境外之间进出货物的监管

第九条 海关对保税区与境外之间进出的货物,实施简便、有效的监管。

第十条 保税区与境外之间进出的货物,由货物的收货人、发货人或其代理人向海关备案。

第十一条 对保税区与境外之间进出的货物,除实行出口被动配额管理的外,不实行进出口配额、许可证管理。

第十二条 从境外进入保税区的货物,其进口关税和进口环节税收,除法律、行政法规另有规定外,按照下列规定办理:

(一)区内生产性的基础设施建设项目所需的机器、设备和其他基建物资,予以免税;

(二)区内企业自用的生产、管理设备和自用合理数量的办公用品及其所需的维修零配件,生产用燃料,建设生产厂房、仓储设施所需的物资、设备,予以免税;

(三)保税区行政管理机构自用合理数量的管理设备和办公用品及其所需的维修零配件,予以免税;

(四)区内企业为加工出口产品所需的原材料、零部件、元器件、包装物件,予以保税。

前款第(一)项至第(四)项规定范围以外的货物或者物品从境外进入保税区,应当依法纳税。

转口货物和在保税区内储存的货物按照保税货物管理。

第三章　对保税区与非保税区之间进出货物的监管

第十三条　从保税区进入非保税区的货物，按照进口货物办理手续；从非保税区进入保税区的货物，按照出口货物办理手续，出口退税按照国家有关规定办理。

海关对保税区与非保税区之间进出的货物，按照国家有关进出口管理的规定实施监管。

第十四条　从非保税区进入保税区供区内使用的机器、设备、基建物资和物品，使用单位应当向海关提供上述货物或者物品的清单，经海关查验后放行。

前款货物或者物品，已经缴纳进口关税和进口环节税收的，已纳税款不予退还。

第十五条　保税区的货物需从非保税区口岸进出口或者保税区内的货物运往另一保税区的，应当事先向海关提出书面申请，经海关批准后，按照海关转关运输及有关规定办理。

第四章　对保税区内货物的监管

第十六条　保税区内的货物可以在区内企业之间转让、转移；双方当事人应当就转让、转移事项向海关备案。

第十七条　保税区内的转口货物可以在区内仓库或者区内其他场所进行分级、挑选、刷贴标志、改换包装形式等简单加工。

第十八条　区内企业在保税区内举办境外商品和非保税区商品的展示活动，展示的商品应当接受海关监管。

第五章　对保税区加工贸易货物的管理

第十九条　区内加工企业应当向海关办理所需料、件进出保税区备案手续。

第二十条　区内加工企业生产属于被动配额管理的出口产品，应当事先经国务院有关主管部门批准。

第二十一条　区内加工企业加工的制成品及其在加工过程中产生的边角余料运往境外时，应当按照国家有关规定向海关办理手续；除法律、行政法规另有规定外，免征出口关税。

区内加工企业将区内加工的制成品、副次品或者在加工过程中产生的边角余料运往非保税区时，应当按照国家有关规定向海关办理进口报关手续，并依法纳税。

第二十二条　区内加工企业全部用境外运入料、件加工的制成品销往非保税区时，海关按照进口制成品征税。

用含有境外运入料、件加工的制成品销往非保税区时，海关对其制成品按照所含境外运入料、件征税；对所含境外运入料、件的品名、数量、价值申报不实的，海关按照进口制成品征税。

第二十三条　区内加工企业委托非保税区企业或者接受非保税区企业委托进行加工业务，应当事先经海关批准，并符合下列条件：

(一)在区内拥有生产场所，并已经正式开展加工业务；

(二)委托非保税区企业的加工业务，主要工序应当在区内进行；

(三)委托非保税区企业加工业务的期限为6个月；有特殊情况需要延长期限的，应当向海关申请展期，展期期限为6个月。在非保税区加工完毕的产品应当运回保税区；需要从非保税区直接出口的，应当向海关办理核销手续；

(四)接受非保税区企业委托加工的，由区内加工企业向海关办理委托加工料、件的备案手续，委托加工的料、件及产品应当与区内企业的料、件及产品分别建立账册并分别使用。加工完毕的产品应当运回非保税区企业，并由区内加工企业向海关销案。

第二十四条　海关对区内加工企业进料加工、来料加工业务，不实行加工贸易银行保证金台账制度。

委托非保税区企业进行加工业务的，由非保税区企业向当地海关办理合同登记备案手续，并实行加工贸易银行保证金台账制度。

第六章　对进出保税区运输工具和个人携带物品的监管

第二十五条　运输工具和人员进出保税区，应当经由海关指定的专用通道，并接受海关检查。

第二十六条　进出保税区的运输工具的负责人，应当持保税区主管机关批准的证件连同运输工具的名称、数量、牌照号码及驾驶员姓名等清单，向海关办理登记备案手续。

第二十七条　未经海关批准，从保税区到非保税区的运输工具和人员不得运输、携带保税区内的免税货物、物品，保税货物，以及用保税料、件生产的产品。

第七章　附　　则

第二十八条　违反本办法规定的，由海关依照《中华人民共和国海关法》及《中华人民共和国海关法行政处罚实施细则》的规定处理；情节严重的，海关可以取消区内企业在海关的注册资格。

第二十九条　本办法规定的有关备案的具体办法，由海关总署制定。

第三十条　本办法自发布之日起施行。《中华人民共和国海关对进出上海外高桥保税区货物、运输工具和个人携带物品的管理办法》同时废止。

其 他

对外国资产评估机构来中国境内执行资产评估业务的暂行规定

1997年5月19日国家国有资产管理局发布

为了加强我国资产评估行业的管理，根据国家有关规定，对外国资产评估机构（以下简称外国机构）在中华人民共和国境内临时执行资产评估（含咨询性评估，下同）业务作如下规定：

一、凡来中国境内执行资产评估业务的外国机构，必须持有国家国有资产管理局统一印发的《中华人民共和国境内临时执行资产评估业务许可证》（以下简称《许可证》）；必须遵守中国法律、法规，接受中国资产评估协会的监督与管理。

二、申请《许可证》须具备的条件：

（一）具有所在国家（地区）法人资格或有关当局出具的开业合法证书，具有一定的规模和业绩，在本国（地区）信誉较高；

（二）具有相当数量的能够评估企业资产的资产评估专业资格的人员；

（三）在中国境内有合法的常驻代表机构；

（四）国家国有资产管理局规定的其他条件。

三、申请《许可证》须提交的文件：

（一）申请书、法人资格证明或开业合法证书证明副本（复印件）、法定代表人或合伙人证明（原件或复印件）、资信证明；

（二）来华执行资产评估业务人员备案名单及其合法身份的有效证明（复印件）和能够证明具有资产评估专业资格的证件（复印件）；

（三）评估机构主要业绩及来华执行资产评估业务备案人员签署过的外国企业资产评估报告（案例）每人各2份；

（四）国家国有资产管理局要求的其他材料。

以上申报材料除证书或证件复印件以外，一律用中文申报。

四、国家国有资产管理局对审查合格的颁发《许可证》，许可证的有效期自许可证发给之日起，半年内有效，逾期另行申请批准。

取得《许可证》的外国机构应按国家有关规定，办理工商、税务等有关手续。

五、外国机构来华执行资产评估业务，必须从备案人员中派遣资产评估人员。

六、外国机构来华可从事的资产评估项目范围：

（一）中国境内企业到外国机构所在国家（地区）上市或发行股票，需要由外国资产评估机构单独进行或与中国资产评估机构合作进行资产评估的项目；

（二）外商与中国境内企业有某种经济关系（如外商独资或中外合资合作），需要由外国资产评估机构单独进行或与中国资产评估机构合作进行资产评估的项目；

七、来华从事资产评估的外国评估机构，在执业期间应加入中国资产评估协会，享有中国资产评估协会联系会员的权利，同时承担相应的义务。

八、外国机构在中国境内设立常驻代表机构应经国家国有资产管理局批准，已设立的应于本规定实施之日起三个月内向国家国有资产管理局办理备案手续。常驻代表机构不得执行资产评估业务。

九、外国机构违反上述有关规定，根据情节轻重给予下列处分：

（一）通报批评；

（二）处以资产评估业务收入5倍以下的罚款；

（三）吊销《许可证》；

（四）构成犯罪的，依法追究刑事责任；

以上处罚可以并处。

十、香港及澳门、台湾地区的机构比照上述规定办理。

十一、本规定自发布之日起实施。

国务院办公厅关于对在我国境内举办对外经济技术展览会加强管理的通知

1997年7月31日

近年来，在我国境内举办的对外经济技术展览会(包括国际展览会、对外经济贸易洽谈会、出口商品交易会和境外民用经济技术来华展览会等)迅速发展，这对实现信息资源共享，降低交易成本，加强对外交流和合作，引进先进技术和设备，促进对外贸易发展，起到了积极作用。但也出现了多头审批、重复办展等问题。为加强管理，现就在我境内举办对外经济技术展览会有关问题通知如下：

一、举办对外经济技术展览会，应有利于促进我国对外经贸事业发展，促进对外经济技术交流与合作，有利于引进先进技术和设备，推动国内生产、工艺、技术进步，加快出口产品升级换代。展出内容应是符合国家产业政策，具有世界先进水平的技术、设备和制成品。

二、对外经济技术展览会的主办和承办单位，必须具有外经贸主管部门批准的主办和承办资格；境外机构在华举办经济技术展览会，必须联合或委托我国境内有主办资格的单位进行。

(一)境内主办单位：

1. 具有组织招商招展能力和承担举办展览的民事责任能力，设有专门从事办展的部门或机构并有相应的展览专业(包括策划、设计、组织、管理及外语)人员，具有完善的办展规章制度，曾参与协办或承办5个以上较大规模的国际性展览会的展览公司或外经贸公司，省级经济贸易促进机构或行业(专业)协会、商会可获得主办资格。

对外贸易经济合作部应会同有关部门，近期内重新清理审核主办单位，对符合条件的单位授予主办资格，并分期公布名单。工商行政管理机关凭对外贸易经济合作部的批准文件，重新核定有关单位的经营范围。

2. 省级、副省级市人民政府，或省级外经贸主管部门可以主办对外经济贸易洽谈会和出口商品交易会。

3. 国务院部门可以部门名义主办与其主管业务有关的国际性展览会。

(二)来华办展的境外主办单位应是具有相当规模和办展实力，在国际上影响良好的展览机构、大型跨国公司、经济团体或组织(包括经济贸易促进机构、商会、行业协会)。

(三)主办单位主要负责制定并实施展览方案和计划，组织招商招展。

(四)承办单位主要负责布展、安全保卫及会务事项。具有主办资格的单位均具有相应的承办资格；受主办单位委托，有关公司可以承办展览的单项业务(包括设计、布展、展览施工、广告)。

(五)国家间双边、多边及国内外友好省市间的展览(含交流展)，按对等原则和实际需要由相应单位主办和承办。

三、对展览面积在1000平方米以上的对外经济技术展览会，实行分级审批管理。

(一)确需以国务院部门或省级人民政府名义主办的国际展览会、博览会等，须报国务院批准。

(二)国务院部门所属单位主办的，以及境外机构主办的对外经济技术展览会，报对外贸易经济合作部审批。对在北京以外地区举办的，主办单位须事先征得举办地外经贸主管部门同意。

(三)对省级外经贸主管部门主办的和多省(自治区、直辖市)联合主办的对外经济贸易洽谈会和出口商品交易会，由对外贸易经济合作部审批。地方其他单位主办的对外经济技术展览会，由所在省、自治区、直辖市外经贸主管部门审批，并报对外贸易经济合作部备案。

(四)以科研、技术交流、研讨为内容的展览会，由国家科学技术委员会负责审批。

(五)中国国际贸易促进委员会系统举办的对外经济技术展览会，由中国国际贸易促进委员会审批并报对外贸易经济合作部备案。对其中在北京以外地区举办的，主办单位应事先征得举办地外经贸主管部门同意。

(六)对外经济技术展览会凡涉及台湾地区厂商或机构参展的，应报对外贸易经济合作部审批，报国务院台湾事务办公室备案。海峡两岸的经济技术展览会，由对外贸易经济合作部会同国务院台湾事务办公室审批。

(七)具有对外经济技术展览会主办资格的单位,可自行举办面积在1000平方米以下的对外经济技术展览会,但应报有关主管单位备案。

四、加强协调管理,严格审批办法,避免重复办展,规范展览行为。

(一)严格控制办展数量,避免重复浪费,鼓励和推动联合办展,鼓励举办专业性展览会。对同类展览,原则上在同一省、自治区、直辖市及副省级市,每年不超过2个。

(二)以国际展为名称的对外经济技术展览会,境外参展商必须占20%以上。

(三)组织招商招展必须以企业自愿为原则,不得通过行政干预招展;有关广告、宣传材料必须真实可靠。

(四)主办单位应在办展结束后一个月之内,按照对外贸易经济合作部规定的内容和要求,向审批单位提交展览情况的总结报告。

(五)审批部门要加强对主办单位、承办单位办展活动的管理,维护正常的办展秩序。对国务院部门(含中国国际贸易促进委员会)所属单位在外地主办的展览,由当地外经贸主管部门进行管理。

五、对1000平方米以上展览的境外展品进境及留购,由海关凭本通知规定的审批单位出具的正式批准文件按规定办理;对1000平方米以下的,海关凭主办单位申请按规定办理。

六、对违反本通知规定举办对外经济技术展览会,以及在办展过程中有乱摊派、损害参展单位合法权益等违反法律法规行为的,由对外贸易经济合作部取消其主办资格,并由有关部门依据法律法规严肃查处。对不具备主办或承办对外经济技术展览会资格而擅自办展的,或者盗用其他单位名称办展的,由各级外经贸主管部门和工商行政管理机关依法查处。

七、举办对外经济技术展览会,由对外贸易经济合作部负责协调和管理。各有关部门要充分发挥职能作用,加强配合,共同做好对外经济技术展览会的管理工作。由对外贸易经济合作部牵头,会同国家科学技术委员会、中国国际贸易促进委员会等单位,以召开联席会议的形式,定期通报审批和举办对外经济技术展览会情况,对外发布展览信息;研究对外展览业发展过程中出现的情况和问题,及时采取有效措施,加强协调管理;维护办展单位和参展单位的合法权益,保障对外展览业的健康发展;推动和扶持举办有特色、有规模、有影响的对外经济技术展览会。

地方经贸

1997年北京对外经济贸易

北京市对外经济贸易委员会

【概述】

1997年北京市的对外经济贸易实现了稳中求进，质量和水平进一步提高。外贸出口平缓增长，经营主体发生深刻变化，三资企业出口快速增长，比上年增长22.5%，已占全市出口总额的46.9%，成为出口的主力军；加工贸易出口已占出口总额的54.3%，比上年增长18.3%，成为重要的贸易方式；机电产品出口增长，占出口总额的比重比上年提高3.7个百分点。改革加工贸易的管理，加工贸易保证金台帐“一站式”办公制度进一步完善，对部分郊区下放了加工贸易审批权，促进了加工贸易的发展。国有外贸企业改革深化，进行了股份合作制试点，探索公有制的多种实现形式。利用外资的数量增加，质量提高，融资方式有了新突破。协议吸收外资和实际利用外资分别比上年增长24.5%和14.8%。项目结构合理，质量提高，批准了一批对国民经济发展有较大影响的项目，发达国家的投资上升，跨国公司投资保持增长势头。一些企业在香港上市和在国内发行B股获得成功，共筹资48亿港元。承包工程和劳务合作发展迅速，整体经济效益显著。外经贸委加强了对服务贸易的管理、协调和研究。

【对外贸易】

进出口总额 1997年北京市进出口总额为577600万美元，比1996年的553800万美元增长4.3%。

出口总额 出口总额246503万美元，比1996年的238700万美元增长3.27%，占全市国内生产总值1807亿元的11.3%，占全国出口总额的1.35%。

出口商品结构 初级产品出口额为20020万美元，占出口总额的8.1%；工业制成品出口额226483万美元，占出口总额的91.9%。

出口额在1000万美元以上的商品情况表

金额分类	品名	出口金额（万美元）	占出口总额（%）
1000万－3000万美元(39种)	男大衣及防寒服、棉布、女衬衫、女内衣、运动服装、针织服装、各种织物制品、棉纱、冷冻家禽及食用杂碎、动物血、自动数据处理设备及其部件、普通钢铁的热轧条、磁铁、无线电话、电报、广播接收设备、电路开关、保护等电气装置、机械设备零件、各种鞋靴、地毯、家具及其零件、体育用品、各种玩具、传声器、唱片、磁带、扬声器、耳机、音频扩大器、各种射线的应用设备、照明装置、发光标志、电动机及发电机、箱包、生铁、变压器、变流器、电感器、染料、照相机、闪光灯等	70722	28.7%
3000万美元以上(19种)	集成电路、电子元器件、男女套装、上衣、长短裤、马裤、裙、裙裤、针织服装、男衬衫、女大衣及防寒服、革皮服装、电子管、无线电话、电报和广播电视发送设备、摄像机、普通钢铁的半成品、机器零件、贵金属等	89531	36.2%

出口商品市场 出口商品销往157个国家和地区。

主要出口市场情况表

国别(地区)	出口金额(万美元)	占出口总额(%)
日 本	72012	29.21
香 港	40858	16.57
欧 盟	36913	14.98
美 国	31824	12.91
东 盟	15020	6.09

主要出口市场情况表(续)

国别(地区)	出口金额(万美元)	占出口总额(%)
韩 国	12959	5.26
合 计	209586	85.02

进口总额 进口总额331100万美元,比1996年的315100万美元增长5.1%。

进口商品结构 初级产品进口额40444万美元,占进口总额的12.2%;工业制成品进口额290629万美元,占进口总额的87.8%。

、进口额在1000万美元以上的商品情况表

金额分类	商 品 名 称	进口金额(万美元)	占进口总额(%)
1000万—3000万美元(50种)	化肥、氰基化合物、羊毛及动物毛、洗碟或干燥机、包装机、电容器、印刷电路、石油及从沥青矿物提取的油类、机器零件、各种射线的应用设备、电路开关、保护等电气装置、离心机、过滤及净化器、画、铝材、半导体器件、棕榈油、龙头和旋塞及阀门等、电量检测仪器和装置、射线检测仪器、小麦及混合麦、合成短纤布、医用仪器、空气泵或真空泵、气体压缩机、风机、风扇、皮革、发动机、燃气轮机、油渣饼、大豆、电气音响或视觉信号装置、服装或衣着附件的零件、液体泵、液体提升机、发动机零件、唱片及磁带、船、钻探控制仪器及装置、纸及纸板、钢材、人血、医用动物血制品、抗血清和疫苗、棉布、金属压力加工机床、人造纤维短纤纺制的布、印刷机等	69081	20.9%
3000万美元以上(18种)	无线电话和电报及广播电视发送设备、摄像机、机器零件、集成电路、铁矿砂、合成纤维长丝纱线的机织物、有线电话和电报通信设备、非食用动物的渣粉及油渣、无缝钢铁管、自动数据处理设备及其部件、变压器、变流器、电感器、制灯泡用的玻璃外壳、电子管、绝缘电线和电缆及其他绝缘电导体、动物细毛的机织物、棉花	162092	49%

进口商品市场 进口商品来自90个国家和地区。

主要进口市场情况表

国别(地区)	进口金额(万美元)	占进口总额(%)
欧　盟	107211	32.38
日　本	74488	22.50
美　国	49037	14.81
韩　国	20752	6.27
香　港	14416	4.35
合　计	265904	80.31

技术进出口　1997年北京市技术进出口总额为38319万美元,比1996年的66879万美元下降42.7%。其中,签订引进技术和进口设备合同项目168个,比1996年增加16项;合同金额19278万美元,比1996年的12957万美元增长48.8%。签订技术出口合同项目305个,比1996年减少85项;合同金额19041万美元,比1996年的53922万美元下降64.7%。

【利用外资】

1997年利用外资情况表

利用外资方式	批准签订的合同			实际利用外资	
	项目数(个)	外资金额(万美元)	金额比1996年(±%)	金额(万美元)	金额比1996年(±%)
对外借款	8	3429		73331	23.6
外商直接投资	801	181602	24.5	159286	2.6
合资企业	471	79284	33.9	69977	-17.6
合作企业	92	42624	42.2	31005	-27.9
外资企业	227	46194	-3.5	30191	10.2
外商投资股份制				14613	
合作开发					
其　他	11	13500		13500	
外商其他投资				26545	
合　计	809	185031	37.0	259162	14.8

外商直接投资行业　外商直接投资项目中,生产型企业522家,非生产型企业268家。按行业划分:农林牧渔水利业18家,工业480家,运输邮电业6家,商业饮食业39家,房地产、公用、居民服务业196家(其中房地产管理55家),其他行业51家。

外商直接投资来源　香港236家,合同外资额50031万美元;美国124家,12983万美元;日本68家,22372万美元;英属维尔京群岛35家,19270万美元;德国21家,8428万美元;荷兰6家,6671万美元;瑞士2家,6068万美元;法国16家,5406万美元;丹麦3家,3371万美元;台湾66家,2959万美元;韩国58家,2845万美元;新加坡37家,4481万美元。

外商直接投资企业生产经营情况　截至1997年底,已有4979家外商投资企业开业投产,职工总数为40.5万人。全年实现总产值488亿元,比上年增长15.2%;销售收入669亿元,比上年增长20.5%;缴纳税金总额44.8亿元,比上年增长30.4%。

【对外经济合作】

承包工程和劳务合作 签订对外承包工程和劳务合作合同金额10亿美元,比1996年的8.8亿美元增长13.6%;完成营业额5亿美元,比1996年的4.5亿美元增长11.1%;派出劳务人员4050人,比1996年的4500人下降10%,年末在外人数为3507人。劳务人员分布在马来西亚、斯里兰卡、日本、赤道几内亚、毛里求斯、巴基斯坦、以色列、贝宁、新加坡、突尼斯等70多个国家和地区。主要对外承包工程项目有新加坡的住房工程、津巴布韦的津钢4号高炉修复工程、马来西亚的吉隆坡国际机场变电站工程、斯里兰卡的科南供水工程、赤道几内亚的公路工程、巴基斯坦的水利工程、加蓬的议会大厦等。

对外经济技术援助 承担援外项目7个,主要是建筑业。受援国有毛里求斯、刚果、加蓬、贝宁、斯里兰卡和赤道几内亚。派出援外人员226人,年末在外180人。

接受经济援助 接受国外援助3项,金额192.9万美元。正在执行的项目5个,金额318万美元,项目进展顺利。

对外投资 海外举办非贸易型企业12家,中方投资345.5万美元。这些企业分布在日本、俄罗斯、白俄罗斯、乌克兰、美国、哥伦比亚、博茨瓦纳、澳大利亚、香港等9个国家和地区。

【其他】

经济技术开发区 北京经济技术开发区全年完成固定资产投资14.2亿元,开复工面积61万平方米,修建道路2.7公里,铺设市政综合管线13.5公里。批准入区三资企业26个,9家企业增资,投资额为2.9亿美元。已投产企业46家,工业总产值达21亿元,销售收入23亿元,出口创汇4039万美元,均比上年有较大增长。

外贸运输 1997年北京市外贸货运总量637.4万吨,比上年下降5%。其中出口运量216.5万吨,进口运量420.9万吨;海运量636.5万吨,陆运量0.63万吨,空运量0.28万吨。

涉外旅游 全年接待海外旅游者230万人次,比1996年的219万人次增长5%;旅游收入22.5亿美元,与上年持平。

1997年天津对外经济贸易

天津市对外经济贸易委员会

【概述】

1997年天津市外经贸工作的特点是:1. 天津外贸进出口总值首次突破100亿美元大关。2. 大力推进外贸体制改革,顺利完成"1123"工程,即:组建一个强强结合的北方集团公司(纺织、针织、丝绸、家纺),解困一家企业(医保公司),设立两家股份制企业(食品公司已经挂牌运营,丝绸公司成为天津市外贸企业中首家实行整体改制的股份制企业),三家企业被兼并(家纺、土产、畜产三个公司)。3. 强化资本经营,如:天津的海外企业香港津联公司所属天津发展公司在香港上市成功,标志着天津进军国际资本市场的工作进入了一个新的阶段;天海集团公司完成了增发9000万B股和组建一个新上市公司——"天津储运公司"的筹备工作。4. 进一步实施市场多元化战略,1997年分别在哈萨克斯坦、津巴布韦、柬埔寨、越南4个发展中国家举办规模较大的商品展销会,天津市200多家企业参加,成交1.4亿美元。5. 利用外资稳步发展,跨国公司在天津投资踊跃,目前已有199家国际知名跨国公司在天津投资311个项目，外方投资金额82.8亿美元，占外方总投资额的42.5%；大项目不断增加，1997年500万以上的项目106个，协议外资金额19.2亿美元，占1997年协议外资总额的50%；增资势头良好，有151家外商投资企业增加投资规模，外方增资额为4.09亿美元。

【对外贸易】

进出口总额 1997年天津市进出口总额100.23亿美元，比1996年的82.97亿美元增长20.8%。

出口总额 出口总额50.19亿美元，比1996年的40.49亿美元增长23.9%，占全市国内生产总值1040.25亿元(125.18亿美元)的40.09%；占全国出口额的2.74%，居第八位。

出口商品结构 初级产品出口额5.19亿美元，占出口总额的10.3%；工业制成品的出口额45.00亿美元，占出口总额的89.7%。

出口额在1000万美元以上商品情况表

金额分类	商品名称	出口金额（亿美元）	占出口总额（%）
1000万—3000万美元(28种)	芸豆、速冻食品、苇帘及芦苇制品、棉色布、兔毛、化纤纯涤纶纱线、化纤坯布、毛巾、家具、羊毛胶背地毯、化纤胶背地毯、帐篷、不锈钢餐具、矾土、耐火土、纯碱、铁丝、电焊条、阀门硅铁、焊缝管、汽车、轮胎外胎、电线、工业缝纫机、电子设备及仪器、彩色电视机	4.19	8.35
3000万—5000万美元(6种)	豆粕、棉坯布、皮鞋、无缝管、集装箱、无毛绒	4.08	8.13
5000万美元以上(7种)	汽车零件、电池、电子元器件、家用电器、照相机、电子乐器、服装	25.52	50.84
合　计	41种	33.79	67.32

主要出口市场情况表

国别(地区)	出口金额（亿美元）	占出口总额（%）
香　港	11.01	21.94
日　本	9.18	18.29
美　国	8.11	16.16
韩　国	4.88	9.72
英　国	1.50	2.99
新加坡	1.39	2.77
德　国	0.97	1.93
印　尼	0.78	1.55

主要出口市场情况表(续)

国别(地区)	出口金额（亿美元）	占出口总额（%）
比利时	0.62	1.16
台湾省	0.58	1.24
合　计	39.02	77.75

进口总额 进口总额50.05亿美元，比1996年的42.48亿美元增长17.8%。

进口商品结构 初级产品进口额5.86亿美元，占进口总额的11.7%；工业制成品的进口额44.9万美元，占进口总额的88.3%。

进口额在 1000 万美元以上的商品情况表

金额分类	商品名称	进口金额（亿美元）	占进口总额（%）
1000 万－5000 万美元(37 种)	油漆、黄大豆、绿豆、棕榈油、牛羊油、棉花、合成纤维、棉布、化纤布、化纤制品、服装、辅料、动力机械、小五金、乐器、纸张、纸浆、铜、润滑脂、原油、诊断器械、电线、电缆、电工用具、蓄电池、机床附件、泵、通用机械零配件、无线通讯设备、缝纫机零件、家用电器、矿山机械、金属切削机床、锻压机械、电梯、土建工程机械零件、照相器材	8.35	16.68
5000 万美元以上(11 种)	化肥、豆油、绒毛、钢材、塑料原料、汽车、成套设备、机械除尘设备、计算机、电子元器件、物理化学仪器	24.33	48.61
合　计	48 种	32.68	65.29

进口商品市场　进口商品来自 94 个国家和地区。

主要进口市场情况表

国别(地区)	进口金额（亿美元）	占进口总额（%）
日　本	11.84	23.66
韩　国	9.12	18.22
美　国	7.93	15.84
香　港	3.87	7.73
新加坡	1.92	3.84
台湾省	1.90	3.80
德　国	1.46	2.92
意大利	0.99	1.98

主要进口市场情况表(续)

国别(地区)	进口金额（亿美元）	占进口总额（%）
英　国	0.88	1.75
合　计	39.91	79.74

技术进出口　1997 年天津市技术进出口总额为 2.64 亿美元，比 1996 年的 5.58 亿美元减少 52.69%。其中，签订引进技术和进口设备合同项目数 14 个，比 1996 年的 57 个减少 75.44%；合同金额 0.82 亿美元，比 1996 年的 4 亿美元减少 79.5%。签订技术出口合同项目数 109 个，比 1996 年 32 个增长 240.6%；合同金额 1.82 亿美元，比 1996 年的 1.58 亿美元增长 15.19%。

【利用外资】

1997 年利用外资情况表

利用外资方式	批准签订的合同			实际利用外资	
	项目数（个）	外资金额（亿美元）	金额比 1996 年（±%）	金额（亿美元）	金额比 1996 年（±%）
对外借款		20.22	67.8	9.12	－6.8
外商直接投资	1056	38.51	－1.88	25.12	25.2
合资企业	286	17.80		11.35	
合作企业	61	8.36		1.16	
外资企业	709	12.35		12.61	
外商投资股份制					
合作开发					
其他					
外商其他投资					
对外发行股票					
国际租赁					
补偿贸易					
加工装配					
合计	1056	58.73	40.60	34.23	31.29

外商直接投资行业 外商直接投资企业按行业分：农业项目 11 个，外商投资 0.08 亿美元；工业及建筑业项目 469 个，外商投资 9.95 亿美元；国际贸易及服务业项目 471 个，外商投资 8.30 亿美元；房地产业项目 39 个，外商投资 15.8 亿美元；交通运输业项目 10 个，1.30 亿美元；其他行业 56 个，外商投资 3.08 亿美元。

外商直接投资来源 外商直接投资的主要国家和地区见下表：(按外商投资金额排列)

国别（地区）	项目数（个）	外商投资金额（亿美元）
香港	245	11.70
韩国	144	3.08
美国	208	3.00
日本	79	2.01
台湾省	94	1.59
新加坡	42	0.68
加拿大	42	0.46
澳大利亚	23	0.38
合计	877	22.9

外商直接投资企业生产经营情况 1997 年天津市已开业的三资企业，完成生产总值 802.26 亿元，比 1996 年增长 20%，其中工业生产总值 789.2 亿元，占天津市工业总产值的 45.51%；实现销售额 850.49 亿元，比 1996 年增长 15.6%；实现利税总额 105 亿元，占天津市利润总额的 42%；外商投资企业出口 31.37 亿美元，比 1996 年增长 45.8%，占全市出口总值的 62.5%。

截至1997年底，天津市累计批准外商投资企业11552家，协议投资总额262.26亿美元，其中协议外资额194.8亿美元，全市累计外资实际到位82.7亿美元。

【对外经济合作】

承包工程和劳务合作 1997年签订对外承包工程和劳务合作合同项目1237个，金额1.25亿美元，比1996年的1.58亿美元下降20.89%；营业额2.21亿美元，比1996年的0.88亿美元增长15%；当年外派劳务人员6064人次，年末在外11130人，派往的主要国家和地区为：韩国、新加坡、美国、香港、日本、泰国、新西兰、阿联酋、老挝、以色列等，承包主要工程有6项，其中：日本3项，肯尼亚1项，津巴布韦1项，其他1项。

对外经济技术援助 1997年天津市完成援外机电产品供应合同总额34.5万美元，完成援外物资供应总额1093万元。天津市第二轻工业对外贸易公司承担了向罗马尼亚赠送价值300万元人民币的办公用品项目；天津起重设备有限公司承担了向缅甸提供3.5万元人民币援外机电产品的任务；天津建筑设计院承担了援助圣卢西亚4500万元建设自由区办公用房和仓库设计项目。

对外投资 1997年在海外举办企业（含非贸易型企业）4家，总投资额620.5万美元，其中中方投资267万美元，投资国别为墨西哥、巴西、匈牙利、孟加拉。

截止到1997年底，天津市在海外举办281家企业，总投资1.01亿美元，其中中方投资0.59亿美元。涉及主要行业有：自行车、化工、塑料、服装、木材加工、贸易、运输、餐饮、医疗服务、劳务合作、工程设计、种植养殖等。

【其他】

经济技术开发区 国内生产总值170亿元，比1996年增长29.8%；工业生产总值470亿元，比1996年增长27.1%；出口20.04亿美元，比1996年增长38.2%；批准外商投资项目177个，总投资16.39亿美元，其中外方投资12.86亿美元；基础设施投入17亿元。

天津港保税区 国内生产总值12亿元，比1996年增长45%；进出口货物总值完成40亿美元，比1996年增长83%；批准外商投资企业414个，总投资8.14亿美元，外资金额7.4亿美元，实际利用外资3亿美元；出口2.18亿美元，比1996年增长42%；税收1.83亿元，比1996年增长21%。

对外经贸洽谈会 由北京、天津、河北、内蒙古、陕西、山西、甘肃、青海、宁夏、新疆、西藏、西安和新疆生产建设兵团的外经贸委（厅）分别组团、共同主办的"'97中国天津出口商品交易会"（第八届）于1997年3月8日—3月15日在天津市体育中心举行。参展企业432家，分别来自31个省、市、自治区和计划单列市。共设标准摊位570个，到会客商2000多人，来自日本、香港、台湾省、韩国、美国、澳大利亚等61个国家和地区，各交易团共签订进出口合同6.5亿美元，其中出口成交6.1亿美元；签订利用外资合同49个，协议投资总额1.24亿美元。

港口运输 1997年天津港共有各类泊位140个，其中深水泊位47个，年吞吐能力6000万吨。1997年实际完成的货物吞吐总量为6784.4万吨，其中完成外贸进出口货物吞吐量为3737.9万吨，出口量2665.4万吨，进口量1072.5万吨。1997年天津外贸货运总量426.4万吨，比上年增长8.78%，其中出口量351万吨，进口量75.4万吨，按运输方式分：海运量412.8万吨，空运量11.7万吨，陆运量1.8万吨。

涉外旅游 1997年入境的国际旅游人数为28万人次，旅游收入1.8亿美元，比1996年的1.5亿美元增长20%。

1997年河北对外经济贸易

河北省对外贸易经济合作厅

【概述】

1997年，河北省外经贸厅针对全省外经贸行业的实际，突出抓了以下工作：(一)大力推进企业改革，加强企业管理，按照“择优扶强搞好大的，多种形式放活小的”原则，推动省针棉织和服装进出口公司实行强强联合，组建了河北圣仑(集团)公司；组织和推动省食品进出口公司与国家大型企业中国兴发(集团)公司组成中兴发河北国际贸易有限公司；总结推广承德市中小外贸企业改革的经验，通过多种形式使全省517家小型外贸企业全部放开。深入开展学邯钢、学“国际大厦”活动，加强企业内部管理，强化扭亏增盈责任制。大力推进信息化建设，年内初步建成了全省外经贸系统专用网。(二)认真实施“大经贸”战略，加快结构调整步伐。积极为符合条件的生产、流通、建筑安装企业和科研单位申报外贸、外经经营权，年内新增进出口企业(单位)125家、外经企业2家，外经贸经营主体向多元化发展。坚持经贸结合，多元经营，鼓励有实力的企业跨出国门兴产置业。努力扩大高技术、高附加值商品出口。(三)加大国际市场开拓力度。召开全省实施市场多元化战略研讨会，积极探索开拓国际市场的路子和方法。组织企业从实际出发制订市场开拓规划，分期分步实施，鼓励工贸联手开拓市场。东南亚金融危机爆发后，进一步加强了对开拓新市场的指导，努力缩小危机的负面影响。(四)加强企业领导班子和队伍建设。根据中央和省委的统一部署，对国有外贸企业的领导班子进行了全面考察，调整、充实了部分企业的领导班子。以“内提素质、外树形象”为核心，加强了外经贸队伍建设。

【对外贸易】

进出口总额 1997年河北省进出口总额48.52亿美元，比1996年的45亿美元增长7.8%。

出口总额 出口总额为39.19亿美元，比1996年的34.65亿美元增长13.1%，占全省国内生产总值3950亿元(相当于476.49亿美元)的8.22%；占全国出口额的2.14%，居全国第九位。

出口商品结构 初级产品出口额10.76亿美元，占出口总额的27.46%；工业制成品出口额28.43亿美元，占出口总额的72.54%。

出口额在1000万美元以上商品情况表

金额分类	商品名称	出口金额(万美元)	占出口总额(%)
1亿美元以上(2种)	原油、棉服装	52627	13.43
3000万—10000万美元(16种)	化纤服装、棉纱线、其他日用瓷、棉坯布、钢坯、棉涤纶坯布、其他针棉织服装、栗子、水泥、抗坏血酸、冻鸡、涤粘混纺布、炼钢生铁、其他水产、棉色布、金属网	90135	23
1000万—3000万美元(58种)	工业青霉素钾盐、羊毛手工打结地毯、其他铸铁制品、羊绒、其他梭织服装、猪肠衣、其他棉布、革皮服装、无毛绒、汗衫背心、豆粕、纯碱、餐具等	100832	25.73
合计	76种	243594	62.16

出口商品市场　出口商品销往 162 个国家和地区。

主要出口市场情况表

国别(地区)	出口金额(万美元)	占出口总额(%)
日　本	97533	24.89
香　港	63191	16.13
美　国	51431	13.12
韩　国	34290	8.75
德　国	20082	5.12
新加坡	9774	2.49
意大利	9520	2.43
马来西亚	7739	1.97
英　国	7550	1.93
荷　兰	7224	1.84
合　计	308334	78.68

进口总额　进口总额为 9.33 亿美元，比 1996 年的 10.36 亿美元下降 9.93%。

进口商品结构　初级产品进口额 2.43 亿美元，占进口总额的 25.99%；工业制成品进口额 6.9 亿美元，占进口总额的 74.01%。

进口额在 500 万美元以上商品情况表

金额分类	商品名称	进口金额(万美元)	占进口总额(%)
3000 万美元以上(3 种)	棉花、航空煤油、铁矿砂	18137	19.45
1000 万－3000 万美元(11 种)	丙烯腈、其他纺织机械、其他豆、磷酸、牛革皮、其他纺织成套设备、铝材、通讯设备、丝束、优质钢、电工用具	15835	16.98
500 万－1000 万美元(18 种)	其他裘皮及制品、其他水产、涤纶短纤维、其他冶金成套设备、硫酸钾、钢坯、绵羊皮、香蕉、玻璃制品设备、其他染料中间体、大麦、棉坯布、人造棉布、其他棉布、氯化钾、金工机械设备、石油沥青、薄钢板	12370	13.26
合　计	32 种	46342	49.69

进口商品市场　进口商品来自 48 个国家和地区。

主要进口市场情况表

国别(地区)	进口金额(万美元)	占进口总额(%)
美 国	20013	21.45
韩 国	13499	14.47
日 本	10398	11.15
香 港	7564	8.11
德 国	6733	7.22
意大利	4608	4.94
台湾省	3670	3.93
南 非	3203	3.43
英 国	2853	3.06
澳大利亚	2828	3.03
合 计	75369	80.79

技术进出口 1997年河北省技术进出口总额为12769.38万美元,比1996年的6116.30万美元增长108.78%。其中,签订引进技术和进口设备合同项目39个,比1996年的49个减少20.4%;合同金额10681.48万美元,比1996年的4768万美元增长124%。签订技术出口合同项目21个,比1996年的15个增长40%;合同金额2087.9万美元,比1996年的1348.2万美元增长54.86%。

【利用外资】

1997年利用外资情况表

利用外资方式	批准签订的合同			实际利用外资	
	项目数(个)	外资金额(万美元)	金额比1996年(±%)	金 额(万美元)	金额比1996年(±%)
对外借款	8	2460	−30.90	2460	−30.90
外商直接投资	629	111342	−46.21	110064	33.27
合资企业	459	59991	−54.18	72055	14.24
合作企业	73	32637	−37.30	32234	187.51
外资企业	97	18714	−22.04	5775	−28.75
外商投资股份制					
合作开发					
其 他					
外商其他投资				244	−34.93
对外发行股票					
国际租赁					
补偿贸易				244	−34.93
加工装配					
合 计	637	113802	−45.95	112768	30.33

外商直接投资行业 外商直接投资项目中，生产型项目544个，非生产型项目85个。按行业分：农林牧渔业26个，采掘业6个，制造业474个，建筑业26个，电力、煤气及水的生产和供应12个，房地产业17个，交通运输、仓储及邮电通讯业17个，批发及零售贸易、餐饮业9个，社会服务业35个，其他行业7个。

外商直接投资来源 外商直接投资来自48个国家和地区。投资额居前10位的是：香港，31317万美元；美国，18009万美元；维尔京群岛，15773万美元；台湾省，7399万美元；韩国，7312万美元；新加坡，6259万美元；澳大利亚，4140万美元；加拿大，4099万美元；意大利，2876万美元；日本，2797万美元。

外商直接投资企业生产经营情况 截至1997年底，全省已开业投产的外商投资企业共2850家，职工总数38万人。1997年实现总产值254亿元人民币，比1996年的235亿元增长8.09%；出口8.69亿美元，比1996年的6.71亿美元增长29.52%，占全省出口总额的22.18%。

【对外经济合作】

承包工程和劳务合作 1997年签订对外承包工程和劳务合作合同项目236个，金额5800万美元，比1996年的4512万美元增长28.6%；营业额4450万美元，比1996年的3749万美元增长18.7%；当年派出劳务人员3706人次，比1996年的3061人次增长21.1%；年末在外人数为5502人，比上年末的4148人增长32.6%。劳务人员分布在马里、加纳、菲律宾、新加坡、日本、韩国、阿联酋、俄罗斯等40个国家(地区)。承包工程的主要项目及国家(地区)是：马里的打井工程、加纳的农田整治工程、坦桑尼亚的铁路修筑、菲律宾的公路工程。

接受经济援助 1997年接受国际援助项目共8项，总金额871.5万美元。主要项目是职业教育培训、农村饮用水改造、改善妇女儿童生存环境等。

对外投资 1997年在海外兴办非贸易型企业5家，中方投资101.98万美元，分布在越南、蒙古、朝鲜等5个国家，涉及灯具、制革、酿造、水产养殖及捕捞等行业。

【其他】

经济技术开发区 河北省共有国家级高新技术产业开发区2个，即石家庄高新技术开发区和保定高新技术产业开发区，1997年签订高新技术产业及其他利用外资项目合同外资额9048万美元，实际利用外资8750万美元。全年出口总值21341万美元。

对外经贸洽谈会 1997年先后在石家庄、厦门举办了两次对外经贸洽谈会，到会外商达1700人次，分别来自日本、韩国、新加坡及台湾、香港等32个国家和地区。出口成交额达6000万美元。

涉外旅游 1997年河北共接待境外旅游者30万人次，比1996年的25万人次增长20%；旅游外汇收入8790万美元，比1996年的7350万美元增长19.59%。

1997年秦皇岛对外经济贸易

秦皇岛市对外经济贸易合作局

【对外贸易】

1997年河北省秦皇岛市进出口总额为27719万美元,比1996年的22921万美元增长20.93%。

出口总额 出口总额21688万美元,比1996年的17128万美元增长26.62%,占全市国内生产总值2303900万元(相当于277578万美元)的7.81%;占全省出口额的5.53%。

出口商品结构 初级产品出口额6055万美元,占出口总额的27.92%;工业制成品出口额15887万美元,占出口总额的73.25%。出口额在100万美元以上的商品有32种,金额15714万美元,占出口总额的72.45%,比1996年增长32.57%;出口额在500万美元以上的商品有12种,出口金额11549万美元,占出口总额的53.25%,比1996年增长51.66%;出口额在1000万美元以上的商品有4种,出口金额6270万美元,占出口总额的28.91%。其中,修船2112万美元,占9.74%;冻鸡1829万美元,占8.43%;革皮服装1242万美元,占5.73%;钢板1087万美元,占5.01%。

出口商品市场 出口商品销往74个国家和地区,金额16899万美元,占出口总额的77.91%。出口商品市场主要分布在亚洲,其中,日本9010万美元,占41.54%;香港3763万美元,占17.35%;韩国2565万美元,占12.25%;缅甸476万美元,占2.19%;印度323万美元,占1.49%。

进口总额 进口总额6031万美元,比1996年的5739万美元增长5.09%。

进口商品结构 初级产品进口金额1370万美元,占进口总额的22.72%。

进口商品市场 进口商品来自12个国家和地区,主要来自亚洲国家和地区。其中,日本1469万美元,占进口总额的2436%;韩国2539万美元,占42.10%。

技术进出口 1997年秦皇岛市技术进出口总额为15.3万美元,比1996年的213万美元下降92.8%。其中,签订引进技术和进口设备项目12个,比1996年减少17个;合同金额10万美元,比1996年的183万美元下降94.5%。签订技术出口合同项目1个,合同金额5.3万美元,比1996年的30万美元下降82.3%。

【利用外资】

1997年秦皇岛市批准外资项目101个,比上年下降5%。合同利用外资金额46511.49万美元(居全省第一位),比上年下降6%。实际利用外资30032.3万美元,比上年增长28.1%。

外商直接投资行业 生产型项目85个,非生产型项目16个。按行业分:餐饮、纺织、机电、冷冻水产品、养殖、医药、娱乐各1项;农业、冶金、咨询服务各2项,电子、服务、服装、化工、能源各3项;房地产6项;建材10项;机械、食品各13项;轻工24项;其他4项。

外商直接投资来源 外商投资来自14个国家和地区。其中,韩国25项,合同外资金额6460.19万美元;香港22项,6629.92万美元;美国19项,16050.80万美元;台湾省8项,2972.79万美元;加拿大7项,454.87万美元;澳大利亚5项,3128.12万美元;日本4项,1904.75万美元;意大利4项,2166.82万美元;新加坡2项,1016.55万美元。

外商直接投资企业生产经营情况 已投产的284家外商投资企业,1997年实现产值540087.1万元,上缴税金17146.49万元。出口创汇12148.55万美元,比1996年的9439.9万美元增长28.7%,占全市出口总额的56.01%。

【对外经济合作】

承包工程和劳务合作 1997年签订对外承包工程和劳务合作项目合同7个,金额623.83万美元,比1996年的1114.75万美元下降44.9%;营业额552万美元,比1996年的268.5万美元增长106%;当年派出劳务人员404人,年末在外人数497

人。派往的主要国家和地区是：蒙古、日本、韩国、印度、泰国、塞内加尔、莫桑比克、新西兰。

对外投资　1997年在海外举办企业1个；中方投资金额300万元人民币。

【其他】

经济技术开发区　1997年秦皇岛经济技术开发区投资8762万元，用于开发区的基础设施建设，改善投资环境。

1997年批准利用外资合同27项，合同外资金额18859万美元，实际投入外资11080万美元。其中，食品4项，建筑4项，饮料、化工、咨询服务各2项，木材加工、医药、塑料制品、黑色金属冶炼、有色金属矿采选、电子、仪器仪表、餐饮、房地产、娱乐服务、其他社会服务各1项，其他制造业2项。

对外经贸洽谈会　1997年3月在新加坡参加河北省举办的经贸洽谈会，秦皇岛市出口成交额268.3万美元。

1997年5月参加河北省在石家庄市举办的经贸洽谈会，秦皇岛市出口成交额2119.46万美元。签订外资合同43项，合同外资金额11886.38万美元。

1997年8月，参加秦皇岛市举办的第九届“北戴河之夏”对外经济技术合作洽谈会暨商品交易会，秦皇岛市出口成交额1533.6万美元，签订利用外资合同61项，合同外资额30686.01万美元，接待了来自美国、日本、韩国、香港、新加坡、意大利、澳门等30多个国家和地区的客商200多人。

港口运输　1997年全年自营进出口运输总量7822万吨，比1996年的8271万吨下降5.74%。

秦皇岛市有生产泊位28个，港口吞吐能力12045万吨。全年实际完成货运吞吐总量7862万吨，其中完成外贸进出口吞吐量2497万吨(出口2139万吨，进口358万吨)。

涉外旅游　1997年接待来自日本、韩国、美国、英国、俄罗斯、新加坡、台湾省、香港、澳门等28个国家和地区的游客10.66万人次，比1996年的6.85万人次增长55.6%。其中，港、澳、台同胞和华侨9465人次，国际海员49672人次。全年旅游收入4682.7万美元，比1996年的1595.7万美元，增长了191.4%。

1997年山西对外经济贸易

山西省对外贸易经济合作厅

【概述】

1997年，山西省外经贸行业以“大经贸、大开放”总揽全局，按照年初提出的坚持“一个中心”(以效益为中心)，促进“两个转变”(外经贸行政职能和企业经营方式的转变)，突出“三个重点”(外经贸的管理、改革、发展)，抓好“一个关键”(外经贸行业的班子、队伍和作风建设)的指导思想，认真贯彻党的十五大精神，积极进取，勇于开拓，取得了全省外贸、外资、外经同步发展的显著成效。主要特点是：

(一)以“大经贸”战略总揽全局，推进全省大中型企业和农业产业化进程；

(二)认真研究，全面实施山西国际市场营销战略，大力开拓国际市场；

(三)深化企业改革，积极探索外经贸企业走出困境的新路子；

(四)不断延伸管理触角，融管理于服务之中，使“管理效益年”活动常抓不懈；

(五)积极营造宽松的投资环境，推动全省利用外资工作的健康发展；

(六)坚持“两手抓、两手都要硬”，认真抓好班子、队伍和作风建设。

【对外贸易】

进出口总额 1997年山西省进出口总额为195357万美元，比1996年的160100万美元增长22.02%。

出口总额 出口总额164110万美元，比1996年的134800万美元增长21.74%，占全省国内生产总值1480亿元人民币（相当于179亿美元）的9.21%，占全国出口总额1827亿美元的0.9%。

出口商品结构 初级产品出口额96333万美元，占出口总额的58.7%；工业制成品出口额67777万美元，占出口总额的41.3%。

出口商品450种，出口额在100万美元以上的商品有100种，金额136000万美元，占出口总额的82.87%。

出口额在1000万美元以上的商品情况表

金额分类	商品名称	出口金额（万美元）	占出口总额（%）
1亿美元以上3种	焦炭、煤炭、生铁	91609	55.82
1000万—1亿美元11种	金属镁、服装、钢材、棉布、金属铝、核桃仁、水管零件、铸铁件、芸豆、活性炭、法兰盘	22888	13.95
合计	14种	114497	69.77

出口商品销往104个国家和地区。其中出口额在1000万美元以上的市场22个。

主要出口市场情况表

国别（地区）	出口金额（万美元）	占出口总额（%）
韩国	29093	17.73
日本	24312	14.81
美国	16081	9.80
香港	13307	8.11
德国	7632	4.65
瑞士	6914	4.21
英国	4381	2.67
台湾省	4254	2.59

主要出口市场情况表（续）

国别（地区）	出口金额（万美元）	占出口总额（%）
荷兰	3650	2.22
印度	3598	2.19
合计	113222	68.99

进口总额 1997年山西省进口总额为31247万美元，比1996年的25380万美元增长23.12%。

进口商品结构 初级产品进口额为10310万美元，占进口总额的33.00%；工业制成品进口额为20937万美元，占进口总额的67.00%。

进口额在500万美元以上商品情况表

金额分类	商品名称	进口金额（万美元）	占进口总额（%）
1000万美元以上(10种)	轧钢设备、赤铁矿砂、其他铁矿砂、其他煤矿机械、褐铁矿砂、饮料灌装设备、高压、聚乙烯、陆地棉、铝	14827	47.45
1000万－500万美元(6种)	球团矿、其他诊断器械及医化用品、其他各类机械、磁铁矿砂、显示器、其他食用油	4821	15.43
合计	16种	19648	62.88

进口商品市场 进口商品来自39个国家和地区。

主要进口商品市场情况表

国别（地区）	进口金额（万美元）	占进口总额（%）
香港	6221	19.91
美国	4487	14.36
澳大利亚	4202	13.45
法国	3464	11.09
德国	1703	5.45
日本	1070	3.42
马来西亚	1017	3.25
韩国	838	2.68
智利	833	2.66
加拿大	736	2.36
瑞士	728	2.33

主要进口商品市场情况表（续）

国别（地区）	进口金额（万美元）	占进口总额（%）
新加坡	718	2.30
意大利	689	2.21
荷兰	631	2.02
合计	27337	87.49

技术进出口 1997年山西省技术进出口总额为2539.02万美元，比1996年的5215万美元减少51.31%。其中，签订引进技术和进口设备合同14项，合同金额693.1万美元，比1996年的4614万美元减少84.98%；签订技术出口合同2项，合同金额1845.92万美元，比1996年601万美元增长207.14%。

【利用外资】

1997年利用外资情况表

利用外资方式	批准签订的合同			实际利用外资	
	项目数（个）	外资金额（万美元）	金额比1996年（±%）	金额（万美元）	金额比1996年（±%）
对外借款	12	3120	－50.02	1775	37.17
外商直接投资	143	29074	－76.08	26592	92.67

1997年利用外资情况表

利用外资方式	批准签订的合同			实际利用外资	
	项目数（个）	外资金额（万美元）	金额比1996年（±%）	金额（万美元）	金额比1996年（±%）
合资企业	105	19577		13692	
合作企业	18	8691		12672	
外资企业	20	806		228	
外商投资股份制					
合作开发					
其　他					
外商其他投资	1	301	-33.99	301	
对外发行股票					
国际租赁					
补偿贸易	1	301	-33.99	301	
加工装配					
合　计	156	32495	-74.59	28668	89.9

外商直接投资的行业　外商直接投资的143个项目中，生产型项目110项，非生产型项目33项。按行业分：农林牧渔业6项，金额155万美元；工业83项，金额16764万美元；建筑业5项，金额8439万美元；交通运输邮电通信业7项，金额424万美元；房地产公用服务业8项，金额616万美元；商业饮食服务业2项，金额114万美元；科技服务事业4项，金额239万美元；文教体育业2项，金额41万美元；其他行业26项，金额2365万美元。

外商直接投资来源　外商直接投资来自23个国家和地区。其中香港51项，金额13021万美元；百慕大1项，金额9339万美元；维尔京群岛5项，金额5001万美元；其他太平洋岛屿1项，金额2500万美元；美国25项，金额2137万美元；加拿大5项，金额1550万美元；韩国7项，金额1505万美元；台湾省17项，金额802万美元；缅甸1项，金额790万美元；意大利1项，金额714万美元；巴西1项，金额300万美元；英国5项，金额217万美元；澳大利亚3项，金额184万美元。在利用外资项目中，外商投资额在100万美元以上的项目有31项。

外商直接投资企业生产经营情况　截至1997年底，山西省已投产的外商投资企业共458家，全年总产值1367925万元，销售(营业)收入1146722万元。出口创汇14411万美元，比1996年的13216万美元增长9.04%，占全省出口总额的8.78%。

【对外经济合作】

承包工程和劳务合作　1997年签订对外承包工程和劳务合作合同109项，合同金额3859万美元，比1996年的3937万美元下降1.98%；完成营业额2621万美元，比1996年的1249万美元增长109.85%；当年派出劳务人员701人次，年末在外人数1221人。劳务人员分布在香港、新加坡、日本、以色列、韩国、德国、圣普、罗马尼亚、蒙古、厄瓜多尔、肯尼亚、加拿大、阿曼、立陶宛、乌干达、新西兰、马来西亚、冈比亚、加纳等19个国家和地区。承包工程的主要项目有:罗马尼亚使馆维修工程、厄瓜多尔洛哈市排水工程、以色列民用建筑工程等。劳务(技术)合作项目主要有:新加坡民用工程建筑和维修、日本林业机械操作、马绍尔医疗技术合作等。

对外经济技术援助 1997年承担援外项目2个,受援国家2个,即坦桑尼亚建筑、马绍尔医疗队。

接受经济援助 1997年接受多、双边援助项目3个,即日本援助左权县人民医院1000万日元;澳大利亚援助左权县小学教育项目43万元;日本无偿援助方山县教育项目1000万日元。

【其他】

对外经贸洽谈会 1997年10月山西省外经贸厅组团参加了由中国对外贸易中心、中广公司、中设公司牵头组织的在南非约翰内斯堡国际展览中心举办的'97南非国际贸易展览会。会上,山西省出口成交额300万美元;签订意向合同金额2000多万美元。成交的主要商品有毛巾、腈纶毛毯、茶巾布、抽纱、各类毛衣、玻璃器皿、陶瓷、服装、管件等。

港口运输 1997年山西省进出口货运总量1886.4万吨,比1996年的1556.4万吨增长21.20%。其中,出口货运量1727.3万吨,进口货运量159.1万吨。按运输方式分:海运量1883万吨,陆运量3.45万吨,空运量0.025万吨。

涉外旅游 1997年山西省接待港澳台同胞和国外旅游者12.532万人次,比1996年增长29.2%。其中外国人87561人次,比1996年增长25.93%;华侨1983人次,比1996年下降21%;港澳同胞16118人次,比1996年增长62.41%;台湾同胞19658人次,比1996年增长30.69%。1997年旅游外汇收入3747.96万美元,比1996年增长40.51%。

1997年内蒙古对外经济贸易

内蒙古自治区对外贸易经济合作厅

【概述】

1997年内蒙古自治区的对外经济贸易取得了较好的成绩,各项外经贸任务圆满完成。全区以"大经贸"战略为指导,上下共同关心、支持和发展外经贸,形成了较好的外经贸经营环境和条件;始终把出口作为外经贸工作的重中之重,抓大户,抓重点,积极培育新的出口增长点,在提高经济效益的前提下,努力扩大出口;认真贯彻积极合理有效地利用外资的方针,全区利用外资工作的质量和水平有了新的提高,外资投向合理,符合我区产业政策,外资到位率较高,区内资金配套较好;在国外经济合作和争取国际多双边无偿援助方面也取得了新的进展。

【对外贸易】

进出口总额 1997年内蒙古自治区进出口总额为131026万美元,比1996年的124980万美元增长4.84%。

出口总额 出口总额为73518万美元,比1996年的68590万美元增长7.19%,占全区国内生产总值1095亿元(相当于132.17亿美元)的5.56%;占全国出口额的0.4%。

出口商品结构 初级产品的出口额为19409万美元,占出口总额的26.4%;工业制成品出口额为54109万美元,占出口总额的73.6%。

主要出口商品 出口额在1000万美元以上的商品有羊绒衫、裘皮服装、羊绒围巾、冻牛肉、玉米等，出口金额16116万美元，占出口总额的21.92%；出口额在500万至1000万美元的商品有甜菜粕、羊绒、动力煤、钢坯等，出口金额3041万美元，占出口总额的4.14%。

出口商品市场 出口商品销往84个国家和地区。

主要出口市场情况表

国别（地区）	出口金额（万美元）	占出口总额（%）
俄罗斯	20235	27.52
日本	11487	15.63
香港	8857	12.05
欧盟	7033	9.57
蒙古	3295	4.48
美国	3191	4.34
东盟	3029	4.12
合计	57127	77.71

进口总额 进口总额为57508万美元，比1996年的56390万美元增长1.98%。

进口商品结构 初级产品进口额10812万美元，占进口总额的18.80%；工业制成品的进口额46696万美元，占进口总额的81.20%。

主要进口商品 进口额在1000万美元以上的商品有废钢、化肥、砂糖、原木、新闻纸、纺织机械、磁铁矿砂、无线通讯设备、无毛绒、涤纶长丝、高压聚乙烯和汽车零件，进口金额21317万美元，占进口总额的37.07%；进口额在500万至1000万美元的商品有铝粉、硫酸铜、铜精矿砂、聚氯乙烯、风机等，进口金额3684万美元，占进口总额的6.41%。

进口商品市场 进口商品来自31个国家和地区。

主要进口市场情况表

国别（地区）	进口金额（万美元）	占进口总额（%）
俄罗斯	22850	39.73
蒙古	10775	18.74
澳大利亚	4052	7.05
日本	3429	5.96
意大利	2240	3.90
英国	2205	3.83
瑞典	1810	3.15
美国	1621	2.82
合计	48982	85.07

边境贸易 对俄罗斯、蒙古国的边境贸易进出口额为46710万美元，比1996年的49602万美元下降5.83%。其中，出口额20630万美元，比1996年的18681万美元增长10.43%；进口额26080万美元，比1996年的30921万美元下降15.66%。主要出口商品有面粉、苹果、桔柑橙、革皮服装、磨粉机、快熟面条、牛仔服装、裘皮服装等；主要进口商品有原木、绒毛、废钢、生铁、铜精矿砂、纸浆、新闻纸、铜、苯二甲酸酐、化肥、农药。

技术进出口 1997年内蒙古自治区的技术进出口总额为15760万美元，比1996年的3464万美元增长354.97%。其中，签订引进技术和进口设备合同项目数3个，比1996年减少7个；合同金额15300万美元，比1996年的2964万美元增长416.24%。签订技术出口合同项目数5个，比1996年减少9个；合同金额466万美元，比1996年的527万美元下降11.69%。

【利用外资】

1997 年利用外资情况表

利用外资方式	批准签订的合同			实际利用外资	
	项目数（个）	外资金额（万美元）	金额比 1996 年（±%）	金　额（万美元）	金额比 1996 年（±%）
对外借款	11	6671		730	170.37
外商直接投资	103	11489		7325	1.93
合资企业	74	5729		5761	
合作企业	4	2527		300	
外资企业	24	3233		1264	
外商投资股份制	1	2000			
合　计	114	20160		8055	8.03

注：因统计口径变化，外商直接投资合同额与上年无可比性。

外商直接投资行业　外商直接投资的 103 个项目中，生产型项目 90 个，非生产型项目 13 个。按行业分：农林牧渔 11 项，采掘 3 项，制造 71 项，建筑 2 项，能源 3 项，交通通讯 1 项，批发和零售 4 项，社会服务 8 项。

外商直接投资来源　外商直接投资来自 31 个国家和地区。主要是：香港 30 项，金额 4783 万美元；马来西亚 2 项，金额 895 万美元；韩国 6 项，金额 820 万美元；美国 19 项，金额 744 万美元；挪威 1 项，金额 723 万美元；新加坡 5 项，金额 309 万美元；日本 16 项，金额 242 万美元。

外商直接投资企业生产经营情况　全年外商直接投资企业出口创汇 7398 万美元，比 1996 年的 6773 万美元增长 9.23%；从业人员约 8 万人。

【对外经济合作】

承包工程和劳务合作　1997 年签订对外承包工程和劳务合作合同项目 104 个，金额 3688 万美元；完成营业额 1890 万美元；当年派出劳务人员 3578 人次，年末在外人数 1577 人，主要派往俄罗斯和蒙古国。承包工程和劳务合作项目主要分布在俄罗斯、蒙古国、日本。其中，俄罗斯 66 项，主要是种菜、采矿、建筑、制造等；蒙古国 29 项，主要是种菜、建筑、制造、食品等；日本 2 项，主要是缝纫、森林采伐。

对外经济技术援助　承担援外项目 1 个，向蒙古国援助居民住宅建筑材料，1997 年完成了准备工作。

接受经济援助　接受国际双边无偿援助项目数 4 个，金额 1360.70 万美元，1 个项目已执行完毕。

对外投资　1997 年在海外举办企业 1 个，中方投资金额 200 万美元，运营情况良好。

【其他】

对外经贸洽谈会　1997 年 9 月参加厦门'97 中国投资贸易洽谈会，签订外商投资项目 14 个，协议利用外资金额 1518.35 万美元，达成意向 19 项，协议外资金额 1650 万美元，出口成交 459 万美元；10 月参加香港'97 中国投资洽谈会，签订引进外资项目 4 个，协议外资金额 6000 万美元；10 月参加日本'97 大阪世界商务大会暨东京投资洽谈会，达成意向 6 个，协议外资金额 1350 万美元。

涉外旅游　1997 年入境的外国人及台港澳同胞 34.8 万人次，旅游收入 10700 万美元，比 1996 年的 9350 万美元增长 14.45%。

1997年辽宁对外经济贸易

辽宁省对外贸易经济合作厅

【对外贸易】

进出口总额 1997年辽宁省进出口总额为129.61亿美元，比1996年的112.50亿美元增长15.2%。

出口总额 出口总额88.94亿美元，比1996年的83.38亿美元增长6.7%，占全省国内生产总值3501亿元(相当于422.33亿美元)的21%，居全国第七位。

出口商品结构 初级产品出口额30.77亿美元，占出口总额的34.6%；工业制成品出口额58.17亿美元，占出口总额的65.4%。

出口额在5000万美元以上的商品情况表(续)

金额分类	商品名称	出口金额(万美元)	占出口总额(%)
1亿美元以上(12种)	服装、鞋类、钢材、锌、原油、成品油、重烧镁、造船、微电机、电子元器件、计算机、电视及音响设备	495885	55.76
5000万—1亿美元以上(15种)	杂豆、鱼类、冻贝肉、板及制品、棉布、化纤布、金属制品、小五金、生铁、铁合金、电熔镁、石蜡、集装箱、汽车零件、电工设备	107764	12.12
合计	27种	603649	67.87

出口商品市场 出口商品销往152个国家和地区。

主要出口市场情况表

国别(地区)	出口金额(万美元)	占出口总额(%)
日本	363663	40.89
韩国	96937	10.90
美国	92048	10.35
香港	40451	4.55
新加坡	38126	4.28
德国	29142	3.28
朝鲜	27989	3.15
挪威	23589	2.65

主要出口市场情况表(续)

国别(地区)	出口金额(万美元)	占出口总额(%)
马来西亚	14792	1.66
荷兰	14288	1.61
合计	726737	81.71

进口总额 进口总额40.67亿美元，比1996年的29.85亿美元增长36.2%。

进口商品结构 初级产品进口额10.57亿美元，占进口总额的26%；工业制成品进口额30.10亿美元，占进口总额的74%。

进口额在 4000 万美元以上的商品情况表

金额分类	商品名称	进口金额（万美元）	占进口总额（%）
4000 万－1 亿美元(9 种)	成套设备、化工原料、水产品、纺织原料、汽车电车摩托车及零件、家用电器、粮油、畜产品	77114	18.96
1 亿美元以上(9 种)	电讯设备及器材、石油及制品、纺织品、黑色金属、有色金属、各类机械、船舶、塑料、航空设备	280276	68.91
合计	18 种	357390	87.87

进口商品市场 进口商品来自 56 个国家和地区。

主要进口市场情况表

国别（地区）	进口金额（万美元）	占进口总额（%）
日本	134864	33.16
韩国	40864	10.05
印尼	38675	9.51
香港	26873	6.61
美国	22273	5.48
新加坡	16605	4.08
澳大利亚	12959	3.19
俄罗斯	5296	1.30
德国	5137	1.26
挪威	4438	1.09
合计	307984	75.73

边境贸易 边境小额贸易进出口总额为 13997 万美元。其中出口 11196 万美元，进口 2801 万美元。主要出口商品有面粉、玉米、黑色金属、高粱、塑料、化工原料、成套设备、豆油、化纤服装、机械类等 500 多个品种；主要进口商品有水海产品、废钢铁、蚕茧、中药材、木材、芦苇等 40 多个品种。

技术进出口 1997 年全省技术进出口总额 129630.71 万美元，比 1996 年的 99207.55 万美元增长 30.7%。其中，签订引进技术和进口设备合同项目数 167 个，比 1996 年增加 88 个；合同金额 79939.59 万美元，比 1996 年的 59207.34 万美元增长 35.02%。签订技术出口合同项目数 267 个，比 1996 年增加 140 个；合同金额 49691.12 万美元，比 1996 年的 40000.21 万美元增长 24.2%。

【利用外资】

1997 年利用外资情况表

利用外资方式	批准签订的合同			实际利用外资	
	项目数（个）	外资金额（万美元）	金额比 1996 年（±%）	金额（万美元）	金额比 1996 年（±%）
对外借款	17	57080	130.3	29775	－33.3
外商直接投资	1698	438835	－1.5	221446	32.5

1997年利用外资情况表(续)

利用外资方式	批准签订的合同			实际利用外资	
	项目数(个)	外资金额(万美元)	金额比1996年(±%)	金额(万美元)	金额比1996年(±%)
合资企业	1026	264203	-8.6	126462	26.8
合作企业	172	79975	57.1	38980	163.4
外资企业	489	90157	-14.6	55004	4.6
合作开发	1	4500	—	1000	—
其他					
外商其他投资	19	55076	70.3	54655	109.1
对外发行股票	4	38630		38630	
国际租赁	5	16046		15825	
补偿贸易					
加工装配	10	400		2008	
合计	1734	550991		305876	

外商直接投资行业 外商直接投资项目中生产型与非生产型项目数分别是1276项、422项。

1997年主要行业利用外资统计表

金额单位:亿美元

主要行业	1997年完成数		截至1997年底总累计数	
	项目数	协议外资额	项目数	协议外资额
石油化工	73	1.7	621	17.58
轻工业	379	5.0	4649	33.1
机械工业	122	5.6	1483	25.3
房地产业	58	5.6	628	35.9
建材工业	67	1.5	585	9.2
冶金工业	20	1.4	679	12.2
电子工业	36	1.8	668	9.3
餐饮业	75	1.0	967	10.6
纺织工业	36	0.2	422	3.9
农林牧渔业	75	1.5	882	5.9

外商直接投资企业生产经营情况 全省外商投资企业外商实际投资22.33亿美元，比1996年增长31.2%，约占全省当年固定资产投资总额的20%。全省外商投资企业实现产值685.3亿元人民币，比1996年增长27.5%，增长速度大大高于全省工业产值增长速度(全省工业产值增长速度8.9%)，外商投资企业产值占全省工业产值的比重由1996年的16%提高到18.8%。全省外商投资企业出口创汇30亿美元，比1996年增长15%；全省外商投资企业实际进口23.83亿美元，比1996年增长60.7%，进出相抵继续保持顺差。全省外商投资企业实现税收40.1亿元人民币，比1996年增长60%。

【对外经济合作】

承包工程和劳务合作 1997年签订对外承包工程和劳务合作合同项目1002个，合同金额63469万美元，比1996年的48704万美元增长30.31%；营业额37784万美元，比1996年的29599万美元增长27.65%；当年派出劳务人员数23866人，年末在外人数29095人。派往的主要国家和地区是日本、韩国、新加坡；承包工程的主要项目及国别(地区)有孟加拉的库尔纳电站、委内瑞拉的石油开发、巴基斯坦的电站、安提瓜的医疗中心等。

对外经济技术援助 全年承担援外项目12项，其中当年完成5项。受援国有秘鲁、蒙古、柬埔寨、叙利亚、多哥、寨舌尔、科特迪瓦、加蓬、喀麦隆。涉及的行业有农田水利、轻工、建筑、医疗卫生、食品加工、贸易服务、渔业等。全年派出援外人员187人，年末在外人数252人。

接受经济援助 全年接受国外援助共8项，合同金额1312.13万美元，新增援款344.61万美元。

对外投资 1997年在海外举办非贸易型企业5个，中方投资金额600万美元，投资国别(地区)主要是：加蓬、俄罗斯、香港等。

【其他】

开发区建设 1997年，大连、沈阳、营口、丹东四个国家级开发区共新批三资企业项目197个，协议外商投资额14.2亿美元，实际利用外资6.7亿美元。经济效益显著提高，实现工业总产值343.2亿元人民币，其中外商投资企业269.4亿元人民币，占86%；税收总额21.7亿元人民币，财政收入19.6亿元人民币。出口18.2亿美元，其中三资企业产品出口16.9亿美元，占93%。

大连保税区 1997年，全区批准外商直接投资项目171项，合同外资额4.05亿美元；进出口总额10亿美元；国内生产总值达到8.55亿元人民币，比1996年增长96%，占全区累计实现国内生产总值19.10亿元的44.8%。以石化产品交易市场和国际车城为主的市场交易活跃，实现交易额47.23亿元人民币，比1996年增长81.65%。有14个工业加工型项目开工建设，其中有6个项目已竣工投入生产或试生产。目前，全区已形成了以塑料、电子、服装、家具及其他简单商业性加工为主的产业格局。全年累计完成基础设施建设投资8456万元人民币。

涉外旅游 1997年接待外国游客31.06万人次，台港澳同胞7万人次，旅游收入25953万美元，比1996年的22388万美元增长15.9%。

1997年沈阳对外经济贸易

沈阳市对外经济贸易委员会

【概述】

1997年是沈阳市对外经贸工作各项改革全面实施和深化的一年。全市对外经贸工作坚持“一开四促”方针、外向牵动战略和“三外并举、外资为重”原则，着力发展全社会大经贸，在面临诸多困难和不利因素的情况下，经过外经贸战线广大干部职工的积极努力，各项工作取得了新的进展。

【对外贸易】

进出口总额 1997年沈阳市进出口总额为10.52亿美元，比1996年的9.12亿美元增长15.35%。

出口总额 出口总额7.19亿美元，比1996年的6.82亿美元增长5.43%，占全市国内生产总值861.1亿元(相当于103.87亿美元)的6.92%；占全省出口额的8.08%。

出口商品结构 初级产品出口额0.92亿美元，占出口总额的12.80%；工业制成品出口额6.27亿美元，占出口总额的87.20%。

出口额在100万美元以上的商品情况表

金额分类	商品名称	出口金额（万美元）	占出口总额（%）
100万－500万美元(88种)	高粱、面粉、白瓜籽、冻鱼片、饼干、锯材、棉色布、铸铁件等	17551	24.41
500万－1000万美元(8种)	鹅鸭绒毛、梭织裤子、梭织上衣、皮鞋、焊接管件、电熔镁、氯霉素盐、车床	5703	7.93
1000万美元以上(8种)	冻鸡、皮衣、铜、铅、锌、维生素C、汽车蓄电池、彩色电视机	11824	16.45
合　计	104种	35078	48.79

出口商品市场 出口商品销往102个国家和地区。

主要出口市场情况表

国别（地区）	出口金额（万美元）	占出口总额（%）
韩国	15313	21.31
日本	11556	16.08
美国	9803	13.64
香港	6906	9.61
俄罗斯	4176	5.81
德国	3513	4.89
新加坡	2366	3.29
台湾省	2349	3.27

主要出口市场情况表（续）

国别（地区）	出口金额（万美元）	占出口总额（%）
朝鲜	2245	3.12
荷兰	1525	2.12
合计	59752	83.14

进口总额 进口总额 3.33 亿美元，比 1996 年的 2.3 亿美元增长 44.78%。

进口产品结构 初级产品进口额为 1366 美元，占进口总额的 4.1%；工业制成品进口额为 31940 万美元，占进口总额的 95.9%。

进口额在 100 万美元以上的商品情况表

金额分类	商品名称	进口金额（万美元）	占进口总额（%）
100 万—500 万美元（19 种）	冻鱼、冻虾、棉麻混纺布、棉汗衫布、箱板纸等	5700	17.11
500 万—1000 万美元（6 种）	棉涤纶布、纯棉布、铅矿砂、蓄电池、压缩机、酒类设备	4233	12.71
1000 万美元以上（3 种）	化纤纱线、铜精矿砂、机械压力机	3887	11.67
合计	28 种	13820	41.49

进口商品市场 进口商品来自 35 个国家和地区。

主要进口市场情况表

国别（地区）	进口金额（万美元）	占进口总额（%）
日本	9508	28.55
韩国	7901	23.72
香港	4227	12.69
台湾省	1770	5.31
德国	1633	4.90
美国	1496	4.49

主要进口市场情况表（续）

国别（地区）	进口金额（万美元）	占进口总额（%）
法国	1073	3.22
俄罗斯	802	2.41
澳大利亚	703	2.11
秘鲁	633	1.90
合计	29746	89.31

技术进出口 1997年沈阳市技术进出口总额5118万美元，比1996年的6261.52万美元下降18.26%。其中，签订引进技术和进口设备合同25项，合同金额1150万美元，比1996年的2066.15万美元下降44.34%；签订技术出口合同225项，金额3968万美元，比1996年的4195.37万美元下降5.42%。

引进技术和设备来自20个国家和地区。其中日本3项，主要是电讯设备器材、电工设备、数控机床等，金额640万美元；俄罗斯3项，主要是航空设备、机器配件等，金额384万美元；美国2项，主要是电工测量仪表、电讯设备及器材，金额254万美元。

签订技术出口项目主要有：向美国出口轻工造纸机械、金属切削机械、锻压机械和机床配件等，金额240.06万美元；向加拿大出口煤矿机械和药品等，金额235.24万美元；向菲律宾出口橡胶加工机械和轻工设备等，金额147.72万美元。

【利用外资】

1997年利用外资情况表

利用外资方式	批准签订的合同			实际利用外资	
	项目数（个）	外资金额（万美元）	金额比1996年（±%）	金额（万美元）	金额比1996年（±%）
对外借款	22	5003	5.99	5003	134.99
外商直接投资	485	76318	9.63	51910	58.06
合资企业	282	45245	16.51	25617	6.27
合作企业	23	17433	−11.4	17930	495.3
外资企业	180	13640	22.93	8363	46.10
外商其他投资	235	18044	−34.73	15825	−36.87
国际租赁	3	15825	−36.87	15825	−36.87
加工装配	232	2219	−13.84		
合　计	742	99365	−0.32	72738	21.15

外商直接投资行业 在外商直接投资项目中，生产型项目359个，非生产型项目126个。按行业分：制造行业355个；建筑业41个；房地产业14个；餐饮娱乐业34个；社会服务业32个；其他行业9个。

外商直接投资来源 外商直接投资来自28个国家和地区。投资额在前10位的是：日本31个，28080.30万美元；英属维尔京群岛12个，19521.20万美元；香港62个，15625.80万美元；美国79个，12794万美元；韩国196个，11388.70万美元；台湾省42个，9699.80万美元；瑞士3个，8994万美元；澳大利亚14个，3652.4万美元；荷兰1个，2990万美元；加拿大7个，2260.5万美元。

外商直接投资企业生产经营情况 截至1997年底，已开业投产的外商投资企业共1846家，全年总产值161亿元，比1996年增长32.08%；销售(营业)收入166亿元，比1996年增长23.42%。其中出口销售收入29972万美元，比1996年增长41.86%；利润总额54000万元，比1996年增长125%。

【对外经济合作】

承包工程和劳务合作 1997年辽宁省沈阳市签订对外承包工程和劳务合作合同额7021万美元，比1996年的6510.64万美元增长7.84%；完成营业额5789万美元，比1996年的4934.44万美元增长17.32%；派出劳务人员5303人次，比1996年的4842人增长9.52%；年末在外人数为4417人。劳务人员分别在韩国、日本、俄罗斯、塞舌尔、美国、新加坡、老挝、柬埔寨等45个国家和地区。主要对外工程项目有塞舌尔幼儿院、老挝沙湾拿吉超级市场、巴基斯坦50万伏输电线路、俄罗斯沙哈林州霍姆斯市游泳馆、柬埔寨台湾大酒店、叙利亚大马士革体育馆维修工程等。

对外经济技术援助 中国沈阳国际经济技术合作公司先后派出146人在3个国家4个经援项目中执行援外任务，实现营业额3525万元，带动国产设备、材料出口589.3万元。这四个项目是，塞舌尔工艺学校、塞舌尔东海岸二期住房工程、多哥卡拉医院技术合作和叙利亚大马士革体育馆维修。

【其他】

经济技术开发区 沈阳经济技术开发区1997年新批准进区项目119个，其中外商投资项目97个，投资总额6.06亿美元，协议外资金额2.26亿美元，实际利用外资1.35亿美元。全区完成固定资产投资32.84亿元，比1996年增长29.9%。实现利税9.35亿元，比1996年增长54.3%。实现出口额1.44亿美元，比1996年增长62.31%。

涉外旅游 1997年沈阳市接待海外旅游者152168人次，比1996年增长40.97%，其中外国人127677人次，比1996年增长39.07%；旅游外汇收入7055万美元，比1996年增长53.36%。

1997年大连对外经济贸易

大连市对外经济贸易委员会

【对外贸易】

进出口总额 1997年辽宁省大连市进出口总额为50.90亿美元，比1996年的43.63亿美元增长16.6%。

出口总额 出口总额30.1亿美元，比1996年的26.30亿美元增长14.4%，占全市国内生产总值829亿元（相当于100.24亿美元）的30.03%，占全省出口总额的40.1%。

出口商品结构 初级产品出口额48084万美元，占出口总额的15.9%；工业制成品出口额253485万美元，占出口总额的84.2%。

出口额在1000万美元以上的商品有：冻鸡、冻鱼片、冻贝肉、海带、豆粕、皮革制品、锯材、涤棉纱线、棉绦坯布、毛巾、服装、鞋、帐蓬、阀门、铸铁件、水泥、平板玻璃、重烧镁、电熔镁、成品油、石蜡、船舶、血压表、集装箱、塑料制品、蔬菜、家具、汽车零件、微电机、变压器、通用零件、轴承、计算机附属设备、电子元器件、电讯设备、录像机、音响设备、磨具、干菜及制品等43种。出口金额243853万美元，占出口总额的81.01%。

出口商品市场 出口商品销往102个国家和地区。

主要出口市场情况表

国别(地区)	出口金额(万美元)	占出口总额(%)
日　本	162980	54.15
挪　威	23363	7.76
美　国	16928	5.62
新加坡	15503	5.15
香　港	14435	4.80
韩　国	12615	4.19
马来西亚	10219	3.40
德　国	8346	2.77
合　计	264389	87.84

进口总额　进口总额208646万美元,比1996年的173501万美元增长20.26%。

进口商品结构　初级产品进口额56007万美元,占进口总额的26.8%;工业制成品的进口额152639万美元,占进口总额的73.16%。

进口额在1000万美元以上的商品有大豆、鱼、革皮、棉纱线、呢绒、化纤布、化纤制品、服装辅料、纸张、钢材、金属制品、钢材、原油、化工原料、塑料原料、塑料制品、化肥、医疗器械、船用动力和机器设备、集装箱零配件、汽车零件、电工设备、轴承、计算机、电子元器件、电子原材料、录音机机芯及散件等27种,进口金额189441万美元,占进口金额的90.8%。

主要进口市场情况表

国别(地区)	进口金额(万美元)	占进口总额(%)
日　本	110535	52.98
印度尼西亚	37621	18.03
韩　国	17799	8.53
香　港	10191	4.88
新加坡	7721	3.70
美　国	5252	2.52
挪　威	4337	2.08
比利时	2440	1.17
合　计	195896	93.89

技术进出口　1997年大连市技术进出口总额6.53亿美元,比1996年的3.83亿美元增长70.5%。其中,签订引进技术和设备合同项目数32个,比1996年减少46个;合同金额3.7亿美元,比1996年的2.05亿美元,增长80.48%。签订技术出口合同项目数25个,比1996年增加7个;合同金额2.87亿美元,比1996年的1.78亿美元增长61.24%。

【利用外资】

1997年利用外资情况表

利用外资方式	批准签订的合同			实际利用外资	
	项目数(个)	外资金额(万美元)	金额比1996年(±%)	金额(万美元)	金额比1996年(±%)
对外借款					
外商直接投资	812	256997	4.01	131944	32
合资企业	425	155119	9.91	77678	38.97
合作企业	99	29530		11322	3851

1997 年利用外资情况表(续)

利用外资方式	批准签订的合同			实际利用外资	
	项目数(个)	外资金额(万美元)	金额比 1996 年(±%)	金额(万美元)	金额比 1996 年(±%)
外资企业	288	72348		42944	17.58
外商投资股份制					
合作开发					
其他					
外商其他投资					
对外发行股票		12580		8350	
补偿贸易					
加工装配		340		340	
合计	812	269917	4	140634	32

外商直接投资行业 外商直接投资项目中生产型项目 529 个,非生产型项目 283 个。其中第一产业 60 个,第二产业 469 个,第三产业 283 个。

外商直接投资来源情况表

国别(地区)	投资项目数(个)	投资金额(亿美元)
香港	157	6.21
日本	178	4.85
美国	136	4.58
韩国	159	4.46
澳大利亚	13	0.99

外商直接投资企业生产经营情况 1997 年大连市累计有 3110 家外商投资企业开业投产,占全市已批准外商投资企业总数的 45%。大部分企业经营状况良好,实现产值 340.8 亿元,实现涉外税收 13.2 亿元,出口创汇 19 亿美元,新安排劳动就业人数 2 万余人。累计实现产值 1263 亿元,出口创汇 84.6 亿美元,安排劳动就业 22 万人次。

【对外经济合作】

承包工程和劳务合作 1997 年签订对外承包工程和劳务合作合同项目 405 个,金额 1.36 亿美元,比 1996 年的 1.21 亿美元增长 12.40%;营业额 1.1 亿美元,比 1996 年的 1.03 亿美元增长 6.8%。当年派出劳务人员 6758 人,年末在外 7976 人,主要派往日本、新加坡、台湾、韩国、香港和俄罗斯等国家和地区。

对外经济技术援助 承担援外项目 4 个,主要受援国家和地区有:加蓬、喀麦隆、马达加斯加。主要涉及的行业:建筑业和渔业。

【其他】

经济技术开发区 大连经济技术开发区全年完成基础设施投资 13.2 亿元。1997 年区内新批外商投资企业 80 家,协议外资金额 7.27 亿美元。累计批准外商投资企业 1128 家,其中 700 家开业投产。当年实现总产值 197.3 亿元,出口创汇额 14.3 亿美元。全区全年国内生产总值 105.6 亿元,工业总产值 215.4 亿元,出口创汇额 14.8 亿美元。

保税区 大连保税区全年完成基础设施投资8456万元，实现国内生产总值8.5亿元，税收1.5亿元，进出口总额10.2亿美元。

对外经贸洽谈会 ’97中国大连出口商品交易会于1997年7月15日至21日在大连星海会展中心举行。共设标准展位702个，来自36个国家和地区的1640多位客商参加了交易会。在7天的交易会中，共出成交2.65亿美元。交易会期间还同时举办了’97大连经济技术洽谈会，共有9个省的30个团组同来自日本、韩国、瑞典、香港、台湾等国家和地区的650多名客商进行了为期3天的经济技术洽谈活动。共签订合同71项，合同金额3.3亿美元，协议外资2.4亿美元。

港口运输 大连港现有泊位68个，当年实现完成货物吞吐总量70044.3万吨，其中外贸进出口货物吞吐量7044万吨（出口4690.0万吨，进口2353.4万吨）。

涉外旅游 1997年大连共接待海外旅游者20万人次，旅游收入51.6亿元人民币，比1996年的41.3亿元人民币增长25%。

1997年吉林对外经济贸易

吉林省对外贸易经济合作厅

【对外贸易】

进出口总额 1997年吉林省对外贸易进出口总额为25.25亿美元，比1996年的28.41亿美元下降11%。

出口总额 出口总额16.05亿美元，比1996年的15.04亿美元增长6.70%，占全省国内生产总值1450.4亿元人民币的9.20%。

出口商品结构 工业制成品出口额11.70亿美元，占出口总额的73%；农副产品4.3亿美元，占出口总额的27%。

出口贸易结构 一般贸易11.75亿美元，占出口总额的73%；加工贸易3.3亿美元，占出口总额的21%；其他贸易1亿美元，占出口总额的6%。

出口商品市场 出口商品销往108个国家和地区。亚洲市场占出口总额的73%；欧洲市场占16%；北美洲市场占8%；非洲市场占1%；拉丁美洲市场占1%；大洋洲占1%。

主要出口市场情况表

国别(地区)	出口金额(万美元)	占出口总额(%)
日本	41657	26
韩国	17036	10.6
香港	14487	9.0
美国	11621	7.2
荷兰	8383	5.2
俄罗斯	8352	5.2

主要出口市场情况表(续)

国别(地区)	出口金额(万美元)	占出口总额(%)
朝鲜	8180	5.1
德国	8117	5.0
泰国	2871	1.79
英国	2510	1.56
合计	123214	76.7

出口额在500万美元以上的商品情况表

金额分类	商 品 名 称	出口金额（万美元）	占出口总额（%）
500万－1000万美元(26种)	豆粕、点火线圈、人造棉布、电子元器件、焊接管、纯涤沦纱线、铁路客车、H酸、焦炭、香兰素、棉纱线、电熔镁、重烧镁、黄大豆、亚麻纱线、蔬莱、皮服装、化肥、地毯、家具、无毛绒、锰铁、柳工艺品、佛石块、蜂蜜、汽车电线	18721	11.66
1000万美元以上(33种)	玉米、冻鸡、板及制品、绿豆、铝、石墨电极、汽车零件、汽车、大料、饲料、工农具人造丝、男夹克衫、钢材、面粉、锯材、化纤布、铬铁、硅锰合金、腈纶衫、芸豆、松茸、硅、冻牛肉、炼钢生铁、棉毛裤、染料中间体、动物纤维绒毛、园参、汗衫背心、电子元器件、注射及针灸器械、鞋类	89241	55.6
合 计	**59种**	**107962**	**67.26**

进口总额 进口总额9.21亿美元，比1996年的13.37亿美元减少31%。

进口商品结构 初级产品进口额2.80亿美元，占进口总额的30.4%；工业制成品进口额6.41亿美元，占进口总额的69.6%。

进口额在500万－1000万美元的商品有25种，它们是：成套设备、服装布料、涤纶短纤维、大麦、黄大豆、汽车零件、烟草、生橡胶、天然肥料及矿物、金属矿砂、金属废料、油管、牛羊油、尿素、合成香料、润滑油、无机化学品、医药品、精油、香膏及芳香料、盥洗及清洁制品、发动机零件、硬锰砂、醇类化工设备。

进口商品市场 进口商品来自41个国家和地区。

主要进口市场情况表

国别（地区）	进口金额（万美元）	占进口总额（%）
德 国	31880	34.6
日 本	13080	14.2
意大利	8039	8.72
美 国	5748	6.23

主要进口市场情况表（续）

国别（地区）	进口金额（万美元）	占进口总额（%）
韩 国	5655	6.14
朝 鲜	3886	4.21
巴 西	3500	3.80
俄罗斯	3178	3.45
澳大利亚	2872	3.12
台湾省	2108	2.29
合 计	**79946**	**86.76**

技术进出口 1997年全省签订技术引进和设备进口合同30项，合同金额6600万美元，比1996年的6205万美元增长6%。引进技术和设备来自12个国家和地区，主要有：意大利、法国、韩国、德国、日本、美国、俄罗斯等，进口金额4020万美元。技术出口金额2580万美元，比1996年的2500万美元增长3.2%。

【利用外资】

1997 年利用外资情况表

利用外资方式	批准签订的合同			实际利用外资	
	项目数（个）	外资金额（万美元）	金额比 1996 年（±%）	金　额（万美元）	金额比 1996 年（±%）
外商直接投资	395	48783.4	－29.7	40227	－10.9
合资企业	193	18645.3	－63.9	28989	－16.1
合作企业	36	17423.9	24.9	2235	48.3
外资企业	166	12714.2	45.8	9003	9.64
合　　计	395	48783.4	－29.7	40227	－10.9

外商直接投资行业　外商直接投资的 395 个项目中，生产型项目 336 个，非生产型项目 59 个。按行业分：农、林、牧、渔、水利业 23 个，工业 311 个，建筑业 2 个，商业、饮食、供销仓储业 9 个，房地产公用服务业 11 个，科研技术服务事业 1 个，其他行业 36 个。

外商直接投资来自 23 个国家和地区，其中香港 69 项，外资金额 20886 万美元，占总额的 42.8%。

【对外经济合作】

1997 年共签订对外承包工程和劳务合作项目 203 项，合同外资金额 29713 万美元，实际完成营业额 18760 万美元。全年累计外派劳务人员 25540 人次。外派劳务人员主要派往：韩国、日本、美国、新加坡等。

【其他】

经济技术开发区　1997 年全省开发区经济发展取得了显著成绩，实现工业总产值 228.02 亿元人民币，比 1996 年增长 55.77%；完成技工贸总投入 298.94 亿元人民币，比 1996 年增长 55.8%；合同利用外资、外商直接投资分别达到 35900 万美元和 12000 万美元；外贸出口总额 21400 万美元，比 1996 年增长 15.02%；利用和引进国内资金达到 18.61 亿元人民币；完成固定资产投资 31.8 亿元人民币，其中基础设施建设投资完成 6.03 亿元人民币，占固定资产投资的 18.96%。

1997 年各开发区在已有的基础上，再投入 6.03 亿元人民币，用于基础设施建设，比 1996 年增加投入 2.47 亿元人民币，使开发区内的道路、供电、供气、给排水和邮电通讯又上了一个新台阶，生产生活设施更加齐全配套。

对外经贸洽谈　1997 年 5 月协助组织第一汽车集团公司、吉林森工集团公司、东宝集团公司三家较大型企业；随李岚清副总理赴拉美四国考察访问。6 月配合由吉林省委书记张德江率领的中共干部代表团对越南、泰国的友好访问，组织了吉林经贸代表团，在越南的河内、胡志明和泰国的曼谷三市成功地举办贸易投资环境说明会，签定贸易合同 7 项，合作意向书 2 份，继续洽谈项目 38 个。

涉外旅游　1997 年全省接待海外旅游者 20.04 万人次，比上年增长 2.83%；实现旅游创汇 5935 万美元，比上年增长 11.77%。

1997 年长春对外经济贸易

长春市对外贸易经济合作局

【概述】

1997 年,长春市坚定不移地实施开放带动战略,努力构筑"大经贸"发展格局,促进了对外经济贸易的健康发展。利用外资水平明显提高,投资结构更加优化。80%以上外资投向长春市基础产业、支柱产业、城市基础设施和国有大中型企业的嫁接改造,新批投资总额在 1000 万美元以上的大项目 18 个,实际利用外资同比增长 44%。已投产企业生产经营良好,产值占全市工业总产值的 25%,税收占当年全市工商税收的 15.5%,已成为长春市经济发展的重要增长点。对外贸易多元化经营格局初步形成。三资企业、自营企业出口创汇占出口总额的 50.6%,同比增长 18.7%。县、区外贸公司自营出口开始起步。出口商品结构渐趋合理。工业制成品出口占出口总额的 75.38%,机电产品出口同比增长 24.8%。对外工程承包和劳务合作有了新进展,初步建成俄罗斯、韩国、以色列、塞班、新加坡 5 个较稳固的劳务合作基地。技术出口同比增长 71.3%。外经贸企业内部股份制改革取得初步经验,组建外向型企业集团工作具备了良好基础。

【对外贸易】

进出口总额 1997 年吉林省长春市进出口总额为 34357 万美元,比 1996 年的 27500 万美元增长 24.94%。

出口总额 出口总额 17090 万美元,比 1996 年的 16500 万美元的增长 3.58%,占全市国内生产总值 541.20 亿元(相当于 65.37 亿美元)的 2.61%,占吉林省出口总额的 9.66%。

出口商品结构 初级产品出口额 4207 万美元,占出口总额的 24.62%;工业制成品的出口额 12883 万美元,占出口总额的 75.38%。

出口额在 500 万－1000 万美元的商品有玉米、服装、焦炭、客车、点火线圈、汽车电线、汽车电器零件,出口额为 5238 万美元,占出口总额的 30.65%;出口额在 300 万－500 万美元的商品有松茸、无毛绒、桌椅、其他工艺美术品、输液器,出口额为 1831 万美元,占出口总额的 10.71%。

出口商品市场 出口商品销往世界 59 个国家和地区。

主要出口市场情况表

国别(地区)	出口金额(万美元)	占出口总额(%)
香港	3190	18.67
日本	2726	15.95
韩国	2371	13.87
美国	1494	8.74
德国	1387	8.12
伊朗	869	5.08
英国	558	3.27
俄罗斯	538	3.15
朝鲜	365	2.14
孟加拉国	308	1.80
合计	13806	80.79

进口总额 进口总额 17267 万美元,比 1996 年的 11000 万美元增长 56.97%。

进口商品结构 初级产品进口额 108 万美元,占进口总额的 0.63%;工业制成品的进口额 17159 万美元,占进口总额的 99.38%。

进口总额在 1 亿美元以上的商品为摩托车发动机,进口额 10890 万美元,占进口总额的 63.07%;200 万美元以上的商品有 4 种,包括其他板及制品、纯涤沦布、聚氯乙烯、汽车电线束,进口额 1750 万美元,占进口总额的 10.14%。

进口商品市场 进口商品来自 23 个国家(地区)。

主要进口市场情况表

国别(地区)	进口金额(万美元)	占进口总额(%)
日　本	11599	67.17
德　国	1241	7.19
香　港	552	3.20
韩　国	497	2.88
意大利	491	2.84
美　国	415	2.40
合　计	14795	85.68

边境贸易　边境易货贸易进出口总额98万美元,比1996年的772万美元减少87.31%。其中出口额48万美元,比1996年的691万美元减少93.05%。出口商品有轧辊、其他金属制品;进口额50万美元,比1996年的81万美元减少38.27%,进口商品有化肥、钢坯。

技术进出口　1997年吉林省长春市技术进出口总额1563.7万美元,比1996年的1990万美元减少21.42%。其中,签订引进技术和进口设备合同项目数6个,比1996年的18项减少12项;合同金额518.2万美元,比1996年的1380万美元减少62.45%。签订技术出口合同项目数9个,比1996年的11项减少2项;合同金额1045.5万美元,比1996年的610万美元增长71.39%。

【利用外资】

批准签订外商直接投资项目94个,合同外资金额22317万美元,比1996年的31474万美元减少29.09%;实际利用外资7500万美元,比1996年的7200万美元增长4.17%。

在外商直接投资的项目中,合资企业60家,外资金额17417万美,比1996年的20728万美元减少15.97%;合作企业13家,外资金额3950万美元,比1996年的5883万美元减少32.86%;外资企业21家,金额950万美元,比1996年的4863万美元减少80.46%。

外商直接投资行业　在外商直接投资项目中,生产型项目77个,非生产型项目17个。按行业分:工业72个,农林牧渔水利业5个,建筑、房地产业7个,教育、卫生、科研和社会福利业1个,商业服务业2个,其他7个。

外商直接投资来源　外商直接投资来自17个国家和地区。投资额居前10位的是:加拿大7项,金额8141万美元;香港21项,金额5556万美元;美国12项,金额4170万美元;德国5项,金额1595万美元;荷兰1项,金额1180万美元;日本9项,金额802万美元;韩国18项,金额346万美元;台湾6项,金额171万美元;澳门3项,金额154万美元;新加坡2项,金额71万美元。

外商直接投资企业生产经营情况　截至1997年底,已开业投产的外商投资企业共400家,职工总数24431人,全年总产值为30亿元,比1996年的23.04亿元增长30.21%;销售(营业)收入32.58亿元,比1996年的20.67亿元增长57.62%;出口创汇4300万美元,比1996年的4148万美元增长3.66%;利税总额2.61亿元,比1996年的1.52亿元增长71.71%。

【对外经济合作】

承包工程和劳务合作　1997年的签订对外承包工程和劳务合作项目合同29个,金额2904万美元,比1996年的3050万美元减少4.79%;营业额1317万美元,比1996年的1600万美元减少17.69%;当年派出劳务人员1679人次,年末在外2231人,分别比1996年的1320人次和1960人增长27.20%和13.83%。劳务人员分布在韩国、以色列、新加坡、俄罗斯、日本、美国、越南、阿联酋、加蓬、英国、马来西亚、朝鲜等国家。主要对外承包工程项目有:俄罗斯安加尔斯克和阿联酋阿布扎比建筑工程。

【其他】

经济技术开发区　长春经济技术开发区1997年完成固定资产投资10.4亿元,比1996年的6.48亿元增长60.49%。新批准入区企业320个,其中外商投资企业32个,合同外资金额16202.6万美元,实际利用外资4308万美元。截至1997年底,累计兴办外商投资企业 215 家，其中 87 家已投产开业。全区全年实现社会总产值 90 亿元，比 1996 年的 62.2 亿元增长 44.7%；出口创汇 2300 万美元；利税 14.5 亿元，比 1996 年的 11 亿元增长 31.8%。

长春高新技术产业开发区 1997 年完成固定资产投资总额 4.4 亿元，比 1996 年的 3.9 亿元增长 12.82%。新批准入区企业 190 个，其中外商投资企业 25 个，合同外资金额 5300 万美元，实际利用外资 2700 万美元。截止到 1997 年底，累计兴办外商投资企业 218 家，其中 100 家已投产开业。全区全年实现技工贸总收入 75 亿元，比 1996 年的 55 亿元增长 36.4%；出口创汇 3500 万美元，比 1996 年的 2849 万美元增长 22.85%；利税 13 亿元，比 1996 年的 8.5 亿元增长 52.9%。

涉外旅游 1997 年长春市接待海外旅游者 35346 人次，比 1996 年的 33195 人次增长 6.48%；旅游外汇收入 1544.17 万美元，比 1996 年的 1500 万美元增长 2.95%。

1997 年黑龙江对外经济贸易

黑龙江省对外贸易经济合作厅

【概述】

1997 年黑龙江省对外经贸工作围绕"三项目标"和"五个突破"的总任务，推进对外经贸工作稳步发展。

实施大商品(高附加值)出口战略。1997 年重点规划实施的 172 个 100 万美元以上的大宗骨干商品出口额达 13.8 亿美元，占全省出口总额的 69%。

实施市场多元化战略。在巩固和拓展传统出口市场同时，重点开发俄罗斯、非洲、南美市场。1997 年的对俄贸易占全省贸易总额的 39.65%，对非洲出口额增长 13.5%，对拉丁美洲出口额增长 155%，对中东出口额增长 52.9%。

深化外贸企业产权制度改革。1997 年省直外贸企业有 4 家筹建股份制公司，有 2 家企业利用兼并政策走解困之路，有 3 家企业实行独立经营。

扩大利用外资规模。在重结构、重质量、重效益的同时，积极开拓利用外资的新领域、新途径。1997 年推出 15 个 1000 万美元以上的招商引资大项目，至年底已有 14 个项目签约；先后在北美和东南亚召开大规模招商洽谈会，签订合同(协议)52 项，合同外资额 7.3 亿美元。

加大对俄经贸合作的力度。一是政府推进，召开全省对俄经贸工作会议，分析形势，制定政策，解决面临的困难和问题。二是推广边境市县"内建基地，外建市场"的经验，在边境地区建立蔬菜、瓜果、食品、家俱等出口生产基地，在俄边境地区形成中国商品销售市场。三是开拓旅游贸易和边民互市贸易，1997 年边民互市贸易额达 3.3 亿美元，占全省边境贸易额的 32.41%。

【对外贸易】

进出口总额 1997 年黑龙江省进出口总额为 358248 万美元，比 1996 年的 351735 万美元增长 1.85%。

出口总额 出口总额 200183 万美元，比 1996 年 181103 万美元增长 10.54%，占全省国内生产总值的 6.12%。

出口额在 500 万美元—1000 万美元的商品有革皮制品、棉坯布、冻牛肉、体育用品、牛肉罐头、涤棉床单、旅行筷子、桔柑橙、全胶鞋、毛巾、飞机、石棉、蜂蜜、滚动轴承、运动鞋等 18 种，出口额 12580 万美元，占出口总额的 6.3%；出口额在 1000 万美元—5000 万美元的商品有木家具、煤、玉米、苹果、日用杂品、毛巾被、冻鸡、生铁、大米、棉麻混纺布、铝材、芸豆、烤烟、皮鞋、锯材、石蜡、冻猪肉、焦炭、浴巾、乐器及配件等21种，出口额42020万美元，占出口总额20.99%；出口额在5000万美元以上的商品有服装、计算机附属设备、亚麻细布、板及制品、黄大豆、亚麻纱线、毛毯、电机成套设备等8种，出口额82959万美元，占出口总额的41.44%。

出口商品结构表

项　目	出口额（万美元）	占出口总额（%）	
		1997年	1996年
初级产品	55868	27.91	30.26
工业制成品	144314	72.09	69.74

出口商品市场　出口商品销往113个国家和地区。

主要出口市场情况表

国别（地区）	出口金额（万美元）	占出口总额（%）
俄罗斯	71839	35.88
香　港	30664	15.32
日　本	28145	14.05
韩　国	21304	10.64

主要出口市场情况表（续）

国别（地区）	出口金额（万美元）	占出口总额（%）
台湾省	3524	1.76
巴基斯坦	3029	1.51
德　国	2414	1.20
朝　鲜	2187	1.09
新加坡	1922	4.96
越　南	1809	0.90
马来西亚	1548	0.77
印度尼西亚	1180	0.59
南　非	1135	0.56
印　度	1055	0.52

进口总额　进口总额158349万美元，比1996年170632万美元减少7.19%。

进口商品市场　进口商品来自35个国家和地区。其中从俄罗斯、香港、韩国、日本、德国、台湾省、美国、加拿大、法国、意大利、瑞士、马克兰、乌兹别克斯坦等13个国家和地区进口额为155069万美元，占进口总额的97.93%。

边境贸易　1997年边境贸易进出口总额100128万美元，占全省进出口总额27.95%。其中出口额58188万美元，占全省出口总额29.06%；进口额41940万美元，占全省进口总额的26.49%。

【利用外资】

1997年黑龙江省利用外资情况表

利用外资方式	批准签订的合同			实际利用外资	
	项目数（个）	外资金额（万美元）	金额比1996年（±%）	金额（万美元）	金额比1996年（±%）
外商直接投资	380	58705	－15.88	73485	4.68
合资企业	225	36240	－19.78	47257	9.05
合作企业	35	16377	31.99	17082	27.44
外资企业	120	6088	70.60	9146	－58.99

1997 年黑龙江省利用外资情况表

利用外资方式	批准签订的合同			实际利用外资	
	项目数（个）	外资金额（万美元）	金额比 1996 年（±%）	金额（万美元）	金额比 1996 年（±%）
外商其他投资					
补偿贸易					
合计	380	58705	－15.88	73485	4.68

外商直接投资行业　外商直接投资的 380 个项目中，农林牧渔业 13 项，734 万美元；采掘业 1 项，14 万美元；制造业 318 项，46806 万美元；电力、煤气及生产供应业 1 项，10 万美元；建筑业 6 项，8494 万美元；交通运输仓储邮电通信业 3 项，137 万美元；商业饮食业 11 项，815 万美元；房地产业 7 项，422 万美元；社会服务业 15 项，1006 万美元；卫生体育福利业 1 项，135 万美元；其他行业 4 项，132 万美元。

外商直接投资来源　外商直接投资来自 26 个国家和地区。其中投资额列前 10 位的有：香港 110 项，投资额 22710 万美元；韩国 81 项，投资额 15082 万美元；美国 56 项，投资额 9140 万美元；台湾省 36 项，投资额 3866 万美元；加拿大 10 项，投资额 3554 万美元；日本 38 项，投资额 1536 万美元；意大利 12 项，投资额 919 万美元；南斯拉夫 1 项，投资额 398 万美元；泰国 3 项，投资额 305 万美元；德国 5 项，投资额 244 万美元。以上 10 个国家和地区投资额 57754 万美元，占全省外商直接投资总额的 98.38%。

【对外经济合作】

承包工程和劳务合作　1997 年签订对外承包工程和劳务合作合同 310 项，合同金额 30861 万美元，比 1996 年的 211 亿美元增长 46.95%。其中承包工程 36 项，金额 22211 万美元，派出劳务 2424 人次；劳务合作 273 项，金额 8647 万美元，派出劳务 7251 人次。劳务人员主要派往俄罗斯、韩国、日本、新加坡、马来西亚、马克兰、乌兹别克斯坦、以色列、利比亚、南非等国家和地区。

外国政府贷款　1997 年签订外国政府贷款 5 项，合同金额 2197 万美元。其中丹麦政府赠款 67 万美元，日本政府贷款 630 万美元，韩国政府贷款 1500 万美元。

接受经济援助　1997 年接受国外赠款 2 项，金额 205 万美元。其中东北农业大学接受加拿大政府赠款 200 万美元，用于合作建立农业技术推广中心。

【其他】

对外经贸洽谈会　1997 年 6 月 16 日至 22 日第八届中国哈尔滨经济贸易洽谈会在哈尔滨召开。洽谈会有 13 个国家和地区的 124 个企业参展，展出商品 7 大类 400 多个品种，与会外商 5618 人。成交额 33.87 亿美元。其中进出口合同额 18.44 亿美元；经济技术合作项目 590 项，合同额 11.97 亿美元；劳务合作和承包工程 266 项，合同额 3.66 亿美元；直接利用外商投资 329 项，合同额 8.13 亿美元。出口商品主要有大米、小麦、玉米、面粉、冻猪肉、水果、蔬菜、饲料、纺织品、家具、机械、电器；进口商品主要有大豆、海产品、有色金属、化工原料、化肥、汽车配件。

港口运输　1997 年对外贸易运输总量为 341.6 万吨。其中海运 68 万吨，路运 273.1 万吨，空运 0.5 万吨。

涉外旅游　1997 年入境外国人 30.37 万人次，港澳及台胞 3.81 万人次；旅游收入 10452.35 万美元，比 1996 年增长 33.37%。

1997年哈尔滨对外经济贸易

哈尔滨市对外贸易经济合作局

【对外贸易】

进出口总额　1997年哈尔滨市进出口总额为84802万美元，比1996年的83000万美元增长2.2%。

出口总额　出口总额48854万美元，比1996年的49643万美元下降1.6%，占全市国内生产总值746.2亿元(相当于90.45亿美元)的5.4%；占全省出口额的24.4%。

出口商品结构　初级产品出口额6050万美元，占出口总额的12.4%；工业制成品出口额42804万美元，占出口总额的87.6%。

出口额在1000万美元以上商品情况表

金额分类	商品名称	出口金额(万美元)	占出口总额(%)
1亿美元以上1种	计算机设备	16000	32.8
1000万美元至1亿美元3种	电力成套设备、亚麻细布、铝材	5102 2771 1656	10.4 5.7 3.4
合　计	4种	25529	52.3

出口商品市场　出口商品销往93个国家和地区。

主要出口市场情况表

国别(地区)	出口金额(万美元)	占出口总额(%)
韩　国	13281	27.2
香　港	9485	19.4
美　国	6132	12.6
日　本	4990	10.2
巴基斯坦	2882	5.9
俄罗斯联邦	1547	3.2
越　南	1517	3.1

主要出口市场情况表(续)

国别(地区)	出口金额(万美元)	占出口总额(%)
德　国	1069	2.2
合　计	40903	83.8

进口总额　进口总额35948万美元，比1996年的33375万美元增长7.7%。

进口商品结构　初级产品进口额4498万美元，占进口总额的12.5%；工业制成品的进口额31450万美元，占进口总额的87.5%。

进口额在1000万美元以上商品情况表

金额分类	商品名称	进口金额（万美元）	占进口总额（%）
5000万美元—1亿美元（2种）	电讯设备及器材、化工原料	17921	49.8
1000万美元—5000万美元（5种）	塑料、化肥农药、医药原料、有色金属矿产品、航空设备	10397	28.9
合计	7种	28318	78.8

进口商品市场 进口商品来自24个国家和地区。

主要进口市场情况表

国别（地区）	进口金额（万美元）	占进口总额（%）
俄罗斯	13622	37.9
韩国	11884	33.1
香港	3996	11.1
日本	1823	5.1
乌兹别克斯坦	1526	4.2
合计	32851	91.4

边境贸易 1997年哈尔滨市对俄罗斯进出口额为1.5亿美元，比1996年的1.74亿美元下降13.8%，出口商品主要以蔬菜水果、食品、石化产品、文体用品、服装等为主；进口商品大部分是原材料商品，主要是化工原料、化肥、有色金属、黑色金属、木材、钢材、橡胶制品等。

【利用外资】

1997年利用外资情况表

利用外资方式	批准签订的合同			实际利用外资	
	项目数（个）	外资金额（万美元）	金额比1996年（±%）	金额（万美元）	金额比1996年（±%）
对外借款					
外商直接投资	85	6007	—69.9	16200	8
合资企业	49	2618	—80.4	11040	14.8
合作企业	9	843	—18.5	662	—5.4
外资企业	27	2546	—54.9	4498	3.9

1997年利用外资情况表(续)

利用外资方式	批准签订的合同			实际利用外资	
	项目数(个)	外资金额(万美元)	金额比1996年(±%)	金额(万美元)	金额比1996年(±%)
外商投资股份制					
合作开发					
其他					
外商其他投资					
对外发行股票					
国际租赁					
补偿贸易					
加工装配					
合计	85	6007	-69.9	16200	8

外商直接投资行业 外商直接投资项目中生产型项目73个,其中各类加工制造工业71个,农业2个;非生产型项目12个,其中建筑业2个,交通运输1个,餐饮业4个,服务业5个。

外商直接投资主要来源 台湾省9个,金额1869万美元;美国17个,金额1405万美元;香港12个,金额848万美元;韩国25个,金额814万美元;南斯拉夫1个,金额398万美元;日本7个,金额242万美元;德国3个,121万美元;朝鲜2个,金额67万美元;澳大利亚2个,金额55万美元。

外商直接投资企业生产经营情况 1997年外商投资开业77户,实现产值110亿元人民币,出口创汇17200万美元。

【对外经济合作】

承包工程和劳务合作 1997年签订对外承包工程和劳务合作合同项目8个,金额40716万美元,比1996年的22723万美元增长79.18%;营业额6543万美元,比1996年的218万美元增长29.01%;当年派出劳务人员1125人,年末在外700人,主要派往俄罗斯、韩国、日本、美国、利比亚等;主要对外承包工程项目有越南协福电站、巴基斯坦UCH电站工程、伊朗水电站工程。

对外经济技术援助 1997年承担援外项目1项,援助对象为缅甸辛迪农机厂,援助行业为机械行业,该项目现已完成。

对外投资 1997年在海外举办非贸易型企业10个,中方投资金额120万美元,投资国别为俄罗斯、哈萨克斯坦。

【其他】

经济技术开发区 哈尔滨经济技术开发区于1993年4月经国务院批准为国家级开发区。1996年开发区与俄罗斯纳霍德卡自由经济区结成友好合作区,双方各派代表,互为代理招商,并在纳霍德卡自由经济区建立了"名优产品一条街"。截至1997年底累计完成基础设施投资7.2亿元。

建筑项目新开工24万平方米,竣工52万平方米,累计开工200万平方米,1997年协议外资金额7744万美元,实际利用外资4200万美元。截至1997年底,开发区共批准外商投资企业298家,协议外资金额61207万美元,投资总额13.6亿美元,外方实际到位累计20271万美元。批准内联企业151家,注册资本9.1亿元,比1996年增长56.9%;至1997年底累计批准内联企业185家,注册资本32.95亿元。1997年三资企业出口创汇1500万美元,比1996年增长25%。实现税收3.3亿元,增长6.5%。至1997年底累计实现税收11.2亿元,累计实现财政收入11.6亿元。

对外经贸洽谈会 第八届中国哈尔滨经济贸易洽谈会于6月15日至6月22日在哈尔滨市召开，来自俄罗斯、白俄罗斯、乌克兰、立陶宛、哈萨克斯坦、乌兹别克斯坦、日本、韩国、印度、英国、美国等32个国家和地区的1581人参加了此次哈洽会。本届哈洽会共签订对外贸易经济技术合作合同金额7.71亿美元，其中对外贸易成交3.65亿美元，比上年增长1.67%；签订利用外资合同和协议45项，项目总金额2.38亿美元，其中外方投资1.75亿美元；签订境外工程承包、劳务输出合同项目10项，合同金额1.68亿美元。此外还签订国内横向经济联合项目164项，合同金额6.04亿元。

港口运输 1997年哈尔滨水、空口岸外贸货运量完成5675吨(其中水运4041吨，空运1634吨)比上年增长78.4%。其中：出口完成4569吨，进口完成1105吨；内陆港(铁路货运口岸)完成进出口集装箱货物785标箱、12198吨(其中进口7776吨，出口4422吨)。

涉外旅游 1997年入境人数为120373人次，其中台港澳同胞人数为2603人次，旅游收入2812万美元，比1996年的1481万美元增长89.9%。

1997年上海对外经济贸易

上海市对外经济贸易委员会

【对外贸易】

进出口总额 1997年上海市进出口总额为249.00亿美元，比1996年的238.84亿美元增长4.26%。

出口总额 出口总额158.99亿美元，比1996年的149.09亿美元增长6.64%，占上海市国内生产总值3360.21亿元(相当于405.34亿美元)的39.22%，占全国出口总额的8.68%，居全国第二位。

出口商品结构 初级产品出口额10.43亿美元，占出口总额的6.56%；工业制成品出口额148.56亿美元，占出口总额的93.44%。

出口额在5000万美元以上商品情况表

金额分类	商品名称	出口金额(亿美元)	占出口总额(%)
5000万—1亿美元(61种)	冻鸡、烤鳗、香调料及香料油、肠衣、卷烟、纺织原料、腈纶纱线、棉花布、棉涤纶色布、人造棉布、手套、衍缝品、涤棉制品、腈纶制品、抽纱、和服腰带、棉针织汗衫背心、棉针织外衣、羊毛衫、腈纶衫、真丝针织服装、棉上装、化纤衬衫、化纤裤子、化纤夹克、羽绒服装、箱类、尼龙包、布胶鞋、运动鞋、文教用品、旅游用品、不锈钢器皿、搪瓷器皿、中厚钢板、金属制品、铁合金、铝合金、有色金属材料及制品、非金属矿产品及制品、成品油、染料、油漆、轮胎、医疗器械、汽车零件、动力机械、电工设备、成套设备、计算机、电话机、稳压器、电子设备及仪器、自行车、缝纫机类、空调器、厨房用电器、灯泡灯管、组合音箱、电动工具、手工具等	42.43	26.69

出口额在 5000 万美元以上商品情况表

金额分类	商品名称	出口金额(亿美元)	占出口总额(%)
1 亿美元以上(27 种)	食品制成品、棉色布、棉色织布、涤棉针织服装、棉衬衫、棉裤子、呢绒服装、真丝用服装、合纤绸服装、化纤上装、体育用品、布绒玩具、薄钢板、钢坯、管材、紧固件、化工原料、塑料制品、医药原料、散装船、集装箱、港口起重机、微型轴承、计算机附属设备、集成电路、照相机、摄录机散件等。	45.70	28.74
合　计	88 种	88.13	55.43

出口商品市场　出口商品销往 197 个国家和地区。

主要出口市场情况表

国别(地区)	出口金额(亿美元)	占出口总额(%)
日　本	45.91	28.87
美　国	27.44	17.26
香　港	22.96	14.44
韩　国	6.50	4.09
德　国	5.16	3.24
新加坡	4.70	2.96
台湾省	3.37	2.12
英　国	2.91	1.83
澳大利亚	2.34	1.47

主要出口市场情况表(续)

国别(地区)	出口金额(亿美元)	占出口总额(%)
荷　兰	2.10	1.32
合　计	123.38	77.60

进口总额　进口总额 90.01 亿美元,比 1996 年的 89.75 亿美元增长 0.29%。

进口商品结构　初级产品进口额 14.02 亿美元,占进口总额的 15.58%;工业制成品进口额 75.99 亿美元,占进口总额的 84.42%。

进口额在 5000 万美元以上的商品情况表

金额分类	商品名称	进口金额(亿美元)	占进口总额(%)
5000 万—1 亿美元(31 种)	豆类、饲料、革皮及制品、原木、棉花、动物纤维、涤纶长丝、涤纶短纤维、棉布、纯涤纶布、化纤制品、纸张、日用杂品、不锈钢板、金属制品、有色金属矿产品、铝材、非金属矿产品及制品、醇醛化工品、橡胶及制品、医药原料、船舶、汽车、电工设备、电力成套设备、计算机附属设备、电子计算机、有线通讯设备、无线通讯设备、电子设备、照相机零件等。	21.30	23.66

进口额在5000万美元以上的商品情况表

金额分类	商品名称	进口金额（亿美元）	占进口总额（%）
1亿美元以上（12种）	服装辅料、铁矿砂、薄钢板、成品油、塑料原料、汽车零件、通用机械零配件、土建工程机械零件、轧钢设备、电子原器件、电子原材料、录摄像机散件等。	28.94	32.16
合计	43种	50.24	55.82

进口商品市场 进口商品来自99个国家和地区。

主要进口市场情况表

国别（地区）	进口金额（亿美元）	占进口总额（%）
日本	28.11	31.23
香港	13.66	15.17
美国	10.12	11.24
德国	8.28	9.20
韩国	6.11	6.78
台湾省	3.97	4.41
澳大利亚	3.17	3.52
巴西	2.09	2.32
新加坡	1.82	2.02
意大利	1.34	1.48
合计	78.65	87.38

技术进出口 1997年上海市技术进出口总额15.08亿美元，比1996年的19.79亿美元下降23.80%。其中，签订引进技术和进口设备合同948个，比1996年的1798个下降47.27%；合同金额8.44亿美元，比1996年的14.42亿美元下降41.47%。签订技术出口合同275个，比1996年的323个下降14.86%；合同金额6.64亿美元，比1996年的5.37亿美元增长23.65%。

技术进口 引进技术和设备来自11个国家和地区。主要有：日本129项，33528万美元；美国259项，12909万美元；德国73项，12806万美元；奥地利16项，7949万美元；香港254项，4148万美元。

引进技术和设备的主要行业分布是：机电工业202项，6891万美元；冶金工业107项，51947万美元；化学工业8项，1617万美元；轻工业48项，2346万美元；仪表电子工业48项，1003万美元；汽车工业21项，829万美元；市政建设13项，5908万美元。

技术出口 签订技术出口项目主要有：向伊朗、印度出口电站设备，金额11913万美元；向美国出口港口机械设备，金额5740万美元、转包波音机尾，金额3100万美元；向丹麦、印尼出口的成品油轮及向挪威出口4.5万吨散货轮，金额8548万美元等。

【利用外资】

1997 年利用外资情况表

利用外资方式	批准签订的合同			实际利用外资	
	项目数（个）	外资金额（万美元）	金额比 1996 年（±%）	金　额（万美元）	金额比 1996 年（±%）
对外借款	5	40393.33	－20.05	40393.33	20.05
外商直接投资	1802	531999.3	8.4	480816.00	12.0
合资企业	565	274228.84		209484.00	
合作企业	392	116151.33		78444.00	
外资企业	845	140080.13		191980.00	
股份制企业	0	1539.0		899.00	
外商其他投资	739	285400.00	29.90	153692.00	45.00
国际租赁	1	652.8		326.4	
补偿贸易	738	2847447.2		153365.6	
加工装配					
合　　计	2546	857792.63	15.24	674901.33	－30.06

外商直接投资行业　在外商直接投资的项目中，生产型项目 1038 个，非生产型项目 764 个。按行业分，农林牧渔水利业 10 个，工业 994 个，地质普查和勘探业 7 个，建筑业 27 个，交通运输邮电通信业 28 个，商业饮食物资供销业 71 个，房地产、公用事业 330 个，卫生体育社会福利业 9 个，教育文艺广播电视业 5 个，科学研究技术服务 6 个，其他行业 315 个。

外商直接投资来源　外商直接投资来自 80 个国家和地区。投资额居前 10 位的是：香港 526 个，132427 万美元；日本 266 个，113226 万美元；美国 250 个，93950 万美元；台湾省 229 个，18071 万美元；新加坡 122 个，38308 万美元；英国 54 个，8610 万美元；英属维尔京群岛 45 个，58092 万美元；韩国 42 个，10846 万美元；加拿大 36 个，3024 万美元；德国 36 个，14126 万美元。

外商直接投资企业生产经营情况　截至 1997 年底，已开业投产的外商投资企业共 11806 家，外商投资企业经营状况良好，已投产开业的外商企业 1997 年新增合同外资 6.51 亿美元；实现销售（营业）收入达 2832.16 亿元，比 1996 年增长 36.7%；利润总额 134.29 亿元，比 1996 年增长 10.4%；出口创汇 52 亿美元，比 1996 年增长 29.8%；缴纳税金 127.2 亿元，比 1996 年增长 40.8%。

【对外经济合作】

承包工程和劳务合作　1997 年上海签订对外承包工程和劳务合作合同项目 980 个，合同金额 63561 万美元，比 1996 年的 45431 万美元增长 39.91%；完成营业额 42208 万美元，比 1996 年的 27675 万美元增长 52.51%；当年派出劳务人员 8644 人次，年 1996 年的 7008 人次增长 23.34%，年末在外人数 21527，比 1996 年增长 23.10%。劳务人员主要分布在新加坡、日本、美国、香港、柬埔寨、泰国、澳门、毛里求斯、韩国等130个国家和地区。主要对外承包工程项目有印度电厂、伊朗地铁、美国水处理、香港物业项目等。

对外经济技术援助 承担援外项目1个，主要是建筑设计，受援国是毛里塔尼亚。

接受经济技术援助 接受国外政府贷款、多边和双边无偿援助项目9个，总金额40572.46万美元。项目是：上海地铁2号线一期工程建设、浦东国际机场、浦南医院和第七医院设备更新、上海高级金融管理人员培训和上海卫生防疫站爱滋病防治等项目。

对外投资 1997年上海共批准海外非贸易型企业22家，总投资3190.5万美元，其中中方投资1794.5万美元。这些企业主要分布在南部非洲等国家和地区。

【其他】

经济技术开发区 1997年浦东新区基础功能开发取得新进展，正形成良性互动效应。全年完成国内生产总值608亿元，比上年增长18.3%。用于固定资产投资共计505亿元，是浦东开发投资7年来投资力度最大的一年，这些资金主要用于信息港、地铁二号线、浦东国际机场、东海天然气开发等一批重大基础设施建设。全年进入新区的外商直接投资项目615个，合同利用外资金额19.2亿美元，占上海市合同利用外资总额的36%。截至1997年底，已有63个国家和地区在浦东投资了4928个项目，总投资237亿美元，实际利用外资70亿美元。世界排名前500位的著名跨国公司中，已有78家在浦东投资了120多个项目。浦东外资项目中的主干，是一批结构优化、科技含量高的高新技术企业，主要包括汽车、微电子通信、石油化工和精细化工、现代家电及现代生物医药等产业，1997年，这些高新技术产业的产值占浦东新区工业总产值的20%以上。与此同时，全国各地在浦东投资的企业也发展到4500多家。全年外贸出口30.35亿美元，占上海全市出口总额的20%，比1996年增长8.71%。

1997年，中央赋予浦东的功能性政策得到了进一步落实，至今已有9家外资银行经营人民币业务试点，3家中外合资外贸公司在浦东挂牌，11家跨国公司(地区)总部或代理总部职能的办事处迁入。陆家嘴金融贸易区、金桥出口加工区、外高桥保税区、张江高科技园区四个重点小区开发面积达35平方公里，并以其鲜明的经济功能面独树一帜。

漕河泾新兴技术开发区经过10年的开发建设，已逐步发展成为以信息产业、新材料、现代生物与医药三大支柱产业，以及光机电一体化、航空航天等高新技术产业为群体的新兴工业园区。1997年开发区新批外商投资企业21家，总投资额2377万美元。累计批准外商投资企业220家，总投资13亿美元，其中外商投资9亿美元。全年实现工业销售收入122亿元，比1996年增长39%；全区实现利润11亿元，实缴税金5亿元；全区进出口总值达6亿美元，其中出口4亿美元。出口产品有大规模集成电路、光通讯设备、计算机软件和电子元器件等，主要销往美国、欧共体、日本等国家和地区。截至1997年底，全区土地利用率、通用厂房租售率、单位面积土地经产出率和人均经济效益等，列全国开发区前茅。

闵行经济技术开发区创建十余年已建成一个外向型、集约综合性的现代化工业园区。到1997年底，区内引进的141个项目都是外资工业项目，技术先进性企业超过20%，1997年有11家合资公司扩大投资规模，总投资净增6200万美元。已开工投产的121家企业累计实现工业产值逾600个亿，利税102.6亿元，其中上缴税金45.5亿元；全年销售收入达160亿元，实现利税29亿元。

虹桥经济技术开发区是以外贸中心为主要特征，集展览展示、办公、居住、购物、餐饮娱乐为一体的多功能外向型商贸区。已累计批准外商投资项目30多个，协议外资金额11.24亿美元，外商投资企业的经营收入累计达93亿人民币。

保税区 1997年上海外高桥保税区经济持续发展，全年各项综合经济指标稳中有进，加工贸易、口岸运输、仓储物流以及进出口贸易继续保持良好的发展势头。完成国内生产总值50.9亿元，比1996年增长23.5%；完成销售(经营)收入329.1亿元，比1996年增长17.9%；实现工业总产值64亿元，比1996年增长124.9%；保税市场商品交易额33.53亿美元；区内货运总量336.4万吨，比1996年增长27.2%；港口吞吐量476万吨，比1996年增长24.6%；集装箱装卸量49.1万标准箱，比1996年增长45.3%；据海关统计，进出口额27.67亿美元，比1996年增长62.5%；各类税收总额29.53亿元，比1996年增长29.6%。累计到1997年底，批准3144个项目，投资总额38.03亿美元，合同外资14.18亿美元。其中,三资企业 2059 个,投资总额 28.64 亿美元。一些较大规模的加工项目和高技术项目陆续进区,如美国的 DELPHI(德尔夫)、EATON(伊顿)、MOLEX,意大利扎努西,德国 FAG 项目等。

对外经贸洽谈会 1997 年 3 月 5 日～3 月 14 日由上海、江苏、浙江、安徽、福建、江西、山东、南京、宁波 9 省市共同主办,在上海举办了第七届中国华东出口商品交易会,参会外商 7738 人,来自 125 个国家和地区,成交金额 22.31 亿美元。

分别在日本、古巴、菲律宾、沙特阿拉伯举办对外经贸洽谈会,成交金额 6757 万美元。

港口运输 1997 年,上海港口泊位数 270 个,港口吞吐能力 1.65 亿吨,当年实际完成货物吞吐总量 16397.1 万吨,与 1996 年的 16401.8 万吨基本持平。其中,实际完成外贸进出口货物吞吐量 4712.7 万吨(出口量 1781.6 万吨,进口量 2931.1 万吨)。全年本地区外贸运输货运总量为 2605.1 万吨,比 1996 年的 2693.2 万吨减少 3.27%。其中,出口货运量 921.8 万吨,进口货运量 1683.3 万吨;按运输方式分:当年海运量 2573.9 万吨,空运量 21 万吨,陆运量 10.2 万吨。全年国际集装箱吞吐量为 252.7 万个国际标准箱,比 1996 年的 197.1 万个增长 28.21%。

涉外旅游 全年共接待世界各地旅游者 165.35 万人次,比 1996 年的 143.2 万人次增长 15.47%,其中,外国人 129.99 万人次,增长 12.56%;港、澳、台同胞、华侨 35.36 万人次,增长 48.07%。旅游外汇收入 13.7 亿美元,比 1996 年增长 15.35%。

1997 年江苏对外经济贸易

江苏省对外经济贸易委员会

【概述】

1997 年,江苏省全面完成了年初确定的开放型经济的各项奋斗目标,全省对外经济贸易工作的整体水平又上了一个新台阶。全省对外贸易持续快速增长,出口规模不断扩大,取得了较好的经济效益;利用外资工作取得新的进展,协议利用外资 92.71 亿美元,首次跃居全国第一位,全省项目平均外资规模达 444 万美元,比上年增加 79.7 万美元,其中 1000 万美元以上的项目 271 个,协议外资金额 74.57 亿美元,占全省新批协议外资总额的 80.4%;国际经济技术合作保持加速发展的态势,对外承包工程和劳务合作有了进一步发展,对外经济技术合作的市场也得到了进一步巩固和发展。

为了及时研究制定新形势下对外经贸工作的思路和举措,根据国家的有关政策规定,结合江苏省的实际情况,在深入调查研究的基础上制定了《江苏省经贸行业结构调整指导意见》、《江苏省鼓励外商投资若干政策意见》、《新形势下加强外资工作力度的实施意见》和《江苏省加强境外投资的意见》等一系政策文件。与此同时,深化企业改革,组建了省级国泰集团。江苏省工艺品进出口集团股份有限公司成为江苏首家外贸领域中的上市企业。

【对外贸易】

进出口总额 1997 年江苏省进出口总额为 2387700 万美元,比 1996 年的 2115900 万美元增长 12.852%。

出口总额 出口总额 1521800 万美元,比 1996 年的 1406500 万美元增长 8.20%,占全省国内生产总值 66950000 万元的 18.78%;占全国出口额的 8.3%,出口额居全国第三位。

出口商品结构 初级产品出口额 109417 万美元,占出口总额的 7.19%;工业制成品出口额 1412383 万美元,占出口总额的 92.18%。

主要出口商品是:梭织服装、计算机、针织服装、电子元器件、化纤布、棉布、玩具、鞋类、棉制品、家用小电器、集装箱,有线通讯设备、塑料制品、手工具、绸缎、电动工具、化纤纱线、鱼类、小五金、船舶、金属制品、化纤制品、毛纱线、染料中间体、电视机及音响设备、动力机械、呢绒、丝绸制品、革皮及制品、皮服装、设备、体育用品、起重机械、自行车零配件等等,出口总额的 1076732 万美元,占出口总额的 70.75%。

出口商品市场 出口商品销往的主要国家和地区依次为日本、香港、美国,韩国、德国、新加坡、荷兰、台湾省、英国、意大利,金额 1374199 万美元,占出口总额的 90.3%。

进口总额 进口总额 865000 万美元,比 1996 年的 709400 万美元增长 21.93%。

进口商品结构 生产资料进口额 810427 万美元,占进口总额的 93.69%;生活资料的进口额 54596 万美元,占进口总额的 6.31%。

主要进口商品是,计算机、电子元器件、钢材、电源材料、化纤布、合成纤维、纺织成套设备、服装辅料、塑料原料、革皮及制品、邮电通讯设备、动物纤维、豆类、有线通讯设备、芳烃化工品、轻工成套设备、成材、建材成套设备、通用机械、羧酸化工品、棉布、有色金属材料及制品等等,进口总额 507737 万美元,占进口总额的 58.70%。

进口商品市场 进口商品主要来自日本、香港、台湾省、韩国、美国、德国、新加坡、瑞典、澳大利亚、泰国等国家和地区,进口额 741463 万美元,占进口总额的 85.72%。

技术进出口 1997 年江苏省技术进出口总额 44530.4 万美元,比 1996 年的 52000 万美元减少 14.37%。其中,签订引进技术和进口设备合同项目数 146 个,比 1996 年的 83 个增长 75.90%;合同金额 22942.88 万美元,比 1996 年的 33500 美元减少 31.51%;签订技术出口合同项目数 155 个,比 1996 年 38 项增长 307.89%;合同金额 21587.22 万美元,比 1996 年的 18500 万美元增长 16.69%。

【利用外资】

1997 年利用外资情况表

利用外资方式	批准签订的合同			实际利用外资	
	项目数（个）	外资金额（万美元）	金额比 1996 年（±%）	金额（万美元）	金额比 1996 年（±%）
对外借款					
外商直接投资	2089	919577	53	613506	10.6
合资企业	1085	482255		316230	
合作企业	174	95152		41924	
外资企业	829	391393		255352	
外商投资股份制	1	777			
合计	2089	919577	53	613506	10.6

外商直接投资行业 生产型企业 1789 家,非生产型企业 300 家。其中,农、林、牧、渔业 65 家,制造业 1669 家,电力、煤气及水 26 家,建筑业 23 家,交通运输 56 家,批发和零售贸易、餐饮业 46 家,房地产业 47 家,社会服务业 103 家,其他行业 54 家。

外商直接投资来源 外商直接投资来自 47

个国家和地区。其中，新加坡 154 个，协议外资额 296532 万美元；香港 518 个，163253 万美元；美国 275 个，80432 万美元；日本 188 个，61837 万美元；英国 34 个，49246 万美元；韩国 94 个，34805 万美元。

外商直接投资企业生产经营情况 1997 年外商直接投资企业开业数共达 17000 多家，从业人员 101 万人，销售收入达 1732 亿元人民币，利润 53 亿元人民币，出口 65 亿美元。

【对外经济合作】

承包工程和劳务合作 1997 年江苏省签订对外承包工程和劳务合作项目合同 948 个，金额 86000 万美元，比 1996 年的 72800 万美元增长 18.1%；营业额 84500 万美元，比 1996 年的 68400 万美元增长 24%；当年派出劳务人员 22300 人次，年末在外人数 3440 人。劳务人员主要派往新加坡、科威特、日本、阿联酋、以色列、毛里求斯、乌干达、津巴布韦、肯尼亚等国家。

对外经济技术援助 承担了对外经援项目 13 个，其中亚洲 3 个国家 3 个项目、非洲 5 个国家 7 个项目、南美 2 个国家 2 个项目、欧洲 1 个国家 1 个项目。项目涉及农田、水利、电力、地质、建筑、制药等行业。当年完成 9 个项目，派出援外人员 56 人，年末在外 39 人。

接受经济援助 接受国际经济组织及双边援助项目 46 个，金额达 6429 万美元，大部分项目执行情况良好。

对外投资 1997 年在海外举办企业 25 个，中方投资 799 万美元，经营情况良好。

【其他】

经济技术开发区 1997 年经国务院批准的 11 个经济技术开发区和江苏省政府批准的 68 个经济技术开发区共新批进区项目 669 个，总投资 57.95 亿美元，实际到帐 31.14 亿美元，占全省实际到帐外资总额的 50%以上。开发区实现销售收入 1688 亿元，比 1996 年增长 41.1%。完成外贸进出口额 81.1 亿美元，比 1996 年增长 80.6%，占全省进出口总额的 34%。其中外贸出口 48.61 亿美元，比 1996 年增长 71.2%，占全省出口总额的 31.9%。开发区在江苏省开放型经济发展中的集聚、辐射、带动作用日趋明显，成为江苏省经济发展新的增长点。

对外经贸洽谈会 1997 年 3 月 5 日至 15 日，江苏省与其他华东省市及宁波、南京市共同举办了第 7 届华东地区出口商品交易会。在这次交易会上，江苏省出口成交 5.399 亿美元。3 月 31 日至 4 月 4 日，江苏省在沙特吉克达举办了第四届出口商品交易会，实现出口成交 3000 万美元。11 月 3 日至 11 月 8 日，江苏省在香港举办了对外经贸洽谈会。这次洽谈会完成进出口成交 3.13 亿美元，其中出口 2.73 亿美元；利用外资协议金额 43.35 亿美元，接待客商 3000 多人。

涉外旅游 1997 年江苏省旅游业取得长足的发展，入境海外旅游者首次超过百万人次，达 101.7 万人次，实现旅游收入 48.18 亿美元，比 1996 年的 39.49 亿美元增长 22%。

1997年南京对外经济贸易

南京市对外经济贸易委员会

【概述】

1997年南京市努力提高对外开放的水平，对外经贸在结构调整中发展，推动了全市国民经济的快速发展，对外贸易市场结构进一步优化，日本首次成为南京市对外贸易第一伙伴。三资企业出口增长36.97%，首次居全市各类进出口企业的首位，成为南京外贸出口保持稳定增长的主要支撑力量。

加大招商引资力度，实际利用外资大幅增长。颁布了《南京市进一步加强利用外资工作的若干意见》，提出建立全市开放型经济专项资金，成立市招商引资办公室，设立市外商投诉服务中心，及努力改善投资环境、对外商投资进一步实施鼓励政策的18条意见，促进了南京市利用外资进一步发展。德国拜尔化学公司、荷兰壳牌石油公司、韩国LG电子株式会社等外国大企业在宁举办了投资规模大、科技含量高的企业。投资总额1000万美元以上企业29家，主要分布在电子信息、生化医药、精细化工、汽车摩托车等产业，促进了南京市工业结构的调整和优化。

对外经济合作领域不断扩大，对外劳务合作从普通劳务向技术型、智力型劳务转变。建筑监理工程师、微机软件开发及操作员、模具制造技术人员占全市外派劳务人数的23%。出国劳务培训能力逐步提高，培训建筑劳务人员7000人，成为全国4个有较大影响的外派劳务培训基地之一。

【对外贸易】

进出口总额 1997年江苏省南京市进出口总额为170098万美元，比1996年的140257万美元增长21.28%。

出口总额 出口总额107345万美元，比1996年的94457万美元增长13.64%；占全市国内生产总值的11.68%；占江苏省出口总额的7.05%。

出口商品结构 初级产品出口额2698万美元，占出口总额的2.51%；工业制成品出口额104647万美元，占出口总额的97.49%。

出口额在1000万美元以上商品情况表

金额分类	商品名称	出口金额（万美元）	占出口总额（%）
2000万美元以上(6种)	水泥、布绒玩具、电子元器件、电动工具、其他有色金属、小型电子计算机	15536	14.47
1000万—2000万美元(16种)	显像管、无线电通讯设备、摩托车、电视录像设备、涤粘混纺布、变压器、针织外衣、餐具、驳船、真丝绸服装、工艺玩具、棉服装等	23220	21.63
合计	22种	38756	36.10

出口商品市场 出口商品销往107个国家和地区。

主要出口市场情况表

国别(地区)	出口金额（万美元）	占出口总额（%）
香　港	24325	22.66
美　国	20098	18.72
日　本	18941	17.64
台湾省	7943	7.40
德　国	6523	6.08
韩　国	3082	2.87
新加坡	2182	2.03
荷　兰	2030	1.89
法　国	1769	1.65
马来西亚	1510	1.41
合　计	88403	82.35

进口总额　进口总额62753万美元，比1996年的45800万美元增长37.02%。

进口商品结构　初级产品进口额2612万美元，占进口总额的4.16%；工业制成品进口额60141万美元，占进口总额的95.84%。

主要进口商品　电子原材料13048万美元，无线电通讯设备7483万美元，电子元器件6000万美元，电子成套设备3042万美元，化工原料2630万万美元，计算机附属设备1889万美元，铜材1265万美元，粮油食品加工设备1000万美元。合计36357万美元，占进口总额的57.94%。

进口商品市场　进口商品来自37个国家和地区。其中，日本15996万美元，占进口总额的25.49%；瑞典9289万美元，占14.80%；香港8384万美元，占13.36%；荷兰6864万美元，占10.94%；台湾省6345万美元，占10.11%；美国4974万美元，占7.93%；韩国4111万美元，占6.55%；德国1316万美元，占2.10%。合计57279万美元，占91.28%。

【利用外资】

1997年批准签订外商直接投资合同374项，合同外资金额53601万美元。其中合资企业184个，外资金额27473万美元；合作企业38个，6661万美元；外资企业152个，19467万美元。实际利用外资金额65443万美元，比1996年的47166万美元增长38.75%。

外商直接投资行业　在外商直接投资的374个项目中，生产型项目318个，非生产型项目56个。按行业分：化工医药业28个，机械设备业25个，电子通信业28个，纺织业5个，建筑业7个，其他制造业213个，房地产业7个，农林牧业13个，社会服务业21个，其他27个。

外商直接投资来源　外商直接投资来自37个国家和地区。主要有：香港82个，外资金额13958万美元；台湾省104个，8625万美元；美国66个，8328万美元；维尔京群岛3个，5278万美元；荷兰3个，3631万美元；英国6个，2433万美元；韩国10个，1916万美元；日本25个，1869万美元；意大利7个，1622万美元。

外商直接投资企业生产经营情况　截止到1997年底，已开业投产的外商投资企业共2572家，其中1997年开业的有182家。全年销售(营业)收入286.5亿元，比1996年的204.79亿元增长39.90%；纳税总额16亿元，比1996年的10.85亿元增长47.47%；出口创汇5.15亿美元，比1996年的3.76亿美元增长36.97%，占全市出口总额的48%。

【对外经济合作】

承包工程和劳务合作　1997年签订对外承包工程和劳务合作合同136个，合同金额9027万美元，比1996年的7733万美元增长16.73%；完成营业额8116万美元，比1996年的6987万美元增长16.16%；当年派出劳务人员2579人，年末在外3106人。劳务人员分布在新加坡、日本、香港、莫桑比克、纳米比亚、关岛、乌干达等58个国家和地区。承包工程的主要项目有：科威特257幢住宅工程项目、科威特267幢住宅工程项目、荷兰钢厂拆迁工程项目、阿联酋C-103工程项目。

对外经济技术援助　承担援助桑给巴尔医疗队项目，派出援外人员26人；承担援助缅甸机电产品项目，生产11种金属切削机床共37台，供货额1201万元。

【其他】

经济技术开发区　南京高新技术开发区全年投入基础设施建设资金 5495 万元，技工贸销售总额 130 亿元，比上年增长 27.45%；实现利税 15 亿元，增长 20%。1997 年批准进区外商投资企业 22 家，合同外资金额 4556 万美元，出口创汇 5500 万美元。

港口运输　南京港拥有生产泊位 66 个，其中万吨级以上泊位 16 个，集装箱泊位 4 个，港口年吞吐能力 6700 万吨，集装箱吞吐能力 30 万个标准箱。全年实际完成货物吞吐总量 5494 万吨，其中外贸货物进出口吞吐量 704 万吨(出口量 269 万吨，进口量 435 万吨)。

涉外旅游　1997 年南京市共接待海外旅游者 29.91 万人次，比 1996 年的 24.18 万人次增长 23.70%。其中外国人 16.69 万人次，华侨和港澳台同胞 13.22 万人次。旅游收入 1.21 亿美元，比 1996 年的 1.1 亿美元增长 10%。

1997 年连云港对外经济贸易

连云港市对外经济贸易委员会

【对外贸易】

进出口总额　1997 年连云港市进出口总额为 36957 万美元，比 1996 年的 33762 万美元增长 9.46%。

出口总额　出口总额 33120 万美元，比 1996 年的 30163 万美元增长 9.8%。占全市国内生产总值 243 亿元人民币(相当于 29.31 亿美元)的 11.3%。其中，一般贸易出口 19055 万美元，外商投资企业出口 14065 万美元。

出口商品结构　在一般贸易出口商品中，初级产品出口额 4482 万美元，占出口总额的 23.52%；工业制成品的出口额 14573 万美元，占出口总额的 76.48%。外商投资企业出口商品中，初级产品出口占 56.7%，工业制成品出口占 43.3%。

一般贸易出口额在 2000 万美元以上的为西药原料，出口金额 2811 万美元，占出口总额的 14.75%；1000 万美元以上为饲料，出口金额 1334 万美元，占出口总额的 7.9%；500 万美元以上的合成香料、染料中间体、鞋、硅，出口金额 3362 万美元，占出口总额的 17.64%；300 万美元以上的有熔炼石英、化肥、板制品、金属器皿、钠化合物、电子仪器、电讯设备及器材，出口金额 2833 万美元，占 14.87%。

出口商品市场　出口商品销往日本、韩国、美国、香港、德国、泰国、新加坡、朝鲜、比利时、荷兰等 85 个国家和地区。主要出口市场为：日本 5085 万美元，占一般贸易出口额的 26.69%；韩国 2656 万美元，占 13.94%；美国 2401 万美元，占 12.60%；香港 1516 万美元，占 7.96%；德国 1072 万美元，占 5.63%；泰国 577 万美元，占 3.03%。

进口总额　进口总额 3837 万美元，比 1996 年的 3599 万美元增长 6.6%。其中，一般贸易进口 980 万美元，外商投资企业进口 2151 万美元。

进口商品结构　在一般贸易进口中，初级产品进口额 706 万美元，占进口总额的 41.87%；工业制成品的进口额 98 万美元，占进口总额的 58.13%。

进口商品市场　进口商品来自 13 个国家和地区。主要是：美国 496 万美元，占进口总额的 29.42%；日本 428 万美元，占 25.39%；香港 187 万美元，占 11.09%；新加坡 168 万美元，占 9.96%；韩国 117 万美元，占 6.94%。

主要进口商品中，100 万美元以上的有纸浆、燃料、饲料、酒，进口总额 1139 万美元，占进口总额的 67.56%；50 万美元以上的是单元素化工品、家用电器、醇醛化工品、调味品，进口总额 274 万美元，占 16.25%。

【利用外资】

1997 年利用外资情况表

利用外资方式	批准签订的合同			实际利用外资	
	项目数（个）	外资金额（万美元）	金额比 1996 年（±%）	金额（万美元）	金额比 1996 年（±%）
对外借款	1	470	-78.34	1380	-58.56
外商直接投资	182	7728	-76.23	10612	27.64
合资企业	118	4055		6819	
合作企业	3	87		15	
外资企业	61	3586		3778	
外商投资股份制					
合作开发					
其　他					
外商其他投资	4	1291	678	276	66.27
对外发行股票					
国际租赁	2	128		128	
初偿贸易	2	59		59	
加工装配		1104		89	
合　计	187	9489	-72.77	12268	3.82

外商直接投资行业　在外商直接投资的项目中，生产型项目 159 个，非生产型项目 28 个。按行业来分：工业 134 个，农、林、牧、渔业 14 个，非金属矿业，采矿 11 个，信息咨询业 3 个，其他 25 个。

外商直接投资来源　外商直接投资来自 21 个国家（地区），主要：有香港 68 个，合同外资金额 3074 万美元；日本 13 个，1136 万美元；韩国 22 个，849 万美元；美国 17 个，540 万美元；台湾省 33 个，413 万美元。

外商直接投资企业生产经营情况　1997 全市有 88 家外商投资企业投产，出口创汇 14065 万美元，比 1996 年增长 19.06%，占全市出口总额的 42.47%。

【对外经济合作】

承包工程和劳务合作　1997 年签订对外承包工程和劳务合作合同 54 个，合同金额 5494 万美元，比 1996 年的 3860 万美元增长 42.33%；实际完成营业额 5490 万美元，比 1996 年的 3650 万美元增长 50.41%；当年派出劳务人员 2458 人，年末在外 4994 人。派往国家和地区主要是：新加坡、韩国、日本、俄罗斯、科威特、阿联酋等。

【其他】

经济技术开发区　全年完成固定资产投资

7.12亿元人民币,比1996年增长12.66%;全区新批利用外资企业64个,实际利用外资5025万美元,比1996年增长25.56%。全区共完成工业总产值40.42亿元人民币,比1996年增长26.35%;实际财政收入1.68亿元人民币,比1996年增长15.07%。全区出口总额1.08亿美元,比1996年增长34.71%。外商投资企业出口8012万美元,比上年增长45.48%。

对外经贸洽谈会 1997年3月在连云港经济技术开发区举办外国驻华机构投资贸易说明会,150多名驻华代表参会,向20家驻华机构颁发了委托招商聘书。同年9月,在上海举办'97中国连云港投资贸易说明会。

港口运输 1997年连云港有生产型泊位25个,港口吞吐能力2125万吨,当年实际完成货物吞吐总量1651.6万吨,比1996年的1583万吨增长4.33%。其中完成外贸进出口货物总量1015.2万吨(出口591.6万吨,进口423.6万吨),增长1.7%;标准集装箱11.31万个,增长26.3%。1997年本地区外贸运输货运总量56.2万吨,比1996年的53.6万吨增长4.85%,基本为海运。

涉外旅游 1997年入境的外国及台港澳游客11500人次,旅游收入386万美元。

1997年南通对外经济贸易

南通市对外经济贸易委员会

【概述】

1997年,江苏省南通市对外经贸工作在外部环境仍紧、工作难度加大的情况下,紧紧围绕对外经贸两个根本性转变,坚定不移地贯彻"大经贸"、"以质取胜"和"市场多元化"三大战略,推进各项工作上新的台阶。主要抓了五项工作:一是振奋迎难而上的精神状态,不断鼓劲加压,增强加快发展三外的紧迫感和责任感。二是围绕提高经济效益,加大改革和管理力度,努力扩大进出口规模。制定并出台了《关于加强市属外贸企业内部管理的若干意见》,取得了明显的成效。三是围绕招引大项目,优化投资环境,提高利用外资的档次和水平。组织编制了44个已具备可行性报告的大中型项目,对外广为招商;全年新批(含增资)超千万美元的大项目22个。四是围绕发挥行业优势,拓宽合作领域,推动外经贸事业上新台阶。外经合作的各项指标继续在全省各市中位居首位。五是围绕强化服务功能,切实改进工作方式,保障开放型经济的快速发展。

【对外贸易】

进出口总额 1997年江苏省南通市自营进出口总额为25.57亿美元,比1996年的22.43亿美元增长14%。

出口总额 自营出口总额为17.4亿美元,比1996年的16.89亿美元增长3.02%,占全市国内生产总值580.1亿元(相当于65.7%亿美元)的24.87%,占江苏省出口总额的11.43%,出口总额在江苏省各市中居第三位。

出口商品结构表

项 目	出口额(亿美元)	占出口总额比重%	
		1997年	1996年
初级产品	1.44	8.28	11.28
工业制成品	15.96	91.72	88.72

出口额在1000万美元以上商品情况表

金额分类	商品名称	出口金额（亿美元）	占出口总额（%）
出口金额5亿美元以上（1种）	服装	5.41	31.09
1亿美元-5亿美元（2种）	纺织品，船舶	5.06	29.08
5001万美元—1亿美元（4种）	水产品、畜产品、电讯设备及器材、箱包及鞋帽	2.94	16.67
1000万美元—5000万美元（11种）	各类机械、文体用品、黑色金属、家用电器、地毯及装饰毯、医疗器械、化工原料、电子设备及仪器、塑料、日用杂品、丝织品等	2.68	15.40
合计	18种	16.09	92.47

出口商品市场 出口商品销往106个国家和地区。

主要出口市场情况表

国别（地区）	出口金额（万美元）	占出口总额（%）
日本	79080	45.44
美国	20558	11.81
香港	18230	10.47
韩国	13105	7.55
新加坡	5334	3.06
英国	5145	2.95
德国	3120	1.79
台湾省	1979	1.14
比利时	1935	1.11
澳大利亚	1925	1.11
希腊	1412	0.81
越南	1290	0.74
巴拿马	1289	0.74

主要出口市场情况表（续）

国别（地区）	出口金额（万美元）	占出口总额（%）
瑞士	1218	0.7
匈牙利	1214	0.7
法国	1081	0.62
意大利	1042	0.6
加拿大	1040	0.6
合计	159997	91.95

进口总额 1997年南通市进口总额8.22亿美元，比1996年的5.53亿美元增长48.64%。

进口商品结构 初级产品进口额为1.43亿美元，占进口总额的17.40%；工业制成品进口额为6.79亿美元，占进口总额的82.60%。

主要进口商品有：纺织品、成套设备、纺织原料、各类机械、黑色金属、畜产品、电讯设备及器材、饲料、木材、油漆、油墨及染料、化工原料、建材制品、纸浆、纸张及制品、塑料等,进口金额 74384 万美元,占进口总额的 90.5%。

进口商品市场 进口商品来自 43 个国家和地区。

主要进口市场情况表

国别(地区)	进口金额(万美元)	占进口总额(%)
日本	41739	50.78
香港	12309	14.97
美国	7987	9.72
韩国	6321	7.69
台湾省	3906	4.75
加蓬	1622	1.97
阿根廷	1445	1.76
合计	75329	91.64

【利用外资】

1997 年全市协议利用外资金额 5.59 亿美元,其中 1997 年以前批准的项目增资金额为 2.69 万美元。

1997 年利用外资情况表

利用外资方式	批准签订的合同			实际利用外资	
	项目数(个)	外资金额(万美元)	金额比 1996 年(±%)	金额(万美元)	金额比 1996 年(±%)
对外借款					
外商直接投资	146	55938	11.24	60807	50.3
合资企业	92	20832	−25.55	16919	−0.93
合作企业	10	9317	193.26	1766	161.63
外资企业	44	25789	81.33	42122	96.8

外商直接投资行业 外商直接投资的 146 个项目中,生产型项目 128 个,占 87.67%;非生产型项目 18 个,占 12.33%。按行业分:服装及其他纤维制造业 23 个,纺织品和普通机械制造业各 12 个,塑料制品业 10 个,食品加工业和专用设备制造业各 8 个,化学原料及化学制品制造业 6 个,皮革、毛皮、羽绒及其制品业 6 个,文体用品制造业、房地产开发与经营业各 5 个,渔业、橡胶制品业、交通运输设备制造业、电子及通信设备制造业、零售业等其他行业 51 个。

外商直接投资来源 外商直接投资来自 21 个国家和地区,主要有:香港 35 项,协议外资金额 21069 万美元;日本 26 项,金额 9699 万美元;美国 24 项,3664 万美元;台湾 24 项,988 万美元;新加坡 8 项,2282 万美元;韩国 4 项,4463 万美元;澳大利亚 4 项,2326 万美元;英属维尔京群岛 3 项,1871 万美元;泰国 3 项,1237 万美元;百慕大 2 项,2336 万美元;英国 1 项,3551 万美元;毛里求斯 1 项,2210 万美元等。

到 1997 年底,南通市累计批准利用外资项目

3534个，协议外资总额49.54亿美元，实际利用外资25.65亿美元，其中累计批准三资企业3122家，合同利用外资额35.04亿美元，实际到资18.24亿美元，已有1762家外商投资企业开业投产。

外商直接投资企业生产经营情况 1997年全市外商投资企业(据报送报表的983家企业统计)实现主营业务收入172.75亿元；出口创汇11.2亿美元，比上年增长4.58%；实现利税12.72亿元，增长6%，其中净利润8亿元；利税超千万元的企业有14家，其中净利润超千万元的有11家。

【对外经济合作】

承包工程和劳务合作 1997年签订对外承包工程和劳务合作合同180项，合同金额1.35亿美元，比上年增长30.89%；完成营业额1.06亿美元，与上年相比增长18.45%；当年派出劳务人员3585人，年末在外劳务人员5976人，主要派往美国关岛、塞班岛、新加坡、毛里求斯、阿尔及利亚、日本、以色列、俄罗斯、阿联酋、巴基斯坦等46个国家和地区。主要行业涉及建筑业、纺织服装业、远洋捕捞业等。全年签订500万美元以上项目6个，合同额达5156万美元，占全市总额的38.2%。

对外经济技术援助 1997年10月21日，联合国农药剂型开发中心中试基地在南沈化工公司港闸基地建成并投入生产，这个项目是我国政府与联合国120个合作项目中规模最大的一个，也是联合国与第三世界合作项目中执行最好的项目之一，项目投资额达7000多万元人民币。该项目的建成，对实现我国农药制剂工业的现代化，促进农业发展和加强环境保护将发挥重要作用。

对外投资 1997年举办海外非贸易型企业2家，中方总投资85万美元，比1996年的193万美元下降55.96%。海外企业主要设在荷兰和柬埔寨，从事建筑装饰、服装生产等业务。

【其他】

经济技术开发区 1997年南通经济技术开发区完成基本建设投资4.85亿元。区内新批三资企业18家(其中投资总额1000万美元以上项目4个)，协议外资金额1.62亿美元，实际利用外资4.19亿美元。至1997年累计兴办三资企业210家，协议利用外资14.07亿美元，实际利用外资8.37亿美元，投产企业128家。1997年全区实现工业总产值32.12亿元，销售收入27亿元，比1996年增长10%，实现利润7534万元。全区进出口总额6.38亿美元，增长52.4%，其中出口2.98亿美元，比1996年增长0.68%。全区共完成财政收入1.95亿元，比1996年增长38.3%。

对外经贸洽谈会 1997年6月20日和7月1日，借'97纽约中国江苏对外经贸洽谈会之机，我市分团分别在洛杉矶和芝加哥举办"南通市投资贸易介绍会"，七十多名来自美国中西部地区的从事投资、贸易、金融、咨询、运输、服务业的客商参加了会议，会上我市分团就钢球生产、汽车零配件加工、纺织品、中草药保健食品高尔夫球场等项目与客商达成合资合作意向和出口商品意向。

1997年11月5日，借参加'97江苏省对外经济贸易洽谈会之机，在香港展览中心举办了'97南通市对外开放恳谈会，来自港澳台、美国、日本、法国、意大利、加拿大、荷兰、韩国等20多个国家和地区的近百名客商出席了恳谈会，整个会议期内共签订外商投资项目45个，其中合同项目7个，协议项目6个，意向项目32个，投资总额突破7亿美元，协议利用外资额4.88亿美元。其中投资总额超千万美元的大项目25个，且大都具有较高的科技含量，符合国家产业政策。

港口运输 1997年南通港完成货物吞吐量1910万吨，比上年增长11.6%，其中外贸吞吐量334万吨，增长4.4%，占全港吞吐量的17.49%。当年完成集装箱吞吐量12.16万标准箱，比上年增长30.6%。

涉外旅游 1997年境外来南通的旅游人数8.95万人，比上年的5.5万人增长62.7%。

1997年浙江对外经济贸易

浙江省对外贸易经济合作厅

【对外贸易】

进出口总额 1997年浙江省进出口总额为154.91亿美元,比1996年的134.68亿美元增长15.02%。

出口总额 出口总额111.18亿美元,比1996年的93.50亿美元增长18.91%,占全省国内生产总值4600亿元人民币(相当于554.90亿美元)的20.04%;占全国出口额的6.09%,居全国第六位。

出口商品结构 初级产品出口额16.55亿美元,占出口总额的14.88%;工业制成品出口额94.64亿美元,占出口总额的85.12%。

出口额在5000万美元以上的商品情况表

金额分类	商品名称	出口金额(万美元)	占出口总额(%)
5000万-1亿美元(29种)	草制品、罐头、茶叶、汽车零件、棉涤纶布、冻鱼、电视机及音响设备、家具、冻虾仁、羽绒服装、眼镜、包袋、锁、毯子、毛针织服装、文教用品、工艺美术品、丝绸制品、电工设备、鹅鸭绒毛、染料、染料中间体、水煮笋、毛纱线、医疗器械、电动工具、箱、羽绒制品、桑蚕丝	210605	18.94
1亿美元以上(19种)	梭织服装、绸服装、电讯设备及器材、棉针织服装、鞋、成品油、革皮服装、家用小电器、小五金、棉布、绸缎、真丝针织服装、棉制品、手工具、玩具、化工原料、塑料制品、轴承、涤棉针织服装	558646	50.25
合计	48种	769251	69.19

出口商品市场 出口商品销往184个国家和地区。

主要出口市场情况表

国别(地区)	出口金额(万美元)	占出口总额(%)
日本	221470	19.92
香港	193452	17.40
美国	184756	16.62
德国	53379	4.80
韩国	33985	3.06
意大利	31087	2.80
英国	26935	2.42
俄罗斯	24894	2.24
荷兰	23512	2.11
法国	19100	1.72
合计	812570	73.08

进口总额 进口总额 43.73 亿美元，比 1996 年的 41.18 亿美元增长 6.18%。

进口商品结构 初级产品进口额 10.08 亿美元，占进口总额的 23.06%；工业制成品的进口额 33.64 亿美元，占进口总额的 76.94%。

进口额在 5000 万美元以上商品情况表

金额分类	商品名称	进口金额（万美元）	占进口总额（%）
5000 万－1 亿美元(5 种)	铜、冻鱼、饲料、革皮及制品、服装辅料	33472	7.66
1 亿美元以上(12 种)	电讯设备及器材、成套设备、原油、塑料原料、化工原料、动力机械、钢材、纺织机械、合成纤维、化纤布、纸浆纸张及制品、绒毛	291625	66.69
合计	17 种	325097	74.35

进口商品市场 进口商品来自 70 个国家和地区。

主要进口市场情况表

国别(地区)	进口金额（万美元）	占进口总额（%）
日本	89848	20.55
香港	76613	17.52
韩国	54249	12.41
美国	45615	10.43
新加坡	29123	6.66
英国	26919	6.16
澳大利亚	21641	4.95
意大利	11078	2.53
台湾省	10590	2.42

主要进口市场情况表(续)

国别(地区)	进口金额（万美元）	占进口总额（%）
德国	10418	2.38
合计	376094	86.01

技术进出口 1997 年浙江省技术进出口总额 53299 万美元，比 1996 年的 50326 万美元增长 5.9%。其中，引进技术和进口设备项目数 219 个，比 1996 年减少 97 个；合同金额 39968 万美元，比 1996 年下降 10.11%。签订技术出口合同项目 49 个，合同金额 13331 万美元，比 1996 年的 5344 美元增长 149.5%。

【利用外资】

1997 年利用外资情况表

利用外资方式	批准签订的合同			实际利用外资	
	项目数（个）	外资金额（万美元）	金额比 1996 年（±%）	金　额（万美元）	金额比 1996 年（±%）
对外借款	36	266990	127.4	57772	－33
外商直接投资	852	121008	－61.3	150345	－1.1
合资企业	514	56542	－65.1	77848	－13.6
合作企业	44	21947	－27.2	16584	76.7
外资企业	294	42519	－64.8	55913	6.3
外商投资股份制					
合作开发					
其　他					
外商其他投资	3	81580	15439.0	79591	15060
对外发行股票	2	71361		71361	
国际租赁					
补偿贸易	1	30	－93.6	30	－93.6
加工装配		10189	17775.4	8200	14286
合　计	891	469578	9.0	287708	20.5

外商直接投资行业　在外商直接投资项目中，生产型项目 734 个，非生产型项目 118 个。按行业分：农林牧渔业 10 个，制造业 734 个，采掘业 2 个，建筑业 10 个，电力、煤气及水的生产和供应 14 个，交通运输、仓储及邮电通讯业 11 个，批发和零售贸易、餐饮业 12 个，房地产业 8 个，金融保险业 22 个，社会服务业 26 个，卫生、体育和社会福利事业 1 个，教育、文化艺术和广播电视事业 2 个。

外商直接投资来源　外商直接投资来自 29 个国家和地区。投资额居前几位的依次为：香港 277 个，43748 万美元；欧盟 82 个，19399 万美元；美国 125 个，10387 万美元；韩国 23 个，9705 万美元；日本 62 个，8207 万美元；台湾省 151 个，7636 万美元；东盟 46 个，6939 万美元。

外商投资企业生产经营情况　截止到 1997 年底，已开业投产的外商投资企业 6594 家，全年销售收入 1034.4 亿元人民币，比 1996 年增长 18%，其中出口销售收入 40.75 亿美元，比 1996 年增长 47.1%；盈利总额 37.78 亿元人民币，比 1996 年增长 31%；自营出口 28.29 亿美元，比 1996 年增长 25%。

【对外经济技术合作】

承包工程和劳务合作　1997 年浙江省签订对外承包工程和劳务合作项目合同 672 个，合同金额 16561 万美元，比 1996 年的 27563 万美元下降 40%；营业额 23168 万美元，比 1996 年的 17218 万美元增长 34.6%；当年派出劳务人员 10041 人次，年末在外人数 12001 人。派往主要国家和地区：乌干达、科威特、尼泊尔、马来西亚、新加坡、毛里求斯、美国塞班岛和东萨摩亚。

对外经济技术援助　承担援外项目 7 个，受援国家和地区为乌干达、科威特尼泊尔、贝宁、越南、喀麦隆、蜜克罗尼西亚，涉及的行业有建筑业和制造业。当年派出援外人员48人，年末在外48人。

接受经济技术援助 接受国外援助项目4个，总金额20万美元。其中联合国儿童基金援助项目1个，发达国家援助项目3个。

对外投资 举办海外投资项目57个，投资总额2547万美元，其中中方投资2368万美元。

【其他】

经济技术开发区 国家级开发区和省级经济开发区全年开发土地面积2.86平方公里，投入基础设施建设资金26亿元人民币。全年进区项目775个，其中新批外商投资企业54个，协议外资2.38亿美元，实际利用外资3.64亿美元。进出口总额3.38亿美元，其中出口1.48亿美元。

保税区 宁波保税区新批外商投资企业37家，协议外资0.4亿美元，实际利用外资0.29亿美元；完成进出口总额6.3亿美元，其中进口4亿美元，出口2.3亿美元。

对外经贸洽谈会 1997年4月在印尼雅加达举办浙江出口商品展览会，成交1009万美元；5月在香港举办浙江经贸洽谈会，成交1.12亿美元，协议利用外资4.7亿美元；9月在日本大阪举办浙江出口商品展览会，成交2673万美元。

港口运输 全省港口泊位575个，其中万吨级泊位42个。港口吞吐能力1.38亿吨，当年完成的货物吞吐量1.14亿吨。外贸进出口货物吞吐量3948.5万吨，其中出口量371.2万吨，进口3577.6万吨。

1997年外贸出口货运量455万吨，比1996年增长10.1%；其中海运量447万吨，陆运量7.5万吨，空运量0.69万吨。

涉外旅游 1997年入境的外国人数以及台港澳同胞人数81.1万人次，比1996年增长11.3%。旅游收入3.4亿美元，比1996年增长18.2%。

1997年宁波对外经济贸易

宁波市对外经济贸易委员会

【概述】

1997年宁波市对外经贸工作坚持大经贸发展战略和市场多元化策略，坚持以变应变、敢于竞争的作风，不断适应国际市场变幻、国内政策调整等发展变化的形势要求，推动了对外经贸事业的持续发展。具体表现在：

一是市委、市府高度重视我市外向型经济发展，坚定不移地实施外向带动战略，及时提出外经贸方面的工作意见，重视抓好分类指导，协调解决重大问题。出台了《关于进一步扩大机电产品出口的若干意见的通知》等政策文件，有力地促进了机电产品出口。积极培育新的出口增长点，努力增加自营出口生产企业，加强对重点区域、重点企业出口推动工作，进一步发挥保税区的功能优势和政策优势。

二是重点围绕发展临港大工业和建设开发区、保税区，不断提高利用外资的工作水平。对重点项目和重点客户进行追踪招商服务，提高项目成活率。加大了对外国使（领）馆和跨国公司在华办事处的招商工作力度。出台了《关于进一步改善外商投资软环境的决定》和《关于进一步扩大利用外资努力提高对外开放水平的若干意见》两个文件，努力营造利用外资的良好环境。

三是积极鼓励有条件的企业申报外经经营权；加强对重点劳务市场开拓，集中经营优势，形成集聚效益；加强对境外企业规范管理，并强化对境外企业的资产、财务、经营考核，促使海外企业健康发展。

【对外贸易】

进出口总额 1997年浙江省宁波市进出口总额为49.78亿美元，比1996年的43.53亿美元增长14.36%。

出口总额 出口总额32.55亿美元，比1996年的26.69亿美元增长21.95%，占全市国内生产总值900.15亿元(相当于108.59亿美元)的29.98%，占全省出口额的29.35%。

出口商品结构 初级产品出口额5.77亿美元，占出口总额的17.73%；工业制成品的出口额26.78亿美元，占出口总额的82.30%。

出口额在1000万美元以上的商品情况表

金额分类	商品名称	出口金额(万美元)	占出口总额(%)
5000万美元以上(10种)	梭织呢绒西服套、玩具、车用汽油、航空煤油、轻柴油、计算机、中文打字机、手工具、文教用品、杂项百货	77562	23.83
1000万美元—5000万美元(70种)	水煮笋、冻鱼、冻小虾仁、桔子罐头、绒毛、合成纤维条子、棉纱线、棉漂布、棉绗缝品、棉绒毯、腈纶毛毯、真丝制品、棉毛衫裤、棉针织外衣、涤棉绒衣裤、腈纶针织服装、真丝针织服装、梭织呢绒大衣、梭织真丝绸服装、皮服装、工艺美术品、蔺草制品、箱类、包袋类、鞋类、帽类、办公用品及设备、体育用品、金属器皿、钢材、阀门、杂项小五金、铜材、稀土金属、塑料原料、农药、各种染料、橡胶及制品、激素、医疗器械、汽车零件、电工设备、各种泵、工业轴承、半导体器件、显微镜、望远镜、吸尘器、灯等	135809	41.72
合计	80种	213371	65.55

出口商品市场 出口商品销往152个国家和地区，其中出口额在1000万美元以上的国家和地区有35个，金额30.58亿美元，占出口总额的93.95%。

主要出口市场情况表

国别(地区)	出口金额(万美元)	占出口总额(%)
香港	72725	22.34
日本	69527	21.36
美国	35341	10.86
韩国	13849	4.25
德国	12054	3.70
新加坡	8813	2.71

主要出口市场情况表(续)

国别(地区)	出口金额(万美元)	占出口总额(%)
阿联酋	8338	2.56
荷兰	6839	2.10
英国	6704	2.06
意大利	6649	2.04
合计	240839	73.99

进口总额 进口总额17.23亿美元，比1996年的16.84亿美元增长2.32%。

进口商品结构 初级产品进口额为5.96亿美元，占进口总额的34.60%；工业制成品的进口额为11.27亿美元，占进口总额的65.40%。

进口额在1000万美元以上的商品情况表

金额分类	商品名称	进口金额（万美元）	占进口总额（%）
5000万美元以上（6种）	ABC树脂、造纸设备、电子元器件、铜、原油、钢材	70285	40.79
1000万－5000万美元（27种）	豆油、豆粕、棉花、山羊毛、绵羊毛、涤纶长丝、涤纶短纤维、腈纶短纤维、服装辅料、纸张、小五金、铜精矿砂、铜材、丁醇、苯乙烯、已内酰胺、高压聚乙烯、聚丙烯、聚脂切片、聚苯乙烯、塑料制品、天然橡胶、发电机组、电工设备、塑料制品设备、电力成套设备、动力机械设备	54772	31.79
合计	33种	125057	72.58

进口商品市场 进口商品来自56个国家和地区。其中进口额在1000万美元以上的国家和地区有19个，合计金额16.67亿美元，占进口总额的96.75%。

主要进口市场情况表

国别（地区）	进口金额（万美元）	占进口总额（%）
香港	39321	22.82
新加坡	27127	15.74
韩国	22650	13.15
日本	21766	12.63
澳大利亚	11631	6.75

主要进口市场情况表（续）

国别（地区）	进口金额（万美元）	占进口总额（%）
英国	10592	6.15
美国	10100	5.86
台湾省	6875	3.99
法国	2390	1.39
合计	152452	88.48

技术进口 1997年浙江省宁波市签订引进技术和进口设备合同项目数5个，合同金额463万美元。引进项目的国家和地区有三个，其中从香港、日本、美国引进的项目数分别为2个、1个、2个，合同金额分别为341.5万美元、40.4万美元、81万美元，涉及的行业分别为电子行业和服装行业。

【利用外资】

1997 年利用外资情况表

利用外资方式	批准签订的合同			实际利用外资	
	项目数（个）	外资金额（万美元）	金额比 1996 年（±%）	金　额（万美元）	金额比 1996 年（±%）
外商直接投资	259	45811		55408	10.5
合资企业	138	242002		25455	-13.9
合作企业	13	6428		6004	3.2
外资企业	108	15381		23949	62.1
合　计	259	45811		55408	10.5

外商直接投资行业　在外商直接投资项目中，生产型项目 202 个，非生产型项目 57 个。按行业分，主要有食品加工业、纺织业、服装及其他纤维制造业、文教体育用品制造业、塑料制品业、机械制造业、建筑业等。

外商直接投资来源　外商直接投资来自 40 个国家和地区。投资额居前 10 位的是：香港 89 项，协议外资金额 19143 万美元；台湾 56 项，外资金额 2578 万美元；日本 19 项，外资金额 3144 万美元；德国 3 项，外资金额 1642 万美元；荷兰 2 项，外资金额 4348 万美元；英国 10 项，外资金额 3830 万美元；维尔京群岛 3 项，外资金额 2851 万美元；美国 35 项，外资金额 1831 万美元；卢森堡 1 项，外资金额 1050 万美元；南非 1 项，外资金额 1030 万美元。

外商直接投资企业生产经营情况　截至 1997 年底，已开业投产的外商投资企业共 1591 家，职工总数为 19.32 万人，全年总产值为 287.18 亿元，比 1996 年增长 11.35%。销售营业收入 290.57 亿元，比 1996 年增长 16.92%，其中出口销售收入 7.98 亿美元，比 1996 年增长 22.63%，占全市出口总额的 24.53%；利润总额 10.02 亿元，比上年增长 20.43%。

【对外经济合作】

承包工程和劳务合作　1997 年签订对外承包工程和劳务合作合同 307 份，金额 6590 万美元，完成营业额 14000 万美元，比 1996 年的 8500 万美元增长 64.71%；当年派出劳务 4519 人次，年末在外劳务人员数 9200 个，比上年增长 8.24%。劳务人员分布在毛里求斯、新加坡、关岛、塞班、东萨摩亚、日本、柬埔寨、韩国、香港、德国等 46 个国家和地区。

对外投资　1997 年在海外举办非贸易型企业 6 家，总投资额 276.5 万美元，其中中方投资 202.1 万美元。这些企业分布在几内亚、牙买加、美国关岛、俄罗斯、孟加拉国、柬埔寨等 6 个国家和地区。

【其他】

经济技术开发区　1997 年批准外商投资项目 18 个，投资总额 12289 万美元，协议外资 5225 万美元，实际利用外资 22777 万美元。全年新批的外商投资项目中，以第二产业为主，涉及石油化工、电子仪器、PVC 建材、化学制品、纺织服装、食品加工以及聚酯家具制造等行业，投资总额占新批外资项目的 70%。1997 年全区完成国内生产总值 44 亿元，比上年增长 10%，实现工业总产值 120 亿元，比上年增长 27.6%，全年外贸出口 2.49 亿美元，占全市出口总额的 7.63%，比上年增长 14.46%。

保税区　宁波保税区全年新批外商投资企业 37 家，协议利用外资 4487 万美元，实际利用外资 2850 万美元。其中生产型项目 17 个。全区全年实现国内生产总值 13 亿元，工业总产值 6.88 亿元，利税总额 27108 万元。仓储功能继续拓展，全区共有仓储企业15个，保税仓库面积16.5万平方米，仓储能力25.8万吨，1997年保税区货物总值27.5亿元，出仓货物总值27.5亿元，分别比上年同期增长32.8%、28.8%。

对外经贸洽谈会 1997年宁波市对外经贸委和市贸促会组织市外贸企业到南非、日本、印度、西德、英国等17个国家和地区参加34个展销会，共签订成交合同1.08亿美元。

港口运输 1997年宁波港货物吞吐量达8220万吨，列全国第二位，比上年增长7.6%。完成外贸进出口货物吞吐量3309万吨(进口2980万吨，出口329万吨)，占宁波港吞吐量的40.26%。全年集装箱吞吐量达25.67万标箱，比上年增长27.4%，列全国第十位。1997年还先后开通了国际集装箱环球航线、宁波至欧洲集装箱干线，加上1996年开通的宁波至美东集装箱干线，使宁波国际集装箱干线达到三条。目前，宁波港每月集装箱班轮已达70多班。

涉外旅游 全年接待入境的外国人以及港澳台同胞10.05万人次，旅游收入3402万美元，分别比上年增长13.55%和17.39%。

1997年温州对外经济贸易

温州市对外贸易经济合作局

【对外贸易】

进出口总额 1997年浙江省温州市进出口总额为63476万美元，比1996年的45561万美元增长39.3%。

出口总额 出口总额53054万美元，比1996年的37850万美元增长40.2%，占全市国内生产总值600亿元(相当于72.4亿美元)的7.3%；占全省出口额的4.8%。

出口商品结构 初级产品出口额2803万美元，占出口总额的5.3%；工业制成品的出口额50251万美元，占出口总额的94.7%。

出口额在1000万美元以上的商品情况表

金额分类	商品名称	出口金额(万美元)	占出口总额(%)
2000万美元以上(5种)	布胶鞋、眼镜、打火机、建筑小五金、电工用具	19731	37.2
1000～2000万美元(6种)	皮鞋、运动鞋、工艺鞋、塑料制品、自动化仪表、家用小电器	10484	19.8
合计	11种	30215	57

出口商品市场 出口商品销往121个国家(地区)。

主要出口市场情况表

国别(地区)	出口金额(万美元)	占出口总额(%)
香　港	10975	20.7
美　国	4477	8.4
日　本	3097	5.8
匈牙利	2798	5.3
意大利	2093	3.9
法　国	1841	3.5
巴　西	1776	3.3
西班牙	1606	3

主要出口市场情况表(续)

国别(地区)	出口金额(万美元)	占出口总额(%)
德　国	1570	3
台湾省	1545	2.9
合　计	31778	59.9

进口总额　进口总额10422万美元,比1996年的7711万美元增长35.1%。

进口商品结构　初级产品进口额5409万美元,占进口总额的51.9%;工业制成品的进口额5013万美元,占进口总额的48.1%。

进口额在500万美元以上的商品情况表

金额分类	商品名称	进口金额(万美元)	占进口总额(%)
500万美元以上(6种)	液化气、化工原料、塑料原料、船舶、轻工成套设备	6800	65.2

进口商品市场　进口商品来自38个国家(地区)。

主要进口市场情况表

国别(地区)	进口金额(万美元)	占进口总额(%)
韩　国	3113	29.9
澳大利亚	1032	9.9
美　国	980	9.4
台湾省	860	8.3
香　港	749	7.2
沙　特	605	5.8
日　本	562	5.4
合　计	7901	75.8

技术进出口　1997年温州市技术进出口总额3257.48万美元,比1996年的2056.41万美元增长58.4%。签订引进技术和进口设备合同项目数14个,比1996年的17个减少17.65%。合同金额3257.48万美元,比1996年的2049.41万美元增长58.9%。

主要技术进口商品

商品名称	金额(万美元)	占进口总额(%)
程控交换机	1448.5	44.5
PVC压延薄膜生产线	234.28	3.1
面料织后整理设备	101.25	3.1
精密加工测量中心	68.27	2

【利用外资】

1997 年利用外资情况表

利用外资方式	批准签订的合同			实际利用外资	
	项目数（个）	外资金额（万美元）	金额比 1996 年（±%）	金 额（万美元）	金额比 1996 年（±%）
对外借款	3	12980			
外商直接投资	81	7587	－2.4	6025	－23.7
合资企业	58	2933	－1	3222	－47.6
合作企业	5	2745	－7.3	1907	1252
外资企业	18	909	5.8	896	－44.2
加工装配	272				

外商直接投资行业 在外商直接投资的 81 个项目中，生产型项目 73 个，占 90%；非生产型项目 8 个，占 10%。

外商直接投资来源 外商直接投资来自 21 个国家和地区。投资额居前 7 位的是：香港 10 个，2023 万美元；美国 13 个，787 万美元；台湾省 9 个，919 万美元；法国 8 个，548 万美元；新加坡 6 个，263 万美元；奥地利 4 个，680 万美元；匈牙利 3 个，65 万美元。

外商投资企业生产经营情况 截至 1997 年底，累计批准外商投资企业 1226 家，项目总投资 21.16 亿美元，合同外资金额 11.28 亿美元，实际利用外资 3.71 亿美元。其中已开业投产的外商投资企业共 590 家。销售收入 57.5 亿元，比 1996 年增长 17%；企业盈利 2 亿元，比 1996 年增长 62%；上缴利税 3.23 亿元，比 1996 年增长 66%。出口企业 198 家，比 1996 年增长 39%，自营出口 18266 万美元，比 1996 年增长 30%。

【对外经济合作】

承包工程和劳务合作 1997 年签订对外承包工程和劳务合作合同项目 266 个，金额 232 万美元，比 1996 年的 587.7 万美元下降 60%；营业额 442 万美元，比 1996 年的 606 万美元下降 27%；当年派出劳务人员 2306 人次，比 1996 年增长 6%，年末在外 727 人。劳务人员主要分布在日本、匈牙利、老挝、新加坡、土耳其、台湾省（渔轮）等国家和地区；承包工程项目主要有老挝新恒波恩水电站隧道开挖工程。

对外投资 1997 年我市在海外举办企业（机构）3 家，其中贸易型机构 1 家，非贸易型企业 2 家，中方投资额为 21.8 万美元，分别设在老挝万象和印度尼西亚的雅加达。

【其他】

温州经济技术开发区 1997 年完成基本建设投资 6.2 亿元，建成各类厂房 16.6 万平方米，累计建房 108 万平方米。共引进各类项目金额 11.62 亿元人民币，比上年增长 82.4%。其中外资项目 11 个，总投资 5258 万美元，合同利用外资金额 2225 万美元，实际利用外资 1580 万美元，同比增长 272%。全年实现工业产值 23.22 亿元，同比增长 36%；第三产业销售额 20.80 亿元，同比增长 25%；出口总额 7567 万美元，进口总额 2283 万美元；财政收入 1.3 亿元，同比增长 34%。目前，开发区东片已初步建成为经济新区，西片已完成基础设施建设，进入了项目开工建设的热潮。

港口运输 温州港口泊位 85 个，其中万吨级 4 个，5000～10000 吨级 18 个，5000 吨级以下 63 个，浮筒泊位 2 个，均为万吨级。全年实际完成货物吞吐量617万吨，其中外贸进出口货物吞吐量42.2万吨，进口19万吨，出口23.2万吨。国际集装箱吞吐量25665标准箱，其中进口12885标准箱，出口12780标准箱。

涉外旅游　1997年接待外国旅游者、华侨、港澳台同胞4.3万人次，比1996年的3.25万人次增长32.3%，旅游外汇收入2100万美元，比1996年1307万美元增长60.7%。

1997年安徽对外经济贸易

安徽省对外经济贸易委员会

【对外贸易】

进出口总额　1997年安徽省进出口总额为31.16亿美元，比1996年的27.51亿美元增长13.3%。

出口总额　出口总额20.05亿美元，比1996年的17.54亿美元增长14.3%，占全省国内生产总值2670亿元(相当于322亿美元)的6.23%；占全国出口总额的1.09%。

出口商品结构　初级产品出口额3.12亿美元，占出口总额的15.6%；工业制成品出口额16.93亿美元，占出口总额的84.4%。

出口额在1000万美元以上商品情况表

金额分类	商品名称	出口金额(万美元)	占出口总额(%)
1000万—5000万美元(35种)	电子元器件、煤、蔬菜、塑料制品、轮胎、抗菌素药、工艺品类、起重机械、玩具、柠檬酸、化纤布、羽绒制品、丝织品、水泥、罐头、羽毛、小五金、地毯及装饰毯、茶叶、动力机械、焦炭、芝麻、棉纱线、纸浆纸张类、冻鸡、机床、文教用品、船舶、工农具、自行车零配件、维生素、解热镇痛药、脱水蔬菜、其他医药原料、其他纺织品	6.97	34.78
5000万—1亿美元(7种)	铜、钢材、棉布、家用电器、鞋类、生铁、棉制品	5.10	25.44
1亿美元以上(1种)	服装	3.31	16.51
合计	43	15.38	76.73

出口商品市场　出口商品销往173个国家(地区)。主要出口市场是日本34876万美元，占

17.4%；香港 28969 万美元，占 14.4%；美国 27209 万美元，占 13.6%；韩国 15792 万美元，占 7.9%；德国 11456 万美元，占 5.7%。

进口总额 进口总额 111066 万美元，比 1996 年的 99735 万美元增长 11.36%。

进口商品结构 初级产品进口额 12395 万美元，占进口总额的 11.2%；工业制成品的进口额 98671 万美元，占进口总额的 88.8%。

进口额在 1000 万美元以上商品情况表

金额分类	商品名称	进口金额（万美元）	占进口总额（%）
1000 万－5000 万美元(14 种)	钢材、化肥、塑料原料、汽车零件、建材成套设备、电子元器件、纺织成套设备、天然橡胶、医药原料、化纤布、植物纤维、革皮及制品、烟草机械、医疗器械	2.95	26.58
5000 万－1 亿美元(5 种)	轻工成套设备、铁矿砂、化学成套设备、其他化工原料、无线通讯设备	3.17	28.56
1 亿美元以上(1 种)	铜精矿砂	1.20	10.81
合计	20 种	7.32	65.95

进口商品市场 主要进口市场是日本 1.78 亿美元，占 16.4%，德国 1.53 亿美元，占 13.78%；香港 1.32 亿美元，占 11.89%；美国 1.14 亿美元，占 10.27%；澳大利亚 0.68 亿美元，占 6.11%；意大利 0.66 亿美元，占 5.89%；英国 0.64 亿美元，占 5.80%；韩国 0.63 亿美元，占 5.72%；智利 0.58 亿美元，占 5.23%。

技术进出口 1997 年安徽省技术进出口总额 4.08 亿美元，比 1996 年的 3.93 亿美元增长 3.82%。其中签订引进技术和进口设备合同项目数 183 个，比 1996 年减少 130 项；合同金额 3.61 亿美元，比 1996 年增长 0.84%。签订技术出口合同项目数 37 个，比 1996 年减少 3 项；金额 0.47 亿美元，比 1996 年增长 34.29%。

【利用外资】

1997 年实际利用外资情况表

利用外资方式	实际利用外资额（万美元）	比 1996 年（±%）
对外借款	18000	13.4
外商直接投资	43443	
合资企业	23667	
合作企业	10810	－14.2
外资企业	4966	

1997 年实际利用外资情况表（续）

利用外资方式	实际利用外资额（万美元）	比 1996 年（±%）
外商投资股份制企业	4000	
外商其他投资	22803	
对外发行股票	10000	
加工装配	12803	
合计	84246	26.6

当年新批外商投资企业278家，利用外资合同额3.85亿美元，比1996年的5.0亿美元下降23%。其中，新批合资企业141家(1.35亿美元)，合作企业21家(1.10亿美元)，外资企业115家(1.28亿美元)，外商投资股份制企业1家(0.12亿美元)。

外商直接投资行业 1997年新批外商直接投资协议项目中，第一、二产业的协议项目199项，协议外商直接投资额26251万美元；第三产业的协议项目79项，协议外商直接投资额12257万美元。

外商直接投资主要行业投向表

行业	协议项目数(个)	协议外商投资额(万美元)
粮油食品	30	2169
能源	2	2641
光通	9	5885
冶金	25	6454
电子	6	1273
轻工	71	5126
医药	7	1353
建筑	11	1665
建材	5	2770
房地产	25	3987

外商直接投资来源

外商直接投资主要来源国别(地区)表

国别(地区)	协议项目数(个)	协议外商投资额(万美元)
香港	123	15778
台湾省	41	2422
美国	46	3257
韩国	5	683
新加坡	11	2248
澳大利亚	5	1043
英国	2	1601
法国	3	1972
德国	2	2141
加拿大	6	2091

外商投资企业出口 1997年安徽外商投资企业完成出口额3.11亿美元，比1996年增长31.78%，在全省出口总额中比重由1996年的13.5%上升到15.5%。

【对外经济合作】

承包工程和劳务合作 1997年签订对外承包工程和劳务合作合同129项，金额7185万美元，比1996年的3419万美元增长110.1%；完成营业额7004万美元，比1996年的3319万美元增长111.0%；当年派出劳务人员2490人次，年末在外3250人。承包工程和劳务合作的主要市场和项目是马达加斯加体育馆、多哥体育场、莫桑比克议会办公楼、巴布亚新几内亚村民住宅等。

【其他】

经济技术开发区 合肥高新技术产业开发区到1997年底，进区企业累计464家，协议投资额65亿元人民币。来自美国、加拿大、意大利、澳大利亚、法国、日本、韩国、新加坡、马来西亚和香港、台湾省等20余个国家和地区的外商进区投资，协议利用外资额2.6亿美元，实际利用外资额1.96亿美元。美国的美泰克(MAYTAG)、飞歌(PHICO)公司，日本的三洋、丰田公司，瑞士的ABB公司等一批大公司进区投资。电子信息、机电一体化、新材料、生物医药、高效农业等支柱产业进一步发展。当年，进区企业出口6071万美元，其中外商投资企业出口2835万美元。作为首批“中国亚太经济合作组织科技工业园区”之一的合肥高新技术产业开发区，正为APEC成员们在共同感兴趣的高新技术领域的研究开发、成果转让、产业发展、人才培训等活动准备良好的环境和条件，已在5平方公里的范围内实施了“八通一平”，即通道路、供水、排水、供电、供煤气、供热、通讯、通有线电视、平整土地。

芜湖经济技术开发区到1997年底，已批准来自德国、美国、新加坡、日本、香港等16个国家和地区的外商进区举办外商投资项目138项，协议利用外资5.12亿美元，实际利用外资额1.26亿美元，注册的外商投资企业的注册资本金由建区初期的平均几十万美元扩大到1997年的平均423万美元，已形成新兴建筑材料、汽车及其零部件、电子、电线电缆、农产品深加工等支柱产业。建成了6万辆轻型车底盘、50万套数字式轿车仪表、6万吨PVC管材、5000吨PVC型材、2000平方米纸面石膏板等生产能力。当年,进区企业进出口总额6000万美元,其中外商投资企业进出口额占进区企业进出口总额的85%。开发区内已开发的土地面积已扩展到7平方公里。

对外经贸洽谈会 1997年安徽举办的对外经贸洽谈会主要有:1月20日－24日在香港举办的'97安徽(香港)经贸洽谈会,到会客商1000多人次,进出口成交10216万美元,其中出口成交9860万美元,签订招商引资合同和协议48项,协议金额2.5亿美元;11月18日－22日在澳门举办的'97安徽(澳门)经贸洽谈会,出口成交498万美元,招商引资协议金额1.57亿美元。

港口运输 全省港口1997年共完成外贸货运量135万吨,其中港口直接外运61.6万吨,转关运输73.4万吨,比1996年完成的外贸货运量65万吨增长1倍多。合肥、黄山两空港运送出入境旅客2.6万人次,比1996年的2.15万人次增长20.9%。

涉外旅游 接待外国人及港澳台同胞20.04万人次,旅游收入8206万美元,比1996年增长41.5%。

1997年福建对外经济贸易

福建省对外经济贸易委员会

【对外贸易】

进出口总额 1997年福建省进出口总额为194.62亿美元,比1996年的167.44亿美元增长16.23%。

出口总额 出口总额115.89亿美元,比1996年的100.30亿美元增长15.54%,占全省国内生产总值的32.02%,占全国出口总额的6.34%,居全国第五位。

出口商品结构 初级产品出口额22.26亿美元,占出口总额的19.20%;工业制成品出口额93.63亿美元,占出口总额的80.80%。

主要出口商品 出口额在1000万美元以上的主要商品有112种,合计出口金额55.78亿美元,占出口总额的48.13%。其中出口1亿美元以上的商品有烤鳗、美术陶瓷、石刻、金首饰、皮女鞋、合成革鞋、运动鞋、塑料玩具、尼龙伞、集装箱船、显示器、无线电元件、电熨斗、彩色电视机等14种,合计金额27.26亿美元,占出口总额的23.52%;出口5000万－1亿美元的商品有速冻蔬菜、香菇、鳗鱼、蘑菇罐头、卷烟、棉涤纶布、纯涤纶布、人造棉布、松紧带、棉针织服装、棉服装、真丝绸服装、合纤绸服装、尼龙包、布胶鞋、帐蓬、花岗石板料、塑料雨衣、塑料拖鞋、轮胎外胎、继电器、收音机等22种,合计金额15.80亿美元,占出口总额的13.63%;出口1000万－5000万美元的商品有桔柑、橙、水煮笋、芦笋罐头、乌龙茶、竹制品、手套、针织外衣、革皮服装、藤制品、漫步鞋、网球拍、阀门、摩托车零件、变压器、叉车、录像带等76种,合计金额12.22亿美元,占出口总额的10.54%。

出口商品市场 出口商品销往181个国家和地区。主要出口市场:香港49.09亿美元,日本21.84亿美元,美国13.80亿美元,台湾省8.10亿美元,德国4.77亿美元,新加坡2.02亿美元,韩国1.04亿美元,菲律宾1.19亿美元,荷兰9807万美元,意大利9657万美元,合计103.80亿美元,占出口总额的89.56%。

进口总额 进口总额78.73亿美元,比1996年的67.14亿美元增长17.26%。

进口商品结构 初级产品13.04亿美元,占进口总额的16.6%;工业制成品65.69亿美元,占进口总额的83.4%。进口1亿美元以上的大宗商品有食用植物油、革皮及制品、动物纤维、合成纤维、化纤布、化纤制品、服装辅料、丝织品、鞋类、纸张、日用杂品、钢材、有色金属材料及制品、成品油、化工原料、塑料原料、塑料制品、合成橡胶、船舶、汽车电车摩托车及零件、电工设备、其他各类机械、成套设备、电子元器件、电子原材料、电视机及音响设备等,合计金额43.44亿美元,占进口总额的55.17%;进口5000万－1亿美元的商品有鱼类、食品制成品、饲料、板及制品、烟草制品、植物纤维、绸缎、丝绸制品、钟表、小五金、非金属矿产品及制品、橡胶制品、纺织机械、计算机等,合计金额9.17亿美元,占进口总额的11.64%。

进口商品市场 进口商品来自79个国家和地区。主要进口市场:香港40.54亿美元,台湾省11.68亿美元,日本7.85亿美元,韩国4.30亿美元,美国2.63亿美元,德国2.07亿美元,马来西亚1.86亿美元,新加坡1.66亿美元,俄罗斯7402万美元。合计金额73.33亿美元,占进口总额的93.14%。

技术进出口 1997年技术进出口总额1.19亿美元,比1996年的1.92亿美元下降38.02%。其中,签订引进技术进口设备合同14项,合同金额3532.52万美元,比1996年的3339.64万美元增长5.78%;签订技术出口合同9项,金额8358.20万美元,比1996年的1.58亿美元下降47%。

【利用外资】

1997年利用外资情况表

利用外资方式	批准签订的合同			实际利用外资	
	项目数(个)	外资金额(万美元)	金额比1996年(±%)	金额(万美元)	金额比1996年(±%)
对外借款		17513	30.08	17513	30.08
外商直接投资	2298	453751	－30.57	419666	2.89
合资企业	408	89334		112293	
合作企业	41	25428		60175	
外资企业	1849	338989		247198	
外商投资股份制					
合作开发					
其他					
外商其他投资		44	1000.00	44	1000.00
对外发行股票					
国际租赁					
补偿贸易		44		44	
加工装配					
合计	2298	471308	－29.34	436963	3.70

外商直接投资行业 在外商直接投资项目中,生产型项目1946项,非生产型项目352项。按行业分:农林牧渔业140项,采掘业12项,制造业1755项,电力、煤气及水的生产11项,建筑业28项,地质勘查业、水利管理1项,交通运输、仓储及邮电6项,批发和零售贸易、餐饮业179项,房地产业63项,社会服务业89项,卫生、体育和社会福利1项,教育、

文化艺术及广播 2 项,其他行业 11 项。

外商直接投资来源 投资者来自港、澳、台、东南亚和欧美等 43 个国家和地区。其中香港 1400 项,合同外资金额 25.38 亿美元;台湾省 456 项,5.98 亿美元;美国 67 项,6.01 亿美元;新加坡 59 项,1.82 亿美元;维尔京群岛 16 项,1.09 亿美元;菲律宾 55 项,8113 万美元;马来西亚 35 项,4982 万美元;澳门 31 项,2329 万美元;英国 19 项,6315 万美元;澳大利亚 22 项,2505 万美元;韩国 17 项,1059 万美元;加拿大 11 项,5131 万美元;德国 4 项,1831 万美元;丹麦 2 项、5000 万美元等。

外商直接投资企业生产经营情况 1997 年当年新开业投产的外商投资企业 1670 家。到 1997 年底止,全省累计已开业投产的外商投资企业 13287 家,1997 年实现工业产值 1119.72 亿元人民币,比 1996 年 950.28 亿元人民币增长 17.83%,占全省乡以上工业总产值的 55%;产品出口 67.18 亿美元,比 1996 年的 58.21 亿美元增长 15.41%,占全省出口总额的 58.10%。

【对外经济合作】

承包工程和劳务合作 1997 年签订对外承包工程和劳务合作合同 2876 项,合同金额 4.27 亿美元,比 1996 年的 4.83 亿美元下降 11.59%。完成营业额 4.83 亿美元,比 1996 年的 4.26 亿美元增长 13.38%。当年派出劳务人员 3.34 万人次,年末在外劳务人数 5.54 万人。劳务人员分布在新加坡、澳门、香港、以色列、塞班、越南等 78 个国家和地区。

对外经济技术援助 派往博茨瓦纳一支医疗队,派出人员 32 人。

接受经济援助 接受来自联合国开发署、澳大利亚、新西兰等双边和多边援助项目 3 个,受援金额 116.36 万美元。

对外投资 1997 年新批准在日本、越南等地举办海外企业 5 家,中方投资额 154.10 万美元。

【其他】

经济技术开发区 福建省经国务院批准的经济技术开发区有福州经济技术开发区、福清融侨经济技术开发区和福建东山经济技术开发区等。其中东山经济技术开发区 1997 年加强基础设施建设,新建区间道路 1.2 公里,排雨排污管道 3.68 公里,投建建筑面积 17774 平方米的公共保税区和通用厂房,水、电、通讯等设施基本配套;开发区重点开发高科技项目、玻璃、食品、机械、电子及其他轻工项目;1997 年新批外商投资项目 6 项,合同外资金额 4010 万美元,外商实际到资 4500 万美元。当年开发区出口贸易总额 7500 万美元,其中外商投资企业出口 5100 万美元。

对外经贸洽谈会 已连续在厦门举办十届的福建投资贸易洽谈会,1997 年更名为中国投资贸易洽谈会(简称中国 9·8 洽谈会)。更名后的洽谈会由国家对外贸易经济合作部主办,福建省人民政府和厦门市人民政府共同承办,福建省等 36 个成员单位组成,于 9 月 8 日在厦门市举行。本届洽谈会共接待来自港澳台、东南亚、欧美、日本、韩国、澳大利亚、新西兰等 50 多个国家和地区的境外客商 6000 多人。会上共签订外商投资合同项目 1665 个,利用外资 46.2 亿美元;进出口成交 11.02 亿美元,其中出口 9.61 亿美元,进口 1.41 亿美元。福建省在会上共签订外商投资合同项目 995 项,利用外资 29.08 亿美元;进出口成交 5.29 亿美元,其中出口成交 4.07 亿美元,进口成交 1.22 亿美元。

港口运输 沿海主要港口货物吞吐量 4485 万吨,比 1996 年的 3959 万吨增长 13.28%。

全年进出口货运总量 1950 万吨,比 1996 年的 1359.8 万吨增长 43.4%。其中出口货运量 750 万吨,进口货运量 1200 万吨。按运输方式分:海运量 1560 万吨,陆运量 389.82 万吨,空运量 0.18 万吨。

涉外旅游 全年接待观光、探亲访友以及洽谈投资贸易的各类海外人士 117.39 万人次,比 1996 年的 104.57 万人次增长 12.25%。其中外国人 32.27 万人次,比 1996 年的 27.57 万人次增长 17.05%;华侨和港澳同胞 53.84 万人次,比 1996 年的 49.82 万人次增长 8.07%;台湾同胞 31.28 万人次,比 1996 年的 27.18 万人次增长 15.08%。

1997年厦门对外经济贸易

厦门市贸易发展委员会

【概述】

1997年，厦门市的外经贸各项业务工作取得显著成绩。进出口贸易实现了稳定的、较快的增长，进出口贸易总值继续保持全国大中城市第四位。国有外贸的出口，克服外贸政策调整遇到的困难，创历史最高水平。出口效益有所好转。出口商品结构进一步得到优化，出口商品达1500多种，六大类出口商品绝对值同比呈增长之势。市场多元化战略取得成效，出口国别达150个，同比增加20个，尤其是鼓励拓展的地区有较大增加，其中亚洲增5个，非洲增8个，拉美增6个，北美增1个；出口额1000万美元以上的国家和地区25个，居前五位的是香港、日本、德国、美国、新加坡。对外经济技术合作，贯彻整顿与发展并举的工作方针，保持健康发展势头。对台经贸合作和交流成效显著，首届"厦门对台出口商品交易会"取得成功，来自30个省市600多家国内客商和1574名台商参展，为海峡两岸有史以来规模最大的经贸交流活动。'98投资贸洽会升格为全国性的投资洽谈会。国有外贸企业改革按照"三改一加强"的目标，抓住难点，加大兼并联合力度，以优势企业为中心组建的特贸、国贸、建发、象屿、中厦五大集团发展运作良好。新出台了《厦门市政府鼓励外商投资的若干政策意见》利用外资继续保持较好的发展水平。

【对外贸易】

进出口总额　1997年福建省厦门市进出口总额为77.60亿美元，比1996年的66.45亿美元增长16.78%。

出口总额　出口总额42.50亿美元，比1996年的37.02亿美元增长14.83%，占全市国内生产总值361亿元人民币（相当于43.55亿美元）的97.6%。

出口商品结构　初级产品出口额6.3亿美元，占出口总额的14.8%；工业制成品的出口额36.2亿美元，占出口总额的85.2%。

出口额在1000万美元以上商品情况表

金额分类	商品名称	出口金额（万美元）	占出口总额（%）
3000万美元以上(10种)	卷烟、集装箱船、烤鳗、其他电子元器件、花岗石板料、散货船、美术陶瓷、其他建筑材料、坯布、其他运动鞋	48122	11.32
2000万－3000万美元(15种)	其他化工原料、其他鞋、其他非金属矿产品、自行车、蘑菇罐头、无线电元件、板石、芦笋罐头、聚乙烯醇、花岗石荒料、香菇、冻鱼、石刻、涤纶短纤维、ABS树脂	36400	8.56
1000万－2000万美元(14种)	硅、其他工艺品、其他工艺美术品、卫生香、其他医药原料、步面鞋、神纸(土纸)、未分类商品、其他板及制品、其他陶瓷、天然橡胶、活梭子蟹、彩色电视机、其他塑料制品	18881	4.44
合计	39种	103403	24.32

主要出口市场情况表

国别（地区）	出口金额（万美元）	占出口总额（%）
香　港	50466	11.87
日　本	43127	10.15
德　国	19934	4.69
美　国	12056	2.84
新加坡	7787	1.83
韩　国	6619	1.56
菲律宾	6100	1.44

主要出口市场情况表（续）

国别（地区）	出口金额（万美元）	占出口总额（%）
台湾省	5149	1.21
荷　兰	3893	0.92
意大利	3025	0.71
合　计	158165	37.21

进口总额　进口总额351016万美元，比1996年的294356万美元增长19.25%。

进口额在1000万美元以上商品情况表

金额分类	商　品　名　称	进口金额（万美元）	占进口总额（%）
3000万美元以上（12种）	卷烟、其他船用机械及配件、涤纶短纤维、轻柴油、胶合板、其他电子元器件、其他塑料原料、ABS树脂、其他化工原料、聚氯乙烯（树脂）、天然橡胶、豆粕	50456	14.37
2000－3000万美元（8种）	铜、螺纹钢、燃料油、液化石油气、低压聚乙烯、无线电元件、聚脂切片、摩托车零件	19904	5.67
1000－2000万美元（26种）	涤纶长丝、腈纶短纤维、氯化钾、复合肥、高压聚乙烯、其他塑料制品、其他电讯设备及器材、绵羊毛、通讯设备、电梯、其他有色金属材及制品、铜板纸、淀粉、石油沥青、其他土建机械、其他发动机零件、铝箔、盘条、聚丙烯、飞机零配件、灰底白版纸、其他纺织成套设备、其他行驶转向及制动零件	38289	10.91
合　计	46种	108649	30.95

主要进口市场情况表

国别（地区）	进口金额（万美元）	占进口总额（%）
香　港	55350	15.77
日　本	23225	6.62
韩　国	23135	6.59
美　国	12176	3.47
台湾省	11985	3.41
新加坡	11376	3.24

主要进口市场情况表（续）

国别（地区）	进口金额（万美元）	占进口总额（%）
德　国	8254	2.35
马来西亚	6878	1.96
俄罗斯	5821	1.66
泰　国	5779	1.65
合　计	163979	46.72

【利用外资】

1997年全市批准外商直接投资项目460个,比上年增长22.7%;投资总额18.79亿美元,增长1.64%;合同外资金额16.56亿美元,增长0.36%;外商实际到资13.79亿美元,增长2.11%。1997年批准台资项目123项,投资总额24835万美元。

外商直接投资行业 在外商直接投资项目中,按行业分:农业5个,工业335个,建筑业1个,交通运输业2个,饮食服务业88个,房地产业28个,其他行业1个。

外商直接投资来源 外商直接投资来源于26个国家和地区。投资额在前10位的是:香港260个,65722万美元;美国11个,53049万美元;台湾省123个,24835万美元;新加坡14个,9172万美元;英国16个,4489万美元;日本8个,2507万美元;菲律宾7个,897万美元;马来西亚3个,1541万美元;澳门2个,122万美元;澳大利亚5个,111万美元。

截至1997年12月底,全市累计批准外商投资项目4277项,投资总额163.34亿美元,已开工投产企业3448家;外商实际到资77.44亿美元。其中累计批准台资项目1491个,投资总额33.73亿美元。

【对外经济合作】

承包工程和劳务合作 1997年签订对外承包工程和劳务合作合同项目139个,金额6656万美元,营业额8712万美元;当年派出劳务人员数3926人,年末在外10804人,派往的国家和地区主要有:以色列、新加坡、越南、柬埔寨、港澳等。

【其他】

保税区 1997年,象屿保税区新设企业211家,注册资本1.36亿美元,比上年增长31.56%,其中外商投资企业80家,喜万年、日东电工、艾默生等一批国际知名企业入区经营。全年进出口贸易5.6亿美元。1997年保税区完成基建投资1.83亿元人民币,竣工房屋面积1.28万平方米。保税区全年征收的税收收入4000余万元人民币。

港口运输 港口货物吞吐量1753.71万吨,比上年增长12.9%;集装箱吞吐量54.6万标箱。比上年增长36.4%,跃居全国第六位。

1997年福州对外经济贸易

福州市对外经济贸易委员会

【概述】

福建省福州市1997年在发展对外经济贸易工作中,解放思想,更新观念,努力提高对外开放水平。进一步实施“大经贸”战略,加大外资、外贸、外经结合的力度,形成发展对外经贸的整体合力。积极合理有效地利用外资,把利用外资作为新一轮创业的主要经济增长点,把调整优化利用外资结构作为出发点,把抓项目落实作为经济发展的主要落脚点,把利用外资工作作为发展我市对外经贸工作的重头戏来抓,以此带动其他各项工作。利用外资工作实行项目目标责任制,层层分解抓落实,强化对执行情况的督察力度;推行项目ABC分级分类管理,按招商、未动工、在建、已投产四个阶段,确定ABC分类项目,A类项目由市分工抓落实,B类项目由各县(市)区和市直部门抓落实,C类由各级主管部门抓落实,以提高项目履约率、开工率、到资率;进一步实施一系列改善投资软环境重大举措,努力营造软环境新优势,出台了鼓励扶持外商投资的《福州市关于进一步鼓励外商投资的若干规定》等5项优惠政策文件。通过接待日、项目协调会、现场办公会等方式,及时解决外商投资企业经营、建设过程中存在的问题。设立了“外商投资审批一栋楼”和“收费局”,实行“一栋楼办公,一个窗口收费,一条龙服务”的“三个一”运行机制。简化了审批手续,提高了办事效率。

【对外贸易】

进出口总额 1997年福建省福州市进出口总额为309435万美元,比1996年的287087万美元增长7.78%。

出口总额 出口总额202658万美元,比1996年177122万美元增长14.42%,占福州市国内生产总值的22.5%,占全省出口总额的17.53%。

出口商品结构 初级产品出口额17500万美元,占出口总额的8.64%;工业制成品的出口额185158万美元,占出口总额的91.36%。

主要出口商品及金额为:轻工业品52939万美元,工艺品41817万美元,光电产品29329万美元,粮油食品27242万美元,家用电器13234万美元,医药商品7100万美元,化工产品6785万美元,服装6105万美元,五金矿产5768万美元,纺织丝绸5609万美元,电讯设备1568万美元,共计197496万美元,占出口总额的97.45%。

出口商品市场 出口商品销往91个国家和地区。

主要出口市场情况表

国别(地区)	出口金额(万美元)	占出口总额(%)
香　港	98374	48.54
美　国	37613	18.56
日　本	34693	17.12
德　国	9074	4.48
新加坡	5582	2.75
台湾省	4004	1.98
合　计	189340	93.43

进口总额 进口总额106777万美元,比1996年109965万美元下降2.98%。

主要进口商品有化工原料、光电设备、家电设备、轻工业品、纺织丝绸、五金矿产、土畜产品、粮油食品、电讯设备等。

进口商品主要来自香港、日本、美国、台湾省、俄罗斯、马来西亚、澳大利亚、意大利、荷兰、印度、印度尼西亚、韩国、德国、法国、英国、以色列、南非、越南等国家和地区。

技术进出口 签订引进技术和进口设备合同23项,合同金额4524万美元。引进技术主要来自香港、日本、台湾、美国、荷兰、意大利、瑞士等国家。引进项目主要分布在机械设备、电机、电器、电子零件、汽车配件等行业。

【利用外资】

1997年批准签订外商投资企业合同437项,比1996年的412项增长6.1%。合同外资金额92022万美元,比1996年的111121万美元下降17.2%。其中,合资企业83项,合同外资金额16395万美元;合作企业18项,合同外资金额9497万美元;外资企业336项,合同外资金额65831万美元;股份制企业299万美元。外商投资企业全年实际利用外资97848万美元,比1996年的97590万美元增长0.26%。其他利用外资17229万美元。

外商直接投资行业 外商直接投资中,工业247项,农业29项,建筑业13项,房地产16项,商贸76项,服务行业39项,其他17项。其中生产型、出口创汇型项目占82.6%。

外商直接投资来源 外商直接投资主要来自香港、台湾省、日本、维尔京群岛、美国、新加坡、澳大利亚、加拿大、马来西亚、韩国、凯曼群岛等28个国家和地区。其中香港213项,金额54704万美元;台湾省89项,金额10199万美元;美国33项,金额2645万美元;日本25项,金额2348万美元;新加坡9项,金额3842万美元;加拿大5项,金额2088万美元;马来西亚4项,金额1454万美元;凯曼群岛1项,金额2000万美元。

外商直接投资企业生产经营情况 全年有220家外商投资企业开业投产,至1997年底累计已开业投产2635家,工业产值310亿元,占全市工业总产值的34.22%;出口创汇178284万美元,比1996年151300万美元增长17.83%,占全市出口总额的87.97%。

【对外经济合作】

承包工程和劳务合作 1997年签订对外承包工程和劳务合作合同692项,合同金额5350万美元,比1996年的4169.43万美元增长28.3%;完成营业额5812.4万美元,比1996年的5351.11万美元增长8.6%;全年外派劳务人员6226人次,年末在外6294人,主要派往新加坡、台湾省、香港、澳门、日本、马来西亚、印尼、越南、毛里求斯、南非、斐济、也门、巴布亚新几内亚、孟加拉、牙买加、英国、加拿大、菲律宾、苏里南、贝宁、利比利亚、加纳、捷克、赤道几内亚、俄罗斯联邦、匈牙利等国家和地区,从事建筑、渔工、海员、服装、机械、综合工业、电子、缝纫等业务。

【其他】

经济技术开发区 1997年福州经济技术开发区充分发挥国家级开发区、保税区、台商投资区和高科技园区"四区一体"的优势,抓区内软硬环境建设,投入了1000多万元人民币用于基础设施和园林绿化建设,完善供水、供电、道路及创国家卫生城市基础设施,出台了《关于推进福州保税区政策的优惠政策规定》等三个文件,兑现各项有关政策,努力巩固和争创政策优势,进一步改善了开发区软环境,外向型经济取得了明显成效。全年完成国内生产总值56.2亿元人民币,比1996年增长28%;实现工业总产值101亿元人民币,比1996年增长32.8%。

紧紧抓住两岸直航契机,实现"闽台一号"货轮正式首航高雄港,航次、实载率均居全国首航船舶前列,使台商投资继续升温,进一步促进了招商引资工作。全年新批外商投资企业100个,协议外资2.65亿美元,实际利用外资1.56亿美元。外商投资企业累计开业投产441家,总产值80.3亿元,全年出口创汇4.8亿美元。

福州保税区发挥了国际贸易、出口加工、仓储三大功能,积极扶持区内重点企业、较大型企业及加工型企业,全面推进保税区工作上新台阶,使各项经济指标大幅度增长,全年共批各类投资项目88项,项目总投资9255万美元。进出口货物总值18843万元,海关征收关税14741万元,比1996年增长130.22%,财政收入5771万元,完成年计划23%。

福清市国家级融侨开发区、元洪投资区,经过几年有效建设,初步形成了以电子、纺织、塑料、钢铁、食品、港口等为龙头的工业区、港区,开发区发挥自身特色优势,抓外资、内资引进,形成了内外结合、高新技术产业结合局面,在闽江口经济圈崛起中发挥了应有作用,1997年融侨开发区新批项目20家,总投资14474万美元,实际利用外资1.18亿美元。历年累计批准外商投资企业248家,总投资14.34亿美元,合同外资6.58亿美元,实际利用外资7.89亿美元。已投产、试产企业130家,创工业产值323.5亿元,出口总值28.29亿美元。

对外经贸洽谈会 1997年4月,在福州举办中国福州国际招商月,9月福州代表团参加了在厦门举办的'97中国投资贸易洽谈会,福州共接待了来自美国、德国、英国、法国、意大利、以色列、瑞士、西班牙、葡萄牙、香港、台湾省、日本、新加坡、泰国、阿根廷、玻利维亚、印度、澳大利亚、澳门、韩国、加拿大、马来西亚、菲律宾等24个国家和地区的3000多名客商。两场招商会"规模大、层次高、国别多、人数多、项目实",内容涵盖项目招商、前景探讨、商品展销、内联协作等丰富的招商活动。招商月、洽谈会期间共签订外商投资项目394项,总投资19.8亿美元,协议外资16.46亿美元;外贸出口成交2572.5万美元。'97中国投资贸易洽谈会期间,合同项目、总投资额、利用外资额三项指标位居全省各地市之首,外贸出口成交额居全省第二位。

港口运输 福州港目前共有生产型泊位44个,其中万吨级以上深水泊位12个,最大吨级泊位3万吨。港口吞吐量1142万吨,实际吞吐量1371万吨。全年实际进出口货物总运量1371万吨,其中外贸进出口吞吐量505.8万吨,出口303.3万吨,进口202.5万吨。

涉外旅游 抢抓'97中国旅游年、香港回归、两岸直航试点、长乐国际机场通航等良好发展的机遇,积极开展旅游业新一轮创业,抓好旅游招商活动。举办了福建湄洲岛旅游经贸洽谈会福州招商专场,抓好海、江、山三条黄金旅游通道,促进福州市旅游业迅速发展。全年共接待国际游客25万人次,比1996年增长13%,旅游创汇1亿美元,比1996年增长3%。

1997年江西对外经济贸易

江西省对外贸易经济合作厅

【概述】

1997年江西省外经贸工作，以“大经贸”发展战略为指导思想，坚持稳中求进、效益第一的原则，积极推进两个根本性转变，深化改革，强化管理，加大结构调整力度，全面提高外经贸工作质量和水平，具体采取了五项措施，即：坚定不移地推进“大经贸”战略，加快培育和促进外经贸新的增长点；加快产业结构、产品结构、市场结构和经营结构的调整步伐；积极有效利用外资，在基础设施、交通、大中型生产企业嫁接改造和农业综合开发项目上重点突破；加大改革力度，进一步实行优化组合，搞好富裕人员合理有效的分流，外贸企业全面实行浮动工资制，与效益全面挂钩；以扭亏增盈为重点，建立企业扭亏增盈分级责任制，加强和完善各项企业基础管理，重点抓好财务管理，核心抓好资金管理，狠抓盈利大户和亏损大户的扭亏增盈，继续抓好“三挖潜、四清理”，加大催收帐款力度，强化企业投资管理与监控等，取得了外贸、外资、外经同步增长的好成绩，全面超额完成了各项外经贸任务。

【对外贸易】

进出口总额 1997年江西省进出口总额为185602万美元，比1996年的172050万美元增长7.88%。

出口总额 出口总额163080万美元，比1996年的145348万美元增长12.20%，占全省国内生产总值1715亿元人民币（相当于206.88亿美元）的7.88%，占全国出口额的0.89%。

出口额在500万美元以上的商品情况表

金额分类	商品名称	出口金额（万美元）	占出口总额（%）
500万－1000万美元（19种）	砷石块粉、丝绸制品、锰铁、玩具、养殖珍珠、丝织品、首饰、水煮笋、箱包、活性炭、绸缎、饲料、纸浆、文教用品、合成香料、桑蚕丝、竹制品、体育用品、搪瓷器皿	13826	8.48
1000万－5000万美元（27种）	棉制品、抗菌素药、化纤布、瓷器、铜、活大猪、羽绒服装、麻布、电子元器件、仲钨酸铵、茶叶、松香、硅锰合金、化纤制品、罐头、皮劳保手套、工艺美术品、宝石、皮鞋、手工具、汽车零件、稀土金属、稀土单一氧化物、羽绒制品、塑料制品、蜂蜜、大米	47381	29.05
5000万美元以上（4种）	针织服装、梭织服装、棉布、鞭炮、烟花	49576	30.40
合计	50种	110783	67.93

出口商品结构 出口商品58个大类229个小类1193个品种。初级产品出口额为18233万美元，占出口总额的11.18%；工业制成品出口额为144847万美元，占出口总额的88.82%。出口额在100万美元以上商品133种，金额为131655万美元，占出口总额的80.73%。

出口商品市场 出口商品销往138个国家和地区，比1996年增加9个。出口额在100万美元以上的市场有57个，金额为160543万美元，占出口总额的98.44%。

主要出口市场情况表

国别（地区）	出口金额（万美元）	占出口总额（%）
香　港	85068	52.16
美　国	12635	7.75
日　本	12260	7.52
韩　国	6952	4.26
德　国	6167	3.78
荷　兰	2893	1.77

主要出口市场情况表（续）

国别（地区）	出口金额（万美元）	占出口总额（%）
英　国	2754	1.69
阿联酋	2542	1.56
新加坡	2123	1.30
台湾省	2061	1.26
合　计	135463	83.07

进口总额 进口总额22522万美元，比1996年的26702万美元下降15.65%。

进口商品结构 进口商品134种。初级产品进口额为13722万美元，占进口总额的60.93%；工业制成品进口额为8800万美元，占进口总额的39.07%。进口额在100万美元以上商品有26种，金额为21202万美元，占进口总额的94.14%。

进口额在500万美元以上的商品情况表

金额分类	商品名称	进口金额（万美元）	占进口总额（%）
500万－1000万美元（4种）	服装辅料、化工原料、纸浆、燃料油	3361	14.92
1000万美元以上（8种）	有色金属矿产品、铁矿砂、汽车零件、油菜籽、植物性饲料、钢材、矿山机械零配件、动物性饲料	13295	59.03
合　计	12种	16656	73.95

进口商品市场 进口商品来自31个国家和地区。进口额在100万美元以上的有22个国家和地区，金额为22335万美元，占进口总额的99.17%。

主要进口市场情况表

国别(地区)	进口金额(万美元)	占进口总额(%)
日　本	4668	20.73
香　港	4199	18.64
法　国	2289	10.16
美　国	1998	8.87
韩　国	1385	6.15
南　非	881	3.91
巴　西	869	3.86
俄罗斯	858	3.81
澳大利亚	851	3.78
阿根廷	695	3.09
瑞　士	604	2.68
合　计	19297	85.68

技术进出口　1997年技术进出口总额12736万美元,比1996年的5874万美元增长116.82%。其中签订引进技术和进口设备合同项目15个,比1996年增加3个;合同金额7460万美元,比1996年的3762万美元增长98.30%。技术引进和设备进口来自4个国家和地区:美国12项,7176万美元;意大利1项,198万美元;香港1项,76万美元;澳大利亚1项,7万美元。技术引进和设备进口的主要行业是:汽车工业3项,6600万美元;轻工业3项,555万元;粮食加工业1项,198万美元;卫生行业5项,95万美元;电力工业1项,7万美元。签订技术出口合同项目334个,比1996年增加151个;合同金额5276万美元,比1996年的3762万美元增长40.24%。技术出口主要项目及输往国家和地区是:香港,电子产品等1234万美元;日本,稀有金属及制品等784万美元;美国,电子产品、电工设备等624万美元;德国,测绘仪器等117万美元。

【利用外资】

1997年利用外资情况表

利用外资方式	批准签订的合同			实际利用外资	
	项目数(个)	外资金额(万美元)	金额比1996年(±%)	金额(万美元)	金额比1996年(±%)
对外借款	6	5252	4.66	12709	−25.29
外商直接投资	395	64444	63.21	47788	58.87
合资企业	164	24169		23244	
合作企业	44	11303		2647	
外资企业	186	22942		15867	
外商投资股份制	1	6030		6030	
外商其他投资	83	22981	500.66	4871	
对外发行股票	1	20300		4000	
补偿贸易				72	
加工装配	82	2681	−24.09	799	
合　　计	484	92677	92.94	65368	38.64

外商直接投资行业　在外商直接投资行业中,生产型项目310个,非生产型项目85个。按行业分:制造业318个,40730.5万美元;农林牧业36个,2022.7万美元;采掘业5个,202.7万美元;电力、煤气业11个,3115万美元;建筑业18个,8847万美元;地质勘查业1个,350万美元;交通运输业5个,1857万美元;批发和零售业9个,947.5万美元;房地产业36个,6084.1万美元;社会服务业40个,4052万美元;教育文化3个,2408万美元;科学研究1个,16万美元;其他行业1个,1500万美元。

外商直接投资来源 外商直接投资来自29个国家和地区。投资额居前10位是：香港261项，59145万美元；新加坡5项，9913万美元；美国30项，5607万美元；台湾省94项，3922万美元；澳门13项，1974万美元；日本14项；1856万美元；泰国3项，1674万美元；维尔京群岛2项，1193万美元；英国9项，825万美元；韩国11项，542万美元。

外商直接投资企业生产经营情况 1997年全省有174家外商投资企业投产开业。截至1997年底，全省累计批准外商投资企业4366家，其中投产开业的有1512家，全年出口创汇32583万美元，比1996年的26646万平均增长22.28%，占全省出口总额的比重由1996年的18.33%上升到1997年的19.98%。据602家投产开业的外商投资企业统计，1997年实现销售(营业)收入84.46亿元，缴纳税金3.04亿元。

【对外经济合作】

承包工程和劳务合作 1997年签订对外承包工程和劳务合作合同项目98个，金额7555万美元，比1996年的5500万美元增长37.36%；完成营业额7270万美元，比1996年的6940万美元增长4.76%；当年派出劳务人员2307人，比1996年的1824人，增加483人，年末在外人数3699人，派往日本、新加坡、美国塞班岛、台湾省、毛里求斯、埃塞俄比亚、赞比亚、博茨瓦纳、德国和毛里塔尼亚等33个国家和地区；承包工程的主要项目有：尼泊尔拉加普尔水利灌溉修复工程、博茨瓦纳高级中学扩建工程、毛里塔尼亚玛嘎玛防洪工程、新加坡兵营工程和埃塞俄比亚哥利拉灌溉工程。承建大坝蓄水库容588万立方米，面积205公顷的津巴布韦瓦利水坝工程，经过15个月的建设，于1997年11月7日正式竣工并移交，爱到津政府的高度赞扬。

对外经济技术援助 承担援外项目3项，受援国家及其项目是：裴济瑞瓦河三角洲农村供电项目，进行工程设计；赤道几内亚毕可莫水电站大修项目第8期技术服务项目已完成，第9期已开始工作；古巴养鸭场，1997年6月启动，进展顺利。当年派出援外人员21人，年末在外人数6人。

接受经济援助 接受国际经济援助项目1个，金额400万美元，即中德合作江西食品加工中试车间项目，1997年10月开始启动。

【其他】

高新技术产业开发区 南昌国家级高新技术产业开发区，1997年完成技工贸总收入26亿元，比1996年增长23.08%；实现工业销售收入18.2亿元，增长30%；创利税2.2亿元，增长10%。签订利用外资合同金额3666万美元，实际进资2221万美元；签订利用内资合同13750万元，实际进资12560万元；全年出口创汇800万美元。项目投资大，资金到位率高，项目开工建设快，已成为南昌高新技术产业开发区招商引资的新特点。1997年进入高新区的14个项目中，总投资超过6000万元的就有7家，江西方大、鸿怡动力、科环电子、捷德智能卡等一批上规模的高科技项目已建成投产；总投资1.3亿元的清华大学高科技工业园已开工建设；总投资2980万美元的中国联通江西分公司、3亿元的江西华能公司、1.2亿元的汇仁药业集团都已进入开发区开始筹建。

对外经贸洽谈会 1997年8月22日至26日江西省在香港举办'97江西(香港)对外贸易暨招商引资洽谈会，来自新加坡、马来西亚、泰国、日本、美国、加拿大、韩国、澳大利亚和港澳台地区的1700多位客商应邀到会。洽谈会期间，签订进出口成交合同额20141万美元，其中技术出口1800万美元，进口成交675万美元；签订利用外资合同项目124个，外资金额45407万美元，签订外资协议项目19个，外资额66718万美元。

港口运输 1997年长江九江港有12个泊位，港口年吞吐能力1250万吨，当年实际完成货物吞吐总量639万吨，其中完成外贸进出口货物吞吐量为6.04万吨，出口量4.27万吨、进口量1.77万吨。1997年江西省外贸运输货运总量78.9万吨，比1996年下降12.35%，其中出口量62.8万吨、进口量16.1万吨。按运输方式分：海运量63.7万吨、空运量103.4吨，陆运量15.2万吨。

涉外旅游 1997年江西省接待旅游、参观、访问及从事各项交流活动的外国人、海外侨胞和台港澳同胞13.3443万人次，比1996年的9.8978万人次增长34.82%；旅游外汇收入4456.54万美元，比1996年的3397.82万美元增长31.16%。

1997年山东对外经济贸易

山东省对外经济贸易委员会

【概述】

1997年，山东省全面组织实施经济国际化战略，内抓改革管理，外抓市场开拓，加快实现两个根本性转变，推动对我省对外经贸事业持续、快速、健康发展。一是继续大力实施"大经贸"战略。全省新获进出口经营权与对外承包工程和劳务签约权的企业360家。截至1997年底，全省从事对外经贸业务的企业累计达到11387家。二是进一步深化外经贸企业改革。90%的省属外贸公司和60%的市地县外贸企业制订了产权制度改革的总体规划和实施方案，省属外贸公司中已有56家股份制企业开始运作，全省已组建外贸企业集团33家，其中省级3家，市地县30家。三是继续深入开展"管理效益年"活动，强化企业管理。1997年全省地方外贸企业实现盈利6397万元，比上年相比减亏增盈46735万元。四是进一步改善投资环境，提高利用外资的质量和水平。全省共处理外商投诉和中外合作纠纷296起，占外商投诉案件的93%。省政府成立了高层次的全省利用外资工作领导小组，强化对全省利用外资工作的指导、协调和监督。

【对外贸易】

进出口总额 1997年山东省进出口总额为197.43亿美元，比1996年的178.42亿美元增长10.7%。

出口总额 出口总额130.85亿美元，比1996年的108.61亿美元增长20.5%，占全省国内生产总值6650亿元人民币(相当于802亿美元)的16.3%；占全国出口总额的7.16%，居全国第四位。

出口商品结构 初级产品出口额36.25亿美元，占出口总额的27.7%；工业制成品出口额94.61亿美元，占出口总额的72.3%。出口额在5000万美元以上的商品有：冻鸡、水产品、食品制成品、畜产品、木材、纺织原料、纺织品、丝织品、工艺品、箱包皮鞋、船舶、机械、电讯设备、家电、工农具、塑料、橡胶及制品、黑色金属、非金属矿产品及制品、煤炭及制品、化工原料等；出口额在3000万—5000万美元的商品有：冻兔肉、鲜姜、脱水蔬菜、苹果、活鲜鱼、饮料、果干、果脯、桐木拼板、坯布粘混纺布、绸缎、挂毯、宝石、日用五金器皿、铸锻件、中药材、电缆、动力机械、彩电散件等；出口额在1000万—3000万美元的商品有：花生果、豆油、虾类、贝类、海带、烤烟、人造纤维、羊毛纯涤纶纱线、夹克、餐具、表类、柴油机、扳手、摩托车、内燃机、管材、铜材、钡化合物、塑料原料、电子设备及仪器、农林机械等。

出口商品市场 1998年出口商品销往185个国家和地区。

主要出口市场表

国别(地区)	出口金额(万美元)	占出口总额(%)
韩　国	343837	26.3
日　本	342630	26.2
美　国	164708	12.6
香　港	153342	11.7
德　国	30787	2.4
新加坡	21830	1.7
台湾省	21709	1.7
俄罗斯	16127	1.2
马来西亚	13557	1.0
英　国	12727	1.0
合　计	1121254	85.8

进口总额 进口总额66.58亿美元，比1996年的69.80亿美元下降4.6%。

进口商品结构 初级产品进口额占进口总额的31.3%；工业制成品进口额占进口总额的

68.7%。进口额在5000万美元以上的商品有粮油、水产品、黑色金属、畜产品、纺织原料、编织品、纸浆、纸张及纸制品、化工原料、塑料、化肥农药、橡胶及制品、船舶、各类机械、成套设备、电讯设备及器材等；进口额在3000万—5000万美元的商品有动物性饲料、动物纤维、化工原料、塑料制品、复合肥、集装箱及零部件、汽车零件、电子元器件等；进口额在1000万—3000万美元的商品有虾类、贝类、裘皮及制品、腈纶长丝、棉纱布、服装、箱包鞋帽、文体用品、原油、化肥、医疗器械、电工设备、家用电器等。

进口商品市场 进口商品来自73个国家和地区。主要国家和地区依次为：韩国、美国、日本、香港、澳大利亚、新加坡、台湾省、泰国、德国、巴西。

技术进出口 1997年山东省签订技术出口合同22项，合同金额4568万美元，比1996年的11858万美元减少61.5%。技术出口的主要企业有：烟台丙纶集团、济南机床二厂、山东省电子进出口公司、山东省技术进出口公司、山东省机械进出口公司、德州机床厂、潍坊柴油机厂、威海精密机床厂、威海木机集团公司、烟台莱佛士船只有限公司。出口商品主要有冷冻设备、机床、电子元器件、运输机械、纺机、发电机组。

【利用外资】

1997年利用外资情况表

利用外资方式	批准签订的合同			实际利用外资	
	项目数（个）	外资金额（万美元）	金额比1996年（±%）	金额（万美元）	金额比1996年（±%）
外商直接投资	1597	328528	—40	248032	—5
合资企业	726	87125	—71	128356	—25
合作企业	93	160435	100	19610	57
独资企业	775	78058	—53	99316	30
合作开发	3	2910		750	
外商其他投资		64974	116	54712	207
补偿贸易		8810	43	4304	—23
加工贸易		19875	—14	14119	17
对外发行股票		26450		26450	
国际租赁		9839	949	9839	4000
合　计	1597	393502	—32	302744	9

外商直接投资行业 在外商直接投资项目中，生产型项目1253个，非生产型项目344个。按行业划分：农林牧渔水利业46个；采掘业14个；制造业1232个；建筑业14个；交通运输邮电业25个；商业餐饮业38个；房地产业27个；社会服务业54个；其他行业132个。

外商直接投资来源 外商直接投资来自64个国家和地区。主要有香港318个，合同金额10.7亿美元；法国17个，合同金额4.7亿美元；维尔京群岛28个，合同金额4.3亿美元；韩国491个，合同金额3.2亿美元；美国179个，合同金额2.0亿美元。

外商直接投资企业生产经营情况 截至

1997年底，全省累计开业投产外商投资企业10170家，全年实现销售收入1292.9亿元，出口创汇62.3亿美元，比1996年增长27.2%，占全省出口总额的47.6%。

【对外经济合作】

承包工程和劳务合作 签订对外承包工程和劳务合作项目966项，合同额5.76亿美元，比1996年的5.2亿美元增长10.9%，完成营业额3.63亿美元，比上年的2.89亿美元增长25.5%。当年外派劳务人员18934人次，年末在外人数26626人，分别比上年增长14.9%和14.0%。项目主要分布在韩国、日本、新加坡、香港、博茨瓦那、以色列等国家和地区，涉及建筑、水产、电子、渔业、服装、宾馆服务、石油工程等行业。

接受经济援助 接受国际双边及多边援助项目10个，金额3711万美元。

对外投资 全年新批准海外企业(机构)39家，其中贸易型企业15家，非贸易型企业16家，驻外代表机构8家，全年共完成海外投资2347万美元。

【其他】

经济技术开发区 1997年，全省各类经济开发区新批进区项目1483个，比上年增长13.4%，其中利用外资项目396个，占全省总数的24.8%，比上年下降36%；项目总投资82.9亿美元，其中合同外资额9.6亿美元，实际使用外资9.2亿美元，合同外资额、实际使用外资额分别占全省总数的24.4%和30.4%。新开业投产企业1290家，其中外商投资企业198家，开发区企业出口创汇16.9亿美元，比上年增长32%，占全省出口总额的12.9%。

港口运输 山东省对外开放口岸33个，港口年吞吐能力1.5亿吨，当年完成货物吞吐量11525.5万吨，其中完成外贸货物运输5650.2万吨，进口货物货运量3069.1万吨，出口货物货运量2581.1万吨。

涉外旅游 全年共接待海外旅游者58.5万人次，比1996年的53.2万人次增长10.0%。旅游外汇收入2.04亿美元，比1996年增长4.1%。

1997年青岛对外经济贸易

青岛市对外经济贸易委员会

【对外贸易】

进出口总额 1997年山东省青岛市进出口总额为52.19亿美元，比1996年的46.19亿美元增长13.0%。

出口总额 出口总额33.85亿美元，比1996年的28.78亿美元增长17.62%，占全市国内生产总值797亿元(相当于96.26亿美元)的35.15%；占全省出口总额130.80亿美元的25.88%。

出口商品结构 初级产品出口额4.84亿美元，占出口总额的14.30%；工业制成品出口额29.01亿美元，占出口总额的85.70%。

出口额在 2000 万美元以上商品情况表

金额分类	商品名称	出口金额（万美元）	占出口总额（%）
2000 万—3000 万美元(16 种)	豆油、船舶用品、冻贝肉、木材、化纤纱线、旅游用品、全皮包、皮帆布包、坯布、建筑材料、塑料台布、医疗器械、干菜及制品、变压器、空调器、电器用品	39435	11.65
3000 万—5000 万美元(18 种)	肉食、速冻蔬菜、生牛皮、革皮制品、棉纱线、棉涤纶布、化纤制品、汗衫背心、化纤服装、运动鞋、健身用品、钢材、电视机及音响设备、整套轮胎、钢坯、工农具、人发和发制品、布胶鞋	65649	19.39
5000 万美元以上(9 种)	冻鱼片、其他化纤布、棉毛衫裤、棉服装、革皮服装、布绒玩具、集装箱、电子元器件、电冰箱	83580	24.69

出口商品市场　出口商品销往 139 个国家和地区。

主要出口市场情况表

国别(地区)	出口金额（万美元）	占出口总额（%）
韩　国	123450	36.47
日　本	77679	22.95
美　国	59705	17.65
香　港	20298	6.00
德　国	6327	1.87
新加坡	3645	1.08

主要出口市场情况表(续)

国别(地区)	出口金额（万美元）	占出口总额（%）
加拿大	3153	0.93
英　国	3095	0.91

进口总额　进口总额 18.34 亿美元，比 1996 年的 17.50 亿美元增长 4.80%。

进口商品结构　初级产品进口额 29320 万美元，占进口总额的 16.0%；工业制成品 154112 万美元，占进口总额的 84.0%。

进口额在 2000 万美元以上商品情况表

金额分类	商品名称	进口金额（万美元）	占进口总额（%）
2000 万—3000 万美元(9 种)	豆油、短纤维、腈纶长丝、混纺腈纶纱线、棉涤纶布、维尼布混纺布、服装辅料、铜材、复合肥	15592	8.50
3000 万美元以上(15 种)	冻鱼、猪革皮、牛革皮、生牛皮、棉花、化纤布、杂项百货、钢材、黑色金属、塑料、船舶、集装箱材料、成套设备、全毛、电子交换机	85089	46.40

进口市场情况　进口商品来自 43 个国家和地区。

主要进口市场情况表

国别(地区)	进口金额(万美元)	占进口总额(%)
韩 国	107545	58.64
日 本	23496	12.81
美 国	21272	11.60
香 港	8977	4.89
德 国	3541	1.93
委内瑞拉	1879	1.02
秘 鲁	1850	1.00
俄罗斯	1494	0.81

【利用外资】

1997年全市共批准利用外资项目626个,按可比口径(以下均同)比上年下降52%;合同外资10.73亿美元,比上年下降37%,实际利用外资9.27亿美元,比上年增长8%。

外商直接投资来源 外商直接投资来自61个国家和地区。按合同外资额,排在前6位的依次是:韩国2.89亿美元;新加坡1.41亿美元;香港1.37亿美元;英属维尔京群岛1.17亿美元;美国0.9亿美元;日本0.69亿美元。

截至1997年底,全市累计投产开工的外商投资企业2712家,出口22.1亿美元,比上年增长29.7%;缴纳税金9.9亿元,比上年增长39.8%;实现产值380.6亿元,比上年增长37.2%;实现销售收入365.7亿元,比上年增长38.2%,累计社会劳动力31.5万人。

1997年利用外资情况表

利用外资方式	批准签订的合同 项目数(个)	外资金额(万美元)	金额比1996年(±%)	实际利用外资 金 额(万美元)	金额比1996年(±%)
对外借款	5	3700	-42	9084	-10
外商直接投资	617	71861	-56	83597	14
合资企业	178	20550	-65	24157	-8
合作企业	20	9122	-5	3198	7
外资企业	419	42189	-56	56242	27
外商投资股份制					
合作开发					
其他					
外商其他投资	4	1537	-23		
对外发行股票					
国际租赁					
补偿贸易	4	1537	50		
加工装配					
合 计	**626**	**77098**	**-52.7**	**92681**	

外商直接投资分行业表(新统计口径)

行　　业	项目数(个)	合同外资(万美元)
农、林、牧、渔业	15	995
其中:农业	2	120
采掘业	1	10
制造业	420	48277
其中:纺织业	17	1826
化学原料及制品	15	1989
医药制造业	1	63
普通机械制造业	13	1542
专用设备制造业	16	5061
电子及通信设备制造业	13	2663
电力、煤气及水的生产和供应	1	10
建筑业	5	3201
交通运输、仓储及邮电通信业	2	909
批发和零售贸易、餐饮业	13	439
房地产业	11	3958
其中:房地产开发与经营业	9	3521
社会服务业	16	398
科学研究和综合技术服务业	3	103
其他行业	130	13061
合　　计	617	71861

【对外经济合作】

1997年签订对外承包工程和劳务合作合同226份,合同金额5378.9万美元,比1996年增长了30.5%;营业额4692万美元,比1996年的5067万美元下降7.4%;当年派出劳务4457人次,比1996年的4336人次增长2.8%;期末在外人数5714人,比1996年的5552人增长2.9%。劳务派往的国家和地区有37个,主要是:韩国、日本、香港、新加坡、赞比亚、台湾省、奥地利等。

【其他】

经济技术开发区　1.基础设施建设:截至1997年底,全区累计投资100多亿元人民币,建成了一批大型能源、交通设施和其他配套设施。主要有前湾港,一期工程已投产6个泊位,年吞吐能力2200万吨,二期工程年吞吐能力400万吨,已建成目前国内唯一能停靠第五代集装箱专用泊位;黄岛油港有两个码头,年输油能力3000万吨,可停泊20—30万吨级油轮;胶黄铁路、环胶州湾高速公路、轮渡、黄岛发电厂等均已建成并投入使用;区内道路、供水、供热、排水、通信等基础设施日益完善。1997年重点抓了重化工业区、临港工业区、行政商务中心区及薛家岛旅游区的道路、上下水、供电等基础设施配套建设。全年完成基础设施投资1.8亿元。其中,马濠运河改造、污水处理厂、移动通讯基地、有线电视扩建联网、22个村吃水工程、韩国高合化纤项目的水、电、路配套和金沙滩度假区道路建设、疏港路硬化等工程顺利完成。2.招商引资:截至1997年底,全区累计引进项目3159个,其中外资项目939个,合同总投资207亿元,合同利用外资17.1亿美元,实际利用外资8亿美元。投资额超过1000万美元的项目55个。其中1997年当年共批准外商投资项目120个,合同利用外资2.7亿美元,实际利用外资2亿美元,新批1000万美元以上的项目10个。出口创汇5亿美元。

保税区　青岛保税区于1992年经国务院批准设立。总体规划面积2.5平方公里,1993年3月正式封关作业。该区一期内已经完成"七通一平",供水、供电、供气和通讯等问题得到全面解决。二期内路基回填、夯实工程及"三水"管网工程已完成,目前已具备外租条件。累计完成基本建设投资4.7亿元,基础设施建设1.7亿元。1997年共批准项目207个,其中外商投资项目84个,合同外资2.19亿美元。在出口加工方面,投产企业达25家,正在建设企业7家;国际贸易方面,全年共完成进出口总值2.1亿美元,其中出口4300万美元;累计进口货物总额9.1亿美元,市场建设开始启动,分拨中心及有形市场建设进入实质性工作阶段;在保税仓储方面,仓储面积达8万平方米,设施一流的大型仓储企业菱光物流正式开业。

对外经济贸易洽谈会 ’97中国青岛对外经贸洽谈会于1997年7月8日至15日举行。签订出口合同712份，成交15371万美元。其中，一般贸易出口成交12844万美元。三资企业出口成交2572万美元；签订进口合同11份，成交1094万美元，其中代理进口成交17万美元。利用外资方面，累计签订合同、协议195项，总投资额96758万美元，外资金额74570万美元，其中合同126项，合同外资40974万美元；协议69项，协议外资金额33596万美元，项目数和外资额分别比上届增长38%和4.4%。对外经济技术合作方面，累计共签订合同9份，合同金额1199万美元，合同派出劳务人员382人。

港口运输 青岛港现共有生产型泊位49个，其中万吨级以上的30个。港口实际综合能力为8432万吨。1997年当年实际完成货物吞吐总量为6916万吨，其中完成外贸进出口货物吞吐量3521万吨。

涉外旅游 1997年青岛市接待海外游客197890人次，台港澳同胞69806人次，涉外旅游收入9803万美元，比1996年的7556万美元增长29.74%。

1997年烟台对外经济贸易

烟台市对外经济贸易委员会

【对外贸易】

进出口总额 山东省烟台市1997年进出口总额为31亿美元，比1996年的27.4亿美元增长13.1%。

出口总额 出口总额为23.7亿美元，比1996年的18.56亿美元增长27.69%，占全市国内生产总值的27.1%，占全省出口总额的18.1%。

出口商品结构 出口商品有17大类600多个品种，其中初级产品出口额5.3亿美元，占出口总额的22.3%；工业制成品出口额18.4亿美元，占出口总额的77.7%。

出口额在1000万美元以上出口商品情况表

金额分类	商品分类	出口金额（万美元）	占出口总额（%）
1亿美元以上（4种）	服装、水产品、蔬菜、纺织品	83497	35.2
5000—1亿美元(6种)	水泥、汽车零件、鞋、水果、花生及制品、家用电器	37036	15.6
1000—5000万美元(15种)	冻鸡、粉丝、化工原料、装饰毯、文体用品、塑料制品、橡胶制品、工艺品、锁、家具、抽纱品、钢材等	36147	15.3
合　计	25种	156680	66.1

出口商品市场　出口商品销往105个国家和地区，比1996年增长8个。

主要出口市场情况表

国别（地区）	出口金额（万美元）	占出口总额（％）
韩　国	60771	25.7
日　本	59788	25.3
香　港	38761	16.4
美　国	30422	12.9
新加坡	7231	3.1
台湾省	5478	2.3
德　国	4777	2.0
澳大利亚	1948	0.8
菲律宾	1767	0.8
马来西亚	1713	0.7

进口总额　全年进口总额为7.4亿美元，比1996年的8.85亿美元下降16.38％。

进口商品结构　初级产品进口额为2.6亿美元，工业制成品进口额为4.8亿美元，分别占进口总额的35.1％、64.9％。

进口商品市场　进口商品来自40个国家和地区。

主要进口市场情况表

国别（地区）	进口金额（万美元）	占进口总额（％）
韩　国	25882	35.2
日　本	9337	12.7
香　港	7935	10.8
新加坡	5130	7.0
台湾省	4669	6.3
澳大利亚	3962	5.4
美　国	3191	4.4
马来西亚	3126	4.3
加拿大	2145	2.9
俄罗斯	1578	2.2

技术进出口　1997年山东省烟台市签订进口设备合同金额5510万美元，比1996年的3371万美元增长63.45％，引进项目主要来自日本、德国、韩国、香港、美国、意大利等国家和地区。

【利用外资】

1997年利用外资情况表

利用外资方式	批准签订的合同			实际利用外资	
	项目数（个）	外资金额（万美元）	金额比1996年（±％）	金额（万美元）	金额比1996年（±％）
对外借款	6	7073	316.1	2029	−72.0
外商直接投资	193	35516	−69.1	37508	−21.2
合资企业	91	19402	−78.0	25582	−19.2
合作企业	14	6978	331.0	4045	210.0
外资企业	88	9136	−63.8	7881	−46.1
外商其他投资	129	3979	−30.0	2873	−41.7
国际租赁					
补偿贸易	7	3979	3.8	2873	1.6
加工装配	122				
对外发行股票		3693		3693	
合　计	328	50261	−58.9	46103	−22.9

外商直接投资行业 在外商直接投资的193个项目中，生产型项目177项，非生产型项目16项。按行业划分，农业8项，工业177项，第三产业8项。

外商直接投资来源 外商投资来自20个国家和地区。主要有：香港40项，合同外资7237万美元；韩国139项，4750万美元；台湾省24项，4430万美元；美国15项，4362万美元；加拿大7项，3891万美元；英国4项，3859万美元；新加坡6项，3763万美元；日本63项，2767万美元。

外商直接投资企业生产经营情况 全年共有79家外商投资企业投产，全市累计投产的外商投资企业达到1830家，1997年完成销售收入221亿元人民币，实现利润8.2亿元人民币，税收6.97亿元人民币，出口17亿美元。

【对外经济合作】

承包工程和劳务合作 1997年共签订对外承包工程与劳务合作合同143项，合同额6467万美元，比1996年的6205万平均增长4.2%；营业额4464万美元，比1996年3569万美元增长25.1%；共派出各类劳务人员2404人次，比1996年的1806人次增长33.1%；年末在外人数达到2359人，比1996年的1853人增长27.3%。对外经济合作涉及的国家和地区主要有日本、韩国、香港、新加坡、美国、台湾省、玻利维亚、巴巴多斯、以色列等。

【其他】

经济技术开发区 烟台经济技术开发区1997年完成固定资产投资14.05亿元人民币。批准外引内联项目39个，总投资1.86亿美元，其中外商投资项目32个，合同外资额1.19亿美元，比1996年下降83.4%；实际利用外资2.03亿美元，比1996年增长32.8%。全年新投产企业10家，全部为外商投资企业。

到1997年底，烟台开发区累计完成固定资产投资87.27亿元人民币；共批准外引内联项目615个，总投资24.77亿美元，其中外商投资项目433个，合同外资额13.24亿美元，实际利用外资7.29亿美元。累计开业投产企业192家，其中外商投资企业141家。1997年，全区共实现国内生产总值28.13亿元人民币，财政收入2.87亿元人民币，利税4.1亿元人民币，出口创汇2.43亿美元。

港口运输 烟台港现有生产型泊位31个，其中万吨级以上泊位15个，港口设计年吞吐能力1146万吨。龙口港是全国最大的地方港口，现有生产型泊位17个，其中万吨级以上泊位5个，港口设计年吞吐能力635万吨。1997年烟台、龙口港完成货物吞吐量2194万吨，其中完成外贸进出口货运总量1008万吨，出口量472万吨，进口量536万吨。1997年，蓬莱新港和莱州三山岛港先后被国务院批准为一类开放港口。

对外经贸洽谈会 1997年6月6日至10日，在烟台市举办了第二届APEC国际贸易博览会。本次博览会由国家外经贸部和亚太经合组织主办，山东省人民政府协办，烟台市人民政府承办。当时的18个APEC成员和全国各省、市、自治区全部参会参展，参展的中外企业近千家，展位总数达到1236个，展品涉及到30多个行业、4000多种产品。参会的中外客商达2.88万人，其中外商4320人。APEC发起人、澳大利亚前总理霍克先生，APEC秘书处执行主任杰克·惠特尔顿先生亲赴烟台参加本次大会。中共中央政治局常委、国务院副总理李岚清，全国人大常委会副委员长费孝通、国家外经贸部部长吴仪、山东省委书记吴官正、省长李春亭以及国家有关部委、沿黄九省区的领导同志都出席了大会。本次博览会，共签订利用外资项目合同、协议和意向303个，总投资26.4亿美元，外资额17.4亿美元，总投资千万美元以上大项目30多个；进出口成交总额14.8亿美元，其中出口12.2亿美元，进口2.6亿美元；国内贸易成交额9.9亿元；签订对外劳务合作合同10项，合同额近2000万美元，外派劳务1154人。

涉外旅游 1997年共接待观光旅游的外国人和港澳台同胞10.9万人次，旅游外汇收入3151万美元，比1997年下降19%。

1997年河南对外经济贸易

河南省对外贸易经济合作厅

【概述】

1997年，河南对外经济贸易工作坚持重质量、重效益的指导思想，实施“开放带动”战略，积极推进两个根本性转变，在遇到较大困难的情况下，实现了持续健康发展。一是对外贸易保持持续增长，较好地完成和超额完成了各项目标任务；二是引进外资取得新的成绩。外资到位快、到位率高。1997年，全省实际利用外资77834万美元，较上年增长46%；利用外国政府贷款5000万美元，较上年增长67%。新批外资企业质量进一步提高，项目结构更趋优化；三是外经贸企业扭亏增盈，取得较好成效，经济效益进一步好转。到1997年底，全省外经贸企业比上年同期减亏9027.8万元，减亏幅度为26.9%；“大外贸”经营格局进一步发展，自营进出口生产企业和外商投资企业已成为全省外贸出口新的增长点，进出口占全省出口比重继续提高。

【对外贸易】

进出口总额 1997年河南省进出口总额为252358.97万美元，比1996年的240895万美元增长4.76%。

出口总额 出口总额200438.5万美元，比1996年的195698万美元增长2.42%。占全省国内生产总值4080亿元的4.03%，占全国出口额的1.09%。

出口商品结构 初级产品出口额55933.5万美元，占出口总额的27.9%；工业制成品出口额144505万美元，占出口总额的72.1%。

出口额在500万美元以上的商品情况表

金额分类	商品名称	出口金额（万美元）	占出口总额（%）
5000万美元以上(7种)	棉布、棉制品、针织服装、人发和发制品、铝、煤、磨料	48602.3	24.24
1000万—5000万美元(33种)	活大猪、冻猪肉、冻牛肉、大蒜、冻鱼片、牛肉罐头、味素、羊肠衣、梧桐木拼板、精梳纱线、混纺腈纶纱线、棉涤纶布、化纤制品、化纤服装、真丝绸服装、日用瓷、手工打结地毯、生铁、铁合金、铜带、镁、焦炭、醇醛化工品、抗菌素药、汽车零件、电工设备、工业轴承、计算机、电话机、电池、家用小电器、灯、烤烟	80479.1	40.15
500万—1000万美元(35种)	花生果、芝麻、活牛、芦笋罐头、蜂蜜、猪鬃、竹叶棕及制品、牛革皮、卷烟、兔毛、合成纤维、棉麻混纺线、棉服装、尼龙服装、绸缎、羽绒服装、包袋类、布面鞋、皮鞋、文体用品、铸铁制品、铸锻件、氧化铝、平板玻璃、矾土、塑料、染料中间体、胃肠道药、动力机械、金钢石及制品、农林机械配件、自行车、磨具、涤棉针织服装、人造花	23056.5	11.50
合计	75种	152137.9	75.89

出口商品市场 出口商品销往127个国家和地区。

主要出口商品市场情况表

国别(地区)	出口金额(万美元)	占出口总额(%)
香港	53302.72	26.59
日本	28364.84	14.15
美国	28058.40	13.99
俄罗斯	13467.50	6.72
韩国	13081.44	6.53
德国	10142.60	5.06
新加坡	3372.11	1.68
荷兰	3336.70	1.67
印度	3321.95	1.66
合计	156448.24	78.05

进口总额 自营进口商品总额51920.4万美元,比1996年的45197万美元增长14.8%。

进口商品结构 初级产品进口额13413.73万美元,占进口总额的25.8%;工业制成品进口额38506.66万美元,占进口总额的74.2%。

进口额在500万美元以上的商品情况表

金额分类	商品名称	进口金额(万美元)	占进口总额(%)
1000万美元以上(7种)	陆地棉、汽车辅配件、电子原材料、尼龙66、盐、铜、电子计算机散件、氧化铝	23222.68	44.73
500万—1000万美元(4种)	钢锭、玉米、梭织棉裤子、饮料灌装设备	2691.74	5.18
合计	11种	25914.42	49.91

进口商品市场 进口商品来自61个国家和地区。

主要进口市场情况表

国别(地区)	进口金额(万美元)	占进口总额(%)
香港	14858.91	28.62
澳大利亚	6805.42	13.11
日本	6155.34	11.86
美国	5640.48	10.86
法国	4678.30	9.01
德国	2461.71	4.74
英国	1357.01	2.61
加拿大	814.98	1.57
智利	781.13	1.50
韩国	735.73	1.42
合计	44289.01	85.30

技术进出口 1997年河南技术进出口总额6379.37万美元，其中，出口6083.7万美元，进口295.67万美元。

【利用外资】

1997年利用外资情况表

利用外资方式	批准签订的合同			实际利用外资	
	项目数（个）	外资金额（万美元）	金额比1996年（±%）	金额（万美元）	金额比1996年（±%）
外商直接投资	401	61152	-49.5	77834	46.9
合资企业	272	36171		27297	
合作企业	55	19962		22636	
外资企业	74	5019		19211	
合计	401	61152	-49.5	77834	46.9

外商直接投资行业 全省外商直接投资协议项目涉及63个行业。生产型项目337个，协议外资金额55822万美元，占总协议外资金额的91.28%。其中，农林牧渔水利业类18个，工业类281个，建筑业类12个，交通运输邮电业类4个，地质勘查业6个。非生产型项目64个，合同外资金额5330万美元，占协议外资金额的8.71%。其中：商业食品供销仓储业12个，房地产公用服务业51个，卫生体育福利事业1个。

外商直接投资来源 外商直接投资来源于36个国家和地区。主要国家和地区是：香港138个，外资金额24357万美元；美国71个，金额11688万美元；维尔京群岛7个，金额7544万美元；台湾省87个，金额4117万美元，澳门6个，金额3005万美元；马来西亚3个，金额2115万美元。

外商直接投资生产经营情况 截至1997年底，全省建成投产（开业）企业近2000家，从业职工30多万人；销售（营业）收入332.3亿元，比1996年增长11.4%；出口42736万美元，比1996年增长18.88%；税收15.6亿元，比1996年增长31%。

【对外经济合作】

承包工程和劳务合作 1997年与30个国家和地区签订对外承包工程和劳务合作项目106个，合同金额11703万美元，比1996年的10939万美元增长6.98%。其中，承包工程项目27个，合同金额8938万美元；劳务合作项目79个，合同金额2765万美元。完成营业额6500万美元，比1996年的3935万美元增长65.18%。当年派出劳务人员7891人次，比1996年增长4.8%。年末在外人数达11200人次，分布在14个国家和地区，主要集中在日本、新加坡、韩国、泰国、缅甸、老挝、巴基斯坦、台湾省、罗马尼亚、塞内加尔、尼泊尔等国家和地区。承包工程主要有菲律宾的嘉伯山庄建筑工程、马来西亚的根登房建工程、尼泊尔的108公路项目和加拉普尔灌溉工程和巴基斯坦的输变电项目。

接受经济援助 全年接受国际组织及双边援助2项：桐柏县接受联合国人口基金会贫困地区社会发展项目（SPPA）援助，淅川、内乡、伊川、嵩县贫困地区接受德国政府“中德扶贫项目”改善饮水条件。项目金额共计15万美元。

【其他】

经济技术开发区 1997年，郑州高新技术产业开发区固定资产8亿元，累计投资额32亿元。开工投产企业26家，累计145家。1997年实现技工贸收入66亿元，比1996年增长46.6%。开发区全年批准外商投资企业13家，协议外资金额1997万美元，比1996年减少38%。出口创汇6608万美元，增长8.1%。

洛阳高新技术产业开发区1997年完成固定资产投资3.3亿元，区内企业达425家。全年完成技工贸收入40亿元，较1996年增长37%。新批三资企业8家，协议外资金额2047万美元。全区出口创汇5049万美元，进口到货2873万美元。

对外经贸洽谈会 1997年3月18日至22日，在香港展览中心举办'97河南(香港)出口商品洽谈会。近100家有进出口经营权的企业参加，到会客商4800多人次，出口成交突破2亿美元。

涉外旅游 1997年共接待海外旅游者26.4万人次，比上年增长67.08%；旅游外汇收入9499万美元，比上年增长30.30%，其中来自台港澳地区同胞12.41万人次。

1997年湖北对外经济贸易

湖北省对外贸易经济合作厅

【概述】

1997年湖北对外经济贸易取得一定的发展。一是对外贸易出口继续增长；二是利用外资质量提高，实际到资大幅度增长；三是对外经济技术合作重点项目建设较为顺利。这些成绩的取得是同湖北省委、省政府和湖北省对外贸易经济合作厅采取的一系列举措分不开的。首先是进一步深化外经贸企业改革，优化资本结构。把推进外经贸企业改制，资产重组作为改革的重点，全省已建立8个股份有限公司和19家有限责任公司。在资产重组与企业兼并上，完成了对省直5家外贸公司的合并，成立了湖北省五洲国际贸易有限责任公司。第二是针对管理薄弱的突出问题，强化了外经贸企业领导班子建设，同时加强企业管理，重点抓了企业的财务和投资管理，制定了《加强厅属外经贸企业财务和国有资产管理暂行规定》；第三是进一步实施"大外经贸"战略，全年共新批141家生产企业获得进出口经营权；第四是狠抓了香港洽谈会和中西部投资研讨会签约项目的落实；第五是加大偿还外债力度，促使利用外国政府贷款工作重新启动等。

【对外贸易】

进出口总额 1997年湖北省进出口总额为328268万美元，比1996年的320565万美元增长2.4%。

出口总额 出口总额253103万美元，比1996年的223164万美元增长13.4%，占全省国内生产总值3450.24亿元(相当于416.25亿美元)的6.08%，占全国出口额的1.4%。

出口商品结构 初级产品出口额20501万美元，占出口总额的8.1%；工业制成品出口额232602万美元，占出口总额的91.9%。

出口额在 1000 万美元以上商品情况表

金额分类	商品名称	出口金额（万美元）	占出口总额（%）
1000 万－6000 万美元（41 种）	活大猪、白肋烟、棉坯布、棉色布、棉花布、棉色织布、其他棉布、棉涤纶坯布、棉涤色布、人造棉、棉手套、涤棉制品、棉针织服装、其他棉针织服装、涤棉针织服装、尼龙针织服装、其他针织服装、麻服装、呢绒服装、真丝绸服装、合纤绸服装、皮服装、羽绒服装、布胶鞋、其他鞋、玩具、旅游用品、日用五金器皿、热水瓶、小五金、磷酸五钠、黄磷、农药原料、整套轮胎、维生素、医用纱布、其他医用敷料、集装箱船、计算机、电子元器件、其他电子元件	88900	35.12
1 亿－3 亿美元（3 种）	化纤服装、棉服装、钢材	64353	25.43
合　计	44 种	153253	60.55

出口商品市场　出口商品销往 157 个国家和地区。

主要出口商品市场情况表

国别（地区）	出口金额（万美元）	占出口总额（%）
香　港	92210	36.43
日　本	30881	12.20
美　国	20387	8.05
德　国	15215	6.01
韩　国	11860	4.69
台　湾	7485	2.96
荷　兰	4872	1.92
泰　国	4672	1.85

主要出口商品市场情况表（续）

国别（地区）	出口金额（万美元）	占出口总额（%）
马来西亚	4221	1.67
俄罗斯	3042	1.20
合　计	194845	76.98

进口总额　进口总额 75165 万美元，比 1996 年的 97450 万美元下降 22.87%。

进口商品结构　初级产品进口额 18491 万美元，占进口总额的 24.6%；工业制成品进口 56674 万美元，占进口总额的 75.4%。

进口额在 1000 万美元以上的商品情况表

金额分类	商品名称	进口金额（万美元）	占进口总额（%）
1000 万－3000 万美元(18 种)	二醋烟用丝束、植物纤维、棉花、陆地棉、合成纤维、其他化纤纱线、全毛呢绒、纯涤纶布、服装辅料、钢材、铜精矿砂、其他有色金属矿砂、焦油化工品、天然橡胶、矿山机械零配件、电梯、粮油食品成套设备、通讯设备。	31620	42.07
3000 万－7000 万美元(5 种)	毛混纺织品、塑料、船舶、纺织机械、纺织成套设备。	21169	28.16
合　计	23 种	52789	70.23

进口商品市场　进口商品来自 43 个国家和地区。

主要进口市场情况表

国别（地区）	进口金额（万美元）	占进口总额（%）
香　港	15360	20.43
日　本	14817	19.71
瑞　士	10743	14.29
澳大利亚	5120	6.81
美　国	4730	6.29
南　非	4526	6.02
德　国	3207	4.27
韩　国	2368	3.15
意大利	2254	3

主要进口市场情况表（续）

国别（地区）	进口金额（万美元）	占进口总额（%）
英　国	1963	2.61
合　计	65088	86.59

技术进出口　1997 年湖北技术进出口总额 35278 万美元，比 1996 年的 126450 万美元增长 33.37%。其中，技术和设备进口项目 31 项，比 1996 年减少 38 项；合同金额 11416 万美元，比 1996 年的 7050 万美元增长 61.94%。签订技术出口合同 71 项，比 1996 年增加 32 项；合同金额 23862 万美元比 1996 年的 19400 万美元增长 23%。

【利用外资】

1997 年利用外资情况表

利用外资方式	批准签订的合同			实际利用外资	
	项目数（个）	外资金额（万美元）	金额比 1996 年（±%）	金额（万美元）	金额比 1996 年（±%）
对外借款	17	14700	5264.96	20000	
外商直接投资	391	64175	－33.5	89194	31.2
合资企业	204	30033	－62.85	57676	10.06

1997 年利用外资情况表(续)

利用外资方式	批准签订的合同			实际利用外资	
	项目数(个)	外资金额(万美元)	金额比 1996 年(±%)	金 额(万美元)	金额比 1996 年(±%)
合作企业	36	20837	185.09	14713	727.04
合资企业	151	13305	-88.58	16805	22.49
合 计	408	78875	-24.84	109194	60.49

外商直接投资行业 在外商直接投资项目中,生产型项目 272 个,非生产型项目 119 个。按行业分:农林渔牧业 10 个,采掘业 9 个,制造业 272 个,电力煤气供应业 6 个,建筑业 10 个,交通运输业 2 个,餐饮业 21 个,社会服务业 49 个,教育文化广播 2 个,科研综合技术 1 个,其他行业 2 个。

外商直接投资来源 外商直接投资来源于 14 个国家和地区。主要有香港 206 项,30155 万美元;马来西亚 38 项,13295 万美元;英国 4 项,8020 万美元;新加坡 8 项,4489 万美元;德国 6 项,2747 万美元;台湾省 65 项,2531 万美元;日本 12 项,1108 万美元;澳大利亚 9 项,1042 万美元。

外商直接投资企业生产经营情况 截至 1997 年底,外商直接投资已开业投产的企业有 2622 家,销售营业收入 180.86 亿元,比 1996 年增长 5.35%,其中出口销售收入 44298 万美元,比 1996 年增长 5.35%。

【对外经济合作】

承包工程和劳务合作 1997 年签订对外承包工程和劳务合作合同项目 115 个,金额 23500 万美元,比 1996 年的 22000 万美元增长 6.82%;当年派出劳务人员 3511 人次,年末在外人数 5479 人。劳务人员派往的主要国家和地区是韩国、新加坡、毛里求斯、俄罗斯、香港、澳门和美国。承包工程的主要项目有斯里兰卡的别墅,巴基斯坦的火力发电站、尼泊尔的水电工程、马来西亚的高原公路等。

对外经济技术援助 承担援外项目 11 个,受援的国家主要有刚果、喀麦隆、卢旺达、吉布堤、缅甸等。涉及的行业:农业、工业和卫生等。全年外派援外人数 211 人,年末在外人数 320 人。

接受经济援助 接受国外援助项目 2 个,即日本无偿援助的协和医院急救中心和蕲春小学教学楼。总金额 410 万美元。1998 年开始执行。

对外投资 1997 年在海外举办企业(非贸易性)2 家,中方投资 390 万美元,企业分布在澳大利亚和新加坡。澳大利亚的是种畜场,新加坡的是电子元件厂。

【其他】

对外经贸洽谈会 1997 年在香港、法国、卢森堡等地区和国家举办对外经贸洽谈会、国际博览会、秋季博览会,共结识新老客户 2507 人,洽谈成交进出口总额 19700 万美元,其中进口成交 1500 万美元,出口成交 18200 万美元;签订利用外资协议投资总额 265100 万美元。在省内举办外国企业展览和技术交流。如举办"国际先进医疗科技仪器、设备展览"、"'97 武汉国际制冷设备展览"、"'97 武汉国际纺织制冷、制衣机械及面料展览会",共引进先进设备 800 万美元。

港口运输 1997 年外贸出口货运总量 191 万吨,比上年增长 54.25%,其中海运量 175 万吨,较上年增长 85.38%;陆运量 16 万吨,较上年减少 42.16%;空运量 494 吨,较上年减少 13.03%。

涉外旅游 1997 年共接待海外及台、港、澳同胞 52 万人次,旅游收入 15000 万美元,比 1996 年的 12500 万美元增长 20%。

1997 年武汉对外经济贸易

武汉市对外经济贸易委员会

【概述】

湖北省武汉市 1997 年继续坚持开放先导方针，实施大外经贸战略，全面超额完成了各项外经贸任务，对外开放取得新突破。1997 年是武汉市对外贸易的“调整年”，外贸出口工作的重点是搞好“四抓四调整”。“四抓”是：抓对外推销、抓加工贸易、抓出口代理和抓企业效益；“四调整”是：调整出口企业结构、调整出口产品结构、调整出口地区结构和调整外销干部结构。各出口企业以“四抓四调整”为中心，优化出口结构，改善经营方式，出口规模和水平进一步提高，全市外向型经济快速发展。利用外资规模稳中有升，外商投资结构更趋合理，重大项目进展顺利，投资环境日益优化。对外经济技术合作领域拓宽，继续保持快速发展势头，在扩大对外工程项目规模的同时，对外劳务合作增长幅度大，日益显示出巨大潜力。同时，武汉市全面进行了外经贸企业改革，加快了企业转换经营机制的步伐。改革的重点是抓好资本营运和资产重组，通过兼并、重组和股份制改造，开创了新形势下工贸结合、优势互补的新模式，外贸、外经、工贸、贸工农等一批外向型企业集团正在加紧组建和形成之中。

【对外贸易】

进出口总额　1997 年湖北省武汉市进出口总额为 161448 万美元，比 1996 年的 139760 万美元增长 15.5%。

出口总额　出口总额 94109 万美元，比 1996 年的 80400 万美元增长 17%，占武汉市国内生产总值 9150000 万元（相当于 1103739 万美元）的 8.532%；占全国出口额的 0.52%。

出口商品结构　初级产品出口额 3968 万美元，占出口总额的 4.2%；工业制成品的出口额 90159 万美元，占出口总额的 95.8%。

出口额在 1000 万美元以上商品情况表

金额分类	商　品　名　称	出口金额（万美元）	占出口总额（%）
1 亿美元以上（2 种）	钢材、服装	43172.4	45.87
3000 万—5000 万美元（3 种）	棉布、医药原料、光纤维通讯设备	10595	11.26
1000 万—3000 万美元（12 种）	棉制品、化纤布、化纤制品、化工原料、塑料、染料、医用敷料、成套设备、船舶、动力机械、电池、家用电器	17394.1	18.48
合　计	17 种	71161.5	75.61

出口商品市场　出口商品销往 134 个国家和地区。

主要出口商品市场表

国别(地区)	出口金额(万美元)	占出口总额(%)
香港	35922.3	38.17
韩国	8267.5	8.79
德国	6791.3	7.22
美国	6080.4	6.46
日本	5317.3	5.65
台湾省	5108.3	5.43
印度尼西亚	4583.4	4.87

主要出口商品市场表(续)

国别(地区)	出口金额(万美元)	占出口总额(%)
荷兰	2951.5	3.14
泰国	2890.1	3.07
俄罗斯	1842.5	1.96
合计	79754.6	84.76

进口总额　进口总额 67339 万美元,比 1996 年的 59350 万美元增长 13.6%。

【利用外资】

1997 年利用外资情况表

利用外资方式	批准签订的合同			实际利用外资	
	项目数(个)	外资金额(万美元)	金额比 1996 年(±%)	金额(万美元)	金额比 1996 年(±%)
对外借款	2	6000	-39.4	20655	1.3
外商直接投资	172	39836	-29.90	45333	-9.5
合资企业	86	19514	-37.07	24721	27.99
合作企业	15	11353	-24.44	11171	-20.85
外资企业	71	7969	-26.44	9441	-43.38
外商其他投资	157	34560	41.7	27848	108.5
国际租赁		3200		56.8	
补偿贸易	1	2			
加工装配	156	31358		22228	
合计	331	79396	25.2	93836	11.9

外商直接投资行业　外商直接投资项目中生产型项目 115 个,非生产型项目 57 个。按行业分:工业 110 个,建筑业 5 个,交通运输邮电业 1 个,商业饮食代销仓储业 1 个,房地产公用服务业 40 个,教育、文艺、广播电视 1 个,科研技术服务事业 1 个,其他行业 13 个。

外商直接投资来源　外商直接投资来自香港、澳门、台湾省、日本、韩国、新加坡、马来西亚、泰国、以色列、法国、英国、德国、荷兰、意大利、俄罗斯、美国、加拿大、澳大利亚、新西兰、欧洲及拉丁美洲等国家和地区。投资额居前5位的是:香港83个项目,投资额16941万美元;美国22个,2224万美元;英国4个,2081万美元;台湾23个,1687万美元;新加坡7个,519万美元。

外商直接投资企业生产经营情况 1997年外商直接投资企业的开发投产项目16个。外商投资企业经营状况较好,年创产值150亿元人民币;销售收入146亿元人民币,出口创汇10048万美元。

【对外经济合作】

承包工程和劳务合作 1997年签订对外承包工程和劳务合作项目106个,金额8215万美元,比1996年的6340万美元增长29.6%;营业额4224万美元,比1996年的3500万美元增长20%。当年派出劳务人员1664人次,年末在外人数2848人,主要派往新加坡、贝劳、毛里求斯、韩国、香港、澳门、孟加拉、俄罗斯、日本、越南等国家和地区。1997年执行的承包工程项目主要有:印度尼西亚的精盐生产项目,津巴布韦污水处理厂、雷达站、锯木厂、商店改造、水池管道施工项目,新加坡组屋建设项目,荷兰高炉拆装项目,孟加拉罐装煤气站项目以及国境内亚行贷款黑龙江化肥厂项目。

对外投资 1997年在海外举办非贸易型企业2家,中方投资金额90万美元,投资主要分布在新加坡和越南。

【其他】

经济技术开发区 1997年,武汉经济技术开发区和东湖新技术开发区实际利用外资额分别为6047万美元和3563万美元,全市新批投资额500万美元以上的大项目中,有27%在这两个开发区。武汉经济技术开发区1997年实现工业总产值63亿元,比上年增长132%;财政收入3.5亿元,比上年增长106%。东湖新技术开发区1997年实现科工贸收入100亿元,利税17亿元,财政收入3亿元,分别比上年增长35%、21%和50%。区内已形成以通信产业为重点,以生物工程和医药、先进制造技术、新材料为基础的四大产业和大型通信企业群体。

对外经贸洽谈会 '97武汉市(神户)对外经济贸易洽谈会于1997年9月1日至14日在日本神户市举行。洽谈会达成经贸合同及意向项目61个,进出口贸易意向额1500万美元,签订对外劳务合作意向5个,到会外商近千人。

港口运输 1997年武汉港有港口泊位64个,港口吞吐量能力1270万吨,当年实际完成的货物吞吐量1651万吨,其中完成外贸进出口货物吞吐量13万吨,出口货运量6.4万吨,进口货运量6.6万吨。1997年武汉地区外贸运输货运总量为55.69万吨,其中出口货运量38.85万吨,进口货运量16.84万吨。按运输方式分,当年海运量42.86万吨,空运量0.19万吨,陆运量12.23万吨。

涉外旅游 1997年来武汉旅游的境外总人数309106人次,其中,外国人184508人次,华侨6016人次,台港澳同胞38037人次,旅游收入10984万美元,比1996的8910万美元增长23.28%。

1997年湖南对外经济贸易

湖南省对外经济贸易委员会

【概述】

1997年，湖南对外经济贸易经受住了严峻考验，在宏观环境继续趋紧、历史包袱沉重和资金紧缺的巨大压力下，经过艰苦努力，仍较好地完成了各项任务，实现了“三外”联动、协调发展的预定目标，使全省对外经济贸易保持了健康、稳定的发展。利用外资有新的突破，对外承包劳务加快了发展步伐，对外贸易保持了持续增长，企业亏损得到遏制，换汇成本有所降低，经济效益有所提高。这一年正值香港回归祖国和党的十五大胜利召开的大好机遇，进一步加大对外开放的力度，全面实施“开放带动”战略，成功地举办了“湖南省第六届出口商品展销暨对外经济技术合作洽谈会”，把招商引资作为各级政府发展外向型经济工作的“第一菜单”，把三个出口新增长点摆在外贸的突破口上，均取得了可喜成绩。全年新批外商直接投资合同金额8.6亿美元，实际使用外资金额9.17亿美元，分别比1996年增长83.42%和30.4%，名列全国中西部地区各省市区的首位；全省外商投资企业、生产(工贸)企业和地县外贸企业三个增长点共完成进出口总额159668万美元，其中出口11.5亿美元，比1996年的8.88亿美元增长29.62%，占全省出口总额的49.42%。

【对外贸易】

进出口总额　1997年湖南省进出口总额为328366万美元，比1996年的321233万美元增长2.22%。

出口总额　出口总额232922万美元，比1996年的221844万美元增长4.99%，占全省国内生产总值2993亿元(相当于361.05亿美元)的6.45%；占全国出口总额的1.28%。

出口商品结构　初级产品出口额29522万美元，占出口总额的12.67%，比1996年的19%下降6.33个百分点；工业制成品出口额203400万美元，占出口总额的87.33%，比1996年的81%上升6.33个百分点。其中，机电产品出口33854万美元，占出口总额的14.54%，比1996年的32596万美元增长3.86%。

出口额500万美元以上商品情况表

金额分类	商品名称	出口金额(万美元)	占出口总额(%)
1000万美元以上(47种)	锌、服装、电子元器件、陶瓷、鞭炮烟花、鞋、活大猪、锰、硅、手工具、棉布、麻布、箱包、铅、文体用品、铁合金、棉制品、成套设备、食品罐头、化纤布、茶叶、铸铁制品、苎麻纱线、家用电器、汽车摩托及零配件、钢材、咸荞头、塑料制品、化肥、电解二氧锰、日用杂品、皮革及制品、猪肠衣、电线、钠化合物、硫酸锰、铝材、桐油、生铁、冻猪肉、氧化锑、化纤纱线、肝素钠、无定型石墨、钡化合物、锡、鬃尾	175827	57.49

出口额 500 万美元以上商品情况表(续)

金额分类	商品名称	出口金额(万美元)	占出口总额(%)
500 万—1000万美元(34 种)	硬质合金、锌合金、棉麻混纺纱线、化纤制品、电视机及音响设备、棉麻混纺布、混绒色布、医疗器械、染料、仲钨酸铵、冻乳猪、桔柑橙、涤棉制品、珠宝首饰、猪皮革、锑、竹筷、中成药(药酒)、解热镇痛药、硫脉、抗菌素药、香料香料油、莲子、锌粉、氧化锌、羧酸化工品、锌化合物、维生素、工业轴承、棉色织布、丝制品、纯涤纶色织布、铜、纸张纸浆	23976	10.29
合计	81 种商品	199803	85.78

出口商品市场 出口商品销往 142 个国家(地区),比上年增加 2 个。主要市场有:港澳地区 77265 万美元,占出口总额 33.17%;东盟 6 国 27838 万美元,占出口总额的 11.95%;美国 27810 万美元,占出口总额的 11.94%;欧共体 28950 万美元,占出口总额的 12.43%;日本 20946 万美元,占出口总额的 8.99%;独联体及东欧 3990 万美元,占出口总额的 1.71%。对以上六大市场共出口 186799 万美元,占全省出口总额 80.20%,比 1996 年出口额增长 1.73%,比重下降 2.57 个百分点。

进口总额 进口总额为 95444 万美元,比 1996 年的 99389 万美元下降 3.97%。

进口商品结构 初级产品进口额为 25000 万美元,占进口总额的 26.19%;工业制成品进口额为 70444 万美元,占进口总额的 73.81%。

进口额在 500 万美元以上的商品情况表

金额分类	商品名称	进口金额(万美元)	占进口总额(%)
1000 万美元以上(22 种)	饲料、铝、鱼粉、豆油、电子元器件、铜、汽车摩托车及零配件、化肥农药、成套设备、合成纤维、服装、铁矿砂、塑料原料、木材、铜材、铅、烟草辅料、猪肠衣、家用电器、钢材、海洋工程装置、化纤制品	70515	73.88
500 万—1000 万美元(15 种)	羽毛球拍、有线通讯设备、鞋类、包装机械、土建工程机械、烟草机械及零件、纸张纸浆、金属切削机床、光纤通讯设备、电视机及音响设备、塑料制品、电子设备仪器、食用植物油、氧化铝、宝石	11059	11.59
合计	37 种商品	81574	85.47

进口商品市场 进口商品来自 42 个国家和地区。

主要进口市场情况表

国别（地区）	进口金额（万美元）	占进口总额（%）
香　港	18199	19.06
美　国	15961	16.72
日　本	9039	9.47
韩　国	5742	6.02
秘　鲁	5434	5.69
德　国	5014	5.25
台湾省	4688	4.91
俄罗斯联邦	4660	4.88
新加坡	4344	4.55
印　度	2530	2.65

技术进出口　1997 年湖南省对外签订技术进出口合同项目 150 个，合同总金额 29039 万美元，比 1996 年的 28748 万美元增长 1.01%；实际完成 24683 万美元，比 1996 年的 24131 万美元增长 2.29%。其中，签订技术引进和进口设备合同项目 90 个，比 1996 年增加 4 个；合同金额 22709 万美元，比 1996 年的 22671.44 万美元增长 0.17%；实际用汇 18767 万美元。签订技术出口合同项目 60 个，比 1996 年增加 14 个；合同金额 6329.65 万美元，比 1996 年的 6076.57 万美元增长 4.16%；年内收汇 5380 万美元，比 1996 年的 4861 万美元增长 10.68%，收汇率为 85%。

技术进口的主要国别（地区）有美国、日本、韩国、德国、瑞士、意大利、奥地利、荷兰、澳大利亚、新西兰、香港等。技术出口的主要国别（地区）有孟加拉国、巴基斯坦、菲律宾、印度尼西亚、奥地利、日本、新加坡、埃及、伊朗、美国、约旦、巴布亚新几内亚、香港、澳门等。

技术引进项目分布在电力、轻工、烟草、食品、冶金、石化、建材、机械、电子、交通运输、邮电等 10 多个行业。基中引进合同项目金额最多是：邮电行业 3 个项目，4838 万美元；交通运输行业 11 个项目，3213 万美元；电子行业 4 个项目，2871 万美元；机械行业 22 个项目，2353 万美元；轻工行业 8 个，2266 万美元；冶金行业 12 个，1774 万美元；烟草行业 7 个项目，1284 万美元。这些重点技术项目的引进，对促进全省科学技术进步和产业（产品）结构的调整都起到重要作用和产生深远影响。

【利用外资】

1997 年利用外资情况表

利用外资方式	批准签订的合同			实际利用外资	
	项目数（个）	外资金额（万美元）	金额比 1996 年（±%）	金　额（万美元）	金额比 1996 年（±%）
对外借款	4	8715	216.91	5222	−26.45
外商直接投资	407	86013	83.42	91702	30.36
合资企业	167	24536	8.20	47460	3.66
合作企业	57	35186	231.10	19208	159.32
外资企业	183	26291	93.47	25034	45.95
外商其他投资	652	3082	32.73	3875	174.24
补偿贸易	5	207	−50.60	326	−76.93
加工装配	647	2875	51.08	3549	
合　　计	1063	97810	88.22	100799	27.83

注：加工装配包括工缴费在内，往年是另列的。

湖北省实际利用外资金额居全国中西部地区各省市区的首位。

外商直接投资行业 外商直接投资项目中，属于生产型的368个，非生产型的39个。行业分布：农林牧渔业26个，合同外资金额5701万美元，实际使用外资金额3033万美元；制造业240个，合同外资金额42046万美元，实际使用外资金额48069万美元；建筑业22个，合同外资金额23014万美元，实际使用外资金额14532万美元；采掘业实际使用外资金额729万美元；电力煤气业实际使用外资金额1686万美元；交通、运输、仓储及邮电通信业2个，实际使用外资金额562万美元；房地产业72个，合同外资金额11893万美元，实际使用外资金额10822万美元；贸易、餐饮业22个，合同外资金额1422万美元，实际使用外资金额1197万美元；社会服务业17个，合同外资金额1313万美元，实际使用外资金额9623万美元；文教、艺术及广播电影业6个，合同外资金额623万美元，实际使用外资金额609万美元；卫生、体育和社会福利业实际使用外资金额82万美元；科学研究和综合技术服务业实际使用外资金额50万美元；其他行业实际使用外资金额702万美元。

外商直接投资来源 1997年外商直接投资来源于30个国家和地区。实际投资金额排列前10位的是：香港210个项目，金额42470万美元；台湾省74个项目，金额10688万美元；维尔京群岛16个项目，金额7513万美元；韩国6个项目，金额7182万美元；新加坡13个项目，金额5627万美元；美国30个项目，金额5100万美元；日本8个项目，金额3651万美元；马来西亚8个项目，金额2280万美元；澳门9个项目，金额1277万美元；泰国2个项目，金额958万美元。

外商直接投资企业生产经营情况 1997年有进出口实绩的外商投资企业共327家，完成进出口总额76937万美元，比1996年增长38.59%，其中出口46608万美元，比1996年增长34.74%；实现税收6.8亿元人民币，比1996年增长30%；完成总产值约180亿元，销售收入170亿元，分别占到全省国内生产总值的6.1%和5.7%，比重比上年分别提高1.5个和1.4个百分点。外商投资企业的经济规模和效益进一步壮大，成为全省经济的新增长点，对工业技术改造、产业升级、结构调整、出口创汇和财税收入等发挥着越来越重要的作用。1997年，外商投资企业生产经营状况比较好、排列前10位的是：乐金曙光电子有限公司、株洲南方雅马哈摩托车有限公司、株洲火炬有色冶炼有限公司、正大岳阳有限公司、旺旺食品有限公司、湘大实业有限公司、光南摩托车有限公司、衡阳钢管有限公司、金沙利彩色印刷有限公司、南岳油泵油咀有限公司。

【对外经济合作】

承包工程与劳务合作 全年与64个国家（地区）开展了承包劳务业务往来，共签订对外承包工程、劳务合作、设计咨询合同项目288个，比上年的110个增长161.82%；合同总金额10120万美元，比上年的13897万美元减少27.18%（原因是1996年12月省路桥总公司一次性上报三年承包劳务合同额9136万美元，若剔除这一因素则比上年增长38.54%）；完成营业额8250万美元，比上年的7288万美元增长13.20%；当年派出承包劳务人员1482人次，年末在外人数2438人，分别比上年增长45.58%和56.48%。对外承包劳务项目分布在香港、越南、泰国、马来西亚、斯里兰卡、阿联酋、马里、坦桑尼亚、毛里求斯、科特迪瓦、德国等46个国家和地区。

对外经济技术援助 1997年正在执行的援外项目9个，合同金额7395万元人民币，其中，新增项目3个，援外金额3483万元人民币，派出工程技术人员131人，年末在外81人。援外项目分布在坦桑尼亚、阿尔及利亚、塞拉利昂、斯里兰卡、利比里亚、加纳、喀麦隆等7个国家。年内完成项目4个，获得受援国的好评。

接受国外经济援助 1997年湖南正在执行的国际双边和多边无偿援项目14个，受援总金额4100万美元。其中，年内新增受援项目7个，受援金额2300万美元（包括德国政府赠款723万美元）。主要项目是：日本政府提供无偿援助的洞庭湖地区农业水利开发计划项目、德国政府赠款的洞庭湖生态造林项目、德国政府无偿援助的湖南大学工业污染防治培训与推广中心项目等。

对外投资 1997年，由于外部环境的影响和外经贸企业的困难，申报海外企业和选派驻外人员减少，全年只批1家派驻缅甸的007—万通国际有限公司（经营生产、贸易），新派驻外人员6人，续派驻港人员10人。

【其他】

经济技术开发区 长沙高新技术产业开发区自1988年10月创建以来，大胆开拓，艰苦创业，取得一年比一年好的成绩。1997年完成工业总产值58.3亿元，比上年增长55.88%；完成技工贸总收入66.4亿元，比上年增长82.8%；实现财政收入3691万元，比上年增长25.54%；实现利税12亿元，比上年增长96.70%；上缴国家税金4.7亿元，比上年增长80.80%；出口创汇5616万元，比上年增长82.81%。批准进区企业102家，其中高新技术企业61家，引进和开发高新技术项目65个；举办外商投资企业6家，实际使用外资11600万美元；“三资”企业总收入25亿元，出口创汇4500万美元。远大公司是经济开发区的首家大型民营企业，1997年实现产值14亿元，从美国购进直升飞机和公务机各一架，在国内外产生了轰动效应，成为1997年中国企业十大新闻之一。

对外经贸洽谈会 1997年9月2到5日，湖南省人民政府在长沙举办了“湖南省第六届出口商品展销暨对外经济技术合作洽谈会”，收效甚好，有三个明显特点：(一)规模盛大。到会国(境)外客商3000人，省内参会者4500人，组成24个交易团，由50家外经贸企业的商品实物、模型图片、文字资料进行敞开式布展，充分展示出湖南的商品特色、优势和对外开放、“三外”联动的整体形象。(二)重点突出。此次洽谈会突出了招商引资“第一菜单”，重点抓了六个产业领域的招商引资项目——高效农业、基础设施、国有大中型企业技改、高新技术产业、产权交易、国土和城建。对外签订的68个省级重点项目中，属于基础设施项目25个，合同外资金额9.5亿美元，占洽谈会签订利用外资合同总额的57.33%；属于大中型企业技改项目18个，合同外资金额3.3亿美元，占利用外资总额的20%。(三)成效显著。洽谈会期间共对外成交出口贸易额2.8亿美元；签订利用外资合同项目173个，合同外资金额152166万美元；签订对外承包劳务项目21个，合同金额5597.4万美元；签订技术进出口项目6个，合同金额4936.2万美元。

涉外旅游 1997年共接待国(境)外旅游者30.16万人次，比上年22.87万人次增长31.89%；涉外旅游创汇1.4亿美元，比上年的10075.38万美元增长25%；国内旅游收入68亿元人民币，比上年增长30.8%。

1997年广东对外经济贸易

广东省对外经济贸易委员会

【概述】

1997年广东省随着执法责任制的建立健全，投资环境的日臻完善，办事效率的提高，招商工作的改进，依法管理的加强，进一步发挥人缘、地缘优势，利用外资工作的质量和水平不断提高。企业在深化改革的同时，加强管理，开拓进取，大力拓展市场。在外贸出口中一般贸易出现较大幅度的增长，在全省出口总额中的比重超过了外商投资企业；加工贸易占全省出口总额的80%以上；外贸企业整体经济效益有所提高。

【对外贸易】

进出口总额 1997年广东省进出口总额为1198.21亿美元，比1996年的1002.29亿美元增长19.55%。

出口总额 出口总额726.56亿美元，比1996年的589.99亿美元增长23.15%，占全国出口总额的39.77%，居全国首位。

出口商品结构 初级产品的出口额 37.05 亿美元，占出口总额的 5.10%；工业制成品的出口额 689.51 亿美元，占出口总额的 94.90%。

出口额在 500 万美元以上的商品有 381 种，金额 495.06 亿美元，占出口总额的 68.14%。

出口额在 1000 万美元以上的商品情况表

金额分类	商品名称	出口金额（万美元）	占出口总额（%）
1 亿美元以上（59 种）	服装、鞋类、玩具、电子原器件、计算机、成套设备、无线电收讯机、陶瓷、家具、电子手表、棉布、照相机、船舶、电话机、录音机、金首饰、塑料公文箱、棉纱线、复印机、杂项小五金等	413.68	56.94
5000 万－1 亿美元（47 种）	化肥、蓄电池、电话机零件、不锈钢餐具、皮公文箱、电吹风、微波炉、千斤顶、望远镜、活大猪、收音机、锁类、藤制品、松香、棉涤纶布、轮胎、活鸡、电熨斗、钻石、手工具等	34.15	4.70
1000 万－5000 万美元（171 种）	人造棉布、节日灯、阀门、皮帆布包、活塘鱼、小刀、汽车、茶叶、洗衣机、速冻食品、中成药等	40.06	5.51
合　计	277 种	487.89	67.15

出口商品市场 出口商品销往 193 个国家和地区。

主要出口市场情况表

国别（地区）	出口金额（万美元）	占出口总额（%）
香　港	6161241	84.80
美　国	329867	4.54
日　本	190557	2.62
欧　盟	180234	2.48
新加坡	54726	0.75
台湾省	44810	0.62
澳　门	41332	0.57

主要出口市场情况表（续）

国别（地区）	出口金额（万美元）	占出口总额（%）
韩　国	38863	0.54
合　计	7041630	96.62

进口总额 进口总额 471.65 亿美元，比 1996 年的 412.30 亿美元增长 14.39%。

进口商品结构 初级产品进口额 42.66 亿美元，占进口总额的 9.04%；工业制成品进口额 428.99 亿美元，占进口总额的 90.96%。

进口额在 500 万美元以上的商品情况表

金额分类	商品名称	进口金额（万美元）	占进口总额（%）
1 亿美元以上（53 种）	电子原器件、成套设备、钢材、计算机、成品油、服装辅料、原油、ABS 树脂、棉纱线、聚苯乙烯、玩具、铜材、棉布、服装、手表零件、照相机零件、电子手表芯、聚氯乙烯（树脂）、液化气、土建工程机械等	2288316	48.52
5000 万－1 亿美元（26 种）	聚氯乙烯薄膜、牛皮卡纸、彩色电视机散件、原木、橡胶加工机械、医药原料、音响设备、纺织机械、高压聚乙烯、电子仪器、白底白版纸、豆粕、羊毛纱线、蓄电池、各种油漆、西成药、钻石坯、摩托车零件、铜版纸、汽车、瓦楞芯纸、铜、PU 人造革、书写纸、聚脂切片、紧固件	167773	3.56
1000 万－5000 万美元（139 种）	胶条原纸、涤纶长丝、食品加工机械、铁路车辆及设备、苯乙烯、大米、天然橡胶、大麦、PVC 硬片等	314438	6.67
500 万－10000 万美元（62 种）	锦纶短纤维、乙二醇、自动锻压机、活性染料、染油机、铂材、锑砂、鱼翅、包装机械等	44971	0.95
合计	**280 种**	**2815498**	**59.70**

进口商品市场 进口商品来自 81 个国家和地区。

主要进口市场情况表

国别（地区）	进口金额（万美元）	占进口总额（%）
香港	3971597	84.21
日本	156611	3.32
美国	138243	2.93
台湾省	95078	2.02
欧盟	90210	1.91
韩国	54108	1.15
新加坡	39796	0.84

主要进口市场情况表（续）

国别（地区）	进口金额（万美元）	占进口总额（%）
伊朗	34492	0.73
合计	**4580135**	**97.11**

技术进出口 1997 年广东省签订技术引进合同 117 个，比 1996 年的 126 个下降 7.15%；合同金额 11.85 亿美元，比 1996 年的 5.496 亿美元增长 1.16 倍。签订技术出口合同 286 个，合同金额 7.78 亿美元（不含深圳市），比上年有较大幅度的增长。

【利用外资】

1997年利用外资情况表

利用外资方式	批准签订的合同			实际利用外资	
	项目数（个）	外资金额（万美元）	金额比1996年（±%）	金　额（万美元）	金额比1996年（±%）
对外借款	100	66884	－62.53	131063	－38.91
外商直接投资	3744	769202	－50.52	1171083	0.75
合资企业	1130	207985	－61.78	386441	－9.25
合作企业	743	243836	－52.73	369887	－11.49
外资企业	1869	314180	－36.47	414755	30.16
外商投资股份制	2	3201			
外商其他投资	13893	128441	1012.52	118373	＋807.42
对外发行股票				25961	
国际租赁					
补偿贸易	29	4138	－6.99	3645	－54.55
加工装配	13864	124303	3172.85	88767	3014.63
合　　计	17737	964527	－44.71	1420519	2.20

外商直接投资行业　在批准的3744个外商直接投资项目中，生产型项目占80%以上。按行业分，农、林、牧、渔业114个，采掘业32个，制造业2889个，电力、煤气及水的生产和供应业10个，建筑业56个，交通运输、仓储及邮电通信业55个，批发和零售贸易、餐饮业166个，房地产业128个，社会服务业190个，卫生、体育和社会福利业7个，教育、文化艺术及广播电视业7个，科学研究和综合技术服务业13个，其他行业77个。

外商直接投资来源　外商直接投资来自44个国家和地区。其中香港2664个，外资金额393620万美元；维尔京群岛111个，162497万美元；新加坡68个，24740万美元；台湾省436个，23633万美元；美国125个，19929万美元；泰国26个，13840万美元；日本31个，13691万美元；英国22个，13662万美元；西萨摩亚7个，10938万美元；澳门105个，9206万美元。

外商直接投资企业生产经营情况　截至1997年底，全省登记注册的外商投资企业有59040家，当年新登记注册的3468家。其中投产开业的4万多家。全年外商投资企业出口总额363亿美元，占全省出口总额的49.96%；外商投资企业的经济效益有所提高。

【对外经济合作】

承包工程和劳务合作　1997年签订对外承包工程和劳务合作合同项目2689个，合同金额39991万美元，比1996年的26618万美元增长50.24%；营业额25771万美元，比1996年的28843万美元下降10.65%。当年派出技术劳务人员13394人次，年末在外23211人。

对外经济技术援助　承担斯里兰卡邮政分拣大楼保修、维修、古巴水库养鱼项目网具物资供应和莫桑比克议会大厦维修工程技术服务的经援任务。其中斯里兰卡邮政分拣大楼的保修、维修项目以最佳方案、最低成本，满足了斯方要求，并顺利地办理了最后移交手续。古巴水库养鱼网具的物资供应项目在1个月的时间内完成了生产订货、包装、运输和对外发运等工作。当年全省派出援外人员15人，年末在外12人。

接受经济援助 乳源、龙川、和平县获德国驻广州总领事馆提供无偿援助共17万人民币，用于建设两所小学校舍和购置1间卫生所的医疗设备。阳山县获荷兰驻华大使馆提供的无偿援助6.8万人民币，建设山村的供水系统。

对外投资 1997年在孟加拉、柬埔寨共设立2家非贸易型企业，中方投资总额103.8万美元。批准在香港和澳门设立非贸易型企业4家，生产精细化工、光学仪器、电器及纺织品。

【其他】

经济技术开发区 广州、湛江、大亚湾、南沙经济技术开发区在经济建设和社会发展的各个方面取得了长足的进展。其中大亚湾经济技术开发区的南海石化项目将进入建设实施阶段，东风汽车城在稳步发展；该开发区1997年批准各种利用外资合同15个，合同外资额9588万美元，实际利用外资10080万美元，全区出口3663万美元。

保税区、高新技术产业开发区 深圳沙头角、深圳福田、深圳盐田港、广州、汕头、珠海保税区和深圳科技工业园、广州天河、中山“火炬”、惠州仲恺、佛山、珠海高新技术产业开发区等发挥综合优势，提高了整体效益。其中，中山“火炬”高新技术产业开发区1997年实现工业总产值80.03亿元，销售总额77.62亿元，销售率96.89％，科技进步因素对经济增长的贡献率达47％；该区高新技术实业股份有限公司进入全国上市公司百强企业行列；全区当年批准各种利用外资合同35个，合同外资金额6375.09万美元，实际利用外资1417.4万美元，产品出口67946.5万美元。惠州仲恺高新技术产业开发区高新技术企业增加到12家，属省级和国家级“火炬计划”项目5项；区内85家企业实现技工贸总收入66亿元，工业总产值74亿元，产品出口额2.5亿美元。佛山高新技术产业开发区围绕建设佛山生物工程基地、医疗器械基地和发展数字信息产业等，抓紧技术、工艺攻关和引进工作，区内3万多平方米的标准厂房已基本租赁完毕；该区年内批准各种利用外资合同7个，合同外资额10970万美元，实际利用外资14610万美元，全区出口7683万美元。

对外经贸洽谈会 1997年8月6日至9日在香港举办广东高新技术项目洽谈会，接洽了来自港、澳、台及美国、日本、欧洲、东南亚的公司5063家、到会客商20011人次，共签订利用外资合同1220个，协议投资总额94.68亿美元，其中外商投资62.78亿美元；进出口成交41470.71万美元，其中出口成交40270.71万美元。11月23日至27日参加阿联酋迪拜秋季国际博览会，广东展团接待了当地和来自海湾6国、东南亚、独联体、日本等客户近2000人次，签订成交合同123个，总成交额1128万美元，还签订了一批协议和意向书。

港口运输 1997年全省沿海主要港口完成货物吞吐总量12388万吨，比1996年的11863万吨增长4.43％。

涉外旅游 1997年入境国际旅客4545.37万人次，其中外国人200.51万人次，华侨5.57万人次，港澳同胞4213.93万人次，台湾同胞125.36万人次。全省旅游外汇收入28亿美元，比1996年的26.38亿美元增长6.14％。

1997年广州对外经济贸易

广州市对外经济贸易委员会

【概述】

1997年广东省广州市外经贸工作围绕着迎接香港顺利回归祖国和庆祝党的十五大胜利召开两个中心，重点把握了六个方面：一是在香港回归前后组织了一系列的招商引资和穗港经贸合作研讨会等较有影响的活动；二是围绕十五大进一步扩大开放精神，制订了《广州市外商投资企业审批管理规定》；三是加强了对外商投资企业的指导和服务工作，修改了《外商投资企业管理条例》；四是加快国有外贸企业改革的步伐，贯彻“抓大放小”原则。广州轻出集团顺利挂牌成立；五是根据广州经济发展的实际，制订了《加快发展广州来料加工装配企业的若干意见》，有效促进了来料加工业务的发展；六是实施大外经贸战略，调动各战线、各层面、各种经济成分参加国际分工与合作，制订了新的措施及服务承诺。

【对外贸易】

进出口总额　1997年广东省广州市进出口总额为116.4亿美元，比1996年的104.84亿美元增长11.03%。

出口总额　出口总额75.38亿美元，比1996年的65.14亿美元增长15.72%，占全市国内生产总值1642.83亿元的38.08%；全省出口总额的10.1%。

出口商品结构　初级产品出口额1.28亿美元，占出口总额的1.7%；工业制成品的出口总额74.1亿美元，占出口总额的98.3%。

出口额在1000万美元以上的商品情况表

金额分类	商品名称	出口金额（万美元）	占出口总额（%）
1亿美元以上（9个）	色布、金首饰、其他皮鞋、其他运动鞋、塑料玩具、其他塑料制品、集装箱、其他电子元器件、其他家用电器、未分类商品	159582	21.17
5000万－1亿美元（17个）	其他皮革及制品、其他棉针织品、裤子、牛仔服装、其他棉布服装、其他服装、卫生洁具、钻石、女鞋、其他皮鞋、合成革鞋、其他鞋、其他玩具、干货船、照相机、其他电器制品	108069	14.34
1000万－5000万美元（105个）	食用油、饮料、米面制品、食品、香调料及香料油、木门板、其他木板制品、棉纱线、化纤布、棉制品、毛制品、丝织品、皮服装、羽绒服装、人造花、箱类、帽类、文教用品、办公用品及设备、体育用品、木家具、办公家具、清洁用品、锁类、眼镜类、铸铁制品、非金属矿产品及制品、油漆、轮胎、橡胶制品、中成药药酒、医药原料、散货船、电工设备、起重机械、成套设备、电话机、传真机、电子设备及仪器、望远镜、观察仪器、自行车、自行车外胎、自行车零配件、缝纫机、电风扇、电筒、家用小电器、工农具、手工具等	265477	35.22
合　计	131种	533128	70.73

主要出口市场情况表

国别(地区)	出口金额（亿美元）	占出口总额（%）
香　港	58.47	77.57
美　国	4.92	6.53
日　本	1.83	2.43
德　国	1.28	1.7
比利时	0.80	1.1
英　国	0.64	0.85
捷克共和国	0.64	0.85
法　国	0.50	0.66
韩　国	0.40	0.53
新加坡	0.36	0.48

进口总额　进口总额为41.02亿美元，比1996年的39.7亿美元增长12.39%。

进口商品结构　初级产品进口额4.95亿美元，占进口总额的12.07%；工业制成品进口额36.07亿美元，占进口总额的87.93%。

主要进口商品情况表

商品名称	进口金额（亿美元）	占进口总额（%）
纺织品	5.46	12.24
塑　料	3.97	8.5
有色金属	3.48	7.8
黑色金属	2.66	5.96
各类机械	1.96	3.5
畜产品	1.9	4.26
工艺品类	1.87	4.2
电信设备及器材	1.85	4.15
纺织原料	1.81	4.06
纸浆纸张及制品	1.76	3.94

主要进口市场情况表

国别(地区)	进口金额（亿美元）	占进口总额（%）
香　港	31.1	69.7
日　本	3	6.7
台湾省	1.62	3.63
美　国	1.4	3.14
韩　国	0.99	2.22
德　国	0.54	1.21
比利时	0.48	1.08
澳大利亚	0.42	0.94
新加坡	0.33	0.74
泰　国	0.33	0.74
合　计	**40.21**	**90.12**

技术进出口　1997年广州市技术进出口总额为6.472亿美元，比1996年的9312.14万美元增长595%。其中，签订引进技术和设备合同项目50个，比1996年的38个增加12个；合同金额2.972亿美元，比1996年的4571.68万美元增长550%。签订技术出口合同项目数88个，比1996年增加42个，合同金额3.5亿美元，比1996年的4572万美元增长665.53%。

【利用外资】

1997年利用外资情况表

利用外资方式	批准签订的合同			实际利用外资	
	项目数（个）	外资金额（亿美元）	金额比1996年（±%）	金额（亿美元）	金额比1996年（±%）
对外借款	6	3.9574	－31.6	3.9574	11.1
外商直接投资	661	16.9824	－39.3	24.83	6.4
合资企业	136	3.2484	－71.6	6.419	16.3
合作企业	241	10.0202	－14.6	12.4359	－8.1
外资企业	284	3.7138	－56.2	5.9454	39.2
外商其他投资	2399	1.5024	－99.5	0.1802	－41.8
国际租赁					
补偿贸易					
加工贸易	2399	1.5024	－98.5	0.1802	600.1
合　计	3066	21.9922	－58.76	28.9676	89.03

外商直接投资行业　外商直接投资项目中生产型项目452个，占总数的68.4%。

外商直接投资来源　外商直接投资的国家和地区有33个。

外商直接投资来源情况表

单位：万美元

国　别	项目数		合同利用外资		实际利用外资		项目平均投入金额
	个数	比重%	金额	比重%	金额	比重%	
香　港	438	66.3	86301	50.8	156967	63.3	197.0
台湾省	101	15.3	4136	2.4	10085	4.1	41.0
美　国	26	3.9	9821	5.8	10972	4.4	377.7
维尔京群岛	13	2.0	14152	8.3	3809	1.5	1088.6
新加坡	14	2.1	11536	6.8	10969	4.4	824.0
英　国	10	1.5	12326	7.3	12105	4.9	1232.5
加拿大	9	1.4	614	0.4	7393	3.0	68.2
日　本	7	1.1	804	0.5	9056	3.7	114.9

外商直接投资来源情况表　　单位:万美元

国别	项目数		合同利用外资		实际利用外资		项目平均投入金额
	个数	比重%	金额	比重%	金额	比重%	
澳门	8	1.2	4019	2.4	7101	2.9	502.4
瑞士	3	0.5	3488	2.1	2750	1.1	1162.7
其他	32	4.7	22628	13.2	16796	6.7	707.1
合计	661	100	169824	100	248003	100	256.9

【对外经济合作】

承包工程和劳务合作　1997年签订对外承包工程和劳务合作合同项目1638个,金额6730万美元,比1996年的6490万美元增长3.7%;营业额4357万美元,比1996年的6004万美元下降27%;当年派出劳务人员1155人次,年末在外人数1971人。派往的国家和地区为:香港、澳门、孟加拉、柬埔寨、日本、新加坡等。

接受经济援助　接受国际经济组织及双边援助的项目有3个,金额1.347亿美元。由美国、英国和德国提供。

对外投资　1997年在海外开办企业数目为8家,投资金额148万美元,投资国别(地区)有美国、波兰、越南、马来西亚等。

【其他】

广州经济技术开发区　广州经济技术开发区1997年完成工业总产值198.5亿元人民币,比1996年增长23.9%;合同利用外资7.17亿美元,比1996年增长9.13%;实际利用外资4.05亿美元,比1996年增长5.93%;出口总额5.02亿美元,比1996年增长8.7%。

南沙经济技术开发区　南沙经济技术开发区1997年完成了开发建设和经济、社会发展计划指标任务。社会总产值达23.5亿元人民币,比1996年增长16.1%;合同利用外资1.3亿美元,比1996年增长13.1%;实际利用外资5893万美元,比1996年增长5.23%。

广州保税区　广州保税区认真贯彻市委"充分利用广州保税区的政策优势,启动新一轮引资的热点"精神,1997年全区共批准项目236个,其中外资项目50个,合同利用外资6181万美元,比上年增长28.1%,实际利用外资3654万美元,比上年增长30.36%;进出区货物总值2亿美元,比上年增长37%。

对外经贸洽谈会　由广州市招商局组织、协办的境内外招商活动6次,推出项目200多个,签订合作意向92个,外商投资额11.7亿美元,占总投资额75%以上。涉及的领域广泛,有制造业、城市建设、环保、房地产、农业、科技、医药、饮食服务和旅游业等。

港口运输　1997年广州港口货物吞吐量8362.3万吨,比1996年下降1.7%,其中:进口5286.1万吨,比1996年下降5.7%,出口3076.2万吨,增长6.0%。

涉外旅游　1997年入境的外国人数以及港澳同胞人数为294.45万人次,比1996年增长4.6%。旅游外汇收入1.22亿美元,比1996年增长3%。

1997年深圳对外经济贸易

深圳市贸易发展局

【对外贸易】

1997年广东省深圳市进出口总额为450亿美元,比1996年的390亿美元增长15.4%。其中出口总额255.8亿美元,比1996年的212亿美元增长20.7%,占广东省国内生产总值7308亿元人民币(相当于881.5亿美元)的29.02%,占全国出口总额的13.8%,占广东省出口总额的37.7%。进出口总值居全国大中城市首位。

出口商品结构 工矿产品出口额为228.6亿美元,占出口总额的89.4%;农副产品出口额为27.2亿美元,占出口总额的10.6%。

出口额在1亿美元以上的商品情况表

金额分类	商品名称	出口金额(亿美元)	占出口总额(%)
50亿美元以上(1种)	电讯设备及器材	61.85	24.2
10亿－50亿美元(7种)	文体用品、服装、箱包及鞋帽、成套设备、家用电器、各类机械、钟表	114.13	44.6
1亿－10亿美元(23种)	塑料、纺织品、日用杂品、工艺品类、黑色金属、家具类、石油及制品、纸浆纸张及制品、照相制版及电影器材、粮油、陶瓷类、日用五金器皿、自行车类、船舶、食用动物及其产品、电子设备及仪器、非金属矿产品及制品、化工原料、光学仪器、出版物、有色金属、化肥农药、食品制成品	65.94	25.8

出口商品市场 出口商品超1000万美元的国家(地区)共有34家,商品主要销往香港、美国、台湾省、日本、新加坡。

主要出口市场情况表

国别(地区)	出口金额(万美元)	占出口总额(%)
香港	2117732	82.8
美国	130850	5.01
台湾省	73844	2.8
日本	35673	1.4

主要出口市场情况表(续)

国别(地区)	出口金额(万美元)	占出口总额(%)
新加坡	34384	1.3

进口总额 进口总额194亿美元,比1996年的178亿美元增长8.99%。

进口额在5000万美元以上的商品情况表

金额分类	商品名称	进口金额（亿美元）	占进口总额（%）
10亿美元以上（4种）	电讯设备及器材、塑料、各类机械、黑色金属	105.1	54.2
1亿—10亿美元（21种）	纸浆纸张及制品、纺织品、有色金属、石油及制品、钟表、成套设备、化工原料、丝织品、粮油、木材、畜产品、化肥、农药、非金属矿产品及制品、油漆油墨及染料、家用电器、日用杂品、纺织原料、物理化工仪器、航空设备、船舶、照相制版及电影器材	74.5	38.4
5000万—1亿美元（5种）	服装、橡胶及制品光学仪器、汽车电车摩托车及零件、自行车类、食用动物及其产品	4.5	2.3

主要进口市场情况表

国别（地区）	进口金额（万美元）	占进口总额（%）
香港	1309690	67.5
台湾省	352758	18.2
美国	89130	4.6
新加坡	41744	2.1

主要进口市场情况表（续）

国别（地区）	进口金额（万美元）	占进口总额（%）
日本	26176	1.3

技术进出口 1997年深圳市技术进出口总额51215万美元。其中，引进技术和进口设备项目数3个，比1996年减少1个，合同金额51215万美元。

【利用外资】

1997年利用外资情况表

利用外资方式	批准签订的合同			实际利用外资	
	项目数（个）	外资金额（万美元）	金额比1996年（±%）	金额（万美元）	金额比1996年（±%）
对外借款				57095	
外商直接投资	957	135387	−19.4	166112	−19
合资企业	454	63177		53271	
合作企业	30	10224		20771	
外资企业	471	59657		92070	
外商投资股份制	2	2329			

1997 年利用外资情况表(续)

利用外资方式	批准签订的合同			实际利用外资	
	项目数(个)	外资金额(万美元)	金额比 1996 年(±%)	金额(万美元)	金额比 1996 年(±%)
合作开发					
其他					
外商其他投资	829	41509		63961	
对外发行股票				25961	
国际租赁					
补偿贸易					
加工装配	829	41509		38000	
合计	1786	176896	5.3	287168	18.55

外商直接投资行业 外商直接投资项目中生产型项目 695 个,非生产型项目 262 个。其中:农、林、牧、渔业 8 个,采掘业 2 个,制造业 695 个,建筑业 4 个,交通运输、邮电通信业 13 个,批发和零售贸易、餐饮业 89 个,房地产业 39 个,社会服务业 99 个,旅馆业 3 个,卫生、体育和社会福利业 1 个,科学研究和综合技术服务业 7 个。

外商直接投资来源 外商直接投资的国别(地区)有:香港、台湾省、美国、日本、韩国、新加坡、菲律宾、泰国、印度尼西亚、马来西亚、缅甸、维尔京群岛、以色列、加拿大、德国、法国、英国、意大利、荷兰、丹麦、瑞士、巴拿马、新西兰、澳门、哈萨克、厄瓜多尔、开曼群岛、百慕大、澳大利亚、利比里亚等。主要利用外资项目、金额情况是:香港 745 个,合同利用外资 57087 万美元,实际利用外资 134972 万美元;台湾省 85 个,合同利用外资 4951 万美元,实际利用外资 6732 万美元;美国 35 个,合同利用外资 2177 万美元,实际利用外资 3423 万美元;维尔京群岛 24 个,合同利用外资 62928 万美元,实际利用外资 6204 万美元;新加坡 14 个,合同利用外资 1874 万美元,实际利用外资 2502 万美元;日本 13 个,合同利用外资 2517 万美元,实际利用外资 7240 万美元。

【对外经济合作】

承包工程和劳务合作 1997 年签订对外承包工程和劳务合作项目合同 86 个;合同金额 2670 万美元,比 1996 年的 1591 万美元增长 67.8%;营业额 2256 万美元,比 1996 年的 2994 万美元下降 25%;当年派出劳务人员 1635 人次,年末在外人数 1155 人。派往的主要国家和地区是:香港、澳门、印尼、马来西亚、泰国、柬埔寨、越南、日本、韩国、阿联酋、斯里兰卡、新加坡等。承包工程项目主要在香港,项目是:机场东涌地铁工程;中环地铁工程;深圳河治理工程;香港深井 38 万方填海工程。

对外投资 1997 年没有在海外新设立企业。现有驻外企业 212 家,注册资金 1.13 亿美元,中方投资金额 12.9 亿美元。主要投资国别(地区)是:北美洲 31 家,港澳 100 家,东南亚 28 家。

【其他】

港口运输 1997 年全市拥有港口泊位 115 个、港口吞吐量 3238.2 万吨,当年实际完成的货物吞吐总量 3357.4 万吨,其中完成外贸进出口货物吞吐量 1818.6 万吨,其中出口 688.9 万吨、进口 1129.7 万吨。

涉外旅游 1997 年入境的外国人以及台港澳同胞总数为 221.54 万人次,其中:外国人 39.45 万人次,华侨 0.79 万人次,港澳同胞 161.69 万人次,台胞 19.61 万人次。旅游收入 93138 万美元,比 1996 年增长 2.83%。

1997年珠海对外经济贸易

珠海市对外经济贸易委员会

【对外贸易】

进出口总额 1997年广东省珠海市进出口总额为55.22亿美元，比1996年的49.49亿美元增长11.6%。

出口总额 出口总额29.65亿美元，比1996年的24.64亿美元增长20.3%，占全省出口总额的4.08%。

出口商品结构 初级产品出口额1.26亿美元，占出口总额的4.3%；工业制成品的出口额28.34亿美元，占出口总额的95.7%。

出口额在1000万美元以上的商品情况表

金额分类	商品名称	出口金额（万美元）	占出口总额（%）
1亿美元以上（8种）	服装、纺织品、箱包及鞋帽、文体用品、各类机械、照相电影器材、家用电器、电讯设备	203457	68.62
5000万—1亿美元（5种）	日用杂品、黑色金属、非金属矿产品、塑料、成套设备	33349	11.25
1000万—5000万美元（17种）	食用动物及产品、食用植物及产品、食品及制成品、畜产品、木材、陶瓷、工艺品、纸张及纸张品、日用五金器皿、钟表、家具、有色金属、化工原料、医药原料、船舶、缝纫机类、工农具	40683	13.72
合计	30种	277489	93.59

出口商品市场 出口商品销往128个国家和地区。

主要出口市场情况表

国别（地区）	出口金额（万美元）	占出口总额（%）
香港	215220	72.56
澳门	24276	8.18
荷兰	18916	6.38
美国	6989	2.36
日本	6280	2.12
台湾省	2182	0.73

主要出口市场情况表（续）

国别（地区）	出口金额（万美元）	占出口总额（%）
韩国	1770	0.60
德国	1761	0.59
巴拿马	1232	0.42
新加坡	1162	0.39
合计	279788	94.33

进口总额 进口总额25.56亿美元，比1996年的24.85亿美元增长2.8%。

进口商品结构 初级产品进口额7.87亿美元，占进口总额的30.9%；工业制成品的进口额17.59亿美元，占进口总额的69.1%。

进口额在1000万美元以上的商品情况表

金额分类	商品名称	进口金额（万美元）	占进口总额（%）
1亿美元以上（5种）	纺织品、石油及制品、塑料、各类机械、电讯设备及器材	165487	64.7
5000万美元—1亿美元（5种）	纸浆、纸张及制品，黑色金属，有色金属，化工原料，成套设备	33622	13.2
1000万美元—5000万美元（16种）	粮油，食品制成品，饲料，纺织原料，丝织品，服装，钟表，日用杂品，非金属矿产品及制品，油漆、油墨及染料，铁路车辆及设备，汽车、电车、摩托车及零件，物理化工仪器，照相制版及电影器材，缝纫机类，家用电器	36069	14.1
合计	26种	235178	92

进口商品市场 进口商品来自34个国家和地区。

主要进口市场情况表

国别（地区）	进口金额（万美元）	占进口总额（%）
香港	157825	61.75
伊朗	35880	14.04
澳门	18977	7.42
日本	14283	5.59
美国	3538	1.38
新加坡	2642	1.03
阿曼	2089	0.82
台湾省	1371	0.54
韩国	1319	0.51

主要进口市场情况表（续）

国别（地区）	进口金额（万美元）	占进口总额（%）
秘鲁	865	0.34
合计	238789	93.42

技术进出口 1997年珠海市技术出口项目为9项，比1996年增加了4项；合同出口总额6320.51美元，比1996年的2612.14万美元增长141.96%；实际出口6094.96万美元。技术出口项目以成套设备生产线、高新技术产品为主。出口市场主要集中在东南亚的柬埔寨、缅甸、菲律宾，另外还出口到美国和香港。

【利用外资】

1997 年利用外资情况表

利用外资方式	批准签订的合同			实际利用外资	
	项目数（个）	外资金额（万美元）	金额比 1996 年（±%）	金额（万美元）	金额比 1996 年（±%）
对外借款	91	39030	39.0	39030	39.0
外商直接投资	194	57861	－31.4	61634	2.5
合资企业	49	13497	－64.5	17780	－8.1
合作企业	31	18357	－6.2	22203	23.6
外资企业	114	25653	－4.4	21660	－5.2
外商投资股份制		354			
外商其他投资	40	1536	－40.6	1725	－33.3
补偿贸易	1	13	－99.5	13	－99.5
加工装配	39	1523		1712	
合　　计	325	98427	－14.5	102398	12.8

外商直接投资行业　全年外商直接投资项目共 194 个，其中生产型项目 141 个，非生产型项目 53 个。按行业分，农林牧渔业 6 个，制造业 134 个，电力、煤气及水的生产供应业 1 个，建筑业 6 个，交通运输、仓储及邮电通信业 4 个，批发和零售贸易、餐饮业 8 个，房地产业 19 个，社会服务业 16 个。

外商直接投资来源　外商直接投资来自 18 个国家和地区，项目主要有香港 83 个，合同利用外资 31525 万美元；台湾省 23 个，合同利用外资 176 万美元；美国 12 个，合同利用外资 10188 万美元；新加坡 11 个，合同利用外资 3649 万美元；马来西亚 3 个，合同利用外资 86 万美元；维尔京群岛 3 个，合同利用外资 554 万美元；加拿大 3 个，合同利用外资 922 万美元；日本 2 个，合同利用外资 6629 万美元；德国 1 个，合同利用外资 1084 万美元；开曼群岛 1 个，合同利用外资 2819 万美元。

外商直接投资企业生产经营情况　截至 1997 年底，已开业投产的外商投资企业共 2459 家，全年总产值 299.55 亿元人民币，比去年同期增长 29.05%；出口销售收入 18.96 亿美元，比 1996 年的 17.39 亿美元增长 9.0%。

【对外经济合作】

承包工程和劳务合作　1997 年签订对外承包工程和劳务合作合同项目 148 个，比 1996 年的 45 个增加 329%，合同金额 3407 万美元，比 1996 年的 593 万美元增长 475%；营业额 3173 万美元，比 1996 年的 3300 万美元下降 3.8%；年末在外劳务人员有 2721 人，比 1996 年的 1370 人增加了 1351 人。对外承包工程和劳务人员派往主要是在澳门，其次是越南和柬埔寨。

【其他】

高新技术开发区　珠海国家高新技术产业开发区 1997 年工业总产值为 18.2 亿元人民币，比 1996 年增长 38.2%；税利总额 7800 万元人民币，比 1996 年略有增长；全区高新技术企业和技术含量较高企业的产品产值达 3.6 亿元人民币，占全区工业总产值的 19.9%，比 1996 年增长 5.7%。1997 年实际利用外资6000万美元，比1996年增长26%。新批外资企业18家，内联企业18家，注册资金1.33亿元人民币。1997年完成平整土地50余万平方米，累计完成“三通一平”9.55平方公里，累计竣工面积226.3万平方米，各项基础建设投资达1087万元。1997年共有45172平方米厂房开工，土建投资额达4387.5万元。

保税区 1997年6月珠海保税区管理委员会成立，积极开展各项筹建工作，展开基础设施建设，抓紧隔离设施的兴建，起草了《珠海保税区条例》，完成保税区控制性详细规划，草拟保税区发展战略规划，实行边建设、边招商的方针，积极开展各种招商活动。已有香港、澳门、台湾、美国、日本、德国、新加坡等国家和地区的外商前来考察洽谈，现有在谈项目十多个，意向性项目二十多个。

港口运输 1997年珠海市港口泊位208个，港口吞吐能力为2965万吨，全年货物吞吐总量724万吨，其中完成外贸进出口货物吞吐量是531万吨，出口103万吨，进口428万吨。

涉外旅游 1997年珠海市接待外国人及港澳台同胞60.9万人次，比1996年的45.97万人次增长32.47%，其中，外国人5.94万人次，比去年的7.06万人次减少了15.9%；华侨0.11万人次，比去年的0.24万人次减少了53.91%；港澳同胞43.07万人次，比去年的33.18万人次增长29.8%；台湾同胞11.78万人次，比去年同期的5.49万人次增长114.57%。旅游外汇收入3.27亿美元，比1996年的3.07亿美元增长6.5%。

1997年汕头对外经济贸易

汕头市对外经济贸易委员会

【对外贸易】

1997年，广东省汕头市进出口总值为68.73亿美元，比1996年的50.95亿美元增长34.90%。

出口总额为34.47亿美元，比1996年的26.82亿美元增长28.5%。其中，一般贸易出口为22.73亿美元，同比增长89.8%；三资企业出口为9.32亿美元，同比减少21%；三来一补出口为2.42亿美元，同比减少20.4%。出口总额占全市国内生产总值375亿元(相当于45.24亿美元)的76.19%，占全省出口总额的7.34%。

在一般贸易出口中，农副产品及其加工品为10.04亿美元，占一般贸易出口总额的44.17%；工矿产品为12.69亿美元，占一般贸易出口总额的55.83%。

出口额在500万美元以上的商品情况表

金额分类	商品名称	出口金额(万美元)	占出口总额(%)
500万－1000万美元(11种)	水果、蔬菜、干菜及制品、棉布、丝织品、日用五金器皿，黑色金属，电视设备及器材、竹制品、其他日用杂品、各类机械	8513.73	2.47
1000万－5000万美元(14种)	水产品、果干果脯、神纸、棉制品、其他纺织品、鞋类、杂项百货、渔网、木材、化纤布、化纤制品、抽纱、其他工艺品、包装类	34558.52	10.03

出口额在500万美元以上的商品情况表(续)

金额分类	商品名称	出口金额(万美元)	占出口总额(%)
5000万—1亿美元(4种)	其他山货、塑料、自行车类、玩具	30424.95	8.83
1亿美元以上(3种)	服装、陶瓷、家用电器	144423.18	41.90
合 计	32种	217920.38	63.22

出口商品销往127个国家和地区。

进口总额34.26亿美元，比1996年增长38.8%。其中，初级产品43439亿美元，占进口总额的12.68%；工业制成品299161亿美元，占87.32%，主要进口商品23种，金额27.31亿美元，占进口总额的79.72%。

进口额在1000万美元以上的商品情况表

金额分类	商品名称	进口金额(万美元)	占进口总额(%)
1000万—5000万美元(11种)	已内酰胺、棉机织物、羊毛(包括羊毛条)、合成短纤与棉混纺机织物、塑料制品、针织或钩编织物、涂复或浸渍塑料的织物、毛纱线、纺织用合成纤维、对苯二甲酸、医药品	26963	7.87
5000万—1亿美元(4种)	合成纤维纱线、塑料薄膜、仅由木质薄板制的胶合板、铜	28269	8.25
1亿美元以上(8种)	初级形态的塑料、机电产品、钢材、纸及纸板(未切成形的)、铝、合成纤维长丝机织物、成品油、鱼农产品	217874	63.59
合 计	23种	273106	79.71

进口商品来自77个国家和地区。

【利用外资】

全市签订利用外资项目461项，合同外资金额4.60亿美元，实际利用外资首次突破10亿美元，达10.11亿美元。

1997 年利用外资情况表

利用外资方式	批准签订的合同			实际利用外资	
	项目数（个）	外资金额（万美元）	金额比 1996 年（±%）	金 额（万美元）	金额比 1996 年（±%）
对外借款	5	3250	622.22	6261	1.13
外商直接投资	217	38161	−73.99	93703	2.31
合资企业	44	11656	−75.72	27920	31.70
合作企业	42	11626	−71.93	33809	−14.02
外资企业	131	14879	−74.04	31974	2.92
外商其他投资	239	4564	1675.88	1162	33.26
国际租赁					
补偿贸易	26	3590		564	−34.87
加工装配	213	974	278.99	598	9866.67
合　　计	461	45975	−68.82	101126	2.51

在外商直接投资的 217 个项目中，属生产型项目 188 项，非生产型项目 29 个。按行业分，农林牧渔业 8 项，采掘业 2 项，制造业 178 项，交通运输、仓储及邮电通信业 2 项，批发和零售贸易、餐饮业 2 项，房地产 4 项，社会服务业 5 项，教育文化艺术广播电影电视业 2 项，其他行业 14 项。

外商直接投资来自 12 个国家和地区。投资额居前 10 位的是：香港 181 项，24058 万美元；泰国 3 项，6483 万美元；英国 1 项，2600 万美元；马来西亚 1 项，2174 万美元；台湾省 1 项，1795 万美元；新加坡 4 项，1463 万美元；荷兰 1186 万美元（增资）；维尔京群岛 1120 万美元；日本 900 万美元（增资）；美国 3 项，356 万美元；加拿大 2 项，195 万美元。

截至 1997 年底，已开业投产的外商投资企业共 4874 家，全年总产值为 123.33 亿元人民币，比 1996 年的 114.38 亿元人民币增长 7.82%；销售（营业）收入 114.05 亿元人民币，比 1996 年的 113.16 亿元人民币增长 0.79%，其中出口销售收入 9.32 亿美元，比减 21.02%，三资企业盈利总额 3226 万元人民币，比 1996 年盈利 2841 万元人民币增长 13.55%。

保税区　1997 年，汕头保税区经济运行呈现良好态势，功能开发取得重大进展，投资环境进一步配套。全年开工建设项目 10 个，建筑面积 11 万平方米，投入建设资金 6698 万元人民币，比 1996 年增长 33.96%；引进外资有所突破，全年累计批准外资项目 21 个，投资总额 2.6 亿美元，合同利用外资 1.45 亿美元，分别比 1996 年增长 6.6 倍和 2.9 倍；保税仓储业务不断扩大，对外贸易迈出新的步伐。保税仓储企业从 1996 年的 3 家增加到 10 家。国内企业踊跃入区开展对外贸易，全年共批准内资企业 103 家，注册资本总额 2.8 亿元人民币，与西南、中南地区 80 多家企业建立贸易合作关系。进出口贸易总值 5.75 亿美元，比 1996 年增长 15%；保税仓储总值 2.5 亿美元，比上年增长 25%。

【对外经济合作】

全年对外签订劳务合作合同 15 个，合同金额 293 万美元，营业额 188 万美元，当年派出劳务人员 129 人次，年末在外人数 479 人。

劳务人员主要派往澳门、越南、缅甸、毛里求斯、香港、泰国、新加坡、马来西亚、牙买加等国家和地区，主要从事制衣、毛织、建筑、饮食、捕捞、维修等工作。

对外经贸洽谈 1997年,汕头市积极组织和参加在香港举办的"'97广东高新技术项目洽谈会"、"香港'97中国投资洽谈会",在德国举办的"'97中国汕头经济特区(法兰克福)投资环境介绍会",在厦门举办的"'97中国投资贸易洽谈会"以及外经贸部在日本举办的"'97中国投资商谈会",大力宣传汕头投资环境,加强同国际大财团、跨国公司的联系,引进了一批规模大、档次高的基础设施项目和高新科技项目,取得较好的成果,共签约50项,总投资额71669万美元,合同利用外资49836万美元。参加第81届和第82届广州中国出口商品交易会,共出口成交18068万美元,比1996年增长26%。

港口运输 汕头港共有5000吨以上泊位26个,其中万吨以上泊位8个,最大靠泊能力3.5万吨。1997年实际完成货物吞吐量1360万吨,比1996年的1200万吨增长13.3%,其中完成外贸进出口货物吞吐量734万吨(进口633.8万吨,出口100.2万吨)。全年进出口货运量1056万吨,其中,进口795万吨,出口261万吨;按运输方式分,海运913万吨,空运0.2万吨,陆运143万吨。

1997年湛江对外经济贸易

湛江市对外经济贸易委员会

【对外贸易】

进出口总额 1997年广东省湛江市进出口总额为80508万美元,比1996年的70976万美元增长13.43%。

出口总额 出口总额45125万美元,比1996年的44154万美元增长2.2%,占全市国内生产总值356亿元(相当于42.94亿美元)的10.51%,占全省出口总额的0.62%。

出口商品结构 初级产品12198万美元,占出口总额的27%;工业制成品32927万美元,占出口总额的73%。

出口额在1000万美元以上的商品情况表

金额分类	商品名称	出口金额(万美元)	占出口总额(%)
1000万－3000万美元(6种)	桉木片、石油及制品、塑料及制品、电动工具、竹藤编织品、海水珍珠	11558	25.61
3000万美元以上(7种)	棉纱线及棉制品、家电设备、服装、鞋帽及日用杂品、冻鱼及海水产品、五金矿产、鹅鸭绒毛及畜产品	30287	67.12
合计	13种	41845	92.73

出口商品市场 出口商品销往82个国家和地区。

主要出口市场情况表

国别(地区)	出口金额(万美元)	占出口总额(%)
香港	27938	61.91
日本	4921	10.91
美国	3055	6.77
台湾省	2282	5.06
德国	599	1.33
新加坡	558	1.24
荷兰	471	1.04
泰国	449	1.00

主要出口市场情况表(续)

国别(地区)	出口金额(万美元)	占出口总额(%)
西班牙	432	0.96
英国	325	0.72
合计	41030	90.93

进口总额 进口总额35383万美元,比1996年的26822万美元增长31.92%。

进口商品结构 初级产品进口额为27869万美元,占进口总额的78.8%;工业制成品的进口额的7514万美元,占进口总额的21.2%。

进口额在500万美元以上的商品情况表

金额分类	商品名称	进口金额(万美元)	占进口总额(%)
500万—1000万美元(5种)	冻鱼、钢材、尿素、汽车零配件、摩托车零配件	2774	7.84
1000万美元以上(5种)	豆粒、棉花、轻工成套设备、粮油食品成套设备、原油	28850	81.54
合计	10种	31624	89.38

进口商品市场 进口商品来自26个国家和地区。

主要进口市场情况表

国别(地区)	进口金额(万美元)	占进口总额(%)
也门	21140	59.75
香港	5684	16.06
德国	2481	7.01
日本	1272	3.59
俄罗斯	958	2.71
英国	658	1.86

主要进口市场情况表(续)

国别(地区)	进口金额(万美元)	占进口总额(%)
阿根廷	620	1.75
美国	408	1.15
秘鲁	276	0.78
印度	266	0.75
合计	33763	95.42

技术进出口 1997年湛江市技术进出口总额的1641.53万美元，比1996年的991.58万美元增长65.5%。其中，引进技术和进口设备合同项目6个，合同金额829万美元，比1996年的508万美元增长63.19%。签订技术出口合同项目7个，合同金额812.53万美元，比1996年的483.58万美元增长68.02%。

技术进口 引进技术设备来自瑞典、日本、新加坡和香港地区，行业分布于造纸、机械制造、动物饲料。

技术出口 主要是成套设备带技术出口，主要项目有：甘蔗糖厂设备，方便面生产线，橡胶加工设备，农用运输车，高压电器设备。

【利用外资】

1997年利用外资情况表

利用外资方式	批准签订的合同			实际利用外资	
	项目数（个）	外资金额（万美元）	金额比1996年（±%）	金额（万美元）	金额比1996年（±%）
外商直接投资	45	11177	－47	10014	－34
合资企业	20	7546	38	6656	－20
合作企业	9	1556	－87	2647	－49
外资企业	16	2075	－39	711	－54
外商其他投资	4	184		77	
补偿贸易					
加工装配	4	184		77	
合　　计	49	11361	－46.64	10091	－35.22

外商直接投资行业 在外商直接投资的45个项目中，生产型项目42个，非生产型项目3个。按行业分，农林牧渔业5个，工业35个，建筑业1个，交通运输业1个，社会服务业2个，餐饮业1个。

外商直接投资来源 按批准的合同统计，外商直接投资来自12个国家和地区。主要有香港30个，5369万美元；台湾省6个，1747万美元；法国1个，1722万美元；维尔京群岛1个，1305万美元；韩国1个，500万美元；澳门2个，412万美元；德国1个，100万美元。

外商直接投资企业生产经营情况 截至1997年底，已开业投产的外商投资企业共590家，全年销售（营业）收入614733万元，比1996年增长36.6%。其中，出口销售收入20282万美元，比1996年下降10.97%。外商投资企业盈利额20117万元，比上年增长118%，亏损额23495万元，比上年增长37.65%。全市外商投资企业盈亏相抵利润总额3378万元，比1996年的7846万元下降56.95%。

【其他】

1997年湛江经济技术开发区国内生产总值为21.44亿元，其中，第一产业产值2亿元，第二产业产值17.40亿元，第三产业产值2.04亿元。

1997年开发区全社会固定资产投资17298万元，比1996年增长86.02%。其中，基础设施投资2260万元。

1997年批准入区企业26个，协议总投资90693

万元，其中中外合资、合作、独资企业20个，合同外资金额6710万美元，比1996年增长95.68%，实际利用外资5194万美元，比1996年下降14.08%。已投产的外商企业93家，工业产值178185万元，占全区工业总产值的31.65%。

1997年全区外贸进出口总额为14902万美元，其中出口额10672万美元，比1996年下降22.98%；进口额4230万美元，比1996年下降69.44%。

对外经贸洽谈会 1997年8月湛江市组团参加香港'97广东高新技术项目洽谈会。签订利用外资项目合同、协议47宗，合同外资金额2.04亿美元。我市组团参加了第81届和82届广州中国出口商品交易会，共成交出口总额5100万美元，比1996年的2799万美元增长82.21%。

港口运输 湛江市共有港口码头泊位128个，港口吞吐能力2874万吨，其中，万吨以上泊位24个，最大靠泊能力7万吨。1997年完成货物吞吐量2428.4万吨，比1996年的2064.54万吨增长17.6%。其中外贸进出口货物吞吐量1265.7万吨（出口319.8万吨，进口945.9万吨），占全年货物吞吐量的52.12%。港口集装箱运输量43624箱，比1996年的22153箱增长96.9%。

涉外旅游 1997年湛江市接待来自27个国家和香港、澳门、台湾地区的境外旅游者3.98万人次，比1996年的1.06万人次增长275.47%。旅游收入44867万元，比1996年的28461万元增长57.64%。

1997年广西对外经济贸易

广西壮族自治区对外贸易经济合作厅

【概述】

1997年，广西外贸出口总额为23.8亿美元，超过历史最好水平的1995年，再次跨上新台阶；和全国对比，出口增长速度比全国高3个百分点，出口总额在全国各省市中排第13位，比1996年前移2位。在出口贸易中，国有外贸企业继续占据主力军的地位，其出口额占全区出口总额的80%以上；出口商品结构进一步优化，工业制成品占出口总值的比重上升了9个百分点，纺织服装类出口首次超过食品、土畜、五金矿产类，跃居各类出口商品榜首；出口市场多元化有新的进展，远洋贸易得到加强，对拉丁美洲和北美洲的贸易比上年增长50%以上。利用外资创历史最好水平，全年签订利用外资合同外资额（不含对外借款）14.7亿美元，在全国排第6位，比1996年前移5位，实际利用外资（不含对外借款）8.86亿美元，在全国排第9位，比1996年前移3位。对外承包工程和劳务合作发展加快，全区签订承包劳务合同总额、非贸易型海外投资、接受国际无偿援助和年末在海外劳务人数等外经业务指标也创历史最好水平。

【对外贸易】

进出口总额 1997年广西壮族自治区进出口总额为306821万美元，比1996年的280146万美元增长9.52%。

出口总额 出口总额为238266万美元，比1996年的191620万美元增长24.34%。其中一般贸易出口177830万美元，占出口总额的74.64%，比上年增长17.72%；易货贸易出口21550万美元，占出口总额的9.04%，比上年增长23%；进料加工出口13578万美元，占出口总额的5.7%；来料加工出口23840万美元，占出口总额的10%；补偿贸易出口1468万美元，占出口总额的0.6%；出口总额占全自治区国内生产总值2067.15亿元（相当于249.36亿美元）的9.56%；占全国出口总额的1.3%。

出口商品结构 初级产品出口额为44403万美元，占出口总额的18.6%；工业制成品出口额为193864万美元，占出口总额的81.4%；其中机电产品出口额为21489万美元，占出口总额的9%。

出口额在500万美元以上的商品有53种，出口金额为144955万美元，占出口总额的60.8%。

出口额在1000万美元以上的商品情况表

金额分类	商品名称	出口金额（万美元）	占出口总额（%）
1000万－2000万美元(16种)	桐油、棕榈油、竹制品、活猪、锰铁、收录两用机、豆油、菜油、纸张、干电池、锡材、塑料编织袋、棉布、除草剂、电子元器件、滑石	22176	9.31
2000万－3000万美元(6种)	硅、鞭炮、烟花、钢材、硅锰合金、锑、锌	15808	6.63
3000万美元以上(10种)	服装、锡、松香、陶瓷、重晶石、水泥、罐头、人造棉布、真丝领带、鞋	92699	38.91
合 计	32种	130683	54.85

出口商品市场 出口商品销往121个国家和地区。其中10大主要出口市场出口额为215461万美元，占出口总额的90.43%。

主要出口市场情况表

国别（地区）	出口金额（万美元）	占出口总额（%）
香 港	122020	51.21
越 南	36311	15.24
美 国	18067	7.58
日 本	15613	6.55
荷 兰	6796	2.85
泰 国	4183	1.76
新加坡	3881	1.63
德 国	3491	1.47

主要出口市场情况表（续）

国别（地区）	出口金额（万美元）	占出口总额（%）
韩 国	2618	1.1
台湾省	2481	1.04
合 计	215461	90.43

进口总额 进口总额68555万美元，比1996年的88526万美元下降22.56%。

进口商品结构 初级产品进口额26933万美元，占进口总额的39.3%；工业制成品进口额41622万美元，占进口总额的60.7%。

进口额在500万美元以上的商品有23种，进口金额25441万美元，占进口总额的37.11%。

进口额在500万美元以上的商品情况表

金额分类	商品名称	进口金额（万美元）	占进口总额（%）
500万美元—1000万美元（16种）	铝、天然橡胶、录音机、鱼粉、钢材、氮肥设备、木材加工设备、医疗器械设备、供热设备、菜油、桂元干、纸张、硫化锑、液化天然气、石油沥青、微波通讯设备	10491	15.30
1000万美元以上（8种）	棕榈油、豆粕、尿素、硬锰砂、氯化钾、豆油、光纤维通讯设备、铁矿砂	14950	21.81
合计	24种	25441	37.11

进口商品市场 进口商品来自37个国家和地区。其中10大主要进口市场进口额为56576万美元，占进口总额的82.53%。

主要进口市场情况表

国别（地区）	进口金额（万美元）	占进口总额（%）
香港	25118	36.64
越南	16152	23.56
意大利	2761	4.03
俄罗斯	2546	3.71
澳大利亚	2156	3.15
日本	2049	2.99
新加坡	1586	2.31
芬兰	1537	2.24
南非	1458	2.13
美国	1213	1.77
合计	56576	82.53

边境贸易 据自治区外经贸厅统计，1997年全区对越边境贸易进出口总额为35734万美元，比1996年的33964万美元增长5.21%，占全自治区进出口总额的11.65%。其中出口额21550万美元，比1996年的17491万美元增长23.21%，占全区出口总额的9.04%；进口额14184万美元，比1996年的16473万美元下降13.9%，占全区进口总额的20.68%。出口的主要商品有面粉、水果、酒、啤酒、化纤布、毛毯、服装、布胶鞋、小五金、农药、柴油机、电风扇、饼干、山货、陶瓷砖、快干水泥、平板玻璃、粘土耐火砖、中成药、石墨电极、推土机、造纸设备、糖制品设备、电子元器件、电筒等。进口的主要商品有豆油、花生仁、芝麻、椰子油、棕榈油、香蕉、桂元干、腰果仁、海味品、原糖、酒、茶叶、咖啡、可可、山货、木材、新闻纸、铁矿砂、铜、铜合金、铝、煤、轻柴油、沥青焦、天然橡胶、中药材、合成橡胶、铜精矿砂等。

【利用外资】

1997年广西批准签订利用外资项目合同（含对外借款）441个，比1996年减少189个；合同外资金额（含对外借款）151207万美元，比1996年的82875万美元增长82.45%；实际利用外资金额（含对外借款）97543万美元，比1996年的74256万美元增长31.36%。

1997年利用外资情况表

利用外资方式	批准签订的合同			实际利用外资	
	项目数（个）	外资金额（万美元）	金额比1996年（±%）	金额（万美元）	金额比1996年（±%）
对外借款	10	4197	－14.9	8964	29.13
外商直接投资	289	147001	92.79	87986	32.08
合资企业	130	22516		30882	
合作企业	71	60432		39434	
外资企业	88	64053		17670	
外商投资股份制					
合作开发					
其他					
外商其他投资	142	9	－99.5	593	－14.68
对外发行股票					
国际租赁					
补偿贸易	1	9		370	
加工装配	141			223	
合计	441	151207		97543	

外商直接投资行业 在外商直接投资项目中，生产型项目有236项，非生产型项目有53项。按行业分，农、林、牧、渔业13项，采掘业1项，制造业172项，电力生产业9项，建筑业20项，交通运输、仓储业21项，批发和零售贸易、餐饮业6项，房地产业14项，社会服务业28项，教育、文化艺术业1项，科学研究和综合技术服务业2项，其他行业2项。

外商直接投资来源 外商直接投资来自香港、台湾省、美国、英国、维尔京群岛、日本、丹麦、韩国、澳门、新加坡、法国、加拿大、菲律宾、马来西亚、意大利、澳大利亚、泰国、毛里求斯、德国、荷兰、瑞典、瑞士、委内瑞拉、新西兰、西萨摩亚等25个国家和地区。其中投资额较大的国家和地区有：香港128项，合同外资额20664万美元；台湾省51项，合同外资额4321万美元；美国21项，外资额9539万美元；英国17项，外资额17149万美元；维尔京群岛17项，外资额25262万美元；法国4项，外资额56162万美元；加拿大4项，外资额1580万美元；菲律宾3项，外资额3454万美元；澳大利亚3项，外资额3021万美元；德国1项，外资额1770万美元；新加坡4项，外资额1201万美元。

【对外经济合作】

承包工程和劳务合作 1997年签订对外承包工程和劳务合作合同项目96个，合同总金额12122万美元，比1996年的4335万美元增长1.8倍；完成营业额3966万美元，比1996年的8755万美元下降54.7%；年末在国（境）外劳务人员2350人。对外承包和劳务合作业务主要分布在香港、澳门、台湾省、越南、老挝、缅甸、泰国、印度尼西亚、马来西亚、新加坡、巴基斯坦、孟加拉、斯里兰卡、美国、波兰、南斯拉夫、爱尔兰、法属波利尼西亚、冈比亚、肯尼亚、安哥拉、纳米比亚、乍得等23个国家和地区。承包工程的主要项目有孟加拉贾木那引道工程，巴基斯坦火电厂土建、水渠修复工程，越南荣市渔业水产工程，越南生桂饲料厂，中国驻越使馆扩建工程，越南平顺糖厂，越南同奈糖厂等。

接受经济援助 接受国际经济组织及双边援助项目10个，受援金额5456.5万元人民币。接受援助的主要项目有广西残疾儿童社会康复项目，广西粮食增产和扶贫项目，百色华侨农场果汁厂项目和桂林漓江综合治理调查项目等。

对外投资 1997年广西在海外举办非贸易型企业3家，合同总额564万美元；其中中方投资515.5万美元，占合同总额的91.4%。这3家企业分布在新加坡、马来西亚和柬埔寨三个国家内。

【其他】

对外经贸洽谈会 1997年4月、8月、10月，广西分别在加拿大、美国、韩国等国家和深圳、桂林等城市举办了4次招商洽谈会和1次贸易展览会，共签订外商投资项目合同153个，合同金额12.29亿美元，合同外资额9.05亿美元；在韩国汉城举办的“中国广西贸易展览会”接待参展客商1326人，贸易成交额1820万美元，是近几年广西在海外举办的较为成功的一次展览会。

港口运输 1997年广西外贸运输总量为898.49万吨，比1996年增长26.3%。其中出口量520.49万吨，进口量378万吨。按运输方式分，海运量893.09万吨，陆运量5.4万吨，空运量118吨。

涉外旅游 1997年广西共接待国外旅游人员34.5万人次，接待台港澳同胞旅游人员22.8万人次，全年旅游收入14.8亿元，比1996年的12.7亿元增长17%。

1997年北海对外经济贸易

北海市对外贸易经济合作局

【对外贸易】

进出口总额 1997年广西壮族自治区北海市进出口总额为15858万美元，比1996年的14670万美元增长8.1%。

出口总额 出口总额8375万美元，比1996年的7336万美元增长14.16%，占全市国内生产总值112亿元(相当于135105万美元)的6.2%，占广西壮族自治区出口总额23.80亿美元的3.52%。

出口商品结构 初级产品出口额1064万美元，占出口总额的12.7%；工业制成品出口额7311万美元，占出口总额的87.3%。

出口额在100万美元以上的商品情况表

金额分类	商品名称	出口金额(万美元)	占出口总额(%)
1000万美元以上(2种)	革皮制品、除草剂	4151	49.56

出口额在100万美元以上的商品情况表(续)

金额分类	商品名称	出口金额(万美元)	占出口总额(%)
100万－1000万美元(14种)	棕及制品、集装箱、纺织品、杀虫剂、汽车零件、塑料制品、PS版、钾化合物、过磷酸钙、瓷土、针织服装、梭织服装、日用杂品、水产品	3813	45.53
合计	16种	7964	95.09

主要出口商品市场情况表

国别(地区)	出口金额(万美元)	占出口总额(%)
香港	6891	82.28
美国	646	7.71
菲律宾	306	3.65
台湾省	153	1.83
合计	7996	95.47

进口总额 进口总额7483万美元，比1996年7334万美元增长2.03%。

进口商品结构 初级产品进口额3763万美元，占进口总额的50.29%；工业制成品进口总额3720万美元，占进口总额的49.71%。

进口额在50万美元以上的商品情况表

金额分类	商品名称	进口金额(万美元)	占进口总额(%)
1000万美元以上(3种)	畜产品、化肥、农药	4477	59.83
100万－1000万美元(5种)	化工原料、棉布、钢材、塑料、各类机械	1409	18.83
50万－100万美元(2种)	铝板、油漆及染料	151	2.02
合计	10种	6037	80.68

主要进口商品市场情况表

国别(地区)	进口金额(万美元)	占进口总额(%)
香　港	5087	67.98
阿根廷	1220	16.30
越　南	291	3.89
英　国	286	3.82
俄罗斯	168	2.25
印度尼西亚	151	2.02
合　计	7203	96.26

【利用外资】

1997年全市共批准签订利用外资项目合同18个,合同外资额2207万美元,比1996年的17022万美元下降了87.03%,实际利用外资4502万美元,比1996年的10167万美元减少55.72%。其中中外合资项目10个,合同外资金额1756万美元,合作项目1个,金额220万美元,独资项目6个,金额221.5万美元,补偿贸易项目1个,金额9万美元。

外商直接投资行业　生产型项目15个,非生产型项目3个。按行业划分:工业项目13项,农业1项,渔业1项,居民服务业2项,交通运输业1项。

外商直接投资来源　外商直接投资主要来自7个国家和地区,具体为:香港9项,合同外资金额1352万美元;台湾省4项,金额400万美元;马来西亚、加拿大、美国、澳大利亚和其他地区各1项,金额共455万美元。

外商直接投资企业生产经营情况　截至1997年底,全市开业投产经营的外商投资企业324家,年出口总额5864万美元,比1996年的5091万美元增长15.18%。

对外商贸洽谈会　1997年4月、6月,北海分别在深圳、美国的塔尔萨市举办了招商会和商贸洽谈会,共签订合同10项,总金额36212万美元,协议4项,总金额12150万美元。

【对外经济合作】

承包工程和劳务合作　1997年签订对外承包工程和劳务合作合同项目6个,合同总金额63万美元,比1996年的33万美元增长90.91%,完成营业额60万美元,比1996年的203万美元减少了70.44%。当年共派出各类劳务人员11人次,年末在国(境)外各类劳务人员达100人,主要派驻柬埔寨。

对外投资　1997年北海海外经济技术合作公司在柬埔寨注册成立了非贸易型投资企业一家,并与该国签订了租赁合同,租赁该国35万亩土地,租期70年,进行农业综合开发,目前该项目进展顺利。为我国利用海外资源发展农业、建立海外农业基地起到良好的示范作用。

【其他】

港口运输　1997年北海港口吞吐总量为266万吨,比1996年的213万吨增长24.88%,其中完成外贸进出口货物吞吐总量131.04万吨,比1996年的84.76万吨增长54.6%(出口量75.74万吨,比1996年的36.64万吨增长106.71%,进口量55.3万吨,比1996年的48.12万吨增长14.92%)。

涉外旅游　1997年北海市在涉外旅游航线的开通方面取得新进展,开办对越南海防、下龙市的国际旅游航线项目已获国家正式批准。全年入境到北海观光旅游及考察的国内外游客达228万人次,比1996年的131万人次增长74.05%,其中外国人及台港澳同胞7846人次,比1996年的7351人次增长8.09%,旅游总收入5.8亿元,比1996年的3.3亿元增长75.76%,其中旅游外汇收入251.6万美元,比1996年的232.7万美元增长8.12%。

1997年海南对外经济贸易

海南省商业贸易厅

【对外贸易】

进出口总额 1997年海南省进出口总额为194901万美元，比1996年的228667万美元下降14.77%。

出口总额 出口总额88966万美元，比1996年的84132万美元增长5.75%，占全省国内生产总值418亿元(相当于50.42亿美元)的17.65%。

出口商品结构 初级产品出口额29090万美元，占出口总额的32.70%；工业制成品出口额59876万美元，占出口总额的67.30%。

出口商品涉及55个大类990种。

出口额在1000万美元以上的商品情况表

金额分类	商品名称	出口金额(万美元)	占出口总额(%)
5000万美元以上(1种)	天然气	17431	19.59
1000万－5000万美元(6种)	锑、硅锰合金、木材、锌锭、工艺品、锡	12414	13.95
合计	7种	29845	33.54

出口商品市场 出口商品销往124个国家和地区。

主要出口市场情况表

国别(地区)	出口金额(万美元)	占出口总额(%)
香港	37551	42.20
日本	9169	10.30
美国	9365	10.52
韩国	4233	4.75
荷兰	2881	3.23
德国	2439	2.74
新加坡	1770	1.98

主要出口市场情况表(续)

国别(地区)	出口金额(万美元)	占出口总额(%)
越南	1590	1.78
台湾省	1159	1.30
英国	1212	1.36
泰国	1190	1.33
印度尼西亚	1118	1.25
法国	1093	1.22
合计	74770	83.96

进口总额 1997年海南口岸进口总额105935万美元，比1996年的144535美元下降26.71%。

进口商品结构 进口商品涉及36个大类95种商品。其中初级产品进口额17204万美元，占进口总额的16.24%；工业制成品的进口额88731万美元，占进口总额的83.76%。

主要进口商品情况表

金额分类	商品名称	进口金额（万美元）	占进口总额（%）
10000万美元以上(3种)	机械及设备、钢材、航空器及零件	68002	64.19
1000万—10000万美元(7种)	成品油、电器及电子产品、医药品、植物油、橡胶及制品、船舶及浮动结构、对苯二甲酸	19395	18.31
合计	10种	87397	82.50

进口商品市场 进口商品来自32个国家和地区。

主要进口市场情况表

国别(地区)	进口金额（万美元）	占进口总额（%）
美国	22802	21.52
俄罗斯	16810	15.87
日本	11097	10.48
荷兰	10589	10.00
新加坡	8795	8.30
德国	4854	4.58
乌克兰	4467	4.22
韩国	3457	3.26
台湾	2839	2.68

主要进口市场情况表(续)

国别(地区)	进口金额（万美元）	占进口总额（%）
香港	2367	2.23
合计	88077	83.14

技术进出口 1997年海南省技术进出口总额为1199万美元，比1996年的14063.3万美元下降91.47%。其中签订引进技术和进口设备合同项目数3个，与1996年持平；合同金额1139万美元，比1996年的1341.3万美元下降15.08%。签订技术出口合同项目数1个，比1996年减少3个；合同金额160万美元，比1996年的12722万美元下降98.74%。

【利用外资】

1997年利用外资情况表

利用外资方式	批准签订的合同			实际利用外资	
	项目数（个）	外资金额（万美元）	金额比1996年（±%）	金额（万美元）	金额比1996年（±%）
对外借款	—	—	—	41000	2.50
外商直接投资	220	28093	2.55	70554	−10.60
合资企业	63	17228	15	29857	4.51
合作企业	6	4108	−10	1692	−78.02
外资企业	151	6757	−15	36025	−15.52
外商投资股份制企业	—	—		2980	—
合计	220	28093	2.55	111554	−6.20

1997年外商直接投资主要行业情况表

资产行业	项目数	外资金额	外商直接投资总额（%）
第一产业	49	1737	6.18
农业	36	646	2.30
林、牧、渔业	13	1091	3.88
第二产业	102	14043	49.99
(一)工业	93	7981	28.41
电子设备制造业	24	1931	6.87
食品制造业	13	333	1.19
其他工业	56	5717	20.35
(二)建筑业	9	6062	21.58
第三产业	69	12313	43.83
技术服务业	6	575	2.05
房地产管理	18	5872	20.90
宾馆业	14	2479	8.82
其他服务行业	31	3387	12.06
合计	220	28093	100

外商直接投资分国别（地区）主要情况表

国别（地区）	项目数	外资金额（万美元）	占外商直接投资总额（%）
香港	77	19172	68.24
台湾省	64	1881	6.70
美国	14	1600	5.70
日本	5	1555	5.54
加拿大	6	1166	4.15
马来西亚	10	769	2.74
法国	1	433	1.54
英属维尔京群岛	2	405	1.44

【对外经济合作】

承包工程和劳务合作 1997年签订对外承包工程和劳务合作合同项目1个，合同金额843万美元，比1996年的734万美元增长14.85%；营业额92.3万美元，比1996年的242万美元下降61.86%。

1997年共派出劳务1人次，年末在外人数26人。承包工程的项目是坦桑尼亚阿加汗医院，合同额843万美元。

对外经济技术援助 承担援外项目2个，合同金额为1200万元人民币，受援国别和项目分别是加纳职业培训中心项目(1170万元人民币)和柬埔寨克蒙小学校舍项目(30万元人民币)。当年派出援外人员10人，年末在外人数10人。

接受经济援助 接受国际无偿援助项目3个，援助金额414.8万美元。受援项目和金额分别是联合国开发计划署援助的"海南农业生产用地持续管理"项目，受援金额79.8万美元；"多部门参与爱滋病预防与控制"项目，金额为30万美元。德国政府援助的"海南热带林生物多样性与保护"项目，金额为305万美元。三个项目正在实施之中。

对外投资 1997年共在海外举办企业和办事处2个，投资金额81万美元，投资国别为新加坡和越南。

【其他】

港口运输 1997年全年港口吞吐量为1473万吨，比1996年1351万吨增长9.03%；1997年完成外贸进出口货运量640万吨，比1996年的264.7万吨增长141.78%，其中进口运量197万吨，出口运量443万吨。

涉外旅游 全年涉外宾馆共接待游客790万人次，比上年增长62.55%，其中入境国际游客41.28万人次，比上年增长21.81%，涉外旅游外汇收入1亿美元，比上年增长17.1%。

1997年重庆对外经济贸易

重庆市对外经济贸易委员会

1997年重庆市外经贸进入新的发展阶段。3月14日全国人大正式通过设立重庆直辖市的议案。重庆外经贸在新的起点上夯基础、调结构、上水平，1997年取得令人刮目相看的成绩。实际利用外资9.4亿美元，比上年增长1.1倍。各项外经贸主要指标增幅均超过全国平均水平，创该市历史新纪录。

1997年1月，重庆市召开全市对外开放大会，市委、市政府下达了《关于全面推进对外开放的意见》。市政府出台了鼓励外商投资的61条优惠政策，推出了对外商投资实行"一站式"服务、对外商投资企业负担实行登记监督制度、下放外商投资审批权限、设立对外招商项目办公室、编制《投资指南》和《对外招商合作项目》、建立对外开放联系会制度等措施，有力地推动了投资环境的改善，树立起重庆直辖市对外开放的新形象。

1997年外商来渝投资考察空前活跃，出现"三多"现象。一是外商考察洽谈团组增多，据不完全统计共接待470批、约3400人(次)；二是著名跨国公司来渝设立办事处增多，全年又有29家境外大公司来渝设立常驻机构，其中有三菱、日绵、日商岩井、丸红、西门子、爱立信等著名大公司和住友银行等著名金融机构；三是外地"三资"企业来渝设立分支机构增多，现累计已有200多户。重庆市组团参加厦门经贸洽谈会、香港招商会取得较好成果，赴美国、日本、欧洲、香港出访，与一些跨国公司达成合作协议，在当地掀起"重庆热"，进一步提高了重庆市的知名度。

【对外贸易】

进出口总额 1997年重庆市进出口总额为163178万美元，比1996年的138400万美元增长17.9%。

出口总额 出口总额78489万美元，比1996

年的61775万美元增长27.06%，占全市国内生产总值1375亿元的4.73%。

出口商品结构 初级产品出口额8172万美元，占出口总额的10.4%；工业制成品的出口额70317万美元，占出口额的89.6%。

出口商品情况表

金额分类	商品名称	出口金额（万美元）	占出口总额（%）
1000万美元以上（12种）	棉针织服装、棉服装、钢材、染料中间体、麻布、聚乙烯醇、真丝绸服装、铝材、涤棉针织服装等	26644	33.94
500万－1000万美元（14种）	摩托车、桐油、肝素纳、手工具、鞋、内燃机、塑料制品、绸缎、汽车零件、猪肠衣、L半光胺酸、化纤制品、麻纱、猪鬃	10828	13.8
合计	26种	37472	47.74

出口商品市场 出口商品销往124个国家和地区。

主要出口市场情况表

国别（地区）	出口金额（万美元）	占出口总额（%）
香港	37946	48.35
日本	7917	10.09
美国	6760	8.61
德国	3675	4.68
韩国	3554	4.53
荷兰	1579	2.01
意大利	1517	1.93
新加坡	1388	1.77
泰国	1181	1.51
印度尼西亚	1002	1.28
合计	66519	84.79

进口总额 进口总额84689万美元，比1996年的76625万美元增长10.52%。

进口商品结构 初级产品进口额7795万美元，占进口总额的9.2%；工业制成品的进口额76894万美元，占进口总额的90.80%。

进口居前5位的商品是：汽车摩托车及零部件，22288万美元；各类机械，15587万美元；黑色金属，15136万美元；有色金属13305万美元；化工原料5649万美元。

进口商品市场 进口商品来自36个国家和地区。主要进口商品市场前5位是：日本，38211万美元，占进口总额的45.12%；香港，13548万美元，占15.99%；俄罗斯，7406万美元，占8.74%；巴西，4686万美元，占5.53%；澳大利亚，2850万美元，占3.36%。

1997年利用外资情况表

利用外资方式	批准签订的合同			实际利用外资	
	项目数（个）	外资金额（万美元）	金额比1996年（±%）	金额（万美元）	金额比1996年（±%）
对外借款	2			43923	108.3
外商直接投资	229	46017	101	38675	99.2
合资企业	109	18026		16472	
合作企业	21	18317		15845	
外资企业	99	9674		6358	
外商其他投资	55	14168	352.5	11402	843.9
对外发行股票	1	10092		8275	
国际租赁					
补偿贸易	2	30		0	
加工装配	52	4046		3127	
合　　计	286	60185		94000	

外商直接投资行业　在外商直接投资项目中，生产型项目198个，非生产型项目31个。协议外资金额在5000万美元以上的行业分布为：制造业130个，协议外资金额1.8亿美元；建筑业16个，协议外资金额1亿美元；社会服务业20个，协议外资金额6860万美元；房地产业18个，协议外资金额5692万美元。

外商直接投资来源　外商直接投资来自25个国家和地区。投资居前5位的国家和地区是：香港84项，1.6亿美元；维尔京群岛9项，1亿美元；美国32项，7496万美元；日本13项，2691万美元；台湾省50项，2446万美元。

外商直接投资企业生产经营情况　1997年外商直接投资企业出口创汇6656万美元，比去年增长16%，涉外税收6.5亿元，比1996年增长50%。

【对外经济合作】

承包工程和劳务合作　1997年签订对外承包工程和劳务合作合同项目22个，合同金额2607万美元，比1996年的6647万美元下降60.77%；营业额2725万美元，比1996年的3097万美元下降12.01%；当年派出劳务人员数804人次，年末在外人数1466人。对外劳务承包分布在88个国家和地区，主要是马来西亚、阿尔及利亚、新加坡、阿塞拜疆、斐济、乌干达、坦桑尼亚、泰国和台湾省；主要承包工程项目有马来西亚蒲种商业广场项目，阿尔及利亚旅游项目，苏丹西部路拯救路工程。

对外投资　1997年重庆市在海外举办非贸易型企业3家，中方投资额110万美元，它们是，中国嘉陵工业股份有限公司(集团)与印尼合资组建的布原拉嘉陵萨克帝摩托车有限公司、重庆对外建设总公司(乌干达)有限公司和(苏丹)有限公司。

【其他】

经济技术开发区　1997年重庆经济技术开发区兴办外商投资企业32家，引进外资9000万美元，实际利用外资6720万美元。涉外税收5.6亿元，比上年增长235%。截至1997年底，开发区累计兴办外商投资企业270家，投资总额10亿美元，协议外资金额3.8亿美元。其中投资300万美元以上的大中型工业项目22个。目前已有来自台湾省、香港、日本、美国、新加坡等20余个国家和地区的企业前来投资建厂。

重庆高新技术产业开发区1997年新办外商投资企业39家，投资总额1.66亿美元，其中协议外资金额8360万美元，注册资金1000万美元以上的大项目3个。实现技工贸总收入50亿元，完成工业总产值41亿元，分别比1996年增长42.8%和41.4%；实现税收2亿元，比1996年增长33.3%；出口创汇3000万美元，比1996年增长50%。截至1997年底，高新区已有科技企业2500家，有外商投资企业263家，总投资8.47亿美元，协议外资金额3.47亿美元。累计竣工建筑面积106万平方米；累计完成基础设施建设投资2.5亿元。

港口运输 1997年重庆港完成货物吞吐量940万吨，比1996年的926万吨增长1.52%。其中完成外贸进出口货物吞吐量146万吨(出口运量22.1万吨，进口运量123.9万吨)同比增长67.8%。

涉外旅游 全年接待海外旅游、访问以及其他活动的外国人、华侨、港澳台同胞25.94万人次，比1996年下降31%。旅游外汇收入1.05亿美元，比1996年的9190万美元增长14.1%。

1997年四川对外经济贸易

四川省对外贸易经济合作委员会

【对外贸易】

进出口总额 1997年四川省进出口总额为271540万美元，比1996年的261242万美元增长3.94%。

出口总额 出口总额164429万美元，比1996年的155281万美元增长5.9%，占全国出口总额的0.9%。

出口商品结构 初级产品出口额41953万美元，占出口总额的25.5%；工业制成品的出口额为122476万美元，占出口总额的74.5%。

出口额在1000万美元以上的商品情况表

金额分类	商品名称	出口金额(万美元)	占出口总额(%)
1亿美元以上(4种)	服装、钢材、化工原料、纺织品	52771	32.09
5000万－1亿美元(7种)	冻猪肉、纺织原料、丝织品、铁合金、医药原料、电讯设备及器材	35582	21.64

出口额在1000万美元以上的商品情况表(续)

金额分类	商品名称	出口金额(万美元)	占出口总额(%)
1000万～5000万美元(21种)	蔬菜、干菜制品、罐头、白酒、猪肠衣、鹅鸭绒毛、木材、木板及制品、烟草、丝毯、鞋类、小五金、有色金属矿产品、有色金属材料及制品、中药材、航空设备、电工设备、起重机械、成套设备、家用电器、工农具	52339	31.83
合计	32种	140692	85.56

出口商品销往124个国家和地区。

主要出口市场情况表

国别(地区)	出口金额(万美元)	占出口总额(%)
香港	32715	19.89
日本	28894	17.57
美国	17840	10.85
韩国	9957	6.06
俄罗斯联邦	8435	5.13
德国	8037	4.89
伊朗	5114	3.11
台湾省	4892	2.98

主要出口市场情况表(续)

国别(地区)	出口金额(万美元)	占出口总额(%)
荷兰	4644	2.82
叙利亚	4154	2.53
合计	124682	75.83

进口总额　进口总额107111万美元,比1996年的105961万美元增长1.09%,占全国进口总额的0.75%。

进口商品结构　初级产品进口额9986万美元,占进口总额的9.3%;工业制成品进口额97125万美元,占进口总额的90.7%。

进口额在1000万美元以上的商品情况表

金额分类	商品名称	进口金额(万美元)	占进口总额(%)
1亿美元以上(2种)	航空设备、成套设备	31570	29.47
5000万—1亿美元(2种)	电工设备、化工原料	13543	12.64

进口额在1000万美元以上的商品情况表(续)

金额分类	商品名称	进口金额(万美元)	占进口总额(%)
1000万—5000万美元(19种)	电子元器件、塑料、钢材、黑色金属矿产品、食用植物油、纸张、化肥、铝、铜、电子仪器、计算机、烟草机械、金属制品、金属切削机床、通用机械、饲料、物理化工仪器、土建工程机械、铝材	35288	32.92
合计	**23种**	**80401**	**75.06**

进口商品来自39个国家和地区。

主要进口市场情况表

国别(地区)	进口金额(万美元)	占进口总额(%)
美国	28252	26.38
香港	16562	15.46
日本	12233	11.42
德国	8519	7.95
马来西亚	4520	4.22
瑞典	3808	3.56
俄罗斯联邦	3487	3.26
澳大利亚	3445	3.22

主要进口市场情况表(续)

国别(地区)	进口金额(万美元)	占进口总额(%)
韩国	3064	2.86
意大利	3036	2.83
合计	**86926**	**81.16**

技术进出口 1997年四川省技术进出口总额为15098万美元。其中,签订引进技术和进口设备合同项目数15个,合同金额9340万美元;签订技术出口合同项目数23个,合同金额5758万美元。

【利用外资】

1997年利用外资情况表

利用外资方式	批准签订的合同			实际利用外资	
	项目数(个)	外资金额(万美元)	金额比1996年(±%)	金额(万美元)	金额比1996年(±%)
对外借款		54000	—31.2	45000	15.1
外商直接投资	252	55287	19.0	24846	10.0
合资企业	153	31460		15378	
合作企业	17	7515		2332	
外资企业	82	16312		7136	

1997年利用外资情况表(续)

利用外资方式	批准签订的合同			实际利用外资	
	项目数(个)	外资金额(万美元)	金额比1996年(±%)	金额(万美元)	金额比1996年(±%)
外商其他投资		24324		17834	
对外发行股票		17834			
三来一补		6490			
合计		133611	7.1	87680	42.3

外商直接投资行业 外商直接投资项目中生产型项目199个,非生产型项目53个。按行业分:农、林、牧、渔业5个,采掘业6个,制造业177个,电力煤气及生产和供应业2个,建筑业9个,餐饮业16个,房地产业7个,社会服务业28个,卫生体育和社会福利2个。

外商直接投资来源 外商直接投资来自51个国家和地区。主要有:香港84项,8177万美元;美国39项,4604万美元;德国3项,2252万美元;日本10项,2133万美元;台湾省54项,1941万美元;维尔京10项,1176万美元;新加坡15项,939万美元;澳大利亚5项,714万美元;英国4项,511万美元;比利时3项,220万美元。

外商直接投资企业生产经营情况 1997年外商投资企业出口22195万美元,比上年的18280万美元增长21.4%。

【对外经济合作】

承包工程和劳务合作 1997年签订对外承包工程和劳务合作合同项目147个,金额40102万美元,比1996年的40344万美元下降0.06%;完成营业额23141万美元,比1996年的29060万美元下降20.36%;当年派出劳务人数9217人次,派往的主要国家和地区是:越南、尼泊尔、赞比亚、印尼、叙利亚、乌干达、老挝、日本、台湾省、俄罗斯、坦桑尼亚、肯尼亚、塞班、新加坡、阿联酋、柬埔寨、斐济、蒙古、美国和科威特。承包工程的主要项目是:坦桑尼亚的姆旺扎公路,肯尼亚的投资大楼,乌干达的北方公路,塞班的天宁皇宫赌场及酒店,伊朗的阿拉克工程,尼泊尔的依拉姆水电和打井工程,巴基斯坦的巴罗塔水电工程等。

对外经济技术援助 承担对外经济技术援助项目3个,分别是:肯尼亚莫依国际体育中心维修项目,该项目已竣工验收移交,被确定为优良等级;尼泊尔色迪河桥工程项目,该项目目前进展顺利,预计1998年7月完工;佛得角青年公寓项目,该项目已验收合格,被评为优良等级。

接受经济援助 接受国外政府和机构无偿援助的项目有4个,受援金额共计615万美元,目前项目正在顺利实施之中。

对外投资 1997年四川省在海外举办非贸易型企业2家,中方投资金额共计114.5万美元,分别投资于哈萨克斯坦和赞比亚两国。

【其他】

港口运输 1997年四川外贸运输货运总量为114万吨,比上年增长5.56%。

涉外旅游 1997年入境的外国人数以及台港澳同胞27.13万人次,旅游收入7895万美元,比1996年的7022万美元增长12.43%。

1997年成都对外经济贸易

成都市对外贸易经济合作委员会

【对外贸易】

进出口总额 1997年四川省成都市进出口总额为4.92亿美元，比1996年的4.51亿美元增长9.1%。

出口总额 出口总额3.51亿美元，比1996年的3.23亿美元增长8.9%，占全市国内生产总值1010亿元人民币(相当于121.84亿美元)的2.88%，占全国出口总额的0.19%。

出口商品结构 初级产品7150万美元，占出口总额的20.3%；工业制成品27995万美元，占出口总额的79.7%。

出口额在100万美元以上的商品情况表

金额分类	商品名称	出口金额(万美元)	占出口总额(%)
100万—500万美元(28种)	罐头、蜂蜜、其他食品、动物性饲料、鬃尾、革皮及制品、成材、棉纱线、动物纤维、羽绒服装、美术陶瓷、手工打结地毯、服饰类、金属制品、小五金、黑色金属矿产品、农药、植物药材、胃肠道药、生化药物、汽车零部件、计算机、电池、专用仪器量具、刃具、手工具、硬质合金及制品。	5571	15.85
500万—1000万美元(14种)	其他服装、铜化制品、抗菌素药、棉布、起重设备、电工设备、塑料制品、肉类、鞋类、电视机及音响设备、板及制品、其他各类机械、蔬菜、绸缎。	9666	27.51
1000万美元以上(12种)	钢材、羽绒及制品、梭织制品、化纤布、皮服装、针织服装、飞机零备件、纳化服装、肠衣、电子元器件、航空设备及零件、干菜及制品。	17599	50.08
合　计	54种	32836	93.44

出口商品市场 出口商品销往80个国家和地区。

主要出口市场情况表

国别(地区)	出口金额(万美元)	占出口总额(%)
香　港	9332	26.55
美　国	5787	16.47
日　本	4885	13.90
德　国	1910	5.44
台湾省	1900	5.41
俄罗斯	1828	5.20
韩　国	1086	3.48

主要出口市场情况表(续)

国别(地区)	出口金额(万美元)	占出口总额(%)
荷　兰	872	2.48
菲律宾	820	2.33
新加坡	721	2.05

进口总额　进口总额 14061 万美元,比 1996 年的 12841 万美元增长 9.5%。

进口商品结构　初级产品 690 万美元,占进口总额的 4.9%;工业制成品 13371 万美元,占 96.1%。

进口额在 200 万美元以上的商品情况表

金额分类	商品名称	进口金额(万美元)	占进口总额(%)
200 万－500 万美元(8 种)	废钢、塑料原料、纸张、电子元器件、羧酸化工品、手工具、其他木材、有色金属矿产品。	2475	17.60
500 万－1000 万美元(6 种)	计算机、服装辅料、粮油食品成套设备、航空设备及零件、电子原材料、钢材。	4067	28.93
1000 万美元以上(3 种)	轻工成套设备、有色金属材及制品、其他化工原料。	5566	39.59
合　计	17 种	12108	86.12

进口商品市场　进口商品来自 21 个国家和地区。

主要进口市场情况表

国别(地区)	进口金额(万美元)	占进口总额(%)
日　本	2736	19.46
德　国	2451	17.43
美　国	2204	15.68
香　港	2033	14.46
马来西亚	1340	9.53

主要进口市场情况表(续)

国别(地区)	进口金额(万美元)	占进口总额(%)
俄罗斯	802	5.70
意大利	605	4.30
韩　国	395	2.81
印　尼	388	2.76
瑞　士	369	2.62

技术进出口 1997年成都市签订技术和进口设备合同19项,合同金额3747万美元,比1996年的1557万美元增加140.6%。

【利用外资】

1997年利用外资情况表

利用外资方式	批准签订的合同			实际利用外资	
	项目数(个)	外资金额(万美元)	金额比1996年(±%)	金额(万美元)	金额比1996年(±%)
对外借款	4	2280	714	440	
外商直接投资	129	15661		11168	2
合资企业	70	6848		7038	-1.7
合作企业	9	2983		1974	57.5
外资企业	50	5830		2156	16.5
合计	133	17941		11608	5.6

(注:由于1997年对外商投资采用新的计算口径,与上年数据不可比)

外商直接投资行业 在外商直接投资项目中,工业类项目85个,协议外资额8838万美元;第三产业项目38个,协外金额5489万美元;农业类3个,协外金额54万美元。

外商直接投资来源 外商直接投资来自17个国家和地区。投资居前5位的国家和地区是:香港39个,4897万美元;英属维尔京群岛6个,3543万美元;美国21个,1493万美元;新加坡11个,1429万美元;台湾省32个,816万美元。

截止到1997年底,成都市累计批准外商投资企业2190家,协议外资金额26.92亿美元,实际利用外资10.66亿美元。1997年三资企业进出口总额达15429万美元,其中出口额为9326万美元。

【对外经济合作】

承包工程和劳务合作 1997年成都签订对外劳务合作合同2项,合同金额135.5万美元,比1996年减少61.1%,营业额272.7万美元,比上年增加12.85%。全年外派劳务328人次,培训外派劳务人员339人次。主要派往日本、越南、新加坡、南非。

【其他】

经济技术开发区 成都市经济开发区健康发展。年末全市共有开发区14个,试验区5个(国家级1个、省级2个、市级2个),已开发建设的14个开发区建成区面积达30.87平方公里。五个重点开发区蓬勃发展,成为吸引外资的窗口。全年共引进外商投资企业44个,协议外资金额1.03亿美元,实际利用外资1.3亿美元。

涉外旅游 1997年成都市共接待海外旅游者18万人次,较1996年的12.2万人次增加47.5%,其中外国人10万人次,港澳台同胞2.5万人次。旅游外汇收入6206万美元,比1996年的5443万美元增加14%。

1997 年贵州对外经济贸易

贵州省对外经济贸易厅

【对外贸易】

进出口总额 1997 年贵州省进出口总额为 6.91 亿美元，比 1996 年的 6.46 亿美元增长 7.07%。

出口总额 出口总额 4.97 亿美元，比 1996 年的 4.37 亿美元增长 13.71%，占全省国内生产总值 790 亿元人民币(相当于 95.53 亿美元)的 5.21%；占全国出口额的 0.27%。

出口商品结构 初级产品出口额 1.09 亿美元，占出口总额的 22.02%；工业制成品的出口额 3.88 亿美元，占出口总额的 77.98%。

出口额在 1000 万美元以上的商品情况表

金额分类	商品名称	出口金额（万美元）	占出口总额（%）
1000 万—2000 万美元(9 种)	芸豆、棉涤纶布、炼钢生铁、锰铁、电讯设备及器材、锌、矾土、化肥农药、整套轮胎	11802	23.73
2000 万—3000 万美元(4 种)	硅铁、硅锰合金、烤烟、磨料	10224	20.56
3000 万美元以上(2 种)	磷矿石粉、黄磷	8056	16.20
合计	15 种	30082	60.49

出口商品市场 出口商品销往 89 个国家和地区。

主要出口商品市场情况表

国别(地区)	出口金额（万美元）	占出口总额（%）
香港	8437	16.97
日本	6632	13.34
韩国	5073	10.20
美国	4850	9.75
缅甸	2858	5.75
台湾省	2180	4.38

主要出口商品市场情况表(续)

国别(地区)	出口金额（万美元）	占出口总额（%）
荷兰	2019	4.06
德国	1471	2.96
印度尼西亚	1285	2.58
泰国	1223	2.46
合计	36028	72.45

进口总额 进口总额1.94亿美元,比1996年的2.08亿美元下降6.88%。

进口商品结构 初级产品进口额9170万美元,占进口总额的47.28%;工业制成品的进口额为10227万美元,占进口总额的52.72%。

进口额在1000万美元以上的商品情况表

金额分类	商品名称	进口金额（万美元）	占进口总额（%）
1000万－2000万美元(1种)	二醋酸烟用丝束	1455	7.50
2000万美元以上(2种)	黄大豆、豆粕	5035	25.96
合计	3种	6490	33.46

进口商品市场 进口商品来自34个国家和地区。

主要进口商品市场情况表

国别（地区）	进口金额（万美元）	占进口总额（%）
百慕大	4657	24.01
香港	2814	14.51
阿根廷	1435	7.40
澳大利亚	1282	6.61
印度	1223	6.31
日本	1137	5.86
俄罗斯	905	4.67

主要进口商品市场情况表(续)

国别（地区）	进口金额（万美元）	占进口总额（%）
意大利	844	4.35
加拿大	647	3.34
荷兰	504	2.60
合计	15448	79.64

技术进出口 1997年贵州省技术进出口总额为514万美元,比1996年的997万美元下降48.45%。

【利用外资】

1997 年利用外资情况表

利用外资方式	批准签订的合同			实际利用外资	
	项目数（个）	外资金额（万美元）	金额比 1996 年（±%）	金 额（万美元）	金额比 1996 年（±%）
对外借款					
外商直接投资	77	10066	－6.94	4977	58.60
合资企业	39	4192	－44.19	1113	－31.42
合作企业	10	3978	187.01	2634	1794.96
外资企业	28	1896	－1.25	1230	－10.61
外商投资股份制					
合作开发					
其 他					
外商其他投资		580	286.67		
对外发行股票					
国际租赁					
补偿贸易		580	286.67		
加工装配					
合 计	77	10646	－11.91	4977	－53.17

外商直接投资行业 外商直接投资项目中生产型项目 71 个，非生产型项目 6 个，按行业分：农业 1 个，机械 6 个，电子 4 个，采选 4 个，食品 10 个，电力 1 个，纺织 4 个，建筑 6 个，木材 1 个，运输 2 个，化工 7 个，邮电 1 个，医药 1 个，房地产 2 个，塑料 6 个，居民服务 2 个，非金属 7 个，冶金 4 个，其他 2 个。

外商直接投资来源 外商直接投资来自 12 个国家和地区。主要有：香港 40 项，3126 万美元；维尔京群岛 5 项，2625 万美元；日本 6 项，2129 万美元；马来西亚 1 项，626 万美元；加拿大 32 项，614 万美元；台湾 9 项，165 万美元；美国 6 项，338 万美元；新加坡 2 项，148 万美元；新西兰 3 项，68 万美元。

【对外经济合作】

承包工程和劳务合作 1997 年签订对外承包工程和劳务合作合同项目 13 个，金额 1272 万美元，比 1996 年的 102 万美元增长 1147%；营业额 1071 万美元，比 1996 年的 37 万美元增长 2795%；当年派出劳务人员 125 人次，年末在外人数 125 人，派往的国家和地区主要有：澳门、越南、泰国、新加坡、塞浦路斯；承包工程的项目涉及老挝、越南、厄瓜多尔，承包工程的主要项目分别是：老挝机场项目，越南餐饮服务业项目，厄瓜多尔供排水项目。

对外经济技术援助 承担援外项目 1 个，受援国家是厄瓜多尔，基础设施行业，项目正在实施中；当年派出援外人员 14 人次，年末在外人数 14 人。

接受经济援助 接受国际经济组织及双边援助的项目 1 个，金额 180 万美元，比 1996 年增加 35%。该项目已批准，正在培训管理人员，资金尚未到位。

对外投资 1997 年在海外举办企业（系指非贸易型企业）的项目 2 个，中方投资金额 75 万美元，资金投资越南、苏里南,项目正在办理中。

【其他】

经济技术开发区 贵阳高新技术产业开发区位于贵州省贵阳市新天寨镇,经国家科委批准,规划面积11.32平方公里。开发区依靠科学技术,大力发展高新技术,积极推动高等院校、科研机构、大中型企业创办、领办、联办科技企业。1997年,技工贸总收入为18亿元人民币,创利税1.05亿元人民币,审批进区企业60家,经认定的高新技术企业16家,引进高新技术项目45项,合同利用外资580万美元,进出口总额600万美元,建设项目开工24.702万平方米。

对外经贸洽谈会 '97中国投资贸易洽谈会于1997年9月8日至9月13日在福建厦门经济特区举行。贵州投资贸易洽谈团共310人,组成6个分团和9个地州市代表团,我省粮油、五矿、化工、新联、西秀五家进出口公司组成外贸分团参加。共签约利用外资和内联项目21个,总投资折合人民币7.72亿元,引进资金折合人民币6.85亿元,其中,外资项目9项,总投资6910万美元,引资17603万人民币。对外贸易出口成交23项,成交金额839万美元,在各代表团中排名第九位。

'97贵州投资贸易洽谈会于1997年5月28日至6月1日在贵州省贵阳市召开。这是一次以国际招商为主,内外贸易相结合,以多元化、系列化产品展示为依托的大型经贸洽谈活动。贵州外经贸组织了30家外贸公司参展,邀请外商72家,成交金额2210万美元。其中,一般贸易1990万美元,加工贸易220万美元。

港口运输 1997年贵州省外贸货物运输总量为197万吨,比1996年的169万吨增长16.57%。其中出口运量108万吨,比1996年的107万吨增长0.93%;进口运量89万吨,比1996年的62万吨增长43.55%。

涉外旅游 1997年贵州省共接待外国及台港澳同胞旅游共150234人次,旅游收入4429.1万美元,比1996年的3811.9万美元增长16.19%。

1997年云南对外经济贸易

云南省对外贸易经济合作厅

【对外贸易】

进出口总额 1997年云南省进出口总额为201111万美元,比1996年的205865万美元下降2.3%。

出口总额 出口总额121425万美元,比1996年的114168万美元增长6.4%,占全省国内生产总值的6.2%,占全国出口总额的0.66%。

出口商品结构 初级产品出口额37296万美元,占出口总额的30.7%;工业制成品出口额84129万美元,占出口总额的69.3%。

出口额在100万美元以上的商品有110种,金额99290万美元,占出口总额的81.8%。其中出口1000万美元以上的商品有:卷烟、黄磷、烤烟、锡、铝、服装、松茸、焊锡、磷酸五钠、船舶、铁路设备、钢材、铅、望远镜、磷酸、锌、红茶、港口码头设备、汽车零配件、棉涤纶布、车床、洗衣粉、芸豆等23种,出口金额71691万美元,占出口总额的59.1%;出口额在500万—1000万美元的商品有17种,出口金额12305万美元,占出口总额的10.1%;出口额在100万—500万美元的商品有70种,出口金额15294万美元,占出口总额的12.6%。

出口商品市场 出口商品销往85个国家和地区。

主要出口商品市场情况表

国别(地区)	出口金额(万美元)	占出口总额(%)
香　港	30580	25.2
缅　甸	27637	22.8
日　本	13159	10.8
美　国	5426	4.5
越　南	5140	4.2
印度尼西亚	4491	3.7
马来西亚	4481	3.7
荷　兰	3790	3.1

主要进口商品市场情况表

国别(地区)	进口金额(万美元)	占进口总额(%)
香　港	25584	32.1
美　国	12779	16.0
意大利	8178	10.3
德　国	6741	8.5
英　国	3657	4.6
缅　甸	2840	3.6
澳大利亚	2617	3.4
瑞　士	1963	2.5

进口总额　进口总额 79686 万美元,比 1996 年的 91697 万美元下降 13.1%。

进口商品结构　初级产品进口额 8799 万美元,占进口总额的 11%;工业制成品进口额 70887 万美元,占进口总额的 89%。

进口 1000 万美元以上的商品 55 种,金额 34134 万美元,占进口总额的 42.8%。进口 1000 万美元以上的商品有钢材、卷烟机、铝、铁矿砂、醋酸烟用丝束、氧化铝、烟草机械零件、原木、塑料机械、木工机械等 10 种,金额 21274 万美元,占进口总额的 26.7%;进口 500 万—1000 万美元的商品 5 种,金额 3675 万美元,占进口总额的 4.6%;进口 100 万—500 万美元的商品 40 种,金额 9185 万美元,占进口总额的 11.5%。

进口商品市场　进口商品来自 38 个国家和地区。

边境贸易　1997 年全省边境小额贸易进出口总额为 7413 万美元,比 1996 年的 13648 万美元下降 45.7%。其中,出口 4201 万美元,比 1996 年的 4540 万美元下降 7.5%;进口 3212 万美元,比 1996 年的 9108 万美元下降 64.7%。主要出口商品有:白糖、啤酒、奶粉、卷烟、麻袋、棉纱、棉涤纶布、洗衣粉、平板玻璃等;主要进口商品有:攀枝花、海产品、饲料、锰、锑矿、皮张、木材、玉石、中药材等。

技术进出口　1997 年共签订技术引进和进口设备合同 28 项,合同总额 8917 万美元,比 1996 年下降 57.6%。主要是烟草加工、轻工、化工的技术和设备,引进项目主要来自德国、美国、意大利、瑞士、英国等。

1997 年共签订技术出口合同项目 4 项,合同总金额 7930 万美元,主要项目涉及制糖设备、计算机等,出口国别为缅甸、香港等。

【利用外资】

1997 年利用外资情况表

利用外资方式	批准签订的合同			实际利用外资	
	项目数(个)	外资金额(万美元)	金额比 1996 年(±%)	金额(万美元)	金额比 1996 年(±%)
对外借款					
外商直接投资	127	26736	32.5	16566	57.8

1997 年利用外资情况表

利用外资方式	批准签订的合同			实际利用外资	
	项目数（个）	外资金额（万美元）	金额比 1996 年（±%）	金 额（万美元）	金额比 1996 年（±%）
合资企业	61				
合作企业	19				
外资企业	47				

外商直接投资行业 外商直接投资项目中生产型项目 84 项，非生产型项目 43 项。按行业分，农、林、牧、渔业 7 项，采掘业 5 项，制造业 68 项，电力、煤气及水的生产和供应 4 项，建筑业 6 项，地质勘查业、水利管理业 1 项，批发和零售贸易、餐饮业 7 项，房地产业 5 项，社会服务业 22 项，科学研究和综合技术服务业 2 项。

外商直接投资来源 外商直接投资来自香港、台湾省、美国、泰国、日本、境外机构、澳门、加拿大、德国、意大利、澳大利亚、马来西亚、英国、韩国、瑞士、以色列、菲律宾、那米比亚、开曼群岛、玻利维亚、爱尔兰、越南等 21 个国家和地区。

协议外资额居前十位的国家及地区依次为：香港 52 项，8015 万美元；加拿大 4 项，3186 万美元；美国 13 项，2807 万美元；日本 10 项，1665 万美元；马来西亚 2 项，1587 万美元；澳门 5 项，886 万美元；台湾有 19 项，424 万美元；澳大利亚 1 项，230 万美元；德国 2 项，186 万美元；泰国 9 项，113 万美元。

【对外经济合作】

承包工程和劳务合作 1997 年对外签订合同 69 项，总金额 9805 万美元，比 1996 年的 8687 万美元增长 12.9%。营业额 9519 万美元，比 1996 年的 12684 万美元下降 25%。当年派出劳务人员 1534 人，年末在外人数 1451 人。派往的主要国家和地区为越南、老挝、缅甸、柬埔寨、泰国、马来西亚、新加坡、巴基斯坦、马尔代夫等；承包工程的主要项目为老挝 ADB 七号公路建设、巴色机场建设，缅甸国防部办公楼建设等。

对外经济技术援助 1997 年承担援外项目 6 个，总金额 89.26 万美元，项目为输变电站、体育场、养牛场。

接受经济援助 1997 年接受国际组织及双边援助项目 13 个，金额 3257 万美元，主要来自欧盟、加拿大、日本、德国、新西兰、澳大利亚、荷兰等。

【其他】

对外经贸洽谈会 1997 年 8 月 8 日至 15 日，在昆明举办了'97 中国昆明出口商品交易会，到会境外客商、来宾达 8700 余人，分别来自 56 个国家和地区。其中缅甸、老挝、越南、泰国、马来西亚、新加坡、香港、美国、英国、法国、意大利、德国、加拿大、日本、韩国、台湾省等 16 个国家和地区的参展展位近 200 个。交易会各项业务成交总额为 15.67 亿美元，其中，出口 4.17 亿美元（含外商投资企业 1760 万美元）；进口 3.63 亿美元（含境外来展 1450 万美元）；利用外资项目 72 个，协议外资金额 7.13 亿美元，其中协议外资金额 3.78 亿美元；对外承包工程和劳务合作 18 项，金额 0.72 亿美元。

涉外旅游 1997 年入境的外国人及台港澳同胞 81 万人次，旅游外汇收入 2.68 亿美元，比 1996 年的 2.2 亿美元增长 21.82%。

1997年西藏对外经济贸易

西藏自治区对外贸易经济合作厅

【对外贸易】

进出口总额 西藏自治区1997年进出口总额为11833万美元，比1996年的9423万美元增长25.58%。

出口总额 出口总额5010万美元，比1996年的4542万美元增长10.30%，占全区国内生产总值74亿元人民币的5.61%。

出口商品结构 初级产品出口额为1198万美元，占出口总额的23.91%；工业制成品出口额为3812万美元，占出口总额的76.09%。

出口商品市场 出口商品主要销往：香港，2014万美元，占出口总额的40.20%；日本，1010万美元，占出口总额的20.16%；韩国，800万美元，占出口总额的15.97%；马来西亚，440万美元，占出口总额的8.78%；尼泊尔，330万美元，占出口总额的6.59%；南非，263万美元，占出口总额的5.25%。

进口总额 进口总额6823万美元，比1996年的5929万美元增长15.08%。

进口商品结构 初级产品进口额1832万美元，占进口总额的26.85%；工业制成品进口额4991万美元，占进口总额的73.15%。

进口商品市场 进口商品主要来自：香港，2920万美元，占进口总额的42.80%；澳大利亚，984万美元，占进口总额14.42%；日本，835万美元，占进口总额的12.24%；巴西，764万美元，占进口总额的11.20%；俄罗斯，745万美元，占进口总额的10.92%。

边境贸易 1997年全区边境贸易进出口额为360万美元(不包括互市贸易)，比1996年的1200万美元下降70%；主要的进出口商品有农产品、轻工业品、机电产品等。

【利用外资】

外商投资概况 1997年外商在西藏自治区的投资项目7个，协议利用外资1668万美元，比1996年的1019万美元增长63.69%。其中中外合资项目6个，外商投资1662万美元；外商独资项目1个，外商投资6万美元。

外商直接投资行业 外商投资项目中生产型项目5个，非生产型项目2个；其中农产品行业项目2个，纺织行业项目2个，轻工行业项目2个，服务行业项目1个。

外商直接投资来源 外资分别来自6个国家和地区。其中英国投资项目1个，金额1470万美元；阿联酋1个，金额76万美元；台湾省1个，金额73万美元；尼泊尔2个，金额42万美元；香港1个，金额7万美元；印度1个，金额6万美元。

【对外经济合作】

接受经济援助 1997年西藏自治区共接受联合国儿童基金会、澳大利亚、新西兰、加拿大、德国等国际组织和外国政府的经济援助项目14个，援助金额573万美元。援助项目涉及妇幼保健、环境卫生、农牧业开发等领域。

【其他】

对外经贸洽谈会 由西藏自治区人民政府和尼泊尔王国政府共同举办的“'97中国西藏——尼泊尔王国经贸洽谈会”于1997年9月15日至21日在拉萨举行，中尼双方参展和洽谈的企业有57家，尼方客商80多人，参展商品计有30个大类，100多个品种，主要是农产品、纺织品、轻工业品等；签订贸易合同15个，成交金额1000多万美元，其中出口合同10个，金额900多万美元，进口合同5个，金额100多万美元；签订经济合作协议4份，外商合作投资金额250多万美元；同时还签订了贸易和经济合作意向书35份。

涉外旅游 1997年西藏自治区共接待境外游

客及台港澳同胞 8 万多人次。旅游收入 3172 万美元,比 1996 年的 2955 万美元增长 7.34%。

1997 年陕西对外经济贸易

陕西省对外贸易经济合作厅

【对外贸易】

进出口总额 1997 年陕西省进出口总额为 187637 万美元,比 1996 年的 176405 万美元增长 6.37%。

出口总额 出口总额 134850 万美元,比 1996 年的 126922 万美元增长 6.25%,占全省国内生产总值 13450000 万元(相当于 1624400 万美元)的 8.30%;占全国出口额的 0.74%。

出口商品结构 初级产品出口额为 21980 万美元,占出口总额的 16.30%;工业制成品的出口额为 112869 万美元,占出口总额的 83.70%。

出口商品市场 出口商品销往 150 个国家和地区。

出口额在 1000 万美元以上的商品情况表

金额分类	商品名称	出口金额(万美元)	占出口总额(%)
1000 万—3000 万美元商品(19 种)	大蒜、绒毛、其他革皮制品、色布、真丝制品、棉针织服装、涤棉针织服装、化纤服装、钼铁、硅铁、锌矿砂、硅、动力煤、电工用具、其他电工设备、其他电子元器件、照相机、缝纫机头、杂项工具	31929	23.68
3000 万—5000 万美元商品(3 种)	棉服装、锌、滚动轴承	11273	8.36
5000 万美元以上商品(4 种)	坯布、棉涤纶布、氧化钼、显像管	27121	20.11
合　计	26 种	70323	52.15

主要出口商品市场情况表

国别(地区)	出口金额(万美元)	占出口总额(%)
香港	40409	29.97
日本	19953	14.80
美国	10120	7.50
韩国	8228	6.10
荷兰	5361	3.98
德国	4540	3.37
意大利	4459	3.30
英国	4091	3.03
新加坡	3466	2.57
马来西亚	3171	2.35
合计	103798	76.97

进口总额 进口总额52787万美元,比1996年的49483万美元增长6.68%。

进口商品结构 初级产品进口额6176万美元,占进口总额的11.7%;工业制成品的进口额为46610万美元,占进口总额的88.30%。

主要进口商品市场情况表

国别(地区)	进口金额(万美元)	占进口总额(%)
香港	16564	31.38
日本	10358	19.62
美国	5799	10.99
韩国	3316	6.28
德国	2249	4.26
俄罗斯	2133	4.04
台湾省	1227	2.32
乌兹别克	1102	2.09
合计	42748	80.98

主要进口商品 一、进口额在1000万美元以上的商品:钢材、电工设备、轴承基础件、轻工成套设备、合成纤维,合计进口金额为9882万美元,占进口总额的18.72%;二、进口额在3000万美元以上的商品:电讯设备及器材,金额7166万美元,占进口总额的13.58%。

技术进出口 1997年陕西省技术进出口总额为3566万美元,比1996年的7538万美元下降52.69%。其中,签订引进技术和进口设备合同项目数6个,比1996年减少25个;合同金额1095万美元,比1996年的5515万美元下降80.15%。签订技术出口合同项目数29个,比1996年减少17个;合同金额2471万美元,比1996年的2023万美元增长22.15%。

1997年利用外资情况表

利用外资方式	批准签订的合同			实际利用外资	
	项目数(个)	外资金额(万美元)	金额比1996年(±%)	金额(万美元)	金额比1996年(±%)
对外借款	10	64118	63.66	20899	44.55
外商直接投资	182	64491	7.38	61016	84.85
合资企业	117	16588		17507	
合作企业	23	42287		37665	
外资企业	42	5616		5844	

1997 年利用外资情况表(续)

利用外资方式	批准签订的合同			实际利用外资	
	项目数(个)	外资金额(万美元)	金额比 1996 年(±%)	金额(万美元)	金额比 1996 年(±%)
外商投资股份制					
合作开发					
其他					
外商其他投资	6	72		4312	
对外发行股票					
国际租赁					
补偿贸易				200	
加工装配					
合计	198	128681	68.49	86227	73.11

【利用外资】

外商直接投资行业 外商直接投资项目中，生产型项目 125 个，非生产型项目 57 个。按行业分：农林业 6 个，采掘业 3 个，工业生产业 125 个，电力供应业 4 个，建筑业 5 个，房地产业 20 个，饮食业 7 个，其他行业 12 个。

外商直接投资主要来源 香港：68 项，金额 43597 万美元；美国：27 项，5208 万美元；英国：7 项，4106 万美元；日本：12 项，2170 万美元；新加坡：6 项，2035 万美元；台湾省：24 项，1540 万美元。

外商直接投资企业生产经营情况 1997 年外商直接投资企业进出口总额为 28572 万美元，占全省进出口总额的 15.23%；其中进口 15922 万美元，占全省进口总额的 30.45%；出口 12650 万美元，占全省出口总额的 9.38%。

【对外经济合作】

承包工程和劳务合作 1997 年签订对外承包工程和劳务合作合同项目 154 个，金额 6581 万美元，比 1996 年的 5213 万美元增长 26.24%；营业额 7615 万美元，比 1996 年的 7395 万美元增长 2.97%；当年派出劳务人员 1100 人次，年末在外 1824 人，派往的主要国家和地区有日本、新加坡、缅甸、博茨瓦纳。承包工程的主要项目有西电集团进出口公司在菲律宾的高压输变电工程、西电集团进出口公司在马来西亚的高压输变电工程。华山国际工程公司在巴布亚新几内亚、博茨瓦纳、加纳的建筑工程，西安国际经济技术合作公司在苏丹的公路项目，陕西省水电工程局在突尼斯的水坝项目。

对外经济技术援助 承担援外项目 4 个，受援国家为喀麦隆、突尼斯、巴基斯坦；涉及行业有水利、建筑、粮食。项目进行情况良好，其中 2 项已完成，2 项正在进行。当年派出援外人员 30 人次，年末在外 20 人。

接受经济援助 接受国际经济组织援助 1 项，金额为 50 万美元，项目为西安大气污染控制对策研究；接受双边援助 4 项，金额共 1258 万美元，项目为：古城镇古城村人畜饮水项目，耀县东塬供水工程，农业增产项目，贫困地区社会经济综合发展项目。

【其他】

对外经贸洽谈会 1997年4月在西安举办了'97中国东西部合作与投资贸易洽谈会，签订外资合同项目89个，总投资额5.18亿美元，其中引进外资3.98亿美元；外贸成交合同总额1.94亿美元，其中出口1.74亿美元。

涉外旅游 1997年入境的外国人有54万人次，台港澳同胞人数3万，旅游创汇2.25亿美元，比1996年的1.98亿美元增长13.6%。

1997年西安对外经济贸易

西安市对外贸易经济合作局

【对外贸易】

进出口总额 陕西省西安市1997年进出口总额为4.61亿美元，比1996年的4.71亿美元下降2.23%。

出口总额 出口总额3.31亿美元，比1996年的3.51亿美元下降5.81%，占全市国内生产总值501亿元人民币(相当于60.44亿美元)的5.47%；占全省出口总额13.49亿美元的24.51%。

出口商品结构 初级产品出口额为3562万美元，占出口总额的10.78%；工业制成品的出口额为2.95亿美元，占出口总额的89.22%。

出口额在300万美元以上的商品情况表

金额分类	商 品 名 称	出口金额（万美元）	占出口总额（%）
300万－500万美元(8种)	一般交流电动机、地毯、无毛绒、棉坯布、皮劳保手套、棉衬衫、棉涤坯布、羊绒	3087	9.34
500万－1000万美元(5种)	钢芯铝铰线、锌矿砂、铁制玩具、桐木板材、硅	2758	8.34
1000万美元以上(5种)	缝纫机头、玻璃器皿、工业轴承、兰湿皮、变压器	7720	23.35
合 计	18种	13565	41.03

出口商品市场 出口商品销往102个国家和地区。

主要出口国家(地区)情况表

国别(地区)	出口金额(万美元)	占出口总额(%)
香　港	5415	16.38
日　本	5202	15.74
美　国	4006	12.12
意大利	1681	5.09
马来西亚	1667	5.04
荷　兰	1387	4.19
德　国	1376	4.16
菲律宾	1342	4.06
印　度	967	2.93
韩　国	913	2.76
合　计	23956	72.47

进口总额　进口总额1.30亿美元,比1996年的1.20亿美元增长8.19%。

进口商品结构　初级产品进口额472万美元,占进口总额的3.62%;工业制成品的进口额1.26亿美元,占进口总额的96.38%。

进口额在200万美元以上的商品情况表

金额分类	商品名称	进口金额(万美元)	占进口总额(%)
200万—500万美元6种	钢材、染料、机床、计算机、涤纶短纤维、化纤制品	1694	13.01
500万—1000万美元2种	缝纫机零件、铜	1626	12.48
1000万美元以上1种	革皮制品	1136	8.72
合　计	9种	4456	34.21

进口商品市场　进口商品来自24个国家和地区。

主要进口国家(地区)情况表

国别(地区)	进口金额(万美元)	占进口总额(%)
日　本	3783	29.04
美　国	2068	15.87
香　港	1722	13.22
俄罗斯	1062	8.15
韩　国	1048	8.04
台湾省	514	3.95
丹　麦	495	3.80
意大利	455	3.49
德　国	418	3.21
新加坡	368	2.82
合　计	11933	91.60

【利用外资】

1997 年利用外资情况表

利用外资方式	批准签订的合同			实际利用外资	
	项目数（个）	外资金额（万美元）	金额比 1996 年（±%）	金额（万美元）	金额比 1996 年（±%）
外商直接投资	138	25715		22057	7.54
合资企业	81	12086		13877	18.73
合作企业	20	8107		3607	—1.64
外资企业	37	5522		4573	—11.29
外商其他投资					
补偿贸易				200	
合计	138	25715		22257	8.52

外商直接投资行业 在外商直接投资项目中，生产型项目 104 个，非生产型项目 34 个。按行业分，农、林、牧、渔、水利业 4 个，工业 104 个，土木工程建筑业 1 个，房地产管理业 16 个，服务业 8 个，咨询服务业 2 个，其他行业 3 个。

外商直接投资来源 外商直接投资来自 22 个国家（地区）。投资额位居前 10 位的是：香港 49 个，8145 万美元；美国 20 个，7633 万美元；英国 7 个，4196 万美元；日本 10 个，2831 万美元；新加坡 5 个，2412 万美元；澳门 4 个，2298 万美元；法国 5 个，1670 万美元；马来西亚 3 个，975 万美元；意大利 2 个，842 万美元；台湾省 17 个，619 万美元。

外商直接投资企业生产经营情况 截至 1997 年底，已开业投产的外商投资企业共 650 家，全年总产值 28.21 亿元人民币，销售收入 28.79 亿元人民币。其中出口销售收入 5559 万美元，比 1996 年增长 58.38%；完成税收 3.68 亿元人民币。

【对外经济合作】

承包工程和劳务合作 1997 年签订对外承包工程和劳务合作合同项目 43 个，金额 3959 万美元，比 1996 年的 2665 万美元增长 48.55%；营业额 3205 万美元，比 1996 年的 2842 万美元增长 12.77%；当年派出劳务人员 544 人次，年末在外人数为 863 人，主要分布在印尼、泰国、马来西亚、菲律宾、新加坡、毛里求斯、日本、阿联酋、孟加拉、塞班等国家和地区。主要对外承包工程项目有菲律宾 500KV 输电线路项目等。

对外经济技术援助 承担援外项目 1 个，项目为向突尼斯赠送价值 300 万元人民币的文化、体育用品，已执行完毕。

对外投资 1997 年在海外举办企业 1 个，中方投资金额 38.56 万美元，投资国为泰国。

【其他】

经济技术开发区 西安高新技术产业开发区 1997 年完成基建投资 5.56 亿元，完成开工面积 69.2 万平方米，完成竣工面积 65.9 万平方米；新批外商投资项目 53 个，合同外资金额 8089 万美元，实际到资 5841 万美元。截至 1997 年，外商投资企业累计达到 309 家。

1997 年，西安高新技术产业开发区完成技工贸总收入 101.19 亿元人民币，完成工业产值 63.58 亿元人民币，分别比上年增长 31.51%和 32.42%。全年实现利税 8.05 亿元人民币。西安高新技术产业开发区已成为我国首批向亚太经济合作组织成员特别开放的四个科技园之一。开发区创业中心被国家科委命名为中国首批“国际企业孵化器”和国家级创业中心，大大提高了西安高新技术产业开发区在国际上的知名度和高科技产业园的形象。

对外经贸洽谈会 ’97马来西亚中国西安贸易与投资洽谈会于1997年6月12日至15日在吉隆坡举行，’97新加坡——西安经贸交流会于1997年6月20日至6月22日在新加坡举行。

这次经贸洽谈活动取得了比预想满意的成果，外贸成交1632万美元；外商投资项目签订合同4项，合同总金额2813万美元，其中外资额1434万美元。

’97中国西安投资与贸易洽谈会于1997年9月12日至17日在西安举行。来自香港、日本、美国、英国、法国、德国、韩国、加拿大、澳大利亚、新西兰、马来西亚、泰国、南非、俄罗斯、智利等30多个国家和地区的商社、协会近400人参加了本届洽谈会。

本届洽谈会，西安市共签订外商直接投资合同项目96个，合同总额5.73亿美元，其中外资额3.43亿美元；签订进出口合同总额5231万美元，其中出口成交4493万美元，进口成交738万美元。

涉外旅游 全年接待海外旅游者48万人次，比1996年的45万人次增长6.67%。旅游外汇收入2亿美元，比1996年的1.8亿美元增长11.11%。

1997年甘肃对外经济贸易

甘肃省对外贸易经济合作厅

【对外贸易】

进出口总额 1997年甘肃省进出口总额为5.54亿美元，比1996年的5.23亿美元增长5.6%。

出口总额 出口总额4.08亿美元，比1996年的3.91亿美元增长4.47%，占全省国内生产总值781.3亿元(相当于94.25亿美元)的4.33%，占全国出口总额的0.22%。

出口商品结构 初级产品4689万美元，占出口总额的11.5%，工业制成品3.61亿美元，占出口总额的88.5%。

出口额在1000万美元以上的商品情况表

金额分类	商品名称	出口金额(万美元)	占出口总额(%)
1000万－4000万美元(6种)	黑瓜籽、地毯、石墨电极、铝、铜、锌	10885	26.89
4000万美元以上(3种)	硅铁、镍、服装	14166	34.73
合计	9种	25051	61.62

出口商品市场 出口商品销往86个国家和地区。

主要出口市场情况表

国别(地区)	出口金额(万美元)	占出口总额(%)
拉　美	80	0.20
大洋洲	122	0.30
非　洲	150	0.37
意大利	1452	3.56
德　国	1858	4.55
韩　国	5176	12.68
美　国	5729	14.04
日　本	6369	15.60

主要出口市场情况表(续)

国别(地区)	出口金额(万美元)	占出口总额(%)
港澳台	12604	30.88
合　计	33540	82.18

进口总额　进口总额1.46亿美元,比1996年的1.31亿美元增长11.82%。

进口商品结构　初级产品2387万美元,占进口总额的16.4%;工业制成品12214万美元,占进口总额的83.6%。

进口额在200万美元以上的商品情况表

金额分类	商　品　名　称	进口金额(万美元)	占进口总额(%)
200万－1000万美元(6种)	沥青焦	252	1.72
	电讯设备及器材	293	2.01
	铜板纸	356	2.44
	绵羊毛	485	3.32
	锌矿砂	711	4.87
	氧化铝	760	5.20
1000万美元(3种)	成套设备	1860	12.74
	铜精矿砂	3193	21.87
	各类机械	3291	22.53
合　计	9种	11201	76.7

进口商品市场　进口商品来自21个国家和地区。

主要进口市场情况表

国别(地区)	进口金额(万美元)	占进口总额(%)
德　国	623	4.27
韩　国	888	6.13
意大利	895	6.08
日　本	1039	7.12
澳大利亚	1105	7.57
大洋洲	1187	8.13
美　国	2237	15.32
香　港	3797	26.01
合　计	11771	80.62

技术进出口　1997年甘肃省技术进出口总额为3201.48万美元,比1996年的4170.9万美元减少76.76%。其中,签订引进技术和进口设备合同5项,合同金额701.84万美元,比1996年的10项合同减少5项;执行技术出口合同1个,金额2500万美元。

【利用外资】

1997年新批准设立外商投资企业62家,比1996年的122家减少50%。总投资15054万美元,其中外资额10722万美元,比1996年的8852万美元增长17.44%。

截至1997年底，我省外商投资企业累计达1356家，总投资23亿美元，其中外资额9.65亿美元。另外，我省外商常驻代表机构现已发展到123家。

1997年利用外国政府贷款共11项，金额3233万美元。比1996年增加3项，增加金额398万美元。

1997年利用外资情况表

利用外资方式	批准签订的合同			实际利用外资	
	项目数（个）	外资金额（万美元）	金额比1996年（±%）	金额（万美元）	金额比1996年（±%）
外商直接投资	62	10722	25	0.462	16
合资企业	38	8383	38	33.5	24
合作企业	3	991	4.8	434	3.8
外资企业	21	1348	2.8	692	2.9
外商其他投资					
合计	62	10722	44.6	4441	46.7

【对外经济合作】

承包工程和劳务合作　1997年甘肃签订对外承包工程和劳务合作合同金额21358万美元。完成营业额3224万美元，比1996年的3200万美元增长0.75%；全年共执行项目79项，其中：对外工程和劳务合作48项。

接受经济援助　1997年共执行无偿援助项目58项，协议金额3504.5万美元，执行金额833.7万美元，比1996年执行项目40项增加了18项，比1996年的800万美元执行额增长0.4%。主要项目有世界粮食计划署援助的古浪、景泰田间配套项目；联合国开发计划署援助的旱农项目和定西、靖远、武山、皋兰扶贫项目；联合国儿童基金会援助的永靖、天祝、永登县贫困地区社会发展项目；欧盟援助的甘肃灌溉试验培训中心项目等。这些项目总体上都执行顺利，通过了年度审评，收到了良好的经济效益和社会效益。

对外投资　海外非贸易企业由20家增加到31家，总投资2200万美元，年盈利3000万人民币，1997年新增企业主要在非洲，共8家。

【其他】

高新技术开发区　兰州高新技术开发区1997年完成技工贸总收入15亿元，比1996年的8.3亿元增长44.66%。总产值11亿元，比1996年的7.4亿元增长48.64%；实现利润1.3亿元，比1996年的3664万元增长254.80%；出口收汇259万美元，比1996年的110万美元增长57.52%；新增三资企业12家。

对外经贸洽谈会　1997年，甘肃省“兰交会”通过省市联办，以省为主的办会方式，提高了会议规模，共有中外宾客7700多人与会。交易会共促成有较大影响的项目271项，产权项目12个，区域综合开发项目6个，签订各类合同70项。交易会合同总金额54.66亿元，其中引进国外资金2.56亿美元。签订各类协议49项，协议额55.03亿元，其中国外资金3.87亿美元。主要利用外资合同有：兰州中川机场改扩建、兰州环境综合治理、西北铁合金厂实施清洁生产线和甘肃福利实业公司4000吨苹果浓缩汁等项目。

涉外旅游　1997年甘肃省接待海外旅游者11.3万人次，比1996年的10.45万人次增加8.14%，旅游收汇2637.23万美元，比1996年的1938万美元增长36.08%。

1997年青海对外经济贸易

青海省对外贸易经济合作厅

【对外贸易】

进出口总额 1997年青海省进出口总额为16476万美元，比1996年的22497万美元下降26.76%。

出口总额 出口总额12440万美元，比1996年的13480万美元下降7.72%，占全省国内生产总值202亿元(相当于24.43亿美元)的4.91%；占全国出口总额的0.07%。

出口商品结构 初级产品出口额2649万美元，占出口总额的21.30%；工业制成品的出口额为9793万美元，占出口总额的78.70%。

出口额在200万美元以上的商品情况表

金额分类	商品名称	出口金额(万美元)	占出口总额(%)
1000万美元以上(3种)	铅、硅铁、碳化硅	3966	31.88
500万—1000万美元(3种)	硅、锌、镁	2075	16.68
200万—500万美元(7种)	蚕豆、其他棉涤针织服装、风雨衣、其他锁、铸铁件、锌矿砂、虫草	2662	21.40
合计	13种	8703	69.96

出口商品市场 出口商品销往60个国家和地区。

主要出口市场情况表

国别(地区)	出口金额(万美元)	占出口总额(%)
日本	3507	28.19
香港	2986	24.00
美国	1594	12.81
韩国	1315	10.57
瑞士	506	4.07

主要出口市场情况表(续)

国别(地区)	出口金额(万美元)	占出口总额(%)
新加坡	367	2.95
英国	256	2.06
德国	241	1.94
合计	10772	86.59

进口总额 进口总额4036万美元，比1996年的9017万美元下降55.24%。

进口商品结构 初级产品进口额133万美元，占进口总额的3.30%；工业制成品的进口额为3904万美元，占进口总额的96.70%。

进口额在200万美元以上的商品情况表

金额分类	商品名称	进口金额（万美元）	占进口总额（%）
1000万美元以上(2种)	苯二甲酸二丁酯、乙稀	2959	73.32
200万－500万美元(1种)	无线电通讯设备	287	7.11
合计	3种	3246	80.43

进口商品市场 进口商品的国别和地区有8个。

主要进口市场情况表

国别(地区)	进口金额（万美元）	占进口总额（%）
香港	3334	82.61
德国	290	7.19
美国	193	4.78

主要进口市场情况表(续)

国别(地区)	进口金额（万美元）	占进口总额（%）
意大利	112	2.78
日本	92	2.28
合计	4021	99.63

【利用外资】

1997年利用外资情况表

利用外资方式	批准签订的合同		
	项目数（个）	外资金额（万美元）	金额比1996年（±%）
对外借款	10	3013	0.67
外商直接投资	22	5284	210.9
合资企业	16	3053	85.6
合作企业	2	2060	4784.9
外资企业	4	171	1265.8
合计	32	8297	76.8

外商直接投资行业 生产型项目12个，非生产型项目10个；能源1个，交通1个，建材2个，冶炼4个，轻工2个，纺织2个，食品加工2个，房地产开发3个，服务性行业5个。

外商直接投资来源 澳门1个项目，协议外资27.71万美元；日本2项，5.08万美元；美国2项，627.26万美元；意大利1项，121.35万美元；台湾省4项，109.23万美元；香港7项，2785.09万美元；加拿大2项，1518.4万美元；新加坡1项，5.6万美元；澳大利亚1项，60.3万美元；法国1项，24.1万美元。

【对外经济合作】

接受经济援助 新接受加拿大大使基金项目4个，合计受援金额4万美元，资金当年到位，运转正常。联合国开发计划署援助扶贫与人类可持续发展项目130万美元，已正式开始实施，进展顺利。

【其他】

涉外旅游 1997年入境的外国以及台港澳同胞12817人次，旅游收入260万美元，比1996年的205万美元增长26.80%。

1997年宁夏对外经济贸易

宁夏回族自治区对外贸易经济合作厅

【对外贸易】

进出口总额 1997年宁夏回族自治区进出口总额为30282万美元，比1996年的23438.5万美元增长29.2%。

出口总额 出口总额25202万美元，比1996年的20231万美元增长24.6%，占全区国内生产总值210亿元人民币（相当于253317万美元）的9.95%。

出口商品结构 初级产品出口额7600万美元，占出口总额的30.2%；工业制成品出口额17603万美元，占出口总额的69.8%。

出口额在500万美元以上的商品情况表

金额分类	商品名称	出口金额（万美元）	占出口总额（%）
1000万美元以上(7种)	铝、铝制品、无烟煤、绒毛、铸铁件、金属镁、氧化铝	12711	50.4
500万－1000万美元(6种)	羊绒衫、轮胎、硅铁、活性炭、磨料、双氰胺	4048	16.1
合计	13种	16759	66.5

出口商品市场 出口商品主要销往68个国家和地区。

主要出口市场情况表

国别(地区)	出口金额(万美元)	占出口总额(%)
日　本	5742.8	22.8
香　港	5641	22.4
美　国	4417.8	17.5
德　国	1206.7	4.8
法　国	1123.4	4.5
韩　国	893.7	3.5

主要出口市场情况表(续)

国别(地区)	出口金额(万美元)	占出口总额(%)
英　国	879.4	3.5
意大利	789.5	3.1
新加坡	511.9	2.0
比利时	467.2	1.9
合　计	21674	86

进口总额 进口总额5080万美元,比1996年的3207.4万美元增长58.4%。初级产品进口额为2535万美元,占进口总额的49.9%;工业制成品进口额为2545万美元,占进口总额的50.1%。

主要进口商品情况表

商品名称	进口金额(万美元)	占进口总额(%)
氧化铝	2014.6	39.66
钽铌矿砂	1219.3	24.0
绒　毛	568.5	11.19
橡　胶	253.5	4.99
合　计	4055.9	79.84

进口商品市场 进口商品来自19个国家和地区。

主要进口市场情况表

国别(地区)	进口金额(万美元)	占进口总额(%)
香　港	1279.8	25.2
马来西亚	1219.3	24.0
新加坡	707.5	13.9
法　国	520.5	10.2
意大利	319.7	6.3
美　国	212.2	4.2
合　计	4260	83.9

技术进出口 1997年宁夏技术进出口额为255万美元,比1996年的1166.8万美元下降78.1%。其中:签订引进技术和进口设备合同项目数7个,比1996年减少12个,合同金额255万美元,比1996年的966万美元下降73.6%。

【利用外资】

1997 年利用外资情况表

利用外资方式	批准签订的合同			实际利用外资	
	项目数（个）	外资金额（万美元）	金额比 1996 年（±%）	金额（万美元）	金额比 1996 年（±%）
对外借款	6	1661	−70	2679	−41
外商直接投资	26	1070	−73	671	−76
合资企业	20	626	−66	390	−86
合作企业	2	240	−88	240	
外资企业	4	204	26	41	−25
外商投资股份制					
合作开发					
其　他					
外商其他投资	11	2295	64	2295	64
对外发行股票					
国际租赁					
补偿贸易					
加工装配	11	2295	64	2295	64
合　计	43	5026	−51.9	5645	−31.8

外商直接投资行业　外商直接投资项目中，生产型项目 25 个，非生产型项目 1 个。

外商直接投资来源　外商投资来自 10 个国家和地区，其中香港 9 项，金额 486.7 万美元；台湾省 6 项，金额 105.54 万美元；加拿大 2 项，金额 220.48 万美元。

外商直接投资企业生产经营情况　1997 年宁夏外商投资企业生产经营基本正常，实现销售收入 199258 万元人民币，同 1996 年相比持平，实现利润 7208 万元人民币，比 1996 年的 12986 万元人民币下降 44.5%，出口创汇 2825 万美元，比 1996 年的 2092 万美元增长 35%。

【对外经济合作】

承包工程和劳务合作　1997 年签订对外工程承包和劳务合作项目合同 7 个，金额 106.3 万美元，比 1996 年的 16.8 万美元增长 532.7%。当年基本没有营业。当年派出劳务人员 77 人次，年末在外人数 77 人，主要派往日本、阿联酋、新加坡，承包工程的项目是乌干达的建筑。接受多、双边援助项目 1 个，金额 5.8 万美元，已执行完毕。

对外投资　1997 年在海外举办企业 2 个，中方投资金额 183 万美元，投资国别分别为美国、罗马尼亚，企业刚起步，经济效益还不明显。

【其他】

对外经济洽谈会　1997 年组织部分企业到澳大利亚、新西兰、日本举办带样成交洽谈会，签订出口成交合同 1050 万美元。

港口运输　1997 年完成进出口货运量 853 吨，比 1996 年 703 吨增长 21.4%，其中出口量为 700 吨，进口量为 153 吨。按运输方式分：海运 753 吨，陆运 100 吨。

涉外旅游　1997 年入境的外国人及港澳台同胞 4238 人次。旅游收入 133.3 万美元，比 1996 年的 114 万美元增长 16.9%。

1997年新疆对外经济贸易

新疆维吾尔自治区对外贸易经济合作厅

【对外贸易】

进出口总额 1997年新疆维吾尔自治区进出口总额为14.47亿美元，比1996年的14.04亿美元增长3.06%。

出口总额 出口总额66611万美元，比1996年的54975万美元增长21.17%，占全区国内总产值1050亿元(相当于126.66亿美元)的5.26%；占全国出口总额的0.36%。

出口商品结构 初级产品出口额18608万美元，占出口总额的27.9%；工业制成品的出口额48003万美元，占出口总额的72.1%。

出口额在1000万美元以上的商品情况表

金额分类	商品名称	出口金额(万美元)	占出口总额(%)
3000万美元以上(5种)	蕃茄酱罐头、化纤布、棉纱线、棉毛衫裤、乙醇	17745	26.64
2000万－3000万美元(5种)	棉布、焦炭、漆木家具、日用杂品、其他丝织品	11652	17.49
1000万－2000万美元(4种)	啤酒、羊绒衫、聚乙烯薄膜、袋、香梨	6235	9.36
合计	14种	35632	53.49

出口商品市场 出口商品销往80个国家和地区。

主要出口市场情况表

国别(地区)	出口金额(万美元)	占出口总额(%)
香港	21364	32.07
哈萨克斯坦	11662	17.51
吉尔吉斯斯坦	7127	10.70
日本	4355	6.54
美国	3566	5.35

主要出口市场情况表(续)

国别(地区)	出口金额(万美元)	占出口总额(%)
乌兹别克斯坦	2254	3.38
德国	1721	2.58
英国	1339	2.01
合计	53388	80.14

进口总额 进口总额78120万美元，比1996年的85392万美元下降8.52%。

进口商品结构 初级产品进口额18024万美元，占进口总额的23.07%；工业制成品进口额60096万美元，占进口总额的76.93%。

主要进口商品情况表

金额分类	商品名称	进口金额(万美元)	占进口总额(%)
5000万美元以上(3种)	钢材、棉花、化肥	36006	46.09
2000万－5000万美元(4种)	羊毛、生牛皮、铜、铝	12577	16.10
1000万－2000万美元(8种)	新闻纸、球团矿、丙烯、其他化工原料、医疗器材、汽车、纺织品成套设备、计算机	11172	14.30
合计	15种	59755	76.49

进口商品市场 进口商品来自36个国家和地区。

主要进口市场情况表

国别(地区)	进口金额(万美元)	占进口总额(%)
哈萨克斯坦	43348	55.49
香港	5470	7.00
乌兹别克斯坦	4971	6.36
俄罗斯联邦	4631	5.93
吉尔吉斯斯坦	4114	5.27
美国	3854	4.93
德国	1834	2.35
日本	1711	2.19
合计	69933	89.52

边境贸易 全区边境贸易进出口总额为74994万美元，比1996年的73130万美元增长2.55%。其中出口额22963万美元，比1996年的18647万美元增长23.15%。出口的主要商品有：聚乙烯薄膜、袋、酒精、化纤布、啤酒、罐头、鞋、蓄电池、家用电器、计算机、食品制成品、粮油、水果等。进口52031万美元，比1996年的54483万美元下降4.50%，进口的主要商品有钢材、棉花、化肥、生牛皮、羊毛、铜、铝、铜材、铝材、废钢、桑蚕茧、绒毛等。

技术进出口 1997年新疆维吾尔自治区技术进出口总额1277.50万美元，比1996年的15.5万美元增长81.42倍。其中，签订引进技术和进口设备合同项目4个，比1996年增加2个；合同金额1277.50万美元，比1996年的15.5万美元增长81.42倍。

【利用外资】

1997 年利用外资情况表

利用外资方式	批准签订的合同			实际利用外资	
	项目数（个）	外资金额（万美元）	金额比 1996 年（±%）	金　额（万美元）	金额比 1996 年（±%）
外商直接投资	51	4127	59.15		61.44
合资企业	41	2354		2019	
合作企业	4	411		410	
外资企业	6	1362		43	
合　　计	51	4127	59.15	2472	61.44

外商直接投资行业　外商直接投资的 51 个项目中，生产型企业有 33 个，占 64.71%；非生产型项目有 18 个，占 35.29%。按行业划分：农业 10 项，工业 32 项，服务业 7 项，其他行业 2 项。

外商直接投资来源　外商直接投资分别来自 18 个国家和地区。主要有香港特别行政区 15 项，金额 1774 万美元；印度尼西亚 1 项，金额 422 万美元；英属维尔京 1 项，金额 361 万美元；新加坡 4 项，金额 349 万美元；美国 7 项，金额 348 万美元；英国 3 项，231 万美元；日本 1 项，135 万美元；吉尔吉斯斯坦 2 项，109 万美元；澳大利亚 3 项，89 万美元；土耳其 1 项，66 万美元；印度 2 项，61 万美元；台湾省 4 项，57 万美元；加拿大 2 项，38 万美元；德国 1 项，30 万美元；哈萨克斯坦 1 项，20 万美元；马来西亚 1 项，19 万美元；巴基斯坦 1 项，11 万美元；韩国 1 项，7 万美元。

外商直接投资企业生产经营情况　全年外商投资企业出口创汇 7524 万美元，比 1996 年的 6044 万美元增长 24.49%，占全区出口总额的 11.30%。

【对外经济合作】

承包工程和劳务合作　1997 年签订对外承包工程和劳务合同项目 5 个，金额 125.6 万美元，比 1996 年的 511.7 万美元下降 75.45%；营业额 136 万美元，比 1996 年的 934.57 万美元下降 85.45%；当年派出劳务人员 80 人次，年末全部回国，派往的主要国家是：巴基斯坦、塔吉克斯坦。承包的主要项目是巴基斯坦沙辛桥工程、中国驻塔吉克商赞处办公楼装修工程。

对外经济技术援助　1997 年承担援外项目 4 个，总金额 1079.61 万美元。受援国家和地区是：塔吉克斯坦、哈萨克斯坦、阿富汗、巴基斯坦。涉及的行业是：卷烟、外资、医药、计算机。项目建成情况：卷烟厂正在执行；对哈萨克斯坦外资援助项目正在洽谈；后两项均为提供实物。当年未派出援外人员。

接受经济援助　接受外国政府和国际经济援助项目 2 个，总金额 602 万美元。项目是：加拿大政府援助的塔里木油田开发及环境综合保护、联合国儿童基金援助的阿尔泰卫生基础服务。其中：塔里木油田开发及环境综合保护项目将于 1998 年正式实施；阿尔泰卫生基础服务项目已在 1997 年内完成了项目设计。

对外投资　1997 年批准在境外举办企业 24 个，总投资额 621.40 万美元，其中中方投资金额 440.8 万美元，比 1996 年的 583.36 万美元下降 24.44%。投资的国别是：哈萨克斯坦、吉尔吉斯斯坦、蒙古、俄罗斯联邦、乌克兰、巴基斯坦、乌兹别克斯坦。

【其他】

经济技术开发区 乌鲁木齐经济技术开发区1997年完成基础设施投资额788万元。新批生产型项目17个,总投资额2.06亿元,注册资本1.62亿元。其中:三资企业8个,总额9221万元,注册资本848万元。项目涉及制鞋、塑料、家具、食品、运输、制酒、微生物等行业。整个开发区内企业全年共实现工业总产值4.08亿元,比1996年的2.2亿元增长85.45%,同时实现税收4640万元;实现财政收入3321万元。外贸完成进出口总额1950万美元,其中进口439万美元;出口1511万美元。内贸销售额1.89亿元。

1997年伊宁市边境经济合作区累计完成基础设施投资额2.7亿元。新批生产型项目16个,总投资额1.04亿元;注册资本1.04亿元。其中,三资企业4个,总投资额138万美元;注册资本138万美元。项目涉及发电、医药、塑料制品、化学制品、食品加工、非金属矿制品等行业。整个开发区内企业全年共实现工业总产值4.32亿元,比1996年的2601.01万美元增长了15.61,实现税收6366万元;实现财政收入4502万元。外贸完成进出口总额1853万美元,其中进口695万美元;出口1158万美元。内贸销售额3.1亿元。

1997年博乐市边境经济合作区累计完成基础设施投资额1045万元。区内企业实现工业总产值1.96亿元;实现税收1900万元;实现财政收入2100万元。外贸完成进出口总额45.64万美元,其中进口23.05万美元;出口22.59万美元。内贸销售53万元。

1997年塔城市边境经济合作区完成基础设施投资额26万元。区内企业实现工业总产值6893万元;实现税收270万元;实现财政收入319.5万元。外贸完成进出口总额448万美元,其中进口275万美元;出口173万美元。内贸销售额7926万元。

对外经贸洽谈会 1997年9月1日至9月8日在乌鲁木齐举办的'97乌鲁木齐对外经济贸易洽谈会有40个国家和地区以及国内27个省、区、市一万多名中外客商和政府要员到会。成交总额11.84亿美元,其中:出口成交4.74亿美元,进口订货5.17亿美元,对外经济技术合作项目1.93亿美元;国内贸易和经济技术合作成交74.8亿元人民币,其中商贸成交37.8万元人民币,经济技术合作项目成交37亿元人民币。

1997年新疆维吾尔自治区在泰国、哈萨克斯坦、土库曼斯坦分别举办了3次大型对外经贸洽谈会,签订贸易合同总金额合计达5445.88万美元。

港口运输 全区15个陆路边境进出口口岸,货物吞吐能力为580万吨,当年完成货物运输总量为214.77万吨,比1996年的233.85万吨下降8.16%,其中出口货物运量32.62万吨;进口货物运量182.15万吨。

涉外旅游 1997年全年接待入境旅游和旅游购物者17.25万人次,旅游外汇收入7115.20万美元,比1996年的6819.74万美元增长4.33%。

1997年香港对外经济贸易

对外贸易经济合作部台港澳司

1997年香港对外贸易总额为30710.40亿港元，比1996年增长4.7%；其中出口14559.49亿港元，比1996年增长4.0%；进口16150.90亿港元，比1996年增长5.2%。虽然受到亚洲金融风波的冲击，香港对外贸易整体仍保持温和增长。

一、港产品出口

1997年港产品出口额为2114.10亿港元，比1996年下降0.4%。主要出口市场中，由于内地经济持续、快速、健康发展，港产品对内地出口也相应增长，全年港产品出口内地638.67亿港元，比1996年增长3.6%；美国经济继续保持良好发展势头，市场需求强劲，整体进口需求旺盛，1997年港产品出口美国550.73亿港元，比1996年增长2.3%；对英国出口也因为该国消费支出增长、英镑强劲而增长；由于日本经济呆滞，消费疲弱无力，进口需求减弱，加上日元兑美元持续贬值，进口能力下降，港产品对日出口持续下降；德国失业率升高，消费低迷，香港对该国的出口在1996年下跌6.4%的基础上，1997年又跌9.4%，仅为103.21亿港元。各主要出口市场表现参差不齐，虽扭转了1996年对主要出口市场全面下跌的趋势，但出口仍下跌0.4%。

1997年港产品主要出口市场情况表

国家或地区	金额(亿港元)	比1996年(%)	占总值(%) 1997年	占总值(%) 1996年
出口总计	2114.10	-0.4	100.0	100.0
中国内地	638.67	3.6	30.2	29.0
美国	550.73	2.3	26.1	25.4
英国	107.23	1.2	5.1	5.0
日本	106.41	-6.1	5.0	5.3
德国	103.21	-9.4	4.9	5.4

二、转口贸易

1997年香港转口贸易额为12445.39亿港元，比1996年增长5.0%，转口贸易占香港对外贸易总额的比重，由1996年的40.42%微升至1997年的40.53%。

内地仍为香港最大的转口市场和转口来源地。1997年香港转口内地商品7234.16亿港元，比1996年增长5.8%；海外经港转口运往内地商品4438.52亿港元，比1996年增长6.3%。

1997 年香港主要转口市场情况表

国家或地区	金额(亿港元)	比 1996 年(%)	占总值(%)	
			1997 年	1996 年
转口总值	12445.39	5.00	100.00	100.00
中国内地	4438.78	6.3	35.7	35.2
美国	2613.72	7.9	21.0	20.4
日本	777.24	−3.0	6.2	6.8
德国	463.36	−7.9	3.7	4.0
英国	390.66	8.5	3.1	3.0

1997 年香港主要转口商品来源地情况表

国家或地区	金额(亿港元)	比 1996 年(%)	占总值(%)	
			1997 年	1996 年
中国内地	7234.16	5.8	58.1	57.6
日本	1338.25	3.5	10.8	10.9
台湾省	833.41	1.4	6.7	6.9
美国	626.33	0.7	5.0	5.2
韩国	396.72	4.3	3.2	3.2

三、进口

1997 年香港进口总额为 16150.90 亿港元，在连续两年持续增长的基础上仍保持 5.2%的增幅，主要是因为整体投资非常强劲：1. 随着本地经济体系不断自动化和电脑化，机械及设备方面的开支全年持续急升，如办公室机器及自动资料处理器的进口较去年同期增长了 229%；2. 虽然机场核心计划工程接近竣工，使公营部门的土木工程建设减少，但私营机构楼宇产量的巨大升幅抵销有余，刺激了进口的增长；3. 由于特区政府继续推行放弃旧车计划，促使陆路汽车进口增长了 209%。1997 年进口增幅大于出口增幅使香港的贸易逆差由 1996 年的 1376.6 亿港元增至 1591.4 亿港元。

1997 年香港主要进口国家或地区情况表

国家或地区	金额(亿港元)	比 1996 年(%)	占总值(%)	
			1997 年	1996 年
进口总额	16150.90	5.2	100.0	100.0
中国内地	5833.80	6.0	36.1	35.8
日本	2305.86	4.9	14.3	14.3
美国	1331.94	4.7	8.2	8.3
台湾省	1245.58	1.4	7.7	8.0
韩国	754.30	0.2	4.7	4.9

1997 年台湾对外经济贸易

对外贸易经济合作部台港澳司

【对外贸易】

1997 年台湾省进出口贸易总额为 2365.06 亿美元,比 1996 年的 2183.12 亿美元增长 8.3%,占 1997 年台湾"GNP"2853 亿美元的 82.9%,较 1996 年的 77.7%增加了 5.2 个百分点。其中出口 1220.81 亿美元,比 1996 年的 1159.42 亿美元增长 5.3%,进口 1144.25 亿美元,比 1996 年的 1023.70 亿美元增长 11.8%,全年贸易顺差 76.56 亿美元,比 1996 年的 135.72 亿美元下降 43.59%。1997 年底,台湾外汇储备达 835 亿美元,比 1996 年的 880 亿美元下降 5.1%。

出口商品结构 1997 年台湾出口商品结构与 1996 年相比,农产品和农产加工品出口大幅度减少,而重化工业产品和非重化工业产品出口都有所增加。1997 年台湾农产品出口 3.82 亿美元,占出口总值的 0.31%,比 1996 年的 4.65 亿美元减少 0.83 亿美元;农产加工品出口 21.69 亿美元,占出口总值的 1.78%,比 1996 年的 36.19 亿美元减少 14.50 亿美元;重化工业产品出口 767.48 亿美元,占出口总值的 62.87%,比 1996 年的 701.20 亿美元增加 66.28 亿美元;非重化工业产品出口 427.82 亿美元,占出口总值的 35.04%,比 1996 年的 417.39 亿美元增加 10.43 亿美元。

1997 年台湾出口商品金额列前三位的分别是机械电机设备、纺织品和基本金属制品,占全年出口总额的 48.34%、13.65%和 9.45%;出口增长幅度最大的前三位商品分别是基本金属制品、机械电机设备和水泥陶瓷玻璃,与 1996 年相比分别增长 12.51%、9.80%和 9.29%。

1997 年台湾主要出口商品

单位:亿美元

	1997 年		1996 年		增减比较	
	金　额	%	金　额	%	金　额	%
出口总额	1220.81	100.00	1159.42	100.00	61.39	5.29
1. 动物及其产品	15.93	1.30	29.39	2.53	－13.46	－45.80
2. 植物产品	3.41	0.28	4.27	0.37	－0.86	－20.14
3. 调制食品	4.98	0.41	5.86	0.51	－0.88	－15.02
4. 化学品	32.78	2.69	32.58	2.81	0.20	0.61
5. 塑胶橡胶制品	77.23	6.33	77.20	6.66	0.03	0.04
6. 皮革毛皮制品	14.56	1.19	14.46	1.25	0.10	0.69
7. 木材制品合板	6.54	0.54	6.87	0.59	－0.33	－4.80
8. 纺织品	166.68	13.65	156.70	13.52	9.98	6.37
9. 鞋帽伞羽毛品	14.05	1.15	16.57	1.43	－2.52	－15.21
10. 水泥陶瓷玻璃	11.29	0.92	10.33	0.89	0.96	9.29
11. 基本金属制品	115.35	9.45	102.52	8.84	12.83	12.51
12. 机械电机设备	590.14	48.34	537.47	46.36	52.67	9.80

1997年台湾主要出口商品(续)

单位:亿美元

	1997年		1996年		增减比较	
	金　额	%	金　额	%	金　额	%
13. 运输工具	55.54	4.55	52.16	4.50	3.38	6.48
14. 精密仪器	27.54	2.26	25.51	2.20	2.03	7.96
15. 玩具运动品	23.85	1.95	26.71	2.30	−2.86	−10.71
16. 其他	60.88	4.99	61.23	5.28	−0.35	−0.57

资料来源:台湾“财政部”进出口贸易统计。

进口商品结构　1997年台湾进口商品结构变化不大,但进口增幅都较大。其中资本设备进口217.35亿美元,占进口总值的18.99%,比1996年的183.55亿美元增加33.80亿美元;农工原料进口771.32亿美元,占进口总值的67.41%,比1996年的706.36亿美元增加64.96亿美元;消费品进口155.58亿美元,占进口总值的13.60%,比1996年的133.79亿美元增加21.79亿美元。

1997年台湾进口商品金额列前三位的分别是机械电机设备、基本金属制品和化学品,占全年进口总额的35.94%、10.20%和10%;进口增长幅度最大的前三位商品分别是精密仪器、运输工具和机械电机设备,与1996年相比分别增长19.62%、17.67%和14.32%。

1997年台湾主要进口商品

单位:亿美元

	1997年		1996年		增减比较	
	金　额	%	金　额	%	金　额	%
进口总额	1144.25	100.00	1023.70	100.00	120.55	11.78
1. 植物产品	28.23	2.47	31.65	3.09	−3.42	−10.81
2. 调制食品烟饮料	23.99	2.10	22.49	2.20	1.50	6.67
3. 矿产品	103.04	9.01	92.80	9.07	10.24	11.03
4. 化学品	114.39	10.00	109.27	10.67	5.12	4.69
5. 塑胶及其制品	30.81	2.69	27.85	2.72	2.96	10.63
6. 木材制品合板	18.09	1.58	16.78	1.64	1.31	7.81
7. 纸浆印刷品	20.81	1.82	20.98	2.05	−0.17	−0.81
8. 纺织品	36.55	3.19	36.31	3.55	0.24	0.66
9. 珠宝仿首饰铸币	15.59	1.36	15.08	1.47	0.51	3.38
10. 基本金属制品	116.74	10.20	104.19	10.18	12.55	12.05
11. 机械电机设备	411.26	35.94	359.76	35.14	51.50	14.32
12. 运输工具	53.61	4.69	45.56	4.45	8.05	17.67
13. 精密仪器	63.76	5.57	53.30	5.21	10.46	19.62
14. 其他	107.49	9.39	76.76	7.50	30.73	40.03

资料来源:台湾“财政部”进出口贸易统计。

1997年台湾主要贸易伙伴

单位：亿美元

	1997年					1996年					增减比较			
	出口		进口		顺差＋或逆差－	出口		进口		顺差＋或逆差－	出口		进口	
	金额	%	金额	%		金额	%	金额	%		金额	%	金额	%
合计	1221.0	100.00	1144.3	100.00	76.7	1159.4	100.00	1023.7	100.00	135.7	61.6	5.31	120.6	11.78
北美自由贸易区	317.9	26.04	250.8	21.92	67.1	287.4	24.79	215.4	21.04	72.0	30.5	10.61	35.4	16.43
美国	295.6	24.21	232.4	20.31	63.2	268.7	23.18	199.7	19.51	69.0	26.9	10.01	32.7	16.37
加拿大	16.0	1.31	15.9	1.39	0.1	14.0	1.21	13.6	1.33	0.4	2.0	14.29	2.3	16.91
墨西哥	6.4	0.52	2.5	0.22	3.9	4.7	0.41	2.1	0.21	2.6	1.7	36.17	0.4	19.05
亚洲地区	615.9	50.44	550.2	48.08	65.7	607.9	52.43	488.7	47.74	119.2	8.0	1.32	61.5	12.58
日本	117.0	9.58	290.2	25.36	－173.2	136.7	11.79	275.0	26.86	－138.3	－19.7	－14.41	15.2	5.53
香港	287.1	23.51	20.0	1.75	267.1	268.0	23.12	17.0	1.66	251.0	19.1	7.13	3.0	17.65
韩国	23.7	1.94	50.2	4.39	－26.5	26.6	2.29	41.6	4.06	－15.0	－2.9	－10.90	8.6	20.67
越南	13.0	1.06	3.9	0.34	9.1	11.8	1.02	3.2	0.31	8.6	1.2	10.17	0.7	21.88
东盟五国	148.8	12.19	128.6	11.24	20.2	142.1	12.26	107.5	10.50	34.6	6.7	4.71	21.1	19.63
新加坡	49.0	4.01	31.5	2.75	17.5	45.8	3.95	27.9	2.73	17.9	3.2	6.99	3.6	12.90
泰国	25.6	2.10	19.3	1.69	6.3	27.9	2.41	16.7	1.63	11.2	－2.3	－8.24	2.6	15.57
马来西亚	30.4	2.49	42.3	3.70	－11.9	29.5	2.54	35.7	3.49	－6.2	0.9	3.05	6.6	18.49
印度尼西亚	21.3	1.74	21.8	1.91	－0.5	19.6	1.69	18.8	1.84	0.8	1.7	8.67	3.0	15.96
菲律宾	22.4	1.83	13.7	1.20	8.7	19.3	1.66	8.4	0.82	10.9	3.1	16.06	5.3	63.10
欧洲地区	184.2	15.09	216.0	18.88	－31.8	169.4	14.61	190.4	18.60	－21.0	14.8	8.74	25.6	13.45
欧盟	171.9	14.08	179.0	15.64	－7.1	158.0	13.63	155.2	15.16	2.8	13.9	8.80	23.8	15.34
德国	36.9	3.02	53.7	4.69	－16.8	36.4	3.14	50.2	4.90	－13.8	0.5	1.37	3.5	6.97
英国	32.8	2.69	19.5	1.70	13.3	28.1	2.42	18.1	1.77	10.0	4.7	16.73	1.4	7.73
荷兰	43.0	3.52	16.4	1.43	26.6	38.2	3.29	14.7	1.44	23.5	4.8	12.57	1.7	59.80
法国	13.9	1.14	47.3	4.13	－33.4	13.1	1.13	29.6	2.89	－16.5	0.8	6.11	17.7	59.80
意大利	11.3	0.93	16.0	1.40	－4.7	10.8	0.93	15.6	1.52	－4.8	0.5	4.63	0.4	2.56
比利时	7.4	0.61	6.0	0.52	1.4	6.8	0.59	6.5	0.63	0.3	0.6	8.82	－0.5	－7.69
其它欧洲国家	12.3	1.01	37.0	3.23	－24.7	11.4	0.98	35.3	3.45	－23.9	0.9	7.89	1.7	4.82
新西兰	2.5	0.20	4.3	0.38	－1.8	2.6	0.22	4.3	0.42	－1.7	－0.1	－3.85	0.0	0.00
澳大利亚	18.7	1.53	32.2	2.81	－13.5	18.4	1.59	28.5	2.78	－10.1	0.3	1.63	3.7	12.98
其它地区	81.6	6.68	91.0	7.95	－9.4	74.1	6.39	85.4	8.34	－11.3	7.5	10.12	5.6	6.56

资料来源：台湾“财政部”进出口贸易统计。

进出口贸易市场 1997年台湾的主要出口市场仍然是美国、香港、欧洲、东南亚五国和日本,出口金额分别占台湾全年出口总额的24.21%、23.51%、15.09%、12.19%和9.58%,顺序与1996年相同;主要进口国家和地区为日本、美国、欧洲、东南亚五国和韩国,进口金额分别占台湾全年进口总额的25.36%、20.31%、18.88%、11.24%和4.39%,顺序与1996年也相同,而从香港的进口只占台湾全年进口的1.75%。

1997年台湾的贸易顺差主要来自香港和美国,分别达到267.1亿美元和63.2亿美元,贸易逆差则主要来自日本、法国和韩国,分别为173.2亿美元、33.4亿美元和26.5亿美元。

1997年台湾出口市场中增长最多的国家和地区是墨西哥、英国、菲律宾、加拿大和荷兰,增幅分别达到36.17%、16.73%、16.06%、14.29%和12.57%;而台湾从菲律宾、法国、越南、韩国和墨西哥的进口增长最多,增幅分别达到63.10%、59.80%、21.88%、20.67%和19.05%。

台湾与祖国大陆的贸易情况 1997年台湾与大陆贸易总额为244.5亿美元,比1996年增长10.10%,其中输出估计金额为205.35亿美元,增长7.20%,输入金额为39.15亿美元,增长28%,贸易顺差166.20亿美元,均为历年新高纪录。(据祖国大陆海关统计,1997年两岸贸易额为198.38亿美元,大陆对台出口33.96亿美元,自台进口164.42亿美元,分别比1996年增长4.5%、21.2%和1.6%。)由于大陆对外出口持续增长,对台湾零部件、半成品的需求增加,带动了台湾对大陆出口的增长。虽然第三季度开始爆发亚洲金融危机,东亚及东南亚货币相继贬值,使台湾对大陆出口面临低价竞争,但1997年台湾对大陆出口仍然有7.2%的增长。

1997年台湾输出到大陆的商品主要包括电机设备及其零件、机械用具及其零件、塑胶及其制品、人造纤维丝及工业用纺织物,合计112.42亿美元,占台湾输出大陆商品金额的54.7%;台湾自大陆输入的商品集中于电机设备及其零件、钢铁、机械设备及其零件、矿物燃料与矿油及其蒸馏产品、木及木制品等,合计20.66亿美元,占台湾自大陆输入商品金额的52.8%。

1997年台湾与大陆经香港转口间接贸易

单位:亿美元

	1997年	1996年
台湾"海关统计": 贸易总额	244.50	222.08
年增率(%)	10.10	5.80
输出总额(推估值)	205.35	191.48
年增率(%)	7.20	7.00
输入总额	39.15	30.60
年增率(%)	28.00	−1.00
香港海关统计值:转口输出总额	97.15	97.18
年增率(%)	0.00	−1.70
转口输入总额	17.44	15.82
年增率(%)	10.20	0.50
转口贸易差额	79.71	81.35
年增率(%)	−2.00	−2.10

资料来源:台湾"经济部"国贸局两岸经香港转口间接贸易统计。

【内外投资】

海外华侨和外国人在台湾直接投资 1997年海外华侨和外国人在台湾的直接投资与1996年相比均有大幅增长,增幅分别达到127.32%和68.61%。按行业分,制造业、金融保险业和商业领域的投资金额列前三位。

1997 年海外华侨和外国人在台湾直接投资

单位：万美元

	1997 年		1996 年	
	金　额	年增率％	金　额	年增率％
对台湾投资总额	426663	72.68	246084	－15.88
海外华侨投资额	38747	127.32	17047	1.14
外国人投资额	386187	68.61	229038	－16.92
按行业：农林渔牧业	—	—	—	—
工业	230797	—	92684	—
矿业及土石采取业	63	—	149	—
制造业	229261	—	89055	—
水电燃气业	—	—	—	—
建筑营造业	1473	—	3480	—
服务业	194138	—	153399	—
商业	51417	—	39469	—
运输及仓储业	11360	—	6893	—
金融保险业	54516	—	31837	—
其他及个人服务业	76845	—	75200	—

资料来源：台湾“经济部”核准侨外投资统计。

台商对外投资　1997 年经台湾“经济部”核准的对外投资金额（不含到祖国大陆投资）达到 28.94 亿美元，比 1996 年增长 33.64%。美国、新加坡、香港、菲律宾和越南是台商投资金额列前五名的国家和地区，金融保险业、制造业和商业是台商对外投资金额最多的三个行业。

1997 年台湾核准对外投资

单位：千美元

	1997 年	1996 年
总额	2893826	2165404
年增率(%)	33.64	59.59
按地区：美国	547416	271329
日本	32342	6798
香港	141593	59927
新加坡	230310	164978
泰国	57546	71413
马来西亚	85088	93534
印度尼西亚	55861	82612
菲律宾	127022	74252

1997 年台湾核准对外投资

单位:千美元

	1997 年	1996 年
越南	85414	100479
欧洲	58508	11875
大洋洲	78437	18469
按行业:农林渔牧业	22026	15046
矿业及土石采取业	17578	7942
制造业	966128	649526
水电燃气业	—	—
建筑营造业	2743	不详
商业	503796	不详
运输及仓储业	233982	不详
金融保险业	997461	不详
其他	150112	不详

资料来源:台湾"经济部"核准对外投资统计。

台商在祖国大陆的投资 1997 年经台湾"经济部"核准的台商到大陆投资金额为 43.34 亿美元,比 1996 年的 12.29 亿美元增长 252.60%,增幅之高显示了台商在"戒急用忍"大陆经贸政策和亚洲金融危机双重不利环境下到大陆投资的高涨热情。台商到大陆投资以电力电子业、金属基本工业和食品饮料业为主,而广东、江苏、福建则是台商投资金额最多的三个省份。

1997 年台湾对大陆投资

单位:万美元

	1997 年	1996 年
核准对大陆投资总额	433431	122924
按行业:食品饮料业	33307	12170
塑胶制品业	34912	6365
金属基本工业	39597	12812
电力电子业	87504	27686
精密器械业	24725	3990
其他	213386	59901
按地区:广东	172090	28282
福建	47223	11088
江苏	124730	54199
海南	3798	—
河北	23357	13290
东北地区	6277	2627
其他	55956	13438

资料来源:台湾"经济部"核准对大陆投资统计。

附载：

1997年澳门对外经济贸易

对外贸易经济合作部台港澳司

【对外贸易】

据澳门政府统计，1997年澳门对外贸易总值为337亿元（澳门元，下同，约折合42.13亿美元），比1996年（318.3亿元）增长5.87%。其中进口总值为166亿元（约折合20.75亿美元），比1996年（159.31亿元）增长4.19%；出口总值为171.3亿元（约折合21.41亿美元），比1996年（158.98亿元）增长7.75%。其中澳门本地产品出口值为150亿元（约折合18.75亿美元），比1996年（133.76亿元）增长12.14%。出口增长的主要原因是纺织品及成衣出口增加所致。进口增长的原因是澳门向外购买资本货物增长4.2%，消费品则微降0.2%。由于澳门零售业持续疲软和出口市场需求旺盛，致使澳门对外贸易自1991年以来首次出现顺差达5.3亿元。

1997年澳门对外贸易情况表

项　　目	金　　额（亿澳门元）	比1996年（±%）	1996年比1995年（±%）	占总值（%）
对外贸易总值	337.3	5.87	−1.1	100
其中：进口总值	166.0	4.19	−2.07	49.21
出口总值	171.3	7.75	−0.1	50.79
本地产品出口值	150.0	12.14	−7.2	44.47
转口	21.3	−15.48	1	6.32

目前澳门工业仍以劳动密集型为主。纺织品及成衣仍是澳门出口的主要商品，1997年出口总值为145.65亿元（约18.21亿美元），比1996年（126.6亿元）增长13.07%，占澳门总出口的85.02%；而多年位居澳门第三大出口商品的玩具，出口大幅下降。

1997年澳门产品主要出口情况表

商品类别	金　　额（亿澳门元）	比1996年（±%）	1996年比1995年（±%）	占总值（%）
纺织品及成衣	145.65	13.07	3.6	85.02
玩　　具	0.92	−65.2	−54.4	0.5
鞋　　类	3.23	7.1	−7.6	1.9
电　　子	1.32	−23.8	−57.4	0.8

澳门最主要的出口市场是美国。1997年对美国的出口货值为77.47亿元（约9.68亿美元），比1996

年增长20.78%，占澳门出口总值的45.2%；出口到欧盟的货值为56.36亿元(约7.05亿美元)，比1996年增长5.2%，占澳门出口比重由1996年的33.77%略下降到32.9%。对中国内地和香港的出口分别比1996年下降12.3%和21.9%。

1997年澳门产品主要出口市场情况表

国别(地区)	金额(亿澳门元)	比1996年(±%)	1996年比1995年(±%)	占总值(%)
欧盟(15国)	56.36	5.2	5.0	32.9
美国	77.47	20.78	—4.2	45.2
香港	13.15	—21.9	1.6	7.7
内地	11.11	—12.3	—25.7	6.5

澳门进口仍集中于亚太地区，占进口比重的79.9%，比1996年上升5.7%，其中主要国家和地区为中国内地28.5%、香港地区25.2%及日本8.5%。1997年从中国内地、香港、台湾省进口货值分别为47.41亿元(约6亿美元)、41.76亿元(约5.29亿美元)、15.37亿元(约1.95亿美元)，分别比1996年增长24.18%、下降9.7%、增长9.6%。中国内地为澳门最大的进口市场。三地对澳门的出口总值占澳门进口总值的62.3%。此外，澳门的主要进口国家还有日本、欧盟15国、美国。上述国家对澳门的出口总值占澳门进口总值的27.2%。

1996年澳门主要进口市场情况表

国别(地区)	金额(亿澳门元)	比1996年(±%)	1996年比1995年(±%)	占总值(%)
香港	41.76	—9.7	—1.7	25.2
内地	47.41	24.2	3.2	28.5
台湾省	15.37	9.6	19.2	9.3
日本	14.17	—0.9	—17.2	8.5
欧盟(15国)	20.52	—6.0	—10.6	12.4
美国	10.42	11.0	—22.7	6.3

【旅游】

据澳门政府统计，1997年赴澳门的游客人数达700万人次，比1996年的815万人次下降了14.11%。主要客源来自香港、台湾省、日本和韩国。其中香港游客比上年下降17.39%(430万人次)。受澳门国际机场投入使用的带动，台湾游客持续增加达90.6万人次，比1996年增长19.5%。

国别(地区)经贸

1997 年中国内地与香港、澳门地区的经济贸易关系

对外贸易经济合作部台港澳司综合处

1997 年,中国内地和香港、澳门地区的经贸关系继续保持高速、健康、稳定发展。7 月 1 日,中国政府恢复对香港行使主权,两地经贸合作由此翻开了崭新的一页。根据"一国两制"方针和基本法原则规定,香港回归后,内地与香港的贸易仍视同进出口贸易,港商来内地投资仍视同外商投资。澳门回归祖国的各项准备工作也在顺利进行。内地同香港、澳门地区在贸易、投资和承包工程及劳务合作等方面的合作将得到充分发展,经贸人员的交流与往来也更为密切。

一、进出口贸易

香港是中国内地第二大贸易伙伴和最大的出口市场。据中国海关统计,1997 年中国内地与香港的进出口贸易额达 507.71 亿美元,比上年增长 24.6%,占当年中国内地进出口总额的 15.6%1。其中内地对香港出口 437.81 亿美元,比上年增长 33.6%,占当年中国内地出口总额的 24.0%;内地从香港进口 69.90 亿美元,下降 10.6%,占当年中国内地进口总额的 4.9%。全年内地与澳门的贸易总额为 7.65 亿美元,比上年增长 10.2%。其中内地向澳门出口 6.42 亿美元,比上年增长 12%;自澳门进口 1.23 亿美元,比上年增长 1.6%。

据中国海关统计,1997 年内地对香港出口的前 20 种主要商品为:机电产品(127.19 亿美元),服装及衣着附件(116.00 亿美元),纺织纱线、织物及其制品(53.81 亿美元),玩具(10.4 亿美元),塑料制品(9.36 亿美元),旅行用品及箱包(7.63 亿美元),贵金属或包贵金属的首饰(7.45 亿美元),集装箱(5.76 亿美元),鞋类(5.71 亿美元),食用植物油(包括棕榈油)(4.64 亿美元),家具(3.60 亿美元),手表(3.48 亿美元),成品油(3.42 亿美元),钢材(3.02 亿美元),录音机及收录(放)音机组合机(2.88 亿美元),活猪(2.77 亿美元),电动机及发动机(2.67 亿美元),通断及保护电路装置(2.61 亿美元),电视、收音机及无线电讯设备的零附件(2.51 亿美元),电扇(2.42 亿美元)。上述 20 种商品的出口额合计 377.42 亿美元,占当年内地对香港出口的 86.2%。1997 年内地对澳门出口前 10 种主要商品为:纺织品及原料(3.61 亿美元),活动物及其产品(0.52 亿美元),矿产品(0.48 亿美元),饮食烟草制品(0.32 亿美元),鞋帽伞、羽毛品(0.26 亿美元),贱金属及其制品(0.22 亿美元),矿物材料、陶瓷品、玻璃品(0.21 亿美元),皮革箱包(0.17 亿美元),塑料及其制品(0.17 亿美元),化学品(0.17 亿美元)。上述 10 种商品出口额合计 5.68 亿美元,占当年内地对澳门出口总额的 88.5%。

1997 年内地从香港进口的前 20 种主要商品为:机电产品(32.53 亿美元),棉机织物(4.34 亿美元),集成电路及微电子组件(3.41 亿美元),合成纤维长丝机织物(2.54 亿美元),针织及钩编织物 1.84 亿美元),二极管、晶体管及类似半导体器件(1.62 亿美元),纸及纸板(1.47 亿美元),通断及保护电路装置(1.33 亿美元),电视、收音机及无线电讯设备的零附件(1.15 亿美元),初级形状的塑料(1.14 亿美元),合成纤维纱线(0.89 亿美元),橡胶或塑料加工机械(0.85 亿美元),未锻造的铜及铜材(0.84 亿美元),自动数据处理设备及部件(0.75 亿美元),电线和电缆(0.69 亿美元),电动机及发动机(0.67 亿美元),合成短纤与棉纺机织物(0.61 亿美元),涂覆或浸渍塑料的织物(0.60 亿美元),有线电话电报设备的零附件(0.59 亿美元),计量检测分析自控仪器及器具(0.57 亿美元)。上述 20 种商品的进口额合计 58.43 亿美元,占当年内地从香港进口的 83.6%。1997 年,内地从澳门进口前 7 种主要商品为:纺织品及原料(1.0571 亿美元),纸、纸浆及其制品(442 万美元),机电音响设备及零附件(374 万美元),化工及其相关工业产品(232 万美元),家具、玩具等杂项制品(204 万美元),塑料及其制品(195 万美元),贱金属及其制品(133 万美元)。

二、投资

投资方面,香港仍是内地吸引境外投资的首要来源地。根据外经贸部业务统计,1997 年内地吸引港商直接投资项目数为 8045 个(占同期内地吸引外资项目总数的 38.3%),同比下降 22.6%;协议利用港资

金额182.2亿美元(占同期内地协议外资总金额的35.7%),下降35.7%;实际利用港资金额206.3亿美元,(占同期内地实际利用外资总金额的45.6%),下降0.2%。从1979年到1997年底,内地吸引香港直接投资项目数累计170263个,占同期内地吸引外资总数的55.9%;协议港资金额2784亿美元,占同期内地吸引外资总额的53.5%;实际利用港资金额1190亿美元,占同期内地实际利用外资的53.5%。1997年澳门在内地投资项目共266个,合同金额3.69亿美元,实际使用投资额4.03亿美元,分别比上年下降6.67%、22.32%、33.5%。截至1997年底,澳门在内地投资项目共6366个,协议金额99.94亿美元,内地实际利用澳门直接投资37.22亿美元。

三、承包工程和劳务合作

内地在香港承包工程和劳务合作仍具有较大的潜力。根据外经贸部业务统计,1997年内地与香港新签承包工程合同183项,合同金额19.83亿美元,实际完成营业金额15.36亿美元(占内地对外承包工程完成总额的25.4%);1997年内地与香港新签劳务合作合同1470项,合同金额2.95亿美元,完成营业额2.49亿美元(占内地对外劳务合作营业总额的11.5%)。年末,内地在香港承包工程和劳务合作人员达到27090人,占同期内地对外承包工程和劳务合作在外人数的8.1%。1997年内地与澳门共签劳务合同850份,合同金额2.94亿美元,营业额2.76亿美元,年末在澳门的劳务人员共28570人。

四、重要经贸往来

1997年是香港回归年,回归前后香港各界人士纷纷组团来内地参观访问,加强与内地的经贸交流。1997年,共有37批香港代表团组来外经贸部拜访、会谈,其中外经贸部领导会见了香港中华总商会、香港总商会、香港中华厂商联合会、香港中国企业协会等18个重要代表团及许多香港知名人士,并同他们就回归后香港的发展及进一步加强两地的经贸合作进行了不同层次的交流。1997年10月,全国政协委员、澳门吴福集团董事长吴福率澳门企业家代表团一行26人访问北京。外经贸部吴仪部长会见了全团,双方就加强内地与澳门经贸合作和促进澳门经济发展交换了意见。1997年外经贸部共批准临时赴澳门团组109个、631人次;批准赴澳门招商办展9个、600人次。

五、1998年内地与香港、澳门经贸合作的展望

1998年虽然亚洲金融风波对内地外经贸的发展带来不良影响,但内地经济可望保持"高增长、低通胀"的良好势头,进出口贸易总额将超过3450亿美元,同时,我国政府重申人民币不会贬值,这对两地经贸合作起到良好的支持作用。其次,1998年香港经济发展会适度放缓,但香港经济基础稳固,有信心也有能力较快复苏。据香港特区政府预测,香港经济增长率将从上年的5.2%放缓到3.5%左右,整体出口和转口将分别保持4.8%和5.5%的增长率;另据香港贸发局的分析,经香港公司转运及从内地直接付运的离岸贸易仍将以较快速度增长,表明两地贸易继续增长具有现实有利的条件。再者,香港作为内地的转口港,其进出口市场主要是北美、欧盟等地;1998年全球经济预计仍能低速增长,国际货币基金组织预测全球经济增长率可达到3.5%左右,支持世界贸易继续增长的经济和技术因素仍然保持,美国经济预期将有温和增长,欧盟基础稳固,经济稳步增长,这对于中国内地和香港扩大对主要市场的出口、增加经港转口都是有利的因素。

展望内地与澳门经贸发展的前景,我们认为,澳门的经济环境是会不断改善的。中葡友好合作关系的加强,祖国内地宏观经济环境的进一步改善,尤其是中共"十五大"和1998年人大、政协"两会"表现出了更加开放的姿态,为澳门经济发展带来了机遇。这些都将会促进两地经贸关系的发展。中央政府一贯支持澳门的经济发展,我们将以"一国两制"、"澳人治澳"、"高度自治"、保持澳门长期繁荣稳定的方针,积极开展内地与澳门的经贸往来。内地与澳门经贸关系的发展前景是良好的,我们对此充满信心。

1997年中国与日本的经济贸易关系

对外贸易经济合作部亚洲司一处

中日经贸关系在我国整个对外经贸关系中占有重要地位。日本是我国最大的贸易伙伴;是向我国提供政府贷款和无偿援助最多的国家;也是我国吸引外资、引进技术的重要对象国。互利互补、形式多样、日益紧密、稳定发展的中日经贸合作关系正在走向成熟。

一、双边贸易

1997年,中日贸易总额达608.13亿美元,较1996年增长1.2%。其中,中国对日出口318.20亿美元,中国自日进口289.93亿美元,较上年分别增加3.0%和减少0.6%,中方顺差28.27亿美元。中国主要出口商品依次为:纺织原料及制品92.84亿美元,占对日出口总额的29.2%;机电、车辆及光学仪器类73.19亿美元;粮油食品类46.28亿美元。中国主要进口商品为:机电、车辆及光学仪器类163.58亿美元,占自日进口的56.4%;贱金属(钢铁等)及其制品37.68亿美元;纺织原料及制品32.10亿美元。

中日贸易额占我国对外贸易总额的18.7%,日本连续五年保持我国第一大贸易伙伴地位。由于中日双边贸易额基数大,去年的增速放慢,尤其下半年较为明显;同时,由于中国自日进口出现负增长,对日贸易顺差进一步扩大。

二、对华直接投资

截至1997年底,我国共批准日本企业对华投资项目16404个,协议金额297.93亿美元,实际使用金额185.15亿美元。分别占全国利用外商直接投资的5.38%、5.73%和8.35%。1997年度,日本对华直接投资项目数1402个,较上年下降19.52%;合同金额34亿美元,下降33.74%;实际投入金额43.3亿美元,上升17.7%。

三、政府资金合作

日本是向我国承诺政府贷款最多的国家。从1979年到1995年,我国共使用了三批日本政府贷款,协议金额累计达16109亿日元,用于64个建设项目。贷款基本用于交通、能源等我国重点建设项目,成为中日经济合作的重要内容。

第四批日元贷款计划于1996年至2000年的五年间实施。关于1997年度贷款,中方提出了2029.06亿日元、14个项目的方案,日方给予了正式承诺,并于1997年9月12日在东京签署了协议。

四、无偿援助

1997年3月底,日本政府宣布解除对华无偿援助的冻结。目前,中日双方正对1995年冻结的共计50多亿日元的7个项目进行调查。

五、“中日环境开发合作设想”

桥本龙太郎首相1997年9月访华时提出的“中日环境开发合作设想”的主要内容包括两个部分:第一部分是利用无偿援助资金,进一步推动建立环境信息网络的合作,日方愿在100个城市提供电脑和人材培训,设备费为20亿日元左右,重点是酸雨监测信息。第二部分是利用500—1000亿日元贷款,就一两个样板城市的环保项目进行合作。中日双方已成立专家委员会推动两个项目的落实,并就有关事项进行磋商。日方还承诺从1998年开始,对包括中国在内的使用日元贷款的国家进行治理公害及防止温室效应的项目降低贷款利率,即从现行的年利率2.1%降至0.75%。

六、劳务研修合作

1997年,中日签订承包和外派研修生合同1021份,合同金额2.7亿美元,完成营业额1.849亿美元。中国在日研修生人数达19989人。

七、政府首脑互访

1997年9月4日—9月7日,日本首相桥本龙太郎对我国进行了正式访问。双方均表示愿意加强两国在贸易、投资、农业、国企改革、环保以及中国加入世界贸易组织(WTO)等方面的合作。

11月11日—11月16日,李鹏总理回访日本。访日期间,中日两国谈判代表团发表关于中国加入世贸组织谈判的联合声明,宣布包括分销服务、金融服务、电讯服务、运输服务、建设和房地产服务、会计和法律服务在内的两国服务贸易的双边谈判已取得重大进展,双方正共同努力,致力于全面结束两国的双边谈判,争取尽早使中国加入世贸组织。

1997年中国与东盟国家的经济贸易关系

对外贸易经济合作部亚洲司二处

东南亚国家联盟(简称东盟)现有9个成员国:文莱、印度尼西亚、老挝、马来西亚、缅甸、菲律宾、新加坡、泰国和越南(老挝,缅甸于1997年7月加入东盟)。总面积450万平方公里,总人口近5亿。

一、双边贸易

东盟是中国的重要贸易伙伴。据中国海关统计,1997年,中国与东盟七国(不包括老挝、缅甸)贸易额达243.6亿美元,比1996年增长19.4%,其中中国向东盟出口120.3亿美元,自东盟进口123.3亿美元,分别比上年增长24%和15.2%。1997年中国与东盟的贸易额占中国对外贸易总额的7.5%,东盟位于日本、香港、美国和欧盟之后,为中国第五大贸易伙伴。在东盟七国中,中国与新加坡的贸易额居首位,为87.8亿美元,其余依次为印尼(45.1亿美元)、马来西亚(44.2亿美元)、泰国(35.2亿美元)、菲律宾(16.7亿美元)、越南(14.4亿美元)、文莱(0.3亿美元)。老挝、缅甸于1997年7月加入东盟后,东盟扩大为九国。1997年,中国与东盟九国的贸易额为250.4亿美元。

1997年,中国对东盟国家的出口商品结构继续得以优化,特别是机电产品的出口金额大幅度增长。1997年,中国对东盟机电产品出口47.2亿美元,比1996年增长18.5%,占中国对东盟出口总值的39.2%。

中国对东盟出口的主要商品有:机电产品、纺织品、服装、钢材、船舶、谷物、成品油、钢坯及粗锻件、原油、纸烟和水泥等。

中国从东盟进口的主要商品有:机电产品、成品油、原油、塑料、食用植物油、天然橡胶、胶合板、合成纤维纱线、纸浆、谷物、锯材、原木等。

二、经济技术合作

东盟是中国引进外资的重要来源。截至1997年底,中国共批准东盟七国来华投资项目13591个,协议外资金额398亿美元,实际投入128亿美元。1997年,中国批准东盟七国来华投资项目1249个,协议外资金额55.44亿美元,比1996年下降29.8%,实际投入金额为34.19亿美元,同比增加7.6%。

中国政府也积极鼓励中国的企业到东盟国家投资。据外经贸部不完全统计,截至1997年,中国在东盟七国建立合资、合营企业548家,总投资额8.7亿美元,其中中方投资3.2亿美元。

东盟还是中国在亚洲的主要承包工程和劳务市场之一。1997年,中国与东盟七国共签订承包劳务合同2572份,合同总金额为20.1亿美元,完成营业额14.9亿美元,后两项分别比1996年增长22.3%和47.5%。截至1997年底,中国在东盟国家的承包劳务人员约7.2万人。

1997年下半年以来,一些东盟国家的经济受到了金融风波的冲击。中国政府本着互助互惠、共同发展的精神和积极发展同周边国家睦邻友好关系的一

贯立场,向泰国提供10亿美元贷款,并在国际货币基金组织(IMF)框架下向其他有关国家提供了力所能及的帮助。

1997年中国向缅甸、越南、老挝提供了优惠贷款,向缅甸、越南、老挝、印度尼西亚和柬埔寨提供了无偿援助。另外,中国还向缅甸、泰国、柬埔寨、越南、菲律宾、马来西亚、印度尼西亚提供了多边技术援助,共有28名学员参加各类技术培训班。

三、重要经贸往来

1997年,中国与东盟各国政府继续保持着频繁密切的高层经贸往来。

4月,外经贸部部长吴仪会见随泰国总理差瓦立来访的泰商业部长那隆猜,两位部长就双边经贸合作、中国加入世界贸易组织(WTO)、亚太经合组织(APEC)和大东盟等问题交换了意见,并签署了两国政府关于贸易、投资和经济合作的谅解备忘录。外经贸部刘山在副部长与那隆猜部长举行了会谈,就中国从泰国进口农产品、进口关税等问题交换了意见。

5月—6月,外经贸部副部长李国华率中国政府经贸代表团访问了缅甸、泰国和老挝三国,期间出席了中泰经贸联委会第八次会议,与缅甸签署了《中缅两国政府关于成立经济、贸易和技术合作联合工作委员会的协定》;与老挝签署了《中老两国政府贸易协定》和《关于成立中老经济、贸易和技术合作委员会的协定》。

7月,外经贸部副部长李国华率中国政府经贸代表访问了马来西亚、印尼和菲律宾三国,并分别出席了中马经贸联委会第四次会议、中—印尼经贸联委会第四次会议和中菲贸联会第二十次会议,就发展双边经贸合作问题同对方交换了意见;老挝副总理本扬访华。李岚清副总理与本扬副总理就两国经贸合作和共同关心的问题举行会谈。外经贸部刘山在副部长和老中合作委员会主席万通·香芒代表各自政府签署了《中老两国政府经济技术合作协定》。

8月,缅甸商务部长吞基应邀访华,吴仪部长会见吞基部长一行,双方就进一步扩大双边经贸合作等问题交换了意见。

9月,中国—东盟经贸联委会第二次会议在北京召开,李国华副部长和印尼贸工部贸易与研究发展署主任罗斯蒂亚娜·苏哈托分别代表中方和东盟方主持了会议;印尼工贸部长东基率印尼企业家代表团访华,分别在北京和上海举办了两国企业家对口洽谈会;柬埔寨内阁办公厅联合大臣索安率经贸代表团访华。

10月,吴邦国副总理应邀对孟加拉、越南、老挝、缅甸进行正式访问并顺访了泰国。访越期间,双方签署了《关于中国向越南提供2亿元人民币政府贴息优惠贷款的框架协议》和中国向越南太原钢铁厂提供援助的一揽子协议。访老期间,双方签署了《关于中国向老挝提供1亿元人民币政府贴息优惠贷款的框架协议》。访缅期间,双方签署了《关于中国政府向缅甸政府提供1亿元人民币政府贴息优惠贷款的框架协议》。

1997年中国与南亚国家的经济贸易关系

对外贸易经济合作部亚洲司三处

一、双边贸易

1997年,中国与南亚八国(印度、巴基斯坦、孟加拉国、尼泊尔、斯里兰卡、马尔代夫、阿富汗、不丹)的贸易总额为40.04亿美元,比1996年增长20.2%,其中中国出口26.5407亿美元,进口13.504亿美元,同比分别增长19.28%和21.95%。中国同南亚国家的贸易关系发展顺利,保持了持续稳定增长的可喜势头。中国同印度的贸易额达18.3亿美元,增长30.2%,其中中国出口9.33亿美元,进口8.97亿美元,分别增长36%和24.7%,中印贸易的巨大潜力日益凸显。中巴贸易也再达10亿美元大关。中国同其他南亚国家的贸易额(除马尔代夫外)也呈不断增长之势。近年来,中国对南亚国家的出口商品结构不断优化,尤其是中国机电产品已开始进入印度市场,并已成为中国对印出口的第一大商品(1997年为2.09亿美元)。对巴基斯坦、孟加拉等国的机电产品出口也继续增长。中国对南亚国家出口的其他商品还有纺织品、化工产品、医药原料、生丝、焦炭、煤、钢材、水泥等。

中国从南亚进口的主要商品有铁矿砂、铬矿石、成品油、豆粕、皮革、尿素、原棉等。

南亚国家人口众多,市场潜力巨大。尤其是印度,被视为世界十大新兴市场之一。南亚区域合作联盟将于2001年实行区域内的贸易自由化,对中国而言,可谓机遇和挑战并存。

二、经济技术合作

1997年,中国与南亚国家的承包劳务合作得到进一步发展,中国在南亚地区全年共签合同251项,合同额5.6亿美元,营业额5.7344亿美元。

1997年,中国政府继续向南亚部分国家提供力所能及的援助,同巴基斯坦、尼泊尔、孟加拉等国政府签订了新的援助协议,提供援款、贴息贷款及赠款共计2.43亿元人民币,其中2亿元贴息贷款主要用于援建孟加拉磷肥厂项目。

三、重要经贸往来

1997年1月,外经贸部吴仪部长会见巴基斯坦政府财经事物顾问伯基。3月,国务院秘书长罗干率中国政府代表团访问孟加拉国,并向对方提供了3000万元人民币的援款。4月,外经贸部吴仪部长会见了陪同巴基斯坦总统访华的巴商业部长达尔。7月,印度商业部长拉马亚访华并出席"印度工业技术展"和"中印联合商务委员会"第四次会议,外经贸部石广生副部长会见了拉马亚部长。8月底9月初,孟加拉国务部长莫夏拉率黄麻代表团访华,外经贸部李国华副部长会见孟代表团一行。9月,外经贸部刘山在副部长会见了来访的斯里兰卡农业、土地和森林部长贾亚拉特纳一行。10月,吴邦国副总理访问了孟加拉国,中孟双方签署了中国向孟加拉提供2亿元人民币贴息贷款的协议。12月,外经贸部李国华副部长率政府经贸代表团访问了印度,出席了中国在新德里举办的中国商品展览会。

1997年中国与西亚国家的经济贸易关系

对外贸易经济合作部西亚非洲司一处

一、双边贸易

西亚国家包括沙特阿拉伯、阿拉伯联合酋长国、科威特、巴林、卡塔尔、阿曼、约旦、叙利亚、黎巴嫩、巴勒斯坦、伊拉克、以色列、也门等13个国家。1997年中国与这些国家的贸易又有较大幅度增长,据中国海关统计,双边进出口贸易额共63.9亿美元,比1996年增长了22.6%。其中,中国出口31.2亿美元,比1996年增长了19.1%;中国进口32.7亿美元,比1996年增长了26.2%。

1997年中国对这一地区出口额最大的国家是阿联酋,达13亿美元,占中国对这一地区出口总额的41.6%;其次是沙特,达8.5亿美元,占27.2%;以色列,达2.56亿美元,占8.2%。

中国从这一地区进口额最大的国家是阿曼,达13.45亿美元,占中国从这一地区进口总额的41.13%;其次是沙特8.26亿美元,占25.26%;也门6.5亿美元,占19.9%。

中国对西亚地区出口的主要商品是机电产品,约占中国对这一地区出口总额的31.89%;服装和纺织品,约占中国对这一地区出口总额的27.72%,其中服装4.88亿美元,纺织品3.77亿美元。除此之外,中国对西亚地区鞋类出口达1.88亿美元,轮胎出口达1.18亿美元。

中国从西亚地区进口的主要商品是原油和成品油,金额达22.07亿美元,占中国从这一地区进口总额的67.46%;其次是化肥,金额为1.66亿美元,约占5%;其他还有石化产品(包括聚乙烯、聚丙烯和乙醇等)、铝锭等。

中国对西亚地区的出口贸易虽然金额不少,但与这些国家的进口贸易的总额相比,所占份额仍很少,仅占2.3%,因此中国开拓这些国家市场潜力很大。中国与上述国家双边贸易有较大的互补性,西亚地区的原油、成品油、化肥、石化产品和铝锭等,是中国需求较多的商品。因此,中国应紧紧抓住这一地区形势继续趋向缓和的时机,调整中国出口产品结构,加大出口商品在这一地区的宣传力度,同时继续贯彻以质取胜和对外大经贸战略,积极拓展我国在西亚地区的市场;西亚地区的原油储量占世界原油储量的一半以上,做好与这一地区国家的经贸合作工作对中国具有长远的战略意义。

1997年中国与西亚地区国家签署的主要经贸协定有:8月份签署的《中华人民共和国政府和伊拉克共和国政府经济技术和贸易合作协定》。

二、经济技术合作

(一)承包劳务

截至1997年底,中国公司在西亚13国共签订承包工程、劳务合作及设计咨询合同3,642项,合同额累计55.35亿美元,完成营业额累计39.124亿美元。其中,1997年签订合同435项,合同金额5.2164亿美元,比1996年增长54.1%;完成营业额2.3018亿美元,比1996年增长44.7%。1997年在西亚13国执行合同的中国承包劳务人员有16526人。

(二)对外援助

1997年,中国向伊拉克、叙利亚、也门、黎巴嫩、约旦、巴勒斯坦提供了无偿援助。当年竣工项目有巴勒斯坦加沙中学。另外,中国还向土耳其、沙特、伊朗、阿曼提供了多边技术援助,共有28名学员参加各类技术培训班。

三、重要经贸往来

1997年中国加强了与西亚地区国家的经贸往来,西亚地区国家也更加重视与中国经贸关系的发展,加强了与中国经贸合作的力度。1997年,中国与该地区有以下重要活动:

1997年2月,国务院副总理李岚清率领政府代表团访问了以色列,外经贸部刘山在副部长随访,代表团与以方就进一步加强包括经贸合作在内的双边关系进行了广泛的会谈;4月,中国石油化工总公司总经理盛怀仁率团访问了沙特、阿联酋和科威特;6月,中国石油天然气总公司总经理周永康率团访问了伊拉克;同月阿曼苏丹私人代表苏维尼殿下率团访问了中国,随访的阿曼工商大臣与外经贸部领导共同主持了两国第三届经贸混委会;8月,伊拉克贸易部长萨利赫来访,与中方共同召开了第九届中伊经贸混委会;10月沙特石油大臣访问了中国,参加了在京举行的国际石油大会。

1997年中国与非洲国家的经济贸易关系

对外贸易经济合作部西亚非洲司综合处

大多数非洲国家同中国保持着长期友好的关系,双方在许多国际事务中相互支持。在经济上,中国同非洲国家有巨大的互补性,中国许多物美价廉的商品深受非洲人民喜爱,非洲丰富的自然资源有许多是中国所馈乏的。中国历来十分重视发展同非洲地区的经贸关系。近些年来,江泽民、李鹏、朱镕基、李岚清等党和国家领导人相继访问非洲一些国家，并对发展对非洲的经贸关系做了一系列重要指示。随着世界经济热点转向亚洲，越来越多的非洲国家认识到同中国发展经贸关系的重要性和迫切性。许多国家领导人纷纷访华，寻求多渠道、多方式双边经贸合作。1997年双方政府和经贸界对开展双边合作进行了许多有益的探索，加大了工作力度，使双边经贸关系迈上了一个新台阶。

一、双边贸易

据中国海关统计，1997年中国与非洲国家的进出口贸易总额由1996年的40.31亿美元增至1997年的56.71亿美元，增幅为40.6%。其中中国向非洲出口32.07亿美元，增幅24.9%；中国自非洲进口24.64亿美元，增幅68.2%。

1997年中国同非洲地区进出口额超过1亿美元的国家有15个，比1996年增加了8个，南非是中国在非洲地区最大的贸易伙伴，双边贸易额为15.74亿美元。中国向非洲出口较多的国家有南非(7.84亿美元)、埃及(4.64亿美元)、尼日利亚(3.16亿美元)、肯尼亚(1.32亿美元)、摩洛哥(1.19亿美元)、阿尔及利亚(1.13亿美元)、苏丹(1.11亿美元)和贝宁(1.10亿美元)等国家；中国自该地区进口较多的国家有南非(7.90亿美元)、安哥拉(6.03亿美元)、加蓬(3.13亿美元)和刚果(布)(1.52亿美元)等。

从商品结构看，1997年中国对非洲地区的出口由过去的以纺织品、轻工业品等劳动密集型产品为主转到以技术含量和附加值较高的机电产品为主。据中国海关统计，1997年中国向该地区出口机电产品12.38亿美元，占出口总额的38.60%，位居出口商品种类榜首；其次是纺织品和服装，出口金额为7.65亿美元，约占对该地区出口总额的23.85%；其他还有轻工业品(出口额4.08亿美元，占12.72%)、鞋类(出口额2.25亿美元，占7.02%)、粮油食品(出口额1.21亿美元，占3.77%)、电池(出口额1.02亿美元，占3.18%)和茶叶、药品等。中国从该地区主要进口商品为原料性产品，如原油(进口金额9.12亿美元，占从该地区进口比重为37.01%)、原木(3.48亿美元，占比重为14.12%)、矿产品(2.87亿美元，占比重为11.65%)和原棉(1.51亿美元，占比重为6.13%)等。

随着中国对外开放和市场多元化战略的实施，中国对非洲地区的贸易有了长足的发展。但双边贸易整体水平还很低，在各自对外贸易中所占份额较小；中国出口商品结构仍较单一，过分依赖轻工业品、纺织品和家用电器，许多适销对路的产品如药品等尚未真正进入这一市场。中国同非洲地区的经济互补性大，有巨大潜力可挖。中国有关部门和企业，尤其是大中型企业应进一步转变观念，加大对非洲市场开拓力度，在做好市场调研的基础上，实施"大经贸"战略，以那些贸易、投资环境好的国家为重点国别，利用存仓分拨、投资办厂、合资合作等多种方式，促进同这些国家有形贸易和无形贸易的发展，并带动同周边国家的贸易。

二、双边经济技术合作

(一)对外援助

1997年中国向40个非洲国家提供了新的援款，援助总额占当年我国对外援助总额的51%。当年新承担援助项目56个，其中生产性项目1个，社会福利性项目15个，基础设施项目10个，技术合作项目30个。当年新开工项目14个，竣工项目21个。上述项目对这些国家的经济和社会发展起到了一定的促进作用。

1997年中国和5个非洲国家签订了政府贴息优惠贷款框架协议；截至1997年年底，已累计同19个非洲国家签订了政府贴息优惠贷款框架协议，大部分项目进展顺利。非洲国家已成为优惠贷款合作方式的重点地区。援外项目合资合作也获新的进展，一批合资合作项目已经实施或在兴办之中。

1997年，中国向15个非洲国家提供了多边技术援助，共有82名学员参加各类技术培训班。

全年中国还向26个非洲国家提供36批一般物资援助，包括办公用品、食品、医药器械和农机具等。

(二)承包劳务

截至1997年底，中国公司在非洲共签订承包工程、劳务合作及设计咨询合同7326项，合同额累计102.07亿美元，完成营业额72.83亿美元。其中，1997年签订合同1042项，合同金额17.33亿美元，比1996年增长14.6%；完成营业额11.38亿美元，比1996年增长22.3%。

1997年在非洲地区执行合同的中国承包劳务人员有30447人。

三、重要经贸往来

1997年,中国同非洲国家政府间高层经贸往来继续加强,双边经贸合作关系进一步发展。5月,李鹏总理率团访问加蓬、喀麦隆、尼日利亚、赞比亚、莫桑比克和坦桑尼亚六国,与六国领导人就加强友好关系、发展双边经贸合作广泛交换了意见。外经贸部部长吴义陪同李鹏进行了访问,并代表中国政府同喀麦隆、尼日利亚、加蓬政府签订了投资保护协定,同尼日利亚签订了石油合作协议、开展钢铁项目合作议定书等,并就在尼日利亚、赞比亚、莫桑比克和坦桑尼亚建立中国投资开发贸易中心同对方达成协议;11月,外经贸部副部长石广生率中国经贸代表团暨投资贸易考察团访问南非,随行企业家与南非公司、企业签署了价值6.3亿美元的贸易、投资等合同、协议和意向书;11月,刘山在副部长率中国政府和企业家代表团访问埃及、摩洛哥和利比亚,与摩签署了从摩进口15万吨化肥的协议。另外,外经贸部部长助理杨文生、刘向东和高虎城也先后率政府经贸代表团访问该地区,有力地推动了双边经贸关系的发展。1997年非洲国家访问中国的高级代表团也很多。4月,埃及总理詹祖里访华,与李鹏总理签署了《中国协助埃及建设苏伊士西北经济特区的谅解备忘录》;同月,尼日尔总统迈纳萨拉访华,并同中国政府签署了经济技术合作协定;5月,科特迪瓦总统贝迪埃访华;苏丹第一副总统祖贝尔访华,陪同访问的财政部长哈桑与刘山在副部长共同主持了中苏两国经贸混委会第四届会议,签署了《中苏投资保护协定》、《中苏避免双重征税协定》和《中苏经济技术合作协定》;10月,佛得角总理卡洛斯访华,并同中国政府签署经济技术合作协定;12月,刚果(民)总统卡比拉访华,同中国政府签署了投资保护协定。贝宁外交部长、科特迪瓦计划和工业部长、尼日利亚商业旅游部常务秘书、刚果(布)工业发展部长等也相继率政府经贸代表团访问中国。

1997年中国与欧洲联盟国家的经济贸易关系

对外贸易经济合作部欧洲司四处

1997年,中国与欧洲联盟委员会及其成员国高层互访频繁,进一步推动了双方经贸关系的发展,欧盟企业来华投资势头有增无减,各种形式的经济技术合作领域不断拓宽,并逐步朝机制化方向发展。欧盟国家根据欧盟理事会通过的《中欧关系长期政策》文件和《对华合作新战略》的精神发展同中国的经贸关系。我国从对外开放、市场多元化和对外“大经贸”战略出发也更加重视发展与欧盟的经贸合作。在这一良好的经贸氛围中,经双方的共同努力,双边经贸合作取得可喜的进展。

一、双边贸易

据中国海关统计,1997年中国与欧洲联盟15个成员国的进出口贸易总额为430亿美元,比上年增长8.35%,占当年中国进出口贸易总额的13.2%,略低于上年水平。其中,中国自欧盟国家进口191.9亿美元,比上年下降3.39%,占中国进口总额的比重由1996年的14.3%下降到13.5%,欧盟继续保持中国第二大进口供应者的地位,仅次于日本;中国对欧盟出口达238.1亿美元,比上年增长20.05%,占中国出口总额的比重与上年基本持平,为13%。欧盟保持了中国的第四大出口市场的地位,居香港、美国、日本之后。

1997年,中国在与欧盟各成员国的贸易中,与德国的贸易额仍居第一位,达126.7亿美元,比上年下降3.70%;其他国家依次为英国(57.9亿美元,增长13.9%)、法国(55.7亿美元,增长34.3%)、荷兰(54.8亿美元,增长22.9%)、意大利(46.9亿美元,下降7.7%)、比利时(22.8亿美元,增长10.3%)、瑞典(18.2亿美元,增长2.9%)、西班牙(18亿美元,增长21.1%)、芬兰(9.6亿美元,增长27.8%)、丹麦

(7.2亿美元，增长18.5%)、奥地利(4.5亿美元，下降3.0%)、希腊(3.1亿美元，增长19.9%)、葡萄牙(2.1亿美元，增长28.1%)、爱尔兰(2.0亿美元，下降43.6%)、卢森堡(0.5亿美元，增长1.4%)。

在中国对欧盟成员国的出口中，德国、荷兰、英国、法国、意大利、比利时居前6位，占中国对欧盟出口的86.7%；而德国、法国、意大利、英国、瑞典、荷兰则是中国前6位进口来源国，占中国从欧盟进口的84.5%。

中欧之间的商品贸易具有很大的互补性。中国向欧盟国家出口的主要商品有服装、纺织品、鞋、箱包、玩具、塑料制品、录音机及收录音组合机、医药品、船舶、照明装置、肠衣、五金工具、家具等，以上每类产品出口额均在2亿美元以上。中国从欧盟国家进口的主要产品是飞机、纺织机械、汽车零件、无线电设备、电路装置、钢材、计量仪器、初级塑料、机床、有线通讯设备、装卸设备、发电机组、橡胶和塑料加工机械、纸及纸板、肥料、印刷和食品机械等，以上每类产品进口额也在2亿美元以上。

二、双边经济技术合作

1997年，中国与欧盟国家在人力资源开发、科技、环保、发展合作等领域开展了广泛的合作。欧盟继续为中方培训15名同声传译人员；11月中欧工商管理学院第二批学员毕业。双方在混委会下新成立了能源和通讯及信息技术两个工作组。

在财政合作方面，1997年，有11个欧盟国家向中国提供了政府贷款，贷款总额达7.3亿美元，占同期外国政府和国际组织、政策性银行向中国提供政府贷款总额的27.4%，其中德国3.02亿美元、英国1.6亿美元、荷兰6800万美元、法国5100万美元、意大利5000万美元、奥地利3700万美元、西班牙2800万美元、比利时1000万美元、瑞典1000万美元、丹麦900万美元、芬兰900万美元。

欧盟国家在中国技术引进中一直占有重要地位，且作法比较灵活。1997年，中国从欧盟国家引进技术共计1963项，合同金额46.2亿美元，占当年中国引进技术合同总金额的29%。

1997年，欧盟国家在华直接投资项目共计834项，协议外资金额42.29亿美元，实际投入金额41.71亿美元。

三、双边经贸往来

1997年中国与欧盟国家高层互访频繁，对双边经贸活动的开展起了很大的推动作用。葡萄牙总统和经济部长，法国总统、外贸部长级代表和环境部长，意大利总理和外贸部长，欧盟委员会副主席，德国联邦经济部国务秘书和联邦经济合作部长，英国财政大臣，西班牙经济财政部国务秘书，欧洲事务和贸易部长，奥地利经济部长以及比利时费拉芒大区首席大臣等先后来华访问。

中国国家领导人乔石、李瑞环、邹家华、钱其琛、吴邦国等先后访问了欧盟国家。

1997年，中欧双方各级代表团举行了多次会议和磋商，就双边经贸关系中存在的各项问题交换了意见。7月，欧盟委员会兽医专家考察了申请注册的有关中国家禽、野味、兔肉、肠衣生产加工企业；9月，中方代表团赴欧盟委员会以及比利时、法国、爱尔兰、荷兰等国与有关当局就欧盟停止从中国进口部分农产品进行了交涉；10月，吴仪部长和欧盟委员会副主席布里坦在北京举行了会谈，双方就中国加入世界贸易组织、扩大双边合作及解决双边经贸关系中存在的问题广泛交换了意见，并在部分问题上取得了进展；中欧混合委员会下成立的环保工作组在布鲁塞尔举行了第三次会议。

1997年，还有下列会议在中国或欧盟国家举行：中国－德国发展政策合作混委会第15次会议，中国－奥地利经贸混委会第15次会议和企业合作洽谈会，中国－瑞典经贸、工业和科技合作混委会第13次会议，中国－意大利经贸混委会第4次会议，中国－法国经贸混委会第12次会议，中国－爱尔兰经贸混委会第5次会议，中国－西班牙经贸混委会第14次会议，中国－希腊经贸混委会第4次会议，中国－比利时、卢森堡混委会第13次会议等。

1997年中欧之间还签订了一系列新的协议，使双方的经贸合作更趋制度化。10月，吴仪部长与欧盟委员会副主席布里坦共同签署了《中欧合作谅解备忘录》以及“中欧农业合作”、“欧洲年轻经理在华培训”和“云南红河环保和扶贫”等3个合作项目的协议，总金额为2322.5万欧洲货币单位。

四、中欧经贸关系中的主要问题

(一)在反倾销调查中，欧方仍视中国为“非市场经济国家”,继续用第三国产品成本核算中国产品倾销幅度,拒绝区别对待中国企业。截至1997年底,欧盟共计对中国产品发起了71起反倾销调查,其中1997年新立案5起,它们分别是传真机、棉坯布、汽车用激光唱机、二氧化硫脲、粗金属锰。

(二)欧盟对中国的鞋、玩具、陶制品、瓷制品、玻璃器皿仍实行配额限制。此外,欧盟继续维持对中国的蘑菇罐头、大蒜、红薯干、木薯干的数量限制。1996年8月欧盟相继停止从中国进口禽肉及部分水产品。

1997年中国与独联体各国的经济贸易关系

对外贸易经济合作部欧洲司一处

据中国海关统计,1997年中国与独联体各国的贸易总额为74.9亿美元,比1996年下降9%。其中,中国出口24.03亿美元,比1996年增长21.8%;进口50.87亿美元,比1996年下降18.5%。在中国与独联体各国贸易中,俄罗斯居首位。俄罗斯为中国第八大贸易伙伴,中国为俄罗斯第五大贸易伙伴。1997年,中俄双边贸易额为61.19亿美元,占中国对外贸易总额的1.9%,其中中国出口20.33亿美元,进口40.86亿美元;居第二至第五位的依次为哈萨克斯坦(5.27亿美元)、乌克兰(4.35亿美元)、乌兹别克斯坦(2.03亿美元)、吉尔吉斯斯坦(1.07亿美元),其他国家均在1亿美元以下。

中国自独联体国家进口的商品主要是化肥、钢材、成品油、机电产品、铝、木材等;中国出口商品则以服装、鞋类等轻纺产品、食品和机电产品为主。

目前中国在独联体国家注册的合(独)资企业主要从事进出口贸易、服务性行业,生产型企业为数不多。

1997年,中国与独联体国家共签订劳务承包合同605项,合同总金额约为2.7亿美元,完成营业额1.1亿美元,实际派出劳务人员20071人。其中,中国与俄罗斯共签订劳务承包合同542项,合同总金额约2.06亿美元,实际派出劳务人员18801人。

1997年中国与独联体国家在技术贸易方面主要为与俄罗斯的合作。1997年中国对俄出口机械设备合同共27项,合同总金额3536万美元,与1996年相比有显著增加(1996年为4项,822万美元)。

1997年4月,国家主席江泽民对俄罗斯进行了正式访问,双方就进一步发展双边关系,包括经贸关系等问题达成了广泛的共识。6月,俄罗斯总理切尔诺梅尔金访华,中俄总理举行第二次定期会晤,期间,双方签署了《中俄政府间1997－2000年贸易协定》、《1997年中俄政府间经济贸易合作议定书》、《关于建立中俄经济技术开发区的备忘录》、《关于成立中俄边境地方间经贸合作协调委员会的备忘录》。此前,国务院副总理李岚清与俄罗斯联邦政府第一副总理涅姆佐夫举行了中俄总理定期会晤委员会第一次会议,签署了《中俄总理定期会晤委员会第一次会议纪要》。中俄总理定期会晤委员会分别成立了经贸、科技、能源、运输、核能合作分委会。11月,俄总统叶利钦访华,双方签署了《关于中俄经济、科技合作基本方向谅解备忘录》。9月、12月中俄双方代表团就俄罗斯偿还中国15亿瑞士法郎商品贷款问题进行了两轮谈判并草签了政府间协定。

1997年3月,国务院副总理吴邦国分别访问乌克兰和白俄罗斯,并以中国政府名义向上述两国分别提供了200万元人民币的无偿援助;4月,外经贸部部长吴仪会见了陪同白俄罗斯总统访华的白外经部长马里尼奇及部分随行企业家;9月,国务院总理李鹏和副总理李岚清对哈萨克斯坦进行了访问,访问期间签署了中哈石油天然气领域合作协议及中哈油田开发和输油管道建设总协议;12月,乌克兰总理普斯托沃伊坚科访华,两国政府签署了《关于进一步加强经贸、科技领域合作的声明》和《关于中国向乌克兰提供政府优惠贴息贷款的框架协议》;同月,外经贸部部长助理刘向东会见了来访的格鲁吉亚财政部副部长托德里阿,双方签署了关于中国政府同意格鲁吉亚将其偿还中国3000万元人民币商品贷款的期限由原来的3年延长至10年(1995年—2004年)的换文。

1997年4月,在基辅召开了中乌(克兰)政府间经贸合作委员会第三次会议。同月,在北京召开了中白(俄罗斯)政府间经贸合作委员会第二次会议。

1997年中国与欧洲其他国家的经济贸易关系

对外贸易经济合作部欧洲司办公室

一、中国和瑞士的经贸关系

瑞士是最早承认中华人民共和国的西方国家之一。1950年9月14日,两国建交。1974年12月,两国签订了贸易协定并成立了贸易混合委员会,至今已先后在北京和伯尔尼召开过13次会议。两国经济贸易关系发展顺利。

瑞士是我国除欧盟外在西欧最大的贸易伙伴。在我国同瑞士的贸易中,转口贸易占有一定比重。据我国海关统计,1997年中瑞贸易额为14.85亿美元,比1996年增长6.7%;其中我国出口6.13亿美元,增长33.1%,商品以纺织原料及其制品、钟表及其零件、矿产品和化工产品为主;我国进口8.72亿美元,同比减少6.3%,进口商品以机电设备、珠宝首饰、贵金属制品、光学医疗仪器、钟表和化工产品为主。

中国同瑞士的财政合作稳步发展。自1984年至今,瑞士政府已向中国提供了四笔混合贷款,总计3.5亿瑞士法郎,其中前三笔贷款约2.9亿瑞士法郎用以资助48个项目,绝大部分项目进展顺利,双方都比较满意。中瑞第四笔混合贷款协议于1995年10月签署,额度计6000万瑞郎。协议规定这笔贷款主要用于与环保有关的项目,部分用于小型工业项目。目前工业项目的份额已用完。双方于1997年7月达成协议,对无盈利的环保和基础设施项目的贷款条件调整为:取消原需中方自筹的15%定金,贷赠款比例仍为6:4。

瑞士企业在华投资进展很快。进入90年代,瑞士公司来华投资大幅增加,以汽巴嘉基公司和雀巢公司为首的瑞士大公司相继和我国在医药制造和食品工业领域成立了数家合资企业。1997年,中国共批准瑞商对华投资项目56个,协议瑞资3.71亿美元,实际投入2.16亿美元。截至1997年底,累计批准瑞士在华投资项目327个,协议瑞资金额13.71亿美元,实际投入6.4亿美元。瑞士在华投资项目主要集中在电梯、医药、化工、机械和饮食服务等领域。投资区域主要在沿海开放城市和经济特区。

为促进中瑞企业,尤其是中小企业之间建立合资企业及开展其他形式的合作,1997年12月11日,瑞士国民经济部与中国国家开发银行正式签署了关于建立中瑞合资企业项目融资基金的协议(简称"合作基金"SSPF)。基金首期规模3125万瑞士法郎,中瑞双方所占比例为2:8。"合作基金"由中瑞双方专家组成的投资委员会委托开发银行国际基金管理部进行管理。

瑞士一直是我国引进技术的主要来源国之一。从1979年至1997年,我国与瑞士累计签订技术引进合同532项,金额约11.9亿美元。1997年中国批准从瑞士技术引进合同155个,金额约2.3亿美元。

二、中国与挪威的经济贸易关系

中挪两国于1954年10月5日建立外交关系以来签订了一系列贸易协议和协定。目前,中挪经贸关系良好,贸易额逐年增加,挪商对华投资的兴趣不断增强,挪政府向中国提供的优惠贷款保持在稳定的水平,金融、技术、海运等方面的合作也在发展。

据中国海关统计,1997年中挪双边贸易额为9.47亿美元,较上年增长71.3%。其中中国对挪出口5.68亿美元,较上年增长67.3%;进口3.79亿美元,较上年增长77.8%。

1986年至1997年底,中国与挪威共签订技术设备引进合同63个,合同金额为1.425亿美元,引进的技术和设备主要用于邮电、电子、机械、交通、轻工、农业、环保等方面。其中1997年引进技术设备项目22个,合同金额3273万美元。

中国自1986年开始使用挪威政府混合贷款。至1997年底,中挪双方共签订贷款协议59个,金额约2.2亿美元。其中1997年签订贷款协议8个,金额3334万美元。中国使用挪威混合贷款的领域主要是能源、通讯、轻工、农业、城市建设、运输等。

挪威对华投资起步晚、规模小、金额少。1997年,中国共批准挪威在华投资项目12个,协议挪资金额2381万美元,实际投入金额646万美元。截至1997年底,中国累计批准挪威在华投资项目68个,协议挪资金额1.56亿美元,实际投入金额1.04亿美元。挪在华投资的领域主要是:航运、电子、机械、通讯及化工等。

三、1997年中国与波罗的海三国的经济贸易关系

据中国海关统计,1997年中国与波罗的海三国的贸易总额为3383万美元,比1996年增长3.98%。其中,中国出口2734万美元,比1996年增长11.03%;进口649万美元,比1996年下降17.83%。

中国向波罗的海三国出口的商品主要是轻纺产品、机电产品、家电、食品和医药品;中国进口的商品则以化肥、钢材和原棉为主。

据不完全统计,目前中国在波罗的海三国注册的合(独)资企业近250家,投入运营的有近40家,这些合(独)资企业主要从事服务性行业,生产型企业为数不多。

1997年,中国与波罗的海三国共签订承包劳务合同两项,合同总金额为564万美元,完成营业额27万美元。

1997年3月,中国外经贸部副部长石广生会见了来华访问的拉脱维亚议长切帕尼斯,双方就进一步发展中拉经贸关系交换了意见。

四、中国同中、东欧国家的经贸关系

1997年中国同中、东欧12个国家波兰、匈牙利、捷克、斯洛伐克、阿尔巴尼亚、罗马尼亚、保加利亚、南斯拉夫、克罗地亚、斯洛文尼亚、马其顿和波黑的贸易额为17.16亿美元,比1996年增长10.07%,占当年中国进出口总额的0.53%,其中中国出口15.15亿美元,进口2.01亿美元,同比分别增长26.01%和下降43.56%。中国出口商品主要是轻纺产品、化工、焦炭和数量不多的机电产品;主要进口产品为化肥、钢材、汽车、船舶、机械、化工和医药产品。中国在该地区最大的贸易伙伴是波兰,1997年双边贸易额为7.05亿美元;最小的贸易伙伴是波黑,为21万美元。

除传统的商品贸易外,中国同中、东欧各国在相互投资、生产技术合作和大型项目建设方面的合作也取得了进展。中国在匈牙利、波兰、罗马尼亚等国家的服装生产、拖拉机生产、卷烟生产、餐饮、贸易等领域投资较多,并以出口信贷方式向该地区一些国家提供了化工领域的生产技术和设备。中、东欧国家对华投资主要涉及锅炉、汽轮机、柴油机、摩托车、医药、卡车拖车、果汁、果酒、钢板粮仓等商品的生产领域。根据1996年10月中国与波兰政府签订的《关于解决中波相互债务的议定书》,经过中方一年多的努力,至1997年底双方债务已基本偿付完毕。

1997年,国务院副总理吴邦国访问了捷克,机械部部长包叙定访问了罗马尼亚并参加了“中罗经贸合作委员会”第14次会议;马其顿总统格里戈洛夫、罗马尼亚总统康斯坦丁内斯库、南斯拉夫总统米洛舍维奇、波兰总统科瓦希涅夫斯基对中国进行了访问。高层领导人的互访,对加深相互间了解,增进友谊,进一步扩大中国与上述国家间经济贸易合作起到了积极的推动作用。1997年,中国同马其顿签订了《关于鼓励和相互保护投资协定》和《关于对所得和财产避免双重征税和防止偷漏税的协定》。

1997年中国与美国的经济贸易关系

对外贸易经济合作部美洲大洋洲司三处

中美经贸关系在1997年经历了一个逐步改善的过程。上半年,美国副总统戈尔访华并与李鹏总理共同主持召开了中美环境与发展大会;下半年,随着国家主席江泽民对美国的国事访问获得圆满成功以及中美经济、科技、商贸三个联委会的相继召开,双边关系在各个层面都得到了改善,中美经贸关系也在这不断改善的气氛中得到了进一步发展。

一、双边贸易

1997年,中美双边贸易一直保持着增长的势头。据中国海关统计,1997年,中美双边贸易额为489.93亿美元,比上年增长14.36%。其中,中国对美出口326.95亿美元,增长22.52%;自美进口162.98亿美元,增长0.89%;对美贸易顺差163.98亿美元,比上年增长55.72%。

1997年中国对美出口的商品主要是:机电产品(83.33亿美元)、玩具及家具(51.82亿美元)、鞋类(48.15亿美元)、纺织品(35.72亿美元)、金属制品(17.39亿美元)、光学仪器和医疗仪器及钟表(14.20亿美元)、皮革及箱包(14.15亿美元)、塑料及橡胶制品(11.62亿美元)、化工产品(11.62亿美元)、车辆等运输设备(7.56亿美元)。

1997年中国自美进口的商品主要是:机电产品(53.72亿美元)、化工产品(20.02亿美元)、航空器与车船等交通工具(18.65亿美元)、光学仪器与钟表(15.04亿美元)、纺织原料(9.92亿美元)、塑料与橡胶制品(9.48亿美元)、纸及纸制品与木浆(9.41亿美元)、植物产品与谷物(8.25亿美元)、金属及其制品(7.59亿美元)、皮革(3.10亿美元)。

随着两国经贸关系的发展,两国间的技术贸易正步入一个新阶段。据统计,1997年中国自美引进技术价值18.2亿美元,主要项目仍集中在汽车生产技术、电厂成套设备及通讯设备等方面,合作领域更加广泛,合作方式更加灵活。

二、双边投资

1997年,美国对华投资的项目数为2166项,协议美资金额48.86亿美元,实际投入美资32亿美元。截至1997年底,美对华投资项目累计24366个,协议美资金额400.63亿美元,实际投入美资174.95亿美元。近年来,美国对华投资领域广阔,包括金融、保险、外贸、会计、货运代理等所有的试点行业。1997年下半年,美国安泰保险公司获准在上海设立分公司,经营寿险业务,成为美在华开设的第四家保险公司;美国通用汽车公司与上海汽车工业总公司共同投资17亿美元,在上海合资生产别克型高档公务用车。

截至1997年底,经外经贸部批准的中国在美国投资举办的贸易型和非贸易型企业共计526家,协议投资总额约6.82亿美元,中方投资总额约4.71亿美元。涉及的行业有工业、科技、承包、服装、农业、餐馆、食品、旅游、金融、保险、运输等等。其中1997年新批37家,协议金额1.03亿美元,中方实际投资3427万美元。

三、双边经贸合作及重要经贸往来

1997年,中美经贸交往频繁。4月,美国副总统戈尔访华期间,中美双方召开了环境与发展大会,并在此会议项下,召开了商务合作工作组等三个工作组的会议,就中美两国在环保领域里加强经贸合作进行了广泛深入的探讨;下半年,美国财政部长鲁宾访华,与中国财政部长刘钟藜共同主持了第十届中美经联委会;中美电讯高峰会议在中国大连举行,促进了双方在迅速发展的中国电讯领域的交流与合作;第十一届中美商贸联委会于1997年10月在北京召开。会议由外经贸部部长吴仪和美国商务部长戴利共同主持。双方就双边贸易和投资等多方面的问题进行了深入探讨,并就巩固和加强两国经贸合作达成了广泛的一致。为落实联委会所讨论的有关贸易项目,中国政府派出由国家计委曾培炎副主任和外经贸部孙振宇副部长率领的经贸代表团专程赴美,在美签署了包括

50架波音飞机在内的采购合同,总价值超过40亿美元。

1997年10月,国家主席江泽民对美国进行了具有历史意义的国事访问。访问期间,江主席同美国政府和国会领导人进行了会谈,就建立面向21世纪的建设性战略伙伴关系和其他共同关心的问题广泛交换了意见。双方发表了《中美联合声明》并签署了相关文件,双方决定建立两国的高层对话机制,扩大两国在经济领域的交流与合作,推动中国加入世界贸易组织的谈判进程。这次访问有助于双方增进了解、扩大合作,对推动包括中美经贸关系在内的双边关系的全面、稳定发展具有重要的意义。

四、中美经贸关系中存在的主要问题

中美经贸关系中仍存在着一些亟待解决的问题,如最惠国待遇、美对华技术出口管制及对华"制裁"和日趋严重的对华贸易保护主义等等。这些问题的存在阻碍了中美经贸关系的进一步发展。早日妥善解决这些问题,对双边经贸合作潜力的充分发挥将产生巨大的推动作用。

(一)最惠国待遇

1990年以来,最惠国待遇一直成为影响中美经贸关系发展的主要问题之一。多年来,美国会对延长对华最惠国待遇进行的年度辩论和审议给两国企业带来了不稳定感,动摇了企业间开展长期合作的信心,从而制约了两国经贸关系的发展,也毒化了两国总体关系的气氛。美国对延长最惠国待遇进行年度审议是冷战时期的产物,早应摒弃。近年来美国越来越多的有识之士支持延长对华最惠国待遇,并强烈呼吁尽早永久解决这一问题。虽然多年来中国最惠国待遇均得以延长,但只有无条件永久性地解决这一问题,中美经贸关系的发展才能有一个稳定的基础。

1997年5月19日美国总统克林顿宣布无条件延长中国1997—1998年度的最惠国待遇。6月24日美国众议院以259票比173票否决了索罗门提出的取消中国最惠国待遇的议案;7月17日,美国参议院以77票对22票否决了由参议员哈钦森提出的反对延长中国最惠国待遇的修正案,从而使中国1997—1998年度的最惠国待遇再次得以延长。

(二)出口管制

美国自冷战起一直维持着严格的技术出口管制,不仅影响了中国的技术进口,更限制了美国自身出口优势的发挥。美国拥有先进的技术和设备,中国拥有需要这些先进技术和设备的巨大市场。这是两国贸易中最具潜力之处,也是双方扩大贸易和经济技术合作的重要基础。但美方的限制使双方贸易的互补性不能得到发挥,制约了中美贸易的健康平衡发展。如在核能合作问题上,美国企业因美政府的出口管制政策而在中国核电市场失去了近百亿美元的生意。

(三)美对华贸易保护主义

近年来,美国内以中美贸易中美方存在巨额逆差为借口,对中国出口产品实施越来越严格的贸易保护主义,严重影响了中国对美出口。纺织品是中美贸易的一项大宗商品,约占中国对美出口的10%。但近年来美方多次以非法转口为由,在毫无证据的情况下,未经与中方充分磋商便单方面扣减中方配额。此举受到各方的强烈反对,不仅给中方造成巨大经济损失,同时也给美进口商、零售商和消费者带来了经济损失,严重影响了中美贸易正常发展。虽然经过艰苦和激烈的谈判,双方终于于1997年2月2日签署了第五个纺织品协议,但单方面扣减仍是影响中国纺织品对美出口的障碍之一。又如美对华反倾销。近年来,随着中美双边贸易的不断发展,美国对中国输美产品实行反倾销的案件也不断上升,截至1997年,已达65起。美国在处理对华反倾销中,一直视中国为"非市场经济国家",从而在反倾销调查中采用所谓"替代国"价格来确定中国出口产品的公平价格,甚至对外商投资企业主要以进口原材料生产的产品也采用替代国的做法,而替代国的选择往往具有很大的随意性。如在对中国蜂蜜反倾销调查中,美国选择了几乎不出口蜂蜜的印度作为"替代国"。中国产品因此往往被确定为倾销并被征收高额的反倾销税。这实际上是变相的贸易保护主义,它越来越成为中美经贸关系发展的不利因素。

(四)美国对华"制裁"

美国至今仍未完全取消其1989年后对中国实施的所谓"制裁"。虽然美在恢复进出口银行对华有关项目贷款方面有所松动,但仍以环保等方面考虑为由而不允许进出口银行就三峡工程向美企业提供贷款和贷款担保,致使美企业在参与该项目竞争的过程中处于不利地位。美方迄今仍不允许美海外私人投资公司就美在华投资提供政治风险担保,也尚未恢复美贸易开发署对在华项目提供可行性研究资助等。更为重要的是,"制裁"的存在说明美国政府的对华政策远远落后于美工商界积极促进和发展中美贸易的愿望和行动,是不合时宜的。

中美经贸关系中虽然还存在这样或那样的问题,但发展与合作是主流。由于两国在经济上具有巨大的互补性,贸易上互有需求,双边经贸关系存在着巨大的发展潜力。在今后十年中,中国在基础设施建设方面将投入约8000亿美元,包括机场、码头、电站、高速公路和城市基础设施建设等建设项目;同时随着中国改革开放的深入,中国市场将更加开放,中国市场所拥有的潜力是巨大的,这将为中美两国的企业提供更多的合作机会。只要中美两国着眼长远,以战略的眼光和建设性的态度妥善处理分歧,加强合作,中美两国企业界就能在一个稳定宽松的环境中进行多种形式的合作,中美两国经贸关系的潜力就能得到充分发挥,中美经贸关系的前景也定将更加广阔。

1997年中国与加拿大的经济贸易关系

对外贸易经济合作部美洲大洋洲司二处

一、双边贸易

据中国海关统计,1997年中加双边贸易额为39.12亿美元,比上年下降6.6%;其中中国对加出口19.05亿美元,较上年增长17.8%;从加进口20.07亿美元,较上年下降21.9%。中国进口下降的主要原因是由于国内粮食丰收而减少了对加小麦的进口。目前加拿大为中国第十四大贸易伙伴,中国是加第五大贸易伙伴。从进出口商品结构来看,从加进口的主要商品为机电产品(5.22亿美元)、谷物(3.59亿美元)、纸浆(2.30亿美元)、化肥(2.17亿美元)、纸及纸板(1.19亿美元)等。中国对加出口的主要商品是机电产品(6.73亿美元)、服装(3.20亿美元)、纺织品(1.19亿美元)、鞋类(1.39亿美元)、塑料制品(1.23亿美元)、旅行用品和箱包(7694万美元)、玩具(6274万美元)等。机电产品已占中国对加出口的第一位,占35.3%;纺织服装仍是中国对加出口的重要商品,占23.1%;其他轻工类产品也表现出一定的增长潜力。

中国和加拿大同处太平洋沿岸,两国经济互补性较强,发展双边贸易有很大潜力。加拿大市场总体来说限制较少,但针对中国产品的反倾销案件时有发生,特别是在调查时仍视中国为“非市场经济国家”而采用所谓“替代国”的做法,对中国部分产品的出口造成了不利影响。

二、经济技术合作

(一)相互投资

加拿大对华直接投资始于1980年。1997年,中国新批准加在华投资项目399个,协议利用外资金额9.07亿美元,实际利用3.44亿美元。与上年相比,加来华投资项目数下降了10%,协议金额则下降了30%,实际投入略有增长(1.8%)。截止到1997年底,中国已批准加拿大在中国直接投资项目3568项,协议加资金额54.19亿美元,加方实际投入14.18亿美元。加拿大投资企业分布在中国20多个省、市、自治区,覆盖的行业有石油开发、机械、电子、通讯、化工、轻工、食品、纺织、农业、水产养殖、房地产、旅游服务等,生产性项目约占总数的80%。

1997年中国经外经贸部批准在加兴办的企业有2家,协议投资额323万美元,其中,中方协议投资为188万美元,占投资总额的58%。自1983年至1997年底,中国在加拿大投资兴办的贸易和非贸易性企业共118家,中方协议投资总额为3000万美元。涉及的行业有资源开发、工业生产、建筑承包、农牧渔业、餐饮业、科技文化交流、交通运输、咨询服务等。

(二)贷款合作

1997年4月,双方签署了第五批政府贷款协议。根据协议,加方承诺向中国提供一笔与7500万加元等值美元的优惠贷款,有效期两年。到1997年底,加政府通过其出口发展公司(EDC)共对华提供五批优惠混合贷款,总计承诺金额22.6亿美元。第一至四批贷款共安排项目142个,使用贷款约12.83亿美元,项目主要集中在邮电通讯、水电、能源、石化、纸浆造纸、轻工建材、城市建设等领域。中加两国政府在贷款领域的合作比较顺利,加政府的优惠贷款和贴息贷款有力地提高了加拿大电信、水电、石化和纸浆造纸行业在中国市场的知名度和竞争力,对促进和扩大加技术和设备的对华出口起了积极的推动作用。

(三)加对华援助

中加两国从1982年起开始进行发展合作,1983年中加两国政府签署《中国和加拿大政府关于发展合作总协定》。十多年来,双方已进行了两个周期的合作,从1995年开始了第三周期(1995年－1999年)的项目安排。双方合作涉及到农业、林业、能源、交通、通讯、环保、人才开发、扶贫等多个领域。据统计,到目前为止双方已完成合作项目48个,加方投入资金2.66亿加元(约合1.97亿美元);正在执行的项目有28个,加方拟投入资金2.65亿加元(约合1.96亿美元);另外还有7个项目正在规划中。在中加双方的共同努力下,发展合作项目进展顺利,合作成果显著,双方均较为满意。加政府在发展合作政策上对中国友好,在其财政较困难的情况下仍保持对中国每年援助3500万加元的水平。经过十多年来的合作,中加合作项目为中国培养了大批的有用人才,通过加方的技术转让和关键仪器设备的引进,使中国许多项目部门在技术和管理水平上都有了不同程度的提高,取得了良好的经济和社会效益。

此外,中加双方在交通、能源、通讯、冶金、农业、航空、医药卫生和金融等领域的经济技术合作也不断扩大。1997年,中加签署了海运协定和旅游合作谅解备忘录,引进加拿大坎杜堆技术的秦山核电站建设进展顺利,中加合资的中国第一家中外合资医院多伦多北京国际医院在北京成立,另外中国还批准加的蒙特利尔银行在北京开设了分行。

三、高层互访

近年来,两国高层互访增多,为促进双边经贸关系的迅速发展创造了有利条件。1997年5月,第十四届中加经贸联委会在渥太华举行。外经贸部首席谈判代表龙永图与加外交国贸部副部长莱特共同主持了会议。1997年11月,江泽民主席在温哥华出席了APEC领导人非正式会议之后,对加拿大进行了国事访问。这是中国国家元首12年来首次访加,为两国建立跨世纪的全面合作伙伴关系奠定了基础,具有重大的历史意义。1997年,加拿大地方政府也加强了同中国的经贸往来,纽芬兰、阿尔伯塔、不列颠哥伦比亚和魁北克等省的省长先后率经贸代表团访华。

1997年中国与拉美国家的经济贸易关系

对外贸易经济合作部美洲大洋洲司一处

一、中拉贸易持续快速发展

1997年中拉贸易又有较大发展,全年贸易总额83.8亿美元,比上年增长24.5%。其中,中国对拉美出口46亿美元,比上年增长47.7%,中国从拉美进口37.8亿美元,比上年略有增长。1997年对拉美出口的增长率大大高于当年中国出口平均增长率(20%),在对各大洲出口中,对拉丁美洲的出口增长率高居榜首。

在拉美的主要贸易伙伴中,中国与巴西(25.33亿美元)、阿根廷(11.87亿美元)和巴拿马(10.11亿美元)的双边贸易总额均超过10亿美元,中国与智利、秘鲁的双边贸易总额分别为9.8亿美元和7.2亿美元,中国与古巴、厄瓜多尔和委内瑞拉的双边贸易额均超过1亿美元。在上述主要贸易伙伴中,中国对巴西和巴拿马的出口首次超过10亿美元,中国对智利、阿根廷和墨西哥的出口分别为5.6亿美元、4.7亿美元和4.1亿美元;中国对委内瑞拉出口首次超过1亿美元。

1997年中国从巴西的进口总额为14.9亿美元，与上年基本持平；从阿根廷的进口为7.2亿美元，比上年增长39.5%；中国从秘鲁、智利的进口分别为6.2亿美元和4.15亿美元；从乌拉圭(9147万美元)、哥伦比亚(338万美元)和委内瑞拉(3554万美元)的进口分别比上年增长33.2%、284.1%和40.6%。中国从拉美进口仍以铁矿砂、植物油、铜、铜矿砂、鱼粉、羊毛等为主。

二、双边经济技术合作取得突破性进展

1997年，中国石油天然气总公司分别以1.18亿美元和2.04亿美元获得在委内瑞拉两个区块油田的开采权；新天公司在古巴的水稻种植项目试验阶段取得成功，在墨西哥的棉花种植项目正在积极准备之中；长江集团在墨西哥的"中国纺织城"项目正在实施；雪花集团与巴西恩科布拉公司合资在北京建立的新型压缩机生产线已经投产。

1997年中国在拉美国家建立投资项目17个，项目总投资额3355万美元，其中中方投资3015万美元。同期，拉美国家在华投资项目540个，合同金额56亿美元，实际投资金额19.8亿美元，绝大部分为外商直接投资。其中维尔京群岛在华投资项目415个，合同外资金额超过50亿美元，实际投资金额17亿美元；开曼群岛在华投资项目30个，合同外资金额3亿美元，实际投资1.5亿美元；巴拿马在华投资项目27个，实际投资7500万美元。

1997年，中国企业在拉美签订承包工程合同38份，合同总金额1.5亿美元，完成营业额3217万美元；签订劳务合作合同78份，合同总金额3352万美元，完成营业额3073万美元，设计咨询合同12份，合同金额21万美元，完成营业额22万美元。1997年中国共向拉美国家提供5.1亿元人民币援助，其中无偿援助1.5亿元人民币，无息贷款8000元人民币，贴息优惠贷款2.6亿元人民币。

1997年，中国与圭亚那、玻利维亚、安提瓜和巴布达签订了优惠贷款框架协议，向哥伦比亚、厄瓜多尔、古巴、牙买加、苏里南、巴哈马、特立尼达和多巴哥提供了无息贷款援助或无偿援助。此外，中国还向哥伦比亚、巴西、厄瓜多尔、墨西哥、委内瑞拉提供了多边技术援助，共有15名学员参加各类技术培训。

三、双方继续保持频繁高层经贸往来

1997年外经贸部吴仪部长陪同江泽民主席访问了墨西哥，李岚清副总理访问了古巴、巴西、哥伦比亚、智利和阿根廷五国，对中国同拉美地区的贸易往来和互利经济合作起了积极推动作用。中国与古巴、厄瓜多尔、哥伦比亚、秘鲁、乌拉圭和玻利维亚举行了双边经贸混委会，与南方共同市场举行了首次磋商。

苏里南特使、墨西哥前总统、乌拉圭财政部长、哥伦比亚外长、智利外交部谈判代表等政府官员以及阿根廷农业国务秘书等分别拜会外经贸部领导，就发展双边经贸关系问题交换了意见。

1997年中国与澳大利亚、新西兰的经济贸易关系

对外贸易经济合作部美洲大洋洲司二处

一、中国与澳大利亚经济贸易关系

(一)双边贸易

1997年是中澳双边贸易的连续第七个增长年。据中国海关统计,中澳双边贸易额达53.03亿美元,比上年增长3.8%,再创历史最高水平。其中,中国对澳出口20.55亿美元,比上年增长22.8%;中国从澳进口32.48亿美元,比上年下降5.4%。进口下降主要是因为国内粮食丰收,对澳谷物特别是小麦的需求减少。澳仍然是中国第九大贸易伙伴。

1997年,中国对澳出口的主要商品和金额为:机电产品5.96亿美元,服装5.32亿美元,纺织品1.78亿美元,鞋类9403万美元,塑料制品6581万美元,玩具4482万美元,旅行用品及箱包4205万美元,自行车3172万美元,电视机2694万美元,等等。其中,机电产品出口首次超过服装,成为中国对澳出口的第一大商品,这说明中国出口商品的结构进一步得到优化。另外,澳政府于1997年3月起承认中国为从计划经济向市场经济转型的国家,决定今后对中国产品发起反倾销调查时将采取个案处理办法,这比以前一概采用的"替代国"做法有所进步,有利于扩大中国产品的对澳出口。

中国从澳进口的商品大多为原料性商品,主要有:铁矿砂3097万吨,金额8.58亿美元;羊毛9.9万吨,金额4.7亿美元;谷物152万吨,金额3.14亿美元(其中小麦25万吨,金额5301万美元);氧化铝95万吨,金额2.03亿美元;机电产品1.91亿美元;原棉1.8亿美元;铝1亿美元;煤134万吨,6757万美元;钢材13万吨,5707万美元;锰矿砂51万吨,5292万美元;食糖16万吨,金额4486万美元,等等。

(二)经济合作

1. 双向投资。1997年,中国新批澳在华直接投资项目324个,协议澳资6.13亿美元,实际投入约3.12亿美元。截至1997年底,中国累计批准澳在华直接投资项目3011个,澳方协议投资额45.1亿美元,实际投入12.7亿美元。投资行业分布在农业、建材、纺织、电子等领域。澳大利亚是中国吸收外资的主要来源地之一。

1997年,中国在澳新设了15个投资项目,金额较小。截至1997年底,中国在澳设立的各种贸易性机构和生产性企业共计155家,双方协议投资总额12.6亿美元,中方协议投资额为3.5亿美元。澳大利亚已成为中国在海外投资最多的国家之一。

2. 贷款合作。自1988年3月中澳两国政府签署《中澳关于向互惠开发项目提供优惠贷款的谅解备忘录》以来,中澳两国在贷款方面开展了卓有成效的合作。截至1997年底,中国利用澳政府混合贷款已经生效的项目有80多个,协议总金额5.89亿美元,主要用于邮电通讯、农林、原材料、环保等国民经济优先发展部门。

澳大利亚联邦政府1996年上台后停止了向包括中国在内的一些发展中国家提供优惠贷款,但经中方力争,澳方同意恢复以前达成协议的部分对华贷款项目,1997年执行的即是其中的一部分。

3. 技术合作。自1981年10月中澳两国政府正式签署《中澳技术合作促进发展计划协定》以来,由于两国政府的重视及双方的共同努力,中澳技术合作进展顺利,成果显著。十几年来,合作领域不断扩大,已涉及农业、林业、牧业、能源、矿产、交通、纺织、建材、教育、卫生、审计、城市改造等方面。截至1997年底,双方已完成合作项目62个,正在执行项目27个,澳方投入资金3.2亿澳元。

(三)重要访问

1997年是中澳关系得到恢复和发展的一年,政府重要互访频繁。3月底4月初,霍华德总理来华访问;4月,中共中央政治局委员、书记处书记丁关根对澳进行了访问;5月,中共中央政治局常委、国务院副总理朱镕基访澳;7月,外经贸部副部长石广生赴澳与澳外交贸易部秘书长弗勒德共同主持了中澳经济联委会中期磋商;8月,澳工业、科技和旅游部长穆尔访华;9月,澳副总理兼贸易部长费希尔来华访问并主持第三届"中澳论坛"。中旬,澳国库部长科斯特洛来访;12月,澳外长唐纳来访,中国政协主席李瑞环访澳。

二、中国与新西兰经济贸易关系

(一)双边贸易

据中国海关统计,1997年中新双边贸易额为6.32亿美元,较上年下降0.32%;其中中国对新出口2.83亿美元,增长22.5%,从新进口3.49亿美元,下降13.4%。从商品结构来看,中国从新西兰进口的商品主要是原料性产品,包括羊毛3万吨,金额1.04亿美元;纸及纸板1816万美元,机电产品1113万美元,原木1075万美元,等等。

1997年中国对新出口的主要商品和金额依次为:服装9437万美元,机电产品5803万美元,纺织品3273万美元,鞋类1082万美元。1997年,中国扬州生产的大型轿车(5辆)运抵新西兰,这是中新两国第一次大型汽车贸易,标志着中国高技术含量、高附加值的机电产品开始进入新西兰市场。

(二)经济技术合作

随着双边经贸关系的不断巩固和发展,中国和新西兰已从单一的商品贸易关系发展到了多领域、多层次、多形式的合作。

1、双向投资。新西兰是传统的资金输入国,目前来华投资规模不大,主要为中小型项目。1997年,中国新批新西兰来华投资项目52个,协议新资金额5004万美元,实际投入5290万美元。截至1997年底,中国累计批准新西兰在华投资项目371个,协议新资金额2.8亿美元,实际投入1.34亿美元。

截至1997年底,中国在新西兰共设立了近20家合资和独资企业,主要分布在农林、轻工、纺织、冶金、食品加工、计算机等领域。中国在新的投资项目数量少于新在华投资项目数,但投资规模比新在华投资要大得多。新西兰已成为中国在海外最大的投资地之一。

2.技术合作。中新技术合作始于1989年,1993年起进入全面发展的阶段,至今已完成3个合作项目,正在执行6个项目,新对华提供援助累计900万新元。中国是新最主要的援助国之一。通过对华援助,新西兰向中国经济不发达地区提供了扶贫资金,将其先进的农牧业技术和设备介绍到中国,收到了很好的经济和社会效益。1997年,双方确定今后的合作以扶贫、技术转移和政策交流为主。

(三)重要访问

1997年,中新两国政府团组互访频繁。6月和12月,国务院副总理朱镕基和全国政协主席李瑞环先后访新;3月,新西兰外交贸易部副秘书长比利斯率团参加了在北京举行的中新第十九届经贸联委会;8月,新西兰国际贸易部长史密斯率团访华,新西兰成为西方国家中率先与中国就中国加入世界贸易组织(WTO)市场准入问题达成协议的国家;11月,新西兰总理博尔格访华。这些互访活动都促进了中新双边经贸关系的进一步发展。

统　计

1992－1997年中国对外贸易进出口情况

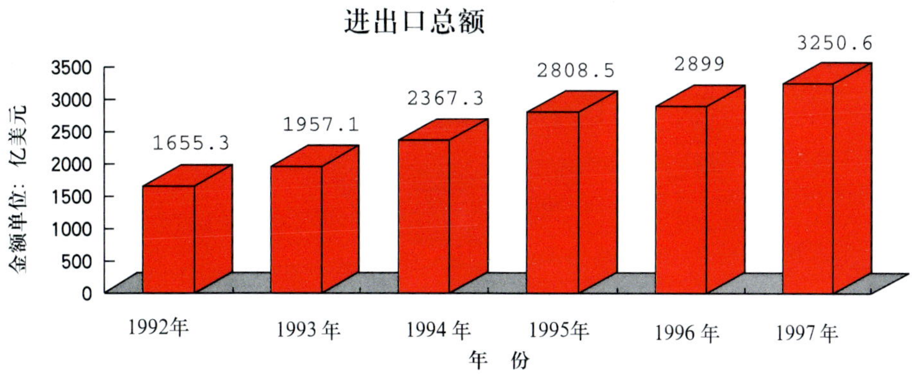

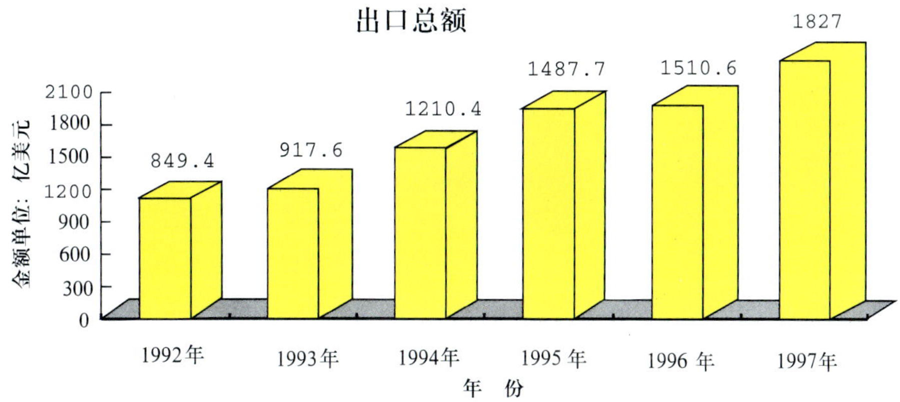

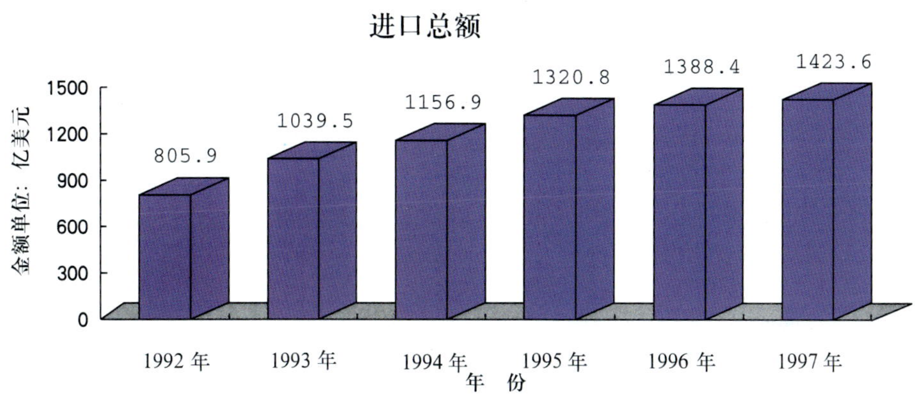

1997年中国对外贸易进口构成（一）

按贸易方式划分

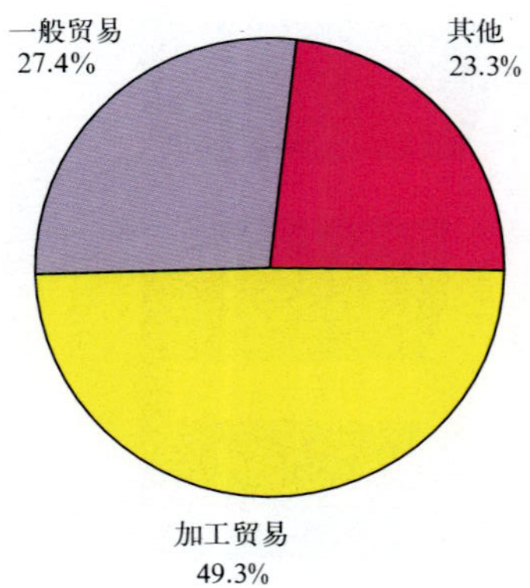

按《国际贸易标准分类》划分

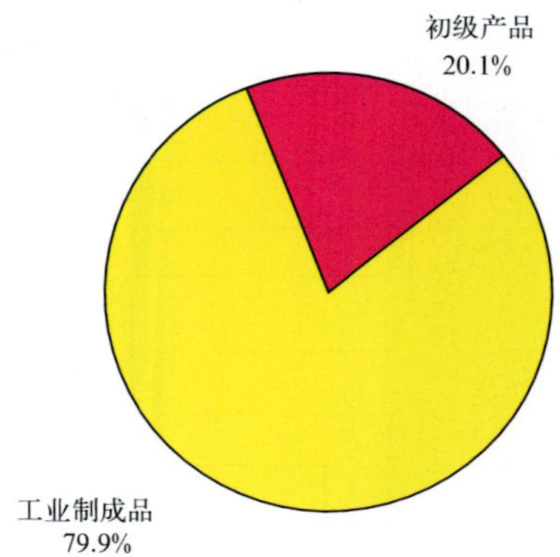

按企业性质划分

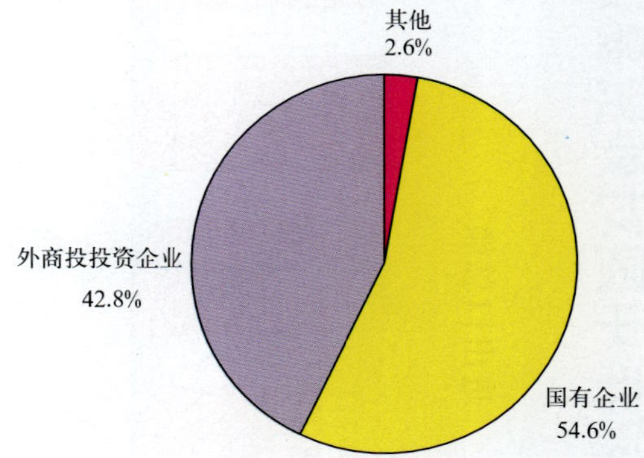

1997年中国对外贸易进口构成(二)

按主要贸易伙伴划分

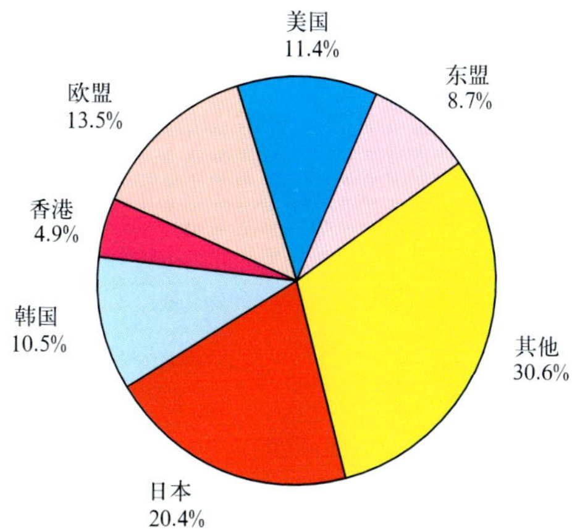

按主要省市划分

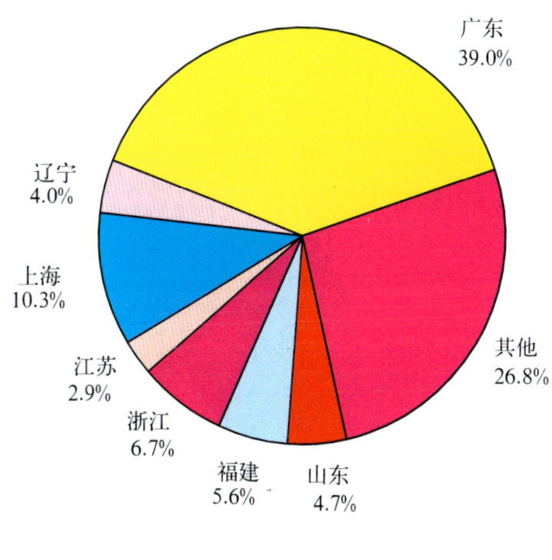

1997年中国对外贸易出口构成(一)

按贸易方式划分

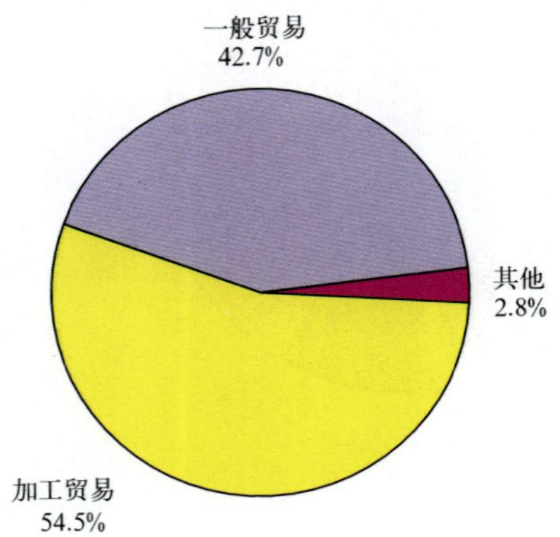

按《国际贸易标准分类》划分

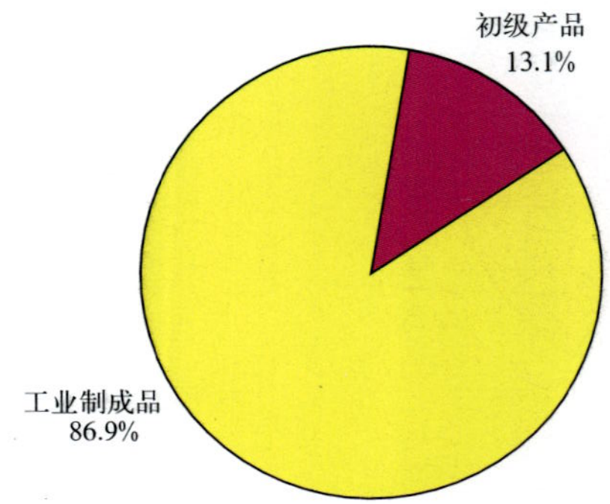

按企业性质划分

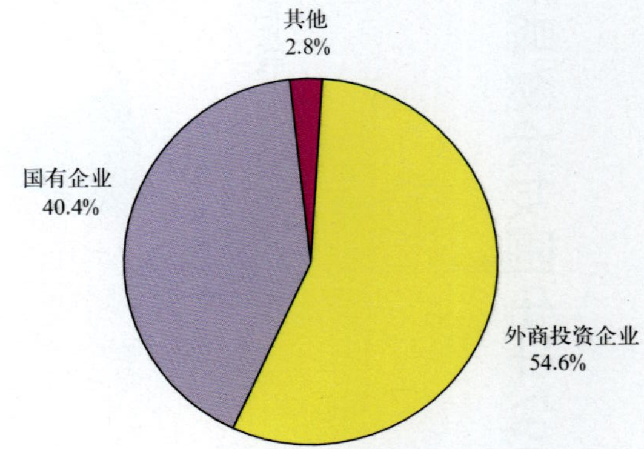

1997年中国对外贸易出口构成(二)

按主要贸易伙伴划分

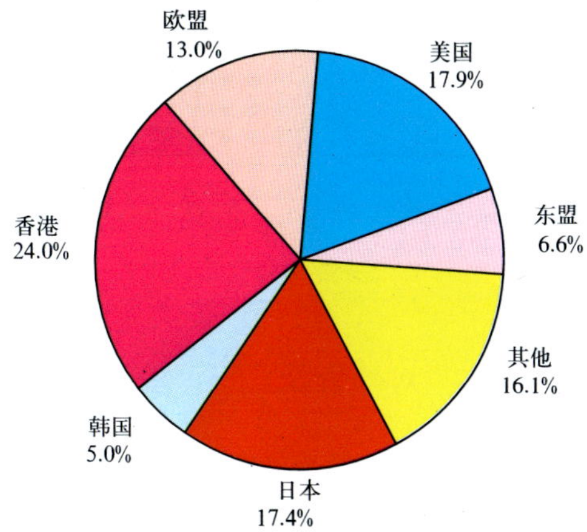

按主要省市划分

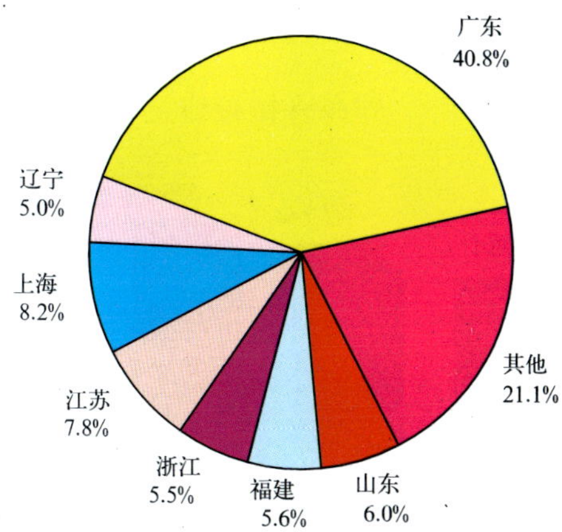

1992-1997年中国实际利用外资情况

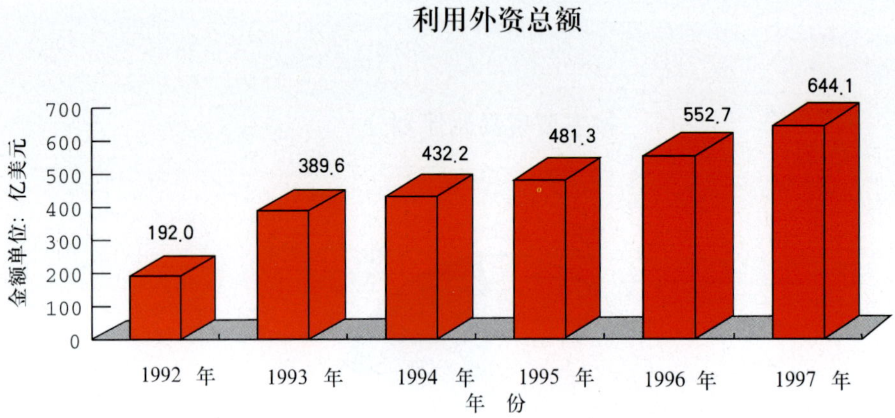

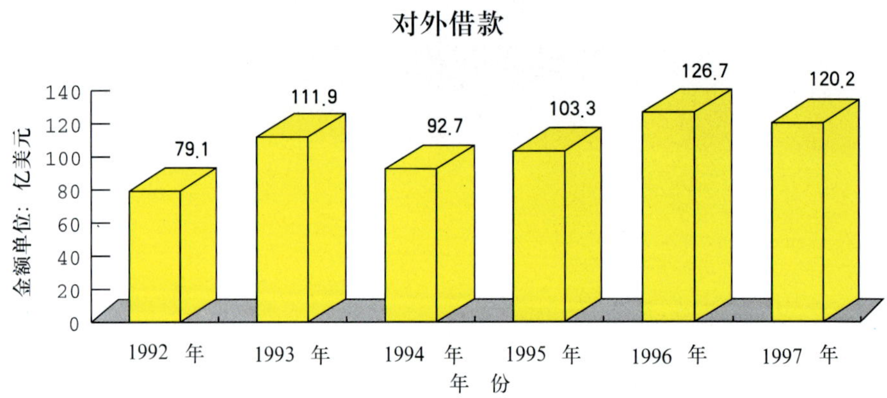

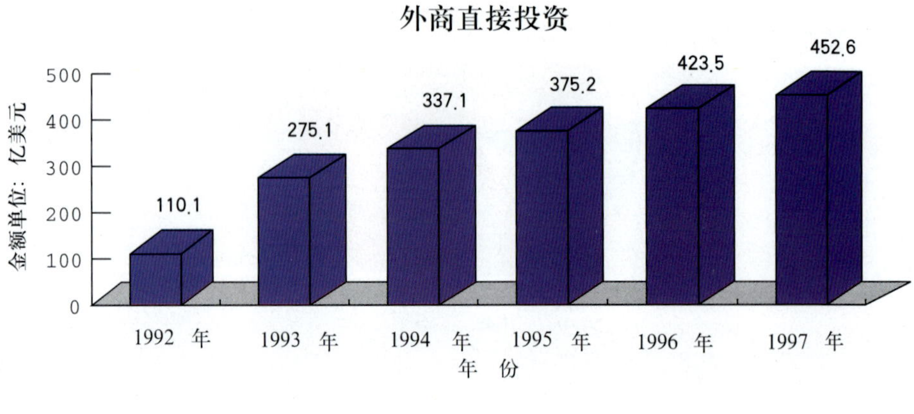

1997年中国利用外资构成

按主要利用外资省市划分

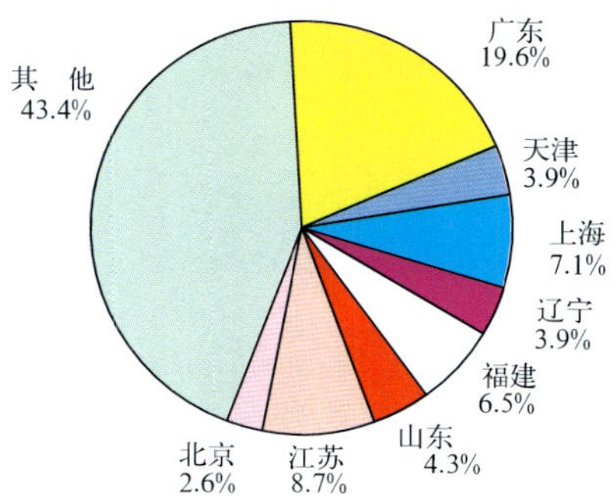

按主要投资方划分

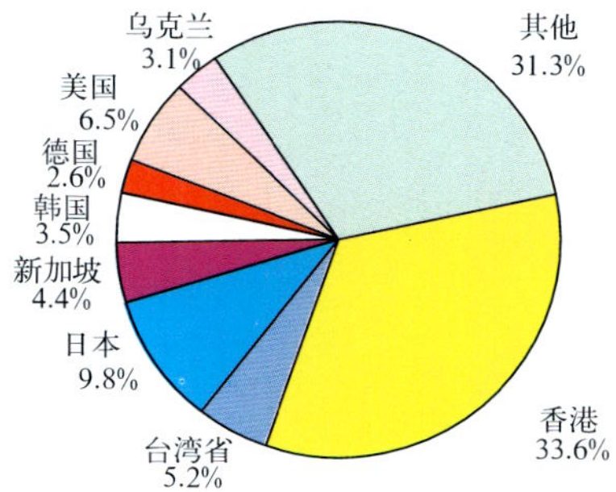

按利用外资方式划分

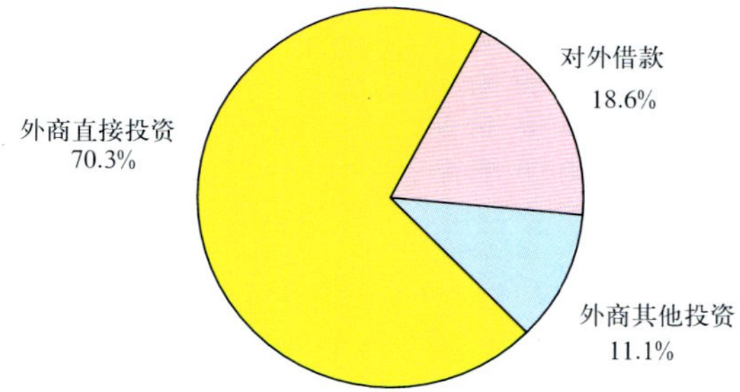

1992—1997年中国批准签订利用外资协议(合同)情况

项目个数

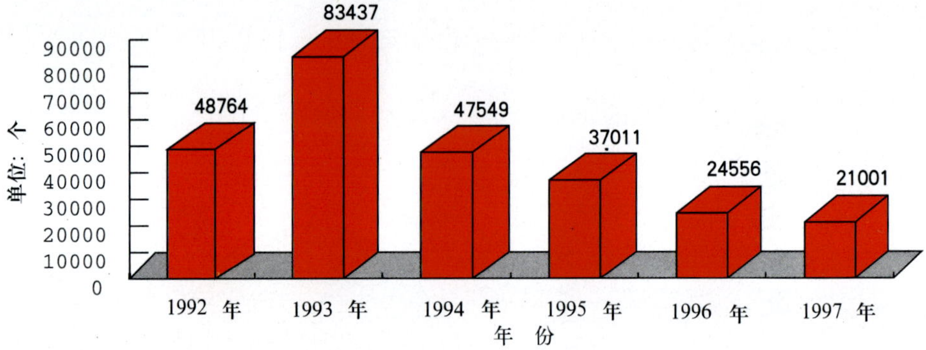

协议（合同）金额

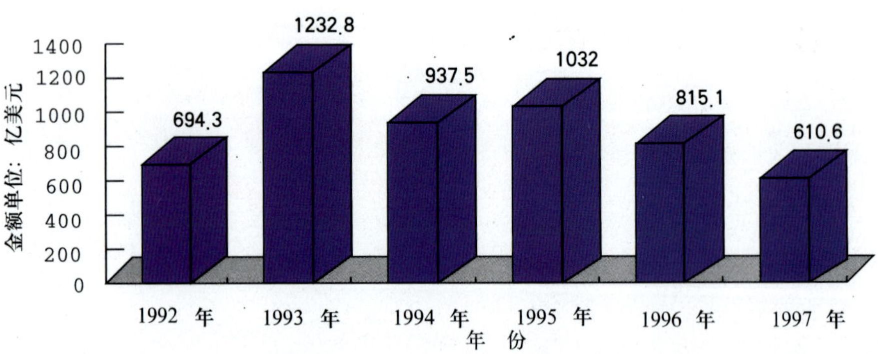

1992-1997年中国签订对外经济合作合同情况

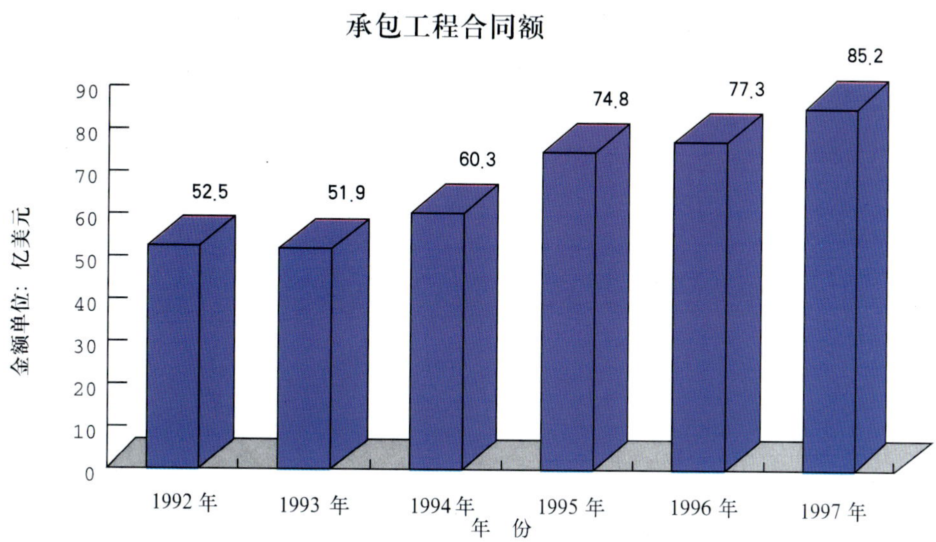

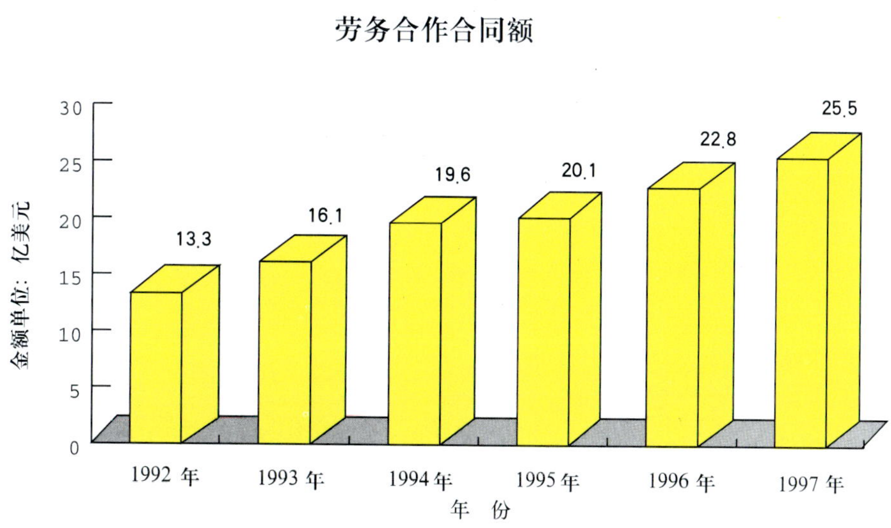

1992-1997年中国对外经济合作实际完成情况

承包工程营业额

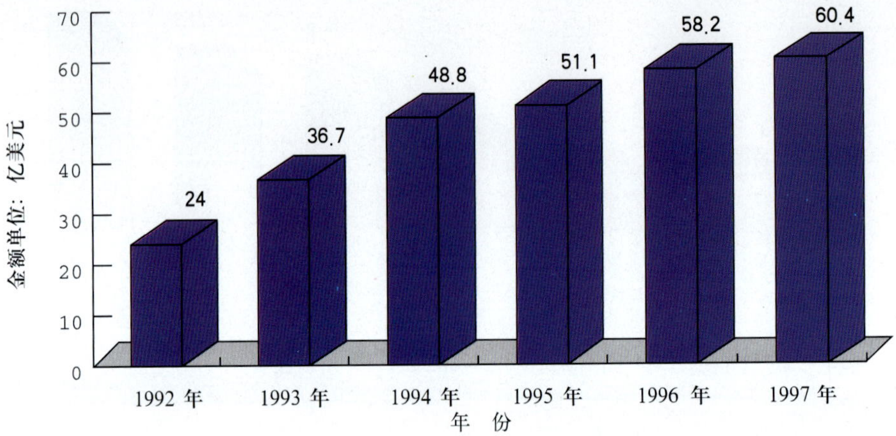

劳务合作营业额

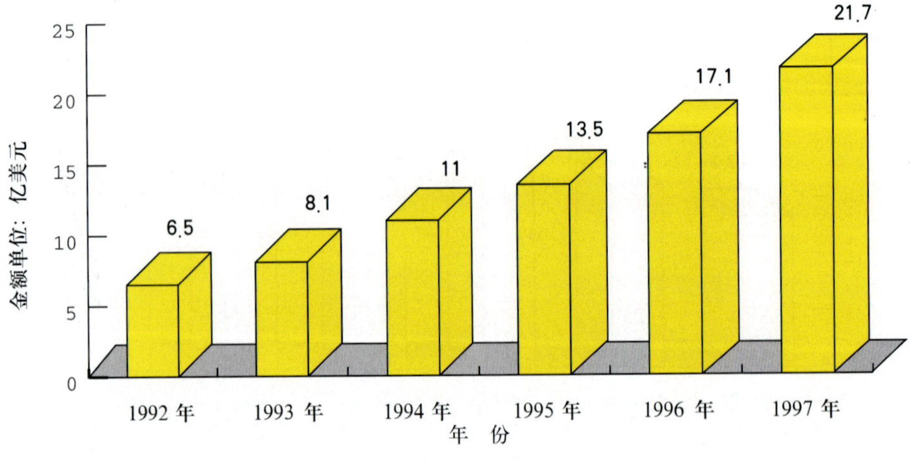

1997 年中国签订对外经济合作合同构成情况

按合作方式划分

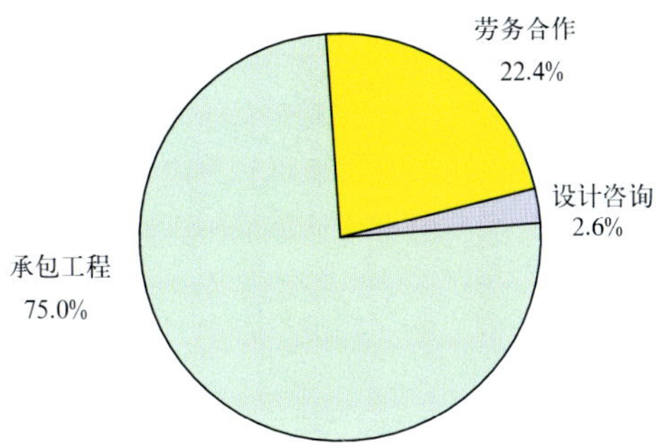

按主要国家(地区)划分

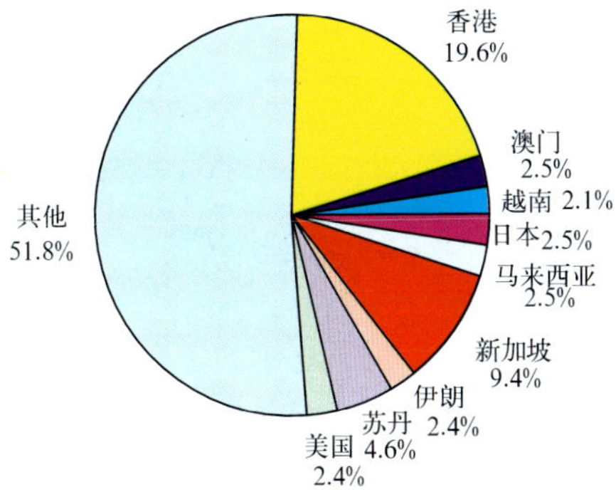

1997年中国实际完成对外经济合作构成情况

按合作方式划分

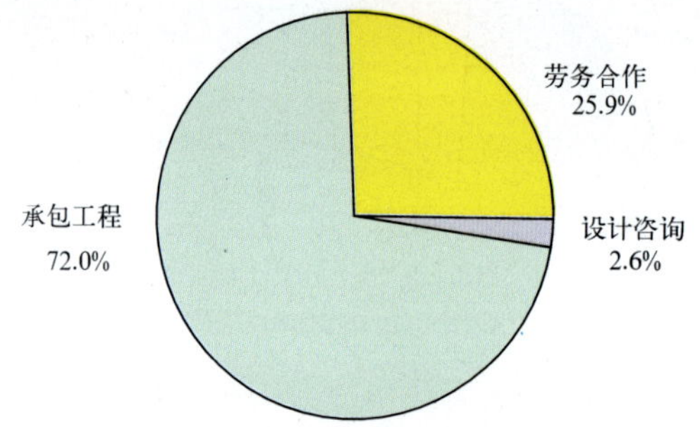

按主要国家(地区)划分

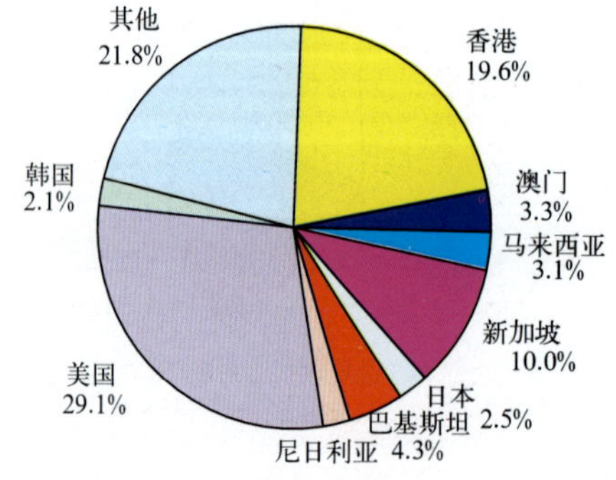

1980—1997年进出口总额

金额单位:亿美元

年　份	进出口总额	出口额	进口额
1980	381.4	181.2	200.2
1981	440.2	220.1	220.1
1982	416.0	223.2	192.8
1983	436.1	222.2	213.9
1984	535.5	261.4	274.1
1985	696.0	273.5	422.5
1986	738.4	309.4	429.0
1987	826.5	394.4	432.1
1988	1,028.0	475.2	552.8
1989	1,116.8	525.4	591.4
1990	1,154.4	620.9	533.5
1991	1,356.3	718.4	637.9
1992	1,655.3	849.4	805.9
1993	1,957.1	917.6	1,039.5
1994	2,367.3	1,210.4	1,156.9
1995	2,808.5	1,487.7	1,320.8
1996	2,899.0	1,510.7	1,388.3
1997	3,250.6	1,827.0	1,423.6

1980—1997年进出口总额指数

(1980=100)

年　份	进出口总额	出口额	进口额
1980	100.0	100.0	100.0
1981	115.4	121.5	109.9
1982	109.1	123.2	96.3
1983	114.3	122.6	106.8
1984	140.4	144.3	136.9
1985	182.5	150.9	211.0
1986	193.6	170.8	214.3
1987	216.7	217.7	215.8

1980—1997年进出口总额指数

(1980=100)

年 份	进出口总额	出口额	进口额
1988	269.5	262.2	276.1
1989	292.8	289.9	295.4
1990	302.7	342.7	266.5
1991	355.6	396.5	318.6
1992	434.0	468.8	402.5
1993	513.1	506.4	519.2
1994	620.7	668.0	577.9
1995	736.4	821.0	659.7
1996	760.1	833.7	693.5
1997	852.3	1008.3	711.1

1980—1997年进出口总额增长速度

(比上年增长%)

年 份	进出口总额	出口额	进口额
1980	—	—	—
1981	15.4	21.5	9.9
1982	−5.4	1.4	−12.4
1983	4.8	−0.4	10.9
1984	22.8	17.6	28.1
1985	30.0	4.6	54.2
1986	6.1	13.1	1.5
1987	11.9	27.5	0.7
1988	24.4	20.5	27.9
1989	8.7	10.6	7.0
1990	3.4	18.2	−9.8
1991	17.5	15.7	19.6
1992	22.0	18.2	26.3
1993	18.2	8.0	28.9
1994	21.0	31.9	11.3
1995	18.6	22.9	14.2
1996	3.2	1.5	5.1
1997	12.1	20.9	2.5

1980—1997年中国出口总额占世界出口总额的比重和位次

金额单位:亿美元

年　份	世界出口总额	中国出口总额	中国出口总额占世界出口总额%	位　次
1980	19,906	181.2	0.9	26
1981	19,724	220.1	1.1	19
1982	18,308	223.2	1.2	17
1983	18,078	222.2	1.2	17
1984	19,019	261.4	1.4	18
1985	19,277	273.5	1.4	17
1986	21,157	309.4	1.5	16
1987	24,969	394.4	1.6	16
1988	28,382	475.2	1.7	16
1989	30,361	525.4	1.7	14
1990	34,700	620.9	1.8	15
1991	35,300	718.4	2.0	13
1992	37,000	849.4	2.3	11
1993	36,870	917.6	2.5	11
1994	41,683	1,210.4	2.9	11
1995	50,200	1,487.7	3.0	11
1996	52,540	1,510.7	2.9	11
1997	54,550	1,827.0	3.3	10

1980—1997年中国出口商品构成

（按《国际贸易标准分类》划分）

金额单位：亿美元

年份	出口总额	初级产品		1. 食品及主要供食用的活动物		2. 饮料及烟草		3. 非食用原料（燃料除外）		4. 矿物燃料、润滑油及有关原料		5. 动、植物油、脂及腊	
		金额	占总额%	金额	占总额%	金额	占总额%	金额	占总额%	金额	占总额%	金额	占总额%
1980	181.2	91.1	50.3	29.8	16.5	0.8	0.4	17.1	9.5	42.8	23.5	0.6	0.3
1981	220.1	102.5	46.7	29.2	13.3	0.6	0.3	19.5	8.9	52.3	23.8	0.9	0.4
1982	223.2	100.5	45.0	29.1	13.2	1.0	0.4	16.5	7.4	53.1	23.8	0.8	0.4
1983	222.2	96.1	43.3	28.5	12.8	1.0	0.5	18.9	8.5	46.7	21.0	1.0	0.5
1984	261.4	119.2	45.6	32.3	12.4	1.1	0.4	24.2	9.2	60.2	23.0	1.4	0.6
1985	273.5	138.1	50.6	38.0	14.1	1.0	0.4	26.5	9.7	71.3	25.9	1.3	0.5
1986	309.4	112.7	36.8	44.5	14.4	1.2	0.4	29.1	9.3	36.8	11.8	1.1	0.4
1987	394.4	132.2	33.5	47.8	12.1	1.7	0.4	36.5	9.3	45.4	11.5	0.8	0.2
1988	475.2	143.9	30.4	58.9	12.4	2.4	0.5	42.5	9.0	39.4	8.3	0.7	0.2
1989	525.4	150.7	28.7	61.4	11.7	3.1	0.6	42.1	8.0	43.2	8.2	0.9	0.2
1990	620.9	158.9	25.6	66.1	10.6	3.4	0.5	35.4	5.7	52.4	8.4	1.6	0.4
1991	718.4	161.5	22.5	72.3	10.1	5.3	0.7	34.9	4.9	47.5	6.6	1.5	0.2
1992	849.4	170.0	20.0	83.1	9.8	7.2	0.8	31.4	3.7	46.9	5.5	1.4	0.2
1993	917.6	166.7	18.2	84.1	9.2	9.0	1.0	30.5	3.3	41.1	4.5	2.0	0.2
1994	1,210.4	197.1	16.3	100.2	8.3	10.0	0.8	41.3	3.4	40.6	3.4	5.0	0.4
1995	1,487.7	214.9	14.4	99.5	6.7	13.7	0.9	43.8	2.9	53.4	3.6	4.5	0.3
1996	1,510.7	219.3	14.5	102.5	6.8	13.4	0.9	40.5	2.7	59.3	3.9	3.8	0.3
1997	1,827.0	239.3	13.1	110.5	6.1	10.5	0.6	41.9	2.3	69.9	3.8	6.5	0.4

1980—1997年中国出口商品构成

（按《国际贸易标准分类》划分）

金额单位：亿美元

年份	工业制成品		1. 化学品及有关产品		2. 按原料分类的制成品		3. 机械及运输设备		4. 杂项制品		5. 没有分类的其他产品	
	金额	占总额%	金额	占总额%	金额	占总额%	金额	占总额%	金额	占总额%	金额	占总额%
1980	90.1	49.7	11.2	6.2	40.0	22.1	8.4	4.7	28.4	15.7	2.1	1.2
1981	117.6	53.3	13.4	6.1	47.1	21.4	10.9	4.9	37.2	16.9	9.0	4.0
1982	122.6	55.1	12.0	5.4	43.0	19.3	12.6	5.7	37.0	16.6	18.0	8.1
1983	126.1	56.6	12.5	5.6	43.7	19.6	12.2	5.5	38.0	17.1	19.7	8.8
1984	142.2	54.3	13.6	5.2	50.5	19.3	14.9	5.7	47.0	18.0	16.0	6.1
1985	135.4	59.5	13.6	5.0	44.9	16.5	7.7	2.8	34.9	12.8	34.1	12.4
1986	196.7	63.8	17.3	5.6	58.9	19.1	10.9	3.6	49.5	16.0	60.1	19.5
1987	262.2	66.4	22.3	5.7	85.7	21.7	17.4	4.4	62.7	15.9	73.9	18.7
1988	331.2	69.7	29.0	6.1	104.9	22.1	27.7	5.8	82.7	17.4	86.9	18.3
1989	374.6	71.3	32.0	6.1	109.0	20.7	38.7	7.4	107.5	20.5	87.3	16.6
1990	461.8	74.4	37.3	6.0	125.8	20.3	55.9	9.0	126.9	20.4	116.3	18.7
1991	556.9	77.0	38.2	5.3	144.6	20.1	71.5	10.0	166.2	23.1	136.5	19.0
1992	679.4	80.0	43.5	5.1	161.4	19.0	132.2	15.6	342.3	40.3	—	—
1993	750.9	81.8	46.2	5.0	164.0	17.8	152.9	16.7	387.8	42.3	—	—
1994	1,013.3	83.7	62.3	5.1	232.2	19.2	219.3	18.1	499.4	41.3	0.1	0
1995	1,272.8	85.6	90.9	6.1	322.4	21.7	313.9	21.1	545.5	36.7	0.1	0
1996	1,291.4	85.5	88.8	5.9	285.1	18.9	353.1	23.4	564.3	37.3	0.1	0
1997	1,587.7	86.9	102.3	5.6	344.1	18.8	437.0	23.9	704.3	38.6	—	—

1980—1997 年中国进口商品构成

（按《国际贸易标准分类》划分）

金额单位：亿美元

年份	进口总额	初级产品		1. 食品及主要供食用的活动物		2. 饮料及烟草		3. 非食用原料（燃料除外）		4. 矿物燃料、润滑油及有关原料		5. 动、植物油、脂及腊	
		金额	占总额%	金额	占总额%	金额	占总额%	金额	占总额%	金额	占总额%	金额	占总额%
1980	200.2	69.6	34.8	29.3	14.6	0.4	0.2	35.5	17.8	2.0	1.0	2.4	1.2
1981	220.1	80.3	36.6	36.2	16.5	2.1	1.0	40.2	18.3	0.8	0.4	1.0	0.4
1982	192.8	76.2	39.7	42.0	21.8	1.3	0.7	30.1	15.6	1.8	1.0	1.0	0.6
1983	213.9	58.1	27.1	31.2	14.6	0.5	0.2	24.6	11.5	1.1	0.5	0.7	0.3
1984	274.1	52.1	18.7	23.3	8.3	1.2	0.4	25.4	9.2	1.4	0.5	0.8	0.3
1985	422.5	52.9	12.4	15.5	3.6	2.1	0.5	32.4	7.6	1.7	0.4	1.2	0.3
1986	429.0	56.3	13.1	16.2	3.7	1.7	0.4	31.4	7.3	5.0	1.2	2.0	0.5
1987	432.1	69.1	16.0	24.4	5.6	2.6	0.6	33.2	7.7	5.4	1.3	3.5	0.8
1988	552.8	100.8	18.2	34.8	6.3	3.5	0.6	50.9	9.2	7.9	1.4	3.7	0.7
1989	591.4	117.5	19.9	41.9	7.1	2.0	0.3	48.3	8.2	16.5	2.8	8.8	1.5
1990	533.5	98.6	18.3	33.4	6.2	1.6	0.3	41.1	7.7	12.7	2.3	9.8	1.8
1991	637.9	108.3	17.0	28.0	4.4	2.0	0.3	50.0	7.8	21.1	3.3	7.2	1.1
1992	805.9	132.6	16.4	31.5	3.9	2.4	0.3	57.7	7.2	35.7	4.4	5.3	0.6
1993	1,039.5	142.2	13.7	22.1	2.1	2.5	0.3	54.4	5.2	58.2	5.6	5.0	0.5
1994	1,156.9	164.7	14.2	31.2	2.7	0.7	0.1	74.4	6.4	40.3	3.5	18.1	1.6
1995	1,320.8	244.1	18.5	61.3	4.6	3.9	0.3	101.6	7.7	51.3	3.9	26.0	2.0
1996	1,388.4	254.4	18.3	56.7	4.1	5.0	0.4	107.0	7.7	68.8	4.9	17.0	1.2
1997	1,423.6	286.2	20.1	43.0	3.0	3.2	0.2	120.1	8.4	103.1	7.2	16.8	1.2

1980—1997年中国进口商品构成

（按《国际贸易标准分类》划分）

金额单位：亿美元

年份	工业制成品		1. 化学品及有关产品		2. 按原料分类的制成品		3. 机械及运输设备		4. 杂项制品		5. 没有分类的其他产品	
	金额	占总额%	金额	占总额%	金额	占总额%	金额	占总额%	金额	占总额%	金额	占总额%
1980	130.5	65.2	29.1	14.5	41.5	20.8	51.2	25.6	5.4	2.7	3.3	1.6
1981	139.9	63.4	26.1	11.8	40.4	18.3	58.7	26.7	5.6	2.5	9.1	4.1
1982	116.6	60.4	29.4	15.2	39.1	20.3	32.0	16.6	4.9	2.5	11.2	5.8
1983	155.8	73.0	31.8	14.9	62.9	29.4	39.9	18.7	7.8	3.7	13.4	6.3
1984	222.1	81.3	42.4	15.3	73.2	26.5	72.5	27.1	11.8	4.4	22.2	8.0
1985	369.2	87.7	44.7	10.5	119.0	28.0	162.3	39.0	19.0	4.5	24.6	5.7
1986	372.5	87.0	37.7	8.8	111.9	26.1	167.8	39.2	18.8	4.4	36.3	8.5
1987	363.1	84.0	50.1	11.6	97.3	22.5	146.1	33.9	18.8	4.3	50.8	11.7
1988	452.1	81.7	91.4	16.5	104.1	18.8	167.0	30.2	19.8	3.6	69.8	12.6
1989	474.0	80.2	75.6	12.8	123.1	20.9	182.1	30.8	20.7	3.5	72.2	12.2
1990	434.9	81.6	66.5	12.5	89.1	16.7	168.4	31.6	21.0	3.9	89.9	6.9
1991	529.6	83.0	92.8	14.5	104.9	16.4	196.0	30.7	24.4	3.8	111.5	17.5
1992	673.3	83.6	111.6	13.8	192.7	23.9	313.1	38.8	55.9	6.9	—	—
1993	897.3	86.3	97.1	9.3	285.4	27.5	449.9	43.3	64.9	6.2	—	—
1994	992.2	85.8	121.3	10.5	280.8	24.3	515.6	44.6	67.7	5.9	6.8	0.6
1995	1,076.7	81.5	173.0	13.1	287.7	21.8	526.4	39.8	82.7	6.3	6.9	0.5
1996	1,134.0	81.7	181.1	13.0	313.9	22.6	547.7	39.5	84.8	6.1	6.5	0.5
1997	1,137.4	79.9	192.9	13.5	322.2	22.6	527.6	37.1	85.5	6.0	9.1	0.6

1997年中国进出口分国家、地区总值表

金额单位:万美元

国家、地区	1997			1996		
	总值	出口	进口	总值	出口	进口
总值	32,505,745	18,269,664	14,236,081	28,990,370	15,106,571	13,883,799
亚洲	19,731,733	10,892,078	8,839,655	17,469,146	9,124,700	8,344,446
阿富汗	3,308	3,248	61	3,476	3,131	346
巴林	4,043	2,532	1,511	4,315	1,434	2,881
孟加拉国	75,025	69,590	5,435	68,985	65,563	3,422
不丹	17	17		16	15	1
文莱	3,331	3,331		3,888	3,886	2
缅甸	64,350	57,009	7,341	65,853	52,112	13,741
柬埔寨	12,069	7,568	4,501	7,024	6,337	688
塞浦路斯	4,363	4,243	120	6,233	5,601	632
朝鲜民主主义人民共和国	65,629	53,468	12,161	56,567	49,703	6,864
香港	5,077,103	4,378,076	699,027	4,073,324	3,290,554	782,770
印度	183,032	93,306	89,726	140,670	68,754	71,916
印度尼西亚	451,419	184,061	267,358	370,843	142,802	228,042
伊朗	103,222	49,642	53,580	78,074	39,459	38,615
伊拉克	9,320	5,898	3,422	115	103	11
以色列	35,626	25,654	9,972	29,012	18,864	10,148
日本	6,081,280	3,181,982	2,899,298	6,005,830	3,087,448	2,918,381
约旦	13,491	11,159	2,332	10,834	9,218	1,616
科威特	17,040	9,344	7,696	21,329	10,186	11,143
老挝	2,875	2,293	582	3,484	2,668	816
黎巴嫩	13,001	12,991	9	10,320	10,313	6
澳门	76,474	64,189	12,285	69,359	57,271	12,087
马来西亚	441,531	191,993	249,538	361,413	137,065	224,348
马尔代夫	33	33		57	57	
蒙古	25,190	6,365	18,825	19,875	7,236	12,640
尼泊尔	6,774	5,808	966	4,015	3,725	290
阿曼	136,246	1,696	134,549	82,335	1,213	81,122
巴基斯坦	106,787	68,871	37,916	96,375	62,148	34,227
巴勒斯坦	320	312	8	286	283	3
菲律宾	166,618	133,911	32,707	138,731	101,494	37,236
卡塔尔	13,309	1,494	11,815	7,839	2,163	5,676

1997年中国进出口分国家、地区总值表

金额单位：万美元

国家、地区	1997			1996		
	总值	出口	进口	总值	出口	进口
沙特阿拉伯	167,997	85,409	82,588	157,690	74,785	82,905
新加坡	878,356	431,905	446,451	735,051	374,940	360,111
韩国	2,404,547	911,627	1,492,920	1,999,266	751,118	1,248,148
斯里兰卡	25,489	24,552	936	19,518	19,156	362
叙利亚	15,452	15,130	322	15,185	14,874	311
泰国	351,476	150,030	201,446	314,525	125,495	189,029
土耳其	62,123	55,671	6,453	50,090	40,679	9,411
阿拉伯联合酋长国	138,495	130,048	8,447	114,485	107,721	6,764
也门共和国	75,111	10,022	65,089	67,656	10,623	57,033
越南	143,564	107,854	35,710	115,063	84,215	30,848
中华人民共和国	292,377		292,377	241,634		241,634
台湾省	1,983,821	339,648	1,644,173	1,898,491	280,268	1,618,223
亚洲其他国家	99	99		17	17	
非洲	**567,066**	**320,687**	**246,379**	**403,062**	**256,659**	**146,403**
阿尔及利亚	11,298	11,297	2	5,453	5,452	1
安哥拉	63,252	2,902	60,350	27,229	2,853	24,375
贝宁	11,840	10,962	878	7,186	6,990	196
博茨瓦那	301	254	47	561	151	410
布隆迪	39	39		92	91	
喀麦隆	11,093	1,255	9,838	4,594	1,091	3,503
加那利群岛	1,734	1,712	22	2,483	2,482	1
佛得角	41	41		27	27	
中非共和国	191	84	108	513	228	285
塞卜泰(休达)	97	97		92	92	
乍得	263	103	160	167	117	50
科摩罗	22	22		26	26	
刚果	16,408	1,209	15,199	2,563	812	1,751
吉布提	1,345	1,344		981	981	
埃及	52,090	46,420	5,670	40,792	40,450	342
赤道几内亚	8,082	334	7,749	2,157	597	1,560
埃塞俄比亚	5,561	5,498	63	4,138	4,118	21
加蓬	31,906	592	31,313	18,914	427	18,488

1997年中国进出口分国家、地区总值表

金额单位:万美元

国家、地区	1997			1996		
	总值	出口	进口	总值	出口	进口
冈比亚	4,182	4,182		4,627	4,627	
加纳	8,870	8,617	253	8,662	8,327	335
几内亚	7,074	3,476	3,598	3,345	2,970	375
几内亚(比绍)	176	72	104	46	46	
科特迪瓦	12,410	9,240	3,171	6,220	5,220	1,000
肯尼亚	13,354	13,235	118	9,315	9,228	87
利比里亚	7,363	7,350	13	11,360	11,360	
利比亚	9,664	7,971	1,693	11,271	5,698	5,574
马达加斯加	2,992	2,673	319	1,727	1,419	308
马拉维	291	225	66	128	105	22
马里	4,137	1,389	2,748	2,884	1,522	1,361
毛里塔尼亚	1,178	1,137	41	1,341	1,322	20
毛里求斯	4,814	4,800	14	4,359	4,358	1
摩洛哥	16,220	11,884	4,336	9,182	7,459	1,723
莫桑比克	1,668	1,595	73	1,144	1,124	20
纳米比亚	1,159	720	439	627	237	390
尼日尔	216	185	31	147	146	1
尼日利亚	32,705	31,642	1,063	17,767	17,085	682
留尼汪	453	453		370	370	
卢旺达	299	233	66	392	379	13
圣多美和普林西比	11	11		26	26	
塞内加尔	3,413	3,370	43	3,895	3,735	161
塞舌尔	105	105		43	43	
塞拉利昂	409	409		640	640	
索马里	77	48	29	106	46	60
南非	157,389	78,427	78,962	134,696	68,291	66,405
西撒哈拉	4	4		2	2	
苏丹	13,379	11,078	2,301	8,674	4,826	3,848
坦桑尼亚	10,210	8,448	1,762	8,315	6,416	1,899
多哥	7,705	6,925	780	8,046	7,864	182
突尼斯	9,730	7,465	2,264	9,297	6,065	3,232
乌干达	1,165	991	174	920	796	125

1997年中国进出口分国家、地区总值表

金额单位：万美元

国家、地区	1997			1996		
	总值	出口	进口	总值	出口	进口
布基纳法索	175	157	18	77	77	
扎伊尔	3,140	2,949	191	4,445	4,271	174
赞比亚	3,719	1,068	2,651	1,546	972	574
津巴布韦	10,275	2,816	7,459	8,731	1,885	6,846
莱索托	494	494		116	116	
梅利利亚	239	239		226	226	
斯威士兰	66	66		38	37	1
厄立特里亚	313	313		61	61	
非洲其他国家	261	61	200	278	278	
欧洲	**5,471,419**	**2,896,471**	**2,574,948**	**5,152,274**	**2,386,715**	**2,765,559**
比利时	227,802	135,975	91,827	206,525	104,251	102,274
丹麦	71,874	37,218	34,656	60,652	28,780	31,872
英国	579,166	381,338	197,828	508,192	320,064	188,128
德意志联邦共和国	1,267,041	649,046	617,995	1,316,896	584,470	732,426
法国	557,162	232,878	324,284	414,680	190,687	223,993
爱尔兰	19,540	12,775	6,765	13,599	9,175	4,424
意大利	468,745	223,735	245,009	508,356	183,761	324,595
卢森堡	5,118	2,110	3,007	5,046	1,459	3,587
荷兰	547,721	440,463	107,258	445,714	353,855	91,859
希腊	31,449	24,788	6,661	26,217	20,418	5,799
葡萄牙	21,072	16,603	4,468	16,447	13,381	3,067
西班牙	179,996	124,472	55,524	148,582	96,841	51,741
阿尔巴尼亚	664	664		977	730	247
安道尔	142	142		62	62	
奥地利	45,487	19,974	25,512	46,905	16,793	30,112
保加利亚	4,797	3,138	1,659	6,138	2,746	3,392
芬兰	95,747	27,043	68,704	74,897	19,942	54,955
直布罗陀	320	196	124	390	390	
匈牙利	32,211	29,639	2,572	25,877	21,876	4,002
冰岛	1,397	471	927	951	359	592
列支敦士登	44	34	10	88	73	16
马耳他	1,787	1,755	32	3,805	1,537	2,268

1997年中国进出口分国家、地区总值表

金额单位:万美元

国家、地区	1997			1996		
	总值	出口	进口	总值	出口	进口
摩纳哥	117	115	1	106	105	1
挪威	94,658	56,803	37,855	55,234	33,947	21,287
波兰	70,538	67,336	3,202	61,597	56,855	4,742
罗马尼亚	24,852	17,605	7,246	22,441	15,093	7,347
圣马力诺	4	4		21	21	
瑞典	182,479	52,730	129,749	177,157	39,183	137,974
瑞士	148,552	61,305	87,247	139,484	46,208	93,275
爱沙尼亚	1,067	802	264	951	918	32
拉脱维亚	677	556	120	1,159	420	739
立陶宛	1,640	1,376	264	1,144	1,124	19
格鲁吉亚	408	79	329	215	215	
亚美尼亚	37	37		66	66	
阿塞拜疆	1,566	147	1,419	140	119	21
白俄罗斯	4,262	1,684	2,578	3,710	947	2,763
哈萨克斯坦	52,741	9,463	43,278	45,990	9,531	36,460
吉尔吉斯	10,662	7,060	3,602	10,549	6,868	3,682
摩尔多瓦	114	35	80	145	47	98
俄罗斯	611,895	203,283	408,612	684,612	169,276	515,336
塔吉克斯坦	2,023	1,105	918	1,171	764	408
土库曼斯坦	1,524	1,163	361	1,147	845	301
乌克兰	43,527	10,104	33,423	56,678	5,854	50,823
乌兹别克斯坦	20,292	6,153	14,139	18,726	3,815	14,910
南斯拉夫	2,347	1,960	387	1,496	1,436	60
斯洛文尼亚共和国	2,236	1,848	387	2,475	1,565	910
克罗地亚共和国	2,526	1,324	1,203	3,847	625	3,221
捷克共和国	27,845	24,994	2,852	23,212	16,582	6,630
斯洛伐克共和国	3,371	2,765	606	7,744	2,572	5,171
马其顿共和国	157	156	1	57	57	
波斯尼亚—黑塞哥维那	21	21		8	8	

1997 年中国进出口分国家、地区总值表

金额单位:万美元

国家、地区	1997			1996		
	总值	出口	进口	总值	出口	进口
拉丁美洲	837,571	460,646	376,924	672,940	312,110	360,831
安提瓜和巴布达	16	11	5	56	56	
阿根廷	118,749	46,528	72,221	85,489	33,662	51,827
阿鲁巴岛	258	258		108	108	
巴哈马	4,893	4,890	3	5,850	5,849	1
巴巴多斯	157	157		109	109	
伯利兹	165	139	26	99	99	
玻利维亚	503	378	125	577	319	259
博内尔	4	4		3	3	
巴西	253,307	104,410	148,898	224,706	76,297	148,408
凯曼群岛	46	46		2	2	
智利	97,717	56,206	41,511	91,899	46,374	45,525
哥伦比亚	7,297	6,959	338	4,748	4,660	88
多米尼克	4,500	4,496	4	3,346	3,344	2
哥斯达黎加	2,411	2,275	136	1,970	1,881	89
古巴	25,582	15,619	9,964	23,814	10,050	13,764
库腊索岛	1,211	1,211		633	633	
多米尼加共和国	3,996	3,990	5	2,396	2,391	5
厄瓜多尔	15,774	5,781	9,993	13,099	3,931	9,168
法属圭亚那	34	33		45	44	
格林纳达	3	3		35	35	
瓜德罗普	59	59		53	53	
危地马拉	7,415	7,376	39	4,958	4,943	15
圭亚那	643	643		509	506	4
海地	722	722		681	674	7
洪都拉斯	4,126	4,043	83	3,043	2,825	217
牙买加	3,195	3,182	13	2,457	2,442	15
马提尼克	22	22		25	25	
墨西哥	59,798	41,367	18,430	51,841	22,117	29,724

1997年中国进出口分国家、地区总值表

金额单位：万美元

国家、地区	1997			1996		
	总值	出口	进口	总值	出口	进口
蒙特塞拉特	8	8				
尼加拉瓜	1,394	1,394	1	742	736	6
巴拿马	101,157	100,999	158	49,000	48,826	174
巴拉圭	8,578	8,511	67	8,040	7,810	231
秘鲁	71,853	9,762	62,091	65,586	13,830	51,756
波多黎各	2,576	2,555	21	2,283	2,254	29
萨巴				2	2	
圣卢西亚	8	8		37	37	
圣马丁岛	23	23		20	20	
圣文森特和格林纳丁斯	711	685	26	313	313	
萨尔瓦多	3,482	3,482		2,604	2,602	2
苏里南	626	564	62	393	369	24
特立尼达和多巴哥	1,079	1,076	3	936	840	96
特克斯和凯科斯群岛	10	10		2	2	
乌拉圭	17,920	8,773	9,147	12,610	5,743	6,867
委内瑞拉	15,458	11,904	3,555	7,771	5,243	2,528
英属维尔京群岛	2	2		18	18	
圣其茨－－尼维斯	18	18				
拉丁美洲其他国家	64	64		30	30	
北美洲	**5,290,710**	**3,460,132**	**1,830,578**	**4,702,737**	**2,830,202**	**1,872,534**
加拿大	391,213	190,505	200,708	418,587	161,601	256,986
美国	4,899,290	3,269,480	1,629,810	4,284,073	2,668,549	1,615,524
格陵兰	73	15	58	56	33	24
百慕大	128	125	3	20	20	
北美洲其他国家	7	7				
大洋洲	**607,044**	**239,650**	**367,393**	**589,813**	**196,185**	**393,628**
澳大利亚	530,259	205,491	324,768	510,710	167,330	343,380

1997 年中国进出口分国家、地区总值表

金额单位：万美元

国家、地区	1997			1996		
	总值	出口	进口	总值	出口	进口
库克群岛	14	14		40	40	
斐济	2,014	1,999	15	1,645	1,607	38
盖比群岛	36	36		18	18	
马克萨斯群岛	15	15		8	8	
瑙鲁	2	2		2	2	
新喀里多尼亚	221	221		196	196	
瓦努阿图	116	116		88	87	
新西兰	63,178	28,239	34,939	63,443	23,135	40,308
诺福克岛	9	9		5	5	
巴布亚新几内亚	10,298	2,629	7,669	12,651	2,752	9,899
社会群岛	101	101		62	62	
所罗门群岛	109	106	2	103	102	1
汤加	58	58		40	40	
土阿莫土群岛	1	1		59	59	
萨摩亚	123	123		198	198	
基里巴斯	203	203		334	334	
图瓦卢	2	2		2	2	
密克罗尼西亚联邦	45	45		56	55	1
马绍尔群岛共和国	52	52		9	9	
贝劳共和国	123	123		14	14	
大洋洲其他国家	66	66		130	130	
其他国家(地区)	203		203	398		398

1997年中国出口主要商品数量金额

金额单位:万美元

品　　名	单位	1997 数量	1997 金额	1996 数量	1996 金额
总值	金额		18,269,664		15,106,571
粮谷	公吨	8,331,641	131,681	1,237,872	36,734
大米	公吨	937,602	26,265	263,991	11,080
玉米	公吨	6,607,213	85,752	157,631	2,998
高粱	公吨	111,985	1,550	18,842	438
荞麦	公吨	106,690	2,470	102,144	2,792
谷子	公吨	21,560	574	15,013	454
面粉	公吨	457,060	12,531	565,899	15,895
豆类	公吨	779,315	33,992	738,892	31,441
黄大豆	公吨	185,719	7,325	191,744	6,618
蚕豆	公吨	69,161	1,997	93,357	3,008
绿豆	公吨	76,466	5,860	81,076	5,516
红小豆	公吨	36,763	1,943	63,204	3,153
芸豆	公吨	368,736	15,184	270,201	11,589
扁豆	公吨	17,861	513	11,455	381
食用植物油	公吨	822,878	54,813	473,465	31,859
花生油	公吨	8,602	1,060	5,887	788
豆油	公吨	555,770	36,861	127,092	8,607
菜油	公吨	5,733	337	18,510	1,305
芝麻油	公吨	4,016	657	4,779	833
食用植物油籽	公吨	414,546	26,156	690,428	45,250
花生仁	公吨	124,980	10,578	300,584	22,216
花生果	公吨	46,367	3,261	50,557	3,228
芝麻	公吨	40,649	4,153	118,932	12,017
葵花籽	公吨	15,811	817	19,097	970
工业用油	公吨	53,764	8,064	35,637	4,149
桐油	公吨	29,021	4,803	18,451	2,038
棕榈油	公吨	11,901	718	453	23
工业用油籽	公吨	28,305	1,360	38,394	2,221
活畜禽	金额		47,590		48,654
活大猪	头	1,772,246	26,576	1,890,531	25,856
活中猪	头	487,640	3,324	492,723	3,270
活牛	头	65,455	3,551	87,705	4,571
活鸡	万只	4,611	8,980	4,591	9,463
活鸭	万只	354	1,017	382	1,085
活鹅	万只	202	1,215	206	1,297

1997年中国出口主要商品数量金额

金额单位:万美元

品名	单位	1997 数量	1997 金额	1996 数量	1996 金额
活鸽	万只	362	469	335	433
肉食	金额		129,911		142,271
冻猪肉	公吨	103,386	19,472	129,362	21,486
冻牛肉	公吨	31,494	5,386	28,682	5,124
冻山羊肉	公吨	1,039	211	1,032	207
冻兔肉	公吨	29,105	6,356	24,113	6,462
冻驴马肉	公吨	834	323	1,179	518
冻鸡	公吨	295,663	55,498	298,679	63,156
冻鸭	公吨	4,682	846	5,736	1,090
咸腊肉	公吨	1,328	478	1,677	598
灌腊肠	公吨	10,256	2,089	9,374	1,880
鲜蛋	万个	73,324	2,528	51,998	2,532
鸡蛋	万个	69,987	2,431	48,230	2,402
皮蛋	万个	9,536	822	9,358	820
咸蛋	万个	11,915	722	8,942	712
苹果	公吨	188,420	7,749	164,976	6,914
桔柑橙	公吨	209,127	7,111	150,897	6,208
梨	公吨	120,371	5,276	88,282	4,806
香蕉	公吨	14,748	536	5,163	155
荔枝	公吨	4,788	622	2,314	258
荸荠	公吨	11,572	542	6,970	304
哈蜜瓜	公吨	9,942	555	6,326	380
西瓜	公吨	23,249	523	25,779	514
栗子	公吨	31,551	6,365	32,015	6,612
柿饼	公吨	6,214	1,079	7,273	1,049
蜜饯	公吨	45,585	6,375	44,609	6,095
蜜枣	公吨	7,285	927	6,242	786
核桃仁	公吨	12,506	3,741	13,217	3,810
苦杏仁	公吨	7,524	1,567	11,218	2,236
甜杏仁	公吨	937	392	928	370
黑瓜子	公吨	18,751	2,068	13,165	1,828
白瓜子	公吨	18,998	3,381	20,900	3,943
莲子	公吨	4,856	1,279	5,213	1,402
松子仁	公吨	1,828	2,287	5,836	3,199
白果	公吨	4,049	1,575	5,545	2,619
红枣	公吨	18,848	2,734	20,736	3,375

1997年中国出口主要商品数量金额

金额单位:万美元

品名	单位	1997		1996	
		数量	金额	数量	金额
山核桃仁	公吨	12,506	3,741	13,217	3,810
蔬菜	公吨	1,689,980	149,090	1,694,544	154,836
土豆	公吨	32,721	464	31,619	499
洋葱	公吨	45,294	796	84,499	1,666
萝卜	公吨	16,666	540	28,484	841
鲜姜	公吨	44,044	4,983	42,996	6,644
蕃茄	公吨	28,444	598	18,288	510
大蒜	公吨	162,557	9,771	145,311	9,241
咸蕨菜	公吨	4,494	514	9,493	1,099
榨菜	公吨	16,206	764	16,050	795
速冻蔬菜	公吨	213,250	22,400	209,890	21,180
黑木耳	公吨	4,833	2,178	4,722	2,160
金针菜	公吨	2,121	275	2,797	408
发菜	公吨	237	458	175	623
蘑菇	公吨	31,806	11,448	28,700	11,828
蘑菇干片	公吨	15,972	6,880	14,546	7,442
辣椒干	公吨	45,829	5,696	29,350	6,284
辣椒粉	公吨	7,123	1,488	4,556	1,189
笋干丝	公吨	2,671	1,341	2,607	916
水产品	金额		188,548		173,774
大闸蟹	公吨	411	1,151	342	1,152
活鳗鱼	公吨	5,043	4,923	3,917	4,440
冰鲜鱼	公吨	61,233	17,743	53,530	16,713
冻鱼	公吨	124,519	29,237	82,594	22,080
冻鱼片	公吨	153,333	34,003	139,435	29,356
冻对虾	公吨	4,633	5,531	5,147	4,907
冰鲜虾	公吨	14,773	2,997	6,344	2,263
冻小虾	公吨	38,424	16,369	29,917	12,522
冻虾仁球	公吨	3,072	3,568	3,456	2,798
冻小虾仁	公吨	26,510	11,977	19,669	9,444
鱼翅	公吨	2,421	3,265	2,227	2,253
海蜇皮	公吨	3,746	1,918	4,909	2,766
猪肉罐头	公吨	37,117	6,553	41,593	7,247
牛肉罐头	公吨	24,270	4,322	28,913	5,607
菠萝罐头	公吨	19,610	1,226	10,423	667
桔子罐头	公吨	98,497	8,321	79,626	7,704

1997年中国出口主要商品数量金额

金额单位:万美元

品名	单位	1997		1996	
		数量	金额	数量	金额
桃子罐头	公吨	30,471	2,700	30,910	3,001
荔枝罐头	公吨	7,559	931	7,305	1,072
洋梨罐头	公吨	3,558	247	2,722	205
蘑菇罐头	公吨	143,799	14,293	169,300	18,875
蕃茄酱罐头	公吨	106,668	6,338	53,364	3,513
芦笋罐头	公吨	55,564	6,563	61,347	7,334
核桃仁罐头	公吨	1,014	449	850	362
花生米罐头	公吨	3,994	630	4,197	559
糖	金额		13,279		24,779
砂糖	公吨	337,162	11,592	622,366	23,002
原糖	公吨	13,039	545	22,712	923
啤酒	公吨	72,400	3,390	67,434	3,179
米酒及黄酒	公吨	13,548	2,025	13,784	2,013
葡萄酒	公吨	3,267	677	3,236	583
果汁	公吨	66,044	7,190	40,377	4,766
食盐	公吨	235,058	953	365,418	1,280
味素	公吨	12,935	1,913	9,408	1,544
酱油	公吨	47,654	2,737	38,972	2,079
醋	公吨	6,854	362	5,985	286
鲜奶	公吨	26,129	1,915	25,197	1,903
奶粉	公吨	7,843	1,493	4,396	748
炼乳	公吨	3,217	465	703	121
米粉干	公吨	44,604	3,030	43,692	3,044
粉丝	公吨	54,923	5,912	47,689	5,182
花生制品	公吨	110,433	13,810	104,611	11,657
蜂蜜	公吨	48,217	6,538	83,461	11,066
淀粉	公吨	61,806	3,033	37,181	2,025
麦麸	公吨	57,422	684	94,466	1,472
豆粕	公吨	19,677	623	68,418	2,099
甜菜粕	公吨	367,967	4,298	520,003	6,943
棉子仁饼粕	公吨	332,301	4,658	412,258	5,277
菜籽饼粕	公吨	162,689	2,286	582,270	7,920
玉米蛋白粉	公吨	33,716	357	6,608	104
混合饲料	金额		11,329		7,727
骨粉	公吨	13,445	296	5,828	155
茶叶	公吨	202,464	33,248	169,662	28,250

1997年中国出口主要商品数量金额

金额单位：万美元

品名	单位	1997 数量	1997 金额	1996 数量	1996 金额
红茶	公吨	87,145	12,315	80,971	11,257
绿茶	公吨	78,775	12,442	55,866	8,962
花茶	公吨	15,285	3,197	14,906	3,248
乌龙茶	公吨	18,156	4,708	17,919	4,782
咖啡	公吨	14,461	2,163	158	48
可可	公吨	18,307	5,649	14,526	4,871
八角	公吨	2,494	435	3,240	684
胡椒	公吨	3,595	1,441	1,154	366
薄荷脑	公吨	765	3,002	2,196	5,754
香茅油	公吨	1,037	389	1,121	578
桂油	公吨	392	880	390	901
山苍子油	公吨	397	385	735	645
桉叶油	公吨	3,690	1,220	3,659	1,289
松油	公吨	30,638	2,338	21,706	1,853
香叶油	公吨	101	516	60	327
天然樟脑(粉、块)	公吨	7,159	1,761	6,437	1,916
柠檬酸	公吨	127,763	11,948	108,309	11,228
松香	公吨	204,729	15,942	176,003	13,101
生漆	公吨	194	367	98	192
明胶	公吨	2,636	407	2,541	469
蜂蜡	公吨	7,172	1,557	10,108	1,777
鞭炮烟花	公吨	116,628	19,752	128,169	20,192
蚊香	公吨	9,895	1,083	9,907	1,105
神纸(土纸)	公吨	92,564	10,507	79,873	8,319
观赏鱼	金额		438		396
猪鬃	公吨	11,077	7,277	8,519	5,664
马鬃尾	公吨	1,783	792	1,565	778
鬃刷	万把	36,459	5,719	30,150	4,768
肠衣	公吨	48,369	36,916	45,589	34,198
猪肠衣	公吨	35,941	21,954	32,930	19,140
绵羊肠衣	公吨	5,634	11,018	5,908	11,395
山羊肠衣	公吨	1,346	2,329	1,239	1,913
鹅鸭绒毛	公吨	20,781	18,642	21,204	20,884
羽绒睡袋	个	385,922	936	448,669	1,032
骨粒粉	公吨	66,506	1,649	82,713	2,244
猪革皮	公吨	4,650	4,766	4,062	3,360

1997年中国出口主要商品数量金额

金额单位:万美元

品名	单位	1997		1996	
		数量	金额	数量	金额
羊革皮	公吨	1,559	2,895	1,621	3,530
牛革皮	公吨	45,961	24,048	44,870	18,865
生牛皮	公吨	43,520	2,600	27,116	2,298
水貂皮	公吨	36	445	1	29
原木	立方米	63,319	2,946	64,214	2,937
桐原木	立方米	15,883	505	20,126	640
锯材	立方米	387,170	19,305	382,717	19,384
胶合板	立方米	437,886	15,154	176,834	6,229
梧桐木拼板	公吨	51,601	9,363	37,643	6,877
箱板	金额		1,878		1,816
木板门	公吨	65,246	7,010	47,622	5,280
烟类	金额		65,760		97,569
烟草	公吨	88,952	19,589	63,192	11,097
烤烟	公吨	69,643	16,982	51,705	9,027
烟草制品	金额		43,619		83,279
卷烟	万支	2,472,757	43,497	5,881,645	83,253
烟草辅料	金额		2,552		3,194
棉花	公吨	1,480	393	4,527	1,251
苎麻	公吨	2,690	1,188	2,779	1,209
茧类	金额		1,172		2,872
桑蚕茧	公吨	1,123	1,149	2,864	2,720
丝类	金额		42,745		41,336
桑蚕丝	公吨	10,120	25,307	11,220	24,718
柞蚕丝	公吨	755	1,628	457	1,031
羊毛	公吨	21,934	8,731	14,023	4,629
羊绒	公吨	2,257	15,142	2,481	18,175
兔毛	公吨	4,029	8,141	3,986	6,754
纺织品	金额		1,288,911		1,125,721
棉纱线	件	843,551	48,457	782,809	45,851
麻纱线	件	161,649	11,379	157,631	10,034
亚麻纱线	件	39,025	3,949	25,171	2,395
棉麻混纺纱线	件	17,503	364	16,526	295
苎麻纱线	件	96,700	6,516	104,629	6,803
毛纱线	件	322,976	48,008	233,202	34,786
棉涤纶纱线	件	28,366	1,407	31,902	1,677
棉布	万米	234,976	234,602	237,927	235,488

1997年中国出口主要商品数量金额

金额单位:万美元

品名	单位	1997 数量	1997 金额	1996 数量	1996 金额
坯布	万米	88,064	63,831	88,966	63,206
漂布	万米	11,509	10,507	13,372	11,466
色布	万米	62,220	67,952	61,623	64,188
花布	万米	25,616	18,680	24,470	17,612
色织布	万米	45,602	71,350	47,966	77,623
其他棉布	万米	1,966	2,282	1,531	1,393
麻布	万米	17,337	29,548	15,042	22,479
浴巾	打	9,782,551	18,016	9,599,309	18,512
毛巾被	条	20,134,975	10,406	8,052,769	4,613
床单	条	30,649,004	9,070	35,299,512	10,230
床罩	条	11,231,056	5,187	8,106,259	5,274
棉毯	条	12,817,160	7,780	13,429,722	9,224
毛毯	条	10,244,298	14,590	8,886,915	13,360
纤维毯	条	727,079	441	891,622	684
绸缎	万米	15,310	47,975	14,723	43,869
服装	金额		3,175,368		2,497,660
日用瓷	金额		67,849		49,629
日用陶	金额		5,479		5,087
美术陶瓷	金额		62,209		46,637
建筑陶瓷	金额		10,847		9,402
陶瓷砖	金额		9,269		8,507
卫生洁具	金额		1,328		662
地毯及装饰毯	金额		45,464		42,226
宝石	金额		30,498		20,882
钻石	金额		22,883		14,622
养殖珍珠	公斤	329,208	5,726	280,375	3,884
天然植物编织品	金额		58,183		63,878
稻草制品	金额		4,941		5,864
藤制品	金额		5,802		6,064
柳制品	金额		11,303		12,936
竹编制品	金额		11,414		11,538
鞋类	金额		853,571		710,286
帽类	金额		41,940		38,734
圆珠笔	打	57,185,565	4,297	30,058,561	2,811
铅笔	公斤	27,322,104	6,977	26,340,088	6,613
电子计算器	台	328,567,315	42,517	267,665,925	31,693

1997年中国出口主要商品数量金额

金额单位：万美元

品名	单位	1997		1996	
		数量	金额	数量	金额
乒乓球	万个	19,116	751	17,628	758
玩具	金额		504,078		392,457
电动玩具	金额		2,160		2,960
机械玩具	金额		57,814		41,738
智力玩具	金额		5,298		3,617
布绒玩具	金额		118,828		89,453
童车	金额		2,483		1,469
乐器	金额		27,967		23,341
钢琴	台	32,407	3,067	23,794	2,033
口琴	打	454,953	485	580,099	609
手风琴	架	47,495	290	93,589	319
提琴	套	335,957	977	353,957	933
管乐器	个	73,041	345	87,025	297
铜响乐器	金额		314		199
电子乐器	金额		11,391		10,504
帐篷	顶	11,688,632	23,219	11,381,866	22,420
太阳伞	个	13,216,900	7,017	13,319,979	6,855
纸浆类	公吨	22,307	1,150	16,824	1,134
纸张	公吨	214,987	18,762	170,574	15,653
纸制品	公吨	821,423	89,385	670,859	71,258
玻璃器皿	金额		12,050		9,419
保温瓶类	金额		14,613		11,139
钟类	金额		50,521		45,447
闹钟	个	177,485,839	18,125	114,738,197	13,561
表类	金额		98,991		96,563
机械手表	个	39,046,410	8,699	37,696,436	8,621
电子手表	个	792,943,051	90,292	692,048,322	87,942
家具类	金额		181,806		129,528
清洁用品	金额		2,468		2,563
香皂	公吨	11,926	1,940	13,439	2,224
肥皂	公吨	16,655	642	19,031	697
牙膏	公吨	12,817	2,410	13,528	2,513
化妆品	金额		7,538		7,164
美容用品	金额		4,647		4,634
护发美发用品	金额		2,212		2,070
锁类	公吨	140,110	39,961	114,970	33,314

1997年中国出口主要商品数量金额

金额单位：万美元

品名	单位	1997 数量	1997 金额	1996 数量	1996 金额
灯具	金额		131,804		115,556
衡器类	金额		7,757		6,419
皮手套	打付	47,214,591	41,077	40,717,681	36,686
钢材	公吨	4,619,391	193,505	4,217,150	175,674
钢坯	公吨	3,631,198	84,535	2,709,006	63,883
钢锭	公吨	515,022	12,314	68,386	1,588
废钢	公吨	68,251	1,334	54,711	1,059
铁丝	公吨	140,408	7,979	133,433	7,473
铝矿砂	公吨	160,645	1,388	201,126	1,434
铅矿砂	公吨	25,681	243	14,572	501
锌矿砂	公吨	381,309	6,923	109,391	2,495
钼矿砂	公吨	2,819	1,412	1,441	528
生铁	公吨	5,550,109	82,256	3,630,171	52,948
铁合金	公吨	1,062,887	73,530	1,036,297	70,182
钨铁	公吨	2,210	975	666	309
钼铁	公吨	24,458	14,895	12,188	6,821
锰铁	公吨	145,847	7,234	172,507	8,931
铬铁	公吨	98,069	7,503	130,947	11,857
硅铁	公吨	208,067	12,924	255,799	16,455
钒铁	公吨	1,949	2,476	1,446	1,610
锡	公吨	41,087	20,521	36,128	20,039
锑	公吨	31,034	5,628	34,539	6,986
硫化锑	公吨	13,910	1,887	6,769	1,019
氧化锑	公吨	28,329	5,872	20,040	5,714
铜	公吨	96,446	20,339	61,432	12,366
铜合金	公吨	735	270	1,612	392
铝	公吨	163,151	25,437	72,137	10,889
铅	公吨	197,893	13,245	261,497	20,368
锌	公吨	543,841	63,769	217,413	20,898
镍	公吨	4,748	3,408	309	223
镁	公吨	67,074	15,216	43,406	10,645
钼	公吨	303	435	304	460
铋	公吨	1,603	948	1,198	712
铬	公吨	3,736	2,167	2,952	1,567
锰	公吨	63,471	7,563	49,934	6,867
铝合金	公吨	85,311	11,446	37,915	5,327

1997年中国出口主要商品数量金额

金额单位:万美元

品名	单位	1997		1996	
		数量	金额	数量	金额
锌合金	公吨	13,167	1,408	9,364	927
氧化铝	公吨	12,773	471	6,072	257
氧化钼	公吨	21,983	10,948	13,938	6,037
三氧化钨	公吨	1,363	788	506	324
仲钨酸铵	公吨	14,596	7,412	12,425	6,859
铜材	公吨	99,440	32,053	80,705	27,631
铜管	公吨	6,294	2,076	4,843	1,929
铜棒	公吨	5,687	1,251	5,395	1,286
铜丝	公吨	27,564	6,671	26,086	6,499
铝材	公吨	100,328	22,022	59,118	12,604
铝板	公吨	18,337	5,033	10,877	3,051
铝管	公吨	827	321	544	226
铝丝	公吨	3,079	555	2,801	484
铝箔	公吨	13,963	3,946	7,060	2,087
锌材	公吨	5,938	631	7,507	807
镍材	公吨	1,299	808	639	319
镁材	公吨	4,410	876	3,600	872
锡材	公吨	4,384	2,077	2,624	1,284
银	公斤	26,688	400	8,648	139
钯	公斤	3,121	1,683	1,508	605
钯合金	公斤	3,121	1,683	1,508	605
水泥	公吨	11,684,542	44,571	11,796,955	45,091
平板玻璃	平方米	39,865,588	9,442	41,306,130	11,293
重烧镁	公吨	1,372,824	15,403	1,072,510	13,469
白云石	公吨	469,467	731	338,331	767
鳞片石墨	公吨	105,768	3,692	89,332	3,416
无定形石墨	公吨	64,255	621	69,036	705
滑石块	公吨	453,608	2,777	421,535	2,527
滑石粉	公吨	524,721	4,893	602,063	4,966
长石块	公吨	591,265	1,122	568,041	1,275
轻烧镁	公吨	401,738	4,191	316,944	3,711
硒石块	公吨	1,293,672	12,963	1,112,248	11,775
重晶石	公吨	2,926,955	9,833	1,860,268	5,784
煤	公吨	26,427,559	113,253	29,033,483	110,997
焦炭	公吨	10,580,693	79,096	7,789,708	61,914
电力	万度	290,910	46,075	371,208	23,769

1997年中国出口主要商品数量金额

金额单位:万美元

品名	单位	1997 数量	1997 金额	1996 数量	1996 金额
石油及制品	金额		428,931		370,428
原油	公吨	19,828,880	273,413	20,329,346	277,720
成品油	公吨	5,585,850	120,136	4,173,024	86,856
汽油	公吨	1,780,425	36,095	1,308,987	25,037
煤油	公吨	722,995	20,777	659,168	17,940
轻柴油	公吨	2,288,915	46,567	1,566,712	30,575
重柴油	公吨	14,066	1,771	10,683	1,385
润滑油脂	公吨	104,560	3,750	142,407	3,587
石脑油	公吨	49,786	847	4,508	76
液化石油气	公吨	399,007	7,776	340,128	5,848
磷酸	公吨	90,604	4,305	77,614	3,781
氢氟酸	公吨	4,433	269	2,541	173
烧碱	公吨	229,078	4,654	258,216	4,740
纯碱	公吨	622,812	8,124	533,820	7,112
硫化碱	公吨	66,155	1,503	60,841	1,745
次亚磷酸钠	公吨	6,144	1,227	4,295	515
氯化钠	公吨	235,058	953	365,418	1,280
氯化钾	公吨	587,010	6,064	525,701	5,262
氯酸钾	公吨	7,467	485	9,374	650
硫酸钾	公吨	10,755	209	278	5
高锰酸钾	公吨	10,176	1,136	7,924	1,017
碳酸钙	公吨	44,392	265	37,051	280
电石(碳化钙)	公吨	66,786	2,325	74,089	2,550
氯化钙	公吨	57,452	835	45,637	648
硫酸钡	公吨	16,363	378	12,026	293
碳酸钡	公吨	152,130	3,581	113,842	3,326
电解二氧化锰	公吨	16,335	1,326	14,459	1,261
氧化镍	公吨	830	258	146	84
碳酸镁	公吨	21,347	1,509	17,771	1,034
氯化镁	公吨	36,731	384	29,671	334
氯化锌	公吨	3,424	226	2,790	195
硫酸铝	公吨	36,184	401	40,348	465
工业氢氧化铝	公吨	44,617	701	39,988	699
氟化铝	公吨	5,251	454	2,153	194
钼酸铵	公吨	829	574	1,061	657
硝酸钴	公吨	24,892	1,019	18,521	833

1997年中国出口主要商品数量金额

金额单位:万美元

品　　名	单位	1997		1996	
		数量	金额	数量	金额
氧化钴	公吨	204	339	114	250
钨酸	公吨	541	241	822	463
钨酸钠	公吨	1,268	425	1,741	571
氢氧化锂	公吨	992	364	1,131	445
五氧化二钒	公吨	6,465	4,831	4,299	2,478
碳酸锶	公吨	40,910	2,106	33,694	1,859
工业硫酸铵	公吨	80,987	809	28,488	283
工业硝酸铵	公吨	35,556	724	40,421	851
氯化铵	公吨	216,771	2,162	222,180	2,421
磷酸氢二铵	公吨	33,568	727	38,442	972
活性碳	公吨	220,357	6,234	108,954	5,519
石蜡	公吨	387,880	19,040	288,496	14,934
石油焦	公吨	657,550	4,161	434,354	3,224
锻烧焦	公吨	89,805	1,587	71,646	1,101
沥青焦	公吨	10,250	204	17,095	313
石油沥青	公吨	188,654	987	183,051	900
煤焦沥青	公吨	56,401	878	66,340	886
乙醇(酒精)	升	140,725,001	7,040	43,354,463	2,763
乙二醇	公吨	23,578	1,279	78	15
环乙醇	公吨	140,745	7,093	43,373	2,801
糠醇	公吨	30,026	3,470	26,363	4,342
糠醛	公吨	38,416	3,087	39,836	4,914
甲酸(蚁酸)	公吨	4,968	347	4,384	316
苯甲酸	公吨	9,650	1,231	7,597	1,063
水杨酸	公吨	2,552	693	1,258	350
草酸(乙二酸)	公吨	21,148	1,191	11,078	696
酒石酸	公吨	1,513	245	1,778	335
己二酸	公吨	2,908	382	2,016	287
癸二酸	公吨	12,833	2,674	10,884	2,454
对苯二甲酸	公吨	31,042	1,800	2,081	447
丙烯酸酯	公吨	6,180	379	3,802	370
乙烯	公吨	34,589	1,647	38,496	1,406
丙烯	公吨	9,585	462	5	4
双氰胺	公吨	13,521	1,996	11,757	1,785
三聚氰胺	公吨	18,168	2,449	12,705	1,548
己内酰胺	公吨	17,084	2,136	5,684	665

1997年中国出口主要商品数量金额

金额单位：万美元

品　　名	单位	1997		1996	
		数量	金额	数量	金额
纯苯	公吨	52,025	1,460	142,427	3,697
粗苯	公吨	55,373	1,125	80,228	1,464
甲苯	公吨	11,754	387	7,817	270
二甲苯(含邻间对)	公吨	120,861	5,645	109,881	6,303
防老剂	公吨	3,585	900	1,675	430
催化剂	公吨	3,511	908	4,952	1,783
塑料	金额		488,752		361,594
高压聚乙烯	公吨	14,551	1,165	1,232	90
低压聚乙烯	公吨	14,911	1,302	14,273	1,097
聚丙烯	公吨	19,242	1,481	5,114	392
ABS树脂	公吨	56,431	7,311	54,182	7,182
电木粉(酚醛树脂)	公吨	11,328	1,092	10,103	1,053
电玉粉	公吨	6,290	546	5,419	503
聚氯乙烯(树脂)	公吨	54,354	5,112	47,989	4,119
聚苯乙烯	公吨	182,098	16,554	106,559	11,146
聚四氟乙烯	公吨	1,044	718	533	304
环氧树脂	公吨	2,599	494	1,329	194
聚碳酸脂	公吨	19,895	4,947	4,609	1,188
塑料雨衣	公吨	137,130	33,210	101,062	24,740
塑料雨帽	打	18,993,245	1,474	11,912,514	751
尼龙牙刷	罗	3,123,755	2,889	2,336,087	1,968
各种染料	公吨	127,284	52,759	95,354	40,097
硫化染料	公吨	22,804	3,083	20,456	2,956
还原染料	公吨	11,801	8,154	9,351	6,234
直接染料	公吨	6,802	3,053	5,671	2,414
酸性染料	公吨	13,255	5,968	11,708	5,105
盐基染料	公吨	7,719	4,597	5,995	3,334
活性染料	公吨	5,926	4,018	5,046	3,186
分散染料	公吨	52,529	20,500	31,215	13,486
增白粉	公吨	1,137	549	515	339
二萘酚(B萘酚)	公吨	11,243	1,664	10,424	1,922
苯胺	公吨	1,266	710	460	165
二苯胺	公吨	1,082	485	1,108	410
甲萘胺(1—萘胺)	公吨	7,036	1,960	4,476	1,344
三聚氯氰	公吨	9,180	2,302	8,023	1,938
立德粉	公吨	60,046	2,197	54,748	2,253

1997年中国出口主要商品数量金额

金额单位：万美元

品　　名	单位	1997		1996	
		数量	金额	数量	金额
钛白粉	公吨	23,717	2,455	21,399	2,451
氧化锌	公吨	55,743	4,764	26,695	2,368
群青	公吨	3,659	240	2,766	180
油漆	公吨	75,148	10,599	70,312	10,071
油墨	公吨	9,411	2,990	8,531	2,636
化肥	公吨	1,758,623	22,660	1,696,055	22,393
尿素	公吨	350,505	6,005	197,596	3,973
氯化钾	公吨	587,010	6,064	525,701	5,262
硫铵(硫酸铵)	公吨	80,987	809	28,488	283
硝铵(硝酸铵)	公吨	35,556	724	40,421	851
过磷酸钙	公吨	171,532	1,665	236,135	2,927
硫酸钾	公吨	10,755	209	278	5
农药	公吨	87,595	30,935	73,730	27,674
除草剂	公吨	29,108	12,838	22,897	11,760
杀虫剂	公吨	43,911	12,381	42,475	11,756
天然橡胶	公吨	39,316	4,793	31,284	4,174
合成橡胶	公吨	31,357	3,293	12,611	1,265
轮胎	金额		56,645		52,430
整套轮胎	万套	7,497	50,069	5,744	46,717
轮胎内胎	万条	7,887	5,389	5,955	4,657
胶管	公吨	10,655	1,791	10,457	1,650
运输带	公吨	3,614	985	2,920	796
传动带	公吨	3,837	1,201	2,675	853
乳胶手套	万付	76,596	5,699	83,446	5,364
甘草	公吨	4,767	613	6,983	757
半夏	公吨	549	431	1,411	922
虫草	公吨	31	1,693	42	2,163
菊花	公吨	1,989	564	1,768	565
黄芪	公吨	4,220	655	4,410	721
当归	公吨	2,235	333	2,380	387
枸杞	公吨	4,206	913	4,412	858
党参	公吨	1,749	517	1,886	640
茯苓	公吨	3,665	617	3,725	546
川芎	公吨	1,608	227	1,583	205
田七	公吨	319	253	346	285
白术	公吨	3,202	672	2,971	671

1997年中国出口主要商品数量金额

金额单位:万美元

品名	单位	1997		1996	
		数量	金额	数量	金额
白芍	公吨	1,535	252	1,772	306
杜仲	公吨	811	336	1,150	460
姜黄	公吨	2,006	832	3,222	698
动物药材	金额		1,746		1,457
鲜王浆	公斤	3,141,992	1,434	2,564,901	1,040
槟榔	公吨	9,228	4,182	14,022	6,097
片仔癀	公斤	2,496	1,075	3,802	1,630
清凉油	公斤	2,335,745	1,191	2,509,273	1,193
药酒	金额		993		854
抗菌素药	公吨	25,536	53,861	25,253	56,665
磺胺药	公吨	8,904	7,810	9,631	8,732
磺胺嘧啶	公斤	1,292,145	1,186	1,363,625	1,373
磺胺二甲基嘧啶	公斤	2,080,388	1,543	1,820,535	1,571
维生素	金额		23,277		25,743
医疗器械	金额		30,119		25,522
体温表	万支	4,669	2,442	3,922	1,827
血压表	万支	979	7,622	809	7,502
心电瞬时记录仪	台	13,289	1,889	12,836	1,736
注射器	万支	13,764	713	15,356	921
注射针头	金额		414		330
畜牧专用器械	金额		277		217
医用敷料	金额		24,787		22,919
各类船	艘	18,668	161,848	17,207	114,289
客船	艘	53	4,034	20	394
客货船	艘	544	122,661	514	88,656
冷藏船	艘	4	1,235		
挖泥船	艘	84	529	26	852
拖轮	艘	61	2,994	62	3,435
渔船	艘	44	729	53	1,486
集装箱	只	329,521	102,806	353,460	106,244
飞机	架	49	2,815	65	9,388
汽车	辆	13,401	18,891	12,592	14,596
载重汽车	辆	8,522	7,959	9,446	9,113
小轿车	辆	2,914	3,843	1,999	2,564
客车	辆	1,257	4,860	794	1,861
摩托车	辆	92,940	6,226	75,414	4,299

1997年中国出口主要商品数量金额

金额单位:万美元

品　名	单位	1997		1996	
		数量	金额	数量	金额
摩托车零件	金额		8,395		5,922
汽车零件	金额		44,721		38,219
显像管	万只	453	18,486	683	28,820
集成电路	金额		93,180		59,455
电线电缆	公吨	303,428	86,977	229,648	70,147
蓄电池	金额		34,670		24,665
铅酸蓄电池	万个	1,066	5,802	562	4,298
起重机械	台	11,961,685	32,885	10,015,621	26,834
金属切削机床	台	2,493,102	28,150	1,977,180	25,392
车床	台	41,354	7,587	44,483	7,554
钻床	台	734,965	4,344	633,228	4,290
镗床	台	2,889	765	1,161	255
磨床	台	1,660,211	5,646	1,247,951	3,834
齿轮加工机床	台	2,947	319	173	209
铣床	台	4,449	1,419	4,961	2,054
刨床	台	476	383	1,202	476
铸造机械	台	7,497,000	2,621	2,010,353	1,082
木工机械	台	313,277	2,805	229,292	2,408
各种泵	金额		100,471		104,779
滚动轴承	套	789,824,113	41,150	678,399,156	38,016
纺织机械	台	80	306	70	175
印刷机械	金额		3,000		2,542
金属轧机	金额		3,838		4,442
橡胶或塑料加工机械	金额		11,031		9,827
烟草加工机械	金额		206		465
电动机及发电机	万台	184,782	122,473	147,317	95,896
发电机组	台	10,987	3,699	7,699	2,053
电动机和发电机零件	金额		18,745		17,704
有线电话电报交换机	台	102,248,422	122,815	87,691,627	116,609
有线电话电报交换机零件	金额		24,995		19,361
计算机	金额		536,371		369,032
微型电子计算机	台	179,742	12,255	94,415	9,669
显示器	台	9,931,121	121,485	6,859,756	85,465
打印机	台	7,013,557	80,930	4,266,930	65,355
键盘	个	123,757,928	40,431	71,690,830	24,697
磁盘	万片	71,377	9,568	107,975	15,698

1997 年中国出口主要商品数量金额

金额单位:万美元

品名	单位	1997		1996	
		数量	金额	数量	金额
文字处理机	金额		3,965		10,390
有线通讯设备	金额		147,811		135,970
电话机	台	100,106,587	94,796	85,702,747	86,470
各种电子交换机	金额		3,238		4,990
载波机	台	14,681	1,125	12,025	1,121
传真机	台	1,727,069	23,435	1,560,710	23,804
复印机	台	1,423,691	66,366	945,621	50,087
调制解调器	台	834	560	11,622	1,074
雷达	金额		2,630		3,517
电台对讲机	金额		8,674		5,084
电池	金额		40,297		33,311
测绘仪器	金额		12,225		10,208
望远镜	金额		16,494		13,365
放大镜	只	13,742,544	480	7,939,396	309
照相机	架	65,589,906	92,533	61,801,989	69,550
照相机零件	金额		8,404		5,647
彩色冲洗扩印系统	金额		1,065		846
自行车类	金额		101,914		85,900
自行车	辆	14,617,906	51,789	12,239,224	46,527
自行车外胎	条	47,831,988	6,779	35,669,221	5,292
自行车内胎	条	62,003,784	3,306	47,141,048	2,810
自行车零配件	金额		43,905		34,497
缝纫机类	金额		27,069		24,197
缝纫机	金额		22,355		20,641
家用缝纫机	台	3,086,902	10,204	3,390,870	10,641
工业缝纫机	台	901,033	12,152	684,115	10,000
缝纫机零件	金额		4,714		3,556
缝纫机针	金额		532		512
电风扇	台	131,634,054	71,667	122,590,471	80,871
吊扇	台	21,345,041	30,983	23,181,106	34,314
台扇	台	13,185,659	10,117	18,702,100	16,068

1997 年中国出口主要商品数量金额

金额单位:万美元

品名	单位	1997 数量	1997 金额	1996 数量	1996 金额
落地电扇	台	8,515,958	9,125	8,717,031	9,663
排风扇	台	1,506,725	891	968,640	1,048
电冰箱	台	793,647	6,592	581,639	5,008
洗衣机	台	705,008	6,720	558,612	5,857
空调器	台	513,757	11,428	196,730	5,582
吸尘器	台	18,864,198	19,861	19,233,370	15,203
空气加湿器	台	2,585,138	1,747	1,984,861	1,571
空气干燥器	台	17,016	422	7,041	391
电水壶	个	31,863,112	14,509	22,704,030	10,794
电炉	个	15,588,312	9,331	13,221,967	7,406
电热水器	个	3,894,396	1,737	582,086	956
电面包烤炉	台	36,656,070	27,685	29,974,636	21,700
电吹风	个	54,225,484	11,961	52,351,430	11,480
电动剃须刀	个	15,547,478	7,102	17,272,002	6,436
电熨斗	个	31,348,047	14,450	29,146,911	12,576
电筒	个	373,434,699	13,336	321,237,536	9,788
台灯	金额		27,866		25,238
吊灯	金额		21,549		15,707
节日灯	金额		32,403		31,629
卤钨灯	万只	22,531	8,735	17,848	8,413
收音机	台	134,820,635	32,791	143,812,649	35,297
录音机	金额		214,883		201,733
收录两用机	台	25,785,363	10,689	16,559,050	9,473
电视机及散件	金额		65,431		79,434
彩色电视机	台	4,289,598	50,554	5,371,523	62,206
黑白电视机	台	4,764,772	14,877	4,952,060	17,228
录像机	台	6,479,024	39,343	4,623,365	28,989
摄像机	台	193,236	5,633	103,922	3,207
音箱	万台	88,162	59,081	73,199	44,072
组合音响	万套	43	1,238	108	2,808
录像带	万盒	30,876	22,864	22,711	16,029

1997 年中国出口主要商品数量金额

金额单位：万美元

品名	单位	1997		1996	
		数量	金额	数量	金额
耳塞机	万个	29,324	10,771	28,081	9,298
麦克风	个	139,060,312	4,713	113,796,479	3,669
量具	金额		10,269		8,648
刃具	金额		3,244		2,621
磨具	金额		5,691		5,182
砂布	公吨	5,021	864	5,827	971
电动工具	金额		53,898		41,205
电钻	个	12,393,435	25,603	11,224,092	18,872
各种锤	金额		5,529		4,587
各种钳	金额		9,474		9,355
各种扳手	金额		6,292		5,917
各种螺丝批	金额		4,858		4,286
各种钻	金额		2,954		2,039
各种锉和刀	金额		20,837		16,864
各种锯和锯条	金额		8,279		5,518
农具	金额		8,062		7,519
出版物	金额		18,540		13,097

1997年中国进口主要商品数量金额

金额单位:万美元

品名	单位	1997 数量	1997 金额	1996 数量	1996 金额
总值	金额		14,236,081		13,883,799
粮谷	公吨	4,165,275	91,619	10,834,019	257,533
大米	公吨	326,345	13,982	761,393	28,646
小麦	公吨	1,860,612	36,829	8,245,961	189,040
大麦	公吨	1,874,182	38,232	1,307,870	30,447
面粉	公吨	61,192	1,601	52,665	1,369
豆类	公吨	3,001,254	87,440	1,300,609	37,127
黄大豆	公吨	2,875,907	84,293	1,107,539	32,035
豌豆	公吨	112,179	2,755	122,415	3,068
绿豆	公吨	4,531	160	10,267	310
食用植物油	公吨	2,748,097	150,457	2,636,706	149,304
花生油	公吨	10,670	971	5,218	562
豆油	公吨	1,225,160	68,464	1,295,396	76,449
菜油	公吨	311,782	17,453	282,522	16,611
玉米油	公吨	1,901	166	1,162	133
葵花籽油	公吨	2,419	132	6,014	393
食用植物油籽	公吨	2,953,530	87,013	1,114,516	32,337
花生仁	公吨	3,210	206	341	18
芝麻	公吨	14,289	745	5,282	247
葵花籽	公吨	3,442	141	935	25
油菜籽	公吨	55,134	1,583	413	11
工业用油	公吨	489,110	27,316	423,294	21,622
蓖麻油	公吨	22,790	1,820	30,714	2,198
亚麻油	公吨	37,931	1,825	30,840	1,808
椰子油	公吨	16,168	1,103	31,493	2,115
棕榈油	公吨	376,710	20,282	294,574	13,357
工业用油籽	公吨	5,603	111	151	8
活畜禽	金额		4,102		4,703
肉食	金额		15,247		16,050
冻猪肉	公吨	2,758	176	1,696	101
冻牛肉	公吨	2,590	323	2,948	393
冻绵羊肉	公吨	4,050	237	3,285	147
冻鸡	公吨	204,760	12,749	308,451	13,816
苹果	公吨	11,542	349	7,658	273
桔柑橙	公吨	5,820	170	5,396	148
柚子	公吨	7,494	201	583	15

1997年中国进口主要商品数量金额

金额单位：万美元

品名	单位	1997 数量	1997 金额	1996 数量	1996 金额
香蕉	公吨	546,938	14,570	512,771	14,085
菠萝	公吨	17,893	349	2,619	89
葡萄	公吨	4,795	222	6,299	310
西瓜	公吨	4,766	115	5,256	135
栗子	公吨	1,188	197	1,526	345
甜杏仁	公吨	357	206	442	164
壳腰果	公吨	2,701	185	1,214	59
腰果仁	公吨	732	190	559	145
红枣	公吨	38,033	2,511	25,911	934
蔬菜	公吨	68,511	2,816	40,086	1,998
速冻蔬菜	公吨	21,160	736	9,628	441
蘑菇	公吨	39	203	94	49
水产品	金额		54,372		59,746
活鳗鱼苗、种	公斤	111,383	3,979	83,575	2,005
冰鲜鱼	公吨	5,913	576	12,522	1,133
冻鱼	公吨	393,875	30,352	355,466	33,527
冻鱼片	公吨	1,385	319	634	120
冻对虾	公吨	4,736	1,822	5,191	1,677
冻小虾	公吨	9,249	2,799	9,436	2,642
冻虾仁球	公吨	527	559	206	155
冻小虾仁	公吨	1,266	521	804	252
鱼翅	公吨	4,391	2,481	4,363	2,449
糖	金额		22,877		39,309
砂糖	公吨	71,323	2,630	41,306	1,507
原糖	公吨	702,980	19,918	1,204,662	37,426
啤酒	公吨	28,846	1,362	41,980	1,788
葡萄酒	公吨	40,897	3,756	5,645	674
果汁	公吨	12,517	853	9,460	611
食盐	公吨	6,299	149	3,671	103
味素	公吨	8,233	672	3,404	273
酱油	公吨	13,789	2,771	10,671	2,442
鲜奶	公吨	10,083	392	7,274	364
奶粉	公吨	27,908	1,915	19,305	1,859
淀粉	公吨	80,279	3,048	74,160	3,589
麦麸	公吨	64,955	605	98,551	840
豆粕	公吨	3,469,508	98,040	1,876,478	51,954

1997 年中国进口主要商品数量金额

金额单位:万美元

品 名	单位	1997		1996	
		数量	金额	数量	金额
花生饼粕	公吨	56,575	1,344	955	10
菜籽饼粕	公吨	53,366	759	252	2
玉米蛋白粉	公吨	9,655	440	1,241	50
木薯干片	公吨	277,803	2,675	80,231	1,313
混合饲料	金额		5,882		7,146
鱼粉	公吨	985,234	62,819	882,477	56,839
骨粉	公吨	40,907	1,508	31,805	1,265
茶叶	公吨	911	110	1,615	137
咖啡	公吨	1,527	263	12,425	1,719
可可	公吨	48,333	7,113	42,516	5,941
薄荷脑	公吨	344	547	34	29
松香	公吨	2,033	299	1,862	194
明胶	公吨	1,339	706	1,041	600
观赏鱼	金额		142		300
肠衣	公吨	114,404	6,661	64,359	3,849
猪肠衣	公吨	11,229	1,539	8,502	879
绵羊肠衣	公吨	8,468	960	7,501	1,071
鹅鸭绒毛	公吨	1,980	2,021	2,141	2,598
猪革皮	公吨	10,181	11,379	13,893	12,335
羊革皮	公吨	9,886	24,488	13,630	26,856
牛革皮	公吨	464,598	170,420	443,528	157,218
生猪皮	公吨	15,411	1,972	20,248	2,341
生牛皮	公吨	188,749	24,008	209,006	21,228
绵羊皮	公吨	47,169	5,502	44,148	4,467
水貂皮	公吨	683	2,341	458	2,240
原木	立方米	4,470,669	67,779	3,185,482	45,778
锯材	立方米	1,324,675	26,782	932,962	17,976
胶合板	立方米	1,488,500	60,550	1,777,025	64,386
梧桐木拼板	公吨	22,988	1,509	13,724	1,225
箱板	金额		176		129
木板门	公吨	2,243	347	2,030	277
烟类	金额		25,440		45,699
烟草	公吨	15,135	8,441	13,646	6,092
烤烟	公吨	11,383	6,477	9,827	4,513
烟草制品	金额		16,831		39,469
卷烟	万支	722,567	16,705	1,795,670	39,425

1997年中国进口主要商品数量金额

金额单位:万美元

品　名	单位	1997 数量	1997 金额	1996 数量	1996 金额
烟草辅料	金额		169		138
棉花	公吨	782,976	139,383	683,974	125,976
茧类	金额		365		130
桑蚕茧	公吨	1,389	261	729	122
丝类	金额		1,076		942
羊毛	公吨	207,203	78,945	226,213	85,115
羊绒	公吨	1,439	2,036	943	1,955
兔毛	公吨	113	135	285	262
纺织品	金额		1,209,150		1,180,718
棉纱线	件	2,035,761	71,655	1,754,496	62,759
麻纱线	件	115,811	4,397	96,861	3,752
亚麻纱线	件	29,138	1,529	17,536	699
苧麻纱线	件	79,022	2,580	72,182	2,741
毛纱线	件	377,132	26,085	301,153	24,784
棉涤纶纱线	件	85,970	2,591	80,700	2,499
棉布	万米	144,689	145,023	153,417	148,066
坯布	万米	30,966	22,723	25,591	16,955
漂布	万米	11,353	9,086	10,944	8,858
色布	万米	55,876	57,961	67,455	64,293
花布	万米	6,704	11,036	7,379	11,732
色织布	万米	38,090	41,396	40,320	43,437
其他棉布	万米	1,700	2,821	1,727	2,792
麻布	万米	8,892	14,229	6,395	7,845
绸缎	万米	4,961	14,733	4,828	14,182
服装	金额		110,550		103,152
日用瓷	金额		239		284
建筑陶瓷	金额		6,957		8,089
陶瓷砖	金额		5,153		4,242
陶瓷管	金额		130		104
卫生洁具	金额		1,634		3,680
地毯及装饰毯	金额		3,126		3,500
宝石	金额		34,119		28,402
钻石	金额		26,246		17,746
养殖珍珠	公斤	67,744	349	32,291	167
天然珍珠	公斤	68	106	45	38
天然植物编织品	金额		598		392

1997年中国进口主要商品数量金额

金额单位：万美元

品　　名	单位	1997		1996	
		数量	金额	数量	金额
藤制品	金额		140		218
鞋类	金额		35,834		35,319
帽类	金额		189		187
圆珠笔	打	3,909,056	306	3,999,000	281
铅笔	公斤	1,494,159	265	1,359,653	280
电子计算器	台	5,312,213	347	6,341,391	435
乒乓球	万个	3,836	107	3,019	95
玩具	金额		5,306		7,007
电动玩具	金额		144		35
机械玩具	金额		305		435
智力玩具	金额		240		253
乐器	金额		6,876		6,371
钢琴	台	2,086	182	2,088	203
纸浆类	公吨	1,541,584	74,792	1,468,016	77,500
纸张	公吨	5,507,907	280,404	4,478,154	230,924
纸制品	公吨	723,601	73,009	710,095	72,004
玻璃器皿	金额		8,596		5,295
保温瓶类	金额		270		211
钟类	金额		17,916		21,807
表类	金额		4,494		6,152
机械手表	个	2,379,097	1,799	2,313,604	1,503
电子手表	个	14,147,394	2,694	11,860,690	4,649
家具类	金额		7,554		6,124
清洁用品	金额		362		259
香皂	公吨	3,032	355	4,001	460
肥皂	公吨	2,714	121	883	32
牙膏	公吨	887	148	667	120
去污粉	公斤	1,087,790	109	927,930	109
化妆品	金额		2,352		2,469
美容用品	金额		1,801		2,003
护发美发用品	金额		406		316
锁类	公吨	8,007	3,358	6,508	3,272
灯具	金额		5,726		7,515
衡器类	金额		2,600		3,690
钢材	公吨	13,228,294	652,017	15,988,730	710,734
钢坯	公吨	316,180	8,530	301,721	8,167

1997 年中国进口主要商品数量金额

金额单位:万美元

品名	单位	1997		1996	
		数量	金额	数量	金额
钢锭	公吨	78,595	2,531	96,663	2,786
废钢	公吨	1,828,759	21,548	1,283,310	17,450
铁丝	公吨	159,459	10,419	121,950	7,052
铁矿砂	公吨	55,105,835	161,484	43,873,961	132,059
铬矿砂	公吨	894,001	11,078	764,377	12,434
锰矿砂	公吨	1,316,784	12,375	1,585,287	13,355
铜矿砂	公吨	937,776	42,116	824,810	39,317
镍矿砂	公吨	2,662	250	237	7
钴矿砂	公吨	494	104	4,913	1,694
铝矿砂	公吨	137,131	334	213,091	1,423
铅矿砂	公吨	118,330	2,037	69,958	1,517
锌矿砂	公吨	166,503	5,433	295,079	7,562
铬矿砂	公吨	894,001	11,078	764,377	12,434
钼矿砂	公吨	6,992	2,288	7,690	2,227
生铁	公吨	42,132	1,914	58,232	2,011
铁合金	公吨	28,999	1,120	6,234	670
硅铁	公吨	8,968	396	3,914	201
锡	公吨	2,650	863	2,060	787
水银	公吨	481	180	25	58
锑	公吨	2,675	358	3,020	378
硫化锑	公吨	7,396	372	4,302	742
氧化锑	公吨	502	163	544	192
铜	公吨	1,009,803	77,985	1,006,846	89,612
铜合金	公吨	11,410	2,141	8,237	1,691
铝	公吨	230,229	28,253	294,103	36,415
铅	公吨	13,999	711	7,039	461
锌	公吨	10,800	1,034	10,613	1,057
镍	公吨	1,116	523	912	497
铬	公吨	1,815	295	1,327	220
铝合金	公吨	58,662	8,283	72,630	9,363
锌合金	公吨	61,171	6,112	58,899	5,566
氧化铝	公吨	1,094,407	23,866	1,155,088	23,698
氧化钼	公吨	904	371	182	79
铜材	公吨	484,679	127,382	423,302	110,172
铜管	公吨	24,553	9,871	29,787	11,264
铜棒	公吨	111,839	22,144	112,646	21,990

1997年中国进口主要商品数量金额

金额单位:万美元

品名	单位	1997		1996	
		数量	金额	数量	金额
铜丝	公吨	179,209	39,864	149,443	33,542
铝材	公吨	312,099	78,940	267,685	59,497
铝板	公吨	209,071	45,764	152,338	32,781
铝管	公吨	8,780	3,719	6,070	2,754
铝丝	公吨	1,870	603	1,921	576
铝箔	公吨	24,671	13,895	28,939	11,746
铅材	公吨	4,564	445	6,325	581
锌材	公吨	61,399	4,379	62,835	4,526
镍材	公吨	6,708	4,083	5,890	4,027
镁材	公吨	151	144	47	59
锡材	公吨	14,560	4,605	10,369	3,197
银	公斤	125,458	2,229	87,117	1,654
水泥	公吨	168,736	1,769	51,706	408
平板玻璃	平方米	15,092,090	10,361	14,264,835	9,178
白云石	公吨	8,416	123	2,306	97
无定形石墨	公吨	287	105	228	58
滑石粉	公吨	8,006	357	5,121	212
长石块	公吨	11,121	509	3,919	195
煤	公吨	1,998,608	9,562	3,204,458	14,593
电力	万度	8,933	229	12,353	265
石油及制品	金额		1,001,472		659,721
原油	公吨	35,469,701	545,621	22,616,949	340,655
成品油	公吨	23,794,877	368,206	15,825,832	238,452
汽油	公吨	84,290	1,836	79,053	1,492
煤油	公吨	1,380,655	30,280	743,554	17,936
轻柴油	公吨	7,374,667	150,306	4,605,729	89,895
重柴油	公吨	45,378	8,326	41,775	7,120
润滑油脂	公吨	171,389	19,377	170,154	19,758
石脑油	公吨	810,594	15,968	521,590	9,159
液化天然气	公吨	108,427	2,985	120,707	2,677
液化石油气	公吨	3,586,358	84,641	3,567,478	77,876
硫酸	公吨	128,929	551	75,483	452
磷酸	公吨	103,815	2,733	149,600	3,721
硼酸	公吨	43,931	2,297	36,400	1,667
烧碱	公吨	31,379	758	15,952	504
纯碱	公吨	110,730	1,796	62,734	1,066

1997年中国进口主要商品数量金额

金额单位：万美元

品名	单位	1997		1996	
		数量	金额	数量	金额
硝酸钠	公吨	21,640	426	26,739	506
氯化钠	公吨	6,299	149	3,671	103
氰化钠	公吨	18,095	2,502	20,040	3,048
氯化钾	公吨	4,625,909	53,216	3,438,962	38,665
硫酸钾	公吨	628,128	12,711	416,504	8,452
氢氧化钾	公吨	8,072	592	8,725	453
碳酸钙	公吨	98,918	2,795	76,063	2,196
硫酸钡	公吨	1,318	105	702	62
电解二氧化锰	公吨	4,388	333	3,384	275
氯化镍	公吨	1,407	192	1,059	154
氧化镍	公吨	2,272	1,096	1,701	638
碳酸镁	公吨	2,312	206	3,218	177
工业氢氧化铝	公吨	1,968	262	457	54
氧化钴	公吨	150	291	108	105
工业硫酸铵	公吨	30,253	207	88,258	702
工业硝酸铵	公吨	246,906	2,767	1,139,432	14,783
磷酸二氢铵	公吨	80,620	1,478	197,411	3,076
磷酸氢二铵	公吨	4,641,787	108,169	4,475,212	109,912
活性碳	公吨	1,517	333	1,835	363
硫磺	公吨	384,070	2,249	342,993	2,476
溴素	公吨	1,892	183	137	24
石蜡	公吨	12,899	930	17,913	1,016
石油焦	公吨	2,233	108	22,170	230
锻烧焦	公吨	4,202	231	2,763	147
沥青焦	公吨	21,237	1,041	7,779	395
石油沥青	公吨	759,859	10,234	322,877	5,307
煤焦沥青	公吨	123,830	1,888	143,897	2,336
甲醇(木精)	公吨	241,744	4,998	414,334	6,610
乙醇(酒精)	升	2,910,010	153	2,183,857	122
乙二醇	公吨	199,289	12,915	230,642	13,006
丁醇(正丁醇)	公吨	65,698	3,577	82,531	4,771
环乙醇	公吨	2,935	162	2,206	129
甲醛	公吨	3,326	146	2,282	140
甲酸钠	公吨	4,743	146	3,007	106
苯甲酸	公吨	429	121	207	83
冰醋酸(乙酸)	公吨	95,863	5,084	121,377	6,262

1997 年中国进口主要商品数量金额

金额单位:万美元

品　　名	单位	1997		1996	
		数量	金额	数量	金额
己二酸	公吨	12,386	942	15,670	1,121
对苯二甲酸	公吨	478,704	28,095	448,001	31,130
丙烯酸酯	公吨	58,883	5,661	35,223	4,194
丙酮	公吨	48,978	2,024	111,518	5,141
环己酮	公吨	15,953	843	16,570	907
苯酚(石碳酸)	公吨	61,877	4,391	103,916	6,298
间苯二酚(雷锁辛)	公吨	1,665	268	1,284	218
二氯甲烷	公吨	32,565	1,831	25,119	1,315
二氯乙烷	公吨	5,736	208	12,069	434
三氯甲烷(氯仿)	公吨	38,751	2,746	31,828	2,451
三氯乙烷	公吨	6,397	355	5,635	323
丙烯	公吨	21,888	907	32,788	1,470
丁二烯	公吨	19,549	780	43,504	1,867
苯乙烯	公吨	439,984	22,466	390,866	19,260
三氯乙烯	公吨	12,179	672	9,180	475
丙烯腈	公吨	39,559	3,041	60,821	4,746
乙二胺	公吨	4,918	780	5,729	926
三聚氰胺	公吨	3,870	469	2,462	327
己内酰胺	公吨	138,662	17,381	155,227	20,850
纯苯	公吨	54,829	1,602	12,000	360
甲苯	公吨	402,093	11,818	374,412	10,128
二甲苯(含邻间对)	公吨	401,986	16,066	414,992	17,223
乙苯(乙基苯)	公吨	8,229	295	14,904	496
粗萘(工业萘)	公吨	26,863	922	18,606	840
四氢呋喃	公吨	1,502	400	1,245	168
羧甲基纤维素	公吨	482	238	362	187
防老剂	公吨	77,687	11,626	66,350	8,704
催化剂	公吨	33,543	10,681	21,451	11,500
塑料	金额		1,020,026		882,042
高压聚乙烯	公吨	564,150	43,962	437,277	32,463
低压聚乙烯	公吨	1,718,869	132,980	1,757,097	125,730
聚丙烯	公吨	1,252,910	94,802	1,127,276	81,407
ABS 树脂	公吨	1,030,979	106,405	991,936	103,138
电木粉(酚醛树脂)	公吨	46,682	5,916	37,275	4,639
电玉粉	公吨	4,542	492	2,548	333
聚氯乙烯(树脂)	公吨	1,201,193	90,354	882,068	65,166

1997年中国进口主要商品数量金额

金额单位:万美元

品名	单位	1997		1996	
		数量	金额	数量	金额
聚苯乙烯	公吨	2,619,656	235,113	2,436,165	221,192
聚四氟乙烯	公吨	7,397	2,268	971	830
环氧树脂	公吨	58,650	13,182	40,857	8,599
聚碳酸脂	公吨	82,024	14,334	65,553	10,888
醇酸树脂	公吨	33,574	3,353	32,777	3,086
塑料雨衣	公吨	2,747	1,438	2,635	1,306
尼龙牙刷	罗	70,743	102	41,941	99
各种染料	公吨	38,405	15,335	28,706	13,121
硫化染料	公吨	1,337	189	1,789	312
还原染料	公吨	1,347	594	932	470
直接染料	公吨	7,200	2,043	5,838	1,679
酸性染料	公吨	3,494	2,274	3,034	2,369
盐基染料	公吨	2,593	1,010	1,198	455
活性染料	公吨	11,307	5,255	8,216	4,324
分散染料	公吨	7,433	2,751	5,373	2,703
增白粉	公吨	2,039	599	1,432	468
二硝基氯化苯	公吨	2,629	186	4,037	282
二甲基苯胺	公吨	474	286	269	174
苯胺	公吨	5,501	367	6,529	422
三聚氯氰	公吨	3,035	328	97	92
钛白粉	公吨	92,119	9,592	83,221	5,422
氧化锌	公吨	9,330	990	7,066	818
油漆	公吨	170,830	34,882	158,662	30,753
油墨	公吨	18,849	6,869	15,384	5,657
化肥	公吨	16,489,103	299,494	18,569,805	356,333
尿素	公吨	3,419,647	61,854	6,009,741	124,202
氯化钾	公吨	4,625,909	53,216	3,438,962	38,665
硫铵(硫酸铵)	公吨	30,253	207	88,258	702
硝铵(硝酸铵)	公吨	246,906	2,767	1,139,432	14,783
硝酸钠	公吨	21,640	426	26,739	506
硫酸钾	公吨	628,128	12,711	416,504	8,452

1997年中国进口主要商品数量金额

金额单位：万美元

品　　名	单位	1997		1996	
		数量	金额	数量	金额
农药	公吨	48,583	16,571	32,111	13,755
除草剂	公吨	23,491	9,447	13,709	6,124
杀虫剂	公吨	11,689	3,445	11,121	5,266
天然橡胶	公吨	429,877	45,760	551,025	72,025
合成橡胶	公吨	453,284	46,900	367,456	39,685
再生胶	公吨	3,086	294	4,245	322
轮胎	金额		4,314		3,958
整套轮胎	万套	349	2,056	112	1,936
轮胎内胎	万条	261	218	120	112
胶管	公吨	2,309	1,329	1,787	1,033
运输带	公吨	2,911	1,751	2,751	1,791
传动带	公吨	951	1,060	1,319	1,392
乳胶手套	万付	4,975	261	5,078	222
动物药材	金额		428		349
鲜王浆	公斤	91,737	305	59,592	203
血竭	公吨	1,101	147	1,070	205
槟榔	公吨	7,628	491	4,723	209
丁香	公吨	2,103	160	2,257	155
抗菌素药	公吨	2,101	9,581	2,904	9,288
磺胺药	公吨	6,555	464	2,784	379
维生素	金额		3,556		2,738
医疗器械	金额		33,322		38,757
血压表	万支	32	4,968	143	4,333
心电瞬时记录仪	台	659	1,097	723	1,194
体外反搏装置	万个		234		133
注射针头	金额		473		354
畜牧专用器械	金额		2,590		4,715
医用敷料	金额		483		407
各类船	艘	1,013	25,372	1,283	39,327
客船	艘	37	2,836	42	1,524
客货船	艘	279	5,197	298	23,935

1997年中国进口主要商品数量金额

金额单位:万美元

品名	单位	1997		1996	
		数量	金额	数量	金额
冷藏船	艘	3	291	6	410
挖泥船	艘	12	1,129	5	577
拖轮	艘	32	999	40	379
渔船	艘	8	112	21	671
海洋平台	金额		619		178
集装箱	只	1,026	459	2,014	239
飞机	架	73	257,604	77	212,729
汽车	辆	47,779	69,074	74,806	80,806
载重汽车	辆	7,016	12,726	6,386	12,110
小轿车	辆	35,345	32,101	63,857	40,438
客车	辆	3,325	8,189	1,258	3,382
汽车底盘	金额		2,100		2,500
摩托车	辆	1,495	237	2,911	151
摩托车零件	金额		6,529		10,405
汽车零件	金额		93,249		107,761
显像管	万只	581	37,335	753	47,418
集成电路	金额		364,178		272,207
电线电缆	公吨	231,912	90,502	207,614	77,497
蓄电池	金额		29,848		23,952
铅酸蓄电池	万个	275	618	676	892
起重机械	台	39,897	27,406	43,510	35,480
金属切削机床	台	104,684	158,459	125,402	252,231
车床	台	8,977	14,319	11,283	27,348
钻床	台	7,617	5,217	10,063	8,824
镗床	台	1,572	4,644	894	6,371
磨床	台	21,434	22,607	25,191	38,940
齿轮加工机床	台	360	1,888	671	5,084
螺纹加工机床	台	2,693	1,352	2,786	1,480
铣床	台	6,595	8,343	7,474	12,732
刨床	台	550	346	739	369
插床	台	45	505	95	162

1997年中国进口主要商品数量金额

金额单位:万美元

品名	单位	1997		1996	
		数量	金额	数量	金额
拉床	台	74	681	141	1,073
铸造机械	台	3,148,365	16,272	5,781,587	33,104
木工机械	台	50,025	22,116	66,696	46,880
各种泵	金额		101,571		101,276
滚动轴承	套	329,088,637	23,708	199,083,755	19,842
纺织机械	台	1,164	11,694	1,506	24,973
印刷机械	金额		50,901		80,345
制革制鞋机械	金额		11,710		19,784
金属轧机	金额		34,800		35,298
玻璃加工机械	金额		24,405		19,601
橡胶或塑料加工机械	金额		130,156		193,099
烟草加工机械	金额		20,632		35,752
电动机及发电机	万台	70,511	55,929	57,023	53,007
发电机组	台	14,513	60,087	29,560	63,530
电动机和发电机零件	金额		58,748		39,270
有线电话电报交换机	台	1,098,293	20,201	4,151,157	39,789
有线电话电报交换机零件	金额		100,620		102,529
计算机	金额		113,452		96,520
大、中型电子计算机	台	34	4,341	59	5,969
小型电子计算机	台	838	3,268	963	6,697
微型电子计算机	台	23,354	4,683	21,248	2,283
显示器	台	681,077	10,056	531,632	8,051
打印机	台	306,388	7,504	174,098	3,377
键盘	个	3,245,685	1,686	1,923,406	1,809
磁盘	万片	25,053	2,263	33,512	2,650
有线通讯设备	金额		120,822		142,318
电话机	台	939,835	2,337	722,332	1,563
各种电子交换机	金额		4,759		13,866
载波机	台	40,995	10,671	49,975	19,086
传真机	台	95,497	1,475	161,313	2,475
复印机	台	16,040	1,762	9,341	1,020

1997年中国进口主要商品数量金额

金额单位:万美元

品名	单位	1997		1996	
		数量	金额	数量	金额
调制解调器	台	18,872	2,941	23,166	11,902
雷达	金额		4,434		4,505
导航设备	金额		2,244		2,399
电池	金额		22,529		14,687
测绘仪器	金额		11,994		7,260
望远镜	金额		942		852
放大镜	只	777,874	118	323,311	105
照相机	架	98,680	944	149,742	1,336
照相机零件	金额		48,975		40,357
彩色冲洗扩印系统	金额		156		515
自行车类	金额		12,040		13,078
自行车外胎	条	3,228,343	393	771,202	96
自行车内胎	条	2,378,968	151	653,321	36
自行车零配件	金额		11,448		12,804
缝纫机类	金额		23,837		40,572
缝纫机	金额		16,498		33,727
家用缝纫机	台	116,892	770	52,490	423
工业缝纫机	台	210,822	15,728	330,200	33,304
缝纫机零件	金额		7,338		6,845
缝纫机针	金额		105		96
电风扇	台	14,459,406	9,174	10,422,535	7,820
排风扇	台	148,276	742	74,921	489
电冰箱	台	17,373	551	27,281	906
洗衣机	台	34,390	732	41,246	1,436
空调器	台	10,506	395	46,542	2,020
吸尘器	台	284,482	550	235,708	777
空气加湿器	台	11,081	774	32,380	857
空气干燥器	台	13,653	9,014	12,046	12,146
电水壶	个	112,353	125	207,046	198
电炉	个	166,144	558	255,760	870
电热水器	个	152,345	986	216,413	1,381

1997年中国进口主要商品数量金额

金额单位:万美元

品　　名	单位	1997		1996	
		数量	金额	数量	金额
煤气热水器	台	45,656	280	95,480	739
洗碗机	台	2,359	211	2,254	409
消毒柜	台	2,105	633	2,751	905
电动剃须刀	个	39,621	157	142,196	271
电熨斗	个	46,674	128	146,071	416
吊灯	金额		778		586
卤钨灯	万只	862	755	956	721
录音机	金额		3,823		7,339
电视机及散件	金额		17,158		24,668
彩色电视机	台	422,583	17,016	408,030	24,251
黑白电视机	台	15,466	142	14,514	417
投影电视机	台	216	313	116	94
录像机	台	57,529	895	198,761	2,592
摄像机	台	23,186	1,685	16,432	838
音箱	万台	46,378	9,080	42,571	8,869
组合音响	万套	7	399	2	302
录像带	万盒	9,468	5,476	9,901	5,815
耳塞机	万个	4,413	1,273	3,468	1,199
麦克风	个	130,509,043	1,956	100,622,875	1,668
量具	金额		1,687		1,804
刃具	金额		5,313		4,799
磨具	金额		5,846		4,780
砂布	公吨	1,784	754	1,017	612
电动工具	金额		7,250		7,526
电钻	个	67,698	427	95,807	451
各种锤	金额		113		59
各种钳	金额		358		524
各种扳手	金额		979		858
各种螺丝批	金额		140		135
各种锉和刀	金额		1,128		1,607
各种锯和锯条	金额		1,007		1,090
出版物	金额		7,653		6,256

1997 年中国主要出口商品输往地

粮谷

输往地	1997		1996	
	数量(公吨)	金额(美元)	数量(公吨)	金额(美元)
总值	8,331,641	1,316,808,315	1,237,872	367,340,783
孟加拉国		90	18	16,344
缅甸	490	173,728	1,018	305,476
柬埔寨	980	286,065	10	36,560
朝鲜民主主义人民共和国	1,021,802	192,210,982	520,418	125,884,524
香港	114,549	43,940,312	96,192	36,543,511
印度尼西亚	724,900	91,744,496	1,872	609,680
伊拉克	124,035	40,936,326		
以色列	342	127,091	282	123,343
日本	313,279	68,590,444	157,413	54,652,902
约旦	17,550	4,492,800		
老挝	152	50,873	103	34,260
澳门	819	340,178	1,309	537,491
马来西亚	1,278,079	161,637,628	6,497	1,321,419
蒙古	72,666	20,287,451	91,089	26,197,431
巴基斯坦	178	65,831		
菲律宾	410,860	69,804,113	2	492
卡塔尔	60	16,252		
沙特阿拉伯	334	84,566		
新加坡	33,535	4,822,497	1,511	635,060
韩国	3,625,208	472,215,083	152,023	46,788,826
斯里兰卡	51,264	6,575,605	57	21,395
泰国	478	136,718	325	108,335
土耳其	11,540	3,515,210	32	14,720
阿拉伯联合酋长国	200	56,000		
越南	11,045	4,024,805	43,388	11,877,049
台湾省	14,284	2,190,986	9,039	1,971,810
阿尔及利亚	3	780		
安哥拉	100	24,000		
贝宁	12,500	2,642,750		
佛得角	1	253		
加纳	26,279	5,413,448		
几内亚	12,637	2,610,896		
科特迪瓦	99,991	20,470,931		
肯尼亚	27,300	5,903,669		

1997年中国主要出口商品输往地

粮谷

输往地	1997		1996	
	数量(公吨)	金额(美元)	数量(公吨)	金额(美元)
利比亚	65,831	25,486,020	62,720	27,384,746
毛里求斯	115	54,790	14,675	4,850,934
莫桑比克	54	12,570		
南非	20	5,200	25	15,874
苏丹	530	197,829		
多哥	11,876	2,529,524		
比利时	7,838	1,923,445	5,157	1,383,008
丹麦	91	39,239	139	62,092
英国	3,226	1,073,062	1,843	731,134
德意志联邦共和国	996	501,572	929	442,232
法国	39	18,539	56	30,049
意大利	1,063	325,570	284	80,011
荷兰	19,366	4,372,046	18,967	4,632,085
葡萄牙	107	22,980		
西班牙	4,019	1,034,876	6	4,489
奥地利	41	27,945	110	70,781
保加利亚	23,500	6,404,000		
罗马尼亚	8,050	2,044,700		
立陶宛	10	2,400		
哈萨克斯坦	7,224	2,646,195	9,533	3,906,834
吉尔吉斯	657	266,935	2,658	1,053,274
俄罗斯	68,849	18,905,721	29,366	10,360,445
塔吉克斯坦	900	298,320	438	164,152
乌克兰	12,870	3,815,280	128	65,158
乌兹别克斯坦	900	478,444	6,908	3,574,540
捷克共和国				77
巴西	2	1,200		
智利	1	1,018	1	720
古巴	84,625	18,219,675		
秘鲁	3	2,300	2	1,300
加拿大	300	152,464	163	90,300
美国	634	333,665	597	440,113
澳大利亚	288	130,748	336	187,866
新西兰	78	50,956	87	53,769
巴布亚新几内亚	100	36,150		
其他			147	74,172

1997年中国主要出口商品输往地

豆类

输往地	1997		1996	
	数量(公吨)	金额(美元)	数量(公吨)	金额(美元)
总值	779,315	339,923,887	738,892	314,409,397
缅甸	379	92,530	235	42,993
朝鲜民主主义人民共和国	29,400	8,236,473	25,926	7,994,259
香港	10,123	4,717,180	15,133	6,852,765
印度	12,746	4,555,920	13,503	5,022,115
印度尼西亚	6,655	2,383,202	5,074	1,630,423
伊拉克	15,780	9,354,998		
以色列	1,235	568,120	621	349,792
日本	244,236	127,809,762	260,060	120,187,505
约旦	1,368	539,460	676	293,144
科威特	557	261,865	535	221,280
老挝	8	2,411	40	12,000
黎巴嫩	1,284	705,060	932	518,828
澳门	116	58,007	130	67,368
马来西亚	7,911	3,312,782	3,380	1,522,259
尼泊尔	40	13,851	3	723
巴基斯坦	19,047	6,682,616	25,129	8,614,024
菲律宾	8,156	3,596,050	8,067	3,330,392
卡塔尔	20	7,712	39	14,400
沙特阿拉伯	268	85,658	701	269,362
新加坡	3,361	1,446,282	3,488	1,788,930
韩国	17,565	6,911,885	38,770	16,139,222
泰国	1,329	519,865	1,309	503,013
土耳其	30,871	11,202,339	400	157,200
阿拉伯联合酋长国	449	226,046	552	339,547
也门共和国	8,032	2,628,186	10,919	3,960,814
越南	970	444,925	4,120	2,221,917
台湾省	13,089	6,670,204	16,385	7,618,120

1997年中国主要出口商品输往地

豆类

输往地	1997		1996	
	数量(公吨)	金额(美元)	数量(公吨)	金额(美元)
阿尔及利亚	1,350	283,500	540	355,904
安哥拉	10,139	3,347,309	8,112	2,914,738
埃及	21,025	5,955,301	63,814	22,271,292
埃塞俄比亚	200	55,400		
肯尼亚	24,013	8,233,169		
利比里亚	2,269	726,070		
利比亚	718	129,226	7,104	2,391,125
毛里求斯	101	40,607	258	98,444
摩洛哥	1,185	489,777	300	291,000
卢旺达	600	218,400		
南非	45,394	16,826,705	35,857	13,838,577
苏丹	500	138,500	520	93,600
坦桑尼亚	7,982	2,637,025		
乌干达	598	224,693		
扎伊尔	120	48,850		
比利时	15,811	6,763,385	12,733	6,569,185
英国	4,614	3,242,288	4,157	2,644,577
德意志联邦共和国	904	423,672	985	528,953
法国	7,290	2,820,361	3,357	2,048,819
爱尔兰	60	48,400		
意大利	44,381	15,125,611	40,380	16,332,588
荷兰	6,714	4,185,370	7,895	4,665,452
希腊	79	84,511	295	236,836
葡萄牙	5,244	2,340,758	8,048	3,786,550
西班牙	4,359	1,944,809	3,624	1,942,846
奥地利	40	28,000	40	34,000
马耳他	5	1,665		
挪威	1,017	303,203		

1997 年中国主要出口商品输往地

豆类

输往地	1997		1996	
	数量(公吨)	金额(美元)	数量(公吨)	金额(美元)
波兰	218	128,784	101	61,543
瑞典	20	10,400	2	1,140
瑞士	8	20,182	59	27,202
立陶宛	17	4,760		
俄罗斯	256	130,282	65	28,913
塔吉克斯坦	120	47,640		
乌克兰				
乌兹别克斯坦	496	193,638		
南斯拉夫	80	26,300	1,000	360,000
斯洛文尼亚共和国	116	56,730	73	38,130
阿根廷	189	103,950	181	110,600
伯利兹		90		
巴西	8,057	3,376,459		
智利	139	105,610	40	32,723
哥伦比亚	14,859	6,477,124	5,209	2,402,239
哥斯达黎加	500	146,000	2,009	834,901
古巴	99,031	40,435,655	72,558	27,954,748
危地马拉	677	246,621	656	147,896
海地	923	293,274	2,241	786,417
洪都拉斯	200	48,400	131	29,534
墨西哥	136	101,830	34	24,820
乌拉圭	284	149,240	40	21,700
加拿大	2,426	1,652,246	2,081	1,300,121
美国	8,818	6,442,089	8,939	6,219,488
澳大利亚			126	53,903
新西兰	37	26,586	127	82,224
其他			9,073	3,174,274

1997年中国主要出口商品输往地

蔬菜

输往地	1997		1996	
	数量(公吨)	金额(美元)	数量(公吨)	金额(美元)
总值	1,689,980	1,490,902,495	1,694,544	1,548,359,426
巴林	70	81,660		
孟加拉国	6	1,776	15	3,423
文莱	150	96,215	152	119,273
缅甸	1,611	823,982	2,905	1,069,234
柬埔寨	2	6,853		83
塞浦路斯	10	12,400		
朝鲜民主主义人民共和国	640	437,117	245	667,205
香港	412,606	152,744,828	408,741	168,008,553
印度	217	123,502	94	36,477
印度尼西亚	50,049	31,758,978	48,774	33,707,887
以色列	992	1,347,201	806	859,106
日本	670,011	867,670,814	696,314	912,276,783
科威特	1,161	856,694	1,014	781,972
老挝	1,986	565,989	5,328	1,394,367
黎巴嫩	179	165,543		
澳门	23,846	7,785,196	23,703	8,882,096
马来西亚	19,602	16,010,560	12,084	12,978,243
蒙古	9,078	1,060,578	10,319	1,271,965
尼泊尔	143	102,104	99	8,155
阿曼	582	415,981	190	130,090
巴基斯坦	7	8,918	226	97,683
菲律宾	1,625	2,003,854	919	1,015,330
卡塔尔	16	12,341	5	3,836
沙特阿拉伯	2,074	1,231,145	431	270,001
新加坡	62,441	32,502,137	55,878	34,994,293
韩国	60,341	77,321,505	50,629	71,822,156
斯里兰卡	284	144,897	39	52,185
叙利亚	58	50,399	51	57,696
泰国	3,433	6,178,680	3,629	9,398,159
土耳其	1,041	1,278,193	284	571,161
阿拉伯联合酋长国	18,255	11,261,043	15,063	9,397,854
也门共和国	319	90,938	78	57,550
越南	14,683	2,649,951	11,887	3,256,052
台湾省	20,529	27,112,022	16,826	25,671,782

1997年中国主要出口商品输往地

蔬菜

输往地	1997		1996	
	数量(公吨)	金额(美元)	数量(公吨)	金额(美元)
阿尔及利亚	1	5,304	52	24,672
加纳		425		
毛里求斯	142	158,424	35	66,320
摩洛哥	20	79,615	91	105,723
纳米比亚		94		
留尼汪	37	83,875	32	42,869
南非	1,431	1,982,277	806	1,060,838
苏丹	61	21,362	176	69,350
比利时	3,797	4,955,667	4,008	5,099,026
丹麦	442	521,446	465	467,485
英国	6,328	6,959,955	4,695	6,007,905
德意志联邦共和国	26,514	35,436,089	26,439	40,989,894
法国	14,784	22,629,688	12,658	22,198,856
意大利	15,834	23,034,389	13,745	22,932,016
卢森堡	16	16,284	14	14,500
荷兰	44,395	32,584,429	25,791	23,006,404
希腊	297	376,352	363	354,118
葡萄牙	227	261,737	166	244,900
西班牙	2,928	3,167,622	2,231	2,941,091
奥地利	5	33,335	50	386,951
保加利亚	216	168,578	38	26,250
芬兰	267	266,747	180	157,850
匈牙利	17	28,590	1	10,085
马耳他	85	71,319	51	55,132
挪威	104	381,888	101	387,017
波兰	267	396,756	124	172,735
罗马尼亚	69	34,352	161	121,008
瑞典	823	750,082	797	823,216
瑞士	1,496	2,822,317	821	2,359,718
拉脱维亚	9	13,334		
立陶宛	17	7,482	8	30,976
白俄罗斯	128	260,884	33	61,057
哈萨克斯坦	141	30,777	128	22,627
吉尔吉斯	173	97,042	4	515
摩尔多瓦		1,241		12

1997 年中国主要出口商品输往地

蔬菜

输往地	1997		1996	
	数量(公吨)	金额(美元)	数量(公吨)	金额(美元)
俄罗斯	104,892	17,009,486	141,889	26,059,587
土库曼斯坦		166		
乌克兰	68	42,418		
捷克共和国	3	9,794	4	9,271
马其顿共和国	24	39,900		
阿根廷	892	1,141,876	1,049	1,394,462
阿鲁巴岛		1,384		
伯利兹	1	504		
巴西	34,171	21,026,641	43,650	28,230,428
智利	140	215,518	99	118,614
哥伦比亚	3,831	2,449,893	867	446,175
多米尼克	578	406,000	17	11,987
哥斯达黎加	186	162,134	17	24,106
古巴	350	577,500	449	659,563
多米尼加共和国	180	126,000	31	34,388
危地马拉	184	134,860	123	118,680
海地	16	24,000		
洪都拉斯	29	23,203		
墨西哥	1	519	139	98,120
巴拿马	137	137,173	63	87,664
秘鲁	2	15,852		2,730
波多黎各	90	127,159		
萨尔瓦多	48	71,020		
苏里南	10	8,254	14	20,375
特立尼达和多巴哥	348	262,260	22	20,240
乌拉圭	53	66,915	9	13,481
委内瑞拉	149	198,263	140	170,347
加拿大	9,795	9,788,848	9,486	9,246,141
美国	29,818	48,332,518	30,182	46,024,840
澳大利亚	4,302	6,220,088	4,377	5,602,714
斐济	18	7,732	1	1,462
新西兰	537	707,554	239	409,498
巴布亚新几内亚	10	13,043	22	44,720
汤加		268		
其他			669	408,067

1997年中国主要出口商品输往地

水产品

输往地	1997		1996	
	数量	金额(美元)	数量	金额(美元)
总值		1,885,477,087		1,737,735,222
孟加拉国		1,809		1,275
文莱		36,718		51,765
缅甸		603		
塞浦路斯		19,523		277,200
朝鲜民主主义人民共和国		233,213		
香港		239,699,635		232,288,270
印度		75,044		79,037
印度尼西亚		854,848		1,545,361
伊朗		84,782		62,338
以色列		56,347		37,726
日本		895,899,736		865,148,913
澳门		6,982,768		12,975,768
马来西亚		4,482,957		2,277,843
蒙古		6,391		
巴基斯坦				250
巴勒斯坦		28,557		
菲律宾		1,509,275		665,236
新加坡		8,683,546		8,942,090
韩国		253,361,825		209,525,440
斯里兰卡		63,108		22,890
泰国		5,210,895		8,036,748
土耳其		33,137		13,936
阿拉伯联合酋长国		5,555		21,354
越南		589,227		375,671
台湾省		52,387,045		34,959,242
加那利群岛		82,900		79,876
南非		827,924		82,602
比利时		18,307,854		20,201,079
丹麦		2,403,414		1,732,470
英国		9,338,662		8,609,821
德意志联邦共和国		33,660,899		17,902,287
法国		31,356,877		31,541,646

1997 年中国主要出口商品输往地

水产品

输往地	1997		1996	
	数量	金额(美元)	数量	金额(美元)
意大利		1,235,140		632,673
卢森堡		75,090		76,348
荷兰		12,634,725		6,669,625
希腊		2,713,553		607,672
葡萄牙		2,317,520		655,024
西班牙		38,593,425		15,321,897
奥地利		4,059		2,260
芬兰		631,393		48,058
匈牙利		243,148		116,242
挪威		2,241,685		2,562,041
波兰		159,362		36,424
瑞典		3,694,230		4,766,999
瑞士		17,423		116,793
爱沙尼亚		51,666		
俄罗斯		27,084,433		30,777,282
捷克共和国		64,897		11,182
阿根廷		6,132		4,250
伯利兹		885		
智利		1,888		
墨西哥		373,202		34,102
巴拿马		1,568		
秘鲁		183,343		1,510
波多黎各		71,540		75,964
圣马丁岛		874		42
委内瑞拉		4,802		1,486
加拿大		15,672,584		14,185,286
美国		208,731,684		198,354,489
澳大利亚		2,157,323		4,141,685
斐济		41,990		
新西兰		182,444		639,325
其他				438,429

1997 年中国主要出口商品输往地

茶叶

输往地	1997		1996	
	数量(公吨)	金额(美元)	数量(公吨)	金额(美元)
总值	202,464	332,477,112	169,662	282,500,339
阿富汗	7,209	8,020,580	8,736	10,261,940
缅甸	131	80,476	269	87,604
柬埔寨	14	71,001	32	94,958
塞浦路斯	41	48,600		
香港	14,189	29,146,114	12,430	24,530,500
印度	883	1,520,680		
印度尼西亚	1,490	1,292,690	16	97,406
伊朗	1,104	2,635,401	69	59,012
伊拉克	5,138	6,047,038		
以色列	33	68,684	51	106,282
日本	24,051	56,324,092	24,405	56,085,938
黎巴嫩	19	14,706		
澳门	301	546,329	215	479,293
马来西亚	1,537	2,748,716	946	2,445,690
蒙古	454	457,656	359	263,679
尼泊尔	39	19,029	14	9,415
巴基斯坦	9,644	13,141,714	6,233	8,341,841
巴勒斯坦	44	18,240		
菲律宾	31	68,869	65	104,435
卡塔尔			2	5,700
沙特阿拉伯	363	989,124	306	913,087
新加坡	1,891	5,061,292	1,543	4,118,934
韩国	302	548,485	576	822,429
斯里兰卡	227	361,953	132	137,923
叙利亚	585	496,145	264	219,962
泰国	258	531,235	295	609,823
土耳其	1	8,508		
阿拉伯联合酋长国	4,841	8,946,236	5,445	8,614,343
也门共和国	847	867,717	100	85,245

1997 年中国主要出口商品输往地

茶叶

输往地	1997		1996	
	数量(公吨)	金额(美元)	数量(公吨)	金额(美元)
越南	25	47,817	89	83,800
台湾省	58	103,988	24	54,913
阿尔及利亚	606	1,064,990	1,297	1,622,394
贝宁	54	102,470	19	36,526
喀麦隆	119	80,514		
加那利群岛	94	161,495	20	41,540
吉布提	48	34,106	22	16,575
埃及	958	1,840,041	3	3,276
加蓬	190	473,324		
冈比亚	3,374	7,295,121	1,434	3,290,906
加纳	17	39,000		
几内亚	859	2,079,842	463	1,241,435
科特迪瓦	1,357	3,011,863	1,872	4,854,862
肯尼亚	1,169	1,034,632	135	72,721
利比里亚	12	26,160	12	31,800
利比亚	2,705	5,000,560	770	1,411,283
马里	2,116	4,651,992	2,717	5,996,143
毛里求斯	2	6,448	3	9,867
摩洛哥	13,933	21,031,358	11,022	17,357,774
尼日利亚	4,351	2,519,409	5,531	3,271,408
塞内加尔	7,908	16,926,548	6,628	14,719,263
苏丹	57	58,140		
多哥	3,482	5,570,430	1,866	3,538,200
突尼斯	5,834	8,002,124	6,246	7,883,235
比利时	1,847	3,258,412	1,241	2,932,584
丹麦	455	725,946	372	548,384
英国	8,898	11,717,627	8,576	11,055,899
德意志联邦共和国	5,723	11,531,706	6,022	11,645,471
法国	5,170	11,496,207	4,262	10,069,542
爱尔兰	5	2,832		

1997年中国主要出口商品输往地

茶叶

输往地	1997		1996	
	数量(公吨)	金额(美元)	数量(公吨)	金额(美元)
意大利	68	128,160	54	132,646
荷兰	2,793	5,212,034	1,855	3,556,198
希腊	9	20,805	3	15,248
西班牙	5,034	7,174,859	5,264	8,403,769
芬兰	34	76,142	71	210,300
直布罗陀	23	41,717	1	8,664
匈牙利	2	8,011	5	31,608
挪威	2	4,529		
波兰	2,835	4,814,737	2,513	5,135,355
瑞典	8	22,916	9	26,028
瑞士		610	5	22,124
立陶宛	21	14,145		
哈萨克斯坦	288	404,900	598	480,072
俄罗斯	8,204	11,463,035	7,819	11,924,409
土库曼斯坦	307	312,081	46	46,662
乌克兰	647	960,988	404	713,311
乌兹别克斯坦	15,584	19,167,059	5,461	8,664,527
斯洛文尼亚共和国	1	1,780		
捷克共和国		3,359		
巴哈马	18	52,920		
巴西	1	5,757	3	24,049
智利	108	250,014	2	12,726
巴拿马	26	48,132	45	49,742
秘鲁	2	18,378	14	66,583
加拿大	591	1,580,332	633	1,644,370
美国	17,326	18,278,637	19,981	17,990,639
澳大利亚	1,084	2,018,185	558	1,397,778
新西兰	360	416,458	505	536,389
其他			665	1,121,902

1997 年中国主要出口商品输往地

纺织品

输往地	1997		1996	
	数量	金额(美元)	数量	金额(美元)
总值		12,889,109,261		11,257,205,820
阿富汗		1,895,821		1,289,406
巴林		6,415,859		2,882,109
孟加拉国		323,482,966		217,057,729
不丹		33,673		77,100
文莱		273,813		2,707,290
缅甸		79,813,760		83,778,912
柬埔寨		10,011,348		3,212,114
塞浦路斯		10,327,753		6,783,239
朝鲜民主主义人民共和国		22,505,529		26,368,836
香港		5,137,702,706		4,589,836,454
印度		31,305,785		19,037,231
印度尼西亚		91,105,207		58,137,066
伊朗		6,966,224		2,511,176
以色列		17,906,325		13,234,183
日本		1,481,775,189		1,472,041,165
约旦		10,781,073		11,640,963
科威特		11,586,461		10,459,056
老挝		2,766,885		4,836,676
黎巴嫩		18,444,333		15,102,053
澳门		107,080,359		99,932,833
马来西亚		100,650,018		77,637,008
马尔代夫		124,438		166,141
蒙古		6,153,217		6,054,495
尼泊尔		12,328,501		9,607,009
阿曼		8,730,678		3,075,723
巴基斯坦		8,073,264		4,559,893
巴勒斯坦		118,899		75,794
菲律宾		110,949,228		73,959,409
卡塔尔		6,211,867		8,535,441
沙特阿拉伯		86,300,849		74,920,503
新加坡		305,968,823		281,165,901
韩国		992,317,792		913,370,235
斯里兰卡		98,697,873		61,127,961

1997 年中国主要出口商品输往地

纺织品

输往地	1997		1996	
	数量	金额(美元)	数量	金额(美元)
叙利亚		13,844,544		14,147,442
泰国		124,434,455		120,291,492
土耳其		130,230,787		109,723,521
阿拉伯联合酋长国		162,528,746		147,756,179
也门共和国		4,347,589		3,294,313
越南		142,210,962		67,924,748
台湾省		76,727,780		90,640,399
阿尔及利亚		10,302,004		12,753,876
安哥拉		3,610,107		3,863,321
贝宁		63,718,665		38,112,468
博茨瓦那		69,158		9,670
布隆迪		63,610		
喀麦隆		1,207,460		3,610,061
加那利群岛		6,704,733		6,574,356
佛得角		26,583		
中非共和国		105,000		65,532
塞卜泰(休达)		357,431		383,083
乍得		158,016		
科摩罗		82,928		
刚果		6,435,770		706,799
吉布提		1,032,026		636,329
埃及		41,925,754		27,348,394
赤道几内亚		2,249		69,841
埃塞俄比亚		6,146,884		1,592,040
加蓬		746,311		1,000,733
冈比亚		26,849,201		35,010,664
加纳		16,621,848		12,987,807
几内亚		2,525,112		5,064,635
几内亚(比绍)		81,526		128,291
科特迪瓦		20,317,557		8,940,384
肯尼亚		32,870,086		18,125,081
利比里亚		865,907		351,407
利比亚		12,337,386		8,900,629
马达加斯加		12,606,639		3,343,957

1997 年中国主要出口商品输往地

纺织品

输往地	1997		1996	
	数量	金额(美元)	数量	金额(美元)
马拉维		531,959		141,868
马里		2,898,205		1,881,455
毛里塔尼亚		1,840,048		2,322,468
毛里求斯		23,106,377		19,463,011
摩洛哥		7,661,867		5,605,414
莫桑比克		880,788		166,892
纳米比亚		308,700		59,351
尼日尔		781,489		743,582
尼日利亚		9,950,381		3,906,618
留尼汪		141,208		303,402
卢旺达		1,639		18,902
塞内加尔		5,147,980		6,355,222
塞舌尔		87,484		81,214
塞拉利昂		167,034		732,383
索马里		133,047		80,004
南非		80,762,444		74,099,933
西撒哈拉		29,900		
苏丹		4,419,667		3,103,520
坦桑尼亚		8,854,091		7,149,148
多哥		27,883,948		40,876,266
突尼斯		6,099,293		5,112,157
乌干达		999,443		949,007
布基纳法索		83,300		348,524
扎伊尔		15,900,318		21,356,788
赞比亚		2,115,946		1,594,717
津巴布韦		7,616,315		3,794,619
莱索托		835,835		778,078
梅利利亚		78,671		342,643
厄立特里亚		319,200		576
非洲其他国家		141,728		1,958,024
比利时		114,202,888		97,626,215
丹麦		12,074,535		8,493,357
英国		122,966,784		125,987,858
德意志联邦共和国		212,224,505		211,663,802

1997年中国主要出口商品输往地

纺织品

输往地	1997		1996	
	数量	金额(美元)	数量	金额(美元)
法国		80,821,314		61,307,733
爱尔兰		1,937,692		1,299,006
意大利		155,165,980		114,959,909
卢森堡		78,968		183,851
荷兰		55,973,079		52,754,706
希腊		20,570,758		19,554,687
葡萄牙		15,089,499		11,717,463
西班牙		38,472,418		31,655,411
阿尔巴尼亚		2,813,061		1,953,556
安道尔		53,298		53,018
奥地利		4,431,287		5,037,026
保加利亚		508,120		315,258
芬兰		3,346,169		2,806,488
直布罗陀		1,554,688		3,139,305
匈牙利		19,909,719		10,317,194
冰岛		680,360		643,891
马耳他		2,602,948		1,394,207
摩纳哥		6,254		161,436
挪威		11,179,951		11,377,824
波兰		31,003,559		21,001,535
罗马尼亚		16,920,377		9,132,279
瑞典		10,044,894		9,835,909
瑞士		8,637,247		8,842,152
爱沙尼亚		100,706		443,167
拉脱维亚		482,106		155,361
立陶宛		1,494,637		1,113,250
格鲁吉亚		13,500		12,838
亚美尼亚		1,531		14,254
阿塞拜疆		498,120		514,273
白俄罗斯		384,368		1,852,903
哈萨克斯坦		3,159,778		3,604,799
吉尔吉斯		38,891,978		35,111,508
摩尔多瓦		165,850		7,862
俄罗斯		121,659,028		55,894,642

1997年中国主要出口商品输往地

纺织品

输往地	1997		1996	
	数量	金额(美元)	数量	金额(美元)
塔吉克斯坦		1,651,855		1,076,238
土库曼斯坦		1,027		355,491
乌克兰		10,460,171		7,087,257
乌兹别克斯坦		2,264,619		5,342,763
南斯拉夫		1,700,133		496,496
斯洛文尼亚共和国		1,257,931		1,608,311
克罗地亚共和国		1,103,952		264,343
捷克共和国		3,816,893		2,499,988
斯洛伐克共和国		927,671		465,222
马其顿共和国		318,564		171,595
安提瓜和巴布达		975		27,385
阿根廷		27,508,414		19,012,362
阿鲁巴岛		167,964		38,087
巴哈马		38,400		84,696
巴巴多斯		353,419		108,572
伯利兹		58,133		116,499
玻利维亚		78,132		229,889
巴西		50,653,482		41,444,585
智利		64,604,229		48,498,309
哥伦比亚		1,925,147		2,539,426
多米尼克		19,466,039		20,406,577
哥斯达黎加		5,736,589		7,007,583
古巴		8,612,064		5,158,593
库腊索岛		2,131,209		2,262,106
多米尼加共和国		23,406,426		14,403,443
厄瓜多尔		3,760,808		1,614,842
格林纳达		1,339		
危地马拉		33,321,668		20,061,628
圭亚那		683,216		1,344,991
海地		3,479,806		2,894,395
洪都拉斯		26,270,337		17,712,323
牙买加		13,098,985		14,429,402
墨西哥		17,718,650		5,756,988
尼加拉瓜		11,179,310		5,609,015

1997 年中国主要出口商品输往地

纺织品

输往地	1997 数量	1997 金额(美元)	1996 数量	1996 金额(美元)
巴拿马		128,833,408		85,270,913
巴拉圭		3,709,052		3,218,501
秘鲁		5,936,316		6,207,926
波多黎各		942,667		445,184
圣卢西亚		12,414		335,756
圣文森特和格林纳丁斯		34,928		62
萨尔瓦多		20,728,173		18,237,505
苏里南		798,049		379,665
特立尼达和多巴哥		2,895,376		3,003,424
乌拉圭		4,529,178		2,878,757
委内瑞拉		10,344,255		3,417,884
圣其茨——尼维斯		63,004		
加拿大		113,581,154		104,441,582
美国		689,278,215		555,080,031
百慕大		2,052		
澳大利亚		174,647,924		160,577,389
斐济		7,048,680		6,212,688
新喀里多尼亚		586,637		329,835
瓦努阿图		68,615		38,207
新西兰		32,397,948		29,047,321
巴布亚新几内亚		2,826,221		2,306,335
社会群岛		619,061		347,019
所罗门群岛		117,001		13,044
汤加		1,952		3,296
萨摩亚		33,717		147,343
基里巴斯		3,038		
密克罗尼西亚联邦		200,678		471,934
马绍尔群岛共和国		13,549		43
贝劳共和国		30,435		914
大洋洲其他国家		266,418		296,516
其他				563,071

1997年中国主要出口商品输往地

棉纱线

输往地	1997		1996	
	数量(件)	金额(美元)	数量(件)	金额(美元)
总值	843,551	484,571,712	782,809	458,511,921
巴林	1	934	4	2,924
孟加拉国	749	402,800	513	441,233
缅甸	19,710	11,753,409	17,231	10,033,807
柬埔寨	11	6,336		
朝鲜民主主义人民共和国	615	318,943	1,228	658,856
香港	663,666	372,677,687	609,606	350,547,484
印度尼西亚	328	270,056	232	182,537
以色列	288	302,488	31	37,763
日本	82,943	52,849,997	80,814	52,379,620
约旦	193	87,103	37	34,048
科威特	21	30,585	17	31,293
老挝	2	819		
黎巴嫩	30	25,907	187	145,647
澳门	893	491,589	629	386,078
马来西亚	3,447	2,355,413	5,020	3,154,880
蒙古	1,076	628,849	56	37,313
阿曼	26	36,833	11	15,508
巴基斯坦	38	18,628	139	88,926
菲律宾	4,128	2,184,179	1,807	1,005,119
沙特阿拉伯	1	1,060	19	26,000
新加坡	5,190	3,145,226	4,424	2,925,684
韩国	31,865	19,133,480	38,991	22,073,748
斯里兰卡	385	311,434	445	254,418
叙利亚	80	40,268	55	69,954
泰国	6,319	3,889,642	2,805	1,677,797
土耳其	88	86,697	100	45,679
阿拉伯联合酋长国	259	292,068	300	230,419
也门共和国	26	31,641		
越南	516	235,037	356	204,781
台湾省	1,453	846,017	2,034	961,773
贝宁	36	38,911	275	207,940
刚果	111	74,424		
埃及	99	42,517		

1997年中国主要出口商品输往地

棉纱线

输往地	1997		1996	
	数量(件)	金额(美元)	数量(件)	金额(美元)
加纳	213	148,377	565	405,413
科特迪瓦	387	282,518	942	660,943
利比亚	550	413,280	551	525,185
马达加斯加	32	49,875	30	46,000
毛里求斯	147	155,775	66	101,556
尼日利亚	665	511,219	593	426,496
留尼汪	2	2,641	56	44,906
塞内加尔	56	38,640		
南非	8	11,350	132	103,390
苏丹	30	39,784		
坦桑尼亚	49	40,320		
突尼斯	703	402,052	516	319,615
扎伊尔	300	229,568	311	263,022
比利时	1,054	682,617	3,356	2,122,727
英国	8	16,892	70	139,958
德意志联邦共和国	450	322,838	150	172,360
法国	7	11,343	69	43,540
意大利	84	64,602	38	46,081
希腊	74	50,800		
西班牙	2,086	716,208	985	330,085
芬兰	4	6,541	2	4,095
匈牙利	91	54,904		
冰岛	83	56,166	36	26,820
挪威	1	2,158		
波兰	11	17,860	43	10,008
瑞典	2	5,760	3	6,000
俄罗斯	2	1,121	251	172,917
阿根廷	64	66,374	31	28,518
巴西	45	63,252	11	16,330
智利	682	479,660	255	224,826
多米尼克	6	6,010		
厄瓜多尔	156	203,002	122	155,787
危地马拉	42	73,690	49	82,509
洪都拉斯	13	22,045	16	27,173

1997年中国主要出口商品输往地

棉纱线

输往地	1997		1996	
	数量(件)	金额(美元)	数量(件)	金额(美元)
墨西哥	125	63,178		
巴拉圭	1	953		
苏里南	12	18,886	9	13,110
特立尼达和多巴哥	2	3,800	4	7,030
委内瑞拉	27	23,407		
加拿大	256	319,471	510	466,443
美国	8,249	4,819,401	2,591	1,618,932
澳大利亚	997	474,040	306	250,937
斐济	1,050	899,583	568	473,066
新西兰	133	88,774	136	93,940
其他			2,072	1,220,974

棉布

输往地	1997		1996	
	数量(万米)	金额(美元)	数量(万米)	金额(美元)
总值	234,976	2,346,024,846	237,927	2,354,880,263
巴林	185	3,276,484	67	911,034
孟加拉国	9,829	125,129,914	8,175	100,021,766
缅甸	958	7,385,027	1,219	8,451,241
柬埔寨	197	2,359,569	103	1,049,876
塞浦路斯	47	651,342	135	969,033
朝鲜民主主义人民共和国	146	904,508	63	717,416
香港	106,895	1,199,161,901	109,467	1,241,478,118
印度	275	3,755,133	255	3,412,684
印度尼西亚	1,527	17,992,343	1,201	14,311,241
伊朗	21	272,113	25	279,315
以色列	108	1,761,111	95	1,435,201
日本	22,408	157,117,768	27,149	183,961,316
约旦	57	388,376	46	368,747
科威特	196	1,721,189	169	1,215,101
老挝	57	630,320	50	228,903
黎巴嫩	127	1,824,597	120	2,050,788

1997年中国主要出口商品输往地

棉布

输往地	1997		1996	
	数量(万米)	金额(美元)	数量(万米)	金额(美元)
澳门	1,628	23,718,700	1,729	29,151,771
马来西亚	2,631	26,838,517	2,688	29,215,263
蒙古	138	1,657,591	104	942,445
尼泊尔	58	725,391	26	312,826
阿曼	280	3,673,040	187	2,025,931
巴基斯坦	78	1,216,542	36	649,502
巴勒斯坦	2	44,717		
菲律宾	2,206	21,833,601	1,962	21,871,569
卡塔尔	326	4,413,472	575	7,393,755
沙特阿拉伯	238	2,190,132	420	3,400,074
新加坡	10,202	70,048,313	10,367	71,775,592
韩国	9,230	68,152,953	9,900	78,153,133
斯里兰卡	1,776	23,676,651	1,465	18,111,309
叙利亚	8	110,617	13	120,685
泰国	1,718	15,120,052	987	10,480,438
土耳其	1,874	19,613,605	992	10,161,798
阿拉伯联合酋长国	1,082	13,235,069	1,363	17,687,234
也门共和国	17	106,205		
越南	988	12,912,760	588	8,975,970
台湾省	332	3,471,449	437	4,029,127
阿尔及利亚	21	294,791	17	186,908
安哥拉	378	2,463,864	371	2,483,383
贝宁	1,689	19,787,663	1,734	17,242,488
喀麦隆	29	184,977	52	334,516
加那利群岛	170	778,516	93	823,926
中非共和国	10	105,000	16	61,518
刚果	773	4,860,821	21	142,720
埃及	1,273	17,410,500	803	9,716,385
埃塞俄比亚	2	55,040		
加蓬	48	359,380	67	503,820
冈比亚	2,319	16,835,678	2,725	21,096,187
加纳	801	6,977,244	741	5,987,693
几内亚	185	1,229,083	437	2,971,807
几内亚(比绍)	8	81,526		

1997年中国主要出口商品输往地

棉布

输往地	1997		1996	
	数量(万米)	金额(美元)	数量(万米)	金额(美元)
科特迪瓦	1,541	12,508,590	614	4,420,670
肯尼亚	2,729	20,005,329	1,509	11,614,204
利比里亚	105	690,720	41	292,289
利比亚	261	2,327,609	126	1,058,550
马达加斯加	62	980,363	44	802,496
马里	401	2,272,392	227	1,348,038
毛里塔尼亚	186	788,802	128	717,628
毛里求斯	766	15,915,142	530	12,786,868
摩洛哥	9	235,060	4	45,256
尼日尔	26	129,374	14	125,449
尼日利亚	218	3,027,648	9	53,266
塞内加尔	290	2,247,935	500	4,301,289
塞拉利昂	18	126,536	73	488,857
索马里	13	90,913	11	64,024
南非	982	10,790,420	779	7,929,109
苏丹	36	294,730		
坦桑尼亚	723	4,756,987	448	2,908,194
多哥	1,757	12,910,714	2,469	21,053,293
突尼斯	84	958,550	41	388,644
扎伊尔	1,356	8,865,177	2,382	15,035,855
赞比亚	186	1,270,227	178	1,103,499
津巴布韦	321	3,092,260	156	1,547,286
莱索托	10	202,897	22	468,090
比利时	2,976	29,287,570	3,359	28,559,685
丹麦	142	1,217,378	146	1,139,311
英国	2,192	19,985,925	2,855	24,103,828
德意志联邦共和国	891	7,966,779	937	8,190,026
法国	1,181	10,629,414	1,385	10,703,326
爱尔兰	12	193,083	11	126,750
意大利	647	6,663,570	750	7,833,382
荷兰	707	5,925,995	825	6,401,154
希腊	57	468,180	101	918,065
葡萄牙	20	146,503	17	120,026
西班牙	367	3,065,624	319	3,154,537

1997年中国主要出口商品输往地

棉布

输往地	1997		1996	
	数量(万米)	金额(美元)	数量(万米)	金额(美元)
阿尔巴尼亚	33	291,259	29	257,037
奥地利	43	350,007	6	87,813
保加利亚	1	19,665	6	81,500
芬兰	7	60,720	30	263,866
匈牙利	19	264,898	39	423,828
冰岛	18	108,005		
马耳他	5	52,373	14	179,277
挪威	595	4,022,477	162	1,117,106
波兰	56	787,778	81	638,173
罗马尼亚	3	21,634	3	25,916
瑞典	59	566,084	83	800,029
瑞士	24	278,800	30	228,090
爱沙尼亚	3	40,172		
立陶宛	10	250,950	4	110,063
亚美尼亚		766		
阿塞拜疆	8	129,068	18	191,433
俄罗斯	19	374,572	61	826,958
乌克兰	207	2,228,862	187	2,281,175
乌兹别克斯坦	1	9,396	7	47,603
南斯拉夫	9	169,383	5	51,353
斯洛文尼亚共和国	20	247,617	31	291,261
克罗地亚共和国	15	188,921		
捷克共和国	20	164,113	33	302,948
马其顿共和国	34	318,564		
阿根廷	151	1,933,194	76	1,241,710
伯利兹		1,200		
玻利维亚	3	30,555		1,413
巴西	2,115	13,407,988	1,805	12,936,025
智利	256	3,607,153	304	4,083,974
哥伦比亚	24	370,623	34	382,311
多米尼克	506	5,756,831	568	6,930,408
哥斯达黎加	37	385,612	112	1,171,408

1997年中国主要出口商品输往地

棉布

输往地	1997		1996	
	数量(万米)	金额(美元)	数量(万米)	金额(美元)
古巴	197	1,569,611	51	597,481
多米尼加共和国	494	5,649,932	384	4,735,415
厄瓜多尔	3	44,038		
危地马拉	1,217	15,041,494	855	10,239,915
圭亚那	17	119,987	23	247,691
海地	119	1,578,653	82	890,784
洪都拉斯	909	9,732,681	629	6,901,690
牙买加	260	4,926,671	361	6,651,499
墨西哥	80	1,189,030	41	618,379
尼加拉瓜	838	9,370,533	402	4,793,417
巴拿马	232	2,624,355	373	3,777,560
巴拉圭	33	431,253	32	195,611
秘鲁	14	237,291	8	115,617
波多黎各	65	573,964		
萨尔瓦多	528	7,130,843	762	9,118,208
苏里南	33	215,273	3	31,824
特立尼达和多巴哥	27	317,114	66	638,428
乌拉圭	38	352,164	26	219,335
委内瑞拉	134	1,794,184	54	760,955
加拿大	1,468	15,597,340	1,484	16,285,039
美国	14,235	104,948,959	15,491	107,683,465
澳大利亚	2,243	22,528,262	1,945	22,137,246
斐济	236	1,478,482	345	2,285,756
新喀里多尼亚	3	15,543	4	22,947
新西兰	227	2,443,639	208	2,247,141
巴布亚新几内亚	183	911,541	168	857,234
社会群岛	11	66,322		
贝劳共和国	1	26,950		
大洋洲其他国家	13	115,946	13	172,218
其他			120	1,028,233

1997 年中国主要出口商品输往地

绸缎

输往地	1997		1996	
	数量(万米)	金额(美元)	数量(万米)	金额(美元)
总值	15,310	479,746,837	14,723	438,687,397
孟加拉国		2,750		
文莱	1	51,566	1	24,097
塞浦路斯	2	90,567	1	41,017
香港	6,978	229,103,120	7,169	218,837,301
印度	465	10,940,859	370	9,101,533
印度尼西亚	4	168,212	1	34,680
伊朗	1	98,969		
以色列	6	80,258	7	127,547
日本	1,203	33,164,276	1,353	40,153,847
约旦	4	47,429		
科威特	3	83,909	4	84,512
黎巴嫩	2	43,910		6,971
澳门	3	97,941	2	71,896
马来西亚	193	5,022,997	293	8,664,780
尼泊尔	187	4,833,425	39	930,512
巴基斯坦	18	99,488		
菲律宾	13	351,750	1	60,465
卡塔尔		5,960		
沙特阿拉伯	183	2,935,821	129	2,125,565
新加坡	484	13,695,499	918	25,083,468
韩国	2,898	92,662,305	2,130	63,423,693
斯里兰卡	2	119,089		
叙利亚	1	48,179		
泰国		32,485	3	84,146
土耳其	57	1,747,034	96	2,676,368
阿拉伯联合酋长国	123	2,965,374	118	2,317,738
也门共和国	1	30,875		
越南	2	77,232	3	141,701
台湾省	4	114,623	1	17,932
埃及	26	1,058,439	22	994,913
摩洛哥	68	1,556,460	26	642,012
南非	2	58,523	2	46,115
突尼斯	11	206,034	6	106,179
比利时	2	13,917	1	29,893

1997年中国主要出口商品输往地

绸缎

输往地	1997		1996	
	数量(万米)	金额(美元)	数量(万米)	金额(美元)
丹麦	5	262,614	2	93,413
英国	77	2,779,962	73	2,632,427
德意志联邦共和国	294	9,110,230	305	8,783,429
法国	148	4,101,068	140	3,693,809
爱尔兰	1	16,946		
意大利	1,113	35,811,615	920	28,193,160
荷兰	18	623,581	31	744,897
希腊	3	130,141	1	33,314
西班牙	9	231,723	3	85,120
奥地利	3	89,571	4	102,566
芬兰	4	159,427	4	108,369
摩纳哥	2	55,368		
挪威	1	47,610		
波兰	31	672,630	26	595,048
罗马尼亚		26,902		2,006
瑞典	2	39,900	6	169,022
瑞士	139	3,861,984	137	3,542,848
白俄罗斯	1	55,860		
吉尔吉斯	185	8,238,944	35	1,350,906
俄罗斯	1	47,203	43	1,556,837
乌兹别克斯坦		5,611		
南斯拉夫	2	85,419	1	55,887
斯洛文尼亚共和国	1	11,177	2	72,625
捷克共和国		30,281	2	16,206
阿根廷		2,675		3,804
巴西	2	74,719	1	27,137
哥伦比亚		7,416		
危地马拉	1	65,127		
墨西哥	10	303,200	1	26,438
巴拉圭		6,327		
加拿大	13	394,152	5	214,301
美国	274	10,051,245	262	10,034,244
澳大利亚	18	599,347	16	541,014
新西兰	6	137,587	6	135,771
其他			1	43,918

1997年中国主要出口商品输往地

服装

输往地	1997		1996	
	数量	金额(美元)	数量	金额(美元)
总值		31,753,677,284		24,976,597,295
阿富汗		429,473		466,013
巴林		2,596,942		1,923,669
孟加拉国		9,168,923		8,367,932
不丹		88,713		
文莱		129,782		98,101
缅甸		2,563,602		1,625,402
柬埔寨		5,642,810		2,803,105
塞浦路斯		2,945,774		4,007,095
朝鲜民主主义人民共和国		4,285,478		2,834,275
香港		11,600,238,817		6,599,215,474
印度		1,028,761		1,157,289
印度尼西亚		7,615,847		4,327,914
伊朗		447,367		572,173
以色列		13,330,201		9,380,443
日本		7,725,021,413		8,107,530,739
约旦		11,730,024		10,526,911
科威特		24,988,948		30,386,015
老挝		335,515		734,140
黎巴嫩		10,651,791		9,057,041
澳门		211,541,811		162,226,275
马来西亚		29,805,741		22,728,137
蒙古		2,180,405		2,395,642
尼泊尔		1,501,457		637,202
阿曼		506,951		1,403,941
巴基斯坦		3,772,336		1,977,281
巴勒斯坦		69,779		52,774
菲律宾		17,019,507		18,793,813
卡塔尔		361,487		369,920
沙特阿拉伯		239,820,339		192,292,200
新加坡		226,145,461		144,235,578
韩国		737,386,601		651,269,964
斯里兰卡		4,444,658		3,826,398
叙利亚		1,460,594		1,022,436

1997 年中国主要出口商品输往地

服装

输往地	1997		1996	
	数量	金额(美元)	数量	金额(美元)
泰国		33,064,852		15,249,416
土耳其		8,205,335		6,149,957
阿拉伯联合酋长国		166,122,988		162,970,947
也门共和国		9,042,116		8,056,967
越南		143,719,318		10,025,235
台湾省		172,224,064		187,128,301
亚洲其他国家		5,740		
阿尔及利亚		4,272,207		1,460,509
安哥拉		2,322,541		4,995,149
贝宁		2,550,059		657,354
博茨瓦那		158,977		68,701
喀麦隆		1,396,970		356,146
加那利群岛		7,416,444		15,532,015
佛得角		33,730		11,357
中非共和国		174,556		349,337
塞卜泰(休达)		316,634		317,617
刚果		144,007		110,245
吉布提		2,427,244		1,346,696
埃及		86,821,623		41,940,316
赤道几内亚		16,253		28,587
埃塞俄比亚		2,518,584		3,076,899
加蓬		9,231		76,422
冈比亚		296		301,418
加纳		2,726,492		7,754,264
几内亚		1,612,678		1,407,872
几内亚(比绍)		16,865		64,151
科特迪瓦		1,093,334		601,500
肯尼亚		6,353,224		1,068,337
利比里亚		112,351		181,434
利比亚		18,133,906		6,707,758
马达加斯加		1,003,686		463,219
马拉维		12,114		90,089
毛里塔尼亚		1,053,535		676,942
毛里求斯		627,202		2,677,593

1997年中国主要出口商品输往地

服装

输往地	1997 数量	1997 金额(美元)	1996 数量	1996 金额(美元)
摩洛哥		15,001,398		7,540,235
莫桑比克		67,945		31,543
纳米比亚		540,779		226,781
尼日尔		198,934		38,864
尼日利亚		1,951,750		1,461,069
留尼汪		52,491		52,092
卢旺达		654,951		208,440
圣多美和普林西比		58,500		
塞内加尔		66,635		469,084
塞舌尔		12,633		
塞拉利昂		3,651		18,157
南非		101,646,570		86,625,147
苏丹		1,160,731		293,354
坦桑尼亚		390,731		381,853
多哥		7,799,955		5,547,140
突尼斯		5,447,362		3,782,658
乌干达		342,188		224,950
布基纳法索		182,136		153,660
扎伊尔		900,016		812,812
赞比亚		112,232		425,860
津巴布韦		604,601		287,355
梅利利亚		420,476		503,016
斯威士兰		66,458		
非洲其他国家		57,525		71,163
比利时		94,631,433		74,985,578
丹麦		103,428,188		86,266,259
英国		375,077,489		307,885,521
德意志联邦共和国		953,816,794		849,517,503
法国		286,329,604		242,094,622
爱尔兰		9,285,355		7,716,323
意大利		339,596,525		285,963,567
卢森堡		7,575,533		7,042,672
荷兰		253,636,625		235,155,055
希腊		17,976,851		16,826,135

1997 年中国主要出口商品输往地

服装

输往地	1997		1996	
	数量	金额(美元)	数量	金额(美元)
葡萄牙		10,803,073		8,312,681
西班牙		137,108,809		93,293,294
阿尔巴尼亚		643,811		1,104,985
安道尔		1,276,525		425,316
奥地利		40,866,649		34,190,427
保加利亚		6,882,361		5,445,551
芬兰		61,319,679		47,152,619
直布罗陀		260,991		565,001
匈牙利		131,012,746		114,337,573
冰岛		1,012,336		924,785
列支敦士登		174,677		
马耳他		2,369,147		1,828,605
摩纳哥		51,130		42,933
挪威		91,298,181		78,115,219
波兰		314,750,998		273,350,960
罗马尼亚		33,149,345		29,645,960
瑞典		155,460,846		147,348,269
瑞士		184,734,701		149,810,975
爱沙尼亚		4,546,880		6,498,658
拉脱维亚		1,356,194		1,898,042
立陶宛		5,612,193		5,252,037
格鲁吉亚		23,516		161,767
亚美尼亚		268,662		
阿塞拜疆		113,442		6,640
白俄罗斯		3,943,533		1,453,265
哈萨克斯坦		3,300,094		4,837,088
吉尔吉斯		5,120,669		12,724,702
摩尔多瓦		117,675		303,144
俄罗斯		879,213,117		634,461,630
塔吉克斯坦		116,040		790,000
土库曼斯坦		447,885		388,920
乌克兰		23,781,235		13,498,201
乌兹别克斯坦		3,306,556		1,901,279
南斯拉夫		3,696,356		2,579,589

1997年中国主要出口商品输往地

服装

输往地	1997		1996	
	数量	金额(美元)	数量	金额(美元)
斯洛文尼亚共和国		5,754,133		6,695,831
克罗地亚共和国		4,856,990		1,974,061
捷克共和国		109,619,091		101,483,224
斯洛伐克共和国		15,313,630		17,382,175
马其顿共和国		59,611		99,480
波斯尼亚—黑塞哥维那		114		65,399
阿根廷		42,236,380		42,759,670
阿鲁巴岛		555,150		545,858
巴哈马		1,988,975		1,718,396
巴巴多斯		11,825		19,502
伯利兹		9,718		2,954
玻利维亚		13,326		239,797
博内尔		25,500		
巴西		165,177,504		95,628,268
开曼群岛		6,532		
智利		145,631,215		129,904,199
哥伦比亚		1,651,817		2,424,647
多米尼克		1,092,594		512,272
哥斯达黎加		196,730		88,434
古巴		3,433,470		2,411,269
库腊索岛		4,051,450		2,047,956
多米尼加共和国		2,508,327		609,658
厄瓜多尔		950,597		463,559
法属圭亚那		6,331		22,348
危地马拉		8,632,931		10,341,009
圭亚那		577,517		598,278
海地		102,473		28,829
洪都拉斯		864,770		968,891
牙买加		6,306,912		1,597,426
马提尼克		14,429		18,635
墨西哥		40,693,213		27,245,870
蒙特塞拉特		82,460		
尼加拉瓜		187,658		90,065

1997年中国主要出口商品输往地

服装

输往地	1997		1996	
	数量	金额(美元)	数量	金额(美元)
巴拿马		351,679,101		129,564,205
巴拉圭		5,972,207		3,970,123
秘鲁		4,472,554		3,249,155
波多黎各		539,476		599,944
萨巴		3,200		
圣卢西亚		4,586		
萨尔瓦多		2,053,228		532,074
苏里南		200,603		79,498
特立尼达和多巴哥		231,693		342,902
乌拉圭		10,032,378		8,273,453
委内瑞拉		9,656,343		4,850,214
拉美洲其他国家		384,846		
加拿大		320,173,252		268,888,882
美国		3,591,853,300		3,201,910,423
格陵兰		43,989		152,252
百慕大		803,812		103,115
澳大利亚		532,198,386		450,296,951
库克群岛		25,474		24,780
斐济		936,382		788,944
盖比群岛		39,717		18,729
新喀里多尼亚		217,677		136,663
瓦努阿图		14,958		15,192
新西兰		94,369,495		75,299,976
巴布亚新几内亚		2,424,458		2,316,669
社会群岛		22,566		
所罗门群岛		46,525		7,820
汤加		10,290		6,448
萨摩亚		83,239		77,856
基里巴斯		21,950		506
密克罗尼西亚联邦		251,060		62,480
马绍尔群岛共和国		7,330		
大洋洲其他国家		88,275		151,999
其他				1,481,457

1997年中国主要出口商品输往地

日用瓷

输往地	1997		1996	
	数量	金额(美元)	数量	金额(美元)
总值		678,487,487		496,286,520
阿富汗		591,194		963,547
巴林		291,143		535,519
孟加拉国		674,836		115,257
文莱		147,365		294,734
缅甸		1,000,209		648,834
柬埔寨		1,968,570		3,941,902
塞浦路斯		1,707,440		1,207,896
朝鲜民主主义人民共和国		13,541		18,013
香港		27,514,645		23,976,671
印度		248,930		44,619
印度尼西亚		9,526,639		8,349,111
伊朗		2,638,463		1,405,791
以色列		10,246,703		3,827,187
日本		9,397,095		7,110,452
约旦		4,379,994		3,052,674
科威特		1,626,424		1,854,178
老挝		37,693		95,516
黎巴嫩		12,070,652		9,853,543
澳门		379,562		349,135
马来西亚		6,383,447		6,701,375
蒙古		54,924		93,216
尼泊尔		101,350		60,494
阿曼		151,215		197,084
巴基斯坦		4,535,754		3,065,311
巴勒斯坦		46,575		284,609
菲律宾		15,620,644		10,593,421
卡塔尔		156,705		136,152
沙特阿拉伯		11,237,752		7,102,674
新加坡		5,274,976		5,627,495
韩国		3,090,603		3,128,563
斯里兰卡		609,475		290,673
叙利亚		22,418		5,980
泰国		2,002,240		820,188
土耳其		10,346,988		3,388,474

1997年中国主要出口商品输往地

日用瓷

输往地	1997		1996	
	数量	金额(美元)	数量	金额(美元)
阿拉伯联合酋长国		24,173,600		14,954,501
也门共和国		426,851		442,875
越南		3,884,119		3,565,132
台湾省		1,000,961		680,738
阿尔及利亚		6,433,695		2,007,692
安哥拉		318,408		350,461
贝宁		25,896		3,848
喀麦隆		524,035		360,517
加那利群岛		7,728		
佛得角		55,570		
刚果		93,894		23,981
吉布提		70,327		185,163
埃及		14,757,360		11,982,904
埃塞俄比亚		641,955		625,225
加蓬		27,785		23,725
加纳		507,550		112,223
几内亚		115,897		12,448
几内亚(比绍)		5,680		
科特迪瓦		120,781		123,295
肯尼亚		2,920,041		1,638,897
利比里亚		53,466		
利比亚		212,969		90,559
马达加斯加		97,230		95,490
马拉维		16,800		17,397
毛里求斯		562,525		557,495
摩洛哥		8,007,384		2,688,599
莫桑比克		107,447		78,216
纳米比亚		39,150		1,644
尼日尔		12,859		
尼日利亚		2,693,781		1,178,328
塞内加尔		4,337		20,178
南非		36,944,769		22,729,554
苏丹		1,618,457		972,296
坦桑尼亚		1,805,214		756,750
多哥		8,059		9,573

1997 年中国主要出口商品输往地

日用瓷

输往地	1997		1996	
	数量	金额(美元)	数量	金额(美元)
突尼斯		9,168,575		9,109,239
乌干达		629,137		679,631
扎伊尔		127,831		149,531
赞比亚		142,425		12,269
津巴布韦		233,376		247,926
梅利利亚		66,240		
非洲其他国家		25,160		58,754
比利时		6,159,468		3,975,347
丹麦		1,467,077		1,312,530
英国		17,983,475		10,197,165
德意志联邦共和国		21,184,643		18,847,861
法国		10,505,701		8,571,619
爱尔兰		420,681		396,086
意大利		18,784,846		9,525,643
卢森堡		38,598		83,246
荷兰		19,525,852		14,289,457
希腊		4,260,667		4,643,319
葡萄牙		3,870,279		2,535,889
西班牙		10,140,600		4,973,584
阿尔巴尼亚		118,968		78,928
奥地利		2,154,085		2,489,103
保加利亚		148,874		36,442
芬兰		938,320		452,063
匈牙利		403,200		94,323
冰岛		3,429		6,544
马耳他		61,323		43,966
挪威		3,135,380		2,430,282
波兰		414,694		137,111
罗马尼亚		442,123		176,959
瑞典		2,776,093		1,758,340
瑞士		1,005,990		456,687
拉脱维亚		123,815		18,411
立陶宛		20,526		22,727
格鲁吉亚		3,039		
白俄罗斯		29,322		

1997年中国主要出口商品输往地

日用瓷

输往地	1997		1996	
	数量	金额(美元)	数量	金额(美元)
哈萨克斯坦		57,052		29,712
吉尔吉斯		447,753		201,954
摩尔多瓦		1,142		
俄罗斯		1,633,692		2,582,047
乌克兰		100,118		51,394
乌兹别克斯坦		51,385		495,815
南斯拉夫		881,859		279,149
斯洛文尼亚共和国		226,209		222,080
克罗地亚共和国		439,076		418,003
捷克共和国		577,640		236,658
斯洛伐克共和国		50,662		9,360
马其顿共和国		16,320		
阿根廷		11,716,131		8,227,508
巴巴多斯		28,148		49,933
伯利兹		7,081		
玻利维亚		20,163		6,733
巴西		5,416,220		4,672,246
智利		13,551,719		12,802,618
哥伦比亚		1,374,269		561,009
多米尼克		3,539,173		2,415,705
哥斯达黎加		360,435		583,347
古巴		32,723		67,443
库腊索岛		14,280		143,214
多米尼加共和国		750,593		419,112
厄瓜多尔		5,061,919		3,490,468
瓜德罗普		46,800		
危地马拉		4,021,358		1,851,198
圭亚那		63,634		12,006
海地		206,948		304,650
洪都拉斯		677,162		601,130
牙买加		1,230,976		1,928,792
墨西哥		3,223,450		1,668,894
巴拿马		17,301,150		8,422,342
巴拉圭		202,790		110,571
秘鲁		7,523,664		3,830,656

1997年中国主要出口商品输往地

日用瓷

输往地	1997 数量	1997 金额(美元)	1996 数量	1996 金额(美元)
波多黎各		675,445		450,605
圣卢西亚		6,360		
圣马丁岛				441
萨尔瓦多		225,732		113,138
苏里南		4,772		4,059
特立尼达和多巴哥		166,312		77,826
乌拉圭		1,949,885		1,047,087
委内瑞拉		2,128,520		992,872
加拿大		21,790,815		13,297,016
美国		164,447,010		136,531,446
澳大利亚		13,560,604		10,904,884
库克群岛		4,620		
斐济		348,508		309,553
新喀里多尼亚		11,083		15,624
新西兰		3,126,585		2,004,938
巴布亚新几内亚		277,907		175,834
萨摩亚		3,000		
其他				424,476

地毯及装饰毯

输往地	1997 数量	1997 金额(美元)	1996 数量	1996 金额(美元)
总值		454,636,007		422,257,114
阿富汗		28,228		
巴林		77,120		2,000
孟加拉国		13,865		
文莱		13,685		
柬埔寨		1,835		10,860
塞浦路斯		394,221		211,285
朝鲜民主主义人民共和国		9,873		37,923
香港		14,321,257		12,116,059
印度尼西亚		68,797		110,398

1997年中国主要出口商品输往地

地毯及装饰毯

输往地	1997		1996	
	数量	金额(美元)	数量	金额(美元)
伊朗				
以色列		259,903		185,558
日本		88,917,974		68,343,705
约旦		162,610		69,967
科威特		1,197,186		83,304
黎巴嫩		1,209,832		213,181
澳门		37,115		56,190
马来西亚		716,224		347,995
蒙古		58,458		232,133
阿曼		106,714		52,656
巴基斯坦				42,601
菲律宾		55,634		23,927
沙特阿拉伯		6,607,027		1,312,278
新加坡		1,624,703		2,177,006
韩国		2,254,505		4,165,612
泰国		304,148		180,888
土耳其		7,605,836		1,697,695
阿拉伯联合酋长国		6,860,730		2,966,662
也门共和国		4,678		93,998
越南		4,225		1,058
台湾省		871,609		787,791
阿尔及利亚		13,318		
安哥拉		4,000		
贝宁		481		
埃及		2,227,220		526,951
赤道几内亚		242		
埃塞俄比亚		42,299		24,029
加纳		760		
利比亚		63,673		
毛里求斯		469,268		104,952
留尼汪		8,472		2,749
南非		666,110		135,005
突尼斯		15,191		
莱索托		4,023		
比利时		4,401,931		3,015,759

1997 年中国主要出口商品输往地

地毯及装饰毯

输往地	1997		1996	
	数量	金额(美元)	数量	金额(美元)
丹麦		329,225		106,214
英国		30,625,010		8,998,141
德意志联邦共和国		52,669,857		22,644,088
法国		3,646,128		1,921,490
爱尔兰		77,213		
意大利		16,050,952		6,426,213
卢森堡		1,134		
荷兰		7,593,297		3,582,471
希腊		1,444,819		530,080
葡萄牙		3,327,523		1,462,706
西班牙		2,143,779		864,297
奥地利		944,666		399,369
保加利亚		25,227		
芬兰		143,977		29,642
匈牙利		73,599		
列支敦士登		50,576		
挪威		258,647		138,873
波兰		336,051		52,031
罗马尼亚		184,376		76,642
瑞典		1,509,436		753,852
瑞士		4,801,356		1,684,212
拉脱维亚		9,000		
立陶宛		11,229		
白俄罗斯		20,000		
俄罗斯		610,166		1,874,179
南斯拉夫		210,664		
斯洛文尼亚共和国		6,158		
捷克共和国		19,819		
斯洛伐克共和国		43,035		
阿根廷		486,692		286,466
巴西		2,173,677		462,781
智利		26,200		34,800
厄瓜多尔		9,672		19,344
圭亚那		56,740		
牙买加		45,419		

1997年中国主要出口商品输往地

地毯及装饰毯

输往地	1997		1996	
	数量	金额(美元)	数量	金额(美元)
墨西哥		398,002		203,423
巴拉圭		97,004		3,809
秘鲁		25,530		11,700
乌拉圭		10,477		
委内瑞拉		57,648		
加拿大		5,389,889		734,207
美国		174,272,777		267,891,168
澳大利亚		2,523,332		782,187
新西兰		189,586		342,777
巴布亚新几内亚		1,051		
汤加		300		
其他				607,777

鞋类

输往地	1997		1996	
	数量	金额(美元)	数量	金额(美元)
总值		8,535,710,365		7,102,856,842
阿富汗		25,680		61,955
巴林		607,448		913,392
孟加拉国		383,790		379,755
文莱		186,485		300,226
缅甸		2,729,303		1,913,071
柬埔寨		321,021		806,513
塞浦路斯		457,836		777,307
朝鲜民主主义人民共和国		946,648		823,277
香港		571,234,988		452,279,008
印度		2,919,374		1,689,060
印度尼西亚		7,551,721		5,202,843
伊朗		474,126		204,082
伊拉克		85,498		
以色列		15,968,559		8,712,020
日本		777,300,965		762,765,190

1997 年中国主要出口商品输往地

鞋类

输往地	1997 数量	1997 金额(美元)	1996 数量	1996 金额(美元)
约旦		8,094,108		6,568,132
科威特		3,668,194		3,048,433
老挝		69,193		155,784
黎巴嫩		8,439,084		5,231,179
澳门		21,302,361		18,557,793
马来西亚		21,574,136		16,597,383
马尔代夫		83,417		43,512
蒙古		1,064,881		51,856
尼泊尔		2,383,844		2,045,885
阿曼		278,632		28,097
巴基斯坦		1,785,290		924,656
巴勒斯坦		260,904		199,189
菲律宾		21,091,014		12,075,197
卡塔尔		142,671		77,402
沙特阿拉伯		65,831,739		55,057,528
新加坡		28,625,005		24,891,619
韩国		160,410,922		178,718,844
斯里兰卡		325,819		94,820
叙利亚		54,816		59,127
泰国		12,013,587		3,250,494
土耳其		12,043,616		9,588,024
阿拉伯联合酋长国		77,682,018		72,140,342
也门共和国		5,979,933		5,087,406
越南		11,783,943		9,396,647
台湾省		66,800,602		97,319,118
阿尔及利亚		12,177,717		5,184,907
安哥拉		9,527,890		7,344,215
贝宁		1,107,475		1,467,992
博茨瓦那		277,681		3,469
喀麦隆		1,088,959		855,124
加那利群岛		138,456		105,191
佛得角		121,470		71,468
中非共和国		251,031		5,200
塞卜泰(休达)		87,288		86,506
科摩罗		30,015		

1997年中国主要出口商品输往地

鞋类

输往地	1997		1996	
	数　量	金额(美元)	数　量	金额(美元)
刚果		1,812,235		3,050,219
吉布提		2,093,219		2,228,442
埃及		29,085,224		28,441,974
赤道几内亚		34,135		7,246
埃塞俄比亚		3,907,453		1,192,371
加蓬		385,096		362,072
冈比亚		3,336,366		3,283,373
加纳		6,674,354		5,105,934
几内亚		4,457,312		4,890,491
几内亚(比绍)		6,170		129,213
科特迪瓦		8,047,006		5,081,046
肯尼亚		3,937,063		4,202,864
利比里亚		253,590		98,510
利比亚		9,586,303		4,174,530
马达加斯加		3,662,841		1,288,570
马拉维		249,167		113,775
马里		1,433,058		2,233,871
毛里塔尼亚		1,625,898		1,225,482
毛里求斯		1,850,371		1,820,217
摩洛哥		1,431,532		799,294
莫桑比克		6,843,324		1,438,353
纳米比亚		1,124,738		131,270
尼日尔		11,885		49,910
尼日利亚		6,421,000		3,912,719
留尼汪		314,948		382,888
卢旺达		248,822		99,225
塞内加尔		2,505,257		4,685,804
塞舌尔		128,688		10,155
塞拉利昂		325,782		457,745
索马里		34,989		27,880
南非		59,887,129		81,963,216
苏丹		3,090,053		5,514,060
坦桑尼亚		5,773,287		8,036,209
多哥		9,994,744		10,368,495
突尼斯		9,470,499		2,140,333

1997年中国主要出口商品输往地

鞋类

输往地	1997		1996	
	数量	金额(美元)	数量	金额(美元)
乌干达		101,882		331,534
布基纳法索		239,775		
扎伊尔		2,718,870		3,470,749
赞比亚		1,799,764		1,346,247
津巴布韦		1,793,100		1,530,622
莱索托		1,801,979		
梅利利亚		1,150,116		299,661
斯威士兰		154,795		
厄立特里亚		19,836		
非洲其他国家		173,338		68,844
比利时		125,611,881		85,820,481
丹麦		11,150,593		9,725,927
英国		112,023,879		105,503,509
德意志联邦共和国		250,001,780		288,946,712
法国		100,826,031		100,084,001
爱尔兰		3,803,603		5,267,377
意大利		80,965,149		69,057,240
卢森堡		63,750		27,196
荷兰		83,831,403		81,134,505
希腊		15,743,564		16,305,206
葡萄牙		9,102,552		9,927,048
西班牙		81,951,555		45,059,547
阿尔巴尼亚		641,020		928,360
奥地利		12,185,465		11,743,074
保加利亚		2,885,831		2,734,827
芬兰		19,559,240		26,038,308
匈牙利		78,419,424		52,694,452
冰岛		162,157		158,931
列支敦士登		20,088		
马耳他		948,238		312,582
摩纳哥		240,681		98,075
挪威		9,807,994		9,867,121
波兰		113,366,089		90,074,070
罗马尼亚		61,211,919		45,490,429
圣马力诺		18,105		

1997年中国主要出口商品输往地

鞋类

输往地	1997		1996	
	数量	金额(美元)	数量	金额(美元)
瑞典		16,191,174		18,505,471
瑞士		5,823,456		5,726,043
爱沙尼亚		279,347		184,442
拉脱维亚		379,201		270,160
立陶宛		494,257		414,213
格鲁吉亚		6,000		1,212,511
亚美尼亚		12,298		43,529
白俄罗斯		2,005,443		1,529,774
哈萨克斯坦		1,632,785		1,137,785
吉尔吉斯		1,072,990		1,233,095
摩尔多瓦		309		
俄罗斯		204,892,790		172,484,121
塔吉克斯坦		82,440		
土库曼斯坦		113,595		37,500
乌克兰		4,113,376		2,603,073
乌兹别克斯坦		930,206		565,276
南斯拉夫		2,292,740		2,748,691
斯洛文尼亚共和国		3,170,157		1,731,525
克罗地亚共和国		2,323,280		945,847
捷克共和国		25,971,105		16,590,771
斯洛伐克共和国		4,504,774		1,346,634
马其顿共和国		439,544		6,600
阿根廷		16,955,044		10,552,270
阿鲁巴岛		65,280		84,067
巴哈马		40,608		17,076
巴巴多斯		13,893		
伯利兹		63,774		122,129
玻利维亚		1,412,542		528,723
巴西		35,321,689		38,711,419
开曼群岛		455,031		
智利		75,391,963		45,662,906
哥伦比亚		2,927,613		479,748
多米尼克		714,771		118,674
哥斯达黎加		2,748,530		1,200,486
古巴		7,548,602		5,671,761

1997年中国主要出口商品输往地

鞋类

输往地	1997		1996	
	数量	金额(美元)	数量	金额(美元)
库腊索岛		3,451,690		470,863
多米尼加共和国		219,661		206,783
厄瓜多尔		1,988,750		5,509,342
格林纳达		22,500		63,317
瓜德罗普		37,609		18,324
危地马拉		2,993,053		1,193,831
圭亚那		1,356,839		372,019
洪都拉斯		737,932		126,104
牙买加		2,288,132		1,149,596
墨西哥		1,118,915		1,520,967
巴拿马		172,869,193		65,853,068
巴拉圭		6,343,581		6,412,490
秘鲁		1,629,594		1,531,994
波多黎各		2,335,608		2,286,942
圣马丁岛		65,232		4,992
萨尔瓦多		3,302,587		1,609,068
苏里南		570,855		192,634
特立尼达和多巴哥		922,887		190,169
特克斯和凯科斯群岛		68,826		
乌拉圭		11,754,528		6,301,140
委内瑞拉		13,028,165		2,207,334
英属维尔京群岛		23,760		
拉美洲其他国家		133,408		21,250
加拿大		138,550,388		96,085,872
美国		4,329,282,216		3,453,678,607
格陵兰		6,847		81,427
百慕大		21,120		
北美洲其他国家		65,280		
澳大利亚		94,032,186		85,703,427
库克群岛		7,331		147,759
斐济		1,494,012		1,282,554
瑙鲁		2,730		
新喀里多尼亚		133,230		105,919
瓦努阿图		7,269		
新西兰		10,819,091		8,582,631

1997年中国主要出口商品输往地

鞋类

输往地	1997		1996	
	数量	金额(美元)	数量	金额(美元)
巴布亚新几内亚		1,136,226		1,091,049
所罗门群岛		73,857		51,801
汤加		38,517		2,293
萨摩亚		52,712		9,178
贝劳共和国		2,854		1,706
大洋洲其他国家		450		5,613
其他				163,830

玩具

输往地	1997		1996	
	数量	金额(美元)	数量	金额(美元)
总值		5,040,779,570		3,924,570,340
阿富汗		70,333		163,523
巴林		632,786		289,100
孟加拉国		327,824		53,331
不丹		2,953		
文莱		79,270		37,773
缅甸		1,057,236		903,800
柬埔寨		58,364		16,834
塞浦路斯		1,342,965		1,324,204
朝鲜民主主义人民共和国		142,455		88,882
香港		1,040,899,730		777,981,264
印度		1,372,331		343,369
印度尼西亚		9,962,811		6,600,793
伊朗		73,231		139,237
伊拉克		243,298		61,432
以色列		6,468,530		4,831,594
日本		253,238,905		251,976,968
约旦		735,382		457,155
科威特		2,045,496		2,097,559
老挝		39,435		177,207
黎巴嫩		1,510,259		1,457,811

1997 年中国主要出口商品输往地

玩具

输往地	1997		1996	
	数量	金额(美元)	数量	金额(美元)
澳门		2,751,452		7,104,616
马来西亚		6,746,894		4,580,061
马尔代夫		802		
蒙古		13,374		2,846
尼泊尔		102,137		15,612
阿曼		20,782		18,445
巴基斯坦		963,833		559,426
巴勒斯坦		40,751		26,842
菲律宾		5,908,161		4,076,618
卡塔尔		91,177		10,991
沙特阿拉伯		11,834,536		6,755,778
新加坡		16,564,046		13,783,172
韩国		47,515,701		25,017,770
斯里兰卡		369,601		374,223
叙利亚		151,590		119,495
泰国		9,125,591		6,515,050
土耳其		8,966,095		5,871,902
阿拉伯联合酋长国		33,794,596		20,845,172
也门共和国		122,669		141,459
越南		1,088,922		771,073
台湾省		20,910,408		27,666,877
阿尔及利亚		133,539		93,343
安哥拉		56,735		47,376
贝宁		28,233		10,185
博茨瓦那		3,707		257
喀麦隆		46,483		98,353
加那利群岛		142,469		158,754
中非共和国		103,985		57,109
刚果		550		
吉布提		215		6,354
埃及		9,791,403		8,302,574
埃塞俄比亚		32,173		24,780
加纳		69,593		59,258
几内亚		9,476		692
几内亚(比绍)		924		23,065

1997年中国主要出口商品输往地

玩具

输往地	1997		1996	
	数量	金额(美元)	数量	金额(美元)
科特迪瓦		181,255		207,229
肯尼亚		64,195		115,617
利比里亚		16,914		28,743
马达加斯加		182,918		86,075
马拉维		11,107		
毛里塔尼亚		2,644		751
毛里求斯		190,645		99,518
摩洛哥		2,334,793		1,346,757
纳米比亚		27,235		3,668
尼日利亚		132,287		112,379
留尼汪		19,802		4,067
塞内加尔		15,073		91,945
塞舌尔		17,354		19,518
南非		7,093,564		5,138,401
苏丹		13,370		1,240
坦桑尼亚		21,286		1,212
多哥		26,683		11,261
突尼斯		731,032		571,690
赞比亚		7,670		2,900
津巴布韦		11,578		14,307
莱索托		342		
比利时		27,701,539		26,535,584
丹麦		7,368,629		7,126,583
英国		204,443,165		160,997,025
德意志联邦共和国		182,609,417		187,972,210
法国		95,975,465		82,859,806
爱尔兰		1,484,278		2,055,459
意大利		78,790,292		55,298,393
卢森堡		543,130		168,551
荷兰		55,376,324		55,401,070
希腊		9,455,291		7,317,996
葡萄牙		7,244,475		7,449,924
西班牙		49,350,804		40,405,830
阿尔巴尼亚		84,320		89,009
奥地利		3,606,580		3,361,549

1997 年中国主要出口商品输往地

玩具

输往地	1997		1996	
	数量	金额(美元)	数量	金额(美元)
保加利亚		558,733		1,001,084
芬兰		4,310,591		2,910,172
直布罗陀		6,587		50,647
匈牙利		1,402,658		1,331,704
冰岛		41,553		25,227
马耳他		249,965		301,866
摩纳哥		41,895		25,564
挪威		4,609,151		3,264,133
波兰		11,517,198		9,510,820
罗马尼亚		1,455,196		822,779
圣马力诺		1,932		30,551
瑞典		7,778,450		8,857,502
瑞士		4,880,275		3,653,681
爱沙尼亚		15,084		20,454
拉脱维亚		60,900		18,515
立陶宛		116,842		39,624
阿塞拜疆		290,975		388
白俄罗斯		133,540		59,657
哈萨克斯坦		817,124		520,930
吉尔吉斯		20,482		45,579
摩尔多瓦		420		3,905
俄罗斯		22,137,226		23,364,042
土库曼斯坦		80		
乌克兰		1,404,970		492,990
乌兹别克斯坦		79,359		560
南斯拉夫		238,155		151,743
斯洛文尼亚共和国		302,350		459,016
克罗地亚共和国		422,668		190,073
捷克共和国		2,514,370		2,498,590
斯洛伐克共和国		966,472		495,762
马其顿共和国		6,580		
波斯尼亚—黑塞哥维那		30,496		
阿根廷		26,543,696		22,390,917
巴哈马		28,125		5,623
伯利兹		775		

1997 年中国主要出口商品输往地

玩具

输往地	1997		1996	
	数量	金额(美元)	数量	金额(美元)
玻利维亚		85,867		5,603
巴西		30,408,468		34,466,068
智利		20,738,691		17,411,110
哥伦比亚		1,163,024		1,013,208
多米尼克		140,245		79,845
哥斯达黎加		431,517		807,682
古巴		405,296		129,620
多米尼加共和国		340,909		232,090
厄瓜多尔		2,403,565		1,009,545
危地马拉		549,679		484,444
圭亚那		36,739		20,505
洪都拉斯		265,608		66,261
牙买加		38,525		90,487
墨西哥		7,870,482		8,002,744
尼加拉瓜		262,637		
巴拿马		6,094,075		4,729,066
巴拉圭		11,928,343		7,744,703
秘鲁		1,916,103		1,763,886
波多黎各		910,245		536,626
萨尔瓦多		92,080		42,806
苏里南		54,670		15,833
特立尼达和多巴哥		108,585		60,625
乌拉圭		3,602,249		2,240,660
委内瑞拉		2,427,777		1,752,744
加拿大		62,738,876		57,650,691
美国		2,509,271,948		1,829,501,430
格陵兰		6,700		56,928
百慕大		20,709		19,776
澳大利亚		44,818,623		39,747,486
库克群岛		586		
斐济		41,204		73,171
盖比群岛		9,246		
瑙鲁		2,392		1,560
新喀里多尼亚		35,981		1,816
瓦努阿图		300		

1997 年中国主要出口商品输往地

玩具

输往地	1997		1996	
	数量	金额(美元)	数量	金额(美元)
新西兰		5,327,241		4,851,487
巴布亚新几内亚		289,188		148,960
所罗门群岛		648		1,568
萨摩亚		8,503		
大洋洲其他国家		5,520		44,274
其他				183,303

纸制品

输往地	1997		1996	
	数量(公吨)	金额(美元)	数量(公吨)	金额(美元)
总值	821,423	893,852,945	670,859	712,583,063
阿富汗	4	4,928	1	1,827
巴林	117	126,264	74	98,814
孟加拉国	3,981	4,993,411	3,642	4,069,291
文莱	45	88,404	125	187,839
缅甸	449	457,732	713	551,138
柬埔寨	689	1,887,199	1,067	2,562,947
塞浦路斯	30	97,528	34	80,805
朝鲜民主主义人民共和国	1,271	877,531	1,508	1,140,476
香港	460,622	409,087,548	359,977	310,961,288
印度	68	87,484	126	190,506
印度尼西亚	2,304	3,134,785	1,880	2,862,684
伊朗	11	41,767	21	42,107
以色列	253	673,379	165	365,963
日本	48,088	94,515,147	45,573	78,344,068
约旦	351	541,439	175	258,503
科威特	877	744,893	607	767,346
老挝	220	488,562	103	212,777
黎巴嫩	95	258,920	34	118,994
澳门	18,313	12,254,019	16,684	11,472,987
马来西亚	14,848	19,934,183	9,583	12,743,316
蒙古	391	449,300	396	1,631,399

1997 年中国主要出口商品输往地

纸制品

输往地	1997		1996	
	数量(公吨)	金额(美元)	数量(公吨)	金额(美元)
尼泊尔	63	65,613	29	26,132
阿曼	131	73,144	161	129,892
巴基斯坦	219	394,201	242	456,570
巴勒斯坦				898
菲律宾	5,049	7,190,868	2,768	4,609,257
卡塔尔	77	140,722	89	135,788
沙特阿拉伯	2,694	3,001,627	2,138	2,734,736
新加坡	30,737	51,254,584	26,739	39,849,672
韩国	5,194	7,602,912	2,490	4,768,026
斯里兰卡	153	225,145	84	146,037
叙利亚	70	134,779	17	52,815
泰国	8,050	8,204,787	5,374	6,794,007
土耳其	84	251,780	78	248,107
阿拉伯联合酋长国	994	1,405,489	1,581	2,064,761
也门共和国	102	131,380	160	190,611
越南	3,144	3,264,227	1,665	2,388,699
台湾省	47,720	32,398,541	32,965	19,993,509
阿尔及利亚	11	23,059	9	25,068
贝宁	72	73,887	101	110,730
喀麦隆	5	14,721	18	38,749
刚果	34	43,153	2	5,760
吉布提	46	54,978		
埃及	200	399,963	116	327,270
埃塞俄比亚	327	499,674	107	203,859
加纳	21	30,354	31	62,692
几内亚				
科特迪瓦	12	27,070	50	135,446
肯尼亚	28	74,250	28	76,193
利比里亚	1	1,272		
利比亚	56	54,550	21	38,995
马达加斯加	25	61,787	14	20,422
毛里求斯	27	50,271	26	54,715
摩洛哥	56	91,222	34	73,344
莫桑比克	4	3,725		

1997年中国主要出口商品输往地

纸制品

输往地	1997		1996	
	数量(公吨)	金额(美元)	数量(公吨)	金额(美元)
尼日尔	1	16,950		
尼日利亚	318	589,204	201	356,915
留尼汪	59	75,032	39	48,881
卢旺达	21	21,722		
塞内加尔	1	564		
塞舌尔	1	4,142		
塞拉利昂	49	65,315	132	175,325
南非	920	1,412,602	906	2,012,320
苏丹	123	215,804	21	26,430
坦桑尼亚	33	84,891	150	182,773
多哥	7	6,900	10	10,758
突尼斯	37	104,758	41	163,399
乌干达	14	16,967	12	28,157
扎伊尔	150	240,452	1,079	1,467,421
津巴布韦	8	16,345	27	171,564
比利时	1,115	2,425,589	663	1,506,777
丹麦	685	1,114,081	661	858,875
英国	18,280	22,522,766	15,419	15,301,450
德意志联邦共和国	10,341	16,155,838	13,121	18,671,488
法国	5,749	9,429,542	5,235	7,037,324
爱尔兰	79	122,988	46	83,674
意大利	2,073	4,234,391	1,760	3,656,387
卢森堡	48	89,088	55	48,799
荷兰	6,930	8,875,744	3,328	5,243,859
希腊	202	655,940	247	753,102
葡萄牙	264	549,982	229	496,831
西班牙	1,252	2,766,723	1,528	2,384,105
阿尔巴尼亚	3	2,299	45	56,724
奥地利	399	752,949	223	582,663
保加利亚	27	245,138	2	6,976
芬兰	1,120	1,180,205	447	755,019
匈牙利	59	65,535	5	14,241
冰岛	6	19,283	34	98,169
马耳他	13	21,698	22	113,642

1997年中国主要出口商品输往地

纸制品

输往地	1997		1996	
	数量(公吨)	金额(美元)	数量(公吨)	金额(美元)
挪威	225	286,760	157	247,820
波兰	513	506,759	175	312,046
罗马尼亚	113	376,310	76	210,248
瑞典	1,128	1,859,772	1,263	2,077,934
瑞士	460	1,222,243	621	1,384,521
爱沙尼亚		450	1	5,200
拉脱维亚	125	247,882	20	17,863
立陶宛	9	10,817	201	140,773
格鲁吉亚	6	20,700		
亚美尼亚	2	31,652		
白俄罗斯		102	17	13,525
哈萨克斯坦	210	187,929	111	134,358
吉尔吉斯	46	176,112	283	410,673
摩尔多瓦		210		576
俄罗斯	3,867	5,146,568	6,770	9,547,718
土库曼斯坦	2	7,122		
乌克兰	78	130,351	44	58,729
乌兹别克斯坦	26	52,589	123	367,624
南斯拉夫	26	51,310	42	66,314
斯洛文尼亚共和国	27	63,189	1	1,980
克罗地亚共和国	6	3,545	1	2,000
捷克共和国	48	72,580	1	3,374
斯洛伐克共和国	50	41,077	5	4,000
波斯尼亚一黑塞哥维那	13	29,757		
阿根廷	508	868,942	583	985,689
巴哈马	1	10,766	1	6,480
伯利兹	1	3,328	11	23,936
玻利维亚		513	1	1,826
巴西	1,551	1,906,999	2,850	2,789,571
智利	282	470,424	178	401,208
哥伦比亚	17	70,736	3	19,797
多米尼克	34	76,853	15	36,597
哥斯达黎加	1	8,129	2	944
古巴	175	542,518	415	486,514

1997 年中国主要出口商品输往地

纸制品

输往地	1997		1996	
	数量(公吨)	金额(美元)	数量(公吨)	金额(美元)
多米尼加共和国	3	23,540	3	4,942
厄瓜多尔	80	120,008	52	115,740
瓜德罗普		140		
危地马拉		2,850	6	14,352
圭亚那	1	2,660	3	4,698
洪都拉斯	1	5,070	3	9,684
牙买加	34	38,063	16	21,816
墨西哥	632	759,384	101	358,297
尼加拉瓜	3	2,997		
巴拿马	128	361,857	362	616,632
巴拉圭	247	332,864	297	291,767
秘鲁	14	34,675	59	136,243
波多黎各	3	6,767		
圣马丁岛		1,354		90
圣文森特和格林纳丁斯		460		
萨尔瓦多	3	9,452	7	23,409
苏里南	3	4,723		50
特立尼达和多巴哥	3	7,605		296
乌拉圭	60	141,204	80	78,378
委内瑞拉	19	35,193	48	139,469
加拿大	4,876	5,686,480	6,532	7,033,100
美国	88,592	118,283,494	77,967	97,548,738
澳大利亚	7,374	9,943,950	5,131	7,949,171
斐济	465	527,443	110	153,973
盖比群岛	7	4,263		
新喀里多尼亚		175		159
瓦努阿图	47	47,118	41	56,549
新西兰	360	751,330	295	768,276
巴布亚新几内亚	79	123,534	189	331,718
所罗门群岛	9	10,132		892
汤加	5	9,547	2	1,847
其他			274	421,056

1997 年中国主要出口商品输往地

家具类

输往地	1997 数量	1997 金额(美元)	1996 数量	1996 金额(美元)
总值		1,818,062,875		1,295,278,069
巴林		76,314		107,362
孟加拉国		23,736		29,576
文莱		1,539,064		1,633,845
缅甸		47,688		6,293
柬埔寨		35,772		39,790
塞浦路斯		153,275		303,435
朝鲜民主主义人民共和国		359,546		303,733
香港		359,549,395		259,757,173
印度		274,774		116,617
印度尼西亚		5,238,348		2,669,645
伊朗		1,708		2,300
以色列		1,301,377		1,020,708
日本		242,942,648		197,171,038
约旦		263,119		143,540
科威特		712,225		420,539
老挝		2,516		4,070
黎巴嫩		314,379		321,933
澳门		8,012,816		9,405,013
马来西亚		3,965,085		2,492,405
马尔代夫		16,856		1,880
蒙古		236,030		283,230
尼泊尔		404,794		5,119
阿曼		376,034		257,369
巴基斯坦		55,074		39,553
巴勒斯坦		65,760		
菲律宾		2,111,025		1,386,045
卡塔尔		156,565		164,576
沙特阿拉伯		4,008,276		2,931,856
新加坡		37,689,292		24,932,236
韩国		25,053,814		17,996,795
斯里兰卡		200,016		197,827

1997年中国主要出口商品输往地

家具类

输往地	1997		1996	
	数量	金额(美元)	数量	金额(美元)
叙利亚		35,720		15,487
泰国		2,467,006		3,893,513
土耳其		268,972		383,385
阿拉伯联合酋长国		7,267,324		4,463,517
也门共和国		13,072		52,054
越南		157,069		158,913
台湾省		78,941,576		56,169,976
阿尔及利亚		305,217		71,375
安哥拉		58,013		40,038
博茨瓦那		2,219		
喀麦隆		55,183		47,741
加那利群岛		66,365		7,050
佛得角		11,325		
埃及		346,210		75,474
赤道几内亚		9,021		102,831
埃塞俄比亚		661,175		4,350
冈比亚		10,479		352
加纳		39,743		128,334
几内亚		3,300		800
科特迪瓦		67,097		23,630
肯尼亚		7,074		103,925
利比里亚		329		
利比亚		683,357		28,119
马达加斯加		42,106		76,768
马里		2,881		
毛里求斯		83,020		76,785
摩洛哥		378,163		185,918
莫桑比克		8,241		
纳米比亚		37,217		50
尼日利亚		152,823		
留尼汪		183,278		155,119
卢旺达		9,698		

1997 年中国主要出口商品输往地

家具类

输往地	1997		1996	
	数量	金额(美元)	数量	金额(美元)
塞内加尔		3,000		42,355
塞舌尔		1,500		
南非		2,790,149		983,780
苏丹		83,036		28,319
坦桑尼亚		25,419		2,490
突尼斯		110,474		9,990
扎伊尔		5,676		3,956
赞比亚		6,804		1,580
津巴布韦		56,538		17,020
莱索托		24,120		12,040
比利时		16,360,907		10,276,127
丹麦		3,198,052		2,428,059
英国		49,487,807		36,007,689
德意志联邦共和国		40,310,978		29,910,810
法国		38,435,176		25,935,570
爱尔兰		1,069,405		431,372
意大利		14,551,150		8,507,935
卢森堡		64,233		
荷兰		33,117,459		24,196,663
希腊		2,677,422		1,122,932
葡萄牙		1,713,841		1,716,852
西班牙		12,172,096		6,305,097
阿尔巴尼亚		27,405		16,100
奥地利		647,797		319,205
保加利亚		1,223		
芬兰		883,910		711,006
匈牙利		74,706		112,271
冰岛		88,364		28,534
马耳他		266,132		79,174
挪威		1,310,917		965,877
波兰		433,040		335,451
罗马尼亚		50,773		129,665

1997年中国主要出口商品输往地

家具类

输往地	1997		1996	
	数量	金额(美元)	数量	金额(美元)
瑞典		5,032,781		3,756,248
瑞士		435,288		583,192
爱沙尼亚		14,495		
拉脱维亚		6,474		11,240
白俄罗斯		787		1,300
哈萨克斯坦		57,510		52,111
吉尔吉斯		720		49,636
俄罗斯		2,815,601		2,392,901
土库曼斯坦		43,092		12,438
乌克兰		282,229		26,751
乌兹别克斯坦		9,122		2,351
南斯拉夫		5,164		16,554
捷克共和国		68,457		24,455
斯洛伐克共和国		435		
波斯尼亚—黑塞哥维那		29,495		
安提瓜和巴布达		7,893		
阿根廷		2,285,979		1,263,661
巴哈马		10,078		
巴巴多斯		30,030		22,068
巴西		1,916,423		1,283,390
智利		3,215,346		1,091,238
哥伦比亚		290,395		392,818
多米尼克		446,264		30,545
哥斯达黎加		90,555		25,596
古巴		86,346		270,979
库腊索岛		103,871		20,526
多米尼加共和国		339,701		53,952
厄瓜多尔		95,466		173,977
瓜德罗普		90,104		41,768
危地马拉		39,152		42,581
圭亚那		51,703		19,271
牙买加		103,879		121,110

1997年中国主要出口商品输往地

家具类

输往地	1997		1996	
	数量	金额(美元)	数量	金额(美元)
马提尼克		47,234		
墨西哥		595,299		590,734
巴拿马		1,396,514		699,713
巴拉圭		123,304		163,265
秘鲁		382,405		178,646
波多黎各		1,234,566		426,739
圣马丁岛		6,291		44
萨尔瓦多		56,097		1,790
苏里南		19,377		7,610
特立尼达和多巴哥		39,832		11,809
乌拉圭		675,853		276,359
委内瑞拉		592,076		94,457
加拿大		24,782,151		18,945,465
美国		730,903,163		500,862,246
百慕大		2,766		
澳大利亚		27,758,597		17,148,784
斐济		60,031		22,036
新喀里多尼亚		31,334		16,400
瓦努阿图		6,385		3,504
新西兰		3,613,571		2,549,819
诺福克岛		26,191		
巴布亚新几内亚		30,210		73,751
社会群岛		6,155		25,948
所罗门群岛		6,156		15,157
汤加		2,918		200
马绍尔群岛共和国		1,655		11,799
贝劳共和国		24,762		9,677
大洋洲其他国家		22,044		36,372
其他				274,164

1997年中国主要出口商品输往地

钢材

输往地	1997		1996	
	数量(公吨)	金额(美元)	数量(公吨)	金额(美元)
总值	4,619,391	1,935,047,856	4,217,150	1,756,740,377
阿富汗	20	11,107	35	30,064
巴林	2,015	950,979	1,185	794,186
孟加拉国	9,048	6,342,555	4,162	2,896,318
文莱	18,619	5,592,346	23,937	8,339,133
缅甸	49,728	23,077,509	31,757	12,647,755
柬埔寨	59,405	16,493,127	34,287	10,243,104
塞浦路斯	292	238,175	284	255,734
朝鲜民主主义人民共和国	11,189	6,881,575	9,516	7,386,254
香港	749,267	301,731,901	814,461	305,017,037
印度	74,540	38,738,090	34,291	22,630,532
印度尼西亚	130,569	56,200,241	103,063	46,514,839
伊朗	22,145	16,901,568	12,809	10,560,536
伊拉克	220	159,057		
以色列	3,369	3,457,777	2,885	2,953,960
日本	627,150	240,093,613	364,498	162,043,290
约旦	3,356	1,399,564	4,472	2,230,175
科威特	5,104	3,849,122	3,225	2,087,856
老挝	390	154,215	1,258	463,485
黎巴嫩	5,279	2,822,333	3,316	1,982,729
澳门	14,952	6,376,116	6,515	4,182,493
马来西亚	240,177	86,177,439	237,348	81,517,026
蒙古	1,029	594,192	1,405	593,023
尼泊尔	190	103,737	28	46,457
阿曼	63	41,116	50	28,701
巴基斯坦	26,740	15,224,939	24,226	18,239,357
巴勒斯坦	76	99,463	199	189,317
菲律宾	77,287	30,479,581	121,034	43,964,309
卡塔尔	983	624,076	344	207,374
沙特阿拉伯	27,188	13,526,114	14,719	8,488,423
新加坡	176,600	82,468,357	158,431	66,061,424
韩国	1,094,334	350,897,820	906,989	304,127,016
斯里兰卡	6,493	2,814,600	5,112	2,263,430

1997年中国主要出口商品输往地

钢材

输往地	1997		1996	
	数量(公吨)	金额(美元)	数量(公吨)	金额(美元)
叙利亚	18,671	12,440,469	5,705	3,880,290
泰国	208,994	67,235,314	293,025	92,445,545
土耳其	3,595	2,394,342	3,219	2,564,790
阿拉伯联合酋长国	30,754	19,575,899	26,517	18,914,504
也门共和国	2,438	1,282,877	1,141	757,015
越南	27,292	11,088,559	31,861	15,759,656
台湾省	96,089	64,009,021	71,831	50,151,718
阿尔及利亚	1,372	1,968,646	406	413,753
贝宁	44	24,028	723	151,957
博茨瓦那	1,258	1,262,633		
喀麦隆	76	91,141	33	25,777
吉布提	175	107,424	122	106,131
埃及	28,728	17,344,949	45,026	28,657,196
赤道几内亚	138	145,564	217	84,335
埃塞俄比亚	689	384,235	731	443,291
加蓬	246	275,867	1,805	616,560
冈比亚	21	15,924		
加纳	302	192,734	328	214,879
几内亚	96	46,461	64	29,860
科特迪瓦	444	296,294	536	383,109
肯尼亚	840	756,172	1,136	802,352
利比里亚	17	13,500		
利比亚	492	644,740	139	116,978
马达加斯加	443	225,551	227	127,664
马拉维	10	6,747		
马里	62	25,668		
毛里塔尼亚	77	58,337	129	90,112
毛里求斯	603	327,701	325	202,889
摩洛哥	711	574,742	917	763,242
莫桑比克	82	76,268	191	237,286
纳米比亚	14	3,522		305
尼日利亚	2,895	2,312,771	1,206	1,121,206
卢旺达	2	2,117	19	11,351

1997年中国主要出口商品输往地

钢材

输往地	1997		1996	
	数量(公吨)	金额(美元)	数量(公吨)	金额(美元)
塞内加尔	330	211,227	875	566,988
塞舌尔	16	14,705		
塞拉利昂	27	15,961	48	32,473
南非	2,766	3,104,943	2,432	2,185,280
苏丹	9,782	5,782,186	828	1,276,426
坦桑尼亚	3,544	2,160,076	12,797	7,526,486
多哥	1,341	471,582	454	247,332
突尼斯	583	451,582	544	464,648
乌干达	19	14,424	27	29,457
扎伊尔	16	8,017	66	45,923
赞比亚	76	54,471		
津巴布韦	206	156,044	69	59,757
莱索托	2	2,291	30	31,918
比利时	72,720	25,123,102	3,792	3,715,108
丹麦	933	1,719,429	360	263,218
英国	70,305	31,612,634	16,273	12,815,701
德意志联邦共和国	9,349	14,720,542	10,766	14,288,646
法国	5,877	4,514,378	3,281	3,925,604
爱尔兰	239	485,417	60	251,554
意大利	42,328	20,965,362	41,515	22,969,055
荷兰	2,508	2,982,925	5,808	5,944,877
希腊	1,108	1,359,232	2,002	2,436,452
葡萄牙	534	487,049	445	355,614
西班牙	19,412	8,693,817	2,346	2,154,348
奥地利			78	194,351
芬兰	191	272,034	64	140,714
匈牙利	546	739,602	652	790,290
马耳他	143	77,205	130	74,334
挪威	40	33,999	24	23,427
波兰	686	832,884	34	94,659
罗马尼亚	41	70,936	135	139,602
瑞典	121	184,226	107	180,303
瑞士	41	25,276	116	83,817

1997年中国主要出口商品输往地

钢材

输往地	1997		1996	
	数量(公吨)	金额(美元)	数量(公吨)	金额(美元)
吉尔吉斯	68	74,314	580	670,317
俄罗斯	4,436	5,446,591	36,870	13,211,279
土库曼斯坦			576	448,882
乌克兰	6,686	2,662,103	2,183	1,091,520
南斯拉夫	16	19,174	33	33,232
捷克共和国	17	21,456		
斯洛伐克共和国	1	508		
阿根廷	1,984	2,423,089	359	417,729
巴巴多斯	24	13,629	68	34,897
巴西	4,086	3,294,880	691	733,222
智利	2,004	2,258,671	24,437	9,159,167
哥伦比亚	915	1,082,951	969	1,052,865
多米尼克	112	143,618	55	62,801
哥斯达黎加	111	110,911	46	46,182
古巴	1,157	810,579		
多米尼加共和国	166	193,970	94	118,350
厄瓜多尔	1,300	1,466,772	604	736,556
危地马拉	80	73,537	215	216,659
圭亚那	206	235,511	36	27,439
洪都拉斯	98	125,824	18	25,091
牙买加	157	93,973	17	14,024
墨西哥	123	195,655		
尼加拉瓜	9	10,804		
巴拿马	152	120,690	413	318,147
巴拉圭	9	9,939	45	41,741
秘鲁	594	854,721	3,764	1,615,597
波多黎各	4,137	2,190,703	2,186	1,182,320
萨尔瓦多	173	116,278	164	114,749
苏里南	29	15,280	59	32,935
特立尼达和多巴哥	127	82,519	50	30,298
乌拉圭	72	117,606	51	68,489
委内瑞拉	2,310	3,043,398	1,455	1,520,409
加拿大	33,437	16,217,819	58,232	22,590,459

1997年中国主要出口商品输往地

钢材

输往地	1997		1996	
	数量(公吨)	金额(美元)	数量(公吨)	金额(美元)
美国	399,301	223,757,672	533,428	255,564,364
格陵兰	7	7,868		
澳大利亚	41,442	19,345,030	27,300	12,775,874
斐济	159	115,759	123	72,379
瓦努阿图	270	78,666		
新西兰	2,077	1,111,462	1,945	808,973
巴布亚新几内亚	10	13,392	21	12,397
社会群岛	6	5,738		
所罗门群岛	8	4,575		
其他			490	523,584

水泥

输往地	1997		1996	
	数量(公吨)	金额(美元)	数量(公吨)	金额(美元)
总值	11,684,542	445,714,935	11,796,955	450,914,219
孟加拉国	2,551,341	84,091,983	2,755,007	91,478,393
文莱	275,566	11,662,288	314,799	13,171,708
缅甸	388,638	13,917,096	346,715	14,269,166
柬埔寨	50,277	1,972,063	36,348	1,521,944
朝鲜民主主义人民共和国	5,948	257,631	320	10,715
香港	1,155,216	51,436,851	898,280	40,478,537
印度尼西亚	146,547	5,335,869	289,335	11,261,741
日本	86,298	3,478,886	100,025	4,257,275
老挝	4,363	250,929	11,944	574,361
澳门	491,696	19,834,761	303,142	12,298,024
马来西亚	1,243,994	46,463,897	1,146,186	45,198,804
蒙古	670	42,345	954	46,835
巴基斯坦	213	21,624	10,382	478,853
菲律宾	504,471	19,618,023	830,005	31,404,260
新加坡	1,059,724	40,514,413	1,190,251	47,389,477
韩国	1,695,361	65,881,391	1,247,003	48,540,697

1997年中国主要出口商品输往地

水泥

输往地	1997		1996	
	数量(公吨)	金额(美元)	数量(公吨)	金额(美元)
斯里兰卡	168,460	7,047,662	306,748	12,358,237
泰国			18	1,260
也门共和国	239,302	7,856,144	239,735	8,475,448
越南	820,044	33,667,468	1,191,138	44,328,901
台湾省	27,913	1,097,039	137,612	5,370,172
埃及	240	61,200	200	36,000
埃塞俄比亚	13,373	452,002		
几内亚	41,000	1,394,000		
马达加斯加	12,580	463,879		
毛里塔尼亚	15,750	511,875		
毛里求斯	2	209		
尼日利亚	9	530		
南非	19	719	61	8,227
乌干达	30	7,125		
丹麦				
英国				
德意志联邦共和国			1	65
意大利	140	28,450	99	18,217
荷兰	229	27,029	50	6,781
希腊	60	7,800	278	10,824
西班牙	52	7,290		
俄罗斯	16,365	1,007,282	14,996	854,646
智利	20	720		5
委内瑞拉	4	212		
加拿大				4
美国	659,868	26,896,486	389,551	15,747,813
澳大利亚	761	86,710	160	16,452
新西兰	8,000	313,000		
其他			35,612	1,300,377

1997 年中国主要出口商品输往地

焦炭

输往地	1997		1996	
	数量(公吨)	金额(美元)	数量(公吨)	金额(美元)
总值	10,580,693	790,964,300	7,789,708	619,144,732
孟加拉国	7,193	785,087	9,577	981,770
缅甸	1,991	188,906	150	5,400
朝鲜民主主义人民共和国	48,875	3,378,409	100,053	7,532,962
香港	15,541	884,540	26,561	1,425,644
印度	1,906,143	135,808,185	1,099,678	82,377,021
印度尼西亚	41,059	3,308,722	44,163	3,976,399
伊朗	109,892	7,696,812		
日本	1,181,546	97,240,549	575,759	55,781,603
澳门	361	34,330		
马来西亚	47,857	3,196,483	65,883	4,760,040
蒙古	183	33,054	791	53,911
巴基斯坦	22,653	1,821,235	4,014	490,758
菲律宾	18,403	1,662,175	21,408	1,883,000
新加坡	9,266	712,396	8,370	719,604
韩国	164,435	14,385,535	96,463	8,930,025
斯里兰卡	47	5,188		
泰国	48,460	4,384,705	79,814	7,114,843
土耳其	470,524	35,334,019	300,193	23,319,442
阿拉伯联合酋长国	4,510	441,129	567	72,629
越南	400	29,851	484	49,900
台湾省	99,694	8,659,716	95,871	8,834,143
埃及	41,624	2,906,920	42,085	3,342,158
南非	324,597	24,088,016	176,921	13,291,854
比利时	328,314	23,583,634	334,243	25,365,318
英国	499,239	36,652,507	555,182	44,848,476
德意志联邦共和国	309,156	23,161,008	582,811	45,250,870
法国	469,436	35,350,321	169,786	12,314,955
意大利	223,531	17,297,997	150,964	12,230,162
荷兰	293,723	22,187,264	355,323	28,638,831
西班牙	21,595	1,641,234	132,073	11,112,532
阿尔巴尼亚	8,000	552,000		
保加利亚	15,847	1,168,853	124,264	9,502,747
冰岛	18,647	1,275,742	13,500	938,250

1997年中国主要出口商品输往地

焦炭

输往地	1997		1996	
	数量(公吨)	金额(美元)	数量(公吨)	金额(美元)
挪威	93,267	6,761,178	74,414	5,405,794
罗马尼亚	78,075	4,957,764		
瑞典	208,996	15,743,045	109,416	8,059,704
瑞士	1,058,195	81,102,751	494,603	39,109,932
俄罗斯	285	98,793	18	680
南斯拉夫	40,000	3,320,000	40,962	3,358,913
阿根廷	20	1,580	20	1,580
巴西	826,094	57,019,854	458,780	34,970,752
智利	12,904	841,986		
墨西哥	137,324	8,239,971	77,175	4,585,745
秘鲁	97,111	6,970,124	233,093	17,037,626
美国	1,222,422	92,079,108	1,050,707	86,007,066
澳大利亚	53,258	3,971,624	25,000	1,650,000
其他			58,566	3,811,693

成品油

输往地	1997		1996	
	数量(公吨)	金额(美元)	数量(公吨)	金额(美元)
总值	5,585,850	1,201,360,778	4,173,024	868,562,783
阿富汗	12	10,909		
孟加拉国	621	89,009	79	49,949
文莱	374	147,717	573	237,195
缅甸	22,116	5,022,117	16,828	4,198,686
柬埔寨	66	14,285		147
塞浦路斯	26,508	4,984,938	8,173	1,514,384
朝鲜民主主义人民共和国	109,600	26,861,426	66,533	15,614,651
香港	1,698,748	341,850,199	1,588,994	304,483,967
印度	43,630	6,582,317	790	121,637
印度尼西亚	76,880	16,444,361	9,427	4,319,431
伊朗	34,536	8,376,623	7,751	3,182,466
伊拉克	1,175	247,845		

1997年中国主要出口商品输往地

成品油

输往地	1997		1996	
	数量(公吨)	金额(美元)	数量(公吨)	金额(美元)
以色列	2,435	959,354	2,383	931,392
日本	411,572	88,923,665	552,250	109,406,809
约旦	26	16,092	26	15,556
老挝	116	38,798	359	152,738
黎巴嫩	13	7,212	7	3,940
澳门	45,186	9,012,192	17,992	3,828,534
马来西亚	32,222	7,511,741	6,749	2,407,590
蒙古	3,969	1,269,932	1,539	626,799
尼泊尔	1,647	625,734	1,262	481,831
阿曼	9	2,295		
巴基斯坦	4,528	1,751,310	4,894	1,867,453
菲律宾	50,320	11,290,709	13,290	3,432,073
沙特阿拉伯	60,327	11,938,040	1,159	199,070
新加坡	758,278	156,174,681	162,355	37,158,910
韩国	642,166	139,030,381	1,062,127	214,506,643
斯里兰卡	2,910	601,308	63	36,372
叙利亚	6	2,853		
泰国	52,336	17,183,594	74,558	23,688,113
土耳其	5,402	903,343	570	103,397
阿拉伯联合酋长国	88	53,086	13	17,500
也门共和国	359	102,531	422	245,809
越南	536,893	113,503,505	70,123	13,054,245
台湾省	211,428	46,403,006	76,735	17,140,233
埃及	470	123,743	145	28,275
赤道几内亚	76	31,587		
埃塞俄比亚	659	273,420	997	409,361
利比里亚	32,145	5,306,192	9,785	1,558,159
马里	4	6,852	4	10,744
毛里求斯	17	11,159	12	7,989
索马里	610	142,250		
苏丹	300	89,096	13	7,846
坦桑尼亚	90	23,040	50	11,250
比利时	250	53,250		
丹麦	1,075	291,269	685	115,155

1997年中国主要出口商品输往地

成品油

输往地	1997		1996	
	数量(公吨)	金额(美元)	数量(公吨)	金额(美元)
英国	14,392	5,154,176	8,233	2,909,979
德意志联邦共和国	35,209	13,436,908	25,167	9,444,936
法国	21,685	8,411,092	17,135	6,657,955
意大利	12,549	4,751,237	8,806	3,422,268
荷兰	9,577	3,425,100	2,897	1,148,101
希腊	12,597	2,463,927	19,897	3,252,084
奥地利	8,377	3,272,087	4,773	1,906,667
芬兰	6,603	2,428,978	4,684	1,827,520
马耳他	11,403	2,120,430	7,329	1,460,366
挪威	5,963	1,347,522	7,439	1,468,786
波兰	3,120	1,142,378	2,832	874,570
罗马尼亚	3,301	815,663	2,047	784,778
瑞典	10,593	4,104,918	9,719	3,702,804
瑞士	25,427	9,577,174	18,362	7,338,301
白俄罗斯	2,306	562,308		
哈萨克斯坦	2,280	903,887	2,519	858,221
吉尔吉斯	36	15,660	3,698	695,224
俄罗斯	127,095	25,967,354	68,082	10,844,439
乌克兰	3,313	1,150,734	3,267	831,416
乌兹别克斯坦	1,200	461,933	1,599	628,684
安提瓜和巴布达	427	62,852		
巴哈马	13,734	2,476,544	2,728	412,262
巴巴多斯	1,436	182,100		
伯利兹	4,255	659,415	345	79,430
玻利维亚	99	12,725		
巴西	517	115,279	2	2,375
古巴	2,268	324,562		
厄瓜多尔	20	3,580	13	8,582
洪都拉斯	2,608	497,207	1,897	371,120
巴拿马	188,901	33,944,268	108,501	18,932,789
圣文森特和格林纳丁斯	40,155	6,735,062	14,149	2,425,978
萨尔瓦多	20	10,940		
加拿大	15,051	5,912,675	7,238	2,960,138
美国	73,655	21,736,763	26,666	10,705,571
百慕大	1,680	369,600	531	71,398

1997年中国主要出口商品输往地

成品油

输往地	1997		1996	
	数量(公吨)	金额(美元)	数量(公吨)	金额(美元)
澳大利亚	49,114	11,941,872	4,036	1,638,182
瓦努阿图	253	43,784	583	81,553
新西兰	660	142,440	5	3,292
巴布亚新几内亚	203	58,787		
马绍尔群岛共和国	1,566	327,891		
其他			28,131	5,636,715

塑料

输往地	1997		1996	
	数量	金额(美元)	数量	金额(美元)
总值		4,887,521,066		3,615,938,318
阿富汗		394,233		251,282
巴林		463,701		159,869
孟加拉国		3,303,161		2,330,089
文莱		338,008		199,371
缅甸		1,195,516		1,560,701
柬埔寨		733,975		502,371
塞浦路斯		964,826		984,027
朝鲜民主主义人民共和国		14,882,737		14,230,454
香港		1,549,349,676		1,004,789,941
印度		7,823,874		4,434,187
印度尼西亚		16,502,071		21,997,628
伊朗		2,205,147		1,546,723
伊拉克		2,811		
以色列		8,010,799		5,753,414
日本		418,843,810		342,385,588
约旦		1,966,842		1,100,937
科威特		1,624,396		1,835,053
老挝		32,089		112,638
黎巴嫩		4,099,764		2,568,040
澳门		15,495,804		12,807,265
马来西亚		25,057,210		19,291,302

1997年中国主要出口商品输往地

塑料

输往地	1997		1996	
	数量	金额(美元)	数量	金额(美元)
马尔代夫		31,832		29,867
蒙古		712,923		1,245,960
尼泊尔		92,449		135,230
阿曼		78,399		82,977
巴基斯坦		7,713,567		10,406,065
巴勒斯坦		428,627		174,279
菲律宾		30,788,068		12,847,951
卡塔尔		112,354		48,410
沙特阿拉伯		12,362,565		9,768,494
新加坡		60,596,096		44,778,107
韩国		81,234,542		56,165,263
斯里兰卡		2,020,350		437,743
叙利亚		1,664,115		1,387,449
泰国		46,069,733		12,172,146
土耳其		6,028,228		6,384,208
阿拉伯联合酋长国		22,001,547		15,251,854
也门共和国		1,123,293		1,656,947
越南		12,870,442		10,197,232
台湾省		62,275,835		52,128,014
阿尔及利亚		930,825		947,543
安哥拉		414,996		430,098
贝宁		108,888		66,668
博茨瓦那		450		428
布隆迪		6,365		
喀麦隆		331,615		23,288
加那利群岛		363,470		376,960
佛得角		14,066		
中非共和国		45,540		
塞卜泰(休达)		765		9,827
乍得		1,244		
刚果		412,022		347,648
吉布提		36,758		49,040
埃及		10,260,302		5,516,862
赤道几内亚		5,568		24
埃塞俄比亚		331,749		230,713

1997年中国主要出口商品输往地

塑料

输往地	1997		1996	
	数量	金额(美元)	数量	金额(美元)
加蓬		7,631		40,516
冈比亚		50,594		6,050
加纳		451,275		415,356
几内亚		135,477		25,875
科特迪瓦		371,252		405,488
肯尼亚		1,188,789		789,222
利比里亚		120,484		7,075
利比亚		192,222		76,902
马达加斯加		325,885		140,432
马里		45,770		10,571
毛里塔尼亚				146,960
毛里求斯		746,000		395,276
摩洛哥		2,275,210		1,316,370
莫桑比克		184,469		164,050
纳米比亚		186,962		88,288
尼日尔		102,130		9,590
尼日利亚		3,694,710		1,785,200
留尼汪		51,054		67,587
卢旺达		16,620		1,319,015
塞内加尔		240,883		228,644
塞舌尔		46,683		
塞拉利昂		15,937		122,839
索马里		12,661		
南非		13,242,090		9,457,814
苏丹		9,971,380		4,500,458
坦桑尼亚		682,626		979,275
多哥		62,080		115,341
突尼斯		1,368,256		712,043
乌干达		58,903		250,290
扎伊尔		462,567		978,358
赞比亚		22,164		136,947
津巴布韦		235,780		50,575
非洲其他国家		9,900		46,969
比利时		39,206,310		26,189,188
丹麦		16,136,690		12,772,017

1997年中国主要出口商品输往地

塑料

输往地	1997		1996	
	数量	金额(美元)	数量	金额(美元)
英国		193,589,063		144,283,180
德意志联邦共和国		169,190,101		125,294,792
法国		105,056,401		86,200,601
爱尔兰		5,381,789		5,911,583
意大利		67,669,014		56,889,859
卢森堡		7,793,982		5,125,150
荷兰		120,654,616		99,827,967
希腊		9,023,086		5,823,176
葡萄牙		6,523,612		3,371,828
西班牙		46,794,548		30,291,100
阿尔巴尼亚		117,524		75,510
安道尔		4,394		
奥地利		3,344,131		2,593,059
保加利亚		242,747		226,257
芬兰		9,685,226		5,486,256
匈牙利		1,120,743		1,667,066
冰岛		253,688		27,579
列支敦士登		300		
马耳他		214,165		332,243
摩纳哥		5,498		26,192
挪威		7,414,708		5,180,472
波兰		8,613,677		9,000,575
罗马尼亚		4,180,428		1,350,890
圣马力诺		1,114		
瑞典		22,819,806		13,434,260
瑞士		7,391,733		8,676,216
爱沙尼亚		18,780		48,485
拉脱维亚		365,070		162,106
立陶宛		232,618		375,635
格鲁吉亚				34,996
白俄罗斯		388,364		323,472
哈萨克斯坦		4,662,828		1,732,772
吉尔吉斯		1,693,211		1,115,339
摩尔多瓦		2,864		6,952
俄罗斯		25,532,631		13,243,125

1997年中国主要出口商品输往地

塑料

输往地	1997 数量	1997 金额(美元)	1996 数量	1996 金额(美元)
土库曼斯坦		101,363		
乌克兰		722,516		411,598
乌兹别克斯坦		13,837,304		2,499,056
南斯拉夫		129,215		113,019
斯洛文尼亚共和国		91,975		35,317
克罗地亚共和国		60,998		4,996
捷克共和国		1,963,504		773,256
斯洛伐克共和国		171,095		16,656
马其顿共和国		59,744		
波斯尼亚—黑塞哥维那		2,070		
安提瓜和巴布达		363		4,145
阿根廷		8,809,524		6,327,046
阿鲁巴岛		22,111		2,252
巴哈马		12,095		42,054
巴巴多斯		96,834		35,096
伯利兹		2,696		12,734
玻利维亚		59,119		48,646
巴西		26,242,260		14,292,346
智利		9,882,433		6,339,736
哥伦比亚		1,109,890		756,847
多米尼克		458,518		211,983
哥斯达黎加		239,711		219,990
古巴		2,783,827		1,206,014
库腊索岛		181,023		115,081
多米尼加共和国		474,671		192,645
厄瓜多尔		1,559,625		706,780
法属圭亚那		30,285		39,337
格林纳达		553		
瓜德罗普		48,046		22,311
危地马拉		333,992		121,523
圭亚那		259,165		157,959
海地		68,615		14,734
洪都拉斯		80,600		30,574
牙买加		939,939		204,366
墨西哥		6,264,303		6,018,877

1997年中国主要出口商品输往地

塑料

输往地	1997		1996	
	数量	金额(美元)	数量	金额(美元)
尼加拉瓜		51,298		8,964
巴拿马		10,143,643		4,920,457
巴拉圭		1,674,556		1,441,845
秘鲁		1,489,701		1,078,531
波多黎各		2,064,024		1,221,061
圣卢西亚		11,880		
圣马丁岛		21,900		10,081
萨尔瓦多		364,519		136,817
苏里南		121,659		74,595
特立尼达和多巴哥		185,866		177,699
乌拉圭		2,203,845		1,442,655
委内瑞拉		2,591,601		921,409
拉美洲其他国家		35,702		14,774
加拿大		138,713,587		86,297,084
美国		1,205,933,663		1,038,418,292
格陵兰		7,938		
百慕大		7,130		
澳大利亚		77,685,492		57,318,816
库克群岛		7,075		
斐济		724,938		641,317
盖比群岛		284,129		
瑙鲁		1,182		
新喀里多尼亚		75,577		164,803
瓦努阿图		2,664		
新西兰		8,687,194		5,738,200
巴布亚新几内亚		404,644		307,600
社会群岛		76,719		28,128
所罗门群岛		36,144		5,680
汤加		13,694		32,001
萨摩亚		57,557		58,591
基里巴斯		7,560		23,076
马绍尔群岛共和国		35,252		20,823
贝劳共和国		21,541		7,596
大洋洲其他国家		13,128		39,509
其他				383,491

1997年中国主要出口商品输往地

各种染料

输往地	1997		1996	
	数量(公吨)	金额(美元)	数量(公吨)	金额(美元)
总值	127,284	527,588,807	95,354	400,967,811
孟加拉国	1,850	3,002,318	1,627	3,366,935
文莱	15	45,600	12	61,622
缅甸	538	1,406,320	747	2,040,949
柬埔寨	10	3,650		
朝鲜民主主义人民共和国	54	206,219	164	882,078
香港	14,754	68,217,350	16,488	69,689,142
印度	2,697	13,008,240	1,669	8,223,061
印度尼西亚	10,248	32,512,329	3,621	12,637,850
伊朗	3,069	9,736,834	1,065	4,369,900
以色列	68	335,305	82	312,230
日本	8,104	34,113,735	5,789	26,709,176
约旦	91	336,733	49	222,520
科威特	100	39,000		48
澳门	3	13,355	3	17,289
马来西亚	294	1,066,148	314	1,377,568
蒙古		154	5	2,015
尼泊尔	23	108,903	27	90,616
阿曼	1	14,874		
巴基斯坦	3,856	10,448,037	3,781	10,969,150
菲律宾	248	1,089,517	175	867,090
沙特阿拉伯	66	186,510	19	129,195
新加坡	1,252	6,651,943	1,029	5,715,787
韩国	18,392	68,116,594	12,579	50,861,410
斯里兰卡	110	396,397	81	363,160
叙利亚	555	2,595,439	548	2,212,524
泰国	3,651	11,815,330	3,204	13,514,040
土耳其	1,523	6,985,784	1,278	6,891,309
阿拉伯联合酋长国	351	1,349,704	414	1,583,342
也门共和国	9	39,189	3	14,036
越南	1,212	3,899,638	994	3,739,955
台湾省	12,268	51,914,030	6,593	30,178,799

1997 年中国主要出口商品输往地

各种染料

输往地	1997		1996	
	数量(公吨)	金额(美元)	数量(公吨)	金额(美元)
阿尔及利亚	21	98,550	21	51,805
安哥拉	1	4,969	30	37,200
吉布提	2	14,102		
埃及	1,370	3,474,677	1,054	2,858,222
埃塞俄比亚	13	80,555	13	93,117
加纳	3	31,401	1	11,321
科特迪瓦	29	116,694	106	598,905
肯尼亚	10	42,341	21	31,099
马里	14	126,266	132	528,739
毛里塔尼亚	11	39,016		
毛里求斯	141	610,571	24	170,580
摩洛哥	259	849,684	156	498,181
尼日尔	2	29,700		
尼日利亚	249	1,237,643	242	1,088,951
卢旺达	5	10,960		
南非	76	297,674	44	269,651
苏丹	37	132,514	47	229,344
坦桑尼亚	4	15,819	21	34,853
突尼斯	61	141,665	15	18,225
赞比亚	5	89,228		
津巴布韦	5	6,081		
比利时	1,189	6,834,589	1,153	4,209,769
丹麦		3,993		
英国	4,017	19,308,927	3,584	18,478,615
德意志联邦共和国	2,241	10,438,122	1,794	6,396,501
法国	86	598,801	78	801,776
爱尔兰	11	118,700	3	70,086
意大利	3,344	12,261,536	3,029	9,668,984
荷兰	5,751	32,934,526	4,857	27,312,953
希腊	267	967,218	87	405,150
葡萄牙	441	534,446	330	398,728
西班牙	1,575	4,730,583	959	3,123,741

1997 年中国主要出口商品输往地

各种染料

输往地	1997		1996	
	数量(公吨)	金额(美元)	数量(公吨)	金额(美元)
奥地利	1	9,235		
芬兰	29	40,900	1	11,075
匈牙利		5,623		
波兰	98	509,095	126	627,383
瑞典	85	387,420	15	36,933
瑞士	2,130	11,827,760	247	1,235,296
哈萨克斯坦	25	116,500	30	139,724
俄罗斯	82	151,196	9	26,485
斯洛伐克共和国		389		
阿根廷	1,003	3,418,306	571	2,434,412
巴西	2,314	9,992,020	1,692	6,674,051
智利	108	460,765	124	535,015
哥伦比亚	272	901,295	192	717,073
多米尼克		458		
古巴	6	66,411	5	40,455
厄瓜多尔	136	356,961	71	208,354
危地马拉	240	352,488	242	368,293
墨西哥	879	2,896,373	742	2,449,334
巴拿马	60	289,913	78	343,579
巴拉圭		619		
秘鲁	72	186,090	50	188,148
乌拉圭	3	13,509	26	86,482
委内瑞拉	96	540,582	69	467,961
加拿大	262	1,196,761	540	1,525,593
美国	12,284	66,015,639	9,823	46,342,332
澳大利亚	399	1,706,404	339	1,116,698
新西兰	49	306,765	104	641,212
巴布亚新几内亚		2,600	1	2,933
其他			99	319,698

1997 年中国主要出口商品输往地

各类船

输往地	1997 数量(艘)	1997 金额(美元)	1996 数量(艘)	1996 金额(美元)
总值	18,668	1,618,483,887	17,207	1,142,891,781
巴林	7	2,116,010		
缅甸	82	58,699,303	22	52,216,609
朝鲜民主主义人民共和国	11	217,116	6	1,860,600
香港	582	182,564,225	869	227,673,878
印度	162	207,437	4	3,569,448
印度尼西亚	21	4,054,300	6	18,410,270
以色列	36	7,760		
日本	10,482	59,138,901	8,882	34,594,113
科威特	7	1,926	50	8,750
老挝	1	24,140		
澳门	18	458,283	5	447,716
马来西亚	8	105,150,010	62	3,904,402
巴基斯坦	73	44,188	2	2,023,373
菲律宾	30	36,691,184	6	66,698
新加坡	237	178,201,052	277	68,859,189
韩国	354	15,817,001	818	37,637,668
泰国	6	12,220,706	8	1,200
土耳其	24	36,913	5	875
阿拉伯联合酋长国	64	129,138	56	37,020
越南	104	176,852	119	152,523
台湾省	71	2,679,917	7	238,050
埃及	1	5,340	6	23,280
赤道几内亚	7	152,841		
加蓬	2	1,326,000		
几内亚	2	6,507		
利比里亚	4	63,022,000	4	95,202,640
马达加斯加	2	220,000		
尼日利亚	2	357,000	3	2,500,000
塞拉利昂	1	506,000		
苏丹	15	70,726		
丹麦	420	28,491,301	92	27,926
英国	496	27,688,179	175	1,685,124
德意志联邦共和国	629	229,913,896	489	74,298,130

1997年中国主要出口商品输往地

各类船

输往地	1997		1996	
	数量(艘)	金额(美元)	数量(艘)	金额(美元)
法国	441	112,360	1,127	351,642
爱尔兰	1	7,706,496		
意大利	303	318,213	308	106,491
荷兰	1,758	2,878,844	1,052	51,623,959
希腊	200	37,547	303	64,213
葡萄牙	200	40,557		
西班牙	100	23,131		
芬兰	100	24,361		
挪威	309	343,295,562	105	142,134,490
瑞典	290	65,366	200	56,852
立陶宛	20	1,006		
捷克共和国	103	62,232,462		
巴哈马	2	42,100,000	3	53,760,000
智利	178	48,967	200	30,955
危地马拉	8	6,400		
巴拿马	45	79,604,320	6	6,183,974
加拿大	31	65,092,861	42	69,072,584
美国	466	2,790,523	1,217	1,114,708
澳大利亚	92	511,094	73	136,870
新西兰	55	10,165	135	8,993
巴布亚新几内亚	3	1,160,000	3	5,598,550
大洋洲其他国家	2	27,500		
其他			460	187,208,018

集装箱

输往地	1997		1996	
	数量(只)	金额(美元)	数量(只)	金额(美元)
总值	329,521	1,028,063,532	353,460	1,062,436,615
朝鲜民主主义人民共和国	100	195,000		
香港	188,145	575,830,794	175,389	558,653,024
印度	2,868	6,742,523		

1997年中国主要出口商品输往地

集装箱

输往地	1997		1996	
	数量(只)	金额(美元)	数量(只)	金额(美元)
以色列	620	1,137,000	1,363	4,814,469
日本	7,998	23,105,729	21,321	61,646,347
澳门	11	13,721	53	62,848
马来西亚	365	808,625	40	114,400
新加坡	1,893	10,203,692	346	5,851,980
韩国	59,207	194,103,302	30,157	91,877,832
越南	50	833,900		
台湾省	20,980	62,959,520	4,750	14,702,711
赤道几内亚	6	7,159		
坦桑尼亚	80	1,256,771		
比利时	419	1,430,694	1,261	3,208,890
丹麦	3,050	5,347,800	550	1,321,500
英国	6,952	17,099,307	14,990	43,211,899
德意志联邦共和国	12,838	30,622,205	13,734	35,438,870
法国	842	5,467,250	3,580	8,495,000
爱尔兰	109	2,055,556		
意大利	501	2,143,650	21	45,044
荷兰	1,329	13,255,415	1,266	3,690,930
葡萄牙	4	55,000		
奥地利	1,626	2,953,425	1,272	2,787,220
瑞典	298	890,650		
阿根廷	100	830,000		
古巴	69	70,100	122	203,398
巴拿马	3,400	7,707,000	4,600	11,645,460
加拿大	40	272,000	160	464,600
美国	13,981	50,056,974	65,251	172,128,307
澳大利亚	1,300	7,457,078	1,010	4,732,981
新西兰	332	3,134,300		
巴布亚新几内亚	7	16,295		
马绍尔群岛共和国	1	1,097		
其他			12,224	37,338,905

1997 年中国主要出口商品输往地

汽车

输往地	1997		1996	
	数量(辆)	金额(美元)	数量(辆)	金额(美元)
总值	13,401	188,907,288	12,592	145,959,260
孟加拉国	9	328,482	98	1,355,693
文莱	5	16,196	6	121,939
缅甸	333	4,292,976	3,865	41,760,767
柬埔寨	209	1,965,522	49	433,002
塞浦路斯	4	29,500		
朝鲜民主主义人民共和国	2,310	15,505,790	1,022	9,680,028
香港	2,677	73,012,561	1,712	31,022,065
印度	17	52,378	9	14,880
印度尼西亚	11	382,000	18	114,920
日本	168	1,928,725	48	875,979
约旦	87	653,026	38	307,491
科威特	93	624,636	170	1,030,888
老挝	333	4,258,527	255	1,272,613
黎巴嫩	63	464,100	30	144,457
澳门	4	95,695	2	220,195
马来西亚	28	80,427	19	172,592
蒙古	107	1,502,204	78	1,307,339
尼泊尔	24	203,517	18	696,439
巴基斯坦	103	6,227,312	50	1,868,657
菲律宾	143	1,147,653	180	1,744,227
卡塔尔	20	182,736	19	153,999
沙特阿拉伯	1,277	12,615,396	384	4,721,902
新加坡	1	38,300	516	8,646,032
韩国	19	315,230	25	158,100
斯里兰卡	1	8,000	8	415,618
叙利亚	100	304,000	222	654,038
泰国	6	272,885	36	848,614
阿拉伯联合酋长国	259	3,333,058	267	2,130,489
也门共和国	89	689,889	153	1,525,173
越南	358	4,024,077	789	8,270,303
阿尔及利亚	13	482,890		

1997年中国主要出口商品输往地

汽车

输往地	1997		1996	
	数量(辆)	金额(美元)	数量(辆)	金额(美元)
贝宁	6	41,900		
喀麦隆	27	373,646	1	8,650
刚果	2	26,178	15	170,665
埃及	493	3,220,209	596	3,843,512
赤道几内亚	9	266,346	44	723,218
埃塞俄比亚	106	1,205,851	74	1,053,346
加纳	27	92,012	6	39,408
几内亚	19	244,532	4	32,306
科特迪瓦	145	1,918,118	123	1,045,318
肯尼亚	162	2,520,704	136	2,037,828
马达加斯加	7	50,266		
马拉维	2	42,500		
马里	6	98,748	6	27,540
毛里求斯	6	15,642	15	39,586
摩洛哥	42	260,753	12	73,320
莫桑比克	18	252,000	6	82,360
尼日利亚	73	1,769,017		
卢旺达	20	74,060	14	232,800
塞舌尔	4	80,179		
南非	251	2,909,839	244	2,345,097
苏丹	522	13,034,703	52	1,163,438
坦桑尼亚	301	7,422,083	176	1,974,303
多哥	8	174,339	4	16,200
乌干达	69	1,113,928	72	485,490
布基纳法索	1	54,000		
扎伊尔	1	29,119	3	80,340
赞比亚	14	140,335	6	34,000
津巴布韦	9	80,441		
厄立特里亚	9	72,316		
丹麦	22	527,840		
英国	14	447,210	44	1,437,169
德意志联邦共和国	2	298,216	8	171,139

1997年中国主要出口商品输往地

汽车

输往地	1997		1996	
	数量(辆)	金额(美元)	数量(辆)	金额(美元)
意大利	24	25,600	33	70,250
荷兰	24	27,755		
马耳他	44	319,649		
罗马尼亚	5	25,598		
瑞典	1	14,000	1	222,639
吉尔吉斯	2	15,797	24	173,250
俄罗斯	3	66,817	5	46,689
塔吉克斯坦	18	389,121		
土库曼斯坦	3	527,472	10	142,000
乌克兰	2	9,303	1	4,010
阿根廷	865	5,548,323	202	1,110,294
巴西	2	171,151	5	28,300
智利	61	716,250	56	539,610
哥伦比亚	6	54,000	25	118,750
多米尼克	65	930,070	12	156,007
古巴	414	1,234,389		
多米尼加共和国	103	756,297	35	379,302
危地马拉	8	20,377	16	193,574
洪都拉斯	32	354,417		
尼加拉瓜	6	22,235		
巴拿马	4	42,693	21	181,975
巴拉圭	33	194,630		
秘鲁	120	906,066	7	222,867
苏里南	4	41,747		
乌拉圭	161	1,276,981	182	1,481,564
加拿大	3	20,600	30	13,941
美国	59	431,371	26	266,085
瓦努阿图	34	168,331		
新西兰	3	85,900		
巴布亚新几内亚	14	505,650	14	125,842
所罗门群岛	10	109,980		
其他			140	1,696,839

1997 年中国主要出口商品输往地

汽车零件

输往地	1997		1996	
	数量	金额(美元)	数量	金额(美元)
总值		447,211,451		382,185,909
阿富汗		171,100		125,847
巴林		28,572		2,814
孟加拉国		583,404		630,534
文莱		273		26,605
缅甸		2,100,045		2,145,107
柬埔寨		209,161		47,139
朝鲜民主主义人民共和国		78,142		140,298
香港		14,587,468		12,303,226
印度		355,759		377,340
印度尼西亚		5,972,187		6,932,238
伊朗		352,604		169,285
以色列		458,263		1,211,269
日本		92,951,194		76,365,693
约旦		313,872		589,264
科威特		234,567		293,111
老挝		154,847		210,490
黎巴嫩		124,356		84,503
澳门		4,033		57,232
马来西亚		7,884,687		5,365,736
蒙古		257,556		31,787
尼泊尔		33,572		111,725
阿曼		12,710		12,350
巴基斯坦		3,435,245		3,885,684
菲律宾		7,219,594		5,300,710
卡塔尔		66,154		93
沙特阿拉伯		1,512,643		1,061,999
新加坡		12,903,922		17,744,905
韩国		4,607,572		3,349,264
斯里兰卡		1,218,967		687,126
叙利亚		369,189		43,774
泰国		10,846,684		7,564,595

1997年中国主要出口商品输往地

汽车零件

输往地	1997		1996	
	数量	金额(美元)	数量	金额(美元)
土耳其		445,193		232,730
阿拉伯联合酋长国		4,658,465		3,610,823
也门共和国		512,086		169,054
越南		3,994,944		5,921,564
台湾省		8,525,351		7,605,617
亚洲其他国家				
阿尔及利亚		417,058		366,536
贝宁		15,466		13,902
喀麦隆		55,526		17,001
刚果		1,288		631
埃及		1,029,377		1,242,543
赤道几内亚		12,171		222,558
埃塞俄比亚		487,802		33,367
冈比亚		744		48,356
加纳		122,916		43,322
几内亚		9,011		11,089
科特迪瓦		541,429		43,126
肯尼亚		241,936		276,574
马达加斯加		1,928		145,329
马拉维		1,433		
马里		98,808		113,390
毛里求斯		8,007		82,108
摩洛哥		53,372		56,275
纳米比亚		72,306		5,174
尼日利亚		2,186,918		1,497,978
卢旺达		13,177		11,673
南非		4,608,396		3,442,661
苏丹		1,035,887		92,655
坦桑尼亚		680,220		
多哥		1,168		17,177
突尼斯		156,941		91,374
乌干达		175,913		3,715

1997年中国主要出口商品输往地

汽车零件

输往地	1997		1996	
	数量	金额(美元)	数量	金额(美元)
赞比亚		11,040		
津巴布韦		592,148		46,504
厄立特里亚		1,620		
比利时		769,742		604,653
丹麦		582,032		142,843
英国		7,366,496		6,022,883
德意志联邦共和国		6,206,220		4,932,372
法国		4,283,903		3,348,439
爱尔兰		117,898		20,403
意大利		6,027,544		3,848,296
荷兰		2,363,656		1,303,741
希腊		638,339		228,204
葡萄牙		112,580		11,963
西班牙		1,989,922		396,509
阿尔巴尼亚		20,809		7,746
奥地利		188,489		75,317
保加利亚		4,644		46,018
芬兰		324,059		436,822
匈牙利		861,111		870,879
马耳他		26,211		19,301
摩纳哥		2,207		
挪威		355,992		508,861
波兰		258,254		375,913
罗马尼亚		85,544		786,959
瑞典		660,811		449,718
瑞士		35,082		
吉尔吉斯		18,530		
俄罗斯		91,180		82,047
塔吉克斯坦		675		
土库曼斯坦		233,830		
乌克兰		85,867		
斯洛文尼亚共和国		19,365		1,554

1997年中国主要出口商品输往地

汽车零件

输往地	1997		1996	
	数量	金额(美元)	数量	金额(美元)
捷克共和国				
斯洛伐克共和国		912		
阿根廷		685,862		385,395
玻利维亚		37,620		17,063
巴西		3,224,279		7,002,768
智利		500,183		285,614
哥伦比亚		183,982		471,868
多米尼克		58,209		7,737
哥斯达黎加		68,465		48,047
古巴		1,373,584		329,628
多米尼加共和国		58,686		3,986
厄瓜多尔		544,562		138,253
危地马拉		95,555		10,751
海地		4,228		
墨西哥		285,583		10,293
巴拿马		351,532		482,796
巴拉圭		67,180		13,505
秘鲁		439,797		208,596
波多黎各		33,850		145,902
苏里南		1,097		
乌拉圭		125,968		109,485
委内瑞拉		790,754		701,069
加拿大		11,252,660		7,336,391
美国		189,138,631		162,277,908
澳大利亚		3,892,801		4,582,727
斐济		15,487		69,919
新喀里多尼亚		318		3,166
瓦努阿图		11,147		
新西兰		304,882		204,050
巴布亚新几内亚		42,386		16,900
基里巴斯		71,799		
其他				277,761

1997 年中国主要出口商品输往地

电线电缆

输往地	1997		1996	
	数量(公吨)	金额(美元)	数量(公吨)	金额(美元)
总值	303,428	869,769,264	229,648	701,472,221
孟加拉国	366	1,237,351	1,548	5,845,462
缅甸	1,170	3,485,442	1,017	3,238,553
柬埔寨	17	86,304	234	604,867
塞浦路斯	1,935	3,701,856	46	71,748
朝鲜民主主义人民共和国	267	899,564	688	2,849,828
香港	84,721	185,291,831	72,284	164,172,804
印度	2,837	8,328,255	4,013	10,291,298
印度尼西亚	1,763	5,054,273	3,092	10,929,781
伊朗	232	1,873,753	8	32,684
以色列	188	412,866	29	98,435
日本	34,539	235,179,801	25,466	192,732,284
约旦	23	65,273	16	37,379
科威特	92	202,814	20	52,159
老挝	23	73,013	97	200,624
黎巴嫩	34	74,428	107	225,866
澳门	349	931,478	251	823,943
马来西亚	1,764	8,583,026	2,571	10,096,334
蒙古	233	551,585	156	709,659
尼泊尔	69	224,308	33	181,435
阿曼	24	49,248	21	45,149
巴基斯坦	8,579	28,673,079	2,607	11,428,269
菲律宾	798	2,376,595	441	1,027,158
卡塔尔	12	27,694	4	10,960
沙特阿拉伯	576	1,061,858	340	883,728
新加坡	12,118	35,076,670	8,579	31,964,119
韩国	13,714	61,311,657	6,529	37,309,917
斯里兰卡	191	404,596	143	295,703
叙利亚	326	2,177,626	93	205,368
泰国	1,885	4,638,239	1,292	2,988,736
土耳其	27	43,652	81	154,790
阿拉伯联合酋长国	1,435	2,929,336	1,196	2,846,205
也门共和国	797	1,704,354	520	1,079,106
越南	869	2,541,195	1,262	5,043,141

1997 年中国主要出口商品输往地

电线电缆

输往地	1997		1996	
	数量(公吨)	金额(美元)	数量(公吨)	金额(美元)
台湾省	28,896	65,362,804	16,861	37,012,043
阿尔及利亚	83	176,787	14	42,730
安哥拉				
贝宁	66	131,746	30	34,414
博茨瓦那	4	12,629		
乍得	1	6,017	1	11,144
吉布提	3	9,815		
埃及	128	289,913	77	228,918
赤道几内亚	2	6,341		
埃塞俄比亚	12	47,754	43	72,060
加纳	33	72,444	8	21,210
科特迪瓦	43	106,091	115	327,725
肯尼亚	32	113,043	56	161,964
马达加斯加	60	117,485	5	9,308
毛里求斯	17	52,023	24	70,008
摩洛哥	192	340,586	151	236,334
莫桑比克	1	2,726		
尼日尔				
尼日利亚	560	993,675	387	837,930
塞内加尔	3	5,100		
南非	303	554,351	163	312,118
苏丹	75	322,052	4	5,643
坦桑尼亚	1	300	16	27,896
多哥	10	22,652	11	22,888
突尼斯	57	111,368	94	307,099
扎伊尔	10	16,856		240
赞比亚	2	1,320		
比利时	371	720,810	279	547,685
丹麦	70	240,129	20	156,913
英国	8,345	12,303,394	8,383	10,483,468
德意志联邦共和国	11,541	24,866,267	7,785	13,103,962
法国	5,707	10,244,000	1,832	3,979,148
爱尔兰	61	399,690	55	292,290
意大利	1,073	2,087,288	460	825,296

1997 年中国主要出口商品输往地

电线电缆

输往地	1997		1996	
	数量(公吨)	金额(美元)	数量(公吨)	金额(美元)
卢森堡		304		125
荷兰	1,763	3,472,755	1,104	1,969,255
希腊	251	295,228	140	211,206
葡萄牙	42	87,693	40	78,043
西班牙	828	2,468,424	613	1,909,762
阿尔巴尼亚	25	78,961		
奥地利	82	167,584	46	77,633
保加利亚	80	202,683		21,840
芬兰	27	81,733	30	87,433
匈牙利	917	1,836,318	692	1,509,754
马耳他	74	109,149	2	7,784
摩纳哥	65	80,187	34	63,198
挪威	251	463,115	44	83,844
波兰	129	169,129	75	62,255
罗马尼亚		810		457
瑞典	569	1,241,655	308	701,659
瑞士	118	138,893	53	70,459
拉脱维亚	1	431		
立陶宛	5	9,370	7	14,070
白俄罗斯				
哈萨克斯坦	2	6,644		782
俄罗斯	529	2,622,743	491	2,137,257
南斯拉夫	5	46,090		
斯洛文尼亚共和国				
捷克共和国	400	433,968	140	235,450
阿根廷	141	186,132	42	94,019
巴西	233	761,366	143	331,936
智利	370	658,433	270	614,059
哥伦比亚	58	155,777	45	94,189
多米尼克	16	43,836	1	7,000
古巴	116	575,488	52	296,139
厄瓜多尔	26	62,308	20	52,444
圭亚那	10	25,113	5	12,980
洪都拉斯			20	35,495

1997年中国主要出口商品输往地

电线电缆

输往地	1997		1996	
	数量(公吨)	金额(美元)	数量(公吨)	金额(美元)
墨西哥	133	592,798	73	506,730
巴拿马	157	322,291	271	545,560
巴拉圭	14	34,955	3	6,954
秘鲁	15	37,894	94	211,232
波多黎各	23	58,992	31	71,920
苏里南	21	9,987		
特立尼达和多巴哥	2	4,584	3	10,304
乌拉圭	16	19,385	7	2,995
委内瑞拉	21	46,971	26	63,400
加拿大	1,269	3,262,825	985	2,577,149
美国	61,756	121,665,298	50,146	113,442,935
澳大利亚	2,928	7,885,620	1,677	4,907,807
新西兰	203	333,570	119	246,666
巴布亚新几内亚		836	15	7,000
所罗门群岛		300		
其他			116	483,116

金属切削机床

输往地	1997		1996	
	数量(台)	金额(美元)	数量(台)	金额(美元)
总值	2,493,102	281,497,252	1,977,180	253,919,612
巴林	7	72,146	8	67,511
孟加拉国	5,488	464,778	3,878	540,516
文莱	11	41,751	1	1,388
缅甸	218	3,309,090	533	2,097,938
柬埔寨	232	118,481	410	173,120
塞浦路斯	196	476,091	79	154,482
朝鲜民主主义人民共和国	21	205,174	451	184,750
香港	11,932	18,106,990	22,176	17,165,514
印度	571	2,745,404	1,710	1,667,552
印度尼西亚	28,795	23,557,037	20,697	21,004,407

1997年中国主要出口商品输往地

金属切削机床

输往地	1997		1996	
	数量(台)	金额(美元)	数量(台)	金额(美元)
伊朗	3,018	4,893,384	1,245	1,722,320
以色列	1,387	193,991	1,021	351,792
日本	34,524	9,403,413	48,956	14,445,124
约旦	2,180	152,764	642	245,667
科威特	3	8,400	43	65,889
老挝	18	102,886	18	8,717
黎巴嫩	2,872	1,253,930	1,108	230,367
澳门	158	318,899	212	208,777
马来西亚	18,828	20,076,767	19,480	18,514,093
蒙古	16	17,184	2	3,850
尼泊尔	23	241,954	5	1,461
巴基斯坦	1,116	904,699	434	2,455,061
菲律宾	5,043	6,235,711	5,628	4,145,999
卡塔尔	9	46,428	52	19,360
沙特阿拉伯	3,515	936,360	1,292	441,094
新加坡	5,270	6,715,930	5,160	8,137,951
韩国	1,717	3,452,199	3,408	2,119,610
斯里兰卡	3,344	405,420	1,721	385,214
叙利亚	798	565,348	857	671,340
泰国	7,094	4,950,583	12,296	8,655,819
土耳其	13,137	1,163,365	12,565	905,004
阿拉伯联合酋长国	4,409	1,050,671	1,155	980,624
也门共和国	501	292,235	39	207,483
越南	6,271	4,012,757	9,131	1,947,212
台湾省	1,081	1,380,040	229	1,390,089
阿尔及利亚	153	795,009	2	40,383
博茨瓦那	3	630		
喀麦隆	2	23,333		
吉布提	6	120,408	3	3,780
埃及	3,990	3,524,876	5,158	2,332,133
赤道几内亚	6	49,829		
埃塞俄比亚	649	993,154	255	301,325
加蓬	1	14,900		
加纳	124	307,802	8	40,116

1997年中国主要出口商品输往地

金属切削机床

输往地	1997		1996	
	数量(台)	金额(美元)	数量(台)	金额(美元)
几内亚	2	16,919		
科特迪瓦	136	57,535	9	44,048
肯尼亚	231	32,187	544	38,360
马达加斯加	1	400	13	49,138
马里	1	6,810	6	47,263
毛里求斯	495	43,813	824	23,668
摩洛哥	335	57,570	143	142,710
纳米比亚	6	8,427	44	230,146
尼日利亚	95	957,643	90	353,610
塞内加尔	4	22,787		
塞舌尔	6	164		
南非	18,489	4,416,358	13,820	4,587,547
苏丹	215	154,981	33	218,557
坦桑尼亚	1	547	5	1,433
突尼斯	1,237	103,871	738	129,437
乌干达	5	2,069	2	583
赞比亚	4	19,946	116	26,149
津巴布韦	75	112,841	159	212,629
非洲其他国家	7	7,837		
比利时	18,235	1,336,012	15,042	1,764,673
丹麦	9,298	514,418	10,719	545,543
英国	188,159	7,824,457	159,086	6,005,084
德意志联邦共和国	340,918	19,511,394	207,204	13,330,755
法国	126,406	3,462,494	63,414	3,612,789
爱尔兰	751	165,875	280	200,267
意大利	101,994	6,493,075	67,601	6,689,452
荷兰	105,779	4,096,264	63,093	3,524,672
希腊	1,226	202,954	3,153	342,015
葡萄牙	6,845	752,249	8,767	781,910
西班牙	27,598	1,527,200	30,028	1,511,676
奥地利	19,665	964,806	20,801	861,300
芬兰	7,833	431,113	49,712	1,060,731
匈牙利	3	6,481	1	13,083
冰岛	1	8,520	3	3,280

1997年中国主要出口商品输往地

金属切削机床

输往地	1997		1996	
	数量(台)	金额(美元)	数量(台)	金额(美元)
挪威	12,351	489,325	4,220	284,385
波兰	12,145	785,040	9,619	762,375
罗马尼亚	2	110,955	38	22,613
瑞典	19,100	1,022,169	24,211	1,387,379
瑞士	5,680	301,768	3,135	138,290
拉脱维亚	776	25,370		
哈萨克斯坦	20	68,683	61	3,200
吉尔吉斯	1	3,000		
俄罗斯	16	20,437	75	54,454
斯洛文尼亚共和国	10	66,682	8	62,850
克罗地亚共和国	1	12,030		
阿根廷	26,484	4,606,691	33,306	2,877,030
玻利维亚	13	29,528	6	44,680
巴西	89,080	2,704,952	88,766	2,598,159
智利	17,459	1,705,244	11,680	2,044,806
哥伦比亚	3,493	612,725	1,649	638,846
古巴	31	79,270	18	34,204
厄瓜多尔	1,891	199,061	6,467	237,930
危地马拉	96	39,480	1,303	71,293
圭亚那	6	62,939		
海地	3	512		
洪都拉斯	49	72,234	19	34,205
牙买加	6	14,678	3	4,267
墨西哥	1,321	2,559,755	343	494,194
尼加拉瓜	2	149,225	1	2,146
巴拿马	52	5,953	1,157	81,526
巴拉圭	1,845	98,443	1,106	41,512
秘鲁	5,000	12,032,824	2,268	8,822,680
波多黎各	3	31,500		
苏里南	10	574		
特立尼达和多巴哥	3	8,101	8	20,672
乌拉圭	6,775	552,747	3,027	359,317
委内瑞拉	13,381	758,702	2,717	170,089
加拿大	141,467	7,881,475	72,040	5,894,643

1997年中国主要出口商品输往地

金属切削机床

输往地	1997		1996	
	数量(台)	金额(美元)	数量(台)	金额(美元)
美国	896,298	56,933,251	712,662	55,638,737
澳大利亚	78,989	9,012,132	89,287	9,018,663
斐济	2	1,704		
瓦努阿图	3	8,558	2	6,992
新西兰	14,439	1,365,771	10,202	1,479,881
巴布亚新几内亚	4	40,045	14	29,674
所罗门群岛	2	1,501		
其他			244	170,580

照相机

输往地	1997		1996	
	数量(架)	金额(美元)	数量(架)	金额(美元)
总值	65,589,906	925,329,284	61,801,989	695,498,639
孟加拉国	1,410	62,820	720	29,496
缅甸	1	276		
朝鲜民主主义人民共和国	500	5,250		
香港	10,777,895	161,082,867	8,374,854	107,148,596
印度	131,988	893,865	349,456	3,007,399
印度尼西亚	51,225	241,449	2,600	16,809
以色列	20,015	227,382	17,910	153,583
日本	4,968,837	264,818,948	4,373,118	211,596,449
约旦	11,296	137,770	9,396	96,838
科威特	16,350	201,209	14,170	146,571
黎巴嫩	5,170	93,970	66,015	970,164
澳门	17,689	152,933	100	517
马来西亚	1,115,947	13,386,777	1,280,012	18,490,211
阿曼	20,080	370,036	46,950	687,746
巴基斯坦	6,500	71,442	12,619	268,929
菲律宾	4,000	17,153	11,529	58,965
卡塔尔	1,140	15,508	1,470	26,266

1997年中国主要出口商品输往地

照相机

输往地	1997		1996	
	数量(架)	金额(美元)	数量(架)	金额(美元)
沙特阿拉伯	23,264	318,482	77,518	782,226
新加坡	2,614,945	29,596,400	2,415,065	24,960,860
韩国	562,420	18,580,238	643,060	22,269,833
斯里兰卡	38	5,030		
叙利亚	3,150	54,043	8,210	85,959
泰国	23,253	135,133	15,867	157,611
土耳其	58,200	450,659	40,948	462,723
阿拉伯联合酋长国	1,563,821	13,066,228	1,835,994	10,843,368
越南	8,976	157,886		
台湾省	3,028,159	23,267,113	2,893,068	26,352,591
阿尔及利亚	900	45,688		
贝宁	24	1,935		
加那利群岛	950	34,680	680	23,607
塞卜泰(休达)	100	6,767	260	8,261
埃及	4,282	27,577	152	1,711
毛里求斯	4,084	31,514	29	453
南非	33,321	231,967	98,789	464,143
突尼斯	1,200	5,696	1,307	8,568
津巴布韦	800	5,684		
比利时	750,065	15,763,012	95,728	1,824,854
丹麦	40,253	860,340	42,522	1,143,027
英国	2,322,206	29,082,475	2,409,751	24,279,660
德意志联邦共和国	7,227,751	61,666,776	10,593,872	52,940,957
法国	1,062,295	19,416,409	808,528	11,430,207
爱尔兰	360	2,039	6,622	81,937
意大利	413,232	4,677,891	871,612	5,155,032
荷兰	1,295,091	30,973,511	763,942	16,789,170
希腊	32,568	425,894	22,455	245,145
葡萄牙	27,873	122,272	10,275	194,964
西班牙	3,641,715	12,870,281	7,566,058	21,888,745
安道尔	100	4,157	50	1,345
奥地利	2,820	121,985	9,449	257,323

1997 年中国主要出口商品输往地

照相机

输往地	1997		1996	
	数量(架)	金额(美元)	数量(架)	金额(美元)
保加利亚	2,320	22,662		
芬兰	258,984	6,036,372	75,922	
匈牙利	65,149	273,945	137,907	601,934
挪威	8,919	301,571	1,840	10,076
波兰	149,459	1,180,165	153,583	1,432,289
瑞典	52,144	1,504,433	27,874	913,708
瑞士	51,760	564,223	38,991	460,413
立陶宛	2,760	16,034		
白俄罗斯	4,546	51,091		
俄罗斯	454,642	5,387,554	486,008	5,021,874
南斯拉夫	160	2,473		
斯洛文尼亚共和国	300	16,500		
捷克共和国	23,961	270,930	29,381	280,946
阿根廷	86,184	1,725,321	63,213	585,829
巴西	106,967	924,926	921,855	5,937,527
智利	70,592	547,943	131,097	663,878
哥伦比亚	24,868	154,265	42,490	269,312
古巴	6,850	35,373	3	2,128
厄瓜多尔	15,311	199,916	1,203	21,929
危地马拉	4,940	50,277	10,120	96,581
墨西哥	343,992	2,216,980	582,931	4,177,522
巴拿马	37,000	214,694	3,300	84,447
巴拉圭	159,200	1,308,934	135,680	1,183,976
秘鲁	130	1,833		
乌拉圭	3,078	22,051	33,913	477,675
委内瑞拉	5,510	39,846		
加拿大	262,822	6,059,671	355,008	2,354,771
美国	21,177,338	189,478,336	12,627,229	101,931,947
澳大利亚	162,339	2,725,743	64,029	1,308,413
斐济	146,850	182,783	21	1,337
新西兰	2,572	23,022	5,210	75,537
其他			80,451	639,763

1997年中国主要出口商品输往地

自行车

输往地	1997		1996	
	数量(辆)	金额(美元)	数量(辆)	金额(美元)
总值	14,617,906	517,888,231	12,239,224	465,273,962
阿富汗	161,240	6,826,558	94,120	4,006,755
巴林	5,201	157,775	2,178	70,419
孟加拉国	128,392	4,715,682	160,211	5,763,203
缅甸	114,154	3,934,562	167,519	5,702,584
柬埔寨	8,903	346,665	6,838	331,547
塞浦路斯	630	11,328	2,170	40,832
朝鲜民主主义人民共和国	13,141	467,602	15,618	572,940
香港	273,807	8,892,311	293,063	9,039,425
印度	1,925	77,795	480	21,920
印度尼西亚	354,171	14,442,283	432,729	17,342,431
伊朗	26,070	765,018	26,730	925,500
以色列	35,077	1,037,494	43,961	1,699,665
日本	1,212,811	79,036,890	1,095,271	76,963,106
约旦	39,250	623,778	29,766	547,437
科威特	41,194	1,067,584	63,089	1,593,576
老挝	1,208	54,113	10,990	471,957
黎巴嫩	75,358	1,457,260	37,332	910,922
澳门	2,206	56,987	200	7,855
马来西亚	65,752	1,291,566	132,656	2,117,858
马尔代夫	1,710	31,321		
蒙古	20	574	6	1,024
尼泊尔	7,147	267,290	9,000	340,875
巴基斯坦	15,904	467,922	14,659	522,570
巴勒斯坦	1,600	29,600		
菲律宾	93,789	2,030,723	180,920	3,747,914
卡塔尔	2,742	119,627	1,315	51,508
沙特阿拉伯	310,647	5,910,739	260,607	5,002,192
新加坡	66,851	2,407,755	82,172	2,111,654
韩国	427,824	14,633,552	197,782	8,154,932
斯里兰卡	23,164	532,473	37,259	759,984
叙利亚	2,600	60,829	1,000	13,000
泰国	611	36,235	4,969	224,727
土耳其	5,439	78,285	27,830	1,120,087

1997年中国主要出口商品输往地

自行车

输往地	1997		1996	
	数量(辆)	金额(美元)	数量(辆)	金额(美元)
阿拉伯联合酋长国	769,222	15,586,895	507,033	11,618,036
也门共和国	11,235	246,308	4,725	88,410
越南	9,695	389,805	15,361	656,963
台湾省	902	21,585	6,797	236,597
阿尔及利亚	785	34,328	375	11,329
安哥拉	8,762	220,689	5,012	187,288
贝宁	8,063	332,193	5,310	211,565
博茨瓦那	20	740		
喀麦隆	4,944	100,485	1,853	42,349
埃及	87,191	3,477,067	91,548	3,214,374
赤道几内亚	2,270	87,240	20	962
埃塞俄比亚	18,570	706,544	21,783	910,365
加蓬	1,900	38,990	3,344	66,159
冈比亚	770	30,288	1,322	69,398
加纳	160,886	6,331,242	145,473	5,756,608
几内亚	6,067	169,991	13,180	456,095
科特迪瓦	5,734	137,946	13,936	300,451
肯尼亚	25,289	950,634	36,457	1,299,716
马达加斯加	4,575	193,197	5,768	176,363
马里	610	20,773	1,190	89,158
毛里求斯	14,617	338,734	13,847	288,109
摩洛哥	34,258	841,194	20,193	481,379
莫桑比克	2,477	56,716	625	11,324
纳米比亚	1,454	49,615		
尼日利亚	72,230	2,430,826	83,098	2,922,235
卢旺达	200	7,869	620	10,700
塞内加尔	985	17,260	1,000	11,530
塞舌尔	224	6,064		
塞拉利昂	4,648	184,292	3,270	129,012
南非	136,258	2,423,697	212,210	3,970,599
苏丹	49,227	2,055,691	16,512	569,122
坦桑尼亚	190,570	8,121,929	166,591	7,054,287
多哥	16,776	703,504	13,000	519,320
乌干达	7,122	288,105	7,168	256,032

1997年中国主要出口商品输往地

自行车

输往地	1997		1996	
	数量(辆)	金额(美元)	数量(辆)	金额(美元)
扎伊尔	2,337	99,054	2,717	140,617
赞比亚	450	19,384		
津巴布韦	5,561	228,602	4,674	183,263
比利时	1,514	81,090	6,904	218,593
丹麦	241	14,450	689	30,262
英国	1,157	105,670	21,279	1,312,257
德意志联邦共和国	83,940	3,741,263	172,657	13,344,284
法国	6,731	329,982	163,107	11,446,042
意大利	1,967	72,477	5,672	386,914
荷兰	3,239	85,048	8,887	382,636
希腊	27,595	573,543	11,235	272,353
葡萄牙	980	25,933		
西班牙	5,955	206,120	16,426	796,431
奥地利	5,174	295,396	1,774	125,488
保加利亚	9,618	176,779	24,360	501,602
芬兰	3,621	66,706	6	780
匈牙利	84,683	1,892,770	34,420	769,599
冰岛	161	11,902	50	3,196
马耳他	1,992	37,014	340	5,974
摩纳哥	696	15,421		
挪威	87,724	1,457,881	35,455	1,823,661
波兰	42,192	879,763	58,067	1,374,144
罗马尼亚	13,982	350,483	25,895	568,087
瑞典	2,458	119,716	27,385	1,460,428
瑞士	7,612	441,281	11,282	1,070,405
拉脱维亚	7,835	170,580	6,120	117,443
立陶宛	17,610	394,881	4,224	93,634
哈萨克斯坦	1,419	25,780	2,835	88,942
吉尔吉斯	1,170	19,563		
俄罗斯	13,957	555,722	23,367	782,241
乌兹别克斯坦	1,920	41,038	1,000	25,840
斯洛文尼亚共和国	6,410	120,940	3,841	177,789
克罗地亚共和国	18,306	544,460	10,081	364,648
捷克共和国	10,679	460,297	15,572	609,173

1997 年中国主要出口商品输往地

自行车

输往地	1997		1996	
	数量(辆)	金额(美元)	数量(辆)	金额(美元)
斯洛伐克共和国	510	11,030		
阿根廷	22,890	434,316	50,643	1,080,918
巴巴多斯	795	8,745		
伯利兹	1,146	32,480	1,050	21,086
玻利维亚	2,905	66,381	8,220	309,634
巴西	241,805	4,525,141	151,761	3,278,720
智利	209,075	4,900,337	278,177	5,302,998
哥伦比亚	8,650	95,150	1,565	42,295
多米尼克	48,439	840,684	67,036	1,221,843
哥斯达黎加	23,183	434,182	9,999	262,003
古巴	4,573	152,536	13	520
库腊索岛	430	23,220		
多米尼加共和国	83,757	1,371,148	32,681	538,617
厄瓜多尔	104,814	2,204,624	49,168	1,124,185
危地马拉	19,598	374,511	4,831	127,284
圭亚那	3,150	95,661	2,424	56,655
洪都拉斯	24,326	632,271	12,171	365,149
牙买加	7,651	227,501	12,993	276,538
墨西哥	15,000	294,915		
巴拿马	1,234,785	24,226,296	1,133,424	22,828,299
巴拉圭	31,100	688,046	20,902	404,740
秘鲁	55,223	1,269,836	19,301	417,958
波多黎各	13,025	260,060	9,944	242,732
萨尔瓦多	15,073	273,903	4,843	98,647
苏里南	4,300	128,840	9,219	332,828
特立尼达和多巴哥	6,194	113,868	1,796	38,462
乌拉圭	68,016	980,840	24,854	416,437
委内瑞拉	60,349	1,210,454	35,396	591,767
加拿大	129,241	4,575,084	106,492	5,898,272
美国	5,721,002	219,267,888	3,892,539	152,108,510
澳大利亚	716,957	32,097,362	649,955	33,737,337
斐济	2,333	66,343	2,611	70,532
新喀里多尼亚	552	29,035	225	9,813
瓦努阿图	590	27,451		

1997年中国主要出口商品输往地

自行车

输往地	1997		1996	
	数量(辆)	金额(美元)	数量(辆)	金额(美元)
新西兰	59,766	3,285,429	54,931	2,633,830
巴布亚新几内亚	16,318	515,502	16,484	461,359
所罗门群岛	50	1,625		
基里巴斯	325	10,260	530	21,399
马绍尔群岛共和国	50	1,675		
其他			21,664	679,635

电风扇

输往地	1997		1996	
	数量(台)	金额(美元)	数量(台)	金额(美元)
总值	131,634,054	716,666,540	122,590,471	808,705,257
巴林	3,741	79,076	1,470	55,665
孟加拉国	11,509	116,221	16,982	159,563
文莱	2,220	14,057	2,057	18,876
缅甸	85,057	954,792	195,720	2,417,071
柬埔寨	4,153	39,451	12,361	91,729
塞浦路斯	7,350	94,423	7,105	119,784
朝鲜民主主义人民共和国	6,264	112,152	35,659	447,685
香港	48,214,508	242,253,788	39,195,825	258,617,519
印度	7,509	1,724,494	4,175	43,648
印度尼西亚	876,091	3,576,195	337,033	2,019,539
伊朗	30,255	404,249		
伊拉克	1,800	22,333		
以色列	151,410	834,472	37,848	370,745
日本	11,987,590	39,931,849	11,966,280	38,903,749
约旦	79,275	819,801	30,851	342,084
科威特	6,089	67,696	34,170	244,936
老挝	5	993		
黎巴嫩	177,650	1,989,230	115,296	1,140,441
澳门	18,037	262,441	25,988	312,943
马来西亚	713,963	3,725,040	118,275	2,030,383

1997年中国主要出口商品输往地

电风扇

输往地	1997		1996	
	数量(台)	金额(美元)	数量(台)	金额(美元)
马尔代夫	1,250	11,696		
蒙古	38	446	10	202
尼泊尔	5,013	46,552	10,260	132,975
阿曼	10,725	60,556	15,575	110,992
巴基斯坦	14,768	1,620,091	26,211	275,223
菲律宾	318,077	1,945,384	229,131	1,406,965
卡塔尔	2,766	32,407	10,296	119,657
沙特阿拉伯	365,025	4,075,111	702,263	12,618,004
新加坡	1,664,871	7,440,686	1,694,526	5,953,918
韩国	1,253,886	1,534,608	368,452	2,414,619
斯里兰卡	20,198	264,130	16,838	187,494
叙利亚	2	30,600	40,525	614,151
泰国	1,101,738	1,002,938	766,127	1,688,559
土耳其	237,312	1,781,865	32,806	289,270
阿拉伯联合酋长国	637,641	6,503,248	871,257	9,088,776
也门共和国	2,755	43,511	7,427	75,167
越南	111,604	1,275,314	10,374	497,293
台湾省	11,757,345	8,072,939	10,623,908	8,987,681
阿尔及利亚	1,400	16,073	14,463	204,384
贝宁	940	7,627	1,600	20,180
喀麦隆	13,386	167,187	8,860	100,486
刚果	835	10,772		
吉布提	320	3,551	3,470	38,449
埃及	276,563	2,717,269	248,716	2,450,096
加蓬	3,000	27,568	12,440	156,106
加纳	24,041	244,152	34,937	365,888
科特迪瓦	16,835	170,660	15,287	185,335
肯尼亚	2,174	31,909	6,742	75,377
马达加斯加				
马拉维	2,780	9,583		
马里	50	3,641	70	5,975
毛里求斯	9,304	113,557	4,967	60,299
摩洛哥	26,274	308,358	10,220	137,707
尼日利亚	465,786	5,260,029	139,134	1,251,679

1997 年中国主要出口商品输往地

电风扇

输往地	1997		1996	
	数量(台)	金额(美元)	数量(台)	金额(美元)
留尼汪	510	7,261	1,614	19,629
塞内加尔	10,601	79,968	210	1,150
塞舌尔	700	10,250		
索马里	5,000	60,122		
南非	264,830	1,619,405	332,797	3,147,773
苏丹	10,010	107,009	13,761	146,883
坦桑尼亚	510	4,214	6,184	79,361
突尼斯	29,999	344,666	101,996	1,131,088
布基纳法索	260	5,094		
扎伊尔	900	11,897	3,906	53,192
厄立特里亚	2,571	20,900	2,157	34,814
比利时	246,437	1,852,457	625,888	4,940,216
丹麦	189,452	182,227	218,021	924,137
英国	2,794,396	11,012,542	3,686,736	15,126,652
德意志联邦共和国	1,518,934	9,043,563	5,141,022	37,945,694
法国	1,595,335	9,998,203	1,733,977	14,374,081
爱尔兰	2,100	21,746	8,744	70,067
意大利	665,145	3,676,553	1,891,108	14,073,029
荷兰	1,126,444	3,634,635	1,231,535	9,581,032
希腊	99,694	920,388	190,037	1,860,377
葡萄牙	64,860	453,555	25,396	265,504
西班牙	641,382	3,976,692	635,695	5,926,322
奥地利	201,140	577,340	130,624	622,467
芬兰	4,548	15,940	47,330	247,735
匈牙利	736	9,516	18,055	172,684
马耳他	1,645	19,555	2,840	28,714
波兰	110,986	341,965	82,816	679,558
罗马尼亚	4,259	65,767	7,760	141,232
瑞典	63,867	435,631	179,808	1,052,330
瑞士	41,693	264,797	137,589	1,329,655
拉脱维亚	1	3,760		
俄罗斯	22,530	174,350	62,029	626,141
南斯拉夫	980	473	8,500	45,061
捷克共和国	1,783	5,926	58,036	337,434

1997年中国主要出口商品输往地

电风扇

输往地	1997		1996	
	数量(台)	金额(美元)	数量(台)	金额(美元)
阿根廷	721,794	7,490,615	356,635	3,654,564
巴巴多斯	740	17,765	1,989	33,940
巴西	154,779	1,624,475	248,265	2,906,253
智利	131,264	1,236,704	136,008	905,793
多米尼克	31,000	336,805	10,900	126,041
哥斯达黎加	4,779	28,146		
古巴	150,739	1,846,103	201,373	2,178,303
多米尼加共和国	1,600	8,262		
厄瓜多尔	39,648	499,134	3,000	78,000
危地马拉	5,480	19,393	400	9,149
墨西哥	277,366	3,350,701	171,996	2,116,721
巴拿马	317,475	3,542,573	96,430	625,743
巴拉圭	211,438	3,222,604	554,676	2,798,374
秘鲁	49,091	610,892	16,049	151,661
波多黎各	138,346	342,230	112,798	341,544
特立尼达和多巴哥	2,400	30,691		
乌拉圭	66,940	716,733	66,352	711,343
委内瑞拉	20,071	134,280	4,303	55,496
加拿大	761,418	6,740,788	4,054,091	39,024,490
美国	36,080,756	273,073,886	30,444,052	268,086,659
澳大利亚	1,987,427	20,695,404	1,332,373	11,614,646
斐济	536	12,006	700	8,021
新喀里多尼亚	6,650	83,768	10,402	123,911
新西兰	13,000	165,814	21,176	215,866
巴布亚新几内亚	1,234	14,346	3,591	43,169
汤加	272	2,569	1,142	12,879
贝劳共和国	392	4,704	180	2,094
其他			91,432	1,047,318

1997年中国主要进口商品来源地

小麦

来源地	1997		1996	
	数量(公吨)	金额(美元)	数量(公吨)	金额(美元)
总值	1,860,612	368,285,026	8,245,961	1,890,396,232
日本	10	1,600	6	1,034
韩国	5	1,033		
泰国	5	1,034		
英国	47,559	9,131,422		
罗马尼亚	13,860	2,715,060		
阿根廷	31,500	4,362,750		
墨西哥				26
加拿大	1,334,290	257,930,499	3,614,840	803,797,936
美国	187,591	41,133,982	2,165,013	502,743,997
澳大利亚	245,792	53,007,631	2,257,911	540,709,396
其他			208,191	43,143,843

黄大豆

来源地	1997		1996	
	数量(公吨)	金额(美元)	数量(公吨)	金额(美元)
总值	2,875,907	842,928,118	1,107,539	320,348,021
日本	38	16,251	113	38,960
泰国	3	1,200	8	3,025
台湾省	25	5,201	152	41,224
德意志联邦共和国	12	1,496		20
俄罗斯	54,863	9,082,982	66,275	11,973,377
南斯拉夫				
巴西	439,882	138,009,372	52,747	17,385,501
巴拉圭	4	1,469		
加拿大	14,215	4,683,714	10,185	3,077,205
美国	2,366,482	691,027,700	859,678	253,153,604
澳大利亚	98	23,955		
其他	285	74,773	118,382	34,675,105

1997年中国主要进口商品来源地

食用植物油

来源地	1997		1996	
	数量(公吨)	金额(美元)	数量(公吨)	金额(美元)
总值	2,748,097	1,504,572,202	2,636,706	1,493,042,115
缅甸	182	138,148	6	1,247
香港	19,576	10,382,722	28,916	16,862,223
印度尼西亚	291,479	146,328,919	164,641	81,302,638
日本	2,905	2,418,107	629	1,112,389
澳门	1	785	2	1,853
马来西亚	873,657	467,166,729	854,660	452,478,413
尼泊尔	8	5,039	119	90,822
新加坡	23,816	13,606,451	24,532	13,424,728
韩国	202	285,690	109	101,727
泰国	5,008	2,109,478	197	126,523
越南	29,913	17,591,918	79,143	45,824,150
台湾省	92	118,619	13,200	8,854,259
南非	966	710,872	63	94,200
英国	99	76,610	43	40,871
德意志联邦共和国	196,019	111,064,497	124,379	76,921,808
法国	27	34,442	5,652	4,255,992
意大利	6	7,275	5	11,123
荷兰	86,612	49,118,442	54,538	29,754,627
西班牙				
瑞典	215	1,719,200	191	1,540,851
瑞士	18	143,047		149
阿根廷	202,375	113,068,855	178,633	103,307,690
巴西	638,637	352,005,515	955,652	564,609,844
加拿大	25,349	14,040,460	82,762	48,797,980
美国	323,539	185,488,122	55,531	36,182,542
澳大利亚	1,003	617,246	67	80,040
新西兰	2	2,733		
其他	26,389	16,322,204	13,036	7,263,426

1997 年中国主要进口商品来源地

食用植物油籽

来源地	1997		1996	
	数量(公吨)	金额(美元)	数量(公吨)	金额(美元)
总值	2,953,530	870,125,924	1,114,516	323,367,820
缅甸	3,444	1,804,136	1,518	725,759
香港		115	9	4,922
印度	11,689	6,139,032	704	264,155
印度尼西亚	75	14,301	1,300	517,374
日本	170	73,972	118	87,524
老挝	44	24,534	85	55,884
马来西亚	18	15,889		110
菲律宾	8	5,028	12	1,525
新加坡	9	17,480	8	19,590
韩国		388		318
泰国	41	25,173	48	25,635
越南	2,724	1,347,534	244	108,859
台湾省	228	75,139	1,835	709,143
苏丹	434	229,927		
德意志联邦共和国	32	7,544	2	1,395
法国	11,953	3,612,560		595
意大利				
荷兰	1	465		209
俄罗斯	55,327	9,144,020	66,669	12,077,343
南斯拉夫				
阿根廷	97	26,130	118,090	34,604,413
巴西	439,882	138,009,372	52,747	17,385,501
巴拉圭	4	1,469		
加拿大	14,216	4,684,435	10,185	3,077,302
美国	2,369,714	692,399,618	860,484	253,453,349
澳大利亚	42,786	12,179,280	2	1,748
新西兰	18	17,053		
其他	616	271,309	457	245,167

1997 年中国主要进口商品来源地

糖

来源地	1997		1996	
	数量	金额(美元)	数量	金额(美元)
总值		228,768,237		393,087,582
缅甸		48,721		
香港		1,041,627		738,800
印度尼西亚		383		
日本		3,269,538		2,288,882
澳门		11,852		7,021
马来西亚		1,374,177		7,849
尼泊尔		331,324		6,798
菲律宾		3,786		
新加坡		67,721		152,049
韩国		17,553,751		13,280,669
泰国		51,742,116		134,461,726
越南		3,505,640		3,733
台湾省		147,452		183,696
南非		34,748		4,514,485
比利时		304,290		19,872
英国		1,707,325		81,181
德意志联邦共和国		246,634		596,341
法国		22,088		15,948
意大利		348		
荷兰		285,369		
西班牙				
巴西		687,471		7,809,781
古巴		99,235,352		136,029,175
加拿大		8,232		23,817
美国		216,966		207,638
澳大利亚		44,862,610		87,497,813
其他		2,058,710		5,160,308

1997 年中国主要进口商品来源地

胶合板

来源地	1997		1996	
	数量(立方米)	金额(美元)	数量(立方米)	金额(美元)
总值	1,488,500	605,498,312	1,777,025	643,855,379
缅甸	1,143	140,758	6	3,059
香港	5,298	1,859,115	7,217	2,392,564
印度	1,594	801,927	942	362,057
印度尼西亚	720,978	322,241,493	740,095	284,961,552
伊朗	1,001	360,517	27	5,944
以色列	2	581		
日本	6,442	2,838,286	5,568	2,404,743
马来西亚	637,662	222,405,921	870,223	272,228,916
菲律宾	24	17,880	74	39,353
沙特阿拉伯				
新加坡	7,298	4,641,944	9,813	5,835,697
韩国	40,202	29,896,248	72,004	52,674,168
泰国	8,980	2,007,908	3,689	1,140,904
越南	1,896	545,904	4,498	1,236,285
台湾省	26,769	8,417,472	34,518	10,532,560
南非	51	12,039	17	5,144
比利时	1,151	238,699	2,153	351,667
英国	1,176	394,409	770	266,342
德意志联邦共和国	3,857	1,482,385	1,839	827,049
法国	349	87,420	727	234,683
意大利	1,094	445,647	1,086	527,930
荷兰	157	138,501	64	31,476
西班牙	63	45,033	550	173,811
奥地利	85	27,886	2,221	1,224,733
芬兰	2,879	781,788	1,480	927,533
罗马尼亚	18	12,000		
瑞典	209	134,936	20	24,296
俄罗斯	75	57,058	4	5,250
巴哈马	21	3,794		

1997年中国主要进口商品来源地

胶合板

来源地	1997		1996	
	数量(立方米)	金额(美元)	数量(立方米)	金额(美元)
巴西	35	47,593	63	46,910
智利	452	91,202	527	122,161
巴拿马	21	3,794		
加拿大	918	664,477	1,753	677,397
美国	8,901	2,249,582	8,555	2,229,702
澳大利亚	3,365	897,004	2,003	687,497
新西兰	1,507	448,096	338	96,702
巴布亚新几内亚	37	14,690		
其他	2,790	1,044,318	4,181	1,577,294

棉花

来源地	1997		1996	
	数量(公吨)	金额(美元)	数量(公吨)	金额(美元)
总值	782,976	1,393,827,827	683,974	1,259,755,893
缅甸	50	69,804	1,686	1,772,535
朝鲜民主主义人民共和国	1	825		
香港	3	3,944	323	559,035
印度	26,328	40,775,847	11,474	18,680,258
印度尼西亚	191	321,883		
伊朗	7,636	13,107,493	1,241	2,371,978
以色列	22	49,186		
日本	1,326	2,459,223	666	1,292,712
马来西亚				
蒙古	70	56,046		
尼泊尔		164		
巴基斯坦	1,237	1,955,976	32,897	58,307,316
韩国	2,758	6,676,214	1,701	3,282,745
叙利亚	1,493	2,524,313	299	552,323

1997年中国主要进口商品来源地

棉花

来源地	1997		1996	
	数量(公吨)	金额(美元)	数量(公吨)	金额(美元)
泰国	1	997		647
阿拉伯联合酋长国	3,402	6,359,489	1,478	2,854,590
也门共和国	53	142,243		
台湾省	193	226,893	1,261	1,406,161
贝宁	4,930	8,778,936	1,098	1,960,631
喀麦隆	20,166	36,096,839	12,000	22,437,157
中非共和国	607	1,067,546	1,299	2,643,748
乍得	940	1,597,924	270	485,729
埃及	417	1,213,910	996	2,743,708
几内亚	733	756,577		
几内亚(比绍)	500	958,611		
科特迪瓦	11,653	20,880,890	4,147	7,979,534
马里	16,221	27,468,499	7,089	13,606,505
莫桑比克	308	318,071		
尼日尔	150	266,498		
尼日利亚	5,550	9,055,520	3,013	5,486,073
塞内加尔	250	242,065	300	601,620
南非	1,063	2,011,594	500	981,153
苏丹	12,304	19,484,454	22,569	34,326,102
坦桑尼亚	9,103	14,246,535	8,623	15,767,121
多哥	4,144	7,679,943	898	1,823,045
乌干达	1,093	1,739,525	570	1,188,729
布基纳法索	100	181,129		
赞比亚	309	318,882		
津巴布韦	1,107	2,092,907	306	610,171
非洲其他国家	1,180	1,837,516		
英国	818	1,616,355	1,135	2,562,960
法国	42	48,477	99	192,860
意大利	1	10,563	219	621,612
希腊	200	206,808	4,480	7,281,490

1997 年中国主要进口商品来源地

棉花

来源地	1997		1996	
	数量(公吨)	金额(美元)	数量(公吨)	金额(美元)
瑞士	1,101	1,992,589		
拉脱维亚	717	1,169,106	1,307	2,123,560
阿塞拜疆	8,444	14,055,698		
哈萨克斯坦	23,789	35,542,134	17,850	21,345,198
吉尔吉斯	2,889	4,017,629	2,422	2,488,305
俄罗斯	12,449	20,548,984	17,831	30,082,336
塔吉克斯坦	3,124	5,070,688	1,713	2,670,923
土库曼斯坦	2,982	3,513,193	1,242	1,955,883
乌克兰	135	292,025		
乌兹别克斯坦	76,084	133,198,313	28,476	50,899,934
阿根廷	1,258	2,150,369	10,644	18,733,767
墨西哥	14,009	24,571,965	18,566	33,143,817
秘鲁	3,213	8,676,408	200	581,718
加拿大			801	1,453,366
美国	392,795	716,126,377	418,323	802,307,806
澳大利亚	101,196	187,833,777	39,412	73,582,327
其他	141	161,361	2,545	4,006,705

羊毛

来源地	1997		1996	
	数量(公吨)	金额(美元)	数量(公吨)	金额(美元)
总值	207,203	789,450,254	226,213	851,146,293
香港	182	684,342	161	825,800
日本	1,963	15,121,740	658	4,985,832
马来西亚	590	3,746,873	591	4,184,773
蒙古	11,070	5,307,336	7,147	3,838,676
新加坡	0	4,516	25	131,680
韩国	1,127	9,129,374	631	4,837,711

1997年中国主要进口商品来源地

羊毛

来源地	1997		1996	
	数量(公吨)	金额(美元)	数量(公吨)	金额(美元)
泰国	1,160	9,297,665	382	2,984,468
土耳其	10	31,560	33	87,837
台湾省	3,791	21,337,551	3,143	15,435,409
南非	1,163	6,178,585	1,354	5,764,066
比利时	9	37,186	12	41,317
英国	2,909	9,785,343	3,745	13,570,281
德意志联邦共和国	312	2,634,791	612	4,006,592
法国	358	1,818,578	150	864,236
爱尔兰	1,132	3,346,902	509	1,598,923
意大利	140	1,496,947	39	225,390
荷兰	43	107,500	117	726,301
西班牙	125	311,834	57	158,746
挪威	15	37,125		
哈萨克斯坦	17,018	10,701,511	9,191	7,683,741
吉尔吉斯	4,537	3,741,353	3,716	3,390,398
俄罗斯	5,336	7,462,929	5,012	5,984,480
塔吉克斯坦	100	35,000	469	208,221
阿根廷	4,737	18,813,148	6,731	25,614,552
智利	848	2,412,842	374	1,618,271
墨西哥	20	69,208		
秘鲁	34	256,416	1	1,097
乌拉圭	16,662	71,162,035	13,968	55,413,548
加拿大	24	73,246	59	120,306
美国	1,603	8,908,400	1,684	7,204,139
澳大利亚	99,227	469,853,812	116,157	513,863,465
新西兰	30,743	104,181,932	47,383	161,090,774
其他	216	1,362,674	2,103	4,685,263

1997 年中国主要进口商品来源地

纺织品

来　源　地	1997		1996	
	数　量	金额(美元)	数　量	金额(美元)
总值		12,091,495,766		11,807,177,548
阿富汗		5,992		11,747
孟加拉国		377,650		364,886
文莱		526		
朝鲜民主主义人民共和国		254,354		659,327
香港		1,501,246,094		1,588,353,944
印度		141,583,403		83,590,877
印度尼西亚		124,650,244		107,792,862
伊朗		964,480		305,262
以色列		204,252		192,063
日本		2,439,374,790		2,465,868,946
约旦		989		360
科威特		70		1,822
老挝		1,280		12
黎巴嫩		81		9,366
澳门		94,800,137		90,567,148
马来西亚		143,147,959		191,754,499
蒙古		22,684		17,183
尼泊尔		237,942		73,423
阿曼		144		592,969
巴基斯坦		335,228,472		250,533,937
巴勒斯坦		67,148		28,301
菲律宾		3,679,416		5,224,178
卡塔尔		3,998		
沙特阿拉伯		276,718		823,440
新加坡		24,089,619		18,730,183
韩国		2,494,841,224		2,361,384,492
斯里兰卡		1,390,083		445,821
泰国		99,545,091		113,456,997
土耳其		605,605		1,548,185

1997年中国主要进口商品来源地

纺织品

来源地	1997		1996	
	数量	金额(美元)	数量	金额(美元)
阿拉伯联合酋长国		2,691,488		1,028,714
也门共和国		45,016		37,375
越南		7,555,088		989,234
台湾省		3,106,025,354		3,010,545,212
吉布提		806		484
埃及		6,592		40,838
赤道几内亚		801		
埃塞俄比亚				67
加纳		20,113		5,133
肯尼亚		11,200		
马达加斯加		115,504		131,791
毛里求斯		37,706		10,168
莫桑比克		9,107		176
纳米比亚		19,941		
尼日尔		1,103		
索马里		1,165		400
南非		2,227,741		2,079,369
苏丹		1,436,152		3,624,473
坦桑尼亚		790		
津巴布韦		635		
莱索托		249		
比利时		3,553,945		6,580,533
丹麦		914,368		494,502
英国		31,809,400		25,401,898
德意志联邦共和国		36,989,433		38,131,768
法国		15,053,569		11,762,419
爱尔兰		532,080		170,924
意大利		159,975,020		150,558,059
卢森堡		14,175,435		2,654,738
荷兰		3,909,096		3,899,923

1997年中国主要进口商品来源地

纺织品

来源地	1997		1996	
	数量	金额(美元)	数量	金额(美元)
希腊		1,576		390
葡萄牙		1,561,209		743,550
西班牙		3,880,167		6,817,597
安道尔		217		
奥地利		1,921,708		1,767,456
保加利亚		152,297		64,090
芬兰		1,963,377		2,413,088
匈牙利		59,108		43,589
冰岛		323		6,789
挪威		552,025		606,253
波兰		198,569		266,974
罗马尼亚		436,291		281,471
瑞典		1,734,131		1,716,952
瑞士		4,945,035		5,718,461
爱沙尼亚		544		
白俄罗斯		4,542		
哈萨克斯坦		30,867		376,433
吉尔吉斯		633,253		991,797
摩尔多瓦		398		
俄罗斯		3,227,830		3,714,582
塔吉克斯坦		1,122,715		
乌克兰		640		
乌兹别克斯坦		40,384		55,995
斯洛文尼亚共和国		90,719		252,718
捷克共和国		370,244		332,927
马其顿共和国		11,001		
阿根廷		2,625,449		1,614,023
巴西		11,361,510		1,490,270
智利		285,781		404,427
哥伦比亚		62,080		1,042

1997 年中国主要进口商品来源地

纺织品

来源地	1997		1996	
	数量	金额(美元)	数量	金额(美元)
古巴		430		
法属圭亚那		3,592		253
危地马拉		43,450		1,635
马提尼克		1,891		
墨西哥		6,233,945		6,604,188
巴拿马		163,582		62,304
巴拉圭		90,803		120,207
秘鲁		1,949,139		643,456
乌拉圭		1,786,354		1,421,258
委内瑞拉		1,682,365		3,097,329
加拿大		38,247,923		22,059,456
美国		167,027,085		202,968,532
澳大利亚		28,066,486		18,564,540
新西兰		4,366,887		5,452,948
其他		1,010,838,488		976,020,140

棉纱线

来源地	1997		1996	
	数量(件)	金额(美元)	数量(件)	金额(美元)
总值	2,035,761	716,552,182	1,754,496	627,585,618
朝鲜民主主义人民共和国	4	1,007	8	2,211
香港	196,456	68,274,632	219,187	77,389,503
印度	370,611	132,210,522	206,309	74,879,620
印度尼西亚	78,815	28,463,690	69,526	24,029,268
以色列	89	50,060		35
日本	16,311	14,486,063	21,719	16,522,633
澳门	14,979	6,419,862	19,338	8,310,279
马来西亚	12,570	4,182,616	7,593	3,572,929

1997年中国主要进口商品来源地

棉纱线

来源地	1997		1996	
	数量(件)	金额(美元)	数量(件)	金额(美元)
尼泊尔	54	4,742	88	13,105
巴基斯坦	704,391	223,238,860	556,506	183,880,940
巴勒斯坦	200	67,148		
菲律宾	223	77,084		
沙特阿拉伯			94	57,304
新加坡	691	182,156	2,984	911,751
韩国	57,222	28,792,257	54,244	26,348,435
斯里兰卡	6	29,735	1	2,538
泰国	52,740	21,485,209	30,098	12,167,549
土耳其	28	4,631		
越南	35	25,898		
台湾省	63,095	23,241,648	99,668	30,655,499
南非	38	11,001	85	46,193
苏丹	3,370	1,436,152	7,954	3,624,473
丹麦		671	3	360
英国	167	198,554	193	166,672
德意志联邦共和国	172	252,780	415	172,900
法国	132	186,381	12	9,345
意大利	1,587	1,685,420	1,222	1,141,114
荷兰	19	15,671	16	2,964
西班牙		782	5	32,919
芬兰	143	170,421	71	85,579
瑞典		1,304	1	10,414
瑞士	6	1,942	928	328,024
哈萨克斯坦	17	5,270	1,104	321,110
吉尔吉斯	1,193	324,662	756	222,470
俄罗斯	1,927	733,284	816	191,690
塔吉克斯坦	2,607	1,095,263		
乌兹别克斯坦	91	40,384	119	55,995
巴西	311	93,191	1,741	596,535

1997年中国主要进口商品来源地

棉纱线

来源地	1997		1996	
	数量(件)	金额(美元)	数量(件)	金额(美元)
哥伦比亚	85	28,471		
危地马拉	23	10,853		
巴拿马	444	162,198	83	18,716
秘鲁	133	60,837	22	12,380
加拿大	300	105,147	108	30,326
美国	1,878	709,336	3,186	1,265,733
澳大利亚	2,251	1,207,369	3,155	1,465,558
新西兰	12	7,808	283	73,087
其他	450,331	156,769,164	444,856	158,967,462

棉布

来源地	1997		1996	
	数量(万米)	金额(美元)	数量(万米)	金额(美元)
总值	144,689	1,450,234,705	153,417	1,480,662,529
文莱		526		
香港	46,205	402,911,289	48,509	418,715,939
印度	645	5,666,763	390	4,108,482
印度尼西亚	736	10,020,369	382	5,367,217
伊朗		8,022	4	27,942
日本	15,085	328,735,488	13,680	318,570,463
澳门	4,180	24,848,884	4,072	24,619,956
马来西亚	97	1,064,608	181	1,657,231
巴基斯坦	11,041	100,447,236	7,269	61,023,989
菲律宾	14	180,767	6	145,536
卡塔尔	1	3,776		
沙特阿拉伯	9	44,383	32	603,388
新加坡	141	1,426,826	109	1,517,096
韩国	7,698	90,962,108	12,859	130,654,776

1997年中国主要进口商品来源地

棉布

来源地	1997		1996	
	数量(万米)	金额(美元)	数量(万米)	金额(美元)
斯里兰卡				293
泰国	544	9,449,119	523	9,282,624
土耳其	1	25,048		
阿拉伯联合酋长国	195	2,691,344	37	917,714
也门共和国		2,563	2	37,375
越南	5	107,365	2	7,966
台湾省	17,677	158,246,700	20,161	165,698,392
赤道几内亚		801		
埃塞俄比亚				67
毛里求斯	3	37,706	1	10,145
纳米比亚	1	3,512		
南非	154	1,410,551	107	1,006,849
比利时	12	314,845	10	369,961
丹麦	4	34,314		4,143
英国	57	654,186	80	830,456
德意志联邦共和国	92	3,148,841	126	3,038,775
法国	21	416,441	31	780,008
爱尔兰		1,219		2,308
意大利	166	5,583,774	143	5,477,608
荷兰	9	270,098	5	59,608
希腊		552		
葡萄牙	6	250,267	14	631,375
西班牙	12	266,802	22	1,169,263
奥地利	2	141,825	31	540,098
芬兰		23,456		780
挪威	4	16,837		108
瑞典	12	78,627	4	37,786
瑞士	6	438,118	75	827,159
哈萨克斯坦	8	25,597	16	51,652
吉尔吉斯	109	273,728	274	764,827

1997 年中国主要进口商品来源地

棉布

来源地	1997		1996	
	数量(万米)	金额(美元)	数量(万米)	金额(美元)
俄罗斯	2	33,678		
塔吉克斯坦	1	26,742		
捷克共和国	1	55,402	2	68,312
阿根廷		359		
巴西	18	280,421	17	205,309
巴拉圭		1,068		1,055
秘鲁	1	22,863		
加拿大	21	463,611	61	993,374
美国	491	6,066,028	891	6,780,591
澳大利亚	18	337,406	48	684,417
新西兰		86	1	17,368
其他	39,183	292,711,724	43,241	313,352,748

服装

来源地	1997		1996	
	数量	金额(美元)	数量	金额(美元)
总值		1,105,500,970		1,031,519,307
巴林		300		
孟加拉国		4,188,218		2,310,093
缅甸		828		
柬埔寨		409,307		
朝鲜民主主义人民共和国		1,255,864		1,159,065
香港		421,580,530		317,118,705
印度		3,844,309		2,133,330
印度尼西亚		780,100		999,887
伊朗		2,694		10,944
以色列		31,602		1,090
日本		397,499,637		447,029,600

1997年中国主要进口商品来源地

服装

来源地	1997		1996	
	数量	金额(美元)	数量	金额(美元)
约旦		46		3,241
科威特		375		296
澳门		10,989,745		9,863,833
马来西亚		1,681,145		693,230
蒙古		310,127		177,694
尼泊尔		11,150		328
巴基斯坦		48,851		30,456
菲律宾		2,439,395		1,589,476
新加坡		1,302,651		846,101
韩国		113,358,158		124,026,944
斯里兰卡		186,211		56,016
叙利亚		9,260		57,247
泰国		1,895,376		1,050,762
土耳其		1,103		41,430
阿拉伯联合酋长国		8,899		95,960
越南		1,446,880		1,107,340
台湾省		60,513,524		55,017,475
吉布提		1,933		
赤道几内亚		996		
毛里求斯		9,420		
南非		20,845		9,516
津巴布韦				
比利时		114,248		63,171
丹麦		374,977		143,306
英国		1,951,794		1,115,863
德意志联邦共和国		3,228,468		2,957,051
法国		1,492,344		821,849
爱尔兰		43,897		9,382
意大利		8,229,018		5,989,170

1997 年中国主要进口商品来源地

服装

来源地	1997		1996	
	数量	金额(美元)	数量	金额(美元)
卢森堡		9,024		7,238
荷兰		232,332		156,513
希腊		6,102		2,283
葡萄牙		25,273		13,294
西班牙		282,822		102,706
奥地利		47,157		206,089
芬兰		184,928		256,038
匈牙利				139
挪威		48,215		38,323
波兰		43,860		755
瑞典		188,959		248,242
瑞士		917,103		549,056
爱沙尼亚		35,414		
哈萨克斯坦		12,062		19,649
吉尔吉斯		20,820		18,938
俄罗斯		15,761		56,103
捷克共和国		195,755		11,677
巴西		27,107		1,035,416
智利				1,064
哥伦比亚		106		
墨西哥		428		7,767
巴拿马		11,341		699
秘鲁				
乌拉圭				14,800
加拿大		641,854		908,006
美国		11,531,303		9,804,418
澳大利亚		8,940,489		5,699,178
新西兰		155,325		7,839
其他		42,663,065		35,823,226

1997年中国主要进口商品来源地

鞋类

来源地	1997 数量	1997 金额(美元)	1996 数量	1996 金额(美元)
总值		358,340,322		353,187,487
朝鲜民主主义人民共和国		7,323		478
香港		12,019,206		14,844,157
印度		174,526		129,209
印度尼西亚		2,371,139		1,308,206
日本		9,340,185		10,436,051
澳门		86,291		117,492
马来西亚		212,544		439,741
尼泊尔		10,627		5,130
巴基斯坦		9,910		116,250
菲律宾		58,800		13,300
新加坡		307,267		419,838
韩国		149,291,667		122,585,880
斯里兰卡		216,209		
泰国		850,126		460,170
越南		1,431,264		469,955
台湾省		113,407,438		152,624,901
纳米比亚		231		
南非				
比利时		10,020		19,627
丹麦		4,763		6,615
英国		1,403,119		630,435
德意志联邦共和国		776,406		674,515
法国		490,242		125,726
意大利		5,786,478		5,591,950
荷兰		147,590		117,926
葡萄牙		1,475		40
西班牙		624,693		592,140
芬兰		142,565		70,169
匈牙利		56,297		
瑞典		49,181		19,577

1997年中国主要进口商品来源地

鞋类

来源地	1997		1996	
	数量	金额(美元)	数量	金额(美元)
瑞士		37,998		112,507
捷克共和国		757		714
阿根廷		10,874		173,891
巴西		333,656		124,196
加拿大		50,674		87,185
美国		54,591,605		38,244,373
澳大利亚		56,335		21,091
新西兰		115		3,753
其他		3,970,688		2,600,299

纸张

来源地	1997		1996	
	数量(公吨)	金额(美元)	数量(公吨)	金额(美元)
总值	5,507,907	2,804,036,914	4,478,154	2,309,242,713
香港	320,872	145,071,704	319,264	145,340,763
印度	1,800	1,077,854	2,688	1,778,750
印度尼西亚	430,386	235,153,258	250,353	127,791,879
伊朗	157	79,690	23	12,602
以色列	1	920		
日本	404,940	285,336,227	299,478	212,060,890
澳门	3,126	1,059,093	1,282	616,065
马来西亚	13,540	7,438,158	13,455	8,032,338
菲律宾	5,700	2,776,563	8,539	4,747,449
新加坡	17,763	9,199,003	17,375	11,363,790
韩国	995,179	535,482,205	724,077	376,210,243
斯里兰卡	20	4,006		
泰国	132,512	51,961,389	62,019	25,139,392
土耳其	541	428,416	442	386,936

1997年中国主要进口商品来源地

纸张

来源地	1997		1996	
	数量(公吨)	金额(美元)	数量(公吨)	金额(美元)
阿拉伯联合酋长国	326	63,711	36	22,746
越南	1,512	612,601	2,177	919,756
台湾省	707,555	329,489,445	708,944	332,204,908
纳米比亚		80		
索马里	98	49,318	1	218
南非	26,802	10,490,449	20,321	9,051,324
苏丹	93	60,023		
扎伊尔				
比利时	8,056	4,633,868	15,442	9,673,912
丹麦	208	210,629	79	127,577
英国	24,133	32,479,125	20,679	19,166,705
德意志联邦共和国	116,246	61,264,395	130,330	69,032,353
法国	38,554	26,200,971	38,958	16,812,226
爱尔兰	1	19,649		
意大利	10,438	11,931,361	9,675	11,973,667
卢森堡	65	189,774	3	12,370
荷兰	67,552	27,186,900	57,243	23,333,318
葡萄牙	712	454,735	571	454,065
西班牙	5,668	11,184,118	11,135	9,723,563
奥地利	15,684	8,933,520	36,596	21,144,681
芬兰	89,284	69,487,467	93,003	74,196,880
匈牙利	10	7,832	1	3,921
挪威	9,457	5,608,347	7,021	3,870,072
波兰	5,047	2,630,449	3,553	1,994,737
罗马尼亚	367	255,181		
瑞典	74,300	41,349,386	52,307	33,810,236
瑞士	2,238	1,838,116	3,203	2,466,203
哈萨克斯坦	782	399,081	852	280,996
俄罗斯	120,074	53,591,267	79,947	43,893,827
斯洛文尼亚共和国	1	421		13
捷克共和国	77	98,444	595	361,857

1997年中国主要进口商品来源地

纸张

来源地	1997		1996	
	数量(公吨)	金额(美元)	数量(公吨)	金额(美元)
阿根廷	111	91,060	166	93,593
巴西	27,090	11,588,756	27,886	12,157,725
智利	2,712	1,299,232	5,384	2,520,787
墨西哥	246	206,413	116	75,833
巴拿马		67		
委内瑞拉	2,543	705,836	160	51,855
加拿大	251,987	118,958,611	209,206	106,371,273
美国	1,328,856	606,348,538	1,085,867	528,662,851
澳大利亚	157,353	50,330,430	83,000	26,417,610
新西兰	41,314	18,149,871	36,828	17,675,089
其他	43,819	20,568,939	37,873	17,202,869

纸制品

来源地	1997		1996	
	数量(公吨)	金额(美元)	数量(公吨)	金额(美元)
总值	723,601	730,085,579	710,095	720,038,501
孟加拉国		1,921		1,513
缅甸	4	2,142		98
香港	179,728	151,821,549	186,219	175,028,881
印度	46	120,561	88	72,192
印度尼西亚	26,401	15,263,379	14,631	7,154,616
伊朗	1	664		82
以色列	25	102,780	15	187,746
日本	87,275	135,065,582	90,300	131,019,236
老挝		446		
黎巴嫩	12	3,035		16
澳门	1,756	1,555,843	2,696	1,924,860
马来西亚	2,577	2,572,780	2,577	2,505,552

1997年中国主要进口商品来源地

纸制品

来源地	1997		1996	
	数量(公吨)	金额(美元)	数量(公吨)	金额(美元)
尼泊尔		118		
巴基斯坦		1,329	5	9,910
菲律宾	232	876,525	109	402,311
沙特阿拉伯	132	63,482	4	5,318
新加坡	8,266	9,597,042	8,402	12,950,737
韩国	129,185	113,443,616	97,363	96,202,935
斯里兰卡	3	18,290		811
泰国	3,033	1,750,941	6,573	2,346,725
土耳其	1	11,577	128	96,015
阿拉伯联合酋长国	26	13,857	24	15,348
越南	1	5,227		459
台湾省	130,591	133,284,040	144,150	134,576,707
刚果		454		
吉布提				
埃及		1,661		
埃塞俄比亚		979		6
加纳		26		
毛里求斯		170		
莫桑比克		90		
尼日利亚		138		
南非	1,402	776,160	2,061	1,200,903
突尼斯		64		
莱索托		197		
比利时	1,312	2,155,331	641	1,375,826
丹麦	957	1,931,184	1,134	1,950,664
英国	2,560	5,656,318	3,278	6,325,087
德意志联邦共和国	7,121	9,222,302	6,519	9,471,134
法国	6,947	9,238,705	6,828	6,512,035
爱尔兰	10	72,285	9	127,021

1997年中国主要进口商品来源地

纸制品

来源地	1997		1996	
	数量(公吨)	金额(美元)	数量(公吨)	金额(美元)
意大利	2,288	3,061,263	1,791	4,318,063
卢森堡	80	221,489	6	17,390
荷兰	1,067	2,525,177	2,251	3,161,395
希腊	1	7,427		115
葡萄牙	102	61,320	89	59,611
西班牙	119	258,313	402	810,544
奥地利	681	1,215,182	2,381	3,567,624
芬兰	4,594	3,248,590	2,704	1,760,642
匈牙利	1	2,658		50
列支敦士登		211		150
挪威	145	269,867	32	56,729
波兰	3	23,226	15	28,492
罗马尼亚	11	6,058		
瑞典	2,331	2,531,074	1,644	2,076,486
瑞士	510	1,514,771	164	749,490
格鲁吉亚		205		
俄罗斯	2	8,546,986	12	98,288
斯洛文尼亚共和国		331		
捷克共和国	6	18,388	22	20,228
斯洛伐克共和国		1,071		
阿根廷	10	6,752	21	10,753
巴西	276	152,290	2,467	1,427,406
智利	1	2,645		969
危地马拉		207		73
牙买加		5,015		306
墨西哥	16	36,388	15	81,566
巴拿马		500	1	432
巴拉圭		155		248
乌拉圭				

1997 年中国主要进口商品来源地

纸制品

来源地	1997		1996	
	数量(公吨)	金额(美元)	数量(公吨)	金额(美元)
加拿大	4,010	2,590,542	3,513	2,272,159
美国	64,095	66,749,514	54,083	60,677,624
澳大利亚	3,353	3,055,126	3,935	2,797,413
新西兰	982	533,540	1,212	870,586
其他	49,312	38,806,453	59,579	43,708,925

钢材

来源地	1997		1996	
	数量(公吨)	金额(美元)	数量(公吨)	金额(美元)
总值	13,228,294	6,520,168,638	15,988,730	7,107,339,231
朝鲜民主主义人民共和国	4,317	1,289,816	9,838	2,444,107
香港	49,659	42,066,571	106,238	77,234,486
印度	72,976	21,157,679	267,764	74,021,780
印度尼西亚	6,140	2,269,966	65,460	26,378,058
伊朗	472	203,205	2,961	1,295,285
以色列	87	118,022	13	85,484
日本	3,947,912	2,512,384,985	4,089,578	2,424,924,291
老挝	2	1,691	3	1,862
澳门	12	9,445	26	20,801
马来西亚	13,541	8,949,703	29,920	14,847,636
蒙古	72	11,532	1,384	315,311
尼泊尔			2	964
菲律宾	6,076	1,960,566	5,340	3,190,445
沙特阿拉伯	1,258	467,773	14,514	6,254,155
新加坡	12,126	14,252,684	19,884	20,306,156
韩国	1,694,459	966,632,996	1,591,722	859,160,930
斯里兰卡	4	11,796		

1997 年中国主要进口商品来源地

钢材

来 源 地	1997		1996	
	数量(公吨)	金额(美元)	数量(公吨)	金额(美元)
泰国	61,288	34,012,826	51,035	21,266,557
土耳其	16,596	4,909,905	102,367	28,299,812
阿拉伯联合酋长国	123	228,751	7	11,861
越南	6,938	3,252,952	1,326	494,844
台湾省	1,504,709	864,242,420	1,114,041	621,460,736
吉布提		194		
埃及	11,772	3,917,146	2	513
南非	26,499	14,390,440	32,238	13,764,043
苏丹				
比利时	36,429	32,216,747	127,315	84,997,726
丹麦	1,144	3,239,449	294	1,321,075
英国	95,417	93,647,154	121,279	68,678,922
德意志联邦共和国	175,348	173,083,989	274,051	197,366,598
法国	45,663	48,599,055	67,515	47,318,101
爱尔兰		4,804		3,239
意大利	37,978	39,374,601	72,139	60,289,362
卢森堡	2,173	1,413,959	15,698	9,161,747
荷兰	15,806	10,275,320	11,765	5,909,450
希腊	14	32,558	19,774	7,854,098
葡萄牙	1	11,012		1,102
西班牙	26,952	18,495,329	27,236	20,821,576
奥地利	10,042	9,306,473	6,355	7,277,417
保加利亚	4,019	1,208,118	32,078	12,734,624
芬兰	2,175	5,286,823	6,217	3,191,177
直布罗陀	4,998	1,049,683		
匈牙利	4,533	1,223,601	2,196	1,834,836
列支敦士登				
挪威	3,906	4,104,796	1,100	2,952,272

1997 年中国主要进口商品来源地

钢材

来源地	1997		1996	
	数量(公吨)	金额(美元)	数量(公吨)	金额(美元)
波兰	17,568	5,215,184	12,346	4,515,178
罗马尼亚	15,567	5,290,838	73,739	22,343,680
瑞典	24,001	22,188,939	22,570	21,940,662
瑞士	144	1,160,338	330	987,149
爱沙尼亚	1,979	511,982		
立陶宛	9,854	2,321,489		
白俄罗斯	18,507	6,009,072	8,898	2,227,531
哈萨克斯坦	864,793	222,149,123	721,834	183,326,223
吉尔吉斯	107	27,212	2,619	727,276
摩尔多瓦	490	138,556	63	16,170
俄罗斯	2,939,381	771,305,010	4,534,314	1,282,570,018
乌克兰	846,272	212,721,309	1,185,194	335,143,920
南斯拉夫	3,002	1,053,480		
捷克共和国	905	540,655	50,558	16,187,292
斯洛伐克共和国	2,453	858,451	64,255	24,393,962
阿根廷	73,301	44,233,260	106,071	56,668,353
巴西	113,292	42,933,865	199,623	82,415,099
墨西哥	45,959	22,402,403	112,440	41,219,301
巴拿马	1,540	616,116		
秘鲁	29	18,688	140	122,536
委内瑞拉	52	16,650		
加拿大	3,882	2,363,320	19,409	9,149,916
美国	77,334	103,460,108	176,451	139,743,009
澳大利亚	129,587	57,065,416	193,961	73,694,485
新西兰	1,682	1,004,130	8,084	2,665,815
其他	132,974	55,246,410	205,157	79,788,217

1997年中国主要进口商品来源地

铁矿砂

来源地	1997		1996	
	数量(公吨)	金额(美元)	数量(公吨)	金额(美元)
总值	55,105,835	1,614,839,812	43,873,961	1,320,589,114
缅甸	848	23,087	56	336
朝鲜民主主义人民共和国	167,673	3,035,135	177,440	3,142,557
香港	59	5,567	2	86
印度	6,069,219	186,127,523	3,922,236	129,597,346
印度尼西亚	55,308	1,660,219	27,437	889,606
伊朗				10
日本			31	12,264
马来西亚	95,962	2,973,781	86,059	3,405,193
韩国	3	118	18,845	332,836
越南	94,925	1,405,186	45,421	964,247
台湾省	2	1,080	2	1,042
南非	5,310,470	145,856,571	5,564,006	154,796,800
英国	10	1,341	20	5,172
德意志联邦共和国		64		
法国	300	51,200	671	110,221
意大利	19	639	192	26,880
挪威	185,662	9,298,369	81,346	3,967,775
瑞典	285,869	14,282,381	218,190	10,735,818
格鲁吉亚	52,500	2,373,669		
哈萨克斯坦	353,901	16,000,157	336,965	13,889,951
巴西	7,814,876	245,274,318	6,477,595	212,093,041
智利	67,162	3,611,945	333,721	17,739,941
秘鲁	2,362,113	85,465,348	2,533,661	83,241,509
委内瑞拉	267,286	7,213,437	408,342	12,026,509
加拿大	730,636	27,425,090	662,773	26,324,606
美国		223		155
澳大利亚	30,971,967	858,360,815	22,779,286	638,161,763
新西兰	219,066	4,391,384		
其他	1	1,125	199,664	9,123,450

1997年中国主要进口商品来源地

铜矿砂

来源地	1997 数量(公吨)	1997 金额(美元)	1996 数量(公吨)	1996 金额(美元)
总值	937,776	421,163,938	824,810	393,174,134
缅甸	4,670	907,675	11,927	1,584,869
朝鲜民主主义人民共和国	5,647	698,607	13,616	1,223,585
香港		310		
印度尼西亚	5,492	634,834		
马来西亚	7	1,150		
蒙古	254,326	116,702,810	149,099	68,224,524
菲律宾	90	26,940	20,011	10,705,753
新加坡	60	23,400		
韩国	311	93,369	3,100	1,500,062
土耳其	56,904	19,232,789	22,591	6,848,406
越南	1,627	362,847	1,248	180,672
台湾省	89	22,962	16,721	5,956,593
意大利	499	96,265		
葡萄牙	25,640	11,540,454	10,036	3,080,563
西班牙	13,633	4,355,525	17,581	8,364,077
哈萨克斯坦	337	128,060	5	2,952
俄罗斯	23,392	7,478,515	13,883	6,298,183
巴西	1,399	507,820	630	242,206
智利	212,260	112,703,471	195,885	104,506,641
墨西哥	9,278	3,481,947	39,693	15,486,365
秘鲁	22,791	10,964,685		
加拿大	118,089	52,312,420	75,266	47,640,075
美国	41,231	17,935,531	83,458	40,277,272
澳大利亚	140,003	60,951,552	149,168	70,716,989
其他			892	334,347

1997年中国主要进口商品来源地

铜

来源地	1997		1996	
	数量(公吨)	金额(美元)	数量(公吨)	金额(美元)
总值	1,009,803	779,853,914	1,006,846	896,119,332
缅甸	116	56,106	74	98,746
塞浦路斯	20	5,347		
朝鲜民主主义人民共和国	445	804,225	562	934,233
香港	38,003	24,121,891	34,932	21,637,998
印度	22	24,224		
印度尼西亚	269	173,281	572	516,686
以色列	85	34,879	387	802,717
日本	196,825	86,989,417	172,525	88,324,339
科威特	81	23,394		
黎巴嫩	21	5,097		
澳门	43	7,887	24	2,473
马来西亚	1,179	801,108	1,761	1,501,949
蒙古	1,002	1,523,363	1,039	1,010,614
菲律宾	15,485	26,205,699	31,602	58,620,724
沙特阿拉伯	472	888,002	173	323,676
新加坡	14,820	29,598,434	29,569	47,426,464
韩国	13,756	20,682,364	12,897	20,188,011
泰国	2,090	3,826,580	1,113	1,327,438
越南	1,882	3,519,956	200	225,532
台湾省	15,632	16,007,765	17,308	14,541,945
喀麦隆	23	20,401		
刚果	1,000	1,957,207		
肯尼亚	41	84,784	20	62,478
摩洛哥	39	78,843		
纳米比亚	813	2,173,314	1,156	1,765,686
尼日利亚	10	4,600		
南非	13,559	27,871,727	12,116	16,455,132
坦桑尼亚	899	2,055,349	1,497	2,948,934
赞比亚	10,808	24,802,354	2,092	4,290,284
津巴布韦	1,238	2,955,085	789	1,580,625

1997年中国主要进口商品来源地

铜

来源地	1997		1996	
	数量(公吨)	金额(美元)	数量(公吨)	金额(美元)
比利时	18,531	6,135,144	7,842	3,104,207
丹麦	646	257,736	314	192,264
英国	6,580	7,385,939	12,023	20,713,980
德意志联邦共和国	20,610	20,961,679	36,459	46,869,618
法国	688	441,971	3,392	2,582,432
意大利	3,305	3,015,196	448	691,724
卢森堡	25	11,713		
荷兰	23,317	17,190,638	46,446	29,527,074
希腊	337	37,294	1,303	106,319
西班牙	78	183,427	221	450,126
保加利亚	43	53,515	1,167	2,145,135
芬兰	758	459,521	1,605	3,180,519
挪威	59	38,204	112	37,187
波兰	45	62,546	607	1,052,181
罗马尼亚	20	32,624	20	30,348
瑞典	1,456	618,409	655	297,344
瑞士	1,382	2,468,853	2,733	5,968,357
白俄罗斯	499	1,004,045	16	18,233
哈萨克斯坦	28,454	39,089,591	32,380	37,934,374
吉尔吉斯	6,317	7,853,717	4,960	5,587,434
俄罗斯	35,793	41,354,585	54,190	67,379,898
乌克兰	68	101,748	157	295,117
阿根廷	362	446,214	1,237	1,245,706
巴西	154	313,806	2,693	4,124,606
智利	70,862	153,038,968	74,138	155,165,842
哥伦比亚	201	218,514		
多米尼加共和国	55	7,182		
厄瓜多尔	39	35,288		
墨西哥	59	86,402		
巴拿马	17	18,425		
秘鲁	6,419	11,616,778	12,531	23,775,003

1997年中国主要进口商品来源地

铜

来源地	1997		1996	
	数量(公吨)	金额(美元)	数量(公吨)	金额(美元)
波多黎各	54	20,585	21	21,548
委内瑞拉	231	304,031	405	829,816
加拿大	4,616	2,441,482	8,766	4,071,273
美国	435,047	171,317,012	347,223	170,471,034
澳大利亚	10,976	11,945,524	24,857	13,791,073
新西兰	224	197,400	252	228,193
其他	798	1,785,525	5,264	9,644,683

铝

来源地	1997		1996	
	数量(公吨)	金额(美元)	数量(公吨)	金额(美元)
总值	230,229	282,534,718	294,103	364,146,450
巴林	99	159,163	1,874	2,834,578
朝鲜民主主义人民共和国	1,117	1,251,671	1,336	1,378,017
香港	10,066	12,979,883	16,957	21,630,348
印度	1,385	2,195,788	5,612	7,201,719
印度尼西亚	2,900	4,164,041	9,481	11,714,489
日本	1,272	1,904,989	2,309	2,520,955
马来西亚	274	410,256		
蒙古	11	8,115	1	270
新加坡	2,176	3,104,093	4,622	5,001,478
韩国	1,839	2,876,319	2,995	3,795,972
泰国	2	349		
阿拉伯联合酋长国	1,806	2,998,363	3,255	5,738,996
台湾省	4,277	7,712,851	5,191	8,178,063
南非	518	765,923	1,751	2,965,223
英国		1,483	1,064	1,686,341
德意志联邦共和国	1,497	1,843,646	1,347	1,659,079

1997 年中国主要进口商品来源地

铝

来源地	1997		1996	
	数量(公吨)	金额(美元)	数量(公吨)	金额(美元)
法国	62	92,984	246	361,007
荷兰	1	9,419	1,045	1,497,908
挪威	7	13,385		
瑞典	907	1,405,706		
瑞士		991		
哈萨克斯坦	700	680,165	1,328	1,207,751
俄罗斯	157,883	176,238,360	191,485	221,688,009
巴西	1,130	1,418,598	5,556	9,853,299
加拿大	843	1,178,722	1,382	2,102,702
美国	1,659	2,050,974	1,627	2,042,849
澳大利亚	36,497	54,957,534	28,136	42,538,097
其他	1,302	2,110,947	5,500	6,549,300

铜材

来源地	1997		1996	
	数量(公吨)	金额(美元)	数量(公吨)	金额(美元)
总值	448,329	1,192,912,185	423,302	1,101,722,803
香港	23,910	76,074,792	24,348	65,958,067
印度	25	59,974	46	125,129
印度尼西亚	2,303	5,274,308	10,924	26,674,195
伊朗	18	125,141		516
伊拉克		71		
以色列		1,040		5,095
日本	116,615	345,673,176	102,210	301,113,656
澳门	36	66,682	99	382,050
马来西亚	5,702	15,808,736	5,173	15,510,978
巴基斯坦	66	59,453		
菲律宾	42	143,483	2,515	2,882,300

1997 年中国主要进口商品来源地

铜材

来源地	1997		1996	
	数量(公吨)	金额(美元)	数量(公吨)	金额(美元)
沙特阿拉伯	946	2,114,197	818	1,841,717
新加坡	1,495	5,496,437	3,094	10,693,401
韩国	70,969	172,032,329	41,848	97,903,144
泰国	1,179	8,086,693	848	5,917,158
土耳其	3,311	7,406,880	1,879	3,799,187
阿拉伯联合酋长国	105	271,320		
台湾省	173,244	415,710,427	153,998	368,694,700
加纳				
南非	1,868	3,835,366	1,678	3,741,221
比利时	1,750	4,736,365	3,662	9,613,340
丹麦	3	11,061	1	18,895
英国	1,874	8,475,221	1,711	6,436,524
德意志联邦共和国	8,005	22,178,223	4,798	14,835,624
法国	3,575	10,715,643	1,631	4,301,540
爱尔兰	40	426,236	12	83,591
意大利	2,039	4,642,231	593	1,650,523
卢森堡	63	533,794	41	350,024
荷兰	2,442	7,116,227	842	2,414,812
西班牙	7	72,670	76	253,828
奥地利	23	146,149	488	855,532
芬兰	96	225,642	73	287,743
挪威	13	15,772	5	7,843
波兰	117	187,111	743	1,171,724
瑞典	1,482	3,114,363	589	2,511,654
瑞士	159	569,179	29	203,719
哈萨克斯坦	4	7,486	154	279,994
俄罗斯	2,511	4,557,950	3,118	6,385,910
捷克共和国		5,234		
阿根廷	300	450,000		
巴西	574	1,056,880	2,186	3,345,345
智利	10	21,222	1,004	326,641

1997年中国主要进口商品来源地

铜材

来源地	1997 数量(公吨)	1997 金额(美元)	1996 数量(公吨)	1996 金额(美元)
危地马拉	1	6,935		
加拿大	935	3,551,084	436	1,451,142
美国	5,068	24,011,381	9,796	33,489,163
澳大利亚	15,377	37,549,075	14,331	33,768,491
新西兰	26	288,498	4	41,690
其他			27,504	72,394,997

铝材

来源地	1997 数量(公吨)	1997 金额(美元)	1996 数量(公吨)	1996 金额(美元)
总值	306,673	779,148,870	267,685	594,972,859
巴林	2,708	5,853,746	986	2,426,023
香港	9,990	26,935,098	16,974	32,992,192
印度	194	409,298	100	276,767
印度尼西亚	2,700	6,918,119	1,699	3,802,483
伊朗	1	1,510		
以色列	33	654,927	69	692,105
日本	76,486	210,375,749	69,175	169,071,902
澳门	28	52,389	56	83,847
马来西亚	1,999	5,020,037	2,767	4,555,970
菲律宾	33	131,098	7	59,755
新加坡	3,200	14,728,515	3,152	10,957,351
韩国	47,462	119,061,373	33,504	62,269,463
泰国	140	334,660	28	151,062
土耳其	181	529,093	119	396,550
阿拉伯联合酋长国	276	540,063	127	219,787
台湾省	53,636	127,087,016	36,666	91,207,971
南非	575	558,185	948	1,368,367

1997 年中国主要进口商品来源地

铝材

来 源 地	1997		1996	
	数量(公吨)	金额(美元)	数量(公吨)	金额(美元)
比利时	1,664	4,895,462	1,176	2,750,619
丹麦	15	18,197	42	193,205
英国	1,914	6,816,540	2,519	7,276,606
德意志联邦共和国	9,724	27,792,541	7,182	16,056,479
法国	11,942	30,258,847	1,936	4,854,279
爱尔兰	48	236,949	43	312,998
意大利	783	2,899,986	735	2,675,446
卢森堡	1	4,026	33	142,700
荷兰	1,457	4,444,075	1,589	8,757,148
希腊	942	1,690,890	640	1,132,118
葡萄牙		170		
西班牙	421	1,505,953	148	523,307
奥地利	8	11,175	107	122,465
芬兰	103	146,915	40	112,590
挪威	57	275,824	1	9,000
瑞典	605	1,431,501	1,911	7,301,184
瑞士	141	680,385	491	1,486,801
哈萨克斯坦	29	31,900	399	401,917
吉尔吉斯	4	4,554	5	3,346
俄罗斯	556	670,207	10,190	5,860,533
巴西	52	159,846	27	112,411
巴拿马		243		
秘鲁	160	247,885	576	891,496
加拿大	517	1,157,729	715	1,606,867
美国	58,750	131,077,127	55,275	121,144,012
澳大利亚	17,081	43,362,847	8,999	20,989,684
新西兰	57	136,220	19	177,419
其他			6,511	9,546,634

1997年中国主要进口商品来源地

原油

来源地	1997		1996	
	数量(公吨)	金额(美元)	数量(公吨)	金额(美元)
总值	35,469,701	5,456,210,767	22,616,949	3,406,548,204
香港	64,459	10,801,828	1	465
印度	39,158	5,518,377		
印度尼西亚	6,585,351	1,065,458,822	6,296,094	1,002,936,281
伊朗	2,756,718	418,408,734	2,311,105	337,071,546
伊拉克	239,010	34,116,020		
日本	1	935	9	5,970
科威特	68,790	11,118,229		
马来西亚	230,296	37,568,706	219,345	34,167,077
阿曼	9,033,023	1,343,614,897	5,654,649	809,190,234
巴基斯坦	96,333	15,238,855		
卡塔尔	80,752	11,739,128		
沙特阿拉伯	499,908	72,698,646	230,635	32,639,820
新加坡	144,206	21,784,324	30,894	4,322,252
泰国	103,739	18,281,608		
阿拉伯联合酋长国	48,438	7,516,516		
也门共和国	4,055,011	641,870,361	3,765,693	568,792,505
越南	1,499,143	248,098,473	1,006,864	158,062,438
安哥拉	3,836,639	603,131,937	1,662,372	241,974,463
刚果	979,956	147,829,116	125,517	17,478,335
埃及	286,514	40,203,435		
赤道几内亚	204,919	29,335,875		
加蓬	376,860	54,279,506		
几内亚	151,877	26,651,551		
利比亚	70,003	10,999,454	139,065	20,419,918
苏丹				
英国			14	2,769
挪威	987,052	145,163,751		
哈萨克斯坦	44,891	4,713,583		
俄罗斯	475,257	66,415,636	318,932	49,252,924
阿根廷	1,108,515	148,065,797		

1997年中国主要进口商品来源地

原油

来源地	1997		1996	
	数量(公吨)	金额(美元)	数量(公吨)	金额(美元)
加拿大			80,261	10,901,697
美国	753,658	114,801,564	113,742	17,286,188
澳大利亚	325,486	52,319,359	188,165	27,321,245
巴布亚新几内亚	323,736	48,465,592	471,383	74,316,023
其他			2,209	406,054

成品油

来源地	1997		1996	
	数量(公吨)	金额(美元)	数量(公吨)	金额(美元)
总值	**23,794,877**	**3,682,055,026**	**15,825,832**	**2,384,520,250**
巴林	26,768	6,841,815	20,000	1,900,000
朝鲜民主主义人民共和国	236,478	31,932,196	8	1,965
香港	94,832	55,642,245	115,212	51,587,316
印度	97,322	20,423,305	102,186	17,825,755
印度尼西亚	185,651	21,454,328	3,868	651,946
伊朗	50,560	4,846,692	1	6,213
日本	2,546,757	366,242,890	1,269,822	208,158,347
科威特	127,955	26,263,682	121,102	27,391,787
老挝		155		
澳门		2,530	19	11,540
马来西亚	239,311	31,999,529	216,319	28,686,567
尼泊尔	1	289		
阿曼	5	205,737	5,000	1,055,000
巴基斯坦	5	5,048	10	6,559
菲律宾	280,819	32,196,293	221,091	22,853,259
沙特阿拉伯	165,835	34,600,120	182,262	32,889,448
新加坡	9,785,063	1,645,125,837	9,180,934	1,323,136,870
韩国	5,763,642	850,333,031	2,608,202	340,737,728

1997年中国主要进口商品来源地

成品油

来源地	1997		1996	
	数量(公吨)	金额(美元)	数量(公吨)	金额(美元)
斯里兰卡	28,275	5,658,752		
泰国	15,393	2,533,902	60,833	5,943,810
土耳其	20,262	1,991,351		
阿拉伯联合酋长国	33,231	7,723,887	237	279,903
也门共和国	29,806	8,676,577		
越南	17,381	3,148,123		
台湾省	160,589	33,107,753	120,631	22,952,201
摩洛哥	2,500	750,000		
南非	5,258	554,531		
比利时	1,523	1,972,750	981	822,003
丹麦	22	43,463	2	12,280
英国	7,933	7,246,287	10,692	7,858,888
德意志联邦共和国	2,675	4,509,623	3,062	6,932,416
法国	8,069	10,329,094	5,092	5,441,816
意大利	26,973	7,025,916	5,023	2,809,155
荷兰	2,567	3,072,437	1,982	4,529,983
希腊	14	10,080		
西班牙	971	1,276,245	181	228,920
奥地利		1,676	1	1,839
芬兰		201	6	11,746
挪威		2,476	2	3,324
波兰			100	8,500
瑞典	897	479,372	1	10,722
瑞士	24	75,084	21	23,826
白俄罗斯	986	99,026	84,712	10,770,497
俄罗斯	3,459,921	343,174,669	1,234,962	164,931,705
巴西	31	93,848		
洪都拉斯	2,907	461,127		
墨西哥		641		
巴拿马	2,000	410,000	13	1,806
委内瑞拉	20,000	3,900,000		

1997年中国主要进口商品来源地

成品油

来源地	1997		1996	
	数量(公吨)	金额(美元)	数量(公吨)	金额(美元)
加拿大	5,134	1,529,943	439	612,774
美国	270,364	86,684,969	233,183	87,752,108
澳大利亚	46,419	12,297,352	679	1,306,654
新西兰		163	112	203,951
其他	21,748	5,097,970	16,846	4,169,123

塑料

来源地	1997		1996	
	数量	金额(美元)	数量	金额(美元)
总值		10,200,259,934		8,820,420,975
阿富汗		26		26
巴林		18,074		
孟加拉国		47,164		541
缅甸		5,652		2,190
朝鲜民主主义人民共和国		122,026		1,678,817
香港		330,481,427		390,770,470
印度		5,466,760		9,144,856
印度尼西亚		78,985,015		54,958,548
伊朗		9,692,035		6,857,913
伊拉克		88,293		75,296
以色列		2,904,999		4,408,037
日本		2,208,785,685		1,923,192,270
约旦		5,301		96,067
科威特		1,254,699		325,041
老挝		8,605		4,107
黎巴嫩		58		465
澳门		1,896,294		2,389,754
马来西亚		159,022,142		117,050,148

1997年中国主要进口商品来源地

塑料

来源地	1997		1996	
	数量	金额(美元)	数量	金额(美元)
尼泊尔		23,255		50,800
巴基斯坦		50,678		108,457
菲律宾		4,642,956		5,905,076
卡塔尔		61,172,164		20,713,298
沙特阿拉伯		181,625,694		172,817,101
新加坡		268,766,473		161,944,182
韩国		2,208,551,562		1,660,846,371
斯里兰卡		140,173		4,606
叙利亚		5,692		4,161
泰国		254,013,807		130,075,779
土耳其		348,566		205,274
阿拉伯联合酋长国		7,466,939		5,465,877
也门共和国		27,298		21,454
越南		711,728		120,118
台湾省		2,520,854,898		2,339,205,816
安哥拉		209,793		3,486
中非共和国		484		154,387
吉布提		1,937		
埃及		939,738		147,888
利比里亚		5,666		
毛里求斯		1,165		
摩洛哥		381,542		448
尼日利亚		17,054		
索马里		1,446		
南非		12,244,073		16,776,772
西撒哈拉		181		
苏丹		38,342		80,614
乌干达		484		

1997 年中国主要进口商品来源地

塑料

来源地	1997		1996	
	数量	金额(美元)	数量	金额(美元)
津巴布韦		12,285		9
非洲其他国家		165,902		
比利时		69,542,151		75,453,253
丹麦		1,271,825		1,286,922
英国		45,354,889		41,254,790
德意志联邦共和国		165,685,372		140,421,385
法国		65,544,673		47,457,378
爱尔兰		1,408,853		1,095,618
意大利		37,634,184		49,678,080
卢森堡		9,575,410		17,124,097
荷兰		66,419,663		69,831,953
希腊		521,870		38,881
葡萄牙		10,308,482		6,767,837
西班牙		18,660,925		20,627,807
奥地利		1,639,373		2,959,457
保加利亚		3,633		70,832
芬兰		14,159,914		17,098,539
匈牙利		5,548,846		4,041,293
冰岛		269		
列支敦士登		710		
马耳他		630		
挪威		4,709,226		9,369,386
波兰		828,323		840,232
罗马尼亚		1,570,292		1,033,147
瑞典		16,580,137		10,281,057
瑞士		11,268,749		6,637,742
阿塞拜疆		134,370		
白俄罗斯		130,501		70,833

1997 年中国主要进口商品来源地

塑料

来源地	1997		1996	
	数量	金额(美元)	数量	金额(美元)
摩尔多瓦		281,062		
俄罗斯		138,834,960		91,365,191
南斯拉夫		395,859		99,739
斯洛文尼亚共和国		351		
克罗地亚共和国		64,943		405,351
捷克共和国		261,557		625,057
阿根廷		3,902,009		11,227,458
巴西		22,970,410		25,446,943
智利		21,498		50
哥伦比亚		591,313		214,354
哥斯达黎加		107		104
古巴		284		
危地马拉		39,904		243
海地		194		36,253
墨西哥		15,697,353		25,333,886
巴拿马		25,634		28,579
巴拉圭		151,239		358,034
秘鲁		84,432		7,822
特立尼达和多巴哥		18,605		
乌拉圭		5,426		
加拿大		91,430,191		85,577,409
美国		902,448,771		889,547,796
澳大利亚		33,267,464		35,315,997
库克群岛		1,414		
新西兰		3,193,733		3,135,158
其他		116,861,721		102,648,512

1997年中国主要进口商品来源地

化肥

来源地	1997		1996	
	数量(公吨)	金额(美元)	数量(公吨)	金额(美元)
总值	16,489,103	2,994,935,833	18,569,805	3,563,332,081
香港	401	107,677	50,776	5,770,523
印度尼西亚	45,546	9,174,242	73,759	15,840,773
伊朗	15,750	3,071,250		
以色列	236,343	27,014,534	54,434	6,920,608
日本	262	837,483	9,388	1,164,925
约旦	201,231	22,615,741	134,840	16,003,691
科威特	156,896	29,711,942	201,545	44,537,933
马来西亚	15	4,886	21,748	5,219,517
卡塔尔	271,286	42,913,548	205,471	35,898,682
沙特阿拉伯	173,714	32,436,908	261,091	60,542,460
新加坡	1	1,360	5	1,358
韩国	52,899	10,773,309	107,608	21,523,100
泰国	8	58,140	39	4,561
阿拉伯联合酋长国	60,325	11,765,781	70,529	16,115,053
越南	5,000	625,000		
台湾省	92,452	18,539,228	61,772	13,201,733
利比亚	16,801	3,134,363	166,271	35,299,131
摩洛哥	164,010	36,950,218		
比利时	160,768	37,554,396	144,877	34,881,623
丹麦	167,440	37,093,080	53,448	12,553,044
英国	5,258	1,203,055	44,488	10,678,737
德意志联邦共和国	276,585	55,382,174	223,312	50,878,623
法国	54,949	12,539,730	27,909	5,763,255
意大利	19	7,762	2	521
荷兰	52,385	13,236,085	240	74,238
希腊	231,418	56,090,624	137,039	30,761,104
西班牙	56,748	12,701,633	20,018	4,756,638
保加利亚	31,861	6,212,854	79,215	13,731,434
芬兰	123,959	30,236,609	147,698	35,271,851
挪威	291,729	58,659,408	367,423	72,121,450

1997年中国主要进口商品来源地

化肥

来源地	1997		1996	
	数量(公吨)	金额(美元)	数量(公吨)	金额(美元)
罗马尼亚	50,025	10,423,380	180,136	39,716,797
瑞典	18,999	3,851,333	16,541	3,291,659
瑞士	1	9,162	1	225
爱沙尼亚	9,537	1,764,425		
哈萨克斯坦	142,476	23,175,061	338,011	47,723,382
俄罗斯	6,251,494	961,251,786	7,836,391	1,313,179,021
塔吉克斯坦	1,386	207,900	1,369	148,218
土库曼斯坦	300	27,000	3,694	309,580
乌克兰	319,099	53,053,459	706,522	138,394,173
乌兹别克斯坦	29,310	5,018,771	346,470	48,131,601
克罗地亚共和国	60,627	11,634,880	116,372	25,406,624
智利	49,255	13,645,495	52,580	15,130,869
加拿大	1,742,617	217,119,509	1,239,611	151,257,858
美国	4,867,229	1,122,876,168	4,848,005	1,178,324,763
澳大利亚	60	76,664	170	132,178
其他	630	147,820	218,986	52,668,567

天然橡胶

来源地	1997		1996	
	数量(公吨)	金额(美元)	数量(公吨)	金额(美元)
总值	429,877	457,603,020	551,025	720,254,688
缅甸	58	42,047	295	267,172
柬埔寨	2,691	2,834,431	1,520	1,667,325
朝鲜民主主义人民共和国	173	250,752		
香港	73	89,915	2,468	3,394,047
印度	16	22,512	384	596,964
印度尼西亚	34,379	38,718,268	60,051	81,069,467
日本	840	822,681	1,133	1,450,590

1997年中国主要进口商品来源地

天然橡胶

来源地	1997		1996	
	数量(公吨)	金额(美元)	数量(公吨)	金额(美元)
马来西亚	78,015	84,788,738	105,660	131,736,788
菲律宾	6,347	7,055,106	8,272	10,406,548
新加坡	4,080	4,661,374	12,635	18,188,776
韩国	1,761	2,871,082	1,687	2,395,173
斯里兰卡	204	327,870	224	383,582
泰国	278,241	292,913,618	330,985	442,890,703
越南	11,774	11,743,464	12,075	12,299,737
台湾省	10,609	9,963,591	12,005	12,056,490
科特迪瓦	45	27,073	60	79,531
利比里亚	211	126,942		
英国	2	1,835	10	8,035
德意志联邦共和国	38	50,172	48	26,411
法国			107	76,779
意大利			3	1,705
荷兰	31	39,669	15	18,880
美国	225	196,486	624	289,823
其他	62	55,317	766	950,162

合成橡胶

来源地	1997		1996	
	数量(公吨)	金额(美元)	数量(公吨)	金额(美元)
总值	453,284	469,004,990	367,456	396,851,192
柬埔寨	77	78,363		
香港	7,297	8,123,983	5,310	5,625,676
印度	8	10,184	64	46,323
印度尼西亚	4,260	3,721,796	1,027	952,754
伊朗	8,658	6,441,049	5,191	5,377,981
以色列		420		

1997年中国主要进口商品来源地

合成橡胶

来源地	1997		1996	
	数量(公吨)	金额(美元)	数量(公吨)	金额(美元)
日本	98,577	127,484,802	85,216	110,182,148
澳门	12	13,602	15	23,104
马来西亚	3,464	3,056,645	3,957	3,051,989
菲律宾	46	42,354	186	337,506
沙特阿拉伯	1	1,615		
新加坡	1,761	3,689,526	937	1,585,892
韩国	74,982	76,243,710	38,917	42,731,855
斯里兰卡		206		
泰国	8,292	6,436,587	7,064	6,244,079
阿拉伯联合酋长国	21	16,279	500	599,088
越南	115	138,816	2,050	1,587,804
台湾省	159,994	138,733,612	127,099	118,804,168
南非	1,603	1,590,849	436	407,154
比利时	2,606	4,088,712	3,007	4,410,819
丹麦	18	30,088		20
英国	4,574	8,380,802	2,936	3,915,022
德意志联邦共和国	4,585	5,670,290	2,453	3,561,196
法国	9,971	10,680,966	8,041	8,965,368
爱尔兰		2,623		
意大利	2,169	3,642,807	2,158	3,296,703
荷兰	2,976	2,994,577	2,191	1,802,535
西班牙	1,365	1,619,725	300	435,570
奥地利	1	4,674		103
保加利亚	546	374,738	40	24,121
芬兰				
瑞典	62	129,631	42	122,213
瑞士	232	185,092	161	276,317
白俄罗斯	46	32,485		
俄罗斯	22,343	19,388,853	41,142	39,267,253
阿根廷	18	35,162		
巴西	204	226,017	2,149	1,925,976

1997 年中国主要进口商品来源地

合成橡胶

来源地	1997		1996	
	数量(公吨)	金额(美元)	数量(公吨)	金额(美元)
洪都拉斯	64	153,600		
墨西哥	1,874	1,527,739	2,064	2,062,036
加拿大	5,224	7,678,521	2,432	4,677,299
美国	21,059	23,115,016	18,482	22,918,898
澳大利亚	123	142,263	279	358,899
新西兰	20	29,534		
其他	4,035	3,046,671	1,613	1,273,323

医疗器械

来源地	1997		1996	
	数量	金额(美元)	数量	金额(美元)
总值		333,215,085		387,568,851
朝鲜民主主义人民共和国		200		
香港		8,751,531		16,177,070
印度		355,910		113,159
印度尼西亚		10,262		100
以色列		2,553,438		7,827,499
日本		112,053,395		124,554,114
澳门		3,727		
马来西亚		4,507,214		706,409
菲律宾		15,301		1,905
新加坡		4,088,003		5,359,540
韩国		1,752,744		2,837,311
泰国		715,629		425,270
台湾省		2,052,235		2,097,531
南非		2,275		3,070
比利时		159,365		549,660

1997年中国主要进口商品来源地

医疗器械

来源地	1997		1996	
	数量	金额(美元)	数量	金额(美元)
丹麦		1,846,051		1,948,338
英国		1,543,258		2,521,565
德意志联邦共和国		45,852,697		47,696,099
法国		3,365,220		7,795,453
爱尔兰		68,206		8,582
意大利		6,599,773		3,371,222
荷兰		16,299,449		18,892,080
希腊		7,021		
西班牙		5,155,648		24,453
奥地利		454,749		54,446
芬兰		2,390,367		1,138,098
挪威		479,213		143,666
瑞典		4,785,849		6,612,894
瑞士		773,012		1,659,666
俄罗斯		20,707		113,192
捷克共和国		4,388		4,085
斯洛伐克共和国		4,128		2,100
阿根廷		758		
巴西		39,580		8,692
哥伦比亚		48,313		
多米尼加共和国		25,061		
墨西哥		30,360		15,625
加拿大		405,207		1,002,708
美国		97,483,437		126,152,898
澳大利亚		365,656		782,216
斐济		40		
新西兰		17,599		13,544
其他		8,128,109		6,954,591

1997 年中国主要进口商品来源地

各类船

来源地	1997		1996	
	数量(艘)	金额(美元)	数量(艘)	金额(美元)
总值	1,013	253,720,580	1,283	393,265,319
香港	205	10,231,958	251	21,260,896
印度	1	1,900,000		
日本	242	50,202,005	175	84,785,545
澳门	3	71,100	7	676,705
新加坡	9	396,866	14	63,345,163
韩国	13	124,668,619	25	2,570,791
台湾省	34	406,101	7	1,082,506
比利时	2	387,300		
丹麦	8	248,835	22	18,776,625
英国	6	515,291	30	471,106
德意志联邦共和国	59	7,746,913	51	19,498,766
法国	15	16,795	8	662,714
荷兰	10	9,794,692	2	114,081,000
希腊	4	230,001	2	2,142,000
西班牙	2	1,204,888		
挪威	7	478,938	3	330,111
瑞典	2	1,174,000		
俄罗斯	3	480,000	81	6,597,737
乌克兰	1	6,213,640		
伯利兹	1	258,200		
巴拿马	1	258,200		
圣文森特和格林纳丁斯	1	258,200		
加拿大	168	514,096	87	4,507,932
美国	95	1,834,571	320	1,503,987
澳大利亚	7	20,300,134	11	473,669
新西兰	1	3,928		
其他	113	13,925,309	187	50,498,066

1997年中国主要进口商品来源地

飞机

来源地	1997		1996	
	数量(架)	金额(美元)	数量(架)	金额(美元)
总值	73	2,576,044,950	77	2,127,292,615
法国	24	1,219,375,047	7	496,737,093
俄罗斯	18	34,581,106	40	585,488,002
加拿大	2	53,732,451	3	11,026,876
美国	29	1,268,356,346	25	1,013,636,644
其他			2	20,404,000

汽车

来源地	1997		1996	
	数量(辆)	金额(美元)	数量(辆)	金额(美元)
总值	47,779	690,736,460	74,806	808,058,263
香港	10	158,072	56	395,020
日本	21,545	369,091,009	15,551	212,964,001
新加坡	6	600,469	9	974,737
韩国	3,354	43,064,092	3,916	77,003,694
台湾省	90	2,844,782	69	3,203,497
比利时	3	59,659	68	807,936
英国	117	6,246,417	113	8,641,929
德意志联邦共和国	768	44,493,149	29,876	217,304,352
法国	16,827	87,269,624	9,791	82,393,878
意大利	51	4,365,309	82	13,233,436
荷兰	12	1,603,538		
奥地利	21	7,027,020	17	4,602,467
保加利亚	53	848,000	30	480,000
芬兰	9	4,404,426	15	8,743,719
匈牙利	1	68,887	2,075	18,738,407
挪威	6	2,635,664		
罗马尼亚	1,307	3,488,049	1,913	4,497,294

1997 年中国主要进口商品来源地

汽车

来源地	1997		1996	
	数量(辆)	金额(美元)	数量(辆)	金额(美元)
瑞典	604	13,880,173	152	5,165,842
瑞士	1	430,919	2	220,000
白俄罗斯	16	1,973,000	4	641,500
俄罗斯	785	6,754,114	1,508	9,912,760
捷克共和国	145	4,618,095	2,525	15,493,103
斯洛伐克共和国	500	3,700,000	3,596	26,266,455
墨西哥	2	4,000		
加拿大	48	2,047,234	21	948,233
美国	1,491	77,986,497	1,769	82,752,538
澳大利亚	7	1,074,312	8	1,300,454
其他			1,640	11,373,011

汽车零件

来源地	1997		1996	
	数量	金额(美元)	数量	金额(美元)
总值		932,485,958		1,077,607,576
朝鲜民主主义人民共和国		1,575		6,520
香港		599,422		2,155,925
印度		731,514		744
印度尼西亚		62,541		205,771
伊朗		213		2,272
伊拉克		1,539		
以色列		4,579		98
日本		167,622,549		223,613,079
马来西亚		333,987		413,714
巴基斯坦		316		1,487
菲律宾		233,520		90
沙特阿拉伯		203		233

1997年中国主要进口商品来源地

汽车零件

来源地	1997		1996	
	数量	金额(美元)	数量	金额(美元)
新加坡		1,129,679		1,338,605
韩国		13,592,202		21,379,694
泰国		2,686,797		1,300,639
土耳其		43,337		155,587
台湾省		7,709,327		11,749,122
南非		9,990		144,661
比利时		1,427,058		536,592
丹麦		1,169		6,503
英国		17,294,123		7,208,257
德意志联邦共和国		511,608,093		500,806,965
法国		63,114,688		8,731,525
意大利		14,907,553		13,811,088
卢森堡		3,510		
荷兰		265,429		15,960
葡萄牙		6,186		
西班牙		864,016		317,888
奥地利		1,607,793		6,478,165
保加利亚		15,000		
芬兰		80,996		179,500
匈牙利		325,219		697,232
挪威		5,549		272,338
波兰		11,922		41,516
罗马尼亚		68,325		241,955
瑞典		7,347,128		7,258,512
瑞士		348,168		2,985
拉脱维亚		4,760		
白俄罗斯		981,472		187,313
俄罗斯		852,387		2,064,356
乌克兰		15,279		269,143
捷克共和国		1,546,810		3,603,445
斯洛伐克共和国		119,092		89,807

1997 年中国主要进口商品来源地

汽车零件

来源地	1997		1996	
	数量	金额(美元)	数量	金额(美元)
巴西		27,202,862		134,441,515
智利		774		
墨西哥		73,275		32,821
加拿大		561,852		1,759,845
美国		86,846,991		125,343,292
澳大利亚		121,585		132,425
新西兰		622		30
其他		92,982		608,362

集成电路

来源地	1997		1996	
	数量	金额(美元)	数量	金额(美元)
总值		3,641,777,378		2,722,069,613
阿富汗		2,096		
朝鲜民主主义人民共和国		4,739,624		1,153,021
香港		362,975,996		332,804,437
印度		222,819		340,810
印度尼西亚		506,954		132,452
以色列		39,901		1,516
日本		1,552,341,899		1,277,263,951
澳门		246,150		69,422
马来西亚		129,150,268		77,046,643
阿曼		3,021		
菲律宾		23,269,257		8,612,788
沙特阿拉伯		78,896		
新加坡		175,606,073		134,826,211
韩国		285,921,548		162,058,508
泰国		25,743,740		14,752,200
阿拉伯联合酋长国		76,378		

1997 年中国主要进口商品来源地

集成电路

来源地	1997		1996	
	数量	金额(美元)	数量	金额(美元)
台湾省		558,816,767		362,861,189
摩洛哥		87,757		
南非		63,480		37,794
比利时		38,063,192		43,558,440
丹麦		49,237		12,747
英国		18,371,198		12,060,861
德意志联邦共和国		27,679,607		19,362,095
法国		18,417,465		7,912,007
爱尔兰		1,324,752		615
意大利		2,488,932		13,061,662
荷兰		8,604,981		6,673,278
葡萄牙		143,764		84,001
西班牙		1,851,110		192,804
奥地利		882,571		366,721
芬兰		4,492,542		232,936
马耳他		131,088		41,530
挪威		1,024		7,179
瑞典		6,943,692		4,583,420
瑞士		2,607,308		2,600,501
立陶宛		7,935		
俄罗斯		1,045,620		856,695
乌克兰		2,006		
巴西		1,018		11,033
墨西哥		1,674,186		108,005
巴拉圭		16,090		460
波多黎各		1,420		
加拿大		12,373,892		20,257,319
美国		359,388,648		200,342,261
澳大利亚		211,726		120,750
新西兰		28,721		2,797
其他		15,081,029		17,658,554

1997年中国主要进口商品来源地

金属切削机床

来源地	1997		1996	
	数量(台)	金额(美元)	数量(台)	金额(美元)
总值	104,684	1,584,587,419	125,402	2,522,308,872
香港	9,139	29,481,878	13,240	63,961,143
印度尼西亚	65	268,631	30	156,628
以色列	10	321,986	44	742,234
日本	20,919	508,826,536	27,317	783,407,935
澳门	1	39	1	8,000
马来西亚	389	2,359,814	372	5,953,981
菲律宾	44	306,797	69	205,545
新加坡	610	10,550,846	900	23,072,268
韩国	4,566	63,452,547	5,083	103,822,835
泰国	297	3,464,743	383	1,916,568
土耳其	2	22,653		
阿拉伯联合酋长国	14	689		
越南	14	14,251		
台湾省	54,521	372,568,822	59,394	523,905,290
南非	1	2,153,407	89	431,595
比利时	194	15,880,982	266	29,837,036
丹麦	79	1,215,185	52	1,946,528
英国	713	27,363,137	599	33,601,858
德意志联邦共和国	1,871	193,554,375	2,899	329,542,449
法国	304	38,571,005	330	23,172,951
爱尔兰	4	99,845	17	160,179
意大利	918	87,972,443	2,137	137,695,814
卢森堡	2	191,764		
荷兰	116	5,699,367	175	11,087,108
葡萄牙	23	156,387	34	765,822
西班牙	435	14,464,200	733	44,964,529
奥地利	20	5,300,276	45	9,822,375
保加利亚	2	16,000	2	79,745
芬兰	17	1,182,041	34	4,037,964
匈牙利	2	121,000	47	1,671,702

1997年中国主要进口商品来源地

金属切削机床

来源地	1997 数量(台)	1997 金额(美元)	1996 数量(台)	1996 金额(美元)
挪威	1	73,300	9	125,309
波兰	1	7,566	1	5,174
罗马尼亚	4	1,358,761	5	1,400,840
瑞典	107	12,069,447	160	17,174,913
瑞士	681	34,678,564	482	65,486,691
哈萨克斯坦	3	6,800		
俄罗斯	90	13,942,819	273	26,245,659
乌克兰	10	561,769	2	525,000
南斯拉夫	1	118,000		
捷克共和国	6	1,173,169	37	6,875,737
斯洛伐克共和国	1	179,260	1	29,033
巴西	17	512,179	3	239,893
墨西哥	9	23,238	2	870
加拿大	48	2,010,651	345	10,070,171
美国	4,213	120,892,884	3,974	239,115,085
澳大利亚	451	4,163,511	175	4,271,365
新西兰	3	1,868	4	750,482
其他	3,746	7,231,987	5,637	14,022,568

铸造机械

来源地	1997 数量(台)	1997 金额(美元)	1996 数量(台)	1996 金额(美元)
总值	3,148,365	162,717,971	5,781,587	331,038,686
香港	5,177	1,638,346	62,982	3,317,237
印度尼西亚	153,100	78,523		
日本	622,584	50,295,581	646,438	57,426,347
新加坡	22,005	89,985	1,861	296,715
韩国	26,527	500,084	123,270	15,680,107

1997年中国主要进口商品来源地

铸造机械

来源地	1997		1996	
	数量(台)	金额(美元)	数量(台)	金额(美元)
台湾省	304,607	14,361,795	533,020	31,549,406
比利时	14,988	399,999	249,597	686,919
丹麦	1,877	165,792	3,349	1,864,650
英国	341	1,456,029	3,993	181,383
德意志联邦共和国	1,311,349	39,251,853	249,073	39,983,235
法国	11,402	238,021	1,641	40,019
意大利	69,609	19,852,521	459,559	54,972,650
荷兰	5	1,254,000	1,762	41,059
西班牙	76,557	4,782,472	2,223,342	65,869,533
奥地利	584	1,021,230	413,023	1,410,432
芬兰	454	417,628	107,319	1,500,076
挪威				
瑞典	2,649	296,508	6,714	1,591,937
瑞士	77,264	8,966,944	5,973	6,555,707
白俄罗斯	3	384,200		
俄罗斯	5	546,540	10	673,205
捷克共和国	640	21,104	452	6,192
加拿大	2,648	106,964	10,936	416,037
美国	434,259	15,650,484	661,922	45,813,939
澳大利亚	2,209	698,319	1,135	233,228
其他	7,515	243,032	14,216	928,673

橡胶或塑料加工机械

来源地	1997		1996	
	数量	金额(美元)	数量	金额(美元)
总值		1,301,559,413		1,930,986,177
香港		85,113,529		157,533,535
印度		73,315		2,580

1997 年中国主要进口商品来源地

橡胶或塑料加工机械

来源地	1997 数量	1997 金额(美元)	1996 数量	1996 金额(美元)
印度尼西亚		7,279,032		2,448,865
以色列		5,294		347,923
日本		364,429,271		541,870,646
澳门		25,968		13,245
马来西亚		1,942,436		5,936,872
菲律宾		619,032		25,519
沙特阿拉伯		38,999		
新加坡		16,535,180		17,452,029
韩国		46,641,807		74,096,813
斯里兰卡		2,756		
泰国		4,334,214		4,157,273
越南		413		2,586
台湾省		328,236,518		434,200,419
南非		41,495		37,534
比利时		2,279,480		12,113,309
丹麦		599,829		980,942
英国		16,323,402		34,355,628
德意志联邦共和国		129,379,997		310,804,414
法国		40,429,673		50,620,662
爱尔兰		240,000		40,554
意大利		112,278,743		102,822,664
卢森堡		164,198		446,960
荷兰		13,246,456		10,721,509
希腊		21,903		
葡萄牙		900		8,719
西班牙		11,098,472		5,687,513
奥地利		22,007,442		13,238,396
芬兰		1,988,010		3,687,883
挪威		274,690		568,805
波兰		258,544		
瑞典		1,530,753		1,952,035

1997年中国主要进口商品来源地

橡胶或塑料加工机械

来源地	1997		1996	
	数量	金额(美元)	数量	金额(美元)
瑞士		7,118,112		9,779,804
哈萨克斯坦		20,600		
俄罗斯		914,972		97,094
乌克兰		15,082		
巴西		61,668		1,100
墨西哥		8,614		
尼加拉瓜		92		
加拿大		15,002,642		36,410,104
美国		55,381,345		86,477,222
澳大利亚		2,364,025		4,978,524
新西兰		355,057		1,081
其他		12,875,453		7,065,416

烟草加工机械

来源地	1997		1996	
	数量	金额(美元)	数量	金额(美元)
总值		206,318,684		357,516,438
香港		23,861		235,492
日本		29,686		605,889
马来西亚		37,186		
新加坡		26,469		62,513
韩国		11,301		248
台湾省		273,113		348,398
比利时		1,055		
丹麦		1,714		3,852,063
英国		75,665,887		119,677,500
德意志联邦共和国		66,359,325		154,518,135
法国		289,102		1,347,459

1997 年中国主要进口商品来源地

烟草加工机械

来源地	1997		1996	
	数量	金额（美元）	数量	金额（美元）
意大利		40,314,316		67,275,637
荷兰		184		
波兰		301,320		
瑞典		4,443		2,031,299
瑞士		140,383		11,829
巴西		7,873,600		1,708,979
美国		14,964,242		5,763,114
其他		1,497		77,883

电动机及发电机

来源地	1997		1996	
	数量（万台）	金额（美元）	数量（万台）	金额（美元）
总值	70,511	559,290,913	57,023	530,066,392
孟加拉国				
香港	16,112	66,680,727	13,910	69,316,839
印度	2	67,185		11,412
印度尼西亚	205	2,755,617	44	1,501,450
伊朗		38		
以色列		7,058		23,062
日本	18,625	187,496,755	15,667	191,876,076
澳门	28	48,187	55	162,371
马来西亚	1,485	22,858,989	1,021	17,827,208
巴基斯坦		61,267		197
菲律宾	2	67,029		35,448
沙特阿拉伯		252	1	570
新加坡	539	7,522,517	730	11,508,991
韩国	726	18,323,453	1,235	18,370,867
泰国	1,092	14,039,736	923	5,855,495

1997年中国主要进口商品来源地

电动机及发电机

来源地	1997		1996	
	数量(万台)	金额(美元)	数量(万台)	金额(美元)
土耳其		117		
阿拉伯联合酋长国		40		
越南	12	36,967	37	17,173
台湾省	6,490	48,172,642	6,968	50,140,239
南非		6,405	2	17,888
比利时		222,225		4,658,915
丹麦		564,882		2,473,960
英国	36	5,807,598	24	10,947,780
德意志联邦共和国	200	37,106,115	202	23,866,801
法国	10	3,954,889	21	12,988,143
爱尔兰		18,685		32,032
意大利	68	7,937,875	27	5,799,619
荷兰	158	2,111,434	88	1,317,256
葡萄牙		3,840		535
西班牙	2	1,548,505	7	589,942
奥地利		90,252		54,281
芬兰		1,836,095		254,860
匈牙利		4,426		14,805
挪威		53,154		13,242
波兰		2,352		54,665
罗马尼亚		3,563		1,577
瑞典	17	2,282,671	2	3,779,021
瑞士	1	1,461,595	3	1,974,943
俄罗斯		1,811,248		2,104,326
乌克兰		1,510,000		
捷克共和国		11,650		28,187
斯洛伐克共和国		4,133		7,993
阿根廷		2,833		
巴西	2	597,668	1	114,349
墨西哥		10,163	1	31,889
加拿大	4	1,143,188	12	4,418,607

1997年中国主要进口商品来源地

电动机及发电机

来源地	1997		1996	
	数量(万台)	金额(美元)	数量(万台)	金额(美元)
美国	260	31,639,151	390	31,654,126
澳大利亚		2,028,071		767,035
新西兰		11,900	3	41,806
其他	24,435	87,365,761	15,648	55,410,411

发电机组

来源地	1997		1996	
	数量(台)	金额(美元)	数量(台)	金额(美元)
总值	14,513	600,867,131	29,560	635,295,309
香港	1,099	8,965,842	2,545	13,094,036
印度	1,636	260,570	60	48,178
印度尼西亚	1	25,000		
日本	3,968	65,438,120	14,918	93,258,046
马来西亚	16	417,317	2	235,920
新加坡	300	7,685,191	187	9,664,008
韩国	3,199	9,604,307	5,124	8,631,753
台湾省	301	8,938,150	533	11,395,180
比利时	1	175,276	1	4,127,981
丹麦	197	50,031,566	46	8,811,947
英国	1,062	35,880,280	1,713	59,669,394
德意志联邦共和国	118	22,023,045	208	31,274,564
法国	151	60,108,400	224	75,195,456
意大利	22	8,594,648	48	892,544
荷兰	10	37,047,538	6	6,225,012
西班牙	2	129,855,445	58	72,618,111
芬兰	20	21,327,631	20	46,379,515
挪威	7	2,662,733	20	7,839,505
瑞典	65	2,714,741	24	1,134,258

1997年中国主要进口商品来源地

发电机组

来源地	1997		1996	
	数量(台)	金额(美元)	数量(台)	金额(美元)
瑞士	1	87,939	2	411,807
俄罗斯	3	749,892	251	1,398,116
加拿大	67	3,602,367	69	2,708,264
美国	2,145	118,934,554	3,432	176,567,164
澳大利亚	103	5,152,839	49	3,336,216
其他	19	583,740	20	378,334

有线电话电报交换机零件

来源地	1997		1996	
	数量	金额(美元)	数量	金额(美元)
总值		1,006,204,665		1,025,289,971
香港		59,556,326		85,674,436
印度		29,248		569
印度尼西亚		475,012		
伊朗		14,972		
以色列		1,044,237		1,878,797
日本		190,126,130		180,382,626
澳门		14,364		2,585
马来西亚		5,667,166		7,453,885
菲律宾		175,214		67,201
沙特阿拉伯		109,316		14
新加坡		649,312		3,139,425
韩国		49,056,565		24,731,657
泰国		80,739		447,896
土耳其		30,392		
台湾省		57,090,360		33,222,039

1997年中国主要进口商品来源地

有线电话电报交换机零件

来源地	1997		1996	
	数量	金额(美元)	数量	金额(美元)
摩洛哥		968		
比利时		32,296,865		47,196,194
丹麦		69,928		281,674
英国		7,748,299		6,410,082
德意志联邦共和国		80,372,594		57,300,428
法国		32,794,309		17,077,799
爱尔兰		477,050		13,220
意大利		6,340,773		11,333,389
荷兰		26,435,968		27,527,322
西班牙		7,491,239		4,532,384
奥地利		1,736,786		1,351,217
芬兰		11,347,896		3,536,396
挪威		275,679		44,556
波兰		37,493		65,249
瑞典		191,990,026		230,462,979
瑞士		900,802		796,924
俄罗斯		73,894		
阿根廷		402,639		42,119
巴西		232,784		
加拿大		111,170,543		123,875,915
美国		123,791,695		136,053,328
澳大利亚		2,849,549		15,059,380
新西兰		110,524		4,688
其他		3,137,009		5,323,598

1997年中国主要进口商品来源地

计算机

来源地	1997		1996	
	数量	金额(美元)	数量	金额(美元)
总值		1,134,521,320		965,196,980
朝鲜民主主义人民共和国		149,754		259
香港		74,556,957		77,636,701
印度		10,700		
印度尼西亚		340,661		16,215
以色列		866,275		1,708,373
日本		253,512,310		176,738,345
澳门		20,000		
马来西亚		65,176,334		22,815,845
巴基斯坦		130		577
菲律宾		17,114,002		1,055,343
新加坡		82,399,833		64,752,044
韩国		20,776,885		17,124,986
泰国		30,717,293		13,521,226
台湾省		93,529,559		53,273,214
比利时		4,718,433		1,348,030
丹麦		1,251,804		1,576,834
英国		9,903,113		5,549,818
德意志联邦共和国		18,444,240		41,715,838
法国		9,017,078		17,663,004
爱尔兰		985,126		633,703
意大利		6,201,159		13,004,110
荷兰		2,755,931		1,725,353
葡萄牙		32,599		
西班牙		226,545		696,418
奥地利		502,937		371,646
芬兰		1,383,895		3,266,656
匈牙利		1,521,970		
挪威		186,428		343,911
波兰		2,295		
圣马力诺		581		

1997年中国主要进口商品来源地

计算机

来源地	1997		1996	
	数量	金额(美元)	数量	金额(美元)
瑞典		5,025,674		1,652,376
瑞士		1,858,405		1,764,990
俄罗斯		2,000		434,605
捷克共和国		6,620		313
阿根廷		3,391		
巴西		382		547,832
牙买加		5,844		
墨西哥		633,763		441,198
波多黎各		656		
加拿大		16,535,718		15,452,345
美国		378,381,929		418,951,697
澳大利亚		5,816,650		2,541,886
新西兰		26,827		104,052
其他		29,918,634		6,767,237

有线通讯设备

来源地	1997		1996	
	数量	金额(美元)	数量	金额(美元)
总值		1,208,219,646		1,423,175,776
香港		66,448,374		103,162,207
印度		29,248		569
印度尼西亚		476,752		
伊朗		14,972		
以色列		6,359,864		4,088,662
日本		244,457,845		244,405,409
澳门		2,441,622		4,505
马来西亚		5,887,475		7,644,935
菲律宾		235,033		67,201
沙特阿拉伯		109,316		14

1997年中国主要进口商品来源地

有线通讯设备

来源地	1997		1996	
	数量	金额(美元)	数量	金额(美元)
新加坡		789,677		3,803,546
韩国		59,477,010		37,966,404
泰国		104,039		656,559
土耳其		30,392		
台湾省		59,735,480		50,832,638
摩洛哥		968		
比利时		37,253,231		58,667,680
丹麦		361,884		427,460
英国		20,004,877		19,802,711
德意志联邦共和国		93,181,719		101,967,988
法国		44,579,736		35,956,618
爱尔兰		558,836		36,295
意大利		9,405,620		16,892,984
荷兰		26,822,422		39,124,950
希腊		108,555		
西班牙		7,527,881		9,490,935
奥地利		1,784,810		1,500,786
芬兰		19,016,639		9,184,616
挪威		2,271,489		480,179
波兰		37,493		65,249
瑞典		203,555,429		281,491,192
瑞士		2,420,872		8,067,926
哈萨克斯坦		55,476		
俄罗斯		73,894		8,000
阿根廷		402,639		42,119
巴西		237,204		70,355
智利		142,430		
加拿大		123,778,515		155,222,821
美国		156,623,849		204,415,879
澳大利亚		6,082,768		20,291,657
新西兰		110,524		4,688
其他		5,222,787		7,330,039

利用外资统计简要说明

中国利用外资统计资料分类，是按我国现行《利用外资统计制度》规定确定的，由对外贸易经济合作部根据国内各地方、各部门的利用外资统计报表汇总而成。

外商投资企业名录因版面有限，本统计资料只提供在中国境内设立的部分外商投资企业。

本统计资料中，各表所列利用外资项目个数，是指依法批准的外国政府和国际金融组织的项目贷款个数、各外商投资企业个数以及海洋石油合作勘探开发合同个数，其他方式签订的利用外资协议(合同)只汇总金额，未计算项目个数。

利用外资的国家(地区)，是指外资来源或投资者的法人注册地所在的国家或地区。在统计分类时，除政府贷款按贷款国家名称统计外，其他方式吸收的外资按外国公司、企业或其他经济组织以其法人注册所在地国家(地区)统计。

“协议外资金额”是指对外已正式签订或批准的协议(合同)规定，可供我国使用的贷款金额和应由外商提供的项目投资。

“实际利用外资金额”是指利用外资协议(合同)的实际执行金额，包括现汇、实物和双方同意计价投资的劳务、技术等无形资本。

利用外资金额统一以美元计算，其他各种货币按业务发生时美元对各种货币的汇率折算为美元。

1997年中国利用外资统计表

金额单位：万美元

方式	批准利用外资协议(合同)		实际使用外资金额
	项目个数	外资金额	
总计	21,138	6,105,798	6,440,834
一、对外借款	137	587,200	1,202,100
外国政府贷款	137	75,400	362,200
国际金融组织贷款		373,200	163,100
出口信贷		108,500	129,200
外国银行商业借款		30,100	306,900
对外发行债券			240,700
二、外商直接投资	21,001	5,100,353	4,525,704
合资经营企业	9,001	2,072,634	1,949,540
合作经营企业	2,373	1,206,610	892,996
外资企业	9,602	1,765,817	1,618,753
外商投资股份制企业	6	15,049	28,820
合作开发	19	40,243	35,595
其他			
三、外商其他投资		418,245	713,030
对外发行股票		207,400	565,700
国际租赁		28,864	31,282
补偿贸易		12,383	8,997
加工装配		169,598	107,051

1997年中国实际利用外资分国家(地区)统计表

金额单位:万美元

国别(地区)名称	合　计	对外借款	外商直接投资	外商其他投资
总值	6,440,834	1,202,100	4,525,704	713,030
香港	2,165,111	10,000	2,063,200	91,911
澳门	40,325		39,455	870
台湾	334,234		328,939	5,295
朝鲜	1,185		1,185	
越南	154		154	
老挝	39		39	
柬埔寨	545		545	
蒙古	740		740	
日本	632,597	193,560	432,647	6,390
菲律宾	15,563		15,563	
缅甸	268		268	
泰国	19,400		19,400	
马来西亚	38,183		38,183	
新加坡	280,696	20,000	260,641	55
文莱	9		9	
印度尼西亚	7,998		7,998	
巴基斯坦	12		12	
孟加拉	10		10	
印度	38		38	
尼泊尔	10		10	
斯里兰卡	50		50	
伊朗	38		38	
土耳其	190		190	
塞浦路斯	15		15	
叙利亚	7		7	
巴勒斯坦	1		1	

1997年中国实际利用外资分国家(地区)统计表

金额单位:万美元

国别(地区)名称	合　计	对外借款	外商直接投资	外商其他投资
科威特	6,058	3,300	2,758	
阿联酋	559		559	
韩国	224,263	1,500	214,238	8,525
以色列	1,376	673	697	6
利比亚	492		492	
塞内加尔	800		800	
加纳	378		378	
科特迪瓦	340		340	
利比里亚	202		202	
塞拉利昂	112		112	
多哥	56		56	
尼日利亚	2		2	
中非	222		222	
塞舌尔	170		170	
毛里求斯	4,586		4,586	
马达加斯加	422		422	
南非	131		131	
纳米比亚	324		324	
波兰	94		94	
匈牙利	567		567	
捷克	498		498	
保加利亚	154		154	
罗马尼亚	377		377	
德国	167,242	66,384	99,263	1,595
南斯拉夫	405		405	
法国	52,671	5,085	47,465	121
意大利	26,764	4,953	21,504	307

1997年中国实际利用外资分国家(地区)统计表

金额单位:万美元

国别(地区)名称	合计	对外借款	外商直接投资	外商其他投资
荷兰	48,160	6,780	41,380	
比利时	4,359	1,033	3,326	
卢森堡	100		100	
英国	201,996	16,040	185,756	200
爱尔兰	30		30	
丹麦	2,580	899	1,681	
芬兰	1,379	884	495	
瑞典	15,093	970	4,284	9,839
挪威	3,320	2,674	646	
冰岛	10		10	
瑞士	22,200	633	21,567	
奥地利	11,123	3,662	7,461	
马耳他	28		28	
西班牙	6,657	2,776	3,881	
葡萄牙	489		489	
圣马力诺	3		3	
列支敦士登	49		49	
直布罗陀	340		340	
斯洛伐克	8		8	
俄罗斯	1,800		1,800	
乌克兰	65		65	
白俄罗斯	25		25	
乌兹别克斯坦	11		11	
哈萨克斯坦	8		8	
土库曼斯坦	68		68	
马其顿	61		61	
墨西哥	17		17	
洪都拉斯	143		143	
巴拿马	7,547		7,547	

1997年中国实际利用外资分国家(地区)统计表

金额单位:万美元

国别(地区)名称	合计	对外借款	外商直接投资	外商其他投资
古巴	30		30	
牙买加	9		9	
巴巴多斯	53		53	
委内瑞拉	17		17	
巴西	116		116	
厄瓜多尔	21		21	
秘鲁	229		229	
玻利维亚	1,109		1,109	
智利	557		557	
巴拉圭	26		26	
阿根廷	181		181	
巴哈马	498		498	
维尔京群岛	171,730		171,717	13
多米尼加联邦	25		25	
凯曼群岛	15,844		15,844	
加拿大	35,463	1,050	34,412	1
美国	416,117	70,000	323,915	22,202
百幕大	10,489		10,489	
澳大利亚	35,084	3,710	31,374	
新西兰	5,318		5,318	
西萨摩亚	18,438		18,438	
库克群岛	123		123	
马绍尔群岛	97		97	
盖比群岛	248		248	
其他太平洋岛屿	3,021		3,021	
其他	1,371,639	785,534	20,405	565,700

1997 年中国实际利用外资分地方统计表

金额单位:万美元

省　　市	合　计	对外借款	外商直接投资	外商其他投资
总　计	6,440,834	1,202,100	4,525,704	713,030
其中:				
北京市	162,745	3,459	159,286	
天津市	252,422	1,287	251,135	
河北省	110,708	400	110,064	244
山西省	28,076	1,183	26,592	301
内蒙古自治区	13,061	5,736	7,325	
辽宁省	245,769	9134	220,470	16,165
大连市	132,284		131,944	340
吉林省	40,855	628	40,227	
黑龙江省	75,956	2,471	73,485	
上海市	460,194	37,658	422,536	
江苏省	559,515	16,004	543,511	
浙江省	154,754	4,409	150,345	
宁波市	55,408		55,408	
安徽省	45,262	1,819	43,443	
福建省	420,150	440	419,666	44
厦门市	137,867		137,867	
江西省	48,797	694	47,768	335
山东省	277,776	220	249,294	28,262
青岛市	83,597		83,597	
河南省	75,924	6,720	69,204	
湖北省	85,331	465	79,019	5,847
湖南省	100,977	9,275	91,702	
广东省	1,263,894	399	1,171,083	92,412
深圳市	204,112		166,112	38,000
广西壮族自治区	93,064	4,485	87,986	593
海南	72,458	1,904	70,554	
四川省	31,020	6,174	24,846	
重庆市	45,271	3,469	38,675	3,127
贵州省	6,426	1,429	4,977	
云南省	16,986	420	16,566	
西藏				
陕西省	63,796	980	62,816	
甘肃省	5,154	1,010	4,144	
青海省	1,040	793	247	
宁夏回族自治区	4,374	3,703	671	
新疆维吾尔自治区	4,464	1,992	2,472	

1997年中国批准签订外商投资协议(合同)分国家(地区)统计表

金额单位:万美元

国别(地区)	合计		对外借款		外商直接投资		外商其他投资
	项目个数	合同外资金额	项目个数	合同外资金额	项目个数	合同外资金额	
总值	21,138	6,105,798	137	587,200	21,001	5,100,353	418,245
香港	8,405	1,959,779			8,405	1,822,229	137,550
澳门	266	36,890			266	35,865	1,025
台湾	3,014	292,462			3,014	281,449	11,013
朝鲜	17	518			17	518	
越南	3	91			3	91	
老挝	2	123			2	123	
柬埔寨	5	125			5	125	
蒙古	3	12			3	12	
日本	1,402	372,826		17,956	1,402	340,124	14,746
菲律宾	102	18,113			102	18,113	
缅甸	5	1,376			5	1,376	
泰国	158	31,662			158	31,661	1
马来西亚	192	49,021			192	49,021	
新加坡	734	447,060			734	446,919	141
文莱	1	50			1	50	
印度尼西亚	59	8,562			59	8,562	
巴基斯坦	2	55			2	55	
孟加拉	1	63			1	63	
印度	6	5,778			6	5,778	
斯里兰卡	1	49			1	49	
伊朗	4	180			4	180	
土耳其	5	144			5	144	
塞浦路斯	4	48			4	48	
叙利亚	2	26			2	26	
约旦	1	13			1	13	
巴勒斯坦	1	11			1	11	
也门	2	43			2	43	

1997年中国批准签订外商投资协议(合同)分国家(地区)统计表

金额单位:万美元

国别(地区)	合计		对外借款		外商直接投资		外商其他投资
	项目个数	合同外资金额	项目个数	合同外资金额	项目个数	合同外资金额	
沙特	1	50			1	50	
阿联酋	4	111			4	111	
科威特		3,304		3,300		4	
韩国	1,753	242,666		11,093	1,753	218,098	13,475
以色列	9	1,225			9	1,219	6
埃及	3	92			3	92	
利比亚	1	10			1	10	
塞内加尔	1	1,000			1	1,000	
几内亚(比绍)	1	1,840			1	1,840	
利比里亚	2	138			2	138	
塞拉利昂	4	126			4	126	
多哥	1	211			1	211	
喀麦隆	1	10			1	10	
加蓬	1	11			1	11	
塞舌尔	2	513			2	513	
毛里求斯	18	9,494			18	9,494	
莱索托	1	20			1	20	
南非	19	1,794			19	1,794	
波兰	7	256			7	256	
匈牙利	28	1,957			28	1,957	
捷克	22	1,264			22	1,264	
保加利亚	3	60			3	60	
罗马尼亚	15	661			15	661	
德国	221	93,070		30,284	221	61,281	1,505
南斯拉夫	1	398			1	398	
法国	144	108,411			144	108,112	299
意大利	120	22,123			120	21,814	309
荷兰	80	56,718			80	56,718	

1997年中国批准签订外商投资协议(合同)分国家(地区)统计表

金额单位:万美元

国别(地区)	合计		对外借款		外商直接投资		外商其他投资
	项目个数	合同外资金额	项目个数	合同外资金额	项目个数	合同外资金额	
比利时	21	1,999			21	1,999	
卢森堡	10	3,058			10	3,058	
英国	304	144,975			304	144,551	424
爱尔兰	3	83			3	83	
丹麦	20	7,347		861	20	6,486	
芬兰	14	3,410		740	14	2,670	
瑞典	28	17,092		970	28	6,279	9,843
挪威	12	5,581		3,200	12	2,381	
冰岛	1	10			1	10	
瑞士	56	37,114			56	37,108	6
奥地利	28	5,383			28	5,383	
希腊	3	185			3	185	
马耳他	2	64			2	64	
西班牙	38	31,863		30,000	38	1,863	
葡萄牙	6	2,400			6	2,400	
列支敦士登	2	152			2	152	
斯洛伐克	3	90			3	90	
俄罗斯	58	1,264			58	1,264	
乌克兰	2	23			2	23	
白俄罗斯	1	238			1	238	
乌兹别克斯坦	1	8			1	8	
哈萨克斯坦	3	47			3	47	
吉尔吉斯斯坦	3	116			3	116	
拉脱维亚共和国	1	16			1	16	
墨西哥	3	129			3	129	
洪都拉斯	2	54			2	54	
哥斯达黎加	1	7			1	7	
巴拿马	27	3,971			27	3,971	

1997年中国批准签订外商投资协议(合同)分国家(地区)统计表

金额单位:万美元

国别(地区)名称	合计		对外借款		外商直接投资		外商其他投资
	项目个数	合同外资金额	项目个数	合同外资金额	项目个数	合同外资金额	
牙买加	3	29			3	29	
巴巴多斯	3	133			3	133	
委内瑞拉	3	36			3	36	
巴西	8	1,255			8	1,255	
厄瓜多尔	5	298			5	298	
秘鲁	5	537			5	537	
玻利维亚	7	313			7	313	
智利	4	1,160			4	1,160	
阿根廷	16	3,220			16	3,220	
巴哈马	6	3,374			6	3,374	
维尔京群岛	415	515,584			415	515,571	13
安提瓜	1	2,990			1	2,990	
圣文森特	1	480			1	480	
凯曼群岛	30	30,824			30	30,824	
加拿大	399	103,660		13,000	399	90,659	1
美国	2,188	513,853			2,188	493,655	20,198
百慕大	5	2,253			5	2,253	
澳大利亚	329	61,447			329	61,447	
新西兰	53	5,032			53	5,032	
西萨摩亚	17	22,022			17	22,022	
汤加		38				38	
斐济	1	200			1	200	
库克群岛		96				96	
巴布亚新几内亚	3	106			3	106	
基里巴斯	1	50			1	50	
所罗门群岛		11				11	
马绍尔群岛	1	72			1	72	
其他太平洋群岛	2	3,312			2	3,312	
其他	224	794,119	137	475,794	87	110,635	20,690

1997年中国批准签订利用外资协议(合同)分地方统计表

金额单位:万美元

省　市	合　计		对外借款		外商直接投资		外商其他投　资
	项目个数	外资金额	项目个数	外资金额	项目个数	外资金额	
总计	21,138	6,105,798	137	587,200	21,001	5,100,353	418,245
其中:							
北京市	790	170,200		2,098	790	168,102	
天津市	1,056	385,837		770	1,056	385,067	
河北省	629	112,316		974	629	111,342	
山西省	143	29,588		213	143	29,074	301
内蒙古自治区	103	13,489			103	13,489	
辽宁省	1,698	455,280		280	1,698	438,835	16,165
吉林省	395	49,055		272	395	48,783	
黑龙江省	380	58,705			380	58,705	
上海市	1,802	532,345		346	1,802	531,999	
江苏省	2,089	919,582			2,089	919,582	
浙江省	852	121,290		282	852	121,008	
安徽省	278	38,508			278	38,508	
福建省	2,298	462,599		8,804	2,298	453,751	44
江西省	395	67,193		68	395	64,444	2,681
山东省	1,594	373,755		11,656	1,594	325,112	36,987
河南省	401	91,529		30,377	401	61,152	
湖北省	391	82,409		439	391	64,176	17,794
湖南省	407	86,013			407	86,013	
广东省	3,744	905,236		3,817	3,744	769,202	132,217
广西壮族自治区	289	148,417		1,416	289	147,001	
海南省	220	45,093		17,000	220	28,093	
四川省	252	27,257		596	252	26,661	
重庆市	229	82,800		32,707	229	46,017	4,076
贵州省	77	10,646			77	10,066	580
云南省	127	26,736			127	26,736	
陕西省	182	82,835		16,845	182	65,990	
甘肃省	62	14,322		3,600	62	10,722	
青海省	22	5,284			22	5,284	
宁夏回族自治区	26	1,761		692	26	1,069	
新疆维吾尔自治区	51	4,127			51	4,127	

1997 年中国批准签订外商投资协议(合同)分行业统计表

金额单位:万美元

行业	合计		对外借款		外商直接投资		外商其他投资
	项目个数	外资金额	项目个数	外资金额	项目个数	外资金额	
总计	21,138	6,105,798	137	587,200	21,001	5,100,353	418,245
农、林、牧、渔业	814	106,600			814	106,531	69
农业	335	40,499			335	40,474	25
采掘业	154	74,400			154	71,682	2,718
制造业	14,716	2,878,343			14,716	2,706,457	171,886
纺织业	788	119,980			788	114,291	5,689
化学原料及化学制品制造业	982	207,078			982	203,396	3,682
医药制造业	181	76,326			181	76,323	3
机械工业	909	168,852			909	167,388	1,464
电子及通信设备制造业	945	301,301			945	294,396	6,905
电力、煤气及水的生产和供应业	156	365,583			156	365,583	
建筑业	455	311,950			455	311,950	
地质勘查业、水利管理业	7	2,176			7	2,176	
交通运输、仓储及邮电通信业	279	291,071			279	262,207	28,864
批发和零售贸易、餐饮业	1,198	183,901			1,198	183,901	
房地产业	862	622,227			862	622,227	
房地产开发与经营业	582	511,323			582	511,323	
社会服务业	1,400	266,888			1,400	266,888	
旅馆业	87	19,997			87	19,997	
卫生、体育和社会福利业	38	14,302			38	14,302	
教育、文化艺术及广播电影电视业	34	6,974			34	6,974	
科学研究和综合技术服务业	56	13,834			56	13,834	
其他行业	969	967,579	137	587,200	832	165,641	214,708

1997年中国实际利用外资分行业统计表

金额单位:万美元

行　　业	合　计	对外借款	外商直接投资	外商其他投资
总计	6,440,834	1,202,100	4,525,704	713,030
农、林、牧、渔业	72,090	9,242	62,763	85
农业	24,662		24,621	41
采掘业	162,390	65,285	94,033	3,072
制造业	2,922,084		2,811,983	110,101
纺织业	192,204	3,293	185,918	2,993
化学原料及化学制品制造业	147,303	857	144,376	2,070
医药制造业	75,583		75,583	
机械工业	183,434	5,398	177,360	676
电子及通信设备制造业	276,421	6,491	265,858	4,072
电力、煤气及水的生产和供应业	207,191		207,191	
建筑业	194,499	50,717	143,782	
地质勘查业、水利管理业	1,441		1,441	
交通运输、仓储及邮电通信业	307,384	110,589	165,513	31,282
批发和零售贸易、餐饮业	140,187		140,187	
房地产业	516,901		516,901	
房地产开发与经营业	384,365		384,365	
社会服务业	198,802		198,802	
旅馆业	50,737		50,737	
卫生、体育和社会福利业	22,462	2,927	19,535	
教育、文化艺术及广播电影电视业	7,403		7,403	
科学研究和综合技术服务业	2,036		2,036	
其他行业	1,685,964	963,340	154,134	568,490

1995－1996 年中国最大 500 家外商投资企业名录

编号	企业名称	外方名称
1	上海大众汽车有限公司	德国大众汽车公司
2	摩托罗拉(中国)电子有限公司	香港摩托罗拉中国控股有限公司
3	广东核电合营有限公司	香港核电投资有限公司
4	康佳集团股份有限公司	港华电子集团有限公司
5	北京吉普汽车有限公司	美国克莱斯勒公司
6	上海贝尔电话设备制造有限公司	阿尔卡特比利时贝尔电话公司
7	广东科龙电器股份有限公司	香港显嘉投资有限公司
8	广州宝洁有限公司	美国 P&G 公司
9	庆铃汽车股份有限公司	香港银建国际实业有限公司/日本五十铃株式会社
10	上海三菱电梯有限公司	日本三菱电机株式会社
11	中国国际海运集装箱(集团)股份有限公司	招商局集团有限公司/宝隆洋行香港有限公司
12	广东容声冰箱有限公司	香港显嘉投资有限公司
13	南京金城机械有限公司	金狮伟益投资有限公司
14	上海嘉士德－华海集团有限公司	加拿大亚太实业国际贸易有限公司
15	南海油脂工业(赤湾)有限公司	耀合发展有限公司
16	一汽－大众汽车有限公司	德国大众汽车股份有限公司
17	北京.松下彩色显象管有限公司	松下电器产业株式会社；松下电子工业株式会社
18	希捷国际科技(无锡)有限公司	希捷国际科技公司
19	上海大江(集团)股份有限公司	泰国正大集团正大上海有限公司
20	佳能珠海有限公司	佳能公司
21	广州钢铁股份有限公司	香港粤海企业(集团)有限公司
22	河南新飞电器有限公司	丰隆电器私人有限公司/豫新电器有限公司
23	北海粮油工业(天津)有限公司	香港嘉银国际有限公司
24	上海－易初摩托车有限公司	香港易初投资有限公司
25	翔鹭涤纶纺纤(厦门)有限公司	翔鹭实业有限公司
26	东莞福安纺织印染有限公司	香港福津有限公司
27	中国天津奥的斯电梯有限公司	美国奥的斯电梯公司

销售额（亿元）	经　营　范　围
243.07	制造销售汽车及零部件等
163	无线电通信,半导体器件,高级电子设备
61.23	核电
60.25	生产经营电视机、CD机、电话机、传真机、对讲机、模具、注塑件、塑胶制品及上述相应的元器件,各类包装材料。在全国各大中城市设立分支机构。
53.64	生产开发销售轻型越野汽车,其他类型汽车以及上述汽车的零部件及配件等。
45.61	S12数字程控交换机,移动通信产品,综合服务数字网,智能网络,专用大规模集成电路
45.02	开发制造电冰箱等家用电器,产品内外销售和提供售后服务
39.96	生产、经营、销售香波、护肤产品、轻型洗涤液、伤风膏、香皂、洗衣清洁用品、日化原料和中间产品香精香料等
39.25	五十铃系列汽车制造,销售,维修服务及提供零配件
37.09	电梯,自动扶梯及安装维修
34.78	制造修理集装箱及其有关业务,机场设备,房地产
31.81	生产各种规格电冰箱,产品内外销售
30.79	摩托车及其配套的发动机,液压产品及专用机电设备的研制,生产及销售
30.17	生产销售各类焊接钢管,焊接粉末,焊条;利用自产的边角余料制作的焊接制品,以及水泥预制件制品和水泥现场制造
29.81	主要生产和经营各类动植物油脂和包装铁桶,并经营保税仓储业务
29.49	生产德国大众A级系列和奥迪C/D级系列轿车V6发动机及所有总成,零部件,并提供销售服务
29.45	生产彩色电视机用显象管和彩色显示器用显示管以及上述有关产品的配套电子元器件,照明用灯以及与该产品有关的零部件
28.11	设计、生产和销售计算机外存储器及其系统部件,以及计算机软件开发,并提供售后服务。
25.25	饲料,苗鸡,鸡肉加工产品
25.05	生产和销售自产的照相机,激光打印机,传真机及其半成品,零部件,其他办公设备及其半成品,零件;进行本公司产品的国内外销售。激光打印机10%内销,传真机15%内销,照相机每年按国主管部门核准内销数量内销,其他产品全部外销
24.99	生产经营冶金产品,焦碳化工产品,各种气体,炉料和有关原材料,机械设备,备件,生产工具,本公司产品的深加工产品以及技术转让,咨询服务及综合补偿贸易等业务;兼营汽车运输.
24.98	电冰箱,电冰柜等系列电器产品的制造和销售
24.31	生产销售各类精炼植物油脂和油脂包装容器并从事其副产品的深加工
23.92	摩托车整车,零部件以及摩托车发动机为动力的其他机械产品
23.43	聚酯切片,涤纶长丝,涤纶短纤
23.18	生产针织胚布,染整布,染整筒子纱,针织色织布
22.94	电梯,自动扶梯,电动机及其零部件

1995—1996年中国最大500家外商投资企业名录

编号	企业名称	外方名称
28	五羊一本田摩托(广州)有限公司	日本本田技研工业株式会社
29	爱普生技术(深圳)有限公司	爱普生精工(香港)有限公司
30	浙江青鸿国际电脑有限公司	香港的发集团有限公司
31	广东健力宝集团有限公司	澳门南粤贸易有限公司
32	上海永新彩色显像管有限公司	永新彩管(香港)有限公司
33	天津顶益国际食品有限公司	顶益(开曼岛)控股有限公司
34	深圳南油(集团)有限公司	香港光大集团有限公司
35	韶关钢铁有限公司	香港粤海企业(集团)有限公司
36	福建大丰投资集团有限公司	香港成长行海外有限公司
37	福建永恩投资(集团)有限公司	香港永恩投资有限公司
38	上海申美饮料食品有限公司	可口可乐(亚洲)控股有限公司
39	苏州飞利浦消费电子有限公司	荷兰飞利浦电子东南亚控股有限公司
40	天津三美电机有限公司	日本三美电机株式会社
41	江苏春兰制冷设备股份有限公司	香港钟山有限公司
42	友利电电子(深圳)有限公司	香港友利电有限公司
43	华懋双汇实业(集团)有限公司	香港华懋集团
44	理光(深圳)工业发展有限公司	香港理光(亚太)发展有限公司
45	华强三洋电子有限公司	三洋电机(香港)有限公司
46	广东彩色显像管有限公司	福民发展有限公司
47	冠捷电子(福建)有限公司	冠捷投资有限公司
48	深圳妈湾电力有限公司	中国光大集团有限公司
49	佳能大连办公设备有限公司	日本国佳能株式会社
50	上海索广电子有限公司	日本索尼株式会社
51	深圳三九药业有限公司	正大药业有限公司
52	顺德美的冷气机制造有限公司	香港兴伟空调有限公司
53	平朔安太堡露天煤矿	
54	顺德华宝电业有限公司	东盈实业有限公司

销售额（亿元）	经营范围
22.92	生产摩托车及其零部件，并销售本企业产品及提供售后服务
22.66	电脑打印机、微型电脑等电子产品、电子石英及机械驱动之计时器、手表等产品及塑胶制品的装配业务，金属压以及注塑件的生产，增加生产步进马达。
22.65	超高分辨彩色显示器，电脑等系列产品的制造与软件开发
22.33	生产健力宝系列饮料 22 万吨
22.30	彩管等其他电子产品
22.28	生产销售康师傅品牌中高档方便面
22.09	对南头半岛及西乡一带约 38 平方公里的区域负责全面综合开发建设、兴办石油、化工、冶金、有色矿产及加工，机械、电子、仪器仪表、通讯设备、医疗器械，轻工、纺织、食品、养殖、建材等各类实业；承担工程设计、施工，经营进出口贸易
21.76	生产，销售钢铁产品，冶金，水泥，焦碳化工产品及其深加工附产品
21.67	生产运动鞋等
20.94	投资举办独资、合资、合作经营轻工、纺织、化工、机械、电子、建材行业企业及合资合作经营房地产、旅游业、服务行业企业，并为其投资的企业所需的机器设备原材料、零部件、元器件的进口及产品的内外销业务。
20.20	浓缩液，主剂及各种软饮料等
19.93	生产销售各种视频显示类产品，包括但不限于彩色电视机，视频调谐器，遥控器，彩色监视器，并提供产品的售后服务
19.78	生产销售电子零件，计算机外围设备，电子机械设备等
19.69	生产销售空调等制冷产品，空调用红外线遥控制冷压缩机等功力机械
19.58	无绳电话、PHS 移动电话，卫星接收器及各种电子元件。
19.53	生产加工，销售肉类，肉类制品，生化药品，包装，饲料
19.50	复印机
18.97	彩色电视机、收录机、音响和录像机
18.79	54CM 彩色显像管，64CM 彩色显像管
18.34	生产电脑及周边设备
18.15	电厂建设，生产和经营
17.95	生产激光打印机等办公设备专用复印机暗盒及该暗盒的有机半导体感光鼓（OPC 鼓）套筒模压件和其他零件（含用毕复印暗盒的分解再加工）
17.87	8MM 摄录一体机及堆部件，光学拾音头
17.64	研究，开发，生产丸剂，片剂，胶囊街道等医药保健相关产品，并在国内外销售自产产品
17.53	生产各种系列空调器，产品内外销售
17.30	煤炭合作开采
17.19	生产紧凑型高效荧光节能灯及分体空调机

1995—1996年中国最大500家外商投资企业名录

编号	企 业 名 称	外 方 名 称
55	中山嘉华电子集团有限公司	港华工业(中山)投资有限公司
56	北京国际交换系统有限公司	西门子股份有限公司
57	海南琼港轻骑摩托车开发有限公司	香港万乐佳有限公司
58	深圳三洋华强激光电子有限公司	三洋电机株式会社
59	惠州王牌视听电子股份有限公司	长城投资(中国)有限公司
60	信华精机有限公司	香港惠山工业有限公司
61	中国国际贸易中心有限公司	香港嘉兴业有限公司
62	深圳开发科技股份有限公司	香港博旭有限公司
63	湛江东兴石油企业有限公司	香港裕旺国际有限公司
64	洛阳春都实业有限公司	宝星投资有限公司
65	厦门华侨电子企业有限公司	宝达投资(香港)公司新远东经济发展(香港)公司
66	夏普办公设备(常熟)有限公司	夏普株式会社
67	福建恒安集团有限公司	香港天利贸易公司
68	三洋电机(蛇口)有限公司	三洋电机(香港)有限公司
69	吉林德大有限公司	正大集团
70	北方易初摩托车有限公司	正大集团易初投资有限公司
71	哈尔滨哈飞汽车制造有限公司	英国中国航空基金(382)有限公司
72	徐州维维食品饮料有限公司	香港永威发企业有限公司
73	江铃汽车有限公司	日本五十铃自动车株式会社
74	上海夏普电器有限公司	日本夏普株式会社
75	深圳赛格日立彩色显示器件有限公	株式会社日立制作所
76	天津通广三星电子有限公司	三星电子株式会社
77	中国迅达电梯有限公司	瑞士迅达控股有限公司
78	佛斯弟摩托车集团有限公司	广东国际信托投资(香港)有限公司
79	惠州三星电子有限公司	韩国三星电子株式会社/香港裕华有限公司
80	上海白猫有限公司	新鸿基(上海)投资实业有限公司

销售额（亿元）	经营范围
17.19	电视机，音响，录像机
17.15	生产 EWSD 程控数字交换机及其配套设备和产品的售后服务，销销自产产品
16.83	摩托车，发动机及零配件生产销售进出口贸易等
16.73	激光头、CD 机芯、CD 唱机、CD－ROM 及其应用产品
16.62	各式电视机，彩电半成品，CD 组合音响，收录放音机及其相关零部件制造
16.44	自动回带录音机芯，包括汽车音响专用机芯，电话用录音机芯，电脑用机芯，磁盘驱动器，传真转换器，文字处理机等
16.28	为国内外经贸企业和商务人员及旅游者提供并经营下列项目：写字楼及楼宇管理服务、宾馆、公寓（含国贸方庄公寓）及配套的餐饮，宴会，会议，展览、展销、商场（含出租）、幼儿园（主要为商务人员子女）、商务中心、汽车综合服务、收费
16.19	生产经营计算机软硬件系统及其外部设备
15.96	石油提炼加工，石化产品开发和销售
15.94	生产销售食品，副食品，生化制品，饮料及辅料和包装材料
15.89	彩电、音响、激光视听卫星接收系统等视听设备通信设备计算机及外设彩色监视器电子元器件等产品的生产经营售后服务及厦门地区投资业务
15.85	生产销售复印机、打印机等的办公设备机器和有关零部件。
15.70	妇幼卫生用品等
15.64	生产经营音响器材、录像机、复印机、电子表、计算机、家用电器、电子产品零件、发泡胶和塑胶制品、模具、电子玩具、传真机和电话机；电话机 100%外销，模具 80%外销，其余 98%外销。
15.51	饲养繁育良畜禽；生产加工各种饲料，屠宰加工畜禽系列产品，动物健康检验服务；生产精炼油，加工生熟鸡肉块，串等深加工产品
15.47	生产销售公司自产摩托车及零部件，提供售后服务，研究开发摩托车设计，制造新技术
15.33	生产销售汽车及各种汽车零配件
15.27	豆奶食品及饮料
15.22	生产销售 N 系列、TFR 系列轻型卡车及总成件
15.10	空调机器，电冰箱，洗衣机，微波炉，电饭锅，电烤箱，电热水瓶，空气净化器等家用电器产品及相关零部件
14.88	开发、设计、生产彩色显像管，包括彩色显像管组装，电子枪组装，金属零件，偏转线圈，销售本公司产品，开发生产新型显示器。
14.82	彩色电视机，音响，显示器及其零部件的设计，销售和维修服务
14.72	生产，开发，销售，安装和维修电梯，自动扶梯，自动人行道及其辅助设备和零部件，设计新产品和相关技术
14.71	摩托车，助力车，发动机产品及其配件的生产和销售
14.50	生产镭射影音系列产品（CD、LD、VCD、DVD 等），镭射机芯产品及上述产品的销售和售后服务
14.49	制造销售合成洗涤剂，洗衣粉，硬脂酸，甘油，洗发护发，护肤用品

1995—1996 年中国最大 500 家外商投资企业名录

编号	企业名称	外方名称
81	西安杨森制药有限公司	比利时杨森制药有限公司
82	珠海天草电子有限公司	日本天草电子株式会社
83	祈福房地产开发(深圳)有限公司	祈福投资有限公司
84	哈尔滨双太电子实业有限公司	韩国太一精密株式会社/以色列联合发展有限公司
85	天津华利汽车有限公司	马来西亚金狮集团金狮速奔产业有限公司
86	北京爱立信移动通信有限公司	瑞典爱立信有限公司(LME)
87	银川中策(长城)橡胶有限公司	中国轮胎集团有限公司
88	华飞彩色显示系统有限公司	飞利浦电子中国有限公司
89	上海日立家用电器有限公司	日本国株式会社日立制作所
90	合肥荣事达(集团)有限公司	美国美泰克公司
91	青岛三美电机有限公司	日本三美电机株式会社
92	珠海市华丰食品工业(集团)股份有限公司	AEROLINK INVESTMENT PTE LTD
93	上海汽轮机有限公司	西屋电气(中国)投资有限公司
94	张家港润忠钢铁有限公司	香港润忠实业有限公司
95	葫芦岛东方铜业有限公司	香港东方鑫源实业投资有限公司
96	广西玉柴机器股份有限公司	丰隆科技系统有限公司/高盛控股/新星控股/国泰财富
97	中美天津史克制药有限公司	史克必成公司
98	和德(集团)有限公司	稼瑞贸易有限公司(香港)
99	天津三星电机有限公司	三星电机有限公司
100	北京诺基亚移动通信有限公司	诺基亚通信有限公司
101	沈阳金杯客车制造有限公司	香港华博财务有限公司
102	本溪北龙炼铁有限公司	香港英龙(中国)工业有限公司
103	金利来(中国)服饰皮具有限公司	金利来(远东)有限公司
104	松下.万宝(广州)空调器有限公司	日本松下电器产业株式会社
105	江苏利港电力有限公司	新宏电力投资有限公司
106	杭州中策橡胶(股份)有限公司	中策投资有限公司

销售额（亿元）	经　营　范　围
14.35	药品的制造和销售
14.22	生产电话机，传真机，激光印刷机
14.18	从事中标地206－7地块的开发与经营
14.07	生产销售计算机部件，计算机外部设备，计算机系统及其他电子产品
14.00	生产销售微型汽车，轻型汽车及其变型车，医用改装车，各类车型底盘，零部件；提供相关售后服务和咨询服务
13.98	生产制造蜂窝移动通信系统及产品，包括GSM基地站，手持机，蜂窝移动通信系统的电源，移动交换中心及其他系统元件和配套设备；销售本公司的产品并提供本公司系统产品的售前，售中，售后服务（包括网络设计）
13.95	轮胎
13.69	开发，设计，制造和销售彩色显像管，彩色显示及彩色系统产品，配套元件，材料及相关电子产品
13.46	家用空调器，家用电器及相关零部件
13.45	生产销售洗衣机，冰箱，模具，家用电器和塑胶产品
12.87	生产电子零部件产品及电子整机产品
12.64	生产销售方便面，塑料彩印，纸制品，房地产开发
12.62	设计，生产发电设备，包括火电汽轮机，核电汽轮机，燃气轮机，蒸气燃气联合循环及相关产品；在国内外市场上销售上述合营公司自产产品，并提供相关的服务
12.40	生产销售碳素钢，低合金钢，高合金钢等种类无扭控冷热轧盘条，规格直径：5.5－22MM
12.13	生产销售精铜，精铜及副产品的深加工
12.09	中、重吨位柴油机，小型液压挖掘机，发电机组等产品的制造和销售
12.05	生产加工包装和销售供人用的制剂和原料药品
12.00	开发，生产饲料添加剂，生物医学产品，精细化工产品，电子新材料，数字通讯设备，计算机程序设计语言，计算机软件及相关集成系统，加油站自动化设备；本企业的建筑物及设施的维修，保养，保洁；销售自产产品.（未经专项审批的项目除外）
11.98	计算机、电视机、录像机用磁头、电机、调谐器等有关零部件及系列零部件产品的开发
11.93	开发，生产，销售数字移动通信GSM机站及手机，初斯生产E－TACS手机，生产新一代产品DCS1800通信基站等
11.91	生产旅行车
11.90	生铁
11.86	生产领带，领饰，皮带，皮包及其皮革制品，各式服装，小五金佩饰，产品70％外销
11.86	开发、设计、生产及销售空调器及空调器相关/应用产品
11.74	营建利港电厂，发电、供电、售电以及为满足外汇平衡的煤炭出口。
11.36	轮胎，车胎及橡胶制品制造

1995—1996 年中国最大 500 家外商投资企业名录

编号	企业名称	外方名称
107	上海利华有限公司	联合利华集团
108	正大集团(天津)油脂有限公司	泰国正大集团公司
109	福建清禄集团有限公司	香港顺杰实业有限公司
110	哈尔滨东安微型汽车发动机有限公	英国中国航空基金(120)有限公司
111	海南椰风食品工业有限公司	冠通实业有限公司
112	营口渤海油脂有限公司	嘉里粮油(中国)有限公司
113	本溪北龙钢铁(集团)有限公司	香港英龙(中国)工业有限公司
114	仙妮蕾德(广州)有限公司	仙妮蕾德中国有限公司
115	天津本田摩托有限公司	本田技研工业株式会社
116	雅达电子有限公司	雅达国际有限公司
117	北京轻型汽车有限公司	伊藤中商事株式会社
118	上海易初通用机器有限公司	泰国正大集团易初投资有限公司
119	北京燕莎友谊商城有限公司	新加坡新诚集团有限公司
120	深圳中华自行车(集团)股份有限公	香港大环自行车有限公司
121	河南安阳彩色显像管玻壳有限公司	香港予港企业有限公司
122	秦皇岛首钢板材有限公司	宝利达投资公司
123	上海日立电器有限公司	株式会社日立制作所
124	珠海三美电机有限公司	三美电机株式会社
125	赛特集团有限公司	香港海明洋行有限公司
126	深圳创华合作有限公司	香港亿利达工业发展集团有限公司
127	广州造纸有限公司	香港维美实业有限公司
128	杭州松下家用电器有限公司	松下电器产业株式会社
129	南通顺达集装箱有限公司	中集控股(B. V. I.)有限公司/香港顺侨发展/日本住友商社
130	东风金狮轮胎有限公司	金狮集团
131	苏州罗技电子有限公司	瑞士罗技国际股份有限公司
132	深圳国威电子有限公司	锡威电子(中国)有限公司
133	厦门中鹭植物油有限公司	嘉里粮油(中国)有限公司/马来西亚沙巴土地发展局
134	江阴兴澄钢铁有限公司	香港中信泰富有限公司

销售额（亿元）	经营范围
11.29	力士香皂等洗涤用品及包括吹塑在内的液体产品，香波，护发素及衣服调理剂；厨房，洗手间洗涤清洁用品，清洁用品原料加工出口
11.20	生产销售植物油，粕和相关副产品及上述产品的深加工业务
11.19	来料加工或进料生产各种运动鞋、鞋面、鞋底、鞋材及鞋类系列产品。
11.12	生产销售微型汽车发动机及配件
10.97	生产销售椰子露，速溶椰子粉，芒果汁，水蜜桃饮料
10.95	生产销售植物油，豆粕，菜籽油，包装桶等
10.88	生铁，焦化产品，电力
10.84	生产各种食品、饮料、日用品（国家特许经营产品除外）、洗涤用品、化妆用品及原材料、销售本公司产品。
10.72	生产销售摩托车及零配件；提供售后服务
10.71	磁性元件、高频开关式电源、高频元件、调谐器、调幅器、电子线路板及其配件。
10.70	生产开发和轻型汽车及有关的汽车零件；销售自产产品
10.54	汽车空调压缩机，储液缸，摩托车减震器等
10.50	商业零售、部分商品进出品、部分自营、产品制作、加工、包装业务，三来一补业务
10.27	生产经营各类自行车及零配件
10.10	生产经营日立，东芝，飞利蒲，松下等各种型号 7 大系列 14″，17″，18″，19″，20″，21″，25″彩管玻壳和 14″彩显玻壳
10.06	设计生产和销售中板，卷板及钢结构件，法兰盘等深加工产品
10.05	生产销售房间用空调机压缩机及其他家电产品
10.02	生产和销售微电机，变压器，可变电容器，开关电源，磁头和光盘驱动器，数码式磁带记录机等其他电子元器件
9.96	提供和经营会议，社交场所，展览场所，附设购物中心，卡拉 OK 歌厅和剧场，康乐旅游项目，科技咨询和技术开发，酒店，办公楼，餐馆，商务中心以及其他有关的生活工作的服务场所和设施
9.94	有线电话机、无绳电话、汽车对讲机、商业收款机、电动打字机
9.77	生产、加工纸及其副产品、纸类制品、造纸机械、热电、木制品，销售本企业产品；废旧纸回收，货物运输，造纸转由技术咨询，设备安装、维修。
9.67	生产销售洗衣机，干衣机和洗碗机及其部件
9.61	国际标准干货集装箱和钢结构件
9.59	生产、销售各型轮胎及橡胶制品。
9.44	生产销售计算机鼠标器、控制设备、扫描器及电脑相关的电子产品。
9.41	生产电话机
9.32	加工生产分装接御转运各种动物、植物油脂、油料及制桶
9.25	生产销售钢材

1995－1996 年中国最大 500 家外商投资企业名录

编号	企业名称	外方名称
135	中国雪柜实业有限公司	香港高美达家电企业有限公司
136	海南航空股份有限公司	美国航空有限公司
137	广州宝洁纸品有限公司	宝洁公司
138	北京飞机维修工程有限公司	德国汉莎集团
139	新会中集集装箱有限公司	中国国际海运集装箱(香港)有限公司
140	佛山普立华照相机有限公司	普立尔(香港)有限公司
141	大连西太平洋石油化工有限公司	法国道达尔公司
142	安利(中国)有限公司	安利太平洋有限公司
143	伟创力电脑(蛇口)有限公司	FLEXTRONICS INTERNATIONAL
144	黄河铝业有限公司	凯撒黄河投资有限公司
145	深圳中康玻璃有限公司	深业腾美有限公司
146	长春长铃发动机有限公司	香港百盟投资有限公司
147	杭州娃哈哈食品有限公司	金加投资有限公司
148	顺德惠而浦蚬华微波制品有限公司	蚬华微波制品厂有限公司
149	上海益昌薄板有限公司	美国上海太平洋合股有限公司
150	康惠(惠州)电子实业有限公司	香港航科电子制品有限公司
151	潮州金南食品有限公司	香港潮州实业有限公司
152	中国－阿拉伯化肥有限公司	科威特石化公司/突尼斯 SIAPDE 公司
153	厦门正新橡胶工业有限公司	CST 贸易公司(英属维尔京群岛)
154	神龙汽车有限公司	法国雪铁龙汽车公司
155	上海朗讯科技通信设备有限公司	荷兰朗讯科技 EMEA 有限公司
156	日本电产(大连)有限公司	日本电产株式会社
157	上海联合利华牙膏有限公司	美国联合利华公司
158	信华(中国)机械有限公司	香港 MUP 工业有限公司
159	杭州西湖电子实业有限公司	富春西湖有限公司
160	重庆建设－雅马哈摩托车有限公司	日本雅马哈发动机株式会社

销售额（亿元）	经营范围
9.24	生产，加工，装配，销售电冰箱，雪柜及其零部件
9.15	经批准的国内客货运输业务
9.15	产销妇女卫生巾、手提袋、毛绒玩具、沙滩球等小礼品及有关的原材料、包装材料。二期产销成人尿片和一次性婴儿尿片
9.08	飞机维修与大修，发动机及零附件修理与大修及其他相关工作
9.05	生产和维修集装箱
8.90	生产自动照相机，闪光灯，日期组件，产品内外销售
8.90	生产销售石油产品和石油化工产品
8.90	生产、加工、销售、经营家庭清洁用品、个人护理及化妆品、维他命、营养补充品和厨房用品等安利系列产品；研究和发展新产品；提供产品的特点和使用方法的服务；印刷有关公司和介绍产品的刊物。
8.90	电脑外围设备、通讯器材、电子仪器以及使用电路板的生产装配。
8.83	铝冶炼、铝制品及相关产品的生产和销售。
8.78	开发、设计彩色显像管玻壳及材料，与彩色显像管有关的玻璃器材以及生产上述产品的安装模具，销售本公司产品并进行售后服务。
8.76	摩托车、发动机和其他相关产品及其零部件的研究、设计、试制、生产、销售和售后服务
8.72	生产经营食品(包括保健食品)，饮料
8.69	生产微波炉和微波制品，多士炉，暖气机电咖啡壶，电茶壶，多用途煮食炉，喷射烤炉，超声波制湿机，电局炉，电烫斗，饰，热水器电饭锅，滤水器，产品内外销售
8.69	生产销售和开发冷轧薄板，镀锡板和纤维原板，其他钢铁板材产品和系列产品
8.61	彩电，收录机，机芯组件，电子玩具，卫星天线接收系统，视频通讯器材设备，音响，电话机，高频摇电子产品部件制造
8.59	鳗鱼养殖，烤鳗制品，经营贸易
8.55	生产销售各种化肥
8.53	生产加工制造以下三类产品：1、轮胎内胎、轮胎外胎、人力车内外胎、子午线轮胎 2、再生胶、胶料、胶带及其他橡胶制品 3、橡胶机械、模具及其配套件
8.53	制造 N2 系列轿车及变型车、TU 系列汽车发动机和有关零部件，并在国内外市场销售上述产品及售后维修服务。
8.36	制造，销售和安装专用数字复用，光纤及其他传输系统
8.26	生产，销售超精密马达，轴流风机，电源装置及其部件.
8.26	牙刷，牙膏
8.23	库用千斤顶，车用电动工具，家用健身器材
8.19	生产经营视频产品、音响设备、电子计算机、电子计算机显示终端设备、广播电视配套设备、电子仪器仪表、自动化仪表及系统、电子乐器。
8.17	生产销售两轮摩托车、零部件及相关服务

1995—1996 年中国最大 500 家外商投资企业名录

编号	企业名称	外方名称
161	中美上海施贵宝制药有限公司	美国百州美施贵宝公司
162	万宝至马达大连有限公司	马步其株式会社
163	南通天生港发电有限公司	雄亚(维尔京)有限公司
164	南通醋酸纤维有限公司	美国塞拉尼斯纤维公司
165	南太电子(深圳)有限公司	香港南太电产有限公司
166	郑州日产汽车有限公司	日本国日产自动车株式会社
167	福建日立电视机有限公司	株式会社日立制作所
168	株洲南方摩托车制造有限公司	香港三湘有限公司
169	北京首钢宝生带钢有限公司	宝生国际有限公司
170	上海合众一开利空调设备有限公司	CARRIER CORPORATION
171	江阴博丰钢铁有限公司	博丰国际控股有限公司
172	首钢日电电子有限公司	日本电气株式会社
173	太平洋塑胶(福建)有限公司	英国太平洋联合投资公司
174	富士康(昆山)电脑接插件有限公司	香港富士康远东有限公司
175	深圳光大木材工业有限公司	光大投资控股有限公司/太平洋木业有限公司
176	广东正大康地有限公司	康地正大国际有限公司
177	张家港保税区东海粮油工业有限公司	嘉银控股有限公司
178	天津雅马哈电子乐器有限公司	雅玛哈乐器株式会社
179	浙江美可达摩托车有限公司	台湾彤鑫实业股份有限公司
180	南京爱立信通信有限公司	爱立信有限公司
181	正大康地(蛇口)有限公司	康地正大国际集团有限公司
182	中山中粤马口铁工业有限公司	香港粤海材料国际有限公司
183	三水健力宝富特容器有限公司	香港富特波尔容器集团有限公司
184	高明市高丰纺织染联合企业有限公	溢达企业有限公司
185	明达塑胶(福建)有限公司	英属维京群岛明达塑胶有限公司
186	上海延锋汽车饰件有限公司	福特汽车中国有限公司
187	丹东阿尔派电子有限公司	日本阿尔派株式会社

销售额（亿元）	经　营　范　围
8.15	施尔康，百服宁，泛捷复，开博通，索拉固，复方康纳乐霜
8.08	生产微型马达及其零配件
7.98	生产、销售电力、热力及相关产品。
7.98	生产销售用于卷烟滤嘴的醋纤维和用于醋酸纤维丝束的醋酸纤维
7.98	电子计算器，电子记事本，电子辞典
7.96	开发生产日产皮卡车，EQ1060 轻型载货车，以及上述产品的销售，维修和技术服务
7.94	生产黑白、彩色电视机、摄录机及电子调谐器，生产家用信息类、音频、视频产品及售后服务
7.92	研制、生产摩托车及其配件和产品自销。
7.86	生产轧钢制品及金属压延制品，机械零部件、相关设备加工及技术咨询培训服务；销售自产产品
7.85	活塞式，离心式冷水机组，热泵机组制冷压缩机，制造，销售维修服务和新产品开发
7.79	生产销售钢材
7.78	设计、开发、生产和销售集成电路产品并提供产品应用技术支持（五大类产品为：存储器、单片微机、通信电路、家电电路
7.68	生产 PVC 胶皮，胶布系列产品
7.66	年产电子接插件 4200 万个，模具 720 套，电缆配件 360 万个，精密加工金属零件 18 亿个，工程塑料组件 1.68 亿个。
7.63	生产销售胶合板、纤维板、人造板、深度加工产品及其他附属产品，新材料、新技术、新工艺的开发、推广；木材加工企业管理软件开发；提供木材加工企业工程技术的咨询、设计及相应的服务。
7.63	生产，销售，出口猪及其他畜禽产品，并兼营一个年产 42 万吨，配合饲料的加工厂；生产，销售，出口禽畜，鱼，虾等全价饲料，预混添加剂等．以及饲养种鸡，出口鸡苗，技术服务，销售兽药，兽医机械，水产养殖。
7.59	粮油食品的内外贸易和运输，生产和经营粮油食品的包装材料
7.58	生产销售电子乐器并提供售后服务
7.56	生产销售摩托车及摩托车配件
7.55	制造销售安装移动电话产品及其他通信产品及其附件，并提供售后服务，代理爱立信公司产品的销售及服务
7.55	完全饲料，浓缩精料，预混料
7.53	生产经营镀锌板及其深加工商品 9 包括钢板，钢卷的裁剪，配套发电供电，年产镀锡板 12 万吨，涂料铁 3300 万印次，
7.46	年产易拉罐 10000 万套
7.43	生产纺纱，色纱以及布匹后加工整理，服装，产品内外销售
7.41	生产水球、泳圈、泳衣、浮床、水床、泳镜、蛙鞋、泵浦等塑胶制品。
7.39	开发，生产，销售用于汽车，卡车和摩托车的塑料和装潢产品，以及模具，冲压件，标准件
7.38	汽车电子产品的制造销售和售后维修服务

1995—1996年中国最大500家外商投资企业名录

编号	企业名称	外方名称
188	三菱重工金羚空调器有限公司	日本三菱重工业株式会社
189	番禺创信鞋业有限公司	WUCO CORPORATION
190	东芝大连有限公司	株式会社东芝
191	松下.万宝(广州)压缩机有限公司	松下电器产业株式会社
192	中国南玻集团股份有限公司	香港招商局(玻璃工业)控股有限公司
193	中国华录松下录像机有限公司	日本松下电器株式产业会社
194	丽珠医药集团股份有限公司	澳门南粤(集团)有限公司
195	正大康地(深圳)有限公司	康地正大国际集团有限公司
196	广州顶益国际食品有限公司	顶益(开曼)岛控股公司
197	永新－沈阳化工有限公司	香港永新技术开发有限公司
198	青岛AT&T通讯设备服务有限公司	AT&T国际公司
199	丽都饭店有限公司	香港益和有限公司
200	武汉可口可乐饮料有限公司	嘉里饮料(武汉)有限公司
201	肇庆蓝带啤酒卢堡有限公司	金泽生集团有限公司
202	韶关发电厂有限公司	广东电力(国际)有限公司
203	张家港永新钢铁有限公司	海力国际有限公司
204	上海百事可乐饮料有限公司	百事(中国)投资有限公司
205	上海申佳铁合金有限公司	首长宝佳集团有限公司
206	天津天美汽车配件有限公司	日本夭崎总业
207	无锡联合钢铁有限公司	(香港)中国置业(控股)有限公司
208	广州进道集装箱有限公司	香港宇联有限公司
209	广东现代集装箱制造有限公司	韩国现代精工株式会社
210	河南新中益电力有限公司	新中原国际企业有限公司
211	上海联吉合纤有限公司	吉玛公司/沪光国际上海投资发展有限公司
212	上海集装箱码头有限公司	和记黄埔上海港口投资有限公司
213	南京中萃食品有限公司	中萃发展有限公司

销售额（亿元）	经营范围
7.36	生产销售空调器和其他制冷制暖产品及其构件和备件，并提供与产品有关的维修，及其他服务
7.36	生产加工销售各类鞋材
7.30	小型马达、彩色电视机用偏转线圈、印刷线路板、组件及录放像机用磁鼓组件、电磁延迟线等电气机械器具及电子零部件、元器件
7.27	产销房间空调器压缩机，并提供产品售后服务
7.25	玻璃原片和各种玻璃深加工产品(包括镀膜玻璃，镀银镜，钢化玻璃，中空玻璃，彩釉玻璃，玻璃家私及IT0导电膜玻璃，汽车玻璃等)结构陶瓷，电子陶瓷等产品，玻璃机械，玻璃建筑安装，装饰及房地产开发等
7.25	录像机及录像机领域内发展产品的关键件、磁头、磁鼓、机芯的设计、开发生产、销售和售后服务、相关产品的研究开发和生产
7.21	药物制剂，化学原料药，抗生素药，生物工程药，生物制品，生化药，中成药，医疗保健品，保健食品，临订诊断试剂，生化成剂，医疗电子用品，生物活性材料
7.19	饲料加工厂，种猪场，种鸡场等
7.17	生产、加工及销售方便食品、调理食品、饮料、食用油脂、面粉、PSP碗餐具、OPP收缩膜、纸箱及相关食品和包装材料
7.10	生产烧碱，液氯，白炭黑
7.09	生产数字程控交换机，电话交换机及相关设备
7.01	客房，公寓，写字楼，中西餐厅，迪斯科舞厅，歌厅，体育俱乐部，保龄球场，游泳池，桑拿浴，按摩，商场，熟食店，美容室，冲扩照片等
6.97	生产、销售各类饮料，原辅料及相关包装材料用品。
6.95	生产销售啤酒，麦芽，开发啤酒，饮料新产品，产品70%外销
6.95	电力生产与销售
6.89	生产销售普碳钢，优质碳素钢，低合金钢，圆钢，螺纹钢，棒材等。
6.87	矿泉水，国产软饮料，罐装咖啡，茶类和果汁饮品经政府许可的百事公司饮料产品及PET塑料瓶，瓶坯，瓶盖等与饮料配套的包装产品
6.85	铬，锰，硅，钼，钛系列
6.80	汽车线的设计，制造，销售
6.72	钢铁冶炼，钢材压延
6.71	生产集装箱
6.65	生产经营集装箱，产品90%外销
6.61	生产销售电力
6.53	生产销售聚酯切片和聚酯纤维
6.42	装卸，储运，集装箱转运，洗箱，船舶代理，货运代理，提供电子数据交换服务，内地货物在上海的储存和货运中转的经营
6.42	生产销售各种软饮料及各种食品

1995—1996年中国最大500家外商投资企业名录

编号	企业名称	外方名称
214	上海振华港口机械有限公司	振华工程有限公司
215	上海太平国际货柜有限公司	盛狮货柜企业有限公司
216	广州海丰鞋业有限公司	香港育丰工业股份有限公司
217	正大岳阳有限公司	正大集团
218	上海花王有限公司	花王株式会社
219	天津三星电子有限公司	三星电子株式会社
220	厦门进雄企业有限公司	株式会社进雄
221	茉织华实业(集团)有限公司	日本松冈株式会社
222	广东高路华电视机有限公司	香港东宁(集团)有限公司
223	可比雅工业发展(深圳)有限公司	可比雅株式会社
224	上海庄臣有限公司	美国庄臣父子公司
225	湖南旺旺食品有限公司	旺旺控股有限公司
226	聊城嘉明实业有限公司	嘉洛食品工业有限公司
227	深圳忆声电子有限公司	香港华忆(集团)有限公司
228	山东孔府宴酒业有限公司	中国投资发展基金(NO.6)有限公司
229	安徽佳安轮胎有限公司	新加坡佳元投资有限公司
230	天津宝洁有限公司	香港宝洁和记黄埔有限公司
231	TCL 通讯设备股份有限公司	TCL 通讯设备(香港)有限公司
232	长飞光纤光缆有限公司	荷兰德拉克控股公司
233	乐金电子(惠州)有限公司	乐金电子株式会社/长城电子国际有限公司
234	上海耀华皮尔金顿玻璃股份有限公司	英国皮尔金顿有限公司/以色列联合发展公司
235	广州雅芳有限公司	美国雅芳有限公司
236	辽宁大成农牧实业有限公司	大成长城农技(辽宁)有限公司
237	上海锦海捷亚国际货运有限公司	捷亚空运(香港)有限公司
238	天津日电电子通信工业有限公司	日本电气株式会社/住友商事株式会社
239	汕头经济特区经纬纺织有限公司	香港经纬亨达利(集团)有限公司
240	双城雀巢有限公司	雀巢公司
241	开封正大有限公司	正大(中国)投资有限公司

销售额（亿元）	经营范围
6.37	集装箱起重机
6.36	国际通用货柜及货柜有关配套产品的生产，修理和内外销业务
6.31	生产销售各材料款式的半成品及成品鞋
6.28	生产禽畜饲料、编织袋，饲养家禽产品自销。
6.28	洗发露，洗面奶，沐浴露，护肤用品，卫生巾，洗涤剂
6.26	从事录放像及系列产品，部品及适应市场需求的新一代产品，激光视唱机的开发生产
6.24	生产加工各类帐蓬及相关产品布制玩具，合成纤维物，睡袋，装饰用织物制品及PVC塑料袋
6.21	生产销售服装（服装辅料）以及水洗、漂染、印刷、皮件箱包
6.17	彩色电视机
6.15	复印机及零部件、办公机械、器具的生产及销售。
6.14	低毒高效的杀虫剂，避蚊剂，商用清洁用品
6.13	生产和销售各类食品及各类饮料，酒类酿制，肉类制品加工及与之相关的进出口贸易和仓储厂房等业务。
6.12	生产销肉制品
6.08	电脑显示器，10以下黑/白和彩色电视机（包括液晶电视），录放像机等
6.06	生产销售白酒，黄酒，饮料
6.03	生产销售轮胎产品
6.02	生产并销售个人清洁用品和有关原料，包装物料及其他相关产品
6.01	开发，生产，销售以多功能电话机为主的通讯产品
6.00	生产光纤光缆及其附件、组件和材料，在国内、外市场销售本企业的产品。
5.92	CD放音设备，镭射音响及其相关零配件制造
5.90	生产销售透明，本体着色玻璃及深加工产品
5.87	生产、加工化妆品、化妆用品、个人护理以及有关的化妆品包装容器、美容用品、服装（包括内衣裤）、人造首饰、小礼品玩具、装饰用品、健康食品等，承接有关的来料加工业务。销售和出口国内外商投资企业生产的雅芳商标的上述产品。
5.85	生产加工各种畜禽水产饲料浓缩料添加剂及其销售；饲养畜禽加工畜禽制品及其副产品的综合利用，并向国内外市场销售本公司生产的各种产品；生产本企业产品所需要的包装物；研究开发饲料新品种及畜禽，水产饲养新技术并向内推广本公司所饲
5.85	货物运输
5.84	主要从事NEAX61数字程控交换机的制造销售，安装维护，培训和系统开发
5.84	化纤布的纺织，染整，印花
5.83	生产销售奶粉及谷物系列产品
5.81	生产和销售各种饲料，植物油料及家禽水产养殖，肉鸡屠宰加工

1995—1996 年中国最大 500 家外商投资企业名录

编号	企业名称	外方名称
242	北京市华远房地产股份有限公司	坚实发展有限公司
243	上海华新电线电缆有限公司	香港华成国际公司
244	南通正大有限公司	正大(中国)农牧有限公司
245	北京贵友大厦有限公司	香港贵妃玉容品有限公司
246	番禺潭洲振裕织造染印有限公司	香港振裕染印织造厂有限公司
247	天津福津木业有限公司	香港大福木业股份有限公司
248	东莞德永佳纺织制衣有限公司	德永佳(中国)发展有限公司
249	上海福海(木业)企业有限公司	香港大福木业有限公司
250	沈阳华润雪花啤酒有限公司	香港华润创业有限公司
251	珠海市前山裕新织染厂	ORBIT CO.,LTD.
252	广东万家乐燃气具有限公司	澳门南粤集团有限公司
253	天津汉高洗涤剂有限公司	德国汉高集团公司
254	扬州通运集装箱有限公司	罗林森控股有限公司
255	杭州西冷制冷电器有限公司	香港华南工业有限公司
256	汕头海洋第一聚苯树脂有限公司	SOE 化工集团有限公司
257	常熟通润机电有限公司	香港华润机械有限公司
258	斯大精密(大连)有限公司	日本斯大精密(株)
259	青岛正大有限公司	正大中国农牧有限公司
260	上海新格有色金属有限公司	美国新格管理公司
261	广州番禺糖果有限公司	巴拿马通用糖果厂
262	广州花园酒店	香港花园酒店有限公司
263	宁波雅戈尔制衣实业有限公司	雅戈尔(香港)有限公司
264	青岛世原鞋业有限公司	韩国世原株式会社
265	天津可口可乐饮料有限公司	可口可乐亚洲控股有限公司
266	天津正大饲料科技有限公司	正大集团
267	北京燕莎中心有限公司	德国科隆北京汉莎德国中心股份有限公司
268	杭州大厦有限公司	南光(集团)有限公司
269	哈尔滨阿斯宝化纤有限公司	远大投资有限公司
270	珠海经济特区美星制鞋有限公司	香港盛星国际贸易股份有限公司
271	上海制皂有限公司	联合利华(中国)有限公司

销售额（亿元）	经营范围
5.80	老旧城区危房成片改造，市政设施建设，土地开发，工商业及民用住房建设与经营（包括出租、出售和自有物业管理；生产建
5.80	全塑市话电缆，通信光缆，程控装备电缆
5.80	畜禽水产饲料，添加剂，商品代鸡苗等
5.78	出租写字间及商业设施；经营餐饮，歌舞厅，康乐厅，零售商品部
5.76	印染各种织造物
5.75	销售本企业生产的胶合板，装饰板等各种人造板和木制品
5.74	生产色织布及服装，针织坯布．染整色纱
5.72	胶合板，单板，细木工板，贴面板，宝丽板，集成材，木门
5.69	生产啤酒及饮料
5.69	生产销售自产的染色棉纱，染色布，牛仔布，产品80%外销，涤纶纽线产品100%外销
5.64	生产电热水器，抽油烟机，微波炉，石油气用具系列产品及其零配件，兼营石油气安装工程和维修及自产产品的运输业务
5.64	生产销售洗涤剂，清洁及洗涤添加剂，织物护理用品，洗衣皂及洗涤剂的家庭系列用品
5.64	制造和销售20英尺及40英尺国际标准集装箱和非标准集装箱零配件并进行售后服务
5.62	医、民二用制冷设备和电器产品的制造及修理
5.57	生产聚苯乙烯系列合成树脂
5.55	生产销售各式千斤顶，高低压形状柜，电梯及电梯安装，通用机械产品
5.54	制造电子打印机，蜂鸣器，听写系统及数控机床组件
5.53	生产饲料，饲料添加剂及原材辅料，禽畜饲养和鱼类养殖及屠宰加工；羽毛蛋白粉加工。
5.53	各种金属废料拆解，分选，销售，铝熔炼
5.53	生产销售口香糖，泡泡糖
5.52	旅冠，餐厅，陈列，（中文）展览厅，商场，旅游，出租写字楼，公寓及生活娱乐设施，代客洗衣，外汇兑换，邮电，影印，出租汽车，商场，卡拉OK，汽车保管，烟酒零售
5.49	衬衫、西服及其服饰产品、皮革制品的开发研制和制造。
5.48	生产旅游鞋
5.47	配制，灌装，销售饮料及配套运输服务，生产销售带有公司标志的宣传纪念品
5.46	生产销售畜禽水产超级混合饲料及浓缩饲料
5.42	出租客房，公寓，写字楼，商业设施，经营风味餐厅，会议室，展览厅，康乐服务设施
5.42	为来宾提供食宿、办公、会议、展览用场地，商场、康乐设施等其他综合服务。
5.39	生产销售各种涤纶纤维，聚脂切片及它化学纤维
5.32	生产销售自产的皮，塑料，布制凉鞋，密鞋，鞋面，鞋材等产品，产品外销95%，5%在特区内销售
5.30	香皂，洗衣皂，甘油，洁净洗涤用品，油脂化工产品及其衍生物产品

1995－1996 年中国最大 500 家外商投资企业名录

编号	企业名称	外方名称
272	欧姆龙(大连)有限公司	欧姆龙株式会社
273	上海麦克林电子有限公司	美国麦克林电子有限公司
274	厦门松下音响有限公司	松下电器产业株式会社
275	西门子(中国)有限公司	德国西门子股份有限公司
276	珠海经济特区东大集团股份有限公司	新加坡 IPC 资本有限公司
277	湖南金湘铜业有限公司	香港金桂实业有限公司
278	武汉 NEC 中原移动通信有限公司	日本电气株式会社
279	石家庄棉二锦宏纺织有限公司	香港锦宏发展(纺织)有限公司
280	顺德格兰仕电器有限公司	香港展鹏实业公司
281	南海皮厂有限公司	粤海制革有限公司
282	苏州迅达电梯有限公司	瑞士迅达控股公司/香港怡和有限公司
283	重庆长安铃木汽车有限公司	日本铃木株式会社
284	东莞龙昌玩具有限公司	(香港)龙昌玩具有限公司
285	珠海松下马达有限公司	日本松下电器产业株式会社
286	建泰橡胶(深圳)有限公司	建大工业股份有限公司
287	上海施乐复印机有限公司	施乐有限公司
288	世界塑胶餐垫(宝安)有限公司	世界家庭用具制品厂有限公司
289	张家港江南国际集装箱有限公司	香港麒麟湾有限公司
290	广州高露洁有限公司	高露洁(BVI)有限公司
291	吉联吉林石油化学有限公司	联合国际工业有限公司
292	青岛交河塑料有限公司	韩国交河产业株式会社
293	防城港新海油脂工业有限公司	嘉里粮油(中国)有限公司
294	南宁正大畜牧有限公司	南宁正大畜牧有限公司
295	舟山兴业有限公司	日本玛鲁哈公司
296	东莞胜美达(太平)电机有限公司	胜美达电机(香港)有限公司
297	北京大发正大有限公司	正大畜牧有限公司

销售额（亿元）	经营范围
5.26	电子血压计、低频治疗器、电子体温计、记步器等
5.24	生产销售计算机软件笔记本电脑
5.23	收音机随身听收音机音响等电子产品零配件的制造
5.23	在电气，电子和机械工业领域从事投资和或再投资以及与之相关的业务；从事电气，电子和机械产品的制造经营及有关产品和技术的研究，开发，并提供与西门子上述产品和技术相关的咨询，市场调研，培训，工程及售后服务；受西门子董事会的书面委托从事有关业务。
5.19	生产和销售自产的电子产品，家用电器，电子无器件，通讯器材，化工原材料，轻纺产品，建材，土畜产品，食品，医药及房产开发等，产品50%外销
5.19	生产铜材制品，电工器材及产品自销和原辅材料的配套服务。
5.13	模拟、数字式蜂窝移动电话机和相关通信、电子产品的开发、生产、销售及售后维修服务。
5.12	生产销售纯棉纱，布，涤棉纱，布，纯化纤纱布及其他纺织品
5.10	生产微波炉，电饭锅，电暖器，空气清新器，沙滩椅，产品内外销销售
5.10	皮革及皮革制品
5.09	生产销售各类电梯，自动扶梯，自动人行道及其零部件以及产品的安装，维修
5.07	生产、销售奥托汽车
5.07	塑料电子玩具，塑料用具，塑胶电气元件，塑胶玩具半成品，搪胶玩具，毛绒玩具及布料玩具
5.07	生产和销售自产的应用在音响，影像，办公通讯设备，家用电器等方面的马达和马达零部件及半成品，其中属家用电器按出口实绩的20%核准内销，其余按30%核准内销数量
5.03	自行车内外胎，摩托车内外胎，工业，农耕用车内外胎，卡汽车内胎
4.97	复印机（包括多功能复印机）及其零部件和色粉，载体及显影剂的制造销售维修和服务，经批准用外汇平衡的其他产品出口
4.94	生产和加工塑胶及各类餐垫、杯垫、餐巾、餐巾圈、茶巾、洗碟巾、挂历、厨房隔热手套、煲垫、围裙、胶台布、胶浴帘、喷胶棉、PVC胶布，生产经营彩盒、纸盒等纸制包装制品，增营部分100%外销。
4.94	集装箱设计，制造，销售及租赁业务
4.91	生产牙膏、口腔清洁用品、家庭清洁用品、织物保护产品及有关包装材料和加工生产出口用的促销配售产品，并销售本企业产品
4.90	生产丙烯酸及丙烯酸醋，环氧乙烷，醚等石油化工产品，销售其产品
4.89	生产防雨篷布和塑料再生料
4.89	生产各种食用油脂，油脂化工产品，包装材料及其产品等
4.88	浓缩饲料及饲料添加剂的制造销售，饲养销售家禽种苗，淡水养殖，销售动物种畜。
4.87	海洋捕捞、水产养殖、食品及农副产品的加工销售；海上运输、船舶修造及与本公司有关的加工业。
4.86	中周线圈，天线线圈，线圈组合等产品
4.85	饲养父母代种鸡和商品肉鸡，卵孵化肉鸡及家禽产品；屠宰加工肉鸡及分割产品，熟食制品；加工生产饲料及添加剂；提供与上述有关的设备开发和技术服务；销售自产产品

1995—1996年中国最大500家外商投资企业名录

编号	企业名称	外方名称
298	深圳金威啤酒有限公司	香港粤海投资有限公司
299	白天鹅宾馆	香港维昌发展有限公司
300	广州浪奇宝洁有限公司	香港P&G和记黄埔有限公司
301	张家港普坤毛纺织染有限公司	台湾普坤企业有限公司
302	武进大众钢铁有限公司	新加坡大众钢铁有限公司
303	本溪北龙烧结有限公司	香港英龙(中国)工业有限公司
304	杭州中萃食品有限公司	中萃发展有限公司
305	广州荣诚鞋业有限公司	永京投资有限公司
306	上海远东集装箱有限公司	香港海领有限公司
307	金铃电器有限公司	和记电业(环球)有限公司
308	通用电气嘉宝照明有限公司	通用电气照明部
309	兰州黄河啤酒有限公司	香港华闽财务有限公司
310	江阴苏龙发电有限公司	雄亚投资有限公司
311	桂林南方橡胶国际有限公司	香港毅盛置业有限公司
312	北京.松下电子部品有限公司	松下电器产业株式会社
313	宝吉工艺品(深圳)有限公司	
314	厦门台和电子有限公司	洪敏雄
315	河南莲花味之素有限公司	日本味之素株式会社
316	北京可口可乐饮料有限公司	嘉里饮料(北京)有限公司
317	上海通惠—开利空调设备有限公司	美国开利中国有限公司
318	常州东方鑫源铜业有限公司	东方鑫源实业投资有限公司
319	广西黑五类食品有限公司	美国迈达国际股份有限公司
320	深圳王利电机有限公司	西门子股份有限公司
321	江苏富士通通信技术有限公司	富士通株式会社
322	上海海欣股份有限公司	香港申海有限公司/香港福欣实业有限公司
323	箭牌口香糖有限公司	美国箭牌口香糖有限公司

销售额（亿元）	经营范围
4.84	生产各种啤酒、饮料及其副产品（二氧化碳、酒精），生产各种啤酒用的主要原料、辅料以及有关生产设备、包装、容器、包装材料等，在深圳市设立经销门市部。
4.78	旅馆业、卡拉OK厅，迪士科舞厅、酒吧、咖啡室、音乐茶座、国际会议厅、商场（零售、小量批发），健身房，桑拿浴室美容中心，小汽车服务（二百辆车），汽车维修，车辆保管业务
4.77	生产销售洗衣粉和其他洗洁用品，日用洗涤用品类化工原料并生产公司自用的有关原料和包装物料
4.74	纺织品，服装
4.73	生产销售钢坯，钢材，建筑用钢网，钢绳
4.72	烧结砖
4.69	生产销售各种软性饮料，果汁
4.69	生产销售加工各种鞋类，鞋类半成品及有关制品
4.69	集装箱制造，修理，销售及租赁业务；钢结构，金属器具，绝缘板的制造，安装及来料加工和船舶航修业务
4.69	生产销售洗衣机，空调机及其零部件
4.68	生产销售照明电器产品及部件
4.68	啤酒及非酒精饮料的生产和销售
4.67	发电
4.65	研制、设计、开发、生产经营系列工程机械轮胎、载重汽车轮胎、农用轮胎、轿车轮胎，产品远销全国各地及亚非拉国家和地区。
4.65	主要生产电视机用调谐器，遥控器，录像机用调制器组件，手提式计算机键盘，移动电话用手机扬声器
4.65	生产经营塑料圣诞树，圣诞工艺品，塑料及五金制品，包装纸箱（自产品用），家用小电器，玻璃工艺品，PVC板，膜，片及制品
4.61	生产各种家用变压器镇流器整流器扬声器、电源、供应器、音响、精密马达、电容器和显示器、充电器、线性滤波器、手提电话机之充电器座、电池、电池包、电话机各种灯具相关模具及上述产品的相关零配件生产
4.61	生产销售谷氨酸，谷氨酸钠等
4.61	配制，包装饮料；在国内外销售自产产品
4.60	采暖，通风，空调设备及其系统（包括零部件和配套件）的制造，销售，采购，维修，安装，项目承包
4.60	生产销售电解铜，铜线材及其副产品的加工
4.59	食品的加工和销售
4.58	生产经营各种继电器及其零配件，注塑成型，模具制造，电气组装件及继电器专用设备
4.57	数字局用交换机及相关的通信技术，产品的开发，生产销售及售后服务
4.57	人造毛皮
4.56	产销本企业生产的口香糖

1995—1996年中国最大500家外商投资企业名录

编号	企业名称	外方名称
324	重庆奥妮化妆品有限公司	新成丰贸易公司
325	深圳日宝来福磁性健康用品有限公司	JAPAN LIFE PACIFIC LIMITED
326	荣成国泰轮胎有限公司	新加坡国泰(私人)有限公司
327	深圳天虹商场有限公司	香港五龙贸易有限公司
328	上海建设路桥机械设备有限公司	路桥(香港)有限公司
329	大连华能—小野田水泥有限公司	秩文小野田株式会社
330	惠丰电子(惠州)有限公司	香港长城电子集团有限公司
331	广州生力啤酒有限公司	香港生力啤酒(广东)有限公司
332	依利安达(广州)电子有限公司	依利安达黄埔(新加坡)私人有限公司
333	珠江摩托车工业有限公司	天趣实业(澳门)有限公司
334	开平中晖复合纤维母粒有限公司	苏山多集团有限公司
335	上海派克电气有限公司	派克电气中国有限公司
336	廊坊华美粮油食品有限公司	港佳实业有限公司
337	牧田(中国)有限公司	牧田有限公司
338	宁波东海油脂有限公司	新加坡捷成丰贸易私人有限公司
339	江苏双良特灵溴化锂制冷机有限公司	美国标准空调产品公司
340	崇利制钢有限公司	香港嵘高贸易有限公司
341	3M中国有限公司	美国明尼苏达矿业制造公司
342	广夏(银川)实业股份有限公司	香港中昌国际有限公司/美国金河实业有限公司
343	镇泰(广州)有限公司	香港镇泰(中国)有限公司
344	广州市珠江水泥厂	香港越秀企业集团
345	深圳市南山热电股份有限公司	香港南海洋行(国际)有限公司
346	威海威东航运有限公司	韩国油公海运株式会社
347	中讯电子(昆山)有限公司	新加坡鹰讯科技股份有限公司
348	苏州金猫水泥有限公司	东方茂邦水泥私人有限公司
349	番禺世门手袋有限公司	世门有限公司
350	上海JVC电器有限公司	日本胜利株式会社
351	东莞雀巢有限公司	雀巢有限公司
352	无锡长新纺织有限公司	互联斟业(香港)有限公司
353	莆田金匙啤酒有限公司	香港金得发展有限公司

销售额（亿元）	经营范围
4.55	美容化妆品7000吨/年产
4.54	生产经营高级磁性床上用品，磁力治疗仪器等系列产品及家具，各类服装
4.50	生产销售斜胶胎，子午线轮胎
4.50	日用百货、副食品、烟、酒、服装、家用电器的零售、批发业务。
4.50	生产各种破碎设备，冶金和轻纺等设备
4.48	生产水泥及水泥制品
4.48	各式组合音响，收录机成品，半成品及CD唱机，半成品制造
4.47	生产加工啤酒和附属产品及胶箱，瓶盖，承接来料，来牌加工业务，回收生力啤酒包装容器，销售本公司产品
4.46	产销双层及多层集成线路板及相关的电子产品，提供相关的技术服务
4.43	生产和销售自产的摩托车，摩托车发动机及其零配件
4.42	生产经营改性复合纤维母粒及多功能有光聚脂母粒
4.42	生产和销售汽车线束
4.41	加工和销售粮油及副产品
4.41	生产销售电动工具，气动工具及其零部件与相关产品以及产品修理等售后
4.34	动、植物油精炼、加工、包装、储存及运输
4.33	生产销售制冷设备
4.32	生产销售普通钢
4.31	销售生产3M公司产品
4.30	高新技术产业、房地产、天然物产开发、电子技术、计算机。
4.29	生产、加工销售自产的塑料、金属、毛绒玩具和玩具模具。
4.28	生产、销售、加工水泥、水泥熟料及其他水泥制品，提供有关水泥生产的应用技术服务。
4.28	生产经营供电，供热；从事发电厂(站)的建设工程总承包，提供技术咨询及技术服务
4.25	山东省至韩国间海上客货运输
4.24	生产销售信用卡、查证机、印表机、打印机、收银机、电话机动等交易自动化与销售即时系统相关产品的成品、半成品、零件以及产品的售后服务。
4.24	生产和销售水泥
4.23	生产加工销售各种手袋
4.23	生产，加工，组装，销售音频，视频电子以及其他电子电器产品
4.23	生产雀巢速溶咖啡，咖啡伴侣，具有中国特色的急冻食品
4.22	生产，销售纺织产品
4.22	生产BECKS牌优质啤酒，麦芽，各种饮料等

1995—1996年中国最大500家外商投资企业名录

编号	企业名称	外方名称
354	四川嘉里粮油工业有限公司	嘉里粮油(中国)有限公司
355	上海德加拉电器有限公司	新加坡德加拉海外有限公司
356	广东南方镀锌板有限公司	美国金马国际(纽约)有限公司
357	莱州大东服装有限公司	大东工业(有)
358	广东太阳神集团有限公司	中国太阳神集团(香港)有限公司
359	粤海(番禺)石油化工储运开发有限	香港粤海材料有限公司
360	上海日立电动工具有限公司	日立工株式会社
361	杭州蓝孔雀化学纤维(股份)有限公司	香港保兴投资有限公司
362	南京东方化工有限公司	香港钟山公司
363	上海纳铁传动轴有限公司	德GKN汽车公司/德国投资开发有限公司
364	中国江海木业有限公司	维德投资有限公司
365	麦科特集团(惠州)光学机电有限公司	新标志有限公司
366	上海小糸车灯有限公司	日本小糸制作所株式会社
367	华东联合制罐有限公司	百慕大联合投资有限公司
368	广州美特容器有限公司	美特容器(香港)有限公司
369	黄龙食品工业有限公司	香港粤海发展(集团)有限公司
370	珠海经济开发区红塔仁恒纸业有限公司	香港仁恒集团实业有限公司
371	杭州旺旺食品有限公司	旺旺控股有限公司
372	上海民乐啤酒饮料有限公司	新酿投资有限公司
373	静安希尔顿饭店	
374	上海贝岭微电子制造有限公司	上海贝尔电话设备制造有限公司
375	珠海永嘉光学工业有限公司	宝源基业有限公司
376	广州百事可乐饮料有限公司	百事融资有限公司
377	好孩子儿童用品有限公司	中国置业(控股)有限公司
378	河北康欣制药有限公司	香港三威国际有限公司
379	宜兴乐祺纺织印染有限公司	苏港纺织品有限公司
380	北洋集装箱有限公司	海领实业公司
381	文登通信电缆有限公司	美国荣华进出口公司
382	北京京广中心有限公司	香港京广开发有限公司

销售额（亿元）	经　营　范　围
4.20	生产销售各种植物油料、食用油脂，油脂食品、油脂化工产品、粮油食品、饲料原料及各种包装材料和包装制品，从事食用油仓储中转业务。
4.20	生产销售录放像机，电视机，激光影碟机，电脑音响等视听电子产品，办公民用通讯及其他电子电气产品
4.20	年产热镀锌钢板10万吨
4.19	生产销售皮革服装
4.19	生物保健系列产品，生产矿泉水，乳酸奶，食品添加剂，食用香精香料及自产产品的包装物，杏仁汁，柠檬汽水等
4.19	储存加工石油化工产品
4.17	电动工具，5KW直流机，电器等
4.16	粘胶长丝、锦纶长丝、涤纶短纤维、涤纶毛条、涤纶聚脂片、棉浆粕、针纺织品、化纤制品、化学纤维生产设备及配件、化纤原辅料纺化生产工程承包及技术咨询
4.16	生产和销售乙内酰胺及其副产品和后延加工产品，研究和发展新产品
4.16	生产销售各种等速万向传动轴，十字万向节传动轴，十字万向节及相应的镀件与零部件，产品广泛应用于车辆，工程机械，冶金轧钢等
4.10	生产自销种类胶合板，木材制品
4.10	各式光学镜头，车辆后视镜和相机，光学投影仪及其配件等制造
4.10	汽车，摩托车，拖拉机及各种工程车用灯具
4.09	生产销售金属包装制罐产品
4.08	生产经营铝合金罐，易拉盖及其他包装容器
4.08	玉米淀粉、玉米蛋白粉、精制玉米油、颗粒饲料、玉米浆
4.08	生产和销售自产的高档涂布白卡纸，产品40%外销
4.08	生产经营各类食品
4.07	啤酒，含低度酒精的饮料及相关的饮料与产品
4.03	饭店
4.01	大规模集成电路
4.00	生产和销售自产的照相机，望远镜及其零配件，模具，胎具
3.98	生产百事公司系列饮料和本企业牌号饮料(包括碳酸和非碳酸饮料)，并销售本企业产品
3.98	手推车，自行车，童车，童床
3.96	生产销售淀粉，葡萄糖，维生素B12及制剂，精细化工产品
3.95	生产销售印染布，服装，承接印染业务
3.95	生产销售集装箱，集装箱专用车船设备
3.95	生产销售通信电缆
3.95	出租客房，写字间，公寓，经营商场，文娱康乐活动场所，按摩(异性按摩除外)，停车场

1995－1996年中国最大500家外商投资企业名录

编号	企业名称	外方名称
383	花园饭店	
384	肇庆蓝带啤酒高利有限公司	香港高利控股有限公司
385	恩平广联泰纺织企业有限公司	南丰投资有限公司
386	北京正大饲料有限公司	正大饲料有限公司(香港)
387	北京市长城饭店公司	东凯兴国际有限公司/伊沈建设发展有限公司
388	顺德爱德电饭锅制造厂有限公司	全顺(爱德)电器有限公司
389	上海虹桥友谊商城有限公司	香港均联投资有限公司
390	禧玛诺(昆山)自行车零件有限公司	禧玛诺有限公司
391	山西三佳煤化有限公司	英德国际贸易进出口公司
392	武进前杨钢铁有限公司	马来西亚东方南达有限公司
393	黑龙江正大实业有限公司	正大上海有限公司
394	四会金宝利橡胶鞋厂	香港金宝利国际贸易公司
395	上海三荣电器有限公司	SANEI 电机株式会社
396	丹东饭山显示器有限公司	饭山电机株式会社
397	广州亚美聚酯有限公司	日本丸红株式会社
398	百威(武汉)国际啤酒有限公司	安海斯－布希国际控股公司
399	华新利乐(佛山)包装有限公司	BALDURION B. V. CO. LTD.
400	广州欣昌鞋业有限公司	台湾金昌工业股份有限公司
401	广州陆仕水产企业有限公司	陆仕(维京)投资股份有限公司
402	利华(宁波)羊毛工业股份有限公司	利华羊毛工业股份有限公司(台北)香港杰瑞投资有限公司
403	北京广东健力宝饮料有限公司	香港辉远投资有限公司
404	北京松下通信设备有限公司	日本松下电器产业株会会社/日本松下通信工业株式会社
405	王府饭店有限公司	香港熊谷金龙有限公司
406	深圳中冠纺织印染股份有限公司	香港邹星炳
407	健力宝北海有限公司	健力宝集团(香港)有限公司
408	厦门华美卷烟有限公司	美国雷诺士.纳贝斯高(中国)有限公司
409	正大康地－汕头有限公司	康地正大国际集团有限公司
410	济南卢堡啤酒有限公司	卢保中国投资有限公司
411	利民(番禺南沙)电器发展有限公司	香港利民实业有限公司
412	大连日清制油有限公司	日清制油株式会社

销售额（亿元）	经营范围
3.94	饭店
3.94	生产蓝带啤酒
3.93	生产棉纱，混纺纱，色纱，色布，针织物及配套气流纺牛仔布，成衣，火力发电
3.93	生产配合饲料，浓缩饲料，添加剂及其他饲料，兼营生产种禽种畜及实验场，销售自产产品
3.92	出租客房，会议室，提供餐饮娱乐，健身及美容服务，经营零售商品部，舞厅，自行车租赁及三轮车服务，对外洗衣，代客冲洗彩色胶卷服务
3.90	电饭锅系列产品
3.90	百货零售，餐饮，娱乐，供应烟酒，中西成药，金银首饰，新旧工艺品
3.90	生产销售自行车零部件，钓鱼具和冷锻产品
3.90	生产销售冶金焦，铸焦及副产品的加工
3.90	生产销售钢材
3.89	生产销售饲料及饲料添加剂，畜禽饲养，屠宰加工，大豆色拉油，豆箔及相关产品
3.89	各类高档男女庄鞋
3.88	生产加工及销售检测仪器和不涉及许可证管理范围的办公和家用电器堆部件，电子计算器以及售后服务
3.86	生产销售彩色显示器和彩色电视机
3.84	生产和经营可在国内外市场销售的聚酯系列产品
3.84	啤酒、麦芽饮料及相关产品的制造和销售
3.84	生产经营利乐包装材料，印制商标；承接利乐包装机械维修服务
3.84	生产加工销售各类鞋制品及半成品
3.83	冷冻烤鳗、水产饲料、水产养殖，兰苗组培
3.83	毛条、炭化毛、洗净毛、羊毛脂、毛纱及毛纺制品制造、加工
3.82	生产健力宝饮料，销售自产产品
3.81	设计，生产，销售无线电寻呼机，移动电话机和有线电话产品及其零部件产品；自产产品的维修，技术咨询，技术培训；销售自产产品
3.80	客房，餐厅，商场，文娱康乐设施，写字间，停车场，画廊，为客人提供旅游，订票等零星服务
3.80	生产经营纺织工业品及所需的原材、辅料机械设备，并提供相关的服务。
3.80	生产销售健力宝系列饮料；生产销售铝制易拉罐，盖
3.80	烟叶加工卷烟制造和包装，过滤嘴的制造质量控制，发展和实施业务推广销售及其他服务
3.79	兴建和经营饲料厂，生产禽畜资料
3.78	生产销售啤酒
3.77	生产销售各种家用电器
3.76	以植物油料为原料生产食用油脂、粕及深加工产品、综合利用各种产品、承接国内外来料加工利用自建专用码头为用户中转

1995—1996 年中国最大 500 家外商投资企业名录

编号	企业名称	外方名称
413	双喜轮胎工业股份有限公司	香港中策投资有限公司
414	大连中集集装箱制造有限公司	中集控投有限公司
415	东芝复印机(深圳)有限公司	株式会社东芝
416	唐山银丰钢铁有限公司	中银集团投资有限公司
417	四会国宝皮革工业有限公司	香港尚风实业有限公司
418	南通东星皮革有限公司	株式会社东星
419	深圳威诚电器有限公司	
420	星辉电子制造(番禺)有限公司	香港升冈制造有限公司
421	宝源(新会)光学有限公司	香港宝源基业有限公司
422	顺德市顺安达集装箱制造有限公司	顺安达集装箱制造厂(香港)有限公司
423	广州麦芽有限公司	永顺泰发展有限公司
424	吉林林宝铁合金有限公司	香港宝佳投资有限公司
425	诸城兴贸玉米开发有限公司	香港港兴实业有限公司
426	信佳电子(深圳)有限公司	信佳电子有限公司
427	吉林正大有限公司	香港正大吉林有限公司
428	马华隆(潮阳)纺织有限公司	马华隆有限公司
429	雅宝皮塑五金(深圳)有限公司	东雅集团有限公司
430	广州市广荣鞋业有限公司	亚荣鞋业有限公司
431	宁波一捷制衣有限公司	捷克 PM 国际贸易有限公司
432	捷德纺织(深圳)有限公司	捷德布厂有限公司
433	无锡庆丰纺织有限公司	德信行有限公司
434	捷安特(中国)有限公司	高武投资有限公司
435	上海旁氏有限公司	联合利华(中国)有限公司
436	北京麦当劳食品有限公司	麦当劳公司
437	烟台鹏晖铜业有限公司	金晖(香港)有限公司
438	珠海经济特区飞利浦家庭电器有限公司	飞利浦电子东南亚控股有限公司
439	赣新电视有限公司	香港新利创业有限公司
440	深圳山田电器有限公司	山田电器工业株式会社
441	青岛现代集装箱有限公司	韩国现代精工株式会社

销售额(亿元)	经营范围
3.76	生产销售各种斜交轮胎
3.76	生产,维修集装箱及集装箱运输
3.75	生产经营商业用机械,电子产品及其零部件(不含现行各项许可证管理的产品).产品80%外销
3.75	生产销售铁,钢锭及普通材质,低合金材质钢材
3.74	各类男女庄鞋
3.74	生产销售牛,羊皮革及其制品
3.74	电风扇,热风机,加湿器
3.72	生产加工销售收录机,电话等
3.72	照相机及望远镜
3.72	20—40英尺标准装箱系列产品,工程车及垃圾车箱,挂车,产品内外销售
3.71	生产和经营浅色麦芽,其他特种麦牙和麦牙深加工产品及饲料
3.71	生产铁合金产品,开发铁合金生产技术,设备及矿产产品
3.71	生产销售玉米淀粉
3.70	液晶电视机,电话机,打印机芯板,复印机芯板
3.69	生产经营畜禽全价配合饲料,预混饲料成品及半成品;饲养种鸡商品鸡;生产鸡蛋/鸡苗/鸡肉产品
3.69	生产各式化纤针织成品布及胚布染整
3.68	生产各种皮鞋,皮手袋及塑料,五金制品
3.67	制造、加工、销镶高中档皮鞋、运动鞋及其他鞋类,鞋用材料和鞋用零部件。
3.67	生产和销售各种款式服装及针织服装
3.66	纺织,印染色纱色布(不含许可证管理的产品)
3.65	生产销售棉纱,棉线,棉布,棉与麻,丝化纤的混纺织物及色布和纺织辅料
3.64	生产销售自行车、助动自行车、割草机、割草机引擎,电动车用蓄电池,自行车用仪表,自行车车锁,自行车置物蓝,自行车用工具,自行车相关塑料制品,橡胶制品,自行车用照明器具、金属家具、体育用品、运动服装、运动袜、运动帽。
3.64	润肤霜,润肤蜜及其他日用化学品
3.63	经营麦当劳餐馆及麦当劳食品和饮料,并销售麦当劳纪念品.
3.62	生产销售电解铜等
3.61	电须刨,电吹风及电熨斗
3.61	生产销售彩电、黑白电视机和数字影碟机等电子产品。
3.61	生产经营电烫斗,充电手电筒,空气清新机,烤面包炉,咖啡炉,碎肉机,开罐机,按摩器,过滤器,微波炉,炊风机,卷发器,脱毛机,指甲机
3.61	集装箱制造

1995—1996年中国最大500家外商投资企业名录

编号	企业名称	外方名称
442	正大青春宝药业有限公司	香港健康产品有限公司
443	广州华凌空调设备有限公司	香港华凌科技有限公司
444	江苏三友集团	日本三轮株式会社
445	上海瑞侃电缆附件有限公司	RAYCHEM CORPORATION
446	北京恒通食品有限公司	法国食品工业(香港)有限公司
447	上海星特浩企业有限公司	星特浩(香港)发展有限公司
448	大连进道集装箱有限公司	韩国(株)进道
449	沈阳华润三洋压缩机有限公司	香港华润(集团)有限公司
450	广西崇左东亚糖业有限公司	香港东亚置业有限公司
451	联合饼干(中国)有限公司	阿巴甸发展有限公司
452	珠海醋酸纤维有限公司	美国赫司特.塞拉尼斯公司
453	加西贝拉压缩机有限公司	美国 CTC 公司
454	保利得电脑五金(深圳)有限公司	保利得企业有限公司
455	海南饮料食品有限公司	美国可口可乐亚洲控股有限公司
456	索尼精密部件(惠州)有限公司	索尼公司
457	金龙开达电器有限公司	香港开达实业有限公司
458	主力电器制品(深圳)有限公司	香港主力电器制品厂有限公司
459	中山市隆成日用制品有限公司	隆成中国有限公司
460	陕西伟捷制衣印染有限公司	兰鸟国际有限公司
461	海南嘉泰摩托车有限公司	渝泰贸易有限公司
462	河南东裕路电器工业有限公司	泰国东裕工业股份有限公司
463	南通华洋液化气港口有限公司	香港华达化工有限公司
464	牡丹江康佳实业有限公司	香港港华电子集团有限公司
465	开平依利安达电子有限公司	依利安达开平(新加坡)私人有限公司
466	东莞田氏化工厂有限公司	香港田氏化工厂有限公司
467	福建马尾联合水产饲料有限公司	香港峰立有限公司
468	珠海市仲幸电子有限公司	香港促幸电子有限公司
469	番禺祈福新村房地产有限公司	中国创业公司

销售额（亿元）	经　营　范　围
3.60	中成药，中药饮片、化学药品制剂，化学原料药、糖果、饼干、罐头，保健饮料，滋补品，化妆品，制药设备制造
3.59	生产销售各式空调机
3.59	生产销售服装
3.59	生产销售电缆附件，热缩复合产品及专用工具，自控伴热电缆，感应电缆，过流保护器，管道保护和连接产品等，促销瑞侃公司的其他产品
3.59	生产面粉，食品，饲料及添加剂，各种粮油食品机械及相关电控设备，销售自产产品
3.58	生产及销售交直流电动工具
3.58	集装箱及相关制品
3.57	生产销售旋转式压缩机
3.56	生产销售糖及其附产品
3.56	生产经营各种饼干和营养食品，销售自产产品
3.54	生产和销售烟用酸纤维丝束
3.54	生产及销售压缩机(冰箱，冷柜用)
3.54	生产加工各种电脑外壳，电脑维装件，电子零配件，汽车零件，五金零件，塑胶零配件，在上海市设立分支机构
3.54	生产销售具有地方样色的饮料，食品，代加工用中国粮油仪器进出口总公司的商标生产的产品，用可口可乐商标生产(配制)，包装，分销(出销)可口可乐，芬达，雪碧饮料
3.53	生产经营 CD 光头等精密电子堆部件及其微电机，MD 机芯
3.53	电风扇，空调器，微电机
3.51	生产经营罐头机，打蛋机，切肉机，风筒，榨汁机等家庭厨房电器用品
3.51	生产各类手提代，旅行袋(箱)童车，钢家具，婴儿寝用具及玩具等产品
3.50	生产服装及辅料，加工棉纺织品，印染花布，销售自产产品
3.49	生产销售嘉陵牌摩托车及售后服务工作
3.49	生产销售圣诞用品(礼品灯)，小家电(空气加湿器，电风扇，电器开关，灯具)，皮革
3.47	从事以石油液化气为主的液化气体，液体化学品的接港，储存，中转，灌装，分拨及石油液化气的加工销售业务，自用港口码头的建设
3.47	生产经营家用电器，电子器件和基础类资类电子产品，及相关的塑料制品，模具电子医疗器械，建筑装饰材料，房地产开发
3.47	生产经营线路板系列产品
3.46	生产 PVC 薄膜及人造革产品
3.46	生产鳗鲡、对是配合饲料及其他水产畜牧饲料和添加剂鳗鲡、对是养殖以及水产品的深加工。(出口不含配额许可证管理品种)
3.45	遥控器，电话机，电子玩具，音机机器，针车成品并附件
3.43	开发土地 120 亩，对屋村进行管理

1995－1996 年中国最大 500 家外商投资企业名录

编号	企业名称	外方名称
470	福建漳平发电有限公司	香港福联电力投资有限公司
471	天津新宝天洋家电有限公司	台湾声宝股份有限公司
472	南昌洪城大厦实业有限公司	恒茂集团有限公司
473	上海国际油漆有限公司	考陶尔兹涂料控股有限公司
474	顺德松下精工有限公司	松下电器产业株式会社
475	奇胜电器(惠州)工业有限公司	惠山电器工业有限公司
476	山东尽美食品有限公司	日本山宏实业(株)
477	江西华丽美莎纺织品有限公司	香港东利贸易公司
478	南通远洋船务工程有限公司	川崎重工业株式会社
479	天津梅兰日兰有限公司	施耐德电气(中国)投资有限公司
480	中山国际玩具有限公司	澳门国际玩具有限公司
481	上海商城－波特曼香格里拉酒店	
482	上海实业交通电器有限公司	香港上海实业(集团)有限公司
483	天津长城(集团)有限公司	香港港华电子集团有限公司
484	深圳世界之窗有限公司	香港中旅国际投资有限公司
485	广东浮法玻璃有限公司	美国 PPG 国际工业公司
486	北京熊猫宝洁洗涤用品有限公司	宝洁公司
487	厦门宏泰发展有限公司	香港鑫港实业有限公司
488	广西驮卢东亚糖业有限公司	香港东亚置业有限公司
489	浙江小龙纺织服装有限公司	香港富春有限公司
490	海虹老人牌涂料(深圳)有限公司	海虹老的牌涂料有限公司
491	哈尔滨啤酒有限公司	香港新中港集团公司
492	中山隆顺日用制品有限公司	隆成中国有限公司
493	广东澳联玻璃有限公司	香港 ACI 广东投资有限公司
494	沈阳三洋空调有限公司	日本国三洋电机(株)
495	包头鹿金羊绒制品有限公司	香港达亚能源有限公司
496	江苏春兰动力制造有限公司	香港正大投资有限公司
497	广州番禺兴泰鞋业有限公司	索玛有限公司
498	大连可口可乐饮料有限公司	KENY BEVERAGE (DALIAN) CO., LTD.
499	广州万邦鞋业有限公司	沙必利有限公司
500	天津富士达摩托车有限公司	香港新荣电子有限公司

销售额（亿元）	经营范围
3.43	建设和经营福建漳平发电二厂，生产和销售电力
3.42	生产销售洗衣机产品及其家用电器产品和配套及售后服务
3.42	商场，宾馆，酒家，娱乐中心，服务加工
3.41	船舶漆，重防腐涂料
3.41	各类型吊扇，电风扇，水冷式风机，抽气扇，抽油烟机，马达，抽气空调及其他家庭电器
3.39	形状，插座，空气开关，漏电开关，配电箱，接触器
3.39	生产销售肉食品
3.39	生产经营和销售文化衫布、针织布、梭织布、尼龙布等纺织品及其不受配额限制的针织内衣、服装
3.38	修理各类中外船舶，制造销售各类船舶，生产销售陆用及船用金属结构件及船舶配件
3.37	生产销售空气断路器及零部件，装配开关箱并提供上述产品的售后服务
3.37	生产经营各种塑料玩具，塑料电子玩具，电子玩具线路板，布线玩具，合金玩具，注塑模具
3.37	饭店
3.36	电动门窗升降器，集控门锁，电喇叭，闪光器，继电器，刮水器，调整器
3.35	电视机、音响、办公自动化产品、空调、音响、通讯、影视电子产品
3.35	从事华侨城世界名胜微缩景区及其配套设施的建设与经营
3.34	生产销售透明玻璃，着色玻璃，反射玻璃及其他品种的玻璃
3.34	生产洗衣粉及其他洗涤用品；销售自产产品
3.33	生产制造电子仪器、通讯设备及其零配件、电子钟收音机电子玩具及配件音响卡式录音机及其零配件，注塑产品及塑胶五金制品
3.32	生产销售糖及其附产品
3.32	人造丝织品及化纤丝织品制造和染色整理、涂屋布、服装制造，真丝。
3.32	生产经营船舶油漆，集装箱油漆，重工业用漆及自产产品的相应工程服务
3.32	生产销售啤酒
3.29	主要经营童床，童车
3.29	生产销售各类玻璃容器、器皿、模具和砂石的玻璃材料，及提供生产玻璃容器和玻璃器皿制品的技术服务
3.29	生产空调器
3.29	生产销售无毛绒，羊绒纱，丝绒混纺纱，羊毛纱及其他羊绒系列产品
3.28	生产销售摩托车发动机及空调制冷压缩机产品
3.28	生产销售各式鞋类
3.28	生产饮料食品及相关的包装制品服务、利用本企业技术和设备进行服务业务。
3.28	生产销售各种鞋类产品，鞋类半成品
3.27	自行车，摩托车生产制造

1997年中国对外承包工程和劳务合作合同额分国家(地区)总值

金额单位:万美元

国家(地区)	合　　计	承包工程	劳务合作	设计咨询
合　计	1,135,634	851,646	254,905	29,083
亚　洲	677,616	505,824	166,760	5,032
香港	228,039	198,301	29,480	258
澳门	29,419	18,904	10,374	141
台湾省	11,033	51	10,980	2
朝鲜	418	0	68	350
越南	25,039	22,671	2,210	158
老挝	3,779	3,285	486	8
柬埔寨	2,274	386	1,766	122
蒙古	2,187	1,254	933	0
日本	29,151	1,426	27,128	597
菲律宾	7,921	7,614	304	3
缅甸	16,900	15,847	924	129
泰国	23,399	20,973	1,803	623
马来西亚	30,451	27,246	3,050	155
新加坡	109,508	66,430	42,962	116
印度尼西亚	4,940	2,098	2,660	182
巴基斯坦	24,672	23,072	1,536	64
孟加拉国	7,645	6,752	854	39
印度	4,259	4,003	28	228
尼泊尔	8,778	8,635	14	129
斯里兰卡	10,258	10,101	148	9
马尔代夫	428	0	428	0
伊朗	27,575	26,790	9	776
土耳其	671	18	608	45
塞浦路斯	69	0	69	0
叙利亚	18,743	18,490	53	200
黎巴嫩	70	18	52	0
约旦	438	435	3	0
巴勒斯坦	39	0	37	2
也门共和国	3,729	3,726	1	2
沙特阿拉伯	8,445	8,376	69	0

1997年中国对外承包工程和劳务合作合同额分国家(地区)总值

金额单位:万美元

国家(地区)	合　计	承包工程	劳务合作	设计咨询
科威特	9,614	5,290	3,708	616
巴林	3	0	3	0
卡塔尔	271	239	32	0
阿拉伯联合酋长国	4,493	2,278	2,215	0
阿曼	49	3	23	23
韩国	16,639	536	16,048	55
以色列	6,270	576	5,694	0
非　洲	**173,272**	**156,324**	**16,123**	**825**
埃及	300	263	37	0
苏丹	53,025	52,860	165	0
利比亚	84	0	84	0
突尼斯	525	521	4	0
阿尔及利亚	12,979	12,222	605	152
摩洛哥	2,762	9	2,750	3
毛里塔尼亚	6,178	2,648	3,509	21
塞内加尔	2,744	2,744	0	0
冈比亚	78	78	0	0
几内亚比绍	1,995	1,995	0	0
马里	9,460	9,428	32	0
几内亚	1,632	1,560	69	3
加纳	1,125	370	586	169
科特迪瓦	5,175	5,163	4	8
布基纳法索	2	0	2	0
贝宁	470	396	68	6
尼日尔	280	247	23	10
利比里亚	151	9	134	8
塞拉利昂	941	937	3	1
多哥	2,503	2,455	29	19
尼日利亚	2,957	2,141	731	85
喀麦隆	842	805	15	22
赤道几内亚	3,487	3,375	74	38
乍得	171	136	35	0

1997年中国对外承包工程和劳务合作合同额分国家(地区)总值

金额单位:万美元

国家(地区)	合计	承包工程	劳务合作	设计咨询
加蓬	3,977	3,454	505	18
刚果	224	200	17	7
扎伊尔	650	647	0	3
佛得角	11	0	0	11
圣多美和普林西比	17	17	0	0
布隆迪	92	60	32	0
卢旺达	686	283	403	0
埃塞俄比亚	3,811	3,788	20	3
吉布提	340	303	27	10
肯尼亚	10,824	10,684	103	37
乌干达	1,100	1,043	57	0
坦桑尼亚	3,570	3,532	34	4
塞舌尔	3,224	3,030	190	4
毛里求斯	3,377	265	3,111	1
科摩罗	1,814	1,812	0	2
马达加斯加	3,022	1,385	1,637	0
安哥拉	58	35	1	22
莫桑比克	643	623	0	20
赞比亚	351	261	88	2
马拉维	1	0	1	0
津巴布韦	10,915	10,872	43	0
斯威士兰	248	0	248	0
博茨瓦纳	7,607	7,539	68	0
莱索托	890	792	98	0
南非	2,993	2,498	472	23
纳米比亚	2,861	2,839	9	13
厄立特里亚	100	0	0	100
欧　洲	**42,691**	**21,420**	**19,045**	**2,226**
波兰	804	789	15	0
匈牙利	329	3	326	0
捷克斯洛伐克	34	0	34	0
保加利亚	101	0	101	0

1997年中国对外承包工程和劳务合作合同额分国家(地区)总值

金额单位:万美元

国家(地区)	合 计	承包工程	劳务合作	设计咨询
阿尔巴尼亚	20	0	20	0
罗马尼亚	848	80	768	0
德国	2,129	442	1,360	327
南斯拉夫	3,342	1,900	144	1298
法国	203	3	200	0
意大利	2,353	1,897	87	369
荷兰	924	740	114	70
比利时	25	0	25	0
卢森堡	1	0	1	0
英国	2,549	250	2,277	22
爱尔兰	2	0	2	0
丹麦	176	88	55	33
芬兰	38	0	2	36
瑞典	65	0	65	0
挪威	433	0	433	0
瑞士	105	1	63	41
奥地利	126	63	61	2
希腊	27	0	27	0
马耳他	62	5	57	0
西班牙	100	0	100	0
葡萄牙	23	0	23	0
圣马力诺	100	0	100	0
俄罗斯联邦	20,573	9,102	11,443	28
乌克兰	1,714	1,505	209	0
白俄罗斯	14	0	14	0
乌兹别克斯坦	108	0	108	0
哈萨克斯坦	360	165	195	0
摩尔多瓦	149	0	149	0
吉尔吉斯斯坦	48	0	48	0

1997年中国对外承包工程和劳务合作合同额分国家(地区)总值

金额单位:万美元

国家(地区)	合计	承包工程	劳务合作	设计咨询
塔吉克斯坦	242	29	213	0
土库曼斯坦	3,800	3,800	0	0
立陶宛	6	0	6	0
拉脱维亚共和国	558	558	0	0
阿塞拜疆共和国	200	0	200	0
拉丁美洲	**18,429**	**15,037**	**3,352**	**40**
墨西哥	953	0	953	0
洪都拉斯	4	0	4	0
萨尔瓦多	101	0	101	0
尼加拉瓜	234	0	234	0
巴拿马	104	22	82	0
古巴	695	646	47	2
牙买加	375	0	375	0
特立尼达和多巴哥	295	295	0	0
巴巴多斯	826	803	23	0
委内瑞拉	3,500	3,500	0	0
哥伦比亚	19	19	0	0
圭亚那	297	128	165	4
巴西	51	47	4	0
厄瓜多尔	550	533	16	1
秘鲁	270	170	100	0
玻利维亚	878	454	420	4
巴拉圭	51	0	51	0
阿根廷	614	0	614	0
巴哈马	4	0	4	0
英属维尔京群岛	17	0	17	0
安提瓜	2,808	2,800	0	8

1997年中国对外承包工程和劳务合作合同额分国家(地区)总值

金额单位:万美元

国家(地区)	合计	承包工程	劳务合作	设计咨询
圣卢西亚	25	7	18	0
苏里南	5,758	5,613	124	21
北美洲	**28,069**	**9,573**	**18,151**	**345**
加拿大	323	41	269	13
美国	27,746	9,532	17,882	332
大洋洲及太平洋岛屿	**16,805**	**12,101**	**4,661**	**43**
澳大利亚	4,373	3,912	443	18
新西兰	1,209	1,202	7	0
西萨摩亚	158	11	147	0
汤加	3	0	3	0
斐济	655	138	517	0
巴布亚新几内亚	3,110	2,472	628	10
基里巴斯	10	10	0	0
所罗门群岛	117	0	117	0
法属波利尼西亚	66	0	66	0
马绍尔群岛	878	852	26	0
密克罗尼西亚	5,192	2,904	2,273	15
其他太平洋岛屿	424	0	424	0
贝劳	610	600	10	0
其他小计	**178,752**	**131,367**	**26,813**	**20,572**
其　他	**19,660**	**12,210**	**7,391**	**59**
国境内	**159,092**	**119,157**	**19,422**	**20,513**

1997年中国对外承包工程和劳务合作营业额分国家(地区)总值

金额单位:万美元

国家(地区)	合　计	承包工程	劳务合作	设计咨询
合　计	838,312	603,618	216,542	18152
亚　洲	515,926	382,355	130,565	3,006
香港	178,717	153,617	24,900	200
澳门	27,539	17,215	10,268	56
台湾省	9,647	868	8,652	127
朝鲜	61	8	53	0
越南	9,930	8,942	931	57
老挝	4,921	4,633	280	8
柬埔寨	1,515	604	817	94
蒙古	1,646	1,401	245	0
日本	21,091	1,623	18,493	975
菲律宾	12,069	11,744	322	3
缅甸	11,367	11,182	168	17
泰国	11,802	10,652	1,059	91
马来西亚	26,053	24,296	1,734	23
新加坡	84,292	48,018	36,245	29
文莱	663	530	133	0
印度尼西亚	4,233	2,254	1,848	131
巴基斯坦	36,132	35,426	445	261
孟加拉国	10,185	9,810	366	9
印度	1,879	1,768	25	86
尼泊尔	6,419	6,366	19	34
斯里兰卡	2,534	2,438	85	11
马尔代夫	195	10	185	0
伊朗	13,173	12,824	5	344
土耳其	179	52	125	2
塞浦路斯	93	0	93	0
叙利亚	351	209	42	100
黎巴嫩	45	0	45	0
约旦	7	1	3	3
巴勒斯坦	94	54	38	2
也门共和国	5,191	5,152	37	2

1997年中国对外承包工程和劳务合作营业额分国家(地区)总值

金额单位:万美元

国家(地区)	合　计	承包工程	劳务合作	设计咨询
沙特阿拉伯	57	50	7	0
科威特	9,569	8,346	957	266
巴林	204	201	3	0
卡塔尔	213	188	25	0
阿拉伯联合酋长国	2,416	1,458	954	4
阿曼	80	3	54	23
韩国	16,573	219	16,306	48
以色列	4,791	193	4,598	0
非　洲	**113,839**	**95,000**	**18,137**	**702**
埃及	278	256	22	0
苏丹	6,727	6,533	194	0
利比亚	1,102	188	914	0
突尼斯	1,560	1,554	5	1
阿尔及利亚	3,737	3,503	231	3
摩洛哥	2,692	87	2,602	3
毛里塔尼亚	5,414	1,742	3,669	3
塞内加尔	2,857	2,854	2	1
冈比亚	76	76	0	0
几内亚比绍	1,861	1,861	0	0
马里	8,848	8,759	76	13
几内亚	1,316	1,271	42	3
加纳	1,830	1,337	482	11
科特迪瓦	3,959	3,878	63	18
布基纳法索	331	329	2	0
贝宁	859	819	31	9
尼日尔	112	101	1	10
利比里亚	50	9	39	2
塞拉利昂	899	891	7	1
多哥	2,084	579	1,504	1
尼日利亚	20,175	18,737	1033	405
喀麦隆	745	689	30	26
赤道几内亚	1,349	1,309	14	26

1997年中国对外承包工程和劳务合作营业额分国家(地区)总值

金额单位:万美元

国家(地区)	合　计	承包工程	劳务合作	设计咨询
乍得	157	115	42	0
加蓬	2,349	2,131	209	9
刚果	356	332	17	7
扎伊尔	576	516	56	4
佛得角	10	0	0	10
圣多美和普林西比	254	253	1	0
布隆迪	11	4	7	0
卢旺达	1,516	1,273	243	0
埃塞俄比亚	421	392	15	14
吉布提	479	459	8	12
肯尼亚	6,630	6,502	103	25
乌干达	1,612	1,406	206	0
坦桑尼亚	2,182	2,094	78	10
塞舌尔	1,412	1,313	95	4
毛里求斯	4,495	433	4,057	5
科摩罗	203	201	0	2
马达加斯加	2,173	1,320	853	0
安哥拉	59	30	27	2
莫桑比克	1,507	1,430	64	13
赞比亚	218	187	29	2
马拉维	1	0	1	0
津巴布韦	7,299	7,294	5	0
斯威士兰	239	0	239	0
博次瓦纳	5,849	5,696	153	0
莱索托	1,905	1,689	210	6
南非	617	331	284	2
纳米比亚	1,889	1,884	1	4
厄立特里亚	559	353	171	35
欧　洲	**21,062**	**8,174**	**12,281**	**607**
波兰	96	63	33	0
匈牙利	176	3	173	0
捷克斯洛伐克	41	0	41	0

1997年中国对外承包工程和劳务合作营业额分国家(地区)总值

金额单位:万美元

国家(地区)	合计	承包工程	劳务合作	设计咨询
保加利亚	132	0	132	0
阿尔巴尼亚	258	252	6	0
罗马尼亚	492	30	462	0
德国	1,689	68	1,382	239
南斯拉夫	129	0	129	0
法国	816	3	813	0
意大利	806	406	142	258
荷兰	1,126	1,009	103	14
比利时	33	0	33	0
卢森堡	49	47	2	0
英国	2,353	283	2,060	10
丹麦	130	100	23	7
芬兰	93	78	4	11
瑞典	209	0	209	0
挪威	65	0	65	0
冰岛	1	0	1	0
瑞士	145	9	95	41
奥地利	320	73	245	2
希腊	224	5	219	0
马耳他	169	49	120	0
西班牙	302	0	302	0
葡萄牙	13	0	13	0
圣马力诺	48	0	48	0
俄罗斯联邦	8,830	3,805	5,000	25
乌克兰	625	523	102	0
哈萨克斯坦	38	0	38	0
摩尔多瓦	17	0	17	0
吉尔吉斯斯坦	37	0	37	0
塔吉克斯坦	466	387	79	0
土库曼斯坦	900	900	0	0

1997年中国对外承包工程和劳务合作营业额分国家(地区)总值

金额单位:万美元

国家(地区)	合 计	承包工程	劳务合作	设计咨询
爱沙尼亚	27	27	0	0
阿塞拜疆共和国	195	54	141	0
格鲁吉亚共和国	11	0	11	0
斯诺文尼亚	1	0	1	0
拉丁美洲	**6,312**	**3,217**	**3,073**	**22**
墨西哥	905	0	905	0
洪都拉斯	27	0	27	0
萨尔瓦多	1	0	1	0
尼加拉瓜	23	0	23	0
巴拿马	130	22	108	0
古巴	344	342	0	2
牙买加	343	0	343	0
特立尼达和多巴哥	4	0	3	1
巴巴多斯	1,107	1,093	13	1
委内瑞拉	604	590	14	0
哥伦比亚	20	19	1	0
圭亚那	316	309	3	4
巴西	49	47	2	0
厄瓜多尔	1,060	386	673	1
秘鲁	127	55	70	2
玻利维亚	383	347	31	5
智利	2	0	2	0
巴拉圭	21	0	21	0
阿根廷	624	0	624	0
乌拉圭	16	0	16	0
巴哈马	4	0	4	0
英属维尔京群岛	10	0	10	0

1997年中国对外承包工程和劳务合作营业额分国家(地区)总值

金额单位:万美元

国家(地区)	合　　计	承包工程	劳务合作	设计咨询
安提瓜	5	0	0	5
多米尼加	1	0	1	0
圣卢西亚	31	7	24	0
圣文森特格	31	0	31	0
伯利兹	24	0	24	0
苏里南	100	0	99	1
北美洲	**24,884**	**5,390**	**19,328**	**166**
加拿大	476	96	380	0
美国	24,408	5,294	18,948	166
大洋洲及太平洋岛屿	**13,513**	**9,211**	**4,262**	**40**
澳大利亚	2,250	1,952	282	16
新西兰	684	620	64	0
西萨摩亚	22	14	8	0
斐济	508	154	350	4
巴布亚新几内亚	5,067	4,531	531	5
基里巴斯	107	100	7	0
所罗门群岛	28	0	28	0
瓦努阿图	197	185	12	0
法属波利尼西亚	3	0	3	0
马绍尔群岛	70	28	42	0
密克罗尼西亚	3,551	1,454	2,082	15
东萨摩亚	402	0	402	0
其他太平洋岛屿	446	0	446	0
贝劳	178	173	5	0
其他小计	**142,776**	**100,271**	**28,896**	**13,609**
其　他	**18,795**	**10,296**	**8,435**	**64**
国境内	**123,981**	**89,975**	**20,461**	**13,545**

1997年中国对外承包工程和劳务合作合同分公司总值

名称	合同数（份）	合同额（万美元）			
		合计	承包工程	劳务合作	设计咨询
合计	28,442	1,135,634	851,646	254,905	29,083
中央合计	4,790	591,203	520,190	54,828	16,185
中国建筑工程总公司	235	202,814	200,840	1,343	631
中国广播电视国际经济技术合作公司	15	505	471	34	0
中国冶金建设总公司	17	13,637	12,194	1,368	75
中国商业对外经济技术合作公司	4	722	217	505	0
中国水产(集团)总公司	11	5,454	5,364	90	0
中国国际技术智力合作公司	1,596	20,255	11	9,798	10,446
中国路桥(集团)总公司	46	25,285	24,752	533	0
中国土木工程集团公司	127	13,655	13,309	346	0
中国港湾建设总公司	40	33,928	32,923	900	105
中国海外工程总公司	138	17,986	17,198	788	0
中国水利电力对外公司	14	10,146	10,146	0	0
中国石化工程建设公司	2	997	977	20	0
中国化学工程公司	12	3,670	3,490	145	35
中国轻工业对外经济技术合作公司	60	1,288	217	1,071	0
中国电子国际经济技术合作公司	27	475	386	89	0
中国地质工程公司	22	7,187	7,187	0	0
中国国际展览工程有限公司	21	137	137	0	0
中国光大国际经济技术合作公司	1	1,300	1,300	0	0
中国航空技术国际工程公司	7	691	523	168	0
中国国际计算机软件工程公司	92	144	0	144	0
中国林业国际合作公司	2	26	0	26	0
中国建材工业对外经济技术合作公司	33	2,243	1,301	942	0
中国万宝工程公司	30	7,720	7,511	209	0
中国交远国际经济技术合作公司	20	901	483	418	0
国华国际工程承包公司	11	2,347	2,000	347	0
中国石油工程建设公司	5	53,878	53,831	47	0
科智国际技术合作公司	30	240	0	240	0
中国四达国际经济技术合作公司	510	1,863	0	1,863	0
中国中原对外工程公司	7	2,285	2,285	0	0

1997年中国对外承包工程和劳务合作合同分公司总值

名称	合同数（份）	合同额（万美元）			
		合计	承包工程	劳务合作	设计咨询
中海国际石油工程有限责任公司	6	569	569	0	0
中国国际工程咨询公司	29	244	0	18	226
中国体育国际经济技术合作公司	8	159	73	78	8
中国海外贸易总公司	25	1,420	0	1,420	0
中国国际企业合作公司	11	92	0	92	0
中国电子系统工程总公司	1	8,100	8,100	0	0
中国铁道建筑总公司	25	11,524	10,878	646	0
中国化工建设总公司	24	10,395	9,897	483	15
五洲工程设计研究院	24	308	0	40	268
中国海外经济合作总公司	6	1,126	1,126	0	0
中国机械设备进出口总公司	15	16,217	16,111	106	0
中国环球化学工程公司	38	7,483	4,877	59	2,547
中国机械对外经济技术合作公司	20	1,806	1,567	239	0
远大国际经济合作有限责任公司	9	198	78	120	0
中国有色金属建设集团公司	6	2,168	2,128	40	0
中国海洋工程服务有限公司	14	1,980	1,578	402	0
中国医疗卫生对外经济合作公司	15	1,473	433	1,028	12
中国纺织工业对外经济技术合作公司	20	18,464	18,433	31	0
中国黄金总公司	1	15	0	15	0
长城国际经济技术合作有限公司	4	248	0	248	0
中化国际工程贸易公司	34	126	66	60	0
中国航空工业规划设计院	12	173	0	8	165
中国通信建设总公司	4	113	93	20	0
中远对外劳务合作公司	384	15,691	0	15,691	0
中国船舶工业贸易公司	4	115	69	46	0
中国成套设备进出口集团总公司	154	19,850	15,720	4,130	0
中国对外建设总公司	11	121	102	19	0
轻工业部规划设计院	5	23	0	6	17
北京有色冶金设计研究总院	5	196	40	1	155
燕兴国际经济技术合作公司	25	12,445	12,000	445	0
北京煤炭设计研究院	3	168	158	0	10

1997年中国对外承包工程和劳务合作合同分公司总值

名　　称	合同数（份）	合同额（万美元）			
		合　计	承包工程	劳务合作	设计咨询
中国技术进出口总公司	3	0	0	0	0
北京钢铁设计研究院	8	567	190	0	377
中国电力技术进出口公司	15	5,794	5,669	125	0
华北电力设计院	6	169	0	3	166
中国海洋航空公司	8	74	0	74	0
中国国际旅行总社集团海外合作公司	3	948	0	948	0
中国京冶建设工程承包公司	3	477	477	0	0
中外园林建设总公司	10	292	286	0	6
中国纺织化纤工程总公司	15	673	0	235	438
建设部建筑设计院	5	11	0	3	8
核工业第二研究设计院	3	36	0	0	36
交通部公路规划设计院	5	28	12	0	16
国内贸易部设计院	4	10	0	0	10
建设部综合勘察研究院	1	120	120	0	0
中国地质勘查技术院	5	113	113	0	0
中国友发国际工程设计咨询公司	84	197	0	0	197
中京工程设计软件技术公司	2	52	0	0	52
中机中电设计研究院	5	264	108	0	156
中国国际人才开发中心	511	1065	0	1065	0
中水远洋渔业有限责任公司	9	11,980	6,530	5,450	0
北京建隆建筑工程联合公司	3	2,974	2,974	0	0
北京市地质矿产勘查开发总公司	5	570	562	0	8
地方合计	23,652	544,431	331,456	200,077	12,898
北京市	107	35,640	21,922	12,265	1,453
中国北京国际经济合作公司	33	2,804	2,608	196	0
北京市建筑工程公司	22	3,843	3,473	370	0
北京市政工程总公司	2	3,152	3,152	0	0
北京市政工程设计研究院	10	886	0	13	873
北京市建筑设计院	5	580	0	0	580
北京住宅开发建设集团总公司	2	5,638	5,638	0	0
北京城建集团总公司	1	1,933	1,933	0	0

1997 年中国对外承包工程和劳务合作合同分公司总值

名　　称	合同数,(份)	合同额(万美元)			
		合　计	承包工程	劳务合作	设计咨询
首钢总公司国际经贸部	3	5,141	5,000	141	0
四通国际经济技术合作公司	20	278	0	278	0
北京市外国企业服务总公司	7	11,267	0	11,267	0
北京城乡建设集团总公司	2	118	118	0	0
天津市	1,237	12,472	4,159	7,170	1,143
中国天津国际经济技术合作公司	750	10,040	3,839	6,201	0
天津立达国际劳务工程公司	355	763	0	763	0
天津建工集团总公司	6	27	0	27	0
天津水泥工业设计研究院	2	17	0	7	10
铁道部第三勘测设计院	12	140	0	53	87
中国天辰化学工程公司	10	468	43	0	425
机械部第五设计研究院	25	186	142	0	44
天津港海员对外服务公司	11	82	0	82	0
天津市政设计研究院	5	443	0	0	443
天津市亿利达集团有限公司	6	8	0	8	0
天津市化工设计院	13	269	135	0	134
天津天航海员技术服务公司	2	20	0	20	0
中国成套天津公司	7	7	0	7	0
天津机械进出口集团有限公司	33	2	0	2	0
河北省	236	5,809	1,518	4,174	117
中国河北国际经济技术合作公司	20	379	293	86	0
石家庄国际经济技术合作公司	29	820	0	820	0
河北省公路桥梁建设公司	12	90	45	30	15
河北建工集团有限责任公司	22	918	0	918	0
核工部第四设计研究院	16	52	0	0	52
唐山国际工程总公司	5	430	0	430	0
中国耀华玻璃(集团)公司	1	5	0	5	0
化工部第一勘察设计院	1	50	0	0	50
中国第二十二冶金建设公司	1	30	30	0	0
张家口对外劳务工程公司	23	554	0	554	0
地矿河北工程勘测公司	7	520	511	9	0

1997 年中国对外承包工程和劳务合作合同分公司总值

名　　称	合同数(份)	合同额(万美元)			
		合　计	承包工程	劳务合作	设计咨询
邢台对外合作公司	16	228	0	228	0
保定国际经济技术合作公司	23	929	0	929	0
承德对外经济合作公司	7	93	0	93	0
唐山对外合作公司	10	72	0	72	0
铁道部建场工程局	43	639	639	0	0
山西省	117	3,859	3,007	824	28
中国山西国际经济技术合作公司	13	664	551	113	0
山西省建筑工程总公司	4	560	0	560	0
太原市国际经济技术合作公司	12	61	0	61	0
太原钢铁(集团)公司	4	148	148	0	0
山西省电力公司	5	415	415	0	0
山西省送变电工程公司	2	1,101	1,101	0	0
山西省公路桥梁工程总公司	3	188	188	0	0
化工部第二设计院	8	199	162	11	26
山西四建集团有限公司	53	382	310	72	0
煤炭部太原设计研究院	5	8	0	7	1
太原重型机器进出口公司	8	133	132	0	1
内蒙古自治区	104	3051	434	2509	108
中国内蒙古国际经济技术合作公司	11	507	0	507	0
冶金部包头钢铁设计研究院	5	109	0	1	108
呼伦贝尔盟国际经济技术合作公司	25	516	0	516	0
满州里国际经济技术合作公司	24	366	0	366	0
内蒙古电力集团公司	1	16	16	0	0
二连浩特国际经济技术合作公司	8	337	2	335	0
锡林郭勒国际经济技术合作公司	3	151	0	151	0
额尔古纳国际经济技术合作公司	5	48	0	48	0
内蒙古高等院校科技开发集团	11	262	0	262	0
二连浩特市边境贸易总公司	3	214	176	38	0
锡盟珠思嘎达布其边境贸易公司	2	104	0	104	0
额尔古纳市边境贸易公司	1	29	0	29	0
新巴尔虎右旗边境贸易公司	2	14	0	14	0

1997 年中国对外承包工程和劳务合作合同分公司总值

名　　称	合同数（份）	合同额（万美元）			
		合　计	承包工程	劳务合作	设计咨询
满洲里东方国际贸易股份有限公司	1	15	0	15	0
大兴安岭林管局	1	240	240	0	0
呼和浩特国际经济技术合作公司	1	123	0	123	0
辽宁省	991	62,512	39,756	21,817	939
中国辽宁国际合作(集团)股份有限公司	239	16,735	13,116	3,609	10
辽宁省建设集团公司	7	7,127	4,529	2,598	0
辽宁国际建设工程集团公司	5	1,999	1,985	14	0
鞍山国际经济技术合作公司	11	947	224	723	0
抚顺对外建设经济合作(集团)股份公司	11	1,006	60	946	0
本溪对外经济技术合作总公司	12	393	18	375	0
丹东国际经济技术合作公司	2	105	0	105	0
鞍山焦化耐火材料设计院	5	210	0	196	14
东北电力集团进出口公司	4	1,610	1,610	0	0
鞍山冶金设计研究院	2	194	0	0	194
锦州华锦国际经贸股份有限公司	25	98	30	68	0
铁岭国际经济技术合作公司	18	259	0	259	0
辽宁华曦集团	7	215	0	215	0
辽阳国际经济技术合作公司	4	191	0	191	0
鞍钢集团国际经济贸易公司	5	1,367	1,364	3	0
中国第三冶金建设公司	2	0	0	0	0
辽河石油勘探局	8	7,353	6,850	503	0
朝阳建设集团有限公司	7	1,123	550	573	0
辽宁食品进出口公司	7	64	0	64	0
辽宁粮油进出口公司	2	4	0	4	0
抚顺市第二建筑工程公司	3	606	0	606	0
辽宁省国际劳务交流有限公司	20	30	0	30	0
沈阳市	128	7,023	3,479	2,823	721
中国沈阳国际经济技术合作公司	100	5,662	3,203	2,459	0
沈阳对外经济建设总公司	4	350	0	350	0
沈阳海外建筑工程承包公司	3	225	0	2	223
煤炭工业部沈阳设计研究院	1	276	276	0	0

1997年中国对外承包工程和劳务合作合同分公司总值

名称	合同数(份)	合同额(万美元)			
		合计	承包工程	劳务合作	设计咨询
沈阳铝镁设计研究院	10	349	0	12	337
中国建筑东北设计研究院	10	161	0	0	161
大连市	457	13,853	5,941	7,912	0
中国大连合作(集团)股份有限公司	324	11,196	5,370	5,826	0
辽宁省大连海洋渔业集团公司	24	225	0	225	0
大连经济技术开发区劳务公司	49	226	0	226	0
大连工程总承包公司	3	550	550	0	0
大化国际经济贸易公司	1	16	0	16	0
大连华南国际经济技术合作公司	4	439	21	418	0
大连港国际经济技术合作公司	8	153	0	153	0
大连渤海建筑集团有限公司	3	95	0	95	0
大连远洋船员管理公司	12	390	0	390	0
中国外运大连公司	8	0	0	0	0
大连海运集团国际劳务合作公司	2	20	0	20	0
中国成套设备进出口大连公司	7	16	0	16	0
大连水产远洋渔业公司	12	527	0	527	0
吉林省	203	19,714	7,955	11,759	0
中国吉林国际经济技术合作公司	18	832	0	832	0
延边对外经济技术合作公司	16	391	4	387	0
珲春国际经济技术合作公司	5	92	2	90	0
吉林化学工业进出口公司	6	494	0	494	0
吉林冶金建设公司	3	50	0	50	0
吉林省对外招商建设总公司	7	875	277	598	0
吉林省建筑总公司	1	5,220	5,220	0	0
延边海外经济技术合作公司	2	359	0	359	0
吉林建设开发集团公司	8	742	742	0	0
吉林省对外经济技术合作公司	3	219	0	219	0
吉林国际人才交流公司	16	815	0	815	0
吉林森林工业集团公司	1	750	750	0	0
吉林省对外经济发展公司	16	1,865	0	1,865	0
辽源对外经济技术合作公司	2	36	0	36	0

1997 年中国对外承包工程和劳务合作合同分公司总值

名称	合同数（份）	合同额（万美元）			
		合计	承包工程	劳务合作	设计咨询
延边国际经济技术合作公司	3	433	0	433	0
吉林化工工程公司	1	0	0	0	0
吉林省农业对外合作公司	50	2,170	0	2,170	0
吉林省工程建设有限公司	10	960	960	0	0
长春市	35	3411	0	3411	0
长春国际经济技术合作公司	23	1,876	0	1,876	0
长春建工集团总公司	5	854	0	854	0
长春对外劳务合作公司	5	265	0	265	0
长春对外经济技术合作公司	2	416	0	416	0
黑龙江省	310	30,861	22,211	8,647	3
中国黑龙江国际经济技术合作公司	18	1,836	0	1,836	0
黑龙江国际工程技术合作公司	8	2,111	1,903	208	0
黑龙江东方集团国际经济技术合作公司	5	3,603	3,603	0	0
中国煤碳国际经济技术合作黑龙江公司	3	125	96	29	0
哈尔滨铁路局对外经济技术合作公司	20	935	557	375	3
齐齐哈尔国际经济技术合作公司	9	230	40	190	0
牡丹江国际经济技术合作公司	17	684	0	684	0
东宁国际经济技术合作公司	176	4,747	305	4,442	0
中石化大庆石油化工总厂经贸公司	1	1,695	1,695	0	0
黑河国际经济技术合作公司	9	341	285	56	0
哈尔滨市	44	14,554	13,727	827	0
哈尔滨对外经济技术合作公司	30	224	0	224	0
哈尔滨国际经济技术合作公司	3	263	0	263	0
哈尔滨中建工程公司	8	340	0	340	0
哈尔滨电站工程责任有限公司	3	13,727	13,727	0	0
上海市	11,470	63,558	38,589	22,877	2,092
中国上海外经(集团)有限公司	402	22,011	9,265	12,274	472
上海对外劳务合作公司	79	1,679	0	1,679	0
上海对外建设公司	4	76	72	4	0
上海机械进出口(集团)有限公司	1	3	0	3	0
上海机械设备进出口公司	1	24	0	24	0

1997 年中国对外承包工程和劳务合作合同分公司总值

名称	合同数(份)	合同额(万美元)			
		合计	承包工程	劳务合作	设计咨询
上海建筑设计研究院	11	517	0	0	517
上海轻工业设计研究院	50	275	0	0	275
上海电气(集团)总公司	3	11,660	11,660	0	0
上海市对外服务公司	10,649	5,641	0	5,641	0
上海轻纺工业对外经济技术合作公司	28	1466	0	1466	0
上海金山石油化工工程公司	8	3,571	3,571	0	0
上海核工程研究设计院	8	102	0	0	102
上海医药设计院	4	54	0	0	54
华东建筑设计研究院	13	356	0	0	356
上海纺织建筑设计研究院	2	65	0	0	65
上海机电设计研究院	8	139	0	0	139
华东电力对外经济贸易公司	1	21	0	21	0
上海成套设备进出口公司	48	864	0	864	0
上海建工(集团)总公司	21	5,800	5,775	25	0
上海市政工程设计研究院	3	112	0	0	112
上海航空工业(集团)公司	11	79	0	79	0
上海水产(集团)公司	12	42	0	42	0
上海东方国际(集团)有限公司	58	382	0	382	0
上海浦东国际经济技术合作公司	33	160	0	160	0
中国华源集团有限公司	1	213	0	213	0
上海隧道工程股份有限公司	11	8,246	8,246	0	0
江苏省	453	49,171	35,302	13,762	107
中国江苏国际经济技术合作公司	107	13,605	11,549	2,056	0
江苏省建筑工程总公司	9	1,822	1,462	360	0
南通国际经济技术合作公司	27	1226	847	379	0
连云港国际经济技术合作公司	11	2,387	417	1,970	0
镇江国际经济技术合作公司	8	355	0	355	0
扬州国际经济技术合作公司	3	834	200	634	0
苏州国际经济技术合作公司	44	867	0	867	0
无锡国际经济技术合作公司	10	2,612	2,530	82	0
常州国际经济技术合作(集团)有限公司	16	768	6	762	0

1997年中国对外承包工程和劳务合作合同分公司总值

名称	合同数（份）	合同额（万美元）			
		合计	承包工程	劳务合作	设计咨询
盐城国际经济技术合作公司	6	547	0	547	0
徐州国际经济技术合作公司	15	657	8	649	0
淮阴国际经济技术合作公司	13	1,075	701	374	0
江苏建达建设股份有限公司	8	2,439	2,439	0	0
江苏省建筑材料工业总公司	10	653	454	199	0
南化集团永利进出口公司	2	349	349	0	0
南京水泥工业设计院	2	95	0	9	86
张家港国际经济技术合作公司	5	554	0	554	0
江苏公路桥梁工程公司	21	1,078	741	337	0
江苏水利外经公司	1	444	444	0	0
南京化学工业集团公司设计院	5	266	245	0	21
启东市对外经济技术合作公司	3	118	0	118	0
南通第四建筑安装工程公司	6	1,735	1,538	197	0
南通市第三建筑安装工程公司	0	3,167	0	3,167	0
武进市建设工程公司	8	2,267	2,267	0	0
江苏地质工程有限公司	47	1,229	1,229	0	0
江苏农业对外经济技术合作公司	2	3	0	3	0
常熟国际经济技术合作公司	8	47	0	47	0
无锡建工公司	3	1,068	1,068	0	0
苏州建筑控股集团	24	2,262	2,262	0	0
南京市	29	4,642	4,546	96	0
南京国际经济技术合作公司	15	3,158	3,121	37	0
南京海外建筑工程公司	9	1,306	1,247	59	0
南京市住宅建设总公司	5	178	178	0	0
浙江省	676	15,209	6,349	8,783	77
中国浙江国际经济技术合作公司	293	3,627	696	2,931	0
浙江省建筑工程总公司	26	4,076	3,533	543	0
杭州国际经济技术合作公司	10	325	0	325	0
温州国际经济技术合作公司	17	43	0	43	0
绍兴国际经济技术合作公司	9	564	236	328	0
舟山国际经济技术合作公司	53	75	0	75	0

1997 年中国对外承包工程和劳务合作合同分公司总值

名　　称	合同数（份）	合同额（万美元）			
		合　计	承包工程	劳务合作	设计咨询
丽水国际经济技术合作公司	23	140	62	78	0
湖州对外经济技术合作有限公司	2	76	0	76	0
金华对外经济技术合作有限公司	4	314	0	314	0
台州国际经济技术合作公司	35	437	360	77	0
机械工业部第二设计研究院	3	171	171	0	0
电力工业部华东勘测设计研究院	9	126	70	0	56
宁波市	192	5,235	1,221	3,993	21
中国宁波国际合作(集团)有限公司	107	1,202	181	1,000	21
宁波天地集团股份有限公司	43	2,156	0	2,156	0
宁波市进出口公司	24	1,486	900	586	0
宁波国际建设经贸公司	18	391	140	251	0
安徽省	129	7,182	4,786	1,833	563
安徽国际经济技术合作公司	17	1,241	293	844	104
蚌埠玻璃工业设计研究院	6	70	0	4	66
化工部第三设计院	7	56	52	0	4
安徽省外经建设(集团)公司	1	104	0	104	0
合肥对外经济技术合作公司	56	377	0	377	0
冶金部马鞍山钢铁设计研究院	7	368	0	2	366
蚌埠国际经济技术合作公司	3	1,107	1,071	36	0
安徽建工集团有限公司	4	114	89	25	0
安徽省水利水电勘察设计院	2	13	0	0	13
芜湖国际经济技术合作公司	15	111	0	111	0
冶金部第十七冶金建设公司	1	390	390	0	0
安徽建筑设计研究院	1	10	0	0	10
中国化学工程第三建筑公司	6	2,891	2,891	0	0
宿县地区国际经济技术合作公司	2	259	0	259	0
安庆国际经济技术合作公司	1	26	0	26	0
马鞍山钢铁国际贸易公司	0	45	0	45	0
福建省	2,876	42,746	14,068	28,678	0
中国福建国际经济技术合作公司	645	7,789	5,128	2,661	0
福州国际经济技术合作公司	636	4,815	47	4,768	0

1997年中国对外承包工程和劳务合作合同分公司总值

名　　称	合同数（份）	合同额（万美元）			
		合　计	承包工程	劳务合作	设计咨询
福建省对外劳务合作公司	206	3,030	800	2,230	0
福建福通对外经济技术合作公司	6	882	0	882	0
福建华源国际贸易经济合作公司	10	1,417	0	1,417	0
中国武夷实业总公司	11	7,626	7,626	0	0
莆田国际经济技术合作公司	29	455	0	455	0
中国泉州国际经济技术合作公司	535	3,026	0	3,026	0
中国漳州国际经济技术合作公司	228	1,851	348	1,503	0
福建厦门轮船总公司	2	238	0	238	0
宁德国际经济技术合作公司	226	344	0	344	0
三明国际经济技术合作公司	6	83	0	83	0
南平国际经济技术合作公司	6	124	0	124	0
福建省华洋水产集团公司	6	557	0	557	0
龙岩国际经技术合作公司	2	107	0	107	0
福建省轮船总公司	3	54	0	54	0
福州市劳务技术合作公司	17	403	0	403	0
福州壮安发展有限公司	17	879	0	879	0
福建省投资企业公司	7	89	0	89	0
福建省金福集团公司	15	195	0	195	0
福建省对外劳务咨询服务中心	42	717	0	717	0
福建华旅对外劳务合作公司	10	221	0	221	0
福建三木集团股份有限公司	14	449	0	449	0
莆田对外经济技术合作公司	48	253	0	253	0
福建省对外经贸服贸公司	10	486	0	486	0
厦门市	139	6,656	119	6,537	0
中国厦门国际经济技术合作公司	107	4,879	119	4,760	0
厦门建隆发集团公司	10	281	0	281	0
厦门经济特区船务有限公司	6	227	0	227	0
厦门国贸集团有限公司	8	663	0	663	0
厦门特贸有限公司	7	605	0	605	0
厦门诚毅船务公司	1	1	0	1	0
江西省	98	7554	3216	4264	74

1997 年中国对外承包工程和劳务合作合同分公司总值

名　　称	合同数（份）	合同额（万美元）			
		合　计	承包工程	劳务合作	设计咨询
中国江西国际经济技术合作公司	68	4,848	1,198	3,606	44
南昌对外工程总公司	1	315	315	0	0
江西省建筑工程总公司	7	407	316	91	0
南昌国际经济技术合作公司	2	5	0	5	0
南昌有色冶金设计研究院	2	30	0	0	30
江西省轻工业对外经济技术合作公司	4	261	0	261	0
赣州国际经济技术合作公司	8	671	373	298	0
萍乡矿务局建筑安装总公司	1	527	527	0	0
宜春海程经贸发展有限公司	3	465	465	0	0
吉安对外经济技术合作公司	2	25	22	3	0
山东省	856	52,811	30,986	21,817	8
中国山东国际经济技术合作公司	91	4,438	1,138	3,300	0
齐鲁建设集团公司	15	1,117	1,099	18	0
山东省国泰集团公司	5	40	32	0	8
山东省建筑工程总公司	9	6,780	6,780	0	0
山东省外商投资服务公司	14	230	0	230	0
山东省劳务合作公司	51	827	0	827	0
山东省水产企业集团公司	5	2,200	0	2,200	0
山东省五金矿产进出口公司	2	80	0	80	0
济南钢铁集团总公司	2	100	0	100	0
黄河经济协作区联合发展集团公司	1	219	0	219	0
威海国际经济技术合作公司	56	3,205	200	3,005	0
烟台国际经济技术合作公司	125	3,526	192	3,334	0
烟台市建筑工程公司	11	2,099	1,980	119	0
潍坊国际经济技术合作公司	16	835	558	277	0
淄博国际经济技术合作公司	32	263	140	123	0
济南国际经济技术合作公司	15	443	310	133	0
日照国际经济技术合作公司	25	1,364	0	1,364	0
临沂国际经济技术合作公司	7	202	0	202	0
聊城国际经济技术合作公司	2	3	0	3	0
泰安国际经济技术合作公司	23	2,517	1,802	715	0

1997年中国对外承包工程和劳务合作合同分公司总值

名称	合同数（份）	合同额（万美元）			
		合计	承包工程	劳务合作	设计咨询
东营国际经济技术合作公司	18	389	0	389	0
潍坊建筑安装工程公司	41	2,043	1,667	376	0
济南四建集团责任有限公司	3	660	600	60	0
荣成市对外经济技术合作公司	11	300	0	300	0
威海火炬高技术开发区进出口公司	20	88	0	88	0
烟台二建实业股份有限公司	7	844	844	0	0
潍坊柴油机厂进出口公司	17	921	400	521	0
济南轻骑集团进出口公司	4	94	0	94	0
枣庄国际经济技术合作公司	6	115	24	91	0
诸城市建筑工程公司	4	1,241	1,125	116	0
菏泽地区对外经济技术合作	6	195	0	195	0
山东省电力公司	1	285	285	0	0
胜利油田管理局	5	10,000	10,000	0	0
青岛市	206	5,148	1,810	3,338	0
中国青岛国际经济技术合作公司	105	3,052	0	3,052	0
青岛建设集团公司	28	1,835	1,810	25	0
青岛市五金矿产机械进出口公司	36	130	0	130	0
青岛国际人才技术合作公司	37	131	0	131	0
河南省	91	12,529	10,044	2,349	136
中国河南国际经济技术合作公司	20	8,355	7,421	934	0
河南省水利电力对外公司	36	1,041	591	450	0
河南省对外劳务合作公司	3	720	0	720	0
河南省建设工程公司	11	1,243	1,243	0	0
郑州国际经际技术合作公司	11	227	0	227	0
洛阳石油化工工程公司	4	52	6	6	40
机械部第四设计研究院	3	108	0	12	96
中原石油勘探局外经外贸总公司	3	783	783	0	0
湖北省	202	18,103	14,538	3,081	484
中国湖北国际经济技术合作公司	55	3,515	3,056	459	0
中南建筑设计院	2	4	0	0	4
黄石国际经济技术合作公司	20	108	0	108	0

1997年中国对外承包工程和劳务合作合同分公司总值

名　　称	合同数（份）	合同额（万美元）			
		合　计	承包工程	劳务合作	设计咨询
葛洲坝水利水电工程集团公司	4	6,097	6,097	0	0
中国有色第十五冶金建设公司	2	56	56	0	0
湖北晴川国际海员劳务开发公司	9	95	0	95	0
孝感国际经济技术合作建筑公司	4	16	0	16	0
武汉市	106	8,212	5,329	2,403	480
中国武汉国际经济技术合作公司	38	4,004	2,250	1,754	0
中国五环化学工程公司	7	310	161	0	149
武汉建工集团有限公司	19	1,178	959	219	0
武汉钢铁设计研究院	5	380	100	0	280
中国第一冶金建设公司	7	859	859	0	0
铁道部第四勘测设计院	4	46	0	1	45
华中电力国际经贸公司	1	1,000	1,000	0	0
煤碳部武汉设计院	1	6	0	0	6
武汉凌云集团有限责任公司	6	168	0	168	0
武汉船用机械厂	1	53	0	53	0
长航外经总公司	16	190	0	190	0
中国出口商品基地武汉公司	1	18	0	18	0
湖南省	288	10,126	8,118	1,273	735
中国湖南国际经济技术合作公司	46	2,892	2,547	323	22
湖南省公路桥梁建设公司	3	824	824	0	0
湖南建筑工程集团总公司	3	1,233	1,233	0	0
湖南省进出口公司	2	43	0	43	0
湖南系列外企业	37	465	0	465	0
湖南环球(集团)公司	169	391	0	391	0
长沙冶金设计院	15	284	0	0	284
长沙轻工设计院	1	199	199	0	0
湖南建筑设计院	4	182	0	0	182
岳阳第四化建公司	1	360	360	0	0
电力中南设计院	6	274	27	0	247
湖南交通国际工程合作公司	0	2,928	2,928	0	0
湖南株州海外国际合作有限公司	1	51	0	51	0

1997年中国对外承包工程和劳务合作合同分公司总值

名　　称	合同数（份）	合同额（万美元）			
		合　计	承包工程	劳务合作	设计咨询
广东省	2,689	39,885	22,434	17,361	90
中国广东国际合作(集团)公司	288	9,932	5,674	4,258	0
广东对外劳务经济合作公司	418	6,560	0	6,560	0
广东海外建设总公司	1	1	0	1	0
广东水利水电集团公司	7	8,533	8,533	0	0
广东省岭南综合勘测设计院	1	5	0	0	5
珠海国际经济技术合作公司	82	3,342	2,400	942	0
汕头国际经济技术合作公司	5	185	0	185	0
汕尾市对外劳动服务公司	14	197	0	197	0
江门市对外劳动服务公司	127	1,360	0	1,360	0
广东省南粤进出口公司	16	273	0	273	0
珠海劳动服务公司	1	11	0	11	0
广州市	1,638	6,730	5,600	1,130	0
中国广州国际经济技术合作公司	1,589	2,335	1,808	527	0
广州对外经济发展总公司	44	1,806	1,203	603	0
广州珠江实业总公司	1	1,874	1,874	0	0
广州建筑总公司	3	395	395	0	0
广州工程总承包集团有限公司	1	320	320	0	0
深圳市	91	2,756	227	2,444	85
中国深圳国际合作(集团)股份有限公司	14	70	0	70	0
深圳市对外劳动服务公司	37	512	227	285	0
深圳市人才劳务经济发展公司	35	2,089	0	2,089	0
深圳市建筑设计总院	5	85	0	0	85
广西自治区	96	12,122	11,656	466	0
中国广西国际经济技术合作公司	64	2,516	2,370	146	0
南宁国际经济技术合作公司	5	2780	2725	55	0
广西对外建筑工程总公司	3	336	336	0	0
北海海外经济技术合作公司	6	63	0	63	0
防城港国际经济技术合作有限责任公司	5	2,023	2,014	9	0
广西公路桥梁工程总公司	1	397	397	0	0
广西水利水电对外有限责任公司	6	3,426	3,426	0	0

1997 年中国对外承包工程和劳务合作合同分公司总值

名　　称	合同数（份）	合同额（万美元）			
		合　计	承包工程	劳务合作	设计咨询
梧州国际经济技术合作公司	1	97	97	0	0
凭祥市对外经济技术合作公司	5	484	291	193	0
海南省	3	928	928	0	0
中国海南国际经济技术合作公司	3	928	928	0	0
重庆市	19	2,585	2,212	373	0
中国重庆国际经济技术合作公司	11	2,472	2,212	260	0
重庆对外建设总公司	5	19	0	19	0
涪陵国际经济技术合作公司	1	15	0	15	0
重庆钢铁(集团)有限责任公司	2	79	0	79	0
四川省	122	13,920	8,764	1,836	3,320
中国四川国际合作股份有限公司	15	2,406	2,028	378	0
中国华西企业公司	8	1,695	1,689	6	0
中国华西工程设计建设总公司	17	3,662	486	56	3,120
中国成达化学工程公司	5	307	248	0	59
四川公路桥梁工程总公司	5	2,029	2,029	0	0
四川省外经实业股份公司	38	300	0	300	0
四川省电力进出口公司	1	21	21	0	0
中国化学工程第七建设公司	4	267	267	0	0
铁道部第二设计院	2	141	0	0	141
广安地区对外经济贸易公司	6	284	0	284	0
川铁国际经济技术合作公司	7	1,081	896	185	0
成都市建筑工程总公司	4	437	0	437	0
绵阳国际经济技术合作有限公司	8	1,154	1,100	54	0
中国成都国际经济技术合作公司	2	136	0	136	0
贵州省	13	1,272	1,251	21	0
中国贵州国际经济技术合作公司	9	61	40	21	0
铁道部第五工程局	2	1,211	1,211	0	0
贵州省水利水电勘测设计研究院	2	0	0	0	0
云南省	69	9,808	7,741	1,047	1,020
中国云南国际经济技术合作公司	29	2,045	1,883	146	16
昆明国际经济技术合作公司	2	62	0	62	0

1997年中国对外承包工程和劳务合作合同分公司总值

名　　称	合同数（份）	合同额（万美元）			
		合　计	承包工程	劳务合作	设计咨询
云南建工集团总公司	8	558	558	0	0
云南公路桥梁工程总公司	1	825	825	0	0
中国有色金属工业第十四冶金建设公司	1	100	100	0	0
云南地矿勘查工程总公司(集团)	3	1,250	51	799	400
云南省铁路总公司	2	1,049	1,049	0	0
云南德宏国际经济技术合作公司	13	958	918	40	0
云南省机械进出口公司	1	1,670	1,670	0	0
云南省机械设备进出口公司	1	500	500	0	0
电力部昆明勘测设计研究院	5	604	0	0	604
云南省云岭工业进出口公司	2	92	92	0	0
裕丰商号	1	95	95	0	0
陕西省	154	6,581	5,307	873	401
中国陕西国际经济技术合作公司	63	362	110	241	11
秦海国际工程公司	5	641	632	9	0
机械部第七设计院	16	214	74	0	140
化工部第六设计院	2	2	0	0	2
西北勘测设计院	1	8	8	0	0
交通部第一公路设计院	5	248	0	0	248
西北电力集团对外公司	1	24	0	24	0
陕西省机械设备进出口公司	3	30	0	30	0
华山国际工程公司	14	1,081	1,079	2	0
西飞集团公司	1	11	0	11	0
西安市	43	3,960	3,404	556	0
西安国际技术贸易公司	37	546	4	542	0
西安电力机械进出口公司	1	3,400	3,400	0	0
西安市机械进出口公司	5	14	0	14	0
甘肃省	35	4,264	4,176	88	0
中国甘肃国际经济技术合作公司	2	248	248	0	0
甘肃建筑工程总公司	16	3,385	3,385	0	0
甘肃对外经济发展公司	5	488	400	88	0
甘肃地质工程总公司	12	143	143	0	0
中国宁夏伊斯兰国际经济技术合作公司	3	34	0	34	0
新疆自治区	5	125	29	96	0
中国新疆国际经济技术合作公司	1	29	29	0	0
新疆机械化工五金矿产轻工进出口公司	1	20	0	20	0
新疆吉木乃县经协公司	3	76	0	6	0

1997年中国对外承包工程和劳务合作营业额分公司总值

金额单位:万美元

名　　　称	合　计	承包工程	劳务合作	设计咨询
合　　计	838,312	603,618	216,542	18,152
中央合计	422,940	359,775	51,883	11,282
中国建筑工程总公司	152,589	151,671	561	357
中国广播电视国际经济技术合作公司	790	709	81	0
中国冶金建设总公司	3,202	3,163	6	33
中国商业对外经济技术合作公司	368	321	47	0
中国水产(集团)总公司	2,791	2,688	103	0
中国国际技术智力合作公司	20,214	1	12,050	8163
中国路桥(集团)总公司	22,978	22,950	28	0
中国土木工程集团公司	25,536	23,294	1,924	318
中国港湾建设总公司	37,423	36,344	1,079	0
中国海外工程总公司	14,255	13,473	782	0
中国水利电力对外公司	11,892	11,892	0	0
中国石化工程建设公司	919	855	64	0
中国化学工程公司	4,772	4,693	68	11
中国轻工业对外经济技术合作公司	1,355	201	1,154	0
中国电子国际经济技术合作公司	841	786	55	0
中国地质工程公司	3,878	3,878	0	0
中国国际展览工程有限公司	139	139	0	0
中国光大国际经济技术合作公司	100	100	0	0
中国农牧渔业国际合作公司	199	76	109	14
中国航空技术国际工程公司	855	645	210	0
中国国际计算机软件工程公司	104	0	104	0
中国林业国际合作公司	14	0	14	0
中国建材工业对外经济技术合作公司	3,369	3,099	252	18
中国万宝工程公司	8,383	7,847	536	0
中国交远国际经济技术合作公司	1,529	987	542	0
国华国际工程承包公司	507	451	56	0
中国海员对外经济技术合作公司	1,385	0	1,385	0
中国石油工程建设公司	13,099	13,033	66	0
科智国际技术合作公司	20	0	20	0
中国四达国际经济技术合作公司	498	0	498	0

1997 年中国对外承包工程和劳务合作营业额分公司总值

金额单位:万美元

名　　称	合　计	承包工程	劳务合作	设计咨询
中国中原对外工程公司	6,702	6,702	0	0
中海国际石油工程有限责任公司	770	770	0	0
中国国际工程咨询公司	241	0	2	239
中国体育国际经济技术合作公司	104	96	6	2
中国海外贸易总公司	574	35	539	0
中国国际企业合作公司	224	0	224	0
中国电子系统工程总公司	50	50	0	0
中国铁道建筑总公司	11,476	11,065	411	0
中国化工建设总公司	1,729	1,231	483	15
五洲工程设计研究院	271	5	41	225
中国海外经济合作总公司	217	217	0	0
中国机械设备进出口总公司	4,304	4,303	1	0
中国环球化学工程公司	1,935	1,197	54	684
中国机械对外经济技术合作公司	974	787	187	0
远大国际经济合作有限责任公司	198	78	120	0
中国有色金属建设集团公司	3,643	3,452	191	0
中国海洋工程服务有限公司	907	526	381	0
中国医疗卫生对外经济合作公司	348	298	38	12
中国纺织工业对外经济技术合作公司	246	230	15	1
中国北方工业公司	1,086	1,086	0	0
中国黄金总公司	12	0	12	0
中国惠通(集团)总公司	3	0	3	0
长城国际经济技术合作有限公司	6	0	6	0
中化国际工程贸易公司	67	31	36	0
中国航空工业规划设计院	181	0	6	175
中国通信建设总公司	170	107	63	0
中远对外劳务合作公司	15,691	0	15,691	0
中国船舶工业贸易公司	71	30	41	0
中国成套设备进出口集团总公司	14,633	10,341	4,244	48
中国对外建设总公司	86	57	19	10
轻工业部规划设计院	19	0	1	18
北京有色冶金设计研究总院	159	25	12	122

1997年中国对外承包工程和劳务合作营业额分公司总值

金额单位:万美元

名　　称	合　计	承包工程	劳务合作	设计咨询
燕兴国际经济技术合作公司	137	0	137	0
中国机械进出口总公司	2,252	2,252	0	0
北京煤炭设计研究院	282	272	0	10
中国技术进出口总公司	595	0	517	78
北京钢铁设计研究院	134	7	0	127
中国电力技术进出口公司	3,117	2,851	266	0
华北电力设计院	102	0	2	100
中国海洋航空公司	43	0	43	0
中国国际旅行总社集团海外合作公司	149	0	149	0
中国京冶建设工程承包公司	31	31	0	0
中外园林建设总公司	292	286	0	6
中国纺织化纤工程总公司	358	0	181	177
建设部建筑设计院	11	1	2	8
核工业第二研究设计院	9	0	0	9
交通部公路规划设计院	9	9	0	0
国内贸易部设计院	28	0	4	24
建设部综合勘察研究院	100	100	0	0
中国地质勘查技术院	67	67	0	0
中国友发国际工程设计咨询公司	133	0	0	133
中京工程设计软件技术公司	52	0	0	52
中机中电设计研究院	151	66	0	85
中国国际人才开发中心	788	0	788	0
中水远洋渔业有限责任公司	12,135	6,962	5,173	0
北京建隆建筑工程联合公司	410	410	0	0
北京市地质矿产勘查开发总公司	454	446	0	8
地方合计	415,372	243,843	164,659	6,870
北京市	29,633	17,095	11,684	854
中国北京国际经济合作公司	2,360	2,100	260	0
北京市建筑工程公司	3,707	3,502	205	0
北京市政工程总公司	1,755	1,728	27	0
北京市政工程设计研究院	610	0	8	602
北京市建筑设计院	137	0	0	137

1997年中国对外承包工程和劳务合作营业额分公司总值

金额单位:万美元

名　　称	合计	承包工程	劳务合作	设计咨询
北京住宅开发建设集团总公司	5,225	5,225	0	0
北京城建集团总公司	2,990	2,875	0	115
首钢总公司国际经贸部	1,802	1,665	137	0
四通国际经济技术合作公司	159	0	159	0
北京市外国企业服务总公司	10,888	0	10,888	0
天津市	22,080	12,477	8,528	1,075
中国天津国际经济技术合作公司	11,016	2,930	8,086	0
天津立达国际劳务工程公司	251	0	251	0
天津建工集团总公司	5,963	5,945	18	0
天津水泥工业设计研究院	10	0	0	10
铁道部第三勘测设计院	118	0	51	67
中国天辰化学工程公司	648	36	0	612
机械部第五设计研究院	119	46	0	73
天津港海员对外服务公司	12	0	12	0
天津市政设计研究院	256	0	0	256
天津市亿利达集团有限公司	8	0	8	0
天津市化工设计院	192	135	0	57
天津天航海员技术服务公司	3,486	3,385	101	0
中国成套天津公司	1	0	1	0
河北省	4,830	1,467	3,235	128
中国河北国际经济技术合作公司	295	50	245	0
石家庄国际经济技术合作公司	541	0	541	0
河北省公路桥梁建设公司	972	966	4	2
河北建工集团有限责任公司	607	0	607	0
核工部第四设计研究院	76	0	0	76
唐山国际工程总公司	251	0	251	0
中国耀华玻璃(集团)公司	2	0	2	0
化工部第一勘察设计院	50	0	0	50
中国第二十二冶金建设公司	78	78	0	0
张家口对外劳务工程公司	327	0	327	0
地矿河北工程勘测公司	303	298	5	0
邢台对外合作公司	114	0	114	0

1997年中国对外承包工程和劳务合作营业额分公司总值

金额单位:万美元

名　　称	合　计	承包工程	劳务合作	设计咨询
保定国际经济技术合作公司	917	0	917	0
承德对外经济合作公司	27	0	27	0
唐山对外合作公司	195	0	195	0
铁道部建场工程局	75	75	0	0
山西省	2,623	2,113	496	14
中国山西国际经济技术合作公司	281	217	64	0
山西省建筑工程总公司	361	47	314	0
太原市国际经济技术合作公司	66	0	66	0
太原钢铁(集团)公司	116	116	0	0
山西省电力公司	415	415	0	0
山西省送变电工程公司	1,023	1,023	0	0
山西省公路桥梁工程总公司	83	83	0	0
化工部第二设计院	47	23	11	13
山西四建集团有限公司	143	110	33	0
煤炭部太原设计研究院	5	0	5	0
太原重型机器进出口公司	83	79	3	1
内蒙古自治区	1,958	688	1,174	96
中国内蒙古国际经济技术合作公司	33	0	33	0
冶金部包头钢铁设计研究院	96	0	0	96
呼伦贝尔盟国际经济技术合作公司	416	0	416	0
满洲里国际经济技术合作公司	908	570	338	0
二连浩特国际经济技术合作公司	140	2	138	0
锡林郭勒国际经济技术合作公司	5	0	5	0
额尔古纳国际经济技术合作公司	40	0	40	0
内蒙古高等院校科技开发集团	125	0	125	0
二连浩特市边境贸易总公司	148	110	38	0
额尔古纳市边境贸易公司	1	0	1	0
新巴尔虎右旗边境贸易公司	10	0	10	0
满洲里东方国际贸易股份有限公司	3	0	3	0
大兴安岭林管局	6	6	0	0
呼和浩特国际经济技术合作公司	27	0	27	0
辽宁省	37,049	20,765	15,794	490

1997年中国对外承包工程和劳务合作营业额分公司总值

金额单位:万美元

名　　称	合 计	承包工程	劳务合作	设计咨询
中国辽宁国际合作(集团)股份有限公司	9,653	7,749	1,904	0
辽宁省建设集团公司	1,782	571	1,211	0
辽宁国际建设工程集团公司	414	400	14	0
鞍山国际经济技术合作公司	385	106	279	0
抚顺对外建设经济合作(集团)股份公司	1,740	706	1,034	0
本溪对外经济技术合作总公司	250	0	250	0
丹东国际经济技术合作公司	73	8	65	0
营口国际经济技术合作公司	14	2	12	0
鞍山焦化耐火材料设计院	111	0	103	8
东北电力集团进出口公司	1,929	1,929	0	0
鞍山冶金设计研究院	17	0	0	17
锦州华锦国际经贸股份有限公司	55	11	44	0
铁岭国际经济技术合作公司	196	0	196	0
辽宁华曦集团	46	0	46	0
辽阳国际经济技术合作公司	146	0	146	0
鞍钢集团国际经济贸易公司	89	86	3	0
中国第三冶金建设公司	291	291	0	0
辽河石油勘探局	1,643	1,140	503	0
朝阳建设集团有限公司	608	310	298	0
辽宁食品进出口公司	64	0	64	0
辽宁粮油进出口公司	4	0	4	0
抚顺市第二建筑工程公司	59	0	59	0
辽宁省国际劳务交流有限公司	15	0	15	0
沈阳市	5,789	2,095	3,229	465
中国沈阳国际经济技术合作公司	5,018	2,095	2,923	0
沈阳对外经济建设总公司	191	0	191	0
沈阳海外建筑工程承包公司	107	0	2	105
煤炭工业部沈阳设计研究院	94	0	94	0
沈阳铝镁设计研究院	231	0	19	212
中国建筑东北设计研究院	148	0	0	148
大连市	11,676	5,361	6,315	0
中国大连合作(集团)股份有限公司	10,124	5,060	5,064	0

1997年中国对外承包工程和劳务合作营业额分公司总值

金额单位:万美元

名　　称	合计	承包工程	劳务合作	设计咨询
瓦房店市国际工程公司	41	41	0	0
辽宁省大连海洋渔业集团公司	167	0	167	0
大连经济技术开发区劳务公司	117	0	117	0
大连工程总承包公司	260	260	0	0
大化国际经济贸易公司	2	0	2	0
大连华南国际经济技术合作公司	300	0	300	0
大连港国际经济技术合作公司	19	0	19	0
大连远洋船员管理公司	352	0	352	0
中国外运大连公司	1	0	1	0
大连海运集团国际劳务合作公司	100	0	100	0
中国成套设备进出口大连公司	13	0	13	0
大连水产远洋渔业公司	180	0	180	0
吉林省	12,090	2,363	9,727	0
中国吉林国际经济技术合作公司	4,627	1,307	3,320	0
延边对外经济技术合作公司	594	17	577	0
珲春国际经济技术合作公司	12	0	12	0
吉林化学工业进出口公司	112	0	112	0
吉林冶金建设公司	193	0	193	0
吉林省对外招商建设总公司	763	63	700	0
延边海外经济技术合作公司	828	0	828	0
吉林建设开发集团公司	392	392	0	0
吉林省对外经济技术合作公司	158	0	158	0
吉林国际人才交流公司	612	0	612	0
吉林森林工业集团公司	450	450	0	0
吉林省对外经济发展公司	866	0	866	0
辽源对外经济技术合作公司	58	1	57	0
延边国际经济技术合作公司	45	0	45	0
吉林省农业对外合作公司	780	0	780	0
长春市	1,600	133	1,467	0
长春国际经济技术合作公司	1,245	133	1,112	0
长春建工集团总公司	48	0	48	0
长春对外劳务合作公司	58	0	58	0

1997年中国对外承包工程和劳务合作营业额分公司总值

金额单位:万美元

名　　称	合　计	承包工程	劳务合作	设计咨询
长春对外经济技术合作公司	249	0	249	0
黑龙江省	9,480	6,805	2,675	0
中国黑龙江国际经济技术合作公司	1,754	1,045	709	0
黑龙江国际工程技术合作公司	1261	571	690	0
黑龙江东方集团国际经济技术合作公司	497	497	0	0
中国煤碳国际经济技术合作黑龙江公司	171	140	31	0
哈尔滨铁路局对外经济技术合作公司	690	577	113	0
黑龙江省瑞驰建设公司	361	361	0	0
齐齐哈尔国际经济技术合作公司	12	9	3	0
牡丹江国际经济技术合作公司	213	0	213	0
东宁国际经济技术合作公司	471	0	471	0
黑河国际经济技术合作公司	96	40	56	0
哈尔滨市	3,954	3,565	389	0
哈尔滨对外经济技术合作公司	35	0	35	0
哈尔滨国际经济技术合作公司	309	0	309	0
哈尔滨中建工程公司	45	0	45	0
哈尔滨电站工程责任有限公司	3,565	3,565	0	0
上海市	42,215	23,476	17,131	1,608
中国上海外经(集团)有限公司	15,048	8,652	6,356	40
上海对外劳务合作公司	1,293	0	1,293	0
上海对外建设公司	291	288	3	0
上海机械进出口(集团)有限公司	2,082	2,004	78	0
上海机械设备进出口公司	24	0	24	0
上海建筑设计研究院	282	0	0	282
上海轻工业设计研究院	305	0	0	305
上海电气(集团)总公司	3,206	3,206	0	0
上海市对外服务公司	6,391	0	6,391	0
上海轻纺工业对外经济技术合作公司	1,627	0	1,627	0
上海金山石油化工工程公司	1,890	1,871	19	0
上海核工程研究设计院	243	20	0	223
上海医药设计院	12	0	0	12
华东建筑设计研究院	430	0	0	430

1997年中国对外承包工程和劳务合作营业额分公司总值

金额单位:万美元

名　称	合　计	承包工程	劳务合作	设计咨询
上海纺织建筑设计研究院	84	0	0	84
上海机电设计研究院	118	0	0	118
宝钢集团国际经济贸易公司	1	1	0	0
华东电力对外经济贸易公司	36	0	36	0
上海成套设备进出口公司	639	0	639	0
上海建工(集团)总公司	2,511	2,497	14	0
上海市政工程设计研究院	114	0	0	114
上海航空工业(集团)公司	10	0	10	0
上海水产(集团)公司	421	0	421	0
上海东方国际(集团)有限公司	104	0	104	0
上海浦东国际经济技术合作公司	37	0	37	0
中国华源集团有限公司	437	358	79	0
上海隧道工程股份有限公司	4,579	4,579	0	0
江苏省	40,397	32,409	7,902	86
中国江苏国际经济技术合作公司	12,020	10,446	1,574	0
江苏省建筑工程总公司	1,947	1,158	789	0
南通国际经济技术合作公司	1,455	897	558	0
连云港国际经济技术合作公司	1,232	383	849	0
镇江国际经济技术合作公司	149	33	116	0
扬州国际经济技术合作公司	88	32	56	0
苏州国际经济技术合作公司	217	0	217	0
无锡国际经济技术合作公司	2,484	2,031	453	0
常州国际经济技术合作(集团)有限公司	303	106	197	0
盐城国际经济技术合作公司	132	1	131	0
徐州国际经济技术合作公司	154	8	146	0
淮阴国际经济技术合作公司	1,262	935	327	0
江苏建达建设股份有限公司	2,321	2,321	0	0
江苏省建筑材料工业总公司	462	422	40	0
南化集团永利进出口公司	121	121	0	0
南京水泥工业设计院	38	0	2	36
张家港国际经济技术合作公司	376	0	376	0
江苏公路桥梁工程公司	636	521	115	0

1997年中国对外承包工程和劳务合作营业额分公司总值

金额单位:万美元

名　称	合计	承包工程	劳务合作	设计咨询
江苏水利外经公司	98	98	0	0
南京化学工业集团公司设计院	94	44	2	48
启东市对外经济技术合作公司	14	0	14	0
南通第四建筑安装工程公司	1,415	1,325	90	0
南通市第三建筑安装工程公司	2,579	1,200	1,379	0
武进市建设工程公司	2,200	2,200	0	0
江苏地质工程有限公司	496	496	0	0
江苏农业对外经济技术合作公司	11	0	11	0
常熟国际经济技术合作公司	23	0	23	0
江苏省建筑安装工程股份有限公司	496	434	62	0
无锡建工公司	318	318	0	0
江苏省矿业总承包公司	2,215	2,215	0	0
苏州建筑控股集团	1,440	1,440	0	0
南京市	3601	3224	375	2
南京国际经济技术合作公司	2,027	1,862	165	0
南京海外建筑工程公司	1,104	917	187	0
南京市住宅建设总公司	470	445	23	2
浙江省	25,404	12,828	12,419	157
中国浙江国际经济技术合作公司	3,663	377	3,286	0
浙江省建筑工程总公司	3,309	2,713	596	0
浙江省建筑设计研究院	36	0	0	36
杭州国际经济技术合作公司	306	0	306	0
温州国际经济技术合作公司	159	107	52	0
绍兴国际经济技术合作公司	462	88	374	0
舟山国际经济技术合作公司	133	0	133	0
丽水国际经济技术合作公司	77	62	15	0
湖州对外经济技术合作有限公司	40	0	40	0
金华对外经济技术合作有限公司	697	0	697	0
台州国际经济技术合作公司	139	122	17	0
机械工业部第二设计研究院	47	24	1	22
电力工业部华东勘测设计研究院	100	20	2	78
宁波市	16,236	9,315	6,900	21

1997 年中国对外承包工程和劳务合作营业额分公司总值

金额单位:万美元

名　　称	合计	承包工程	劳务合作	设计咨询
中国宁波国际合作(集团)有限公司	2,646	181	2,444	21
宁波天地集团股份有限公司	10,327	8,099	2,228	0
宁波市进出口公司	2,929	900	2,029	0
宁波国际建设经贸公司	334	135	199	0
安徽省	7,000	5,334	1,414	252
安徽国际经济技术合作公司	1,002	393	589	20
蚌埠玻璃工业设计研究院	38	0	4	34
化工部第三设计院	405	375	0	30
安徽省外经建设(集团)公司	225	41	184	0
合肥对外经济技术合作公司	227	0	227	0
冶金部马鞍山钢铁设计研究院	148	0	7	141
蚌埠国际经济技术合作公司	394	387	7	0
安徽建工集团有限公司	357	178	179	0
安徽省水利水电勘察设计院	17	0	0	17
芜湖国际经济技术合作公司	53	0	53	0
冶金部第十七冶金建设公司	620	620	0	0
安徽建筑设计研究院	10	0	0	10
合肥建筑集团公司	22	0	22	0
中国化学工程第三建筑公司	2,212	2,212	0	0
安徽省电力建设二公司	1,132	1,128	4	0
宿县地区国际经济技术合作公司	104	0	104	0
安庆国际经济技术合作公司	34	0	34	0
福建省	48,278	19,254	29,024	0
中国福建国际经济技术合作公司	11,590	7,813	3,777	0
福州国际经济技术合作公司	3,894	47	3,847	0
福建省对外劳务合作公司	4,585	300	4,285	0
福建福通对外经济技术合作公司	504	0	504	0
福建华源国际贸易经济合作公司	454	0	454	0
中国武夷实业总公司	10,179	10,179	0	0
莆田国际经济技术合作公司	1,086	0	1,086	0
中国泉州国际经济技术合作公司	1,318	0	1,318	0
中国漳州国际经济技术合作公司	2,441	607	1,834	0

1997年中国对外承包工程和劳务合作营业额分公司总值

金额单位:万美元

名　称	合 计	承包工程	劳务合作	设计咨询
福建厦门轮船总公司	167	0	167	0
宁德国际经济技术合作公司	713	0	713	0
三明国际经济技术合作公司	83	0	83	0
南平国际经济技术合作公司	105	0	105	0
福建省华洋水产集团公司	116	0	116	0
龙岩国际经技术合作公司	57	0	57	0
福建省轮船总公司	57	0	57	0
福州市劳务技术合作公司	129	0	129	0
福州壮安发展有限公司	337	0	337	0
福建省投资企业公司	114	0	114	0
福建省金福集团公司	199	0	199	0
福建省对外劳务咨询服务中心	377	0	377	0
福建华旅对外劳务合作公司	138	0	138	0
福建三木集团股份有限公司	215	0	215	0
莆田对外经济技术合作公司	647	0	647	0
福建省对外经贸服贸公司	58	0	58	0
厦门市	8,715	308	8,407	0
中国厦门国际经济技术合作公司	6,352	136	6,216	0
厦门建隆发集团公司	579	0	579	0
厦门经济特区船务有限公司	81	5	76	0
厦门经济特区友利贸易有限公司	237	0	237	0
厦门国贸集团有限公司	330	0	330	0
厦门经济特区对外贸易集团公司	48	0	48	0
厦门特贸有限公司	937	165	772	0
厦门经贸船务公司	37	0	37	0
厦门诚毅船务公司	114	2	112	0
江西省	7,269	4,461	2,718	90
中国江西国际经济技术合作公司	2,830	1,057	1,726	47
南昌对外工程总公司	995	970	25	0
江西省建筑工程总公司	455	242	213	0
南昌国际经济技术合作公司	195	0	195	0
南昌有色冶金设计研究院	143	100	0	43

1997年中国对外承包工程和劳务合作营业额分公司总值

金额单位:万美元

名　称	合计	承包工程	劳务合作	设计咨询
江西省轻工业对外经济技术合作公司	340	0	340	0
赣州国际经济技术合作公司	773	554	219	0
萍乡矿务局建筑安装总公司	1,050	1,050	0	0
宜春海程经贸发展有限公司	486	486	0	0
吉安对外经济技术合作公司	2	2	0	0
山东省	32,378	15,533	16,843	2
中国山东国际经济技术合作公司	3,005	1,356	1,649	0
齐鲁建设集团公司	1,573	1,450	123	0
山东省国泰集团公司	131	129	0	2
山东省建筑工程总公司	3,120	3,120	0	0
山东省外商投资服务公司	227	0	227	0
山东省劳务合作公司	520	0	520	0
山东省水产企业集团公司	1,950	0	1,950	0
山东省五金矿产进出口公司	93	0	93	0
济南钢铁集团总公司	45	0	45	0
威海国际经济技术合作公司	2,958	250	2,708	0
烟台国际经济技术合作公司	1,921	194	1,727	0
烟台市建筑工程公司	2,440	2,349	91	0
潍坊国际经济技术合作公司	688	0	688	0
淄博国际经济技术合作公司	310	4	306	0
济南国际经济技术合作公司	242	138	104	0
日照国际经济技术合作公司	887	0	887	0
临沂国际经济技术合作公司	270	110	160	0
济宁国际经济技术合作公司	16	0	16	0
泰安国际经济技术合作公司	2,124	959	1,165	0
东营国际经济技术合作公司	181	0	181	0
潍坊建筑安装工程公司	1,894	1,194	700	0
济南四建集团责任有限公司	676	625	51	0
荣成市对外经济技术合作公司	112	0	112	0
威海火炬高技术开发区进出口公司	169	0	169	0
烟台二建实业股份有限公司	106	106	0	0
淄博建筑工程公司	31	10	21	0

1997年中国对外承包工程和劳务合作营业额分公司总值

金额单位：万美元

名　　称	合　计	承包工程	劳务合作	设计咨询
潍坊柴油机厂进出口公司	256	24	232	0
济南轻骑集团进出口公司	83	0	83	0
枣庄国际经济技术合作公司	80	11	69	0
诸城市建筑工程公司	639	543	96	0
菏泽地区对外经济技术合作	49	0	49	0
山东省电力公司	285	285	0	0
胜利油田管理局	933	900	33	0
青岛市	4,364	1,776	2,588	0
中国青岛国际经济技术合作公司	2,252	0	2,252	0
青岛建设集团公司	1,870	1,776	94	0
青岛市五金矿产机械进出口公司	106	0	106	0
青岛国际人才技术合作公司	136	0	136	0
河南省	4,742	2,996	1,724	22
中国河南国际经济技术合作公司	2,347	1,499	848	0
河南省水利电力对外公司	1,076	626	450	0
河南省对外劳务合作公司	370	0	370	0
河南省建设工程公司	561	555	6	0
郑州国际经际技术合作公司	41	0	41	0
洛阳石油化工工程公司	5	0	5	0
机械部第四设计研究院	26	0	4	22
中原石油勘探局外经外贸总公司	316	316	0	0
湖北省	6,780	3,554	3,010	216
中国湖北国际经济技术合作公司	912	439	473	0
中南建筑设计院	40	0	0	40
黄石国际经济技术合作公司	101	0	101	0
葛洲坝水利水电工程集团公司	1,319	1,319	0	0
中国有色第十五冶金建设公司	106	106	0	0
湖北晴川国际海员劳务开发公司	72	0	72	0
孝感国际经济技术合作建筑公司	3	0	3	0
武汉市	4,227	1,690	2,361	176
中国武汉国际经济技术合作公司	2,254	218	2,036	0
中国五环化学工程公司	738	738	0	0

1997年中国对外承包工程和劳务合作营业额分公司总值

金额单位:万美元

名　　称	合　计	承包工程	劳务合作	设计咨询
武汉建工集团有限公司	260	60	200	0
武汉钢铁设计研究院	150	0	0	150
中国第一冶金建设公司	654	654	0	0
铁道部第四勘测设计院	30	0	4	26
华中电力国际经贸公司	20	20	0	0
长航外经总公司	121	0	121	0
湖南省	8,253	7,007	958	288
中国湖南国际经济技术合作公司	2,490	2,164	294	32
湖南省公路桥梁建设公司	275	275	0	0
湖南建筑工程集团总公司	538	367	171	0
湖南省进出口公司	81	0	81	0
湖南系列外企业	86	0	86	0
湖南环球(集团)公司	288	0	288	0
长沙冶金设计院	203	0	0	203
长沙轻工设计院	126	126	0	0
湖南建筑设计院	18	0	0	18
岳阳第四化建公司	748	748	0	0
电力中南设计院	54	21	0	33
中国水利水电第八工程局	207	207	0	0
煤炭部长沙设计研究院	2	0	0	2
湖南交通国际工程合作公司	3,099	3,099	0	0
湖南株州海外国际合作有限公司	38	0	38	0
广东省	25,770	10,941	14,740	89
中国广东国际合作(集团)公司	2,778	492	2,286	0
广东对外劳务经济合作公司	7,566	0	7,566	0
广东海外建设总公司	627	616	11	0
广东省建筑公程总公司	1,113	1,113	0	0
广东水利水电集团公司	2,469	2,469	0	0
珠海国际经济技术合作公司	3,117	2,800	317	0
汕头国际经济技术合作公司	96	0	96	0
汕尾市对外劳动服务公司	151	0	151	0
江门市对外劳动服务公司	1,092	0	1,092	0

1997年中国对外承包工程和劳务合作营业额分公司总值

金额单位:万美元

名称	合计	承包工程	劳务合作	设计咨询
广东省南粤进出口公司	19	0	19	0
广东省石油化工建设集团公司	44	44	0	0
珠海劳动服务公司	3	0	3	0
广州市	4,350	2,422	1,928	0
中国广州国际经济技术合作公司	2,077	765	1,312	0
广州对外经济发展总公司	1,446	832	614	0
广州珠江实业总公司	517	517	0	0
广州建筑总公司	310	308	2	0
深圳市	2,345	985	1,271	89
中国深圳国际合作(集团)股份有限公司	232	0	232	0
深圳市对外劳动服务公司	783	316	463	4
深圳市人才劳务经济发展公司	539	0	539	0
深圳市建设投资控股公司	706	669	37	0
深圳市建筑设计总院	85	0	0	85
广西自治区	3,967	3,859	108	0
中国广西国际经济技术合作公司	968	961	7	0
南宁国际经济技术合作公司	143	110	33	0
广西对外建筑工程总公司	1,262	1,262	0	0
北海海外经济技术合作公司	60	40	20	0
防城港国际经济技术合作有限责任公司	221	208	13	0
广西公路桥梁工程总公司	240	240	0	0
广西水利水电对外有限责任公司	812	812	0	0
广西地矿建设工程发展中心	142	142	0	0
凭祥市对外经济技术合作公司	119	84	35	0
海南省	202	201	1	0
中国海南国际经济技术合作公司	202	201	1	0
重庆市	2,715	2,350	365	0
中国重庆国际经济技术合作公司	1,904	1,594	310	0
重庆对外建设总公司	752	750	2	0
宝钢集团重庆钢铁设计研究院	6	6	0	0
万县市国际经济技术合作公司	28	0	28	0
涪陵国际经济技术合作公司	4	0	4	0

1997年中国对外承包工程和劳务合作营业额分公司总值

金额单位：万美元

名　　称	合计	承包工程	劳务合作	设计咨询
重庆钢铁(集团)有限责任公司	21	0	21	0
四川省	19,457	16,877	2,016	564
中国四川国际合作股份有限公司	1,937	547	1,378	12
中国华西企业公司	3,755	3,740	15	0
四川东方电力设备联合公司	9,844	9,844	0	0
中国华西工程设计建设总公司	553	150	0	403
中国成达化学工程公司	380	314	0	66
四川公路桥梁工程总公司	481	339	142	0
四川省外经实业股份公司	41	0	41	0
四川省电力进出口公司	72	61	11	0
中国化学工程第七建设公司	166	166	0	0
铁道部第二设计院	83	0	0	83
广安地区对外经济贸易公司	54	0	54	0
川铁国际经济技术合作公司	1,770	1,716	54	0
成都市建筑工程总公司	1	0	1	0
绵阳国际经济技术合作有限公司	47	0	47	0
中国成都国际经济技术合作公司	273	0	273	0
贵州省	1,070	1,065	5	0
中国贵州国际经济技术合作公司	45	40	5	0
铁道部第五工程局	1,025	1,025	0	0
云南省	9,522	9,056	257	209
中国云南国际经济技术合作公司	848	805	27	16
昆明国际经济技术合作公司	2	0	2	0
云南建工集团总公司	645	645	0	0
云南公路桥梁工程总公司	4,596	4,596	0	0
中国有色金属工业第十四冶金建设公司	8	8	0	0
中国云南水利水电昆明国际公司	490	490	0	0
云南地矿勘查工程总公司(集团)	348	56	196	96
云南省铁路总公司	143	143	0	0
云南德宏国际经济技术合作公司	792	760	32	0
云南省机械进出口公司	1,000	1,000	0	0
云南省机械设备进出口公司	200	200	0	0

1997年中国对外承包工程和劳务合作营业额分公司总值

金额单位：万美元

名　称	合　计	承包工程	劳务合作	设计咨询
云南省设计院	3	0	0	3
电力部昆明勘测设计研究院	94	0	0	94
云南省土产进出口公司	278	278	0	0
云南省云岭工业进出口公司	75	75	0	0
陕西省	7604	6357	618	629
中国陕西国际经济技术合作公司	198	106	75	17
秦海国际工程公司	230	226	4	0
机械部第七设计院	202	83	0	119
化工部第六设计院	332	0	0	332
西北勘测设计院	16	8	0	8
交通部第一公路设计院	153	0	0	153
西北电力集团对外公司	162	112	50	0
陕西省机械设备进出口公司	7	0	7	0
华山国际工程公司	2,811	2,793	18	0
西飞集团公司	11	0	11	0
西安市	3,482	3,029	453	0
西安国际技术贸易公司	887	439	448	0
西安电力机械进出口公司	2,590	2,590	0	0
西安市机械进出口公司	5	0	5	0
甘肃省	2,457	2,386	70	1
中国甘肃国际经济技术合作公司	218	190	27	1
甘肃建筑工程总公司	1,923	1,923	0	0
甘肃对外经济发展公司	173	130	43	0
甘肃地质工程总公司	143	143	0	0
中国宁夏伊斯兰国际经济技术合作公司	13	0	13	0
新疆自治区	136	126	10	0
中国新疆国际经济技术合作公司	39	29	10	0
新疆道路桥梁工程总公司	97	97	0	0

1997年末中国在外从事对外承包工程和劳务合作的人数

单位:人

名　称	合计	承包工程	劳务合作	设计咨询
合　计	333,763	47,809	285,529	425
中央合计	71,457	22,169	49,172	116
中国建筑工程总公司	5,496	3,898	1,586	12
中国广播电视国际经济技术合作公司	60	22	38	0
中国冶金建设总公司	104	89	15	0
中国商业对外经济技术合作公司	32	0	32	0
中国水产(集团)总公司	1,063	760	303	0
中国国际技术智力合作公司	3,688	0	3,688	0
中国路桥(集团)总公司	1,523	925	598	0
中国土木工程集团公司	5,089	1,942	3,147	0
中国港湾建设总公司	1,889	1,804	85	0
中国海外工程总公司	3,080	836	2,244	0
中国水利电力对外公司	985	981	4	0
中国石化工程建设公司	154	131	23	0
中国化学工程公司	635	625	1	9
中国轻工业对外经济技术合作公司	1,301	6	1,295	0
中国电子国际经济技术合作公司	158	0	158	0
中国地质工程公司	221	221	0	0
中国光大国际经济技术合作公司	78	21	57	0
中国农牧渔业国际合作公司	46	5	41	0
中国航空技术国际工程公司	483	99	384	0
中国林业国际合作公司	40	0	40	0
中国建材工业对外经济技术合作公司	805	97	708	0
中国万宝工程公司	447	407	40	0
中国交远国际经济技术合作公司	704	241	463	0
国华国际工程承包公司	560	139	421	0
中国海员对外经济技术合作公司	2,091	0	2091	0
中国石油工程建设公司	792	741	51	0
科智国际技术合作公司	100	0	100	0
中国四达国际经济技术合作公司	5,636	0	5,636	0
中国中原对外工程公司	1,144	1,144	0	0
中海国际石油工程有限责任公司	62	62	0	0

1997年末中国在外从事对外承包工程和劳务合作的人数

单位:人

名　　称	合计	承包工程	劳务合作	设计咨询
中国国际工程咨询公司	1	0	1	0
中国体育国际经济技术合作公司	27	4	23	0
中国海外贸易总公司	729	20	709	0
中国国际企业合作公司	349	0	349	0
中国电子系统工程总公司	274	274	0	0
中国铁道建筑总公司	708	121	587	0
中国化工建设总公司	164	50	100	14
中国海外经济合作总公司	136	133	3	0
中国机械设备进出口总公司	758	698	60	0
中国机械对外经济技术合作公司	162	35	127	0
远大国际经济合作有限责任公司	201	20	181	0
中国有色金属建设集团公司	837	675	162	0
中国海洋工程服务有限公司	1,100	150	950	0
中国医疗卫生对外经济合作公司	364	21	343	0
中国纺织工业对外经济技术合作公司	19	0	16	3
中国黄金总公司	4	0	4	0
中国惠通(集团)总公司	9	0	9	0
长城国际经济技术合作有限公司	40	0	40	0
中化国际工程贸易公司	165	65	100	0
中国航空工业规划设计院	8	0	0	8
中国通信建设总公司	22	14	8	0
中远对外劳务合作公司	15,830	0	15,830	0
中国船舶工业贸易公司	57	22	35	0
中国成套设备进出口集团总公司	4,980	500	4,480	0
中国对外建设总公司	109	11	98	0
轻工业部规划设计院	8	0	8	0
北京有色冶金设计研究总院	3	0	1	2
燕兴国际经济技术合作公司	171	0	171	0
中国机械进出口总公司	854	854	0	0
北京钢铁设计研究院	8	0	0	8
中国电力技术进出口公司	1,395	1,070	325	0
华北电力设计院	16	1	1	14

1997年末中国在外从事对外承包工程和劳务合作的人数

单位：人

名　称	合　计	承包工程	劳务合作	设计咨询
中国国际旅行总社集团海外合作公司	201	0	201	0
中国京冶建设工程承包公司	50	50	0	0
中外园林建设总公司	62	62	0	0
中国纺织化纤工程总公司	13	0	5	8
建设部建筑设计院	11	0	4	7
国内贸易部设计院	1	0	1	0
建设部综合勘察研究院	6	6	0	0
中国地质勘查技术院	14	14	0	0
中国友发国际工程设计咨询公司	26	0	0	26
中机中电设计研究院	11	6	0	5
中国国际人才开发中心	177	0	177	0
中水远洋渔业有限责任公司	2,881	2,067	814	0
北京建隆建筑工程联合公司	5	5	0	0
北京市地质矿产勘查开发总公司	25	25	0	0
地方合计	262,306	25,640	236,357	309
北京市	3,122	1,943	1,129	50
中国北京国际经济合作公司	546	113	433	0
北京市建筑工程公司	314	0	314	0
北京市政工程总公司	168	163	5	0
北京市政工程设计研究院	14	2	8	4
北京市建筑设计院	9	2	0	7
北京住宅开发建设集团总公司	1,571	1,571	0	0
北京城建集团总公司	115	76	0	39
首钢总公司国际经贸部	114	7	107	0
四通国际经济技术合作公司	254	0	254	0
北京市外国企业服务总公司	8	0	8	0
北京城乡建设集团总公司	9	9	0	0
天津市	11,130	353	10,771	6
中国天津国际经济技术合作公司	6,844	113	6,731	0
天津立达国际劳务工程公司	3,615	0	3,609	6
天津建工集团总公司	59	39	20	0
天津市建筑设计院	2	0	2	0
天津水泥工业设计研究院	9	9	0	0

1997年末中国在外从事对外承包工程和劳务合作的人数

单位：人

名　称	合　计	承包工程	劳务合作	设计咨询
铁道部第三勘测设计院	19	0	19	0
机械部第五设计研究院	37	0	37	0
天津港海员对外服务公司	157	0	157	0
天津市亿利达集团有限公司	6	0	6	0
天津天航海员技术服务公司	349	171	178	0
中国成套天津公司	28	21	7	0
天津机械进出口集团有限公司	5	0	5	0
河北省	5,497	279	5,186	32
中国河北国际经济技术合作公司	1,026	19	1,007	0
石家庄国际经济技术合作公司	975	0	975	0
河北省公路桥梁建设公司	150	84	44	22
河北建工集团有限责任公司	1,171	0	1,171	0
核工部第四设计研究院	10	0	0	10
唐山国际工程总公司	231	0	231	0
张家口对外劳务工程公司	569	0	569	0
地矿河北工程勘测公司	163	151	12	0
邢台对外合作公司	162	0	162	0
保定国际经济技术合作公司	685	0	685	0
承德对外经济合作公司	46	0	46	0
唐山对外合作公司	284	0	284	0
铁道部建场工程局	25	25	0	0
山西省	1,221	155	1,066	0
中国山西国际经济技术合作公司	667	121	546	0
山西省建筑工程总公司	384	0	384	0
太原市国际经济技术合作公司	40	0	40	0
山西省电力公司	4	0	4	0
山西省公路桥梁工程总公司	32	32	0	0
化工部第二设计院	6	0	6	0
山西四建集团有限公司	52	0	52	0
煤炭部太原设计研究院	3	0	3	0
太原重型机器进出口公司	33	2	31	0
内蒙古自治区	1,577	179	1,389	9

1997年末中国在外从事对外承包工程和劳务合作的人数

单位:人

名　　称	合计	承包工程	劳务合作	设计咨询
中国内蒙古国际经济技术合作公司	76	0	76	0
冶金部包头钢铁设计研究院	9	0	0	9
呼伦贝尔盟国际经济技术合作公司	733	0	733	0
满州里国际经济技术合作公司	245	100	145	0
内蒙古电力集团公司	17	17	0	0
二连浩特国际经济技术合作公司	19	15	4	0
锡林郭勒国际经济技术合作公司	13	0	13	0
额尔古纳国际经济技术合作公司	135	0	135	0
内蒙古高等院校科技开发集团	5	0	5	0
二连浩特市边境贸易总公司	27	27	0	0
锡盟珠思嘎达布其边境贸易公司	80	0	80	0
额尔古纳市边境贸易公司	10	0	10	0
新巴尔虎右旗边境贸易公司	34	0	34	0
满洲里东方国际贸易股份有限公司	16	0	16	0
大兴安岭林管局	20	20	0	0
呼和浩特国际经济技术合作公司	138	0	138	0
辽宁省	22,820	3,095	19,716	9
中国辽宁国际合作(集团)股份有限公司	4,611	583	4,023	5
辽宁省建设集团公司	595	258	337	0
辽宁国际建设工程集团公司	229	12	217	0
鞍山国际经济技术合作公司	780	28	752	0
抚顺对外建设经济合作(集团)股份公司	1,438	403	1,035	0
本溪对外经济技术合作总公司	670	0	670	0
丹东国际经济技术合作公司	267	30	237	0
营口国际经济技术合作公司	229	4	225	0
东北电力集团进出口公司	326	324	2	0
锦州华锦国际经贸股份有限公司	361	163	198	0
铁岭国际经济技术合作公司	188	0	188	0
辽宁华曦集团	430	0	430	0
辽阳国际经济技术合作公司	298	16	282	0
中国第三冶金建设公司	7	0	7	0
辽河石油勘探局	618	231	387	0

1997年末中国在外从事对外承包工程和劳务合作的人数

单位：人

名　　称	合　计	承包工程	劳务合作	设计咨询
朝阳建设集团有限公司	292	49	243	0
辽宁食品进出口公司	64	0	64	0
辽宁粮油进出口公司	65	0	65	0
抚顺市第二建筑工程公司	97	0	97	0
辽宁省国际劳务交流有限公司	185	0	185	0
沈阳市	3,347	609	2,734	4
中国沈阳国际经济技术合作公司	3,157	609	2,548	0
沈阳对外经济建设总公司	80	0	80	0
沈阳海外建筑工程承包公司	1	0	1	0
煤炭工业部沈阳设计研究院	89	0	89	0
沈阳铝镁设计研究院	14	0	14	0
中国建筑东北设计研究院	6	0	2	4
大连市	7,723	385	7,338	0
中国大连合作(集团)股份有限公司	3,800	280	3,520	0
瓦房店市国际工程公司	75	75	0	0
辽宁省大连海洋渔业集团公司	419	0	419	0
大连经济技术开发区劳务公司	719	0	719	0
大化国际经济贸易公司	4	0	4	0
大连华南国际经济技术合作公司	452	30	422	0
大连港国际经济技术合作公司	320	0	320	0
大连渤海建筑集团有限公司	70	0	70	0
大连远洋船员管理公司	702	0	702	0
中国外运大连公司	100	0	100	0
大连海运集团国际劳务合作公司	520	0	520	0
中国成套设备进出口大连公司	15	0	15	0
大连水产远洋渔业公司	527	0	527	0
吉林省	21,902	359	21,543	0
中国吉林国际经济技术合作公司	7,036	90	6,946	0
延边对外经济技术合作公司	978	27	951	0
珲春国际经济技术合作公司	85	12	73	0
吉林化学工业进出口公司	292	0	292	0
吉林冶金建设公司	141	0	141	0

1997年末中国在外从事对外承包工程和劳务合作的人数

单位：人

名　　称	合　计	承包工程	劳务合作	设计咨询
吉林省对外招商建设总公司	1,852	81	1,771	0
吉林省建筑总公司	16	16	0	0
延边海外经济技术合作公司	1,688	0	1,688	0
吉林建设开发集团公司	119	119	0	0
吉林省对外经济技术合作公司	436	0	436	0
吉林国际人才交流公司	1,625	0	1,625	0
吉林森林工业集团公司	4	4	0	0
吉林省对外经济发展公司	3,468	0	3,468	0
辽源对外经济技术合作公司	38	0	38	0
延边国际经济技术合作公司	166	0	166	0
吉林省农业对外合作公司	1,386	0	1,386	0
长春市	2,572	10	2,562	0
长春国际经济技术合作公司	1,544	10	1,534	0
长春建工集团总公司	131	0	131	0
长春对外劳务合作公司	52	0	52	0
长春对外经济技术合作公司	845	0	845	0
黑龙江省	7,988	1,894	6,094	0
中国黑龙江国际经济技术合作公司	1,400	12	1,388	0
黑龙江国际工程技术合作公司	899	201	698	0
黑龙江东方集团国际经济技术合作公司	68	68	0	0
中国煤碳国际经济技术合作黑龙江公司	40	0	40	0
哈尔滨铁路局对外经济技术合作公司	1,010	573	437	0
黑龙江省瑞驰建设公司	174	174	0	0
齐齐哈尔国际经济技术合作公司	297	192	105	0
牡丹江国际经济技术合作公司	125	0	125	0
东宁国际经济技术合作公司	2,593	160	2,433	0
中石化大庆石油化工总厂经贸公司	25	4	21	0
黑河国际经济技术合作公司	139	139	0	0
哈尔滨市	1,218	371	847	0
哈尔滨对外经济技术合作公司	216	72	144	0
哈尔滨国际经济技术合作公司	532	0	532	0
哈尔滨中建工程公司	171	0	171	0

1997年末中国在外从事对外承包工程和劳务合作的人数

单位：人

名　称	合　计	承包工程	劳务合作	设计咨询
哈尔滨电站工程责任有限公司	299	299	0	0
上海市	21,527	548	20,938	41
中国上海外经(集团)有限公司	10,665	451	10,214	0
上海对外劳务合作公司	4,332	0	4,332	0
上海对外建设公司	7	3	4	0
上海机械进出口(集团)有限公司	153	0	153	0
上海机械设备进出口公司	42	0	42	0
上海电气(集团)总公司	29	29	0	0
上海市对外服务公司	1,551	0	1,551	0
上海轻纺工业对外经济技术合作公司	2,627	0	2,627	0
上海核工程研究设计院	41	0	0	41
华东电力对外经济贸易公司	12	0	12	0
上海成套设备进出口公司	1,033	0	1,033	0
上海建工(集团)总公司	86	65	21	0
上海航空工业(集团)公司	69	0	69	0
上海水产(集团)公司	666	0	666	0
上海东方国际(集团)有限公司	77	0	77	0
上海浦东国际经济技术合作公司	69	0	69	0
中国华源集团有限公司	68	0	68	0
江苏省	16,209	6,114	10,094	1
中国江苏国际经济技术合作公司	4,675	1,709	2,966	0
江苏省建筑工程总公司	689	492	197	0
南通国际经济技术合作公司	1,432	536	896	0
连云港国际经济技术合作公司	1,472	220	1,252	0
镇江国际经济技术合作公司	211	0	211	0
扬州国际经济技术合作公司	269	68	201	0
苏州国际经济技术合作公司	472	0	472	0
无锡国际经济技术合作公司	195	46	149	0
常州国际经济技术合作(集团)有限公司	187	0	187	0
盐城国际经济技术合作公司	256	0	256	0
徐州国际经济技术合作公司	198	18	180	0
淮阴国际经济技术合作公司	552	12	540	0

1997年末中国在外从事对外承包工程和劳务合作的人数

单位:人

名　　称	合计	承包工程	劳务合作	设计咨询
江苏建达建设股份有限公司	52	52	0	0
江苏省建筑材料工业总公司	141	89	52	0
南化集团永利进出口公司	5	5	0	0
南京水泥工业设计院	1	0	0	1
张家港国际经济技术合作公司	273	0	273	0
江苏公路桥梁工程公司	225	90	135	0
江苏水利外经公司	33	33	0	0
南京化学工业集团公司设计院	100	100	0	0
启东市对外经济技术合作公司	166	0	166	0
南通第四建筑安装工程公司	226	136	90	0
南通市第三建筑安装工程公司	1,544	192	1,352	0
武进市建设工程公司	115	115	0	0
江苏地质工程有限公司	35	35	0	0
江苏农业对外经济技术合作公司	29	2	27	0
常熟国际经济技术合作公司	41	0	41	0
江苏省建筑安装工程股份有限公司	213	111	102	0
江苏省矿业总承包公司	215	215	0	0
苏州建筑控股集团	71	71	0	0
南京市	2,116	1,767	349	0
南京国际经济技术合作公司	1,193	995	198	0
南京海外建筑工程公司	824	703	121	0
南京市住宅建设总公司	99	69	30	0
浙江省	13,888	492	13,396	0
中国浙江国际经济技术合作公司	3,120	124	2,996	0
浙江省建筑工程总公司	478	193	285	0
杭州国际经济技术合作公司	310	0	310	0
温州国际经济技术合作公司	36	0	36	0
绍兴国际经济技术合作公司	833	12	821	0
舟山国际经济技术合作公司	224	0	224	0
丽水国际经济技术合作公司	84	0	84	0
湖州对外经济技术合作有限公司	39	0	39	0
金华对外经济技术合作有限公司	699	0	699	0

1997 年末中国在外从事对外承包工程和劳务合作的人数

单位：人

名　　称	合　计	承包工程	劳务合作	设计咨询
台州国际经济技术合作公司	74	6	68	0
电力工业部华东勘测设计研究院	1	0	1	0
宁波市	7,990	157	7,833	0
中国宁波国际合作(集团)有限公司	2,464	0	2,464	0
宁波天地集团股份有限公司	2,456	120	2,336	0
宁波市进出口公司	2,816	27	2,789	0
宁波国际建设经贸公司	254	10	244	0
安徽省	2,574	709	1,859	6
安徽国际经济技术合作公司	620	17	598	5
安徽省外经建设(集团)公司	434	79	355	0
合肥对外经济技术合作公司	328	0	328	0
冶金部马鞍山钢铁设计研究院	3	0	3	0
蚌埠国际经济技术合作公司	178	169	9	0
安徽建工集团有限公司	214	29	185	0
安徽省水利水电勘察设计院	1	0	0	1
芜湖国际经济技术合作公司	72	0	72	0
冶金部第十七冶金建设公司	19	19	0	0
合肥建筑集团公司	128	0	128	0
安徽省电力建设二公司	405	396	9	0
宿县地区国际经济技术合作公司	120	0	120	0
安庆国际经济技术合作公司	52	0	52	0
福建省	55,358	137	55,221	0
中国福建国际经济技术合作公司	12,460	0	12,460	0
福州国际经济技术合作公司	5,180	35	5,145	0
福建省对外劳务合作公司	6,873	0	6,873	0
福建福通对外经济技术合作公司	1,056	0	1,056	0
福建华源国际贸易经济合作公司	1,003	0	1,003	0
中国武夷实业总公司	24	24	0	0
莆田国际经济技术合作公司	1,930	0	1,930	0
中国泉州国际经济技术合作公司	2,859	0	2,859	0
中国漳州国际经济技术合作公司	4,705	0	4,705	0
福建厦门轮船总公司	407	0	407	0

1997年末中国在外从事对外承包工程和劳务合作的人数

单位:人

名　　称	合　计	承包工程	劳务合作	设计咨询
宁德国际经济技术合作公司	1,160	0	1,160	0
三明国际经济技术合作公司	270	0	270	0
南平国际经济技术合作公司	371	0	371	0
福建省华洋水产集团公司	198	0	198	0
龙岩国际经技术合作公司	68	0	68	0
福建省轮船总公司	310	0	310	0
福州市劳务技术合作公司	555	0	555	0
福州壮安发展有限公司	789	0	789	0
福建省投资企业公司	146	0	146	0
福建省金福集团公司	439	0	439	0
福建省对外劳务咨询服务中心	637	0	637	0
福建华旅对外劳务合作公司	539	0	539	0
福建三木集团股份有限公司	433	0	433	0
莆田对外经济技术合作公司	1,681	0	1,681	0
福建省对外经贸服贸公司	461	0	461	0
厦门市	10,804	78	10,726	0
中国厦门国际经济技术合作公司	6,954	0	6,954	0
厦门建隆发集团公司	735	0	735	0
厦门经济特区船务有限公司	120	0	120	0
厦门经济特区友利贸易有限公司	480	0	480	0
厦门国贸集团有限公司	1,119	0	1,119	0
厦门经济特区对外贸易集团公司	111	24	87	0
厦门特贸有限公司	1,055	54	1,001	0
厦门经贸船务公司	135	0	135	0
厦门诚毅船务公司	95	0	95	0
江西省	3,699	345	3,346	8
中国江西国际经济技术合作公司	2,371	69	2,294	8
南昌对外工程总公司	147	82	65	0
江西省建筑工程总公司	180	39	141	0
南昌国际经济技术合作公司	195	0	195	0
南昌有色冶金设计研究院	2	0	2	0
江西省轻工业对外经济技术合作公司	521	0	521	0

1997年末中国在外从事对外承包工程和劳务合作的人数

单位：人

名　　称	合　计	承包工程	劳务合作	设计咨询
赣州国际经济技术合作公司	209	85	124	0
萍乡矿务局建筑安装总公司	20	20	0	0
宜春海程经贸发展有限公司	40	40	0	0
吉安对外经济技术合作公司	14	10	4	0
山东省	22,256	2,008	20,247	1
中国山东国际经济技术合作公司	3,982	167	3,815	0
齐鲁建设集团公司	403	214	189	0
山东省国泰集团公司	4	4	0	0
山东省建筑工程总公司	26	26	0	0
山东省外商投资服务公司	681	0	681	0
山东省劳务合作公司	663	0	663	0
山东省水产企业集团公司	367	0	367	0
山东省五金矿产进出口公司	45	0	45	0
济南钢铁集团总公司	135	0	135	0
威海国际经济技术合作公司	2,385	0	2,385	0
烟台国际经济技术合作公司	2,093	23	2,070	0
烟台市建筑工程公司	266	197	69	0
潍坊国际经济技术合作公司	1,109	0	1,109	0
淄博国际经济技术合作公司	398	48	350	0
济南国际经济技术合作公司	287	39	248	0
日照国际经济技术合作公司	1,122	0	1,122	0
临沂国际经济技术合作公司	413	27	386	0
济宁国际经济技术合作公司	19	0	19	0
聊城国际经济技术合作公司	102	0	102	0
泰安国际经济技术合作公司	1,316	317	999	0
东营国际经济技术合作公司	241	0	241	0
潍坊建筑安装工程公司	800	132	668	0
济南四建集团责任有限公司	50	34	16	0
荣成市对外经济技术合作公司	201	0	201	0
威海火炬高技术开发区进出口公司	87	0	87	0
淄博建筑工程公司	111	22	89	0
潍坊柴油机厂进出口公司	102	12	90	0

1997年末中国在外从事对外承包工程和劳务合作的人数

单位：人

名　　称	合计	承包工程	劳务合作	设计咨询
济南轻骑集团进出口公司	124	0	124	0
枣庄国际经济技术合作公司	117	70	47	0
诸城市建筑工程公司	221	171	50	0
菏泽地区对外经济技术合作	146	0	146	0
胜利油田管理局	127	76	51	0
青岛市	4,113	429	3,683	1
中国青岛国际经济技术合作公司	3,000	0	2,999	1
青岛建设集团公司	464	429	35	0
青岛市五金矿产机械进出口公司	252	0	252	0
青岛国际人才技术合作公司	397	0	397	0
河南省	7,289	442	6,837	10
中国河南国际经济技术合作公司	2,924	40	2,884	0
河南省水利电力对外公司	471	22	449	0
河南省对外劳务合作公司	2,740	0	2,740	0
河南省建设工程公司	330	223	107	0
郑州国际经际技术合作公司	513	0	513	0
洛阳石油化工工程公司	24	7	7	10
机械部第四设计研究院	59	0	59	0
中原石油勘探局外经外贸总公司	228	150	78	0
湖北省	4,326	336	3,923	67
中国湖北国际经济技术合作公司	1,122	55	1,067	0
黄石国际经济技术合作公司	123	0	123	0
葛洲坝水利水电工程集团公司	132	132	0	0
中国有色第十五冶金建设公司	12	12	0	0
湖北晴川国际海员劳务开发公司	75	0	75	0
孝感国际经济技术合作建筑公司	14	0	14	0
武汉市	2,848	137	2,644	67
中国武汉国际经济技术合作公司	2,000	2	1,998	0
中国五环化学工程公司	82	18	0	64
武汉建工集团有限公司	207	93	114	0
中国第一冶金建设公司	22	22	0	0
铁道部第四勘测设计院	6	0	3	3

1997年末中国在外从事对外承包工程和劳务合作的人数

单位：人

名　　称	合　计	承包工程	劳务合作	设计咨询
华中电力国际经贸公司	2	2	0	0
武汉船用机械厂	5	0	5	0
长航外经总公司	506	0	506	0
中国出口商品基地武汉公司	18	0	18	0
湖南省	2,438	656	1,765	17
中国湖南国际经济技术合作公司	1,026	201	818	7
湖南省公路桥梁建设公司	43	35	8	0
湖南建筑工程集团总公司	62	47	15	0
湖南省进出口公司	129	0	129	0
湖南系列外企业	383	0	383	0
湖南环球(集团)公司	315	0	315	0
湖南建筑设计院	2	0	0	2
岳阳第四化建公司	215	215	0	0
电力中南设计院	5	0	0	5
中国水利水电第八工程局	59	59	0	0
煤炭部长沙设计研究院	3	0	0	3
湖南交通国际工程合作公司	99	99	0	0
湖南株州海外国际合作有限公司	97	0	97	0
广东省	22,756	354	22,402	0
中国广东国际合作(集团)公司	4,596	83	4,513	0
广东对外劳务经济合作公司	8,890	0	8,890	0
广东海外建设总公司	47	17	30	0
广东省建筑公程总公司	48	48	0	0
广东水利水电集团公司	96	96	0	0
珠海国际经济技术合作公司	1,256	20	1,236	0
汕头国际经济技术合作公司	182	0	182	0
汕尾市对外劳动服务公司	94	0	94	0
江门市对外劳动服务公司	3,404	0	3,404	0
广东省南粤进出口公司	893	0	893	0
广东省石油化工建设集团公司	27	27	0	0
珠海劳动服务公司	97	0	97	0
广州市	1,971	63	1,908	0

1997 年末中国在外从事对外承包工程和劳务合作的人数

单位：人

名　　称	合　计	承包工程	劳务合作	设计咨询
中国广州国际经济技术合作公司	1,541	17	1,524	0
广州对外经济发展总公司	397	13	384	0
广州珠江实业总公司	15	15	0	0
广州建筑总公司	14	14	0	0
广州工程总承包集团有限公司	4	4	0	0
深圳市	1,155	0	1,155	0
中国深圳国际合作(集团)股份有限公司	296	0	296	0
深圳市对外劳动服务公司	351	0	351	0
深圳市人才劳务经济发展公司	481	0	481	0
深圳市建设投资控股公司	27	0	27	0
广西自治区	2,296	1,434	862	0
中国广西国际经济技术合作公司	1,736	1,083	653	0
南宁国际经济技术合作公司	153	98	55	0
广西对外建筑工程总公司	200	163	37	0
北海海外经济技术合作公司	100	0	100	0
防城港国际经济技术合作有限责任公司	22	5	17	0
广西公路桥梁工程总公司	24	24	0	0
广西水利水电对外有限责任公司	42	42	0	0
广西地矿建设工程发展中心	19	19	0	0
海南省	10	10	0	0
中国海南国际经济技术合作公司	10	10	0	0
重庆市	1,437	231	1,206	0
中国重庆国际经济技术合作公司	847	144	703	0
重庆对外建设总公司	107	87	20	0
万县市国际经济技术合作公司	423	0	423	0
涪陵国际经济技术合作公司	34	0	34	0
重庆钢铁(集团)有限责任公司	26	0	26	0
四川省	7,222	1,261	5,925	36
中国四川国际合作股份有限公司	4,365	218	4,148	−1
中国华西企业公司	338	332	6	0
四川东方电力设备联合公司	77	77	0	0
中国华西工程设计建设总公司	308	0	308	0

1997 年末中国在外从事对外承包工程和劳务合作的人数

单位：人

名　　称	合 计	承包工程	劳务合作	设计咨询
中国成达化学工程公司	66	41	0	25
四川公路桥梁工程总公司	123	35	88	0
四川省外经实业股份公司	498	0	498	0
四川省电力进出口公司	76	50	26	0
中国化学工程第七建设公司	210	210	0	0
广安地区对外经济贸易公司	252	0	252	0
川铁国际经济技术合作公司	343	298	45	0
成都市建筑工程总公司	332	0	332	0
绵阳国际经济技术合作有限公司	54	0	42	12
中国成都国际经济技术合作公司	180	0	180	0
贵州省	125	86	34	5
中国贵州国际经济技术合作公司	48	14	34	0
铁道部第五工程局	72	72	0	0
贵州省水利水电勘测设计研究院	5	0	0	5
云南省	1,451	1,236	214	1
中国云南国际经济技术合作公司	136	100	36	0
昆明国际经济技术合作公司	17	0	17	0
云南建工集团总公司	12	12	0	0
云南公路桥梁工程总公司	22	22	0	0
中国有色金属工业第十四冶金建设公司	5	0	5	0
云南地矿勘查工程总公司(集团)	153	3	150	0
云南省铁路总公司	281	281	0	0
云南德宏国际经济技术合作公司	72	66	6	0
云南省机械设备进出口公司	120	120	0	0
云南省设计院	−1	0	0	−1
电力部昆明勘测设计研究院	2	0	0	2
云南省土产进出口公司	580	580	0	0

1997年末中国在外从事对外承包工程和劳务合作的人数

单位：人

名　　称	合　计	承包工程	劳务合作	设计咨询
云南省云岭工业进出公司	52	52	0	0
陕西省	1,663	519	1,139	5
中国陕西国际经济技术合作公司	337	77	262	-2
秦海国际工程公司	69	65	4	0
机械部第七设计院	1	0	0	1
化工部第六设计院	2	0	0	2
西北勘测设计院	8	8	0	0
交通部第一公路设计院	4	0	0	4
西北电力集团对外公司	24	1	23	0
陕西省机械设备进出口公司	38	3	35	0
华山国际工程公司	305	288	17	0
西飞集团公司	12	0	12	0
西安市	863	77	786	0
西安国际技术贸易公司	842	67	775	0
西安电力机械进出口公司	10	10	0	0
西安市机械进出口公司	11	0	11	0
甘肃省	508	465	38	5
中国甘肃国际经济技术合作公司	136	114	17	5
甘肃建筑工程总公司	230	230	0	0
甘肃对外经济发展公司	36	15	21	0
甘肃地质工程总公司	106	106	0	0
中国宁夏伊斯兰国际经济技术合作公司	17	0	17	0

中国批准海外投资企业统计表

金额单位:万美元

国别(地区)	截至1997年批准				1997年批准			
	企业数量	投资总额	其中		企业数量	投资总额	其中	
			中方	%			中方	%
合计	**2143**	**484328.1**	**234861.4**	**48.5**	**158**	**32535.1**	**19630.2**	**60.3**
香港	172	35786.2	21766.6	60.8	14	803.1	566.6	70.5
澳门	37	9319.2	4721.3	50.6	4	265.3	264.5	99.7
日本	86	4447.2	1648.7	37.1	4	179.0	123.8	69.2
韩国	17	3149.5	883.0	28.0	2			
新加坡	67	5675.6	1762.4	31.1	6	358.7	242.4	67.6
马来西亚	70	6047.8	2598.3	43.0	6	253.0	88.9	35.1
泰国	134	20434.1	6643.4	32.5				
印尼	37	5180.0	1947.8	37.6	4	422.1	179.2	42.5
越南	8	519.4	282.3	54.4	1	58.0	58.0	100
缅甸	11	432.4	344.6	79.7				
柬埔寨	22	3794.5	2884.5	76.0	9	1217.8	1001.7	82.3
孟加拉	28	2832.9	1037.2	36.6	1	75.0	45.0	60.0
印度	3	113.9	48.5	42.6	1	80.0	38.4	48.0
斯里兰卡	9	764.0	315.0	41.2				
朝鲜	4	296.6	110.8	37.4				
老挝	7	557.6	247.1	44.3				
蒙古	24	609.4	280.0	46.0				
菲律宾	29	3781.4	999.8	35.9				
巴基斯坦	12	1729.0	522.0	30.1				
尼泊尔	3	105.0	61.0	58.1				
伊朗	1	1.4	0.7	50.0				
以色列	1	1.0	6.0	60.0				
土耳其	7	1517.0	850.7	52.5				
塞浦路斯	3	63.5	31.5	56.5				

中国批准海外投资企业统计表

金额单位:万美元

国别(地区)	截至1997年批准				1997年批准			
	企业数量	投资总额	其中		企业数量	投资总额	其中	
			中方	%			中方	%
约旦	5	114.1	55.1	48.3				
也门	8	1132.5	418.4	36.9				
沙特阿拉伯	2	12.0	6.0	50.0				
科威特	3	145.0	81.3	56.1				
卡塔尔	1	21.0	21.0	100.0				
阿曼	1	10.3	4.6	44.9				
南非	39	10630.3	4591.5	41.2	11	1364.4	837.8	61.4
埃及	6	1186.0	880.1	74.2	3	747.4	698.5	93.5
厄立特里亚	2	198.1	97.3	49.1	2	198.1	97.3	49.1
阿联酋	20	1312.4	816.5	62.2	3	143.0	143.0	100
苏丹	7	1200.5	1081.5	90.1	4	1057.5	976.5	92.3
喀麦隆	9	473.5	411.9	87.0	3	346.0	323.0	93.4
几内亚	2	391.2	360.0	92.0	2	391.2	360.0	92.0
尼日尔	2	306.0	102.0	33.3	1	300.0	96.0	32.0
赞比亚	7	1386.2	1068.3	77.1	1	45.8	45.8	100
阿尔及利亚	1	35.0	35.0	100				
坦桑尼亚	9	2738.8	1496.4	54.6	1	256.0	211.0	82.4
加纳	3	358.0	200.0	55.9	2	110.0	110.0	100
加蓬	7	848.2	844.5	99.6	1	490.0	490.0	100
科特迪瓦	7	1342.8	590.7	44.0	2	490.0	460.2	93.9
乌干达	8	444.7	343.0	77.1	2	139.0	139.0	100
博茨瓦纳	3	128.5	110.5	86.0	1	8.5	8.5	100
津巴布韦	4	4682.1	2961.5	63.3	2	4130.0	2695.0	65.3
多哥	3	46.0	46.0	100	1	10.0	10.0	100
赤道几内亚	3	798.5	798.5	100	1	600.4	600.4	100

中国批准海外投资企业统计表

金额单位:万美元

国别(地区)	截至1997年批准				1997年批准			
	企业数量	投资总额	其中		企业数量	投资总额	其中	
			中方	%			中方	%
突尼斯	1	21.0	21.0	100				
摩洛哥	10	169.4	81.2	47.9				
塞内加尔	3	35.2	24.3	68.9				
冈比亚	5	295.6	145.0	49.2				
几内亚比绍	2	426.6	426.6	100				
马里	3	3782.0	2824.8	74.6				
布基纳法索	1	3.0	3.0	100				
利比里亚	7	1150.0	736.8	63.5				
塞拉利昂	2	130.0	114.7	87.7				
尼日利亚	20	3446.4	1268.9	36.8				
乍得	1	17.0	8.4	49.4				
中非	5	220.8	178.6	80.9				
刚果	1	2.0	2.0	100				
扎伊尔	5	947.9	820.0	86.5				
布隆迪	2	179.5	71.8	40.0				
卢旺达	2	735.0	258.1	38.8				
埃塞俄比亚	1	100.0	100.0	100				
肯尼亚	14	927.6	729.6	78.6				
毛里求斯	17	1583.6	683.2	43.1				
马达加斯加	13	464.4	233.7	50.3				
莫桑比克	2	236.0	108.0	45.8				
莱索托	5	139.4	58.4	41.9				
拉斯帕尔马斯	2	135.0	115.0	85.2				
毛里塔尼亚	2	188.5	177.5	94.1				
安哥拉	1	198.0	198.0	100				

中国批准海外投资企业统计表

金额单位:万美元

国别(地区)	截至1997年批准				1997年批准			
	企业数量	投资总额	其中		企业数量	投资总额	其中	
			中方	%			中方	%
纳米比亚	4	337.5	172.5	51.1				
佛得角	3	170.0	60.0	35.2	1	100.0	25.0	25.0
贝宁	1	98.8	98.8	100				
塞舌尔	1	15.0	15.0	100				
西萨摩亚	1	10.0	10.0	100				
俄罗斯	234	19417.0	9707.7	50.0	7	161.4	119.2	73.8
白俄罗斯	1	20.0	11.0	55.0	1	20.0	11.0	55.0
哈萨克斯坦	14	416.8	169.5	40.1	1	48.0	24.5	51.0
乌克兰	11	299.6	119.7	41.3	1	10.0	5.0	50.0
拉脱维亚	2	1045.0	564.0	54.0	1	1039.0	558.0	53.7
立陶宛	1	150.0	91.0	60.7	1	150.0	91.0	60.7
罗马尼亚	3	242.0	211.0	87.2	3	242.0	211.0	87.2
匈牙利	11	524.1	364.8	69.6	2	201.0	109.0	54.2
阿尔巴尼亚	1	500.0	250.0	50.0				
波兰	4	119.2	64.1	53.8				
德国	30	1543.2	932.1	60.4	1	83.3	33.3	40.0
法国	14	3059.8	947.7	31.0				
荷兰	12	816.2	528.9	64.8	2	238.5	92.0	38.6
比利时	6	207.0	162.1	78.3	1	20.0	20.0	100
意大利	6	1568.5	298.6	19.0				
英国	10	1313.1	675.2	51.4	1	50.0	20.0	40.0
捷克	3	110.2	55.9	50.7				
卢森堡	1	40.0	20.0	50.0				
丹麦	2	73.9	34.9	47.2				
保加利亚	1	30.0	25.0	83.0				

中国批准海外投资企业统计表

金额单位:万美元

国别(地区)	截至1997年批准				1997年批准			
	企业数量	投资总额	其中		企业数量	投资总额	其中	
			中方	%			中方	%
芬兰	1	120.0	23.6	19.7				
瑞典	5	318.3	184.1	48.2				
挪威	2	130.1	65.1	50.0				
瑞士	3	747.6	199.5	26.6				
奥地利	7	369.8	203.9	55.0				
马耳他	6	308.5	180.6	58.4				
西班牙	12	1047.1	411.7	39.3				
葡萄牙	3	425.0	229.5	54.0				
乌兹别克斯坦	3	415.5	170.7	41.0				
吉尔吉斯斯坦	6	394.5	145.8	36.9				
塔吉克斯坦	1	120.0	60.0	50.0				
爱沙尼亚	1	3.6	1.8	50.0				
美国	257	56657.2	37541.0	66.3				
澳大利亚	98	124469.1	32934.5	26.5				
加拿大	78	70218.3	35157.7	52.9	1	225.0	90.0	25.0
新西兰	14	9662.6	4374.1	46.7	2	41.6	41.4	99.5
巴西	20	5181.3	4046.7	78.1	1	2743.0	2578.0	94.0
阿根廷	13	593.6	355.0	59.8	2	250.0	126.0	50.4
巴布亚新几内亚	11	4087.9	3340.7	81.7	2	1868.4	1758.2	94.1
西萨摩亚	1	100.6	75.5	75.0	1	100.6	75.5	75.0
墨西哥	29	2096.1	1653.8	78.9	1	80.0	29.0	36.3
智利	6	2283.0	2247.5	98.4				
斐济	13	930.0	578.8	62.2				
圭亚那	2	930.0	461.2	49.6				
巴哈马	3	135.5	105.5	77.9				

中国批准海外投资企业统计表

金额单位:万美元

国别(地区)	截至1997年批准				1997年批准			
	企业数量	投资总额	其中		企业数量	投资总额	其中	
			中方	%			中方	%
萨尔瓦多	1	80.0	56.0	70.0				
哥斯达黎加	2	120.0	90.0	75.0				
巴拿马	6	151.0	75.5	50.0				
巴巴多斯	1	280.0	126.0	45.0				
委内瑞拉	3	323.0	172.5	53.4				
哥伦比亚	2	57.0	36.5	64.0				
厄瓜多尔	12	804.5	376.6	46.8				
秘鲁	7	12507.5	12047.8	96.3				
玻利维亚	13	551.7	340.1	61.6				
乌拉圭	2	50.0	28.5	57.0				
百慕大	2	1002.4	501.2	50.0				
特克斯和凯科斯群岛	1	86.5	64.9	75.0				
安提瓜和巴布达	3	242.5	130.0	33.3				
所办门群岛	3	120.0	54.3	45.3				
瓦努阿图	10	694.0	517.8	74.6				
密克罗尼西亚	1	45.0	45.0	100				
贝劳	4	302.5	106.5	35.2				
洪都拉斯	1	200.0	100.0	50.0				
多米尼加	3	167.1	91.2	54.6				
伯利兹	3	257.4	157.4	61.1				
法属圭亚那	1	388.0	388.0	100				
牙买加	2	390.0	130.0	33.3				

1997年中国对外援助成套项目建成及提供单项设备情况

行 业	建成项目数	新增生产能力或规模	受援国家
公用民用建筑	12	(1)年产1,200吨洗衣粉	蒙古
		(2)年产2,500吨五层瓦楞纸板	蒙古
		(3)提供全套油漆生产设备	蒙古
		(4)建筑面积23,012平方米,占地2.33公倾	斯里兰卡
		(5)建筑面积7,248平方米,60套住房	佛得角
		(6)30,000人座体育场	贝宁
		(7)3,000万元人民币纪念碑	马里
		(8)建筑面积30,000平方米,663套住房	纳米比亚
		(9)4千人座体育场,建筑面积38,417平米	乌干达
		(10)5千人座体育馆,建筑面积11,079平方米	马达加斯加
		(11)年产3万吨水泥	秘鲁
		(12)建筑面积8,000平方米	马耳他
文教卫生	8	(1)建筑面积1,380平方米教学楼	巴勒斯坦
		(2)提供一批医疗设备	苏丹
		(3)提供大学实验室设备	苏丹
		(4)提供并安装一套计算机辅助系统	埃及
		(5)扩建面积5,720平方米,床位增至250张	卢旺达
		(6)建筑面积5,688平方米,120床位	贝宁
		(7)301米截洪沟	贝宁
		(8)建筑面积1,487平方米及医疗队员宿舍	喀麦隆
交通运输	6	(1)新开挖下水道及路灯照明设备	柬埔寨
		(2)修复长600米,宽12米路面	柬埔寨
		(3)引桥575米,主桥577.4米,全长1,152.4米	孟加拉
		(4)提供3台3,000马力机车	坦桑尼亚
		(5)提供3台3,000马力机车	赞比亚
		(6)全长74.35米,宽5.5米,高4.5米船闸	尼日尔
打井供水	4	(1)打井100眼	柬埔寨
		(2)打井30眼	纳米比亚

1997年中国对外援助成套项目建成及提供单项设备情况

行　业	建成项目数	新增生产能力或规模	受援国家
		(3)打井20眼	莫桑比克
		(4)打井60眼及泵房，蓄水池设备	玻利维亚
农牧渔业	3	(1)提供兽药设备及器材	蒙古
		(2)提供设备及原料，并负责安装调试	蒙古
		(3)日处理甘蔗400吨，附设日产6,000吨酒精	桑给巴尔
改造更新大修	4	(1)国际会议中心维修	尼泊尔
		(2)纺织厂设备维修改造	苏丹
		(3)福拉湾学院维修	塞拉利昂
		(4)体育馆维修	巴巴多斯
水利电力	2	(1)提供水轮机，发电机等器材	蒙古
		(2)灌溉面积205公顷	津巴布韦
合　计	39		

1997年中国对外援助建成成套项目进行技术合作情况

行　业	技术合作项目数	派出专家项目数	受　援　国　家
农牧渔业	19	255	毛里塔尼亚、摩洛哥、科特迪瓦、多哥、几内亚(2)、佛得角、贝宁、刚果(民)、纳米比亚、莫桑比克、坦桑尼亚、桑给巴尔、毛里求斯(2)、肯尼亚、圭亚那、古巴、巴布亚新几内亚
工用民用建筑	25	462	柬埔寨(2)、马尔代夫、孟加拉、突尼斯、阿尔及利亚、多哥、马里、几内亚(2)、佛得角、贝宁、加蓬、刚果(民)(3)、纳米比亚、毛里求斯、莱索托、科摩罗、吉布提、秘鲁、厄瓜多尔、安提瓜和巴布达、马耳他
文教体育卫生	36	492	蒙古、巴基斯坦、斯里兰卡、尼泊尔、巴勒斯坦、毛里塔尼亚、埃及、科特迪瓦、尼日尔、多哥(2)、马里(3)、佛得角、贝宁(2)、喀麦隆(2)、加蓬、乌干达(2)、卢旺达、津巴布韦、马达加斯加、肯尼亚(3)、吉布提、塞舌尔、巴巴多斯、瓦努阿图、萨摩亚、基里巴斯、马绍尔
交通运输	7	156	尼泊尔、毛里塔尼亚、赤道几内亚、坦桑尼亚、肯尼亚、赞比亚、博茨瓦纳
水利电力	10	132	老挝、突尼斯、几内亚、赤道几内亚、纳米比亚、津巴布韦、埃塞俄比亚、玻利维亚、圭亚那、安提瓜和巴布达
能源开发	5	90	朝鲜、苏丹(2)、尼日尔、坦桑尼亚
广播通讯	5	64	苏丹、几内亚(2)、赤道几内亚、桑给巴尔
轻纺工业	1	26	科特迪瓦
合　计	108	1,678	

1997年中国对外承担援外成套项目和单项设备情况

行业	承担项目数	受援国家
农牧渔业	9	缅甸、贝宁、卢旺达(2)、古巴(2)、乌拉圭、密克罗尼西亚、斐济
公用民用建筑	18	蒙古(2)、老挝、柬埔寨(3)、尼泊尔、约旦、苏丹、毛里塔尼亚、尼日尔(2)、马里、贝宁、多哥、赞比亚、密克罗尼西亚、圣卢西亚
文教体育卫生	10	柬埔寨、巴基斯坦、乍得、苏丹、加纳、贝宁(2)、佛得角、萨摩亚、瓦努阿图
轻纺工业	1	叙利亚
水利电力	3	尼日尔(2)、圭亚那
交通运输	8	朝鲜、巴勒斯坦、埃及、乌干达、坦桑尼亚(2)、赞比亚(2)
邮电通迅	3	约旦、苏丹、古巴
合计	52	

1997年中国承担援外技术合作项目情况

行　业	承担项目数	受　援　国　家
农牧渔林业	9	毛里塔尼亚、塞拉利昂、几内亚(2)、佛得角、贝宁、刚果、坦桑尼亚、古巴
公用民用建筑	12	毛里塔尼亚、佛得角、塞拉利昂(2)、尼日尔(2)、几内亚、多哥、贝宁、乍得、乌干达、肯尼亚
文教体育卫生	5	柬埔寨(2)、巴基斯坦、帕劳(2)
水利电力	4	赤道几内亚、纳米比亚、几内亚、安提瓜和巴布达
交通运输	2	赤道几内亚、肯尼亚
邮电通迅	1	赤道几内亚
能源开发	1	坦桑尼亚
打井供水	1	莫桑比克
合　计	35	

大事记

1997年中国对外经济贸易活动大事记

1月

2日 刘山在副部长会见来访的苏丹能源矿产部部长奥德·艾哈迈德·贾兹，双方就今年2月举行喀土穆博览会和苏中投资研讨会等事宜交换意见。

8日 杨文生部长助理会见来访的缅甸交通部长登温中将，双方就中缅互利合作的情况交换意见，并就中国成套设备进出口公司承揽缅甸汉达瓦低国际机场一事进行磋商。

9日 吴仪部长会见来访的巴基斯坦政府财政、经济事务顾问伯基一行，吴仪部长介绍了近年来我国经济发展情况，双方就加强中巴经贸合作关系等问题交换意见。

13日 孙振宇副部长会见美国众议员柯尔比率领的议员代表团，双方就中美经贸关系有关问题交换意见。

13日 刘向东部长助理会见奥地利新任驻华大使齐格勒，希望大使在任期间两国经贸关系继续向前发展。

14日 李国华副部长会见印度驻华大使南威哲一行，南威哲大使就中印经贸科技联合小组第6次会议事提出了印方的设想和建议。

15日 石广生副部长会见美国参议院财委会主席罗斯一行，双方就最惠国待遇和世界贸易组织(WTO)等问题交换意见。

16日 吴议部长会见来访的奥地利联邦经济部长法恩莱特纳博士一行，双方就两国经贸关系及中国加入WTO等问题进行会谈。

17日 刘山在副部长会见埃及驻华大使希勒米·贝德尔，就中国在开罗建设贸易中心、埃及总理访华等事宜与对方交换意见。

17日 刘山在副部长会见来访的英国工党副领袖普雷斯科特，向客人介绍了近年来中英双边贸关系，并回答了客人关心的问题。

20日至23日 全国对外经济贸易工作会议在北京召开，吴仪部长在会上做了题为《再接再厉，开拓进取，全面提高对外经贸工作的质量与水平》的报告。

20日 李国华副部长会见以樱内义雄会长为团长的日本国际贸易促进协会第25次访华代表团，就双边经贸关系、香港回归后的政策及中国加入WTO等问题介绍情况。

20日 刘山在副部长与瓦努阿图部长会议秘书长诺埃尔·塔比尤苏代表各自政府就中国向瓦努阿图提供500万元人民币无偿援助事在北京换文确认。

24日 石广生副部长会见俄罗斯联邦驻华使馆临时代办杰尼索夫、商务代表卡恰洛夫。石广生副部长介绍了中方落实两国领导人提出的发展双边经贸合作建议的进展情况，并提供了中俄长期贸易框架协议项下1997年度进出口商品指导性货单和30余家开展双边经贸的中方公司、企业的推荐名单。

27日 孙振宇副部长会见美国众议员艾克曼率领的议员代表团，双方就中美经贸关系问题交换意见。

28日 吴仪部长会见蒙古新任对外关系部长舒·阿勒坦格列尔，双方就进一步发展中蒙经贸关系交换意见，并就1996年中国向蒙古提供增款的有关项目事宜在北京换文确认。

28日至2月2日 中美第五个双边纺织品协议在北京签字，中国政府决定取消暂停进口美国部分产品的报复措施。吴仪部长出席了签字仪式。

28日 孙振宇副部长会见美国加州州长威尔逊率领的州政府代表团，双方就加强该州与中国的贸易和投资合作等问题交换意见。

29日 吴仪部长会见美国纺织品谈判代表海斯大使，双方就商签中美纺织品协议和市场准入等问题交换意见。

30日 吴仪部长会见美国贸易代表办公室助理贸易代表李森智，双方就中国加入世贸组织及中美双边经贸关系有关问题交换意见。

30日 刘山在副部长会见贝宁新任驻华大使米歇尔·阿代希安，并向大使介绍了援外方式改革的情况，表示愿与贝宁加强在农业、教育、卫生和环保等领域的合作。

2月

3日 陈新华副部长会见罗马尼亚驻华大使康斯坦丁内斯库，双方就中罗经贸关系等问题交换意见，罗方再次邀请陈新华副部长访罗。

4日 陈新华副部长会见南斯拉夫驻华大使翁科维奇，双方就中南混委会第二次会议的准备情况交换意见。

4日 陈新华副部长会见保加利亚驻华大使加别洛夫，双方就中保酸奶合资项目的有关问题交换意见。

6日 刘山在副部长就中伊(朗)经贸联委会第9次会议事约见伊朗驻华大使，并正式通知伊方李岚清副总理接受邀请，将率中国政府经贸代表团访伊。

7日至3月1日 杨文生部长助理率中国政府经贸代表团出席南部非洲发展共同体(SADC)1997年度部长级协商会议，并访问纳米比亚、加纳、尼日利亚和乌干达四国。SADC组织及上述四国政府对中国代表团此次访问非常重视，SADC组织执行秘书和纳总统努乔马分别会见杨文生部长助理一行，并安排杨文生部长助理在SADC组织年会开幕式主席台上就座并发表讲话。访问期间，杨文生部长助理分别与四国政府部门就进一步加强南南合作、积极拓展双边经贸合作领域及加强企业间的合作等交换意见。杨文生部长助理还代表我国政府与尼日利亚政府签署会谈纪要；与乌干达政府签署乌体育场技术合作的换文、中国无偿赠送乌100万元人民币物资移交证书、两国投资合作意向书及中国同意乌方延期偿还1989年的无息贷款的换文等。

17日至20日 李岚清副总理率中国政府代表团访问以色列，刘山在副部长随团出访。李副总理会见了以总统、总理、议长等高层领导人。双方就进一步发展两国友好关系，特别是经贸、科技等方面的合作事宜交换意见，并签署两国政府关于海关行政互助与合作协议及中国进口10万吨以色列钾肥合同。

17日 李国华副部长会见越共中央政治局常委阮晋勇，双方就加强双边经贸合作交换意见。

18日 孙振宇副部长会见德国勃兰登堡州州长曼弗雷德·施托尔佩博士及其率领的州政府和企业代表团，双方就进一步扩大合作交换意见。

21日 吴仪部长会见来访的澳大利亚外交贸易部秘书长弗勒德，双方就中澳经贸关系的有关问题、中国加入世界贸易组织、服务业开放等问题交换意见。

24日 吴仪部长会见陪同葡萄牙总统桑帕约访华的葡经济部长马特乌斯，双方就进一步发展中葡经贸关系以及欧盟对华产品设限和反倾销等问题交换意见。会见后，吴仪部长和马特乌斯部长出席有100多位中葡企业家参加的中葡经贸研讨暨洽谈会，并发表演讲。

25日 应日中长期贸易协议委员会委员长河合良一先生的邀请，以我部副部长、中日长期贸易协议委员会主任李国华为团长的中日长期贸易协议定期协商代表团赴日参加在东京举行的中日长期贸易协议第17次定期协商会议。双方就1996年度中日长贸协议执行情况作了全面总结，并就1997年度中国对日出口石油、煤炭和自日进口技术设备等问题进行磋商。

26日 孙振宇副部长会见来访的苏里南总统特使鲍特瑟一行，双方就通过在苏建立贸易中心发展双边贸易及进一步发展两国在水电、矿业开发及农业领域的合作等问题交换意见。

27日 吴仪部长与来访的法国财政外贸部长级代表伊夫·加朗进行了会谈，双方就中法贸易统计差异、欧盟对华歧视性贸易措施等问题交换意见。陈新华副部长与加朗举行会谈，陈新华副部长回顾了中法经贸关系近况，并重申中国在反倾销和中资机构在法常驻人员的居留证等问题上的立场。陈新华副部长与加朗还出席在北京举行的“中法经贸研讨会”开幕式。

27日 刘山在副部长会见摩洛哥磷办主任穆罕默德·谢里夫，双方就两国磷肥贸易、合资兴建磷胺厂项目及促进长期合作等问题交换意见。

27日 孙振宇副部长会见来访的帕劳商业和贸易部长乔治·恩吉拉绍尔一行，双方就中帕双边经贸关系交换意见。

3月

3日 刘山在副部长会见来访的贝宁外交与合作部长皮埃尔·奥绍，双方就进一步发展双边经贸关系广泛交换了意见，并代表各自政府就中国向贝宁政府提供500万元人民币无偿援助事在北京换文确认。

3日 孙振宇副部长与美国商务部副部长艾森施塔特举行会谈。双方就中美经贸关系的有关问题如知识产权保护、纺织品协议、贸易平衡、中国加入WTO、永久性最惠国待遇等交换意见。

4日至6日 龙永图首席谈判代表率中国代表团出席在日内瓦举行的世界贸易组织中国工作组第三次会议，并在会议前后分别与16个世贸组织成员国代表举行双边磋商。

7日 李国华副部长会见朝鲜外经委副委员长李成禄，双方就共同关心的经贸问题交换意见。

10日 孙振宇副部长会见来访的加拿大外交国际贸易部助理副部长马克·布罗特，双方就双边经贸关系交换意见。

10日 孙振宇副部长会见美中贸委会董事会代表团，双方就中美经贸关系有关问题交换意见。

10日至23日 陈新华副部长率中国政府经贸代表团访问匈牙利、罗马尼亚和南斯拉夫三国。11日，陈新华副部长在布达佩斯与匈工商旅游部国务秘书吉里安·捷尔吉共同主持中匈经贸科技合作委员会第九次会议并签署会谈纪要。16日，陈新华副部长在布加勒斯特与罗国务部长(副总理级)特里戈恰务进行会谈，双方就双边经贸关系等问题交换意见。17日，陈新华副部长同罗主管国务秘书(副部级)哈佳就进一步扩大双边经贸合作等具体问题进行深入探讨。20日，陈新华副部长在贝尔格莱德与南贸易部长西拉多维奇共同主持中南经贸混委会第二次会议，双方就共同关注的经贸等问题进行磋商并签署两国关于避免双重征税协议及混委会第二次会议会谈纪要。

17日 龙永图首席谈判代表率中国代表团与新西兰代表团就中国加入WTO问题在北京举行双边磋商。

17日至21日 龙永图首席谈判代表率中国代表团与欧盟代表团就服务贸易问题在北京举行双边磋商。

18日 石广生副部长会见来访的拉脱维亚议长切帕尼斯。双方就进一步发展双边经贸关系交换意见。

19日 安民部长助理会见日本外务省经济协力局西田审议官。双方就日元贷款执行率下降等有关问题交换意见。

21日 李国华副部长会见泰国副外长披他一行。双方就泰国总理差瓦立访华的有关问题交换意见。

21日 杨文生部长助理和柬埔寨外交国际合作部国务秘书吴金安代表各自政府，就中国向柬提供500万元人民币无偿援助事，在金边换文确认。

21日 孙广相部长助理会见来访的波兰副外长姆罗杰维奇。双方就两国经贸合作问题交换意见。

24日 龙永图首席谈判代表和西萨摩亚财政部秘书长萨拉·埃帕·图伊奥提代表各自政府，就中国为西萨摩亚援建一所小学事，在北京换文确认。

24日至25日 龙永图首席谈判代表与西萨摩亚贸易工商部秘书长劳阿诺·法拉尼·陈通代表各自政府在北京签署《中华人民共和国政府和西萨摩亚独立国政府贸易协定》；双方还就进一步发展双边经贸合作进行了会谈。

25日 中美环境与发展讨论会在北京召开。孙振宇副部长主持讨论会项下的商务合作工作组会议。

25日 龙永图首席谈判代表会见俄罗斯扎鲁比诺市港务局负责人比哈伊洛夫。双方就联合国开发署的图们江开发项目中发展经俄港口过境运输问题交换意见。

26日 龙永图首席谈判代表会见美国农业部助理副部长斯罗德。双方就中美农产品贸易及中国加入WTO等有关问题交换意见。

26日 杨文生部长助理和缅甸国家计划和经济发展部长埃博尔代表各自政府，就中国向缅提供500万元人民币无偿援助和在无偿援助项下向缅提供农机具事，在仰光换文确认。

27日 龙永图首席谈判代表与来访的加拿大卫生部长丁沃尔签署加援“云南妇女保健”项目的谅解备忘录。

27日 石广生副部长会见来访的法国环境部长莱芭女士一行。双方就进一步加强在环保领域的合作交换意见。

27日 孙振宇副部长会见玻利维亚外交部国际关系和宗教国务秘书海梅·阿帕里西奥·奥特罗。双方就中玻贸易、经济技术合作、中国援玻项目等问题交换意见。

27日 孙振宇副部长和玻利维亚外交和宗教事务部长安东尼奥·阿拉尼瓦尔·基罗加代表各自政府在北京签订《中华人民共和国政府和玻利维亚共和国政府关于中国向玻利维亚提供政府贴息优惠贷款的框架协议》、《中华人民共和国政府和玻利维亚共和国政府经济技术合作协定》和关于中国向玻提供40万美元现汇援助的换文。

29日 龙永图首席谈判代表与日本驻华大使佐藤嘉恭就日援"江苏省南京妇幼保健中心"项目签署政府换文。这是中日关系解冻后第一个项目换文。

30日 吴仪部长和龙永图首席谈判代表应邀出席日本驻华大使佐藤嘉恭的午餐会，与来访的日本外相池田行彦就中日经贸关系、香港回归、中国加入WTO及有关APEC的问题交换意见。

30日 杨文生部长助理和孟加拉国财政部秘书拉赫曼代表各自政府在达卡签署两国经济技术合作协议。

31日 孙振宇副部长会见美国华盛顿州联邦参议员帕蒂·莫瑞及其率领的州贸易团。双方就MFN、中国加入WTO、TCK小麦问题、知识产权保护及华州水果和小麦对华出口等交换意见。

31日 龙永图首席谈判代表会见日本通产省审议官细川恒。双方就中国加入WTO有关的服务贸易、流通领域、关税及非关税壁垒、市场准入等问题交换意见。

4月

1日至15日 陈新华副部长陪同国务院副总理吴邦国访问乌克兰、白俄罗斯、捷克、芬兰和瑞典五国。1日，陈新华副部长率中国代表团参加在基辅举行的中国—乌克兰经贸合作委员会第三次会议，并与乌总统经济顾问、乌工业企业协会主席基纳赫就进一步扩大中乌经贸合作问题交换意见并签署会议纪要；同日，陈新华副部长和乌国家复兴和开发署第一副署长伏拉基米尔·伊格纳辛科代表各自政府，就中国赠乌200万元人民币物资事，在基辅换文确认。3日，陈新华副部长和白俄罗斯共和国紧急情况部长伊万·阿尔宾诺维奇·肯尼克代表各自政府，就中国赠白200万元人民币物资事，在明斯克换文确认。

1日至14日 刘向东部长助理访问贝宁、塞舌尔两国。1日，刘向东部长助理和贝宁外交与合作部长皮埃尔·奥绍分别代表各自政府，就中国向贝提供100万元人民币无偿援助，援贝宁有关垦区项目技术合作和进行考察事换文确认；3日，刘向东部长助理和贝宁住房部长赛义杜·当戈—纳代代表各自政府，就中国援贝洛科萨医院事签署交接证书；14日，刘向东部长助理和塞舌尔外交、计划和环境部特别顾问兼外交和国际合作总局长(代)阿兰·帕耶特代表各自政府，就中国向塞提供500万元人民币无偿援助事换文确认。

1日 安民部长助理会见德国图林根州经济与基础设施部长弗朗茨·舒斯特。舒介绍了图林根州的情况，称此次来访旨在恢复与中国的经贸关系。

2日至11日 李国华副部长陪同乔石委员长访问挪威、意大利。李国华副部长就双边经贸合作等问题同两国有关部门领导人交换意见。

2日至4日 孙振宇副部长和白俄罗斯外经部第一副部长多勃罗穆罗夫在北京共同主持召开双边经贸合作委员会第二次会议。双方回顾了近两年来双方经贸合作发展情况，并就进一步发展中白经贸关系交换意见。

3日 吴仪部长会见陪同泰国总理访华的泰商业部长那隆猜。双方就双边经贸合作、中国加入WTO、大东盟及APEC等问题交换意见。刘山在副部长与那隆猜部长就中国从泰进口农产品及进口关税等问题举行对口会谈。

6日 孙广相部长助理与阿尔及利亚外交部秘书长阿·本贾马代表各自政府，就中国向阿提供3000万元人民币无偿援助事在阿尔及尔签署《中华人民共和国政府和阿尔及利亚民主人民共和国政府经济技术合作协定》。

7日 刘山在副部长会见伊朗驻华大使米尔法哈尔。双方就李岚清副总理率团访伊和举行中伊经贸联委会事交换意见。

7日 龙永图首席谈判代表会见1997亚太经合组织高官会主席、加拿大外交部长助理爱德华兹。双方就今年5月APEC贸易部长会议的有关问题交换意见。

8日 刘山在副部长会见科特迪瓦债务自治银行行长维克多·古阿梅一行。双方就科债务自治银行与中国进出口银行间的合作等问题交换意见。

8日 龙永图首席谈判代表会见美国APEC

事务大使沃尔夫。双方就 APEC 的贸易投资自由化和经济技术合作等问题交换意见。

9日 国际商会第32届大会在上海召开，国务院总理李鹏、副总理李岚清、国务委员李铁映、外经贸部部长吴仪等领导出席了大会。李鹏总理在开幕式上致词，表示中国愿在平等互利基础上加强同世界各国合作。

9日至15日 李国华副部长率中国代表团参加在乌兰巴托举行的中蒙经济、贸易、科技合作委员会第五次会议。双方就两国经贸合作等问题交换意见并签署会议纪要。14日，李国华副部长和蒙古国基础设施发展部部长格·尼玛达瓦代表各自政府，就撤销蒙古陶瓷项目事在乌兰巴托换文确认。同日，李国华副部长和蒙古国财政部部长彭·查冈代表各自政府，就延长1992年5月9日中国向蒙古国提供贷款的使用期事在乌兰巴托换文确认。

11日 石广生副部长会见莱索托外交部长克莱波·马霍佩。双方就双边经贸合作关系的发展、中国援建莱国家会议中心项目交换意见，并代表各自政府就中国向莱提供200万元人民币无偿援助事在北京换文确认。

11日 石广生副部长会见朝鲜外经委副委员长李成禄。石副部长向朝方通报了中方同意朝方将部分航空煤油改供柴油的有关要求。双方并就此代表各自政府签署有关换文。

11日 石广生副部长会见来华参加国际商会第32届世界大会的克罗地亚经济联合会主席维多舍维奇。克方再次邀请吴仪部长或外经贸部其他领导访克。

11日 龙永图首席谈判代表会见古巴驻华大使门切罗。双方就中国加入世贸组织谈判中妥善处理古中食糖贸易问题交换意见。

14日 石广生副部长和毛里求斯总理办公室主任熊伟仁代表各自政府，就中国向毛提供500万元人民币无偿援助事在北京换文确认。

14日 龙永图首席谈判代表会见以布鲁斯·里德为团长的澳中友好小组访华团。龙永图首席谈判代表介绍了中国加入世贸组织的进展情况，并回答有关香港回归、我国外资政策、经济特区和中澳羊毛贸易等方面的问题。

15日 石广生副部长和朝鲜外经委副委员长李成禄代表各自政府，就中国向朝无偿提供7万吨粮食援助事在北京换文确认。

15日 第81届中国出口商品交易会在广州开幕，刘山在副部长在开幕式上指出，提高经济效益，努力多成交是广交会长远的中心任务。

15日 杨文生部长助理会见布隆迪总统特使、对外关系和合作部负责合作事务的国务秘书阿弗亚里马纳。双方就中国向布派遣医疗队、进行人道主义援助及对布琼布拉联合纺织厂的零配件供应问题交换意见。

18日 陈新华副部长会见埃及贸易和供应部长艾哈迈德·古维利。双方就中国参与埃及北苏伊士自由区开发问题达成一致意见，并与埃外交部部长助理赛伊德·艾布·宰德代表各自政府签署两国政府贸易谅解备忘录和中国向埃提供1000万元人民币赠款的协议。同日，李鹏总理和埃总理詹祖里代表各自政府，就中国参与埃及北苏伊士自由区开发事签署谅解备忘录。陈新华副部长出席签字仪式。

21日 江泽民主席与来访的乌拉圭东岸共和国总统桑吉内蒂举行正式会议。石广生副部长参加会谈。

21日 吴仪部长会见世贸组织总干事鲁杰罗一行。双方就中国加入世贸组织等问题交换意见。

21日 陈新华副部长会见德国萨克森州经济与劳动部长绍默尔博士。绍介绍了萨州在两德统一后进行经济转轨的情况，表示萨州企业愿在互利的基础上与中国企业进行合作。

22日 陈新华副部长会见英国国家电力公司首席执行官基思·亨利。陈新华副部长向客人介绍了中国在能源领域吸引外资情况，并听取客人关于嘉兴电站二期、邵武电站项目的介绍。

24日 陈新华副部长陪同李岚清副总理会见克罗地亚伊纳石油公司新、老总裁什特尔思和克亚科维奇。双方就中克双边经贸关系、中化公司和伊纳石油公司间的石油合作等问题交换意见。

24日 龙永图首席谈判代表出席并主持在北京举行的中澳新三国羊毛问题研讨会。

25日 杨文生部长助理和苏丹驻华大使阿里·尤素夫·艾哈迈德代表各自政府，就中国向苏外交部提供300万元人民币扩音设备、向苏社会计划部提供500万元人民币家庭生产设备、中国派遣专家组赴苏进行友谊厅维修考察及中国赠苏监察署投影仪等事项在北京换文确认。

28日 吴仪部长会见陪同白俄罗斯总统卢卡

申科访华的白外经部长马里尼奇。双方就两国经贸合作的有关问题交换意见。

28日 孙振宇副部长会见日本外务省审议官小仓和夫。双方就中日关系、环保、中日资金合作及中国加入世贸组织等问题交换意见。

28日 龙永图首席谈判代表在北京参加"挪威王国外交部与中华人民共和国对外贸易经济合作部关于两国政府混合贷款协商程序谅解备忘录的技术合作条款的补遗"签字仪式。

28日至30日 龙永图首席谈判代表率中国代表团参加在北京举行的中美世贸组织双边磋商。

30日 吴仪部长会见陪同巴基斯坦总统访华的巴商业部长伊沙克·达尔。双方就进一步扩大中巴经贸合作交换意见。

30日 杨文生部长助理与古巴驻华大使何塞·阿·格拉·门切罗代表各自政府，就撤销1995年12月1日换文规定的粮食蔬菜种子生产项目可行性考察，将实施该项目所需费用用于补供水库养鱼项目所需物资事，在北京换文确认。

5月

3日至14日 李鹏总理访问赞比亚、莫桑比克、加蓬、喀麦隆、尼日利亚、坦桑尼亚、塞舌尔七国，吴仪部长陪同访问。李鹏总理除同七国领导人就双边政治关系及国际形势交换意见外，重点对今后中非经贸合作的发展方向及途径与七国领导人进行深入探讨，并取得共识。代表团还分别同七国政府签署20项经贸合作协议。

3日至4日 李岚清副总理率中国政府代表团访问伊朗，并与伊副总统哈什米共同主持中伊经贸、科技联委会第9次会议。李岚清副总理还分别拜会伊总统拉夫桑贾尼和第一副总统哈比比。我部孙振宇副部长随团出访并参加以上活动。

4日 吴仪部长与塞舌尔行政和人力部长约瑟夫·贝尔蒙代表各自政府，就中国向塞提供500万元人民币无偿援助事在维多利亚换文确认。

4日 李国华副部长与科特迪瓦外交部长阿马拉·埃西代表各自政府在北京签署中国向科提供1500万元人民币无偿援助的两国政府经济技术合作协定、中国向科提供3000万元人民币无息贷款的协定和向科提供政府贴息优惠贷款的框架协议(协议金额为6000万元人民币)。

4日至17日 刘山在副部长访问塞班、瓦努阿图。其间，刘山在副部长分别与塞班总督和瓦努阿图外长签署《中华人民共和国对外贸易经济合作部与北马里亚纳群岛联邦关于双方劳务合作的备忘录》、中国政府向瓦政府赠送4辆小轿车和将在贷款项下向瓦提供的现汇改为赠款的换文。

5日 全国反倾销工作会议在广东省中山市召开。外经贸部副部长石广生到会发表重要讲话，强调:中国企业要理直气壮地保护自己的合法权益，重视并做好反倾销工作是实现外经贸发展战略的重要内容。

6日至18日 孙振宇副部长陪同李岚清副总理访问巴西、古巴、哥伦比亚、智利、阿根廷五国。12日，孙振宇副部长与古外贸部副部长埃尔南德斯代表各自政府在哈瓦那签署关于中国向古提供5000万元人民币无息贷款的协议。同日，孙振宇副部长和古外国投资与经济合作部副部长诺埃米·贝尼特斯·德门多萨代表各自政府，就中国向古提供物资事在哈瓦那换文确认。14日，孙振宇副部长和哥外长梅希亚代表各自政府，就中国向哥提供500万元人民币无偿援助事在波哥大换文确认。

7日 吴仪部长与莫桑比克外交和合作部长西蒙代表各自政府在马普托签署中国向莫提供6000万元人民币无偿援助的两国政府经济技术合作协定和中国向莫无偿提供300万元人民币一般物资、承担36眼井维修项目的两个换文。

7日 陈新华副部长会见德国联邦经济部国务秘书舒梅鲁斯。双方就中德双边经贸关系、中国服务贸易领域对外开放、德在华设立商会、中国加入世贸组织、欧盟对华反倾销、中德经济合作混委会等问题交换意见。

8日 杨文生部长助理会见应中航技公司邀请访华的几内亚运输、电讯、旅游部长迪亚洛一行。杨文生部长助理和迪亚洛部长回顾了中几友好关系的发展历程，并对两国在各个领域开展的富有成效的合作表示满意。

10日 龙永图首席谈判代表率团出席在加拿大蒙特利尔举行的亚太经合组织贸易部长会议。针对进一步推进APEC贸易投资自由化进程，会议着重讨论了加强APEC与工商企业界的联系、部门优先自由化、加强贸易投资自由化、提高贸易投资便利化等议题。会议最后通过了贸易部长会议主席声明。

12日 李国华副部长和帕劳国务部长安德烈斯·乌赫尔贝劳代表各自政府，就中国向帕提供500万元人民币无偿援助事在北京换文确认。

12日至19日 应日本成套设备协会的邀请，孙广相部长助理率我部技术合作代表团访问日本。孙广相部长助理主持了今年的工作例会并与日方就进一步加强双边技术合作交换意见；双方还就中方建议的10个项目进行具体磋商，并从中选定6个项目列入今年的工作计划。

13日 石广生副部长会见美国副贸易代表彼特·谢尔。双方就中美经贸关系、农产品贸易等问题交换意见。

15日至16日 石广生副部长分别出席江泽民主席和李鹏总理与法国总统希拉克的正式会谈。

16日 吴仪部长、安民部长助理会见日本海外经济协力基金总裁西垣昭，双方就日元贷款等问题交换意见。

18日 刘山在副部长会见应中联部邀请访华的以中央执行委员塞耶·阿布哈拉为团长的埃塞俄比亚人民革命民主阵线代表团。双方就进一步加强两国经贸合作交换意见。

19日 李国华副部长会见泰国农业部副部长格里·功培。双方就加强两国农业合作，特别是扩大农产品(橡胶)贸易等问题交换意见。

20日 刘山在副部长会见来华出席中国、爱尔兰第五次贸易、工业和科技混委会的爱尔兰旅游、贸易部助理秘书长约翰·沃尔什一行。双方就双边经贸关系问题交换意见。

20日 陈新华副部长会见来访的西班牙经济财政部贸易、旅游及中小企业国务秘书费尔南德斯。双方共同签署了《中西财政合作谅解备忘录》。

21日 陈新华副部长和西班牙经济财政部贸易、旅游及中小企业国务秘书费尔南德斯共同出席"中西经贸发展研讨会"并发言。

21日 刘向东部长助理会见随同匈牙利国会主席来访的匈工商旅游部国务秘书吉里安。双方就两国经贸合作中的一些问题交换意见。

21日 李国华副部长会见以北国隆社长为团长的三菱电机访华团。李国华副部长对三菱商事拟为中国留日学生提供奖学金的设想给予肯定，并期望双方在加强经贸合作的同时在文化交流方面进一步合作。

22日至30日 中国援外方式改革国际研讨会在北京召开。杨文生部长助理出席开幕式并代表外经贸部讲话。来自亚洲、非洲、南太平洋地区的17个友好发展中国家的17位主管外援的官员出席会议。通过此次研讨会，与会国之间增进了了解与合作。

26日 吴仪部长与尼日尔对外关系部长伊卜拉欣·阿萨内·马亚基代表各自政府，就中国向尼提供2000万元人民币无偿援助事在北京签署协定。

26日至29日 刘山在副部长与来访的苏丹财政、经济部国务部长萨比尔·穆罕默德·哈桑共同主持召开中苏第四届经贸混委会。双方回顾了上届会议以来两国经贸合作的进展情况，并就进一步发展两国经贸合作交换意见。

27日 刘山在副部长与尼日尔对外关系部长伊卜拉欣·阿萨内·马亚基进行经贸对口会谈。尼方对中国在尼的援建项目表示满意，刘山在副部长希望加强两国经贸界人士的交流，进一步发展双边贸易。

27日 孙振宇副部长会见美国共和党众议员菲利浦·英格利希和约翰·恩辛。双方就中美经贸关系、最惠国待遇、知识产权等问题交换意见。

28日至6月1日 李国华副部长率中国政府经贸代表团访问缅甸。在缅期间，李国华副部长拜会了缅甸恢复法律秩序委员会秘书长钦纽、副总理貌貌钦。李副部长与缅计划发展部长埃博尔举行会谈并代表各自政府签署两国关于成立经济、贸易和技术合作联合工作委员会的协定。

29日 石广生副部长与西萨摩亚外交部秘书长莫塞·帕乌维·苏瓦代表各自政府，就中国向西萨提供100万元人民币无偿援助事在阿皮亚换文确认。

29日 刘山在副部长会见埃塞俄比亚大使亚的斯·阿莱姆·巴莱子。大使向刘山在副部长转达了埃塞副总理有关中国公司在埃塞承担项目的口信。刘山在副部长表示将督促并支持中国公司出色地完成该项目。

30日 刘山在副部长与苏丹共和国财政经济部国务部长萨比尔·穆罕默德·哈桑代表各自政府签署《中苏第四届经贸混委会会谈纪要》、《中苏经济技术合作协定》和《中苏鼓励和保护投资协定》。

30日 刘山在副部长与苏丹共和国财政经济

部国务部长萨比尔·穆罕默德·哈桑代表各自政府，就中国向苏提供1000万元人民币无偿援助事在北京签署协定。

30日 安民部长助理与韩国驻华大使郑钟旭共同签署中韩第三批第一期的贷款安排。

6月

1日至8日 李国华副部长率中国经贸代表团访问泰国。2日，李国华副部长和泰外交部副部长披他共同主持召开中泰经贸联委会第8次会议。3日，李国华副部长与披他副部长代表各自政府签署会议协议纪要。访泰期间，李国华副部长还拜会了泰总理差瓦立、外交部长巴蜀和商业部长那隆猜。

3日 刘向东部长助理会见西班牙加泰罗尼亚自治大区工业部长安东尼·苏比拉。双方就发展中西双边经贸关系，特别是加强中国与加泰罗尼亚大区双边经贸合作及投资交换意见。

5日 陈新华副部长出席李鹏总理与意大利总理普罗迪的会见及其他相关活动。

5日 陈新华副部长会见欧盟委员会负责工业、信息和电信技术的委员班格曼。双方就中欧双边经贸关系、中小企业间合作及中国加入世界贸易组织等问题交换意见。

6日至10日 第二届APEC国际贸易博览会在山东省烟台市举行。国务院副总理李岚清、全国人大常委会副委员长费孝通、国务院副秘书长张克智、吴仪部长、龙永图首席谈判代表、山东省及沿黄9省区领导出席开幕式。

7日 吴仪部长会见意大利外贸部部长范托齐。双方就发展中意双边经贸关系、进一步加强两国企业家合作及鼓励意企业家来华投资等问题交换意见。

8日至12日 李国华副部长率中国经贸代表团访问老挝。11日，李国华副部长与老贸易部副部长连·提乔和副外长蓬沙瓦举行会谈并代表各自政府签署中老两国政府贸易协定和关于成立经济贸易和技术合作委员会的协定。

9日 吴仪部长会见日本通产大臣佐藤信二。双方就中日经贸关系、中国的外资政策、保护知识产权、日元贷款、中国加入世贸组织等问题交换意见。吴仪部长还向客人介绍了香港回归后中国的经贸政策。

9日 吴仪部长会见阿曼苏丹国工商大臣马格布勒。双方就双边经贸合作等问题交换意见。

9日 刘山在副部长与随马其顿总统格里格罗夫访华的马副总理波波夫斯卡共同签署中马两国政府投资保护协定。

10日 吴仪部长与来访的古巴外贸部部长里卡多·卡布里萨斯共同主持召开中古经贸混委会第九次会议。孙振宇副部长参加了会议。会后，双方签署了会议纪要和关于中国政府向古巴政府提供5000万元人民币无息贷款用于文教用品、在无偿援助项下向古水稻试验田农场提供农机具及派治虫考察组赴古等3个换文。

10日 吴仪部长会见南非外交部副外长帕哈德一行。双方回顾了两国经贸关系的发展，吴仪部长向客人介绍了我国经济状况并表示希望中南早日建交。

10日 刘山在副部长与阿曼苏丹国工商大臣马格布勒共同主持召开中阿经贸混委会第三次会议。双方就扩大双边贸易额、开展直接贸易、阿曼在香港设立商代处、合建阿曼苏哈尔铝厂项目等问题交换意见。

11日 吴仪部长与阿曼苏丹国工商大臣马格布勒代表各自政府签署中阿经贸混委会第三次会议纪要。

11日 吴仪部长会见坦桑尼亚无任所大使、前第四届世界妇女大会秘书长蒙盖拉夫人。双方就妇女问题和与此有关的双边经贸合作事项交换意见。

12日 陈新华副部长会见欧盟委员会驻华大使魏根深。双方就中欧双边纺织品、丝绸贸易等问题交换意见。魏还向陈新华副部长通报了欧盟对中国棉坯布实行的反倾销调查无税结案的决定。

18日 杨文生部长助理会见多哥新任驻华大使阿马。双方就双边农业合作、希望多方接受中国的商检证书、共建项目及项目追踪等事交换意见。

20日 石广生副部长会见俄罗斯驻华大使罗高寿。石广生副部长向俄方阐明了中国在三峡工程招标中采取的公开、公平竞争原则，并就绥中、伊敏电站项目执行问题与俄方进行交涉。

21日至28日 刘山在副部长率中国政府经

贸代表团访问朝鲜并与朝外经委副委员长金文成举行会谈。双方就共同关心的问题交换意见,并代表各自政府在平壤签署关于朝鲜在1997年偿还1977年至1984年、1988年、1989年中方贸易顺差余额的换文、关于同意朝方推迟两年偿还原油欠款的换文、关于中国政府向朝鲜政府提供2000万元人民币无偿物资援助的换文。

24日 吴仪部长会见阿根廷驻华大使埃斯特拉达和访华的银萨公司总裁佩斯卡莫纳。双方就中阿贸易中存在的问题及银萨公司在华参加三峡工程招标事交换意见。

24日 石广生副部长出席李岚清副总理和俄罗斯第一副总理涅姆佐夫举行的会谈。

25日 石广生副部长会见俄罗斯外经贸部副部长奥古尔佐夫、经济部副部长帕克、财政部副部长卡夏诺夫。双方就双边经贸关系、中俄总理第二次会晤期间有关经贸问题交换意见。会谈后,石广生副部长与俄经济部副部长帕克共同签署中国外经贸部与俄经济部关于建立中俄边境地方经贸合作协作委员会备忘录。

25日 孙广相部长助理会见哥伦比亚副外长盖坦。双方就如何进一步扩大双边经贸合作交换意见。哥方希望扩大对华出口,希望中国降低香蕉、咖啡、花卉等产品的进口关税,欢迎中方有关公司参加哥地铁项目招标。

25日至26日 对外经济贸易大学与欧美、大洋洲10余所大学及美国商会、英国商会在北京联合举办"中国贸易与投资"国际研讨会。孙振宇副部长参加开幕式并致词。

26日 陈新华副部长会见来华参加包头南斯拉夫建工机械展示会的南经济部长菲利波维奇。双方就中方参加南潘切沃尿素厂项目扩建等问题交换意见。

27日 吴仪部长出席李鹏总理与俄罗斯总理切尔诺梅尔金举行的中俄总理第二次定期会晤小范围会谈、大组会谈及其他有关活动,并与俄外经贸部部长弗拉德科夫共同签署中俄政府1997年—2000年经贸协定、1997年中俄政府间经贸合作议定书。

28日 石广生副部长与俄经济部副部长帕克共同签署中国外经贸部与俄经济部关于在俄建立中俄经济技术开发区的备忘录。

7月

2日 陈新华副部长会见圣马力诺驻华大使萨维纳女士。双方就促进双边经贸合作,特别是加强旅游用品合作生产等问题交换意见。

6日至10日 孙广相部长助理率中国政府经贸代表团访问马耳他。7日,孙广相部长助理与马青年体育与艺术议会国务秘书乔·西利亚代表各自政府签署中国援马"中国园"项目交接证书,并出席开园仪式。8日,马耳他总理桑特会见孙广相部长助理。9日,孙广相部长助理与马耳他财政和商务部长利奥·布林卡代表各自政府签署中马贸易和经济合作协定、中国向马提供300万元人民币无偿援助的换文。

7日 石广生副部长会见并宴请来华参加"印度工业技术展"和"中印联合商务委员会第四次会议"的印度商业部长拉马亚一行。

8日 陈新华副部长会见德国联邦议会经济委员会主席奥斯特及其率领的代表团。陈新华副部长向客人介绍了中德双边贸易和经济技术合作的发展情况及中国加入世贸组织谈判进展情况,提出以两国大企业间的合作带动中小企业合作的设想,并回答了德方提出的有关保护知识产权和在华建立德国商会等方面的问题。

9日至12日 龙永图首席谈判代表在乌兰浩特出席内蒙草场保护项目启动仪式。此项目为澳大利亚援助项目,澳方投资619万澳元。澳驻华大使石励出席仪式。

13日至17日 孙广相部长助理率中国政府经贸代表团访问突尼斯。16日,孙广相部长助理同突外交国务秘书萨迪克·法亚拉代表各自政府,签署关于中国向突提供2亿元人民币政府贴息优惠贷款的框架协议。

13日至20日 应李岚清副总理的邀请,老挝副总理本扬·沃拉吉率老政府代表团访华。14日,刘山在副部长与老挝老中合作委员会主席万通·香芒代表各自政府,在北京签署关于中国向老提供3000万元人民币无偿援助的经济技术合作协定。15日,刘山在副部长分别参加了李鹏总理、李岚清副总理与本扬副总理的会谈。

14日 吴仪部长参加江泽民总书记与访华的越南共产党中央总书记杜梅举行的会谈及欢迎仪

式。

15日　吴仪部长参加李鹏总理与越南共产党中央总书记杜梅举行的会谈。

16日　安民部长助理与瑞士驻华大使希客代表各自政府，在北京签署《中瑞政府第4批混合贷款协议修正案》。新签署的《修正案》改善了瑞士政府贷款项下无盈利环保项目和基础设施项目的贷款条件。

16日至19日　高虎城部长助理赴湖南省涟源、株洲地区慰问从事援外工作的基层官兵。

17日至18日　我部在山东省诸城市召开“全国地县外贸企业改革和发展诸城现场会”。吴仪部长到会并作重要讲话，陈新华副部长参加了现场会。来自全国各地的120多名代表实地参观考察了诸城外贸集团公司及其所属企业。

21日　吴仪部长会见应李岚清副总理邀请访华的匈牙利政府经济委员会主席兼财政部长麦杰希。双方就双边经贸合作问题交换意见。孙振宇副部长参加会见。

21日　龙永图首席谈判代表会见日本外务省国际经济协力局局长自中。双方就日元贷款、中日无偿资金合作交换意见。

21日至29日　石广生副部长率中国政府经贸代表团访问澳大利亚。其间。石广生副部长主持召开了中澳经济联委会中期磋商，会见了澳工业、科技和旅游部长摩尔及昆士兰州、新南威尔士州政府及工商界负责人，就发展双边经贸关系与对方广泛交换意见。

21日至8月1日　龙永图首席谈判代表率中国代表团出席世贸组织在日内瓦举行的中国工作组第五次会议，并与美国、欧盟、加拿大、日本等16个世贸组织成员进行深入的双边磋商。工作组会议对两周来的市场准入谈判情况进行了评估，各方认为，在市场准入问题上，谈判取得一定的进展。

23日　刘山在副部长会见尼日尔驻华大使博扎里。双方就中国派水利专家赴尼帮助修建水坝、派社会住宅考察组赴尼、两国企业经贸合作等问题交换意见。

23日　刘山在副部长会见莫桑比克驻华大使若泽·德·莫赖斯。双方就双边经贸关系等问题交换意见。刘山在副部长向莫方通报了中方决定在莫建立“中国投资开发贸易中心”的情况。

25日　吴仪部长会见塔吉克斯坦首任驻华大使卡里莫夫。双方就发展双边经贸关系问题交换意见。

25日　吴仪部长会见巴基斯坦新任大使哈克。吴仪部长表示中国高度重视中巴经贸关系，将继续利用联委会机制解决双边贸易中存在的问题。

8月

5日　吴仪部长会见新西兰国际贸易部长史密斯，双方就两国经贸问题交换意见。龙永图首席谈判代表和新外交贸易部副秘书长比斯利参加会谈。

5日至6日　龙永图首席谈判代表与新西兰外交贸易部副秘书长比斯利就中国加入世贸组织进行双边磋商。6日，龙永图首席谈判代表与比斯利草签了关于结束中新两国就中国加入世贸组织进行的双边市场准入谈判协议。吴仪部长和新国际贸易部长史密斯出席签字仪式。

6日　吴仪部长会见日本通产省审议官中川胜弘。双方就中国加入世贸组织的两国谈判进程、大连工业园地的招商引资及日本企业在三峡水库工程中的招标等问题交换意见。

6日　吴仪部长与伊拉克贸易部长萨利赫共同主持召开中伊经贸混委会第九次会议。双方代表各自政府签署两国政府贸易经济技术合作协定、会议纪要及中国向伊提供500万元人民币无偿援助的换文。

8日　杨文生部长助理会见并宴请来华商签利用我国政府贴息优惠贷款向缅甸提供成套设备项目合同的缅第二工业部副部长吴登吞一行。会见前，杨文生部长助理出席了项目合同的签字仪式。

11日　吴仪部长会见并宴请缅甸商务部长吞基一行，双方就进一步扩大双边经贸合作等问题交换意见。

11日　吴仪部长与瑞典驻华大使林德思在北京正式签署关于修改《中华人民共和国和瑞典王国贸易协定》的换文。

15日　石广生副部长会见美国众议院商务委员会副主席吉尔摩。双方回顾了近期中美经贸关系的发展，并就美方提出的中美贸易不平衡问题及两国经贸关系发展的前景交换意见。

18 日 李国华副部长会见由议员赤桐操率领的日本参议院议员代表团。李国华副部长就日方关心的中国农业发展现状及中日农产品贸易等问题向客人作了介绍，并就日方提出的中日贸易平衡、输日农产品自主管理、投资环境的优化及政策的稳定性、统一性等问题作了说明。

18 日 龙永图首席谈判代表会见日本外务省经济协力局局长大岛贤三。大岛就桥本首相访华期间，日中两国政府首脑宣布“日中环境开发计划”的建议作了介绍。

21 日 李国华副部长与纳米比亚贸工部副部长威弗雷德·艾武代表各自政府，就中国向纳提供100 万元人民币物资无偿援助事在北京换文确认。

21 日 孙振宇副部长会见美国驻华大使馆公使麦柯海。双方就第 11 届中美商贸联委会及江泽民主席访美商务方面的问题交换意见，麦还转交了美商务部长戴利致吴仪部长的函。

21 日 安民部长助理会见日本海外经济协力基金二部部长藤本耕士，双方就 1998 年度日元贷款及第四批日元贷款的有关问题交换意见。

21 日至 26 日 刘山在副部长陪同李鹏总理访问马来西亚、新加坡两国。其间，刘山在副部长参加了主要活动，并与两国有关负责人就双边经贸合作问题交换意见。

22 日 吴仪部长出席为纪念中韩建交五周年而举行的 21 世纪中韩经济前景与伙伴关系研讨会并致辞。

24 日 龙永图首席谈判代表率中国政府经贸代表团赴汉城和东京，分别就中国加入世贸组织问题中韩、中日双边磋商。25 日，中韩双方就遗留的非关税措施问题进行双边磋商并达成一致。26 日，中韩举行签字仪式，双边谈判圆满结束。27 日至 29 日，中日双方就服务贸易、关税、非关税措施和商检 4 个领域的问题进行磋商并在商检磋商方面取得较大进展。

24 日至 28 日 石广生副部长陪同军委副主席刘华清访问俄罗斯。其间，石广生副部长出席了中俄军技合作混委会第六次会议。

24 日至 9 月 2 日 孟加拉国主管土地事务的国务部长艾尔哈吉·拉西德·莫夏拉夫率黄麻代表团访华，代表团此行旨在探讨如何增加对华出口黄麻并减少两国贸易中孟方逆差的可能性。25 日，李国华副部长会见并宴请了代表团一行，双方就双边贸易不平衡问题交换意见。

26 日 吴仪部长会见德国经济亚太委员会中国组新任主席赫劳约斯。双方就发展两国关系及加强双边交往等问题交换意见。孙振宇副部长也同德方就进一步改善中国的投资环境、推动更多的德企业来华投资进行了会谈。

26 日 吴仪部长会见瑞士工商会主席兼罗氏公司副董事长洛依贝格一行。双方就扩大两国经贸合作，尤其是促进瑞企业来华投资等问题交换了意见。

27 日 孙振宇副部长会见智利外交部国际经济总司司长(副部长级)胡安·加布里亚尔·巴尔德斯大使。双方对近年来双边贸易的增长表示满意，并就智对华水果贸易存在的问题及多边经贸合作问题交换意见。

27 日 孙广相部长助理与赞比亚交通部代部长、矿业和矿产品开发部长腾博和坦桑尼亚交通运输部部长库西拉代表各自政府签署中、坦、赞关于坦赞铁路技术合作的议定书。

9 月

2 日 高虎城部长助理与刚果共和国驻华大使馆临时代办约瑟夫·姆巴西代表各自政府就中国向刚无偿提供 50 万元人民币药品援助事在北京换文确认。

3 日至 4 日 中日双方投资促进机构第七次联席会议在大连召开。由中日投资促进委员会会长吴仪和日中投资促进机构会长池浦喜三郎分别率领的中日双方代表团共 300 多人参加会议。

4 日 刘山在副部长会见斯里兰卡农业、土地和森林部长贾亚拉特纳。刘副部长感谢斯在国际事务中对中国的支持，并表示中国愿与斯在农业领域开展合作并积极推动双边经贸合作的进一步发展。

5 日至 15 日 杨文生部长助理率团访问韩国、菲律宾和马来西亚三国。8 日，杨助理与韩中小企业厅厅长郑海 润就中国赴韩研修生的管理、扩大双边经贸合作等问题交换意见。11 日，杨助理与亚洲银行行长佐藤就中国公司如何更好地承担亚行出资项目问题交换意见。

7 日至 14 日　龙永图首席谈判代表赴韩国出席“韩国国际经济论坛”会议并作演讲。龙首席谈判代表介绍了改革开放以来我国外贸体制改革及吸引外资所取得的成就，并就加强全球和区域经济合作问题发表意见。

8 日　吴仪部长陪同朱镕基副总理会见并宴请日中投资促进机构会长池浦喜三郎。双方就中日双方投资促进机构第七次联席会议、桥本首相访华、东南亚金融危机、大连工业园地的发展等问题交换意见。

8 日　第三届“澳中论坛”会议在北京举行。刘山在副部长应邀在论坛讨论会上作主旨发言。刘副部长回顾了过去 25 年来中国与澳大利亚经贸关系的发展历程，并对未来进一步加强合作问题作了展望。

8 日至 15 日　由我部主办的首届“中国投资贸易洽谈会”在厦门举行，孙振宇副部长出席开幕式并作重要讲话。

9 日　吴仪部长会见并宴请澳大利亚副总理兼贸易部部长费希尔。双方就双边经贸关系、中国加入世贸组织谈判等问题交换意见。

9 日　陈新华副部长会见陪同罗马尼亚总统访华的罗工贸部国务秘书（副部长级）里维乌·哈佳。双方就落实两国最高领导人关于发展双边经贸关系的会谈精神及双边经贸合作中的有关问题交换意见。

9 日　孙广相部长助理与莱索托财政大臣克索代表各自政府，就中国向莱提供 1000 万元人民币无息贷款事在马塞卢签署协定。

11 日　陈新华副部长会见中英商会主席韦蔼德。陈副部长听取了中英商会关于其近期活动计划的介绍，希望中英商会继续发挥积极作用，进一步促进双边经贸合作。

12 日　中国和东南亚国家联盟经贸联委会第二次会议在北京举行。李国华副部长和印度尼西亚工贸部贸易和研究发展署主任罗丝蒂亚娜·苏哈托分别代表中方和东盟方共同主持召开本届会议。双方重点就如何推动中国与东盟经贸关系的发展及应采取的措施交换意见。

12 日　安民部长助理与日本海外经济协力基金副总裁濑要石代表各自政府在东京签署 1997 年度日元贷款协议。此次协议包括 14 个项目，金额为 2029.06 亿日元。

15 日　孙振宇副部长会见智利生产发展委员会执行副主任菲利佩·桑多瓦尔。双方就双边经贸关系发展前景、国有企业改革等问题交换意见。

16 日　孙振宇副部长会见澳大利亚国库部部长科斯特洛。双方就双边经贸关系、贷款合作、中国加入世贸组织谈判、澳对华反倾销等问题交换意见。孙副部长还向客人介绍了我国降低进口关税的有关情况。

17 日至 20 日　印度尼西亚工贸部部长东基率印尼贸易代表团来华访问。18 日上午，刘山在副部长出席中、印尼经贸研讨会开幕式并讲话。同日下午，李岚清副总理会见东基一行。

19 日　吴仪部长会见美国主管中国加入世贸组织谈判的代表团团长卡希迪、美驻华大使尚慕杰。对方高度评价了中共十五大取得的成就，双方还就中国加入世贸组织谈判、江泽民主席访美等问题交换意见。

19 日　刘山在副部长会见马来西亚槟州主席汪真诚一行。刘副部长向客人介绍了我国的投资环境及政策。

19 日　孙振宇副部长会见阿根廷农牧渔业和食品国务秘书费利贝·索拉。双方就双边贸易的一些具体问题，特别是我国从阿进口剔骨鲜牛肉问题交换意见。双方还探讨了两国在农业领域进行合作的可能性。

19 日　孙振宇副部长会见智利矿业部副部长塞萨尔·迪亚士·穆尼奥斯。双方就中智矿业合作问题交换意见。

19 日　陈新华副部长与希腊国民经济部副部长亚·帕尔塔斯在雅典共同主持召开中希经贸混委会第四次会议。双方回顾了上届混委会以来双边经贸关系的发展情况，并对今后的合作进行探讨。希方表示，将继续支持中国加入世贸组织。

23 日　高虎城部长助理会见埃及驻华商务公使菲克瑞·塔罗斯。双方就 10 月份高助理率中国政府采购团访埃的有关事项、双边贸易不平衡问题交换意见。

23 日至 25 日　杨文生部长助理在威海主持召开“推行政府贴息优惠贷款援助方式经验交流会”。外经贸部、财政部、中国进出口银行及有关企业的代表共 80 多人参加会议。

23日　吴仪部长会见柬埔寨王国政府内阁办公厅联合大臣索安。双方就进一步扩大双边经贸合作问题交换意见，吴部长还愉快地接受了访柬邀请。下午，罗干国务委员会见了索安大臣一行。

23日　孙广相部长助理会见坦桑尼亚外交部首秘姆卡戈。孙助理向姆介绍了即将在坦设立"中国投资开发贸易中心"的情况，并与姆就进一步发展双边经贸合作关系问题交换意见。

23日　安民部长助理会见以矶村严会长为团长的日本东海日中贸易中心访华团。安助理向客人介绍了我国的经济状况、外资引进及中日经贸合作的现状，并回答了客人提出的有关问题。

23日　高虎城部长助理会见英中贸易48集团主席彼得·卡泽莱特。高助理向客人介绍了中英经贸关系近况，并对英中贸易48集团积极开展在华业务表示赞赏。

24日至25日　陈新华副部长与意大利外贸部副部长卡布拉斯在罗马共同主持召开中—意经济合作混委会第四次会议。双方回顾了近年来双边经贸关系的发展情况，并对进一步发展双边经贸合作进行探讨。会议期间，陈副部长与意大利外贸部部长范托齐举行会谈，就共同感兴趣的问题交换意见。

24日至27日　刘山在副部长陪同李岚清副总理访问哈萨克斯坦。其间，刘副部长参加了两国领导人就进一步扩大双边经贸合作举行的会谈。

25日　龙永图首席谈判代表会见来华参加中澳发展合作年会的澳大利亚国际发展署副署长麦考雷。龙首席谈判代表对澳方的友好合作表示赞赏，希望双方共同促进中澳合作稳步发展。

25日　安民部长助理会见英国国际开发部常务次官沃瑞克。双方就中英财政合作前景交换意见。

25日　安民部长助理会见北欧投资银行执行副总裁卡米拉和高级副总裁丁斯坦。双方签署了97年度贷款补充协议。根据协议，北欧投资银行将向中国提供6000万美元的贷款。

25日　石广生副部长与巴哈马外交部长珍尼特·博斯特威克代表各自政府，就中国向巴提供3000万元人民币无偿援助事在北京签署协定。

25日　孙广相部长助理会见南非基金会主席斯特劳斯一行。孙助理向客人介绍了中国对发展中南经贸合作及其前景的看法。斯表示南非基金会将在推动双边经贸合作，特别是投资领域的合作中起促进作用。

25日　孙广相部长助理会见非洲发展银行行长卡巴伊一行。孙助理向客人介绍了我国的对外贸易、利用外资及对外承包工程与劳务合作、我国在非洲10个国家建立"投资开发贸易中心"等情况，并对非洲发展银行给予中国承包工程公司一贯的支持表示感谢。

25日　孙广相部长助理会见贝宁计划部长阿尔贝·特沃杰雷一行。双方就如何发展双边经贸合作关系问题交换意见。孙助理向客人介绍了我国援外方式改革的进展情况，并希望通过双方的共同努力开好不久将要举行的双边经贸混委会。

27日至28日　吴仪部长率中国代表团参加在日本举行的首届亚欧经济部长会议。会议讨论并通过了关于开展亚欧经济合作的《主席声明》。

29日　石广生副部长会见南非莱利银行集团主席李彬博一行。石副部长向客人介绍了中共十五大的一些情况，同时指出中南经济互补性较强，双边贸易潜力大。李表示他此访目的是为寻求在中国的发展商机。

29日　刘山在副部长会见毛里求斯财政部部长本瓦里，双方就发展双边经贸关系问题交换意见。本提出希望中国能提供1亿元人民币的政府贴息优惠贷款。刘副部长表示，如毛方提出的项目符合中国进出口银行的有关条件，我方会认真考虑毛方的要求。

29日　孙振宇副部长会见乌拉圭经济财政部长洛易斯·莫斯卡。双方就世贸组织框架下的双边市场准入谈判中有关毛条配额等问题交换意见。

30日　吴仪部长会见科特迪瓦计划和工业发展部部长泰奥菲尔一行。双方就双边经贸合作问题交换意见。阿表示科政府十分重视发展同中国的友好合作关系，希望中国政府推动企业赴科投资、开拓业务，并邀吴部长在适当时候访科。吴部长回顾了双边经贸合作的发展情况，表示中国政府愿积极推动企业赴科投资办厂。吴部长还向客人介绍了我国的外经贸形势、援外方式的改革和在科设立"投资开发贸易中心"的情况。

30日　龙永图首席谈判代表会见多米尼克副总理兼财政、工业和计划部长朱丽叶斯·克里斯托弗·蒂莫西一行。龙首席谈判代表向客人介绍了我国的经济和外贸情况。双方还就加强双边经贸关系、开展渔业领域合作等问题交换了意见。

10月

2日 龙永图首席谈判代表会见应邀来华参加"中国环境与发展国际合作委员会"会议的加拿大国际发展署署长拉贝尔女士。双方就中加双边发展援助合作等问题交换意见。

3日至15日 龙永图首席谈判代表率中国政府代表团赴日内瓦参加就中国加入世贸组织举行的新一轮双边磋商。代表团与近30个世贸组织成员交换了意见。

3日至23日 高虎城部长助理率中国政府经贸采购团访问摩洛哥、加纳、埃及三国。此次访问是中国政府自改革开放以来首次向非洲国家派遣的具有政府性质的经贸采购团，访问期间受到三国的高度重视和热情欢迎。

5日至11日 安民部长助理率团赴香港参加香港'97中国投资洽谈会暨政策研讨会。此次洽谈会是香港回归后外经贸部在港举办的第一次大型投资招商活动，共签订意向和协议书173个，外商投资金额达21.13亿美元。

6日 吴仪部长在香港出席世界贸易中心协会第二十八届年会开幕式，并作了题为"加强合作，促进发展，迎接新世纪"的专题演讲。本届年会在回归祖国后的香港召开，引起了世界经贸界的广泛关注。香港特区首任行政长官董建华、世贸中心协会总裁杜苏里以及来自世界50多个国家和地区的世贸中心协会会员、经贸代表及官员近千人出席开幕式。

6日 刘向东部长助理分别会见德国莱法州副州长兼经济部长布吕德勒、巴伐利亚州经济部长魏斯豪伊，与客人就推动中德省州间经济合作等问题交换意见。

7日 石广生副部长会见澳大利亚西澳洲总理理查德·考特、北方领土首席部长斯通和壳牌澳大利亚集团主席威廉姆斯等。双方就双边经贸合作、中国加入世贸组织谈判等问题交换意见。

7日 刘山在副部长与莫桑比克农牧部副部长法兹图多代表各自政府，就中国向莫无偿提供200万元人民币一般物资事在北京换文确认。

7日至9日 吴仪部长与美国商务部长威廉·戴利共同主持召开第十一届中美商贸联委会。双方积极评价了自上届联委会召开以来双方所做的大量工作，并就如何进一步加强联委会的机制及促进中美经贸关系的发展进行探讨。

8日 吴仪部长陪同江泽民主席会见美国商务部长威廉·戴利一行。双方就江主席访美、双边经贸关系、人权等问题交换意见。

9日 刘向东部长助理会见奥地利联邦经济部双边司迈耶尔司长率领的中奥混委会第十五次会议奥方代表团。双方就双边经贸合作等问题交换意见。

9日 中英两国政府在伦敦举行双边经贸联委会下的贸易政策对话第一次会议。龙永图首席谈判代表与英贸工大臣玛格丽特·贝克特共同宣布建立中英贸易政策对话机制，并与英贸工部贸易政策总司长罗伯兹举行会谈。

10日 孙振宇副部长与南方共同市场轮值主席兼南共市事务乌拉圭全国协调员埃斯皮诺斯率领的南共市代表团在北京举行中国—南共市首次对话的第二场工作会谈。埃介绍了南共市成立以来所做的工作和取得的成就。双方就中国与南共市间的经贸合作交换意见。

10日至21日 杨文生部长助理率中国政府经贸代表团访问多哥、科特迪瓦、安哥拉三国。其间，杨助理分别拜会了三国领导人、出席了中国援科刺绣培训班的开学典礼和华科汽车有限公司的投产仪式。11日，杨助理与多方就中国援多的3万人座体育场二期工程事换文确认；20日，杨助理与安方就中国向安提供5000万元人民币政府贴息贷款事签署框架协议。

13日 李鹏总理与安巴总理兼外长莱斯特·伯德代表各自政府，就中国向安提供6000万元人民币政府贴息优惠贷款事在北京签署框架协议、就中国向安政府提供500万元人民币无偿援助事换文确认。

13日 吴仪部长陪同朱镕基副总理会见欧盟委员会副主席利昂·布里坦。双方就中国加入世贸组织谈判进程、中欧人权对话、中欧合作等问题交换意见。孙振宇副部长陪同钱其琛副总理会见了布里坦副主席。

13日 孙振宇副部长会见萨摩亚交通部长凯尔。双方就船舶、飞机贸易及其他经贸合作问题交换意见。

13日 孙广相部长助理陪同钱其琛副总理会见来华参加第23届国际人口科学大会的联合国人口基金执行主任沙迪克。双方就开展中国与人口基金合作事交换意见。

14日 吴仪部长会见欧盟委员会副主席利昂·布里坦。双方就中欧经贸关系、中国加入世贸组织谈判进程等问题交换意见。会谈后,吴部长与布里坦副主席签署《中欧合作谅解备忘录》及三个总金额为2322.5万欧洲货币单位的合作项目协议。

14日 吴仪部长会见来华参加第15届世界石油大会的沙特阿拉伯石油与矿产资源大臣阿里·纳伊米一行。双方就两国在石油领域的合作交换意见。

14日 刘山在副部长会见卢旺达公共工程部长洛里安。双方就进一步发展双边经贸合作关系、双方在筑路和天然气开发项目中的合作等问题交换意见。

14日 刘山在副部长与塔吉克斯坦驻华大使卡里莫夫·贾姆舍德·希洛洛维奇代表各自政府,就中国赠塔使馆一辆小轿车事在北京换文确认。

15日 第82届中国出口商品交易会在广州隆重开幕。广东省卢瑞华省长、陈新华副部长、广东省张高丽副省长、刘向东部长助理及国务院有关部委、部分省市的领导同志出席开幕式,卢瑞华省长致欢迎辞并和陈新华副部长共同主持剪彩仪式。

15日 吴仪部长会见德国大众集团监事会主席里森、董事会主席皮耶希一行。双方就进一步推动大众集团在华投资与合作等问题交换意见。

15日 孙振宇副部长会见应外经贸部邀请访华并参加第15届世界石油大会的加拿大阿尔伯塔省省长拉尔夫·克莱恩一行。双方就进一步加强经贸合作问题交换意见。

15日至16日 刘山在副部长与布隆迪共和国驻华大使恩迪古马根格·热尔事代表各自政府,就中国在无偿援助项目下向布纺织公司提供一批零配件事在北京换文确认。

15日至21日 安民部长助理率中国政府经贸代表团访问日本。代表团在东京举办了中国投资政策研讨会和洽谈会,并参加了'97大阪世界商务大会。此次代表团访日,增强了日工商界进一步发展中日经贸关系和扩大在香港业务的信心。

16日 刘山在副部长陪同国务院副总理兼外长钱其琛会见加拿大阿尔伯塔省省长拉尔夫·克莱恩。双方就第15届世界石油大会的召开、双边经贸合作、江泽民主席访加等问题交换意见。

16日 孙振宇副部长和德国联邦经济部国务秘书舒梅鲁斯就双边经贸关系问题举行双边对口会谈,并就德台关系向德提出严正交涉。

17日 刘山在副部长会见日本三菱电机株式会社第一副社长薮和也一行。双方就三菱电机扩大在华投资,特别是加大对新技术领域和中西部地区投资力度等问题交换意见。

19日至27日 以国家计委副主任曾培炎为团长、外经贸部副部长孙振宇为副团长的中国政府经贸代表团访问美国。其间,代表团与美方签订多项经贸合同、意向或协议,总金额达42.6亿美元。此次访问起到了加深了解、扩大影响的积极作用,为江泽民主席访美创造了良好气氛。

20日 李国华副部长会见朝鲜外经委委员长李成大。双方就中国供朝原油的有关问题交换意见。

20日至25日 德国经济合作部部长施普朗格尔访华。20日,施拜会了吴仪部长,双方就中德发展政策合作等问题交换意见。在华期间,施还参观了北京市、山东省、上海市利用德国政府贷款的有关项目。

20日 杨文生部长助理与安哥拉外交部副部长希科蒂代表各自政府,就中国向安提供政府贴息优惠贷款事在罗安达签署框架协议。

20日 孙广相部长助理与孟加拉财政部对外关系局秘书拉赫曼代表各自政府,就中国向孟提供总金额不超过2亿元人民币政府贴息优惠贷款事在达卡签署框架协议、就中国向孟提供200万元人民币无偿援助事换文确认。

21日 吴仪部长会见南斯拉夫外贸部长博里斯拉夫·武科维奇。双方就双边经贸合作问题交换意见。

21日至22日 龙永图首席谈判代表会见美国助理谈判代表卡西迪。双方就中国加入世贸组织问题进行小范围磋商。

21日至28日 孙广相部长助理陪同吴邦国副总理访问孟加拉、越南、老挝、缅甸四国。其间,吴副总理分别拜会了四国领导人,双方就两国关系和双边经贸合作问题交换意见,并签署了中国向越提供经援的两个协议和两个意向书、向老提供优惠贷款的协议、向缅提供优惠贷款的框架协议。

22日 吴仪部长会见芬兰欧洲事务和贸易部长诺尔贝克。双方就进一步发展双边经贸关系等问题交换意见。

22 日　陈新华副部长与佛得角旅游、工业和贸易国务秘书亚力山德雷·蒙特罗代表各自政府，就中国向佛提供 1000 万元人民币无偿援助事在北京签署协定；就向佛政府无偿提供 500 吨大米事换文确认。

22 日至 23 日　中厄(厄瓜多尔)经贸混委会第七次会议在北京举行。陈新华副部长和厄副外长贡萨洛·萨尔瓦多共同主持开幕式。双方就双边贸易、经济技术合作、相互投资、多边合作及地区经济一体化等问题交换意见并签署会议纪要。

23 日至 24 日　龙永图首席谈判代表率中国政府代表团与日本代表团就中国加入世贸组织谈判中的服务贸易问题在北京进行双边磋商。

24 日　钱其琛副总理兼外长与吉布提外交和国际合作部长穆罕默德·穆萨·谢海姆代表各自政府，就中国向吉政府提供 150 万元人民币无偿援助事在北京换文确认。

24 日　孙广相部长助理与越南计划投资部副部长武洪福代表各自政府，就中国向越提供总金额不超过 2 亿元人民币政府贴息优惠贷款事在河内签署框架协议、就向越提供总金额不超过 1000 万美元无偿援助用于太钢项目买方信贷贴息事签署意向书。

25 日至 11 月 3 日　孙振宇副部长陪同江泽民主席访问美国。孙副部长参加了有关活动。中美双方就中国加入世贸组织谈判、最惠国待遇、扩大和加强在各个领域的合作与交流等问题交换意见。

26 日　孙广相部长助理与老挝老中合作委员会主任万通·香芒代表各自政府，就中国向老提供总金额不超过 1 亿元人民币政府贴息优惠贷款事在万象签署框架协议。

27 日　吴仪部长会见印尼研究和技术国务部长巴哈鲁丁·优素福·哈比比。双方回顾了两国复交以来的经贸关系发展情况，并就两国在经贸、科技等领域加强合作的有关问题交换意见。

27 日　孙广相部长助理与缅甸国家计划与经济发展部长埃博尔代表各自政府，就中国向缅提供总金额不超过 1 亿元人民币政府贴息优惠贷款事在仰光签署框架协议。

29 日　安民部长助理会见日本国际贸易促进协会副会长笠间佑一郎率领的京九铁路沿线促进投资环境考察团。安助理向考察团介绍了中共十五大确立的方针政策以及中部地区的经济发展和前景，并应客人要求介绍了我国的税制改革、取消进口设备优惠政策、国企改革等情况。

29 日至 31 日　龙永图首席谈判代表赴昆明出席我部和联合国贸发会议联合举办的亚洲发展中国家中小企业投资研讨会。

29 日　孙广相部长助理陪同吴邦国副总理在结束了对孟加拉、越南、老挝、缅甸四国的正式访问后顺访泰国，与泰国领导人就发展中泰经贸合作有关问题举行会谈。

30 日　第 82 届中国出口商品交易会在广州胜利闭幕。本届交易会出口成交额累计达 105.3 亿美元，比上届增长 7.29%，比上年秋交会增长 6.63%。

31 日　吴仪部长会见加拿大驻华大使贝祥。双方就即将在温哥华举行的亚太经合组织会议及江泽民主席访加事交换意见。

31 日　吴仪部长会见尼日利亚联邦商业旅游部常务秘书托卡·马尼率领的尼国际贸易与投资促进代表团。吴部长对尼国际贸易与投资促进研讨会的成功举办表示祝贺。双方认为此次研讨会必定会促进双方的了解与合作。

31 日　吴仪部长会见以名誉会长丰田章一郎为最高顾问、会长渡里杉一郎为团长的 1997 年度日中经济协会访华团。双方就日方所关心的双边经贸合作等问题交换意见。

31 日　吴仪部长和安民部长助理会见以全国政协常委、澳门吴福集团有限公司董事长吴福先生为团长、新华社澳门分社副社长王今翔为顾问的澳门企业家代表团。宾主就进一步加强澳门与内地的经贸合作交换意见。

11 月

3 日　吴仪部长会见比利时弗拉芒大区政府首席大臣范登布兰德。双方就双边经贸关系、中国加入世贸组织谈判、中国与欧盟经贸关系等问题交换意见。同日，刘山在副部长与范登布兰德大臣就双边经贸关系等问题举行会谈。

3 日　高虎城部长助理会见博茨瓦纳工业部

长克韦拉霍贝一行。双方回顾了自1976年签订"经济技术协定"以来的双边贸易和项目合作情况，表示今后要加强气象及工程建设等方面的合作。

4日 吴仪部长会见日本兴业银行行长西村正雄一行。吴部长高度评价了日本兴业银行积极开展对华业务及为日中投资促进机构作出的积极贡献。双方并就大连工业园地、我国利用外资政策及税务等问题交换意见。

5日至15日 石广生副部长率中国政府经贸代表团暨投资贸易考察团访问南非。其间，石副部长先后拜会了南国民议会议长、外交部长、邮电部长、矿业部副部长、储备银行行长。代表团共签署价值6.3亿美元的进出口贸易、投资办厂的合同、协议及意向书。

6日 孙振宇副部长会见加拿大不列颠歌伦比亚省省长格伦·克拉克一行。双方就经贸合作问题交换意见。

6日至8日 全国对日经贸工作会议在南京召开。吴仪部长、高虎城部长助理到会并作重要讲话。国家计委、外经贸部、纺织总会、中国贸促会、中国驻日使馆、有关部委所属公司、进出口商会和34个省、自治区、直辖市、计划单列市外经贸委(厅、局)及大连开发区的代表共90多人参加会议。

7日 龙永图首席谈判代表会见美国驻华使馆临时代办麦克海。双方就中美之间关于中国加入世贸组织谈判今后一段时间的安排问题交换意见。

9日 叶利钦总统访华前夕，陈新华副部长与先期来访的俄罗斯外经贸部第一副部长奥古尔佐夫举行会谈。双方就双边关系中的有关问题交换意见。同日，陈副部长还参加了李岚清副总理与俄第一副总理涅姆佐夫的会谈。

10日 陈新华副部长参加江泽民主席与俄罗斯总统叶利钦的会谈。

10日 安民部长助理会见以副会长三浦皓功为团长的1997年度日本中国石油输入协议会友好访华团一行。双方就继续发展石油贸易及合作问题交换意见。

10日至11日 龙永图首席谈判代表于李鹏总理访日前与日方就中国加入世贸组织问题在东京举行服务贸易方面的双边磋商，并发表联合声明。

11日 孙振宇副部长、安民部长助理会见由许胜发理事长、林辉实副会长率领的台湾工商企业联合会和香港中华厂商联合会代表团。两位部领导向客人介绍了外商投资企业进口设备税收、中共十五大后股份制、改革等有关政策，并表示海峡两岸、内地与香港的经济互补性很强，希望港台商人扩大在祖国大陆的投资，进一步加强合作。

11日至16日 龙永图首席谈判代表陪同李鹏总理访问日本。11日，龙首席谈判代表与日本驻华大使佐藤嘉恭代表各自政府就洞庭湖地区农业水利开发计划、内蒙古自治区医疗器材装备计划项目换文确认。

13日 孙振宇副部长会见美国驻华使馆临时代办麦克海。双方就两国首脑会晤、我国政府经贸代表团访美等问题交换意见。麦还提及吴仪部长与美贸易谈判代表巴舍夫斯基在温哥华亚太经合组织会议期间的会谈安排以及美电影协会主席访华事。

13日 陈新华副部长会见克罗地亚经济部部长助理奈文·米米察及中克经贸混委会克方代表团成员。双方就中克经贸混委会第四次会议的召开、双边经贸关系等问题交换意见。会见后，陈副部长参加了混委会会议纪要的签字仪式。

13日 陈新华副部长会见陪同南斯拉夫总统米洛舍维奇访华的南外贸部长武科维奇。双方对武10月访华时所商定的具体项目落实情况表示满意，并就今后双边经贸合作问题交换意见。

13日至14日 中国与挪威代表团就中国加入世贸组织问题在北京进行双边磋商。双方代表团同意将谈判结果提交各自政府批准，以尽早结束双边磋商。

14日 刘向东部长助理会见韩国驻华公使李元炯。双方就即将召开的中韩第6届经贸技术联委会的主要议题交换意见。

16日至17日 龙永图首席谈判代表率中国代表团与加拿大代表团就中国加入世贸组织问题在北京进行双边磋商。

17日 孙振宇副部长会见巴勒斯坦计划和国际合作部长阿斯一行。双方就两国在贸易、投资、经援等领域的合作交换意见。

17日 杨文生部长助理与古巴驻华大使何塞·阿曼多·格拉·门切罗代表各自政府就中国帮助古防治棕黄蓟马害虫事在北京换文确认。

18日 陈新华副部长会见陪同波兰总统访华的波经济部副部长哈瓦达伊。双方就如何落实在波总统访华期间两国领导人达成的原则协议和所签署的合作项目意向书交换意见。

18 日 陈新华副部长会见应外交部邀请访华的丹麦外交部常务秘书弗·比得森一行。双方就人权、双边财政合作等问题交换意见。

18 日至 20 日 孙广相部长助理率团参加由我部在香港主办的'97 中国科技贸易博览会。本次博览会共有 2000 多名香港和国外厂商到会洽谈，签订协议 100 多项，金额 3800 万美元，合作意向 200 多项。

20 日 刘山在副部长会见马达加斯加副总理兼外交部长拉扎菲马哈莱。刘副部长向客人介绍了我国援外方式改革的有关情况，并表示欢迎马商人来华办展，增进相互了解。同日，刘副部长与马水利和林业部长里扎·拉若思松代表各自政府就中国向马赠送 200 万元人民币一般物资事在北京换文确认。

21 日 刘山在副部长会见刚果(民)经济、工业和贸易国务部长姆波约。双方就进一步加强双边文化、贸易、经济和技术合作问题交换意见。

21 日 孙振宇副部长会见欧盟委员会第一总司副司长德贝尔。双方就中国加入世贸组织谈判问题交换意见，并表示今后将相互通报在世贸组织问题上的谈判情况。

21 日 安民部长助理与韩国驻华大使郑钟旭签署经济发展协力基金第三批第二期贷款安排。

21 日至 29 日 陈新华副部长率中国政府经贸代表团访问法国。其间，陈副部长与法外贸国务秘书董杜共同主持召开中法经贸混委会第 12 次会议。

22 日至 23 日 钱其琛副总理兼外长、吴仪部长出席在加拿大温哥华举行的第 5 届亚太经合组织部长级会议。会议讨论了贸易投资自由化和经济技术合作等问题。龙永图首席谈判代表也参加了会议。

24 日至 12 月 17 日 刘山在副部长率中国政府经贸代表团访问埃及、摩洛哥、利比亚三国。其间，刘副部长与埃及电力能源部长签署关于制定开发苏伊士湾西北经济特区可行性研究报告的谅解备忘录；12 月 3 日至 5 日与摩方四位大臣就双边贸易、投资、渔业、住房、能源利用、海水淡化等方面的合作问题交换意见，并签署我国向摩方提供 500 万元人民币无偿援助的换文；与利方就加强双边贸易、投资、基础设施等方面的合作问题交换意见，并签署会谈纪要。12 日，利比亚领导人卡扎菲会见了刘副部长。

24 日 孙振宇副部长会见希腊发展部部长瓦索帕潘德里欧一行。双方就进一步发展双边经贸关系交换意见。

24 日 孙振宇副部长会见由美国参议员德宾率领的议员代表团。宾主就中美贸易关系特别是贸易不平衡等问题交换意见。

24 日至 28 日 中国、贝宁经贸混委会第三次会议在北京召开。25 日，李国华副部长与贝宁外交与合作部长皮埃尔·奥绍共同主持开幕式，双方就两国政府新的贸易经济和技术合作、中国在贝宁建立商品分拨中心问题商定协议文本。27 日，孙振宇副部长与奥绍代表各自政府签署关于中国向贝提供 1500 万元人民币无偿援助的政府经济技术合作协定、恢复马朗韦尔 150 公顷农田项目的换文、中贝经贸混委会第三次会议纪要。

25 日 安民部长助理出席"今日意大利"大型展览会开幕式。国家科委主任宋健、意外交部长迪尼和外贸部长范托齐等参加开幕式。

26 日至 12 月 3 日 吴仪部长陪同江泽民主席访问加拿大、墨西哥。11 月 28 日，吴部长与加拿大国际合作部部长马卢就两国发展援助合作方面签署中国环境与发展国际合作委员会项目第二期、中加江苏中小企业应用管理和环保项目、保护和可持续利用中国塔里木盆地自然资源项目三个备忘录。12 月 1 日，吴部长与墨工商部长布兰科(Blanco)共同主持了部长级会谈，就双边贸易关系、经济技术合作等问题广泛交换意见。双方一致认为，中墨贸易和经济合作潜力很大。墨方表示愿与中方共同努力解决对部分中国产品"反倾销"问题，并允诺 1998 年初公布对中国 628 个税则号产品的行政复审结果。

26 日 孙振宇副部长陪同李鹏总理会见意大利外交部长迪尼及外贸部长范托齐一行。

26 日 孙振宇副部长会见意大利工业总联合会主席福萨一行。双方就发展双边经贸合作关系、加强中小企业间合作等问题交换意见。

27 日 孙广相部长助理会见日中经济协会丸山元喜专务理事。双方就中日长期贸易协议委员会和中国对日经贸协调委员会两个民间组织的发展问题交换意见。

29 日至 12 月 18 日 杨文生部长助理率中国政府经贸代表团访问哥伦比亚、秘鲁、乌拉圭三国。其间，杨助理分别拜会了三国有关领导人。1日至2日，杨助理与哥外贸部长卡洛斯·龙德罗斯共同主持召开中哥经贸混委会第五次会议。4日至5日，杨助理与秘外交部副部长兼秘书长乌戈·帕尔马共同主持中秘经贸混委会第二次会议开幕式，并签署中国向秘提供500万元人民币无偿援助的换文。8日至9日，杨助理与乌代外长(副外长)佩雷斯·德卡斯蒂略共同主持中乌经贸混委会第八次会议开幕式；杨助理还与乌有关领导人分别就两国在有关领域的合作交换意见，并签署会谈纪要。

12月

1日至3日　陈新华副部长率中国政府经贸代表团访问瑞典，并与瑞外贸大臣帕格洛兹基共同主持中瑞经贸、工业和科技合作混委会第13次会议。双方就两国经贸形势、双边经贸关系发展、国有企业管理、东南亚金融危机等问题交换意见。

2日至11日　龙永图首席谈判代表率中国加入世贸组织谈判代表团赴日内瓦参加第6次工作组会议，并与20个国家举行双边磋商，与土耳其和新加坡就结束双边市场准入谈判达成协议。

4日　孙振宇副部长会见美国参议院外交事务委员会国际经济政策、出口和促进贸易小组主席哈格尔和参议员查菲。双方就双边经贸关系、双边贸易不平衡等问题交换意见。

4日　孙振宇副部长会见美国沃马特零售业集团总裁兼首席执行官戴维·格拉斯。孙副部长对该公司进入中国市场带动我国零售业发展的做法表示欢迎，并希望该公司继续为发展中美经贸关系做出贡献。

4日　安民部长助理会见台湾中华航空公司副总经理刘克涯，双方就该公司在大陆开展有关业务问题交换意见。

4日至11日　孙振宇副部长会见朝鲜外经贸委副委员长金文成。双方就中方供朝原油问题交换意见。

4日至5日　中(国)—比(利时)卢(森堡)经贸混委会第13次会议在比利时布鲁塞尔召开。陈新华副部长与比外交外贸部德博克秘书长共同主持开幕式和闭幕式。混委会期间，陈新华副部长还拜会了比副首相兼财政、外贸大臣梅斯达德，并应邀在比中经贸委员会组织的午餐会上作关于中国国有企业改革和鼓励外商对我国中西部投资的政策的主题演讲。

5日　刘山在副部长与摩洛哥财政部负责经济投资国务秘书阿卜杜·法塔赫·本·曼苏尔代表各自政府，就中国向摩提供500万元人民币无偿援助事换文确认。

7日至13日　李国华副部长率中国政府经贸代表团访问印度。8日，李副部长与印商业部长和商业部秘书举行对口会谈，拜会了印电力部长，出席了世界经济论坛和印度工商联合会举办的印度经济高峰会议并作演讲；10日与印福利部长及我国驻印大使一道为在新德里举行的中国商品展览会剪彩。

8日　朱镕基副总理会见并宴请新加坡政府资政李光耀。石广生副部长参加有关活动。

9日　孙振宇副部长会见澳大利亚外长亚力山大·唐纳。双方就双边经贸合作关系、东南亚金融危机等问题交换意见。会谈后，双方就澳无偿提供534.1万澳元用于中澳技术合作经贸人员培训项目、无偿提供300万澳元用于中澳技术合作西藏供水与初级卫生保健项目事签署备忘录。

11日　孙振宇副部长会见斐济共和国外交外贸部长贝雷南多·武宁邦博。双方就双边经贸关系问题交换意见。会谈后，双方签署两国贸易协定及中国向斐提供3000万元人民币无偿援助的经济技术合作协定。

11日　刘向东部长助理会见德国驻华使馆临时代办柯华特。柯就德国货运代理企业申请在华设立独资公司事阐述了德方立场。

11日　刘向东部长助理会见英国48家集团主席斯蒂芬·佩里一行。刘助理向客人介绍了中共十五大确定的关于我国深化改革、扩大开放的方针政策。双方还就如何进一步推动双边经贸关系发展交换意见。

11日　杨文生部长助理与多哥外交与合作部长科菲·帕务代表各自政府，就中国向多提供5000万元人民币无息贷款签署协定、就中国在贷款项下承担援多3万人座体育场项目二期工程费用事换文确认。

12日　吴仪部长会见欧盟驻华大使魏根深。魏通报了欧盟委员会及布里坦副主席正努力将中国和俄罗斯从其反倾销法中的“非市场经济”国家名单上撤除的信息。

12日　刘向东部长助理会见格鲁吉亚财政部副部长托德里阿·弗拉季米尔。双方就有关格延期偿还贷款问题进行商谈，并分别代表本国政府签署关于格延期偿还中国政府商品贷款的换文。

14日至18日　龙永图首席谈判代表陪同江泽民主席赴马来西亚，出席在吉隆坡召开的东盟九国及中、日、韩三国首脑会议。

16日　联合国儿童基金驻华代表团在北京举行《1998年世界儿童状况报告》首发式暨新闻发布会。孙振宇副部长出席新闻发布会并作重要讲话。

17日　吴仪部长会见德国克虏伯集团董事长克罗默。双方就扩大该公司对华投资合作等问题交换意见。同日，孙振宇副部长出席该公司与上海浦东钢铁集团公司合资建立上海克虏伯不锈钢有限公司合同签字仪式。

18日　石广生副部长与民主刚果经济、工业和贸易部长皮埃尔·维克托·姆波约代表各自政府在北京签署关于中国向民主刚果提供政府贴息优惠贷款的框架协议、两国政府经济技术协定，并就中国向民主刚果提供500万元人民币小额赠送事换文确认。

18日　陈新华副部长会见欧盟驻华大使魏根深。魏通报了欧盟委员会16日将中国从其反倾销法中的“非市场经济国家”名单上撤除的讨论情况，并建议中国对成员国开展游说工作。

19日　石广生副部长与民主刚果经贸部长皮埃尔·维克托·姆波约等7位部长举行会谈。双方商定第6届经贸混委会在北京或在金沙萨召开均可，具体时间、地点通过外交途径商定。

22日　吴仪部长与来访的乌克兰总理普斯托沃伊坚科共同出席中乌企业家座谈会，并发表讲话。同日，陈新华副部长与乌克兰外经贸部副部长奥列伊尼克就双边经贸合作等问题举行对口会谈。

22日　安民部长助理会见日本海外经济协力基金（OECF）理事清川，双方就日元贷款执行率及OECF对华直接投资的大连工业园地和广东养鳗项目等问题交换意见。

22日至24日　国务院召开的全国外资工作会议在北京举行。江泽民主席、李鹏总理、朱镕基副总理、李岚清副总理和温家宝、罗干、曾庆红、吴仪等中央领导会见了与会代表。江泽民主席在会见时作了重要指示。李岚清副总理在会议开幕和闭幕时分别作了重要讲话。吴仪部长作了关于吸收外商投资工作的报告。

23日　龙永图首席谈判代表与日本驻华大使佐藤嘉恭代表各自政府就日无偿提供11.7亿日元用于我国粮食增产项目、无偿提供18.48亿日元用于我国四川、湖北、大连急救中心医疗器材装备项目事换文确认。

23日　安民部长助理会见香港特别行政区工商局长俞宗怡。双方就建立两地经贸协调机制、加强两地科技合作等问题交换意见。

24日　吴仪部长会见香港特别行政区工商局长俞宗怡。双方就共同关心的问题交换意见。

26日　孙振宇副部长会见古巴驻华大使格拉。双方就1998年中古原糖贸易问题交换意见。

29日　陈新华副部长陪同李鹏总理会见俄第一副总理涅姆佐夫，并出席连云港核电站合同签字仪式。同日，陈副部长还参加了李岚清副总理与涅的会谈和宴请。

30日　石广生副部长与南非外交部副部长阿齐兹·帕哈德代表各自政府就中国向南提供2500万美元无偿援助事在比勒陀利亚签署换文。

机　构

中国驻外经济商务机构

亚　　洲

中华人民共和国驻蒙古国大使馆经济商务参赞处

地址：NO. 5, FRIENDSHIP STREET, ULAN BATOR, MONGOLIA

电话：009761－323940

传真：009761－311943

中华人民共和国驻朝鲜民主主义人民共和国大使馆经济商务参赞处

地 址：KINMAEULI DONG, MAO LANG BONG DISTRICT, PYONGYANG, DEMOCRATIC PEOPLE'S REPUBLIC OF KOREA

电话：00850－2－3813119, 00850－2－3813120

传真：00850－2－3813422, 00850－2－3813425

中华人民共和国驻大韩民国大使馆经济商务参赞处

地址：大韩民国汉城特别市中区新堂 2 洞 406-2 号

邮编：100－452

电话：00822－2537521, 2537522, 2537523

传真：00822－2537524

中华人民共和国驻釜山总领事馆经济商务室

地址：600－015 大韩民国釜山市中区中央洞 5 街 50 番(半岛投资金融 BLDG. 6 层)

电话：008251－4414890, 008251－4414891

传真：008251－4414892

中华人民共和国驻日本国大使馆经济商务参赞处

地 址：テ106 日本国东京都港区南麻布 5 丁目 8 番 16 号

电话：0081－3－3440－2011

传真：0081－3－3446－8242

中华人民共和国驻福冈总领事馆经济商务室

地址：テ810 日本国福冈市中央区地行浜 1－3－3

电话：0081－92－713－1121

传真：0081－92－781－8906

中华人民共和国驻大阪总领事馆经济商务室

地址：テ550 日本国大阪市西区勒本町 3－9－2

电话：0081－6－4459481, 0081－6－4459471

传真：0081－6－4459476

中华人民共和国驻札幌总领事馆经商室

地址：テ064 日本国札幌市中央区南 13 条西 23－5－1

电话：0081－11－563－5563

传真：0081－11－563－1818

中华人民共和国驻越南社会主义共和国大使馆经济商务参赞处

地 址：SO NHA 46. 52 PHO HOANG DIEU, HANOI, VIET NAM

电话：00844－8232845

传真：00844－8234286

中华人民共和国驻胡志明市
总领事馆经济商务室

地址:SO NHA 39 NGNYEN THI MINH KHAI Q. 1
电话:00848—8292463
传真:00848—8231142

中华人民共和国驻老挝人民民主共和国
大使馆经济商务参赞处

地 址:RUELLE VATNAK MUONG SISAT-TANAK,VIENTIANE,LAOS
信箱:NO. 898,VIENTIANE,LAOS
电话:00856—21—315101,00856—21—315107
传真:00856—21—315106

中华人民共和国驻柬埔寨王国
大使馆经济商务参赞处

地 址:NO. 156 BLC MAO TSETUNG, PHNOM PENH,CAM BODIA
电话:00855—23—720923
传真:00855—23—720924

中华人民共和国驻缅甸联邦
大使馆经济商务参赞处

地 址:NO. 53,PYIDAUNGSU YEIKTHA ROAD, RANGOON,MYANMAR
电话:0095—1—222800,0095—1—221399
0095—1—221398
传真:0095—1—220386

中华人民共和国驻曼德勒
总领事馆经济商务室

地 址:CONNER OF ZZND & 63RD STREET, MANDALAY,MYANMAR
电话:0095—2—227176,0095—2—270403

中华人民共和国驻泰王国
大使馆经济商务参赞处

地址:CHINESE EMBASSY IN THAILAND,NO. 57, RACHADAPISAKE ROAD, DIN-DAENG,BANGKOK,10310 THAILAND
电话:0066—2—2457038,0066—2—2472122
0066—2—2474506
传真:0066—2—2472123,0066—2—2474506

中华人民共和国驻宋卡
总领事馆经济商务室

地址:9 SADAO ROOD,SONGKHLA 9000 THAI-LAND
电话:0066—74—322034,325045
传真:0066—74—323772

中华人民共和国驻马来西亚
大使馆经济商务参赞处

地址:NO. 39,JALAN UIU KELANG,68000 AM-PANG SELANGOR DARUL EHSAN, MALAYSIA
电话:0060—3—4513226,0060—3—4513555
传真:0060—3—4513233

中华人民共和国驻古晋
总领事馆经济商务室

地 址:340 FORTUNE GARDEN, LORONG 5, JALAN STAMPIN TIMUR,OFF KUCH-ING BY-PASS, 93350 KUCHING, SARAWAK,MALAYSIA
电话:0060—82—461344
传真:0060—82—461424

中华人民共和国驻新加坡共和国
大使馆经济商务参赞处

地址:70—76,DALVEY ROAD,SINGAPORE 1025
电话:0065—7343360,0065—7343307

传真:0065—7338590

电传:RS36878 CHICRO

中华人民共和国驻菲律宾共和国大使馆经济商务参赞处

地 址:NO. 10, FLAME TREE ROAD, SOUTH FORBES PARK, MAKATI CITY 1200, METRO MANILA, PHILIPPINES

电话:0063—2—8195991,0063—2—8195992 0063—2—8939067

传真:0063—2—8184553

电传:22363 CHCOF PH

中华人民共和国驻宿务总领事馆经济商务室

地 址:4 TH FL. EURD PACIFIC BLDG, F. GONZALES COMPOUND, CAMPUTHAW ST. LAHUG CEBU CITY, 6000, THE PHILIPPINES

电话:006332—2316217 006332—2316218 006332—2316219

传真:006332—2315697

节假日值班电话:006332—2548727 006332—2548728

中华人民共和国驻印度尼西亚共和国大使馆经济商务参赞处

地 址:JL. PERMATA HIJAU RAYA, BLOKS, KAV. 4—5—6, JAKARTA SELATAN 12210, INDONESIA

电话:0062—21—5495347,0062—21—5301372

传真:0062—21—5301382

中华人民共和国驻文莱大使馆经济商务处

地址:SIMPANG 462, LOT38868, KG SUNGAI TILONG, JALAN MUARA NEGARA BRUNEI DARUSSALAM

电话:00673—2—336077

传真:00673—2—335163

中华人民共和国驻尼泊尔王国大使馆经济商务参赞处

地址:P. O. BOX 4234 NAXAL, KATHMANDU, NEPAL

电话:00977—1—418972,00977—1—414672

传真:00977—1—415091

中华人民共和国驻孟加拉人民共和国大使馆经济商务参赞处

地 址:FLOT NO. 15, PARK ROAD, BLOCK—I, BARIDHARA, DHAKA, BANGLADESH

电话:00880—2—885272,00880—2—883313 00880—2—605728

传真:00880—2—883082

电传:675602 CECOF BG

中华人民共和国驻印度共和国大使馆经济商务参赞处

地 址:NO. 50, D—SHANTIPATH CHANAKYAPURI NEW DELHI—110021, INDIA

电话:0091—11—4672687

传真:0091—11—6111099

电传:5166250 SINO IN

中华人民共和国驻孟买总领事馆经济商务室

地址:P. O. BOX 189, GPO, MUMDAI 400001, INDIA

电话:0091—22—4973091

传真:0091—22—4963310

中华人民共和国驻斯里兰卡民主社会主义共和国大使馆经济商务参赞处

地 址：120/3A, WIJERAMA MAWATHA, COLOMBO 07, SRILANKA

电话：00941－684576－7,8041,8012

传真：00941－684578,00941－684579

中华人民共和国驻巴基斯坦伊斯兰共和国大使馆经济商务参赞处

地 址：P. O. BOX 2601, HOUSE NO. 11, STREET NO. 19, F8/2, ISLAMABAD, PAKISTAN

电话：0092－51－252426

传真：0092－51－256887

中华人民共和国驻卡拉奇总领事馆经济商务室

地 址：43 － 6 － B, BLOCK 6, P. E. C. H. S. KARACHI

电话：0092－21－4530523
0092－21－4530526

传真：0092－21－4530525

中华人民共和国驻伊朗伊斯兰共和国大使馆经济商务参赞处

地址：NO. 180, FARMANIEH AVE., TEHRAN, IRAN

电话：0098－21－2292284

传真：0098－21－2292283

电话：213237 COMO IR

中华人民共和国驻科威特大使馆经济商务参赞处

地 址：MISIIRIF, BLOCK 4, STREET 7, HOUSE NO. 4

信 箱：P. O. BOX 25713 SAFAT, 13118 SAFAT, KUWAIT

电话：00965－5390239,5396160

传真：00965－5390291,5386404

中华人民共和国驻沙特阿拉伯王国大使馆经济商务参赞处

地址：P. O. BOX 99882, RIYADH 11625, SAUDI ARABIA

电话：00966－1－4655655,00966－1－4622485

传真：00966－1－4629617

中华人民共和国驻吉达总领事馆经济商务室

地址：AL－ANDALUS ROAD, ANDALUS DIST. (2)P. O. BOX 51373 JEDDAH 21543, SAUDI ARABIA

电话：00966－2－6605430

传真：00966－2－6606546

中华人民共和国驻巴林国大使馆经济商务处

地 址：VILLA 1710, ROAD 7332 373, BILAD ALQADEEM MANAMA, STATE OF BAHRAIN

信箱：P. O. BOX 5260 MANAMA, BAHRAIN

电话：00973－785751

传真：00973－785772

中华人民共和国驻卡塔尔国大使馆经济商务参赞处

地 址：63, AL － SHAM STREET, WEST BAY AREA, DOHA, QATAR

信箱：17514 DOHA, QATAR

电话：00974－835680

传真：00974－835184

电传：5120 CHINEM DH

中华人民共和国驻阿拉伯联合酋长国大使馆经济商务参赞处

地址:AL FALAH STREET,IOTH LANE,35-1 SECTER
信箱:P. O. BOX 25455 ABU DHABI-U. A. E.
电话:00971-2-765525
传真:00971-2-764402

中华人民共和国驻迪拜总领事馆经济商务室

地址:P. O. BOX 9374 DUBAI, THE UNITED ARAB EMIRATES
电话:00971-4-448032,00971-4-449445
传真:00971-4-448099
电传:46268 COMOF EM

中华人民共和国驻阿曼苏丹国大使馆经济商务参赞处

地址:SHATI AL-QURUM,WAY3021,HOUSE NO. 1784
信箱:3315 RUWIS MASCAT,SULTANATE OF OMAN
电话:00968-697804
传真:00968-697482

中华人民共和国驻也门共和国大使馆经济商务参赞处

地址:P. O. BOX 10285,SANA,YEMEN
电话:00967-1-275339,00967-1-275411
传真:00967-1-275339,00967-1-272298

中华人民共和国驻亚丁总领事馆经济商务室

地址:KHORMAKSAY,ADEN,YEMEN
信箱:P. O. BOX 6160 KHORMAKSAY, ADEN, YEMEN
电话:00967-2-232630
传真:00967-2-231377

中华人民共和国驻伊拉克共和国大使馆经济商务参赞处

地址:P. O. BOX 15097 AL-YARMUK, BAGHDAD,IRAQ
电话:00964-1-5567897,00964-1-5562740
传真:2195 CHINCOM IK

中华人民共和国驻阿拉伯叙利亚共和国大使馆经济商务参赞处

地址:P. O. BOX 2455,DAMASCUS,SYRIA
电话:00963-11-6133008
传真:00963-11-6133019
电传:(0492)413217 CHINEC SY

中华人民共和国驻黎巴嫩共和国大使馆经济商务参赞处

地址:72,RUE NICOLAS IBRAHIM SURSOCK, RAMLET ELBAIDA,BEIRUT,LEBANON
信箱:P. O. BOX 114-5098,BEIRUT
电话:00961-830317 00961-830316
传真:00961-1-822492 001-212-4781653
电传:CHINCO 21344 LE

中华人民共和国驻约旦哈希姆王国大使馆经济商务参赞处

地址:NO. 21, ZAHRAN ST. SOUTHERN UM UTHAINA,AMMAN,JORDAN
信箱:423 UM ESSOMAQ & KHELDA,AMMAN, 11821,JORDAN
电话:00962-6-816194,00962-6-818195
传真:00962-6-827417

中华人民共和国驻以色列国
大使馆经济商务参赞处

地址：NO. 94，NAMIR ROAD，TEL－AVIV 62337，ISRAEL
电话：00972－3－5444915，00972－3－5444917
传真：00972－3－5444918

中华人民共和国驻塞浦路斯
共和国大使馆经济商务参赞处

地址：17 AGAPINOR STREET，1706，NICDSIA，CYPRUS
信箱：P. O. BOX 7088，NICOSIA，CYPRUS
电话：00357－2－375252
传真：00357－2－376699
电传：4910 CHINA COF CY

中华人民共和国驻土耳其共和国
大使馆经济商务参赞处

地址：ALI FUAT BASGIL MAHALLESI，HATIR SOKAK NO. 16 06700 GAZIOSMANPASA，ANKARA-TURKEY
电话：0090－312－4377107
传真：0090－312－4466762
电传：46387 CHCM TR

中华人民共和国驻伊斯坦布尔
总领事馆经济商务室

地址：MEMDUH PASA YALISI KIRECBURNU MAH. MISIRH CAD. SARIYER，ISTANBUL
电话：0090－212－2992631
传真：0090－212－2992632
电传：26906 CCGT TR

中华人民共和国驻巴勒斯坦
民族权力机构办事处

电话：00972－7－825068，00972－5－864215
传真：00972－7－825058

欧　洲

中华人民共和国驻冰岛共和国
大使馆经济商务参赞处

地址：VIDIMELUR 25，REYKJAVIK，ICELAND
信箱：P. O. BOX 7290，REYKJAVIK，ICELAND
电话：00354－1－5526322
传真：00354－1－5623922

中华人民共和国驻丹麦王国
大使馆经济商务参赞处

地址：REGARDS ALLE 12，2900 HELLERUP，COPEN-HAGEN，DENMARK
电话：0045－39611013，0045－39611092
传真：0045－39612913
电传：27019 CHEM DK

中华人民共和国驻挪威王国
大使馆经济商务参赞处

地址：INKOGNITOGATEN 11，0258 OSLO，NORWAY
电话：0047－22－560270，0047－22－438666

0047—22—447230

传真:0047—22—447230

中华人民共和国驻瑞典王国大使馆经济商务参赞处

地址:RINGVAGEN 56 181 34 LIDINGO,SWEDEN

电话:0046—8—7674083,0046—8—7679625
0046—8—7678740

传真:0046—8—7318404

电传:16490 CHINO S

中华人民共和国驻芬兰共和国大使馆经济商务参赞处

地址:VAHANITYNTIE 4 00570 HELSINKI 57,FINLAND

电话:00358—9—6848416,00358—9—6849641

传真:00358—9—6849595

电传:126055 CHINA SF

中华人民共和国驻俄罗斯联邦大使馆经济商务参赞处

地址:ULITSA DRUZHBA 6,MOSCOW,RUSSIA

电话:007—095—1431544,007—095—9382111

传真:007—095—9382005

电传:413981 CHINA SU

中华人民共和国驻哈巴罗夫斯克总领事馆经济商务室

地址:STADION IM LENINA,HABAROVSK,RUSSIA

电话:007—4212—348586,007—4212—399466

传真:007—4212—338390

电传:141255 CGKHB SU

中华人民共和国驻阿塞拜疆共和国大使馆经济商务参赞处

地址:巴库市,第·阿利耶瓦大街,94号

电话:007—3712—623437,007—3712—625567

传真:007—3712—0078922,0099412

电传:(065)116583 KTP UZ SU

中华人民共和国驻亚美尼亚共和国大使馆经济商务参赞处

地址:875048 EREVAN,NORK 9 STREET,HOUSE 89

电话:007—8852—651935,651311

传真:007—8852—151153

中华人民共和国驻格鲁吉亚共和国大使馆经济商务参赞处

地址:第比利斯市,奥谢吉斯卡亚大街,3号

电话:007—8832—936189,932893

传真:0049—5151—13057 NO. 192
0049—5151—8635

中华人民共和国驻白俄罗斯共和国大使馆经济商务参赞处

地址:31/2 KRASNOZ VEZDNAYA STR. 220071,MINSK,BELORUSSIA

电话:00375—0172—370211

传真:00375—0172—100391

中华人民共和国驻乌克兰大使馆经济商务参赞处

地址:250035 STREET RECHINAY 3,KIEV,UKRAINE

电话:380—44—2948810,2947710

传真:380—44—2948040

中华人民共和国驻乌兹别克斯坦共和国大使馆经济商务参赞处

地址:700170 15,SOROK LET KOMSOMOLA,TASHKENT

电话:007—3712—682642

传真:007—3712—891246,672340

中华人民共和国驻哈萨克斯坦共和国大使馆经济商务参赞处

地 址:480016 ST. TULEBAEVA 26,ALMA-ATA,KAZAKHSTAN

电话:007—3272—327681
007—3272—651114

传真:007—3272—392007

中华人民共和国驻吉尔吉斯共和国大使馆经济商务参赞处

地 址: 6, MANAS ST. BISHKEK, 720017, KIRGHIZSTAN

电话:007—3312—224732

传真:007—3312—620148

电传:788—245136 CHTRD KH

中华人民共和国驻塔吉克斯坦共和国大使馆经济商务参赞处

地 址: 35, TAJIKISTAN 40 YERS ST. DUSHANBE

电话:007—3772—273414,007—3772—273228
007—3772—231859

传真:007—3772—211859

中华人民共和国驻土库曼斯坦大使馆经济商务参赞处

地址:ASHGABAT,BERZENGI,HOTEL ASIA

电话:00993—1—2—510180 转 215,218

传真:00993—1—2—520101

电传:116556 CHINA SU

中华人民共和国驻拉脱维亚大使馆经济商务处

电话:00371—7—322322

传真:00371—7—243124

中华人民共和国驻爱沙尼亚共和国大使馆经济商务参赞处

地址:KUMALASE 6,EE0009 TALLINN,ESTONIA

电话:00372—2—518018

传真:00358—49—200186

中华人民共和国驻立陶宛共和国大使馆经济商务参赞处

地 址:BLINDZIU 34,2004 VILNIUS,LITHUANIA

电话:00370—2—722259/722375/722223

传真:00370—2—722161

中华人民共和国驻摩尔多瓦大使馆经济商务参赞处

地址:基希讷乌市,电视中心区,弗卢摩依萨大街,31、34号

电话:007—3732—212549,007—3732—443505

传真:445928

中华人民共和国驻波兰共和国大使馆经济商务参赞处

地 址: BIURO RADCY HANDLOWO - KEONOMICZNEGO PRZY AMBASADZIE CHINSKIEJ REPUBLIKI LUDOWEJ W POLSCE UL. BONIFRATERSKA 100-203 WARSZWA

电话:0048—22—313861,0048—22—313836

传真:0048—22—6354211

电传:813589 CHINA PL

中华人民共和国驻捷克共和国大使馆经济商务参赞处

地 址：VELVYSLSNECTVI CINSKE LI DOVE REPUBLIKY OBCHODNI ODDELENI PELLEOVA 22 16000 PRAHA 6 — BUBENEC

电话：0042—2—24311324

传真：0042—2—323252

中华人民共和国驻斯洛伐克共和国大使馆经济商务参赞处

地 址：JESENESKEHO 7，811，01，BRATISLAVA，SLOVENSKA REPUBLIKA

电话：0042—7—322103

传真：0042—7—367208

中华人民共和国驻匈牙利共和国大使馆经济商务参赞处

地址：1068 BUDAPEST，BENCZUR U. 17，HUNGARY

电话：0036—1—3225242

传真：0036—1—3229067

电传：22—7733 CHIBE H

中华人民共和国驻德意志联邦共和国大使馆经济商务参赞处

地 址：FRIEDRICH — EBERT — STR. 59 53177 BONN BAD GODESBERG F. R. GERMANY

电话：0049—228—955940

传真：0049—228—356781

中华人民共和国驻德意志联邦共和国大使馆柏林办事处

地 址：ARNOLD — ZWEIG — STR. 5 13189 BERLIN，GERMANY

电话：0049—30—4723118

传真：0049—30—4710230

中华人民共和国驻汉堡总领事馆经济商务室

地 址：ELBCHAUSSEE 268 22605. HAMBURG，GERMANY

电话：0049—40—82276012，0049—40—82276016

传真：0049—40—8227602

电传：21 2811 GKCHH—D

中华人民共和国驻奥地利共和国大使馆经济商务参赞处

地址：A—1030 WIEN，METTERNICHGASSE 4

电话：0043—1—7143140

传真：0043—1—7130037

中华人民共和国常驻联合国工业发展组织代表处

地址：UNTERE DONAUSTRASSE 41，1020 VIENNA，AUSTRIA

电话：00431—2163367
00431—2169380(下班后)

传真：00431—2169389

中华人民共和国常驻维也纳联合国和其他国际组织代表团

地址：POETZLEINSDORFER STRASSE 42 1180 VIENNA，AUSTRIA

电话：0043—0222—471364，0043—0222—478338

中华人民共和国驻瑞士联邦大使馆经济商务参赞处

地址：7. J. V. WIDMANNSTRASSE，3074 MURI，BERN，SCHWEIZ

电话：0041—31—9511401，0041—31—9511402
0041—31—9511403

传真:0041—31—9510575

电传:912629 HBCH CH

中华人民共和国驻联合国日内瓦办事处和瑞士其他国际组织代表团

地址:CHEMIN DE SURVILLE 11 1213 PETIT—LANCY,GENEVA,SWITZERLAND

电话:0041—22—7937013,0041—22—7933270

传真:0041—22—7937014

中华人民共和国驻荷兰王国大使馆经济商务参赞处

地址:GROOT HAESEBROEKSEWEG 2A 2243 EA WASSENAAR,THE NETHERLANDS

电话:0031—(0)70—5115559

传真:0031—(0)70—5115206

中华人民共和国驻比利时王国大使馆经济商务参赞处

地址:BOULEVARD GENERAL JACQUES 19 1050 BRUXELLES,BELGIQUE

电话:0032—2—6404006,0032—2—6404210

传真:0032—2—6403595

电传:23328 AMCHIN B

中华人民共和国驻欧洲共同体经济商务参赞处

地址、电话、传真、电传:(同驻比利时商务处)

中华人民共和国驻卢森堡大公国大使馆经济商务参赞处

地址:BOULEVARD GENERAL JACQUES 19 1050 BRUXELLES,BELGIQUE

电话:0032—36404006,0032—2—6404210,0032—2—6404006

传真:0032—2—6403595

电传:23328 AMCHIN B

中华人民共和国驻大不列颠及北爱尔兰联合王国大使馆经济商务参赞处

地址:CLEVELAND COURT,1—3 LEINSTER GARDENS, LONDON W2 6DP, THE UNITED KINGDOM

电话:0044—171—7238923,0044—171—2620253,0041—171—2623911

传真:0044—171—7062777

电传:896440 CLEFSL G

中华人民共和国驻爱尔兰大使馆经济商务参赞处

地址:77,AILESBURY ROAD,DUBLIN 4,IRELAND

电话:00353—1—2600580

传真:00353—1—2696966

电传:91834 COCE EI

中华人民共和国驻法兰西共和国大使馆经济商务参赞处

地址:21,RUE DE L'AMIRAL D'ESTAING 75016 PARIS FRANCE

电话:0033—1—47201747,0033—1—47209416

传真:0033—1—47234831

中华人民共和国驻西班牙王国大使馆经济商务参赞处

地址:ARTURO SORIA 142,PISO 2—A 28043 MADRID,ESPANA

电话:0034—1—4135892,0034—1—4132776

传真:0034—1—5194675

电传:22808 EMCHI E MADRID

中华人民共和国驻葡萄牙共和国大使馆经济商务参赞处

地 址：RUA ANTONIO DE SALDANHA，42 1400，LISBOA，PORTUGAL

电话：00351－1－3011947

传真：00351－1－3014950

中华人民共和国驻意大利共和国大使馆经济商务参赞处

地 址：00135 ROMA VIA DELLA CAMILLUCCIA，613 ITALIA

电话：0039－6－36308534，0039－6－36303856

传真：0039－6－36308552

电传：622162 CINAC I

中华人民共和国驻米兰总领事馆经济商务室

地址：VIA PALEOCAPA，4－2－21 MILANO，ITALIA

电话：0039－2－72021905，0039－2－72021988

传真：0039－2－86452219

中华人民共和国驻马耳他共和国大使馆经济商务参赞处

地址：CASA VERDALA，SACRED HEART AVENUE，ST. JULIANS，MALTA

电话：00356－330840

传真：00356－310072，00356－344730

中华人民共和国驻南斯拉夫联盟共和国大使馆经济商务参赞处

地址：VASILIJA GACESE 5，11000 BELGRADE，YUGOSLAVIA

电话：0038－111－651630

传真：0038－111－650726

电传：12492 CNCCO YU

中华人民共和国驻斯洛文尼亚共和国大使馆经济商务参赞处

地 址：MALCI BELICEVE 123 1000 LJUBLJANA，REPUBLIC OF SLOVENIA

电话：00386－61－272759

传真：00386－61－1233838

中华人民共和国驻克罗地亚共和国大使馆经济商务参赞处

地 址：BUKOVACKA C. 177 1000 ZAGREB，CROATIA

电话：00385－41－242888

传真：00385－41－243287

中华人民共和国驻罗马尼亚大使馆经济商务参赞处

地 址：SOSEAUA NORDULUI NO. 2，BUCHAREST，ROMANIA

电话：0040－1－6335040，0040－1－6331923，0040－1－6331732

传真：0040－1－3129786，0040－1－3127523

电传：11324 CHIAB R

中华人民共和国驻保加利亚共和国大使馆经济商务参赞处

地 址：SOFIA 3，9，"PLER DEGELDER"STR，1113，SOFIA，BULGARIA

电话：00359－2－724988，00359－2－9712032

传真：00359－2－9712416

中华人民共和国驻阿尔巴尼亚共和国大使馆经济商务参赞处

地址：RRUGA SKENDERBEJ NR. 57，TIRANE，ALBANIA

电话：00355－42－32077

传真：00355－42－32077

中华人民共和国驻希腊共和国大使馆经济商务参赞处

地址:DIADOCHOU PAVLOU 7,P,PSYCHIKO,154 52 ATHENS,GREECE

电话:0030－1－6727492

传真:0030－1－6741575

电传:226848 CPRC GR

中华人民共和国驻马其顿共和国大使馆经济商务参赞处

地址:ST. OSLO 22－B 91000 SKOPJE,REPUBLIC OF MACEDONIA

邮政编码:91000

电话:0038991－362680

传真:0038991－362803

非　洲

中华人民共和国驻阿拉伯埃及大使馆经济商务参赞处

地址:22,BAHGAT ALY STREET,ZAMALEK,CAIRO,EGYPT

电话:0020－2－3404316,3417423

传真:0020－2－3412094,0020－2－3408728

中华人民共和国驻大阿拉伯利比亚人民社会主义民众国大使馆经济商务参赞处

地址:NEAR THE PETROL STATION NO. 37,KALKALISH STREET,TRIPOLI,LIBYA

信箱:P. O. BOX 6310 ANDALUS,TRIPOLI

电话:00218－21－4831234

传真:00218－21－4831225,00218－21－4831877

电传:20392 CHINOM LY

中华人民共和国驻突尼斯共和国大使馆经济商务参赞处

地 址:ROUTE DE LA MARSA KMG EL AOUINA 2405 CITE TAIEB MHIRI TUNIS,TUNISIE

电话:00216－1－760704,00216－1－761774

传真:00216－1－760972

中华人民共和国驻阿尔及利亚民主人民共和国大使馆经济商务参赞处

地 址:34,BD,DES MARTYRS,ALGER,ALGERIE

电话:00213－2－692362,00213－2－693189

传真:00213－2－692362

电传:66193 BCCAC DE

中华人民共和国驻摩洛哥王国大使馆经济商务参赞处

地址:2,RUE MEKKI EL－BITAOURI SOUISSI－RABATMAROC

电话:00212－7－754940,00212－7－752718

传真:00212－7－756966,755769

电传:32745 M

中华人民共和国驻毛里塔尼亚伊斯兰共和国大使馆经济商务参赞处

地 址:B. P. 5534 NOUAKCHOTT,MAURITANIE

电话:00222－2－51205

传真:00222－2－58634

中华人民共和国驻马里共和国大使馆经济商务参赞处

地址:B. P. 1614,BAMAKO,MALI
电话:00223—223823
传真:00223—229019

中华人民共和国驻佛得角共和国大使馆经济商务参赞处

地址:C. P. NO. 8,PRAIA;ACHADA DE SANTO ANTONIO PRAIA REPUBLICA DE CABO VERDE
电话:00238—615588
传真:00238—614034

中华人民共和国驻几内亚共和国大使馆经济商务参赞处

地址:B. P. 714 CONAKRY,REDUBLIQUE DE GUINEE
电话:(224)464366
传真:001—212—4794818

中华人民共和国驻塞拉利昂共和国大使馆经济商务参赞处

地 址: 28, KONG HARMAN ROAD, FREETOWN,SIERRA LEONE
信 箱: P. O. BOX 778, FREETOWN, SIERRA LEONE
电 话: 00232—22—240075 (ECONOMIC SECTION),00232—22—240086,00232—22—240490(COMMERCIAL SECTION)
传真:00232—22—240086

中华人民共和国驻科特迪瓦共和国大使馆经济商务参赞处

地址:06 B. P. 206 ABIDJAN 06 COTE D'IVOIRE
电话:00225—420102
传真:00225—426373

中华人民共和国驻加纳共和国大使馆经济商务参赞处

地址:P. O. BOX M344 AIRPORT RESIDENTIAL AREA ACCRA,GHANA
电话:00233—21—777462,00233—21—772541
传真:00233—21—777462,00233—21—772541
电传:091—2116 EMBCHA GH

中华人民共和国驻多哥共和国大使馆经济商务参赞处

地址:11,RUE TEVI—BENISSAN A TOKOIN—LYCEE
信箱:B. P. 4714—LOME—TOGO
电话:00228—215470,00228—215243
传真:00228—218390,00228—215470

中华人民共和国驻贝宁共和国大使馆经济商务参赞处

地址:ROUTE NO. 2 DE I' AEROPORT ZONE DES AMBASSADES COTONOU,BENIN
信箱:08—0167 08—0462 COTONOU,BENIN
电话:00229—301909,00229—301097
传真:00229—301639

中华人民共和国驻尼日利亚联邦共和国大使馆经济商务参赞处

地 址:161A, ADEOLA ODEKU STREET, VICTORIA ISLAND,LAGOS,NIGERIA
信箱:P. O. BOX 72697 V/I,LAGOS
电话:00234—1—2612414,00234—1—2612404
传真:00234—1—2612414

中华人民共和国驻喀麦隆共和国大使馆经济商务参赞处

地 址：B. P. 11608 YAOUNDE CAMEROUN 或 B. P. 4019

电话：00237－209522，00237－203191

传真：00237－210091

电传：AMBACHINE 3321 KN

中华人民共和国驻杜阿拉总领事馆经济商务室

地址：B. P. 4391－DOUALA，CAMEROUN

电话：00237－425437

传真：00237－426214

中华人民共和国驻赤道几内亚共和国大使馆经济商务参赞处

地址：CALLE DE INDEPENDENCIA 26－B－2 CONSEJERO ECONOMICO － COMERCIAL DE LA EMBAJADA DE LA REPUBLICA POPULAR CHINA EN LA REPUBLICA DE GUINEA ECUATORIAL

信 箱：P. O. BOX MALABO NO. 44，GUINEA ELUATORIAL

电话：00240－9－3440

传真：00240－9－3459

中华人民共和国驻乍得共和国大使馆经济商务参赞处

地址：P. O. BOX 165 N'DJAMENA，TCHAD

电话：00235－523321(办公室)522405(住处)

传真：00235－523063(办公室)523684(使馆)

中华人民共和国驻苏丹共和国大使馆经济商务参赞处

地址：P. O. BOX 1425 KHARTOUM－SUDAN

电话：00249－11－272274，00249－11－224816

传真：00249－11－272274

电传：22806 CHINCC SD

中华人民共和国驻埃塞俄比亚大使馆经济商务参赞处

地址：HIGH ER 24，KEBELE 13，HOUSE，NO. 729 JIMMA ROAD，ADDIS ABABA，ETHIOPIA

信 箱：P. O. BOX 5643，ADDIS ABABA，ETHIOPIA

电 话：002511 － 710059（COMMERCIAL SECTION）002511－710428 (ECONOMIC SECTION)

传真：002511－711611，002511－713066

中华人民共和国驻吉布提共和国大使馆经济商务参赞处

地址：RUE DE NAIROBI，HERON，DJIBOUTI

信箱：B. P. 4001 DJIBOUTI

电话：00253－350575

传真：00253－354174

电传：CHINADJI 5926DJ

中华人民共和国驻肯尼亚共和国大使馆经济商务参赞处

地址：NGONG ROAD，NAIROBI，KENYA

信箱：P. O. BOX 28190，47030，NAIROBI

电话：00254－2－712120，00254－2－721434

传真：00254－2－713451，00254－2－711029

中华人民共和国驻乌干达共和国大使馆经济商务参赞处

地址：P. O. BOX 8858 KAMPALA，UGANDA

电话：00256－41－220570，00256－41－220572，00256－41－220578

传真：00256－41－220379

中华人民共和国驻坦桑尼亚联合共和国经济商务参赞处

地址:PLOT NO 3621,MSASANI ROAD,DARES SALAAM(ECONOMIC),TANZANIA

电话:00255—51—68198,41288

传真:00255—51—66177

电传:41036 CHINEMBA

中华人民共和国驻桑给巴尔领事馆经济商务室

地址:P. O. BOX 1200 ZANZIBAR,TANZANIA

电话:0255—054—30816

传真:0255—054—32681

中华人民共和国驻卢旺达共和国大使馆经济商务参赞处

地址:B. P. 519 OU 182,KIGALI,RWANDA

电话:00250—75629

传真:00250—75629

中华人民共和国驻布隆迪共和国大使馆经济商务参赞处

地址:SUR LA PARCELLE 675 A VUGIZO,BUJUMBURA,BURUNDI

信箱:B. P. 6287,BUJUMBURA,BURUNDI

电话:00257—224246,00257—222558

传真:00257—221962

电传:5137 BCCHINE BDI

中华人民共和国驻扎伊尔共和国大使馆经济商务参赞处

地 址:446,AV COLONEL LUKUSA,KINSHASA/GOMBE,ZAIRE

信箱:B. P. 20659 KIN 15,KINSHASA—ZAIRE

电话:00243—12—26210,00243—12—83076,00243—12—46507

传真:001—212—3769255

中华人民共和国驻刚果共和国大使馆经济商务参赞处

地址:AVENUE MONSEIGNEUR AUGOUARD,BRAZZAVILLE,CONGO

信箱:B. P. 2838,BRAZZAVILLE,CONGO

电话:00242—830952

传真:00242—837702

中华人民共和国驻加蓬共和国大使馆经济商务参赞处

地址:B. P. 3914 LIBREVILLE,GABON

电话:00241—732873,00241—738839

传真:00241—738887,00241—738645

中华人民共和国驻圣多美和普林西比民主共和国大使馆经济商务参赞处

地 址:AV. PRES. KWAME N'KRUMAH NO. 24A(B),SAOTOME

信 箱:C. P. 142 REPUBLICA DEMDCRATICA DE SAO TOME E PRINCIPE

电话:00239—12—22187,00239—12—21550

传真:00239—12—21785

中华人民共和国驻安哥拉人民共和国大使馆经济商务参赞处

地址:RUA FERNAO MENDES PINTO NO. 26/28 BAIRRO ALVALADE,LUANDA,ANGOLA

信箱:CAIXA POSTAL NO 704

电话:00244—2—322803

传真:00244—2—322803

中华人民共和国驻赞比亚共和国大使馆经济商务参赞处

地址:UNITED NATIONS AVENUE,LUSAKA,ZAMBIA

信箱:P.O.BOX 31205 LUSAKA,ZAMBIA

电话:00260－1－253601,00260－1－262363,00260－1－264123

电传:CHINEB ZA41360

传真:00260－1－262363,00260－1－253001

中华人民共和国驻莫桑比克共和国大使馆经济商务参赞处

地址:AV. DO ZIMBABWE N. 1088,MAPUTO,MOCAMBIQUE; AV. DE KIM IL SUNG N. 974,MAPUTO,MOCAMBIQUE

信箱:C.P. 2545,MAPUTO,MOCAMBIQUE; C.P. 1105,MAPUTO,MOCAMBIQUE

电话:00258－1－491879,00258－1－490306

传真:00258－1－491879,00258－1－490306

中华人民共和国驻科摩罗伊斯兰共和国大使馆经济商务参赞处

地址:B.P. 442 MORONI,COMORES

电话:00269－732937

传真:00269－732866

中华人民共和国驻马达加斯加民主共和国大使馆经济商务参赞处

地址:B.P. 4094,TANANARIVE 101,REPUBLIQUE DE MADAGASCAR B.P. 43 IVATO A L * AEROPORT TANANARIVE,MADAGASCAR

电话:00261－2－44529,00261－2－44126

传真:00261－2－44361

中华人民共和国驻塞舌尔共和国大使馆经济商务参赞处

地址:P.O.BOX 680,VICTORIA,SEYCHELLES

电话:00248－266808

传真:00248－266866

中华人民共和国驻毛里求斯共和国大使馆经济商务参赞处

地址:HAPPY VALLEY,SAINT CLEMENT STREET,CUREPIPE,MAURITIUS

电话:00230－4549113,00230－6755635

传真:00230－4540362,00230－6743523

电传:4829 CHINCOM IW

中华人民共和国驻津巴布韦共和国大使馆经济商务参赞处

地址:10,CORK ROAD,AVONDALE,HARARE,ZIMBABWE

信箱:P.O.BOX 40,HARARE,ZIMBABWE;P.O.BOX 1340,HARARE,ZIMBAWE

电话:00263－4－730516,00263－4－735194

传真:00263－4－700264,00263－4－735252

中华人民共和国驻博茨瓦纳共和国大使馆经济商务参赞处

地址:3097 NORTH RING ROAD,GABORONE,BOTSWANA

信箱:P.O.BOX 1031 GABORONE BOTSWANA

电话:00267－353270,00267－352209

传真:00267－300156

中华人民共和国驻纳米比亚共和国大使馆经济商务参赞处

地址:66 GEVERS STREET,WINDHOEK,NAMIBIA
纳米比亚共和国温得和克市杰瓦大街66号

信箱:P.O.BOX 21350

电话：00264－61－222702
00264－61－220210，221460
传真：00264－61－221325

中华人民共和国驻厄立特里亚大使馆经济商务参赞处

地址：ERITREA ASMARA ZONE 4 ADM. 02 STREET NO702 HOUSE NO. 74 P. O. BOX：204
电话：002911－182273
传真：002911－182200

中华人民共和国驻莱索托王国大使馆经济商务参赞处

电话：00266－316544
传真：00266－312059

中华人民共和国驻利比里亚共和国大使馆经济商务参赞处

地址：EID COMPOUND，MAMBA POINT，MONROVIA，LIBERIA
信箱：P. O. BOX T. O. BOX 10－2895 1000 MONROVIA，LIBERIA
电话：00231－226186
传真：00231－227787

中华人民共和国驻尼日尔共和国大使馆经济商务参赞处

地址：BOITE POSTALE：10777 NIAMEY，REPUBLIQUE DUNIGER
电话：00227－752859
传真：00227－752861

大 洋 洲

中华人民共和国驻澳大利亚大使馆经济商务参赞处

地址：15 CORONATION DRIVE YARRALUMLA，ACT 2600 CANBERRA，AUSTRALIA
电话：0061－6－2734785
传真：0061－6－2735189
电传：CHIEM AA62489

中华人民共和国驻悉尼总领事馆经济商务室

地址：68 GEORGE STREET，REDFERN，NEW SOUTH WALES 2016，AUSTRALIA
电话：0061－2－6987788，0061－2－6987838
传真：0061－2－6987373

中华人民共和国驻墨尔本总领事馆经济商务室

地址：75－77 IRVING ROAD，TOORAK，VIC. 3142，AUSTRALIA
电话：0061－3－95095547
传真：0061－3－98220320

中华人民共和国驻珀斯总领事馆经济商务室

地址：3RD FLOOR，AUSTRALIA PLACE，15－17 WILLIAM STREET，PERTH W. A. 6000，AUSTRALIA
电话：0061－9－3218193
传真：0061－9－3218457

中华人民共和国驻新西兰大使馆经济商务参赞处

地 址：104A KOROKORO ROAD，LOWER HUTT，P. O. BOX. 12342，THORNDON，WELLINGTON，NEW ZEALAND

电话：00644－5870407

传真：00644－5870407

中华人民共和国驻奥克兰总领事馆经济商务室

地 址：30－32 ALPERS AVE. EPSOM，AUCKLAND，NEW ZEALAND

电话：0064－9－5224424

传真：0064－9－5224407

中华人民共和国驻巴布亚新几内亚大使馆经济商务参赞处

地 址：P. O. BOX 5411，BOROKO NCD，PAPUA NEW GUINEA

电话：00675－3255392，3251190

传真：00675－3253169

中华人民共和国驻瓦努阿图共和国大使馆经济商务参赞处

地 址：PRIVATE MAIL BAG 071，PORT VILA，VANUATU

电话：00678－24565

传真：00678－22730

中华人民共和国驻斐济共和国大使馆经济商务参赞处

地 址：147 QUEEN ELIZABETH DRIVE，SUVA，FIJI

电话：00679－304564

传真：00679－300950

中华人民共和国驻基里巴斯共和国大使馆经济商务参赞处

地址：P. O. BOX 30，TARAWA，KIRIBATI

电话：00686－21313

传真：00686－21378

中华人民共和国驻密克罗尼西亚联邦大使馆经济商务参赞处

地 址：P. O. BOX 1836 KOLONIA，POHNPEI，FEDERAT-
ED STATES OF MICRONESIA 96941

电话：00691－320－5072

传真：00691－320－5074

中华人民共和国驻马绍尔群岛共和国大使馆经济商务参赞处

地 址：P. O. BOX 1378，MAJURO 960，THE REPUBLIC OF THE MARSHALL ISLANDS

电话：00692－2475505

传真：00692－2477511

中华人民共和国驻西萨摩亚大使馆经济商务参赞处

地 址：PRIVATE BAG，VAILIMA，APIA，WESTERN SAMOA

电话：00685－20802

传真：00685－21115

美　　洲

中华人民共和国驻加拿大大使馆经济商务参赞处(渥太华)

地址:511－515 ST. PATRICK STREET,7893511 OTTAWA,ONTARIO,CANADA KIN 5H3
信箱:P. O. BOX 8953
电话:001－613－7893513
传真:001－613－7893515
电传:053－3770 CHINAEMBA OTT

中华人民共和国驻温哥华总领事馆经济商务室

地址:3380 GRANVILLE STREET, VANCOUVER,B. C. CANADA,V6H 3K3
电话:001－604－7364021
传真:001－604－7364343
电传:04－54659

中华人民共和国驻多伦多总领事馆经济商务室

地址:240 ST. GEORGE STREET, TORONTO, ONTARIO,CANADA,M5R 2P4
电话:001－416－3246455
传真:001－416－3246468

中华人民共和国驻美利坚合众国大使馆经济商务参赞处

地址:2133 WISCONSIN AVENUE,NW. WASHINGTON D.C.,20007,U. S. A.
电话:001－202－625－3380,001－202－625－3360
传真:001－202－337－5864,001－202－337－5845

中华人民共和国驻旧金山总领事馆经济商务室

地址:1450 LAGUNA STREET,SAN FRANEISCO,CA94115,U. S. A.
电话:001－415－5634858,001－415－5634874
传真:001－415－5630494
电传:497021 CCSF

中华人民共和国驻纽约总领事馆经济商务室

地址:520 12TH AVENUE,NEW YORK,N. Y. 10036
电话:001－212－3307427,001－212－3307428,001－212－3307426
传真:001－212－5020248

中华人民共和国常驻联合国代表团

地址:WEST. 66TH STREET NEW YORK,N. Y. 10023
电话:001－212－8700300,001－213－7873838
电传:424465 PRC 423727

中华人民共和国驻洛衫矶总领事馆经济商务室

地址:501 SHATTO PLACE, SUITE 300, LOS ANGELES,CA 90020,U. S. A.
电话:001－213－3800587,001－213－3800669
传真:001－213－3801961

中华人民共和国驻休斯敦总领事馆经济商务室

地址:3417 MONTROSE BOULEVARD,HOUSTON,TEXAS 77006,U. S. A.
电话:001－713－5244064,001－713－5240780,

001－713－5240778

传真：001－713－5247656

中华人民共和国驻芝加哥
总领事馆经济商务室

地址：100 WEST ERIE STREET，CHICAGO，IL. 60610，U.S.A.

电话：001－312－8030115

传真：001－312－8030114

中华人民共和国驻墨西哥合众国
大使馆经济商务参赞处

地址：CALLE PLATON NO. 317，COL POLANCO MEXICO；D.F. 11560 MEXICO. D.F.

电话：0052－5－2808592，0052－5－2802970

传真：0052－5－2804847，0052－5－2821646

电传：1763515 OCCHME

中华人民共和国驻古巴共和国
大使馆经济商务参赞处

地址：LA，CALLE 42，NO. 313，5 AVENIDA MIRAMAR PLAYA，CIUDAD DE LA HABANA，CUBA

电话：0053－7－332585

传真：0053－7－331021

中华人民共和国驻牙买加
大使馆经济商务参赞处

地 址：8，SEAVIEW AVE，KINGSTON 10，JAMAICA W.I.

电话：001－809－9276816

传真：001－809－9787780

中华人民共和国驻安提瓜和巴布达
大使馆经济商务参赞处

地 址：MCKINNONS WAY，ST. JOHN'S，ANTIGUA，W.I.

信箱：P.O. BOX 1355，ST. JOHN'S，ANTIGUA

电话：001－809－4626414

传真：001－809－4620986

中华人民共和国驻巴巴多斯
大使馆经济商务参赞处

地 址：CORAL ISLE APARTMENTS，MAXWELL COAST ROAD，CHRIST CHURCH，BARBADOS，W.I.

信箱：P.O. BOX 34A，CHRIST CHURCH，BARAADOS

电话：001－246－4283384

传真：001－246－4285860

中华人民共和国驻特立尼达和多巴哥
共和国大使馆经济商务参赞处

地 址：40 ELIZABETH STREET，ST. CLAIL，PORT OF SPAIN，TRINIDAD，W.I.

电话：001－809－6285556

传真：001－809－6288020

中华人民共和国驻哥伦比亚共和国
大使馆经济商务参赞处

地址：CALLE 71 NO. 2A－41 SANTAFE DE BOGOTA，COLOMBIA

电话：0057－1－2115411

传真：0057－1－2178985

中华人民共和国驻委内瑞拉共和国
大使馆经济商务参赞处

地 址：QUINTA LA ORQUIDEA CALLE SAN FRANCISCO DESVIACION SAN PEDRO URB. PRADOS DEL ESTE APARTADO 80520，ZONA POSTAL 1080－A CARACAS，VENEZUELA

电话：0058－2－9761678，0058－2－9762896

传真:0058—2—9784864

中华人民共和国驻圭亚那合作共和国大使馆经济商务参赞处

地 址:52 BRICKDAM,GEORGETOWN,COOPERATIVE REPUBLIC OF GUYANA

电话:00592—2—69965,00592—2—67428

传真:00592—2—64308

中华人民共和国驻苏里南共和国大使馆经济商务参赞处

地址:120 PLUTOS TRAAT—SURINAME DISTRICT PARAMARIBO

信箱:P. O. BOX 8116,PARAMARIBO IN SURINAME

电话:00597—450490,00597—451281

传真:00597—452560

中华人民共和国驻厄瓜多尔共和国大使馆经济商务参赞处

地址:AV. ATAHUALPA NO. 349 Y AV. AMAZONAS QUITO,ECUADOR

信箱:17—11—5143

电话:00593—2—444362

传真:00593—2—444364

电传:0308—22614 ECHINA ED

中华人民共和国驻秘鲁共和国大使馆经济商务参赞处

地址:AV. JAVIER PRADO OESTE 2496,MAGDALENA DEL MAR,LIMA,PERU

信箱:P. O. BOX 170140,LIMA 17,PERU

电话:0051—14—619536

传真:0051—14—619855

中华人民共和国驻巴西联邦共和国大使馆经济商务参赞处

地址:SHIS QI 11,CONJUNTO 3,CASA 16,LAGO SUL,CEP:71625—230,BRASILIA—DF,BRASIL

电话:0055—61—2481446,0055—61—2484582

传真:0055—61—2482139

中华人民共和国驻圣保罗总领事馆经济商务室

地址:RUA ESTADOS UNIDOS,1071—JARDIM AMERICA—CEP 01437 SAO PAULO—SP—BRASIL

电话:0055—11—2829877,8522663

传真:0055—11—30641813

电传:1139911 CGRH BR

中华人民共和国驻里约热内卢总领事馆经济商务室

地址:RUA MUNIZ BARRETOTS BOTAFOGO,KIO DE JANEIRD CEP 22251—090

电话:0055—21—5514878

传真:0055—21—5515736,5514533

中华人民共和国驻玻利维亚共和国大使馆经济商务参赞处

地址:CALLE 25 CALACOTO NO. 33 LA PAZ—BOLIVIAZ

电话:00591—2—794567

传真:00591—2—797577

中华人民共和国驻智利共和国大使馆经济商务参赞处

地 址: CASILLA 3417 AV. PEDRO DE VALDIVIA 1032. PROVIDENCIA, SANTIAGO, CHILE

信箱:CASILLA 3417,SANTIAGO,CHILE

电话:0056—2—2239988,2232465

传真:0056—2—2232465

中华人民共和国驻阿根廷共和国大使馆经济商务参赞处

地址:LA PAMPA 3410 BUENOS AIRES,ARGENTINA

电话:0054—1—5541258,5542613

手机:4456536

传真:0054—1—5538939

中华人民共和国驻乌拉圭东岸共和国大使馆经济商务参赞处

地址:RAMBLE REPUBLICA DEL PERU 727/101

信箱:P.O.BOX 18966

电话:00598—2—710852

传真:00598—2—704810

电传:00598—2—23323 CHIEMBA

中国巴拿马贸易发展办事处

地址:TORRE GLOBAL BANK,PISO 22,CALLE 50,PANAMA

电话:00507—2654061,2654062

传真:00507—2654051,2130265

中华人民共和国贸促会驻圣多明各商务代表处

地址:CALLE REPOBLACION FORESTAL NO. 7,EDIFICIO DON SAMUEL,LOS MILLONES, APARTADO POSTAL 3513, SANTO DOMINGO, REPUBLICA DOMINICANA

电话:001—809—5662620,5667063

传真:001—809—5662620

附　录

第一部分

中国国民经济基本情况统计(一)
(1985 年—1997 年)

指标	单位	绝对数					1997 年为以下年份%			
		1985	1990	1995	1996	1997	1985	1990	1995	1996
国内生产总值	亿元	8964.1	18547.9	58478.1	67884.6	74772.4	306.9	210.2	119.2	108.8
第一产业	亿元	2541.6	5017.0	11993.0	1384462	13968.8	163.6	133.3	108.8	103.5
第二产业	亿元	3866.6	7717.4	28537.9	33612.9	36770.3	425.4	276.8	124.2	110.8
工业	亿元	3448.7	6858.0	24718.3	29082.6	31752.3	438.4	282.1	125.0	111.1
建筑业	亿元	417.9	859.4	3819.6	4530.3	5018.0	319.8	234.1	117.1	107.9
第三产业	亿元	2556.2	5813.5	17947.2	20427.5	24033.3	293.7	187.6	116.7	108.2
运输邮电业	亿元	406.9	1147.5	3054.7	3494.0	4525.5	334.1	209.0	123.4	110.7
商业	亿元	878.4	1419.7	4932.3	5560.3	6281.5	205.5	164.2	114.3	108.5
人均国内生产总值	元/人	853	1634	4854	5576	6079	261.9	193.7	116.6	107.6
固定资产投资										
全社会固定资产投资总额	亿元	2543.2	4517.0	20019.3	22974.0	25300.0	994.8	560.1	126.4	110.1
基本建设投资	亿元	1074.4	1703.8	7403.6	8610.8	9862.8	918.0	578.9	133.2	114.5
财政总收入	亿元	2004.8	2937.1	6242.2	7408.0	8642.0	431.1	294.2	138.4	116.7
财政总支出	亿元	2004.3	3083.6	6823.7	7937.6	9197.1	458.9	298.3	134.8	115.9
交通、邮电										
货物周转量	亿吨公里	18365	26207	35730	36454	38182	207.9	145.7	106.9	104.7
沿海主要港口货物吞吐量	万吨	31154	48321	80166	85152	90519	290.6	187.3	112.9	106.3
旅客周转量	亿人公里	4437	5628	9002	9143	9997	225.3	177.6	111.1	109.3
邮电业务总量	亿元	29.60	81.65	988.85	1342.00	1773.00	13144	1139.9	179.3	132.1
商业和物价										
社会消费品零售额	亿元	3801.4	7250.3	20620.0	24774.1	26843.3	273.5	201.8	121.8	107.5
年末城乡集市贸易点	个	61337	72579	82892	85391	87105	142.0	120.0	105.1	102.0
农产品收购价格总指数	上年=100	108.6	97.4	119.9	104.2	95.5				
零售物价总指数	上年=100	108.8	102.1	114.8	106.1	100.8				

中国国民经济基本情况统计(二)
(1985年—1997年)

指标	单位	绝对数					1997年为以下年份%			
		1985	1990	1995	1996	1997	1985	1990	1995	1996
全国居民消费价格总指数	上年=100	109.3	103.1	117.1	108.3	102.8				
城镇居民消费价格指数	上年=100	111.9	101.3	116.8	108.8	103.1				
农村居民消费价格指数	上年=100	107.6	104.5	117.5	107.9	102.5				
外贸、旅游										
进出口总额	亿美元	696.0	1154.4	2808.6	2898.8	3250.6	467.0	281.6	115.7	112.1
出口总额	亿美元	273.5	620.9	1487.8	1510.5	1827.0	668.0	294.3	122.8	121.0
进口总额	亿美元	422.5	533.5	1320.8	1388.3	1423.6	336.9	266.8	107.8	102.5
实际利外资	亿美元	46.47	102.89	481.33	548.04	644.08	1386.0	626.0	133.8	117.5
对外借款	亿美元	26.88	65.34	103.27	126.69	120.21	447.2	184.0	116.4	94.9
对商直接投资及其他	亿美元	19.59	37.55	378.06	421.35	523.87	2674.2	1395.1	138.6	124.3
接待外来旅游人数	万人	1783.3	2746.2	4638.7	5112.8	5758.8	322.9	209.7	124.1	112.6
外国人	万人	137.0	174.7	588.7	674.4	742.8	542.2	425.2	126.2	110.1
港澳台同胞	万人	1637.8	2562.4	4038.4	4422.9	5006.1	305.7	195.4	124.0	113.2
旅游收入外汇	亿美元	12.5	22.2	87.3	102.0	120.7	965.6	543.7	138.3	118.3
科学、教育、文化										
国家级重大科学技术成果	项	10476	26829	31000	31000	30566	291.8	113.9	98.6	98.6
国有企业事业单位专业技术人员	万人	781.7	1080.9	1913.4	1985.6	2049.5	262.2	189.6	107.1	103.2
在校学生:										
普通高等学校	万人	170.3	206.3	290.6	302.1	317.4	186.4	153.9	109.2	105.1
成人高等学校	万人	172.5	166.6	257.0	265.6	272.5	158.0	163.6	106.0	102.6
普通中学	万人	4706.0	4586.0	5371.0	5739.7	6017.9	127.9	131.2	112.0	104.8
中等专业学校	万人	157.1	224.4	372.2	422.8	465.4	296.2	207.4	125.0	110.1
成人中等学校	万人	547.0	1529.4	5646.3	6018.6	6119.6	1118.8	400.1	108.4	101.7
成人初等学校	万人	833.8	2282.1	778.3	673.1	616.1	73.9	27.0	79.2	91.5

中国国民经济基本情况统计(三)
(1985年—1997年)

指标	单位	绝对数					1997年为以下年份%			
		1985	1990	1995	1996	1997	1985	1990	1995	1996
小学	万人	13370	12241	13195.2	13615.0	13995.4	104.7	114.3	106.1	102.8
艺术表演团体	个	3317	2805	2682	2664	2563	77.3	91.4	95.6	96.2
文化馆	个	2965	2955	2886	2892	3097	104.5	104.8	107.3	107.1
公共图书馆	个	2344	2527	2615	2631	2690	114.8	106.5	102.9	102.2
广播电台	座	213	635	1202	1244					
电视台	座	202	509	837	880					
全国性和省级报纸出版	亿份	199.8	160.5	178.9	179.5	193.2	96.7	120.4	108.0	107.6
各类杂志出版	亿册	25.6	17.9	23.4	23.1	24.5	95.7	136.9	104.7	106.1
图书出版	亿册	66.7	56.4	63.2	71.6	71.1	106.6	126.1	112.5	99.3
卫生、体育										
医院病床	万张	222.9	262.4	283.6	286.6	290.3	130.2	110.6	102.4	101.3
专业卫生技术人员	万人	341.1	389.8	425.7	431.2	439.8	128.9	112.8	103.3	102.0
医生	万人	141.3	176.3	191.8	194.1	198.5	140.5	112.6	103.5	102.3
护师、护士	万人	63.7	97.5	112.6	116.3	119.8	188.1	122.9	106.4	103.0
获得世界体育冠军	项	42	54	98	72	88	209.5	163.0	89.8	122.2
打破体育世界纪录	项	5	14	13	22	29	580.0	207.1	223.1	131.8
举办县以上运动会	万次	2.7	3.02	2.8	2.7	2.7	100.0	89.4	96.4	100.0
人民生活										
农民平均每人纯收入	元	397.6	686.3	1557.7	1926.0	2090.1	163.1	155.9	119.8	105.9
城镇居民人均可支配收入	元	739.1	1510.2	4283.0	4838.9	5160.3	194.4	157.5	107.6	103.4
年末职工人数	万人	12358	14059	14908	14845	14668	118.7	104.3	98.4	98.8
职工工资总额	亿元	1383	2951	8100	9080	9405	189.4	146.9	103.5	100.5
职工平均工资	元	1148	2140	5500	6210	6470	156.9	139.4	104.8	101.1
年末城乡人民储蓄存款余额	亿元	1622.6	7034.2	29662.3	38520.8	46279.8	2852.2	657.9	156.0	120.1

中国国民经济基本情况统计(四)
(1985年—1997年)

指标	单位	绝对数					1997年为以下年份%			
		1985	1990	1995	1996	1997	1985	1990	1995	1996
城镇人均住房面积	平方米	5.2	6.7	8.1	8.5	8.8	169.2	131.3	108.6	103.5
农村人均住房面积	平方米	14.7	17.8	21.0	21.7	22.5	153.1	126.4	107.1	103.7
人口										
年末全国人口	万人	105851	114333	121121	122389	123626	116.8	108.1	102.1	101.0
年人口出生率	‰	21.04	21.06	17.12	16.98	16.57				
年人口死亡率	‰	6.78	6.67	6.57	6.56	6.51				
年人口自然增长率	‰	14.26	14.39	10.55	10.42	10.06				

注:1. 表中的数字,均未包括台湾省。

2. 本表价值指标绝对数按当年价格计算,国内生产总值、邮电业务总量、社会消费品零售总额、农民平均每人纯收入、城镇居民人均生活费收入、职工工资总额、职工平均工资发展速度均按可比价格计算。

3. 国内生产总值是指物质生产部门和非物质生产部门的增加值之和,是一个国家(或地区)所有常住单位在核算期内生产活动的最终成果。

4. 邮电业务总量1985年—1990年按1980年不变价格计算,1991年以后按1990年不变价格计算。

5. 农村和城市居民平均每人收入,是根据家庭抽样调查得出的。职工工资总额包括发给职工的物价补贴。

6. 表中的出口、进口总额系中国海关统计数字。

资料来源:《中国统计年鉴》1983—1997、《中国统计摘要》1998年

(国家统计局综合司资料处)

1987年—1997年中国长期与短期外债的结构与增长

项目/年度		1987	1988	1989	1990	1991	1992	1993	1994	1995	1996	1997
外债余额(亿美元)		302.0	400.0	413.0	525.5	605.6	693.2	835.7	928.1	1065.9	1162.8	1309.6
中长期外债	余额(亿美元)	244.8	326.9	370.3	457.8	502.6	584.7	700.2	823.9	946.8	1021.7	1128.2
	比上年增长(%)	46.5	33.5	13.3	23.6	9.8	16.4	20.0	17.7	14.9	7.9	10.4
	占总余额的比例(%)	81.0	81.7	89.7	87.1	83.0	84.4	83.8	88.8	88.8	87.9	86.1
短期外债	余额(亿美元)	57.2	73.1	42.7	67.7	103.0	108.5	135.5	104.2	119.1	141.1	181.4
	比上年增长(%)	19.9	27.8	−41.6	58.5	52.2	5.2	24.3	−23.1	14.3	18.4	28.6
	占总余额的比例(%)	19.0	18.3	10.3	12.9	17.0	15.6	16.2	11.2	11.2	12.1	13.9

(国家外汇管理局外资司)

1985 年—1997 年中国外债流动与国民经济、外汇收入

项目/年度	1985	1986	1987	1988	1989	1990	1991	1992	1993	1994	1995	1996	1997
1. 外债流入(亿美元)	83.3	87.2	92.1	142.3	174.3	16.8	188.6	152.2	273.7	343.3	391.1	309.5	431.0
2. 比上年增长(%)		4.7	5.6	54.5	22.5	—5.5	14.4	—19.3	79.8	28.0	30.0	—20.9	39.3
3. 外债流出(亿美元)	8.4	6.3	51.2	72.8	170.2	96.2	127.9	134.3	182.5	250.6	317.1	224.7	324.2
4. 比上年增长(%)		22.9	—17.8	40.2	137.0	—43.5	23.1	5.0	35.8	38.9	26.5	—29.1	44.3
5. 外债净流入(亿美元)	74.9	24.9	40.9	70.5	4.1	68.6	60.7	17.9	91.2	92.7	74.0	84.8	106.8
6. 国民生产总值(亿人民币)	8557.6	9696.3	11301.0	14068.2	15993.3	17659.3	20236.3	24378.9	31342.0	43750.0	57600.0	67700.0	74772.0
7. 外债流出/国民生产总值	0.3	2.4	1.7	1.9	5.0	2.6	3.4	3.0	3.4	4.9	6.6	2.8	3.6
8. 外汇收入(亿美元)	296.4	306.9	401.4	473.8	497.2	586.6	696.2	764.5	884.2	1192.8	1524.3	1537.4	2072.5
9. 偿债率(%)	2.6	14.9	8.8	6.3	8.0	8.5	8.0	7.3	9.7	9.1	7.3	6.7	7.3

注:1. 1996 年国民生产总值按 8.2781∶1 折美元。

2. 外债流出指当年实际发生的还本付息额。

3. 外汇收入指国际收支口径的经常项目外汇收入。

(国家外汇管理局外资司)

1981年—1997年中国外债与国民经济、外汇收入

	1981	1982	1983	1984	1985	1986	1987	1988	1989	1990	1991	1992	1993	1994	1995	1996	1997
1. 外债余额（亿美元）	57.9	60.6	96.1	120.9	158.3	214.8	302.0	400.0	413.0	525.0	605.6	693.2	835.7	928.1	1065.9	1162.8	1309.6
2. 比上年增长（%）	6.6	4.7	58.6	25.8	30.9	35.7	40.6	32.5	3.3	27.2	15.2	14.5	20.6	11.1	14.8	9.1	12.6
3. 国民生产总值（亿人民币）	4773.0	5193.0	5809.0	6962.0	8557.6	9696.3	11301.0	14068.2	15993.3	17695.3	20236.3	24378.9	31342.0	43750.0	57600.0	67700.0	74772.0
4. 比上年增长（%）	6.8	8.8	11.9	19.8	22.9	13.3	16.5	23.7	12.9	10.2	12.5	20.5	28.6	39.6	31.7	17.5	10.4
5. 负债率（%）	7.3	7.0	9.9	10.4	11.1	8.3	10.0	10.6	12.2	15.5	16.4	16.0	15.4	18.1	15.4	14.3	14.5
6. 外汇收入（亿美元）	246.0	257.2	264.9	285.7	296.4	306.9	401.4	473.8	497.2	586.6	696.2	764.5	884.2	1192.8	1524.3	1537.4	2072.5
7. 比上年增长（%）	17.3	4.6	3.0	7.9	3.7	3.5	30.8	20.5	4.9	18.0	18.7	9.8	15.7	34.9	27.8	0.9	34.8
8. 债务率（%）	23.5	23.6	36.3	42.3	53.4	70.0	75.2	84.4	83.1	89.3	87.0	90.7	94.5	77.8	69.9	75.6	63.2

注：1. 国民生产总值按 8.2781∶1 折美元；

2. 外汇收入指国际收支口径的经常项目外汇收入。

（国家外汇管理局外资司）

1997年我国外汇市场人民币对主要外币平均汇率

外币单位	货币	月平均汇率 1	2	3	4	5	6	7	8	9	10	11	12	年平均汇率
100	港币	107.23	107.05	107.15	107.12	107.15	107.06	107.01	107.02	107.00	107.10	107.17	106.97	107.09
100	美元	829.63	829.29	829.57	829.57	829.29	829.21	829.11	828.94	828.72	828.38	828.11	827.96	828.98
100	英镑	1383.87	1348.88	1335.43	1352.41	1353.94	1362.94	1388.56	1331.20	1327.65	1348.49	1398.60	1377.18	1359.10
100	加拿大元	613.86	613.06	605.04	595.40	600.46	598.88	602.03	596.96	597.36	597.89	586.90	580.21	599.00
100	德国马克	519.75	498.10	489.25	485.70	486.36	480.73	464.44	450.27	462.82	471.18	478.79	465.96	479.44
100	荷兰盾	463.27	446.24	434.81	431.96	432.37	427.67	412.57	399.74	410.95	418.14	424.80	413.42	426.33
100	瑞士法郎	600.83	573.11	565.99	568.51	578.95	576.04	561.42	547.66	562.38	569.29	587.48	576.61	572.36
100	比利时法郎	25.24	24.10	23.70	23.54	23.55	23.29	22.52	21.81	22.42	22.84	23.20	22.58	23.23
100	法国法郎	154.06	147.33	145.05	144.20	301.61	142.42	137.72	133.58	137.67	140.45	142.96	139.19	155.52
100	意大利里拉	0.5320	0.5004	0.4902	0.4902	0.4920	0.4894	0.4772	0.4611	0.4743	0.4811	0.4884	0.4751	0.4876
100	瑞典克朗	117.97	112.30	108.48	108.11	107.89	107.00	106.36	103.78	107.56	109.36	109.69	110.72	109.10
100	挪威克朗	128.55	125.82	121.99	119.37	117.25	115.06	111.65	108.70	112.95	117.08	117.49	114.14	117.50
100	丹麦克朗	136.35	130.40	128.27	127.54	127.70	126.25	121.98	118.20	121.54	123.72	125.81	122.34	125.84
100	奥地利先令	73.90	70.63	69.45	68.99	69.05	68.29	66.00	63.97	65.72	66.91	68.01	66.24	68.10
100	新加坡元	590.48	585.12	577.86	575.57	577.06	581.29	572.63	554.88	547.01	532.72	523.56	503.17	560.11
100	澳大利亚元	648.30	635.86	653.15	646.28	643.81	625.72	615.48	615.03	600.04	597.12	575.84	549.34	617.16
100	欧洲货币单位	1010.02	965.19	950.03	947.54	947.98	938.76	916.04	886.19	908.09	925.56	946.63	921.80	938.65
100	澳门元	103.76	103.59	103.65	103.61	103.66	103.63	103.59	103.60	103.56	103.61	103.65	103.46	103.62
100	芬兰马克	174.95	167.27	163.77	162.31	161.16	160.35	157.29	151.23	154.49	156.94	158.90	154.34	160.25
100	马来西亚林吉特	332.42	333.44	334.86	332.27	330.90	329.63	322.81	303.15	276.83	254.82	244.96	220.52	301.38
100	日元	7.0690	6.7297	6.7720	6.6069	6.9367	7.2544	7.2098	7.0324	6.8574	6.8302	6.6314	6.3900	6.8600

注:美元、日元、港币对人民币汇价为中国人民银行公布的市场汇价;其他外币对人民币汇价为国内主要银行挂牌汇价的平均价。

(国家外汇管理局国际收支司)

1997年纽约市场美元对主要外币年、月平均汇率

货币名称（1美元合外币）	月平均汇率 1	2	3	4	5	6	7	8	9	10	11	12	年平均汇率
英镑	0.5995	0.6148	0.6212	0.6134	0.6125	0.6084	0.5971	0.6227	0.6242	0.6143	0.5921	0.6014	0.6101
加拿大元	1.3515	1.3527	1.3711	1.3933	1.3811	1.3846	1.3772	1.3886	1.3873	1.3855	1.4110	1.3610	1.3787
德国马克	1.5962	1.6649	1.6956	1.7080	1.7051	1.7249	1.7852	1.8410	1.7906	1.7581	1.7296	1.5512	1.7125
荷兰盾	1.7908	1.8584	1.9079	1.9205	1.9180	1.9389	2.0096	2.0737	2.0166	1.9811	1.9494	1.7402	1.9254
瑞士法郎	1.3808	1.4470	1.4657	1.4592	1.4324	1.4395	1.4768	1.5136	1.4736	1.4551	1.4096	1.3280	1.4401
比利时法郎	32.8735	34.4152	35.0071	35.2346	35.2178	35.5973	36.8117	38.0136	36.9698	36.2743	35.6917	31.9986	35.3421
法国法郎	5.3851	5.6288	5.7193	5.7529	5.7495	5.8222	6.0201	6.2056	6.0196	5.8979	5.7927	5.2409	5.7696
意大利里拉	1559.4780	1646.5000	1692.3330	1692.3180	1685.5220	1694.4750	1737.6090	1797.8180	1747.2380	1721.7830	1695.5710	1527.9520	1683.2164
瑞典克朗	7.0325	7.3843	7.6470	7.6736	7.6864	7.7499	7.7953	7.9875	7.7044	7.5746	7.5498	6.8232	7.5507
挪威克朗	6.4538	6.5912	6.8005	6.9496	7.0731	7.2069	7.4258	7.6256	7.3372	7.0753	7.0482	6.4655	7.0044
丹麦克朗	6.0845	6.3595	6.4675	6.5046	6.4940	6.5682	6.7969	7.0133	6.8183	6.6954	6.5822	5.9366	6.5268
奥地利先令	11.2270	11.7405	11.9440	12.0248	12.0104	12.1420	12.5626	12.9582	12.6100	12.3809	12.1757	10.9191	12.0579
日元	117.3785	123.0353	122.5126	125.3532	119.7496	114.3203	115.0483	117.8502	120.8733	121.2528	124.7955	113.7817	119.6626
新加坡元	1.4050	1.4173	1.4356	1.4413	1.4371	1.4265	1.4479	1.4939	1.5140	1.5550	1.5817	1.4001	1.4630
澳大利亚元	1.2797	1.3042	1.2701	1.2836	1.2881	1.3252	1.3471	1.3478	1.3811	1.3873	1.4381	1.2538	1.3255
港币	7.7382	7.7476	7.7457	7.7484	7.7424	7.7438	7.7457	7.7433	7.7443	7.7374	7.7318	7.7355	7.7420
欧洲货币单位	0.8214	0.8592	0.8732	0.8755	0.8748	0.8833	0.9051	0.9354	0.9126	0.8950	0.8748	0.8043	0.8762
澳门元	7.9959	8.0056	8.0036	8.0064	8.0002	8.0017	8.0037	8.0012	8.0022	7.9950	7.9892	7.9931	7.9998
芬兰马克	4.7422	4.9577	5.0656	5.1111	5.1458	5.1711	5.2712	5.4813	5.3642	5.2783	5.2114	5.6402	5.2033
马来西亚林吉特	2.4957	2.4871	2.4774	2.4967	2.5062	2.5156	2.5684	2.7344	2.9936	3.2509	3.3608	3.5250	2.7843

（国家外汇管理局国际收支司）

世界部分国家和地区国内生产总值(一)

金额单位:亿美元

国别/地区 \ 年份	1985	1986	1987	1988	1989	1990	1991	1992	1993	1994	1995	1996
美国	40387.0	42686.0	45399.0	49004.0	52508.0	57438.0	59167.0	62444.0	65530.0	69357.0	72654.0	76360.0
德国	7419.3	9933.5	12590.6	11763.2	13097.0	15036.2	17195.5	19693.9	19082.4	20460.3	24140.7	23524.7
日本	15981.0	21031.4	28212.6	29513.6	27619.2	29700.9	34021.2	37194.2	42750.1	46889.7	51342.8	45997.1
英国	5161.8	5674.5	7923.6	8530.5	8283.7	9835.8	10185.9	10573.9	9477.6	10247.5	11115.2	11592.5
法国	6216.2	7853.3	9993.6	9465.4	10642.2	11954.3	12010.1	13222.3	12496.6	13310.0	15350.9	15393.2
沙特阿拉伯	861.3	723.9	735.5	761.4	830.0	1046.7	1180.4	1232.0	1185.2	1201.7	1252.7	…
意大利	4829.3	6626.2	8413.6	8361.2	9393.9	10939.8	11507.3	12191.7	9851.3	10163.1	10872.4	12142.7
加拿大	3420.3	3663.0	4243.7	5080.2	5620.6	5738.0	5904.5	5709.6	5525.6	5472.0	5742.1	6016.3
荷兰	1534.6	1996.8	2478.8	2287.6	2530.4	2835.4	2899.9	3219.2	3117.4	3342.9	3952.8	3925.5
比利时	941.4	1235.1	1570.9	1489.9	1686.8	1937.5	1985.5	2246.3	2141.8	2320.1	2732.7	2082.3
瑞典	1137.9	1389.2	1750.3	1810.1	1979.4	2297.6	2393.3	2475.6	1858.1	1984.3	2306.1	2502.4
瑞士	1098.0	1499.2	1993.0	1784.6	1877.8	2284.0	2327.1	2434.9	2367.4	2611.7	3083.3	2943.4
印度	2155.5	2232.5	2587.6	2647.5	2681.7	3059.5	2712.2	2723.7	2655.6	3039.7	3387.9	…
印度尼西亚	862.2	625.7	756.5	820.9	930.4	1061.4	1166.2	1280.3	1580.1	1768.9	2021.3	2274.0
台湾省	732.5	825.3	1159.0	1284.3	1539.7	1627.4	1917.4	2144.6	2262.4	2439.3	2629.8	2731.0
澳大利亚	1568.3	1669.7	2044.4	2731.8	2833.1	2948.0	2966.7	2910.5	2833.0	3248.2	3507.9	3911.0
韩国	921.8	1111.4	1415.3	1946.1	2194.9	2536.7	2941.8	3079.4	3328.2	3808.2	4563.6	4847.8
中国	2664.4	2603.4	3038.6	3780.1	3388.3	3877.7	4060.9	4830.5	6010.8	5409.4	6967.2	…
墨西哥	1275.0	857.0	874.7	1711.8	1922.1	2470.4	2905.3	3343.3	4032.0	4217.2	2868.4	3347.9

世界部分国家和地区国内生产总值(二)

金额单位:亿美元

国别/地区 \ 年份	1985	1986	1987	1988	1989	1990	1991	1992	1993	1994	1995	1996
香港	334.4	385.9	475.9	552.8	629.7	726.2	833.4	1006.8	1160.1	1315.4	1436.6	1464.0
新加坡	176.9	177.6	202.5	248.5	294.6	374.5	435.7	496.9	583.1	710.4	854.2	940.6
西班牙	1829.5	2441.4	3316.0	3539.8	4105.4	4919.6	5286.0	5773.1	4789.6	4836.4	5594.8	5808.6
巴西	2279.5	2715.2	3030.8	3504.6	4821.7	4429.1	4045.0	4092.0	4387.2	5565.8	…	…
挪威	659.7	694.2	900.9	887.8	939.4	1154.5	1177.6	1263.1	1161.1	1229.3	1466.4	1578.0
阿联酋	270.8	216.6	237.8	237.3	275.1	336.4	339.1	354.1	355.2	366.7	400.4	446.2
委内瑞拉	598.7	339.4	468.6	603.8	344.8	486.0	534.6	604.2	600.5	581.3	763.6	673.1
尼日利亚	723.6	220.3	262.9	271.3	293.8	324.3	327.0	317.8	317.9	415.7	…	…
奥地利	780.3	1037.6	1316.8	1246.6	1415.9	1584.3	1650.0	1863.0	1826.1	1981.2	2333.5	…
丹麦	685.8	907.7	1147.9	1065.0	1161.0	1291.2	1294.4	1418.2	1348.6	1455.1	1727.4	1742.4
芬兰	612.2	740.5	980.4	1041.8	1199.8	1348.1	1189.1	1064.4	844.5	976.2	1249.8	1239.7
马来西亚	319.6	275.0	319.4	334.6	379.5	427.7	481.4	580.1	641.8	725.0	873.4	992.8
波兰	706.6	655.4	536.9	589.5	822.1	589.8	764.8	843.6	860.0	926.0	…	…
科威特	223.2	178.0	230.9	204.3	244.6	181.8	110.1	198.6	239.7	248.0	266.1	309.8
罗马尼亚	519.6	548.8	615.1	596.4	554.0	382.5	288.5	195.8	263.8	300.9	…	…

资料来源:国际货币基金组织《国际金融统计》(月报和年报)
台湾省《统计月报》
香港《香港统计月报》。

(对外贸易经济合作部国际贸易经济合作研究院文献信息中心)

世界主要国家(地区)外汇储备(一)
(期末数)

金额单位:亿美元

国别/地区 \ 年份	1988	1989	1990	1991	1992	1993	1994	1995	1996	1997
世界	6650.60	7162.74	8445.29	8945.72	8890.99	9864.87	11333.14	13268.41	14706.28	15854.68①
日本	905.14	779.92	694.87	617.58	618.88	887.20	1151.46	1724.43	2073.35	2078.66
德国	533.24	558.62	629.67	575.17	858.87	727.27	722.19	777.94	758.03	698.53
新加坡	168.61	201.36	275.35	339.31	396.61	480.66	578.90	683.99	746.10	741.56②
美国	173.60	445.50	521.90	459.30	400.10	415.30	412.20	491.00	382.90	308.10
西班牙	354.01	395.58	493.89	642.95	441.76	397.98	401.82	324.91	558.79	660.23
英国	411.20	319.90	329.30	387.30	340.90	346.30	385.30	391.80	378.80	308.00②
瑞士	240.45	252.30	292.21	290.02	324.40	316.50	335.54	346.85	367.75	282.77
荷兰	145.42	150.27	160.28	162.40	202.37	296.69	327.16	310.60	241.19	218.81
马来西亚	61.34	73.93	93.27	104.21	167.84	268.14	248.88	229.45	259.17	209.84①
巴西	69.71	75.35	74.30	80.20	225.20	306.02	370.69	497.07	581.70	505.23①
泰国	59.97	94.61	132.47	172.87	200.12	240.78	288.84	354.63	371.92	256.97
意大利	325.00	442.78	601.76	454.95	249.66	251.40	301.07	329.42	440.64	534.31
中国	175.48	170.22	285.94	426.64	194.43	211.99	516.20	735.79	1050.29	1388.73①
法国	223.59	218.68	340.67	282.92	243.84	200.08	235.20	231.42	231.20	270.97
加拿大	135.17	141.50	158.02	140.79	93.82	104.71	102.19	126.29	180.28	151.22
挪威	121.73	127.51	143.03	122.09	111.01	186.42	179.92	211.09	252.36	220.74
澳大利亚	129.89	131.50	156.05	158.94	105.36	104.70	107.06	113.40	139.67	160.99
韩国	123.40	149.78	144.59	133.06	166.40	197.04	250.32	319.28	332.37	204.06①
沙特阿拉伯	112.19	112.87	85.82	97.37	45.61	56.82	58.88	71.01	52.95	59.44
丹麦	102.24	57.82	100.63	68.07	104.77	97.91	84.44	102.62	133.66	181.57

世界主要国家(地区)外汇储备(二)
(期末数)

金额单位:亿美元

国别/地区 \ 年份	1988	1989	1990	1991	1992	1993	1994	1995	1996	1997
比利时	83.06	97.60	111.21	110.68	128.25	104.74	128.84	146.80	153.80	145.19
瑞典	77.52	88.85	173.65	174.76	219.59	183.72	225.27	229.39	181.72	136.42①
墨西哥	48.85	59.46	94.46	171.40	183.94	248.86	61.01	152.50	191.76	281.36
奥地利	67.11	79.39	87.54	96.55	115.06	138.66	160.08	178.67	218.61	189.86①
芬兰	58.75	46.37	92.12	71.08	47.74	49.93	100.51	92.93	62.05	105.45
印度	41.48	31.05	12.05	35.80	54.61	98.07	193.86	174.67	197.42	243.24
印度尼西亚	49.48	53.57	73.53	91.51	101.81	109.88	118.20	133.06	178.20	184.84③
葡萄牙	50.83	98.26	142.52	202.61	187.69	154.81	151.06	153.15	153.59	155.06①
阿联酋	41.41	41.62	42.76	50.48	54.22	58.06	63.61	70.12	76.79	82.44①
以色列	40.16	52.76	62.75	62.79	51.27	63.82	67.92	81.19	114.13	191.04
希腊	35.23	31.06	33.06	50.82	46.33	76.34	143.22	146.11	173.37	124.41
智利	31.16	36.04	60.68	70.41	91.67	96.39	130.87	141.37	147.81	1693.91
哥伦比亚	30.94	34.66	40.49	58.66	72.36	72.85	74.53	77.24	91.83	94.18③
委内瑞拉	29.75	40.55	83.11	103.97	92.88	85.31	73.93	56.88	111.24	150.58
新西兰	28.24	29.74	40.71	28.72	29.29	31.95	35.61	42.45	57.71	41.74①
爱尔兰	47.25	37.02	48.49	53.20	30.80	55.79	57.45	81.78	77.15	60.11

注:①仅 11 月份数字;②仅 10 月份数字;③仅 9 月份数字。

资料来源:国际货币基金组织《国际金融统计》(月刊和年鉴)。

(对外贸易经济合作部国际贸易经济合作研究院文献信息中心)

世界主要国家(地区)黄金储备(一)
(期末数)

单位:万盎司

年份 国别/地区	1985	1988	1989	1990	1991	1992	1993	1994	1995	1996	1997
世界	95145	94665	94104	93901	93801	92755	92202	91798	90869	90639	89074①
美国	26265	26187	26193	26191	26191	26184	26179	26173	26170	26166	26171
德国	9518	9518	9518	9518	9518	9518	9518	9518	9518	9518	9518
瑞士	8328	8328	8328	8328	8328	8328	8328	8328	8328	8328	8328
法国	8185	8185	8185	8185	8185	8185	8185	8185	8185	8185	8189
意大利	6667	6667	6667	6667	6667	6667	6667	6667	6667	6667	6667
荷兰	4394	4394	4394	4394	4394	4394	3505	3477	3477	3477	2707
比利时	3418	3367	3023	3023	3023	2504	2504	2504	2504	1532	1532
日本	2423	2423	2423	2423	2423	2423	2423	2423	2423	2423	2423
奥地利	2114	2115	2066	2039	2003	1993	1860	1834	1199	1075	787
西班牙	1465	1404	1572	1561	1562	1562	1562	1562	1563	1563	1563
印度	940	1045	1045	1069	1128	1135	1146	1180	1278	1278	1278
委内瑞拉	1146	1146	1146	1146	1146	1146	1146	1146	1146	1146	1146
黎巴嫩	922	922	922	922	922	922	922	922	922	922	922
澳大利亚	793	793	793	793	793	793	790	790	790	790	256
葡萄牙	2023	1607	1605	1583	1587	1606	1606	1607	1607	1607	1607①
英国	1903	1900	1899	1894	1889	1861	1845	1844	1844	1843	1842①
加拿大	2011	1714	1610	1476	1296	994	605	389	341	309	309
希腊	412	340	340	340	343	343	344	345	346	347	364
芬兰	191	196	200	200	200	200	200	200	160	160	160

世界主要国家(地区)黄金储备(二)
(期末数)

单位:万盎司

国别/地区 \ 年份	1985	1988	1989	1990	1991	1992	1993	1994	1995	1996	1997
丹麦	163	163	164	165	166	166	164	163	165	166	169
瑞典	607	607	607	607	607	607	607	607	480	480	472①
沙特阿拉伯	460	460	460	460	460	460	460	460	460	460	460
南非	484	347	308	409	647	665	476	420	425	379	399
土耳其	386	382	378	409	416	405	403	382	375	375	375
科威特	254	254	254	254	254	254	254	254	254	254	254
泰国	249	248	248	248	248	247	247	247	247	247	247
巴基斯坦	190	195	195	195	196	202	204	205	205	206	207
菲律宾	148	284	245	289	337	280	322	289	358	447	433②
中国	1270	1270	1270	1270	1270	1270	1270	1270	1270	1270	1270①
印度尼西亚	310	310	310	310	310	311	310	310	310	310	310③
马来西亚	234	235	237	235	235	239	239	239	239	239	235①
阿根廷	437	437	437	423	412	437	437	437	437	437	297
巴西	310	273	298	457	202	223	293	371	458	369	303①
智利	…	182	175	186	186	187	187	186	186	186	186
秘鲁	195	171	197	221	183	182	130	112	112	111	111
乌拉圭	262	261	261	240	226	203	170	170	171	173	175②
罗马尼亚	382	145	217	221	225	231	237	263	270	280	296①

注:①仅 11 月份数字;②仅 10 月份数字;③仅 9 月份数字。

资料来源:国际货币基金组织《国际金融统计》(月刊和年刊)。

(对外贸易经济合作部国际贸易经济合作研究院文献信息中心)

世界部分国家(地区)商品贸易额(一)

年份 / 金额 / 国别(地区)	1990			1991			1992			1993		
	总额	出口	进口	总额	出口	进口	总额	出口	进口	总额	出口	进
世界	70037.20	34376.40	35660.80	69670.29	34214.83	35455.46	74570.04	36618.24	37951.80	73797.01	36524.02	3727
发达的市场经济国家	50577.21	24678.96	25898.25	50827.16	24909.99	25917.17	53471.18	26424.01	27047.17	51099.47	25684.43	2541
发展中的市场经济国家	15777.44	7972.91	7804.53	17020.49	8402.36	8618.13	19209.55	9271.09	9938.46	20788.66	9866.13	1092
石油输出国组织	2903.29	1800.36	1102.93	2974.89	1694.68	1280.21	3368.65	1795.51	1573.14	3370.28	1776.69	15
最不发达国家	370.05	126.54	243.51	351.84	122.61	229.23	361.72	140.78	220.94	382.11	141.27	2
其他国家	3682.55	1724.53	1958.02	1822.63	902.47	920.16	1889.30	923.14	966.16	1909.16	673.74	9
美洲	13616.35	6280.97	7335.38	13887.37	6497.84	7389.53	14959.93	6839.89	8120.04	15965.25	7148.42	88
美国	9125.79	3935.92	5189.87	9300.93	4217.30	5083.63	10020.86	4481.63	5539.23	10682.11	4647.73	60
加拿大	2508.81	1276.34	1232.47	2519.45	1271.63	1247.82	2637.09	1344.41	1292.68	1842.21	1451.82	13
巴西	539.38	314.14	225.24	545.70	316.20	229.50	588.61	357.93	230.68	663.37	385.97	2
阿根廷	164.30	123.53	40.77	202.53	119.78	82.75	271.07	122.35	148.72	299.02	131.18	1
智利	158.88	83.10	75.78	170.23	89.29	80.94	201.36	100.07	101.29	203.24	91.99	1
哥伦比亚	123.56	67.66	55.90	121.38	72.32	49.06	134.33	69.17	65.16	169.48	71.16	
墨西哥	565.17	265.24	299.93	653.04	271.20	381.84	756.69	275.31	481.38	803.88	302.41	5
委内瑞拉	239.51	175.86	63.65	254.81	155.18	99.63	253.75	132.47	121.28	268.05	145.36	1
秘鲁	67.01	32.31	34.70	75.24	33.29	41.95	83.45	34.84	48.61	83.74	35.15	
哥斯达黎加	34.38	14.48	19.90	34.75	15.98	18.77	42.69	18.29	24.40	49.34	20.49	
危地马拉	28.12	11.63	16.49	30.52	12.02	18.51	37.58	12.95	24.63	39.39	13.40	
古巴	116.55	49.10	67.45	72.75	35.85	36.90	42.10	20.50	21.85	32.65	12.75	
多米尼加	27.97	7.35	20.62	26.46	6.58	19.88	30.71	5.66	25.05	29.47	5.11	
牙买加	30.82	11.58	19.24	27.98	10.79	17.19	27.23	10.48	16.75	31.66	10.69	
特立尼达和多巴哥	33.42	20.80	12.62	36.46	19.83	16.63	32.79	18.50	14.29	31.25	16.62	
荷属安地列斯	39.31	17.90	21.41	37.74	15.99	21.74	34.27	15.59	18.68	32.30	12.83	
巴拿马	18.10	3.21	14.89	20.37	3.42	16.95	25.29	5.10	20.19	27.41	5.53	
萨尔瓦多	17.37	5.88	11.49	19.31	5.71	13.60	23.03	6.10	16.93	26.45	7.32	
乌拉圭	30.11	16.93	13.18	32.17	15.94	16.23	37.48	17.03	20.45	39.71	16.45	
厄瓜多尔	45.76	27.14	18.62	52.51	28.52	23.99	55.08	30.07	25.01	54.66	29.04	
洪都拉斯	17.66	8.31	9.35	17.47	7.92	9.55	18.39	8.02	10.37	19.44	8.14	
欧洲	32933.60	16200.11	16733.49	32597.37	15849.96	16747.41	34313.48	16823.97	17489.51	30746.71	15582.60	15
德国①	7788.83	4220.41	3568.42	7920.51	4028.45	3892.06	8385.77	4302.72	4083.05	7287.61	3826.31	3
法国	4433.76	2101.69	2332.07	4442.73	2134.41	2308.32	4707.88	2319.13	2388.75	4069.81	2062.31	2
英国	4098.76	1853.26	2245.50	3951.70	1853.06	2098.64	4121.80	1905.42	2216.38	3878.80	1815.59	2
意大利	3523.68	1703.85	1819.83	3522.88	1695.36	1827.52	3666.85	1781.64	1885.21	3160.54	1677.46	1
荷兰	2579.78	1317.83	1261.95	2609.36	1336.84	1272.52	2743.79	1399.67	1344.12	2638.66	1391.27	1
比利时·卢森堡	2386.53	1183.28	1203.25	2394.15	1183.55	1210.60	2487.17	1235.64	1251.53	2317.72	1195.23	1
西班牙	1433.68	556.46	877.22	1535.27	601.97	933.30	1641.07	643.42	997.65	1447.60	628.72	
瑞士	1334.84	637.93	696.91	1280.34	615.32	665.02	1231.66	614.03	617.63	1154.16	586.94	
瑞典	1123.69	575.12	548.57	1052.25	552.29	499.96	1061.99	561.49	500.50	925.44	498.64	
前苏联	2248.28	1041.77	1206.51	897.32	462.74	434.58	…	…	…	…	…	
前苏联欧洲部分	…	…	…	…	…	…	890.62	477.71	412.91	867.17	522.49	
俄罗斯	…	…	…	…	…	…	793.60	423.76	369.84	711.04	442.97	

金额单位:亿美元

1994			1995			1996			1996比1995增减%			1997*		
总额	出口	进口	总额	出口	进口	总额	出口	进口	总额	出口	进口	总额	出口	进口
4328.98	41698.93	42630.05	100292.45	49673.29	50619.16	104601.25	51609.08	52992.17	4.2	3.9	4.7	110550.00	54550.00	56000.00
7643.51	2862.87	28780.64	68025.64	34169.11	33856.88	70312.52	35147.92	35164.60	3.4	2.9	3.9			
3900.07	11457.45	12442.62	28730.91	13764.80	14966.11	30459.73	14605.04	15854.69	6.0	6.1	5.9			
3334.33	1812.95	1521.38	3853.89	2055.50	1798.39	4051.97	2226.24	1825.73	5.1	8.3	1.5			
429.62	162.92	266.70	505.42	184.54	320.88	534.93	196.94	337.99	5.8	6.7	5.3			
2785.40	1378.61	1406.79	3535.57	1739.39	1796.18	3828.99	1856.11	1972.88	8.3	6.7	9.8			
3005.99	7961.29	10044.70	20333.85	9241.23	11119.62	21735.40	9887.46	11847.94	6.9	7.0	6.5			
2018.42	5126.37	6892.15	13555.95	5847.43	7708.52	14470.98	6250.73	8220.25	6.8	6.9	6.6	15881.00	6889.00	8992.00
3204.56	1653.80	1550.76	3602.57	1922.04	1680.53	3765.98	2016.36	1749.62	4.5	4.9	4.1	4154.00	2144.00	2010.00
795.55	435.58	359.97	1002.89	465.06	537.83	1047.09	477.62	569.47	4.4	2.7	5.9	1187.00	530.00	657.00
371.86	156.59	215.27	410.89	209.67	201.22	475.73	238.11	237.62	15.8	13.6	18.1			
234.29	116.04	118.25	320.51	161.37	159.14	331.81	153.53	178.28	3.5	−4.9	12.0			
202.82	83.99	118.83	239.79	101.26	138.53	242.71	105.87	136.84	1.2	4.6	−1.3			
955.09	345.30	609.79	930.33	470.56	459.77	1202.21	590.58	611.63	29.2	25.5	33.0	3416.00	1104.00	1125.00
262.04	169.12	92.92	304.50	184.89	119.61	327.40	229.52	97.88	7.5	24.1	−18.2			
112.50	45.59	66.91	148.07	55.75	92.26	153.70	58.97	94.73	3.8	5.8	2.7			
52.40	22.15	30.25	59.55	27.02	32.53	64.93	30.14	34.79	9.0	11.5	6.9			
41.26	15.22	26.04	54.49	21.56	32.39	51.77	20.31	31.46	−5.0	−5.8	−4.5			
34.40	13.84	20.55	44.25	16.00	28.25	…	…	…	…	…	…			
32.59	6.33	26.26	37.41	7.65	29.76	45.01	8.15	36.86	20.3	6.5	23.9			
33.52	11.91	21.61	41.36	13.80	27.56	42.72	13.57	29.15	3.3	−1.7	5.8			
29.96	18.66	11.30	41.70	24.56	17.14	46.44	25.00	21.44	11.4	1.8	25.1			
31.34	13.76	17.58	…	…	…	…	…	…	…	…	…			
29.87	5.83	24.04	31.36	6.25	25.11	34.00	6.20	27.80	8.4	−0.0	10.7			
34.18	8.44	25.74	38.51	9.98	28.53	36.95	10.24	26.71	−4.1	2.6	−6.4			
46.99	19.13	27.86	49.73	21.06	28.67	57.20	23.97	33.23	15.0	13.8	15.9			
75.10	38.20	36.90	85.00	43.07	41.93	86.14	48.90	37.24	1.3	13.5	−11.2			
18.99	8.43	10.56	22.80	10.61	12.19	31.57	13.17	18.40	38.5	24.1	8.0			
816.68	17717.81	17098.87	42208.80	21604.96	20603.84	43524.93	22349.31	21175.62	3.1	3.4	2.8			
138.21	4290.75	3847.46	9529.52	5083.98	4445.54	9768.43	5211.37	4557.06	2.5	2.5	2.5	9532.00	5117.00	4415.00
667.11	2360.72	2306.39	5643.15	2873.34	2769.81	5674.41	2880.54	2793.87	0.6	0.3	0.9	5546.00	2878.00	2668.00
301.81	2040.09	2261.72	5073.57	2420.36	2653.21	5496.02	2620.99	2875.03	8.3	8.3	8.4	5873.00	2801.00	3072.00
606.10	1914.31	1691.79	4400.05	2339.80	2060.25	4569.79	2500.58	2069.21	3.9	6.9	0.4	4475.00	2389.00	2086.00
968.71	1555.54	1413.17	3731.49	1962.76	1768.73	3778.87	1972.45	1806.42	1.3	0.5	2.1	3706.00	1935.00	1771.00
628.59	1372.45	1256.14	3247.29	1696.20	1551.09	3185.89	1658.05	1527.84	−1.9	−2.3	−1.5	3231.00	1676.00	1555.00
651.18	729.29	921.89	2043.60	910.43	1133.17	2237.96	1020.02	1217.94	9.5	12.0	7.5	2270.00	1043.00	1227.00
303.23	662.38	640.85	1550.67	780.61	770.06	1506.76	762.05	744.71	−2.9	−2.4	−3.3	1519.00	761.00	758.00
130.33	613.01	517.32	1444.68	798.16	646.52	1517.03	848.61	668.42	5.0	6.3	3.4	1476.00	824.00	652.00
…	…	…	…	…	…	…	…	…	…	…	…			
572.74	853.42	719.32	1892.44	1034.52	857.92	2039.10	1135.32	903.78	7.7	9.7	5.3			
81.60	676.42	505.18	1420.53	811.37	609.16	1498.50	887.03	611.47	5.5	9.3	0.4	1137.00	657.00	480.00

世界部分国家(地区)商品贸易额(二)

国别(地区) \ 金额 \ 年份	1990			1991			1992			1993		
	总额	出口	进口	总额	出口	进口	总额	出口	进口	总额	出口	进口
丹麦	668.79	351.35	317.44	684.22	360.11	324.11	762.56	410.69	351.87	677.18	371.72	305.
挪威	612.64	340.45	272.19	596.92	341.16	255.76	647.09	351.93	295.16	556.70	317.78	238.
奥地利	902.30	411.38	490.92	919.30	411.26	508.04	984.99	443.77	541.22	888.16	402.00	486.
芬兰	536.55	266.50	270.05	448.20	231.03	217.17	442.76	235.29	207.47	414.80	234.47	180.
爱尔兰	444.29	237.47	206.82	449.79	242.23	207.56	508.58	283.57	225.01	508.16	290.22	217.
葡萄牙	417.77	164.19	253.58	427.12	162.83	264.29	486.50	183.02	303.48	397.06	153.86	243.
波兰	238.50	143.22	95.28	287.21	144.60	142.61	291.00	131.87	159.13	329.77	141.43	188.
前捷克斯洛伐克	249.88	118.82	131.06	208.92	108.78	100.14	241.86	116.56	125.30	…	…	
捷克共和国	…	…	…	…	…	…	…	…	…	259.03	132.09	126.
斯洛伐克	…	…	…	…	…	…	…	…	…	118.29	54.69	63.
匈牙利	184.71	97.07	87.64	218.33	103.01	115.32	218.02	106.80	111.22	214.09	88.88	125.
罗马尼亚	149.85	58.70	91.15	97.24	41.24	56.00	105.19	43.72	61.47	114.14	48.92	65.
前南斯拉夫	332.02	143.12	188.90	213.52	95.48	118.04	…	…	…	…	…	
希腊	278.86	81.06	197.80	302.57	86.75	215.82	330.71	98.39	232.32	307.84	87.77	220.
保加利亚	262.40	133.47	128.93	68.52	38.35	30.17	94.96	42.68	52.28	78.97	35.82	43.
冰岛	32.70	15.91	16.79	33.10	15.49	17.61	32.12	15.28	16.84	27.42	14.00	13.
马耳他	30.92	11.31	19.61	33.66	12.52	21.14	38.92	15.43	23.49	35.29	13.55	21.
非洲	**1885.03**	**991.23**	**893.80**	**1828.60**	**954.15**	**874.45**	**1812.46**	**908.21**	**904.25**	**1740.04**	**858.57**	**881.**
南非	404.99	228.34	176.65	401.25	222.88	178.37	411.30	224.16	187.14	424.29	233.39	190.
阿尔及利亚	234.28	133.06	101.22	201.83	126.45	75.38	197.85	111.37	86.48	180.00	102.30	77.
埃及	117.84	25.82	92.02	113.72	36.18	77.54	114.29	30.72	83.57	104.66	22.52	82
利比亚	194.76	138.77	55.99	165.69	112.13	53.56	…	…	…	…	…	…
摩洛哥	111.90	42.65	69.25	111.79	42.85	68.94	113.33	39.77	73.56	105.90	34.28	71
突尼斯	90.40	35.27	55.13	89.04	37.14	51.90	104.55	40.40	64.15	100.16	38.02	62
喀麦隆	35.98	20.34	15.64	32.83	19.32	13.51	30.03	18.40	11.63	30.07	19.01	11
加蓬	33.96	24.74	9.22	31.57	22.73	8.84	31.81	22.95	8.86	32.17	23.00	9
尼日利亚	172.30	129.12	43.18	213.53	122.55	90.98	201.46	117.87	83.59	174.36	99.23	75
肯尼亚	31.55	10.31	21.24	29.06	11.07	17.99	31.90	13.62	18.28	31.54	13.80	17
毛里求斯	28.12	11.94	16.18	27.52	11.94	15.58	29.25	13.01	16.24	30.15	12.99	17
赞比亚	26.57	14.14	12.43	19.29	11.28	8.01	20.00	10.95	9.08	22.54	10.01	12
津巴布韦	35.79	17.29	18.50	35.67	15.30	20.37	36.51	14.38	22.13	33.82	15.65	18
扎伊尔	18.84	9.87	8.97	13.42	6.31	7.11	8.47	4.27	4.20	7.41	3.69	3
坦桑尼亚	17.71	4.08	13.63	15.30	3.60	11.70	1.95	0.42	1.53	19.48	4.50	14
马拉维	9.92	4.17	5.75	11.72	4.69	7.03	11.31	3.96	7.35	8.64	3.19	5
塞拉利昂	2.91	1.36	1.55	3.08	1.45	1.63	3.05	1.49	1.56	2.65	1.18	1
埃塞俄比亚	13.70	2.94	10.76	6.61	1.89	4.72	8.76	1.69	7.07	9.86	1.99	7
马达加斯加	8.79	3.08	5.71	7.40	3.05	4.35	7.26	2.78	4.48	7.29	2.61	4
亚洲	**16824.56**	**8678.57**	**8145.99**	**18417.79**	**9485.97**	**8931.82**	**20493.56**	**10584.25**	**9909.31**	**22306.23**	**11410.40**	**1089**
日本	5230.71	2876.48	2354.23	5524.52	3151.63	2372.89	5731.76	3399.11	2332.65	6039.38	3633.86	241
香港	1646.34	821.60	824.74	1988.32	985.77	1002.55	2429.42	1195.12	1234.30	2739.06	1352.48	138
中国	1162.42	624.23	538.19	1357.35	718.92	638.43	1647.48	845.71	801.77	1940.58	909.70	103

金额单位:亿美元

1994			1995			1996			1996比1995增减%			1997*		
总额	出口	进口	总额	出口	进口	总额	出口	进口	总额	出口	进口	总额	出口	进口
63.04	414.22	348.82	948.53	497.63	450.90	946.10	501.15	444.95	−0.3	0.7	−1.4	891.00	485.00	406.00
19.88	346.85	273.03	749.68	419.95	329.73	845.74	489.57	356.17	12.8	16.6	8.0		477.00	
03.71	450.31	553.40	1239.33	575.95	663.38	1251.48	578.24	673.24	1.0	0.4	1.5	1201.00	569.00	632.00
28.72	296.58	232.14	676.87	395.73	281.14	677.13	384.42	292.71	0.04	−0.3	4.1		410.00	
00.65	341.55	259.10	777.06	446.38	330.68	844.46	484.87	359.59	8.7	8.6	8.7	915.00	524.00	391.00
49.48	180.09	269.39	525.78	202.29	323.49	579.59	238.45	341.14	10.2	17.9	5.5			
84.25	170.42	213.83	519.42	228.92	290.50	613.76	244.10	369.66	18.2	6.6	27.2			420.00
…	…	…	…	…	…	…	…	…	…	…	…			
92.36	142.80	149.56	469.99	216.86	253.13	497.00	219.00	278.00	60.8	51.9	69.3			
30.95	65.92	65.03	173.82	85.95	87.87	199.30	88.23	111.07	14.7	2.7	26.4			
50.72	106.89	143.83	274.81	124.35	150.46	285.00	126.47	158.54	3.7	1.7	5.4			
32.60	61.51	71.09	181.86	79.10	102.78	195.20	80.85	114.35	7.3	2.2	11.3			
…	…	…	…	…	…	…	…	…	…	…	…			
08.81	93.92	214.89	…	…	…	…	…	…	…	…	…			
84.73	41.57	43.16	101.23	53.62	56.61	101.65	48.13	53.56	0.4	−10.3	−5.4			
30.95	16.23	14.72	35.58	18.03	17.55	36.40	16.37	20.03	2.3	−9.3	14.1			
40.13	15.72	24.41	48.55	19.13	29.42	45.33	17.36	27.97	−6.7	−9.3	−4.9			
82.32	**901.84**	**980.48**	**2207.73**	**1020.02**	**1187.71**	**2318.88**	**1151.79**	**1167.09**	**5.0**	**12.9**	**−1.7**			
65.52	240.82	224.70	565.26	269.18	296.08	572.50	281.45	291.05	1.3	4.6	−1.7			
82.50	88.80	93.73	204.90	102.40	102.50	…	…	…	…	…	…			
36.93	34.75	102.18	152.10	34.50	117.60	165.77	35.39	130.38	9.0	2.6	10.9			
…	…	…	…	…	…	…	…	…	…	…	…			
11.93	40.05	71.88	132.63	47.21	85.42	166.17	69.04	97.13	25.3	46.2	13.7			
12.38	46.57	65.81	133.78	54.75	79.03	132.62	55.17	77.45	−0.9	0.8	−0.2			
25.86	14.96	10.90	32.92	20.47	12.45	…	…	…	…	…	…			
31.06	23.48	7.58	25.93	27.12	8.81	…	…	…	…	…	…			
58.93	93.76	65.17	199.69	106.37	93.32	266.11	186.14	79.97	33.3	75.0	−14.4			
36.55	15.65	20.90	48.96	18.90	30.06	49.15	20.67	28.52	0.4	9.4	−5.2			
32.77	13.47	19.30	34.96	15.37	19.59	40.37	17.59	22.78	15.5	14.4	16.3			
20.00	9.37	10.73	27.36	12.13	15.23	…	…	…	…	…	…			
41.22	18.81	22.41	47.76	21.15	26.61	52.22	24.03	28.19	9.3	13.6	5.9			
8.01	4.19	3.82	…	…	…	…	…	…	…	…	…			
20.23	5.19	15.04	23.64	6.85	16.79	21.44	7.58	13.86	−9.4	10.7	−17.5			
8.20	3.25	4.95	8.80	4.05	4.75	11.05	4.81	6.24	25.6	18.8	31.4			
2.66	1.15	1.51	1.60	0.25	1.35	2.59	0.47	2.12	61.9	88.0	57.0			
14.05	3.82	10.33	…	…	…	…	…	…	…	…	…			
8.22	3.75	4.47	8.95	3.66	5.29	…	…	…	…	…	…			
51.62	**13079.21**	**12372.41**	**30552.45**	**15410.81**	**15141.64**	**31597.66**	**15602.66**	**15995.00**	**3.4**	**1.2**	**5.6**			
23.16	3970.48	2752.68	7792.56	4432.65	3359.91	7600.94	4109.24	3491.73	−2.5	−7.3	3.9	7595.00	4211.00	3384.00
31.72	1513.95	1617.77	3665.28	1737.54	1927.74	3793.05	1807.45	1985.60	3.5	4.0	3.0	3959.00	1881.00	2087.00
7.28	1210.47	1156.81	2779.10	1487.97	1291.13	290.41	1511.97	1389.44	4.4	1.6	7.6	3251.00	1827.00	1424.00

世界部分国家(地区)商品贸易额(三)

国别(地区) \ 年份 / 金额	1990			1991			1992			1993		
	总额	出口	进口	总额	出口	进口	总额	出口	进口	总额	出口	进
新加坡	1135.04	527.30	607.74	1250.57	589.64	660.93	1355.67	634.35	721.32	1592.37	740.08	85
韩国	1346.18	648.79	697.39	1532.32	717.36	814.96	1583.69	765.75	817.94	1660.36	822.36	83
台湾省	1219.30	672.14	547.16	1390.39	761.78	628.61	1534.77	814.70	720.07	1621.52	850.91	77
马来西亚	587.12	294.53	292.59	709.99	343.50	366.49	806.25	407.72	398.53	927.88	471.31	45
印度尼西亚	475.11	256.74	218.37	554.12	295.43	258.69	611.41	338.61	272.80	651.51	368.23	28
泰国	561.49	230.84	330.65	659.97	284.28	375.69	731.59	324.73	406.86	830.39	369.63	46
土耳其	351.67	129.21	222.46	347.91	135.88	212.03	375.88	147.16	228.72	445.17	153.43	29
以色列	288.74	120.80	167.94	307.46	118.91	188.55	333.72	131.19	202.53	374.49	148.25	22
菲律宾	212.28	81.86	130.42	216.46	87.93	128.53	252.11	97.52	154.59	298.43	110.89	18
印度	415.53	179.70	235.83	381.72	177.27	204.45	432.35	196.41	235.94	443.62	215.73	22
科威特	108.79	69.56	39.23	56.36	8.75	47.61	138.18	65.67	72.51	172.87	102.45	7
巴基斯坦	128.79	55.23	73.56	149.25	64.64	84.61	166.38	72.73	93.65	161.89	66.88	9
阿曼	81.89	55.08	26.81	80.65	48.71	31.94	91.97	54.28	37.69	94.13	52.99	4
巴林	74.73	37.61	37.12	76.28	35.13	41.15	77.28	34.65	42.63	75.68	37.10	3
叙利亚	65.88	40.62	25.26	62.94	31.43	31.51	65.83	30.93	34.90	72.86	31.46	4
斯里兰卡	45.46	19.12	26.34	50.49	19.65	3084	58.53	24.43	34.10	68.44	28.51	3
前苏联亚洲部分	…	…	…	…	…	…	72.37	45.07	27.30	70.29	40.96	2
孟加拉国	53.22	16.71	36.51	50.42	16.89	33.53	58.29	20.98	37.31	62.72	22.78	3
文莱	32.48	22.28	10.20	38.76	26.98	11.78	35.46	23.70	11.76	33.99	21.98	1
澳门	32.28	16.94	15.34	34.98	16.55	18.43	36.97	17.49	19.48	37.62	17.63	1
缅甸	5.95	3.25	2.70	10.65	4.19	6.46	11.82	5.31	6.51	14.00	5.86	
尼泊尔	8.95	2.09	6.86	10.28	2.63	7.65	11.66	3.74	7.92	12.69	3.89	
约旦	36.66	10.63	26.03	36.38	11.30	25.08	44.74	12.19	32.55	47.85	22.46	3
塞浦路斯	35.17	9.48	25.69	35.90	9.58	26.32	43.08	10.07	33.01	34.01	8.67	2
卡塔尔	52.24	35.29	16.95	48.27	31.07	17.20	57.51	37.36	20.15	50.72	31.81	1
沙特阿拉伯	684.86	444.17	240.69	768.96	477.97	290.79	839.78	502.80	336.98	705.93	423.95	28
阿富汗	11.71	2.35	9.36	9.80	2.43	7.37	…	…	…	…	…	
大洋洲	1083.48	500.99	582.49	1103.08	524.44	578.64	1101.05	538.52	562.53	1129.88	550.55	57
澳大利亚	817.84	397.60	420.24	835.06	418.55	416.51	866.47	428.39	438.08	881.82	427.04	45
新西兰	188.95	93.94	95.01	180.57	96.49	84.08	190.17	97.99	92.18	201.78	105.42	9
巴布亚新几内亚	24.48	11.77	12.71	30.75	14.60	16.15	34.47	19.26	15.21	38.83	25.84	1
斐济	12.51	4.97	7.54	11.02	4.50	6.52	10.59	4.35	6.24	11.70	4.50	
新喀里多尼亚	13.32	4.49	8.83	13.07	4.44	8.63	13.26	4.09	9.17	12.05	3.56	
美属萨摩亚	6.71	3.11	3.60	6.99	3.27	3.72	7.36	3.18	4.18	…	…	
法属波利尼西亚	10.40	1.11	9.29	10.42	1.27	9.15	10.01	1.07	8.94	10.00	1.48	
所罗门	1.63	0.70	0.93	1.93	0.83	1.10	2.12	1.01	1.11	2.32	1.31	
瓦努阿图	1.15	0.19	0.96	1.01	0.18	0.83	1.06	0.24	0.82	1.02	0.23	

注:①包括前民主德国数字

* 资料来源“世界贸易组织”

资料来源:联合国《统计月报》

台湾省《统计月报》

金额单位:亿美元

												1997*		
	出口													口
.	968.26	1026.70	2..				1250.16	.	5.6	5.7	5.5	2574.00	1250.00	1324.00
1	960.13	1023.48	2601.77	12..		1..	2810.22	1303.46	150..	8.0	4.2	11.5	2782.00	1336.00	1446.00
17	930.49	853.49	2152.09	1116.59	1035.50							2351.00	1219.00	1132.00
118	587.55	595.81	1513.29	737.15	776.14	1566.72	782.54	784.18	3.5	6.2	1.0	1573.00	787.00	786.00
72(	400.54	319.85	860.47	454.17	406.30	927.43	498.14	492.29	7.8	9.7	5.7	951.00	534.00	417.00
996.	452.36	544.38	1296.17	561.91	734.26	1273.69	555.26	718.43	−1.7	−1.2	−2.2	1227.00	582.00	645.00
413.	181.07	232.70	573.49	216.39	357.10	655.48	230.83	424.65	14.3	6.7	18.9			468.00
421.2	168.84	252.37	486.25	190.46	295.79	522.04	205.10	316.94	7.4	7.7	7.2			
358.50	133.04	225.46	458.39	175.02	283.37	545.39	204.17	341.22	19.0	16.7	20.4			
518.65	250.22	268.43	653.39	306.29	347.10	705.34	330.35	374.99	8.0	7.9	8.0			406
179.08	112.28	66.80	205.77	127.85	77.92	223.44	148.03	75.41	8.6	15.8	−3.2			
162.54	73.65	88.89	194.53	79.92	114.61	214.52	93.21	121.31	10.3	16.6	5.8			
94.60	55.45	39.15	99.61	57.13	42.48	…	…	45.78	…	…	…			
73.65	36.17	37.48	78.25	41.13	37.16	86.95	46.02	40.93	11.1	11.9	10.1			
90.14	35.47	54.67	85.86	39.70	46.16	92.43	39.99	52.44	7.7	0.7	13.6			
79.76	32.09	47.67	91.05	37.98	53.07	95.07	40.95	54.12	4.4	7.8	2.0			
204.66	100.35	104.31	225.70	121.70	104.00	279.04	150.57	128.47	23.6	23.7	23.5			
72.63	26.61	46.02	96.69	31.73	65.01	99.12	32.97	66.15	2.5	3.9	1.8			
39.91	22.96	16.95	41.86	22.73	19.15	…	…	…	…	…	…			
39.24	18.34	20.90	40.09	19.83	20.26	39.82	19.89	19.93	−0.7	0.3	−1.7			
16.70	7.92	8.78	21.86	8.51	13.35	20.60	7.45	13.35	−5.8	−12	0			
14.78	3.62	11.15	17.79	3.46	13.33	18.98	3.85	14.13	6.7	11.3	6.0			
48.06	14.24	33.82	54.66	17.69	36.97	62.45	18.17	44.28	14.3	2.7	19.8			
39.86	9.68	30.18	49.19	12.29	36.90	53.68	13.87	39.79	9.1	12.9	7.8			
…	…	…	…	…	…	…	…	…	…	…	…			
659.52	426.14	233.38	781.31	500.40	280.91	…	…	…	…	…	…		552.00	
…	…	…	…	…	…	…	…	…	…	…	…			
297.87	**614.55**	**683.32**	**1450.97**	**680.78**	**770.19**	**1645.52**	**761.88**	**833.64**	**13.4**	**11.9**	**8.2**			
.009.50	475.25	534.25	1134.14	530.97	603.17	1257.27	602.99	654.28	10.9	13.6	8.5	1290.00	632.00	658.00
240.98	121.85	119.13	276.04	136.45	139.59	290.85	143.60	147.25	5.4	5.2	5.5			
41.51	26.30	15.21	40.96	26.45	14.51	42.56	25.15	17.14	3.9	−5.0	20.0			
13.79	5.50	8.29	14.74	6.14	8.60	17.29	7.45	9.84	17.3	21.3	14.4			
12.42	3.66	8.76	14.27	5.15	9.12	15.57	5.46	10.11	9.1	6.0	10.9			
…	…	…	…	…	…	…	…	…	…	…	…			
11.07	2.26	8.81	12.15	1.96	10.19	…	…	…	…	…	…			
2.84	1.42	1.42	…	…	…	…	…	…	…	…	…			
1.12	0.25	0.87	1.23	0.28	0.95	1,27	0.30	0.97	3.3	7.1	2.1			

(对外贸易经济合作部国际贸易经济合作研究院文献信息中心)

世界部分国家(地区)服务贸易额(一)

国别(地区) \ 年份 / 金额	1985			1990			1991			1992		
	总额	出口	进口	总额	出口	进口	总额	出口	进口	总额	出口	进口
世界	7825.00	3809.00	4016.00	16353.00	8022.00	8331.00	16907.00	8382.00	8525.00	19176.00	9534.00	9642.
北美	1468.00	772.00	696.00	2760.00	1524.00	1236.00	2965.00	1694.00	1271.00	3104.00	1810.00	1294.
加拿大	210.93	86.97	123.96	409.68	156.08	253.60	441.71	170.34	271.37	443.60	170.80	272.
美国	120.67	634.90	571.80	2349.60	1367.50	982.10	2522.50	1523.20	999.30	2660.40	1638.90	1021.
拉美	400.00	179.00	221.00	634.00	291.00	343.00	647.00	306.00	368.00	749.00	338.00	411.
巴西	54.06	19.93	34.13	104.39	37.06	67.33	96.49	32.68	63.81	106.11	40.02	66.
阿根廷	36.16	15.99	20.17	51.40	22.64	28.76	59.43	21.74	34.69	67.77	23.51	44.
智利	16.55	6.56	9.99	39.23	18.49	20.74	41.75	21.02	20.73	47.25	23.64	23
哥伦比亚	21.99	8.24	13.75	32.31	15.48	16.83	32.91	15.41	17.50	38.91	19.32	19.
墨西哥	97.80	44.36	53.44	172.85	72.22	100.63	185.52	78.76	106.76	197.92	81.50	116.
委内瑞拉	27.42	7.60	19.82	35.11	11.21	23.90	44.20	11.48	32.72	53.12	12.06	41
秘鲁	14.77	6.26	8.51	17.85	7.15	10.70	18.75	7.85	10.90	20.81	7.51	13
哥斯达黎加	5.34	2.59	2.75	11.24	5.83	5.41	11.85	6.62	5.23	15.09	8.09	7
危地马拉	2.20	0.52	1.68	6.77	3.13	3.64	7.50	4.22	3.28	10.80	5.80	5
多米尼加共和国	8.49	5.79	2.70	15.21	10.86	4.35	16.62	11.88	4.74	18.83	13.37	5
牙买加	9.53	5.64	3.89	16.42	9.75	6.67	15.90	9.50	6.40	17.35	10.61	6
特立尼达和多巴哥	9.57	2.45	7.12	7.82	3.22	4.60	9.10	3.98	5.12	9.89	4.44	5
荷属安的列斯	11.10	6.63	4.47	16.40	11.30	5.10	17.26	11.91	5.35	19.05	13.02	6
巴拿马	20.53	11.05	9.48	15.38	8.80	6.58	20.37	10.35	10.02	18.79	9.92	8
萨尔瓦多	4.67	1.96	2.71	5.97	3.01	2.96	5.92	2.84	3.08	6.87	3.38	3
乌拉圭	6.97	3.76	3.21	8.23	4.60	3.63	9.79	5.91	3.88	13.39	8.22	5
厄瓜多尔	9.81	3.70	6.11	11.22	5.09	6.13	12.10	5.25	6.85	12.93	5.90	7
洪都拉斯	2.81	0.90	1.91	3.34	1.20	2.14	3.79	1.59	2.20	4.22	1.86	2
西欧	3587.00	1936.00	1651.00	8405.00	4312.00	4093.00	8461.00	4374.00	4087.00	9817.00	5034.00	4783
奥地利	158.20	94.85	63.35	368.58	227.54	141.04	403.35	250.96	152.39	463.05	279.40	183
比利时-卢森堡	191.81	95.21	96.60	525.69	266.45	259.24	566.13	285.37	280.76	618.08	314.37	303
克罗地亚							—	—	—	—	—	
丹麦	100.98	53.92	47.06	228.37	127.31	101.06	246.06	142.36	103.70	247.01	140.35	106
芬兰	52.07	23.77	28.30	119.94	45.62	74.32	115.07	41.36	73.71	120.98	48.46	72
法国	597.37	347.19	250.18	1345.09	749.49	595.60	1407.36	785.95	621.41	16113.19	901.10	710
德国[①]	558.00	228.10	329.90	1365.20	545.30	819.90	1300.00	503.20	796.80	1656.70	633.50	1023
希腊	38.48	25.67	12.81	92.70	65.14	27.56	100.92	71.42	29.50	120.77	86.41	34
冰岛	6.63	3.11	3.52	9.67	4.27	5.40	9.88	4.17	5.71	10.25	4.43	5
爱尔兰	27.56	12.30	15.26	84.31	32.86	51.45	88.37	33.63	54.74	109.00	38.50	70
意大利	353.84	193.91	159.93	985.71	487.11	498.60	988.85	489.24	499.61	1220.04	587.23	632
巴耳他	4.72	2.61	2.11	12.21	7.21	5.00	13.06	7.87	5.19	14.26	8.62	5
荷兰	280.25	134.10	146.15	595.76	301.00	294.76	664.17	326.89	337.28	768.32	384.56	383
挪威	148.13	73.37	74.76	547.99	124.52	122.47	255.10	129.82	125.28	281.03	134.20	146
葡萄牙	30.83	18.95	11.88	88.27	50.54	37.73	93.29	51.70	41.59	99.18	54.32	44
斯洛文尼亚							—	—	—	22.54	12.20	10

金额单位:亿美元

1993			1994			1995			1996			1996年比1995年增减%		
总额	出口	进口	总额	出口	进口	总额	出口	进口	总额	出口	进口	总额	出口	进口
19321.00	9595.00	9726.00	21147.00	10550.00	10597.00	24133.00	11979.00	12154.00	25251.00	12577.00	12674.00	4.6	5.0	4.3
3199.00	1829.00	1370.00	3427.00	1948.00	1479.00	3683.00	2106.00	1577.00	3919.00	2251.00	1668.00	6.4	6.9	5.8
452.71	177.09	275.62	472.76	191.80	280.96	505.13	211.73	293.40	545.84	230.86	314.98	8.1	9.0	7.4
2746.10	1651.70	1094.40	2953.70	1756.10	1197.60	3178.10	1894.60	1283.50	3373.00	2019.70	1353.30			
815.00	358.00	457.00	899.00	401.00	498.00	947.00	433.00	514.00	1036.00	469.00	567.00	9.4	8.3	10.3
130.67	39.11	91.56	146.53	48.17	98.36	191.66	60.06	131.61						
72.86	23.56	49.30	77.73	25.06	52.67	75.82	27.58	48.24	85.58	31.34	54.24	12.9	13.6	12.4
50.07	25.29	24.78	54.82	27.72	27.10	62.67	30.76	31.91	67.22	32.70	34.52	7.3	6.3	8.2
47.04	24.57	22.47	58.83	30.95	27.88	65.70	33.47	32.23						
200.67	82.96	117.71	214.57	86.87	127.70	180.72	87.86	92.86						
55.91	12.30	43.61	59.59	14.57	45.02	60.49	13.45	47.04						
20.68	7.41	13.27	24.35	9.51	14.84	28.49	10.42	18.07	32.28	12.80	19.48	13.3	22.8	7.8
18.06	10.05	8.01	20.10	11.64	8.46	22.04	12.71	9.33						
11.73	6.25	5.48	12.61	6.59	6.02	13.01	6.28	6.73						
19.94	14.80	5.14	22.87	17.12	5.75	25.35	18.93	6.42						
19.96	12.11	7.85	20.95	12.27	8.68	23.49	13.35	10.14						
7.98	3.44	4.54	7.41	3.17	4.24	5.53	3.30	2.23						
19.11	13.23	5.88	20.46	13.82	6.64	23.75	16.56	7.19						
20.06	10.67	9.39	21.77	11.51	10.26	22.80	12.37	10.43						
7.27	3.62	3.65	7.61	3.37	4.24	8.09	3.42	4.67						
17.32	10.20	7.12	21.44	13.24	8.20	19.85	11.72	8.13						
13.91	6.21	7.70	15.95	7.09	8.86	17.64	8.13	9.51	17.50	8.15	9.35	−0.1	0.0	−0.2
4.79	1.91	2.88	5.11	2.07	3.04	5.46	2.20	3.26						
9310.00	4795.00	4515.00	10095.00	5205.00	4890.00	11522.00	5881.00	5641.00	11762.00	6032.00	5730.00	2.0	2.6	1.6
470.73	274.67	196.06	496.47	286.07	210.40	617.07	331.75	285.32	655.53	350.68	304.85	6.2	5.7	6.8
606.03	311.82	294.21	771.04	405.82	365.22	670.34	340.50	329.84	677.39	345.75	331.64	1.1	1.5	1.0
	18.07	16.41	43.70	22.93	20.77	52.78	25.70	27.08	66.82	34.97	31.85	26.6	36.1	17.6
34.48	124.79	104.02	255.75	135.78	119.97	286.43	146.64	139.79	302.28	155.38	146.90	5.5	6.0	5.1
107.22	44.09	63.13	126.24	56.79	69.45	169.62	74.73	94.89	164.25	74.39	89.86	−3.2	−0.5	−5.4
1527.61	848.63	678.98	1583.95	887.90	696.05	1727.98	960.02	769.36	1576.43	872.12	704.31	−8.8	−9.2	−8.5
1598.20	603.70	994.50	1725.70	636.50	1089.20	2121.60	805.30	1316.30	2150.70	828.00	1322.70	1.4	2.8	0.5
113.40	81.53	31.87	125.62	91.42	34.20	135.31	95.28	40.03	130.92	92.62	38.30	−3.2	−2.8	−4.3
10.78	4.90	5.88	10.82	5.15	5.67	11.97	5.67	6.30						
102.98	35.74	67.24	125.49	41.45	84.04	160.51	47.99	112.52	185.98	53.73	132.25	15.9	12.0	17.5
1087.89	541.81	546.08	1115.94	563.30	552.64	1299.46	652.76	646.70	1360.15	691.45	668.70	4.7	5.9	3.4
14.80	8.92	5.88	16.43	9.75	6.68	18.11	10.29	7.82						
762.16	383.94	378.22	832.41	422.87	409.54	926.31	472.92	453.39	927.00	480.61	446.39	0.1	1.6	−1.5
262.62	124.97	137.65	272.96	129.61	143.35									
120.54	67.96	52.58	119.48	60.07	52.41	143.62	80.98	62.64						
24.04	13.92	10.12	29.61	18.49	11.12	32.77	20.06	12.71	34.20	21.04	13.16	4.4	4.9	3.5

世界部分国家(地区)服务贸易额(二)

年份/金额/国别(地区)	1985			1990			1991			1992		
	总额	出口	进口	总额	出口	进口	总额	出口	进口	总额	出口	进口
西班牙	168.07	126.37	41.70	428.45	276.49	151.96	451.96	288.10	163.86	539.25	335.66	203.59
瑞典	125.74	59.55	66.19	304.11	134.52	169.59	316.22	143.83	172.39	348.54	158.78	189.7
瑞士	136.59	88.17	48.42	300.88	188.93	111.95	308.81	197.85	110.96	329.93	210.65	119.28
土耳其	40.59	28.35	12.24	106.76	78.82	27.94	110.94	81.63	29.31	125.39	92.62	32.77
英国	501.36	294.54	206.49	982.00	535.10	446.90	940.55	513.84	426.71	1072.20	588.50	483.7
前南斯拉夫	66.66	32.36	34.30	213.86	63.74	150.12	80.51	24.65	55.86			
中/东欧,波罗地海国家和独联体												
保加利亚	17.01	10.47	6.54	14.37	8.37	6.00	8.86	4.00	4.86		11.65	
捷克共和国							–	–	–			
匈牙利	12.95	6.16	6.79	49.40	26.76	22.64	42.35	23.54	18.81	57.39	32.12	25.2
波兰	39.50	21.04	18.46	60.47	32.00	28.47	66.81	36.87	29.94	88.18	47.73	40.4
罗马尼亚	12.70	7.46	5.24	13.97	6.10	7.87	14.99	6.80	8.19	16.05	6.59	9.4
俄罗斯							–	–	–			
斯洛伐克共和国							–	–	–			
乌克兰							–	–	–			
非洲	325.00	114.00	211.00	455.00	186.00	269.00	466.00	192.00	274.00	520.00	218.00	302.0
南非	44.34	19.82	24.52	75.38	34.43	40.95	74.16	33.35	40.81	81.47	34.70	46.7
阿尔及利亚	29.43	5.10	24.33	16.35	4.79	11.56	13.74	3.75	9.99			
埃及	57.73	29.18	28.55	81.38	48.12	33.26	91.38	61.40	29.98	117.00	70.54	46.4
利比亚	15.27	0.63	14.64	10.09	0.83	9.26	…	…	…			
摩洛哥	13.94	9.15	4.79	28.11	18.71	9.40	25.07	14.92	10.15	31.16	19.68	11.
突尼斯	13.32	8.84	4.48	22.56	15.74	6.82	18.73	12.94	5.79	28.57	18.87	9.
喀麦隆	13.38	4.57	8.81	13.88	3.69	10.19	15.13	3.97	11.16	12.71	3.86	8.
加蓬	11.59	1.19	10.40	11.99	2.14	9.85	11.28	2.91	8.37	11.79	3.12	8.
尼日利亚	19.24	3.16	16.08	28.66	9.65	19.01	32.72	8.86	23.86	27.92	10.53	17.
肯尼亚	7.19	4.11	3.08	13.72	7.74	5.98	12.82	7.40	5.42	12.35	7.48	4.
毛里求斯	2.45	1.17	1.28	8.84	4.77	4.07	9.59	5.23	4.36	10.80	5.73	5.
赞比亚	3.06	0.57	2.49	4.65	0.95	3.70	4.21	0.69	3.52			
津巴布韦	7.17	2.71	4.46	7.13	2.53	4.60	8.45	2.60	5.85	9.00	2.77	6.
扎伊尔	6.23	1.06	5.17	8.16	1.27	6.89	…	…	…			
坦桑尼亚	3.15	1.06	2.09	4.19	1.31	2.88	4.50	1.42	3.08	5.05	1.68	3.
马拉维	1.69	0.26	1.43	3.06	0.37	2.69	3.95	0.38	3.57	3.67	0.28	3.
塞拉利昂	0.58	0.18	0.40	1.12	0.45	0.67	1.14	0.51	0.63	0.95	0.36	0.
埃塞俄比亚	–	–	–	–	–	–	–	–	–	5.84	2.23	3.
马达加斯加	1.78	0.50	1.28	3.01	1.29	1.72	2.44	0.97	1.47	3.39	1.42	1.
中东												
巴林	13.59	8.75	4.84	15.25	8.74	6.51	16.43	9.34	7.09	21.50	12.54	8.
塞浦路斯	8.99	6.04	2.95	24.23	17.60	6.63	23.06	15.76	7.30	30.88	22.17	8.
伊朗	34.90	3.33	31.57	40.46	3.43	37.03	58.87	4.84	54.03	59.98	4.57	55.

金额单位:亿美元

1993			1994			1995			1996			1996年比1995年增减%		
总额	出口	进口	总额	出口	进口	总额	出口	进口	总额	出口	进口	总额	出口	进口
488.31	304.82	183.49	522.26	337.55	184.71	612.60	396.19	216.19	678.48	439.54	238.94	10.8	10.9	10.5
255.53	122.98	132.55	279.59	133.78	145.81	322.67	151.65	171.02	357.78	170.01	187.77	10.9	12.1	9.8
330.20	214.76	115.44	357.46	229.62	127.84	414.97	260.95	154.02						
141.09	105.18	35.91	141.41	107.23	34.18	191.29	144.75	46.54						
018.30	556.50	461.80	1137.80	614.40	523.40	1285.10	706.20	578.90	1367.80	748.70	619.10	6.4	6.0	6.9
		12.29			12.46			12.78			12.34			
		37.01			41.69			48.60			61.76			
53.04	27.69	25.35	59.21	30.46	28.75	77.67	42.11	35.56	83.90	49.44	34.46	8.0	17.4	−3.1
78.32	42.01	36.31	82.24	44.78	37.46	156.07	85.79	70.28						
17.13	7.99	9.14	21.89	10.23	11.66	31.85	14.76	17.09						
			243.94	89.51	154.43	288.59	100.58	188.01	278.19	106.48	171.71	−3.6	5.9	−8.7
36.05	19.39	16.66	37.70	22.21	15.49	41.78	23.78	18.00	40.54	20.60	19.94	−3.0	−13.4	10.8
			42.85	27.47	15.38	41.80	28.46	13.34						
536.00	219.00	317.00	556.00	227.00	329.00	598.00	249.00	349.00						
83.38	34.15	49.23	90.78	37.95	52.83	104.70	42.55	62.15						
122.40	70.76	51.64	130.75	76.93	53.82	127.73	82.62	45.11						
29.05	18.57	10.48	30.84	18.76	12.08	33.82	18.59	15.23						
31.47	19.52	11.95	33.74	21.74	12.00	36.45	24.01	12.44						
10.86	3.63	7.23												
12.90	2.86	10.04	9.94	1.99	7.95									
38.44	11.63	26.81	33.52	3.71	29.81									
12.61	7.62	4.99	14.15	8.14	6.01	16.29	8.73	7.56						
10.65	5.62	5.03	11.56	6.29	5.27	14.04	7.73	6.31	15.74	9.03	6.71	12.1	16.8	6.3
8.63	3.46	5.17	9.98	3.53	6.45									
9.10	3.13	5.97	9.49	4.11	5.38	12.65	5.51	7.14						
2.89	0.30	2.59	2.57	0.23	2.34									
10.05	0.45	0.60	1.80	0.86	0.94									
5.39	2.50	2.89	5.65	2.66	2.99	6.51	3.09	3.42	6.99	3.35	3.64	7.4	8.4	6.4
3.57	1.53	2.04	4.33	1.84	2.49	4.96	2.18	2.78						
20.69	12.44	8.25	21.43	13.20	8.23	21.83	13.21	8.62						
27.97	20.45	7.52	32.45	23.98	8.47	37.70	26.85	10.85						
65.32	10.48	54.84	34.72	4.10	30.62	27.16	5.33	21.83						

世界部分国家(地区)服务贸易额(三)

国别(地区) \ 年份 / 金额	1985			1990			1991			1992		
	总额	出口	进口	总额	出口	进口	总额	出口	进口	总额	出口	进口
以色列	57.71	31.23	26.48	100.75	45.12	55.63	104.94	46.30	58.64	122.76	58.43	64.
约旦	22.44	11.60	10.84	25.48	14.30	11.18	22.96	13.33	9.63	26.04	14.35	11.
科威特	42.59	9.44	33.15	38.58	10.54	28.04	38.30	7.56	30.74	45.43	12.69	32.
叙利亚	12.04	4.65	7.39	14.42	7.40	7.02	16.58	8.66	7.92	19.96	10.85	9
亚洲(包括大洋洲)	**1430.00**	**614.00**	**816.00**	**3159.00**	**1329.00**	**1830.00**	**3370.00**	**1459.00**	**1911.00**	**3826.00**	**1664.00**	**2162**
澳大利亚	114.67	40.56	74.11	233.80	97.15	136.65	241.33	107.54	133.79	235.21	104.75	130.
孟加拉国	6.08	2.07	4.01	8.50	2.95	5.55	9.00	3.45	5.55	10.38	3.93	6
柬埔寨	…	…	…	…	…	…	…	…	…			0
中国	51.86	29.25	22.61	98.09	56.96	41.13	107.27	67.90	39.37	182.35	90.48	91
台湾省	78.52	27.29	51.23	216.62	72.77	143.85	252.08	87.38	164.70	295.58	105.06	190
斐济	3.47	2.31	1.16	6.17	3.77	2.40	6.18	3.58	2.60	6.91	4.13	2
香港	124.25	77.31	46.94	291.46	181.28	110.18	332.92	205.73	127.19	387.30	242.90	144
印度	70.89	32.74	38.15	105.53	46.10	59.43	104.39	49.06	55.33	115.09	48.94	66
印度尼西亚	58.54	84.40	50.10	83.86	24.88	58.98	91.98	28.22	63.76	112.75	33.91	78
日本	552.30	205.20	347.10	1285.50	411.30	874.20	1293.90	424.60	859.30	1399.40	476.20	923
韩国	90.04	50.42	212.95	102.47	102.47	110.48	245.94	114.47	131.47	265.80	121.00	144
马来西亚	56.49	18.34	38.15	91.64	37.70	53.94	107.40	42.85	64.55	121.28	48.80	72
马尔代夫	0.84	0.61	0.23	1.57	1.20	0.37	1.65	1.24	0.41	2.16	1.67	0
蒙古	2.21	0.71	1.50	2.03	0.48	1.55	0.93	0.27	0.66	0.92	0.29	0
缅甸	1.38	0.63	0.75	1.66	0.94	0.72	1.10	0.56	0.54	1.35	1.02	0
尼泊尔	2.05	0.93	1.12	3.25	1.66	1.59	3.79	2.01	1.78	4.30	2.10	2
新西兰	31.36	14.24	17.12	56.66	24.15	32.51	58.60	25.09	33.51	60.94	25.80	35
巴基斯坦	17.47	7.40	10.07	30.67	12.13	18.54	33.34	12.60	20.74	36.98	12.87	24
巴布亚新几内亚	3.23	0.48	2.75	5.92	1.98	3.94	8.47	3.03	5.44	10.35	3.49	[illegible]
菲律宾	27.07	18.62	8.45	46.18	28.97	17.12	50.96	33.13	17.83	68.70	45.65	23
新加坡	81.10	45.98	35.12	212.98	127.19	85.79	228.40	137.27	91.13	252.35	158.40	93
斯里兰卡	6.73	2.34	4.39	10.45	4.25	6.20	12.58	5.23	7.35	14.03	6.03	[illegible]
泰国	36.40	18.97	17.43	124.51	62.91	61.60	149.90	71.36	78.54	194.16	91.62	102
瓦努阿图	0.56	0.36	0.20	0.80	0.57	0.23	0.87	0.60	0.27	0.93	0.66	[illegible]

①1985-1990 年中期的数字是前联邦德国的数字。

注:由于服务贸易数据的频繁修订,一些国家和地区的贸易值序列出现多处中断。

资料来源:世界贸易组织《年度报告》

金额单位:亿美元

												…年比 1995年增减%		…口
130.96	61.09	69.87	146.79	65.99	80.80	169.35	77.61	91.79	117.79	79.17	98.62	5.0	2.0	7.5
27.09	15.60	11.49	27.39	15.43	11.96									
44.99	10.87	34.12	49.61	12.86	36.75	52.38	12.97	39.41	56.44	13.49	42.95	7.8	4.0	9.0
23.58	13.11	10.47	29.28	16.00	13.28	29.57	16.99	12.58						
4245.00	1893.00	2352.00	4948.00	2232.00	2716.00	5932.00	2648.00	3282.00	6397.00	2858.00	3539.00	7.8	7.9	7.8
241.52	113.63	127.89	284.23	135.59	148.64	320.30	155.22	165.08	362.16	181.39	180.77	13.1	16.9	9.5
12.16	4.35	7.81	12.75	4.18	8.57	16.60	4.68	11.92						
		1.19			1.32			1.81			2.17			
224.86	109.45	115.41	319.20	162.37	156.83	430.65	184.30	246.35						
347.07	136.52	210.55	346.61	135.84	210.77	392.40	154.29	238.11	410.20	165.21	244.99	4.5	7.1	2.9
7.35	4.39	2.96	8.32	4.89	3.43	8.95	5.24	3.71	9.65	5.78	3.87	7.8	0.3	4.3
432.84	276.89	155.95	495.85	309.43	186.42	573.21	358.71	214.50	612.57	389.15	223.42	6.9	8.5	4.2
113.91	50.35	63.65	140.62	60.31	80.31	168.26	67.64	100.62						
134.73	38.78	95.95	158.66	47.30	111.36	187.78	56.13	131.65						
1470.90	516.10	954.80	1622.30	567.80	1054.50	1855.10	639.60	1215.50	1950.50	663.80	1286.70	5.1	3.8	5.9
310.19	146.59	163.60	389.85	188.16	201.69	525.75	251.02	274.73						
156.66	62.95	93.71	211.18	92.00	119.18	254.47	111.42	143.05						
2.29	1.75	0.54												
0.91	0.25	0.66	1.23	0.35	0.88	1.36	0.48	0.88						
5.30	2.84	2.46	8.15	5.26	2.89	8.96	5.91	3.05						
62.59	28.04	34.55	75.47	36.10	39.37	88.46	42.45	46.01	96.17	46.48	49.69	8.7	9.5	8.0
36.89	13.24	23.65	36.08	14.36	21.72									
11.23	3.17	8.06	8.55	2.46	6.09	9.23	3.10	6.13						
76.89	46.17	30.72	113.88	67.49	46.39	162.29	93.23	69.06						
295.04	184.13	110.91	367.19	232.61	134.58	457.90	292.60	165.30						
14.63	6.19	8.44	17.49	7.29	10.20	19.80	8.11	11.69						
231.84	108.77	123.07	266.56	114.25	152.31	332.52	146.51	186.01						
0.94	0.65	0.29	1.02	0.70	0.32	1.10	0.75	0.35						

（对外贸易经济合作部国际贸易经济合作研究院文献信息中心）

发达国家官方发展援助协议额的财政条件[a]（一）

1995—1996 年平均　　单位：百分比

国　别	全部官方发展援助的赠与成分标准：86%[b]		官方发展援助中赠与所占比重		官方发展援助贷款中的赠与成分	对最不发达国家官方发展援助总额中的赠与成分[c]	对最不发达国家双边官方发展援助中的赠与成分
	1981-1982	1995-1996	双边援助	全部援助			
澳大利亚	100.0	100.0	100.0	100.0	-	100.0	100.0
奥地利	57.1	93.5	81.6	87.2	49.5	99.1	97.9
比利时	98.0	99.3	94.2	96.9	78.9	99.8	99.3
加拿大	97.9	99.6	95.8	97.1	86.8	100.0	100.0
丹麦	95.4	96.6	94.1	96.6	-	100.0	100.0
芬兰	95.8	97.9	96.0	97.9	-	100.0	100.0
法国	84.5	91.9	76.8	82.7	52.9	97.4	93.7
德国	86.1	91.5	66.5	78.6	60.4	100.0	100.0
爱尔兰	100.0	100.0	100.0	100.0	-	100.0	-
意大利	90.0	98.5	83.0	94.9	70.4	100.0	100.0
日本	73.5	80.5	34.5	41.4	66.8	96.7	95.2
卢森堡	-	100.0	100.0	100.0	-	100.0	100.0
荷兰	92.3	100.0	99.8	99.8	70.7	100.0	100.0
新西兰	100.0	100.0	100.0	100.0	-	100.0	-
挪威	99.4	99.4	98.9	99.2	29.2	99.4	99.1
葡萄牙	-	100.0	100.0	100.0	-	100.0	100.0
西班牙	-	90.8	56.7	71.0	68.2	89.7	54.2
瑞典	99.4	100.0	100.0	100.0	-	100.0	100.0
瑞士	95.8	100.0	100.0	100.0	-	100.0	100.0
英国	98.4	96.7	93.9	96.7	-	100.0	-
美国	93.7	99.2	98.0	98.4	53.5	99.8	99.6
总计	89.1	91.8	68.5	76.9	64.5	99.0	97.9

注：a：不包括债务重新安排。

b：官方发展援助占国民生产总值的比重明显低于经合组织发展援助委员会平均水平的国家，不能视为已达到发展援助委员会制订的有关援助条件的指标，1996 年未达到的国家有意大利、新西兰、葡萄牙和美国。

c：包括多边援助中的赠与成分。

资料来源：经济合作与发展组织《1997 年发展合作评论》。

发达国家官方发展援助协议额的财政条件[a]（二）

1995—1996 年平均　　　　　　　　　　　　单位：百分比

赠与在官方发展援助中所占百分比		双边官方发展援助贷款							
		赠与成分百分比		偿还期（年）		宽缓期（年）		利率百分比	
1995	1996	1995	1996	1995	1996	1995	1996	1995	1996
100.0	100.0	-	-	-	-	-	-	-	-
80.0	94.3	47.6	55.9	25	27	7	8	3.6	2.8
98.0	95.6	77.5	79.6	28	29	10	10	-	-
94.3	100.0	86.8	-	47	-	8	-	-	-
100.0	94.1	..	-	-	..	-	..	-	..
98.7	97.3	-	-	-	-	-	-	-	-
81.4	84.1	54.5	51.1	23	20	8	7	2.6	2.6
79.5	77.7	58.2	62.6	27	34	9	7	2.2	2.0
100.0	100.0	-	-	-	-	-	-	-	-
91.6	98.2	70.3	70.6	26	25	11	12	1.2	1.2
46.8	34.1	66.6	67.0	29	29	10	9	1.8	1.7
100.0	100.0	-	-	-	-	-	-	-	-
99.7	100.0	70.7	-	20	-	7	-	-	-
100.0	100.0	-	-	-	-	-	-	-	-
99.3	99.1	30.8	27.2	9	13	4	3	3.5	4.2
100.0	100.0	-	-	-	-	-	-	-	-
71.5	70.5	72.3	64.8	29	27	10	9	1.1	1.7
100.0	100.0	-	-	-	-	-	-	-	-
100.0	100.0	-	-	-	-	-	-	-	-
97.0	96.4	..	..	..	..	..	..	..	..
97.5	99.2	54.1	51.6	27	27	7	5	2.9	3.1
77.0	76.7	64.4	64.7	28	29	9	9	1.9	1.8

a：不包括债务重新安排。

b：官方发展援助占国民生产总值的比重明显低于经合组织发展援助委员会平均水平的国家，不能视为已达到发展援助委员会制订的有关援助条件的指标，1996 年未达到的国家有意大利、新西兰、葡萄牙和美国。

c：包括多边援助中的赠与成分。

料来源：经济合作与发展组织《1997 年发展合作评论》。

（对外贸易经济合作部国际贸易经济合作研究院发展援助研究部）

世界商品贸易额及增长率*

年份	贸易额(亿美元)			增减率(%)		
	出口	进口	总额	出口	进口	总额
1950	554.00	580.00	1134.00	—	—	—
1955	843.00	892.00	1735.00	52.2	53.8	53.0
1960	1131.00	1194.00	2325.00	34.2	33.9	34.0
1961	1183.00	1245.00	2428.00	4.6	4.3	4.4
1962	1241.00	1321.00	2562.00	4.9	6.1	5.5
1963	1354.00	1435.00	2789.00	9.1	8.6	8.9
1964	1522.00	1610.00	3132.00	12.4	12.2	12.3
1965	1643.00	1743.00	3386.00	8.0	8.3	8.1
1966	1808.00	1921.00	3729.00	10.0	10.2	10.1
1967	1898.00	2015.00	3913.00	5.0	4.9	4.9
1968	2124.00	2248.00	4372.00	11.9	11.6	11.7
1969	2434.00	2565.00	4999.00	14.6	14.1	14.3
1970	3145.81	3289.21	6435.02	—	—	—
1971	3883.90	3663.84	7547.74	23.5	11.4	17.3
1972	4155.34	4340.21	8495.55	7.0	18.5	12.6
1973	5729.67	5999.35	11729.02	37.9	38.2	38.1
1974	8417.57	8607.16	17024.73	46.9	43.5	45.2
1975	8745.99	9045.12	17791.11	3.9	5.1	4.5
1976	9894.95	10135.73	20030.68	13.1	12.1	12.6
1977	11255.42	11605.20	22860.62	13.7	14.5	14.1
1978	12973.87	13471.30	26445.17	15.3	16.1	15.7
1979	16390.50	16868.07	33258.57	26.3	25.2	25.8
1980	19936.25	20474.25	40410.50	21.6	21.4	21.5
1981	19763.11	20360.88	40123.99	—0.9	—0.6	—0.7
1982	18575.50	19222.31	37797.81	—6.0	—5.6	—5.8
1983	18124.94	18718.42	36843.36	—2.4	—2.6	—2.5
1984	19093.15	19799.69	38892.84	5.4	5.8	5.6
1985	19300.05	20005.50	39305.55	1.1	1.0	1.1
1986	21280.93	21979.05	43259.98	10.3	9.9	10.1
1987	24908.05	25596.64	50504.69	17.0	16.5	16.7
1988	28253.38	29118.79	57372.17	13.4	13.8	13.6
1989	30213.46	31347.24	61560.70	6.9	7.7	7.3
1990	34247.73	35550.39	69798.12	13.4	13.4	13.4
1991	34197.39	35386.42	69583.81	—0.1	—0.5	—0.3
1992	36606.47	37966.01	74572.48	7.0	7.3	7.2
1993	36524.02	37272.99	73797.01	—0.2	—1.8	—1.0
1994	41698.93	42630.05	84328.98	14.2	14.4	14.3
1995	49673.29	50619.16	100292.45	19.1	18.7	18.9
1996	51609.08	52992.17	104601.25	3.9	4.7	4.3

注：* 1970 年以前不包括前中央计划经济国家。

资料来源：联合国《统计月报》。 (对外贸易经济合作部国际贸易经济合作研究院文献信息中心)

世界服务贸易额及增长率

年份	贸易额(亿美元)			增减率(%)		
	出口	进口	总额	出口	进口	总额
1981	4130.00	4120.00	8250.00	-	-	-
1982	4050.00	4000.00	8050.00	－1.9	－2.9	－2.4
1983	3910.00	3840.00	7750.00	－3.5	－4.0	－3.7
1984	4030.00	3970.00	8000.00	3.1	3.4	3.2
1985	3809.00	4016.00	7825.00	－5.5	1.2	－2.2
1986	4496.00	4527.00	9023.00	18.0	12.7	15.3
1987	5323.00	5390.00	10713.00	18.4	19.1	18.7
1988	6048.00	6229.00	12277.00	13.6	15.6	14.6
1989	6638.00	6850.00	13488.00	9.8	10.0	9.9
1990	8022.00	8331.00	16353.00	20.8	21.6	21.2
1991	8455.00	8583.00	17038.00	5.4	3.0	4.2
1992	9534.00	9642.00	19176.00	12.8	12.3	12.5
1993	9595.00	9726.00	19321.00	0.6	0.9	0.8
1994	10550.00	10597.00	21147.00	10.0	9.0	9.5
1995	11979.00	12154.00	24133.00	13.5	14.7	14.1
1996	12577.00	12674.00	25251.00	5.0	4.3	4.6

资料来源:世界贸易组织《年度报告》。

(对外贸易经济合作部国际贸易经济合作研究院文献信息中心)

1986年—1996年世界初级产品出口价格指数(一)

(1990=100)

项目 \ 年份	1986	1987	1988	1989	1991	1992	1993	1994	1995	1996
食品、饮料和烟草	98	91	110	109	99	98	97	111	118	125
食品	81	83	106	110	99	101	100	105	114	128
其中										
谷物	82	77	103	114	98	105	98	105	123	148
小麦	85	83	107	125	95	112	104	111	131	153
玉米	80	69	98	102	98	95	93	99	113	151
大米	73	80	105	112	109	99	88	100	119	125
油籽、油及油脂、油籽饼及粉	85	92	125	113	101	105	106	115	124	137
肉类	81	91	97	98	101	96	102	93	77	76
牛肉	82	93	98	100	104	96	102	91	74	70
羊肉	76	81	90	87	87	95	103	104	94	118
糖	71	77	89	96	89	83	88	99	108	101
香蕉	70	70	88	101	104	88	82	81	81	87
饮料	191	138	138	114	93	81	86	150	151	125
咖啡	235	147	159	126	94	73	83	180	184	139
可可豆	163	157	125	98	94	87	88	110	113	115
茶叶	95	84	88	99	91	98	91	90	81	87
烟草	93	90	93	98	106	101	80	88	78	90
农业原料	73	101	111	106	96	99	117	129	135	130
其中										
原木	72	105	111	107	105	117	155	157	148	150
棉花	65	94	77	92	93	70	70	97	119	98

1986 年—1996 年世界初级产品出口价格指数(二)

(1990＝100)

项目 \ 年份	1986	1987	1988	1989	1991	1992	1993	1994	1995	1996
羊毛	69	97	142	117	71	68	58	83	93	84
橡胶	93	114	137	112	96	100	96	130	183	162
皮革及革皮	69	87	95	98	86	82	87	94	96	95
黄麻	67	79	91	91	90	68	66	72	90	111
剑麻	72	72	77	91	94	71	86	85	99	121
矿石及有色金属(不包括原油)	64	79	118	112	87	84	72	84	100	89
其中										
铜	51	67	98	107	88	86	72	87	110	86
铝	70	95	155	119	80	77	70	90	110	92
铁矿砂	73	74	77	86	108	103	91	83	88	93
锡	105	112	118	141	91	100	85	90	102	101
镍	44	55	155	150	92	79	60	71	93	85
锌	50	53	82	109	74	82	64	66	68	68
铅	50	74	81	83	69	67	50	68	78	96
磷酸盐石	88	89	103	105	103	98	83	90	99	113
以上总计	80	88	109	107	94	94	96	109	118	117
原油	62	79	64	78	84	83	73	69	75	89
初级产品总计	73	85	88	94	90	91	90	98	106	109

注:以美元计算的指数。

资料来源:世界贸易组织《年度报告》。

(对外贸易经济合作部国际贸易经济合作研究院文献信息中心)

1975 年—1996 年世界工业制成品出口价格指数①（一）

（1990=100）

国家/地区	1975	1988	1989	1990	1991	1992	1993	1994	1995	1996
世界总计②	48	93	92	100	100	103	99	101	109	…
市场经济发达国家	46	92	91	100	100	103	97	99	110	106
美洲	47	96	99	100	102	100	99	99	100	100
加拿大	58	96	101	100	99	91	88	84	80	83
美国	45	95	98	100	102	103	103	104	107	106
欧洲	46	88	87	100	98	102	91	93	107	104
欧洲联盟	45	88	87	100	98	102	92	93	107	104
奥地利	52	95	85	100	95	99	91	90	…	…
比利时、卢森堡	50	89	89	100	97	99	90	93	110	105
丹麦	44	88	84	100	96	102	92	97	112	108
芬兰	42	85	89	100	95	90	74	83	105	99
法国	49	88	86	100	96	100	94	98	111	107
德国	47	89	87	100	98	103	93	94	108	101
希腊	58	86	87	100	95	94	81	82	…	…
爱尔兰	…	88	91	100	95	97	96	89	98	97
意大利	42	85	86	100	99	105	89	86	96	98
荷兰	48	88	86	100	96	102	92	92	109	102
葡萄牙	…	88	85	100	101	106	98	94	111	105
西班牙	…	83	83	100	95	109	85	86	99	99
瑞典	47	89	90	100	100	101	82	…	105	106
英国	38	91	88	100	101	102	98	103	114	113
欧洲自由贸易联盟	47	89	87	100	97	101	87	96	116	113

1975 年—1996 年世界工业制成品出口价格指数[①]（二）

（1990＝100）

国家/地区	1975	1988	1989	1990	1991	1992	1993	1994	1995	1996
冰岛	38	99	103	100	88	86	76	80	114	106
挪威	51	96	99	100	95	92	80	82	102	96
瑞士	43	88	84	100	98	103	88	99	120	117
其他欧洲国家										
马耳他	…	…	…	…	…	…	…	…	…	…
其他市场经济发达国家	50	101	100	100	107	113	120	129	138	127
澳大利亚	56	97	102	100	92	86	81	88	96	94
以色列	…	86	92	100	101	101	102	101	105	105
日本	48	102	100	100	108	115	124	134	144	133
新西兰	47	107	105	100	94	89	89	98	112	109
南非	…	89	95	100	96	101	100	101	123	…
发展中国家	55	97	98	100	100	103	104	106	106	…
香港	…	…	98	100	102	104	104	105	108	108
印度	…	…	…	100	80	92	89	88	86	…
韩国	…	…	101	100	101	106	109	111	111	112
巴基斯坦	…	…	94	100	98	101	98	107	125	123
新加坡	…	…	96	100	101	103	99	108	112	109
土耳其	…	…	90	100	98	100	95	90	106	101

注：①用美元计价的出口单价指数。

②不包括东欧国家和前苏联。

资料来源：联合国《统计月报》。

（对外贸易经济合作部国际贸易经济合作研究院文献信息中心）

发达国家向发展中国家和国际多边机构提供的官方发展援助

净交付额，现值

国别	亿美元							占国民生产总值百分比						
	1985-1986	1991a	1992a	1993	1994	1995	1996	1985-1986	1991a	1992a	1993	1994	1995	1996
澳大利亚	7.51	10.50	10.15	9.53	10.91	11.94	11.21	0.47	0.38	0.37	0.35	0.34	0.36	0.30
奥地利	2.23	5.47	5.56	5.44	6.55	7.67	5.57	0.28	0.34	0.30	0.30	0.33	0.33	0.24
比利时	4.93	8.31	8.70	8.10	7.26	10.34	9.13	0.51	0.41	0.39	0.39	0.32	0.38	0.34
加拿大	16.63	26.04	25.15	24.00	22.50	20.67	17.95	0.49	0.45	0.46	0.45	0.43	0.38	0.32
丹麦	5.67	12.00	13.92	13.40	14.46	16.23	17.72	0.85	0.96	1.02	1.03	1.03	0.96	1.04
芬兰	2.62	9.30	6.44	3.55	2.90	3.88	4.08	0.43	0.80	0.64	0.45	0.31	0.32	0.34
法国	35.88	73.86	82.70	79.15	84.66	84.43	74.51	0.58	0.62	0.63	0.63	0.64	0.55	0.48
德国	33.87	68.90	75.83	69.54	68.18	75.24	76.01	0.45	0.40	0.38	0.36	0.34	0.31	0.33
爱尔兰	0.51	0.72	0.70	0.81	1.09	1.53	1.79	0.27	0.19	0.16	0.20	0.25	0.29	0.31
意大利	17.51	33.47	41.22	30.43	27.05	16.23	24.16	0.34	0.30	0.34	0.31	0.27	0.15	0.20
日本	47.16	109.52	111.51	112.59	132.39	144.89	94.39	0.29	0.32	0.30	0.27	0.29	0.28	0.20
卢森堡	0.10	0.42	0.38	0.50	0.59	0.65	0.82	0.17	0.33	0.26	0.35	0.40	0.36	0.44
荷兰	14.38	25.17	27.53	25.25	25.17	32.26	32.46	0.97	0.88	0.86	0.82	0.76	0.81	0.81
新西兰	0.65	1.00	0.97	0.98	1.10	1.23	1.22	0.28	0.25	0.26	0.25	0.24	0.23	0.21
挪威	6.86	11.78	12.73	10.14	11.37	12.44	13.11	1.10	1.13	1.16	1.01	1.05	0.87	0.85
葡萄牙	0.16	2.05	2.93	2.35	3.03	2.58	2.18	0.06	0.30	0.36	0.28	0.31	0.25	0.21
西班牙	1.86	12.62	15.18	13.04	13.05	13.48	12.51	0.09	0.24	0.27	0.28	0.28	0.24	0.22
瑞典	9.65	21.16	24.60	17.69	18.19	17.04	19.99	0.85	0.90	1.03	0.99	0.96	0.77	0.84
瑞士	3.62	8.63	11.39	7.93	9.82	10.84	10.26	0.30	0.36	0.45	0.33	0.36	0.34	0.34
英国	16.33	32.01	32.43	29.20	31.97	32.02	31.99	0.32	0.32	0.31	0.31	0.31	0.29	0.27
美国	94.83	112.62	117.09	101.23	99.27	73.67	93.77	0.23	0.20	0.20	0.15	0.14	0.10	0.12
总计	**322.96**	**566.78**	**608.50**	**564.86**	**591.52**	**589.26**	**554.85**	**0.33**	**0.33**	**0.33**	**0.30**	**0.30**	**0.27**	**0.25**
其中：														
欧盟国家	145.70	305.46	338.11	298.45	304.16	313.58	312.93	0.45	0.45	0.45	0.44	0.42	0.38	0.37

注：a：包括非官方发展援助的债务免除，但在总计中不包括债务免除。

资料来源：经济合作与发展组织《1997 年发展合作评论》。

（对外贸易经济合作部国际贸易经济合作研究院发展援助研究部）

发达国家和多边机构援助协议额的部门分布(一)

单位:百分比

国别	社会与管理基础设施		经济基础设施		农业		工业与其他产业		方案援助和物资援助		紧急援助		其他		备注:通过NOGs比重[a]
	75/76	94/95	75/76	94/95	75/76	94/95	75/76	94/95	75/76	94/95	75/76	94/95	75/76	94/95	94/95
澳大利亚	17.5	41.3	7.3	20.9	4.3	4.7	1.6	1.3	53.1	17.9	0.1	2.2	16.1	11.6	1.3
奥地利	7.0	23.4	0.7	16.0	3.3	2.0	25.2	7.5	-	1.0	1.4	18.6	62.4	31.4	0.4
比利时	3.8	29.8	0.9	7.6	2.1	12.3	1.3	5.2	3.1	6.2	0.5	3.0	88.4	36.0	0.3
加拿大	19.1	20.9	12.0	13.9	8.1	2.5	13.5	3.5	24.1	10.4	0.3	13.2	23.0	35.5	6.9
丹麦	14.0	25.6	-	20.6	11.4	6.0	24.4	3.6	11.6	1.6	2.6	8.8	36.0	33.8	0.5
芬兰	10.9	24.4	8.8	3.8	3.5	15.9	11.0	2.2	7.3	0.2	2.7	14.7	55.8	38.7	1.4
法国	53.7	37.3	13.0	7.4	7.0	5.6	16.6	0.8	6.2	9.3	0.4	1.0	3.2	38.7	0.3
德国	23.4	37.5	17.7	20.6	7.6	6.4	17.7	3.5	5.7	5.5	0.4	6.1	27.6	20.4	2.8
爱尔兰	-	47.5	-	8.8	-	5.0	-	2.5	-	0.5	-	14.7	100	21.0	0.2
意大利	14.0	10.4	2.0	11.4	2.9	2.2	28.4	0.7	-	12.2	-	7.6	52.6	55.5	0.7
日本	3.3	24.1	36.6	43.5	6.0	9.5	20.3	2.4	1.3	3.6	0.1	0.2	32.4	16.7	1.5
卢森堡	-	40.7	-	5.8	-	5.4	-	0.5	-	1.1	-	16.0	-	30.3	5.3
荷兰	34.3	23.2	15.9	8.9	19.7	11.8	10.1	1.2	3.4	5.9	1.7	7.4	15.0	41.6	10.7
新西兰	14.8	41.6	34.0	8.6	23.7	13.2	3.1	1.0	13.5	13.1	0.4	5.5	10.4	17.0	1.9
挪威	25.4	25.2	16.7	17.0	25.5	6.2	7.3	3.0		1.7	6.9	23.2	18.2	23.7	-
葡萄牙	-	31.9	-	6.6	-	1.1	-	3.8	-	0.2	-	1.9	-	54.5	0.3
西班牙	-	32.6	-	15.9	-	11.9	-	7.4	-	0.8	-	1.7	-	29.8	-

发达国家和多边机构援助协议额的部门分布（二）

单位：百分比

国别	社会与管理基础设施		经济基础设施		农业		工业与其他产业		方案援助和物资援助		紧急援助		其他		备注：通过NOGs比重[a]
	75/76	94/95	75/76	94/95	75/76	94/95	75/76	94/95	75/76	94/95	75/76	94/95	75/76	94/95	94/95
瑞典	22.2	33.3	2.5	11.2	9.0	10.3	14.7	1.9	9.4	4.5	2.5	23.8	39.7	15.1	6.5
瑞士	12.3	13.0	13.4	1.6	15.5	8.2	5.2	2.7	10.6	5.9	12.3	10.1	30.8	58.3	10.5
英国	4.8	27.7	3.4	14.2	4.3	9.4	54.4	4.1	6.9	12.6	0.3	14.5	26.0	17.4	2.0
美国	8.7	31.0	2.3	13.2	8.1	5.8	4.1	6.8	38.3	12.6	1.6	5.9	37.0	24.6	8.3
合计	20.2	29.0	10.5	22.7	8.1	7.4	13.6	3.1	18.9	7.0	1.0	5.0	27.7	25.7	3.3

注：a：按交付额统计。NOGs为非政府组织，可作为政府援助的执行机构。
资料来源：经济合作与发展组织《1997年发展合作评论》。

（对外贸易经济合作部国际贸易经济合作研究院发展援助研究部）

非经合组织发展援助委员会成员国的官方发展援助

净交付额　　单位:亿美元

	1992	1993	1994	1995	1996
经合组织非DAC成员国					
捷克共和国	..	0.20	0.25	..	..
希腊	0.55	0.90a	1.22a	1.52a	1.84
爱尔兰	0.05	0.07	0.06	..	..
韩国	0.77	1.12	1.40	1.16	1.59
土耳其	0.87	0.73	0.58	1.07	..
阿拉伯国家					
科威特	2.03	3.95	5.55	3.71	4.12
沙特阿拉伯	7.83	5.49	3.17	1.92	3.06
阿拉伯联合酋长国	1.72	2.39	1.00	0.65	5.58
其他国家和地区					
中国台北	1.06	0.61	0.79	0.92	0.89
印度	0.86	0.25	0.28	..	..
总计	15.74	15.71	14.30	10.95	11.83
其中:双边援助					
经合组织非DAC成员国					
捷克共和国	..	0.15	0.21	..	..
希腊	0.27	0.13a	0.30a	0.27a	0.27
爱尔兰	0.02	0.03	0.02	..	..
韩国	0.45	0.60	0.60	0.71	1.23
土耳其	0.65	0.58	0.20	0.84	..
阿拉伯国家					
科威特	1.26	3.49	4.94	3.44	3.64
沙特阿拉伯	4.72	3.43	1.76	1.34	1.77
阿拉伯联合酋长国	1.68	2.32	0.92	0.55	0.29
其他国家和地区					
中国台北	0.84	0.57	0.71	0.78	0.89
印度	0.67	0.14	0.15	..	..
总计	11.56	13.31	9.90	7.82	11.79

a:包括所有发展中国家和前苏联东欧国家的受援国。

注:中国对外也提供援助,但未提供数据。

资料来源:经济合作与发展组织《1997年发展合作评论》。

（对外贸易经济合作部国际贸易经济合作研究院发展援助研究部）

国际直接投资流量

年份	发达国家		发展中国家		中东欧		所有国家	
	流进	流出	流进	流出	流进	流出	流进	流出
金额(单位:亿美元)								
1985-1990(年均)	1167	1450	247	106	4.5	0.2	1419	1556
1991	1148	1898	417	83	24.5	0.4	1589	1981
1992	1197	1797	496	217	44.4	1.0	1738	2015
1993	1388	2048	730	341	62.9	2.1	2180	2391
1994	1424	2097	905	407	58.8	6.8	2387	2511
1995	2059	2913	963	470	143.2	4.2	3165	3387
1996	2082	2947	1287	515	122.6	6.2	3492	3468
占世界比重(%)								
1985-1990年	82	93	17	7	0.32	0.01	100	100
1991	72	96	26	4	1.54	0.02	100	100
1992	69	89	29	11	2.56	0.05	100	100
1993	64	86	33	14	2.88	0.09	100	100
1994	60	84	38	16	2.46	0.27	100	100
1995	65	86	30	14	4.52	0.13	100	100
1996	60	85	37	15	3.51	0.18	100	100
增长率(%)								
1985-1990年								
1991	-2	31	69	-21	445	106	12	27
1992	4	-5	19	161	82	168	9	2
1993	16	14	47	57	41	107	25	19
1994	3	2	24	20	-6	231	9	5
1995	45	39	6	16	143	-38	33	35
1996	1	1	34	9	-14	47	10	2

资料来源:联合国贸易和发展会议《1997年世界投资报告》

(对外贸易经济合作部国际贸易经济合作研究院发展援助研究部)

1996年全球最大100家国际工程承包公司名录(一)

金额单位:亿美元

排名	公司名称	国别/地区	营业收入(国际)	营业收入(全部)
1	凯维内尔集团公司	英国	79.70	94.00
2	三菱重工	日本	54.94	127.61
3	福陆丹尼尔公司	美国	48.56	90.09
4	布依格公司	法国	40.74	115.72
5	贝克特尔集团公司	美国	40.41	74.98
6	GTM-安特普斯	法国	34.03	79.47
7	SGE	法国	33.71	82.66
8	霍克蒂夫公司	德国	31.90	78.34
9	菲利普霍斯曼公司	德国	31.80	91.28
10	比尔芬格伯格	德国	27.13	53.99
11	斯坎斯卡	瑞典	24.99	54.52
12	鹿岛建设株式会社	日本	23.02	149.05
13	千代田公司	日本	22.12	36.91
14	波维斯建筑集团	英国	22.11	31.88
15	布郎路特公司	美国	20.77	35.52
16	HBG集团	荷兰	20.43	34.59
17	安撒尔多	意大利	20.43	32.37
18	福斯特惠勒公司	美国	19.18	26.75
19	TECHNIP	法国	17.33	17.93
20	CEGELEC	法国	17.07	35.19
21	大林组株式会社	日本	16.69	132.63
22	现代工程建设公司	韩国	16.11	57.55
23	音普莱格罗	意大利	15.64	25.70
24	JGC公司	日本	15.32	25.02
25	鲁奇公司	德国	14.00	18.92
26	清水建设株式会社	日本	13.38	127.34
27	AMEC PLC	英国	13.26	45.13
28	联合承包商国际公司	希腊	12.68	12.68
29	麦克德蒙特国际公司	美国	12.57	19.29
30	大宇公司	韩国	12.48	37.15
31	东洋工程公司	日本	12.30	17.83
32	佛莱切竞者建筑公司	新西兰	12.23	14.07
33	竹中工务店	日本	12.09	131.37
34	中国建筑工程总公司	中国	11.93	41.30

1996年全球最大100家国际工程承包公司名录(二)

金额单位:亿美元

排名	公司名称	国别/地区	营业收入(国际)	营业收入(全部)
35	M.W.凯洛格公司	美国	11.60	18.64
36	STRABAGAG	德国	11.29	40.28
37	大成建筑株式会社	日本	11.27	121.94
38	ABB鲁玛斯全球公司	美国	10.92	15.06
39	贝拉斯特奈德姆国际公司	荷兰	10.89	21.92
40	欧德布莱克	巴西	10.85	22.69
41	青木建设株式会社	日本	10.67	27.52
42	东亚建筑工业公司	韩国	9.95	29.95
43	斯南波罗钙蒂公司	意大利	9.88	12.20
44	西松建设株式会社	日本	9.73	58.24
45	NCC AB	瑞典	9.37	27.21
46	加考比工程集团公司	美国	9.15	39.23
47	保发公司	英国	8.68	34.30
48	德拉嘎多斯FCC国际公司	西班牙	8.16	8.16
49	EIFFAGE	法国	8.07	63.28
50	瑞瑟恩工程师与建造者国际公司	美国	7.60	26.51
51	SOLETANCHE	法国	7.40	9.70
52	大气社公司	日本	6.96	18.31
53	PCL建设者公司	加拿大	6.90	13.38
54	大林工程有限公司	韩国	6.22	7.97
55	间组株式会社	日本	5.85	47.34
56	ABB SAE撒德米公司	意大利	5.65	7.41
57	五洋建设株式会社	日本	5.61	47.14
58	三星建筑有限公司	韩国	5.59	14.49
59	泰琴特建筑集团	意大利	5.47	10.79
60	帕森斯公司	美国	5.47	11.07
61	乔诺帕拉斯克瓦德斯(海外)有限公司	塞浦路斯	5.45	5.45
62	布莱克维奇	美国	5.38	8.50
63	芝加哥桥梁与钢铁公司	美国	4.96	8.76
64	爱德朱林股份公司	德国	4.70	26.01
65	塔玛克PLC	英国	4.63	26.63
66	中国港湾建设总公司	中国	4.51	13.97
67	东方电力公司	中国	4.38	5.43
68	黑瑞玛制造集团	荷兰	4.00	4.30

1996年全球最大100家国际工程承包公司名录（三）

金额单位：亿美元

排名	公 司 名 称	国别/地区	营业收入（国际）	营业收入（全部）
69	雷顿控股有限公司	澳大利亚	3.98	19.90
70	四通与韦博公司	美国	3.89	8.12
71	泰克尼蒙特SPA	意大利	3.89	4.92
72	斯蒂灵有限公司	英国	3.75	3.75
73	普鲁撒格诺尔	德国	3.59	11.62
74	蒂克霍夫威德曼AG	德国	3.53	25.26
75	柯斯坦因集团	英国	3.52	8.82
76	双龙建筑公司	韩国	3.50	16.85
77	信和工程建筑公司	韩国	3.49	6.80
78	凯维特建筑集团公司	美国	3.32	22.55
79	JDC公司	日本	3.30	33.45
80	泰勒伍德罗建筑公司	英国	3.10	10.01
81	莫里森纳德森公司	美国	3.09	16.88
82	S.B.B.M.六建	比利时	3.07	6.39
83	凯勒集团	英国	3.02	3.67
84	前田建设工业株式会社	日本	2.95	39.80
85	埃立斯敦建筑公司	美国	2.94	5.44
86	巴什	法国	2.91	3.81
87	三井建设株式会社	日本	2.89	38.71
88	安德拉德工程公司	巴西	2.60	9.72
89	熊谷组株式会社	日本	2.52	78.07
90	威斯费莱特股份公司	德国	2.50	18.23
91	拜尔莱利SPA	意大利	2.50	3.10
92	费罗维尔公司	西班牙	2.47	21.81
93	LG工程有限公司	韩国	2.37	5.02
94	库比尔塔斯公司	西班牙	2.24	17.66
95	中国机械设备进出口公司	中国	2.23	2.28
96	泰克尼卡斯赫尼达斯SA	西班牙	2.22	3.32
97	阿斯特SPA	意大利	2.18	2.65
98	约翰莱因PLC	英国	2.15	15.66
99	麦克康尼尔杜维尔公司	澳大利亚	2.10	2.54
100	户田建设株式会社	日本	2.05	56.14

资料来源：美国《工程新闻记录》(1997年8月25日)

（对外贸易经济合作部国际贸易经济合作研究院发展援助研究部）

全球最大国际工程设计咨询公司名录(一)

单位:亿美元

名次	公司名称	国别	营业总收入	国外营业收入
1	布郎路特公司	美国	9.39	11.59
2	卡瓦内尔集团	英国	7.30	9.24
3	SNC 拉瓦林国际公司	加拿大	5.67	9.95
4	荷兰咨询	荷兰	5.62	5.62
5	ABB 鲁玛斯公司	美国	5.10	6.14
6	富国	荷兰	4.28	4.92
7	默克麦克当纳公司	美国	3.78	3.86
8	海德米公司	荷兰	3.17	5.03
9	布莱克维齐公司	美国	2.91	5.39
10	福斯特惠乐公司	美国	2.83	5.34
11	佳科保利	芬兰	2.80	3.78
12	达阿汗达萨咨询公司	埃及	2.75	2.78
13	NEDECO	荷兰	2.70	2.70
14	M.W. 科洛格公司	美国	2.69	3.54
15	路易斯博格集团	美国	2.54	4.03
16	墨特麦当纳	英国	2.34	3.78
17	JGC 公司	日本	2.34	2.52
18	福罗尔丹尼尔公司	美国	2.27	7.83
19	欧阿拉普合伙人公司	英国	2.22	3.52
20	斯耐罗杰蒂公司	意大利	2.17	2.68
21	AGRA 公司	加拿大	2.15	4.58
22	菲利普霍斯曼公司	德国	2.13	2.47
23	瑞森工程师与承包商国际公司	美国	1.80	7.50
24	加克博工程集团	美国	1.70	7.73
25	太平洋工程师国际集团	日本	1.56	5.57
26	大林工程公司	韩国	1.53	2.38
27	蒙赛尔白金汉姆公司	英国	1.49	1.99
28	斯通和韦伯斯特工程公司	美国	1.47	4.08

全球最大国际工程设计咨询公司名录(二)

单位:亿美元

名次	公司名称	国别	营业总收入	国外营业收入
29	西斯塔集团	法国	1.46	1.59
30	西蒙国际	加拿大	1.45	2.42
31	贝驰泰尔集团	美国	1.32	2.44
32	保福比泰有限公司	英国	1.26	1.47
33	斯哥特维尔森公司	英国	1.22	1.66
34	日本高永株式会社	日本	1.17	4.18
35	帕森布林克霍夫公司	美国	1.15	5.21
36	帕森公司	美国	1.14	8.75
37	蒙哥马利瓦尔森公司	美国	1.08	3.61
38	CH2M 墨尔公司	美国	1.08	7.72
39	TECHNIP 公司	法国	1.08	1.35
40	法律工程与环境服务公司	美国	1.08	3.26
41	COWI 公司	丹麦	1.00	2.23
42	布依格公司	法国	0.99	1.05
43	海德咨询公司	英国	0.97	2.16
44	戴姆斯摩尔集团	美国	0.94	4.48
45	卡尔布洛集团	丹麦	0.91	1.78
46	拉梅尔国际集团	德国	0.89	2.29
47	威廉爵士与合伙人有限公司	英国	0.89	1.59
48	高德伙伴公司	美国	0.89	1.70
49	伍德瓦尔德-克莱德集团	美国	0.89	3.28
50	塔克特拜尔工程公司	比利时	0.86	3.90

资料来源:美国《工程新闻记录》(1997 年 8 月 25 日)

(对外贸易经济合作部国际贸易经济合作研究院发展援助研究部)

1996 年全球最大国际工程设计公司的国外市场分布

设计商国籍	公司数量	国外营业收入		中东		亚洲		非洲		欧洲		美国		加拿大		拉美	
		亿美元	%	亿美元	%	亿美元	%	亿美元	%	亿美元	%	亿美元	%	亿美元	%	亿美元	%
美国	89	58.08	40.2	5.99	46.4	16.27	36.1	3.29	28.2	23.08	52.3	0	0	3.67	9.53	5.57	50.6
加拿大	9	10.77	7.4	0.65	5.0	2.89	6.4	1.83	15.6	1.16	2.6	2.84	18.1	0.00	0.0	1.42	12.9
欧洲	70	60.88	42.1	4.40	34.0	15.87	35.2	5.44	46.6	19.60	44.4	11.88	75.6	0.18	4.6	3.51	32.0
英国	16	19.50	13.5	1.17	9.1	8.19	18.2	0.80	6.8	4.93	11.2	3.81	24.3	0.15	3.8	0.46	4.1
德国	14	6.99	4.8	0.47	3.6	1.02	2.3	0.99	8.5	2.00	4.5	1.92	12.2	0.01	0.1	0.59	5.4
法国	7	5.23	3.6	0.42	3.3	1.30	2.9	0.78	6.6	1.27	2.9	1.31	8.3	0.02	0.4	0.14	1.3
意大利	3	2.50	1.7	0.60	4.6	0.33	0.7	0.37	3.2	0.71	1.6	0	0	0	0	0.49	4.4
荷兰	10	17.05	11.8	0.62	4.8	3.72	8.2	0.80	6.8	6.81	15.4	4.65	29.6	0	0	0.45	4.1
其他	20	9.60	6.6	1.12	8.6	1.31	2.9	1.71	14.6	3.87	8.8	0.19	1.2	0.01	0.3	1.39	12.6
日本	12	6.12	4.2	0.36	2.8	4.84	10.7	0.48	4.1	0.08	0.2	0.03	0.2	0	0	0.32	2.9
其他	20	8.74	6	1.53	11.8	5.21	11.6	0.65	5.5	0.22	0.5	0.96	6.1	0	0	0.18	1.6
全部公司	200	144.58	100	12.93	100	45.07	100.0	11.69	100.0	44.14	100.0	15.71	100.0	3.84	100.0	11.00	100.0

资料来源:美国《工程新闻记录》(1997 年 8 月 25 日)

(对外贸易经济合作部国际贸易经济合作研究院发展援助研究部)

1996年全球最大国际建筑承包公司的国外市场分布

承包商国籍	公司数量	国外营业额		中东		亚洲		非洲		欧洲		美国		加拿大		拉美	
		亿美元	%	亿美元	%	亿美元	%	亿美元	%	亿美元	%	亿美元	%	亿美元	%	亿美元	%
美国	48	225.08	17.8	41.34	30.6	54.95	12.9	15.55	15.1	65.74	18.7	0.00	0.0	15.93	56.8	31.58	39.0
加拿大	3	8.32	0.7	0.00	0.0	0.88	0.2	0.00	0.0	0.00	0.0	7.37	5.1	0.00	0.0	0.08	0.1
欧洲	79	627.90	49.5	47.68	35.2	114.90	27.1	58.02	56.4	256.50	73.0	102.15	70.6	10.72	38.3	37.93	46.8
英国	10	143.91	11.4	7.68	5.7	31.42	7.4	5.91	5.7	42.91	12.2	48.21	33.3	2.74	9.8	5.05	6.2
荷兰	4	36.41	2.9	3.76	2.8	3.91	0.9	1.12	1.1	25.16	7.2	0.25	0.2	0.81	2.9	1.46	1.8
法国	10	162.66	12.8	7.10	5.3	28.00	6.6	24.57	23.9	81.77	23.3	7.79	5.4	5.32	19.0	8.11	10.0
德国	14	135.50	10.7	4.65	3.4	35.22	8.3	12.38	12.0	56.09	16.0	22.72	15.7	1.61	5.7	2.93	3.5
意大利	20	74.33	5.9	14.18	10.5	11.96	2.8	9.01	8.8	20.92	6.0	5.49	3.8	0.05	0.2	12.72	15.7
其他	21	75.04	5.9	10.31	7.6	4.40	1.0	5.03	4.9	29.65	8.4	17.69	12.2	0.19	0.7	7.77	9.6
日本	28	242.56	19.1	26.94	19.2	169.11	39.8	4.92	4.8	11.53	3.3	22.57	15.6	1.30	4.7	6.09	7.5
中国	27	40.61	3.2	6.47	4.8	27.78	6.5	5.02	4.9	0.49	0.1	0.41	0.3	0.07	0.3	0.36	0.4
韩国	12	63.78	5	5.33	3.9	41.44	9.8	12.28	11.9	2.54	0.7	1.74	1.2	0.00	0.0	0.45	0.5
其他	28	59.53	4.7	7.51	5.6	15.49	3.6	7.06	6.9	14.41	4.1	10.50	7.3	0.00	0.0	4.56	5.6
全部公司	225	1267.77	100	135.26	100	424.53	100.0	102.85	100.0	351.22	100.0	144.73	100.0	28.02	100.0	81.05	100.0

资料来源:美国《工程新闻记录》(1997年8月25日)

(对外贸易经济合作部国际贸易经济合作研究院发展援助研究部)

1996 年世界最大的 500 家企业(一)

收入位次		公司名称	国别	收入		利润			资产		股东权益		雇员	
1996年	1995年			金额:百万美元	比1995年变化(%)	金额:百万美元	位次	比1995年变化(%)	金额:百万美元	位次	金额:百万美元	位次	人数	位次
1	4	通用汽车	美国	168,369.0	(0.3)	4,963.8	8	(27.9)	222,142.0	42	23,418.0	20	647,000	3
2	7	福特汽车	美国	146,991.0	7.2	4,446.0	11	7.4	262,867.0	33	26,762.0	14	371,702	7
3	2	三井物产[1]	日本	144,942.8[2]	—	321.9	292	2.3	61,144.5	135	5,391.5	236	41,694	276
4	1	三菱商事[1]	日本	140,203.7[2]	—	394.1	271	13.8	77,871.5	121	8,864.0	129	35,000	308
5	3	伊藤忠商事[1]	日本	135,542.1[2]	—	110.9	411	(8.5)	59,179.6	140	3,961.3	308	6,999	470
6	10	荷兰皇家/壳牌	英国/荷兰	128,174.5[E]	16.7	8,887.1	1	28.7	124,373.4	80	63,126.6	2	101,000	98
7	6	丸经[1]	日本	124,026.9[2]	—	178.6	370	14.0	60,865.4	136	4,134.9	300	65,000	175
8	9	埃克森石油	美国	119,434.0[E]	8.6	7,510.0	2	16.1	95,527.0	102	43,542.0	4	79,000	141
9	5	住友商事[1]	日本	119,281.3[2]	—	(1,292.8)	491	(741.2)	43,506.3	173	4,500.3	281	26.200	354
10	8	丰田汽车[1]	日本	108,702.0	(2.1)	3,426.2	18	28.7	102,417.0	95	45,762.4	3	150,736	51
11	12	沃尔一马特百货公司[3]	美国	106,147.0	12.0	3,056.0	22	11.5	39,501.0	186	17,143.0	38	675,000	2
12	20	通用电气	美国	79,179.0	13.1	7,280.0	3	10.8	272,402.0	31	31,125.0	9	239,000	22
13	11	日商岩井[1]	日本	78,921.2[2]	—	136.9	395	—	43,647.6	172	2,184.1	395	17,497	407
14	15	日本电报电话[G1]	日本	78,320.7	(4.4)	1,330.3	100	(39.8)	115,864.5	84	36,997.5	6	230,300	25
15	18	国际商用机器(IBM)	美国	75,947.0	5.6	5,429.0	6	29.9	81,132.0	115	21,628.0	23	268,648	19
16	13	日立[1]	日本	75,669.0	(10.1)	784.2	186	(46.6)	80,328.2	116	26,472.3	16	330,152	10
17	16	美国电话电报	美国	74,525.0	(6.4)	5,908.0	5	4,150.4	55,552.0	148	20,295.0	28	130,400	65
18	14	日本生命保险公司[1]	日本	72,575.0	(12.8)	2,799.1	33	15.3	322,759.2	20	4,822.0	262	86,695	126
19	22	美孚	美国	72,267.0[E]	8.3	2,964.0	24	24.7	46,408.0	166	19,072.0	35	43,000	272
20	17	戴姆勒一奔驰[4]	德国	71,589.3	(0.9)	1,776.1	73	—	72,331.5	126	16,975.2	39	290,029	12
21	27	英国石油	英国	69,851.9[1]	22.6	3,985.2	12	125.1	55,307.3	149	21,725.9	22	53,150	218
22	19	松下电气公司[1]	日本	68,147.5	(3.2)	1,223.9	112	—	70,100.0	129	29,792.1	12	270,651	18

1996 年世界最大的 500 家企业(二)

收入位次		公司名称	国别	收入		利润			资产		股东权益		雇员	
1996年	1995年			金额：百万美元	比1995年变化(%)	金额：百万美元	位次	比1995年变化(%)	金额：百万美元	位次	金额：百万美元	位次	人数	位次
23	24	大众	德国	66,527.5	8.2	437.9	257	77.3	60,823.3	137	7,375.2	170	260,811	21
24	34	大宇	韩国	65,160.2	27.2	468.3	250	—	73,091.6	125	10,432.2	104	186,314	38
25	25	西门子[5]	德国	63,704.7	5.0	1,877.1	66	48.0	57,310.1	143	15,431.0	50	379,000	6
26	30	克莱斯勒	美国	61,397.0	15.4	3,529.0	16	74.3	56,184.0	146	11,571.0	83	126,000	67
27	23	日产汽车[1]	日本	59,118.2	(5.5)	690.2	203	—	60,248.1	138	10,931.8	91	135,331	61
28	44	联合控股	德国	56,577.2	1.9	1,096.3	131	3.7	200,361.9	51	9,884.7	112	65,836	171
29	29	美国邮政总局[G.5]	美国	56,402.0	3.9	1,567.2	82	(11.5)	51,603.5	153	(2,623.5)	497	887,546	1
30	31	菲利普·莫里斯	美国	54,553.0[E]	2.7	6,303.0	4	15.7	54,871	150	14,218.0	57	154,000	48
31	38	尤尼莱佛	英国/荷兰	52,067.4	4.7	2,499.7	42	7.5	30,993.3	219	8,803.6	130	306,000	11
32	41	菲亚特	意大利	50,509.0	10.0	1,470.1	88	11.5	70,111.8	128	15,166.2	53	237,865	23
33	40	索尼[1]	日本	50,277.9	5.7	1,238.1	109	120.3	45,790.7	170	11,764.8	81	163,000	46
34	26	第一相互生命保险[1]	日本	49,144.7	(15.3)	1,941.3	59	12.1	225,977.4	40	2,696.5	364	66,953	166
35	50	工业复兴[G]	意大利	49,055.7	17.1	279.4	313	(28.7)	66,392.9	131	4,617.9	274	132,489	64
36	39	雀巢	瑞士	48,932.5	2.4	2,751.2	35	11.5	37,905.5	191	16,293.8	44	221,144	26
37	32	东芝[1]	日本	48,415.8	(8.7)	595.5	222	(36.4)	46,830.2	164	10,195.7	106	186,000	39
38	48	本田汽车[1]	日本	46,994.5	6.7	1,963.6	57	167.7	33,787.1	203	11,192.5	87	101,100	97
39	47	埃尔夫—阿奎坦	法国	46,818.0[E]	7.6	1,363.7	97	35.1	47,143.4	162	15,287.8	51	85,400	129
40	21	东绵[1]	日本	46,506.3[2]	—	42.2	448	(8.7)	19,363.2	287	898.8	466	11,500	455
41	75	三菱银行[1.6]	日本	46,451.0	42.0	361.6	281	136.6	696,477.8	1	23,994.0	18	19,304	398
42	42	费巴集团	德国	45,246.2[E]	(2.2)	1,633.2	75	22.2	46,254.8	167	12,535.4	72	122,110	69
43	33	东京电力[1]	日本	44,735.0	(14.6)	724.5	201	34.9	114,738.5	86	12,049.7	76	43,166[7]	268
44	61	德士古石油	美国	44,561.0[1]	21.1	2,018.0	55	232.5	26,963.0	242	10,372.0	105	28,957	336

1996 年世界最大的 500 家企业（三）

收入位次		公司名称	国别	收入		利润			资产		股东权益		雇员	
1996年	1995年			金额：百万美元	比1995年变化（%）	金额：百万美元	位次	比1995年变化（%）	金额：百万美元	位次	金额：百万美元	位次	人数	位次
45	36	住友生命保险[1]	日本	44,063.3	(13.1)	1,858.4	69	(0.7)	188,553.7	55	2,295.6	390	67,027	164
46	118	鲜京公司	韩国	44,031.0	—	313.0	294	—	30,171.0	223	5,876.0	220	33,299	320
47	45	日本电气[1]	日本	43,932.7	(3.6)	813.1	180	1.7	38,687.3	187	8,088.4	149	151,966	50
48	48	法国电气[G]	法国	43,658.7	0.3	209.4	351	(15.1)	132,978.0	75	32,434.5	7	116,919	77
49	52	国家农场集团	美国	42,781.2	4.8	2,567.9	40	102.0	93,245.1	104	30,078.4	11	71,612	154
50	43	德国电信[G]	德国	41,910.7	(9.2)	1,168.1	123	(68.2)	112,120.5	89	29,203.8	13	201,000	32
51	53	飞利浦电器	荷兰	41,036.5	2.2	(349.9)	482	(122.3)	31,585.2	214	8,004.1	150	262,500	20
52	49	巴黎联合保险公司[8]	法国	40,736.7	(3.0)	(1,259.9)	490	—	179,754.8	58	6,305.9	204	50,810	227
53	51	美国万全人寿保险	美国	40,175.0	(2.8)	1,006.0	143	73.7	219,072.0	44	9,788.0	114	83,000	134
54	54	富士通[1]	日本	39,982.3	2.6	409.7	266	(37.3)	38,111.1	189	9,524.3	116	167,000	43
55	58	杜邦	美国	39,689.0[E]	5.5	3,636.0	15	10.4	37,987.0	190	10,709.0	97	97,000	105
56	55	德意志银行[9]	德国	39,413.0	4.2	1,418.0	92	(1.4)	569,906.1	2	19,095.7	34	74,356	151
57	59	莱茵集团[10]	德国	39,289.2[E]	5.5	818.2	177	12.6	49,789.7	156	5,346.6	239	132,658	63
58	64	国家碳化氢[G]	意大利	38,843.5[E]	5.5	2,885.1	28	8.6	58,857.2	142	16,551.4	42	83,424	132
59	81	谢夫隆	美国	38,691.0[E]	20.6	2,607.0	38	180.3	34,854.0	201	15,623.0	47	40,820	283
60	84	惠普[11]	美国	38,420.0	219	2,586.0	39	6.3	27,699.0	237	13,438.0	63	112,000	83
61	66	西尔斯·罗巴克	美国	38,236.0	8.7	1,271.0	104	(29.4)	36,167.0	197	4,945.0	257	335,000	9
62	28	都市控股	瑞士	36,567.7	(21.5)	405.6	267	21.9	13,363.4	357	2,476.0	380	176,518	40
63	60	雷诺汽车	法国	35,979.1	(2.5)	(1,025.8)	488	(339.2)	42,161.7	177	7,212.1	174	140,905	57
64	72	荷兰国际集团	荷兰	35,912.5	8.0	1,969.5	56	19.4	277,528.1	30	19,571.0	32	58,106	200
65	71	普罗克特－甘布尔[10]	美国	35,284.0	5.5	3,046.0	23	15.2	27,730.0	235	11,722.0	82	103,000	92
66	79	巴伐利亚汽车	德国	34,727.9	7.9	540.2	231	12.7	29,162.6	228	5,751.9	227	116,112	79

1996年世界最大的500家企业(四)

收入位次		公司名称	国别	收入		利润			资产		股东权益		雇员	
1996年	1995年			金额：百万美元	比1995年变化(%)	金额：百万美元	位次	比1995年变化(%)	金额：百万美元	位次	金额：百万美元	位次	人数	位次
67	77	农业信贷银行	法国	34,619.6	5.9	1,471.8	87	12.8	477,335.7	4	19,882.2	30	85,240	131
68	70	阿西亚·勃郎·勃威力	瑞士	34,574.0	2.5	1,233.0	110	(6.2)	30,896.0	220	5,875.0	221	214,894	28
69	35	日绵[1]	日本	34,545.1[2]	—	43.7	447	(1.4)	16,567.7	312	1,219.0	448	18,715	403
70	101	道达尔石油	法国	34,513.0[E]	26.8	1,103.5	129	144.9	30,204.7	222	11,315.3	86	57,555	204
71	67	三星	韩国	34,286.5	(2.2)	64.7	436	(45.7)	11,211.8	390	1,625.9	418	11,904	451
72	74	标致	法国	33,914.7	2.5	143.5	391	(58.0)	27,727.1	236	10,597.9	101	139,100	59
73	107	委内瑞拉石油公司[G]	委内瑞拉	33,855.0[E]	30.0	4,495.0	10	44.9	45,402.0	171	31,798.0	8	53,206	217
74	63	赫希斯特[9]	德国	33,838.8	(7.1)	1,404.7	94	17.8	35,454.7	198	9,331.1	121	147,862	52
75	57	明治相互生命保险[1]	日本	33,175.4	(12.8)	1,574.9	79	8.0	134,696.7	73	2,297.4	389	44,365	261
76	65	三菱电机[1]	日本	33,072.6	(9.1)	75.7	429	(87.7)	33,096.2	208	6,311.0	203	113,353	82
77	100	美国石油	美国	32,726.0[E]	18.3	2,834.0	32	52.2	32,100.0	212	16,408.0	43	41,723	275
78	106	阿克萨公司[12]	法国	32,681.4	24.9	744.5	195	36.1	215,258.5	47	8,561.6	138	36,695	296
79	82	花旗银行	美国	32,605.0	2.9	3,788.0	14	9.4	281,018.0	29	20,722.0	25	89,400	115
80	62	三菱汽车工业[1]	日本	32,601.2	(11.0)	103.0	415	(22.0)	26,064.0	246	3,921.5	310	27,827	342
81	76	通用水管公司	法国	32,428.8	(0.7)	381.7	276	—	45,874.3	169	6,431.5	200	217,300	27
82	78	巴斯夫	德国	32,409.6[1]	0.5	1,854.0	70	7.5	28,118.3	232	12,865.7	68	103,406	89
83	87	拜耳	德国	32,298.0	3.8	1,810.6	72	8.4	31,803.4	213	13,248.6	65	142,200	55
84	86	全国保险业集团[G]	法国	32,259.5	3.3	(1,110.8)	489	—	168,861.6	63	1,522.6	424	35,083	307
85	80	阿尔卡泰尔－阿尔斯通	法国	31,683.8	(1.5)	532.6	235	—	47,406.0	160	7,479.5	165	190,600	36
86	89	百事可乐	美国	31,645.0	4.0	1,149.0	125	(28.5)	24,512.0	252	6,623.0	191	486,000	4
87	69	凯马特[3]	美国	31,437.0	(9.3)	(220.0)	479	—	14,286.0	340	5,072.0	250	275,000	17
88	37	兼松[1]	日本	30,868.8[2]	—	(244.4)	480	(7,142.6)	12,824.7	366	379.7	482	12,000	450

1996 年世界最大的 500 家企业（五）

收入位次		公司名称	国别	收入		利润			资产		股东权益		雇员	
1996年	1995年			金额：百万美元	比1995年变化（%）	金额：百万美元	位次	比1995年变化（%）	金额：百万美元	位次	金额：百万美元	位次	人数	位次
89	115	苏黎士保险有限公司	瑞士	30,760.5	22.3	920.7	157	24.5	97,247.8	100	10,164.7	107	40,981	282
90	111	双龙公司	韩国	30,530.8	20.2	(125.6)	475	(308.8)	23,559.6	263	4,783.2	265	33,000	323
91	95	加赫弗公司	法国	30,277.1	4.5	610.4	221	(13.9)	14,578.4	335	3,638.0	328	109,300	88
92	56	日本兴业银行[1]	日本	30,208.0	(21.0)	113.1	408	—	378,613.2	12	12,446.4	73	5,175[7]	479
93	119	通用保险股份公司	意大利	29,618.5	22.6	931.9	154	118.4	87,850.3	109	6,901.7	182	40,003	285
94	92	法国电信[G]	法国	29,564.5	(1.6)	411.8	263	(77.7)	50,544.6	154	14,988.2	54	165,200	44
95	314	山多兹公司[B]	瑞士	29,310.2	127.3	1,863.8	67	7.1	43,097.9	175	20,556.3	27	116,178	78
96	104	汇丰银行公司	英国	28,859.9	8.2	4,859.7	9	25.1	401,667.1	9	25,787.5	17	102,470	93
97	140	墨西哥石油[G]	墨西哥	28,429.5[E]	27.3	2,170.5	51	42.5	39,648.9	185	19,793.3	31	120,945	72
98	73	大荣[14]	日本	28,281.2	(14.7)	(107.0)	471	(300.6)	18,184.5	297	1,007.5	460	16,686[7]	414
99	94	工业企业联合股份公司	德国	28,207.7	(3.6)	530.2	236	(34.4)	31,187.8	217	5,283.7	241	88,014	119
100	109	美国国际集团公司	美国	28,205.3	9.0	2,897.3	26	15.4	148,431.0	69	22,044.2	21	36,600	297
101	102	摩托罗拉	美国	27,973.0	3.5	1,154.0	124	(35.2)	24,076.0	256	11,795.0	79	139,000	60
102	68	三和银行[1]	日本	27,972.8	(19.8)	229.5	342	—	447,046.2	7	15,219.5	52	19,737	390
103	85	三菱重工业[1]	日本	27,899.2	(10.7)	1,097.4	130	2.1	35,160.8	199	10,861.7	94	67,117	163
104	149	普天寿公司	英国	27,833.9	29.4	2,197.2	49	83.7	133,189.5	74	4,681.4	270	20,993	387
105	105	阿姆－鹿特丹银行	荷兰	27,651.2	4.2	1,958.9	58	20.2	341,396.0	16	13,168.7	66	66,172	169
106	116	CS 控股公司	瑞士	27,647.0	13.7	(2,094.3)	494	(276.7)	389,300.4	10	11,768.4	80	34,821	309
107	254	化学银行[15]	美国	27,421.0	84.2	2,461.0	44	36.3	336,099.0	18	20,994.0	24	67,785	162
108	114	罗伯特－布施公司	德国	27,339.8	9.3	277.1	314	(17.1)	20,757.0	276	5,822.0	223	176,481	41
109	127	现代公司	韩国	27,278.5	17.5	7.7	462	9.2	1,693.1	499	151.6	490	707	500
110	88	新日本制铁[1]	日本	27,178.4	(11.2)	30.6	455	(94.6)	36,352.6	195	7,183.7	176	88,700	118

1996 年世界最大的 500 家企业（六）

收入位次		公司名称	国别	收入		利润			资产		股东权益		雇员	
1996年	1995年			金额：百万美元	比1995年变化（%）	金额：百万美元	位次	比1995年变化（%）	金额：百万美元	位次	金额：百万美元	位次	人数	位次
111	90	伊藤洋华堂[14]	日本	27,137.1	(10.6)	668.1	208	(17.0)	15,165.4	328	7,296.4	173	99,887	102
112	132	洛克希德公司	美国	26,875.0	17.6	1,347.0	99	97.5	29,257.0	227	6,856.0	185	190,000	37
113	97	蒂森公司[5]	德国	26,158.8	(2.2)	201.5	358	(60.7)	16,690.2	309	3,246.9	343	122,659	68
114	·	兴业银行	法国	26,010.5	0.7	888.2	162	16.1	339,996.0	17	10,633.6	99	46,000	254
115	112	朝日相互生命保险[1]	日本	25,432.6	0.4	908.8	159	(8.4)	96,848.1	101	1,256.5	446	36,270	300
116	211	CNP 保险公司	法国	25,399.7	17.3	307.3	297	3.3	89,447.8	108	2,445.3	382	2,329	494
117	126	代顿·赫德森[3]	美国	25,371.0	7.9	463.0	252	48.9	13,389.0	355	3,790.0	320	141,700	56
118	96	里昂信贷银行[G]	法国	25,180.4	(10.9)	39.5	449	1,415.2	310,040.5	23	5,853.9	222	56,748	208
119	124	克罗格	美国	25,170.9	5.2	349.9	287	15.5	5,825.4	458	(1,181.7)	496	160,000	47
120	141	联邦国家抵押协会公司[16]	美国	25,054.0	12.6	2,725.0	37	14.9	351,041.0	15	12,773.0	70	3,300	489
121	148	美林公司	美国	25,011.0	16.3	1,619.0	77	45.3	213,016.0	49	6,892.0	183	49,800	231
122	122	英美烟草工业公司	英国	24,937.2[E]	3.8	2,351.8	47	1.2	79,685.5	118	9,216.7	123	163,854	45
123	121	康纳格拉[17]	美国	24,821.6	3.0	188.9	366	(61.9)	11,196.6	391	2,255.5	392	83,123	133
124	120	三星电子	韩国	24,710.3	2.3	136.3	397	(95.2)	25,937.1	247	5,385.1	237	87,500	122
125	134	ALLSTATE 保险公司	美国	24,299.0	6.6	2,075.0	54	9.0	74,508.0	122	13,452.0	62	48,213	237
126	129	慕尼黑再保险公司	德国	24,191.6	4.4	340.9	288	85.3	83,356.4	113	3,003.1	352	16,343	415
127	348	巴黎国民银行	法国	24,125.3	(1.4)	807.0	181	125.7	355,366.2	14	10,607.6	100	52,762	221
128	83	富士银行[1]	日本	24,071.3	(23.8)	968.1	146	—	453,133.0	6	15,593.3	48	15,168	422
129	142	意大利国家电力公司[G]	意大利	23,833.1	7.2	824.6	172	(39.7)	62,410.7	134	17,479.4	37	93,879	110
130	136	BT 公司[1]	英国	23,695.2	4.8	3,295.3	19	6.0	40,833.5	181	18,111.3	36	127,500	66
131	138	日本邮政服务局[G·18]	日本	23,689.4	5.3	1,261.9	106	9.3	85,680.4	111	38,841.1	5	142,538	54
132	150	J·C·佩尼公司	美国	23,649.0	10.4	565.0	229	(32.6)	22,088.0	270	5,952.0	216	205,000	30

1996年世界最大的500家企业（七）

收入位次		公司名称	国别	收入		利润			资产		股东权益		雇员	
1996年	1995年			金额：百万美元	比1995年变化（%）	金额：百万美元	位次	比1995年变化（%）	金额：百万美元	位次	金额：百万美元	位次	人数	位次
133	151	温特图尔集团	瑞士	23,574.1	10.9	409.9	265	15.6	72,096.5	127	3,841.5	316	27,797	343
134	131	佳能公司	日本	23,515.8	2.2	865.7	164	48.0	22,571.5	268	8,464.4	143	75.628	147
135	133	联合技术公司	美国	23,512.0	3.1	906.0	160	20.8	16,745.0	308	4,306.0	291	173,800	42
136	123	沃尔沃	瑞典	23,265.9	(3.1)	1,860.1	68	43.4	20,544.2	278	8,423.2	144	70,330	157
137	98	大都会人寿保险公司[19]	美国	23,238.0[20]	—	853.0[20]	167	—	188,871.0	54	11,983.0	77	43,500	267
138	103	关西电力[1]	日本	23,178.5	(13.3)	489.8	245	(24.0)	55,557.8	147	9,851.7	113	26,265	353
139	139	曼内斯曼公司	德国	23,045.4	2.9	254.5	329	(31.6)	15,472.1	323	4,237.8	294	119,709	74
140	99	住友银行[1]	日本	22,810.7	(18.4)	302.3	300	(22.3)	485,529.5	3	15,716.8	46	15,563[7]	417
141	125	国民西敏斯特银行	英国	22,783.7[E]	(3.2)	685.5	204	(64.2)	314,700.6	22	12,823.3	69	71,000	155
142	·	外国投资控股公司	香港	22,694.1	108.0	110.6	413	(15.2)	3,127.0	490	864.8	470	1,790	495
143	108	樱花银行[1]	日本	22,693.2	(12.6)	157.6	382	—	441,109.7	8	14,892.9	55	18,733	402
144	166	波音公司	美国	22,681.0	16.2	1,095.0	132	178.6	27,254.0	240	10,941.0	90	143,000	53
145	135	福蒂斯公司	比利时/荷兰	22,646.4	4.7	922.5	156	13.0	177,194.6	59	7,413.7	168	34,403	312
146	·	俄罗斯天然气[21]	俄国	22,553.9	34.5	1,825.8	71	(56.3)	110,073.7	90	85,004.1	1	398,600	5
147	155	联合包裹运输公司	美国	22,368.0	6.3	1,146.0	126	9.9	14,954.0	329	5,901.0	217	336,000	8
148	110	东日本铁道[1]	日本	22,317.7	(12.9)	627.3	216	(11.5)	59,528.1	139	5,800.2	225	78,624	142
149	159	美洲银行	美国	22,071.0	8.3	2,873.0	29	7.8	250,753.0	35	20,713.0	26	78,000	143
150	171	泰斯科[14]	英国	21,942.0	15.5	821.6	174	12.2	10,792.5	399	6,339.9	202	98,440	103
151	185	雷马克斯股份公司	荷兰	21,669.1	17.5	375.1	278	31.9	8,528.3	433	1,386.1	435	101,697	96
152	176	约翰逊—约翰逊公司	美国	21,620.0	14.7	2,887.0	27	20.1	20,010.0	281	10,836.0	96	89,300	116
153	154	德累斯顿银行	德国	21,489.3	2.0	1,021.5	139	25.0	360,922.9	13	9,514.4	117	45,816	256
154	218	旅游者公司	美国	21,345.4	21.1	2,331.0	48	27.1	151,067.0	65	13,085.0	67	56,200	210

1996年世界最大的500家企业（八）

收入位次		公司名称	国别	收入		利润			资产		股东权益		雇员	
1996年	1995年			金额：百万美元	比1995年变化（%）	金额：百万美元	位次	比1995年变化（%）	金额：百万美元	位次	金额：百万美元	位次	人数	位次
155	162	通用电话电子	美国	21,339.2	6.9	2,798.3	84	—	38,422.0	188	7,335.7	172	102,000	94
156	164	J·圣斯伯雷公司[1]	英国	21,221.9[E]	7.5	639.4	214	(16.3)	11,871.1	379	5,981.2	213	103,398	90
157	147	巴黎巴银行	法国	21,211.9	3.6	850.2	168	—	290,719.9	26	7,700.8	159	26,734	348
158	130	三井相互生命保险公司[1]	日本	21,208.2	(8.1)	782.3	182	(12.1)	82,293.5	114	1,035.6	458	26,481	351
159	189	USX公司	美国	21,076.0[E]	15.7	943.0	150	340.7	16,980.0	305	5,022.0	253	42,195	274
160	93	日本长期信用银行[1]	日本	20,987.0	(28.4)	172.9	375	—	237,862.0	38	8,532.5	140	3,821[7]	487
161	228	英特尔公司	美国	20,847.0	28.7	5,157.0	7	44.6	23,735.0	260	16,872.0	41	48,500	235
162	191	BCE公司	加拿大	20,658.0	15.2	844.9	171	48.3	30,126.3	224	8,741.2	132	121,000	71
163	152	西德意志州银行[G]	德国	20,473.5	(3.1)	451.1	255	33.3	302,797.1	24	7,987.8	151	26,349	352
164	167	中国银行[G]	中国	20,416.0	5.9	1,067.0	134	23.1	292,554.0	25	13,737.0	59	201,782	31
165	91	第一劝业银行[1]	日本	20,395.1	(32.8)	(1,574.5)	492	(293.0)	453,797.0	5	14,829.4	56	17,425	408
166	181	劳埃德银行	英国	20,372.6	9.2	2,459.5	45	62.2	250,229.2	36	8,615.7	136	82,506	136
167	·	皇家与太阳联盟保险公司[22]	英国	20,310.2	—	724.6	200	—	94,532.8	103	10,554.8	103	45,271	258
168	161	普罗莫德公司	法国	20,236.5	0.4	243.7	335	19.0	8,625.9	431	1,555.9	421	47,734	240
169	163	国际造纸	美国	20,143.0	1.7	303.0	299	(73.7)	28,252.0	230	9,344.0	120	87,000	124
170	143	吉之岛公司[23]	日本	20,120.2	(8.5)	272.8	320	(4.1)	12,376.5	375	2,817.9	359	37,694[7]	294
171	157	德意志巴恩公司[G]	德国	20,080.6	(3.5)	730.2	198	357.0	37,262.0	194	8,383.1	145	288,768	14
172	156	道氏化学	美国	20,053.0	(4.3)	1,907.0	61	(8.2)	24,673.0	251	7,954.0	152	40,289	284
173	178	洛斯公司	美国	19,964.8[E]	9.6	1383.9	96	(21.6)	67,683.0	130	8,731.2	133	29,453	332
174	197	哥伦比亚医药卫生	美国	19,909.0	12.5	1,505.0	84	56.6	21,272.0	273	8,609.0	137	285,000	15
175	215	默克公司	美国	19,828.7	18.9	3,881.3	18	16.4	24,393.1	253	11,970.5	78	49,100	233
176	128	巴克莱银行	英国	19,691.8	(15.1)	2,559.5	41	18.9	315,831.5	21	12,339.4	74	87,400	123

1996年世界最大的500家企业(九)

收入位次		公司名称	国别	收入		利润			资产		股东权益		雇员	
1996年	1995年			金额:百万美元	比1995年变化(%)	金额:百万美元	位次	比1995年变化(%)	金额:百万美元	位次	金额:百万美元	位次	人数	位次
177	175	商业银行	德国	19,690.5	4.7	790.7	183	23.2	288,141.9	27	8,293.7	146	29,344	333
178	188	价格成本公司[24,25]	美国	19,566.5	7.2	248.8	332	85.8	4,911.9	476	1,777.8	411	39,750	287
179	243	家庭用具公司[3]	美国	19,535.5	26.3	937.7	152	28.2	9,341.7	424	5,955.2	214	97,912	104
180	172	施尔	美国	19,521.0	2.9	1,206.0	115	—	26,818.0	243	5,088.0	249	86,700	125
181	145	中部电力公司[1]	日本	19,272.9	(11.8)	340.8	289	(31.1)	49,947.8	155	7,611.3	162	21,024	385
182	153	里昂自来水公司	法国	19,260.2	(8.8)	263.7	324	45.2	31,273.8	216	3,519.4	334	116,000	80
183	113	日本石油[1]	日本	19,186.3[E]	(11.9)	111.6	410	(35.1)	23,846.8	258	5,268.0	242	11,500	455
184	204	TENEO[G]	西班牙	19,181.1	11.8	1,412.9	93	147.4	32,443.3	211	7,686.2	161	76,107	146
185	214	大西洋富田公司	美国	19,168.5[E]	14.5	1,663.0	74	20.9	25,715.0	248	7,801.0	155	22,800	375
186	144	法国通用保险公司	法国	19,062.0	(12.9)	300.2	302	38.4	79,244.0	119	4,663.0	272	24,577	367
187	193	贝尔南方公司	美国	19,040.0	6.5	2,863.0	30	—	32,568.0	210	13,249.0	64	81,241	138
188	173	西格纳	美国	18,950.0	(0.0)	1,056.0	136	400.5	98,932.0	99	7,208.0	175	41,000	280
189	146	安田相互人寿保险公司[1]	日本	18,906.6	(12.6)	1,231.1	111	4.6	74.433.3	123	1,465.9	430	21,163	384
190	184	瑞士联合银行	瑞士	18,902.4	2.2	(283.1)	481	(120.0	324,756.4	19	16,924.4	40	29,153	335
191	273	L.M. 爱立信	瑞典	18,767.0	34.4	1,060.0	135	39.1	16,322.5	317	5,887.9	219	93,949	109
192	350	沃尔特·迪斯尼公司[5]	美国	18,739.0	54.7	1,214.0	113	(12.0)	37,306.0	192	16,086.0	45	100,00	99
193	186	美国百化公司[3]	美国	18,678.1	2.0	287.2	310	(9.3)	7,881.4	439	2,535.4	377	122,000	70
194	187	鹿岛建设公司[1]	日本	18,650.2	2.1	65.2	435	25.1	23,122.8	265	3,088.3	346	16,000	416
195	196	塞拉里公司[10]	美国	18,624.0	5.1	916.0	158	13.9	12,602.0	370	4,320.0	290	135,300	62
196	190	可口可乐	美国	18,546.0	2.9	3,492.0	17	16.9	16,161.0	318	6,156.0	208	26,000	357
197	248	MIC 通讯设备公司	美国	18,494.0	21.2	1,202.0	116	119.3	22,978.0	266	10,661.0	98	55,285	213
198	169	商业联合	英国	18,355.0	(3.5)	620.0	218	(11.5)	92,325.4	107	6,625.6	190	25,622	358

1996 年世界最大的 500 家企业(十)

收入位次		公司名称	国别	收入		利润			资产		股东权益		雇员	
1996 年	1995 年			金额:百万美元	比 1995 年变化(%)	金额:百万美元	位次	比 1995 年变化(%)	金额:百万美元	位次	金额:百万美元	位次	人数	位次
199	·	法国船坞公司集团[26]	法国	18,217.9	41.3	138.0	394	51.0	14,135.6	343	3,404.2	339	81,000	139
200	258	康柏电脑	美国	18,109.0	22.7	1,312.9	101	66.4	10,525.8	404	6,144.0	210	18,863	400
201	177	东京海上火灾保险公司[1]	日本	18,093.9	(11.0)	233.3	341	(15.4)	41,596.8	178	5,139.8	248	14,029	438
202	223	巴西石油公司[G]	巴西	18,074.2[E]	10.3	665.2	210	4.1	33,736.3	205	19,217.9	33	47,494	243
203	192	布里奇斯通轮胎公司	日本	17,998.6	0.4	646.5	213	12.4	15,190.5	327	5,332.3	240	92,458	111
204	·	中国化工进出口总公司[G]	中国	17,953.0	(1.4)	71.3	432	2.0	5,415.4	462	995.8	462	14,000	439
205	269	圣哥班化学公司	法国	17,861.5	26.7	845.0	170	0.1	24,051.9	257	9,042.4	126	111,701	84
206	179	普鲁伊萨格股份公司[5]	德国	17,787.2	(5.2)	169.7	377	(33.2)	9,951.0	419	1,972.7	404	66,226	168
207	230	SHV 控股公司	荷兰安的列斯	17,769.9	9.9	190.7	365	(0.4)	9,410.8	422	1,509.7	425	66,900	167
208	210	AMR 公司	美国	17,753.0	5.0	1,016.0	142	508.4	20,497.0	279	5,668.0	229	110,000	87
209	200	德国邮政总局[G]	德国	17,742.2	(2.7)	224.1	344	—	12,457.9	372	3,341.5	340	384,889	16
210	165	大成公司[1]	日本	17,597.9	(10.9)	51.3	443	—	24,265.9	255	3,155.3	345	21,752	383
211	202	巴伐利亚联合银行	德国	17,597.7	1.4	539.2	232	28.6	259,571.2	34	6,405.4	201	21,825	382
212	220	三星生命保险公司	韩国	17,530.0	6.6	52.2	442	59.6	33,941.1	202	568.4	479	9,857	461
213	225	国民银行	美国	17,509.0	7.4	2,452.0	46	25.7	185,794.0	56	13,709.0	60	62,971	180
214	229	纽约人寿保险公司	美国	17,347.0	7.1	579.4	226	(7.3)	78,809.3	120	4,007.5	307	6,940	471
215	117	农林中央银行[1]	日本	17,319.5	(29.6)	274.9	319	—	378,665.5	11	2,899.4	355	3,000	492
216	304	LG 国际公司[T]	韩国	17,311.1[E]	31.3	26.9	457	49.8	1,644.8	500	332.7	486	3,836	486
217	208	美国运通公司	美国	17,280.0	2.0	1,901.0	62	21.5	108,512.0	92	8,528.0	141	72,299	153
218	222	塞夫韦商店	美国	17,269.0	5.3	460.6	254	41.2	5,545.2	460	1,186.8	451	119.000	75
219	217	法国邮政总局[G]	法国	17,094.8	2.0	(120.0)	474	—	14,066.5	345	1,254.9	447	289,050	13
220	201	五十铃汽车公司[1]	日本	17,075.0	(2.0)	85.1	423	(78.1)	13,138.7	362	938.9	465	13,877[7]	440

1996年世界最大的500家企业（十一）

收入位次		公司名称	国别	收入		利润			资产		股东权益		雇员	
1996年	1995年			金额：百万美元	比1995年变化（%）	金额：百万美元	位次	比1995年变化（%）	金额：百万美元	位次	金额：百万美元	位次	人数	位次
221	234	RJR那彼斯科控股公司	美国	17,063.0[E]	6.6	611.0	220	—	31,289.0	215	10,148.0	108	79,700	140
222	310	艾特纳人寿和意外事故保险公司	美国	16,900.2	30.2	651.0	212	158.6	92,912.9	106	10,889.7	93	38,600	291
223	170	马自达汽车[1]	日本	16,816.9	(11.9)	(155.8)	447	—	11,426.1	387	2,776.9	361	25,126	362
224	271	千代田相互人寿保险公司[1]	日本	16,778.4	19.7	219.2	345	(41.6)	46,886.4	163	214.1	489	20,666	388
225	207	罗内—普朗克公司[4]	法国	16,773.6	(1.3)	756.6	192	13.8	27,084.2	241	8,889.2	128	75,250	149
226	212	弗兰茨·哈尼尔股份有限公司	德国	16,757.2	(0.7)	205.6	355	97.0	5,890.4	457	1,020.1	459	24,779	366
227	180	日本钢管公司[1]	日本	16,670.0	(10.9)	148.2	388	(72.7)	21,244.0	274	3,738.3	322	38,249	292
228	232	弗鲁奇投资公司[2T]	意大利	16,609.9	3.3	62.2	439	821.5	25,187.3	249	1,460.2	432	35,405	305
229	287	斯塔特石油公司[G.9]	挪威	16,582.8[E]	21.5	818.6	176	(1.4)	18,995.7	291	5,765.2	226	15,171	421
230	203	鲁尔煤矿股份公司[28]	德国	16,572.2	(3.8)	91.0	421	162.0	19,120.0	289	1,439.3	433	101,980	95
231	219	瓦卢超级市场批发公司[29]	美国	16,551.9	0.4	175.0	374	5.2	4,283.3	480	1,307.4	441	36,514	299
232	233	卡特彼勒公司	美国	16,522.0	2.8	1,361.0	98	19.8	18,728.0	293	4,116.0	301	57,026	205
233	250	莱普索尔公司	西班牙	16,519.0[E]	9.2	841.1	151	(0.3)	16,443.1	315	6,458.6	197	19,701	392
234	199	弗莱明公司	美国	16,486.7	(5.8)	26.7	458	(36.5)	4,055.2	482	1,076.0	456	41,200	279
235	227	帝国化学工业公司	英国	16,428.0	1.4	429.4	259	(49.1)	15,368.6	324	6,123.0	211	63,300	177
236	235	达诺纳集团	法国	16,406.6	3.0	661.0	211	54.6	19,261.2	288	7,711.1	158	81,579	137
237	226	丽都有限公司	瑞典	16,399.1	1.1	275.8	317	(28.3)	13,455.0	373	3,264.2	342	110,200	86
238	500	巴西电信公司	巴西	16,394.5	61.3	2,742.4	36	229.4	40,548.4	183	26,613.2	15	89,536	14
239	183	三洋电气[1.30]	日本	16,391.0	—	156.9	383	—	20,298.7	280	6,254.0	207	67,827	161
240	253	联合航空公司	美国	16,362.0	9.5	533.0	234	52.7	12,677.0	369	995.0	463	85,900	128
241	195	日理公司[14]	日本	16,185.8	(8.8)	136.6	396	4,809.1	13,985.8	347	2,033.1	402	34,556	310
242	158	日本烟草公司[G.1]	日本	16,051.2[E]	(10.4)	767.5	189	4.1	17,383.7	301	10,905.3	92	22,700	376

1996 年世界最大的 500 家企业（十二）

收入位次		公司名称	国别	收入		利润			资产		股东权益		雇员	
1996年	1995年			金额：百万美元	比1995年变化（%）	金额：百万美元	位次	比1995年变化（%）	金额：百万美元	位次	金额：百万美元	位次	人数	位次
243	231	卡斯塔特公司	德国	15,978.2	(5.0)	38.8	451	(48.5)	7,400.7	444	1,548.6	422	99,991	101
244	221	福雷德·克鲁普公司	德国	15,972.2	(2.7)	97.0	419	(63.3)	11,427.8	386	1,813.1	409	69,608	158
245	247	伊斯曼柯达公司	美国	15,968.0	4.6	1,288.0	103	2.9	14,438.0	338	4,734.0	268	94,800	106
246	209	丰田通商公司[1]	日本	15,932.5	(5.9)	55.0	441	131.2	6,375.7	449	1,105.8	455	4,517	483
247	205	夏普公司[1]	日本	15,897.0	(7.0)	431.0	258	(10.2)	16,515.8	314	7,606.3	163	45,117	259
248	277	J.P. 摩根公司	美国	15,866.0	14.7	1,574.0	80	21.5	222,026.0	43	11,432.0	85	15,527	418
249	194	日本通运[1]	日本	15,851.7	(10.8)	244.1	334	(15.2)	8,940.4	429	2,439.2	383	61,491	186
250	274	西班牙电话公司	西班牙	15,834.7	13.4	1,265.2	105	18.4	41,406.3	179	14,197.4	58	92,148	112
251	160	东海银行[1]	日本	15,823.6	(22.2)	149.1	387	—	285,371.2	28	8,555.9	139	11,625	453
252	293	菲利浦石油公司	美国	15,807.0[E]	16.9	1,303.0	102	177.8	13,548.0	353	4,251.0	293	17,200	410
253	242	皮诺春天百货集团	法国	15,713.5	0.8	403.6	268	32.8	10,958.4	398	2,896.1	356	62,842	181
254	263	瑞士银行公司	瑞士	15,708.7	9.1	(1,581.5)	493	(277.5)	267,338.8	32	10,147.8	109	27,490	344
255	330	瑞士养老金和人寿保险公司	瑞士	15,690.6	19.1	1,212.6	114	9.7	65,434.2	132	2,964.2	354	7,933	467
256	182	巴西银行[G]	巴西	15,657.0	(15.7)	(8,012.9)	497	—	79,737.7	117	5,619.9	233	85,361	130
257	317	印度石油公司[G.1]	印度	15,650.0[E]	22.0	398.5	270	6.3	7,889.3	438	2,550.6	375	33,840	315
258	281	法国国有铁路公司[G]	法国	15,442.0	12.0	(3,426.3)	496	—	53,637.2	152	4,332.6	289	209,746	29
259	206	三菱化工公司[1]	日本	15,379.4	(9.9)	(106.3)	470	(145.5)	15,980.6	321	3,883.4	312	28,933	337
260	262	托尔尼奥保罗银行	意大利	15,268.6	5.9	390.9	273	246.7	171,320.6	62	6,446.7	199	23,733	372
261	174	清水建设[1]	日本	15,252.9	(19.4)	47.1	445	(38.2)	19,579.4	286	2,838.3	358	14,658	432
262	251	联合百货公司[3]	美国	15,229.0	1.2	265.9	322	256.6	14,264.1	342	4,669.2	271	117,100	76
263	236	储蓄银行集团	法国	15,095.5	(4.8)	375.5	282	9.6	224,300.7	41	12,217.7	75	38,848	290
264	282	布里斯托—迈尔斯—施贵宝公司	美国	15,065.0	9.4	2,850.0	31	57.3	14,685.0	330	6,570.0	192	51,200	225

1996 年世界最大的 500 家企业（十三）

收入位次 1996 年	收入位次 1995 年	公 司 名 称	国 别	收入 金额：百万美元	收入 比 1995 年变化（%）	利润 金额：百万美元	利润 位次	利润 比 1995 年变化（%）	资产 金额：百万美元	资产 位次	股东权益 金额：百万美元	股东权益 位次	雇员 人数	雇员 位次
265	249	巴伐利亚抵押与承兑银行	德国	15,062.2	(1.0)	444.5	256	(3.5)	218,294.1	45	5,644.8	231	18,391	405
266	284	布鲁肯希尔公司[1T]	澳大利亚	14,923.1	8.6	787.8	185	(12.9)	28,123.3	231	9,682.3	115	60,000	190
267	298	美国科技公司	美国	14,917.0	11.1	2,134.0	52	6.3	23,707.0	261	7,687.0	160	66,128	170
268	244	英国轮胎和橡胶公司	英国	14,883.6	(3.6)	673.0	207	(55.6)	14,010.2	346	3,835.8	319	115,805	81
269	238	日本能源公司[1]	日本	14,780.2[E]	(6.6)	(410.9)	484	(292.0)	13,178.3	361	727.8	473	15,103	423
270	340	LG 电气公司	韩国	14,765.5	20.7	36.5	452	(94.5)	16,662.1	310	2,570.9	374	65,284	173
271	289	英国煤气公司[31]	英国	14,761.8	8.8	(891.7)	487	(534.6)	47,233.3	161	30,224.4	10	42,489	273
272	259	出光兴产石油公司[1]	日本	14,749.2	(0.0)	30.9	454	(55.0)	15,301.6	325	630.9	476	4,900	480
273	283	贝特尔斯曼公司[10]	德国	14,728.0	7.1	480.2	248	24.2	8,119.5	436	1,940.3	405	57,996	202
274	294	汉森公司[5]	英国	14,563.8[E]	7.7	2,188.5	50	36.1	22,692.5	267	3,960.2	309	41,000	280
275	279	数字设备公司10	美国	14,562.8	5.4	(111.8)	472	(191.8)	10,075.4	415	3,606.2	329	59,100	197
276	307	阿洪保险公司	荷兰	14,522.2	11.1	929.9	155	12.9	105,027.5	93	6,472.2	195	19,346	396
277	168	法国苏伊士联合公司	法国	14,510.3	(24.7)	164.8	378	—	46,649.6	165	8,160.2	148	28,000	340
278	285	现代汽车公司	韩国	14,491.2	5.6	65.8	434	(65.9)	10,131.1	4.3	1,782.8	410	47,174	247
279	272	桑坦德集团	西班牙	14,459.3	13.1	675.7	206	11.7	149,886.6	67	4,602.0	276	45,847	255
280	260	日本电装公司[1,32]	日本	14,426.1	(2.1)	633.7	215	22.7	13,718.9	350	7,887.0	154	56,961	207
281	308	科尔斯·梅耶有限公司[33]	澳大利亚	14,418.1	10.5	214.3	348	(31.8)	5,465.6	461	1,892.2	406	152,744	49
282	311	韩国电力公司[G]	韩国	14,393.7	11.1	742.8	196	(36.9)	42,246.6	176	20,021.4	29	32,133	324
283	302	米其林公司	法国	14,364.1	6.0	565.1	228	0.8	14,550.6	336	3,059.2	348	119,780	73
284	309	罗克韦尔国际公司[5]	美国	14,343.0[E]	9.5	726.0	199	(2.2)	10,065.0	416	4,256.0	292	58,639	198
285	257	布依格公司	法国	14,341.0	(3.1)	127.8	402	—	13,804.5	349	1,344.5	439	91,979	113
286	295	莱曼兄弟公司[34]	美国	14,260.0	5.8	416.0	261	71.9	128,596.0	77	3,874.0	314	7,556	468

1996 年世界最大的 500 家企业（十四）

收入位次		公司名称	国别	收入		利润			资产		股东权益		雇员	
1996 年	1995 年			金额：百万美元	比 1995 年变化（%）	金额：百万美元	位次	比 1995 年变化（%）	金额：百万美元	位次	金额：百万美元	位次	人数	位次
287	451	伊塔乌投资银行	巴西	14,242.6	45.4	294.2	306	33.1	33,740.0	204	2,341.0	387	47,354	245
288	231	明尼苏达采矿制造公司	美国	14,236.0	(11.6)	1,526.0	83	56.4	13,364.0	356	6,284.0	205	74,289	152
289	288	斯普林特公司	美国	14,234.9	4.7	1,183.8	120	199.5	16,953.0	307	8,519.9	142	48,000	239
290	245	竹中公司	日本	14,214.1	(7.5)	176.4	372	38.2	13,944.8	348	2,659.0	366	13,849	442
291	312	瑞士再保险公司	瑞士	14,130.5	9.5	1,180.2	121	26.7	48,164.7	158	7,345.5	171	6,939	472
292	301	美国家庭用品公司	美国	14,088.3	5.3	1,883.4	63	12.1	20,785.3	275	6,962.1	180	59,747	192
293	240	日本交通会社[1]	日本	14,061.0	(10.2)	18.9	459	(42.4)	3,626.6	486	422.9	480	10,240	459
294	297	拉博银行	荷兰	14,035.9	4.5	967.9	147	8.9	190,018.9	53	11,110.9	88	35,424	304
295	265	爱理德—西格诺公司	美国	13,971.0	(2.6)	1,020.0	140	16.6	12,829.0	365	4,180.0	297	76,600	145
296	252	日本航空公司[1]	日本	13,913.2	(7.3)	(128.5)	476	—	16,530.6	313	1,987.9	403	19,046[7]	399
297	322	SBC 电信公司	美国	13,898.2	9.7	2,201.0	53	—	23,499.0	264	6,835.0	186	61,540	185
298	239	法国北方炼铁联合公司	法国	13,888.9	(11.6)	291.0	307	(67.2)	13,205.3	360	4,908.0	259	56,743	209
299	216	太阳相互人寿保险公司[1]	日本	13,883.6	(16.7)	126.8	403	(15.8)	54,038.9	151	376.9	483	18,742	401
300	334	曼柴油机有限公司[10]	德国	13,866.6	11.5	206.9	353	20.8	8,549.6	432	2,434.7	384	57,826	203
301	·	学院退休股本基金	美国	13,864.6	74.4	N. A.			98,974.9	98	N. A.		4,422	484
302	275	汉莎集团	德国	13,862.4	(0.2)	368.1	280	(64.0)	12,022.1	378	3,434.1	337	57,999	201
303	266	麦道公司	美国	13,834.0	(3.5)	788.0	184	—	11,631.0	382	3,038.0	350	62,071	184
304	371	教师年会和人寿保险公司	美国	13,828.1	18.7	934.5	153	24.3	86,357.5	110	4,750.7	266	4,422	484
305	380	普通事故保险公司	英国	13,792.0	21.0	813.6	179	27.9	47,966.8	159	5,953.2	215	25,458	359
306	325	艾伯森公司[3]	美国	13,776.7	9.5	493.8	243	6.2	4,714.6	477	2,247.0	393	88,000	120
307	315	大林公司[1]	日本	13,685.5	6.2	120.9	405	(2.8)	19,589.1	285	2,430.9	385	11,856[2]	452
308	246	神户钢铁公司[1]	日本	13,614.2	(11.0)	155.4	386	(83.4)	18,848.2	292	2,984.7	353	31,148	327

1996年世界最大的500家企业(十五)

收入位次		公司名称	国别	收入		利润			资产		股东权益		雇员	
1996年	1995年			金额：百万美元	比1995年变化(%)	金额：百万美元	位次	比1995年变化(%)	金额：百万美元	位次	金额：百万美元	位次	人数	位次
309	318	亚琛和慕尼黑保险股份公司[35]	德国	13,553.0	6.2	145.2	390	5.8	56,691.6	145	1508.0	426	19,330	397
310	319	DELHAIZE"LE LION"	比利时	13,521.1	6.6	140.6	393	10.1	5,027.0	472	881.1	469	94,755	107
311	286	麦克埃森公司[1]	美国	13,478.8	(1.7)	133.9	398	(1.1)	5,172.8	466	1,260.8	444	13,300	444
312	335	比利时石油金融公司	比利时	13,455.1[E]	8.2	518.3	238	31.7	11,612.1	385	4,157.8	298	13,588	443
313	299	尼奈克斯公司	美国	13,453.8	0.3	1,477.0	86	—	27,659.1	238	7,059.3	177	68,100	160
314	237	东北电力公司[1]	日本	13,423.9	(15.3)	242.5	336	(39.9)	31,164.5	218	5,036.0	252	14,730[7]	429
315	349	西斯科公司[10]	美国	13,395.1	10.5	276.9	315	10.0	3,325.4	489	1,474.7	429	30,600	328
316	379	标准人寿保险公司36	英国	13,362.8	17.0	N. A.		—	83,423.5	112	N. A.		9,162	464
317	267	铃木汽车公司[1]	日本	13,338.7	(6.8)	298.2	304	8.1	8,138.9	435	2,807.8	360	13,873[7]	441
318	321	阿一丹一米公司[10]	美国	13,314.0	5.1	695.9	202	(12.6)	10,449.9	408	6,144.8	209	14,811	428
319	300	阿科佐公司	荷兰	13,307.0	(0.6)	781.6	187	(4.5)	11,703.9	381	4,417.9	286	70,700	156
320	478	安龙天然气公司	美国	13,289.0	44.6	584.0	223	12.4	16,137.0	139	3,723.0	323	7,456	469
321	347	英国航空公司[1]	英国	13,262.0	9.2	877.4	163	18.5	17,003.4	304	4,861.8	261	59,218	196
322	327	挪威水电公司[G.4]	挪威	13,150.8	4.6	961.7	148	(14.5)	16,370.0	316	6,448.9	198	35,400	306
323	280	金伯利一克拉克公司	美国	13,149.1	(4.6)	1,403.8	95	4,128.3	11,845.7	380	4,483.1	283	54,800	215
324	278	电通公司[1]	日本	13,146.7	(4.9)	120.6	406	(16.2)	6,301.0	451	1,462.2	431	5,679[7]	477
325	407	摩根一斯坦利集团[34]	美国	13,144.0	20.0	1,029.0	138	42.9	196,446.0	52	6,538.0	193	11,613	454
326	324	美国铝公司	美国	13,128.4	3.7	514.9	239	(34.9)	13,449.9	354	4,462.4	284	76,800	144
327	305	固特异轮胎橡胶公司	美国	13,112.8	(0.4)	101.7	416	(83.4)	9,671.8	420	3,279.1	341	88,903	117
328	296	贝尔大西洋公司	美国	13,081.4	(2.6)	1,881.5	65	1.2	24,856.2	250	7,422.8	167	62,616	182
329	316	卡西诺集团	法国	13,064.7	1.6	163.8	379	29.1	6,356.3	450	1,661.4	416	46,833	250
330	292	安田火灾海上保险公司[1]	日本	13,040.5	(3.6)	112.9	409	4.1	30,076.1	225	2,062.4	399	12,624	446

1996年世界最大的500家企业(十六)

收入位次		公司名称	国别	收入		利润			资产		股东权益		雇员	
1996年	1995年			金额：百万美元	比1995年变化(%)	金额：百万美元	位次	比1995年变化(%)	金额：百万美元	位次	金额：百万美元	位次	人数	位次
331	353	葛兰素医药公司	英国	13,025.3	8.1	3,118.5	21	16.1	14,117.2	344	2,080.1	398	53,460	216
332	276	积水公司[3]	日本	13,024.4	(5.9)	388.1	274	(10.3)	14,668.0	331	6,465.5	196	18,302	406
333	268	乔治—太平洋公司	美国	13,024.0	(8.9)	156.0	384	(84.7)	12,818.0	367	3,521.0	333	47,500	242
334	291	米格罗百货公司	瑞士	13,021.6	(4.0)	209.1	352	(10.0)	9,478.1	421	4,143.0	299	50,174	230
335	362	温—迪克西百货公司[10]	美国	12,955.5	9.9	255.6	328	10.1	2,648.6	493	1,342.3	440	88,000	120
336	372	德意志合作银行	德国	12,945.1	11.6	182.4	369	111.3	213,398.5	48	2,700.5	363	11,237	457
337	255	住友金属工业银行[1]	日本	12,942.1	(12.7)	235.4	339	5.5	19,639.4	283	4,365.5	288	49,791	232
338	333	罗奇公司	瑞士	12,915.5	3.7	3,154.0	20	10.6	29,542.5	226	15,433.7	49	48,972	234
339	365	美国西部公司	美国	12,911.0	9.9	1,178.0	122	(10.6)	40,855.0	180	11,549.0	84	69,286	159
340	·	柏林银行股份公司	德国	12,852.0	3.0	16.6	460	(94.8)	217,042.6	46	5,205.5	246	16,928	413
341	241	皮西尼公司	法国	12,742.4	(18.3)	(581.9)	485	(298.2)	10,784.0	400	2,622.5	370	35,919	302
342	320	巴伐利亚洲立银行	德国	12,716.9	(1.0)	301.5	301	(4.4)	231,863.6	39	5,813.3	224	5,599	478
343	403	奥托邮购两合公司[37]	德国	12,702.7[E]	15.1	242.0	337	9.4	5,121.5	468	968.6	464	41,221	278
344	357	毕尔巴鄂—比斯开银行	西班牙	12,624.2	11.1	823.0	173	22.1	131,073.7	76	6,261.6	206	44,064	264
345	344	五月百货公司[3]	美国	12,601.0	(5.1)	755.0	194	0.4	10,059.0	417	3,650.0	326	111,000	85
346	381	大都会饭店有限公司	英国	12,575.8[E]	10.5	77.1	428	(91.9)	17,524.8	299	5,016.2	254	58,269	199
347	256	九州电力公司[1]	日本	12,553.5	(15.3)	351.8	285	(25.1)	33,554.9	206	5,242.3	244	14,572	433
348	270	川铁公司[1]	日本	12,541.1	(10.8)	11.0	461	(4.0)	6,117.3	454	367.9	484	3,247	490
349	323	艾奥瓦牛肉罐头公司	美国	12,538.8	(1.0)	198.7	360	(22.9)	2,174.5	498	1,203.7	450	34,000	313
350	346	ITT 哈特福特集团[38]	美国	12,473.0	2.7	(99.0)	469	(117.7)	108,840.0	91	4,520.0	279	21,000	386
351	343	德尔塔航空公司	美国	12,455.0	2.1	156.0	384	(61.8)	12,226.0	376	2,540.0	376	60,289	188
352	383	马克斯—斯潘塞有限公司	英国	12,441.6	9.9	1,197.2	118	17.2	11,161.5	393	7,379.6	169	45,805	257

1996 年世界最大的 500 家企业（十七）

收入位次		公司名称	国别	收入		利润			资产		股东权益		雇员	
1996年	1995年			金额：百万美元	比1995年变化（%）	金额：百万美元	位次	比1995年变化（%）	金额：百万美元	位次	金额：百万美元	位次	人数	位次
353	345	荷兰皇家邮电总局	荷兰	12,427.5	2.0	1444.1	89	2.8	20,571.8	277	9,250.4	122	139,969	58
354	399	斯密克兰—比彻姆公司	英国	12,375.7	11.8	1,616.3	78	5.6	13,604.4	351	2,324.6	388	52,900	219
355	368	全国保险企业公司[19]	美国	12,358.3	5.6	412.9[20]	262	—	74,145.2	124	7016.5	179	33,184	321
356	367	雷锡昂公司	美国	12,330.5	5.2	761.2	190	(3.9)	11,136.3	394	4,598.0	277	75,300	148
357	386	阿什兰石油公司[5]	美国	12,300.7[E]	9.3	211.1	349	783.7	7,269.5	446	1,814.5	408	36,100	301
358	331	瑞士邮电总局[G]	瑞士	12,299.1	0.4	202.2	357	9.0	23,707.0	262	1,365.0	438	59,661	194
359	224	日本信贷银行[1]	日本	12,258.1	(24.9)	(3,344.6	495	—	122,761.9	81	1,127.4	453	2,877	493
360	261	大同人寿保险公司[1]	日本	12,202.0	(16.1)	557.3	230	29.0	40,783.4	182	1,290.2	443	21,970	381
361	361	罗马银行	意大利	12,199.3	4.9	78.7	426	49.7	141,080.0	70	6,871.4	184	32,107	325
362	376	科奇财团	土耳奇	12,185.6	5.9	581.2	224	36.6	4,942.4	475	1,001.3	461	39,850	286
363	463	联邦住宅贷款抵押公司	美国	12,116.0	27.3	1,243.0	108	13.9	173,866.0	60	6,731.0	187	3,200	491
364	377	西北相互人寿保险公司	美国	12,110.0	5.5	620.2	217	35.3	62,680.5	133	3,514.7	335	3,513	488
365	364	VIACOM	美国	12,084.2	2.6	1,247.9	107	460.9	28,800.0	229	12,600.0	71	62,500	183
366	392	加拿大皇家银行[11]	加拿大	12,065.6	8.4	1,047.3	137	14.1	162,552.2	64	7,021.2	178	48,205	238
367	•	布拉德斯科银行	巴西	12,054.9	(8.1)	820.3	175	39.4	37,296.3	193	5,253.2	243	52,503	222
368	358	施耐德公司	法国	12,047.3	1.1	258.0	325	57.5	10,003.4[39]	418	3,532.0[39]	332	63,000[39]	178
369	•	英格拉姆·麦克罗公司	美国	12,023.5	—	110.7	412	—	3,366.9	488	825.2	471	9,006	466
370	338	中国粮油总公司[G]	中国	12,021.9	(1.7)	92.9	420	(21.4)	4,143.0	481	1,369.9	437	26,000	356
371	389	浦项综合制铁公司	韩国	11,990.0	7.2	735.1	197	(40.1)	18,604.8	294	7,733.7	157	28,093	339
372	417	第一联合银行公司	美国	11,985.0	13.2	1,488.0	85	4.8	140,127.0	71	10,008.0	110	44,333	262
373	429	海岸公司	美国	11,920.2[E]	16.6	402.6	269	48.9	11,613.1	384	3,036.5	351	14,700	431
374	342	宇宙石油公司[1]	日本	11,887.2[E]	(2.6)	78.5	427	15.7	10,376.2	410	1,529.9	423	6,093	475

1996年世界最大的500家企业(十八)

收入位次		公司名称	国别	收入		利润			资产		股东权益		雇员	
1996年	1995年			金额：百万美元	比1995年变化(%)	金额：百万美元	位次	比1995年变化(%)	金额：百万美元	位次	金额：百万美元	位次	人数	位次
375	303	朝日玻璃公司[1]	日本	11,872.6	(10.4)	214.6	347	(16.6)	14,462.4	337	4,985.4	256	35,900	303
376	413	奥雷阿尔公司	法国	11,795.1	10.3	683.6	205	8.3	10,959.0	397	5,055.0	251	43,158	269
377	422	沃尔格林公司[24]	美国	11,778.4	13.3	371.7	279	15.9	3,633.6	485	2,043.1	401	64,500	176
378	306	德克萨斯仪器公司	美国	11,713.0[E]	(10.8)	63.0	438	(94.2)	9,360.0	423	4,097.0	303	59,927	191
379	373	理光公司[1]	日本	11,684.2	1.3	256.8	327	13.3	13,259.9	358	3,409.3	338	60,200	189
380	290	日本西友公司[14]	日本	11,674.4	(14.0)	(26.9)	467	—	12,749.8	368	675.3	475	19,730	391
381	370	东邦相互人寿保险公司[1]	日本	11,668.7	0.1	109.3	414	(36.7)	36,352.5	196	112.6	491	14,855	426
382	410	卡里普罗公司	意大利	11,657.7	8.0	79.7	425	(60.2)	125,911.9	79	6,663.5	189	24,262	370
383	313	大日本印刷公司[1]	日本	11,631.2	(9.8)	498.6	242	(9.1)	11,367.5	388	6,701.0	188	32,061	326
384	416	怡和有限公司[9]	香港	11,605.0	9.1	300.2	303	(28.5)	14,285.4	341	4,095.5	304	200,000	33
385	•	国家石油产品公司[G,1]	马来西亚	11,553.6	30.2	2,912.1	25	8.0	27,493.4	239	11,019.1	89	14,094	437
386	465	澳大利亚国民银行[5]	澳大利亚	11,516.3	21.4	1,620.6	76	10.8	137,646.6	72	9,920.0	111	47,178	246
387	419	拉格代尔集团	法国	11,510.0	3.5	202.9	356	60.6	12,403.1	374	1,377.9	436	47,172	248
388	328	旭日化学工业公司[1]	日本	11,466.9	(8.5)	255.1	343	135.3	10,084.0	414	3,569.0	330	26,721	349
389	404	英国钢铁公司[1]	英国	11,461.3	3.9	491.8	244	(59.6)	12,832.4	364	7,750.6	156	50,400	228
290	•	屈曼纸业公司	芬兰	11,452.4	—	216.3	346	—	14,584.3	334	3,041.2	349	43,636	265
391	378	住友信托银行[1]	日本	11,395.2	(0.7)	64.4	437	—	122,162.0	82	5,589.0	234	6,365	473
392	374	中日本铁路公司[G,1]	日本	11,361.8	(1.4)	323.2	291	23.7	49,763.1	157	3,649.4	327	22,543	377
393	360	昭和壳牌石油公司	日本	11,350.8[E]	(4.1)	55.6	440	(62.1)	9,236.8	427	1,711.5	414	4,808	482
394	339	凸片印刷公司[1]	日本	11,313.7	(8.0)	192.0	364	(53.3)	9,285.5	425	4,935.5	258	33,719	317
395	438	辉瑞有限公司	美国	11,306.0	12.8	1,928.0	60	22.6	14,667.0	332	6,954.0	181	46,500	252
396	329	三井不动产公司[1]	日本	11,282.4	(10.0)	(390.6)	483	(1,003.1)	26,188.3	244	4,502.2	280	1,483[7]	497

1996年世界最大的500家企业(十九)

收入位次 1996年	收入位次 1995年	公司名称	国别	收入 金额:百万美元	收入 比1995年变化(%)	利润 金额:百万美元	利润 位次	利润 比1995年变化(%)	资产 金额:百万美元	资产 位次	股东权益 金额:百万美元	股东权益 位次	雇员 人数	雇员 位次
397	427	迪尔公司[11]	美国	11,229.4	9.1	817.3	178	15.7	14,652.7	333	3,557.2	331	33,919	314
398	354	住友电气工业公司[1]	日本	11,213.0	(6.8)	285.9	311	(1.7)	11,036.0	396	4,106.5	302	55,854	211
399	397	阿比国家公司	英国	11,207.6	1.2	1,197.7	117	11.1	210,570.7	50	7,459.3	166	19,695	393
400	496	西格拉姆公司[4,10,40]	加拿大	11,194.0[E]	—	142.0	392	—	21,628.0	271	9,205.0	125	30,000	330
401	326	高岛屋百化公司[14]	日本	11,176.6	(11.2)	83.7	424	(59.9)	7,365.0	445	1,722.8	413	16,968	412
402	440	埃墨森电器公司[5]	美国	11,149.9	11.4	1,018.5	141	12.2	10,481.0	406	5,353.4	238	86,400	127
403	366	三菱信托银行[1]	日本	11,130.1	(5.2)	99.6	417	—	150,576.2	66	5,899.0	218	6,224[7]	474
404	446	阿尔科标准公司[5,41]	美国	11,122.6	12.4	210.7	350	4.0	5,384.6	463	2,255.5	391	43,100	270
405	388	富士摄影胶片公司[1]	日本	11,116.4	(1.1)	757.7	191	0.4	16,005.6	320	10,841.8	95	33,154	322
406	363	惠好公司	美国	11,114.0	(5.7)	463.0	252	(42.0)	13,596.0	352	4,604.0	275	39,661	288
407	356	松下电工公司[34]	日本	11,060.8	(7.3)	289.2	308	8.0	11,628.1	383	4,791.9	264	36,573	298
408	474	福陆公司[11]	美国	11,015.2	18.4	268.1	321	15.7	3,951.7	484	1,669.7	415	52,461	223
409	441	雅培制药公司	美国	11,013.5	10.0	1,882.0	64	11.4	11,125.6	395	4,820.2	263	52,817	220
410	498	坦尼科公司	美国	10,982.0	23.4	410.0	264	(44.2)	7,587.0	442	2,646.0	367	45,000	260
411	473	自由相互保险公司	美国	10,967.0	17.8	511.0	240	24.6	39,926.0	184	5,620.0	232	23,000	374
412	423	半岛—东方航运公司	英国	10,954.5[E]	6.9	391.3	272	5.1	10,765.5	402	4,438.9	285	61,161	187
413	351	川崎钢铁公司[1]	日本	10,941.1	(9.3)	70.7	433	(71.2)	17,318.6	302	3,897.7	311	19,607	394
414	461	加拿大帝国商业银行[11]	加拿大	10,896.7	13.7	1,000.5	144	35.6	148,449.4	68	6,517.0	194	41,606	277
415	332	朝日银行[1]	日本	10,890.9	(12.6)	130.1	400	—	239,654.7	37	7,936.7	153	13,072	445
416	337	安霍伊塞—布希公司	美国	10,883.7[E]	(11.7)	1,189.9	119	85.3	10,463.6	407	4,029.1	305	25,123	363
417	385	川崎重工业公司[1]	日本	10,869.1	(3.4)	200.4	359	17.5	10,505.2	405	1,589.4	419	24,183	371
418	390	富士重工业公司[1]	日本	10,858.0	(2.7)	351.5	286	74.8	6,118.7	453	1,207.2	449	18,475	404

1996 年世界最大的 500 家企业(二十)

收入位次		公司名称	国别	收入		利润			资产		股东权益		雇员	
1996 年	1995 年			金额:百万美元	比 1995 年变化(%)	金额:百万美元	位次	比 1995 年变化(%)	金额:百万美元	位次	金额:百万美元	位次	人数	位次
419	•	伍尔沃思公司[42]	澳大利亚	10,854.4	12.3	177.3	371	2.3	2,447.1	497	894.4	467	94,600	108
420	428	国民劳动银行	意大利	10,851.8	5.8	98.2	418	43.2	112,859.5	88	7,530.2	164	25,257	361
421	445	亨克尔公司	德国	10,831.3	9.3	295.7	305	(2.1)	8,646.8	430	2,640.9	368	46,665	251
422	355	雪印乳业公司[1]	日本	10,783.1	(10.0)	47.0	446	(19.7)	4,319.1	479	1,107.6	454	15,380	419
423	408	埃德长中心有限公司	德国	10,780.7	(1.1)	39.3	450	(48.1)	2,526.8	495	395.9	481	783	499
424	341	西日本铁路公司[1]	日本	10,736.0	(12.1)	316.4	293	11.5	21,524.2	272	2,614.0	371	51,943	224
425	352	金属股份公司[5]	德国	10,704.5	(11.2)	128.4	401	143.7	5,111.8	469	234.6	488	23,258	373
426	450	麦当劳公司	英国	10,686.5	9.1	1,572.6	81	10.2	17,386.0	300	8,718.2	134	237,000	24
427	447	法国天然气公司[G]	法国	10,610.1	7.5	501.0	241	30.2	17,198.8	303	2,589.5	372	25,081	364
428	421	西方石油公司	美国	10,557.0[E]	1.3	668.0	209	30.7	17,634.0	298	5,140.0	247	14,270	436
429	401	大和住宅工业公司[1]	日本	10,549.8	(4.5)	376.9	277	(6.7)	9,237.8	426	4,709.0	269	15,064	424
430	420	CSX 公司	美国	10,536.0	0.3	855.0	166	38.3	16,965.0	306	4,995.0	255	47,421	244
431	369	三菱物业公司[1]	日本	10,535.8	(9.8)	130.9	399	11.2	13,247.3	359	2,479.2	379	29,724	331
432	466	公众超级市场	美国	10,526.0	11.1	265.2	323	9.5	2,921.1	492	1,751.2	412	103,000	91
433	431	意大利商业银行	意大利	10,509.0	3.9	245.0	333	9.3	115,450.0	85	5,581.3	235	28,271	338
434	412	兴业银行	比利时	10,506.7	(0.3)	487.6	246	5.2	173,226.3	61	4,023.3	306	27,100	345
435	•	伯克什·哈索维公司	美国	10,500.3	134.0	2,488.6	43	243.2	43,409.5	174	23,426.3	19	34,500	311
436	391	积水化学工业公司[1]	日本	10,497.2	(5.8)	275.5	318	1.6	7,712.3	441	3,459.2	336	19,437	395
437	464	阿盖尔集团[1,43]	英国	10,454.9[E]	10.0	467.1	251	(0.7)	6,132.9	452	3,075.1	347	50,358	229
438	398	CEA 工业公司[G]	法国	10,387.7	(1.3)	325.4	290	(8.8)	27,763.9	234	3,875.7	313	43,587	266
439	480	南方天然气公司	美国	10,358.0	12.8	1,127.0	128	2.2	30,292.0	221	9,216.0	124	29,246	334
440	406	WMX 技术公司[44]	美国	10,321.6	(6.0)	192.1	363	(68.2)	18,366.6	295	4,876.3	260	59,700	193

1996 年世界最大的 500 家企业(二十一)

收入位次		公司名称	国别	收入		利润			资产		股东权益		雇员	
1996年	1995年			金额:百万美元	比1995年变化(%)	金额:百万美元	位次	比1995年变化(%)	金额:百万美元	位次	金额:百万美元	位次	人数	位次
441	430	汤普森-拉莫-伍尔德里奇公司	美国	10,310.1	1.4	480.0	249	7.6	5,899.0	456	2,189.0	394	65,200	174
442	426	意大利信贷银行	意大利	10,305.5	(0.2)	182.7	368	51.6	114,380.4	87	4,183.2	296	24,502	368
443	471	联邦捷运公司[17]	美国	10,273.6	9.4	307.8	296	3.4	6,699.0	448	2,576.1	373	99,999	100
444	491	第一银行公司	美国	10,272.4	14.5	1,426.5	91	11.6	101,848.1	96	8,647.0	135	51,067	226
445	359	住金物产公司	日本	10,248.7	(13.8)	6.7	463	(12.4)	4,627.2	478	93.3	492	1,630[7]	496
446	336	共荣人寿保险公司[1]	日本	10,236.9	(17.5)	312.6	295	(16.6)	46,150.9	168	34.7	494	17,351	409
447	493	马里奥特国际公司	美国	10,172.0	13.5	306.0	298	23.9	5,075.0	470	1,260.0	445	192,000	35
448	405	哈利法克斯住宅互助协会[45]	英国	10,170.0	—	848.4	169	—	185,093.6	57	10,582.0	102	30,349	329
449	·	教宝生命保险公司[1]	韩国	10,163.3	7.6	(1.0)	464	(104.1)	19,630.6	284	345.2	485	9,502	462
450	393	九保田公司[1]	日本	10,134.4	(8.7)	257.0	326	(3.5)	10,775.9	401	2,859.7	357	25,000	365
451	415	芝加哥第一国民银行	美国	10,117.0	(5.3)	1,436.0	90	24.9	104,619.0	94	9,007.0	127	33,414	319
452	455	英国邮政总局[G,1]	英国	10,106.4	4.0	572.7	227	35.5	9,011.7	428	N.A.	—	193,633	34
453	434	航空航天工业公司[G]	法国	10,105.5	0.3	158.7	381	—	12,556.2	371	723.7	474	37,718	293
454	485	英国航空航天公司	英国	10,094.2	11.4	482.5	247	121.6	13,117.1	363	2,416.3	386	47,000	249
455	432	大西洋和太平洋茶叶公司[29]	美国	10,089.0	(0.1)	73.0	431	27.6	3,002.7	491	890.1	468	55,020	214
456	·	联合保健公司	美国	10,073.8	77.7	355.6	283	24.4	6,851.1	447	3,839.6	318	27,000	347
457	·	时代—华纳公司	美国	10,064.0	24.8	(191.0)	478	—	35,064.0	200	9,502.0	118	43,100	271
458	·	OJI 制纸公司[1,46]	日本	10,060.7	17.7	114.8	407	(31.3)	14,412.0	339	3661.7	325	14,519[7]	435
459	495	太平洋联合公司	美国	10,051.0[1]	12.4	904.0	161	(4.4)	27,914.0	233	8,225.0	147	67,000	165
460	·	强生控制器公司[5]	美国	10,009.4	20.2	234.7	340	19.9	5,122.6	467	1,507.8	427	65,800	172
461	·	伯根·伯佗斯维格公司[5]	美国	9,942.7	17.7	73.5	430	15.0	2,489.8	496	579.0	478	4,900	480
462	487	澳大利亚新闻公司[10]	澳大利亚	9,935.8	9.9	774.3	188	(23.6)	24,272.5	254	13,525.3	61	26,513	350

1996年世界最大的500家企业(二十二)

收入位次 1996年	收入位次 1995年	公司名称	国别	收入 金额：百万美元	收入 比1995年变化(%)	利润 金额：百万美元	利润 位次	利润 比1995年变化(%)	资产 金额：百万美元	资产 位次	股东权益 金额：百万美元	股东权益 位次	雇员 人数	雇员 位次
463	470	美国"R"字玩具公司[3]	美国	9,932.4	5.4	427.4	260	188.6	8,023.0	437	4,191.0	295	63,000	178
464	·	托斯科公司	美国	9,922.6	36.2	146.3	389	89.8	3,554.8	487	1,070.3	457	24,300	369
465	484	西北航空公司	美国	9,880.5	8.8	536.1	233	36.8	8,511.7	434	92.9	493	47,536	241
466	·	太阳公司	美国	9,875.0[E]	18.0	(115.0)	473	(182.1)	5,025.0	473	1,438.0	434	12,159	448
467	·	斯堪的亚集团	瑞典	9,860.8	—	170.0	376	—	32,610.4	209	1,588.9	420	9,408	463
468	·	CPC 国际公司	美国	9,844.3	16.8	580.0	225	13.3	7,874.4	440	2,083.5	397	55,305	212
469	400	苹果计算机公司[5]	美国	9,833.0	(11.1)	(816.0)	486	(292.5)	5,364.0	465	2,058.0	400	12,147	449
470	458	中国石油股份有限公司[G]	台湾	9,816.2[E]	1.8	276.7	316	(54.9)	19,084.6	290	9,476.1	119	20,322	389
471	·	农场产业[24,47]	美国	9,786.6	34.9	N.A.		—	2,568.4	494	755.3	472	14700	430
472	452	通用电气公司[18]	英国	9,759.5	7.4	975.2	145	11.1	10,156.9	412	4,749.5	267	82,967	135
473	424	小松公司[1]	日本	9,756.3	(5.8)	161.2	380	8.9	12,194.5	377	4,368.7	287	27,007	346
474	443	英之杰有限公司	英国	9,738.4	(2.0)	35.1	453	—	5,741.4	459	1,505.8	428	46,112	253
475	402	日本造纸工业公司[1]	日本	9,706.8	(12.1)	254.2	330	1.8	10,304.8	411	2,675.4	365	14,520	434
476	·	吉列公司	美国	9,697.7	42.7	948.7	149	15.2	10,435.3	409	4,490.9	282	44,100	263
477	459	太平洋天然气和电气公司[48]	美国	9,610.0	(0.1)	755.2	193	(43.6)	26,129.9	245	8,765.4	131	22,000	380
478	·	无线电缆公司[1]	英国	9,598.7	11.2	1,074.1	133	13.0	15,750.4	322	6,108.2	212	37,448	295
479	486	太平洋电讯集团	美国	9,588.0	6.0	1,142.0	127	—	16,608.0	311	2,773.0	362	48,330	236
480	·	纽约银行家信托公司	美国	9,565.0	15.1	612.0	219	184.7	120,235.0	83	5,234.0	245	15,228	420
481	·	蒙特利尔银行[11]	加拿大	9,521.2	8.3	855.4	165	19.3	126,664.7	78	5,657.8	230	33,468	318
482	387	石川岛播磨重工业公司[1]	日本	9,516.1	(15.4)	121.8	404	(39.8)	10,749.4	403	1,656.1	417	25,431	360
483	494	哈瓦斯出版公司	法国	9,500.5	6.2	195.5	362	10.1	7,506.2	443	2,462.1	381	22,388	379
484	395	日铁商事[1]	日本	9,462.6	(14.7)	(17.6)	466	—	6,070.6	455	24.3	495	1,130	498

1996 年世界最大的 500 家企业(二十三)

收入位次		公司名称	国别	收入		利润			资产		股东权益		雇员	
1996年	1995年			金额：百万美元	比1995年变化(%)	金额：百万美元	位次	比1995年变化(%)	金额：百万美元	位次	金额：百万美元	位次	人数	位次
485	394	三井信托银行[1]	日本	9,455.9	(14.8)	50.5	444	—	100,777.1	97	4,573.0	278	5,807	476
486	·	阿斯达集团[49]	英国	9,411.6	13.7	355.6	284	27.1	4,943.3	474	2,500.0	378	39,461	289
487	460	西屋电气公司	美国	9,401.0	(2.1)	30.0	456	100.0	19,889.0	282	5,742.0	228	59,275	195
488	384	熊谷组[1]	日本	9,399.7	(16.8)	(65.3)	468	—	15,256.1	326	2,099.0	396	10,000	460
489	418	第一相互人寿保险公司[19]	美国	9,387.0[20]	—	526.0[20]	237	—	59,142.0	141	4,654.0	273	17,010	411
490	457	德高沙公司[5]	德国	9,329.3	(1.5)	196.8	361	3.3	5,369.8	464	1,301.4	442	26,005	355
491	469	乔治·威斯顿公司	加拿大	9,320.9	(1.3)	175.3	373	26.6	3,972.7	483	1,179.2	452	75,000	150
492	414	三越公司[14]	日本	9,296.6	(13.0)	(7.1)	465	—	5,042.6	471	622.1	477	10,784[7]	458
493	453	东丽公司[1]	日本	9,293.9	(4.7)	206.6	354	9.5	11,225.3	389	3,858.1	315	33,790	316
494	433	三井海上火灾保险公司[1]	日本	9,278.3	(7.9)	88.3	422	(5.0)	22,305.3	269	1,873.4	407	9,027	465
495	442	达信公司	美国	9,274.0	(7.0)	253.0	331	(47.2)	18,235.0	296	3,183.0	344	57,000	206
496	492	孟山都公司	美国	9,262.0	3.3	385.0	275	(47.9)	11,191.0	392	3,690.0	324	28,000	340
497	409	中国电力公司[1]	日本	9,241.8	(14.7)	241.7	338	(18.1)	23,749.7	259	3,740.0	321	14,926	425
498	·	麻省相互生命保险公司	美国	9,230.0	35.7	287.9	309	25.5	56,904.5	144	2,638.6	369	12,508	447
499	479	FUKOKU 人寿保险公司[1]	日本	9,181.2	(0.1)	285.0	312	(4.5)	33,279.7	207	320.8	487	14,843	427
500	·	锡耶纳银行	意大利	9,169.0	4.5	184.7	367	60.6	93,178.5	105	3,839.6	317	22,524	378
		总计		11,434,819.9		404,408.4			33,271,046.5		3,624,219.8		35,517,692	

定义及解释

收入及利润

表中各公司均应公布财务数字并向政府部门报告部分或全部数字。本表包括了填报 10K 表格的美国私营公司和合伙公司。收入额包括至统计之日止中断了业务收入。商业银行和储蓄机构的收入额含利息收入和无息收入。保险公司的收入额含保险费及年金收入、投资收入和资本损益，但不包含保证金。收入额包括合并的子公司的数字，但营业额除外。

本表中的利润额均为税后利润，已经除去非常货款或应付款，并减去因财务统计方法变化而引起的重复计算。括号中的数字为亏损数字。利润下降幅度超过100%，反映了从1995年盈利转为1996年亏损。

统计中的财政年度，除特别指明外，均截止到1997年3月31日。非美国公司的收入额和利润额均按公司财政年度内的官方平均汇率折算为美元（截止到1996年12月31日，除特别指明外）。

资产和股东权益

表中资产额为公司财政年度末的数字，股东权益为同一天的股本、实收资本和存留收益之和。未包括少数股东权益。

非美国公司的数字均按公司的财政年度末的官方汇率折算为美元。

雇员人数

人数均按公司公布的年底实际人数或者全年平均人数统计。

脚　注

E　已知除营业税

G　国有公司

• 包括10%以上的中断了的业务的收入。

1. 财政年度截止到1997年3月31日的数字。
2. 本年度的数字无法与上一年比较，因为该公司的收入额已经不包括贵金属的交易。
3. 财政年度截止到1997年1月31日的数字。
4. 根据美国通用会计原则编辑的数字。
5. 财政年度截止到1996年9月30日的数字。
6. 有三菱银行1996年4月1日兼并东京银行后而改名（东京银行1995年排名：第137位）。
7. 只含母公司。
8. 数字不包括1997年1月24日兼并的AXA公司（1996年排名：第78位）
9. 根据国际会计标准编制的数字。
10. 财政年度截止到1996年6月30日的数字。
11. 财政年度截止到1996年10月31日的数字。
12. 数字不包括与巴黎联合保险公司（1995年排名：第52位）的合并。
13. 由汽巴一嘉基公司（1995年排名：第198位）和山度士公司（1995年排名：第314位）于1996年12月20日合并成立的公司。
14. 财政年度截止到1997年2月28日的数字。
15. 由汉华银行1996年3月31日兼并大通银行（1995年排名：第382位）后而得名。
16. 1997年1月6日起改名，原名为联邦全国抵押协会。
17. 财政年度截止到1996年5月31日的数字。
18. 财政年度截止到1996年3月31日的数字。
19. 相互保险公司，此数字根据美国通用会计原则编制。
20. 1996年的数字无法与1995年比较，因为该公司由法定报告转为按通用会计原则报告。
21. 按俄罗斯会计标准编制的数字。
22. 由Sun Alliance公司和Royal Insurance Holdings（1995年排名：第456位）于1996年7月19日合并而成。
23. 财政年度截止到1997年2月20日的数字。
24. 财政年度截止到1996年8月31日的数字。
25. 由Price公司和Costco公司于1997年2月6日合并而改名。
26. 于1996年8月26日兼并Docks de France公司（1995年排名：第435位）。
27. 于1996年6月15日由Ferruzi Finanziaria改为现名。
28. 于1996年11月7日由Rurhkole改为现名。
29. 财政年度截止到1997年2月22日的数字。

30. 财政年度截止日期由 11 月 30 日改为 3 月 31 日。
31. 将 Centrica 分部分离除去后，British Gas 于 1997 年 2 月 12 日改为现名。
32. 于 1996 年 10 月 1 日由 Nippondenso 改为现名。
33. 财政年度截止到 1996 年 7 月 31 日的数字。
34. 财政年度截止到 1996 年 11 月 30 日的数字。
35. 财政年度截止到 1995 年 12 月 31 日的数字。
36. 财政年度截止到 1996 年 11 月 15 日的数字。
37. 财政年度截止到 1996 年 2 月 29 日的数字。
38. 于 1997 年 5 月 2 日出 ITT Hartford Group 改为现名。
39. 不含 Spie Batignollles，该分部于 1997 年 2 月 28 日售出。
40. 财政年度截止日期由 1 月 31 日改为 6 月 30 日。
41. 于 1997 年 1 月 23 日由 Alco Standard 改为现名。
42. 财政年度截止到 1996 年 6 月 23 日的数字。
43. 于 1997 年 7 月 2 日由 Argyll Group 改为现名。
44. 于 1997 年 5 月 9 日由 WMX Technologies 改为现名。
45. 财政年度截止日期由 1 月 31 日改为 1996 年 12 月 31 日，数字为 11 个月的统计。
46. 于 1996 年 10 月 1 日由 New Oji Paper 改为现名。
47. 合作方仅提供了净边际利润数据，无法与表中的利润数据相比较。
48. 于 1997 年 1 月 1 日由 Pacific Gas & Electric 改为现名。
49. 财政年度截止到 1996 年 4 月 30 日的数字。

资料来源：美国《幸福》杂志

（对外贸易经济合作部国际贸易经济合作研究院文献信息中心）

广 告 索 引

中國外運浙江溫州公司

中國外運浙江溫州公司創建於一九六四年，系中國外運集團在溫州口岸的綜合性、專業化國際貨物儲運企業。

公司主要經營各類進出口貨物，來料加工，補償貿易物資和各類非貿易物品的海、陸、空、多式聯運，集裝箱運輸以及國際船舶租賃和訂艙，辦理船舶代理、倉儲和保稅等業務，在全國各地有自己的兄弟公司：在世界150多個國家和地區均有代理關系，形成了世界性網絡，並以豐富的國際運輸經驗，雄厚的運輸實力為國內外客户提供可靠的優質服務。

本公司一貫奉行"貨主至上、服務第一"的宗旨，竭誠提供"安全、訊速、準確、節省、方便。"的國際貨運服務。

Sinotrans Wenzhou Company, Zhejiang was founded in 1964. It is a specialized multiple international cargos warehousing and transporting enterprise at Wenzhou under the Sinotrans Group.

Its main scope of activities is as follows:

Transport the Chinese imports and exports, materials for processing, compensatory trade goods as well as all categories of non-commercial and aid goods in good condition and full quantity.

Engage in ocean transport, land transport, air freight transport, international multi-modal transport combining land/sea and land/air transport and international container transport.

Arrange space booking, cargo allocation co-ordination.

Engage in chartering international vessel.

Engage in marine shipping agency work.

Engage in warehousing and storaging and bonded warehouse work.

Sinotrans Wenzhou Company, Zhejiang has its sister corporations both at home and abroad.

It has established agency relationships with over 150 countries and regions, forming a world transport network.

It provides reliable and excellent services for the clients both at home and abroad with its rich international transport experience and great transport strength.

This company always advocates the principle of "Cargos Owner first, Service Foremost" and provides safe, prompt, accurate, economical and convenient services for international cargos transport.

法人代表：高 頌

部門及業務電話
總經理室：(0577)8524056, 8522278, 8527453
海運部：8527459
船運部：8517870
空運部：8526310
聯運部：8522063
海通報關行：8187408(FAX)

倉　庫：8628107(FAX)
車　隊：8635346
傳真(FAX)：0086-577-8524297
電傳(TLX)：37117 WZTRA CN
電子信箱(E-MAIL): wzwy@ciet.cn.net
地址(ADD)：中國溫州市隔岸路68號外運大樓
郵編(POSTCODE)：325028

溫州市五礦機械化工醫藥保健品對外貿易公司

溫州市五礦機械化工醫藥保健品對外貿易公司位於中國經濟發達，交通便利的沿海開放城市之一溫州，公司成立於一九八二年，擁有進出口自營權，是溫州市綜合性的貿易進出口公司，外貿出口額居全市外貿專業公司前列。公司主要經營：五金礦產類、機械類、輕工類、化工醫藥保健類等產品進出口業務。目前公司實力雄厚，內部實行電腦化科學管理，並擁有一批業務精、素質好的優秀外銷人員，幾年來，公司貿易額每年以50%增長速度遞增，九七年出口額突破4000萬美元，產品達銷世界五十多個國家和地區，公司前景看好。

公司法人代表：葉碎貴
公司地址：溫州市學院東路307號
傳真：0577-8335844, 8350114, 8364507
電話：0577-8332755, 8339593
E-MAIL地址：2ftc@public.wzptt.zj.cn

祝賀《中國對外經濟貿易年鑑》創刊15周年

廣州市對外經濟貿易委員會
廣州國際經濟貿易學會
廣州市東風西路158號
電話：81081272　傳真：81087879　郵編：510170

廣州經濟技術開發區管理委員會
廣州經濟技術開發區管理大樓
電話：82212192　傳真：82224515　郵編：510730

東山區對外經濟貿易局
廣州市東山區署前路8號
電話：87755888　傳真：87752770　郵編：510080

荔灣區對外經濟貿易局
廣州市中山七路龍恩里6-12號3樓
電話：81724889　傳真：81861463　郵編：510170

花都市對外經濟貿易局
花都市新華鎮商業大道43號
電話：86816499　傳真：86823740　郵編：510800

中國廣州國際經濟技術合作公司
廣州市環市中路316號金鷹大廈8樓
電話：83540478　傳真：83540506　郵編：510060

廣州市對外經濟發展總公司
廣州市解放北路960號天安大廈4樓
電話：86674053　傳真：86673867　郵編：510030

廣州紡織品進出口公司
廣州市東風西路438號廣德大廈
電話：83348898　傳真：83343898　郵編：510030

廣州畜產進出口公司
廣州市東華南路118號
電話：83852888　傳真：83824187　郵編：510100

廣州糧油食品進出口公司
廣州市人民中路408號
電話：81845128　傳真：81881723　郵編：510180

廣州醫藥保健品進出口公司
廣州市東風西路158號5-6樓
電話：81090999　傳真：81866446　郵編：510170

廣州市紡織工業聯合進出口公司
廣州市連新路145號
電話：83393579　傳真：83345178　郵編：510030

廣州市珠江水泥廠
廣州市白雲區神山鎮
電話：86607700　傳真：86607915　郵編：510460

廣州電池廠
廣州市工業大道132號
電話：84322783　傳真：84368726　郵編：510253

廣州華立—薩其賓化工有限公司
廣州黃埔區南崗西路238號
電話：82232001　傳真：82233382　郵編：510760

廣州市化工經濟技術發展公司
廣州市小北路65號華宇大廈18樓J座
電話：83552401　傳真：83552727　郵編：510045

廣州工程總承包集團有限公司
廣州市天河體育東路東橫街3號
電話：87549928　傳真：87542488　郵編：510620

GUANGZHOU FOREIGN ECONOMIC RELATIONS & TRADE COMMISSION
GUANGZHOU INTERNATIONAL ECONOMIC & TRADE ASSOCIATION
Add: 158 Dongfeng Road, W., Guangzhou, China
Tel: 81081272　Fax: 81087879　P.C.: 510170

THE ADMINISTRATIVE COMMITTEE OF GUANGZHOU ECONOMIC & TECHNOLOGICAL DEVELOPMENT DISTRICT
Add: Central 607# Admin. Building G.E.T.D.D. China.
Tel: 82212192　Fax: 82224515　P.C.: 510730

GUANGZHOU DONGSHAN FOREIGN ECONOMIC RELATIONS & TRADE BUREAU
Add: No.8 Su Qian Rd, Guangzhou, China.
Tel: 87755888　Fax: 87752770　P.C.: 510080

GUANGZHOU LIWAN FOREIGN ECONOMIC RELATIONS & TRADE BUREAU
Add: 3/F, 6-12 En Long St., Zhongshan 7 Rd, Guangzhou, China.
Tel: 81724889　Fax: 81861463　P.C.: 510170

HUADU FOREIGN ECONOMIC RELATIONS & TRADE BUREAU
Add: 43 Commercial Avenue, Huadu City, Guangdong China
Tel: 86816499　Fax: 86823740　P.C.: 510800

CHINA GUANGZHOU INTERNATIONAL ECONOMIC & TECHNICAL COOPERATION CO.
Add: No.26/F Jin Ying Building, 316 Huan Shi Zhong Rd, Guangzhou, China
Tel: 83540478　Fax: 83540506　P.C.: 510060

GUANGZHOU FOREIGN ECONOMIC DEVELOPMENT CORP.
Add: 4/F Parkview Square, 960 Jie Fang North Rd, Guangzhou, China.
Tel: 86674053　Fax: 86673867　P.C.: 510030

GUANGZHOU TEXTILES IMP. & EXP. CORP.
Add: Guangtex Building, 438 Dongfeng Rd. Guangzhou, China.
Tel: 83348898　Fax: 83343898　P.C.: 510030

GUANGZHOU ANIMAL BY-PRODUCTS IMP. & EXP. CORP.
Add: 118 Dong Hua Nan Rd, Guangzhou, China.
Tel: 83852888　Fax: 83824187　P.C.: 510100

GUANGZHOU CEREALS, OILS & FOODSTUFFS IMP. & EXP. CORP.
Add: No.408 Renmin Rd., Guangzhou, China.
Tel: 81845128　Fax: 81881723　P.C.: 510170

GUANGZHOU MEDICINES & HEALTH PRODUCTS IMP. & EXP. CORP.
Add: 158 Dong Feng Rd. W., Guangzhou, China.
Tel: 81090999　Fax: 81866446　P.C.: 510180

GUANGZHOU TEXTILES INDUSTRY UNION IMP. & EXP. CORP.
Add: 145, Lianxin Rd., Guangzhou, China.
Tel: 83393579　Fax: 83345178　P.C.: 510030

GUANGZHOU ZHUJIANG CEMENT PLANT
Add: Shenshan Town, Baiyun District, Guangzhou, China.
Tel: 86607700　Fax: 86607915　P.C.: 510460

GUANGZHOU BATTERY FACTORY
Add: 132, Gongye Rd., Guangzhou, China.
Tel: 84322783　Fax: 84368726　P.C.: 510253

GUANGZHOU HUALI PIGMENT CHEMICAL INDUSTRIAL CO.
Add: 238 Nangang Rd West, Huangpu, Guangzhou, China.
Tel: 82232001　Fax: 82233382　P.C.: 510760

GUANGZHOU CHEMICAL ECONOMY AND TECHNOLOGY DEVELOPMENT CORP.
Add: J 18/F, No.65 Huayu Building, Xiaobei Rd, Guangzhou, China.
Tel: 83552401　Fax: 83552727　P.C.: 510045

GUANGZHOU ENGINEERING CIBTRACTOR GROUP LIMITED
Add: 3 Tiyu Dong Heng St., Tiyu Rd East, Tianhe, Guangzhou, China.
Tel: 87549928　Fax: 87542488　P.C.: 510620

熱烈祝賀《中國對外經濟貿易年鑒》創刊15週年

Congratulations on the 15 Anniversary of the Publication of Almanac of China's Foreign Economic Relations and Trade

集團公司總經理：楊韶秀
President of GMG: Yang Shaoxiu

廣東省機械進出口集團公司是我國最早成立的專業外貿企業之一。四十多年來，公司憑藉着優質的產品、優良的服務以及靈活多樣的貿易方式，進出口業務得到長足的發展。1997年進出口總額6.68億美元，被評為"全國對外經貿先進集體"。

集團公司主要經營機械、成套設備、儀器、輕工業品、五金工具、園林機具、水產品、技術等商品的進出口和國際招標業務及接受委託、代理上述進出口業務；承辦中外合資經營、合作生產、三來一補、轉口貿易、易貨貿易，寄售貿易和進口保稅業務；開展生產、加工和國內貿易，集貿、工、技於一體。

集團公司的經營宗旨：平等互利、真誠合作、優質服務、爭創一流。

Guangdong Machinery Import & Export Corporation (Group) (hereafter referred to as GMG) is one of the earliest foreign trade enterprises in China. For more than 40 years, GMG has achieved great success in import and export business as a result of its good quality products, excellent services and flexible ways of trading. In 1997, it worked out the import and export volume of 668 million US dollars and was appraised as the "Excellent Foreign Trade Enterprises in China".

GMG mainly handles the import-export business of machinery, complete set of equipment, instrument, light industrial products, metals and minerals, aquatic products, technology, tender operations as well as accepting consignments and agencies of the above-mentioned business. To diversify its business, it also under-takes Sino-joint venture, cooperative production, processing with provided materials and samples, assembling with supplied components, compensation trade, entrepot trade, barter trade, consignment trade, bonded warehouse for import goods. By operating production, processing and domestic trade, it has become an enterprise combined with trade, industry and technology.

"Equlity and Mutual Benefit, Sincere Cooperation, Excellent Service, Achieving the Best' is GMG's principle to follow.

企業集團
Head Office of the Enterprise

地址：廣州市東風東路726號
電話：87782168 電掛：3261廣州
傳真：(020)87771844, 87771703
電傳：441083 JIXIE CN
郵政編碼：510080
Add: 726 Dongfeng Road East, Guangzhou, China
Postcode: 510080
Tel: (0086-20) 8778 2168
Cable: MACHIMPEX GUANGZHOU
Telex: 441083 JIXIE CN
Fax: (0086-20) 8777 1844, 8777 1703

GMG

廣東省機械進出口集團公司

GUANGDONG MACHINERY IMP. & EXP. CORP.(GROUP)

新疆紡織品進出口公司

Xinjiang Textiles Imp. & Exp. Corp.

新疆紡織品進出口公司是新疆最早從事紡織品進出口貿易的外貿專業公司，是經中華人民共和國對外貿易經濟合作部批准享有自營進出口權的外貿公司，對內對外具有獨立法人資格。1995年被評為新疆批發貿易企業前10家利稅大户，為中國銀行新疆分行三A級信譽企業。

公司主營棉花、棉紗、棉布、T/C紗、T/C布、呢絨、棉蔴混紡、棉針織品、毛針織品、毛毯、棉織品及各種服裝、廠絲、廢絲、絹紡原料和絲綢等紡織品進出口業務。

公司出口的新疆長絨綿和陸地棉，色澤潔白、低雜、質量穩定，可紡性強，是新疆外貿出口的拳頭產品。"紅山"牌、"文竹"牌、"三山"牌棉紗，是我司主銷各種紗支的代表，享譽世界。

公司擁有固定資產2千多萬元，註冊資金2.63億元。公司設有較完備的經營機構和較現代化的辦公設施，公司內設8個業務部，6個職能部，2個子公司，在北京、天津、深圳、上海、阿聯酋等地設有辦事處和子公司，與國內數百家的生產企業和供貨部門建立了密切的合作關係，有穩定的供貨渠道。公司積極開拓國際市場，業務網絡拓及日本、東南亞、中東、美洲、獨聯體及港澳等50多個國家和地區的200餘家客户，並與之建立了長期貿易關係，有着良好的經貿信譽。

公司一貫遵循"平等互利、質量為本、信譽至上、珍重友誼"的原則，堅持"重合同、守信用"，合法經營。今後，公司將不斷前進，努力發展同海內外貿易界人士的經貿合作關係，增進友誼，共謀發展。

法人代表 總經理：烏力亞蒂
Legal Person & General Manager: Wuliyadi
地址：新疆烏魯木齊團結路9號
Add: 9 Tuanjie Road, Urumqi, Xinjiang, China
郵編(Post Code): 830001

深圳市龍崗區
對外經濟發展有限公司

深圳市龍崗區對外經濟發展有限公司是龍崗區對外經濟業務爲主，具獨立法人資格的全民所有制企業。于一九九三年一月一日正式成立。是深圳市34家涉外商務單位之一，是龍崗區目前實力較强，效益佳的國有企業，是93、94年全國500家最大的出口創匯名列前茅的企業。九七年榮獲市貿發局頒發出口先進企業、機電產品出口先進企業獎。注册資本1000萬元。

本公司主要管理和協調龍崗區境内三來一補，三資企業；引進和興辦三來一補、三資、自營、内聯企業項目。負責三來一補、三資企業洽談、簽約結匯、報關等工作。

本公司本着引進、管理、服務、開發、投資的經營方式和方向，進一步投身于市場經濟競争的洪流中，從單一的對外經濟轉爲朝多元化、綜合性的經營方向發展。

本公司擁有進出口經營權，奉行“互惠互利、真誠合作”的宗旨拓展進出口貿易業務。

總經理：黄抗成

本公司下屬企業：

深圳市龍崗區對外經濟發展有限公司貿易分公司

聯系人：温潤東

電話：5426586　傳真：5423110

深圳市順意得報關有限公司

聯系人：梁國偉

電話：5401198　傳真：5401128

公司新址：笋崗路寶安廣場B座17、18樓

（注：本單位于98年8月份搬遷）

公司地址：深圳市文錦中路28號新華賓館二樓

電話：5402177　電挂：80360

傳真：5523310　郵編：518003

推陈出新·精益求精

'98款SANTANA LX

您熟悉的朋友，SANTANA LX，十多年来，任劳任怨，为大众出行提供便利。时代在前进，SANTANA LX也在不断完善自己，努力为您创造更舒适的车厢环境，提供更完备的安全保障，让您出入更方便，令环境污染更为减轻。新推出的'98款SANTANA LX，凝聚了多项全新成就，更显现出对您的体贴关心，值得您重新认识，细心体会。

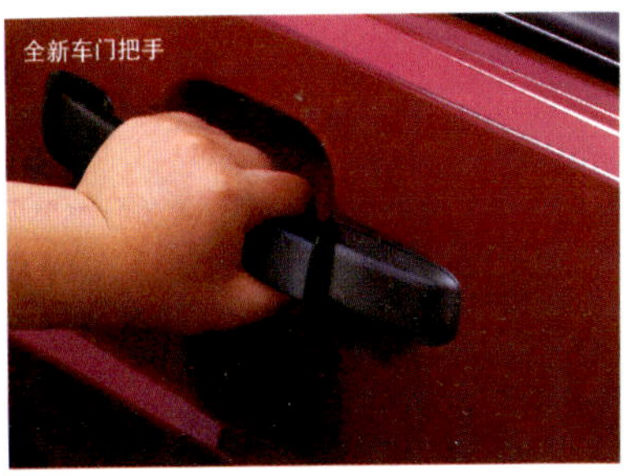

- 全新车门把手，更方便易用
- 全新绿色空调系统，令制冷性能显著提高
- 全新制动加力系统，更灵敏、更有效
- 燃油蒸气排放控制系统，有效降低大气污染
- 侧面转向灯，有助行车安全

获ISO9001质量体系认证　获ISO14000环境管理体系认证

上海大众汽车有限公司　中国上海安亭洛浦路　电话：86/21/59578888　邮编：201805　传真：86/21/59572815　销售热线：86/21/62442188　62440001-1918

上海大众

廣東省食品進出口集團公司

（廣東省七十家大型企業集團之一）

GUANGDONG FOODSTUFFS IMP. & EXP. (GROUP) CORP.

總經理：施逸倫

中國廣東省食品進出口集團公司（因特網域名：WWW.CHINA-GDF.COM），誕生於1954年。改革開放前是廣東省唯一的經營食品的外貿專業公司。44年來除供港澳鮮活商品（活大豬、活家禽、新鮮蔬菜、水果、塘魚、水產、蛋品、冷凍食品系列）出口外，同世界五大洲120多個國家和地區的500多個客商建立了貿易關系，累計出口總值達90多億美元。近年來集團公司進一步調整了經營策略，確定了“一業為主，多種經營”及其“產銷結合、內外銷結合、境內外結合、資產經營和商品經營相結合”的經營方針，經濟規模有了很大的發展。目前屬下有15個直屬企業、在境內外投資興辦了近40家的生產、經營企業，集貿易、實業、金融、信息、服務於一體。資產總額約9.7億元人民幣，還擁有一批註冊商標等無形資產，其中“珠江橋”牌、“榴花”牌、“新會”牌等系列產品在海內外享有盛譽，尤其是“珠江橋”牌調味品今年榮獲廣東省首批著名商標稱號。

省食出集團公司具有良好的商譽，1996年被中介機構南方誠信證券評估有限公司的信用評級委員會評為信用等級AA+，同年被廣東省人民政府批准成為廣東省70家大型企業集團之一。

省食出集團公司全體員工本着“誠信、競進、祥和、盡責”的企業精神，將一如既往與海內外貿易界新老朋友真誠合作，平等互利、不斷開拓、發展貿易關係，共同促進經濟繁榮。

珠江橋牌®

PEARL RIVER BRIDGE

（廣東省著名商標）

新會 Sunny®

榴花牌®

集團公司組織機構

直屬企業：

- 廣東省食品進出口集團公司肉食公司
- 廣東省食品進出口集團公司禽蛋公司
- 廣東省食品進出口集團公司塘魚水產公司
- 廣東省食品進出口集團公司果品公司
- 廣東省食品進出口集團公司蔬菜公司
- 廣東省食品進出口集團公司寶隆公司
- 廣東省食品進出口集團公司工業食品公司
- 廣東省食品進出口集團公司罐頭食品公司
- 廣東省食品進出口集團公司食糖貿易公司
- 廣東省食品進出口集團公司進口供銷公司
- 廣東省食品進出口集團公司綜合貿易公司
- 廣東省食品進出口集團公司倉儲運輸公司
- 廣東省食品進出口集團公司黃埔冷凍廠
- 廣東省食品進出口集團公司物業經營部
- 廣東省食品進出口集團公司寶興食品容器有限公司

參與投資主體實業項目（境內）：

- 廣東太古可口可樂有限公司
- 廣東黃埔澳聯冷庫有限公司
- 廣東中寶食品容器有限公司
- 廣東省寶鼎不鏽鋼製品有限公司
- 中山福金香調味食品廠有限公司
- 寶金畜牧有限公司
- 汕尾寶山豬場
- 廣東順德日清食品有限公司
- 南海顯華酒業食品有限公司
- 中山寶利食品有限公司
- 深圳寶豐實業有限公司
- 中山市粵昌倉儲公司
- 中山速凍果菜食品有限公司
- 南豐貨運有限公司

香港和境外企業：

- 香港寶奧貿易有限公司
- 香港萬順船務有限公司
- 豐成貨運（香港）有限公司
- 美國廣東國際有限公司

地址：廣東省廣州市東湖西路2號金湖大廈
郵編：510100
電話：020-83854888（總機）
傳真：020-83856823
電報：5440 OR FOODCO
電子郵箱：GDF1@MX.2GD.CEI.GOV.CN
因特網址：WWW.CHINA-GDF.COM
法人代表：施逸倫

燕京啤酒

BEIJING YANJING BEER

BEI JING YANJING BEER GROUP CORP

總經理

電話：(010)89492241
傳真：(010)69441273

北京燕京啤酒集團公司是以1980年建廠的原北京燕京啤酒廠為核心發展組建起來的國有大型一檔企業，國家二級企業，1997年完成股份制改造，募集設立北京燕京啤酒股份有限公司。全公司佔地89萬平方米，總資產25億元，現有職工6800人，其中工程技術人員近800人。

燕京啤酒集團公司年啤酒生產能力85萬噸，是全國最大啤酒生產企業和中國100家最大飲料製造企業之一。連年被評為全國500家最佳經濟效益工業企業，中國行業百強企業。啤酒產量、利稅總額在中國啤酒行業中列第一位。燕京啤酒清爽怡人，深受消費者青睞，在北京市場佔有率為85%，天津市場佔有率為25%，並暢銷全國各地。

燕京啤酒集團公司擁有雄厚的技術力量，先進的成套設備及工藝和國內最先進的產品檢測儀器。產品全部按國際標準組織生產，有12°、11°精品啤酒、11°、12°特製啤酒、11°清爽啤酒、10°乾啤酒、扎啤以及芒果汁、礦泉水、燕京可樂、調味品、酵母粉、商標、瓶蓋、飼料等六大類二十多個品種。燕京啤酒集團公司不斷引進吸收國內外先進技術，並與中國食品發酵工業研究所形成常年合作，並成為其科研試驗基地，對中國啤酒工業的新成果有先手之利。

燕京啤酒酒液清亮透明，泡沫潔白、細膩、持久掛杯、口味純正、柔和爽口，是國家首批質量認證產品，並被指定為人民大會堂國宴特供酒，中國國際航空公司空中配餐專用酒，三十餘次在國內外啤酒質量評比中獲大獎，"燕京啤"啤酒商標是中國馳名商標。

燕京啤酒集團公司下屬有：北京燕京啤酒股份有限公司、北京燕達皇冠蓋有限公司、北京長億人參飲料有限公司、北京雙燕彩色印刷廠、北京航星調味品有限責任公司。

燕京啤酒集公司將進一步借鑒國內外先進的管理經驗，積極參與國內外市場競爭，創造最佳社會效益和經濟效益，把燕京啤酒集團公司建成一個具有先進技術水平、一定的生產規模、經濟效益好的大型綜合性企業集團，為民族啤酒工業的振興做出自己的貢獻。

東方國際集團

上海市絲綢進出口有限公司

SHANGHAI SILK IMPORT & EXPORT CO., LTD. O.I.C.

上海市絲綢進出口有限公司是建國時成立的專業外貿公司。四十多年來，公司和世界上七十多個國家的一千多個客戶建立了長期穩定的貿易關系。從一九八九年起，公司成為上海最大的出口商。一九九七年公司的出口額超過5.53億美元。

公司出口各類絲、毛、棉、麻及其它原料的機織和針織服裝，95%以上的出口產品為深加工產品。其中三分之二的產品為中高檔產品，可進入歐美直銷市場。

公司擁有設備一流的時裝設計中心，同國外聯網的電腦CAD/CAM系統。並且，公司還擁有各種類型的工廠，商廈和專賣店。

公司改革業務機構，優化人力資源，調整產品結構。並且拓展多元化市場，發展海外事業。

公司遵循“客戶至上、服務至上、質量至上”的原則。愿與世界各地的客商進行廣泛的聯系合作，在互惠互利的基礎上共創未來。

Shanghai Silk import & Export Co., is a professional foreign trade company which has a history as long as that of the People's Republic of China. After more than forty years, we have established a long-term and steady trade relationship with about 1,000 customers in more than seventy countries throughout the world. Since 1989 our company has been the largest Shanghai exporter, our export volume exceeding 553 million U.S. dollars in 1997.

We export woven-garments and knitwear made of silk, wool, cotton, linen and many other fabrics and 95% of our exports are now ready-made goods. Two thirds of them are medium to high-level products, selling to Europe and America directly.

The company has a fashion design centre with up-to-date technology including a globally connected CAD/CAM system. Moreover, the company owns various mills, a commercial building and some boutiques.

We have reformed our organization, improved the management of human resources and adjusted product structures. We have also diversified our markets and consolidated our overseas front.

We adhere to the principle of "CUSTOMERS ARE SUPREME: SERVICE & QUALITY COME FIRST". On this basis of mutual benefits, we would like to work and grow together with our friends all around the world.

吴興路283 號申誼大厦1-13 樓
'83 Wu Xin Rd. 1-13f Shen Yi Mansion
hanghai 200030, China.
el: +86 21 64662288 Fax: +86 21 64677788

熱烈祝賀《中國對外經貿年鑒》創刊15周年！

廣西化工進出口公司

GUANGXI CHEMICALS IMP. & EXP. CORP.

廣西化工進出口公司成立於1980年，多年來公司進出口業務不斷擴大，出口產品遠銷世界五大洲50多個國家和地區，為發展廣西化工品進出口事業作出了不懈的努力。

出口主要經營商品：氧化鋅、鈦白粉、立德粉、氧化鐵顏料系列、聚乙烯醇、檸檬酸、電解二氧化錳、三氯異氰尿酸等化工產品，余柑拷膠、香料油、松油等林化產品，乳膠手套等橡膠產品。

進口商品：主要經營化肥、成品油、橡膠、農藥、農膜原料、化工原料等。

公司還大力開展代理進出口業務，開展"三來一補"進料加工業務。

廣西化工進出口公司竭誠歡迎合作，與國內外客商共創繁榮！

地址：南寧市七星路137號廣西外貿大廈八樓
Add: 8th, floor Guangxi Foreign Trade Building, 137 Qixing Road, Nanning, Guangxi, China.
總經理：劉禮寧
General Manager: Liu Li Ning
電話Tel: 5322233 5316537
出口一部Exp. Dept. 1: 5313419, 5316541, 5316543
出口二部Exp. Dept. 2: 5323942, 5316545, 5316549
出口三部Exp. Dept. 3: 5313437, 5316550, 5316551
出口四部Exp. Dept. 4: 5313441, 5316553
出口五部Exp. Dept. 5: 5317637, 5316597
進口部Imp. Dept.: 5324731, 5316562, 5316563
傳真Fax: 0771-5317937
郵編Post Code: 530022
網址E-mail: gxhg0088@public.nn.gx.cn

Since it was established in 1980, Guangxi Chemicals Import & Export Corporation have been promoting her import and export business from year to year successively, the products is exported out to all over the world, exclusive 50 countries and areas. She does great service through best effort on exporting Guangxi Chemicals with importing varied chemicals into.

The main exports products are:

Zinc oxide, titanium oxide, lithopone, iron oxide pigment series, polyvinyl alcohol, citric acid, eletro-manganese carbonate, trichloro isocyauric and so on chemical, yugan extract, essential oils, pine oil etc, silvichemicals, latex exam gloves, tyres ruber products.

It imports goods which quantity is permitted under the foreign economic cooperation and trade department, need for Guangxi province, as belows:

Chemical fertilizers, crude oil, finished oil, rubber, pesticides, agricultral pastic film materials and chemical materials, Guangxi Chemicals Corp. also acts as agents for import and export at home, develops assembling trade, processing trade, import materials processing, compensation trade.

She is sincerelly appreciating cooperation with trade partner at home and abroad, together to make prosperous achievement.

中國金山聯合貿易公司

中國金山聯合貿易公司是上海石油化工股份有限公司與中國技術進出口總公司，中國化工進出口總公司、上海海外公司四方合資創辦的、工貿結合的對外貿易企業，于1981年10月開業。從1994年起，由上海石油化工股份有限公司控股。

公司經營石油化工（包括精細化工、化纖、塑料）及其加工產品和相關設備的出口業務；經營石油化工（包括精細化工、化纖、塑料）設備、備品備件、原輔材料的進口業務；經營石油化工系統的技術進出口業務和代理上述進出口業務；並承辦中外合資經營、合作生產、來料加工、來樣加工、來件裝配等業務和開展補償貿易。

我們熱忱希望與國內外朋友進行廣泛的合作和交流，擴大和發展與世界各國、各地區之間的貿易和合作。

地址：上海金山衛緯二路
電話：57932240

China Jinshan Associated Trading Corporation (CJATC), integrating trade with industry, was established jointly by Shanghai Petrochemical Company Ltd., China National Technical Import & Export Corporation, China National Chemicals Import & Export Corporation and Shanghai Overseas Enterprises Corporation in October, 1981.

CJATC undertakes import and export business of petrochemicals(including fine chemicals, synthetic fibers,plastics), petrochemical derivatives, petrochemical technology, equipment, spare parts, etc.

CJATC also handles the business of joint venture, cooperative production, processing provided materials and samples, assembling of provided parts, compensation trade, domestic wholesale and retail.

CJATC has a cordial desire to further develop trade and cooperation as well as friendship with clients all over the world.